SAP® EWM – Integration

SAP PRESS

SAP PRESS ist eine gemeinschaftliche Initiative von SAP SE und der Rheinwerk Verlag GmbH. Unser Ziel ist es, Ihnen als Anwendern qualifiziertes SAP-Wissen zur Verfügung zu stellen. SAP PRESS vereint das Know-how der SAP und die verlegerische Kompetenz von Rheinwerk. Die Bücher bieten Ihnen Expertenwissen zu technischen wie auch zu betriebswirtschaftlichen SAP-Themen.

Damit Sie nach weiteren Titeln Ihres Interessengebiets nicht lange suchen müssen, haben wir eine kleine Auswahl zusammengestellt.

Frank-Peter Bauer, Jens Kappauf, Christoph Persich
Warehouse Management mit SAP S/4HANA – Das umfassende Handbuch zu SAP EWM
1276 Seiten, 2023, gebunden
ISBN 978-3-8362-9079-1
www.sap-press.de/5552

Alexander Greb, Stephan Schmid, Isabella Löw, Ferenc Gulyássy, Bernd Lauterbach, Nayan Baseshankar, Ben Pamperrien
Logistik mit SAP S/4HANA
696 Seiten, 4., aktualisierte und erweiterte Auflage 2025, gebunden
ISBN 978-3-367-10354-6
www.sap-press.de/5961

Peter Zoellner, Robert Halm, Daniela Schapler, Karen Schulze
EWM mit SAP S/4HANA – Architektur und Programmierung
544 Seiten, 2., aktualisierte Auflage 2024, gebunden
ISBN 978-3-367-10138-2
www.sap-press.de/5888

Bernd Lauterbach, Tobias Berger, Christopher Sürie, Marius Jachmann
Transportation Management mit SAP S/4HANA
1101 Seiten, 2., aktualisierte und erweiterte Auflage 2026, gebunden
ISBN 978-3-367-10864-0
www.sap-press.de/6117

Sebastian Keilhacker, Maximilian Schmidt,
Wolfgang Schuster

SAP® EWM – Integration

Rheinwerk
Publishing

Liebe Leserin, lieber Leser,

SAP-Landschaften sind komplex, und wir alle wissen, wie schnell sich Technologien und Anforderungen in der IT-Welt ändern. Genau da setzt SAP PRESS an: mit Büchern, die nicht nur Theorie vermitteln, sondern konkret im Alltag helfen.

In diesem Buch finden Sie direkt umsetzbare Ratschläge, praktische Beispiele und Lösungen für drängende Herausforderungen. Unsere Autor*innen sind Profis, die wissen, wo der Schuh drückt – und wie man Probleme effizient löst. Mit ihrer Erfahrung an Ihrer Seite können Sie Ihre SAP-Projekte gezielter angehen, fundiertere Entscheidungen treffen und die vielen Facetten von SAP besser meistern.

Ob Sie gerade erst beginnen oder schon lange im SAP-Umfeld tätig sind: Wir sind davon überzeugt, dass dieses Buch Ihnen hilfreiche Anleitungen und Tipps an die Hand gibt, um Ihre täglichen Aufgaben und Projekte erfolgreich zu meistern.

Wir freuen uns stets über Lob, aber auch über kritische Anmerkungen, die uns helfen, unsere Bücher zu verbessern. Zögern Sie also nicht, sich bei mir zu melden; Ihr Feedback ist jederzeit willkommen.

Wir wünschen Ihnen viele Aha-Momente und eine erfolgreiche Umsetzung mit diesem Buch!

Ihre Eva Wigger
Lektorat SAP PRESS

eva.wigger@rheinwerk-verlag.de
www.rheinwerk-verlag.de
Rheinwerk Verlag • Rheinwerkallee 4 • 53227 Bonn

Auf einen Blick

Wir hoffen, dass Sie Freude an diesem Buch haben und sich Ihre Erwartungen erfüllen. Falls Sie Anregungen, Wünsche und Kommentare haben, lassen Sie es uns wissen: **service@rheinwerk-verlag.de**.

Informationen zu unserem Verlag und Kontaktmöglichkeiten finden Sie auf unserer Verlagswebsite **www.rheinwerk-verlag.de**. Dort können Sie sich auch umfassend über unser aktuelles Programm informieren und unsere Bücher und E-Books bestellen.

Autoren Sebastian Keilhacker, Maximilian Schmidt, Wolfgang Schuster
Lektorat Eva Wigger
Copy-Editing Brigit Dölling
Typografie & Layout Vera Brauner
Satz SatzPro, Krefeld
Herstellung Nadine Preyl
Covergestaltung Bastian Illerhaus
Coverbild iStock: 1443492263 © onurdongel
Druck Beltz Grafische Betriebe, Bad Langensalza

FSC www.fsc.org MIX Papier | Fördert gute Waldnutzung FSC® C089473

Dieses Buch wurde auf FSC®-zertifiziertem Papier gedruckt.
Hergestellt in Deutschland.

Bibliografische Information der Deutschen Nationalbibliothek:
Die Deutsche Nationalbibliothek verzeichnet diese Publikation in der Deutschen Nationalbibliografie; detaillierte bibliografische Daten sind im Internet über *http://dnb.dnb.de* abrufbar.

ISBN 978-3-367-11049-0

1. Auflage 2026

Rheinwerk Verlag GmbH • Rheinwerkallee 4 • 53227 Bonn
service@rheinwerk-verlag.de

Inhalt

Einleitung

Während man früher mitunter mehrere Wochen auf ein Paket warten musste, erwarten die Kunden heute in der Regel eine Lieferung am nächsten Tag – und das als Standard. In der schnelllebigen und sich ständig wandelnden Geschäftswelt gewinnt die Logistik somit zunehmend an Bedeutung. Dieser Druck betrifft nicht nur die Extralogistik, sondern auch die interne Logistik sowie den Materialfluss innerhalb von Unternehmen. Schnelle und transparente Warenflüsse sind eng mit zentralen Geschäftsprozessen wie Produktion, Qualitätskontrolle, Transportmanagement und Anlagenwartung verknüpft. Dabei darf Stillstand keine Option sein.

Um diesen Herausforderungen gerecht zu werden, benötigen Unternehmen eine leistungsfähige Softwareunterstützung. Mit SAP steht ihnen ein modularer, offener Baukasten zur Verfügung, mit dem sich Geschäftsprozesse individuell abbilden und optimal unterstützen lassen. Für moderne Lagerlösungen setzen SAP-Anwenderunternehmen auf SAP Extended Warehouse Management (EWM). EWM ist nicht branchenspezifisch und kann flexibel für alle Lagerprojekte eingesetzt werden – egal, ob klein oder groß, einfach oder komplex. Denn EWM lässt sich skalieren und an individuelle Anforderungen anpassen. Dank des Baukastenprinzips können spezifische Anforderungen direkt im System umgesetzt werden. Gleichzeitig bietet EWM die Möglichkeit, durch bestehende Funktionen oder neue Innovationen – wie etwa den Einsatz von Künstlicher Intelligenz – kontinuierlich zu wachsen.

In diesem Buch stellen wir Ihnen anhand von realen Geschäftsprozessen die unterschiedlichen Integrationsmöglichkeiten für verschiedene SAP-Module mit EWM vor. Wir erläutern die grundlegenden Konzepte dieser Integrationen und geben Ihnen einen Überblick über die damit verbundenen Vorteile und Best Practices. Mit Fallstudien und Erfolgsgeschichten aus der Praxis möchten wir Führungskräfte, SAP-Berater, SAP-Architektinnen und Supply-Chain-Experten inspirieren und ihnen umsetzbare Erkenntnisse vermitteln, damit sie ihre SAP-EWM-Integrationsprojekte erfolgreich in Angriff nehmen können.

Um Ihnen ein klares Verständnis der Geschäftsprozesse, der Konfiguration, der Stammdaten und der Prozessdemos zu vermitteln, haben wir ein spezielles EWM-System zusammen mit anderen Modulen wie SAP Transportation Management (SAP TM), SAP Yard Logistics und SAP Digital Manufacturing (SAP DM) eingerichtet. Diese praktische Konfiguration soll Ihnen dabei helfen, die entsprechenden Konzepte besser zu verstehen.

An wen richtet sich das Buch?

Dieses Buch richtet sich an alle, die mehr über die Schnittstellen von EWM mit SAP-ERP- bzw. SAP-S/4HANA-Modulen erfahren möchten. In diesem Zusammenhang betrachten wir die Schnittstellen zu den folgenden Funktionen:

- Beschaffung und Wareneingang
- Produktion
- Qualitätsmanagement
- Transportmanagement und Versandabwicklung
- Yard Management
- Product Compliance
- Instandhaltung
- Logistiknetzwerk
- Zollabwicklung
- Technische Anbindung von EWM in EWM
- Zeitfenstersteuerung
- Integration von Automatisierungstechnologie

Wir beschreiben in diesem Buch lediglich die schnittstellenrelevanten Einstellungen. Auf die einzelnen Einstellungen und Funktionen innerhalb von EWM gehen wir nicht im Detail ein. Sollten Sie diesbezüglich mehr Informationen benötigen, verweisen wir Sie auf das Buch »Warehouse Management mit SAP S/4HANA«, erschienen 2023 bei SAP PRESS (siehe *www.sap-press.de/5552*).

Dieses Buch richtet sich an alle Personen, die sich aus betriebswirtschaftlichen oder implementierungstechnischen Gründen einen umfassenden Eindruck über die funktionellen Abhängigkeiten bei der Verwendung von EWM und SAP ERP bzw. SAP S/4HANA verschaffen wollen. Wir möchten Ihnen damit ein ergänzendes Werkzeug mit Tipps und Tricks sowie konkreten Konfigurationsleitfäden und Geschäftsprozessen an die Hand geben. Unser Ziel ist es, Sie mit den Funktionen vertraut zu machen und Ihnen ein besseres Verständnis für die Abhängigkeiten in EWM zu vermitteln. Grundsätzlich lässt sich die Zielgruppe dieses Buchs in zwei Personengruppen unterteilen:

- **Verantwortliche in der Projektleitung und Prozessberatung**

  Wir wenden uns mit diesem Buch an die verantwortlichen Personen in Einführungs- oder Proof-of-Concept-Projekten für die Lagerverwaltung mit EWM. Darüber hinaus richten wir uns an Mitarbeitende in der Implementierungs- und Prozessberatung, die unterschiedlichste Aufgaben mit EWM lösen und diese Lösung praktisch umsetzen möchten.

- **Anwenderinnen und Anwender**

  Egal, ob Sie bereits Profi sind oder nur gelegentlich mit EWM arbeiten und dessen Funktionen zur Unterstützung Ihrer täglichen Aufgaben einsetzen – durch die Lektüre dieses Buches erhalten Sie tiefgehende Einblicke in die Standardprozesse, die Integration, das Customizing und die Implementierung von EWM.

Der Inhalt dieses Buches

In **Kapitel 1**, »Einführung in SAP Extended Warehouse Management«, erhalten Sie einen kurzen Überblick über das Produkt EWM, seine Funktionen sowie seine Einordnung in die SAP-Landschaft. Abschließend gehen wir näher auf die derzeitigen Deployment-Optionen ein. Anhand dieser Optionen geben wir Ihnen eine Übersicht der derzeit unter SAP S/4HANA unterstützten Varianten (EWM On-Premise, EWM in der Private Cloud und EWM unter RISE with SAP) und vergleichen deren jeweilige Vor- und Nachteile. Dies soll Ihnen unter anderem als Entscheidungsgrundlage zur Systemauswahl dienen.

In **Kapitel 2**, »Grundlagen der technischen Integration«, befassen wir uns mit den möglichen Systemintegrationen SAP S/4HANA embedded EWM, dezentrales EWM in SAP S/4HANA und dezentrales EWM 950 SCM. Anhand der von Ihnen verwendenden Systemauswahl zeigen wir Ihnen die technische Integration und die notwendigen Schritte, sodass Sie die Integration von EWM mit SAP S/4HANA eigenständig vornehmen können.

Wir bewegen uns mit der Reihenfolge der einzelnen Kapitel entlang des Materialflusses beginnen in **Kapitel 3**, »Beschaffung und Wareneingang« die Integration der Prozesse dieses Bereichs. Dabei geben wir Ihnen zunächst einen Überblick über die Wareneingangsprozesse aus MM (Materials Management) nach EWM. Anschließend erläutern wir diese Prozesse anhand von Prozessflussdiagramme und Konfigurationsleitfäden für die Szenarien der Anlieferung, synchrone Warenbewegungen (mit der Transaktion **MIGO**) und Eingangstransporte mit SAP TM (SAP Transportation Management) unter Verwendung eines Advanced-Shipping-and-Receiving-Szenarios (ASR).

Nach den klassischen Wareneingangsszenarien gehen wir auf Spezialthemen und Funktionen des Wareneingangs ein. Hierbei betrachten wir die Verwendung und Konfiguration des Package Builders. Darüber hinaus geben wir Ihnen Prozessflusscharts sowie einen Konfigurationsleitfaden für den Wareneingang mit Chargen und Serialnummern an die Hand.

In **Kapitel 4**, »Produktion«, behandeln wir die Integration von PP (Production Planning and Control) mit der lieferungsbasierten Bereitstellung, der erweiterten Produktionsintegration, JIT (Just in Time) sowie der Abwicklung mit manuellen Reservierungen. Zunächst erhalten Sie einen Überblick über die Kernfunktionen sowie die Vor- und Nachteile des jeweiligen Szenarios. Im Anschluss betrachten wir die Integration der genannten Szenarien anhand von Prozessen und Prozessflusscharts und zeigen Ihnen anhand eines Konfigurationsleitfadens, wie diese im ERP-System und in EWM ausgeprägt sein müssen.

Als weiteres Integrationsszenario betrachten wir die Anbindung von SAP DM (SAP Digital Manufacturing) an EWM. Abschließend gehen wir noch auf das Fehlteilmanagement und die WIP-Abwicklung innerhalb von EWM ein. Dabei besprechen wir auch, was Sie beachten müssen, wenn Sie diese in Kombination mit ERP-Funktionen nutzen möchten.

In **Kapitel 5**, »Qualitätsmanagement«, erläutern wir die Integration des QM-Moduls (Quality Management) in SAP S/4HANA mit EWM. Besonderes Augenmerk legen wir hierbei auf die Funktionen und Integrationen in SAP S/4HANA embedded EWM für die Prozesse der Prüflosabwicklung im Wareneingang sowie der erweiterten Retourenabwicklung. Zur besseren Veranschaulichung erhalten Sie hierfür Konfigurationsleitfäden und Prozessflussdiagramme. Insbesondere die erweiterte Retourenabwicklung verdeutlicht die Herausforderung der Integration über mehrere SAP-Module wie SD (Sales und Distribution), EWM und QM.

Kapitel 6, »Transportmanagement und Versandabwicklung«, bietet Ihnen einen Überblick über lizenzrelevante Themen bei SAP TM und SAP LE-TRA sowie Unterstützung bei der Entscheidungsfindung bezüglich der Integration von SAP TM mit EWM. Sie erhalten einen Konfigurationsleitfaden sowie Prozessübersichten und -flussdiagramme für Ihr Integrationsszenario mit EWM. Das Kapitel behandelt zudem das Drucken von Versandpapieren und zeigt praxisnahe Möglichkeiten für die Ausgabe im ERP-System oder in SAP TM auf.

In **Kapitel 7**, »Zeitfenstersteuerung« zeigen wir Ihnen Möglichkeiten auf, wie Sie Zeitfenster für Be- und Entladevorgänge mit SAP Dock Appointment Scheduling in EWM planen und verwalten können.

In **Kapitel 8**, »Yard Management«, erläutern wir die Integration von SAP Yard Logistics mit EWM zur Verwaltung und Steuerung der Hofaktivitäten eines Lagers. Anhand eines konkreten Eingangsprozesses sowie erforderlicher Einstellungen und Stammdaten erhalten Sie ein grundlegendes Verständnis dafür, welche Vorteile Ihnen diese Lösung in Verbindung mit EWM bietet.

In **Kapitel 9**, »Product Compliance«, betrachten wir die Integration des SAP-EHS-Management-Moduls (SAP Environment, Health and Safety Management) mit EWM. Insbesondere werden hier die Warenein- und -ausgangsprozesse betrachtet. Zudem gehen wir kurz auf die Vorteile von SAP EHS Management ein und stellen Ihnen einen Konfigurationsleitfaden für die Integration mit EWM zur Verfügung.

In **Kapitel 10**, »Instandhaltung« erläutern wir die Integration und Anwendungen von SAP EAM (SAP Enterprise Asset Management) und geben Ihnen außerdem einen Überblick über die Kernfunktionen des SAP-Moduls. Im Anschluss betrachten wir den Bereitstellungs- und Warenausgangsprozess sowie den Wareneingangsprozess mit Instandhaltungsaufträgen.

In einer globalen Supply Chain ist es von entscheidender Bedeutung, immer genau zu wissen, wo sich welches Produkt bzw. welcher Ladungsträger, wie bspw. ein Container, gerade befindet, um Kunden informieren oder die eigene Produktionsplanung anpassen zu können. Mit dem SAP Business Network for Logistics unterstützt SAP seine Kunden dabei. In **Kapitel 11**, »Logistiknetzwerk«, betrachten wir dieses Netzwerk genauer. Dabei gehen wir auch auf Global Track and Trace sowie die Frachtkollaboration ein. Darüber hinaus erhalten Sie Informationen über die Integration des SAP Business Network for Logistics mit EWM.

In **Kapitel 12**, »Zollabwicklung«, geben wir Ihnen einen Überblick über die Funktionen von SAP GTS (SAP Global Trade Services) sowie über die Integration und Kommunikation mit EWM. Anhand von Geschäftsprozessen und Prozessflusscharts betrachten wir die Lieferabwicklung an das Versandverfahren, an die Verwahrung sowie an das Zolllager und stellen Ihnen für den jeweiligen Geschäftsprozess einen Konfigurationsleitfaden zur Verfügung.

In **Kapitel 13**, »Automatisierungstechnologien integrieren«, erfahren Sie, wie Sie bspw. Materialflusssysteme, Warehouse Robotics und fahrerlose Transportfahrzeuge in EWM integrieren können, um ein vollständig automatisiertes Lager zu schaffen. Sie erhalten einen Leitfaden für die Konfiguration von Materialflusssystemen sowie einen Überblick über die Funktionen und die Integration von SAP Warehouse Robotics und fahrerlosen Transportfahrzeugen.

Zum Abschluss des Buchs stellen wir Ihnen einen Leitfaden für die täglichen Arbeitsprozesse bereit. In **Kapitel 14**, »Periodische Aufgaben nach dem Go-live«, erläutern wir Tätigkeiten, die von Ihren Key-Usern oder SAP-IT-Mitarbeitenden täglich bzw. wöchentlich durchgeführt werden sollten. Diese Maßnahmen dienen dazu, Fehler und Probleme im EWM sowie in der Schnittstelle zwischen ERP-System und EWM zu reduzieren. Gleichzeitig wird die Systemqualität optimiert, was zur Zufriedenheit Ihrer Anwenderinnen und Anwender beiträgt.

Hinweise zur Lektüre

Wir verwenden mehrere Orientierungshilfen, die Ihnen die Arbeit mit diesem Buch erleichtern sollen. In den Informationskästen finden Sie Inhalte, die wissenswert und hilfreich sind, aber etwas abseits der eigentlichen Erläuterung stehen. Damit Sie diese Informationen besser einordnen können, haben wir die Kästen mit den folgenden Symbolen gekennzeichnet:

Achtung

Mit diesem Symbol warnen wir Sie vor häufig begangenen Fehlern oder potenziell auftretenden Problemen. [!]

Hinweis

In Kästen, die mit diesem Symbol gekennzeichnet sind, finden Sie Informationen zu weiterführenden Themen oder wichtigen Inhalten, die Sie sich merken sollten. [«]

Tipp

Mit diesem Symbol haben wir Tipps und Hinweise aus der Berufspraxis markiert, die praktische Empfehlungen geben und Ihnen die Arbeit erleichtern können. [+]

Danksagung

Zuerst möchten wir uns für die hervorragende Betreuung durch den Rheinwerk Verlag bedanken. Unser besonderer Dank für die Administration und die Zusammenarbeit mit dem Lektorat beim Schreiben des sehr umfangreichen Buches geht dabei an Eva Wigger.

Sebastian Keilhacker

Zunächst möchte ich meiner wunderbaren Frau Elke Zeiler von Herzen danken. Dieses Buch wäre ohne ihre Unterstützung nicht möglich gewesen. Danke, dass Du mir über all die Jahre den Rücken freigehalten und mich bei zahlreichen Projekten begleitet hast – mit Geduld, Verständnis und mentaler Stärke.

Mein besonderer Dank gilt auch der CONSILIO GmbH, insbesondere Jürgen Löhle, für die Möglichkeit, an einem SAP-Buch mitzuwirken. Ebenso danke ich allen Kolleginnen und Kollegen, die mich fachlich begleitet und mit kritischem Feedback unterstützt haben.

Ein herzliches Dankeschön geht an Dominik Karosser – seit 2010 gehen wir einen gemeinsamen, erfolgreichen Weg. Danke für Dein Vertrauen und die Freiheit, Dinge auf meine Weise gestalten zu dürfen.

Abschließend möchte ich mich bei meinen Co-Autoren Max und Wolfgang bedanken. Nur durch unsere gemeinsame Arbeit konnte dieses großartige Werk entstehen.

Maximilian Schmidt

Als ich als junger SAP-Key-User das dicke Buch »Warehouse Management mit SAP EWM« vom Rheinwerk Verlag zum ersten Mal in den Händen hielt und darin schmökerte, hatte ich den Traum, einmal selbst ein solches Buch zu schreiben. Ein Experte auf meinem Gebiet zu sein, dieses Wissen in Form eines Buchs wie diesem niederzuschreiben und es so an viele Menschen weitergeben zu können – wie könnte man Karriere besser definieren?

Nun ist es so weit und der Traum ist Wirklichkeit geworden. Dafür möchte ich meiner Familie und meinen Freunden danken, auf die ich mich stets verlassen kann, und ohne die alles wertlos wäre. Namentlich möchte ich mich bei meinen Co-Autoren Sebastian und Wolfgang bedanken, ohne die ich diesen Traum nicht hätte verwirklichen können. Ganz besonders möchte ich meinem Freund und Kollegen Victor Naumann danken – Du hast mich zur CONSILIO geholt. Zuletzt möchte ich Ihnen – den Leserinnen und Lesern – von ganzem Herzen danken und hoffe, dass das Werk Ihren Vorstellungen gerecht wird.

Wolfgang Schuster

Mein besonderer Dank gebührt meiner Frau Kathrin und meinen Kindern Anna-Lena und Louisa für ihr Verständnis, dass ich an vielen Tagen mit dem Schreiben dieses Buches beschäftigt war, ebenso wie für ihre Unterstützung, die es mir erst ermöglicht hat, daran zu arbeiten.

Ich bedanke mich bei allen Kolleginnen und Kollegen der CONSILIO GmbH, die zur Verwirklichung dieses Projekts beigetragen haben und mir mit fachlichem Input behilflich waren.

Vielen Dank auch an meine beiden Co-Autoren, Maximilian und Sebastian, für ihren unermüdlichen Einsatz und ihre Mitarbeit beim Erstellen dieses Werks.

Ganz herzlich bedanke ich mich bei all den Personen, die mir in all den Jahren, in denen ich mich mit EWM beschäftige, mit Rat und Tat zur Seite standen und daran mitgewirkt haben, dass die Implementierungsprojekte, an denen ich beteiligt war, erfolgreich abgeschlossen werden konnten.

Kapitel 1

Einführung in SAP Extended Warehouse Management

Reibungslose Prozessabläufe in der Lagerlogistik sind ein entscheidender Erfolgsfaktor für Unternehmen. Sie erfordern nicht nur Flexibilität und Transparenz, sondern auch eine nahtlose Integration in die betriebliche Wertschöpfungskette sowie in die bestehende IT-Systemlandschaft.

Moderne Lagerverwaltung bedeutet, jederzeit die volle Kontrolle über sämtliche Warenbewegungen zu haben – vom Wareneingang über die Produktion und intralogistische Prozesse bis hin zur Auslieferung. Dabei geht es nicht nur um Effizienzsteigerung und Kostensenkung, sondern vor allem um die zuverlässige und funktionale Abwicklung aller bestandsverändernden Vorgänge. Die zentrale Aufgabe einer leistungsfähigen Lagerlogistiksoftware besteht darin, diese Prozesse intelligent zu steuern und Bestände transparent zu verwalten. Nur so lassen sich operative Exzellenz und wirtschaftlicher Erfolg nachhaltig miteinander verbinden.

In den vergangenen Jahren haben sich die Anforderungen an logistische Prozesse erheblich verändert und deutlich verschärft. Treiber dieser Entwicklung sind unter anderem die fortschreitende Globalisierung, eine zunehmend vernetzte Informationslandschaft zwischen Kunden und Lieferanten, die wachsende Zahl an Akteuren entlang der Lieferkette sowie Einschränkungen durch Kriege. Hinzu kommen Trends wie Outsourcing und eine stetig steigende Prozesskomplexität. Diese Dynamik stellt auch neue Anforderungen an die IT-Systeme in der Logistik: Sie müssen nicht nur leistungsfähiger werden, um höhere Durchsatzmengen zu bewältigen, sondern zugleich flexibler und sicherer, um sich an wechselnde Rahmenbedingungen anpassen zu können.

In diesem Kontext gewinnt das Warehouse Management als integraler Bestandteil globaler Lieferketten zunehmend an strategischer Bedeutung. Es entwickelt sich von einer rein operativen Funktion hin zu einem zentralen Steuerungsinstrument für Effizienz, Transparenz und Wettbewerbsfähigkeit in der modernen Logistik. Ein wesentliches Merkmal leistungsfähiger Warehouse-Management-Systeme ist die vollständige Integration automatisierter Lagerbereiche. Die direkte Anbindung an speicherprogrammierbare Steuerungssysteme (SPS) erlaubt eine durchgängige Materialflusssteuerung und sorgt für maximale Effizienz in der Lagertechnik.

In diesem Kapitel geben wir Ihnen in Abschnitt 1.1 einen kurzen Überblick über das Produkt SAP EWM und seine Funktionen und ordnen es in die SAP-Landschaft ein. Anschließend gehen wir in Abschnitt 1.2 auf die derzeitigen Deployment-Optionen ein. Dabei geben wir Ihnen eine Übersicht über die derzeit unterstützten Varianten unter SAP S/4HANA (SAP EWM On-Premise/SAP EWM mit SAP S/4HANA Cloud Private Edition) und zeigen ihre jeweiligen Vor- und Nachteile auf.

1.1 Überblick über EWM

In diesem Abschnitt werfen wir einen detaillierten Blick auf die Historie, die zentralen Funktionen, die Systemintegration sowie die organisatorischen Strukturen von EWM. Ziel ist es, Ihnen ein fundiertes Grundverständnis für das Produkt zu vermitteln.

1.1.1 Historie

SAP erkannte früh, dass ein vollständiges ERP-System auch eine Lagerverwaltungskomponente benötigt. Hierbei setzte man lange auf das Modul *SAP WM*. Die Funktionen von SAP WM waren die ersten Schritte in diesem Bereich und viele Unternehmen setzen dieses Produkt heute noch erfolgreich ein. Im Jahr 2004 stellte SAP *SAP Extended Warehouse Management* (*EWM*) erstmals als Teil des SAP-Ersatzteilmanagement-Systems (SPM) zur Verfügung. Dieses Produkt befand sich damals noch in den Kinderschuhen, wurde jedoch mit jedem Release-Zyklus immer weiter an die Anforderungen angepasst. Ursprünglich wurde EWM in Zusammenarbeit mit der Ford Motor Company und Caterpillar Logistics für die Abwicklung von Ersatzteilen eingesetzt. Ziel war es, eine eigenständige Lösung auf einem separaten Server zu entwickeln, um unabhängig von der ERP-Kommunikation arbeiten zu können.

Wichtig war dabei die umfassende Integration in das SAP-ERP-System, da diese für Stamm- und Bewegungsdaten erforderlich ist. Der Nachteil eines separaten Servers ist allerdings, dass die Systemlandschaft dadurch komplexer wird – insbesondere, wenn von einer dreistufigen Systemlandschaft (Entwicklung, Qualität und Produktion) ausgegangen wird.

Bereits im Jahr 2007 erkannte SAP die Nachteile des dezentralen EWM-Ansatzes und verfolgte daher die Idee, EWM wieder in die ERP-Serverlandschaft zu integrieren. Mit dem EWM-Release 5.1 wurde dies erstmals möglich: EWM konnte als Add-on installiert und direkt ins SAP-ERP-System eingebunden werden. Zudem ermöglichte die Kombination mit der MFS-Komponente (Materialflusssteuerung) erstmals die direkte Ansteuerung von speicherprogrammierbaren Steuerungen (SPS). Dadurch eröffnete sich eine Vielzahl neuer Anwendungsmöglichkeiten, und EWM entwickelte sich von einem reinen Lagerverwaltungssystem zu einem umfassenden Warehouse-Management-System (WMS) weiter.

Mit dem Release 9.3 im Jahr 2015 konnte EWM erstmals in SAP S/4HANA integriert und dort verwaltet werden. Die SAP-HANA-Datenbank und das zugehörige Ökosystem bilden heute den Standard für das dezentrale EWM. Da SAP Supply Chain Management (SAP SCM) ab 2027 nicht mehr von SAP unterstützt wird, müssen alle Bestandskunden ihr dezentrales EWM bis dahin auf SAP S/4HANA migriert haben.

Was mit EWM 5.1 begann, fand mit dem Release von SAP S/4HANA 1610 seinen Abschluss: EWM war nun vollständig und mit reduzierter Schnittstellenkomplexität im SAP-ERP-System verfügbar. Die Lösung fügt sich nahtlos in bestehende Komponenten und Funktionen ein. Mit dieser grundlegenden Veränderung gelang SAP der entscheidende Schritt zurück zu einem integrierten System – ein Aspekt, der von vielen Unternehmen zuvor als wesentlicher Nachteil des dezentralen EWMs gegenüber SAP WM wahrgenommen wurde.

Im Jahr 2006 erklärte SAP EWM zur strategischen Zukunft im Warehousing. SAP WM lief Ende 2025 auf SAP S/4HANA aus und wurde indirekt durch *Stock Room Management (STRM)* beerbt. Innovationen oder Optimierungen durch SAP finden jedoch nur noch im EWM-Kontext statt. Hierbei erfolgen zweimal im Jahr Updates mit neuen Funktionen. Die stetige Weiterentwicklung und die gute Arbeit von SAP machen sich bezahlt – mittlerweile ist EWM ein gut ausgereiftes Produkt, das branchenübergreifend Anklang findet.

Eins ist sicher: Nichts ist so beständig wie der Wandel. Auch die Entwicklungen im EWM-Umfeld werden durch weitere Optimierungen beschleunigt. Mit dem Clean-Core-Ansatz möchte SAP zukünftig die Upgrade-Fähigkeit seiner Kunden verbessern und sie mit Innovationen versorgen. Auch stehen erste Anwendungen mit KI in den Startlöchern, ebenso wie die Optimierung von Eingaben mithilfe von *Joule*.

1.1.2 Funktionen von EWM

EWM ist nahtlos in die Bestandsführung und Lieferabwicklung des SAP-Systems integriert. Geschäftsvorgänge, die in anderen Anwendungskomponenten initiiert werden, lösen physische Warenbewegungen im Lager aus. Mit SAP EWM lassen sich diese Bewegungen effizient organisieren, steuern und überwachen.

Darüber hinaus bietet EWM leistungsstarke Funktionen für komplexe logistische Prozesse – darunter geplante und ungeplante Cross-Docking-Szenarien, Yard-Management sowie die Abwicklung logistischer Zusatzleistungen.

Rückblickend wurden die Lagerverwaltungsfunktionen von EWM seit der Markteinführung kontinuierlich weiterentwickelt und erweitert. Dabei orientierte sich die Entwicklung gezielt an den Marktanforderungen verschiedener Branchen. Im Fokus standen insbesondere folgende Schwerpunkte:

- Supply-Chain-Networking und Intralogistikprozesse
- effiziente Lagerraumnutzung und zentrales Monitoring
- Optimierung von Ressourcen und Planung von Mitarbeitenden
- flexible Prozessmodellierung und Bestandstransparenz
- Multi-Customer-Warehousing (Mehrkundenfähigkeit)
- für alle Lagerarten geeignete Skalierbarkeit

- direkte Steuerbarkeit der automatischen Fördertechnik
- Unterstützung logistischer Dienstleistungen im Lager

EWM unterstützt die Flexibilität und Effizienz des Lagers. Abbildung 1.1 gibt Ihnen einen Überblick über die Grundfunktionen von EWM – sie reichen vom Wareneingang bis hin zur Lagerleistungsabrechnung.

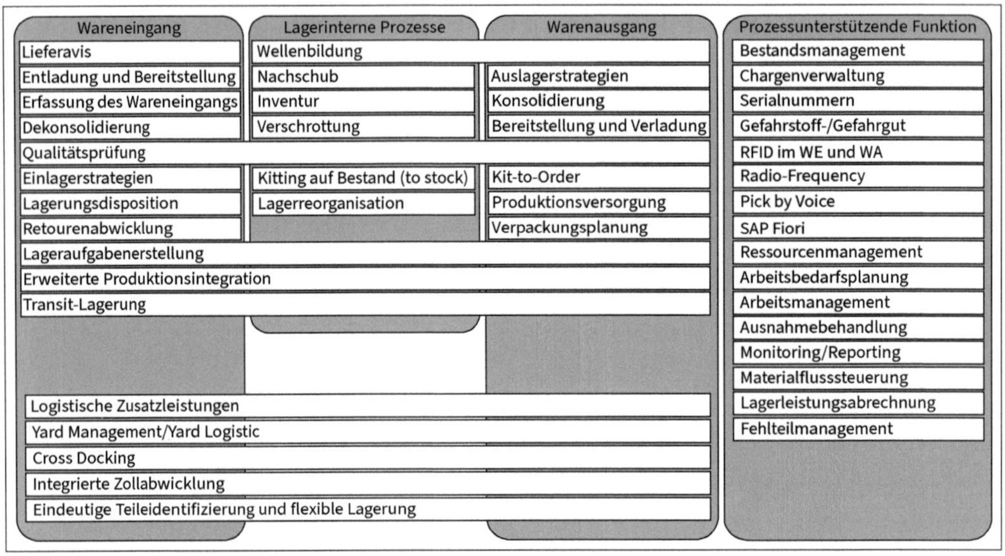

Abbildung 1.1: Grundfunktionen von EWM

> **Unterschiede im Funktionsumfang**
> Im embedded EWM können sich die Funktionen gemäß ihrer Lizenzierung unterscheiden.

1.1.3 Integrationen mit anderen SAP-Modulen

EWM bietet vorkonfigurierte Integrationsfunktionen, die eine nahtlose Verbindung zwischen zentralen Geschäftsprozessen in anderen SAP-Modulen, Anwendungen und Unternehmensbereichen ermöglichen. Der vollständige End-to-End-Prozess ist eng mit der Bestandsführung und Lieferabwicklung in SAP verzahnt. Darüber hinaus stellt SAP wichtige Schnittstellen zum SAP-ERP-System und weiteren SAP-Produkten bereit.

Diese Integrationen sorgen nicht nur für eine präzise Bestandszählung, sondern stärken auch die Kohärenz und Effizienz zwischen organisatorischen Einheiten und Abläufen. Abbildung 1.2 zeigt eine Auswahl von Modulen, die mit EWM integriert werden können und deren Geschäftsprozesse durch die Integration unterstützt werden.

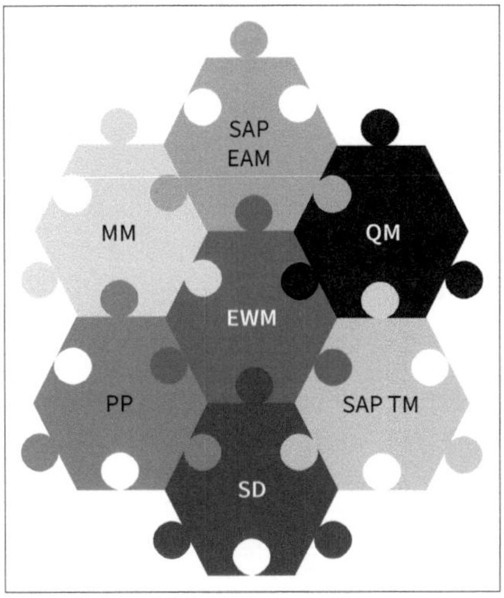

Abbildung 1.2: EWM-Integration

Betrachten wir die unterschiedliche Integration und deren Geschäftsprozesse nun etwas genauer:

- **Integration der Materialwirtschaft (MM-Modul)**

  In der *Materialwirtschaft* erfolgt die Bestandsverwaltung mit Mengen und Werten innerhalb des SAP-Systems. Durch den Anstoß bspw. von Warenein- und -ausgängen oder Warenbewegungen im Allgemeinen wird EWM für die Verarbeitung und Ausführung angesprochen. Mit EWM lassen sich diese Buchungen effizient organisieren, überwachen und steuern, wodurch eine durchgängige und transparente Abwicklung innerhalb der Lagerprozesse gewährleistet wird. Inventurdifferenzen bzw. Warenbewegungen werden automatisch aus EWM synchronisiert. Weitere Informationen zu dieser Integration finden Sie in Kapitel 3.

- **Integration von Verkauf und Vertrieb (SD-Modul)**

  Innerhalb des SD-Moduls erfolgt der Anstoß von Auslieferungen und – im Fall von Retouren – Anlieferungen. Diese werden an EWM repliziert und weiterverarbeitet. EWM nutzt eine Vielzahl von Informationen aus der Lieferung, um die Steuerung für die Anwenderinnen und Anwender zu optimieren. So findet bspw. anhand der Route eine Torfindung statt. Weitere Informationen zu dieser Integration finden Sie in Kapitel 6.

- **Integration der Produktionsplanung (PP-Modul)**

  Die nahtlose Integration der *Produktionsplanung* und deren Objekte mit EWM ist für viele Unternehmen essenziell. EWM unterstützt die Bereitstellung, die Verwaltung der Bestände und der Platzkapazitäten innerhalb der Fertigung sowie die Verbrauchs- und Entsorgungsprozesse. Mithilfe weiterer SAP-Produkte wie *SAP DM* (*SAP Digital Manufacturing*) ist zudem eine noch feinere Steuerung sowie die Verwaltung von WIA-Beständen möglich. Weitere Informationen hierzu finden Sie in Kapitel 4.

- **Integration der Instandhaltung (SAP-EAM-Modul)**

  Mit der Integration von *Instandhaltungsaufträgen* ermöglicht EWM Bereitstellungs- und Wareneingangsprozesse, bspw. für Aufarbeitungsaufträge. Durch die Integration der beiden Module soll der Instandhaltung auch ein Lagerverwaltungssystem mit all seinen Vorteilen zur Verfügung gestellt werden. Weitere Informationen zu dieser Integration finden Sie in Kapitel 10.

- **Integration des Qualitätsmanagements (QM-Modul)**

  Die Integration des QM-Moduls mit EWM bietet Ihnen zwei Möglichkeiten:

  - EWM beinhaltet die *Quality Inspection Engine*, mit der Sie innerhalb von EWM eigenständig QM-Prozesse abwickeln können. Die Engine steht Ihnen zusätzlich zum klassischen QM aus dem SAP-ERP-System zur Verfügung
  - Durch die enge Verzahnung von EWM und QM lassen sich Geschäftsprozesse wie bspw. QM für Wareneingänge für Fremdbeschaffung, Retouren (Kunden- bzw. erweitertes Retourenmanagement), QM für Auslieferungen sowie vorläufige HU-Prüfungen durchführen.

  Weitere Informationen zu dieser Integration finden Sie in Kapitel 5.

- **Integration des Transportmanagements (SAP-TM-Modul)**

  Das *Transportmanagement* (SAP TM) ist für den In- und Outbound-Transport verantwortlich. Hierbei übernimmt SAP TM auch führende Aufgaben und übergibt bspw. geplante Ladungen bzw. deren Verpackungsplanung an EWM. Außerdem erhalten Sie mit SAP TM einen Überblick über die geplanten Bewegungen auf dem Yard. In ihrer einfachsten Form dienen SAP-TM-Objekte als Cluster für die Verladung einer oder mehrerer Lieferungen sowie deren Zusammenführung an einem Verladetor. Dadurch können Unternehmen ihre Transportplanung und -durchführung verbessern, Kosten senken und eine höhere Effizienz ihrer Logistikabläufe erreichen. Weitere Informationen zu dieser Integration finden Sie in Kapitel 6.

- **Integration der Product Compliance (SAP-EHS-Modul)**

  Mit der *Product Compliance* bzw. dem SAP-EHS-Modul (Environment, Health and Safety) können Sie Ihr Lager entsprechend Ihren Anforderungen aus dem Gefahrgutmanagement steuern. Dies könnte für Sie relevant sein, wenn Sie bspw. in Ihren Lagertypen nur eine bestimmte Menge eines entsprechenden Materials lagern dürfen. Weitere Informationen zu dieser Integration finden Sie in Kapitel 9.

- **Integration des Zolls (SAP GTS)**

  Die Integration von EWM mit *SAP Global Trade Services* (*SAP GTS*) ermöglicht eine ganzheitliche Lösung zur Steuerung von Lagerprozessen und Handelskonformitätsanforderungen. Diese Verbindung schafft Echtzeittransparenz und -kontrolle über beide Bereiche hinweg und unterstützt die effiziente Planung und Ausführung logistischer sowie handelsbezogener Abläufe. Durch diese Integration können in EWM Auslieferungen automatisiert auf Basis von Konformitätsdaten aus SAP GTS erstellt werden.

Gleichzeitig werden Konformitäts- und Versandinformationen nahtlos zwischen den Systemen übertragen. Diese Funktionalitäten tragen dazu bei, Ihre Logistikprozesse zu optimieren und die Einhaltung gesetzlicher Vorschriften zu verbessern bzw. Risiken und Kosten durch Nichteinhaltung zu minimieren. Darüber hinaus prüft SAP GTS automatisch die Einhaltung relevanter Vorschriften, wendet Zölle, Handelsbeschränkungen und Embargos an und unterstützt Unternehmen bei der Verwaltung von Lizenzen, Kontingenten und Exportdokumenten für die Zollabwicklung. Weitere Informationen zu dieser Integration finden Sie in Kapitel 12.

1.1.4 Organisationsstruktur mit EWM

Betrachten wir nun die Organisationsstruktur, die sich durch die Anwendung von EWM ergibt. Unter einer *Organisationsstruktur* versteht man eine hierarchische Struktur, die die betriebswirtschaftlichen Einheiten eines Unternehmens abbildet und für Berichtszwecke verwendet wird.

In Abbildung 1.3 sehen Sie die logistisch relevanten Objekte mit dem Werk und dem Lagerort. In unserem Beispiel gibt es zwei Lagerorte – beide werden mit der WM-Lagernummer gemappt. Die ERP-WM-Lagernummer ist zwingend notwendig für die Verbindung mit EWM. Die ERP-WM-Lagernummer ist dreistellig, die EWM-Lagernummer vierstellig.

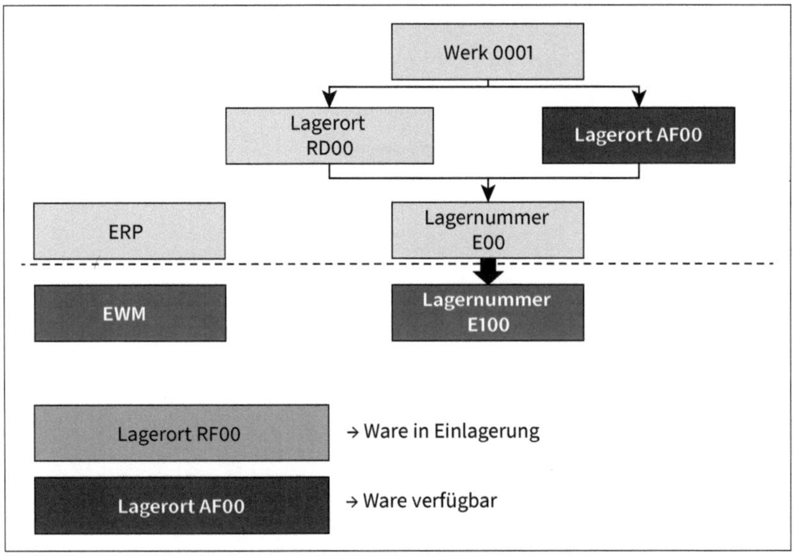

Abbildung 1.3: Organisationsstruktur des ERP-Systems mit EWM

Das Objekt *Lagerort* existiert in EWM nicht als eigenständiges Objekt. Es ist über die Bestandsart dargestellt (siehe Abbildung 1.4). Die Bestandsart setzt sich wiederum aus der *Verfügbarkeitsgruppe* und der *Lokationsunabhängigen Bestandsart* zusammen, wobei der Lagerort aus dem ERP-System mit der Verfügbarkeitsgruppe gemappt wird.

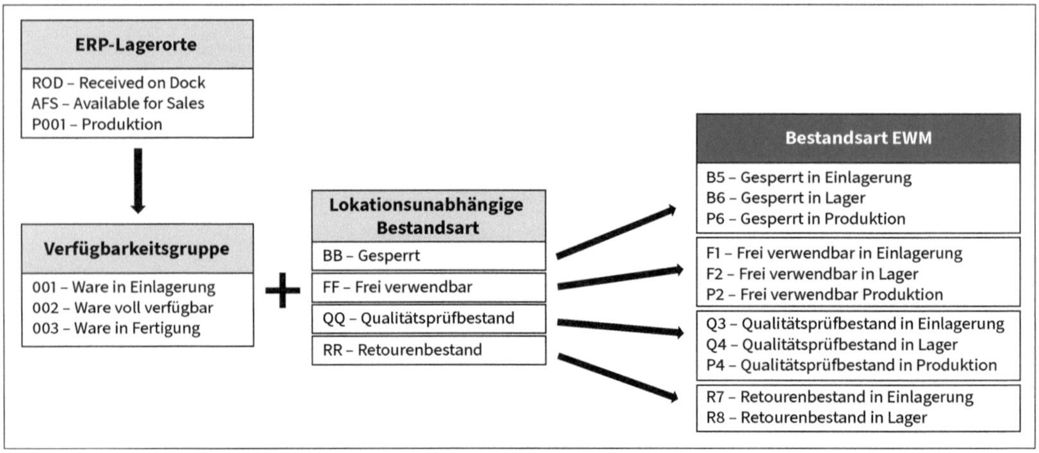

Abbildung 1.4: Lagerort-Mapping in EWM

Ebenso wie der Lagerort sind auch die Objekte *Werk* und *Versandstelle* in EWM nicht vorhanden. Diese werden als *Supply Chain Unit* in EWM erstellt und durch die Lokation entsprechend klassifiziert (siehe Abbildung 1.5). Zusätzlich erfolgt die Darstellung des Werkes auch mit dem Feld *Verfügungsberechtigter*, der für den Business-Partner des Werkes steht.

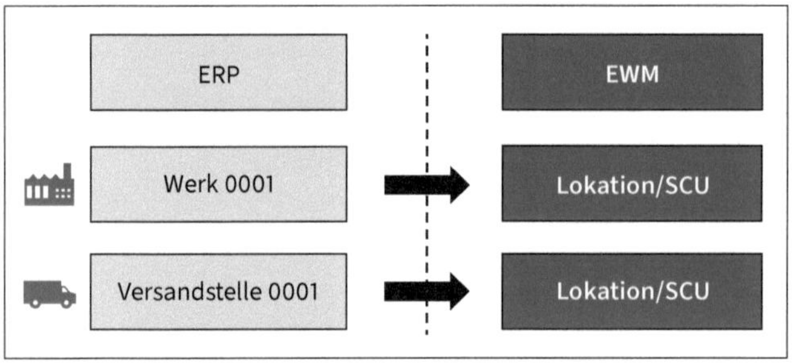

Abbildung 1.5: Mapping von Werk und Versandstelle in EWM

Abschließend sehen Sie in Abbildung 1.6 die EWM-Organisationsobjekte. Nach der *Lagernummer* ist der Lagertyp das wichtigste Objekt. Ein *Lagertyp* bezeichnet eine Gruppe von Lagerplätzen mit ähnlichen Eigenschaften bzw. einen bestimmten Bereich Ihres Lagers, bspw. ein Hochregal, ein Fachbodenregal, ein Yard, Bereitstellungszonen oder auch Arbeitsplätze. Lagertypen können außerdem in *Lagerbereiche* untergliedert werden. Die kleinste eindeutige Einheit in EWM ist der *Lagerplatz*.

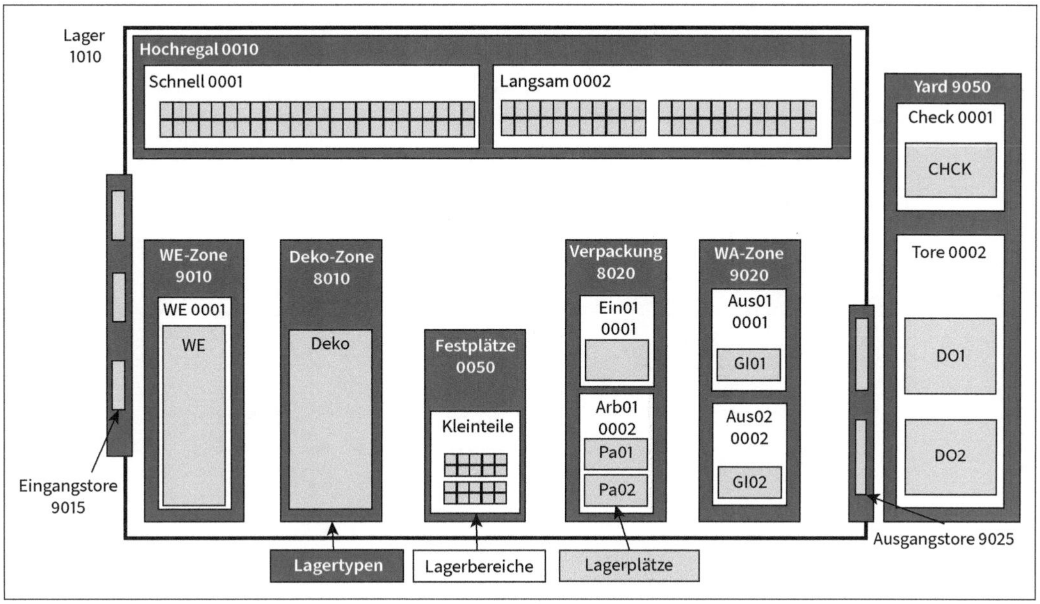

Abbildung 1.6: Organisationsobjekte in EWM und ihre Positionen im Lager

1.2 Deployment-Optionen

In diesem Abschnitt betrachten wir die verschiedenen Deployment-Optionen sowie weitere lizenzrelevante Themen. Grundsätzlich haben Sie die Flexibilität, Ihr System entsprechend Ihren Anforderungen zu betreiben. Die erste grundlegende Entscheidung betrifft den Betriebsort: Möchten Sie Ihr System auf eigener Hardware (On-Premise) oder in der Cloud betreiben?

SAP verfolgt hierbei eine klare Cloud-First-Strategie, die das Ziel hat, Kundensysteme spätestens alle zwei Jahre auf ein aktuelles Release heben zu können, um die internen Wartungskosten zu senken. Für Sie als Kundschaft bedeutet das: Sie profitieren zeitnah von neuen Funktionen und Innovationen.

Relevante Deployment-Optionen sind die folgenden (siehe auch Abbildung 1.7):

- SAP S/4HANA (also On-Premise) oder SAP S/4HANA Cloud Private Edition mit embedded EWM
- SAP S/4HANA oder SAP S/4HANA Cloud Private Edition mit dezentralem EWM
- SAP S/4HANA oder SAP S/4HANA Cloud Public Edition mit dezentralem EWM
- Nicht-SAP-ERP mit dezentralem EWM

Falls Sie SAP S/4HANA Cloud Public Edition nutzen, haben Sie auch die Möglichkeit, innerhalb dieses Systems das Warehousing zu nutzen. Das Warehousing ist ursprünglich ein embedded EWM, jedoch mit reduziertem Funktionsumfang.

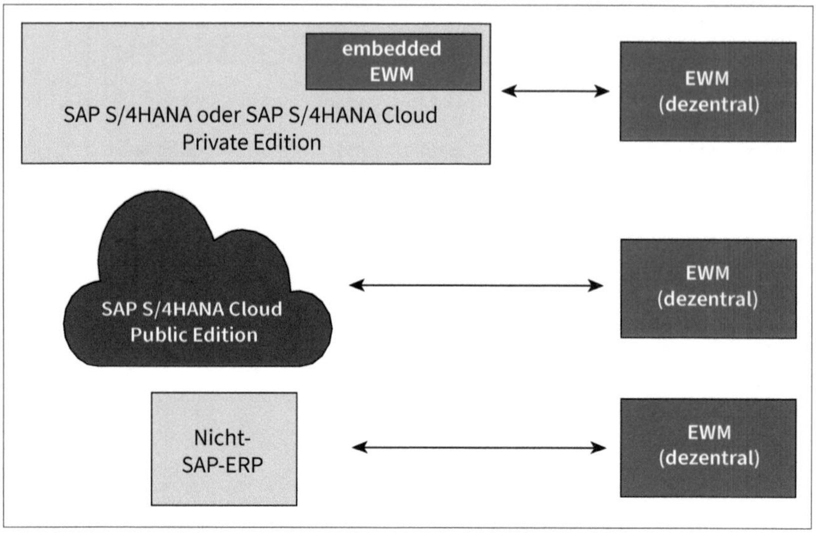

Abbildung 1.7: Deployment-Optionen

Gehen wir nun kurz auf die Unterschiede zwischen den jeweiligen Optionen ein.

1.2.1 SAP S/4HANA oder SAP S/4HANA Cloud Private Edition mit embedded EWM

Mit dem embedded EWM nutzen Sie Ihr EWM auf demselben SAP-S/4HANA-Server wie ihr SAP-S/4HANA-System. Im Gegensatz zum dezentralen EWM benötigen Sie keine weitere zwei- oder dreistufige Systemlandschaft. Darüber hinaus bietet Ihnen das embedded EWM weitere Vorteile:

- Reduzierung von EWM-Belegen
- Kein Systemwechsel notwendig
- Keine Stamm-, Beleg- und Buchhaltungsdatenreplikation
- Keine PSP-Elemente/Stammdatenreplikation
- Reduzierung des Customizing-Aufwands, da die Redundanz zwischen den Systemen nicht notwendig ist
- Einfachere QM-Integration
- Starke Produktionsintegration
- Bestimmte integrative Funktionen werden von SAP zuerst im embedded EWM und später im dezentralen EWM veröffentlicht

Zu den Einschränkungen des embedded EWM gehören:

- Ist das SAP-S/4HANA-System nicht verfügbar, können keine Warehouse-Prozesse durchgeführt werden

- Limitierung der Performance durch komplexe, automatisierte Materialflusssysteme und eine hohe Anzahl an Lagerbewegungen
- Integration eines anderen SAP-Systems ist nicht möglich

Für das embedded EWM stehen Ihnen die Basic- und die Advanced-Lizenz zur Verfügung. Die Basic-Lizenz ist in der klassischen SAP-S/4HANA-Lizenz enthalten, d. h., es entstehen zunächst keine weiteren Kosten für Sie. Die Unterschiede im Funktionsumfang der beiden Lizenzen sehen Sie in Tabelle 1.1.

Funktionalität	Basic	Advanced
Wareneingangsprozesse	Ja	Ja
Warenausgangsprozesse	Ja	Ja
Interne Lagerprozesse	Ja	Ja
Layout- bzw. prozessorientierte Lagerungssteuerung	Ja	Ja
Inventurprozesse	Ja	Ja
Handling Unit (HU) Management	Ja	Ja
Reporting	Ja	Ja
Bestandsübersicht und -steuerung	Ja	Ja
Ressourcenmanagement	Nein	Ja
Materialflusssystem	Nein	Ja
Wellenmanagement	Nein	Ja
Yard-Management	Nein	Ja
Arbeitsmanagement	Nein	Ja
Kitting	Nein	Ja
Verpackungsplanung	Nein	Ja
Logistische Zusatzleistungen	Nein	Ja
Dock Appointment Scheduling	Nein	Ja
Lagerreorganisation	Nein	Ja
Lagerleistungsabrechnung	Nein	Ja

Tabelle 1.1: Funktionsumfang der Basic- und Advanced-Lizenz im Vergleich

1.2.2 SAP S/4HANA oder SAP S/4HANA Cloud Private Edition mit dezentralem EWM

Das dezentrale EWM bildet die älteste Deployment-Option. Dabei wird eine Verbindung zwischen Ihrem ERP- bzw. SAP-S/4HANA-System und EWM über CIF- oder IDOC-Schnittstellen aufgebaut. Für Ihre Serverlandschaft bedeutet das eine zusätzliche zwei- oder dreistufige Systemlandschaft. EWM kann sowohl On-Premise als auch in der Cloud betrieben werden. Bis 2027 besteht noch die Möglichkeit, EWM mit SAP SCM zu betreiben. Da SAP SCM jedoch bereits abgekündigt wurde und nicht mehr zu SAPs Strategie gehört, gehen wir hier nicht weiter darauf ein.

Folgende Vorteile ergeben sich aus der Nutzung des dezentralen EWMs:

- Die Integration eines anderen SAP-Systems ist möglich.
- Die Integration eines Nicht-SAP-ERP-Systems ist möglich.
- Die Verarbeitung und Durchführung von Warehouse-Prozessen während eines Ausfalls des ERP-Systems ist möglich.
- Bei performance-lastigen Anwendungen, wie z. B. Automatisierungen oder Materialflusssystemen, gibt es keine globalen Performance-Einschränkungen des ERP-Systems.
- Mehrere SAP-ERP-/SAP-S/4HANA- oder SAP-S/4HANA-Public-Cloud-Systeme können an ein dezentrales EWM-System angebunden werden.
- Unabhängige Aktualisierungen des ERP- und des EWM-Systems sind möglich.

Folgende Nachteile ergeben sich aus der Nutzung des dezentralen EWMs:

- Es entstehen erhöhte Kosten für die Implementierung und Wartung des Systems.
- Fehlerhafte bzw. unvollständige Datensätze können in der Datenreplikation zu Schnittstellenproblemen führen. Dies kann Geschäftsprozesse blockieren und die Behebung bindet Ressourcen.

Das dezentrale EWM ist immer voll zu lizenzieren, deshalb gibt es hier keine Unterschiede zwischen Basic- und Advanced-Lizenz wie beim embedded EWM.

1.2.3 SAP S/4HANA Cloud Public Edition mit dezentralem EWM

SAP S/4HANA Cloud Public Edition beinhaltet ein eigenständiges Warehouse. Sind dessen Funktionen nicht ausreichend, besteht die Möglichkeit, ein dezentrales EWM an das Public-Cloud-System anzubinden.

Ab dem Release-Stand 2508 des Public-Cloud-Systems bestehen unterschiedliche Möglichkeiten für die Anbindung eines dezentralen EWMs (siehe Abbildung 1.8), das hierfür mindestens das Release 2023 FPS0 haben muss.

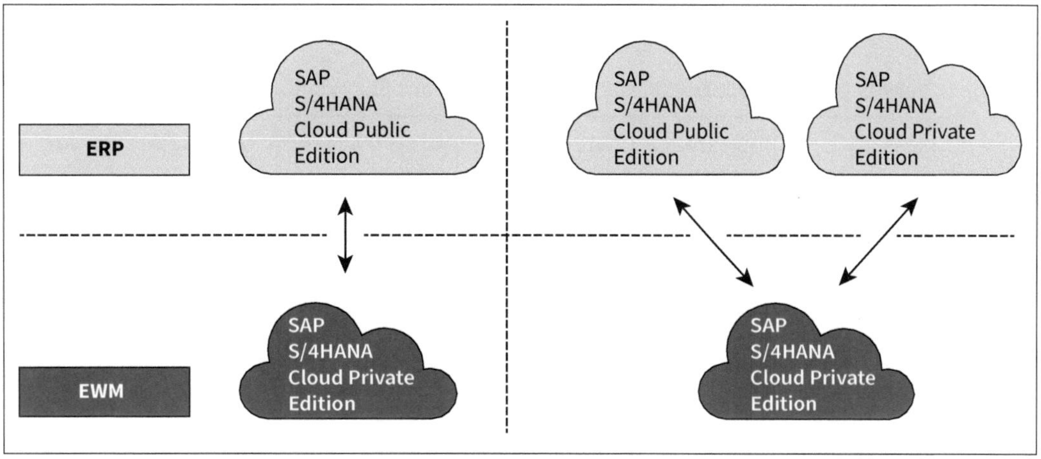

Abbildung 1.8: Deployment-Optionen in der Public Cloud

Die Vor- und Nachteile dieser Lösung entsprechen denen, die wir bereits in Abschnitt 1.2.2, »SAP S/4HANA oder SAP S/4HANA Cloud Private Edition mit dezentralem EWM«, beschrieben haben. Zusätzliche Restriktionen dieser Lösung sind die folgenden:

- Das Handling Unit Management erfolgt ausschließlich in EWM. SAP S/4HANA Cloud Public Edition verwaltet keine HUs bzw. keine Übertragung der HUs in Lieferobjekte.
- Serialnummern können nur auf Dokumenten- und Platzlevel in integrativen Szenarien verwendet werden.
- Die Integration von SAP-LE-TRA-Transporten mithilfe des IDoc-Typs SHPMNT05 ist nicht vorgesehen.
- Advanced-Shipping-and-Receiving-Szenarien werden nicht unterstützt.

Einschränkungen der Lösung

Weitere Informationen zu den Einschränkungen dieser Lösung finden Sie im SAP-Hinweis 3376453.

1.2.4 Wichtige SAP-Hinweise

Tabelle 1.2 gibt Ihnen einen Überblick über zentrale SAP-Hinweise, die wertvolle Informationen für die Echtzeit-Implementierung eines EWM-Projekts liefern. Diese Hinweise enthalten detaillierte Anleitungen, bewährte Best Practices sowie praxisnahe Empfehlungen zur Fehlerbehebung. Sie unterstützen Sie dabei, die Implementierung von EWM effizient und erfolgreich umzusetzen.

SAP-Hinweis	Beschreibung
1606493	Best Practices für EWM Deployment-Optionen
3376453	Release-Informationen und Einschränkungen für dezentrales EWM auf S/4HANA 2023
1896197	Systemempfehlungen für EWM: Hinweise zur Systemdimensionierung
2782080	Übersicht über Leitfäden und Best-Practices-Dokumente für EWM
1423066	Optimierung der Performance in EWM
3140478	IDoc-Integration für Nicht-SAP-ERP-Systeme und dezentrales EWM in SAP S/4HANA
3048632	Informationen und Einschränkungen für mobile Datenterminals in der Lagerverwaltung in SAP S/4HANA Cloud oder EWM in SAP S/4HANA On-Premise
3369482	EWM Integration with SAP TM: Insights on transportation management
2993430	SAP S/4HANA EWM – Best-Practices-Inhalte
3629180	SAP S/4HANA Cloud Public Edition 2508 – unterstützte Prozesse

Tabelle 1.2: Wichtige SAP-Hinweise

1.3 Zusammenfassung

In diesem Kapitel haben Sie einen kompakten Überblick über EWM – das moderne Lagerverwaltungssystem von SAP – erhalten. Sie haben erfahren, wie EWM als strategisches Steuerungsinstrument in globalen Lieferketten agiert und dabei Effizienz, Transparenz und Wettbewerbsfähigkeit vereint. Wir haben Ihnen gezeigt, wie sich das Produkt historisch entwickelt hat – von den Anfängen mit SAP WM über die dezentrale Architektur bis hin zur heutigen Integration in SAP S/4HANA.

Sie haben die zentralen Funktionen von EWM kennengelernt, darunter Cros Docking, Yard Management und logistische Zusatzleistungen. Zudem haben wir die nahtlose Integration mit anderen SAP-Modulen wie Materialwirtschaft, Vertrieb, Produktion, Qualitätsmanagement und Transportmanagement erläutert und aufgezeigt, wie diese Verknüpfungen Ihre Prozesse optimieren.

Ein weiterer Schwerpunkt lag auf den verschiedenen Deployment-Optionen: Sie haben erfahren, welche Vor- und Nachteile die embedded und die dezentrale EWM-Variante jeweils mit sich bringen und welche Lizenzmodelle (Basic vs. Advanced) für Sie relevant sind. Abschließend haben wir Ihnen einen Überblick über die wichtigsten SAP-Hinweise gegeben, die Sie bei der Implementierung und Systemoptimierung unterstützen.

Dieses Kapitel hat den Grundstein für Ihr Verständnis von EWM gelegt – praxisnah, strukturiert und mit Blick auf die Anforderungen moderner Lagerlogistik.

Kapitel 2

Grundlagen der technischen Integration

In diesem Kapitel zeigen wir Ihnen die technische Integration und die notwendigen Schritte für die verschiedenen Deployment-Optionen, sodass Sie im Anschluss die Integration von EWM mit SAP S/4 HANA eigenständig vornehmen können.

Mit der technischen Integration von SAP Extended Warehouse Management (EWM) beginnt für Sie der Einstieg in eine neue Systemwelt. Bereits vor dem Start haben Sie sich für eine passende Deployment-Option entschieden – die Unterschiede und Entscheidungsgrundlagen hierzu wurden in Kapitel 1 ausführlich erläutert. In diesem Kapitel befassen wir uns mit den möglichen Systemintegrationen von SAP S/4HANA embedded EWM und dezentralem EWM in SAP S/4HANA. Sie erhalten eine Übersicht über die relevanten technischen Unterschiede. In Abschnitt 2.1, »Embedded EWM anbinden«, erhalten Sie einen praxisorientierten Leitfaden für die Installation Ihres embedded EWMs. Für ein dezentrales EWM in SAP S/4HANA finden Sie wichtige Hinweise in Abschnitt 2.2, für ein dezentrales EWM in SAP S/4HANA Public Cloud Edition finden Sie weiterführende Quellen in Abschnitt 2.3. Ziel ist es, Ihnen alle notwendigen Schritte für den Verbindungsaufbau und die Integration Ihres ERP-Systems mit EWM aufzuzeigen.

2.1 Embedded EWM anbinden

Mit dem embedded EWM wird das Modul auf Ihrem SAP-S/4HANA-System implementiert und später genutzt. Zunächst betrachten wir die notwendigen Schnittstellenobjekte, im Anschluss die relevanten BC-Sets und abschließend die Konfiguration für den Kommunikationsaustausch.

2.1.1 Schnittstellenobjekte

Für den Datenaustausch ist weiterhin eine Schnittstelle innerhalb des SAP-S/4HANA-Systems erforderlich. Die Kommunikation zwischen den Systemen erfolgt dabei über die *qRFC-Technologie* (queued Remote Function Call). Diese SAP-eigene Methode ermöglicht eine zuverlässige und effiziente Datenübertragung zwischen Systemen, indem sie Daten in geordneten Stapeln überträgt. Dadurch wird das Risiko von Datenverlusten oder Übertragungsfehlern deutlich reduziert.

Im Kontext von embedded EWM umfasst der Datenaustausch insbesondere Bewegungsdaten wie Warenbewegungen, Bestandsaktualisierungen und Lageroperationen. Durch den Einsatz von qRFC können Transaktionsdaten aus SAP S/4HANA zeitnah und präzise an das embedded EWM übermittelt werden. Dies gewährleistet eine nahtlose Integration beider Systeme und ermöglicht einen Echtzeit-Überblick über Lagerprozesse und Bestände.

Stammdaten wie der Materialstamm, Geschäftspartner, Chargen und Chargenklassifizierungen müssen in embedded EWM nicht über das Core Interface (CIF) oder per IDOC übertragen werden. Es finden auch keine Replikationen von Account-Objekten statt. Stattdessen greift EWM direkt auf die bestehenden Objektstrukturen im SAP-S/4HANA-System zurück, was den Integrationsaufwand reduziert und die Datenkonsistenz erhöht (siehe Abbildung 2.1).

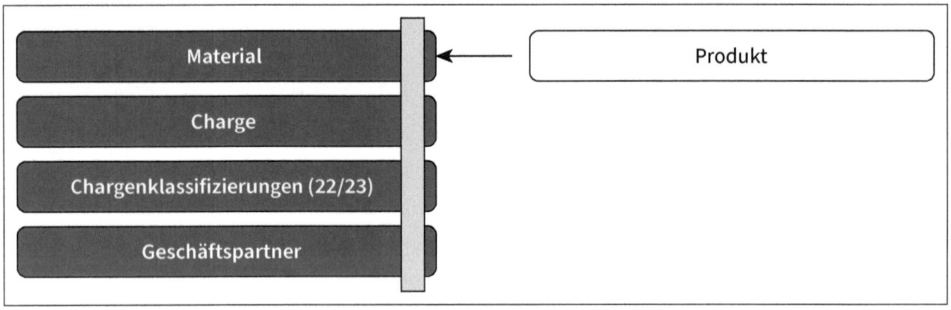

Abbildung 2.1: Datenaustausch in embedded EWM

2.1.2 Business-Configuration-Sets

Mit den *Business-Configuration-Sets* (BC-Sets) haben Sie die Möglichkeit, SAP-Standardeinstellungen effizient in Ihr bestehendes System zu übernehmen. Dieser Schritt ist insbesondere dann empfehlenswert, wenn Sie sich nach einer erfolgreichen SAP-S/4HANA-Konversion für die Implementierung von EWM entschieden haben. In solchen Fällen fehlen die relevanten Objekte im System und müssen nachgeladen werden.

Bei einer Greenfield-Implementierung hingegen ist dieser Schritt nicht erforderlich, da die benötigten Objekte bereits im SAP-Standardumfang enthalten sind und somit automatisch mit ausgeliefert werden.

Spielen Sie die BC-Sets mit der Transaktion **SCPR20 – Aktivierung von BC-Sets** ein. Geben Sie hierzu die BC-Sets gemäß der Reihenfolge in Tabelle 2.1 ein. Bestätigen Sie abschließend mit [F7]. Sofern Sie eine Lagernummer eingeben müssen, wählen Sie die Lagernummer **0001** aus.

BC-Sets	Beschreibungstext
/SCWM/BASICS	Basisdaten – Lagernummernabhängig
/SCWM/NR	Nummernkreise
/SCWM/BASIC_WHS_INDEP	Basisdaten – Lagernummernunabhängig
/SCWM/PROCESS	Prozessübergreifendes Customizing
/SCWM/HU_TYP	HU-Typen
/SCWM/HU_TYPE_WHS_NUMBER	HU-Typen pro Lagernummer
/SCWM/BASIC_WHS_HU	Basisdaten – Handling Units
/SCWM/DLV_STANDARD	Lieferabwicklung im EWM – Standardprozesse
/SCWM/EXCEPTION	Ausnahmebehandlung
/SCWM/EXCEPTION_CODE_EXPA	Ausnahmecode für nicht zu verpackende Produkte definieren
/SCWM/BASIC_NUMBER_RANGES	Nummernkreise Lagernummerabhänging
/SCWM/BASIC_PRODUCT_WC	Basisdaten – Produkt, Arbeitsplatz
/SCWM/WT_PROCESS_TYPE	Lagerprozessart
/SCWM/WE_PROCESS	WE-Prozess
/SCWM/BASIC_WHS_STRUCTURE	Basisdaten – Struktur
/SCWM/WA_PROCESS	WA-Prozess
/SCWM/INTERNAL_WH_PROCESS	Interne Lagerprozesse
/SCWM/INVENTORY	Inventur
/SCWM/RES	Ressourcenmanagement
/SCWM/SR_BASICS	Warenannahme und Versand – Grundlagen
/SCWM/DLV_INBOUND	Lieferabwicklung EWM – Anlieferung
/SCWM/DLV_INBOUND_PROD	Lieferabwicklung EWM – Anlieferung WE Produktion
/SCWM/DLV_OUTBOUND	Lieferabwicklung EWM – Auslieferung

Tabelle 2.1: BC-Sets

BC-Sets	Beschreibungstext
/SCWM/DLV_OUTBOUND_PS_COM_TYPE	EWM Ausgang für Produktionsversorgung – gemeins. gen. Elem.
/SCWM/DLV_OUTBOUND_PS_COM_PROF	Lieferabwicklung in EWM – Produktionsversorgung für Auftrag
/SCWM/DLV_OUTBOUND_PS_ORDER	Lieferabwicklung – Produktionsversorgung für Auftrag
/SCWM/DLV_OUTBOUND_PS_KANBAN	Lieferabwicklung – Produktionsversorgung für Kanban
/SCWM/DLV_OUTBOUND_PS_ORDER_PROF	Lieferabwicklung in EWM – Produktionsversorgung für Auftrag
/SCWM/DLV_OUTBOUND_PS_ORDER_TYPE	EWM Ausgang für Produktionsversorgung – auftragsspezifisch
/SCWM/PMR_CROSS_ORDER	Produktionsmaterialanforderung für auftragsübergr. Teile
/SCWM/PMR_ITEM_SINGLE_ORDER	PMA: Positionsart auftragsspezifische Teile
/SCWM/PMR_ITEM_MES_DRIVEN	ProdMaterialanford.: Positionsart MES-gesteuerte Bereitst.
/SCWM/DLV_ERP_INTEGRATION	Lieferabwicklung im EWM – ERP-Integration Standardprozesse
/SCWM/DLV_TRANSFER_POSTING	Lieferabwicklung in EWM – Umbuchung
/SCWM/DLV_TRANSFER_PS_ORDER	Lieferabwicklung – Umlagerung für Produktionsversorgung
/SCWM/DLV_TRANSFER_PS_KANBAN	Lieferabwicklung – Umlagerung Produktionsversorgung (Kanban)
/SCWM/PROD_SUPPLY_1	Produktionsversorgung: Schritt 1
/SCWM/WT_PROCESS_TYPE_FIND	Lagerprozessart ermitteln

Tabelle 2.1: BC-Sets (Forts.)

2.1.3 Konfiguration des Kommunikationsaustauschs

Betrachten wir nun die notwendigen Schritte für die technische Anbindung. Hierbei unterscheiden wir zwischen systembezogenen Einstellungen und systemunabhängigen Einstellungen.

Systemunabhängige Einstellungen

Starten wir mit dem Customizing für die Integration von EWM und ERP-System.

1. **Lagernummer WM anlegen**

   Die Lagernummer WM dient dem Datenaustausch und der Aktivierung auf Lagerortebene. Springen Sie hierzu in den folgenden IMG-Pfad: **Unternehmensstruktur • Definition • Logistics Execution • Lagernummer definieren**. Erfassen Sie eine neue Lagernummer mit einem Klick auf **Neue Einträge** und hinterlegen Sie Ihre Lagernummer und Bezeichnung. Klicken Sie abschließend auf **Sichern** (siehe Abbildung 2.2).

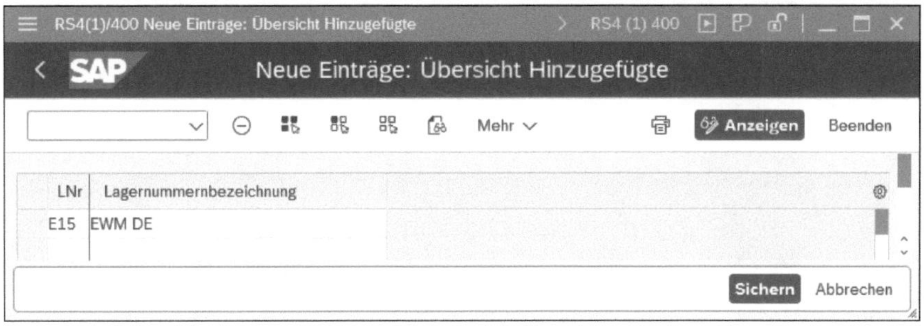

Abbildung 2.2: Lagernummer WM

2. **Lagerorte erstellen**

   Erstellen Sie nun die notwendigen Lagerorte für EWM. Springen Sie hierzu in den folgenden IMG-Pfad: **Unternehmensstruktur • Definition • Materialwirtschaft • Lagerort pflegen**. Wählen Sie Ihr **Werk** aus und bestätigen Sie dies mit [↵]. Erfassen Sie Ihre notwendigen Lagerorte mit einem Klick auf **Neue Einträge** und hinterlegen Sie Ihre Lagerorte und Lagerortbezeichnungen. Klicken Sie abschließend auf **Sichern** (siehe Abbildung 2.3).

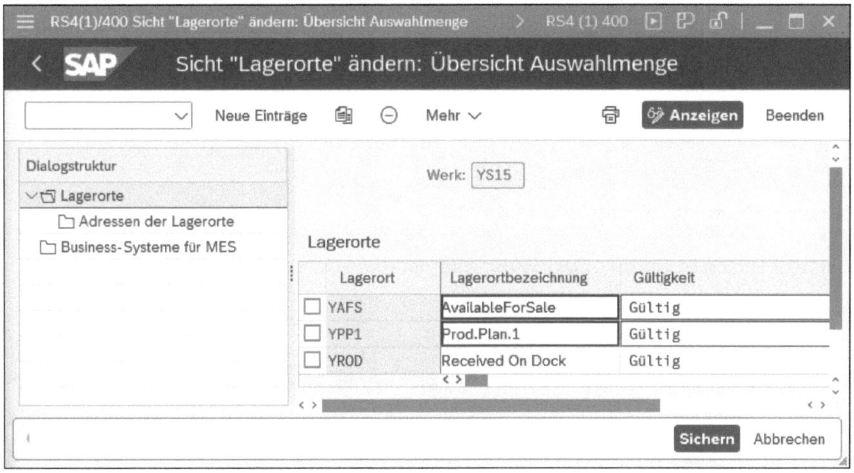

Abbildung 2.3: Lagerorte pflegen

3. **Lagernummer zu Werk und Lagerort zuordnen**

   Ordnen Sie nun Ihre Lagerorte und Lagernummer zum Werk zu. Wechseln Sie hierzu zum folgenden IMG-Pfad: **Unternehmensstruktur • Zuordnung • Materialwirtschaft • Logistics Execution • Lagernummer zu Werk und Lagerort zuordnen**. Erfassen Sie mit einem Klick auf **Neue Einträge** entsprechende Werte und klicken Sie anschließend auf **Sichern** (siehe Abbildung 2.4).

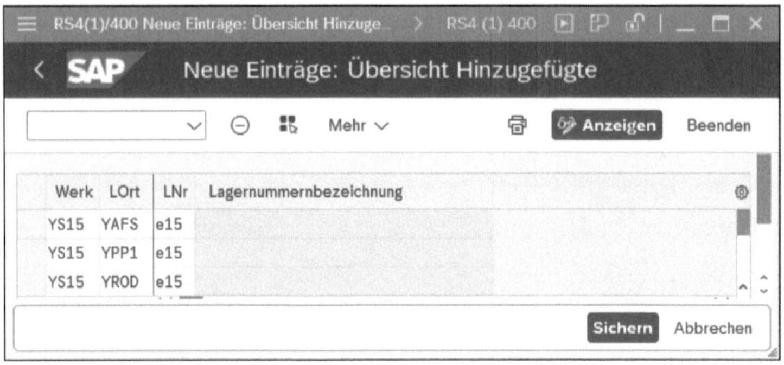

Abbildung 2.4: Lagernummer zu Werk und Lagerort zuordnen

4. **EWM-Lagernummer anlegen**

   Kopieren Sie nun die bestehende EWM-Lagernummer und Ihre Einstellungen. Springen Sie dazu im Customizing zu: **SCM Extended Warehouse Management • Extended Warehouse Management • Prozessübergreifende Einstellungen • Lagernummer-Customizing kopieren**. Wählen Sie die Quell-Lagernummer **0001** und Ihre Ziel-Lagernummer aus. Anschließend kopieren Sie diese mit [F8] (siehe Abbildung 2.5).

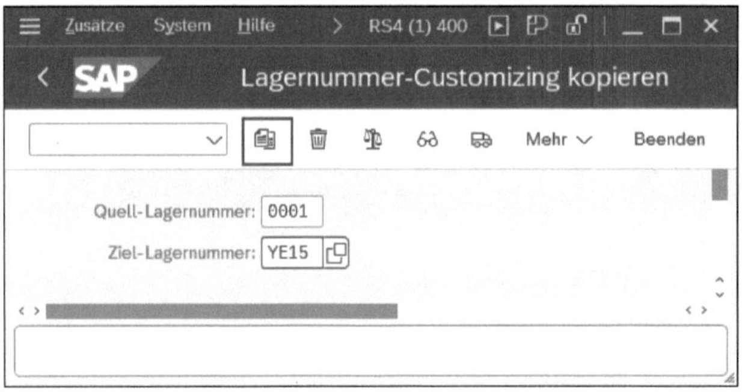

Abbildung 2.5: Lagernummer-Customizing kopieren

5. **Lagernummer definieren**

   Ändern Sie nun die Beschreibung Ihrer Lagernummer und pflegen Sie ggf. Übersetzungen (siehe Abbildung 2.6). Wechseln Sie dazu im IMG zu: **SCM Extended Warehouse Management • Extended Warehouse Management • Stammdaten • Lagernummer definieren.**

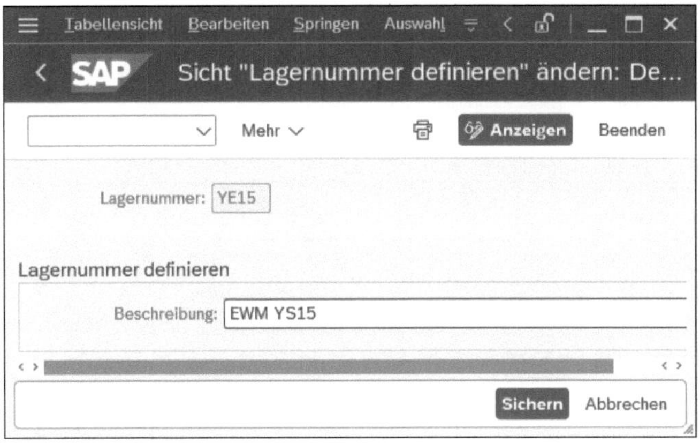

Abbildung 2.6: Lagernummer definieren

6. **Lagernummern aus »Logistics Execution« zuordnen**

   Mappen Sie nun die WM-Lagernummer zur EWM-Lagernummer. Springen Sie dazu im Customizing zu: **SCM Extended Warehouse Management • Extended Warehouse Management • Schnittstellen • ERP-Integration • Allgemeine Einstellungen • Lagernummern aus Logistics Execution zuordnen**. Erfassen Sie mit einem Klick auf **Neue Einträge** die WM-Lagernummer und Lagernummer. Klicken Sie abschließend auf **Sichern** (siehe Abbildung 2.7).

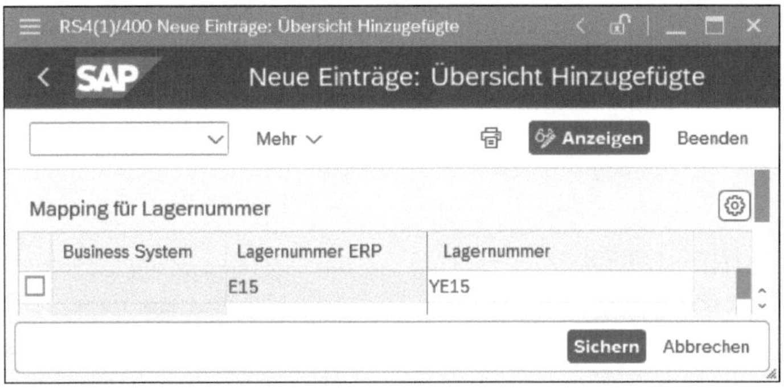

Abbildung 2.7: Lagernummern aus »Logistics Execution« zuordnen

7. **EWM-spezifische Parameter konfigurieren**

   Pflegen wir nun die EWM-spezifischen Parameter. Wechseln Sie dazu zum folgenden IMG-Pfad: **Logistics Execution • Integration Extended Warehouse Management • Grundkonfiguration der Anbindung • SAP-EWM-spezifische Parameter konfigurieren.** Erfassen Sie nun die Einstellungen für Ihre WM-Lagernummer, wie in Abbildung 2.8 gezeigt. Setzen Sie in den Feldern die Parameter aus Tabelle 2.2.

Feld	Parameter
Extern.WM	EWM (Extended Warehouse Management)
Vert.modus	Verteilung sofort bei Belegerstellung
UL	
ChrFndEWM	X
WE aus EWM	
Komm.extLv	Asynchroner RFC mit Queue
LiefÄnd	X
SN dez WMS	X
Kundenbestand	Lieferungserstellung verhindern

Tabelle 2.2: EWM-spezifische Parameter

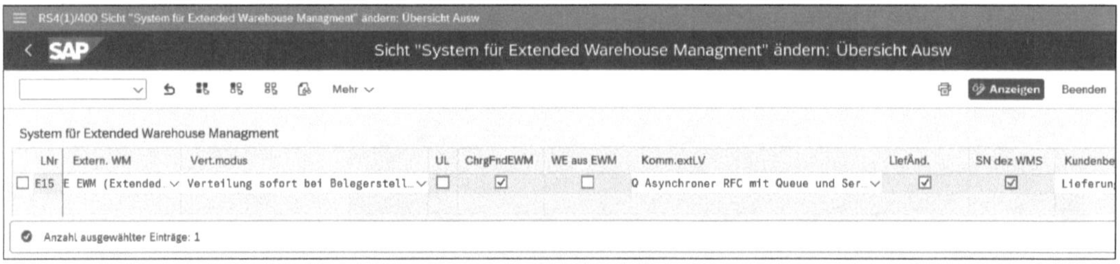

Abbildung 2.8: SAP-EWM-spezifische Parameter konfigurieren

8. **Vorschlagswerte für Lieferungen definieren**

   Im nächsten Schritt pflegen Sie die Vorschlagswerte für die Lieferungen. Beachten Sie hierbei, dass Ihr Werksgeschäftspartner eine Debitorennummer und eine Lieferantennummer benötigt. Springen Sie dazu in den folgenden IMG-Pfad: **Logistics Execution Integration dezentrales WMS • Zentrale Abwicklung • Applikation • Bestandsführungsschnittstelle und lieferrelevante Daten • Vorschlagswerte für Lieferungen definieren**. Wählen Sie Ihre WM-Lagernummer mit einem Doppelklick aus und erfassen Sie in den entsprechenden Feldern den Warenempfänger, den Lieferanten, die Versandstelle, die Verkaufsorganisation, den Vertriebsweg und die Sparte (siehe Abbildung 2.9).

9. **Lieferungssplit nach Lagernummer und Beleg aktivieren**

   Aktivieren Sie nun im nächsten Schritt den Liefersplit für Lagernummer und Belegarten. Wechseln Sie hierzu zum folgenden IMG-Pfad: **Logistics Execution • Versand •**

Lieferungen • Splitkriterien für Lieferungen definieren • Lieferungssplit nach Lagernummern und wählen Sie **Lieferungssplit pro Lagernummer festlegen** aus. Setzen Sie nun für Ihre Lagernummer das Kennzeichen bei **Lief.split nach Lagernummer** (siehe Abbildung 2.10), und klicken Sie abschließend auf **Sichern**.

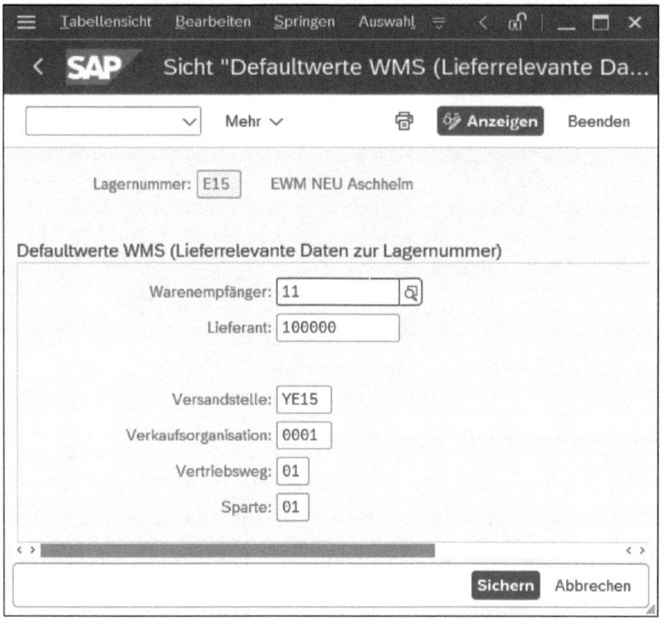

Abbildung 2.9: Vorschlagswerte für Lieferungen definieren

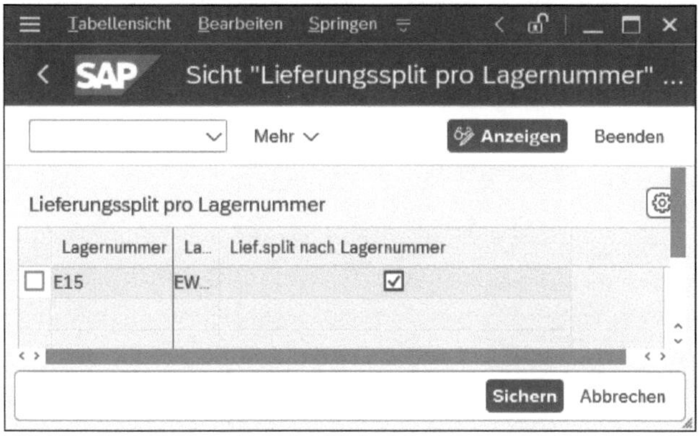

Abbildung 2.10: Lieferungssplit pro Lagernummer aktivieren

Gehen Sie nun mit F3 zurück und wählen Sie **Lieferungssplit pro Lieferart festlegen** aus. Setzen Sie für alle Ihre Lieferarten das Kennzeichen in der Spalte **Liefersplit Lagernr.** (siehe Abbildung 2.11) und klicken Sie abschließend auf **Sichern**.

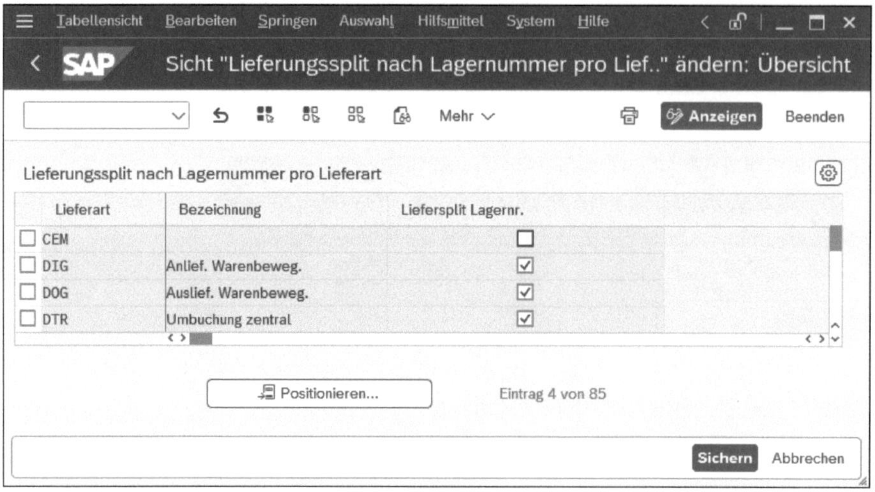

Abbildung 2.11: Lieferungssplit nach Lagernummer pro Lieferart aktivieren

10. **Lagerorte aus dem ERP-System in EWM abbilden**

    Im nächsten Schritt bilden Sie Ihre ERP-Lagerorte in EWM ab. Springen Sie dazu in den Customizing-Pfad: **SCM Extended Warehouse Management • Extended Warehouse Management • Schnittstellen • ERP-Integration • Warenbewegungen • Lagerorte aus dem ERP-System in EWM abbilden**. Legen Sie neue Einträge für Ihre Lagerorte an. Beachten Sie hierbei, dass für alle logischen Systeme (DEV, Q, P) ein Eintrag benötigt wird (siehe Abbildung 2.12). Nach Eingabe Ihrer Daten klicken Sie auf **Sichern**.

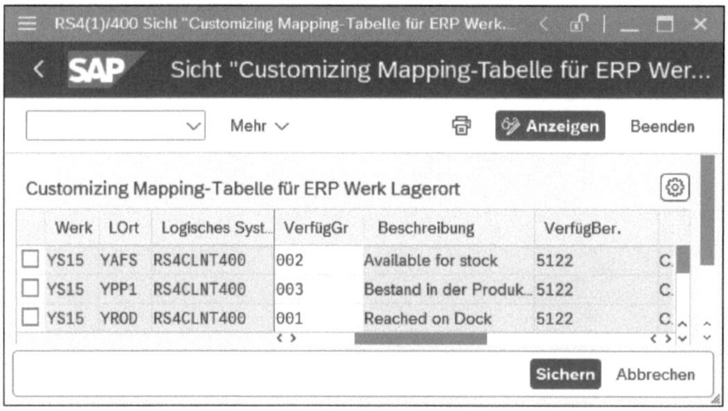

Abbildung 2.12: Lagerorte aus dem ERP-System in EWM abbilden

11. **Referenzbelegnummer aus dem ERP-System als Belegnummer in EWM verwenden**

    Im nächsten Schritt legen Sie fest, dass die ERP-Referenzbelegnummer als Belegnummer verwendet wird. So können Sie in EWM mit den gleichen Belegnummern arbeiten wie im ERP-System. Für Anlieferungen erfolgt dieser Schritt unter: **SCM Extended**

Warehouse Management • Extended Warehouse Management • Wareneingangsprozess • Anlieferung • Belegarten für den Anlieferungsprozess definieren. Wählen Sie hier Ihre Belegarten aus und setzen Sie das Kennzeichen bei **ERP-RefNr. ist BlgNr** (siehe Abbildung 2.13). Nach dem Klick auf **Sichern** wiederholen Sie diesen Schritt für Auslieferungen. Wechseln Sie dafür zu: **SCM Extended Warehouse Management • Extended Warehouse Management • Warenausgangsprozess • Auslieferung • Belegarten für Auslieferungsprozess definieren.**

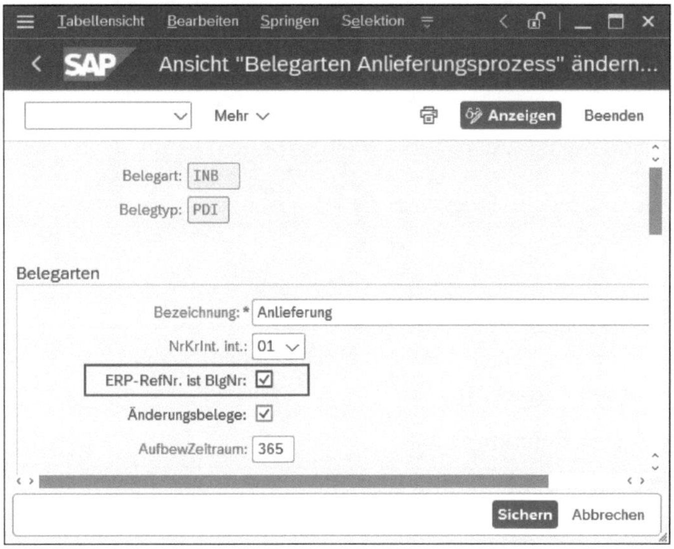

Abbildung 2.13: ERP-Referenzbelegnummer als Belegnummer in EWM verwenden

12. **RFC-Queues steuern**

    Pflegen Sie abschließend die RFC-Verbindung zu Ihrem Business-System. Springen Sie im Customizing zu: **SCM Extended Warehouse Management • Extended Warehouse Management • Schnittstellen • ERP-Integration • Allgemeine Einstellungen • Steuerung der RFC-Queues.** Tragen Sie nach einem Klick auf **Neue Einträge** folgende Werte für Ihr Business-System ein (siehe Abbildung 2.14):

    - **Queue-Typ**: »Inbound Queues«
    - **Aggr. Einzel-Queues**: »Keine Agregation«
    - **Massen-Q Acti.**: »Massenqueue deaktiviert (=> Einzelqueues)«
    - **Paral. Massen-Queues**: »1«

    Klicken Sie abschließend auf **Sichern.**

    Falls Sie noch kein Business-System haben, führen Sie zunächst die Schritte unter den systemabhängigen Einstellungen (siehe folgender Abschnitt) durch.

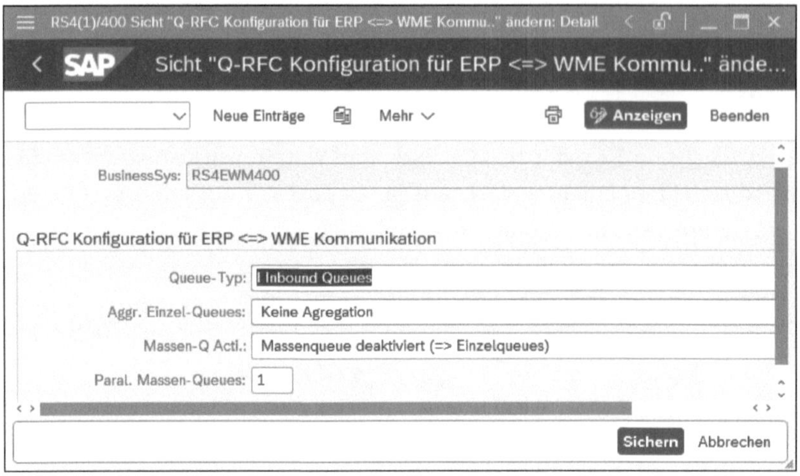

Abbildung 2.14: Steuerung der RFC-Queues

Systemabhängige Einstellungen

Starten wir mit den systemabhängigen Einstellungen, die in jedem System bzw. Mandanten von Ihnen angelegt werden müssen.

1. **Eigenes Business-System definieren**

   Erstellen Sie eine Business-System-ID im folgenden IMG-Pfad: **SCM Extended Warehouse Management • Extended Warehouse Management • Schnittstellen • ERP-Integration • Allgemeine Einstellungen • Eigenes Business-System definieren**. Erfassen Sie über **Neue Einträge** eine ID mit SID + CLNT + Mandant und klicken Sie abschließend auf **Sichern** (siehe Abbildung 2.15).

   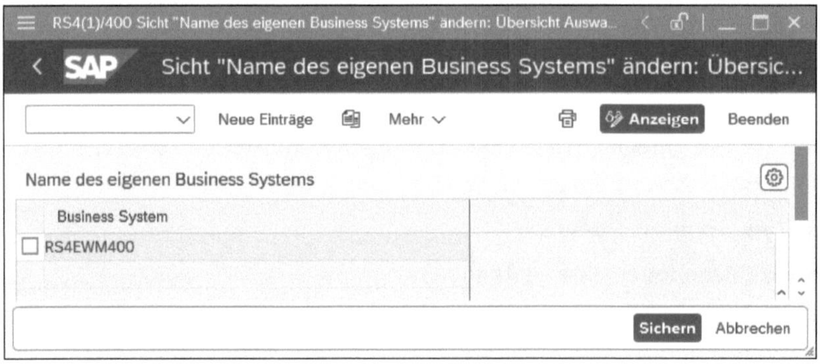

   Abbildung 2.15: Eigenes Business-System definieren

2. **Business-System definieren**

   Im nächsten Schritt mappen Sie das Business-System mit Ihrem logischen System. Wechsel Sie hierfür zu: **SCM Extended Warehouse Management • Extended Warehouse Management • Schnittstellen • ERP-Integration • Allgemeine Einstellungen •**

Business-System definieren. Erfassen Sie hier über **Neue Einträge** unter **BusinessSys** Ihr Business-System und hinterlegen Sie Ihr logisches System im Feld **Logisches System**. Klicken Sie abschließend auf **Sichern** (siehe Abbildung 2.16).

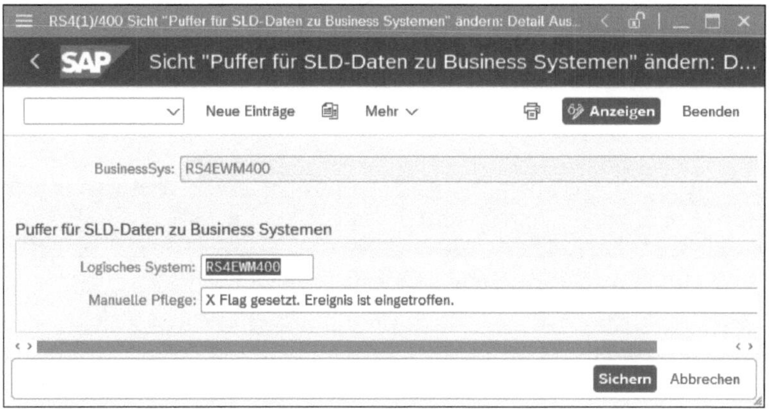

Abbildung 2.16: Business-System definieren

> **Logisches System finden**
> Ihr logisches System finden Sie auch in der Tabelle **T000** im Feld **LOGSYS**.

3. **RFC-Destination zu logischem System zuordnen**

   Danach ordnen Sie Ihrem logischen System eine RFC-Verbindung zu. Öffnen Sie hierzu die Transaktion **BD97 – Zuordnen RFC-Dest. zu log. Systemen**. Wählen Sie Ihr logisches System aus und betätigen Sie F5. Hinterlegen Sie die RFC-Destination Ihres lokalen Systems (siehe Abbildung 2.17).

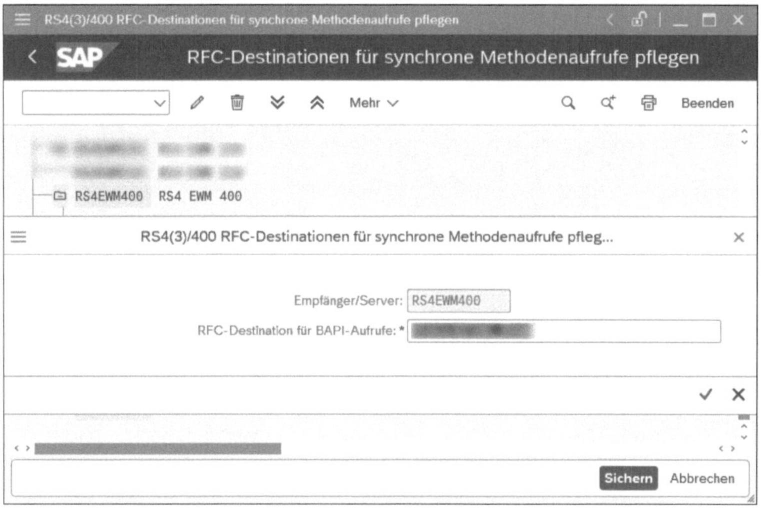

Abbildung 2.17: RFC-Destination zu logischem System zuordnen

4. **Registrierung der Eingangsqueues**

   Registrieren Sie nun die Queues in der Transaktion **SMQR**. Klicken Sie auf **Registrierung** oder drücken Sie F6. Erfassen Sie die folgenden Queues (siehe Abbildung 2.18):

   - DLV
   - DLW
   - EWM
   - PR
   - QI
   - QS
   - WM

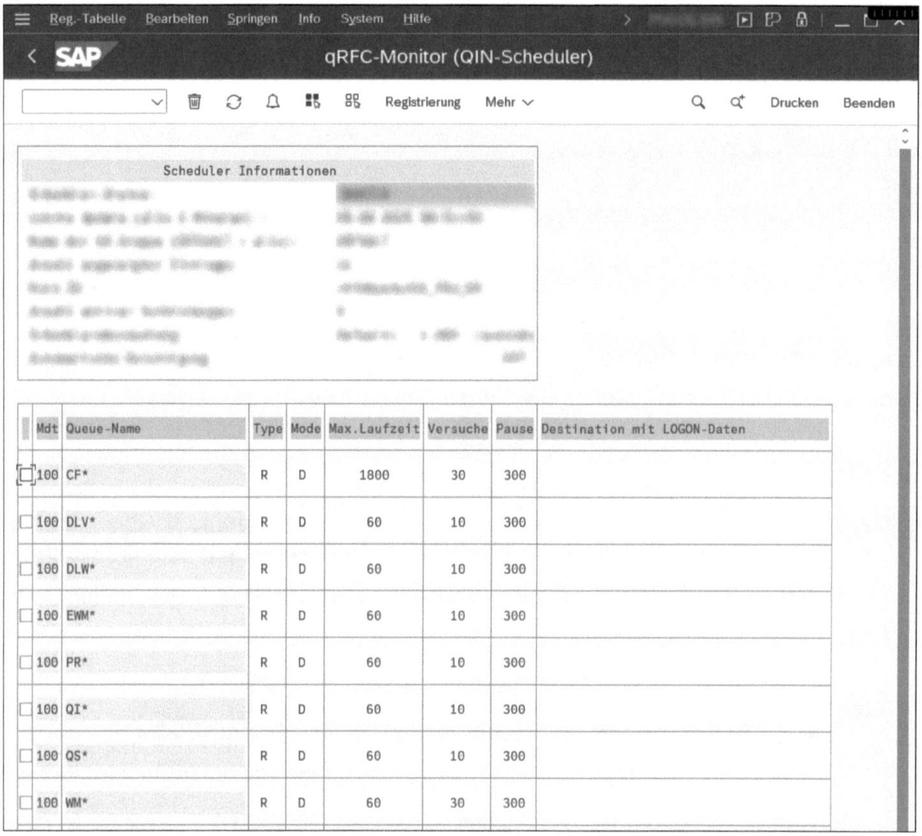

Abbildung 2.18: Registrierung der Eingangsqueues

5. **Registrierung der Destinationen**

   Im nächsten Schritt registrieren Sie die Destination. Öffnen Sie hierzu die Transaktion **SMQS – Registrierung der Destinationen**. Klicken Sie auf **Registrierung** oder drücken Sie F6 und wählen Sie Ihre Destination aus. Setzen Sie die Parameter aus Tabelle 2.3 (siehe Abbildung 2.19).

Feld	Parameter
Destination	Ihr System
Max.Verb.	1
Max.Laufzeit	60
Ohne tRFC	
Schedulerüberwachung	0

Tabelle 2.3: Parameter für eine Destination

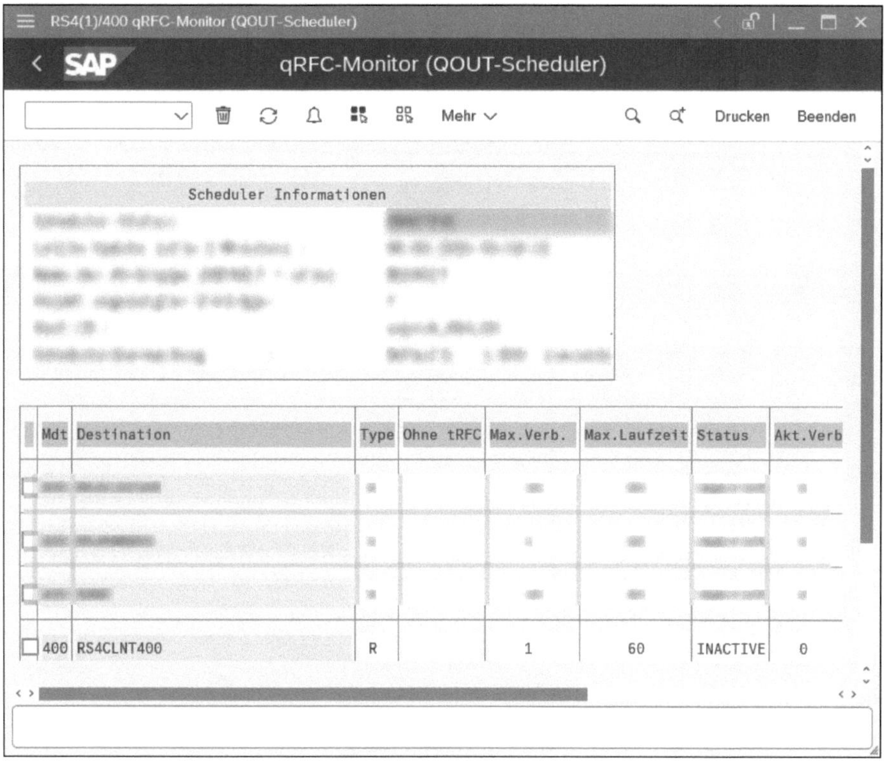

Abbildung 2.19: Registrierung der Destinationen

6. **qRFC-Administration**

   Nun registrieren Sie in der Transaktion **SMQE – qRFC-Administration** ihre Queues. Abbildung 2.20 zeigt, wie Sie je Queue dabei vorgehen. Wählen Sie **Bearbeiten • Anzeigeprog.reg.** und fügen Sie die Werte aus Tabelle 2.4 ein.

Queue-Name	Anzeigeprogrammname
DLV*	/SCWM/QRFC_APPL_LOG_DISPLAY
DLW*	/SPE/QUEUE_DISPLAY_TOOLS
EWM*	/SPE/QUEUE_DISPLAY_TOOLS
QM*	/SPE/QUEUE_DISPLAY_TOOLS
WM*	/SCWM/QRFC_APPL_LOG_DISPLAY

Tabelle 2.4: Queues registrieren

Abbildung 2.20: qRFC-Administration

7. **Queue für die Übernahme in EWM definieren**

   Pflegen Sie nun die Kommunikation über Queues. Springen Sie hierzu in den folgenden IMG-Pfad: **Logistics Execution • Integration Extended Warehouse Management • Grundkonfiguration der Anbindung • Queue für Übernahme in SAP EWM definieren.** Pflegen Sie über **Neue Einträge** Ihren Empfänger und die Parameter gemäß Tabelle 2.5 (siehe Abbildung 2.21). Klicken Sie abschließend auf **Sichern**.

ID	Parameter
Empfänger	Ihr EWM-System
Queue-Typ	Eingangs-Queue
AggrSQueue	Keine Aggregation
MQueue Akt	Massen-Queue deaktiviert
MQueue Par	1

Tabelle 2.5: Parameter für Empfänger

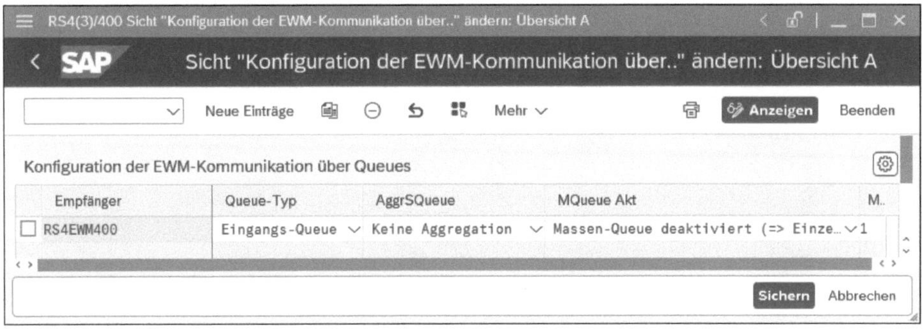

Abbildung 2.21: Queue für die Übernahme in EWM definieren

8. **Verteilungsmodell für Bewegungsdatentransfer an EWM erzeugen**

   Erzeugen Sie nun das Verteilmodell für EWM. Wechseln Sie hierzu zum folgenden IMG-Pfad: **Logistics Execution • Integration Extended Warehouse Management • Grundkonfiguration der Anbindung • Verteilungsmodell für Bewegungsdatentransfer an SAP EWM erzeugen**. Erfassen Sie Ihre WM-Lagernummer, Ihr logisches System und die Verteilungsmodellsicht und aktivieren Sie den Radiobutton bei **Alle** im Bereich **Objekte** (siehe Abbildung 2.22). Klicken Sie anschließend auf **Ausführen**.

9. **Betriebswirtschaftlichen Systemverbund pflegen**

   Erstellen Sie nun den betriebswirtschaftlichen Systemverbund. Springen Sie dazu in den folgenden IMG-Pfad: **SCM Extended Warehouse Management • SCM Basis • Integration • Grundeinstellungen für den Aufbau der Systemlandschaft • Betriebswirtschaftlichen Systemverbund pflegen**. Erfassen Sie über **Neue Einträge** Ihre ID (im Feld **BSV**) und einen Kurztext (siehe Abbildung 2.23). Klicken Sie anschließend auf **Sichern**.

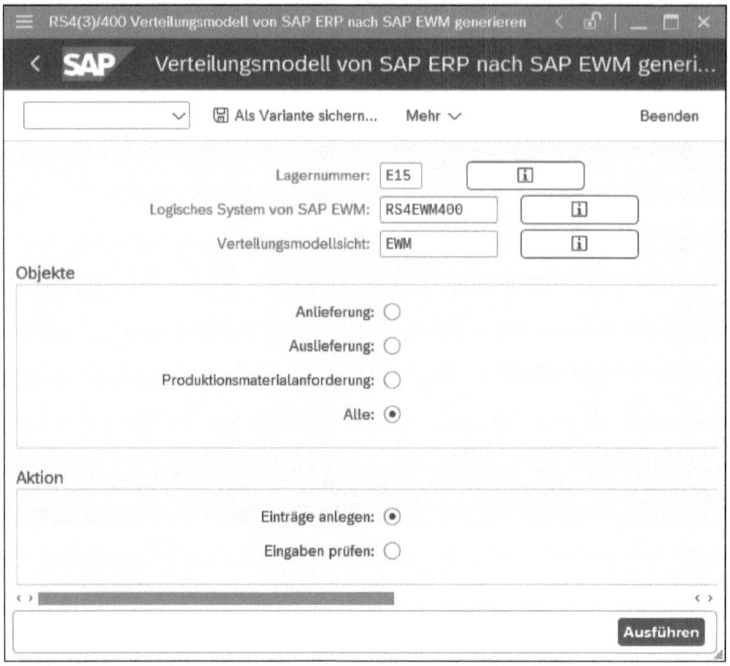

Abbildung 2.22: Verteilungsmodell für EWM erzeugen

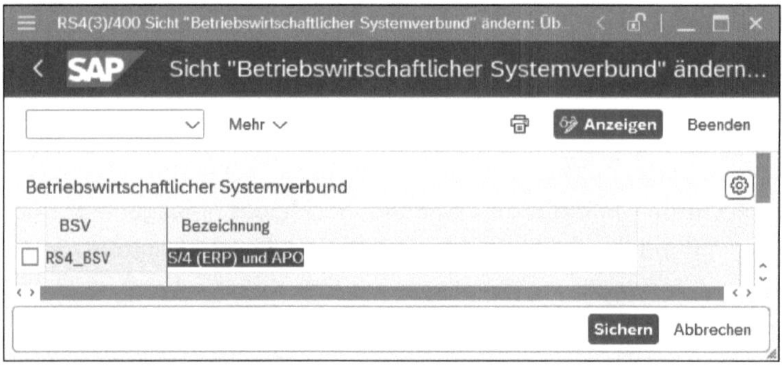

Abbildung 2.23: Betriebswirtschaftlichen Systemverbund pflegen

10. **Logisches System und Queue-Typ zuordnen**

    Abschließend ordnen Sie Ihren BSV dem logischen System Ihres ERP-Systems zu. Wechseln Sie dazu zum folgenden IMG-Pfad: **SCM Extended Warehouse Management • SCM Basis • Integration • Grundeinstellungen für den Aufbau der Systemlandschaft • Logisches System und Queue-Typ zuordnen**. Erfassen Sie über **Neue Einträge** folgende Einstellungen (siehe Abbildung 2.24) und klicken Sie anschließend auf **Sichern**.

    - **BSV**: Ihre ID

- **Logisches System**: Ihr logisches System
- **SAP-Kn**: »X«
- **Release**: »70«
- **Queue-Typ**: »Eingangs-Queues«
- **Fehlerbeh.**: »Nachbearbeitung bei Fehler, keine Aufsplittung nach LUWs«
- **Rolle**: »Nicht spezifiziert«

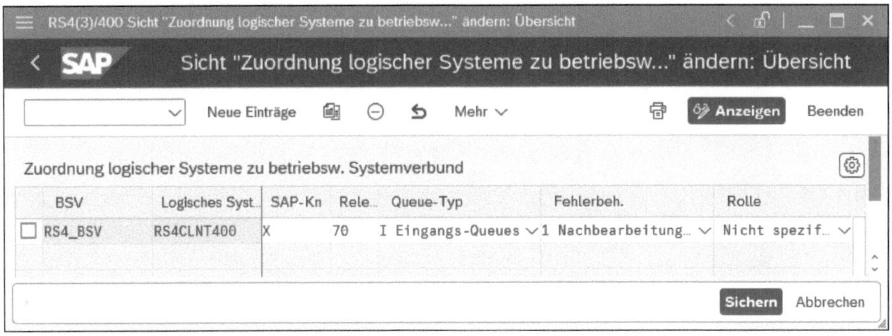

Abbildung 2.24: Logisches System und Queue-Typ zuordnen

11. **Supply-Chain-Unit pflegen**

 Erstellen Sie nun die Supply-Chain-Unit (SCU) mit der Transaktion **/SCMB/SCUMAIN – Supply Chain Unit: Pflege**. Erfassen Sie eine SCU-ID sowie eine Bezeichnung mit dem Typ **1001**. Erfassen Sie anschließend im Reiter **Allgemein** die Zeitzone, im Reiter **Anschrift** Ihre Anschrift sowie im Reiter **Alternative** die betriebswirtschaftliche Eigenschaft (**INV**, **RO** und **SO**). Klicken Sie abschließend auf **Sichern** (siehe Abbildung 2.25).

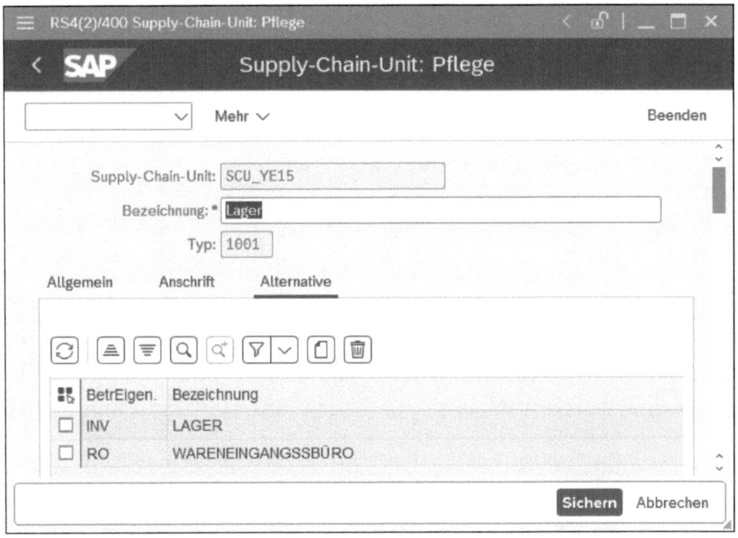

Abbildung 2.25: Supply-Chain-Unit pflegen

12. **Zuordnungen: Lagernummern/Geschäftspartner**

    Pflegen Sie nun die Zuordnung mit der Transaktion **/SCWM/LGNBP – Zuordnungen: Lagernummer/Geschäftspartner**. Abbildung 2.26 zeigt eine entsprechende Aussteuerung mit der im vorherigen Schritt angelegten **Supply-Chain-Unit**. Bei den Parametern **Besitzer**, **DfltVerfBer** und **Dflt-Warenempfänger** handelt es sich um Ihren Werks-Geschäftspartner.

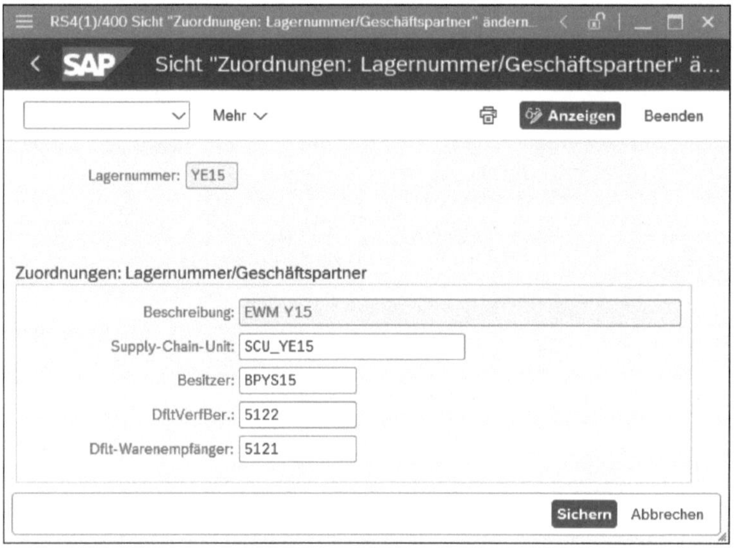

Abbildung 2.26: Lagernummern Geschäftspartnern zuordnen

2.2 Dezentrales EWM in SAP S/4HANA anbinden

Mit der Entscheidung für die Nutzung eines dezentralen EWMs besteht bis Ende 2027 die Möglichkeit, auf der SCM- oder der SAP-S/4HANA-Plattform (Private Cloud oder On-Premise) zu arbeiten. Wir betrachten in diesem Buch ausschließlich die SAP-S/4HANA-Variante und deren Optionen bzw. relevante Konfigurationsschritte.

2.2.1 Schnittstellenobjekte

Mit der Entscheidung für eine technische Integration als dezentrales System – also für zwei getrennte Systeme – entfallen die Vereinfachungen, die das embedded EWM bietet. Dazu zählen unter anderem die Nutzung eines integrierten Produktstamms oder Geschäftspartners, synchrone Warenbewegungen sowie der vereinfachte technische Zugriff auf ERP-Objekte.

Im dezentralen Szenario erfolgt die Versorgung bestimmter Objekte direkt aus dem ERP-System. Die in Abbildung 2.27 aufgeführten Objekte werden über die *ALE-Schnittstelle* (Application Link Enabling) mithilfe von *IDOCs* (Intermediate Documents) an EWM übertragen. Vereinfacht gesagt: Ein strukturierter Datencontainer wird aus dem ERP-System an EWM gesendet und dort automatisiert verarbeitet. Beide Systeme kennen das Format und können die Inhalte entsprechend interpretieren und verarbeiten.

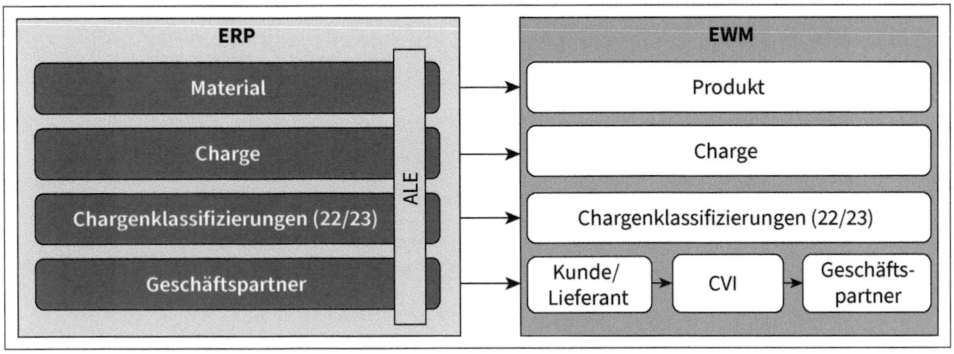

Abbildung 2.27: Datenaustausch zwischen dezentralem EWM und ERP-System

Für die Übertragung von Stammdaten im dezentralen EWM kommen unterschiedliche Technologien zum Einsatz. Materialstammdaten werden über den IDOC-Typ *MATMAS*, Chargeninformationen über *BATMAS* übertragen. Auch Packspezifikationen lassen sich übermitteln – hierfür wird jedoch die ältere *CIF*-Technologie (Core Interface) verwendet.

Die Übertragung von Kunden- und Lieferantenstammdaten erfolgt über das *Data Replication Framework* (DRF). In EWM werden diese Daten mithilfe der *Customer Vendor Integration* (CVI) in Geschäftspartner konvertiert.

Bei der Nutzung von EWM auf einem SAP-S/4HANA-System müssen bestimmte Customizing-Objekte – insbesondere Pflichtfelder im Materialstamm und im Geschäftspartner – vorab angelegt oder per Transport eingespielt werden. Fehlen diese Objekte, kommt es bei der initialen Datenübertragung oder im laufenden Betrieb zu Fehlern.

Belegdaten, wie bspw. Anlieferungen oder Auslieferungen, werden – analog zum embedded EWM – über die qRFC-Technologie übertragen. Im dezentralen Kontext kommen zusätzliche Objekte hinzu, etwa die Produktionsversorgung oder Preisübertragungen aus dem ERP zur Unterstützung der Inventurprozesse. Der Datenabruf kann dabei teilweise manuell innerhalb von EWM angestoßen werden.

EWM kann sowohl mit mehreren SAP-ERP- als auch SAP-S/4HANA-Systemen verbunden werden – auch in Kombination. Die Voraussetzung für eine funktionierende Integration ist die Harmonisierung der Stammdaten. Das bedeutet, dass die relevanten Schlüsselfelder wie Materialnummern, Kunden-IDs oder Werkkennungen eindeutig sein oder dieselbe semantische Bedeutung aufweisen müssen.

Für die Stammdatenintegration stellt SAP verschiedene Technologien bereit. Zudem existieren oft alternative Konfigurationswege, die je nach Systemlandschaft und Anforderungen gewählt werden können. Das Data Replication Framework (DRF), ist dabei ein wichtiges Werkzeug, das die Verteilung von Stammdaten über Systemgrenzen hinweg ermöglicht. Auch bei sich überschneidenden Nummernkreisen – etwa bei Geschäftspartnern oder Materialien – kann ein dezentrales EWM angebunden werden. Hierbei kommen die *Unified Key Mapping Services* (UKMS) zum Einsatz, die ein Mapping nicht harmonisierter Stammdaten zwischen den Systemen erlauben. In solchen Fällen erfolgt die Anlage der Geschäftspartner oder Materialien in EWM mit interner Nummerierung, um Konsistenz und eindeutige Identifikation sicherzustellen.

[»]

SAP-Hinweis zur Integration von Materialstammdaten

Der SAP-Hinweis 3109532 beschreibt die technischen Voraussetzungen und Einschränkungen für die Integration von nicht harmonisierten Materialstammdaten aus mehreren SAP-ERP-Systemen in ein dezentrales EWM. Im Fokus steht dabei die Nutzung der UKMS, die eine eindeutige Zuordnung und Verarbeitung der Stammdaten ermöglichen, selbst wenn diese in den Quellsystemen unterschiedliche Nummernkreise oder Strukturen aufweisen.

2.2.2 Konfiguration

Zunächst treffen Sie in Ihrem dezentralen EWM die Entscheidung, dass es sich bei diesem SAP-S/4HANA-System um ein EWM handelt. Wechseln Sie dazu in den folgenden Customizing-Pfad: **Extended Warehouse Management • Dezentrales EWM aktivieren**. Aktivieren Sie das Kennzeichen bei **EWM ist dezentral** (siehe Abbildung 2.28). Klicken Sie anschließend auf **Sichern**, um Ihre Einstellungen zu speichern.

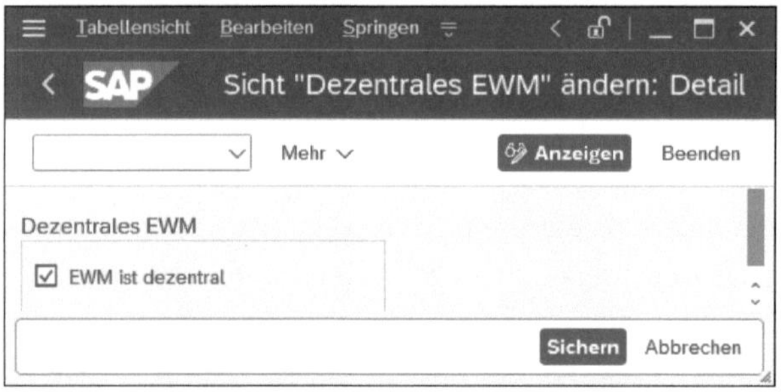

Abbildung 2.28: Dezentrales EWM aktivieren

SAP stellt öffentlich zugängliche Systemdokumentationen, Release-Hinweise sowie Installations- und Integrationsleitfäden zur Verfügung, die zentrale und dezentrale EWM-Implementierungen unterstützen. Auf eine technische Detailbeschreibung wird hier bewusst verzichtet, da diese den Rahmen sprengen würde. Stattdessen verweisen wir auf den SAP-Hinweis 2782080, der eine umfassende Übersicht über alle relevanten Leitfäden für verschiedene Release-Stände und Anbindungsszenarien bietet. Den Hinweis finden Sie im SAP-Support-Portal unter: *https://me.sap.com/notes/2782080*.

2.3 Dezentrales EWM an SAP S/4HANA Cloud Public Edition anbinden

Bei der Verwendung von SAP S/4HANA Cloud Public Edition verhält sich die Anbindung ähnlich wie bei einem klassischen SAP-S/4HANA-System an ein dezentrales EWM. Bedenken Sie dabei auch die Vor- und Nachteile, die wir bereits in Kapitel 1 erläutert haben. Auch hier würde eine detaillierte Beschreibung der Integration den Rahmen sprengen, weshalb wir auf die relevanten Leitfäden verweisen. Im SAP-Hinweis 3629180 finden Sie eine umfassende Darstellung der funktionalen Restriktionen sowie einen Leitfaden für die Anbindung. SAP verweist hier auf den Best-Practice-Prozess 7L1. Den Hinweis finden Sie im SAP-Support-Portal unter: *https://me.sap.com/notes/3629180*. Sie können auch direkt über den Prozessnavigator einsteigen; diesen finden Sie unter: *https://me.sap.com/processnavigator/globalSearch/7L1*.

2.4 Zusammenfassung

In diesem Kapitel haben wir Ihnen die technischen Grundlagen für die Integration von EWM in SAP S/4HANA vermittelt. Dabei haben wir sowohl die Anbindung des embedded EWM, das direkt im ERP-System läuft, als auch die Integration eines dezentralen EWM, das als eigenständiges System betrieben wird, behandelt.

Beim embedded EWM erfolgt die Kommunikation über qRFC, wobei Bewegungsdaten direkt übertragen und Stammdaten systemintern genutzt werden. Die Integration wird durch die Aktivierung von BC-Sets sowie umfangreiche Customizing-Schritte unterstützt, mit denen sich Lagerstrukturen, Schnittstellen und RFC-Verbindungen konfigurieren lassen.

Beim dezentralen EWM kommen IDocs, CIF und das Data Replication Framework (DRF) zum Einsatz, um Stammdaten wie bspw. Materialstammdaten und Geschäftspartner zu übertragen. Die Integration erfordert zusätzliche Konfigurationen zur Harmonisierung von Stammdaten und zur Einrichtung von Queue-Mechanismen. Da die Anbindung an die SAP S/4HANA Cloud Public Edition der Anbindung an ein klassisches SAP-S/4HANA-System ähnelt, haben wir hier nur auf entsprechende SAP-Hinweise und Best Practices verwiesen.

Dieses Kapitel bietet einen praxisnahen Leitfaden zur Umsetzung beider Integrationsszenarien und verweist auf relevante SAP-Dokumentationen für weiterführende Details.

Kapitel 3
Beschaffung und Wareneingang

Die Wareneingangsprozesse im Lager sind ein integraler Bestandteil des Procure-to-Pay-Prozesses. Neben dem Ziel einer effizienten Abwicklung und der damit verbundenen zügigen Warenverfügbarkeit ist die Integration der Lagerprozesse mit den Prozessen der Materialwirtschaft (MM) aus vielerlei Gründen von großer Bedeutung.

Der Eingang fremdbeschaffter Produkte ist einer der Kernprozesse eines Warenlagers. Für einen reibungslosen Ablauf im Lager ist eine enge Integration mit dem Bereich der Materialwirtschaft erforderlich. Zu den Vorteilen dieser Integration zählen unter anderem eine erhöhte Transparenz über Bestände, bessere Möglichkeiten zur Planung und Steuerung von Produktions- und Vertriebsprozessen sowie die Erfüllung zunehmender regulatorischer Anforderungen. Durch die enge Integration zwischen EWM und der Materialwirtschaft in SAP S/4HANA steht außerdem eine Vielzahl an Funktionalitäten bereit, die Unternehmen eine optimale Grundlage bieten, um ihre Geschäftsprozesse in SAP abzubilden.

In diesem Kapitel lernen Sie verschiedene Möglichkeiten kennen, wie Wareneingangsprozesse von fremdbeschafften Produkten in EWM abgebildet werden können. Wir beginnen in Abschnitt 3.1, »Überblick über Wareneingangsprozesse mit EWM und MM«, mit einer einleitenden Beschreibung der Möglichkeiten, Wareneingangsprozesse mit EWM und MM abzubilden. In Abschnitt 3.2, »Wareneingang mit Anlieferbeleg und Integration in MM«, betrachten wir unterschiedliche Varianten von Wareneingangsprozessen, die mithilfe eines Anlieferbelegs durchgeführt werden. Eine alternative Möglichkeit zur Abbildung einer schlankeren Vorgehensweise zeigen wir Ihnen in Abschnitt 3.3, »Synchrone Warenbewegung mit MM«. Im Gegensatz dazu können durch die Integration mit SAP TM auch Prozessvarianten abgedeckt werden, bei denen eine Transportplanung durchgeführt werden soll. Diese werden in Abschnitt 3.4, »Wareneingangsprozess mit Transportplanung als Teil des erweiterten Warenannahme- und Versandprozesses«, vorgestellt. In Abschnitt 3.5, »Package Builder« erfahren Sie, wie im Wareneingangsprozess mithilfe des Package Builders Produkte in Handling Units (HUs) verpackt werden können. In vielen Branchen ist eine eindeutige Identifizierung von Produktionslosen bzw. Einzelstücken für Unternehmen wichtig. In Abschnitt 3.6, »Wareneingang mit Serialnummern« zeigen wir Ihnen deshalb Möglichkeiten auf, wie Sie diese Eindeutigkeit auf Einzelstückebene im

Wareneingangsprozess mit EWM abbilden können. In Abschnitt 3.7, »Wareneingang mit Chargen«, gehen wir schließlich auf die Verwendung von Chargen im Wareneingangsprozess ein.

3.1 Überblick über Wareneingangsprozesse mit EWM und MM

Bei oberflächlicher Betrachtung stellt ein Wareneingangsprozess lediglich sicher, dass die angelieferte Ware am Ende des Prozesses im Lager eingelagert wird. Dabei werden allerdings vielfältige Aspekte dieses Prozesses vernachlässigt. Denn es hat sich bei vielen Implementierungsprojekten gezeigt, dass für die Abbildung eines Wareneingangsprozesses in EWM sowie für die Sicherstellung eines funktionierenden und effizienten Prozessablaufs auch Aspekte berücksichtigt werden müssen, die nicht unbedingt originär dem Lager zuzuordnen sind. Aufgrund der vielfältigen Möglichkeiten, Wareneingangsprozesse mit EWM abzubilden, können die Anforderungen von Unternehmen unterschiedlicher Größe und aus unterschiedlichen Branchen abgedeckt werden. Entscheidend ist dabei, die geeignetste Variante zu wählen, sodass der physische Prozessablauf optimal durch das System unterstützt wird.

In diesem Abschnitt erhalten Sie einen ersten Überblick über die verschiedenen Möglichkeiten, Wareneingangsprozesse in EWM mit MM zu gestalten, und erfahren zudem, auf welcher Grundlage der physische Vereinnahmungsprozess im Lager gestartet werden kann.

Zunächst widmen wir uns dem weitverbreiteten Ansatz, bei dem durch den Einkauf eine Bestellung im System erfasst und auf Basis dieser Bestellung eine Anlieferung erzeugt wird.

Während die *Bestellung* das Objekt für die Kommunikation vom Unternehmen zum Lieferanten darstellt, kann die *Anlieferung* eher als Information vom Lieferanten zum Unternehmen gesehen werden, da sie relevante Informationen über die tatsächlich physisch angelieferte Ware enthält. Die EWM-Anlieferung bildet in diesem Szenario die Grundlage des Vereinnahmungsprozesses im Lager und ist Voraussetzung für das Buchen des Wareneingangs im System. Beachten Sie, dass es in SAP S/4HANA für diesen Fall zwei Anlieferbelege gibt:

- Die sogenannte *ERP-Anlieferung*
- Die *EWM-Anlieferung*

Das Vorliegen zweier Belege ist historisch bedingt, da das Produkt EWM im Jahr 2005 als dezentrales Lagerverwaltungssystem auf den Markt kam. Mit der Einführung von SAP S/4HANA 1610 im Jahr 2016 wurde die Möglichkeit geschaffen, EWM integriert in der SAP-ERP-Lösung zu betreiben, wobei jedoch einige Architekturkonzepte beibehalten wurden, wie bspw. die Nutzung von ERP-Anlieferung und EWM-Anlieferung. Aufgrund ihrer Vielzahl an lagersteuernden Attributen können mithilfe der EWM-Anlieferung unterschiedlichste Prozesse bzw. Prozessvarianten abgebildet werden. Beispielhaft sei an dieser

Stelle nur die EWM-Lagerprozessart genannt, die durch das Prozessartfindungskennzeichen produktspezifisch ermittelt werden kann. Dadurch kann bspw. der Ablauf der Wareneingangsdurchführung über die prozessorientierte Lagerungssteuerung individuell gestaltet werden.

Dennoch soll der Wareneingang mittels synchroner Warenbewegung nicht unerwähnt bleiben. Mit dieser Vorgehensweise können Warenbewegungen, wie etwa eine Wareneingangsbuchung, die in MM gebucht wird, gleichzeitig in EWM verbucht werden. Besonders interessant ist das für Wareneingangsprozesse, bei denen die physische Vereinnahmung sowie die Verräumung eine geringe bzw. keine Komplexität im Prozessablauf aufweisen. Die synchrone Warenbewegung verbindet die Vorteile der Nutzung einer Lagerverwaltung mit der Einfachheit eines Wareneingangsprozesses, wie er aus anderen Konstellationen bekannt ist, etwa bei einer Lagerverwaltung mit SAP Warehouse Management (SAP WM) oder wenn nur die allgemeine Bestandsverwaltung verwendet wird. Diese Art der Wareneingangsdurchführung kann in einem embedded EWM in SAP S/4HANA genutzt werden. In einem dezentralen EWM gibt es diese Möglichkeit nicht.

An einem Standort gibt es nicht immer nur Lagergebäude mit höheren Prozessanforderungen, sondern auch Bereiche, in denen Waren gelagert werden, die mit einfacheren Prozessen im System abgebildet werden können. Für den Wareneingangsprozess bedeutet dies, dass ein LKW sowohl Ware für ein EWM-verwaltetes Lager als auch für ein nicht EWM-verwaltetes Lager geladen hat. Dies ist ein möglicher Anwendungsfall, der mit dem erweiterten Warenannahme- und Versandprozess abgebildet werden kann. Darüber hinaus können mit diesem sehr integrativen Prozess zwischen SAP TM, EWM, SAP LE oder auch MM zusätzliche Anforderungen an die Transportplanung abgedeckt werden. In Abschnitt 3.4, »Wareneingangsprozess mit Transportplanung als Teil des erweiterten Warenannahme- und Versandprozesses«, wird ein mögliches Eingangsszenario mit diesem Kontext beschrieben.

Im zweiten Teil dieses Kapitels stehen einzelne Funktionalitäten, die in Wareneingangsprozessen genutzt werden können, im Fokus. Den Anfang macht dabei die in Abschnitt 3.5, »Package Builder«, beschriebene einheitliche Erzeugung von Packstücken (EEP bzw. engl. *Package Builder*). Mit dem Package Builder wurde eine einheitliche Grundlage für die Durchführung von Verpackungsvorgängen geschaffen, egal ob diese aus EWM, SAP TM oder SAP Logistics Execution (SAP LE) ausgelöst werden. Die EEP ist dabei als Rahmenwerk zu verstehen, über das sich definieren lässt, auf welcher Datenbasis Verpackungsinformationen ausgelesen und Verpackungsvorgänge durchgeführt werden sollen. Soll im Rahmen des Wareneingangsprozesses der Bestand in HUs verpackt werden, so kann dies auf Basis von Packinformationen aus der EEP direkt, aus Packspezifikationen oder aus Packvorschriften durchgeführt werden.

Zum Abschluss dieses Kapitels werden in Abschnitt 3.6, »Wareneingang mit Serialnummern«, und Abschnitt 3.7, »Wareneingang mit Chargen«, Besonderheiten aufgezeigt, die bei Wareneingangsprozessen mit Serialnummern bzw. mit Chargen berücksichtigt werden sollten. Beide Funktionalitäten dienen u. a. dazu, Bestände detaillierter identifizieren zu können. Wir zeigen anhand eines Beispiels, wie ein Wareneingangsprozess mit EWM abgebildet werden kann.

3.2 Wareneingang mit Anlieferbeleg und Integration in MM

Die Vereinnahmung von fremdbeschaffter Ware unter Verwendung eines Anlieferbelegs ist nach wie vor ein Hauptanwendungsfall in EWM, obwohl es im embedded EWM in SAP S/4HANA seit geraumer Zeit die Möglichkeit der synchronen Warenbewegung gibt. Die Anlieferung erlaubt es aufgrund ihrer vielfältigen Möglichkeiten, unterschiedlichste Wareneingangsprozesse eines Lagers im System abzubilden, um diese optimal durch EWM zu unterstützen.

In diesem Abschnitt skizzieren wir verschiedene Varianten, wie aus einer Bestellung eine Anlieferung erstellt werden kann. Dabei gehen wir auch auf die Unterschiede zwischen einem embedded EWM in SAP S/4HANA und einem dezentralen EWM ein. Darüber hinaus beleuchten wir anhand von beispielhaften Funktionen die Integration der beiden Belege »Bestellung« und »Anlieferung«.

3.2.1 Überblick über die Prozessvarianten für die Erstellung einer Anlieferung

In der Praxis gibt es unzählige Prozessvarianten, auf deren Grundlage ein Lager fremdbeschaffte Ware vereinnahmt. Dabei hat sowohl die Abbildung angrenzender Prozessbereiche in SAP als auch die Integration eines Unternehmens mit seinen Lieferanten entscheidenden Einfluss auf die Daten, die dem Lager zu Beginn des Prozesses zur Verfügung stehen. Mögliche Varianten reichen von der Ankunft eines LKWs am Lager ohne vorliegende Bestellung oder Anlieferung bis hin zur Übermittlung eines elektronischen Lieferavis einschließlich aller Details für die vom Lieferanten versandten Packstücke. Mithilfe der vorhandenen Funktionalitäten zur Erstellung einer Anlieferung ist es möglich, mit EWM auf diese unterschiedlichen Prozessvarianten vorbereitet zu sein. Im Folgenden konzentrieren wir uns auf zwei häufig verwendete Optionen:

- Die Erstellung einer Logistics-Execution-Anlieferung (sog. ERP-Anlieferung oder LE-Anlieferung) aus der Bestellung
- Die Erstellung einer EWM-Anlieferung aus der Bestellung

Abbildung 3.1 zeigt die mögliche Abbildung eines Wareneingangsprozesses unter Verwendung eines Anlieferbelegs in einem embedded EWM-System. Ausgangspunkt des Prozesses ist die Erstellung einer Bestellung zur Beschaffung von Ware von einem externen Lieferanten. Im nächsten Schritt kann für die Bestellung der ERP-Anlieferbeleg erstellt werden, der anschließend für die Erstellung der EWM-Anlieferung an EWM verteilt wird. Der ERP-Anlieferbeleg kann dabei als Schnittstelle zwischen Bestellung und EWM-Anlieferung betrachtet werden, da er zur Datenintegration zwischen beiden dient. Er ist nur während der Erstellung manuell editierbar; ansonsten müssen sämtliche Änderungen in der EWM-Anlieferung vorgenommen und an die ERP-Anlieferung kommuniziert werden. Der EWM-Anlieferbeleg enthält neben den relevanten Daten aus der ERP-Anlieferung noch weitere lagerrelevante Informationen. Er bildet die Grundlage für die Durchführung des Wareneingangsprozesses in EWM und wird deswegen auch als Lageranforderungsbeleg bezeichnet.

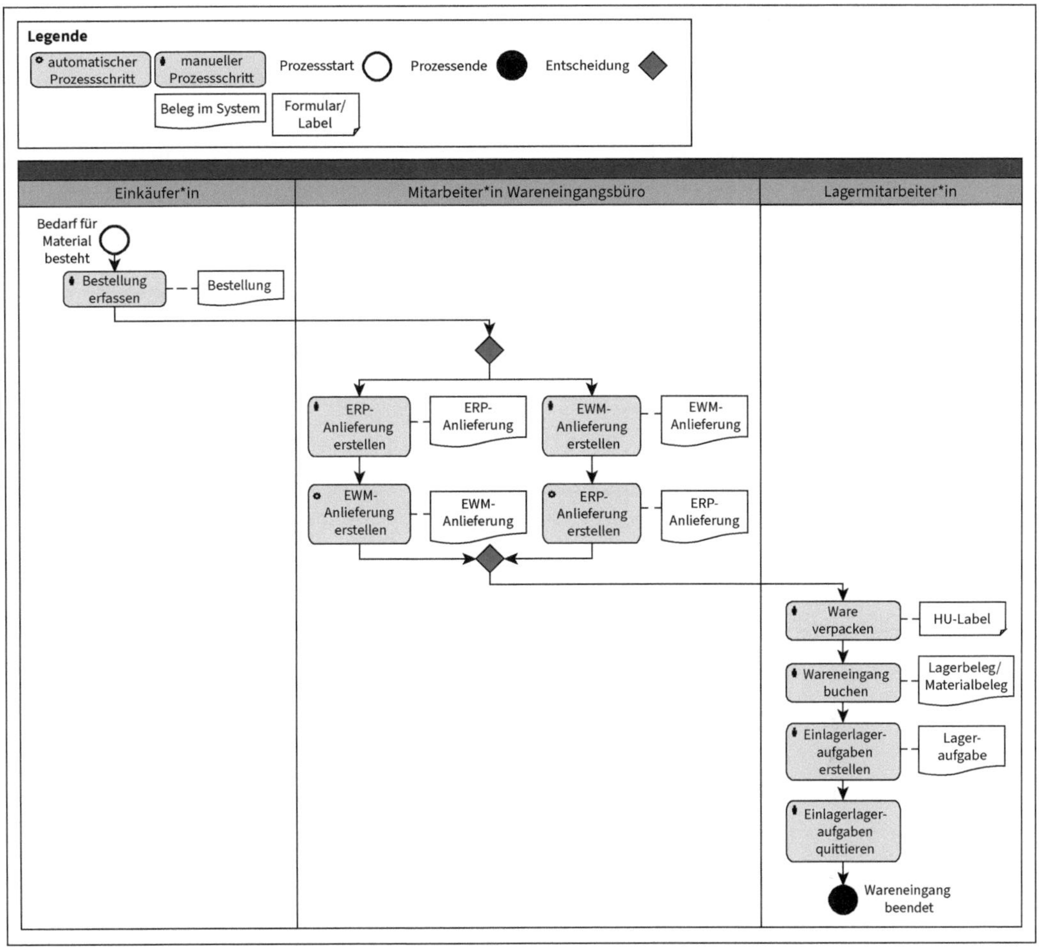

Abbildung 3.1: Beispielhafte Prozessvariante für einen Wareneingangsprozess mit EWM-Anlieferbeleg

Für die Vereinnahmung der Ware im Lager wird diese in vielen Fällen in HUs verpackt. Die Nutzung von HUs kann einige Vorteile bieten, wie etwa die Möglichkeit der Verwendung der Lagerungssteuerung oder die einfachere Bewegung von Bestand im Lager. An dieser Stelle weisen wir darauf hin, dass die Verwendung von HUs im Wareneingang optional ist. Sofern die Prozessanforderungen es erlauben, kann ein Wareneingangsprozess in EWM auch ohne HUs erfolgen. Mit der anschließenden Wareneingangsbuchung erfolgt die systemische Bestätigung, dass die Ware am Lager angekommen ist. Neben der Bestandserhöhung in EWM werden in MM die erforderlichen Materialbelege für die Bestandserhöhung in der Materialwirtschaft erstellt. Als Vorbereitung der Verräumung der vereinnahmten Ware werden im nächsten Schritt die Lageraufgaben für die Einlagerung erstellt, die mit der durchgeführten Verräumung in EWM quittiert werden.

Als weitere Möglichkeit kann direkt in EWM eine Anlieferung erstellt werden, ohne dass eine Bestellung vorliegt. Auf diese Variante gehen wir am Ende dieses Abschnitts ein.

3.2.2 Konfigurationseinstellungen für die Erstellung einer ERP-Anlieferung für eine Bestellung

Lagerrelevante ERP-Anlieferungen können auf unterschiedliche Arten erstellt werden, wie bspw. durch die Erzeugung eines einzelnen Belegs auf Basis einer Bestellung mit der App **Anlieferung anlegen** (App ID: **VL31N**) oder über eine Sammelverarbeitung mit der App **Anlieferungen zu Bestellungen** (App ID: **VL34**) bzw. **Anlegen der Anlieferung terminieren** (App ID: **F2798**). Eine weitere Möglichkeit ist die Verarbeitung eines elektronischen Lieferavis eines Lieferanten. Mithilfe des **DESADV**-IDocs können vielfältige Informationen bereits in der Anlieferung erfasst und an EWM weitergegeben werden, um auf diese Weise einen beschleunigten Wareneingang im Lager zu ermöglichen.

Für die Integration von LE-Anlieferbelegen mit EWM ist es sinnvoll, im Anschluss an die grundlegende Systemkonfiguration des embedded EWM BC-Sets zu aktivieren, sofern lieferrelevante Einstellungen im Customizing fehlen. Diese Einstellungen sind in der Regel relevant, unabhängig davon, auf welche Art der Anlieferbeleg erstellt wird. Die Aktivierung der BC-Sets erfolgt mit der Transaktion **SCPR20 – Aktivierung von BC-Sets**, die Sie über den SAP-Easy-Access-Pfad **Werkzeuge • Customizing • Business Configuration Sets** erreichen. Folgende BC-Sets sind zu aktivieren:

- **/SCWM/DLV_INBOUND**
- **/SCWM/DLV_ERP_INTEGRATION**

  Mit diesem BC-Set werden Einstellungen für das Mapping der ERP-Lieferart auf die EWM-Belegart, des ERP-Positionstyps auf die EWM-Positionsart sowie von Terminarten durchgeführt. Des Weiteren werden Einstellungen für das Senden von Nachrichten aus dem EWM-System für die Belegart sowie zur Abbildung des ERP-Positionstyps auf unterschiedliche EWM-Positionsarten in Abhängigkeit des Differenzierungsattributs getroffen.
- **/SCWM/DLV_BASIC_NUMBERRANGE**

In Bezug auf den Nummernkreis der EWM-Anlieferung sollte geprüft werden, ob die Nummer der ERP-Anlieferung für die EWM-Anlieferung verwendet werden kann. Dies hat den Vorteil, dass beide Belege die gleiche Nummer verwenden, was in vielen Fällen die Bearbeitung durch das Lagerpersonal und die Kommunikation mit anderen Abteilungen vereinfacht. Wechseln Sie hierzu in den Customizing-Pfad **SCM Extended Warehouse Ma-**

nagement • Extended Warehouse Management • Wareneingangsprozess • Anlieferung • Belegarten für den Anlieferungsprozess definieren. Setzen Sie anschließend das Kennzeichen bei **ERP-RefNr. ist BlgNr.** (ERP-Referenzbelegnummer als Belegnummer verwenden) in der Belegart für den Anlieferungsprozess (siehe Abbildung 3.2).

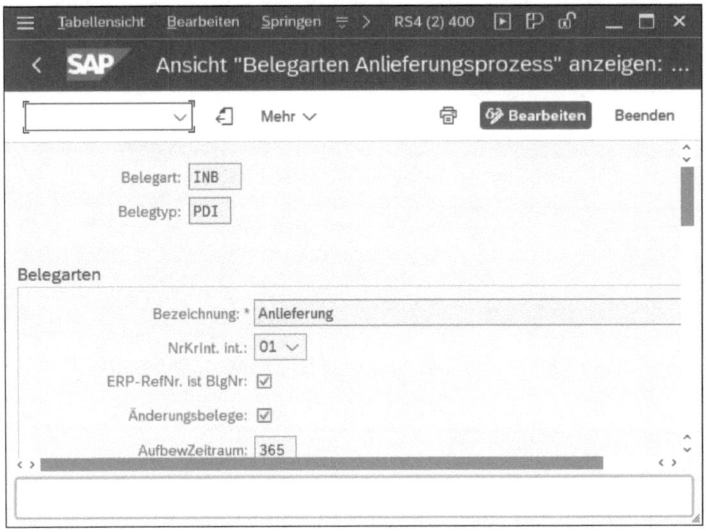

Abbildung 3.2: Belegartenkonfiguration für den Anlieferungsprozess

Damit für eine Bestellposition eine ERP-Anlieferung erstellt werden kann, die im weiteren Verlauf in EWM verarbeitet wird, müssen folgende grundlegende Bedingungen erfüllt sein (Sondervarianten wie bspw. spezielle Kontierungs- oder Positionstypen werden an dieser Stelle nicht betrachtet):

- Die Werk-Lagerort-Kombination der Bestellposition ist EWM-verwaltet.
- Der Bestätigungssteuerschlüssel sieht die Erstellung einer Anlieferung vor.
- Die erstellte ERP-Anlieferung muss lagernummernrein sein.

Darüber hinaus sind die folgenden Konfigurationsschritte durchzuführen:

1. **Lagernummer zu Werk und Lagerort zuordnen**

   Beim grundlegenden Systemaufbau mit Integration des embedded EWM wurde in einem Werk ein Lagerort erzeugt, dem eine LE-Lagernummer zugeordnet wurde. Diese Einstellung kann entweder mit der Transaktion **S_ALR_87007419** oder im Customizing-Pfad **Unternehmensstruktur • Zuordnung • Logistics Execution • Lagernummer zu Werk und Lagerort zuordnen** überprüft werden.

2. **Bestätigungssteuerschlüssel definieren**

   Damit für die Bestellposition eine Anlieferung erstellt werden kann, muss ein Bestätigungssteuerschlüssel verwendet werden, der eine Anliefererstellung vorsieht. Die Definition der Bestätigungssteuerschlüssel erfolgt mit der Transaktion **S_ER9_52000955** oder über den Customizing-Pfad **Materialwirtschaft • Einkauf • Bestätigungen**. Stellen Sie in der Aktivität **Bestätigungssteuerung einstellen** sicher, dass ein Bestätigungssteuerschlüssel vorhanden ist, dem der interne Bestätigungstyp **LA** – **Anlieferung** zugeordnet ist. Wie in Abbildung 3.3 zu sehen ist, kann der Bestätigungssteuerschlüssel **0004** verwendet werden, da diesem der interne Bestätigungstyp **LA** zugeordnet ist.

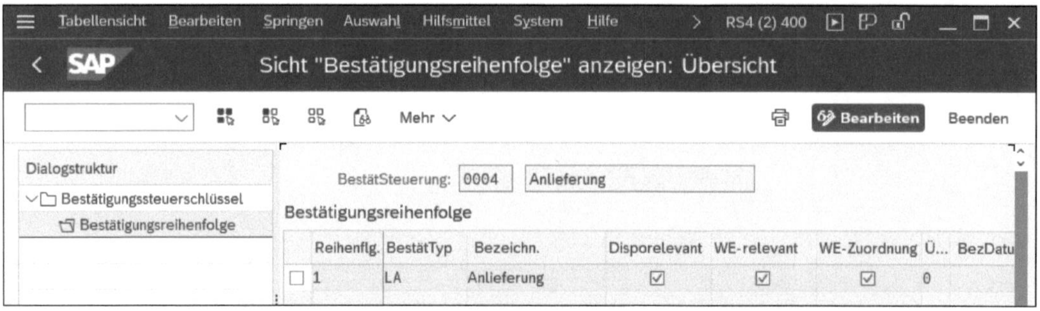

Abbildung 3.3: Bestätigungssteuerschlüssel »0004« zur Erstellung einer Anlieferung

3. **Lagernummerreine Anlieferung sicherstellen**

   Des Weiteren ist es erforderlich, dass die Anlieferung lagernummerrein ist. Das bedeutet, dass in einer Anlieferung nur eine Lagernummer vorkommen darf. Um dies sicherzustellen, setzen Sie im Customizing-Pfad **Logistics Execution • Versand • Lieferungen • Splitkriterien für Lieferungen • Lieferungssplit nach Lagernummern** in den Aktivitäten **Lieferungssplit pro Lieferart festlegen** und **Lieferungssplit pro Lagernummer festlegen** das Kennzeichen für den Lieferungssplit bei den entsprechenden Lieferarten (siehe Abbildung 3.4) und Lagernummern (siehe Abbildung 3.5).

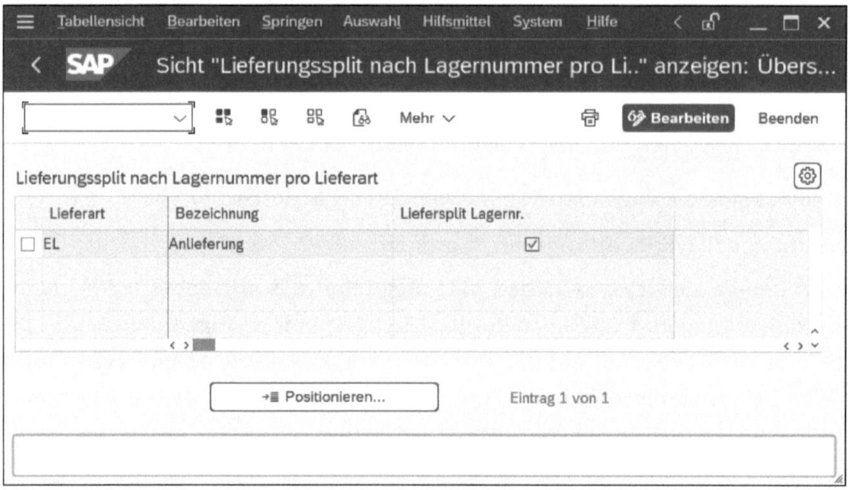

Abbildung 3.4: Lieferungssplit pro Lieferart festlegen

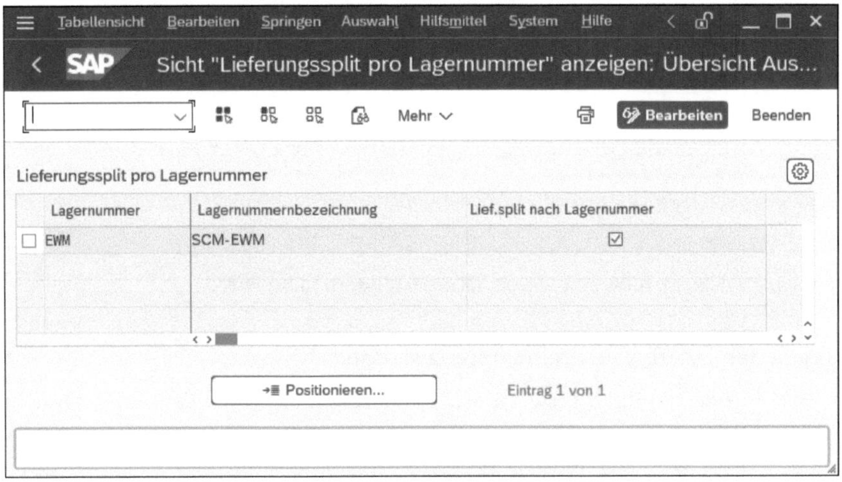

Abbildung 3.5: Lieferungssplit nach Lagernummer definieren

4. **Findung der Lagerprozessart für die Anlieferposition festlegen**

   Die Findung der Lagerprozessart für die Anlieferposition wird mit der Transaktion **/SCWM/60000124** oder über die Aktivität **Lagerprozessart finden** im Customizing-Pfad **SCM Extended Warehouse Management • Extended Warehouse Management • Prozessübergreifende Einstellungen • Lageraufgabe** festgelegt. Sie kann entweder allgemein für die Belegart (siehe Abbildung 3.6) oder über weitere Parameter wie die Positionsart oder das Prozessartfindungskennzeichen ermittelt werden.

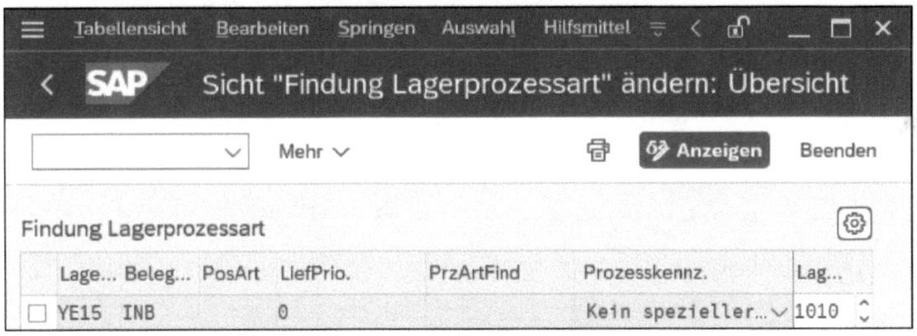

Abbildung 3.6: Lagerprozessartfindung definieren

5. **Lagertypsuchreihenfolge für Einlagerung definieren**

   Damit EWM bei der Erstellung einer Lageraufgabe einen Nachlagerplatz vorschlagen kann, muss die Lagertypsuchreihenfolge definiert werden. Dies kann mit der Transaktion **/SCWM/60000204** oder im Customizing-Pfad **SCM Extended Warehouse Management • Extended Warehouse Management • Wareneingangsprozess • Strategien • Lagertypfindung** über die Aktivität **Lagertypsuchreihenfolge für Einlagerung definieren** erfolgen. Abbildung 3.7 zeigt einen beispielhaften Eintrag für eine Suchreihenfolge.

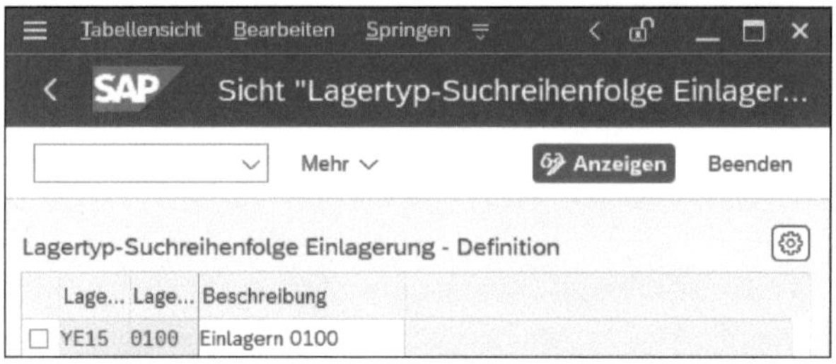

Abbildung 3.7: Lagertypsuchreihenfolge für die Einlagerung definieren

6. **Lagertypen der Lagertypsuchreihenfolge zuordnen**

   Damit EWM in den richtigen Lagertypen nach geeigneten Nach-Lagerplätzen für die Einlagerung sucht, müssen Lagertypen der Suchreihenfolge zugeordnet werden. Dies erfolgt mit der Transaktion **/SCWM/60000206** oder über die Aktivität **Lagertypen der Lagertypsuchreihenfolge zuordnen** im Customizing-Pfad **SCM Extended Warehouse Management • Extended Warehouse Management • Wareneingangsprozess • Strategien • Lagertypfindung**. In Abbildung 3.8 ist ein Lagertyp der erstellten Suchreihenfolge zugeordnet. Bei Bedarf können Sie mehrere Lagertypen in der Suchreihenfolge angeben, die nacheinander vom System geprüft werden, bis ein geeigneter Nach-Lagerplatz gefunden wird. Sollen Lagerplätze in mehreren unterschiedlichen Lagertypen gleichzeitig geprüft werden, empfiehlt sich die Verwendung einer Lagertypgruppe.

Abbildung 3.8: Lagertypen der Lagertypsuchreihenfolge für die Einlagerung zuordnen

7. **Lagertypsuchreihenfolge für die Einlagerung festlegen**

   Die Findung der Lagertypsuchreihenfolge wird mit der Transaktion **/SCWM/60000281** oder über die Aktivität **Lagertyp-Suchreihenfolge für Einlagerung festlegen** im Customizing-Pfad **SCM Extended Warehouse Management • Extended Warehouse Management • Wareneingangsprozess • Strategien • Lagertypfindung** definiert. Die Findung kann über viele verschiedene Parameter erfolgen. Abbildung 3.9 zeigt ein Beispiel, das nur die Lagerprozessart verwendet. Welche Parameter in welcher Reihenfolge verwendet werden sollen, wird in der Aktivität **Zugriffsstrategie für die Lagertypfindung Einlagerung optimieren** im selben Customizing-Pfad festgelegt.

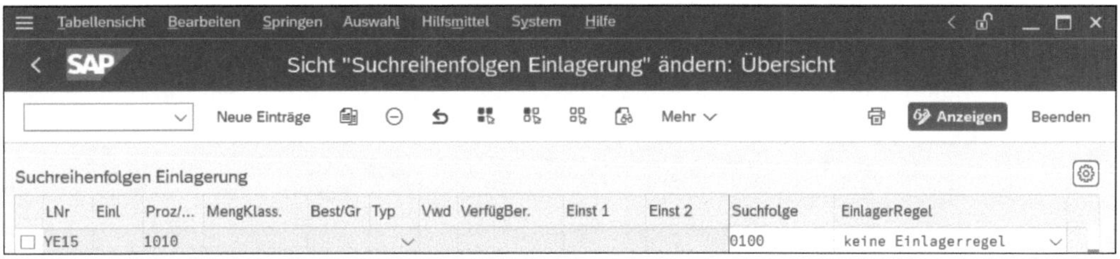

Abbildung 3.9: Lagertypsuchreihenfolge für die Einlagerung festlegen

Darüber hinaus gibt es noch weitere Einstellungen, die für die Erstellung der EWM-Anlieferung von Bedeutung sind.

8. **Warenbewegungsplatz bzw. Bereitstellzonenfindung definieren**

   Für die Ermittlung eines Warenbewegungsplatzes für die Anlieferposition wird in vielen Fällen die Bereitstellungszonenfindung verwendet. Diese können Sie mit der Transaktion **/SCWM/STADET_IN** im SAP-Easy-Access-Menüpfad **Logistik • SCM Extended Warehouse Management • Extended Warehouse Management • Einstellungen • Warenannahme und Versand** definieren. EWM bietet die Möglichkeit, die Findung des Bereitstellungplatzes, der auch als Warenbewegungsplatz verwendet werden kann, anhand verschiedener Parameter durchzuführen. Es ist aber auch möglich, nur die Lagerprozessart für die Findung zu verwenden (siehe Abbildung 3.10). Auch die Definition der Zugriffsfolge müssen Sie konfigurieren, damit die Findung durchgeführt werden kann. Verwenden Sie dazu die Transaktion **/SCWM/STADET_ASS** im selben Menüpfad. Sollte in der Lagerprozessart ein Von-Lagerplatz gepflegt sein, so wird dieser als Warenbewegungsplatz verwendet.

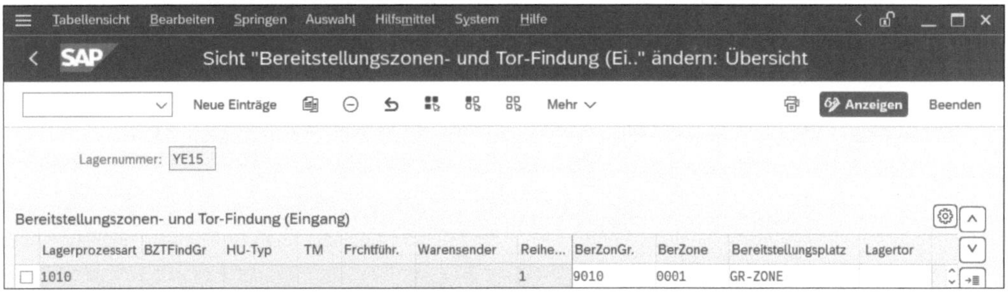

Abbildung 3.10: Bereitstellungszonenfindung im Wareneingang definieren

9. **Automatische Erstellung der Einlagerlageraufgabe bei Wareneingang festlegen**

   Mit der Wareneingangsbuchung sollen in unserem Prozess direkt Einlagerlageraufgaben erstellt werden. Zu diesem Zweck konfigurieren wir die Konditionssätze für die Einplanbedingung von PPF-Aktionen in der Transaktion **/SCWM/DLVPPFC**, die Sie im SAP-Easy-Access-Menüpfad **Logistik • SCM Extended Warehouse Management • Extended Warehouse Management • Lieferabwicklung • Aktionen** finden.

Für die Applikation **DPP** und die Pflegegruppe **DLVW** pflegen Sie einen Konditionssatz für die Konditionsart **0DWT**, die Aktionsdefinition **/SCWM/PRD_IN_TO_CREATE**, die Belegart **INB**, den Warenbewegungsstatus **NSFR** sowie Ihre Lagernummer (siehe Abbildung 3.11).

Status	Stf	KArt	Aktionsdefinition	BelArt	WbewStat	ÄndMod	LNr	Tabelle	V	FStatus	Gültig bis
■		0DWT	**/SCWM/PRD_IN_TO_CREATE**	**INB**	**NSFI**		**YE15**	SAPDLV01	DP		31.12.9999

Abbildung 3.11: Konditionssatz für die automatische Erstellung einer Einlagerlageraufgabe nach Wareneingangsbuchung pflegen

10. **Supply Chain Unit als Wareneingangsbüro verwenden**

Die Supply Chain Unit wird als Wareneingangsbüro in der Anlieferung verwendet. Die Ermittlung erfolgt über die Fallback-Klasse **/SCWM/CL_EI_DLV_OFFICE_DET** der BAdI-Definition **/SCWM/EX_DLV_OFFICE_DET**. Darüber hinaus stellt SAP die Beispielklasse **/SCWM/CL_EI_DLV_OFFICE_DETER** zur Verfügung, mit der es möglich ist, unterschiedliche Warenannahmestellen auf entsprechend unterschiedliche Wareneingangsbüros in der EWM-Anlieferung abzubilden. Um diese Logik zu nutzen, müssen in EWM mehrere Supply Chain Units (SCUs) mit der Rolle **RO** angelegt sowie die dazugehörige SCU-Hierarchie erstellt werden. Abbildung 3.12 zeigt eine beispielhafte SCU-Hierarchie, bei der der SCU **YS15-L** mit der betriebswirtschaftlichen Eigenschaft **INV – Lager** zwei Wareneingangsbüros zugeordnet sind. Die Verwendung unterschiedlicher Wareneingangsbüros in EWM kann verschiedene Gründe haben, wie bspw. die Berechtigungssteuerung über das Feld **/SCWM/ORG** des Berechtigungsobjekts **/SCWM/DLV**.

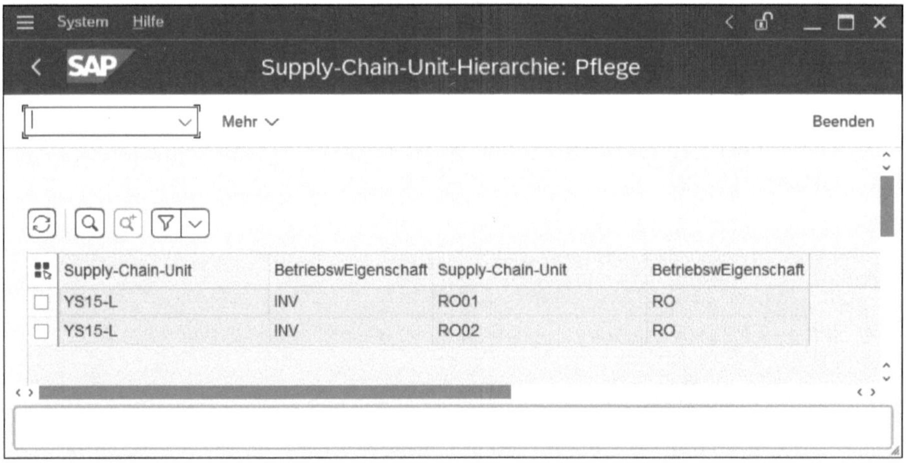

Abbildung 3.12: SCU-Hierarchie für Wareneingangsbüros festlegen

3.2.3 Prozessdemo für die Erstellung einer ERP-Anlieferung

Mit den im vorherigen Abschnitt getroffenen Einstellungen ist die Integration des Wareneingangsprozesses mit ERP-Anlieferung in EWM ausführbar. Im Folgenden beschreiben wir die durchzuführenden Prozessschritte:

1. **Bestellung anlegen**

   Zunächst wird mit der SAP-Fiori-App **Bestellungen verwalten** (App-ID: **F0842A**) eine Bestellung angelegt. In der Bestellposition werden das Werk **YS15** und der Lagerort **YROD** verwendet, die EWM-verwaltet sind (siehe Abbildung 3.13).

Abbildung 3.13: Bestellposition mit EWM-verwalteter Werk-Lagerort-Kombination

   Darüber hinaus wird für die Bestellposition der Bestätigungssteuerschlüssel **0004** verwendet, der die Erstellung einer Anlieferung zulässt (siehe Abbildung 3.14).

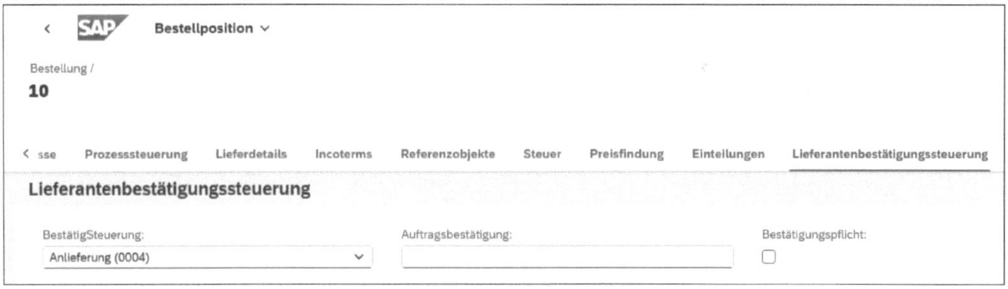

Abbildung 3.14: Bestellposition mit Bestätigungssteuerungsschlüssel 0004

2. **ERP-Anlieferung anlegen**

   Aus der erstellten Bestellung lässt sich beispielsweise über die SAP-Fiori-App **Anlieferung anlegen** (App-ID: **VL31N**) die ERP-Anlieferung zur Bestellung erstellen. Dabei werden relevante Daten aus der Bestellposition, wie etwa Werk und Lagerort, in den Anlieferbeleg übernommen (siehe Abbildung 3.15). Mit dem Sichern der ERP-Anlieferung wird diese an EWM verteilt (siehe Abbildung 3.16) und die EWM-Anlieferung wird erstellt.

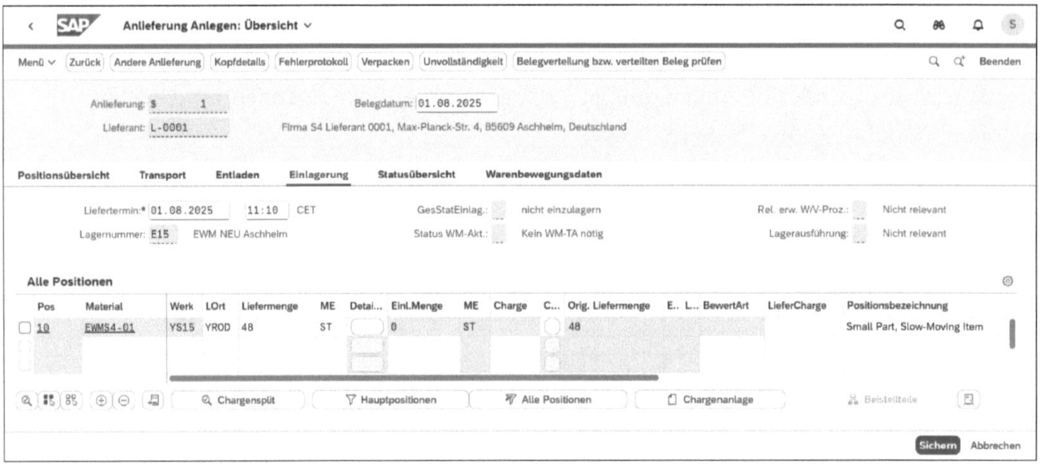

Abbildung 3.15: ERP-Anlieferung aus Bestellung erstellen

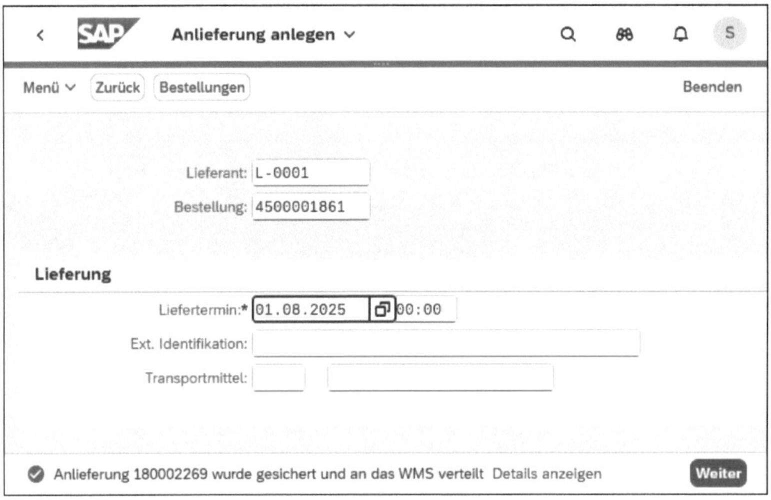

Abbildung 3.16: ERP-Anlieferung sichern und an EWM verteilen

3. **EWM-Anlieferung bearbeiten**

   Anschließend wird die EWM-Anlieferung über die App **Lagermonitor** unter dem Knoten **Eingang • Belege • Anlieferung** angezeigt. Die Suche kann bspw. über die Nummer der ERP-Anlieferung erfolgen. Um die angelieferte Menge in HUs zu verpacken, navigieren Sie weiter in den Anlieferbeleg und selektieren die Funktion **Verpacken** über den Pfad **Menü • Anlieferung • Folgefunktionen**. Für die Anlieferposition wird eine HU erstellt und die Menge in die HU verpackt (siehe Abbildung 3.17). Anschließend kehren Sie in den Lagerverwaltungsmonitor zurück.

Abbildung 3.17: Menge der Anlieferposition in HU verpacken

4. **Wareneingang für Anlieferung buchen**

   Im Lagerverwaltungsmonitor buchen Sie den Wareneingang für die Anlieferung, indem Sie die Methode **Wareneingang** ausführen (siehe Abbildung 3.18). Aufgrund des PPF-Konditionssatzes für die automatische Erstellung der Einlagerlageraufgabe, hat das System mit der Wareneingangsbuchung eine Lageraufgabe für den Bestand erstellt.

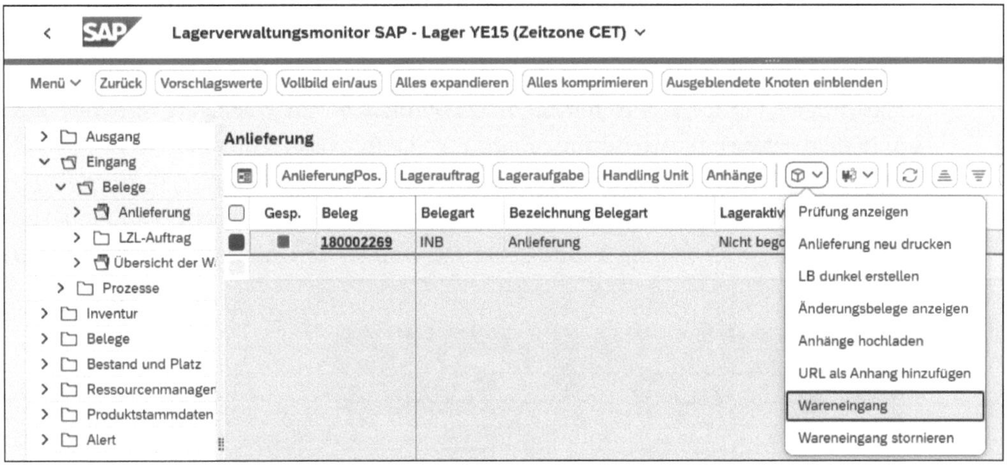

Abbildung 3.18: Wareneingang für die Anlieferung im Lagermonitor buchen

5. **Bestätigung der Einlagerung**

   Über die Funktion **Lageraufgabe** lassen Sie sich die erstellte Einlagerlageraufgabe für die Anlieferung anzeigen. Die Bestätigung der Einlagerung führen Sie direkt im Lagerverwaltungsmonitor über die Methode **LB im Hintergrund quittieren** durch (siehe Abbildung 3.19). Damit ist der Bestand an seinen finalen Lagerplatz quittiert und der Eingangsprozess beendet.

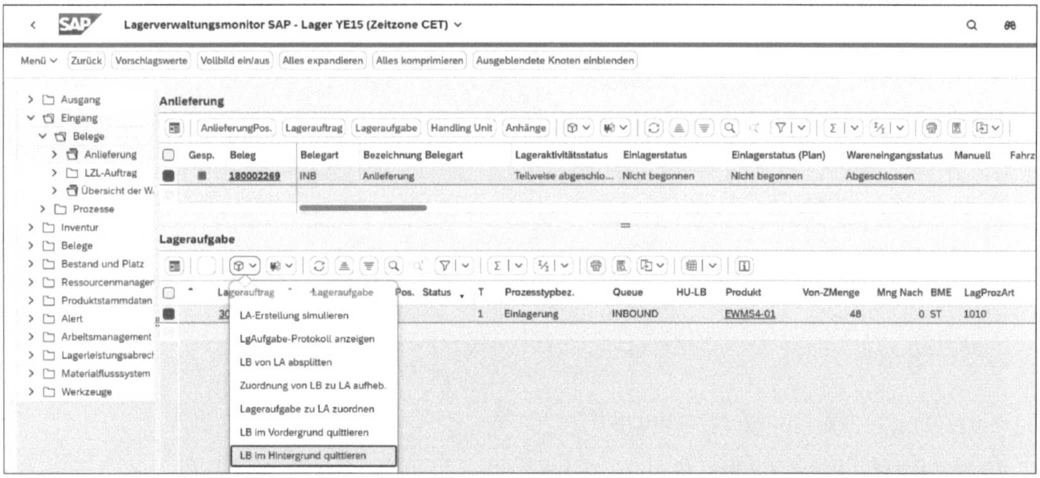

Abbildung 3.19: Einlagerlageraufgabe über den Lagerverwaltungsmonitor quittieren

3.2.4 Prozessvariante: EWM-Anlieferung für eine Bestellung erstellen

Für diese Prozessvariante sind grundsätzlich dieselben Einstellungen erforderlich, die in Abschnitt 3.2.2 beschrieben wurden. Zusätzlich dazu ist noch eine Besonderheit zu berücksichtigen: Für die Ermittlung der zu verwendenden EWM-Belegart wird die Lieferart ermittelt, die dem internen Bestätigungstyp **2 – Lieferavis** im Customizing zugeordnet ist. Diese Zuordnung erfolgt mit der Transaktion **S_ER9_52002948** oder im Customizing-Pfad **Materialwirtschaft • Einkauf • Bestätigungen** in der Aktivität **Interne Bestätigungstypen einstellen.** Wie in Abbildung 3.20 zu sehen ist, wird für den internen Bestätigungstyp **2 – Lieferavis** die LE-Lieferart **EL** verwendet.

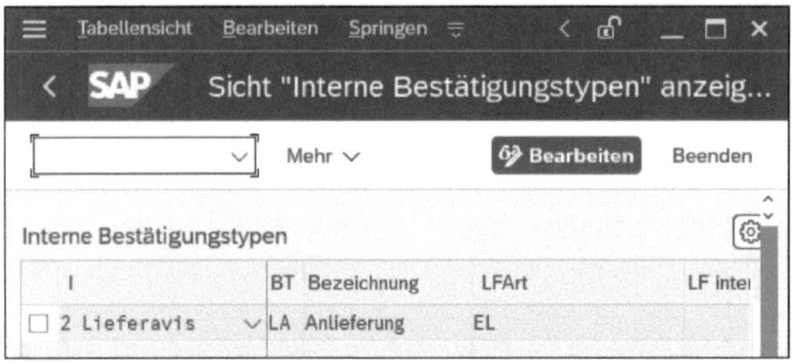

Abbildung 3.20: ERP-Lieferart dem internen Bestätigungstyp »2 –Lieferavis« zuordnen

Mit dieser LE-Lieferart wird im nächsten Schritt die EWM-Belegart ermittelt. Dafür werden die Einstellungen aus der IMG-Aktivität **SCM Extended Warehouse Management • Extended Warehouse Management • Schnittstellen • ERP-Integration • Lieferabwicklung • Belegarten aus dem ERP-System in EWM abbilden** verwendet (siehe Abbildung 3.21).

Abbildung 3.21: ERP-Lieferart »EL« auf EWM-Belegart »INB« mappen

Zur Ermittlung von Positions- bzw. Terminarten verwendet das System Einstellungen aus dem in Abschnitt 3.2.2, »Konfigurationseinstellungen für die Erstellung einer ERP-Anlieferung für eine Bestellung«, erwähnten BC-Set **/SCWM/DLV_ERP_INTEGRATION**.

Anliefererstellung in dezentralem EWM

Ein dezentrales EWM-System hat keinen direkten Zugriff auf den Bestellbeleg. Sofern die Anliefererstellung mit Bezug zur Bestellung direkt in EWM erfolgen soll, muss die Bestellung als erwarteter Wareneingangsbeleg aus dem ERP-System in das dezentrale EWM-System übertragen werden. Das BC-Set **/SCWM/DLV_EXPGR** enthält Einstellungen zur Konfiguration dieses Prozesses mit erwartetem Wareneingangsbeleg.

Im embedded EWM kann die Erstellung einer EWM-Anlieferung direkt für eine Bestellung auf verschiedene Arten erfolgen, bspw. über die App **Anlieferung Anlegen – Lieferungen** (App-ID: **F1705**) oder über die App **Wareneingang vorbereiten – Fremdbeschaffung** (App-ID: **/SCWM/GRPE**). In der App **Anlieferung Anlegen – Lieferungen** können auch direkt HUs für den Bestand erstellt werden. Da sich die vor- und nachgelagerten Schritte in dieser Prozessvariante nicht unterscheiden und die App **Anlieferung Anlegen – Lieferungen** an anderer Stelle in einer Prozessdemo vorgestellt wird, verzichten wir an dieser Stelle auf ein weiteres Beispiel.

3.2.5 Prozessvariante: Eine direkte EWM-Anlieferung erstellen

Die Möglichkeit zur Erstellung einer direkten EWM-Anlieferung soll an dieser Stelle nur kurz erwähnt werden, da sie in der Praxis nicht sehr häufig angewendet wird. Zunächst muss unterschieden werden, ob ein embedded EWM oder ein dezentrales EWM verwendet wird. Im Falle eines dezentralen EWM-Systems besteht die Möglichkeit, die Erstellung einer Anlieferung in den Einstellungen zur ERP-Versionskontrolle aus dem EWM heraus zu unterbinden (siehe Abbildung 3.22). Dazu muss für die Option **Erzeugung Anlieferung in EWM** der Wert **1 – Anlegen einer Anlieferung lokal in EWM nicht möglich** gewählt werden. Beim embedded EWM gibt es keine Möglichkeit, manuelle Einstellungen in der ERP-Versionskontrolle vorzunehmen. Die Erzeugung einer Anlieferung aus dem EWM heraus ist jedoch grundsätzlich möglich.

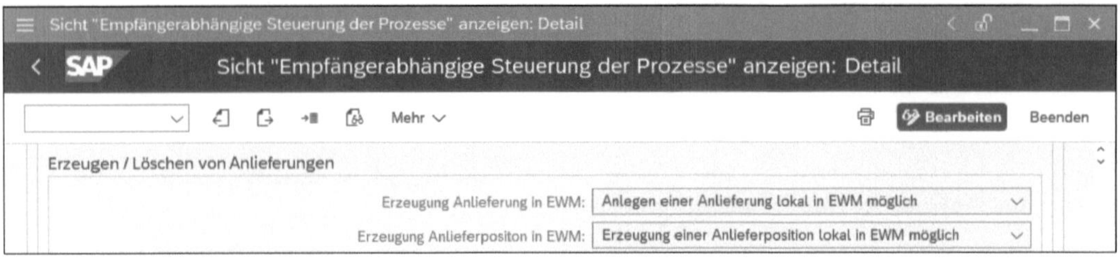

Abbildung 3.22: Anliefererzeugung in der Versionskontrolle im dezentralen EWM

Die Erzeugung der Anlieferung direkt in EWM kann bspw. über die SAP-Fiori-App **Anlieferungen pflegen** (App ID: **/SCWM/PRDI**) ausgelöst werden, ohne dass zunächst eine Bestellung ausgewählt werden muss. Für den weiteren Erstellungsprozess des Anlieferbelegs gibt es zwei alternative Vorgehensweisen: Sie können entweder die App **Erweiterte Anlieferungsbearbeitung** (App ID: **VL60**) nutzen oder die UI der App **Anlieferungen pflegen** in EWM.

Mit dem BAdI **/SCWM/EX_DLV_ERP_CALL** kann gesteuert werden, welche der beiden Optionen zur Anwendung kommt (siehe Abbildung 3.23).

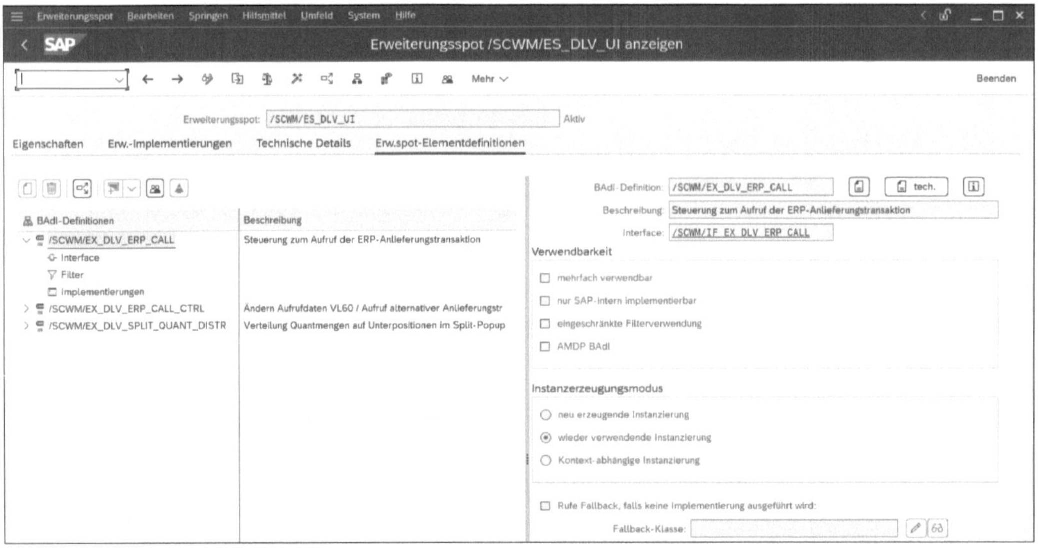

Abbildung 3.23: Steuerung der Anliefererzeugung über BAdI »/SCWM/EX_DLV_ERP_CALL«

Im Standard ist das BAdI nicht aktiv, sodass die Anliefererstellung über die App **Erweiterte Anlieferungsbearbeitung** im SAP-ERP-System aufgerufen wird. Über eine kundenspezifische BAdI-Implementierung kann pro EWM-Lagernummer gesteuert werden, ob die Anliefererstellung komplett in EWM durchgeführt werden soll. Dazu muss in der Methode **DISABLE** lediglich der Parameter `ev_disable = 'X'` gesetzt werden.

Bei der direkten Erstellung einer Anlieferung kann die zu verwendende Liefer-bzw. Belegart manuell gewählt werden. Mit der App **Erweiterte Anlieferungsbearbeitung** stehen dabei die im ERP-System definierten Lieferarten für Anlieferungen zur Auswahl (siehe beispielhaft Abbildung 3.24).

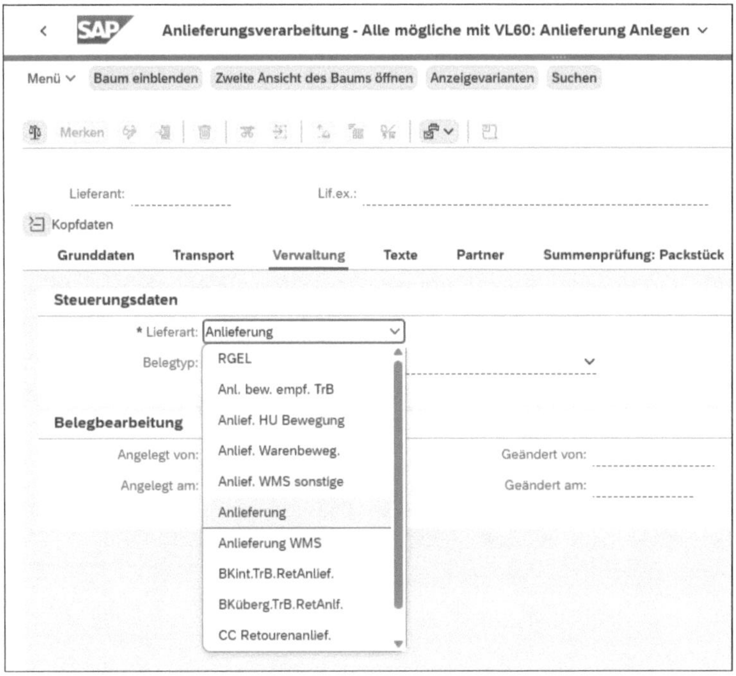

Abbildung 3.24: Lieferarten auswählen

Über die App **Anlieferungen pflegen** stehen die in EWM definierten Belegarten für Anlieferungen zur Verfügung (siehe Abbildung 3.25).

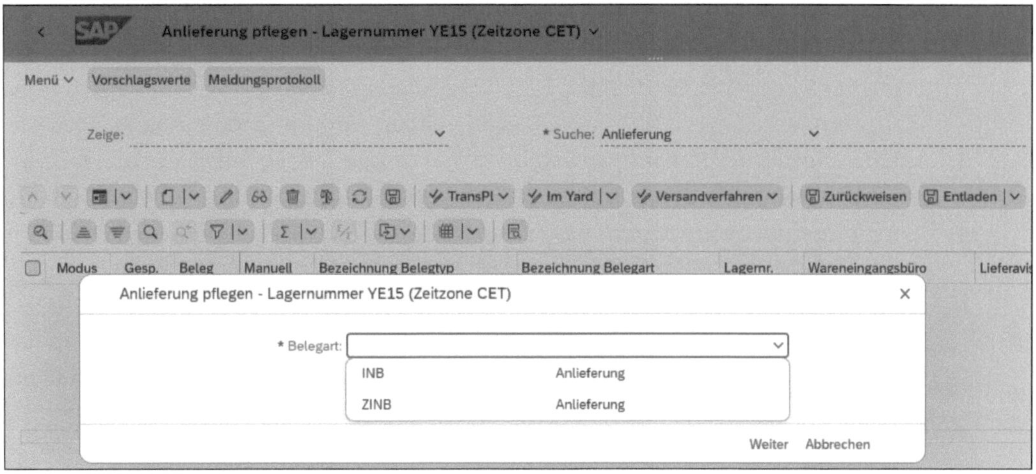

Abbildung 3.25: Belegart auswählen

Für die Erstellung des Anlieferbelegs in EWM sollten Sie die folgenden Punkte berücksichtigen:

- **Parameter für Nachrichtenversand**

  Damit die Nachricht über die Erstellung eines Anlieferbelegs an ERP verschickt werden kann, muss in der Customizing-Aktivität **Nachrichtenverarbeitung empfängerabhängig steuern** ein passender Eintrag vorhanden sein. In der Regel ist dies ein Eintrag, der die verwendete EWM-Belegart im Schlüssel enthält. Die Angabe eines Business-Systems für diesen Eintrag ist optional.

- **Lieferart für ERP-Anlieferung ermitteln**

  Handelt es sich um einen Beschaffungsprozess von extern, wie in diesem Kapitel beschrieben, so greift das System für die Ermittlung der ERP-Lieferart auf diejenige Lieferart zurück, die für den internen Bestätigungstyp **2** (Lieferavis/Anlieferung) in der Customizing-Aktivität **Interne Bestätigungstypen einstellen** gepflegt ist (siehe Abbildung 3.26). Einstellungen zum Mapping der Belegarten, wie sie in der Customizing-Aktivität **Belegarten aus dem ERP-System in EWM abbilden** getätigt werden können, haben in diesem Fall keinen Einfluss.

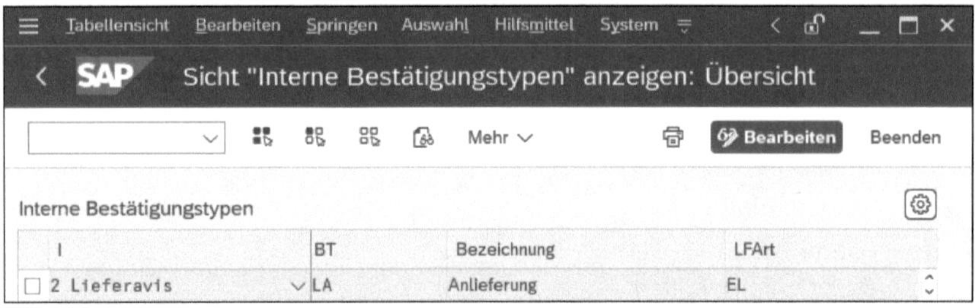

Abbildung 3.26: ERP-Lieferart für den internen Bestätigungstyp »2 (Lieferavis/Anlieferung)« definieren

- **Automatische Bestellfindung**

  Sofern der Lieferpositionstyp der Anlieferposition einen Vorgängerbeleg benötigt, kann das System bei der direkten Erstellung einer Anlieferung eine automatische Findung der Bestellung durchführen. Diese Funktion wird im Customizing im Pfad **Logistics Execution • Integration Extended Warehouse Management • Erweiterte Anlieferbearbeitung • Einstellungen für Anlieferungsverarbeitung** definiert. Für die entsprechende Lieferart ist für das Kennzeichen **Automat. Bestellfindung** der Wert **1 – Automatische Bestellfindung:** Ja gesetzt, sofern für die Lieferart die entsprechende Funktion aktiviert ist (siehe Abbildung 3.27). In diesem Fall würde im Rahmen der Erstellung der ERP-Anlieferung versucht werden, eine geeignete Bestellposition zu finden, um diese als Referenz in die Anlieferungsposition der ERP-Anlieferung zu übernehmen.

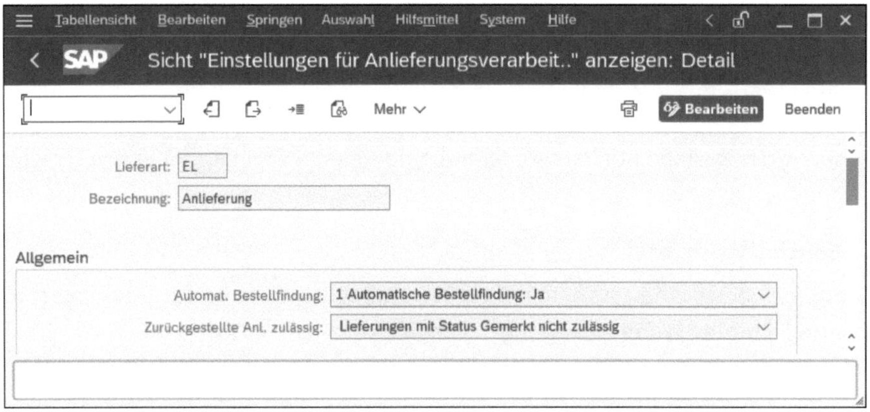

Abbildung 3.27: Automatische Bestellfindung für die Lieferart definieren

Das System unterscheidet bei der Bestellfindung die folgenden Fälle:

- Keine geeignete Bestellposition kann ermittelt werden.
- Genau eine einzige geeignete Bestellposition kann ermittelt werden.
- Mehr als eine geeignete Bestellposition kann ermittelt werden.

Kann keine Bestellposition ermittelt werden, wird nach einem Einkaufsinfosatz für das Material und für die Einkaufsorganisation des Lieferanten gesucht, für den das Kennzeichen zur Bestellanlage für Lieferung ohne Referenz gesetzt ist (siehe Feld **EINESPE_CRE_REF_DOC**). Bleibt diese Suche ergebnislos, bricht die Erstellung der Anlieferung mit dem Fehler **BORGR121** ab.

Wird genau eine Bestellposition ermittelt, so wird diese als Referenz in die Anlieferposition übernommen. Werden mehrere Bestellpositionen ermittelt, bricht die Anliefererstellung mit dem Fehler **BORGR062** ab.

Auf die Bestellfindung kann mit dem BAdI **BORGR_POD_DETERMIN** Einfluss genommen werden. So kann bspw. entweder eine eigene Logik zur Findung geeigneter Bestellpositionen verwendet oder mit dem Aufruf sichergestellt werden, dass die Bestellfindung im Standard nicht durchlaufen wird. In diesem Fall wird durch das oben genannte Kennzeichen im Einkaufsinfosatz in jedem Fall eine neue Bestellung angelegt.

Ist die automatische Bestellfindung nicht aktiviert und benötigt der Lieferpositionstyp der Anlieferposition dennoch einen Vorgängerbeleg, so versucht das System, direkt eine neue Bestellung nach der oben beschriebenen Vorgehensweise anzulegen.

3.3 Synchrone Warenbewegung mit MM

Seit S/4HANA 1909 FPS1 besteht die Möglichkeit, die synchrone Warenbewegung für Wareneingänge von externen Lieferanten mit einem embedded EWM zu nutzen. Bei dieser

Variante des Wareneingangsprozesses entfällt die Notwendigkeit zur Erstellung eines Anlieferbelegs. Mit dem Buchen des Wareneingangs werden die Bestände in MM und EWM direkt aktualisiert. Aus prozessualer Sicht kann dies eine Vermeidung von Komplexität bedeuten, da Wareneingänge auf die gleiche Art im System gebucht werden – unabhängig davon, ob der Bestand nur in MM oder mit embedded EWM im Lager verwaltet wird.

3.3.1 Geschäftsprozess

Abbildung 3.28 zeigt einen beispielhaften Wareneingangsprozess für fremdbeschaffte Waren mit synchroner Warenbewegung. Zu Beginn des Prozesses wird durch den Einkauf eine Bestellung im System erfasst, mit der Ware von einem externen Lieferanten bezogen werden soll. Diese Bestellung kann beispielsweise über die Transaktion **ME21n** im System erfasst und im Anschluss an den Lieferanten übermittelt werden.

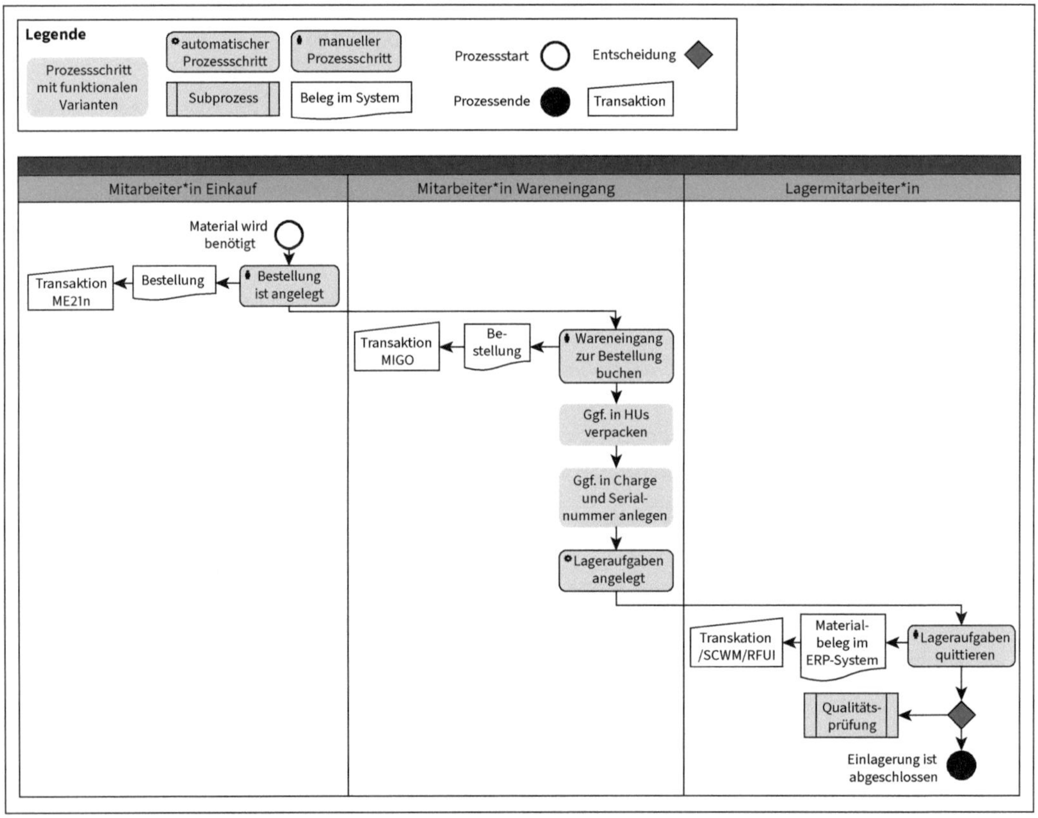

Abbildung 3.28: Prozess für den Wareneingang bei Fremdbeschaffung mit synchroner Warenbewegung

Nach der Ankunft der Ware am Lager wird der Wareneingang im System gebucht. Dafür kann die Transaktion **MIGO** verwendet werden. In dieser Transaktion kann die angelieferte Ware bei Bedarf in HUs verpackt werden. Die Nutzung von HUs ist an dieser Stelle optional. Allerdings können dadurch nachfolgende Prozessschritte, wie etwa die Quittierung der Verräumung der angelieferten Paletten, vereinfacht werden.

Sofern ein angeliefertes Material chargenpflichtig ist, erfolgt die Erstellung des Chargenstamms sowie die Erfassung der Merkmalswerte für Chargenmerkmale ebenfalls in diesem Schritt. Für serialnummernpflichtige Materialien werden die angelieferten Serialnummern pro Einheit hinterlegt. Mit dem Buchen des Wareneingangs in der Transaktion **MIGO** wird der Materialbeleg zur Bestandserhöhung in MM erstellt und gleichzeitig der EWM-Lagerbeleg für die Bestandserhöhung in EWM erzeugt. Zusätzlich werden im Anschluss an die Wareneingangsbuchung eine oder mehrere Lageraufgaben für die Verräumung der angelieferten Ware erstellt. Mit der physischen Verräumung der Ware erfolgt die Quittierung der Einlagerlageraufgaben in EWM. Der Wareneingangsprozess mit synchroner Warenbewegung kann mit einer Qualitätsprüfung kombiniert werden. Auf diese Variante wird an dieser Stelle nicht näher eingegangen. Weitere Informationen dazu finden Sie in Kapitel 5, »Qualitätsmanagement«.

3.3.2 Konfiguration

Um die synchrone Warenbewegung für das Wareneingangsszenario von externen Lieferanten zu nutzen, führen Sie die folgenden Konfigurationsschritte durch. Diese beschreiben die spezifischen Einstellungen für die synchrone Warenbewegung. Grundlegende Integrationseinstellungen zur Abbildung und Integration einer EWM-Lagernummer werden an dieser Stelle vorausgesetzt.

1. **Synchrone Warenbewegung aktivieren**

   Damit die Funktion der synchronen Warenbewegung in einer EWM-Lagernummer verwendet werden kann, muss sie zunächst aktiviert werden. Die Aktivierung erfolgt mit der Transaktion **/SCWM/22000149** oder über den Customizing-Pfad **SCM Extended Warehouse Management • Extended Warehouse Management • Schnittstellen • ERP-Integration • Warenbewegungen • Synchrone Warenbewegungsbuchung aktivieren**. Setzen Sie das Kennzeichen bei **Aktiv** für die Lagernummer, in der die synchrone Warenbewegung erlaubt sein soll.

   Zusätzlich sind noch detailliertere Einstellungen für Bewegungsarten in der Transaktion **/SCWM/22000349** oder in der Aktivität **Synchrone Warenbewegungen im Lager aktivieren** des Customizing-Pfades **SCM Extended Warehouse Management • Extended Warehouse Management • Schnittstellen • ERP-Integration • Warenbewegungen • Einstellungen für synchrone Warenbewegungen (MIGO)** durchzuführen. Hier wird für alle Wareneingangsbewegungsarten die synchrone Warenbewegung in einer Lagernummer aktiviert (siehe Abbildung 3.29).

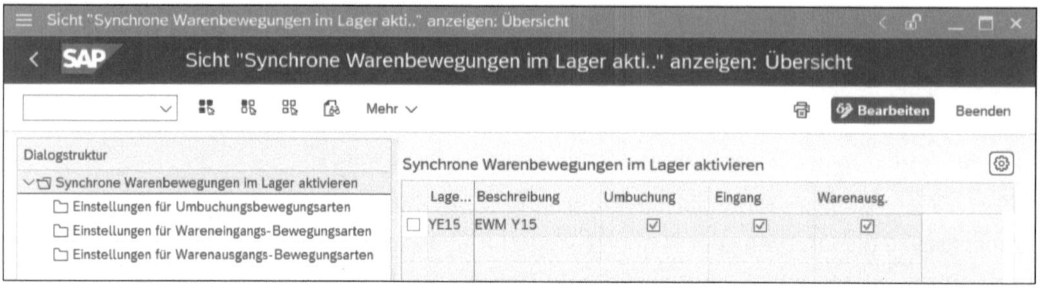

Abbildung 3.29: Synchrone Warenbewegung für Lagernummer und Wareneingangsbewegungsarten aktivieren

Sollte die generelle Aktivierung für alle Wareneingangsbewegungsarten zu generisch sein, haben Sie in der Dialogstruktur **Einstellungen für Wareneingangs-Bewegungsarten** die Möglichkeit, die Nutzung der synchronen Warenbewegung für Wareneingangsbewegungsarten spezifischer zu steuern. So können Sie bspw. einzelne Bewegungsarten aufnehmen und für diese die Nutzung der synchronen Warenbewegung erlauben bzw. verhindern. Neben der Wareneingangsbewegungsart wird auch die dazugehörige Stornobewegungsart in dieser Dialogstruktur eingetragen, wie in Abbildung 3.30 beispielhaft für die Bewegungsarten **501** und **561** dargestellt.

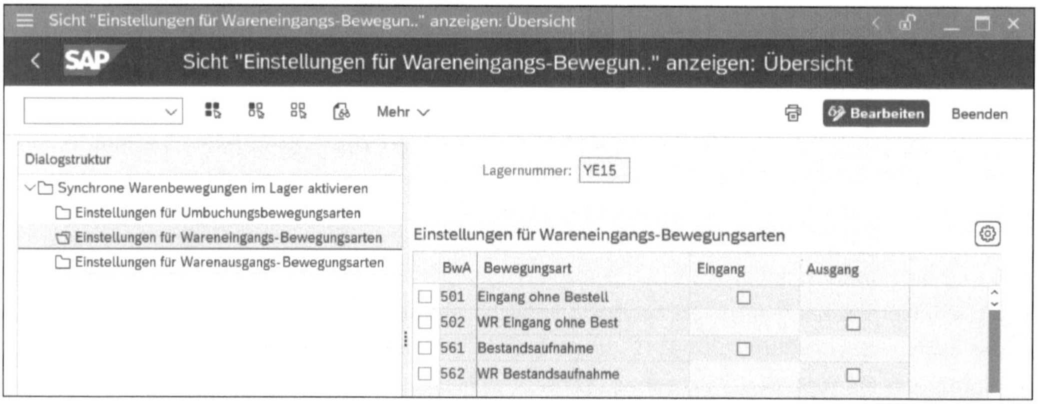

Abbildung 3.30: Steuerung der synchronen Warenbewegung pro Wareneingangsbewegungsart

2. **Bestätigungssteuerschlüssel konfigurieren**

   Die Definition der Bestätigungssteuerschlüssel erfolgt mit der Transaktion **S_ER9_52000955** oder im Customizing-Pfad **Materialwirtschaft • Einkauf • Bestätigungen**. In der Aktivität **Bestätigungssteuerung einstellen** ist sicherzustellen, dass ein Bestätigungssteuerschlüssel vorhanden ist, der einen internen Bestätigungstyp verwendet, dem wiederum keine Lieferart zugeordnet ist, wie bspw. die **Bestätigungstypen AB – Auftragsbestätigung** und **CH – Bestelländerung** (siehe Abbildung 3.31). Alternativ kann eine Bestellposition ohne Bestätigungssteuerschlüssel verwendet werden.

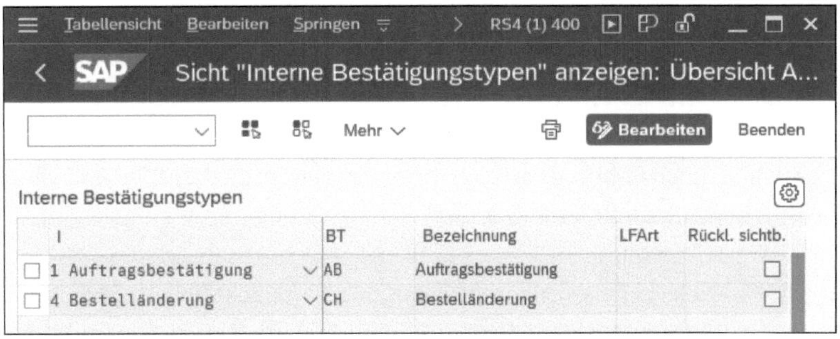

Abbildung 3.31: Bestätigungstypen für synchrone Warenbewegung

3. **Warenbewegungsplatz für Wareneingangsbuchung ermitteln**

   Für die Ermittlung des Warenbewegungsplatzes für die Wareneingangsbuchung gibt es verschiedene Möglichkeiten. Zunächst nutzt das System die Einstellungen in der Bereitstellungszonen- und Tor-Findung für den Wareneingang. Diese Einstellungen werden im SAP-Easy-Access-Menü über den Pfad **SCM Extended Warehouse Management • Extended Warehouse Management • Einstellungen • Warenannahme und Versand** in der Transaktion **/SCWM/STADET_IN** vorgenommen. Damit besteht die Möglichkeit, komplexere Szenarien abzubilden, bei denen bspw. in Abhängigkeit vom Lieferanten unterschiedliche Warenbewegungsplätze gefunden werden sollen. Im Rahmen dieser Ermittlung steht darüber hinaus das BAdI **/SCWM/EX_SR_STADET** des Erweiterungsspots **/SCWM/EX_SR_STADET** zur Verfügung. Mit der Methode **STADET_IN** können kundenindividuelle Anforderungen an die Ermittlung des Warenbewegungsplatzes umgesetzt werden.

   Kann das System nach der vorherigen Methode keinen Warenbewegungsplatz ermitteln, greift es auf die Einstellungen in der für die synchrone Warenbewegung definierten Lagerprozessart zurück. Diese Zuordnung erfolgt mit der Transaktion **/SCWM/22000276** oder über den Customizing-Pfad **SCM Extended Warehouse Management • Extended Warehouse Management • Schnittstellen • ERP-Integration • Warenbewegungen • Synchrone Warenbewegungsbuchung aktivieren**. In dieser Aktivität legen Sie die Lagerprozessart fest, aus der sich das System den **Von-Lagerplatz** ausliest (siehe Abbildung 3.32).

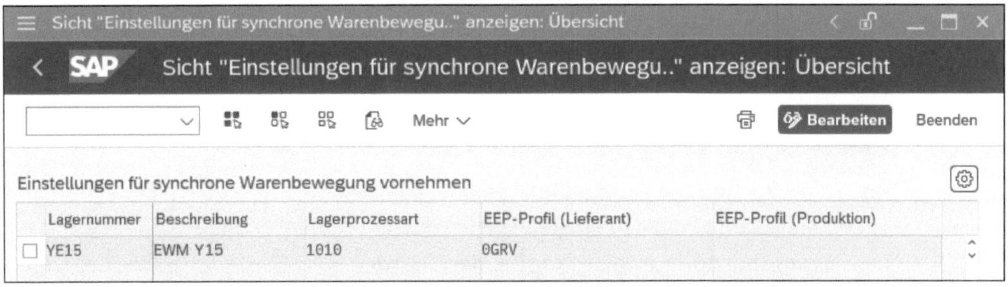

Abbildung 3.32: Lagerprozessart für die Findung des Warenbewegungsplatzes definieren

4. **Daten für Packvorschlag ermitteln**

   Optional besteht die Möglichkeit, den zu vereinnahmenden Bestand in HUs zu verpacken. Wenn Sie die Daten nicht manuell erfassen möchten, kann das System automatisch einen Packvorschlag erstellen. Dazu müssen Sie zunächst ein EEP-Profil zur Lagernummer zuordnen (siehe Abbildung 3.32). Über das zugeordnete EEP-Profil steuern Sie, welche Logik bzw. Einstellungen das System zur Erzeugung des Packvorschlags verwenden soll. Wie in Abbildung 3.33 ersichtlich, stehen grundsätzlich die drei Methoden **Packvorschrift**, **Packspezifikation** und **Erzeugung von Packstücken** über die EEP-Engine zur Auswahl. Weitere Ausführungen zur einheitlichen Erzeugung von Packstücken finden Sie in Abschnitt 3.5, »Package Builder«.

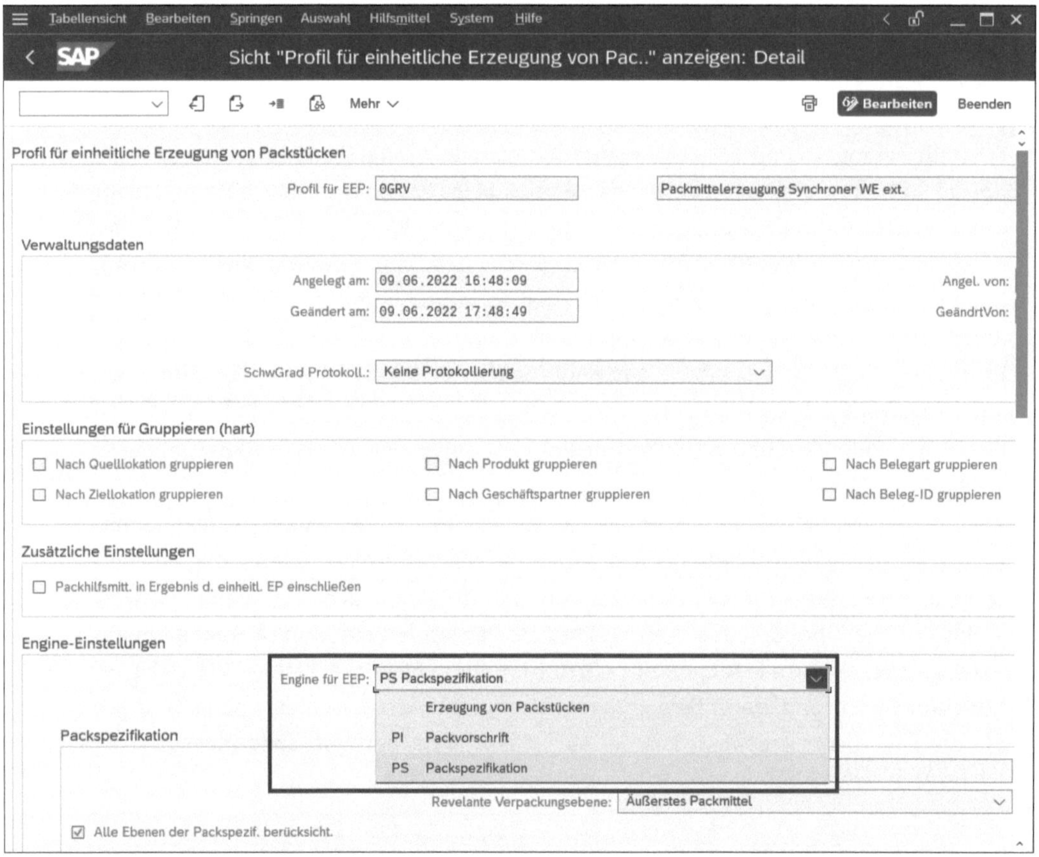

Abbildung 3.33: Einstellungen im EEP-Profil für die Erzeugung eines Packvorschlags

5. **Einlagerlageraufgabe automatisch erstellen**

   Nach dem Buchen des Wareneingangs kann das System automatisch Einlagerlageraufgaben erstellen. Um diese Möglichkeit zu nutzen, muss der Lagertyp, in dem die Wareneingangsbuchung erfolgt, konfiguriert werden. Die Einstellung für den Lagertyp kann entweder mit der Transaktion **/SCWM/60000049** oder über den Customizing-

Pfad **SCM Extended Warehouse Management • Extended Warehouse Management • Stammdaten** in der Aktivität **Lagertypen definieren** erledigt werden. Im Abschnitt **Einlagerungssteuerung der Lagertypeinstellungen** können Sie für die Option **Autom. LB-Erstellung bei WE** festlegen, ob das System Lageraufgaben bei Wareneingang anlegen soll oder nicht bzw. ob Sie durch dies durch die Lagerprozessart bestimmen lassen möchten (siehe beispielhaft Abbildung 3.34). Falls die allgemeine Einstellung am Lagertyp für Ihr Geschäftsszenario nicht praktikabel ist, besteht die Möglichkeit, dies durch die Lagerprozessart bestimmen zu lassen. Für diese Variante gibt es in den Customizing-Einstellungen der Lagerprozessart eine gleichlautende Option, die dann logischerweise lediglich noch die zwei Optionen zur Aktivierung bzw. Deaktivierung der automatischen Lageraufgabenerstellung bietet. Die darüber hinaus erforderlichen Einstellungen zur Einlagerstrategie werden an dieser Stelle vorausgesetzt.

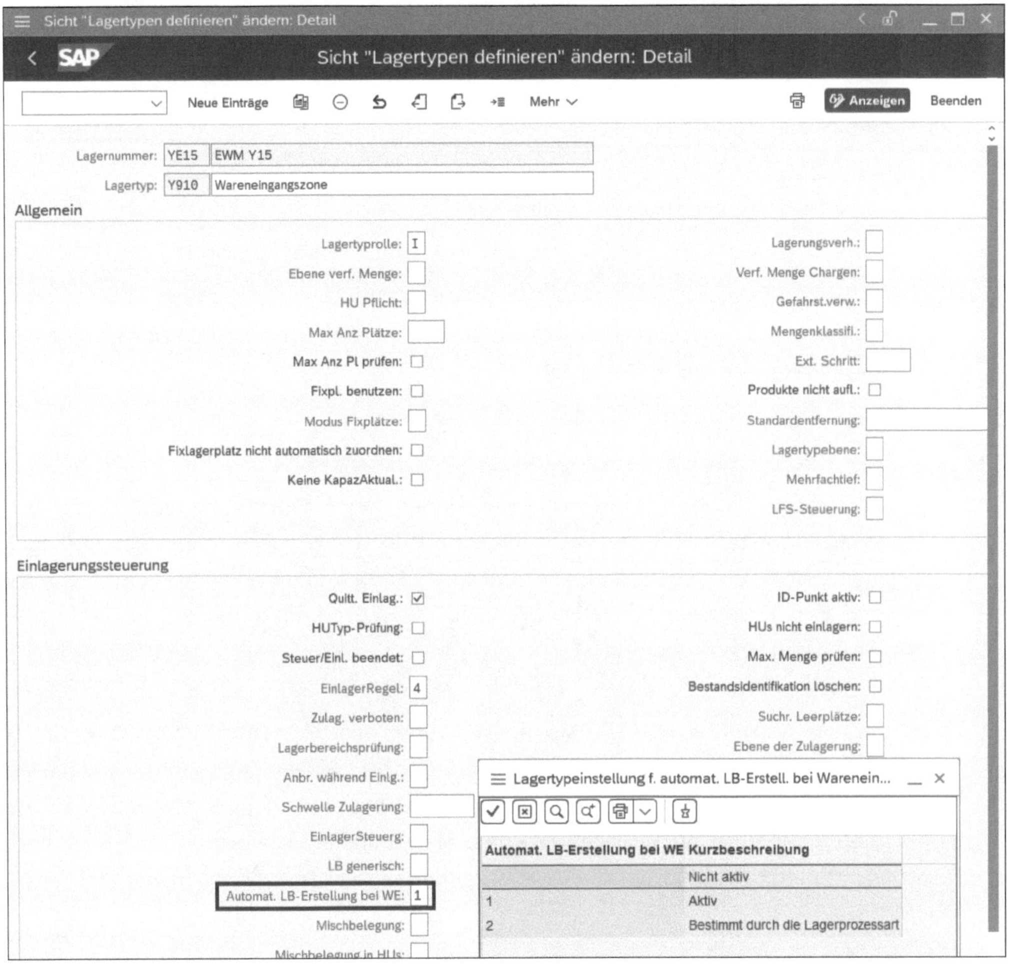

Abbildung 3.34: Automatische Lageraufgabenerstellung bei Wareneingang im Lagertyp aktivieren

Zur Ermittlung der für die Lageraufgabenerstellung erforderlichen Lagerprozessart prüft das System die Einstellungen zur Lagerprozessartenfindung. Diese definieren Sie mit der Transaktion **/SCWM/60000124** oder über den Customizing-Pfad **SCM Extended Warehouse Management • Extended Warehouse Management • Prozessübergreifende Einstellungen • Lageraufgabe** in der Aktivität **Lagerprozessart finden**. Mit dem optionalen Prozessartfindungskennzeichen kann die Findung der Lagerprozessart produktspezifisch ausgeprägt werden. Das Prozesskennzeichen definiert den spezifischen Prozess der synchronen Warenbewegung, der für die Findung verwendet wird. Bei Wareneingängen von externen Lieferanten versucht das System zunächst einen passenden Eintrag für das Prozesskennzeichen **008** für unverpackten Bestand bzw. **009** für verpackten Bestand zu finden. Kann keine Lagerprozessart ermittelt werden, erfolgt der nächste Versuch mit dem allgemeineren Prozesskennzeichen **004** für unverpackten Bestand bzw. **005** für verpackten Bestand (siehe Abbildung 3.35).

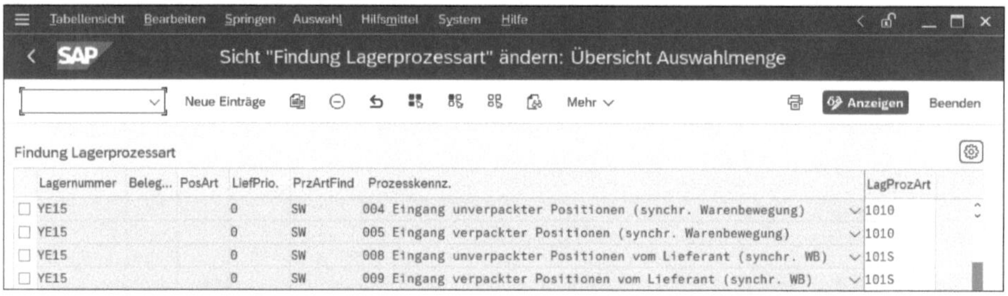

Abbildung 3.35: Lagerprozessartfindung für die Lageraufgabenerstellung bei synchroner Warenbewegung im Wareneingang

[»]

Zugriffslogik für die Findung der Lagerprozessart

Das System präferiert immer einen vollqualifizierten Eintrag mit passendem Prozessartfindungs- und Prozesskennzeichen. Als Fallback-Variante würde es aber auch einen Eintrag mit passendem Prozesskennzeichen und leerem Prozessartfindungskennzeichen verwenden, selbst wenn im Lagerproduktstamm ein Prozessartfindungskennzeichen gepflegt ist.

Darüber hinaus besteht die Möglichkeit, über das BAdI **/SCWM/EX_CORE_GM_GMDOC_WT** des Erweiterungsspots **/SCWM/ES_CORE_GM** eine kundenindividuelle Logik zur Ermittlung der Lagerprozessart zu implementieren. Mit der Methode **GET_PROCESS_TYPE** kann auf Basis der Daten des Materialbelegs sowie der vom System bereits ermittelten Lagerprozessart eine abweichende Prozessart gefunden werden.

3.3.3 Prozessdemo

Basierend auf den spezifischen Einstellungen für die synchrone Warenbewegung aus dem vorherigen Abschnitt kann der Prozess anhand eines Beispiels gezeigt werden:

1. **Bestellung anlegen**

   Für die beispielhafte Bestellung nutzen wir die Bestellart **NB – Normalbestellung** und erfassen die notwendigen Daten auf Kopf- und Positionsebene. Relevant sind vor allem die Einträge für das Werk, den Lagerort und die Bestätigungssteuerung. Wie in Abbildung 3.36 zu sehen ist, verwenden wir keinen Bestätigungssteuerschlüssel.

Abbildung 3.36: Bestellung für synchrone Warenbewegung anlegen

2. **Warenbewegung für Bestellung buchen**

   Mit der Transaktion **Warenbewegung buchen** und dem Vorgang **A01 – Wareneingang** sowie dem Referenzbeleg **R01 – Bestellung** können wir die Daten der Bestellung für die Wareneingangsbuchung ermitteln. Wie in Abbildung 3.37 zu sehen ist, steht der neue Reiter **Lagerverwaltung** zur Verfügung.

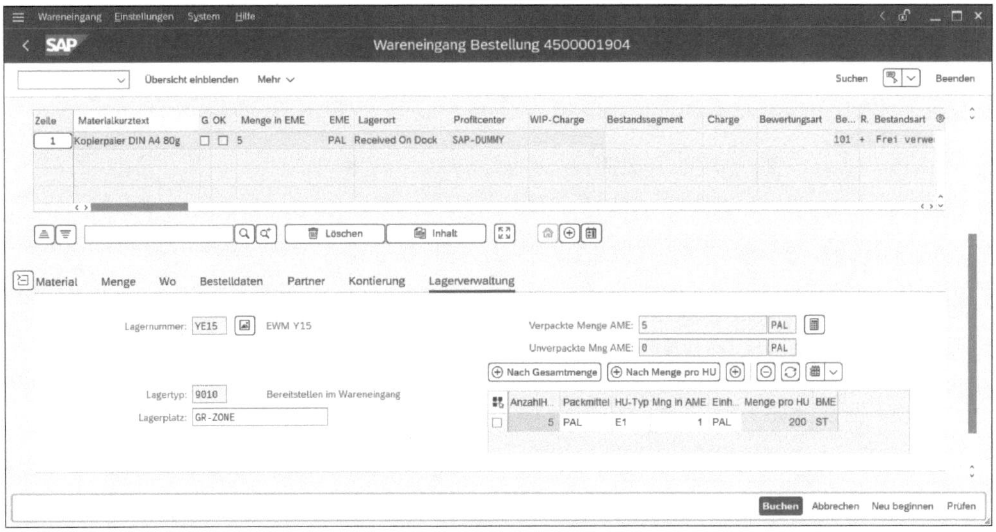

Abbildung 3.37: Lagerverwaltungsdaten bei synchroner Warenbewegung für eine Bestellung

In diesem wird der für die Wareneingangsbuchung erforderliche Warenbewegungsplatz in EWM angezeigt. Der vom System ermittelte Lagerplatz kann manuell geändert werden. Des Weiteren existiert ein Packvorschlag auf Basis einer Packspezifikation, wie im EEP-Profil angegeben. Für die fünf bestellten Paletten sollen fünf HUs angelegt werden.

Mit dem Buchen des Wareneingangs werden sowohl der Materialbeleg als auch der Lagerbeleg in EWM erzeugt. In der Anzeige des Materialbelegs in der Transaktion **Warenbewegung buchen** kann im Reiter **Lagerverwaltung** die erstellte Belegnummer eingesehen werden. Wie in Abbildung 3.38 zu sehen ist, kann über die Funktionen neben der Lagerbelegnummer in die Detailansicht navigiert werden.

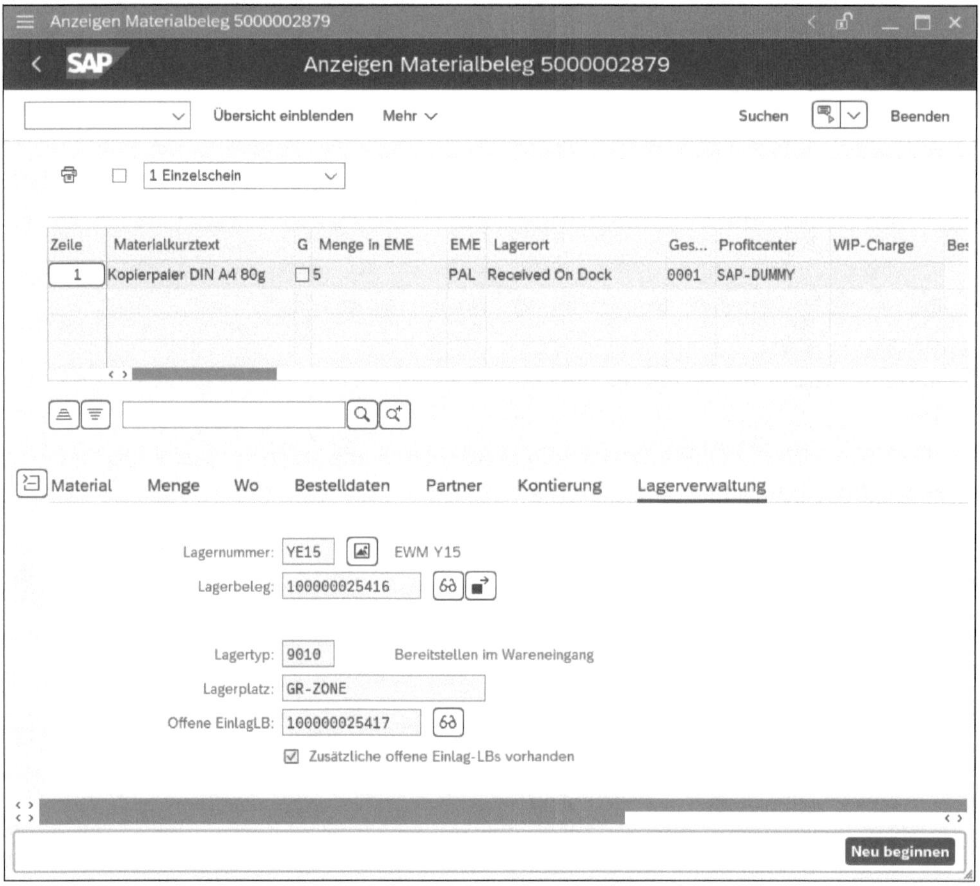

Abbildung 3.38: Anzeige der erstellten Lagerbelegnummer im Materialbeleg

3. **Lagerbeleg und erstellte Lageraufgaben anzeigen**

   Aufgrund der Einstellungen zur automatischen Erstellung von Lageraufgaben mit der Wareneingangsbuchung hat das System für jede vereinnahmte HU eine Einlagerlageraufgabe erstellt. Erfolgt die Erstellung der Lageraufträge (wie in unserem Beispiel in Abbildung 3.39 gezeigt) unter Berücksichtigung des Ressourcenmanagements, sodass eine RF-Queue ermittelt wird, kann die Quittierung der Einlagerung mit mobilen Endgeräten und der RF-Umgebung erfolgen. Alternativ besteht auch die Möglichkeit, die Quittierung an einem stationären PC durchzuführen.

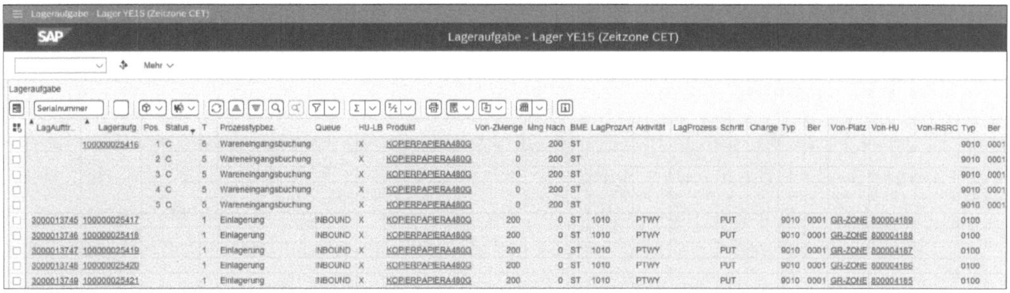

LagAufttr.	Lageraufg	Pos.	Status	T	Prozesstypbez	Queue	HU-LB	Produkt	Von-ZMenge	Mng Nach	BME	LagProzArt	Aktivität	LagProzess	Schritt	Charge	Typ	Ber	Von-Platz	Von-HU	Von-RSRC	Typ	Ber
	100000025416	1	C	5	Wareneingangsbuchung		X	KOPIERPAPIERA480G	0	200	ST											9010	0001
		2	C	5	Wareneingangsbuchung		X	KOPIERPAPIERA480G	0	200	ST											9010	0001
		3	C	5	Wareneingangsbuchung		X	KOPIERPAPIERA480G	0	200	ST											9010	0001
		4	C	5	Wareneingangsbuchung		X	KOPIERPAPIERA480G	0	200	ST											9010	0001
		5	C	5	Wareneingangsbuchung		X	KOPIERPAPIERA480G	0	200	ST											9010	0001
3000013745	100000025417			1	Einlagerung	INBOUND	X	KOPIERPAPIERA480G	200	0	ST	1010	PTWY		PUT		9010	0001	GR-ZONE	800004189		0100	
3000013746	100000025418			1	Einlagerung	INBOUND	X	KOPIERPAPIERA480G	200	0	ST	1010	PTWY		PUT		9010	0001	GR-ZONE	800004188		0100	
3000013747	100000025419			1	Einlagerung	INBOUND	X	KOPIERPAPIERA480G	200	0	ST	1010	PTWY		PUT		9010	0001	GR-ZONE	800004187		0100	
3000013748	100000025420			1	Einlagerung	INBOUND	X	KOPIERPAPIERA480G	200	0	ST	1010	PTWY		PUT		9010	0001	GR-ZONE	800004186		0100	
3000013749	100000025421			1	Einlagerung	INBOUND	X	KOPIERPAPIERA480G	200	0	ST	1010	PTWY		PUT		9010	0001	GR-ZONE	800004185		0100	

Abbildung 3.39: Lagerbeleg und erstellte Lageraufgaben für die Einlagerung

3.4 Wareneingangsprozess mit Transportplanung als Teil des erweiterten Warenannahme- und Versandprozesses

Der erweiterte Warenannahme- und Versandprozess (engl. Advanced Shipping and Receiving, kurz *ASR*) bietet die Möglichkeit, einen Eingangsprozess in optimierter Form anwendungsübergreifend im System abzubilden, da er bspw. im Vergleich zur TE-basierten Integration zwischen EWM und SAP TM weniger Belege im System erzeugt und verschiedene Einschränkungen dieses Integrationsszenarios löst. Der SAP-TM-Frachtauftrag ist eines der zentralen Objekte in diesem Szenario und kann verschiedene Konstellationen abbilden, wie etwa Be- und Entladevorgänge an mehreren Lagerstandorten oder die Be- und Entladung an einem Lagerstandort, der EWM- und IM-verwaltete Lagerorte enthält. Da im ASR-Prozess keine TE in EWM verwendet wird, werden auch keine Funktionalitäten sowie Apps bzw. Transaktionen zur Erstellung bzw. Bearbeitung von TEs und/oder Fahrzeugen genutzt. Das EWM-Versandcockpit findet im ASR-Prozess somit auch keine Anwendung.

Vergleich zwischen ASR- und TE-basierter Integration

[«]

Für einen Vergleich der Funktionalitäten zwischen der TE-basierten Integration von SAP TM mit EWM und der ASR-basierten Integration verweisen wir an dieser Stelle auf den SAP-Hinweis 3423370.

Es gibt verschiedene Möglichkeiten, Eingangsprozesse mit ASR im System abzubilden. In diesem Abschnitt stellen wir Ihnen eine Basisvariante des Prozesses vor, bei der keine komplexen Anforderungen an die Transportplanung bestehen. Die verwendeten Funktionalitäten in SAP TM und EWM sind alle in der Basislizenz enthalten, sodass bei diesem Prozess keine zusätzlichen Lizenzkosten für SAP TM und EWM anfallen würden. Die in diesem Prozess enthaltene Ladestelle umfasst einen EWM-verwalteten Lagerort. Es ist aber durchaus möglich, das Szenario um weitere Lagerorte zu erweitern, die entweder EWM- oder IM-verwaltet sind. Somit könnten Entladevorgänge abgebildet werden, bei denen LKWs Waren enthalten, die sowohl lager- als auch nur bestandsverwaltet sind.

3.4.1 Geschäftsprozess

Der Auslöser für den in diesem Abschnitt vorgestellten Geschäftsprozesse (siehe Abbildung 3.40) ist die Notwendigkeit, Material von einem Lieferanten zu beschaffen. Der Einkauf legt deshalb eine Bestellung an, die wiederum an den Lieferanten übermittelt wird. Dies kann entweder per Fax, E-Mail oder elektronisch per ORDERS-IDoc erfolgen. Der Lieferant führt alle relevanten Schritte zur Bearbeitung der Bestellung durch und meldet den Versand der Ware sowohl der Spedition als auch dem bestellenden Unternehmen, bspw. durch Übermittlung eines DELVRY-IDocs. Mit diesem IDoc wird eine LE-Anlieferung erzeugt, die unter anderem die Daten der versendeten Materialien und Mengen enthält. Gleichzeitig wird mit der Erstellung der Anlieferung eine Frachteinheit in SAP TM angelegt. Die LE-Anlieferung wird an EWM übertragen. Die EWM-Anlieferung ist für die Lagerausführung noch gesperrt, da die Transportplanung noch nicht stattgefunden hat. Die Spedition plant den Transport und übermittelt diese Daten an das bestellende Unternehmen. Diese Informationen bilden die Grundlage für die Erstellung des Frachtauftrags und die Zuordnung der Frachteinheit zum Frachtauftrag. Mit der Ankunft des LKWs am Lager beginnt die Abfertigung auf Grundlage der Daten im Frachtauftrag.

Unser Beispielprozess sieht einen Pfortenprozess vor, bei dem die Ankunft des LKWs im Frachtauftrag bestätigt wird. Anschließend wird dem LKW in einem WE-Büro ein Lagertor für die Entladung zugewiesen. Nachdem der LKW am Lagertor angedockt und sich bei den Lagerfachkräften gemeldet hat, wird seine Ankunft am Lagertor im System bestätigt, sodass dieses Lagertor keinem anderen LKW mehr zugewiesen werden kann. Zusätzlich wird der Status zur Lagerabfertigung gesetzt, damit die EWM-Anlieferung bearbeitet werden kann. Die angelieferte Ware wird für die weitere Prozessierung im EWM in HUs verpackt und die vollständige Entladung an dieser Ladestelle bestätigt. Daraufhin wird der Wareneingang im System gebucht, wodurch die Anlieferbelege sowie der Frachtauftrag aktualisiert werden, Materialbelege erstellt und der Bestand im System entsprechend erhöht wird. Die Abfahrt des LKWs vom Lagertor wird im System bestätigt, sodass dieses Lagertor wieder für andere LKWs zur Verfügung steht. An der Pforte wird im Frachtauftrag bestätigt, dass der LKW das Lagergelände verlassen hat. Parallel dazu wird die Verräumung im Lager durchgeführt. Dieser Teil des Prozesses ist in unserem Beispiel sehr kurz gehalten, da er nicht im Fokus dieses integrativen Prozesses steht. Grundsätzlich kann der Eingangsprozess in EWM mit beliebigen weiteren Funktionalitäten wie einer Lagerungssteuerung oder einer Integration QM durchgeführt werden.

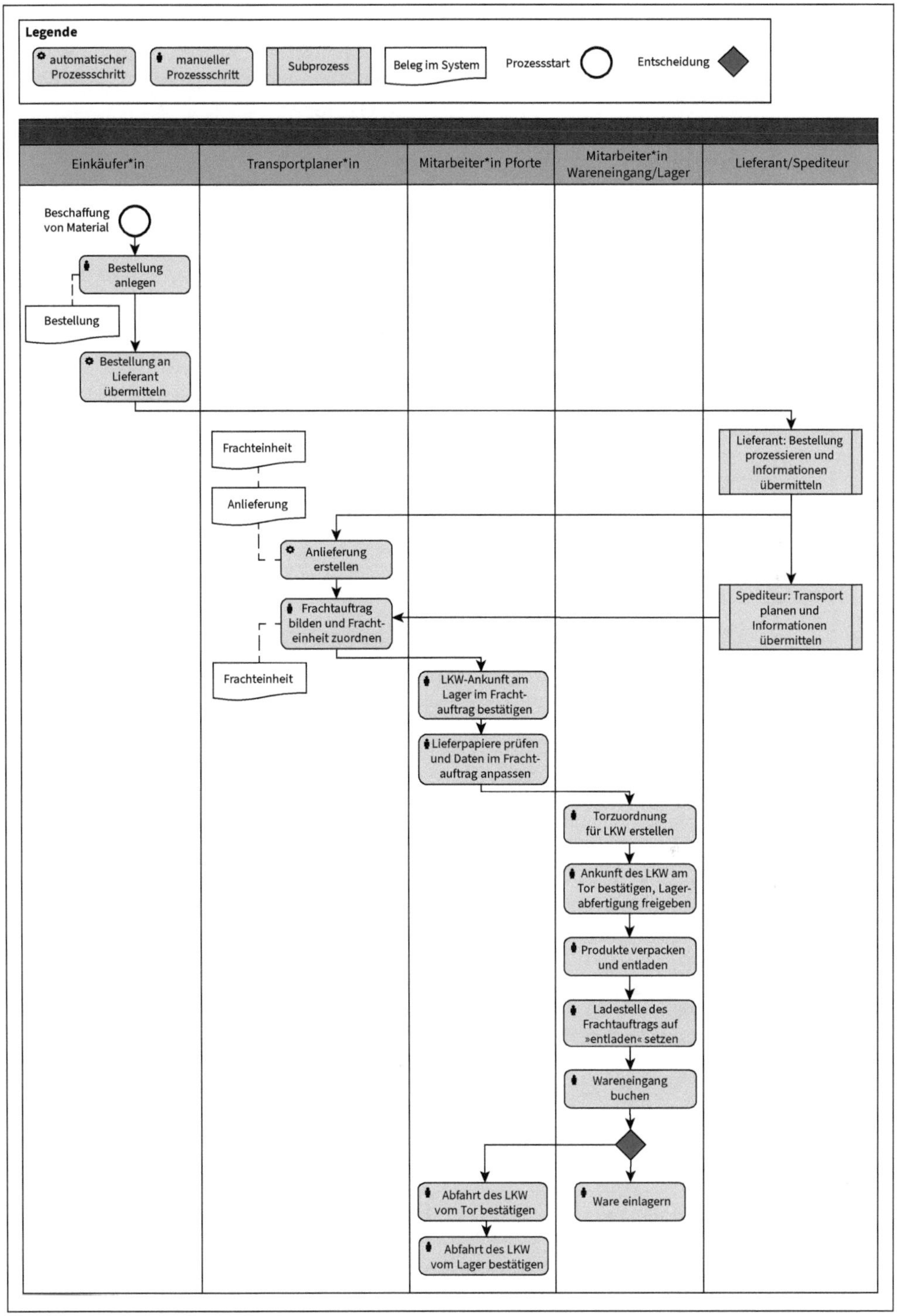

Abbildung 3.40: Geschäftsprozess für den Wareneingang mit erweitertem Warenannahme- und Versandprozess

3.4.2 Konfiguration

Für einen Wareneingangsprozess, der die Funktionalitäten des erweiterten Warenannahme- und Versandprozesses nutzt, sind die folgenden Einstellungen notwendig:

1. **Frachteinheitsart definieren**

   Definieren Sie eine Frachteinheitsart für die Erstellung von Frachteinheiten. Starten Sie dazu die Transaktion **/SCMTMS/50000061** oder die Aktivität **Frachteinheitsarten definieren** im Customizing-Pfad **Transportation Management • Planung • Frachteinheit**. Erstellen Sie anschließend einen neuen Eintrag mit den Werten aus Tabelle 3.1.

Feld	Wert
Frachteinheitsart	ZFU2
Beschreibung	Frachteinheit ASR Eingang
Nummernkreiseinstellungen	
Zeitpunkt zum Ziehen	I – Nummer sofort ziehen
Nummernkreisintervall	FU
Grundeinstellungen	
Anhangschema	DEFLT_ATS
Änderungen verfolgen	Aktiv
Einstellungen für Planung	
Regel für Zeitfenster Abh./Anlf.	A – Früheste Abhol. An Wunschdat./ Späteste Liefer. an Wunschdat.
Entfernungs-/Dauerermittlung	Standard für Geschäftsbelegtyp verwenden
Ausführungseinstellungen	
Relevanz f. AusführÜberwachung	2 – Ausführungsüberwachung
Anzeigemod. F. Register »Ausführung«	Tatsächl. Ereignisse aus TM und EM, erwartetes Ereign. aus EM
Propagierungsmodus	Standardpropagierung
Letztes erwartetes Ereignis	Departure
Ausgabeoptionen	
Ausgabeprofil	/SCMTMS/TOR

Tabelle 3.1: Einstellungen der Frachteinheitsart für den ASR-Eingangsprozess

Feld	Wert
Textschemaermittlung	I – Für Positionsarten, die Belegarten zugeordnet sind
Verweilzeiträume	
ArchvResidenz (Tage)	100
Standardmengeneinheiten	
Standard-ME Gewicht	KG – Kilogramm
Standard-ME Volumen	M3 – Kubikmeter
ME-Ermittlung f. normalisierte Mengen	Belegartbasierte Mengeneinheitsermittlung für NLM/ZLM
Laderaumverbrauchsmengen aggregieren	Keine Aggregation
Change-Controller-Einstellungen	
Change-Controller-Strateg.	No_action
Direktsendungsoptionen	
Art Direktsendungsoption	Keine Ermittlung der Direktsendungsoptionen
DSO-Ergebnisregel	In Frachtauftrag für Direktsendung konvertieren
Zusätzliche Einstellungen	
CommCodeErmittlRegel	Zu Positionen lokal zugeordnete Commodity Codes verwenden

Tabelle 3.1: Einstellungen der Frachteinheitsart für den ASR-Eingangsprozess (Forts.)

2. **Frachteinheitsbildungsregel erstellen**

   Erstellen Sie eine neue Frachteinheitsbildungsregel zur Bildung von Frachteinheiten für Bestellungen. Starten Sie dazu die SAP-Fiori-App **Frachteinheitsbildungsregel anlegen**, erstellen Sie die neue Regel **ZASR_EINGANG** und geben Sie eine Bezeichnung an (siehe Abbildung 3.41). Definieren Sie als Belegart die zuvor erstellte Frachteinheitsart **ZFU2**. Pflegen Sie anschließend die Werte aus Tabelle 3.2 für die Einstellungen im Abschnitt **Steuerung**.

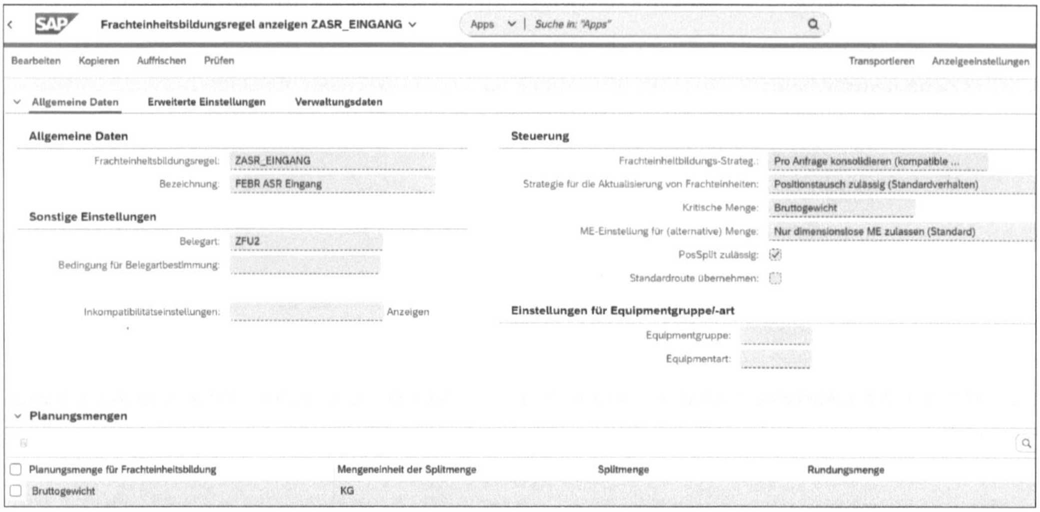

Abbildung 3.41: Frachteinheitsbildungsregel anlegen

Feld	Wert
Frachteinheitsbildungs-Strateg.	Pro Anfrage konsolidieren (kompatible Teile)
Strategie für die Aktualisierung von Frachteinheiten	Positionstausch zulässig (Standardverhalten)
Kritische Menge	Bruttogewicht
ME-Einstellung für (alternative) Menge	Nur dimensionslose ME zulassen (Standard)
PosSplit zulässig	Kennzeichen gesetzt

Tabelle 3.2: Werte im Abschnitt »Steuerung« für die Frachteinheitsbildungsregel

Definieren Sie außerdem als **Planungsmenge für die Frachteinheitsbildung** den Wert **Bruttogewicht** und als **Mengeneinheit der Splitmenge** den Wert **KG**.

3. **Steuerschlüssel für die Belegintegration erstellen**

   Damit Anlieferungen mit SAP TM integriert werden, wird ein Steuerschlüssel benötigt. Diesen erstellen Sie mit der Transaktion **S_EB5_05000463** oder über den Customizing-Pfad **Transportation Management • Integration • Logistikintegration • Integration interne TM-Komponente mit der Aktivität Steuerschlüssel für Belegintegration definieren**. Erstellen Sie einen neuen Eintrag mit einem eindeutigen Steuerschlüssel und setzen Sie den Integrationsmodus auf den Wert **I – Interne TM-Komponente**. Aktivieren Sie anschließend die Integration für Anlieferungen, indem Sie das Kennzeichen in der Spalte **Anlief.** setzen (siehe Abbildung 3.42).

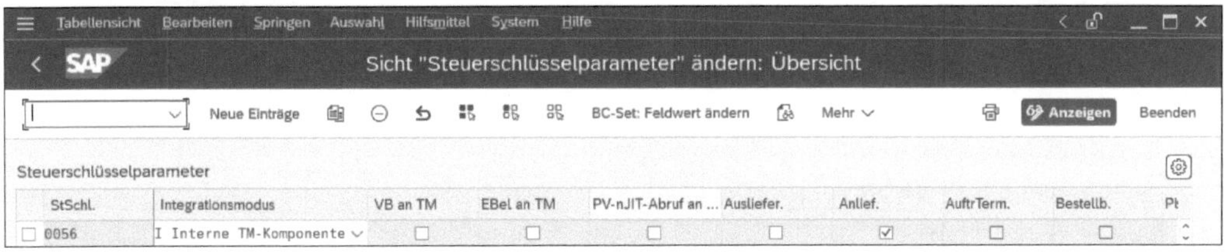

Abbildung 3.42: Steuerschlüssel für TM-Belegintegration

4. **Logistikintegrationsprofil für SD, MM und SAP LE definieren**

   Für die Bildung von Frachteinheiten erstellen Sie ein Logistikintegrationsprofil in der Aktivität **Logistikintegrationsprofil für SD, MM und LE definieren**, die Sie über die Transaktion **/SCMTMS/52000635** oder den Customizing-Pfad **Transportation Management • Integration • Logistikintegration • Integration interne TM-Komponente** erreichen. Erstellen Sie ein Profil und tragen Sie für die Frachteinheitsbildungsregel die neu erstellte Regel **ZASR_EINGANG** ein. Aktivieren Sie die automatische Bildung von Frachteinheiten, indem Sie das Kennzeichen in der Spalte **Autom. FE-Bildung** setzen (siehe Abbildung 3.43) und definieren Sie anschließend die Planung zu Wunschmengen.

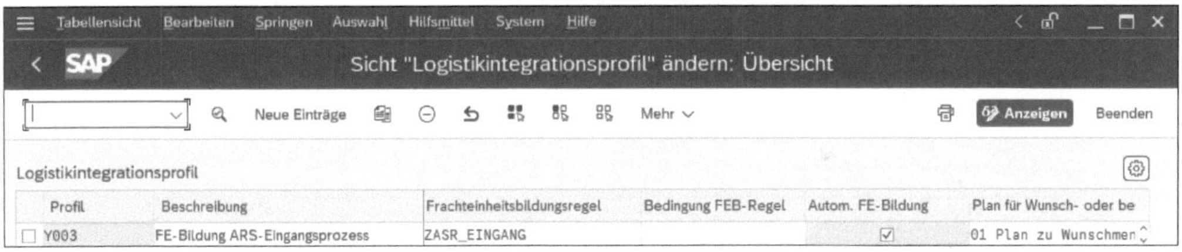

Abbildung 3.43: TM-Logistikintegrationsprofil für die Bildung von Frachteinheiten

5. **Transportrelevanz von Lieferbelegen definieren**

   Für die Integration der Anlieferungen mit SAP TM starten Sie die Transaktion **S_EB5_05000461** oder wählen über den Customizing-Pfad **Transportation Management • Integration • Logistikintegration • Integration interne TM-Komponente** die Aktivität **Transportrelevanz von Lieferbelegen definieren**. Erstellen Sie einen neuen Eintrag und geben Sie für die von Ihnen verwendete Versandstelle, die Lieferart **EL** sowie für die von Ihnen verwendete Versandbedingung den Steuerschlüssel **0056** sowie das Logistikintegrationsprofil **Y003** an (siehe Abbildung 3.44).

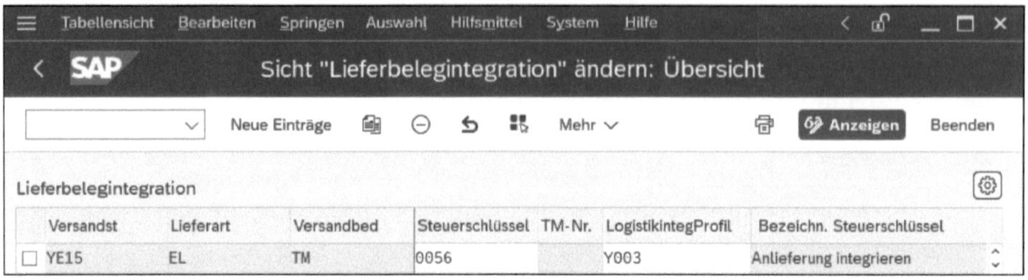

Abbildung 3.44: Integration von Lieferbelegen mit SAP TM

6. **Frachtauftragsart definieren**

   Definieren Sie eine neue Frachtauftragsart, um Frachtaufträge für die Frachteinheiten zu erstellen. Starten Sie dazu die Transaktion **/SCMTMS/50000059** oder navigieren Sie über den Customizing-Pfad **Transportation Management • Frachtauftragsmanagement • Frachtauftrag** zur Aktivität **Frachtauftragsarten definieren**. Erstellen Sie einen neuen Eintrag mit den Werten aus Tabelle 3.3.

Feld	Wert
Frachtauftragsart	ZFI1
Beschreibung	Frachtauftrag mit Unterbeauftragung
Nummernkreiseinstellungen	
Zeitpunkt zum Ziehen	I – Nummer sofort ziehen
Nummernkreisintervall	FO
Grundeinstellungen	
Verkehrszweig	01
Unterauftrag f. Frachtauftrag mögl.	01 – relevant für Unterbeauftragung
UnterbeauftrPrüfung	Keine zusätzlichen Prüfungen
Art der Folge von Abschnitten	01 – definiert und linear
Ermittlung Verlader/Empfänger	L – Ermittlung anhand von erster und letzter Lokation
Synchr. V. Vorgängerbelegen aktiv	1 – Aktivieren
Anhangschema	Deflt_ats
Änder.verfolg.	Aktiv

Tabelle 3.3: Einstellungen für Frachtauftragsart

Feld	Wert
Einstellungen für Planung	
Planungsprofil	ZASR_EINGANG
Entfernungs-/Dauerermittlung	Standard für Geschäftsbelegtyp verwenden
eEP aktivieren	Nicht aktivieren
Ladeplan aktualis.	Keine Aktualisierung nach Positionsänderung
Ausführungseinstellungen	
Relevanz f. AusführÜberwachung	2 – Ausführungsüberwachung
Anzeigemod. f. Register »Ausführung«	Tatsächl. Ereignisse aus TM und EM, erwartete Ereign. aus EM
Als letztes erwartetes Ereignis	Departure
Ereignis Frachtkostenbestätigung	Nicht relevant
Propagiermodus Ausführung	Standardpropagierung
Ausgabeoptionen	
Ausgabeprofil	/SCMTMS/TOR
Zus. Ausgabeprofil	/SCMTMS/TOR_PRINT_ROAD
Textschemaermittlung	I – Für Positionsarten, die Belegarten zugeordnet sind
Verweilzeiträume	
Vollständigkeitskriterien	Ausführung und Abrechnung vollständig
ArchvResidenz (Tage)	100
Integrationseinstellungen	
Belegerstellungsrelevanz	N – Keine externe Belegerstellung
Anwendungsobjektart	ODT20_TO
Behandlung fehlerhaft. Eingangsnachrich.	Standard
Umgang mit Aktualis. über Eingangsnachr.	M – Keine Aktualisierungen nach manuellen Änderungen zulässig

Tabelle 3.3: Einstellungen für Frachtauftragsart (Forts.)

Feld	Wert
Gewicht/Volumenregel	Standard
Standardmengeneinheiten	
Standard-ME Gewicht	KG – Kilogramm
Standard-ME Volumen	M3 – Kubikmeter
ME-Ermittlung f. normalis. Menge	Belegartbasierte Mengeneinheitsermittlung für NLM/ZLM
NLM-Auslastungsregel	Standardberechnung
Laderaumverbrauchsmengen aggregieren	Keine Aggregation
Standardarten	
Erstellungsregel für Standard-PE	Eine PE für alle Packstückpositionen anlegen
Standard-FA-Art für FB	Keine Standard-Frachtauftragsart
Fahrereinstellungen	
Anzahl der benötigten Fahrer	0 Nicht relevant für Fahrerplanung
Fahrerzuordnungsart	Pro Frachtauftrag
Ausschreibungseinstellungen	
Standardeinstellungen verwenden	Aktiv
Change-Controller-Einstellungen	
Standardänderungsstrategie	NO_ACTION
Zusätzliche Einstellungen	
Sind die FraBrNr. Ziehen	Manuell ziehen
CommCodeErmittlRegel	Zu Positionen lokal zugeordnete Commodity Codes verwenden

Tabelle 3.3: Einstellungen für Frachtauftragsart (Forts.)

7. **PPF-Aktion für die Replikation der Frachteinheit aktivieren**

   Starten Sie die Transaktion **S_BTD_53000201** oder navigieren Sie über den Customizing-Pfad **Anwendungsübergreifende Komponenten • Prozesse und Werkzeuge für**

Geschäftsanwendungen • Wiederverwendbare Objekte und Funktionen für BOPF-Umgebung • PPF-Adapter für Ausgabeverwaltung zur Aktivität **PPF-Einstellungen bearbeiten**. Selektieren Sie die Anwendung **/SCMTMS/TRANSPORTATION** und wählen Sie die Funktion **Aktionsprofile und Aktionen definieren**. Selektieren Sie das Aktionsprofil **/SCMTMS/TOR** und navigieren Sie in der Dialogstruktur zu **Aktionsdefinition**. Stellen Sie sicher, dass das Kennzeichen im Feld **inaktiv** nicht gesetzt ist (siehe Abbildung 3.45).

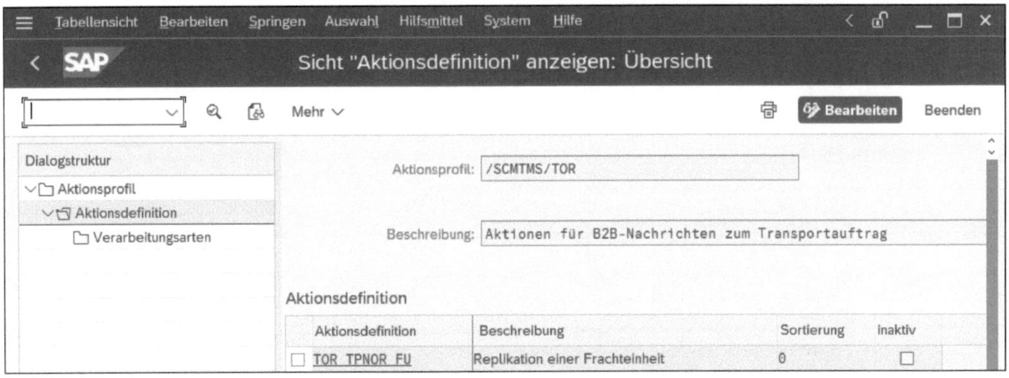

Abbildung 3.45: PPF-Aktion für die Replikation der Frachteinheit aktivieren

8. **Selektionsprofil erstellen**

   Starten Sie die SAP-Fiori-App **Selektionsprofil anlegen** und erstellen Sie ein neues Selektionsprofil. Pflegen Sie eine Beschreibung für das Selektionsprofil und geben Sie für die maximale Anzahl selektierter Objekte den Wert **500** ein (siehe Abbildung 3.46).

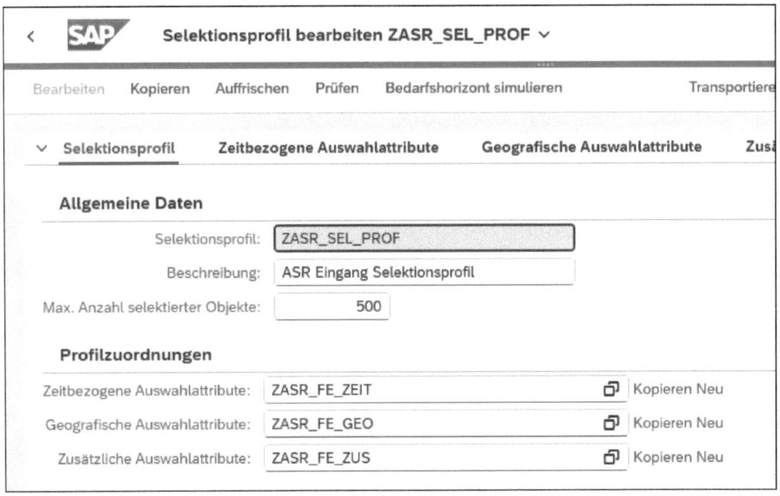

Abbildung 3.46: Selektionsprofil – allgemeine Daten

Geben Sie im Abschnitt **Profilzuordnungen** einen Wert für zeitbezogene Auswahlattribute ein und verwenden Sie die Funktion **Neu** zum Erstellen des Profils. Wechseln Sie anschließend in den Reiter **Zeitbezogene Auswahlattribute.** Pflegen Sie eine Beschreibung für den neu erstellten Eintrag und setzen Sie den Wert für den absoluten oder relativen Horizont auf **Relativen Horizont verwenden**. Setzen Sie das Kennzeichen für die Funktion **Horizont auf ganze Tage runden.** Stellen Sie für die Kombination aus Zeitfenstern für Abholung und Anlieferung die Option **Kombination mit ODER** ein. Geben Sie im Bereich **Abholung** im Feld **Abholung in Tagen** den Wert **50**, bei **Offset-Richtung** den Wert **Vergangenheit** und bei **Offset in Tagen** den Wert **5** ein. Pflegen Sie analog dazu im Bereich **Lieferung** im Feld **Lieferung in Tagen** den Wert **50**, bei **Offset-Richtung** den Wert **Vergangenheit** und bei **Offset in Tagen** den Wert **5** (siehe Abbildung 3.47).

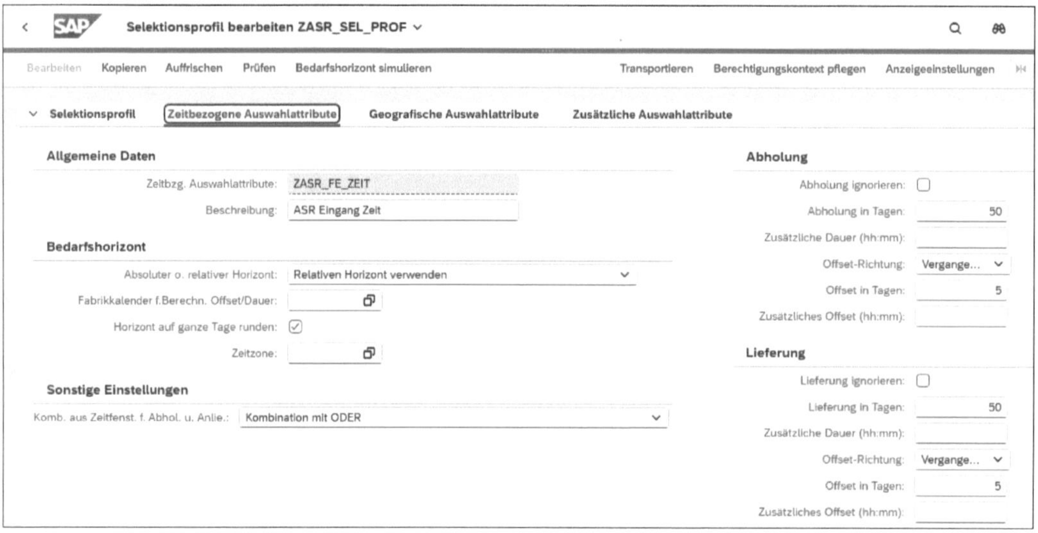

Abbildung 3.47: Selektionsprofil – Zeitbezogene Auswahlattribute

Wiederholen Sie diesen Schritt für die geografischen Auswahlattribute. Abbildung 3.48 zeigt die beispielhafte Verwendung der Quelllokation, die den Lieferanten abbildet. Dieser Eintrag ist bei Bedarf anzupassen. Als Ziellokation verwenden Sie die Lokation, die die Warenannahmestelle/Versandstelle abbildet, an der die Waren angeliefert werden (siehe Abbildung 3.49).

Wiederholen Sie den Schritt noch einmal für die zusätzlichen Auswahlattribute. Pflegen Sie eine Beschreibung für den neuen Eintrag. Setzen Sie im Feld **Planbedarfe** den Wert **In Auswahl aufnehmen**, im Feld **Belege für Planung gesperrt** den Wert **In Auswahl einschließen** und in den Feldern **Auswahl von Containereinheitsabschnitten** und **Selektion von Packstückeinheitsabschnitten** jeweils den Wert **Alle Abschnitte einschließen** (siehe Abbildung 3.50).

Abbildung 3.48: Geografische Auswahlattribute mit Quelllokation

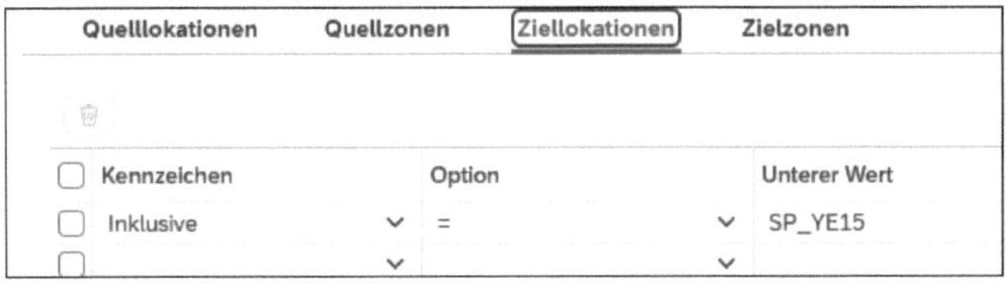

Abbildung 3.49: Ziellokation der geografischen Auswahlattribute

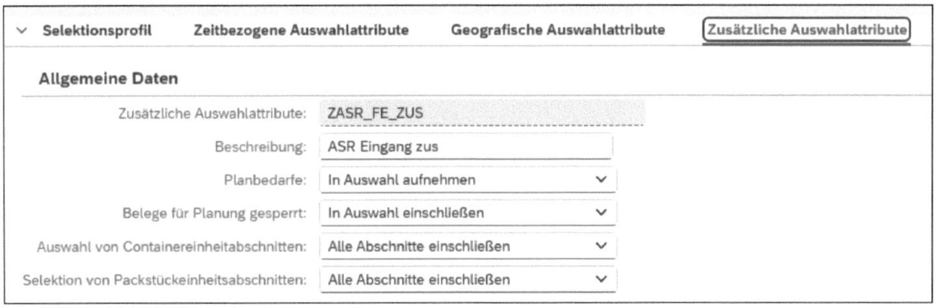

Abbildung 3.50: Zusätzliche Auswahlattribute des Selektionsprofils

9. **Planungsprofil erstellen**

   Starten Sie die SAP-Fiori-App **Planungsprofil anlegen**. Erstellen Sie ein neues Planungsprofil und pflegen Sie im Reiter **Planungsprofil** eine Beschreibung für den neu erstellten Eintrag. Geben Sie im Abschnitt **Planungshorizont** im Feld **Absoluter oder relativer Horizont** den Wert **Relativen Horizont verwenden**, bei **Dauer in Tagen** den Wert **50** sowie bei **Offset-Richtung** den Wert **Zukunft** ein. Aktivieren Sie die Funktion **Horizont auf ganze Tage runden**, indem Sie das entsprechende Kennzeichen setzen, und wählen Sie bei **Zeitzone** den Wert **UTC**.

Erfassen Sie im Abschnitt **Prüfen** im Feld **Prüfstrategie** den Wert **VSR_CHECK**, im Feld **Kapazitäten berücksichtigen** den Wert **Warnung** und im Feld **Sichern nach fehlgeschl. Prüf. zulassen** den Wert **Sichern zulassen und Sperre anlegen**. Pflegen Sie im Abschnitt **Handhabung leerer Abschnitte** im Feld **Bevorzugte Stelle des leeren Abschnitts** den Wert **Leerer Abschnitt sollte d. erste Abschn. des KapaBelegs sein** (siehe Abbildung 3.51). Erstellen Sie im Abschnitt **Profilzuordnungen** für **Einstell. für Kapazitätsbelegerstellung, Manuelle Planungseinstellungen** und **Terminierungseinstellungen** jeweils ein neues Profil (siehe Abbildung 3.52).

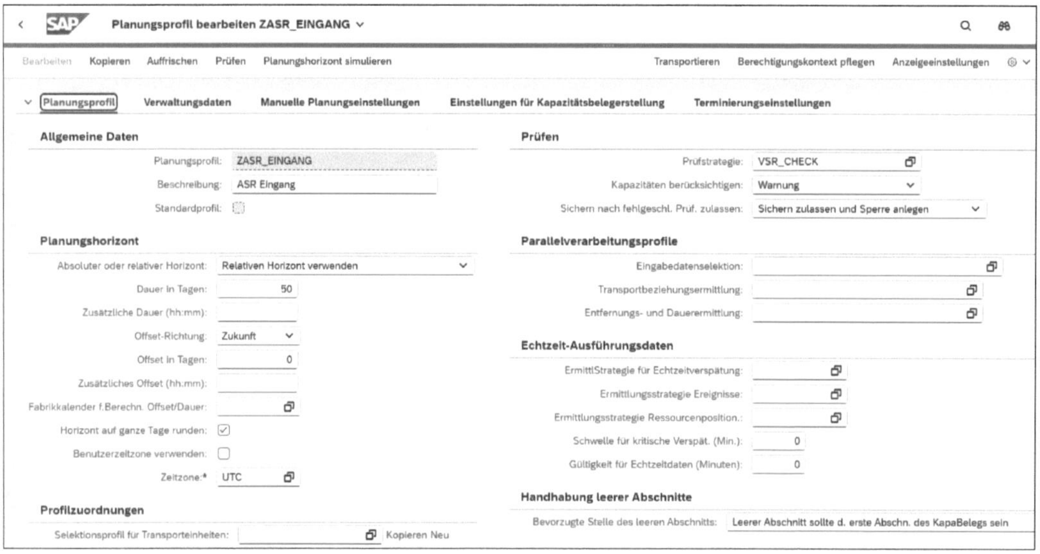

Abbildung 3.51: Planungsprofil für ASR-Eingangsprozess

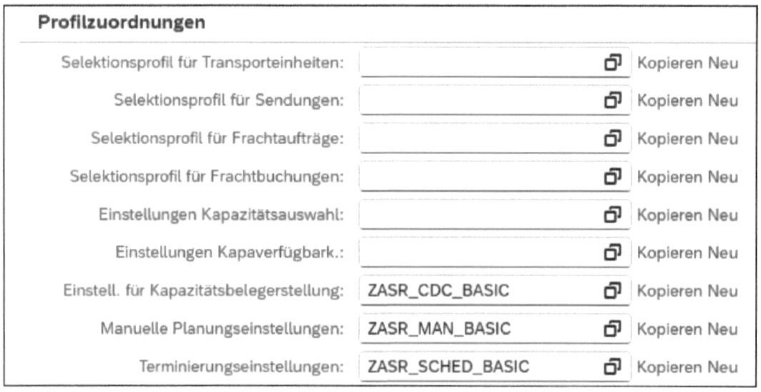

Abbildung 3.52: Profilzuordnungen im Planungsprofil

Pflegen Sie die Daten für die manuellen Profileinstellungen im Planungsprofil wie in Tabelle 3.4 angegeben. Gehen Sie für die **Einstellungen für die Kapazitätsbelegerstellung** (siehe Abbildung 3.53) und für die **Terminierungseinstellungen** (siehe Abbildung 3.54) so vor, wie bei der Erstellung der neuen Profile.

Pflegen Sie für das neu erstellte Profil **ZASR_CSC_BASIC** eine Beschreibung für die Kapazitätsbelegerstellung. Wählen Sie im Feld **Ermittlungsregel für Art** die Option **Pro Typ definiert** aus. Legen Sie im Abschnitt **Einstellungen für Belegtyp** einen neuen Eintrag für den Kapazitätsbelegtyp **Straßenfrachtauftrag** mit der Standardgeschäftsbelegart **ZFI1** an (siehe Abbildung 3.53).

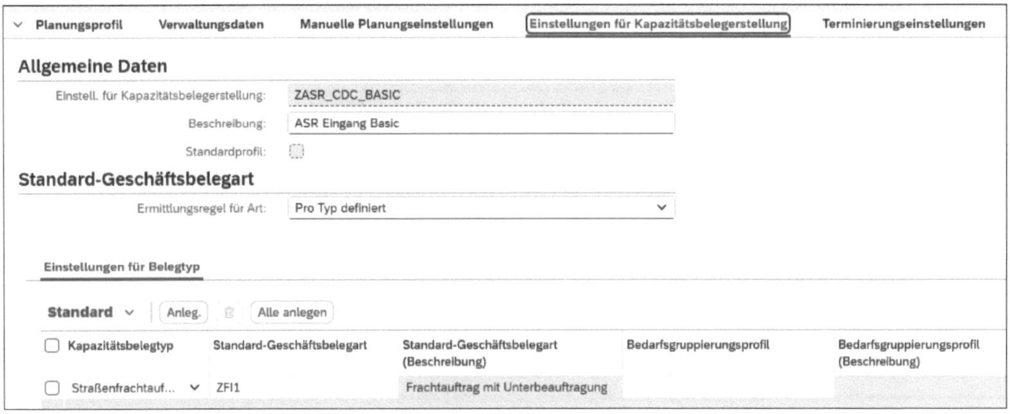

Abbildung 3.53: Einstellungen für die Kapazitätsbelegerstellung im Planungsprofil

Geben Sie im Reiter **Terminierungseinstellungen** für das neu erstellte Profil **ZASR_SCHED_BASIC** eine Beschreibung an. Setzen Sie im Feld **Datumsangaben für Bedarfsbeleg beachten** die Option **Datumsangaben für Bedarfsbeleg berücksichtigen** und im Feld **Zeitl. Randbed. bersicht.** den Wert **Randbedingungen für Terminierung**. Erfassen Sie im Feld **Terminierungsstrategie** den Wert **VSS_EMBED** und im Feld **Terminierungsrichtung** den Wert **Vorwärts** und setzen Sie das Kennzeichen bei **Kostenbasierte Wunschtermine** (siehe Abbildung 3.54).

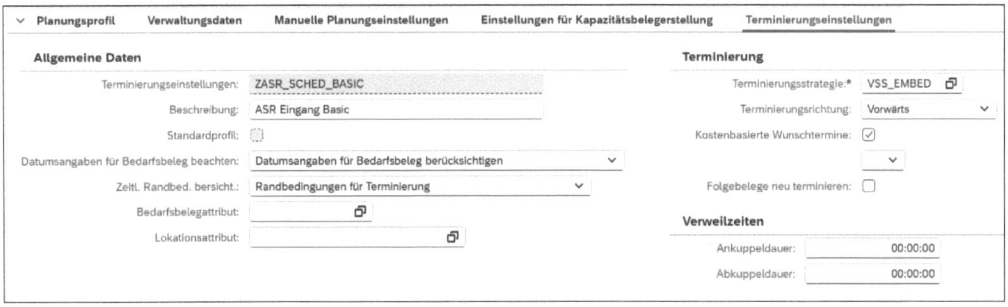

Abbildung 3.54: Terminierungseinstellungen im Planungsprofil

Nachdem Sie die Profile vollständig erstellt haben, tragen Sie sie in der weiter oben beschriebenen Frachtauftragsbildungsregel ein.

Feld	Wert
Allgemeine Daten	
Einstellungen für manuelle Planung	ZASR_MAN_BASIC
Beschreibung	ASR Eingang Basic
Manuelle Planungsstrategie	VSRI_SCH
Fixierungsstatus berücksichtigen	Warnung beim Ändern fixierter Belege
Belegzuordnung aufheben	
Lokationen ohne Aktivitäten entfernen	
Belegzuordnung	
Zuordnungsstrategie für Belege	Zuerst Kapazitätsbeleg ändern; fehlende Lokationen einfügen
LokReihenf.-ErweiterStrat. von KapaBel.	Lokation basierend auf Mindestentfernungserhöhung einfügen
Handling-Ausführungsstatus berücksicht.	Handling-Ausführungsstatus ignorieren
Strategie für Standortbewegungen	Lokation vor Ziellokation einfügen
Ressourcenzuordnung	
Regel zum Erstell. von Kapazitätsbelegen	Einen Beleg für mehrere Bedarfsbelege erstellen
Depotlokationsbehandlung	Depotlokation ignorieren
Standardfahrerbehandlung	Wenn kein Fahrer zugeordnet ist, Standardfahrer verwenden
TE-Position oder TE-Beleg anlegen	TE-Beleg anlegen
Zuordnung von Fahrern	
Standard-LKW-Behandlung	Wenn kein LKW zugeordnet ist, Standard-LKW verwenden

Tabelle 3.4: Manuelle Planungseinstellungen im Planungsprofil

10. **Grundlegende Einstellungen für EWM-Beleg- und Positionsarten**

    Starten Sie die Transaktion **SCPR20** und aktivieren Sie das BC-Set **/SCWM/DLV_INBOUND_FO** (siehe Abbildung 3.55). Damit werden grundlegende Einstellungen für Beleg- und Positionsarten sowie damit verbundene Konfigurationen aktiviert.

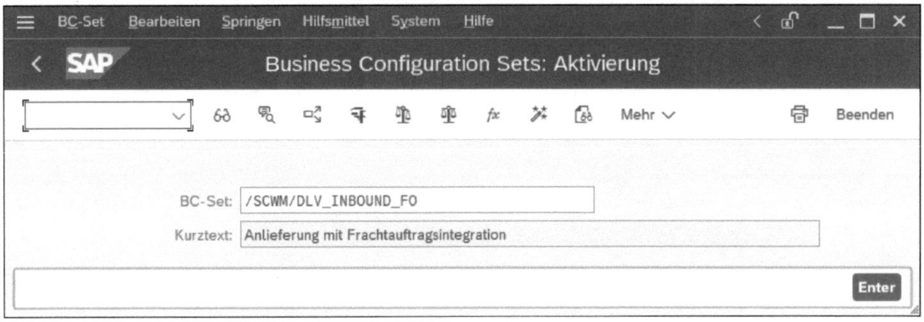

Abbildung 3.55: BC-Set-Aktivierung für EWM-Lieferbelegseinstellungen

11. **ERP-Belegarten in EWM abbilden**

    Ordnen Sie der ERP-Belegart die neu erstellte EWM-Belegart für den EWM-Anlieferbeleg mit ASR-Integration zu. Starten Sie dazu die Transaktion **/SCWM/60000088** oder navigieren Sie über den Customizing-Pfad **SCM Extended Warehouse Management • Extended Warehouse Management • Schnittstellen • ERP-Integration • Lieferabwicklung** zur Aktivität **Belegarten aus dem ERP-System in EWM abbilden**. Erstellen Sie einen neuen Eintrag und ordnen Sie der ERP-Belegart **EL** die EWM-Belegart **IFO** zu (siehe Abbildung 3.56).

Abbildung 3.56: Mapping der ERP-Anlieferbelegart auf die EWM-Belegart für die ASR-Integration

12. **ERP-Positionsarten in EWM abbilden**

    Ordnen Sie der ERP-Positionsart die neu erstellte EWM-Positionsart für den EWM-Anlieferbeleg mit ASR-Integration zu. Starten Sie dazu die Transaktion **/SCWM/60000089** oder navigieren Sie über den Customizing-Pfad **SCM Extended Warehouse Management • Extended Warehouse Management • Schnittstellen • ERP-Integration • Lieferabwicklung** zur Aktivität **Positionsarten aus dem ERP-System in EWM abbilden**. Erstellen Sie einen neuen Eintrag und pflegen Sie für die ERP-Belegart **EL**, die ERP-Positionsart **ELN** und die EWM-Belegart **IFO** die EWM-Positionsart **IDFO** (siehe Abbildung 3.57).

Abbildung 3.57: Mapping der ERP-Positionsart auf die EWM-Positionsart für die ASR-Integration

13. **Lagerprozessart für den Eingangsprozess definieren**

    Definieren Sie eine neue Lagerprozessart für den Eingang mit ASR-Integration. Starten Sie hierzu die Transaktion **/SCWM/60000066** oder navigieren Sie über den Customizing-Pfad **SCM Extended Warehouse Management • Extended Warehouse Management • Prozessübergreifende Einstellungen • Lageraufgabe** zur Aktivität **Lagerprozessart definieren**. Erstellen Sie anschließend eine neue Lagerprozessart für die Aktivität **PTWY** (siehe Abbildung 3.58).

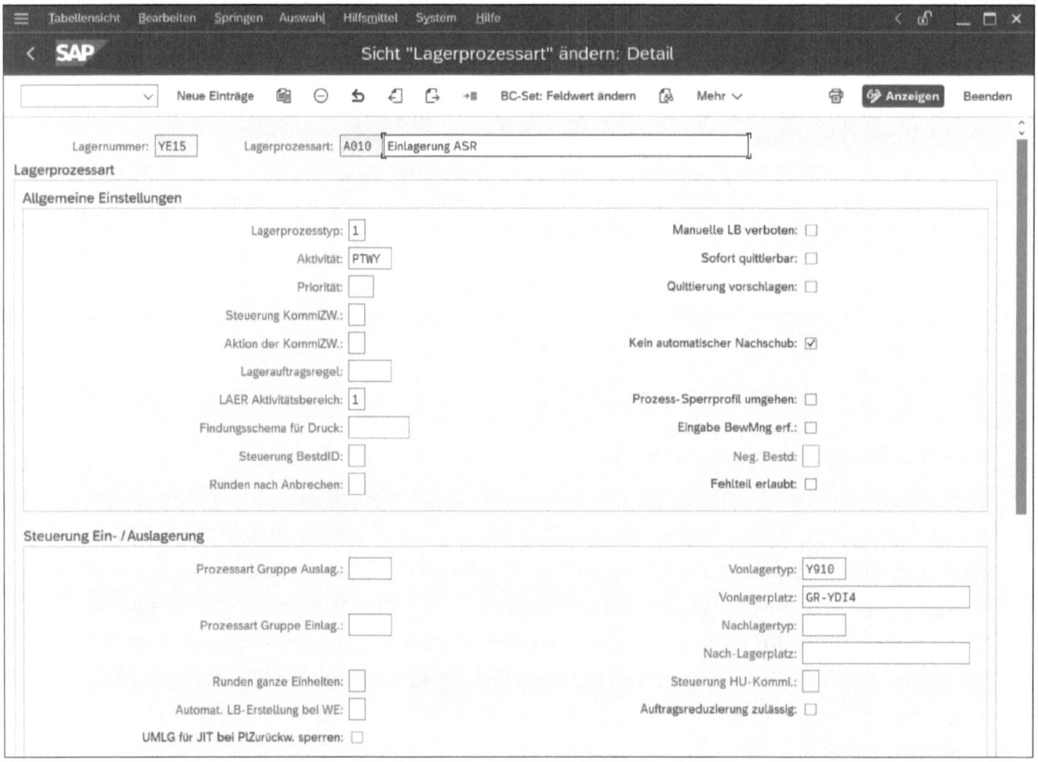

Abbildung 3.58: Lagerprozessart für den Wareneingang mit ASR-Integration erstellen

14. **Lagerprozessart für Belegart finden**

    Konfigurieren Sie die Ermittlung der Lagerprozessart für die neue ASR-Beleg- und Positionsart. Starten Sie hierzu die Transaktion **/SCWM/60000124** oder navigieren Sie über den Customizing-Pfad **SCM Extended Warehouse Management • Extended Warehouse Management • Prozessübergreifende Einstellungen • Lageraufgabe** zur Aktivität **Lagerprozessart finden**. Erstellen Sie anschließend einen neuen Eintrag mit der Belegart **IFO**, der Positionsart **IDFO** und der neu erstellten Lagerprozessart (siehe Abbildung 3.59).

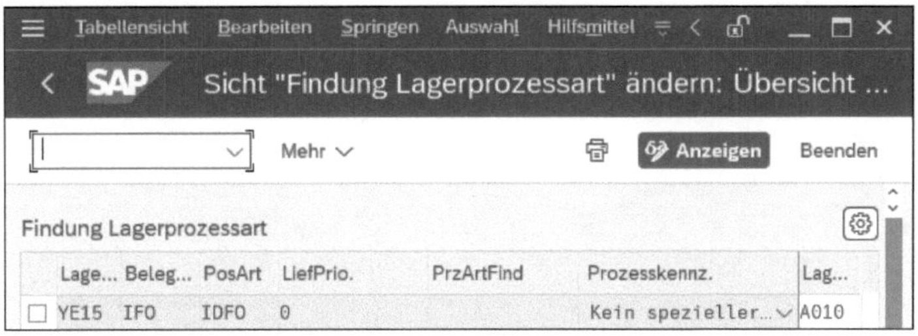

Abbildung 3.59: Lagerprozessartfindung für ASR-Beleg- und Positionsart definieren

15. **Lagertypsuchreihenfolge für Einlagerung festlegen**

    Ordnen Sie der neuen Lagerprozessart eine Lagertypsuchreihenfolge für die Einlagerung zu. Starten Sie hierzu die Transaktion **/SCWM/60000281** oder navigieren Sie über den Customizing-Pfad **SCM Extended Warehouse Management • Extended Warehouse Management • Wareneingangsprozess • Strategien • Lagertypfindung** zur Aktivität **Lagertyp-Suchreihenfolge für Einlagerung festlegen**. Erstellen Sie anschließend einen neuen Eintrag für die Lagerprozessart **A010** und ordnen Sie eine geeignete Suchfolge sowie eine Einlagerregel zu (siehe Abbildung 3.60).

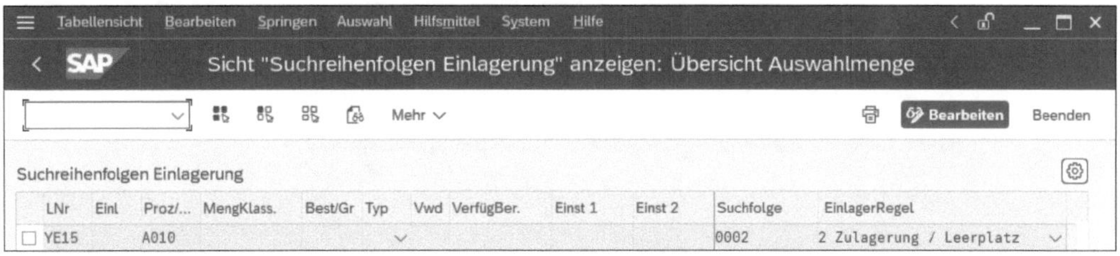

Abbildung 3.60: Lagertypsuchreihenfolge für Einlagerung festlegen

16. **Warenannahmestelle für die ASR-Integration aktivieren**

    Aktivieren Sie die Lokation, die die Warenannahmestelle für den erweiterten Warenannahme- und Versandprozess abbildet. Starten Sie hierzu die Transaktion **/SCMTMS/LOC3**, die Sie im SAP-Easy-Access-Menü über den Pfad **Transportation Management • Stammdaten • Transportnetz • Lokation** erreichen. Stellen Sie sicher, dass die Lokation als relevant für den erweiterten Warenannahme- und Versandprozess eingestellt ist (siehe Abbildung 3.61).

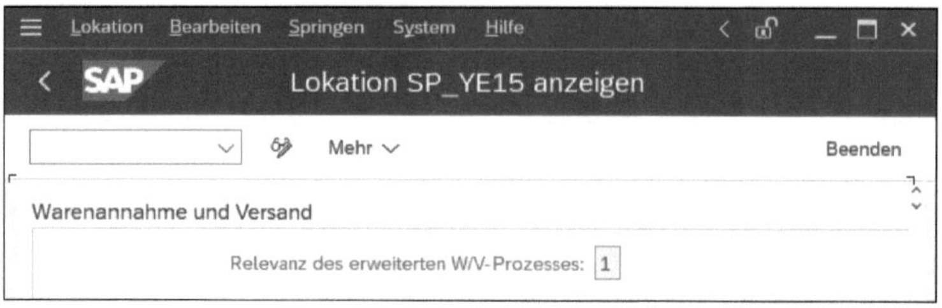

Abbildung 3.61: Warenannahmestelle als relevant für ASR einstellen

Lokationen per Report erstellen
Für den Fall, dass die Lokation noch erstellt werden muss, kann alternativ zur Transaktion **/SCMTMS/LOC3** auch der Report **/SAPAPO/CREATE_LOCATION** verwendet werden.

17. **Supply Chain Unit (SCU) für Ladestelle erstellen**

    Erstellen Sie eine neue SCU, die die Ladestelle für die Wareneingangslagertore abbildet. Starten Sie hierzu die Transaktion **/SCMB/SCUMAIN**, die Sie über den SAP-Easy-Access-Menüpfand **SCM Extended Warehouse Management • Extended Warehouse Management • Stammdaten** erreichen, und geben Sie den Namen der SCU sowie den Typ **1200 – Ladestelle** an. Pflegen Sie dann im Reiter **Anschrift** das Land/die Region und weisen Sie der SCU die betriebswirtschaftlichen Eigenschaften **LP – Ladestelle** und **PLOC – Planungslokation** zu (siehe Abbildung 3.62). Prüfen Sie mit der Transaktion **/SAPAPO/LOC3**, ob die erstellte Lokation dem Modell **000** zugeordnet ist. Sofern dies nicht der Fall ist, führen Sie die Zuordnung in dieser Transaktion aus.

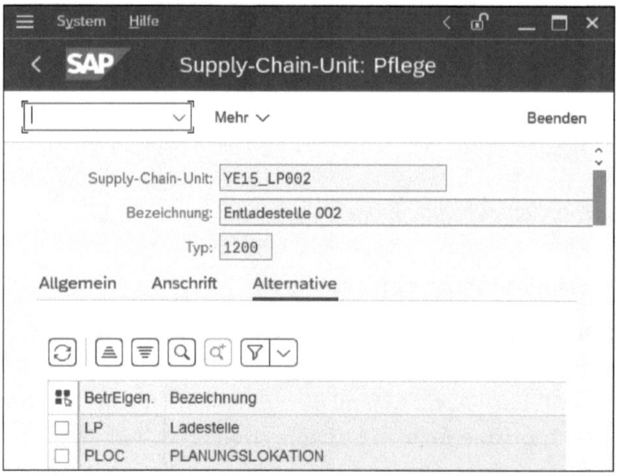

Abbildung 3.62: SCU für Ladestelle mit betriebswirtschaftlichen Eigenschaften erstellen

18. **Ladestelle dem Lagertor zuordnen**

    Starten Sie die Transaktion **/SCWM/DOOR_SCU**, die Sie im SAP-Easy-Access-Menü im Pfad **SCM Extended Warehouse Management • Extended Warehouse Management • Stammdaten • Warenannahme und Versand** finden, und ordnen Sie einem Lagertor für den Wareneingang die Ladestelle zu, die die Warenannahmestelle abbildet (siehe Abbildung 3.63).

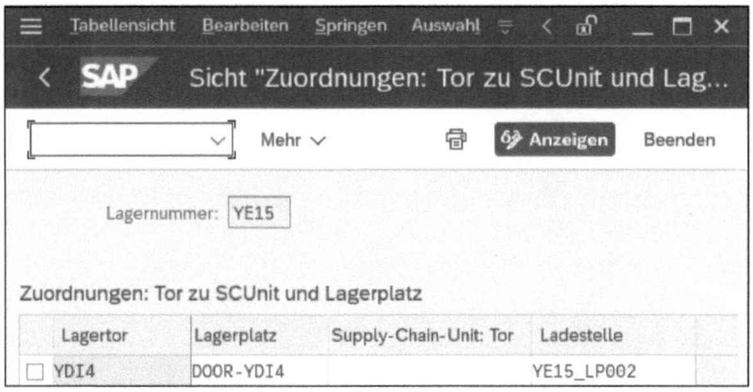

Abbildung 3.63: Ladestelle einem Lagertor zuordnen

3.4.3 Prozessdemo

Mit den Einstellungen aus dem vorherigen Abschnitt kann der Eingangsprozess des erweiterten Warenannahme- und Versandprozesses im System gebucht werden. Stellen Sie sicher, dass Ihr Benutzer für die Ausführung der SAP-TM-relevanten Prozessschritte die Rolle **SAP_BR_TRANSPORTATION_MANAGER** besitzt. Der Prozess beginnt mit der Anlage einer Bestellung:

1. **Bestellung erstellen**

   Für die Bestellung nutzen wir die Bestellart **NB – Normalbestellung** und erfassen alle relevanten Daten, wie etwa den Lieferanten oder auf Kopfebene die Einkaufsorganisation, die Einkäufergruppe oder den Buchungskreis. Da der Prozess die Verwendung eines Anlieferbelegs vorsieht, nutzen wir den Bestätigungssteuerungsschlüssel **Anlieferung** (siehe Abbildung 3.64). Die Bestellung wird in unserem Szenario anschließend an den Lieferanten übermittelt.

2. **Anlieferbeleg und Frachteinheit erstellen**

   Mit dem Versand der Ware durch den Lieferanten wird ein Lieferavis verschickt (DELVRY-IDoc), das zur automatischen Erstellung der Anlieferung in unserem System führt. In unserem Beispielszenario erstellen wir die Anlieferung manuell mit der App **Anlieferung anlegen**.

   Geben Sie im Selektionsbildschirm der App **Anlieferung anlegen** die relevanten Daten (Lieferant, Nummer der Bestellung, Liefertermin) ein und starten Sie die Liefererstellung. Pflegen Sie auf Kopfebene im Reiter **Transport** die korrekte Versandbedingung (siehe Abbildung 3.65), damit die Beleginformationen zur Erstellung der Frachteinheit an SAP TM übertragen werden.

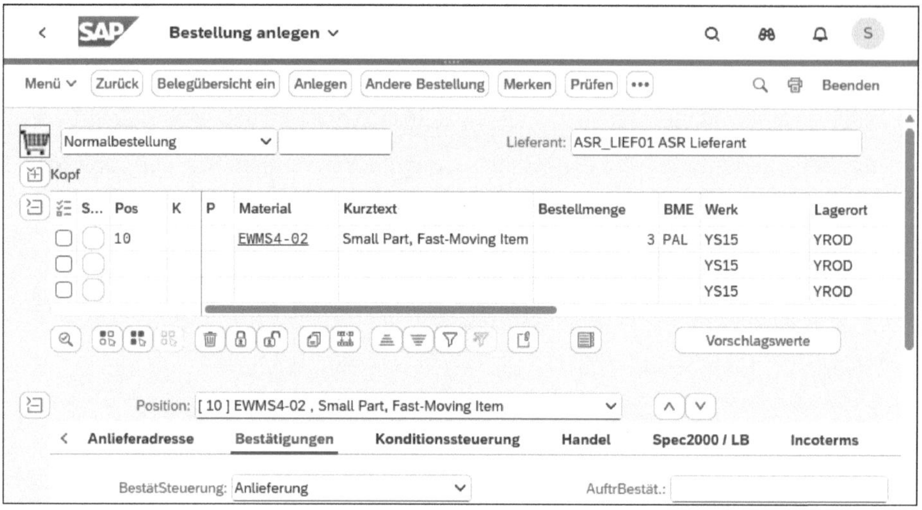

Abbildung 3.64: Bestellung für ASR-Eingangsszenario anlegen

Abbildung 3.65: Versandbedingung auf Kopfebene der Anlieferung

Überprüfen Sie bei Bedarf weitere Daten der Anlieferung. Überzeugen Sie sich davon, dass der Beleg für den erweiterten Warenannahme- und Versandprozess relevant ist, indem Sie die entsprechenden Attribute im Reiter **Abwicklung** auf Kopfebene der Anlieferung überprüfen (siehe Abbildung 3.66).

Mit dem Sichern des Belegs wird die EWM-Anlieferung erstellt. Diese hat zunächst den Status **gesperrt**, da sie für die Lagerausführung noch gesperrt ist. Darüber hinaus wird für die Anlieferung eine Frachteinheit in SAP TM gebildet. Die Frachteinheit kann bei Bedarf mit der SAP-Fiori-App **Frachteinheiten – Arbeitsvorrat** über die Nummer des Vorgängerbelegs (Bestellung oder Anlieferung) selektiert werden. Gebildete Frachteinheiten können ein Indikator für die zu erwartende Arbeitslast für eine Warenannahmestelle sein.

Abbildung 3.66: ASR-Relevanz der Anlieferung prüfen

3. **Frachtauftrag für Frachteinheit erstellen**

   Für die Erstellung des Frachtauftrags gibt es verschiedene Möglichkeiten. Wir verwenden für unser Beispiel die SAP-Fiori-App **Transport-Cockpit**. Wählen Sie nach dem Start der App die Funktion **Profilauswahlbild** des Menüpunkts **Profilauswahl ändern**. Wählen Sie für das **Selektionsprofil für Frachteinheiten** und für das **Selektionsprofil für Frachtaufträge** das erstellte Profil **ZASR_SEL_PROF** sowie für das **Planungsprofil** den Wert **ZASR_EINGANG** und bestätigen Sie Ihre Eingaben (siehe Abbildung 3.67). Mit diesen Werten wird die Frachteinheit im Abschnitt **Frachteinheitsabschnitte** angezeigt, die mit der erstellten Anlieferung in SAP TM erzeugt wurde.

Abbildung 3.67: Profileinstellungen im Transport-Cockpit

Nutzen Sie im Abschnitt **Frachtaufträge/Frachtbuchungen** die Funktion zum Erstellen eines Straßenfrachtauftrags, indem Sie das Drop-Down-Menü des Funktionsknopfs **Neu** öffnen. Stellen Sie sicher, dass im Pop-up Fenster zum Erstellen des Straßenfrachtauftrags die Belegart **ZFI1** vorbelegt ist. Erstellen Sie den Frachtauftrag. Markieren Sie anschließend die Frachteinheit sowie den erstellten Frachtauftrag und nutzen

Sie die Funktion **Ausgewählte Positionen zuordnen**, damit die Frachteinheit dem Frachtauftrag zugewiesen wird (siehe Abbildung 3.68). Erfassen Sie abschließend die Spedition für den Frachtauftrag im Abschnitt **Frachtaufträge/Frachtbuchungen**, indem Sie die Geschäftspartnernummer des Spediteurs in die entsprechende Spalte eintragen.

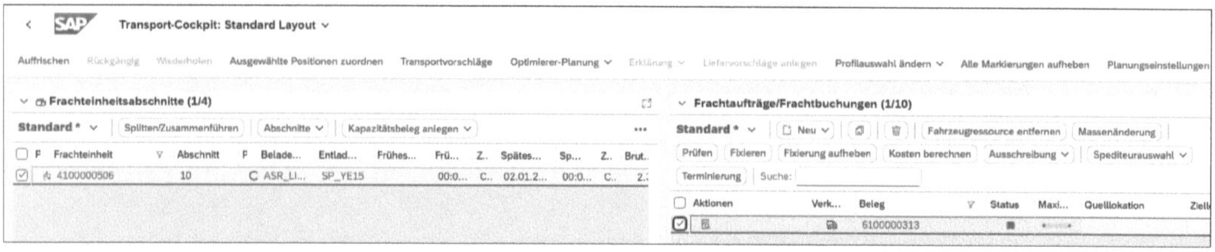

Abbildung 3.68: Frachteinheit dem erstellten Frachtauftrag zuordnen

4. **Ankunft des LKWs im System erfassen**

   Mit der Ankunft des LKWs am Lager beginnt der Check-in-Prozess an der Pforte. Der Status des Frachtauftrags wird aktualisiert. Starten Sie dazu die App **Cockpit für den erweiterten Warenannahme- und Versandprozess** und selektieren Sie den erstellten Frachtauftrag. Dies kann entweder direkt über die Nummer des Frachtauftrags erfolgen oder alternativ über die Nummer der Bestellung, die im Selektionsparameter **Auftragsbeleg** eingegeben wird (siehe Abbildung 3.69). Navigieren Sie anschließend über den entsprechenden Link in den Frachtauftragsbeleg.

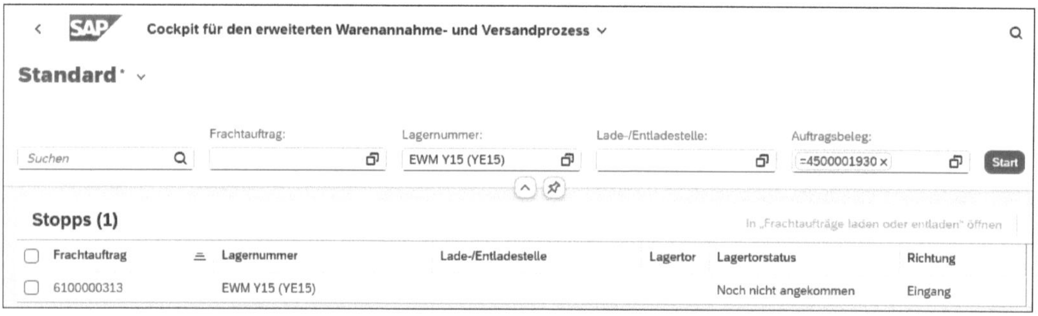

Abbildung 3.69: Frachtauftrag über das Cockpit für den erweiterten Warenannahme- und Versandprozess selektieren

Wechseln Sie im Frachtauftrag mit der Funktion **Bearbeiten** in den Bearbeitungsmodus und wählen Sie den Ausführungsstatus **Auf »Bereit für Transportausführung« setzen** (siehe Abbildung 3.70). Optional können Sie noch den Ausführungsstatus **Auf »Angekommen« setzen** wählen, damit die Ankunft am Ladepunkt im Beleg hinterlegt wird.

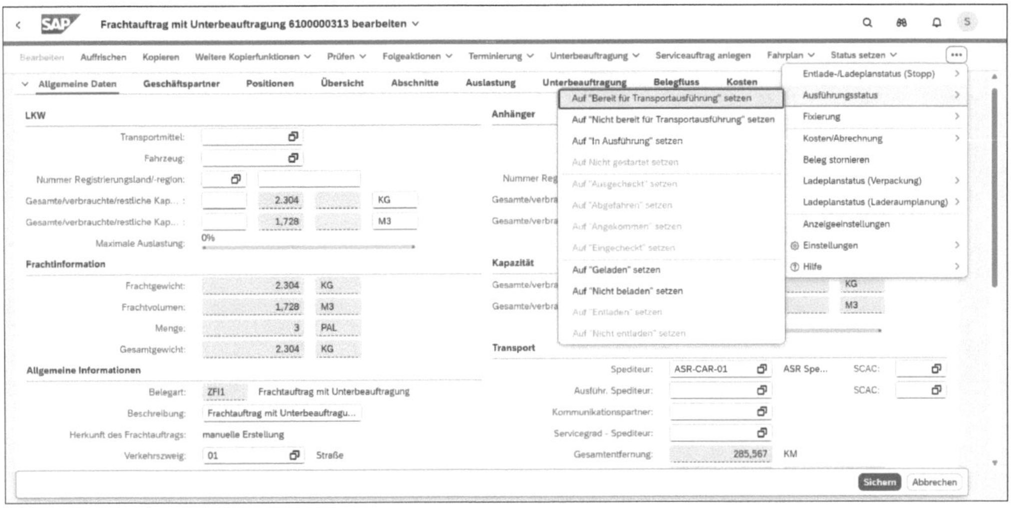

Abbildung 3.70: Transportausführungsstatus im Frachtauftrag setzen

Nach der Überprüfung der Lieferpapiere sowie der Durchführung weiterer eventuell notwendiger Prüfungen, damit der LKW in das Lagergelände einfahren darf, wird der Ausführungsstatus **Auf »eingecheckt« setzen** gewählt. Damit wird im System bestätigt, dass der LKW die Pforte passiert hat. Der Transitstatus der EWM-Anlieferung ändert sich auf **Registriert im Yard**.

5. **Torzuweisung und Lagerausführungsstatus setzen**

   Im nächsten Schritt wird dem LKW über den Frachtauftrag ein physisches Lagertor zugewiesen. Die Zuweisung erfolgt über die App **Frachtaufträge laden oder entladen**. Diese App kann direkt für die Selektion des Frachtauftrags verwendet werden. Alternativ kann der Einstieg zunächst über die App **Cockpit für den erweiterten Warenannahme- und Versandprozess** erfolgen und von dort über die Funktion **In »Frachtaufträge laden oder entladen« öffnen** in erstere App navigiert werden.

   Markieren Sie in der App **Frachtaufträge laden oder entladen** im Abschnitt **Positionshierarchie** die Zeile für den Entladestopp und wählen Sie über den Menüpunkt **Torzuordnung** die Funktion **Tor zuordnen**, um ein Lagertor zuzuordnen (siehe Abbildung 3.71).

   Damit anschließend die Anlieferung in EWM bearbeitet werden kann, muss noch der Lagerabwicklungsstatus aktualisiert werden. Wählen Sie dazu über den Menüpunkt **Lagerabwicklungsstatus** die Funktion **Auf »Für Lagerabwicklung bereit« setzen**, nachdem Sie die Zeile mit dem Lagerentladestopp markiert haben. Mit diesem Schritt wird die weitere Bearbeitung an das Lagerpersonal übertragen.

Abbildung 3.71: Torzuordnung für den Frachtauftrag durchführen

6. **Ankunft am Tor bestätigen**

   Mit der App **Frachtaufträge laden oder entladen** bestätigen Sie, dass der LKW am Lagertor angedockt hat und der Entladevorgang gestartet werden kann. Selektieren Sie dazu den relevanten Frachtauftrag, markieren Sie die Zeile für den Entladestopp und wählen Sie über den Menüpunkt **Lagertorstatus** die Funktion **Auf »Am Tor angekommen« setzen** (siehe Abbildung 3.72).

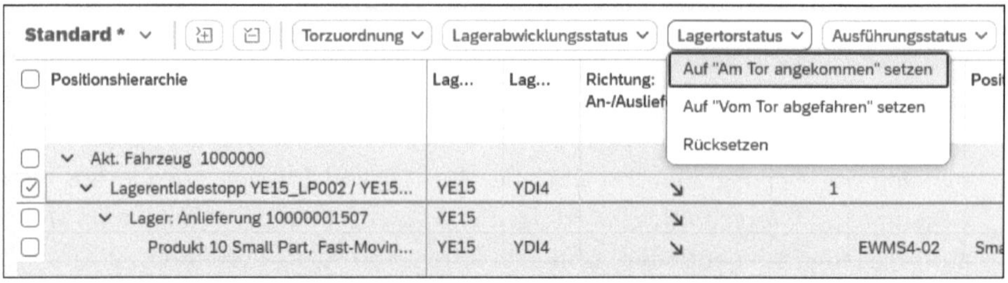

Abbildung 3.72: Bestätigung der Ankunft des LKWs am Lagertor

7. **Ware in Handling Units verpacken**

   Die angelieferte Ware soll in HUs verpackt werden, damit sie anschließend in einem manuellen Hochregallager eingelagert werden kann. Für unseren einfach gehaltenen Einlagerungsprozess nutzen Sie die App **Anlieferung pflegen** und selektieren die Anlieferung, bspw. über die Nummer der Bestellung. Navigieren Sie anschließend über den Menüpfad **Anlieferung • Folgefunktionen • Verpacken** in den Dialog zum Verpacken der Anlieferposition in HUs. Erstellen Sie drei HUs und verpacken Sie jeweils die Menge einer HU in eine der erstellten HUs, sodass sich eine Struktur wie in Abbildung 3.73 ergibt.

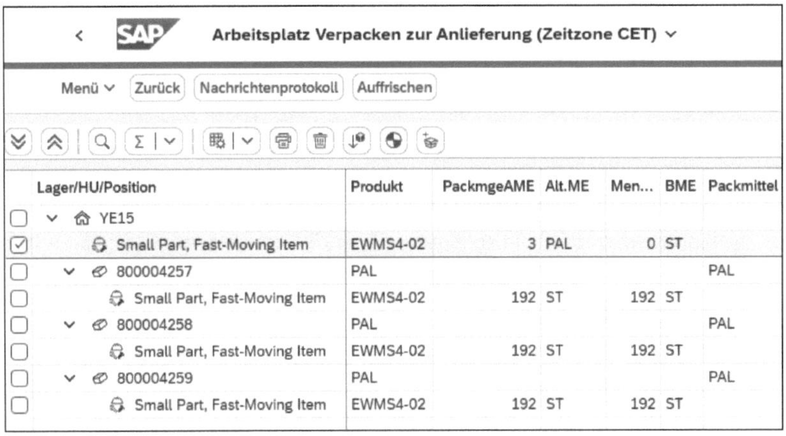

Abbildung 3.73: In HUs verpackte Anlieferpositionsmenge

8. **Vollständiges Entladen für Frachtauftrag setzen und Warenbewegung buchen**

   Bestätigen Sie anschließend das vollständig durchgeführte Entladen der Ware des LKWs, indem Sie in der App **Frachtaufträge laden oder entladen** den Frachtauftrag selektieren und die Funktion **Stopp auf »Entladen abgeschlossen« setzen** für den markierten Entladestopp wählen. Wie in Abbildung 3.74 dargestellt, wird damit der Entladestatus auf Stoppebene aktualisiert.

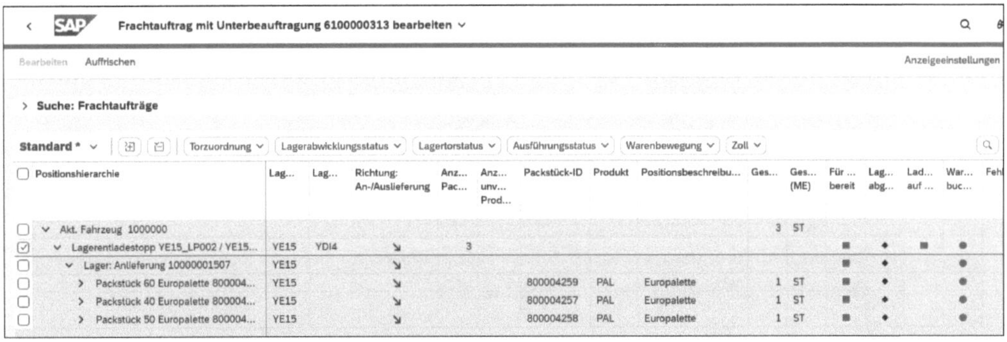

Abbildung 3.74: Entladen für Ladestelle beendet

Selektieren Sie dann die Zeile mit der Anlieferung und buchen Sie den Wareneingang mit der Funktion **Buchen** im Menüpunkt **Warenbewegung** (siehe Abbildung 3.75). Damit wird die Wareneingangsbuchung inklusive Aktualisierung der EWM- und LE-Anlieferung ausgelöst. Falls der Frachtauftrag Ladestellen enthält, die sowohl EWM-verwaltet als auch nicht-EWM-verwaltet sind, kann die Wareneingangsbuchung für alle Belege in dieser App durchgeführt werden.

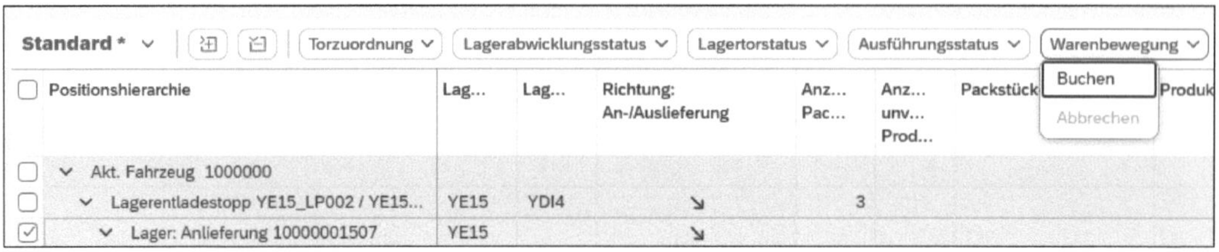

Abbildung 3.75: Wareneingang für die Anlieferung über die App »Frachtaufträge laden oder entladen« buchen

9. **Abfahrt vom Tor und Abfahrt des LKWs**

   Das Abdocken des LKWs vom Lagertor wird im Frachtauftrag hinterlegt, damit das Lagertor wieder zur Verfügung steht. Verwenden Sie dazu die App **Frachtaufträge laden oder entladen**. Wählen Sie im Menüpunkt **Lagertorstatus** die Funktion **Auf »Vom Tor abgefahren« setzen**, nachdem Sie die Zeile für den Ladestopp markiert haben. Die Abfahrt vom Tor sowie alle anderen Ausführungsereignisse können Sie im Frachtauftrag im Reiter **Ausführung** nachvollziehen.

   Sobald der LKW das Lagergelände verlässt, wird im Frachtauftrag der Ausführungsstatus **Auf »Abgefahren« setzen** gewählt. Navigieren Sie dazu in den Frachtauftragsbeleg, indem Sie ihn über die App **Cockpit für den erweiterten Warenannahme- und Versandprozess** auswählen. Der Ausführungsstatus des Frachtauftrags erhält damit den Wert **Ausgeführt** (siehe Abbildung 3.76).

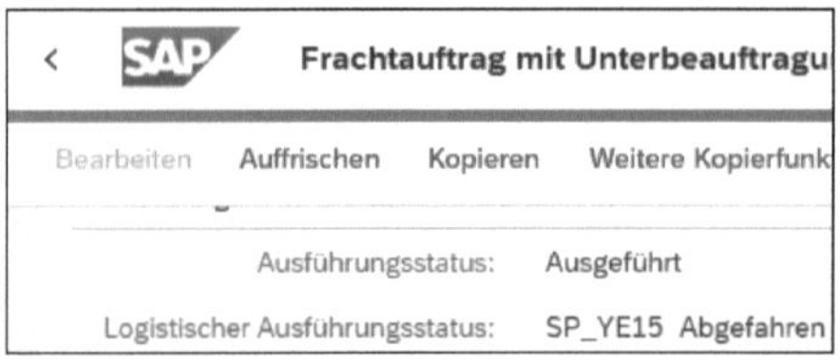

Abbildung 3.76: Ausführungsstatus im Frachtauftrag, nachdem er auf »Abgefahren« gesetzt wurde

10. **Handling Units einlagern**

    Im nächsten Schritt wird die entladenen Ware verräumt. Da die vielfältigen Möglichkeiten von EWM in diesem Kapitel nicht im Fokus stehen, nutzen wir für unseren Beispielprozess eine einfache Lageraufgabenerstellung und -quittierung über den EWM-Lagerverwaltungsmonitor. Starten Sie dazu die App **Lagermonitor** und navigieren Sie zum Knoten **Eingang • Belege • Anlieferung**. Selektieren Sie dort die Anlieferung, indem Sie bspw. die Nummer der Bestellung oder des Frachtbelegs verwenden. Nutzen Sie für die Erzeugung der Einlagerlageraufgaben die Methode **LB dunkel erstellen** (siehe Abbildung 3.77).

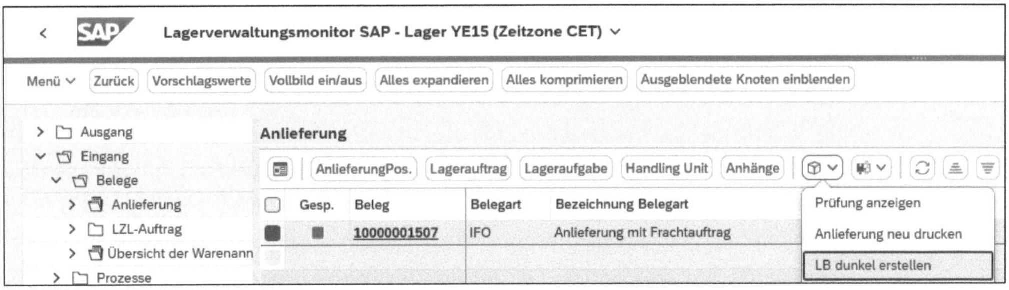

Abbildung 3.77: Lageraufgabenerstellung für EWM-Anlieferung

Zeigen Sie anschließend die erstellten Lageraufgaben an, indem Sie die Funktion **Lageraufgabe** im Lagermonitor verwenden. Selektieren Sie alle erstellten Lageraufgaben und klicken Sie auf das Icon [icon] (**Weitere Methoden**).Quittieren Sie anschließend die Einlagerung mit der Methode **LB im Hintergrund quittieren** (siehe Abbildung 3.78). Mit der Quittierung der Einlagerung ist der Eingangsprozess mit der erweiterten Warenannahme- und Versandfunktionalität abgeschlossen.

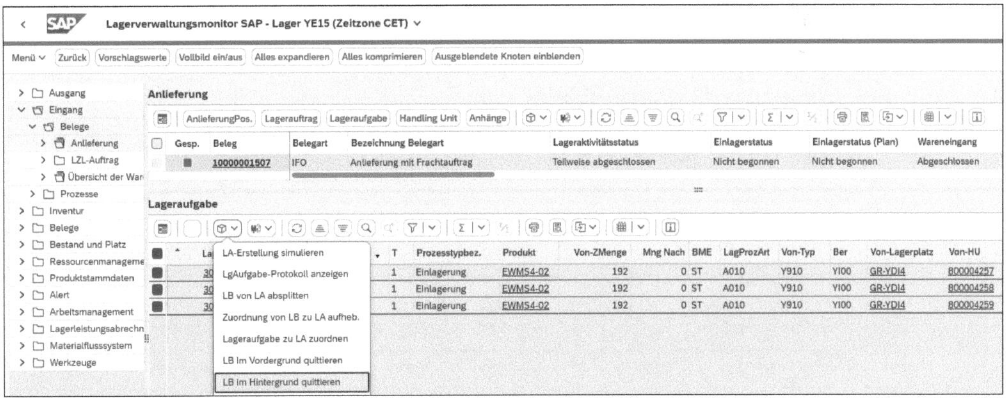

Abbildung 3.78: Einlagerlageraufgaben für EWM-Anlieferung quittieren

3.5 Package Builder

In diesem Abschnitt beschäftigen wir uns mit der einheitlichen Erzeugung von Packstücken (EEP), im Englischen Unified Package Builder (UPB) genannt. Die EEP hat ihre Wurzeln in der Laderaumplanung in SAP TM 9.3. Ziel war es, eine universell nutzbare Funktionalität bereitzustellen, mit der sich Verpackungsvorschläge generieren lassen, indem Packstücke erzeugt werden, die Produkte und ggf. Packhilfsmittel enthalten und bei Bedarf hierarchisch strukturiert sein können. Mit SAP S/4HANA 2021 wurde die EEP für erste Prozesse, wie etwa das Verpacken im Wareneingang bzw. Warenausgang oder für den Wareneingang aus Produktion, als generische Verpackungsebene in EWM verfügbar gemacht.

3.5.1 Überblick

Mit der EEP gibt es eine einheitliche Vorgehensweise zur Bildung von Packvorschlägen durch das System. Während es früher in den einzelnen Applikationsbereichen jeweils nur eine Möglichkeit gab (Packvorschrift für die Logistics Execution (LE), Packspezifikation für EWM bzw. EEP für TM) sind nun alle Möglichkeiten im Framework der EEP zusammengefasst (siehe Abbildung 3.79). Konkret bedeutet das, dass das System bspw. für Prozessschritte in EWM einen Packvorschlag erstellen kann, indem es auf Packvorschriften zurückgreift. Damit haben Kunden bei der Einführung von EWM die Wahl, die für sie am besten geeignete Datengrundlage für die Erstellung von Packvorschlägen zu verwenden. Sind bspw. in einem existierenden SAP-ERP-System bereits Packvorschriften im Einsatz, kann EWM über die EEP auf diese Stammdaten zurückgreifen. Zusammenfassend bietet dieser Ansatz den Vorteil, dass auf eine einheitliche Datengrundlage zurückgegriffen werden kann und Packdaten nicht redundant an verschiedenen Stellen vorgehalten werden müssen.

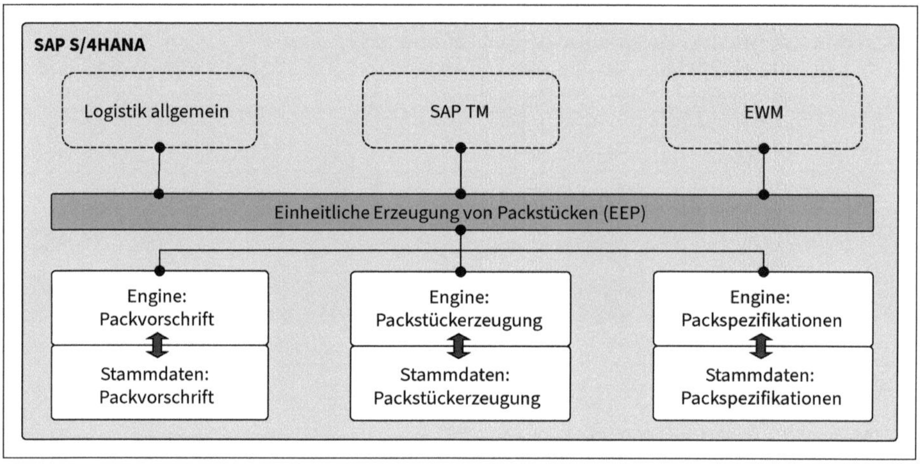

Abbildung 3.79: Framework für die einheitliche Erzeugung von Packstücken

Ein zentrales Objekt der EEP ist das sogenannte EEP-Profil. In diesem Profil wird detailliert festgelegt, welcher Verpackungsansatz (Engine) verwendet werden soll. Zusätzlich gibt es neben den grundlegenden Einstellungen für jeden einzelnen Verpackungsansatz noch weitere individuelle Einstellungen, mit denen die Bildung von Verpackungsvorschlägen durch das System gesteuert wird.

3.5.2 Package Builder im Kontext des Wareneingangs mit MM

Für den Wareneingangsprozess mit EWM in Verbindung mit MM muss im Hinblick auf die EEP-Nutzung grundsätzlich zwischen den beiden folgenden Varianten unterschieden werden:

- **Anlieferprozess mit synchroner Warenbewegung**

  In dieser Variante kann die EEP für die Erstellung eines Verpackungsvorschlags im Rahmen der Wareneingangsbuchung verwendet werden. Dazu ist das EEP-Profil in den lagernummerspezifischen Einstellungen im Customizing für die jeweilige Lagernummer zu hinterlegen, wie in Abbildung 3.32 in Abschnitt 3.3.2 dargestellt.
- **Anlieferprozess mit Anlieferbeleg**

  In dieser Variante kann die EEP an verschiedenen Stellen des Wareneingangsprozesses verwendet werden:
  - Erstellung eines automatischen Verpackungsvorschlags für eine EWM-Anlieferung
  - Vom Anwender initiierte Erstellung eines Verpackungsvorschlags im Rahmen der Anlieferbearbeitung
  - Packmittelermittlung bei der Vereinnahmung von Ware in der mobilen Arbeitsumgebung (RF)
  - Erstellung von Packmittelvorschlägen beim Packen am Packarbeitsplatz (bspw. im Rahmen der Dekonsolidierung)

Die grundsätzliche Logik der EEP-Engine zur Bildung von Packstücken ist für die Wareneingangsprozessvarianten mit Anlieferung bzw. mit synchroner Warenbewegung die gleiche. Um Ihnen zu zeigen, wie Sie die EEP verwenden können, beschreiben wir im folgenden Abschnitt die notwendige Konfiguration für einen Eingangsprozess mit Anlieferung.

3.5.3 Konfiguration

Um die EEP nutzen zu können, wird ein EEP-Profil benötigt, das zur Verwendung einem Objekt zugeordnet werden muss. Darüber hinaus sind für die Bildung von Packstücken Stamm- und Applikationsdaten von großer Bedeutung.

1. **Erstellung eines EEP-Profils**

   Das EEP-Profil erstellen Sie mit der Transaktion **/SCMB/05000017** bzw. über den Customizing-Pfad **SCM Extended Warehouse Management • Extended Warehouse Management • Prozessübergreifende Einstellungen • Handling Units • Einheitliche Erzeugung von Packstücken** in der Aktivität **Profil für einheitliche Erzeugung von Packstücken definieren**. Die in diesem Profil getroffenen Einstellungen beeinflussen die Vorgehensweise, wie das System Packstücke erstellt. Im Bereich **Einstellungen für Gruppieren (hart)** legen Sie fest, ob ein Packstück Produkte verschiedener Gruppierungskriterien (z. B. Quell- oder Ziellokation oder Beleg-ID) enthalten darf.

   Eine der wichtigsten Einstellungen ist die Definition der Engine für die EEP. Mit der Auswahl der Option **Erzeugung von Packstücken** wird die EEP-native Engine verwendet, und es stehen eine Reihe weiterer Parameter zur Steuerung des Verhaltens der Engine zur Verfügung. Für die korrekte Konfiguration der Parameter ist es notwendig, zu verstehen, welche Ergebnisse die EEP liefern kann. Das Packstück ist dabei als zusammenhängende Einheit aus Ladungsträger und Produkten zu verstehen, die ggf. zusätzlich Packhilfsmittel enthalten kann. Die EEP unterscheidet zwischen homogenen und gemischten Packstücken. Homogene Packstücke enthalten genau ein Produkt, während gemischte Packstücke mehr als ein Produkt enthalten. Darüber hinaus wird noch unterschieden, ob ein Packstück vollständig oder unvollständig, eben oder uneben ist, und ob es gemischte Lagen enthält oder nicht. Abbildung 3.80 zeigt die möglichen Ergebnisse der EEP mit zwei Produkten im Hinblick auf diese Unterscheidungskriterien.

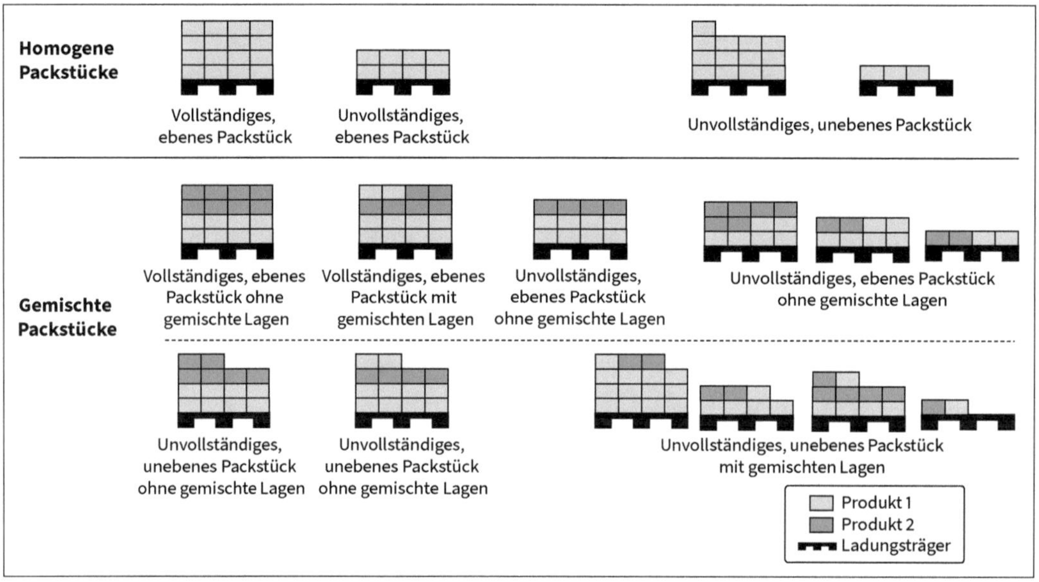

Abbildung 3.80: Überblick über mögliche Ergebnisse der EEP

Die Ausprägung des EEP-Profils wird von zahlreichen Faktoren des Geschäftsprozesses beeinflusst. Im hier unterstellten Wareneingangsszenario wird davon ausgegangen, dass ein Lieferant grundsätzlich homogene Paletten anliefert und für Anbruchmengen eine oder mehrere Mischpaletten. Aus diesem Grund belassen wir die vorgeschlagenen Einstellungen des EEP-Profils.

[»]

Konfiguration des EEP-Profils

Für weiterführende Erläuterungen der Optionen des EEP-Profils sowie dazugehöriger Einstellungen bzw. der grundlegenden Funktionsweise der EEP verweisen wir an dieser Stelle auf die SAP-Hinweise 2683464, 2581421 bzw. 2581421 sowie auf die Open-SAP-Podcasts der TMP Blackbelt Edition (Folgen 001–010), die unter *https://podcast.opensap.info/tmp-black-belt-edition/* zu erreichen sind.

2. **EEP-Profil zur Belegart für die Anlieferung zuordnen**

   Das System soll mit Erstellung der EWM-Anlieferung einen Verpackungsvorschlag erzeugen. Deshalb wird das EEP-Profil in der verwendeten Belegart für die Anlieferung hinterlegt. Dies kann entweder mit der Transaktion **/SCWM/41000063** oder über den Customizing-Pfad **SCM Extended Warehouse Management • Extended Warehouse Management • Wareneingangsprozess • Anlieferung** in der Aktivität **Belegarten für den Anlieferungsprozess definieren** erfolgen (siehe Abbildung 3.81). Das Kennzeichen in der Spalte **Kein aVerp** (kein automatisches Verpacken) wird nicht gesetzt, da das System den Verpackungsvorschlag direkt mit Erstellung des Anlieferbelegs erzeugen soll.

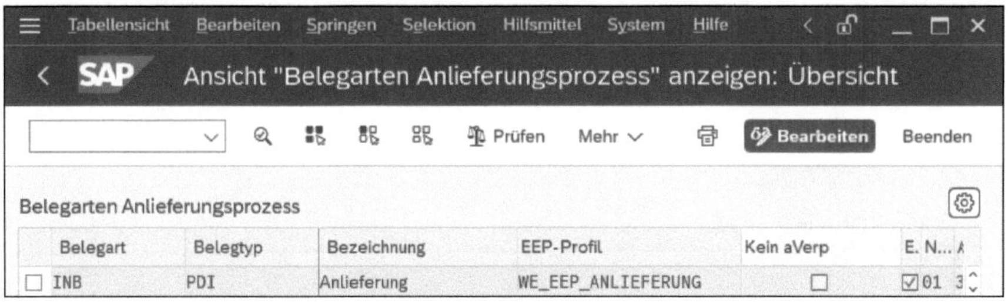

Abbildung 3.81: EEP-Profil der Belegart für den Wareneingang zuweisen

3. **Produkt zur Packstückart zuordnen**

   Für die Bildung von Packstücken muss noch eine Zuordnung der zu verpackenden Produkte zu Packstückarten erfolgen. Diese Zuordnung sowie weitere Einstellungen erfolgen mit der Transaktion **/SCMB/PB_PRD_PKG_ASS**. In unserem Beispielszenario beziehen wir von einem Lieferanten drei unterschiedliche Arten von Kopierpapier. Die Packstückart **PAL** beschreibt eine vollständige Palette gemäß der Definition der alternativen Mengeneinheit **PAL** des Materialstamms. Analog beschreibt eine Lage eines Packstücks die Menge der alternativen Mengeneinheit **LAG** des Materialstamms. Das Packmittel, das als Ladungsträger verwendet werden soll, ist eine Palette mit der Materialnummer **PAL**. Für die Erstellung von Packstücken definieren wir außerdem eine Höhen- und Gewichtsbeschränkung (siehe Abbildung 3.82). Für die restlichen Einstellungen übernehmen wir die vom System vorbelegten Werte.

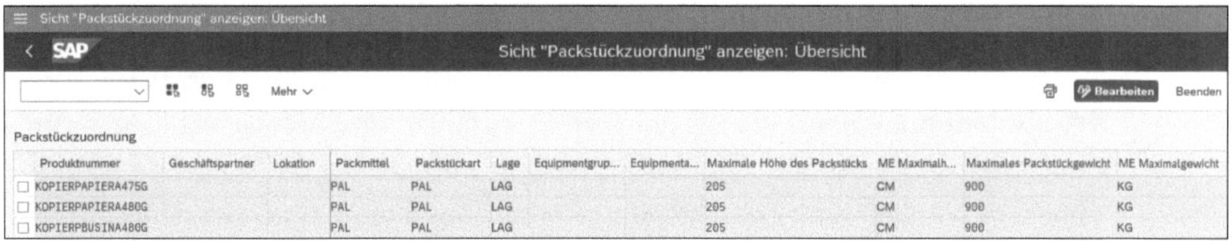

Abbildung 3.82: Zuordnung von Produkt zu Packstückart mit Höhen- und Gewichtsbeschränkung

4. **Materialstammdaten**

   Die EEP verwendet Daten aus dem Materialstamm zur Erzeugung eines Verpackungsvorschlags, vor allem morphologische Informationen der definierten alternativen Mengeneinheiten, wie etwa Länge, Breite oder Höhe, aber auch die definierten alternativen Mengeneinheiten selbst. Für das vorliegende Beispielszenario haben wir die alternativen Mengeneinheiten für Karton, Lage und Palette am Materialstamm hinterlegt und dazu die entsprechenden Dimensionen gepflegt. Abbildung 3.83 zeigt dies exemplarisch für eines der Materialien.

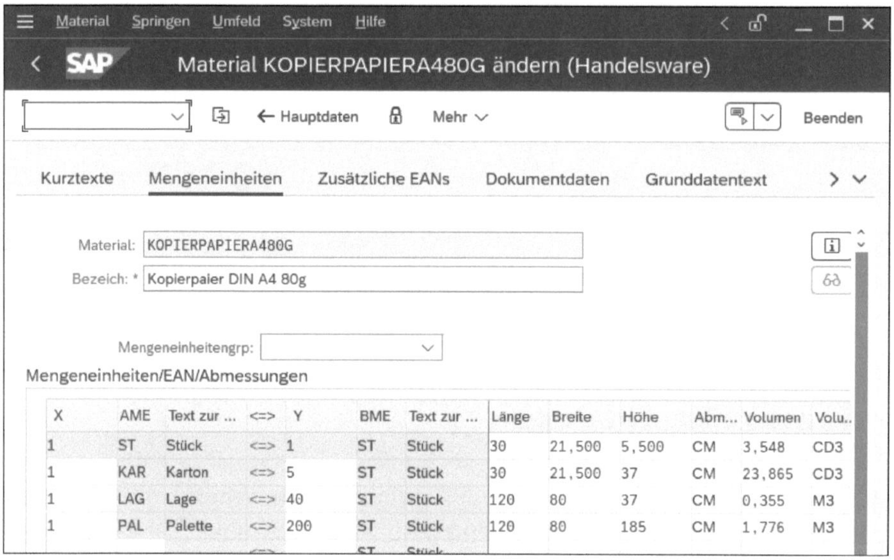

Abbildung 3.83: Materialstammdaten für einen Packvorschlag mit EEP

3.5.4 Prozessdemo

Mit den Einstellungen aus dem vorherigen Abschnitt kann ein grundlegender Wareneingangsprozess mit der Erstellung eines Packvorschlags durch die EEP im System gebucht werden. Der Prozess beginnt mit der Anlage einer Bestellung.

1. **Bestellung erstellen**

   Für die Bestellung nutzen wir die Bestellart **NB – Normalbestellung** und erfassen alle relevanten Daten, wie etwa Lieferant oder auf Kopfebene die Einkaufsorganisation, die Einkäufergruppe oder den Buchungskreis. Es sollen drei unterschiedliche Arten von Kopierpapier mit jeweils 100 Kartons bestellt werden. Der nachfolgende Prozess soll über einen Anlieferbeleg durchgeführt werden. Aus diesem Grund wird für jede Bestellposition eine Werk-Lagerort-Kombination gewählt, die EWM-verwaltet ist. Darüber hinaus erhält jede Position einen Bestätigungssteuerschlüssel, der die Erstellung einer Anlieferung vorsieht (siehe Abbildung 3.84).

Abbildung 3.84: Bestellung für eine Anlieferung mit Verpackungsvorschlag

2. **Anlieferung erstellen**

   In unserem Szenario gehen wir davon aus, dass der Lieferant ein elektronisches Lieferavis übermittelt. Dieses enthält lediglich die vom Lieferanten verschickten Materialien und Mengen. Packinformationen sind im Lieferavis nicht enthalten. Mit der Verarbeitung der elektronischen Lieferavis-Nachricht wird die LE-Anlieferung erstellt. Abbildung 3.85 zeigt den erstellten Anlieferbeleg mit den Positionen und Mengen, die vom Lieferanten bestätigt wurden.

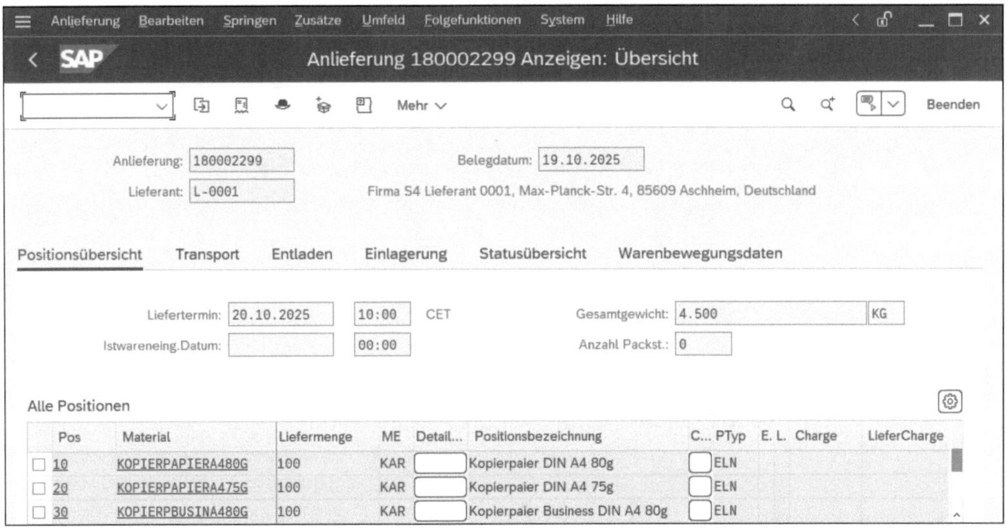

Abbildung 3.85: LE-Anlieferung für die Prozessdemo zum Verpackungsvorschlag

3. **EWM-Anlieferung mit Verpackungsvorschlag prüfen**

Mithilfe des EWM-Lagerverwaltungsmonitors kann der automatisch erstellte Verpackungsvorschlag überprüft werden. Dazu wird der Anlieferbeleg im Knoten **Eingang • Belege • Anlieferung** selektiert, und die für die Anlieferung erstellten Plan-HUs werden angezeigt. Es wurden sieben Plan-HUs erstellt (siehe Abbildung 3.86). Die Tabelle für den HU-Kopf **/SCWM/HUHDR** wurde um das Feld **PB_ENGINE** erweitert, das aufzeigt, von welcher Engine die HU erstellt wurde. In unserem Fall zeigen alle erstellten HUs den Wert **PB** für die Engine **Packstückerzeugung**.

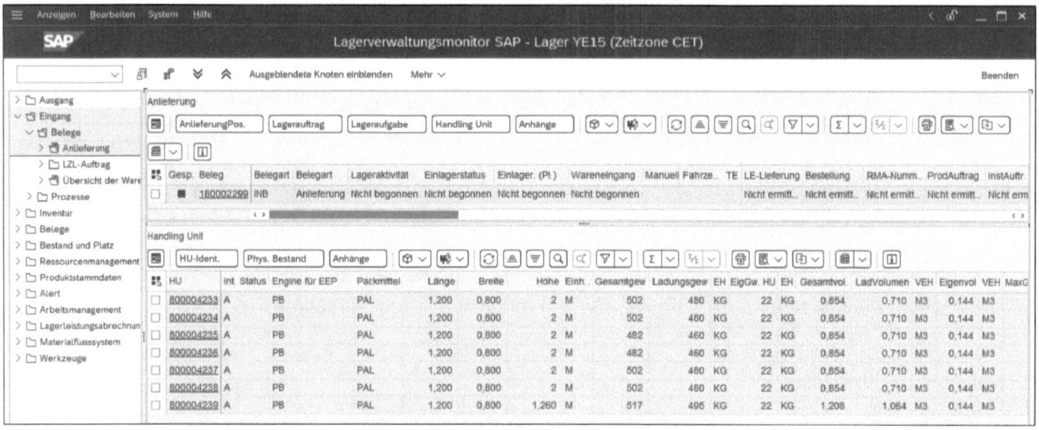

Abbildung 3.86: EWM-Anlieferung mit erstellten Plan-HUs

Ein Blick auf den Inhalt der Plan-HUs im Knoten **Belege • Handling Unit** zeigt, dass sechs homogene HUs erstellt wurden, die jeweils genau eine Art des bestellten Kopierpapiers enthalten. Die siebte HU ist eine Misch-HU mit den restlichen Mengen (siehe Abbildung 3.87).

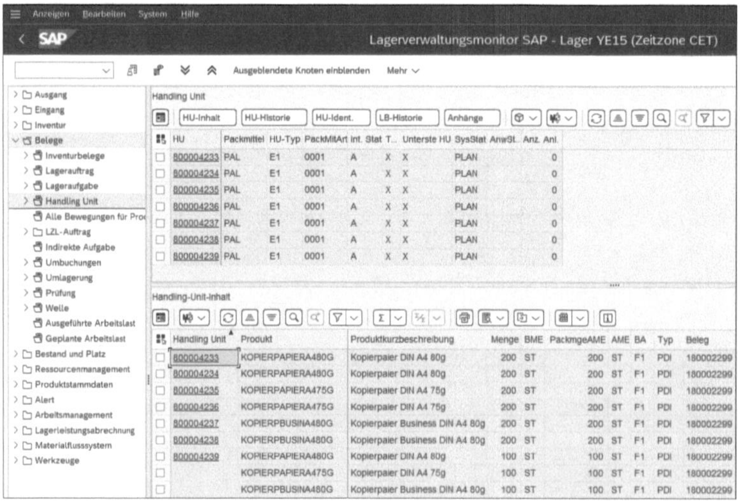

Abbildung 3.87: Erstellter Verpackungsvorschlag mit HU-Inhalten

Dieser automatisch erstellte Verpackungsvorschlag kann im weiteren Wareneingangsprozess entweder so übernommen oder gemäß den physisch angelieferten Paletten angepasst werden.

3.6 Wareneingang mit Serialnummern

Serialnummern spielen in EWM eine zentrale Rolle bei der eindeutigen Identifikation einzelner Einheiten eines Produkts. Sie können bspw. verwendet werden, um die vom Lieferanten angelieferten Einzelteile im System zu dokumentieren oder um im Reklamationsfall zu prüfen, ob das retournierte Teil auch tatsächlich an den Kunden ausgeliefert wurde. Eine Serialnummer ist somit eine Zeichenfolge, die dazu dient, eine einzelne Einheit eines Produkts von anderen Einheiten unterscheiden zu können. Da die gleiche Serialnummer für unterschiedliche Produkte verwendet werden kann, ist nur die Kombination aus Produktnummer und Serialnummer eindeutig. EWM bietet die Möglichkeit, Serialnummern mit unterschiedlichem Detaillierungsgrad zu verwalten:

- **Serialnummernpflicht für Belegpositionen**

  Bei der Serialnummernpflicht für Belegpositionen definieren Sie pro EWM- Positionsart, ob für ein serialnummernpflichtiges Produkt im Wareneingangsprozess eine Serialnummer erfasst werden muss. Verwenden Sie diese Option, wenn es bei bestimmten Wareneingangsprozessen wichtig ist, welche Serialnummer vereinnahmt wird, die Serialnummer aber darüber hinaus im Lager nicht weiter von Bedeutung ist.

- **Serialnummernpflicht auf Lagernummernebene**

  Bei der Serialnummernpflicht auf Lagernummernebene müssen für alle Wareneingangs- und Warenausgangsprozesse Serialnummern erfasst werden. Im Gegensatz zur vorherigen Option umfasst diese Variante alle Eingangs- und Ausgangsprozesse. Somit ist zu jedem Zeitpunkt ersichtlich, welche Serialnummern sich aktuell im Lager befinden.

- **Serialnummernpflicht auf Bestandsebene**

  Diese Option ist die detaillierteste, denn damit werden die Serialnummern nicht nur beim Warenein- und -ausgang, sondern zusätzlich bei jeder Bewegung innerhalb des Lagers erfasst. Somit kann jederzeit nachvollzogen werden, wo im Lager sich eine Serialnummer eines Produkts gerade befindet.

Um Serialnummern für ein Produkt zu verwenden, muss dem Produkt ein Serialnummernprofil zugewiesen werden. Grundsätzlich muss zwischen harmonisierten und nicht harmonisierten Serialnummernprofilen in EWM unterschieden werden.

3.6.1 Geschäftsprozess

Startpunkt für den in diesem Abschnitt vorgestellten Geschäftsprozess ist die Erstellung einer Bestellung für ein serialnummernpflichtiges Material. Mit der Ankunft des LKWs am

Lager wird die EWM-Anlieferung erstellt, die angelieferten Bestellpositionen werden übernommen und die Mengen abgeglichen. Die Vereinnahmung führen wir mit einem für mobile Endgeräte vorgesehenen Dialog durch. Mithilfe dieses Dialogs können wir die erstellte EWM-Anlieferung selektieren und die angelieferte Ware direkt in HUs verpacken. Vor der Buchung des Wareneingangs erfassen wir die angelieferten Serialnummern, die sich in der gebildeten HU befinden. Die Wareneingangsbuchung sowie die anschließende Erstellung der Lageraufgabe für die Verräumung führen wir ebenfalls mit dem Dialog auf dem mobilen Endgerät durch (siehe Abbildung 3.88). Dieser Prozess kann um eine Qualitätsprüfung erweitert werden. Wir führen diese Option an dieser Stelle nicht weiter aus, sondern verweisen stattdessen auf Kapitel 5, »Qualitätsmanagement«.

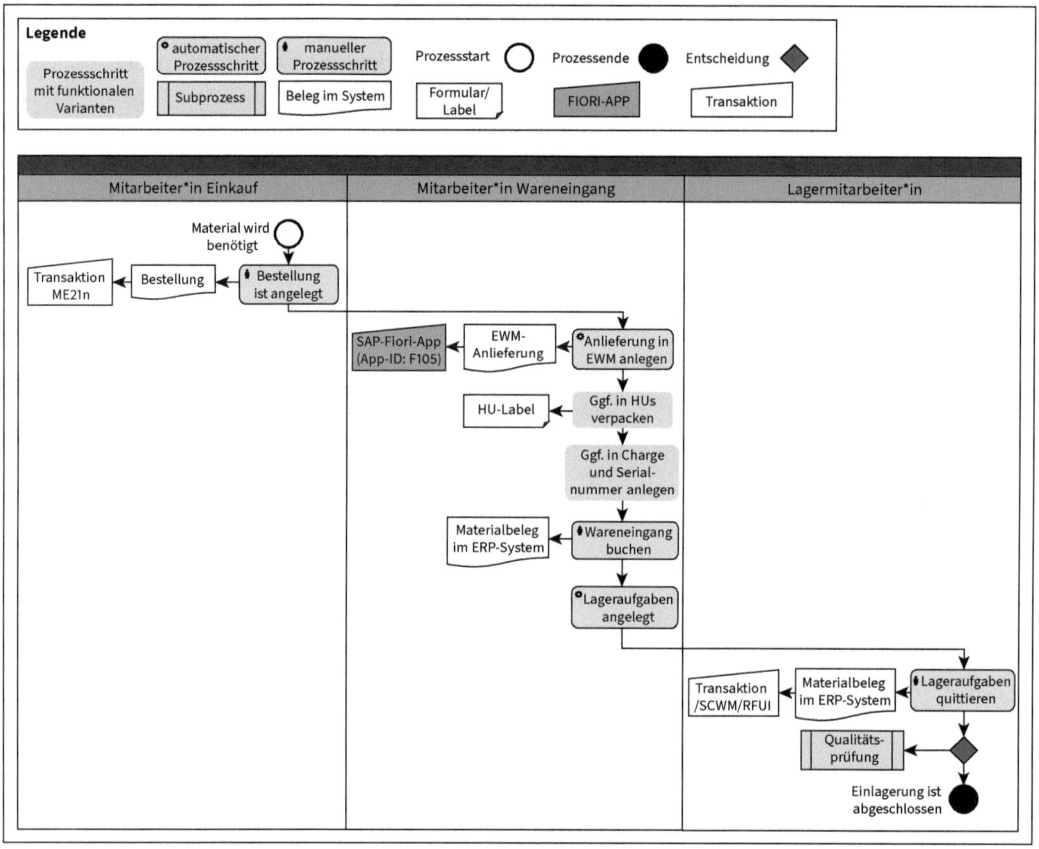

Abbildung 3.88: Prozessablauf für den Wareneingang mit serialnummernpflichtigem Material

3.6.2 Konfiguration

Die Verwendung von Serialnummern in Wareneingangsprozessen setzt zunächst das grundlegende Customizing der Beleg- und Positionsarten sowie der ERP-Schnittstelle voraus, wie in Abschnitt 3.2, »Wareneingang mit Anlieferbeleg und Integration in MM«, erläutert. Darüber hinaus sind die folgenden Einstellungen erforderlich:

1. **Harmonisiertes Serialnummernprofil einrichten und aktivieren**

   Die Aktivierung von harmonisierten Serialnummernprofilen erfolgt in der IMG-Aktivität **Harmonisierte Serialisierung in EWM aktivieren** in der Transaktion **/SCWM/52001868** bzw. über den Customizing-Pfad **SCM Extended Warehouse Management • Extended Warehouse Management • Stammdaten • Produkt • Serialnummernprofile • Harmonisierte Serialnummernprofile**.

   Zusätzlich wird ein Serialnummernprofil über die IMG-Aktivität **Serialnummernprofile definieren** in der Transaktion **/SCWM/22000230** bzw. im selben Customizing-Pfad ausgeprägt. Erstellen Sie einen neuen Eintrag und vergeben Sie einen vierstelligen technischen Schlüssel für das Serialisierungsprofil. Pflegen Sie eine Beschreibung für das Serialnummernprofil und wählen Sie für den Equipmenttyp den Wert **T – Kundenequipment** aus. Pflegen Sie für die Bestandsverprobung den Wert **Keine Bestandsverprobung** (siehe Abbildung 3.89).

   Die *IUID* (eindeutige Teile-ID) ist eine spezielle Serialnummer zur global eindeutigen Identifizierung eines Teils, die wir jedoch für unseren Beispielprozess nicht verwenden. IUIDs werden von Herstellern von Originalteilen verwendet, um die Eindeutigkeit eines Teils über die gesamte Lieferkette hinweg verfolgen zu können.

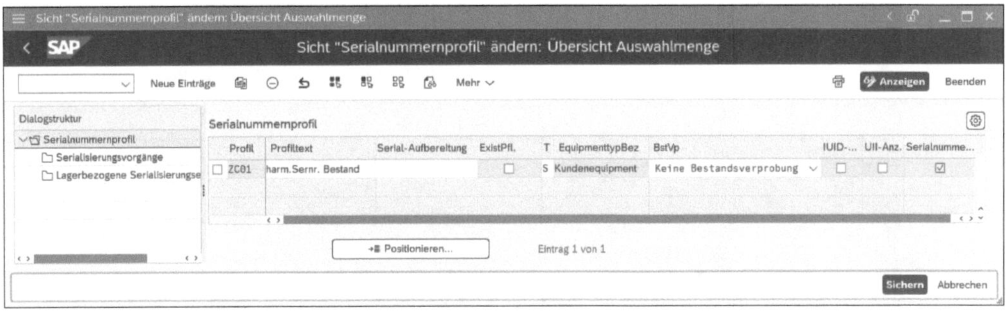

Abbildung 3.89: Harmonisiertes Serialnummernprofil

Wechseln Sie anschließend in der Dialogstruktur zu **Serialisierungsvorgänge** und pflegen Sie die Serialisierungsvorgänge mit den Werten aus Tabelle 3.5. Für den in diesem Abschnitt vorgestellten Prozess ist vor allem der Vorgang **MMSL – Warenein- und -ausgangsbeleg pflegen** notwendig (siehe Abbildung 3.90). Die weiteren Einträge sind für das serialnummernpflichtige Material in anderen Prozessen relevant.

Vorgang	Vorgangsbezeichnung	Serialnummernverwendung	Serialnummer mit/ohne Equipmentpflicht
MMSL	Warenein- und -ausgangsbeleg pflegen	03	01

Tabelle 3.5: Serialisierungsvorgänge für die Pflege des Serialnummernprofils

Vorgang	Vorgangsbezeichnung	Serialnummern-verwendung	Serialnummer mit/ohne Equipmentpflicht
PPAU	Serialnummern im PP-Auftrag	02	01
PPRL	PP-Auftrag freigeben	04	01
PPSF	Serialnummern in der Serien-fertigung	03	01
QMSL	Prüflos pflegen	03	01
SDAU	Serialnummern im SD-Auftrag	01	01
SDCC	Vollständigkeitsprüfung für Lieferung	03	01
SDCR	Vollständigkeitsprüfung f. RE-Lieferung	03	01
SDLS	Lieferung pflegen	02	01
SDRE	Retourenlieferung pflegen	02	02

Tabelle 3.5: Serialisierungsvorgänge für die Pflege des Serialnummernprofils (Forts.)

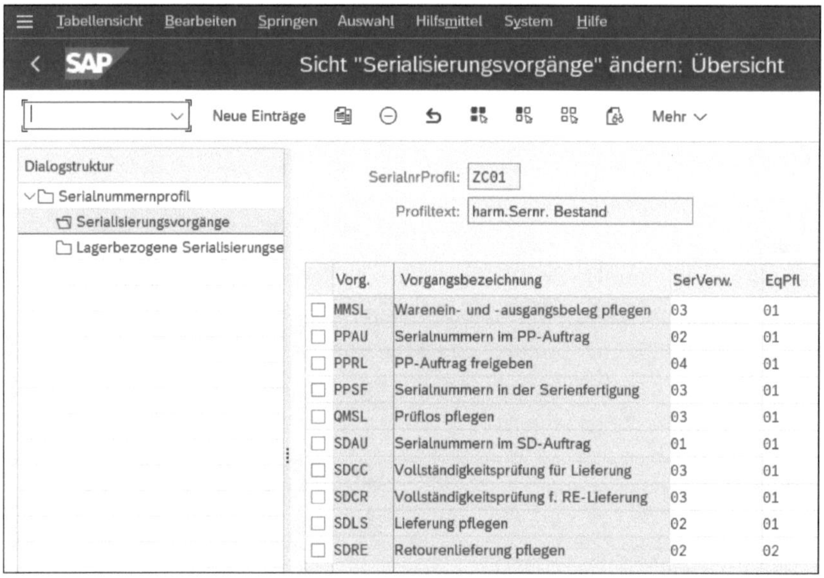

Abbildung 3.90: Serialisierungsvorgänge für ein harmonisiertes Serialisierungsprofil

Wechseln Sie anschließend in die Dialogstruktur für die lagerbezogenen Serialsierungseintsellungen. Hier pflegen Sie die Ebene **C – Auf Bestandsebene** der Serialisierungspflicht und als Basis-Mengeneinheit **ST – Stück**. Aktivieren Sie außerdem die automatische Nummerierung indem Sie das Kennzeichen bei **Nummerierung** setzen (siehe Abbildung 3.91).

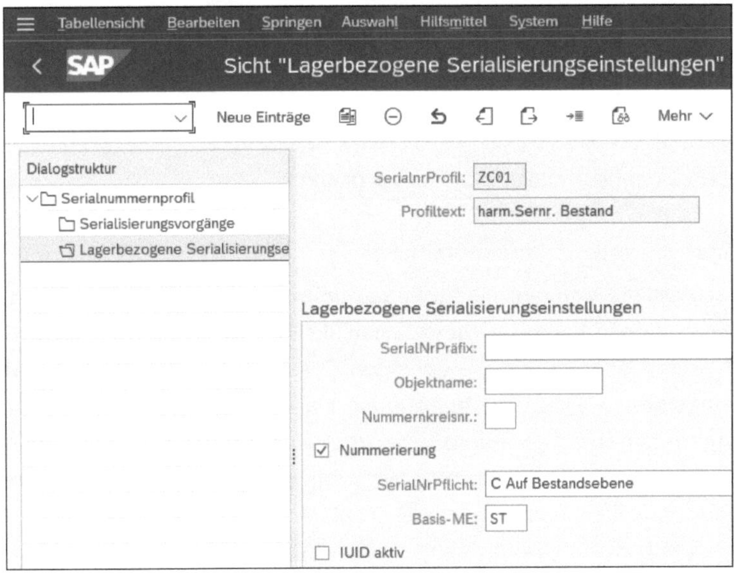

Abbildung 3.91: Lagerbezogene Serialisierungseinstellungen für ein harmonisiertes Serialnummernprofil

2. **Serialnummerndefinition auf Lagernummernebene**

   Pflegen Sie die Einstellungen für Serialnummern an der Lagernummer, indem Sie die Transaktion **/SCWM/09000454** starten bzw. über den Customizing-Pfad **SCM Extended Warehouse Management • Extended Warehouse Management • Stammdaten • Produkt • Serialnummernprofile** zur Aktivität **Serialnummern: Einstellungen an der Lagernummer** navigieren (siehe Abbildung 3.92).

   Pflegen Sie anschließend einen Eintrag für die Lagernummer und geben Sie die maximale Länge der verwendeten Serialnummern ein. Das Kennzeichen für die Verwendung von vorläufigen Serialnummern haben wir in unserem Prozess nicht gesetzt. Vorläufige Serialnummern können verwendet werden, falls zum Zeitpunkt der Wareneingangsbuchung die tatsächliche Serialnummer noch nicht angegeben werden kann und stattdessen eine temporäre, vom System erstellte Serialnummer vergeben werden soll. Die tatsächliche Serialnummer muss spätestens mit der Bestätigung der Einlagerung in den finalen Lagerplatz erfasst werden. Da die tatsächlichen Serialnummern zum Zeitpunkt der Wareneingangsbuchung noch nicht im System vorhanden sind, werden mit der Wareneingangsbuchung keine Serialnummern an die ERP-Applikationen übermittelt. Somit können im ERP-System keine Serialnummern nachverfolgt werden.

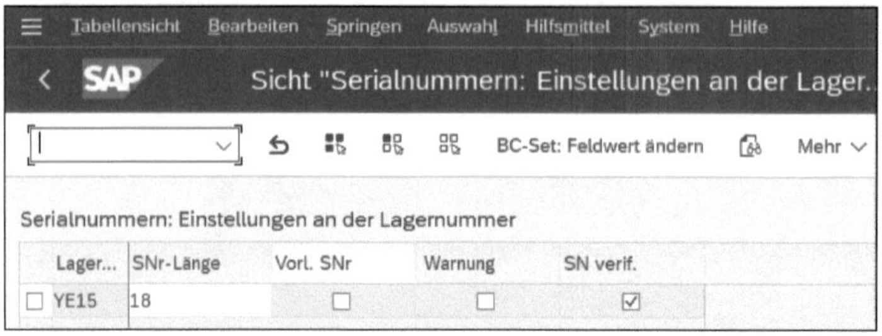

Abbildung 3.92: Serialnummereinstellungen für Lagernummer

3. **Mengenverrechnungsprofil mit Serialnummern**

   Stellen Sie sicher, dass die Mengenrolle für Serialnummern im Mengenverrechnungsprofil der Anlieferpositionsart aktiv ist. Dies können Sie entweder über die Transaktion **/QOS/09000467** prüfen oder indem Sie über den Customizing-Pfad **SCM Extended Warehouse Management • Extended Warehouse Management • Prozessübergreifende Einstellungen • Lieferung – Lageranforderung • Mengenverrechnung** zur Aktivität **Mengenverrechnungsprofile definieren** navigieren. Markieren Sie das verwendete Mengenverrechnungsprofil (in unserem Beispiel **/SCWM/INB_PRD_DLV**) und wechseln Sie in der Dialogstruktur zu **Zuordnung Mengenrollen**. Stellen Sie sicher, dass die Mengenrolle **SN – Anzahl Serialnummern** aktiv ist, d. h., dass das Kennzeichen bei **Inaktiv** nicht gesetzt ist (siehe Abbildung 3.93).

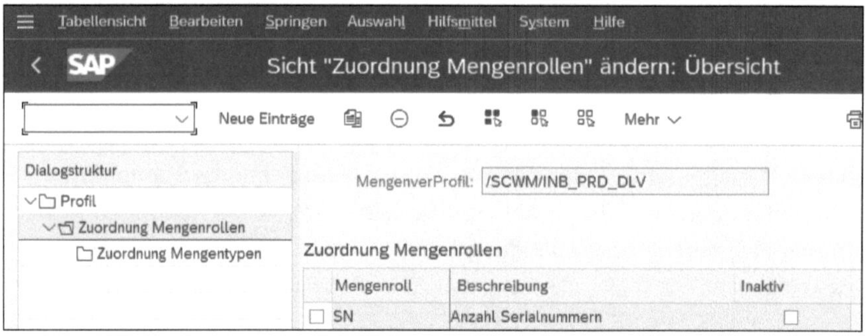

Abbildung 3.93: Mengenrolle »SN« für das Mengenverrechnungsprofil

4. **Serialnummernprofil zum Materialstamm zuordnen**

   Da in unserem Geschäftsprozess ein harmonisiertes Serialnummernprofil verwendet wird, erfolgt die Pflege des Serialnummernprofils in der Sicht **Werksdaten/Lagerung2** bzw. **Vertrieb:allg./Werk**. Starten Sie die App zur Pflege des Materialstamms (App-ID: **MM02 – Material ändern**) für das zu verwendende Material und wechseln Sie in die Sicht **Werksdaten/Lagerung2**. Geben Sie das Werk ein und pflegen das Serialnummernprofil im dafür vorgesehenen Feld im Bereich **Allgemeine Werksparameter** (siehe Abbildung 3.94).

Abbildung 3.94: Serialnummernprofil am Materialstamm pflegen

3.6.3 Prozessdemo

Mit den Einstellungen aus dem vorherigen Abschnitt kann ein Wareneingang für ein serialnummernpflichtiges Material gebucht werden. Dazu wird zunächst eine Bestellung angelegt:

1. **Bestellung anlegen**

   Für den Bestellbeleg nutzen wir die Belegart **NB – Normalbestellung** und erfassen den Lieferanten sowie relevante Daten auf Kopfebene, wie bspw. die Einkaufsorganisation, die Einkäufergruppe und den Buchungskreis. Von unserem serialnummerpflichtigen Material bestellen wir fünf Stück für den EWM-verwalteten Lagerort und wählen als Bestätigungssteuerung **Anlieferung**, da der Wareneingangsprozess über einen Anlieferbeleg erfolgen soll (siehe Abbildung 3.95).

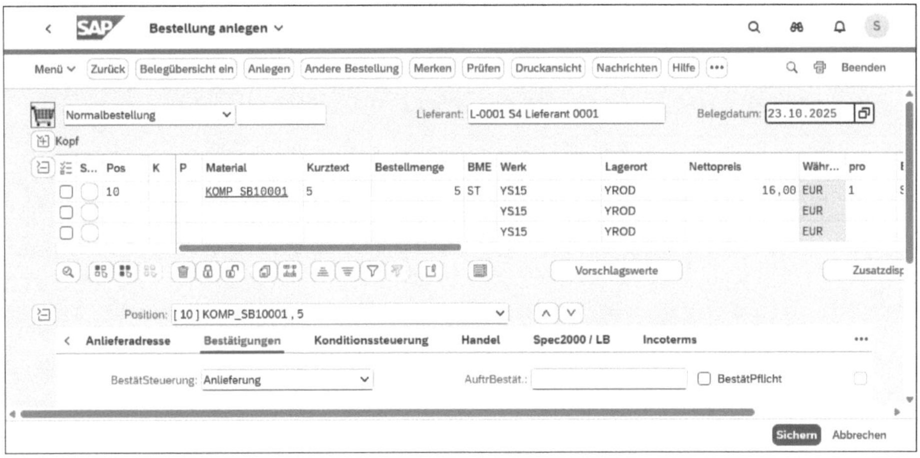

Abbildung 3.95: Bestellung für serialnummernpflichtiges Material

2. **EWM-Anlieferung erstellen**

   Mit der Ankunft der Ware am Lager wird auf Basis der Bestellung die EWM-Anlieferung erstellt. Dafür verwenden wir die App **Anlieferungen anlegen** (App-ID: **F1705**). Über die Bestellnummer werden die relevanten Daten selektiert. Diese können mit dem Lieferschein abgeglichen werden. Die vorgeschlagene offene Menge der Bestellposition wird übernommen, und über die Funktion **Lieferung anlegen** wird der Anlieferbeleg erstellt (siehe Abbildung 3.96).

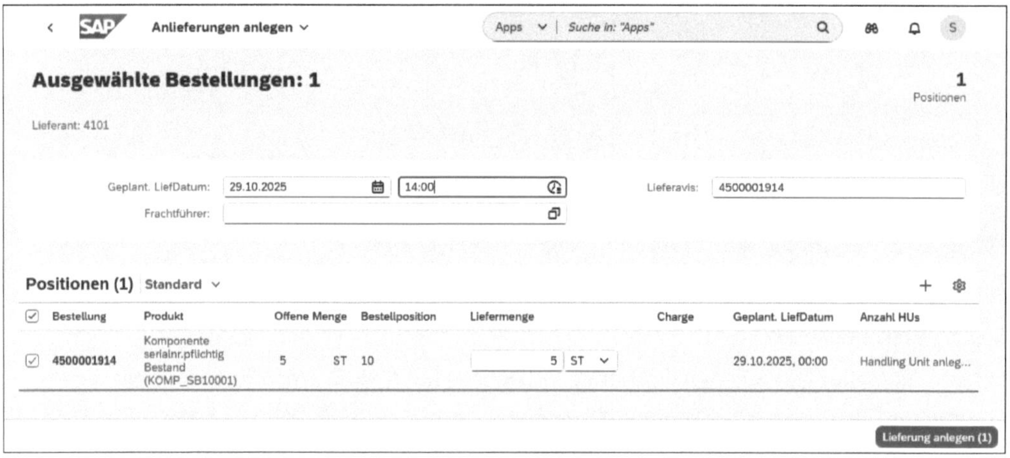

Abbildung 3.96: Anlieferung für serialnummernpflichtiges Material erstellen

3. **Vereinnahmung über mobiles Endgerät**

   Im nächsten Prozessschritt erfolgt die Vereinnahmung der Ware über ein mobiles Endgerät sowie die Erfassung der einzelnen Serialnummern pro angelieferter Einheit. Die mobile Arbeitsumgebung kann beispielsweise über die App **RF-Umgebung testen** (App-ID: **/SCWM/RFUI**) aufgerufen werden. Nach der Anmeldung in der mobilen Arbeitsumgebung mit einer Ressource selektieren wir im RF-Standardmenü den Menüpunkt **03 – Eingangsprozesse • 04 – Empfang der Handling Units • 01 Eing. HU nach Lieferavis.** Die Lieferavisnummer erfassen Sie im Eingabefeld **LA** (siehe Abbildung 3.97). Navigieren Sie anschließend mit **Enter** zum nächsten Dialog.

Abbildung 3.97: RF-Vereinnahmung von serialnummernpflichtigem Material – Lieferavis

Die angezeigten Details der ermittelten Anlieferung (siehe Abbildung 3.98) werden mit **Enter** bestätigt. Anschließend werden Sie zum nächsten Dialog geleitet.

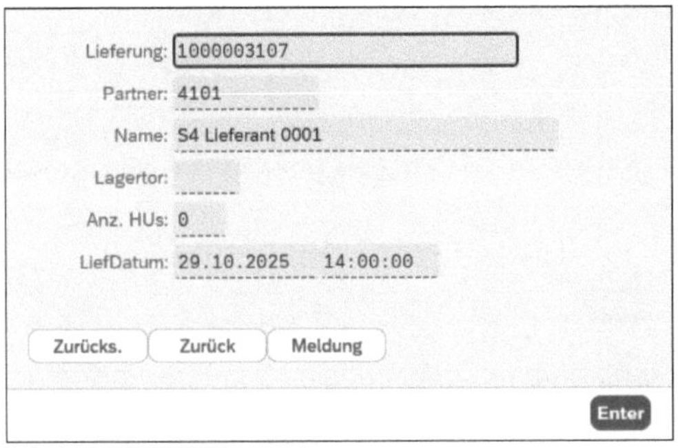

Abbildung 3.98: RF-Vereinnahmung von serialnummernpflichtigem Material – Anlieferdetails

Zur Erstellung einer neuen HU wählen Sie die Funktion **Neue HU** und navigieren damit in den nächsten Dialog zur Erfassung der Detaildaten für die zu vereinnahmende HU-Position. Das serialnummernpflichtige Material sowie die zu vereinnahmende Menge werden in den Feldern **Prod.** bzw. **IstMge** erfasst. Über die Funktion **Packen** (siehe Abbildung 3.99) navigieren Sie zum Dialog für das Packmittel.

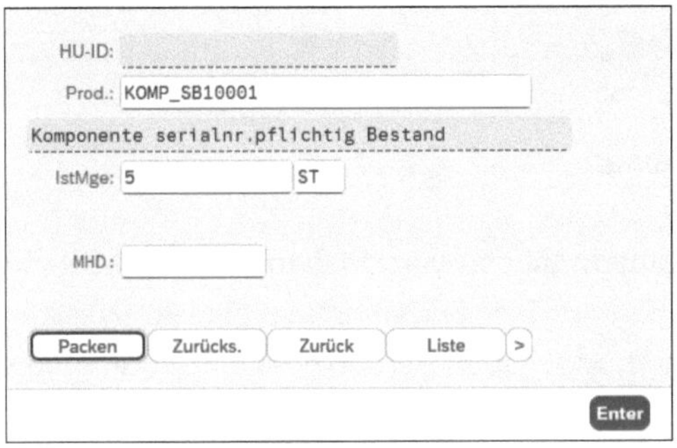

Abbildung 3.99: RF-Vereinnahmung von serialnummernpflichtigem Material – Produktdetails

Als Packmittel für die HU-Erstellung wählen Sie eine Box, in der das serialnummernpflichtige Material für die Einlagerung platziert wird. Mit einem Klick auf **Weiter** (siehe Abbildung 3.100) wird eine neue HU gebildet, und Sie gelangen in den nächsten Dialog, in dem der zu verpackende Bestand angezeigt wird.

In diesem Dialog werden alle bisher selektierten bzw. erfassten Daten noch einmal im Überblick dargestellt. Im Feld **SNr.** ist ersichtlich, dass das Produkt serialnummernpflichtig ist und welche Art der Serialnummernpflicht am Produkt hinterlegt ist. In unserem gewählten Beispiel ist zu erkennen, dass die Serialnummernpflicht C (auf Bestandsebene) besteht. Über die Funktion **Serialnr** haben Sie die Möglichkeit, die einzelnen Serialnummern für den zu vereinnahmenden Bestand zu erfassen (siehe Abbildung 3.101).

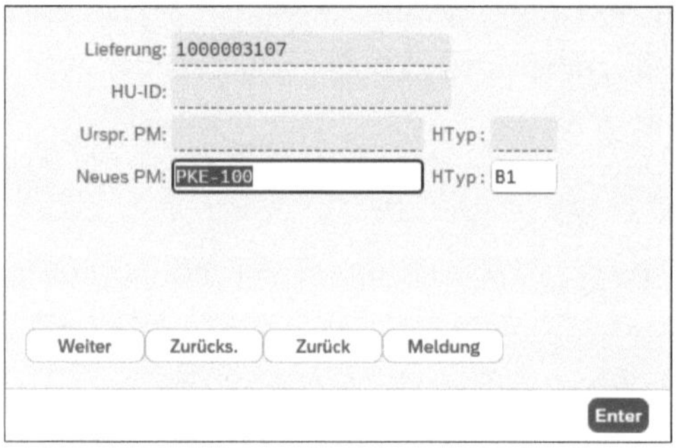

Abbildung 3.100: RF-Vereinnahmung von serialnummernpflichtigem Material – Packmittel

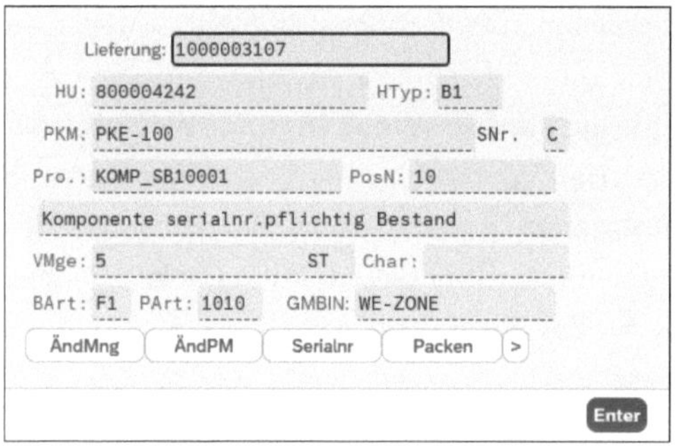

Abbildung 3.101: RF-Vereinnahmung von serialnummernpflichtigem Material – Positionsdetails für zu verpackenden Bestand

Im Dialog zur Erfassung der Serialnummern gibt es verschiedene Möglichkeiten, die einzelnen Serialnummern zu erfassen. So kann jede Serialnummer einzeln erfasst werden, ein Bereich von Serialnummern kann angegeben werden oder die Serialnummern können von EWM vergeben werden (siehe Abbildung 3.102).

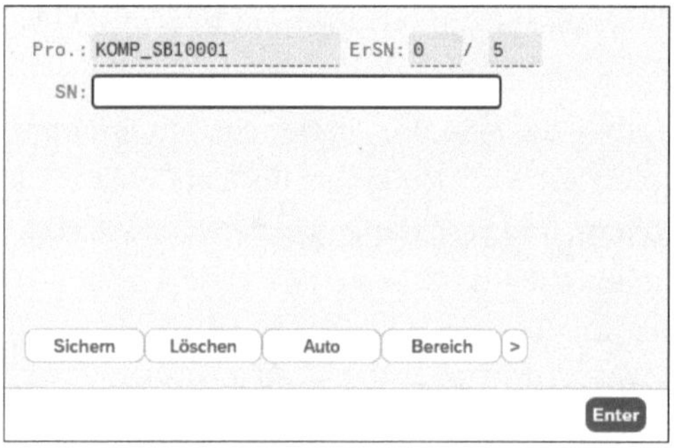

Abbildung 3.102: RF-Vereinnahmung von serialnummernpflichtigem Material – Serialnummernerfassung

Da die in unserem Beispiel angelieferten Serialnummern fortlaufende Nummern enthalten, nutzen wir die Funktion **Bereich**, um die erste und die letzte Serialnummer zu erfassen (siehe Abbildung 3.103).

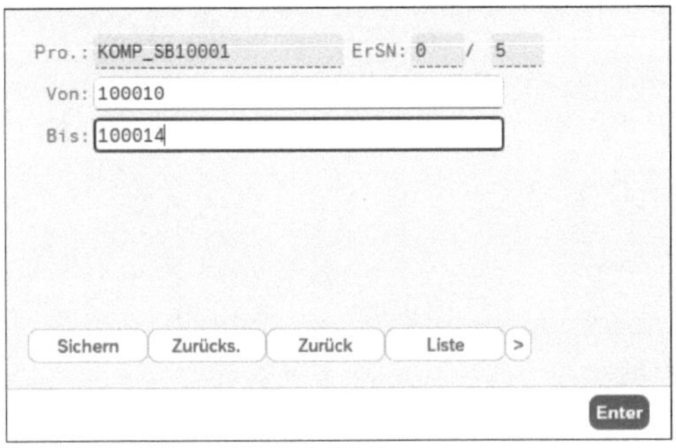

Abbildung 3.103: RF-Vereinnahmung von serialnummernpflichtigem Material – Serialnummernbereich

Nachdem Sie die Eingabe bestätigt und auf **Sichern** geklickt haben, navigiert das System zum vorherigen Dialog zurück und listet jede einzelne Serialnummer des eingegebenen Bereichs auf. Darüber hinaus wird dort im Feld **ErSN** angezeigt, wie viele der erforderlichen Serialnummern bereits erfasst wurden (siehe Abbildung 3.104). Mit einem Klick auf **Sichern** gelangen Sie wieder in den Dialog mit der Übersicht der Details des zu verpackenden Bestands (siehe Abbildung 3.101). Die angezeigten Daten werden mit **Enter** bestätigt, wodurch das System zum nächsten Dialog navigiert.

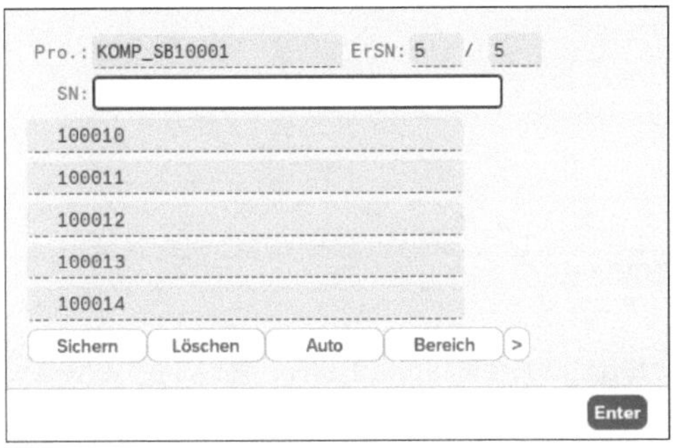

Abbildung 3.104: RF-Vereinnahmung von serialnummernpflichtigem Material – Liste mit Serialnummern

Im letzten Dialog nutzen wir die Funktionen **WE buch.** und **LB erst.**, um den Wareneingang zu buchen bzw. eine Lageraufgabe für die HU zu erstellen. Die Kennzeichen in den Feldern **WE gebucht** und **LB erst.** zeigen an, dass die Ausführung der Funktionen erfolgreich war und das serialnummernpflichtige Produkt verräumt werden kann (siehe Abbildung 3.105).

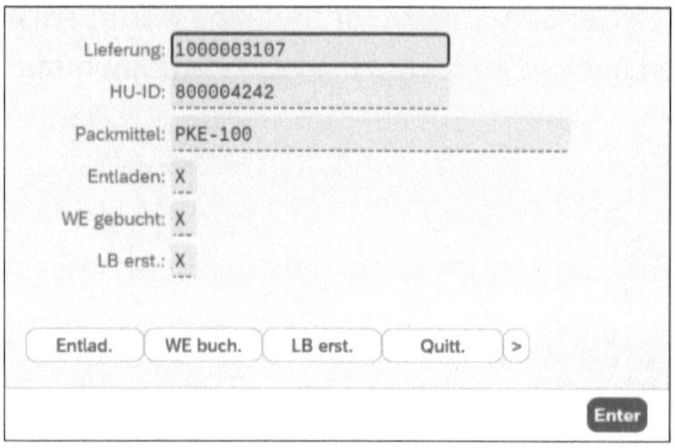

Abbildung 3.105: RF-Vereinnahmung von serialnummernpflichtigem Material – Wareneingang und Lageraufgabe

4. **Verräumung der Handling Unit**

   Im letzten Schritt bestätigen wir die Verräumung der erstellten HU in einem Dialog für die mobile Arbeitsumgebung. Starten Sie dazu die App **RF-Umgebung testen** (App-ID: **/SCWM/RFUI**) und melden Sie sich mit einer Ressource an. Wählen Sie anschließend im RF-Standardmenü den Menüpunkt **02 – Man. Selektion • 02 – Selektion nach HU**. Im Eingabefeld für die HU erfassen Sie nun die Nummer der erstellten HU (siehe Abbildung 3.106) und bestätigen mit **Enter**.

Abbildung 3.106: HU für Verräumung selektieren

Daraufhin wird Ihnen der Dialog zur Bestätigung der Nachdaten angezeigt (siehe Abbildung 3.107).

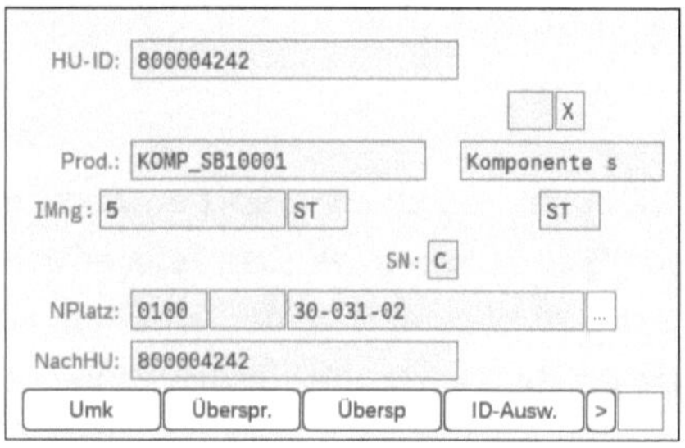

Abbildung 3.107: Bestätigung der Nachdaten für die HU-Verräumung

Je nach verwendetem Verifikationsprofil kann es sein, dass weitere Daten bestätigt werden müssen. In unserem Beispiel muss lediglich der Nachplatz bestätigt werden. Erfassen Sie im Verifikationsfeld für den Lagerplatz den vorgegebenen Lagerplatz und bestätigen Sie wiederum mit **Enter**. Damit ist die Einlagerung der HU im System quittiert und der Prozess abgeschlossen.

3.7 Wareneingang mit Chargen

Chargen dienen dazu, Bestandsmengen systemisch auf einer weiteren Ebene als Werk-Lagerort zu trennen und den einzelnen Teilmengen bestimmte Attribute zuzuordnen. Diese Attribute können auch in nachgelagerten Prozessen, wie etwa einem Warenausgangsprozess, Verwendung finden. So können bspw. im System erlaubte Attribute für einen Kunden hinterlegt werden, sodass an diesen Kunden nur Bestände verschickt werden, die diese Attribute aufweisen. Chargen kommen in vielen unterschiedlichen Branchen zum Einsatz, vorzugsweise in der Chemie- und Pharmabranche, aber auch in Bereichen der Fertigungsindustrie. Ein Grund für die Verwendung der Chargenverwaltung sind die Anforderungen im Hinblick auf die Rückverfolgbarkeit.

3.7.1 Geschäftsprozess

Der hier vorgestellte Beispielprozess entspricht dem Prozess bezüglich des Wareneingangs mit Serialnummern, den wir bereits in Abschnitt 3.6.1 vorgestellt haben. In diesem Abschnitt behandeln wir den Wareneingang von chargenpflichtigen anstelle von serialnummernpflichtigen Materialien. Für die Erstellung der EWM-Anlieferung in diesem Geschäftsprozess nutzen wir die SAP-Fiori-App **Anlieferung anlegen – Lieferungen**, mit der sich die EWM-Anlieferung direkt auf Basis der Bestellung erstellen lässt. Im Rahmen der Anlieferererstellung und -bearbeitung wird eine Charge für die Anlieferposition erstellt und die relevanten Chargenmerkmale werden mit Werten versehen. Für die angelieferte Menge werden HUs gebildet, bevor der Wareneingang für die Anlieferung gebucht wird. Mit der Wareneingangsbuchung werden für die gebildeten HUs Lageraufgaben für die Verräumung erstellt. Nach der Verräumung der Paletten werden die Einlagerlageraufgaben in EWM quittiert.

Für diesen Prozess nutzen wir ein embedded EWM, das uns die Möglichkeit bietet, die EWM-Anlieferung direkt für eine Bestellung zu erstellen, ohne dass weitere Schritte bzw. Belege – wie im dezentralen Szenario – erforderlich sind. Darüber hinaus greift die Logik zur Chargenerstellung auf den ERP-Nummernkreis für Chargen zu, wodurch kein separater Nummernkreis für Chargen im EWM gepflegt werden muss. Grundsätzlich hat die Option des embedded EWM auch den Vorteil, dass u. a. das Stammdatenobjekt »Charge« nicht redundant in zwei Systemen vorgehalten werden muss, sodass die Replikation des Chargenstamms ignoriert werden kann.

3.7.2 Konfiguration

In diesem Abschnitt werden die Konfigurationseinstellungen für die Ausführung dieses beispielhaften Geschäftsprozesses und die Nutzung von Chargen beschrieben. An einzelnen Stellen gehen wir auf Besonderheiten des dezentralen EWMs ein. An dieser Stelle setzen wir voraus, dass die grundlegende EWM-Integration sowie die Integration von Lieferbelegen bereits im System aufgesetzt ist.

1. **Aktualisierung der Standard-LOBM-Chargenmerkmale**

   Wenn Chargenklassen verwendet werden sollen, gibt es in der Logistik eine Reihe von Standardmerkmalen, mit denen sich bestimmte Attribute an der Charge hinterlegen lassen, die sogenannten *LOBM_*-Merkmale*. Sollen diese Standardmerkmale verwendet werden, müssen sie in bestimmten Situationen, wie bspw. nach einer Mandantenkopie, in dem neu aufzusetzenden Mandanten aktualisiert werden. Diese Aktualisierung erfolgt im Customizing über den Pfad **Logistik Allgemein • Chargenverwaltung • Chargenbewertung • Standardmerkmale aktualisieren**.

   Für die Ausführung sind keine weiteren Angaben erforderlich – es muss lediglich die Rückfrage im Pop-up-Fenster bejaht werden (siehe Abbildung 3.108).

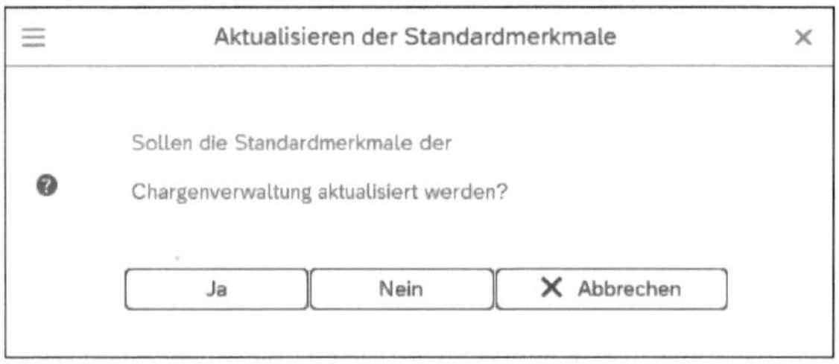
Aktualisieren der Standardmerkmale
Sollen die Standardmerkmale der
Chargenverwaltung aktualisiert werden?
Ja
Nein
Abbrechen

Abbildung 3.108: Aktualisierung der LOBM_*-Standardmerkmale

Aktualisierung der Standardmerkmale im dezentralen EWM

Wenn Sie in einer Systemumgebung arbeiten, in der ein dezentrales EWM in SAP S/4HANA mit einem SAP-ERP-System verbunden ist, dann muss die Aktualisierung der Standardmerkmale LOBM_* ebenfalls im dezentralen EWM erfolgen. Die Aktualisierung erfolgt mit der gleichen Aktivität im Customizing, die auch im SAP-ERP-System verwendet wird.

2. **Chargenebene definieren**

   Für die Nutzung von Chargen muss die Chargenebene definiert sein. Die Chargenebene beschreibt die Ebene der Eindeutigkeit einer Charge in Bezug zu einer Bestandsposition. Folgende Einstellungen sind möglich:

   - Charge eindeutig auf Werksebene
   - Charge eindeutig auf Materialebene
   - Charge eindeutig auf Mandantenebene zu einem Material

Die Einstellung treffen Sie, indem Sie im Customizing im Pfad **Logistik Allgemein • Chargenverwaltung • Chargenebene bestimmen und Zustandsverwaltung aktivieren** die erste Aktivität **Chargenebene** wählen. Für unseren Prozess nutzen wir die Einstellung **Charge eindeutig auf Mandantenebene zu einem Material**. Da diese Einstellung beim Aufsetzen eines Mandanten getätigt wird, können Sie sie unter Umständen nicht mehr ändern und müssen die in Ihrem System getroffene Einstellung verwenden.

Chargenebene im dezentralen EWM

Wenn Sie ein dezentrales EWM in SAP S/4HANA mit einem SAP-ERP-System verbinden und Chargen verwenden möchten, muss die Chargenebene im dezentralen EWM der Chargenebene im SAP-ERP-System entsprechen.

3. **Chargenzustand**

   Mit der Chargenzustandsverwaltung kann ein weiteres Attribut am Chargenstamm genutzt werden, das Auskunft über die Verwendbarkeit der Charge gibt. Der Chargenzustand ist unabhängig von der Bestandsart zu sehen. So kann bspw. die Verwendung eines chargenverwalteten Bestands, der die Bestandsart **frei verfügbar** hat, eingeschränkt werden, indem der Chargenzustand auf **nicht frei** gesetzt wird. Die Chargenzustandsverwaltung wird im Customizing im Pfad **Logistik Allgemein • Chargenverwaltung • Chargenebene bestimmen und Zustandsverwaltung aktivieren** über die Aktivität **Chargenzustandsverwaltung** definiert (siehe Abbildung 3.109). Für unseren Prozess aktivieren wir die Chargenzustandsverwaltung, indem wir den Radiobutton bei **aktiv** setzen und diese Angabe mit **Sichern** speichern.

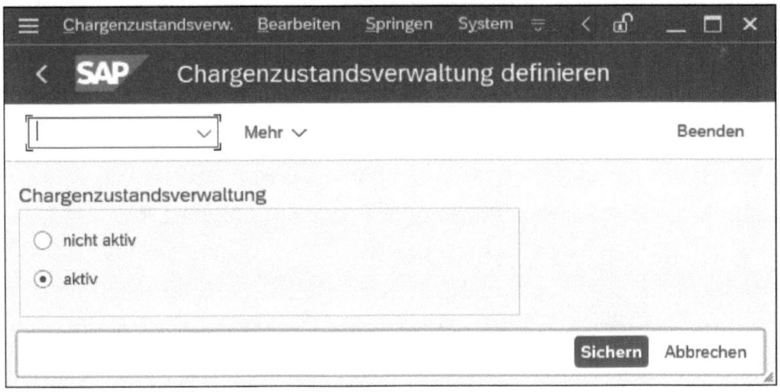

Abbildung 3.109: Chargenzustandsverwaltung definieren

Bei der Chargenzustandsverwaltung ist eine Abhängigkeit zur Chargenebene zu beachten. Ist die Chargenebene eindeutig auf Material- bzw. Mandantenebene definiert, gilt die Chargenzustandsverwaltung für alle Werke. Ist die Chargenebene hingegen eindeutig auf Werksebene definiert, so müssen darüber hinhaus die Werke festgelegt werden, in denen die Chargenzustandsverwaltung aktiv ist. Die Chargenzustandsverwaltung auf Werksebene wird im Customizing über den Pfad **Logistik Allgemein • Chargenverwaltung • Chargenbewertung • Standardmerkmale aktualisieren** und die Aktivität **Zustandsverwaltete Werke** definiert.

Chargenzustandsverwaltung im dezentralen EWM

Achten Sie darauf, dass die Einstellungen bezüglich der Chargenzustandsverwaltung in einem dezentralen EWM-System den Einstellungen im SAP-ERP-System entsprechen.

4. **Chargennummernkreis**

   Bei der Nutzung eines embedded EWM in SAP S/4HANA müssen Sie den Chargennummernkreis nur im SAP-ERP-System definieren. Eine zusätzliche Definition von Nummernkreisintervallen in EWM ist nicht notwendig. Starten Sie die Transaktion **SNRO** und pflegen Sie für das Objekt **BATCH_CLT** einen Nummernkreis mit der Nummernkreisnummer **01** sowie bei **Von Nummer** den Wert **0000000001** und bei **Bis Nummer** den Wert **9999999999** (siehe Abbildung 3.110).

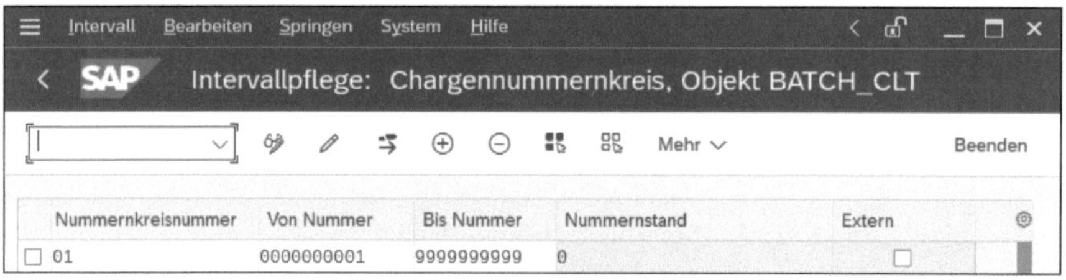

Abbildung 3.110: Nummernkreis für Chargenstamm

Chargennummernkreis im dezentralen EWM

Wird ein dezentrales EWM in SAP S/4HANA verwendet, muss in EWM ebenfalls eine Definition der Nummernkreise für das Nummernkreisobjekt **/SCWM/CHAR** erfolgen. Wird im dezentralen EWM ein externer Nummernkreis für Chargen definiert, so darf die externe Nummer nur in diesem Intervall liegen. Extern ist eine Chargennummer in diesem Kontext dann, wenn sie in EWM auf einer Benutzeroberfläche eingegeben bzw. gescannt oder aus dem SAP-ERP-System übertragen wurde. Ohne ein definiertes externes Nummernkreisintervall wird jede Nummer akzeptiert, solange sie nicht innerhalb eines definierten internen Intervalls liegt. Werden numerische Chargennummern verwendet, so ist zu berücksichtigen, dass das Standardnummernkreisobjekt **/SCWM/CHAR** mit dem Datentyp **CHAR** und zehn Stellen definiert ist und ggf. mit führenden Nullen aufgefüllt wird, sofern die Chargennummer weniger als zehn Stellen hat. Das hat zur Folge, dass bspw. der Wert **123456** ungleich dem Wert **0000123456** ist, da keine Konvertierung durchgeführt wird. Dieses Systemverhalten kann in Szenarien relevant sein, in denen bspw. ein Lieferant ein Lieferavis mit einer Chargennummer übermittelt, die für die Erstellung des Chargenstamms in EWM verwendet werden soll und gleichzeitig externe Nummernkreisintervalle definiert sind. Entweder muss sichergestellt werden, dass die eingetragene numerische Chargennummer in der Anlieferposition zehnstellig ist, oder die Standardlogik bezüglich der Vergabe von Chargennummern muss über eine Erweiterungsimplementierung angepasst werden, sodass bspw. führende Nullen entfernt werden. Mithilfe des Erweiterungsspots **/SCWM/ES_DLV_BATCH** und der BAdI-Definition **/SCWM/EX_DLV_BATCH_NUMBERING** kann die Nummernvergabe bei der Chargenerstellung beeinflusst werden, sodass bspw. führende Nullen entfernt werden können.

5. **Chargenklassifizierung**

   Die Nutzung einer Chargenklasse für ein chargenverwaltetes Material ist optional. Im Chargenstamm sind bereits wichtige Attribute wie bspw. Herstelldatum, Verfallsdatum bzw. MHD oder die Lieferantencharge hinterlegt. Die Verwendung einer Chargenklasse bietet vor allem dann Vorteile, wenn weiterführende Anforderungen an die Prozesse für chargenverwaltete Materialien gestellt werden, wie etwa die Möglichkeit zur Bewertung von kundenspezifischen Merkmalen oder die Nutzung von Chargensuchkriterien im Warenausgangsprozess.

   Für Merkmale können Strategien zur Werteprüfung definiert werden, wie bspw. eine Prüftabelle oder ein Funktionsbaustein (siehe Abbildung 3.111).

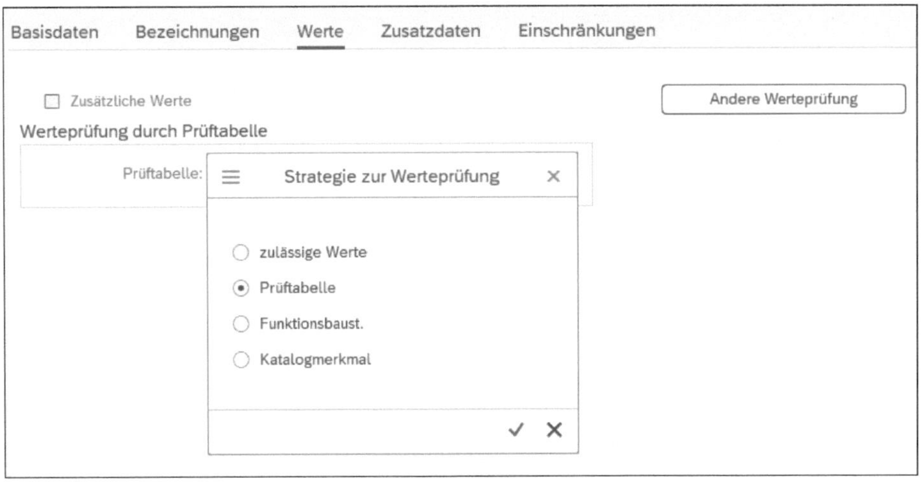

Abbildung 3.111: Strategien zur Werteprüfung für ein Chargenmerkmal

Wird ein dezentrales EWM in SAP S/4HANA verwendet, dann ist für die Übertragung der Merkmale darauf zu achten, dass die Voraussetzungen für die Werteprüfung im dezentralen EWM vorhanden sind. Enthält die Chargenklasse bspw. ein kundenspezifisches Merkmal mit einer kundeneigenen Prüftabelle für die Werteprüfung, so muss diese Tabelle mit allen Einträgen im dezentralen EWM vorhanden sein, damit das Merkmal erfolgreich übertragen werden kann.

In unserem Beispielprozess nutzen wir die Chargenklassifizierung mit einer Chargenklasse. Die Chargenklasse wird über die Transaktion **CL02 – Klassenvewaltung** erstellt, die Sie im SAP-Easy-Access-Menü im Pfad **Anwendungsübergreifende Komponenten • Klassensystem • Stammdaten** finden. Geben Sie einen Namen für die Klasse sowie die Klassenart **023** an. Pflegen Sie anschließend eine Bezeichnung für die Klasse und fügen Sie die folgenden Merkmale ein: **LOBM_VFDAT, LOBM_ZUSDT, LOBM_LVORM, LOBM_HSDAT, LOBM_HERKL, LOBM_LICHA** (siehe Abbildung 3.112). Sie können bei Bedarf weitere Merkmale verwenden.

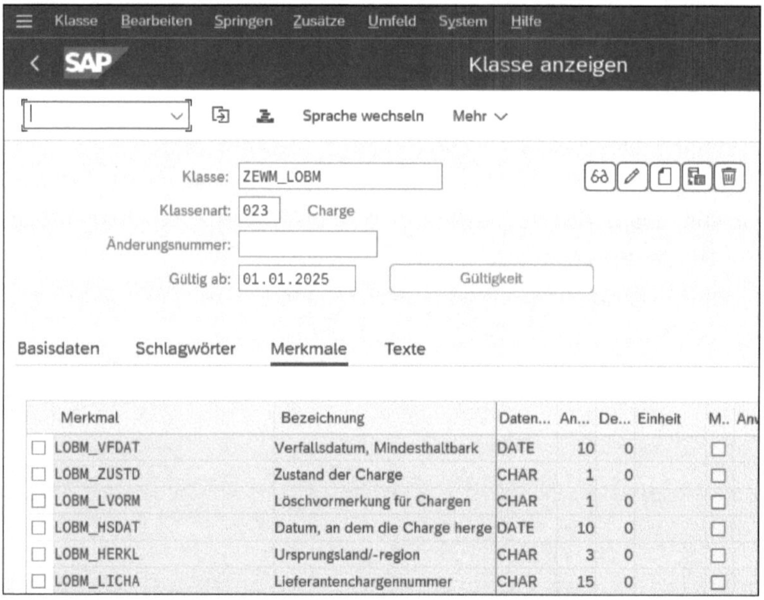

Abbildung 3.112: Chargenklasse mit LOBM-Merkmalen*

6. **Chargenklasse dem Materialstamm zuordnen**

   Die erstellte Chargenklasse wird mithilfe der App **MM02 – Material ändern** dem Materialstamm zugewiesen. Navigieren Sie dazu in die Sicht **Klassifizierung** und wählen Sie die Klassenart **023 – Chargenklasse** aus (siehe Abbildung 3.113).

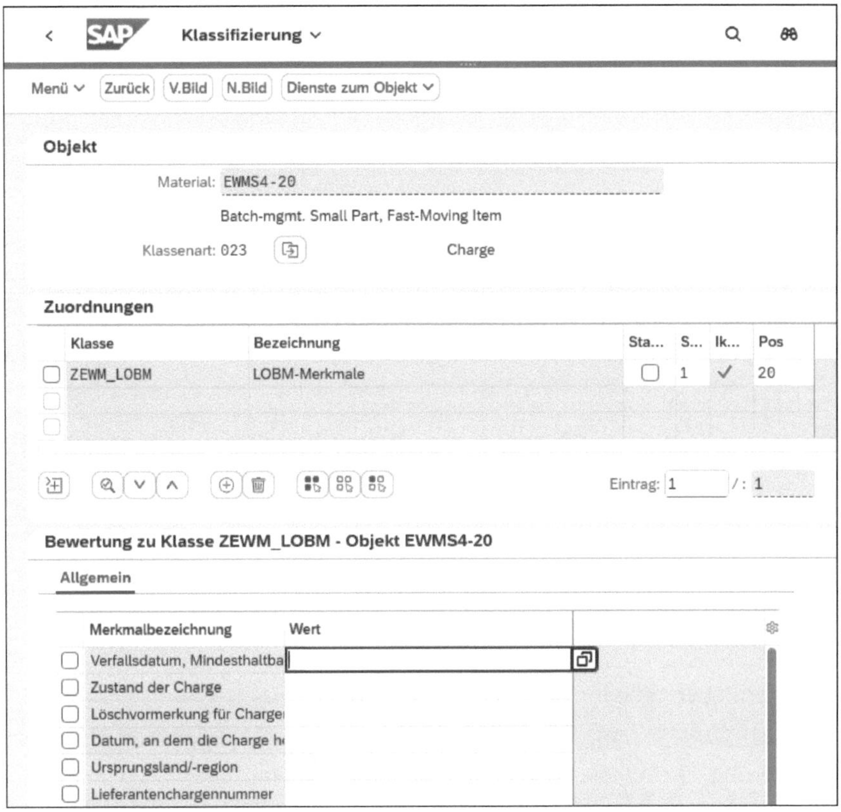

Abbildung 3.113: Zuweisung der Chargenklasse zum Materialstamm

3.7.3 Prozessdemo

Mit den im vorherigen Abschnitt gezeigten Einstellungen können Sie den Eingangsprozess für ein chargenpflichtiges Material im System buchen. Dazu erstellen Sie im ersten Schritt eine Bestellung:

1. **Bestellung erstellen**

   Starten Sie die SAP-Fiori-App **Bestellung anlegen** und wählen Sie die Bestellart **NB – Normalbestellung.** Erfassen Sie anschließend relevante Kopfdaten wie die Einkaufsorganisation, die Einkäufergruppe und den Buchungskreis. Geben Sie dann im Bereich der Positionen die Materialnummer ein und erfassen Sie weitere erforderliche Daten wie bspw. Menge, Werk und Lagerort (siehe Abbildung 3.114). Es sollen zwei Paletten des chargenpflichtigen Materials bestellt werden.

Abbildung 3.114: Bestellung für chargenpflichtiges Material

2. **EWM-Anlieferung erstellen**

   Starten Sie die SAP-Fiori-App **Anlieferungen anlegen – Lieferungen** zum Erstellen der EWM-Anlieferung. Suchen Sie nach der erstellten Bestellung, indem Sie bspw. den Filter **Bestellung** verwenden. Selektieren Sie die gefundene Bestellung und verwenden Sie die Funktion **Positionsliste öffnen**, um in die Detailansicht zur Anliefererstellung zu gelangen. Erfassen Sie ein Lieferavis, selektieren Sie die Position und wählen Sie die Funktion **Lieferung anlegen**, um die EWM-Anlieferung zu erstellen. Der erstellte Anlieferbeleg wird im Bereich **Vorhandene Lieferungen** angezeigt (siehe Abbildung 3.115). Navigieren Sie in den Anlieferbeleg für die weitere Bearbeitung.

3. **Anlieferung bearbeiten**

   Der Status der Anlieferung ist **Gesperrt**, da ohne die erforderlichen Chargendaten keine Warenbewegungsbuchung erlaubt ist. Wechseln Sie in den Bearbeitungsmodus und nutzen Sie die Funktion **Charge anlegen**. Erfassen Sie als Chargenmerkmale die Lieferantencharge, das Produktionsdatum und das Ursprungsland. Das Feld **Charge** bleibt leer, da die Chargennummer intern vergeben wird (siehe Abbildung 3.116).

   Klicken Sie auf **Anlegen**, um den Chargenstamm zu erstellen. Das Feld **Charge** in der Lieferposition enthält eine temporäre Chargennummer, was durch das vorangestellte Dollarzeichen (**$**) erkennbar ist. Mit dem Sichern wird der Chargenstammsatz erstellt und eine Nummer aus dem Nummernkreis vergeben (siehe Abbildung 3.117).

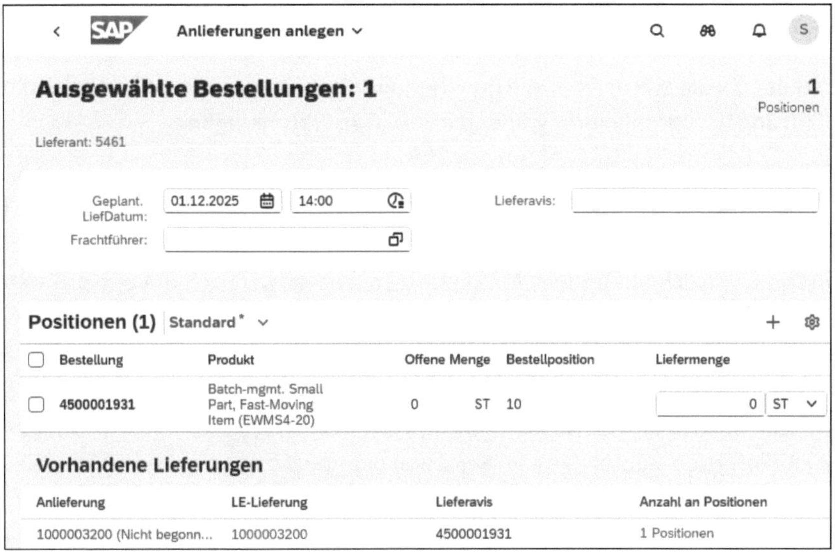

Abbildung 3.115: Erstellte EWM-Anlieferung für die Bestellung

Abbildung 3.116: Chargenstamm für Anlieferposition erstellen

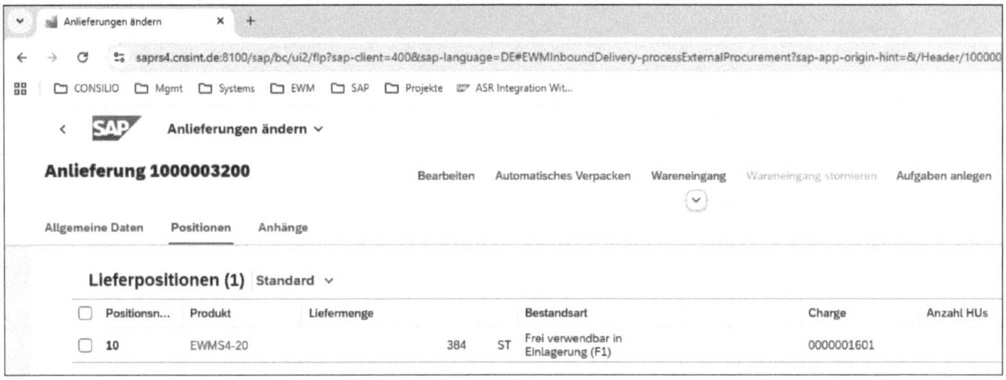

Abbildung 3.117: Erstellter Chargenstamm für die Anlieferposition

Wechseln Sie anschließend in die Ansicht **Nicht gepackte Positionen** und wählen Sie die Funktion **Handling Unit anlegen**. Geben Sie ein Packmittel sowie einen HU-Typ an und erstellen Sie zwei HUs über die Funktion **Anlegen**. Buchen Sie abschließend den Wareneingang für die Anlieferung über die Funktion **Wareneingang**.

4. **Verräumung der vereinnahmten Paletten**

   In unserem Prozess wird die Erstellung der Einlagerlageraufgabe automatisch über die entsprechende PPF-Aktion erstellt. Alternativ kann die Erstellung der Lageraufgabe für die Verräumung auch auf andere Arten erfolgen, wie etwa durch die entsprechende Methode im EWM-Lagerverwaltungsmonitor für den Anlieferbeleg. Da diese Funktionalitäten unabhängig von der Chargenverwaltung sind, werden sie in diesem Abschnitt nicht weiter vertieft, sondern die Einlagerung der HUs wird im System bestätigt. Starten Sie dazu die App **Lagermonitor** und navigieren Sie zum Knoten **Eingang • Belege • Anlieferung**. Führen Sie eine Selektion der Anlieferung aus und wählen Sie die Funktion **Lageraufgabe**, um die erstellten Lageraufgaben anzuzeigen. Markieren Sie die offenen Lageraufgaben, klicken Sie auf das Icon [icon] (**Weitere Methoden**) und anschließend auf die Methode **LB im Hintergrund quittieren** (siehe Abbildung 3.118), um die Einlagerung zu bestätigen. Damit ist der Eingangsprozess für das chargenpflichtige Material abgeschlossen.

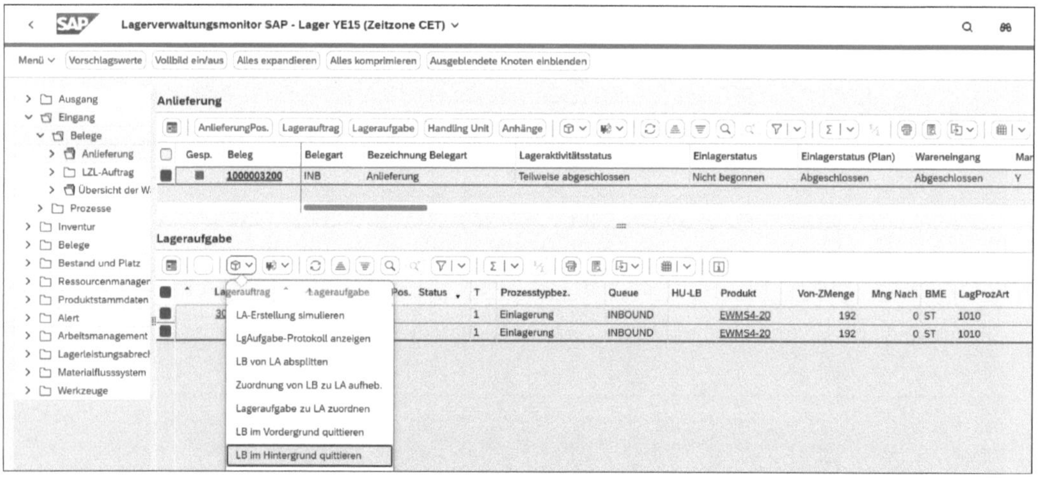

Abbildung 3.118: Einlagerungsquittierung über den Lagerverwaltungsmonitor

3.8 Zusammenfassung

In diesem Kapitel haben wir verschiedene Möglichkeiten aufgezeigt, wie Wareneingangsprozesse mit EWM abgebildet werden können, und haben zudem die integrativen Aspekte mit anderen Modulen beleuchtet. Die Spannbreite der vorgestellten Prozessvarianten reicht von einem sehr schlanken Prozess, der die synchrone Warenbewegung nutzt, bis hin zu einem umfangreicheren, integrativen ASR-Prozess. Darüber hinaus haben wir Funktionalitäten betrachtet, die einem Wareneingangsprozess hinzugefügt werden können, um kundenspezifische Anforderungen abzudecken, wie bspw. die Rückverfolgbarkeit durch Chargen oder Serialnummern sowie die Unterstützung bei der Verpackung durch den Package Builder.

Kapitel 4

Produktion

Mit dem SAP-Modul Produktionsplanung (PP) werden im ERP-System Fertigungsaufträge, Prozessaufträge oder Serienaufträge verwaltet und gesteuert.

In diesem Kapitel zeigen wir, wie PP nahtlos mit der lieferungsbasierten Produktionsversorgung, der erweiterten Produktionsintegration und JIT-Prozessen zusammenspielt – inklusive Besonderheiten bei manuellen Reservierungen. Darüber hinaus beleuchten wir darin die Integration von SAP Digital Manufacturing (SAP DM) mit EWM sowie zentrale Funktionen wie das Fehlteilmanagement und die WIA-Abwicklung. Abschließend erfahren Sie, welche Aspekte bei der Kombination dieser EWM- und ERP-Funktionen besonders wichtig sind.

In SAP ERP bzw. SAP S/4 HANA ist das PP-Modul ein zentraler Bestandteil. In den meisten produzierenden Unternehmen bildet es den Dreh- und Angelpunkt für die Planung, Steuerung und Überwachung der Produktion. Durch die Erweiterung der Integration mit dem EWM-Modul können Prozesse feiner und granularer abgebildet werden, was wiederum zu einer Erhöhung der Produktivität und Effizienz führt.

Das Kapitel beschäftigt sich mit den Abläufen und Prozessen der Produktionsintegration. In Abschnitt 4.1 ordnen wir die Integration von EWM und PP ein und erläutern wichtige Begrifflichkeiten. In den Abschnitt 4.2 und Abschnitt 4.3 gehen wir auf die unterschiedlichen Szenarien der diskreten Fertigung bzw. Prozessfertigung sowie in Abschnitt 4.4, »JIT«, auf die Serienfertigung ein. Wir zeigen Ihnen für jedes Szenario Customizing Guidelines sowie entsprechende Prozessszenarien, die EWM und das SAP-ERP-System bieten. Darüber hinaus behandeln wir in Abschnitt 4.5 die Integration von SAP DM und EWM und besprechen deren Herausforderungen bei der technischen Anbindung. Abschließend erläutern wir noch prozessuale Erweiterungen und Fragestellungen, die in den meisten Projekten der diskreten Fertigung relevant sind. Hierbei gehen wir in Abschnitt 4.6 auf die Abwicklung manuell erstellter Reservierungen, in Abschnitt 4.7 auf die WIA-Abwicklung (Ware in Arbeit) und abschließend in Abschnitt 4.8 auf die Fehlteilabwicklung ein.

In diesem Kapitel geben wir Ihnen einen Überblick über die vielen Möglichkeiten der Produktionsintegration mit EWM und zeigen Ihnen die notwendigen Konfigurationsschritte, Stammdaten und E2E-Prozessdemos für die unterschiedlichen Szenarien. Nach der Lektüre sollten Sie ein Verständnis davon erlangt haben, welche Lösung für Ihre Geschäftsprozessanforderung am besten passt bzw. mit welcher Methodik Sie Ihr Unternehmen in der Supply Chain optimieren können.

4.1 Überblick über PP mit EWM

In diesem Abschnitt ordnen wir zunächst die Grundfunktionen von PP ein und geben Ihnen einen Überblick über die integrativen Prozesse mit EWM.

Das PP stellt Disponentinnen und Fertigungssteuerern eines Unternehmens leistungsstarke Funktionen für die effiziente Abwicklung ihres Tagesgeschäfts sowie zukünftiger Aufgaben bereit. Es umfasst essenzielle Werkzeuge für die Produktionsplanung, Materialbedarfsplanung (MRP), Produktionssteuerung und -überwachung, wodurch eine reibungslose und optimierte Fertigung ermöglicht wird.

Basierend auf Kundenaufträgen und Absatzprognosen generiert SAP Planaufträge, die anschließend in Fertigungs- oder Prozessaufträge umgewandelt werden. Diese dienen der detaillierten Steuerung der Produktion, insbesondere der Materialbereitstellung, Qualitätsprüfung und Kostenkontrolle.

Die Kernfunktionen von PP sind die folgenden:

- **Kapazitätsplanung**

  Die Lösung unterstützt Sie dabei, die Ressourcenauslastung für Ihre erforderlichen Bedarfe in der Eigenproduktion zu decken.
- **Stücklistenmanagement**

  Die Stückliste listet alle Materialien und Mengen auf, die zur Fertigung eines Produktes benötigt werden. Sie kann auf Materialien mit eigenen Stücklisten verweisen.
- **MRP**

  Ein MRP-System ist ein System zur Planung der rechtzeitigen Deckung aller Materialbedarfe. Es identifiziert die benötigten Materialien, schätzt die Mengen ab, bestimmt, wann die Materialien benötigt werden, um den Produktionsplan einzuhalten, und verwaltet die Liefertermine. Ziel ist es, den Bedarf zu decken und die Gesamtproduktivität zu verbessern.
- **Produktionssteuerung**

  Mit diesem Werkzeug verwalten Mitarbeitende der Fertigungssteuerung effizient alle Fertigungsaufträge sowie die damit verbundenen Ressourcenabhängigkeiten.

Die Integration der Produktion mit einem Lagerverwaltungssystem (LVS) ermöglicht eine umfassende Optimierung der Effizienz und Produktivität in beiden Bereichen:

- Echtzeittracking des Materialflusses für Rohmaterial, Komponenten, Fertigprodukte sowie Materialien im Status »Ware in Arbeit« (WIA)
- Granulare Steuerung und Überwachung der Platzkapazitäten der Bereitstellungsfläche
- Vermeidung von Unter- oder Überbevorratung des Lagers
- Bedarfsgerechte und termingerechte Belieferung, abgestimmt auf die Produktionsanforderungen
- Reduzierung von Durchlaufzeiten und Fehlern, insbesondere durch die Vermeidung von Medienbrüchen

Darüber hinaus werden Daten gesammelt, die als Entscheidungsgrundlage für weiterführende Optimierungen und Maßnahmen zur Kostenreduzierung dienen.

Durch die Integration der Produktionsprozesse mit EWM wird die Bestandsführung auf eine neue Ebene gehoben. Mithilfe von EWM erhalten Sie einen detaillierten Überblick bis hin zur Lagerplatz- und Ladungsträgerebene und können daraus resultierende Optimierungen gezielt umsetzen.

Die grundlegenden Mengenprüfungen mit der Verfügbarkeitsprüfung auf IM-Level für Komponenten wie Rohmaterial und Bauteile bleiben erhalten. Fertigerzeugnisse können entweder im ERP-System oder direkt im EWM-Wareneingang gebucht werden. Zudem ermöglicht EWM die direkte Steuerung von Materialflussbewegungen für Ware in Arbeit oder Halbfertigerzeugnisse, wodurch interne Bereitstellungsprozesse optimiert werden.

Materialverbräuche für Fertigungs- oder Prozessaufträge können sowohl automatisch als auch manuell innerhalb oder außerhalb von EWM angestoßen werden. SAP erfasst diese zunächst in EWM und überträgt sie anschließend ins ERP-System, wodurch die Mengen- und Wertbuchungen erfolgen.

Aufgrund der bestehenden Produktionsintegrationsfunktionen von SAP Warehouse Management (SAP WM) und der strategischen Neuausrichtung auf EWM entschied sich SAP Anfang der 2010er Jahre für die Integration der Produktion mit EWM und den Aufbau der Kommunikationsschnittstellen zwischen den beiden Modulen. Ziel war es, die Synchronisation der Bedarfe bzw. Anforderungen aus der Produktion zielgerichtet in EWM zu verarbeiten und auch die ersten Schritte des Echtzeittrackings gehen zu können.

In den darauffolgenden Jahren wurden diese Bemühungen intensiviert, und die Lösung wurde für die Integration der Module kontinuierlich weiterentwickelt. SAP setzte sich dabei gezielt mit den branchenspezifischen Anforderungen auseinander. Dadurch wurden neue Funktionen in den Bereichen Bereitstellung, Verbrauchsbuchungen und Intralogistikbewegungen eingeführt. Zudem erfolgten Erweiterungen zur Erstellung von APIs, um die nahtlose Integration von Nicht-SAP-Produkten zu ermöglichen. SAP hat insbesondere in embedded EWM eine Integration geschaffen, die den hohen Erwartungen vieler Unternehmen gerecht wird. Sie knüpft an die bewährte Qualität des Vorgängerprodukts an und bietet zusätzlich erweiterte Funktionen, die neue Möglichkeiten eröffnen.

Abbildung 4.1 zeigt den Kernprozess der Produktion, der darauf abzielt, zur richtigen Zeit die benötigten Materialien in der geforderten Menge am richtigen Ort bereitzustellen. Im Produktionsumfeld kann dies bspw. ein Montagearbeitsplatz sein. Anschließend erfolgt die Fertigung, gefolgt vom Verbrauch der bereitgestellten Materialien. Dabei entstehen neue Materialien, die zunächst im Wareneingang der Produktion erfasst und anschließend von der Logistik an den gewünschten Zielort transportiert werden müssen. Nicht benötigte Materialien können abschließend zurückgelagert werden.

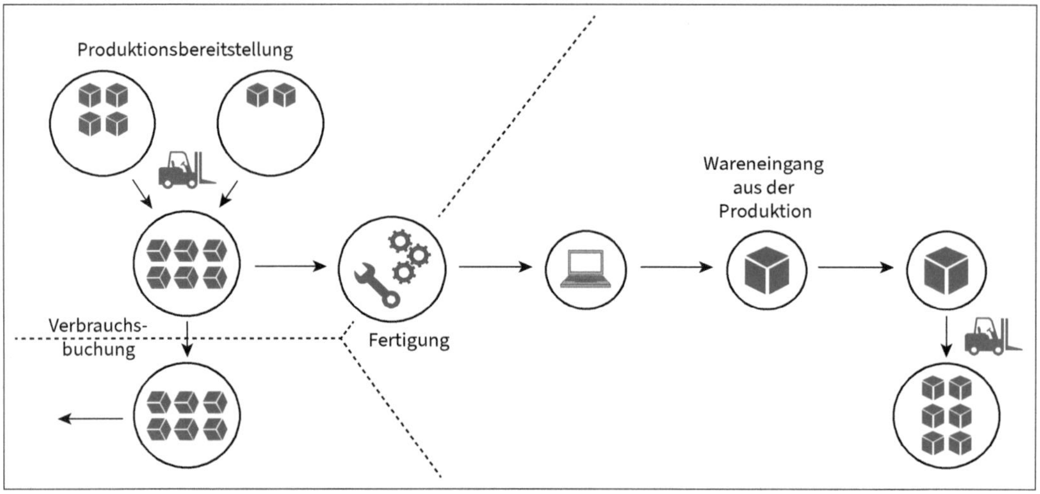

Abbildung 4.1: Überblick über den Produktionsprozess

In modernen Produktionsstätten finden diese Prozesse mitunter teil- oder vollautomatisiert statt. Mithilfe von fahrerlosen Transportsystemen (FTS) erfolgt die Bereitstellung und Entsorgung von Komponenten, WIA-Materialien oder Fertigerzeugnissen. Roboter entnehmen Materialien für die Fertigungslinien und stapeln Fertigerzeugnisse auf Ladungsträger. Maschinen melden automatisch Verbräuche sowie Gutmengen.

Um diesen und den industriespezifischen Anforderungen gerecht zu werden, benötigt Ihr Unternehmen die bestmögliche Softwareunterstützung. SAP bietet mit der »lieferungsbasierten Produktionsintegration« und der »erweiterten Produktionsintegration« zwei Möglichkeiten, die sich wiederum mittels Customizing an Ihre Unternehmensanforderung angepassen lassen:

- **Lieferungsbasierte Produktionsversorgung**

  Seit EWM 7.0 steht die *lieferbasierte Produktionsversorgung* zur Verfügung. Die Bereitstellung erfolgt mittels ERP-Auslieferungen und EWM erstellt Umbuchungslieferungen. Warenausgänge werden mittels ERP-Auslieferung angestoßen und mit EWM-Auslieferungen verbucht. Der Wareneingang aus der Produktion erfolgt mithilfe von Anlieferungen.

- **Erweiterte Produktionsintegration**

  Mit EWM 9.2 veröffentlichte SAP die *erweiterte Produktionsintegration*. Der Hauptfokus lag dabei zunächst auf der Prozessindustrie. Mit der Bereitstellung des Fertigungs- oder Prozessauftrages erhält EWM eine Kopie der relevanten Informationen und legt in EWM eine Produktionsmaterialanforderung (PMA) an.

In Tabelle 4.1 sehen Sie die Unterschiede zwischen der lieferungsbasierten Produktionsversorgung und der erweiterten Produktionsintegration.

	Lieferungsbasierte Produktionsversorgung	Erweiterte Produktionsintegration
Prozesse	– Fertigungsauftrag – Prozessauftrag – KANBAN – Serienfertigung	– Fertigungsauftrag – Prozessauftrag – Serienfertigung
Trigger	Mithilfe der WM-Bereitstellung im ERP-System erfolgt die Anlage der Auslieferung und die Versendung an EWM, wodurch wiederum eine Umbuchungslieferung oder Lieferung anlegt wird. Alternativ können Sie dafür auch die Transaktion **MF60** nutzen.	Mithilfe der WM-Bereitstellung im ERP-System erfolgt die Übergabe der Daten an EWM zur Anlage der Produktionsmaterialanforderung.
Planung	Lageraufgaben werden anhand der Umbuchungslieferung erstellt.	Lageraufgaben können in der Produktion oder automatisch anhand der PMA erzeugt werden.
Abwicklung	Exakte Mengen können zu einem exakten Zeitpunkt bereitgestellt werden.	Die kontinuierliche Bereitstellung über einen längeren Zeitraum mit Teilabrufen der Mengen aufgrund eines limitierten Platzbedarfs in der Produktion sowie Bereitstellung exakter Mengen zu einem exakten Zeitpunkt sind möglich.
Transport	Transportpapiere und Versandprozesse sind möglich.	–
Termine und Mengen	Es findet keine Aktualisierung der Bereitstellungstermine und Mengen in der Auslieferung statt.	Die Termine und Mengen in der PMA werden automatisch aktualisiert.
EWM-Reservierung	Es erfolgt keine Reservierung.	Mit der auftragsspezifischen Bereitstellung kann eine Reservierung erfolgen.

Tabelle 4.1: Unterschiede zwischen der lieferungsbasierten Produktionsversorgung und der erweiterten Produktionsintegration

	Lieferungsbasierte Produktionsversorgung	Erweiterte Produktionsintegration
EWM-Beleg	Umbuchungslieferung/ Auslieferungen	Produktionsmaterialanforderung
Bereitstellungsarten	– Kommissionierteil – Abrufteil	– Auftragsspezifische Bereitstellung – Auftragsübergreifende Bereitstellung – Kistenteil-Nachschub – Keine Bereitstellung
Verbrauchsbuchung	Eine Verbrauchsbuchung mit der ERP-Transaktion **MIGO** oder **CO15** löst die Verbrauchsbuchungslieferung aus.	Eine direkte Verbrauchsbuchung im EWM ist mit der Transaktion **/SCWM/RFUI**, **NWBC** oder **MIGO** möglich.
Rücklagerungen	Ad-Hoc Bewegungen vom Produktionsversorgungsbereich	Separate EWM APP für die Rücklagerung
MES-Integration	–	Standard-APIs vorhanden

Tabelle 4.1: Unterschiede zwischen der lieferungsbasierten Produktionsversorgung und der erweiterten Produktionsintegration (Forts.)

Für die Anwendung der jeweiligen Bereitstellungsmethoden sind PP-Objekte auch auf ERP-Seite erforderlich. Die Begriffe werden wie folgt eingeordnet:

- **Produktionsversorgungsbereich**

  Der *Produktionsversorgungsbereich* (PVB) befindet sich unmittelbar im Fertigungsbereich. Im PVB stellen Sie das Material auf Produktionslagerplätzen bereit, sodass es direkt für die Fertigung entnommen werden kann.

  Der PVB gruppiert Arbeitsplätze in unmittelbarer Nähe von Produktionslagerplätzen und berücksichtigt dabei die Art der Materialbereitstellung. Das heißt, ein PVB kann beliebig viele Arbeitsplätze beinhalten, es muss jedoch mindestens einer sein. Er ist also sozusagen der Bahnhof für die Materialbereitstellung oder -entsorgung in der Logistik. Der ERP-PVB ist ein Stammdatenobjekt in EWM und wird mit einem oder mehreren Lagerplätzen verknüpft.

- **Regelkreis**

  Mit dem *Regelkreis* steuern Sie die Bereitstellungsmethodik technisch pro PVB und ggf. pro Material. Es handelt sich hierbei um Stammdaten, die im ERP-System gepflegt werden und letztendlich darüber entscheiden, ob die lieferungsbasierte oder die erweiterte Produktionsversorgung gewählt wird.

4.2 Lieferungsbasierte Produktionsversorgung

Nachdem wir uns einen Überblick über die Integration von PP mit EWM verschafft haben, beginnen wir mit der ältesten technischen Methode zur Materialbereitstellung in der Produktion. Dabei analysieren wir die Geschäftsprozesse für Bereitstellung, Verbrauch und Wareneingang zum Fertigungsauftrag anhand eines Demoszenarios.

Abbildung 4.2 zeigt den Dokumentenfluss zwischen ERP-System und EWM. Zur Bereitstellung oder Warenausgangsbuchung können 1 bis N Lieferungen anlegt werden. SAP berücksichtigt hier die Bereitstellungsmethoden aus dem ERP-Regelkreis, wie z. B. Kommissionierteile und Abrufteile. Das ERP-System löst die Buchung aus, während das EWM die Ausführung übernimmt.

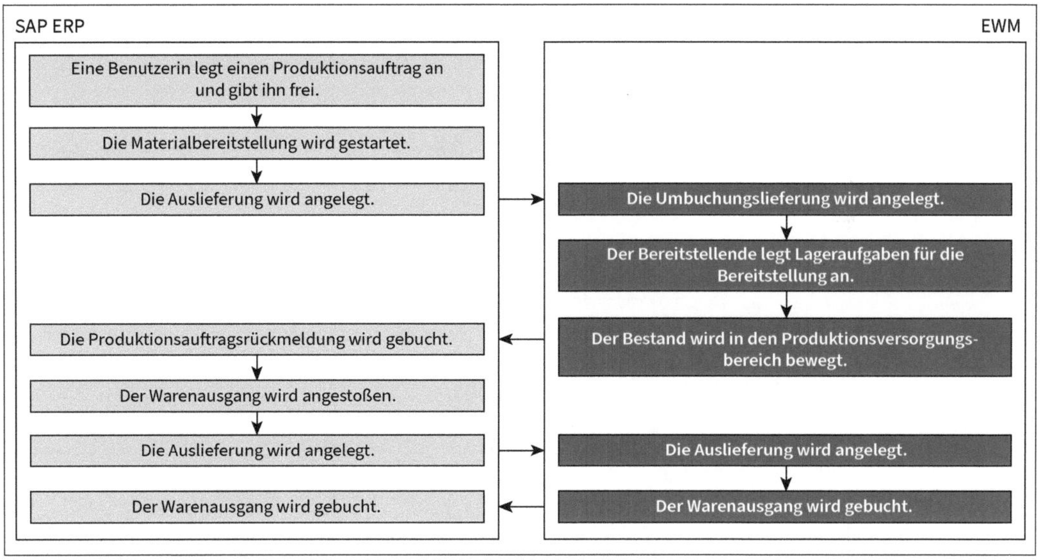
SAP ERP
EWM
Eine Benutzerin legt einen Produktionsauftrag an und gibt ihn frei.
Die Materialbereitstellung wird gestartet.
Die Auslieferung wird angelegt.
Die Umbuchungslieferung wird angelegt.
Der Bereitstellende legt Lageraufgaben für die Bereitstellung an.
Der Bestand wird in den Produktionsversorgungsbereich bewegt.
Die Produktionsauftragsrückmeldung wird gebucht.
Der Warenausgang wird angestoßen.
Die Auslieferung wird angelegt.
Die Auslieferung wird angelegt.
Der Warenausgang wird gebucht.
Der Warenausgang wird gebucht.

Abbildung 4.2: Dokumentenfluss zwischen ERP-System und EWM

Die Vorteile dieser Methode sind die folgenden:

- Sie können EWM-Versandfunktionen verwenden, um Wellen zu bilden, und profitieren von gleichbleibenden Prozessabläufen innerhalb des Lagers – unabhängig vom Verursacher.
- Der Transport der Materialien zur Produktion kann durch ein Shuttle-Szenario zusätzlich unterstützt werden.
- In EWM ist ein unabhängiges Arbeiten mit einer beliebigen Anzahl von Belegen möglich.
- Sie können mit der Kanban-Bereitstellungsmethodik arbeiten.

[»]

Terminänderungen in bereits erstellten Auslieferungen aktualisieren

Im SAP-Standard werden keine Terminänderungen aus den Fertigungsaufträgen in die bereits erstellten Auslieferungen aktualisiert. Dies wird durch das BAdI WORK-ORDER_UPDATE ermöglicht.

Mit der lieferungsbasierten Bereitstellung haben Sie die Möglichkeit, im Regelkreis die Bestandstrennung Ihrer Anforderungen aufzusplitten. Hierzu sind unterschiedliche Szenarien möglich:

- **Ein von EWM verwalteter Lagerort**

  Abbildung 4.3 zeigt, dass die Lagertypen des Lagers (0001 und 0002) sowie der Lagertyp der Produktion (1000) in einem EWM-Lagerort (YAFS) verwaltet werden. Die Transparenz darüber, wo sich Bestände befinden, ist nur in EWM ersichtlich.

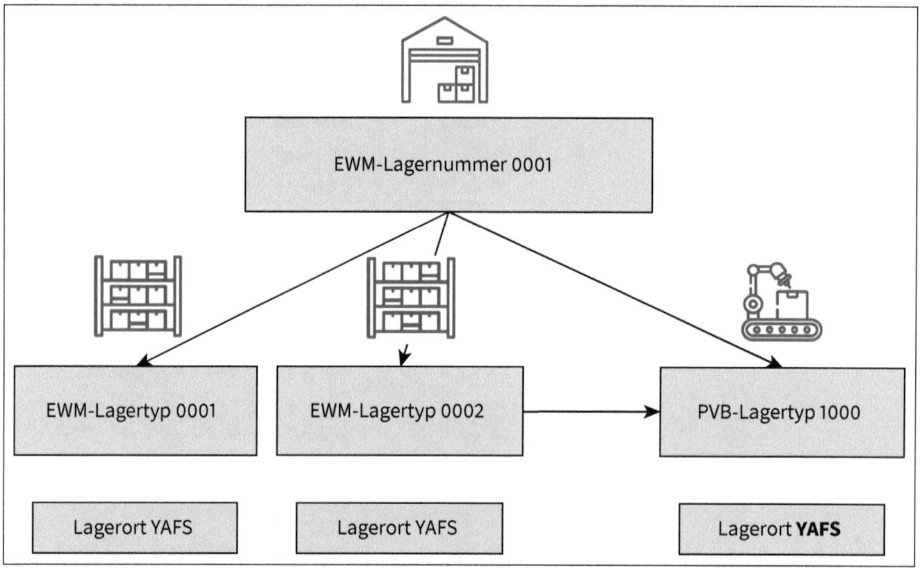

Abbildung 4.3: Ein in EWM verwalteter Lagerort

- **Zwei in EWM verwaltete Lagerorte**

  Abbildung 4.4 zeigt, dass die Lagertypen des Lagers (0001 und 0002) dem Lagerort YAFS und der Lagertyp der Produktion (1000) dem Lagerort YPP1 zugeordnet sind. Die Transparenz darüber, wo sich Bestände befinden, ist in diesem Szenario nicht nur in EWM, sondern auch im ERP-System (in SAP Inventory Management) ersichtlich.

- **Ein in SAP Inventory Managment geführter Produktionslagerort**

  Abbildung 4.5 zeigt, dass die Lagertypen des Lagers 0001 und 0002 dem Lagerort YAFS zugeordnet sind. Die Bereitstellung in die Produktion erfolgt auf einen nicht in EWM verwalteten Lagerort (SAP-IM-Lagerort). Hinsichtlich der Bestandstransparenz ist diese Lösung gleichzusetzen mit der Lösung mit zwei EWM-Lagerorten, allerdings fehlen hier Lagerplatzinformationen. Prozessual stellt dieses Szenario allerdings eine Vereinfachung dar.

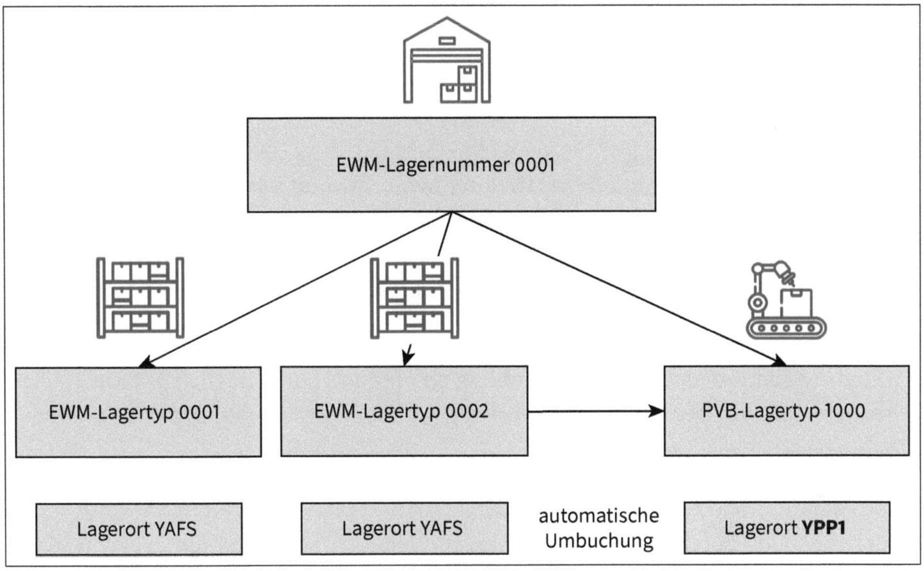

Abbildung 4.4: Zwei in EWM verwaltete Lagerorte

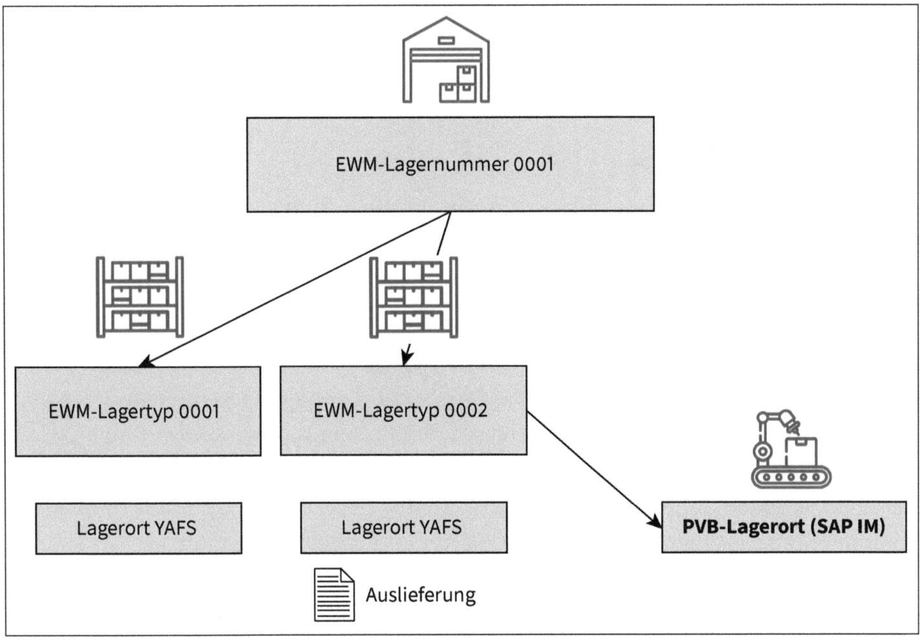

Abbildung 4.5: Ein in SAP Inventory Management geführter Produktionslagerort

Für die Bereitstellungsmethodik der lieferbasierten Produktionsversorgung stellt SAP verschiedene Möglichkeiten zur Verfügung:

- **Kommissionierteil**

  Hierbei handelt es sich um eine auftragsbezogene Bereitstellung. Das heißt, für die Komponente (Material) aus dem Fertigungsauftrag erfolgt die exakte Bereitstellung der Anforderungsmenge.

- **Abrufteil**

  Die auftragsübergreifende Bereitstellung dient dazu, in einem bestimmten Zeithorizont für einen bestimmten Arbeitsbereich (Produktionsversorgungsbereich, PVB) Komponenten aus mehreren Fertigungsaufträgen zur Verfügung zu stellen. Dabei werden die Anforderungsmengen gemäß der Selektion zusammengefasst.

- **Kanban**

  Durch Kanban ist eine auftragsunabhängige Bereitstellung möglich. Die Definition der Nachschubmengen und Materialien erfolgt unabhängig von den Bedarfen aus den Fertigungsaufträgen.

Nach Ankunft der Komponenten im Produktionsversorgungsbereich wird die Verbrauchsbuchung durchgeführt. Diese kann entweder manuell oder durch eine retrograde Entnahme erfolgen. Bei der *retrograden Entnahme* wird die Verbrauchsbuchung automatisch durch die Vorgangsrückmeldung angestoßen. Alternativ kann die Verbrauchsbuchung auch über das MES initiiert werden. Mit der Vorgangsrückmeldung besteht auch die Möglichkeit, den Wareneingang zu buchen. Alternativ können Sie dafür die Wareneingangsbuchung in EWM oder im MES nutzen.

4.2.1 Geschäftsprozess

Betrachten wir nun den Geschäftsprozess für die Abwicklung mit der lieferungsbasierten Produktionsversorgung. In Abbildung 4.6 wird der Bereitstellungsprozess näher erläutert. Dabei dient die auftragsbezogene Bereitstellung in einem in EWM geführten Lagerort als Beispiel.

Ein vorhandener Bedarf soll durch einen Fertigungs- oder Prozessauftrag gedeckt werden. Hierzu legt der Disponent bzw. die Disponentin den entsprechenden Beleg an. Anschließend erfolgt eine Prüfung auf Fehlteile. Sind alle Komponenten verfügbar, wird der Auftrag freigegeben. Da die Komponenten im Regelkreis als Kommissionierteil klassifiziert sind, wird die auftragsbezogene Bereitstellung verwendet. Optional beinhalten die Komponenten die Chargenvorgaben des Fertigungs- oder Prozessauftrags.

Die Bereitstellung wird durch die Transaktion **COHV** angestoßen. Alternativ können Sie die Transaktionen **CO02** oder **COR2** oder das MES nutzen. Die Bereitstellung kann außerdem bei einer Freigabe automatisch angestoßen werden. Das SAP-System erstellt daraufhin im Hintergrund eine Lieferung, in der die Komponenten als Lieferscheinpositionen enthalten sind. Diese werden an EWM übermittelt und dort als Umbuchungsanweisung angelegt.

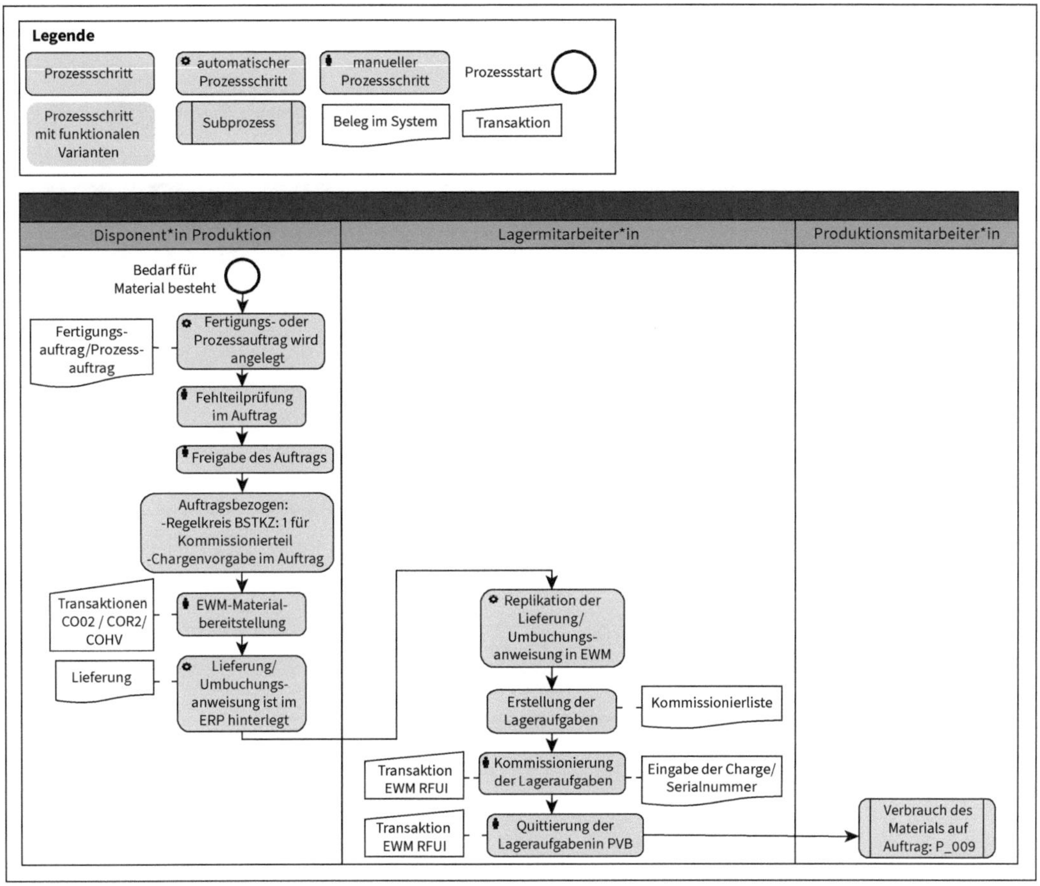

Abbildung 4.6: Lieferbasierte auftragsbezogene Produktionsbereitstellung

Anschließend erstellt eine Lagerfachkraft die Lageraufgaben. Die Kommissionierliste wird von ihr oder einer anderen Person über die Transaktion **/SCWM/RFUI** (eine mobile Scanner-Applikation) kommissioniert, und es erfolgen entsprechende Eingaben, wie das Erfassen von Serialnummern oder das Verifizieren von Chargen. Nach der Vervollständigung erfolgt die Quittierung in den PVB. Nach Ankunft der Komponenten im PVB bucht die Produktionsfachkraft den Verbrauch. Über die Transaktion **MIGO** und die Fertigungsauftragsnummer wählt sie die zu buchenden Komponenten und Mengen aus (siehe Abbildung 4.7). Durch das Buchen im SAP-System wird eine Auslieferung generiert, die an EWM repliziert wird. Abschließend erfolgt die Buchung des Warenausgangs im PVB. Mit der Buchung in EWM wird diese automatisch zurückrepliziert und der Materialbeleg im SAP-System erstellt.

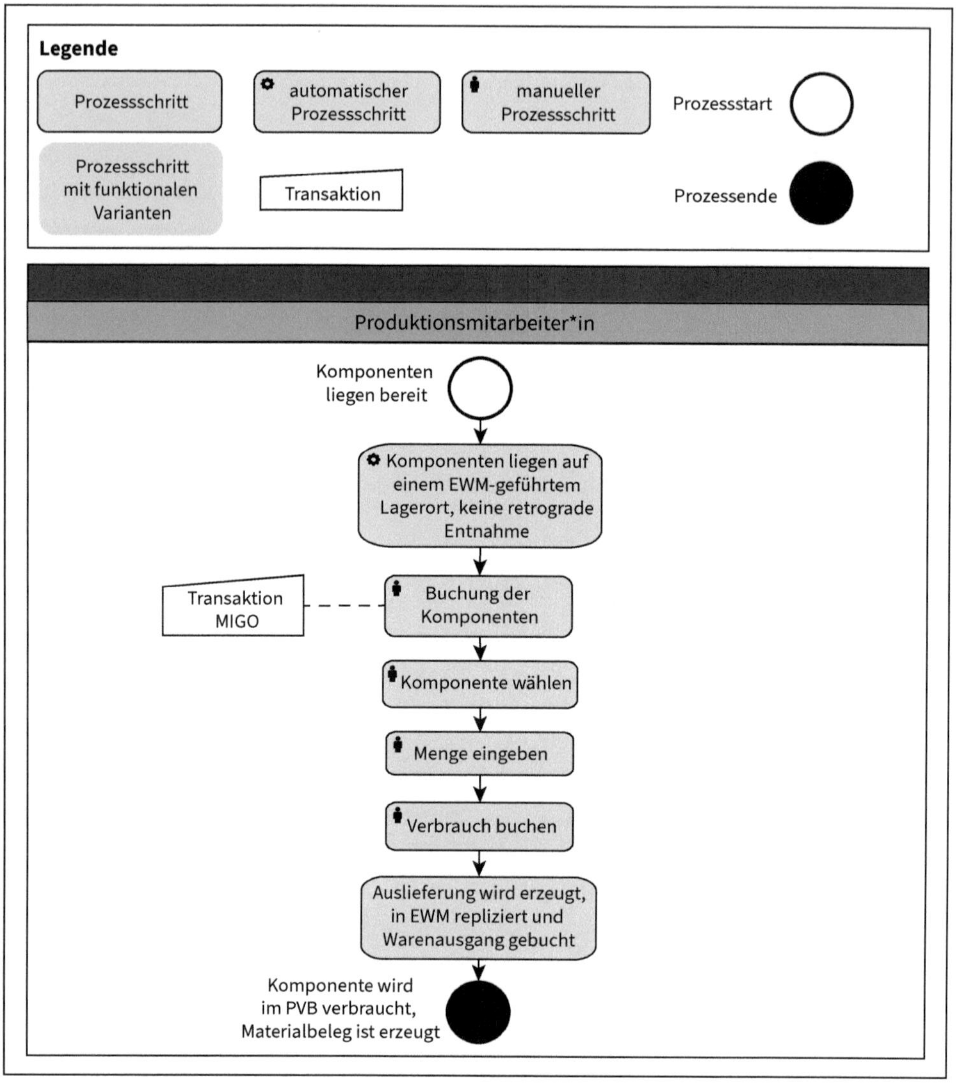

Abbildung 4.7: Komponentenverbrauch

Den Wareneingang des Fertigerzeugnisses sehen Sie in Abbildung 4.8. Zunächst meldet die Produktionsfachkraft den Fertigungsauftrag bzw. dessen Vorgänge mit der Transaktion **CO11N** zurück. Anschließend bucht sie den Wareneingang über **MIGO** und hinterlegt dabei die Gutmenge sowie die Verpackungsinformationen (Verpacken in Handling Units). Mit der finalen Buchung wird der Bestand sowohl im SAP-System als auch in EWM erfasst. Zusätzlich erzeugt EWM eine Lageraufgabe zur Einlagerung, die anschließend durch eine Lagerfachkraft mit der Transaktion **/SCWM/RFUI** durchgeführt und quittiert wird.

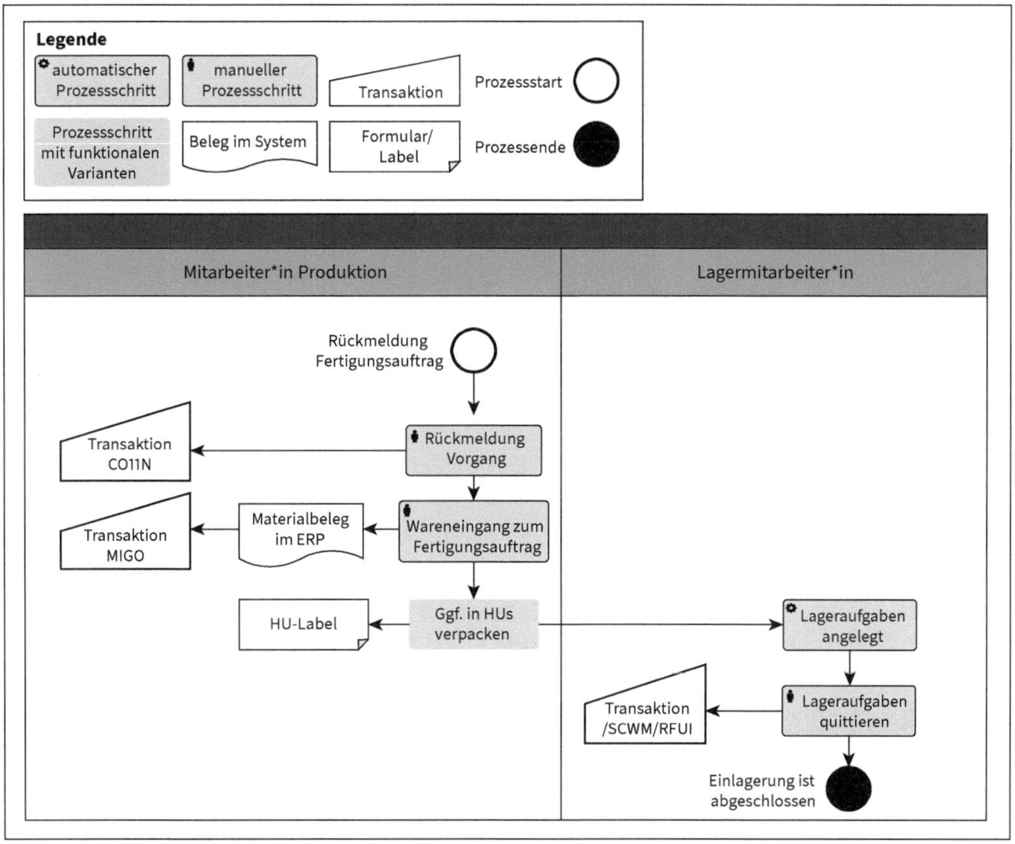

Abbildung 4.8: Wareneingang in der Produktion

4.2.2 Konfiguration

In diesem Abschnitt erläutern wir die notwendigen Schritte zur Konfiguration der lieferungsbasierten Produktionsversorgung. Wir gehen davon aus, dass Sie das grundlegende Customizing für das SAP-ERP-System und EWM bereits durchgeführt haben.

1. **Aktivierung der Business-Configuration-Sets in EWM**

   Spielen Sie mit der Transaktion **SCPR20 – Aktivierung von BC-Sets** die folgenden BC-Sets ein:

   - **/SCWM/DLV_TRANSFER_PROF**
   - **/SCWM/DLV_STOCK_TRANS_PROF**
   - **/SCWM/DLV_PROD_SUPPLY_FOR_TEST**
   - **/SCWM/DLV_INBOUND_PROD**
   - **/SCWM/DLV_BASIC_NUMBERRANGE**

   Hierzu tragen Sie das Set ein, betätigen mit [↵] und aktivieren es mit [F7] (siehe Abbildung 4.9). Diesen Schritt wiederholen Sie für jedes BC-Set.

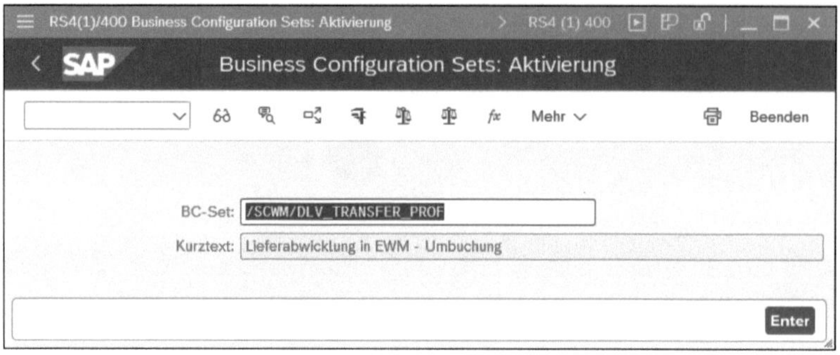

Abbildung 4.9: BC-Set aktivieren

2. **Lieferrelevante Defaultwerte hinterlegen**

   Beim Anlegen von Anlieferungen im Wareneingangsprozess sind die werksspezifischen Business-Partner-Informationen relevant. Springen Sie zum IMG-Pfad **Logistics Execution • Integration dezentrales WMS • Zentrale Abwicklung • Applikation • Bestandsführungsschnittstelle und lieferrelevante Daten • Vorschlagswerte für Lieferungen definieren**. Wählen Sie hierzu per Doppelklick Ihre Lagernummer aus und hinterlegen Sie dann in den entsprechenden Feldern den Warenempfänger, den Lieferanten, die Versandstelle, die Verkaufsorganisation, den Vertriebsweg und die Sparte (siehe Abbildung 4.10). Speichern Sie die Konfiguration durch einen Klick auf **Sichern**.

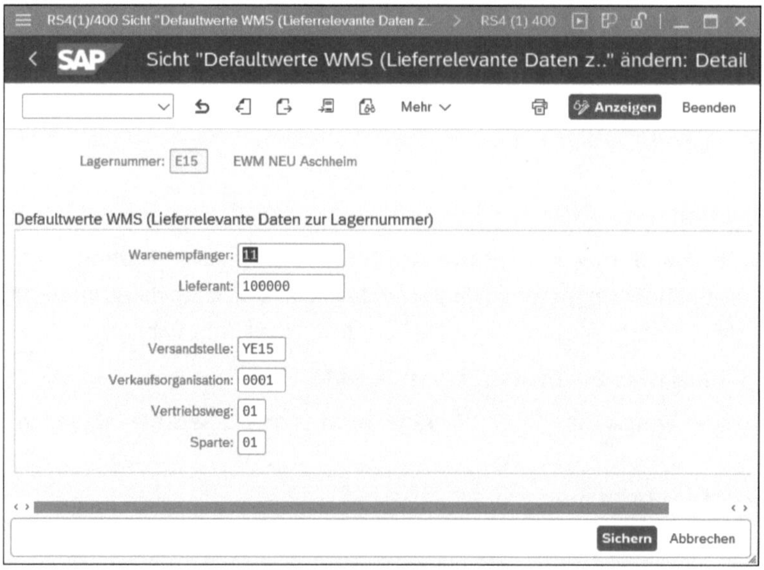

Abbildung 4.10: Defaultwerte für Lieferungen hinterlegen

3. **Prüfung des Fertigungssteuerungsprofils**

   Im Fertigungssteuerungsprofil erfolgt die Aussteuerung, ob der Wareneingang automatisch gebucht oder die Bereitstellung bei Freigabe angestoßen werden soll. In unserem Fall sollen alle Schritte manuell erfolgen. Springen Sie zum IMG-Pfad **Produktion • Fertigungssteuerung • Stammdaten • Fertigungssteuerungsprofil für diskrete Fertigung definieren**. Wählen Sie innerhalb Ihres Werkes das zu verwendende Fertigungssteuerungsprofil per Doppelklick aus und prüfen Sie die Einstellungen (siehe Abbildung 4.11). Sofern Sie Änderungen vorgenommen haben, speichern Sie diese mit einem Klick auf **Sichern**.

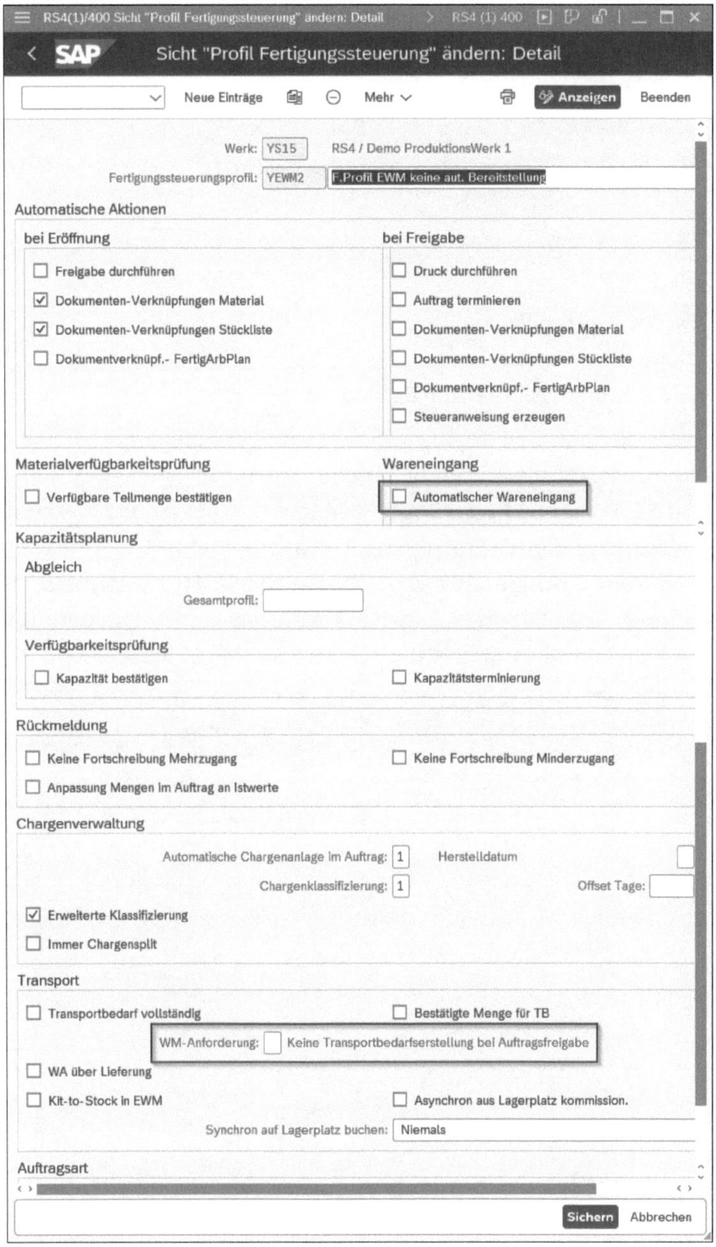

Abbildung 4.11: Fertigungssteuerungsprofil prüfen

4. **Aktivitätsbereich definieren**

   Um den Aktivitätsbereich zu definieren, springen Sie zum IMG-Pfad **SCM Extended Warehouse Management •Extended Warehouse Management • Stammdaten • Aktivitätsbereiche • Aktivitätsbereich aus Lagertyp generieren** und wählen Sie Ihre Lagernummer, den Lagertyp für die Produktionsversorgung und die Aktivität aus. Klicken Sie anschließend auf **Ausführen** (siehe Abbildung 4.12).

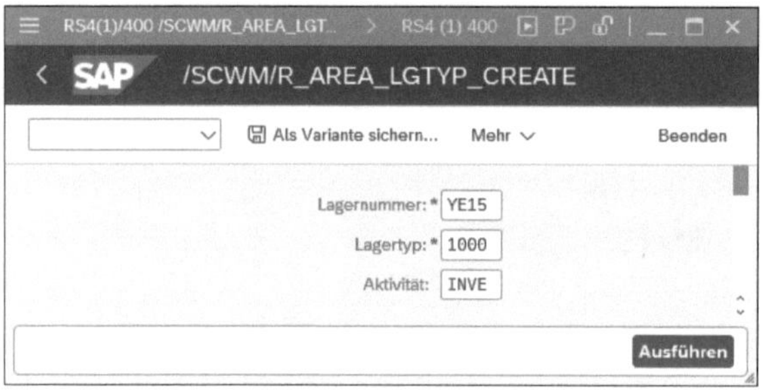

Abbildung 4.12: Aktivitätsbereich definieren

5. **Lagerprozessart für die Kommissionierung definieren**

   Mit der Lagerprozessart können Sie Ihre Auslagerungsstrategien steuern. Hierzu legen Sie eine neue Lagerprozessart für die Lagernummer im Customizing an. Wechseln Sie hierfür zum IMG-Pfad **SCM Extended Warehouse Management • Extended Warehouse Management • Prozessübergreifende Einstellungen • Lageraufgabe • Lagerprozessart definieren**. Wählen Sie **Neue Einträge** und erstellen Sie mit der ID **4101** einen neuen Eintrag für Ihre Lagernummer. In Abbildung 4.13 sehen Sie die relevante Aussteuerung wie den Lagerprozesstyp **7** und die Aktivität **STCH**. Speichern Sie Ihre Eingaben.

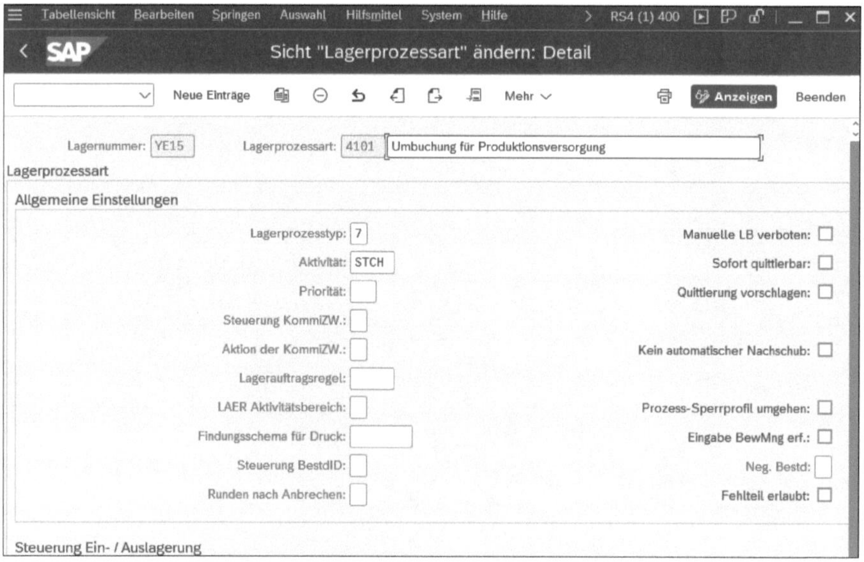

Abbildung 4.13: Lagerprozessart definieren

6. **Anlage der Lagerprozessartfindung**

   Hinterlegen Sie nun für Ihre Belegart die zuvor erstellte Lagerprozessart. Navigieren Sie hierfür über den IMG-Pfad **SCM Extended Warehouse Management • Extended Warehouse Management • Prozessübergreifende Einstellungen • Lageraufgabe • Lagerprozessart finden.** Klicken Sie auf **Neue Einträge** und fügen Sie Ihre Lagernummer, die Belegart **TPS** und Ihre Lagerprozessart ein (in unserem Beispiel **4101**). Schließen Sie den Vorgang mit **Sichern** ab (siehe Abbildung 4.14).

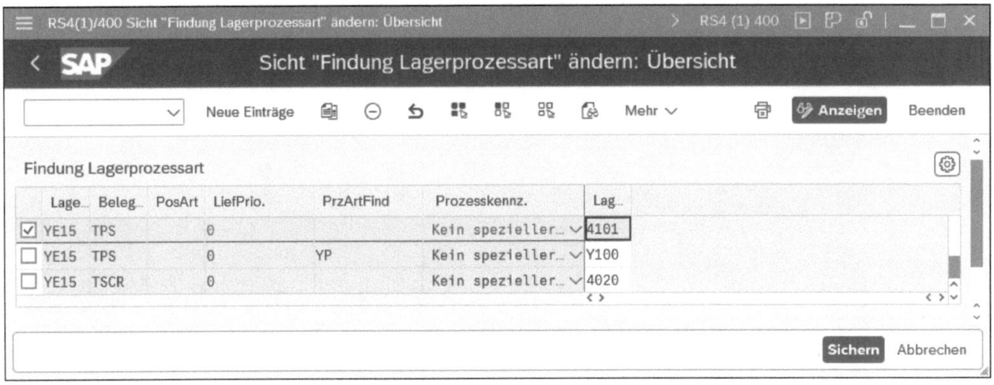

Abbildung 4.14: Lagerprozessartfindung anlegen

7. **Anlage der Lagertyp-Suchreihenfolge**

   Im letzten Schritt für die Kommissionierung legen Sie die Lagertyp-Suchreihenfolge an. Hierbei hinterlegen Sie Ihr entsprechendes Regelwerk. Wechseln Sie hierfür zum IMG-Pfad **SCM Extended Warehouse Management • Extended Warehouse Management • Warenausgangsprozess • Strategien • Lagertyp-Suchreihenfolge für Auslagerung bestimmen.** Klicken Sie auf **Neue Einträge,** um die die Erfassung eines neuen Eintrags zu starten. Hinterlegen Sie nun Ihre Lagernummer, die Lagerprozessart (hier: **4101**) sowie für die Lagertyp-Suchreihenfolge die Auslagerung (**SMFG**) und die Auslagerregel (**FIFO**, siehe Abbildung 4.15). Speichern Sie Ihre Eingaben mit einem Klick auf **Sichern.**

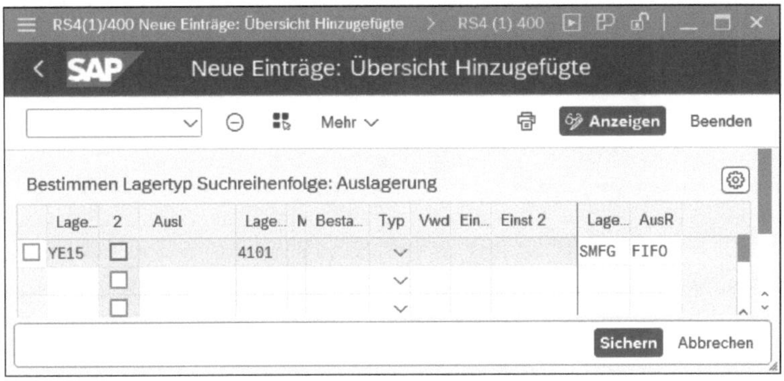

Abbildung 4.15: Lagertyp-Suchreihenfolge anlegen

8. **Aktivierung der synchronen Warenbewegungen**

   Für die Wareneingangsbuchung aktivieren Sie in Ihrem embedded-EWM-System die synchronen Warenbewegungen. Hierzu springen Sie im Customizing in den Pfad **SCM Extended Warehouse Management • Extended Warehouse Management • Schnittstellen • ERP-Integration • Warenbewegungen • Synchrone Warenbewegungsbuchung aktivieren**. Setzen Sie das Kennzeichen bei **Aktiv** für Ihre Lagernummer (siehe Abbildung 4.16), und speichern Sie Ihre Einstellungen mit **Sichern**.

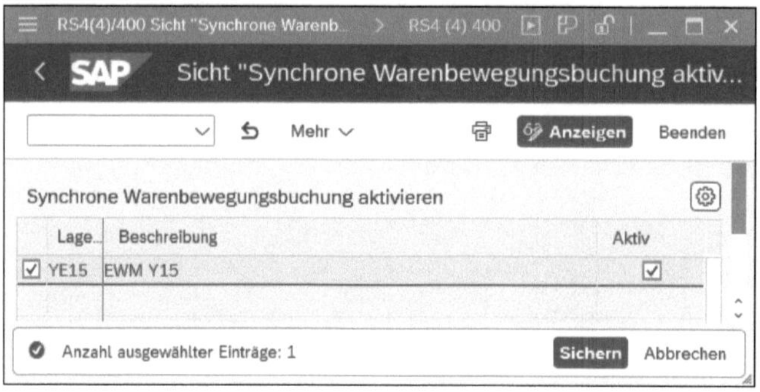

Abbildung 4.16: Synchrone Warenbewegungsbuchung aktivieren

9. **Hinterlegen der Lagerprozessart**

   Hinterlegen Sie nun die Lagerprozessart für die Einlagerung. Navigieren Sie hierfür über den IMG-Pfad **SCM Extended Warehouse Management • Extended Warehouse Management • Schnittstellen • ERP-Integration • Warenbewegungen • Einstellungen für synchrone Warenbewegungen (MIGO) • Einstellungen für synchrone Warenbewegungsbuchung vornehmen**. Geben Sie die Lagerprozessart an, in unserem Beispiel ist es **1010** (siehe Abbildung 4.17). Die EEP-Profil-Felder (Lieferant und Produktion) sind nicht relevant. Speichern Sie abschließend Ihre Änderungen mit **Sichern**.

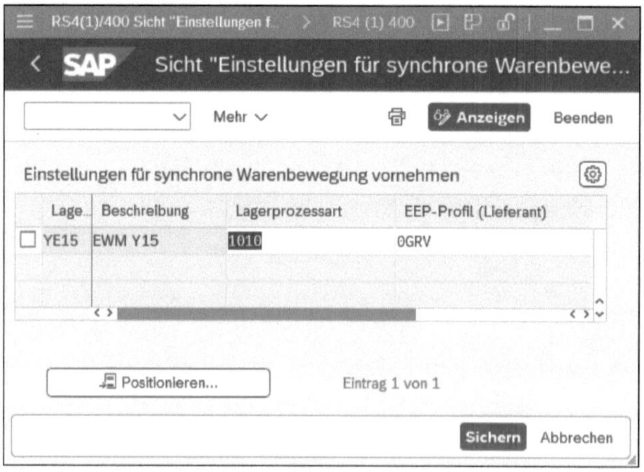

Abbildung 4.17: Lagerprozessart hinterlegen

4.2.3 Stammdaten

In diesem Abschnitt zeigen wir Ihnen die notwendigen Konfigurationsschritte in den Stammdaten. Befolgen Sie die folgenden Schritte, damit der in Abschnitt 4.2.1 beschriebene Geschäftsprozess funktioniert.

1. **Lagerorte im Materialstamm erweitern**

   Verwenden Sie ein bestehendes Fertigmaterial Ihres Unternehmens und erweitern Sie dieses mit Ihrem EWM-Lagerort. Öffnen Sie hierzu die Transaktion **MMSC**. Tragen Sie Ihre Materialnummer und Ihr Werk ein (siehe Abbildung 4.18) und bestätigen Sie mit ↵.

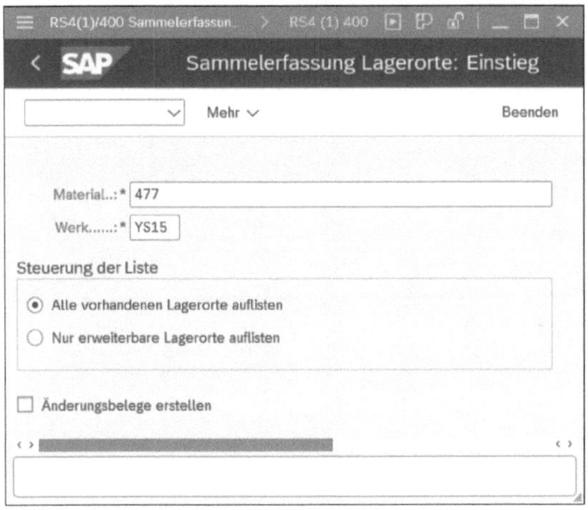

Abbildung 4.18: Lagerort erweitern

   Erfassen Sie anschließend Ihre Lagerorte und speichern Sie diese mit einem Klick auf **Sichern** (siehe Abbildung 4.19).

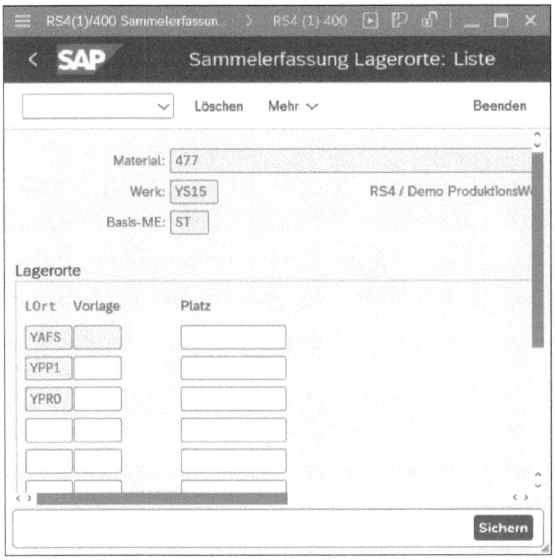

Abbildung 4.19: Lagerorte eingeben

2. **Materialstamm anpassen**

   Nun ändern Sie den Produktionslagerort und das Fertigungssteuerungsprofil. Öffnen Sie hierzu die Transaktion **MM02** und geben Sie die Materialnummer ein. Wählen Sie die Registerkarte **Arbeitsvorbereitung** und bestätigen Sie Ihre Auswahl. Anschließend geben Sie Ihr Werk und einen Ihrer Lagerorte ein (siehe Abbildung 4.20).

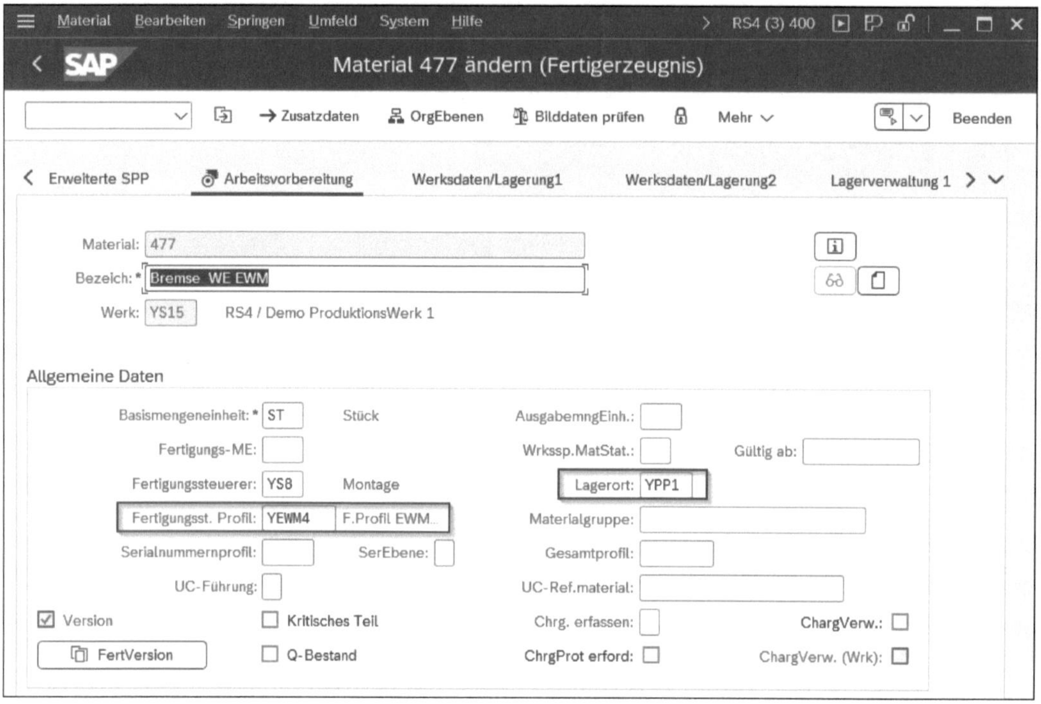

Abbildung 4.20: Fertigungssteuerungsprofil und Lagerort ändern

   Ändern Sie das Fertigungssteuerungsprofil sowie den Lagerort auf Ihren Produktionslagerort. Klicken Sie abschließend auf **Sichern**.

3. **Fertigungsversion aktualisieren**

   Für die synchronen Warenbewegungen hinterlegen Sie in der Fertigungsversion die Lagernummer und den EWM-Lagerplatz, auf dem der Wareneingang gebucht werden soll. Öffnen Sie hierzu die Transaktion **C223** und fügen Sie Ihr Werk und Ihre Materialnummer ein. Geben Sie nun Ihre Parameter ein und klicken Sie auf **Weiter** (siehe Abbildung 4.21).

4. **Produktionsversorgungsbereich anlegen**

   Zur Steuerung in der Produktion benötigen Sie pro Bahnhof einen Produktionsversorgungsbereich (PVB). Diesen legen Sie mit der Transaktion **PK05** an. Nachdem Sie Ihr Werk eingegeben und bestätigt haben, klicken Sie auf **Neue Einträge**. Fügen Sie nun den PVB, einen Kurztext, den Lagerort und die verantwortliche Person ein (siehe Abbildung 4.22). Klicken Sie anschließend auf **Sichern**.

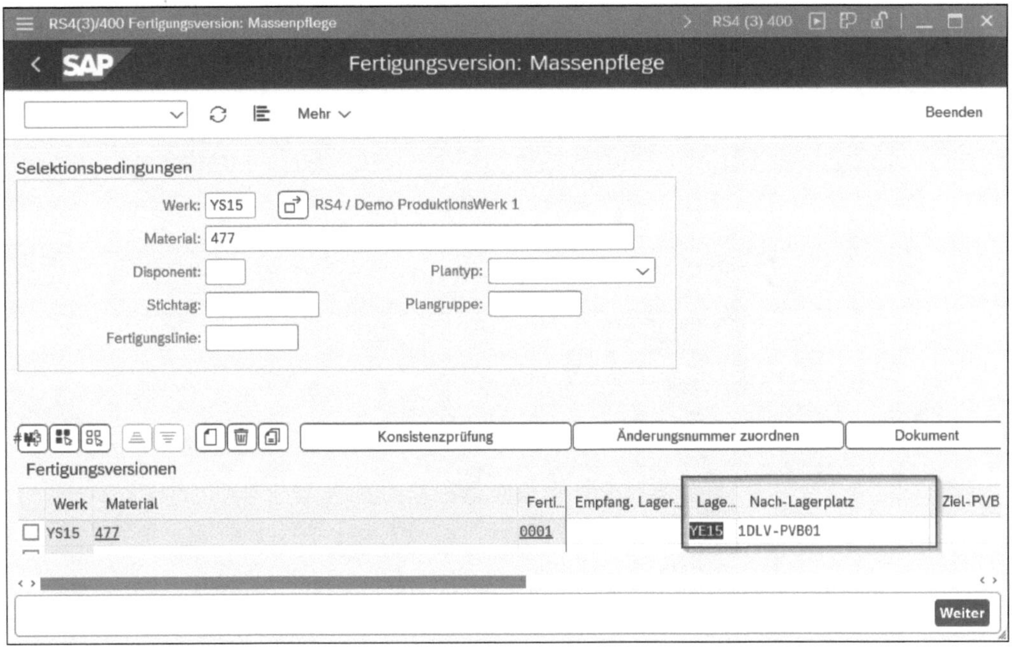

Abbildung 4.21: Lagernummer und Lagerplatz hinterlegen

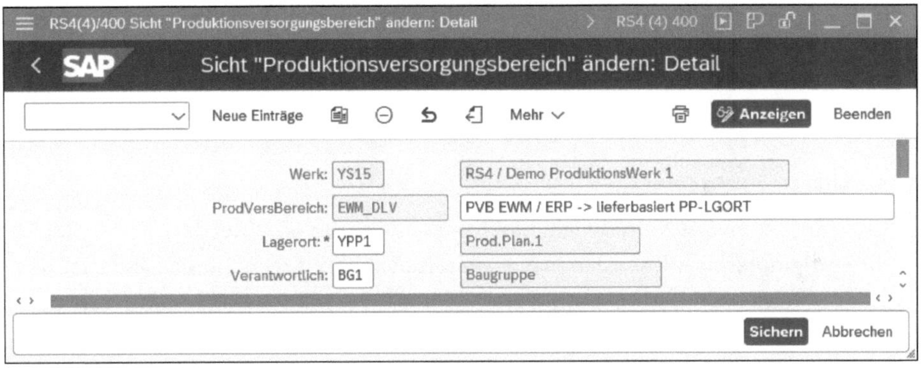

Abbildung 4.22: PVB anlegen

5. **Regelkreis anlegen**

   Als Nächstes legen Sie mit der Transaktion **LPK1** den Regelkreis an. Fügen Sie hierzu das Werk und den PVB ein und bestätigen Sie mit [↵]. Geben Sie anschließend im Bereich **Ziel** bei **Staging-Kennzeichen** das Bereitstellungskennzeichen **1** und im Bereich **Quelle** bei **Lagerort** den Quelllagerort ein (siehe Abbildung 4.23). Klicken Sie anschließend auf **Sichern**.

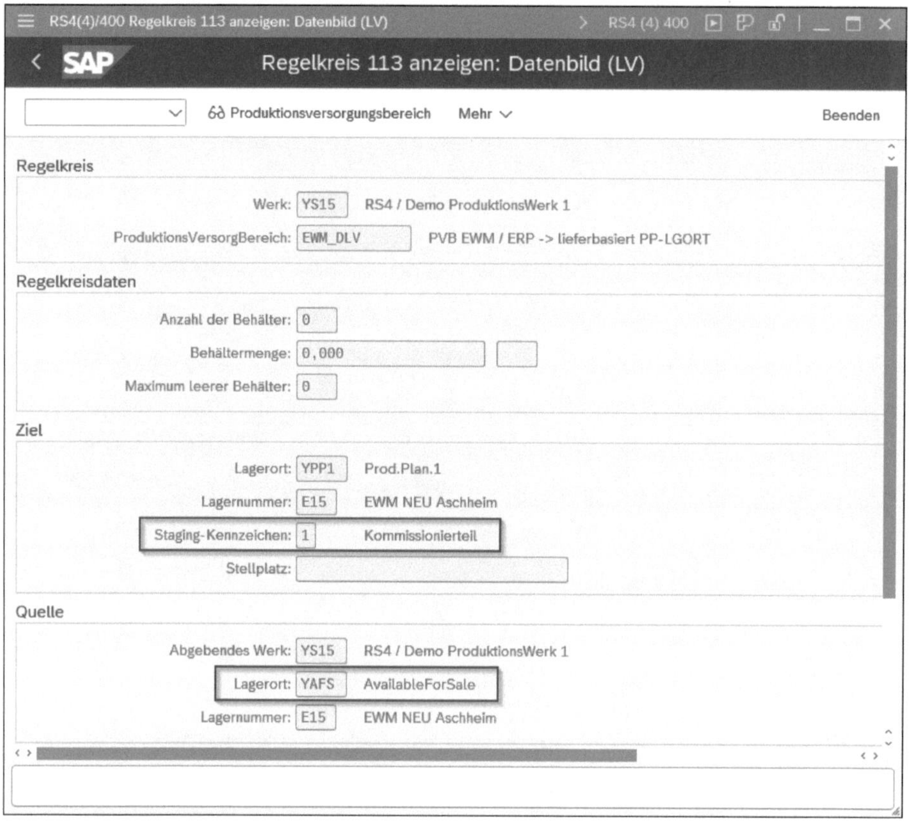

Abbildung 4.23: Regelkreis anlegen

6. **Arbeitsplatz aktualisieren**

   Die Transaktion **CA03** ermöglicht Ihnen die Analyse des eingesetzten Arbeitsplatzes für Ihr Fertigmaterial. Öffnen Sie hierzu die Transaktion, fügen Sie das Material und Ihr Werk ein und bestätigen Sie mit **Weiter**. Mit der Transaktion **CR02** können Sie den PVB im Arbeitsplatz hinterlegen (siehe Abbildung 4.24). Speichern Sie die Änderung mit **Sichern**.

7. **Ziellagerplatz und Verfügungsberechtigten dem PVB zuordnen**

   Im embedded EWM wurde der PVB bereits automatisch verteilt. Im dezentralen EWM müssen Sie ihn mithilfe der Transaktion **/SCWM/ PSA_REPLICATE** noch verteilen. Öffnen Sie dazu die Transaktion **/SCWM/PSASTAGE** und klicken Sie auf **Neue Einträge**. Geben Sie nun die verfügungsberechtigte Person und Ihren Ziellagerplatz ein und wählen Sie über das Auswahlmenü Ihren PVB aus (siehe Abbildung 4.25). Klicken Sie anschließend auf **Sichern**.

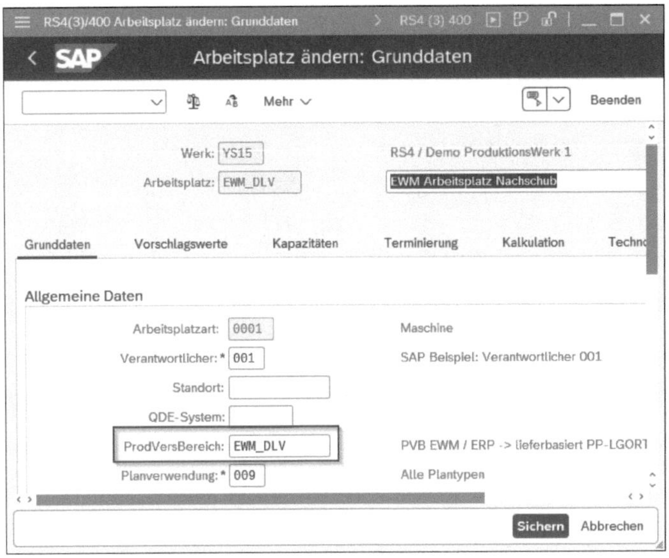

Abbildung 4.24: PVB hinterlegen

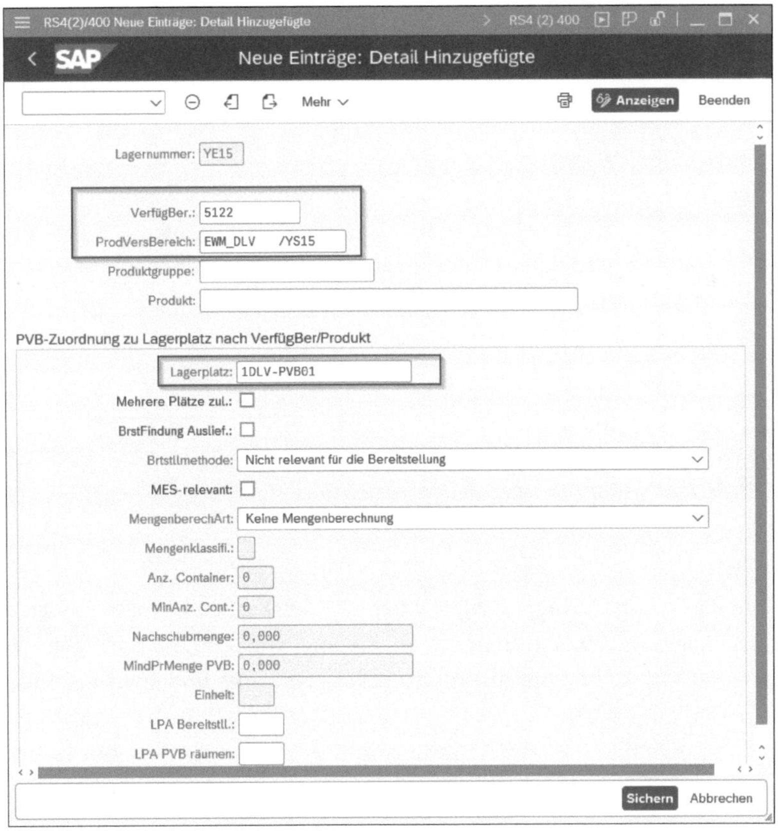

Abbildung 4.25: Ziellagerplatz und Verfügungsberechtigten dem PVB zuordnen

4.2.4 Prozessdemo

Nachdem wir alle Einstellungen und Stammdaten im System gepflegt haben, können wir nun den Geschäftsprozess durchspielen:

1. **Fertigungsauftrag anlegen und freigeben**

   Erstellen Sie mit der Transaktion **CO01** einen Fertigungsauftrag zu Ihrem Fertigmaterial. Fügen Sie im ersten Schritt Ihr Fertigmaterial ein und klicken Sie auf **Weiter**. Im nächsten Schritt geben Sie die Gesamtmenge ❶ und die Termine ❷ ein. Klicken Sie auf das Icon (**Freigabe**) ❸ und anschließend auf **Sichern** ❹ (siehe Abbildung 4.26).

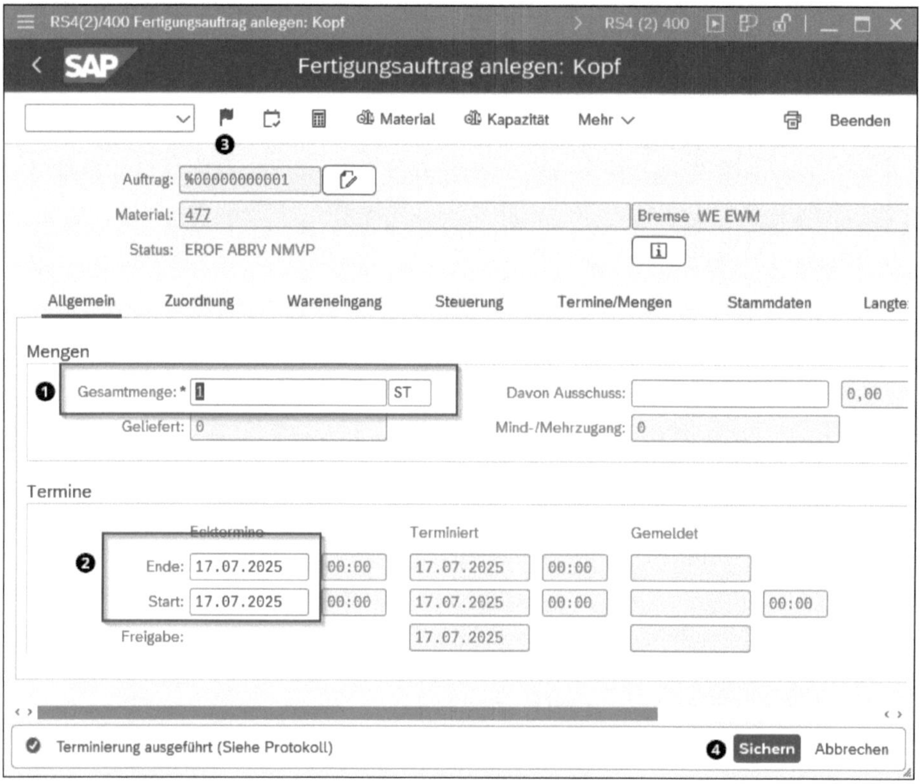

Abbildung 4.26: Fertigungsauftrag anlegen und freigeben

2. **WM bereitstellen**

   Starten Sie nun die Bereitstellung des WMs, indem Sie den Fertigungsauftrag noch einmal mit der Transaktion **CO02** aufrufen. Gehen Sie im Menüband auf **Springen • WM-Bereitstellliste**. Klicken Sie im Pop-up-Fenster auf **Durchführen** und anschließend auf **Sichern** (siehe Abbildung 4.27).

3. **Auslieferung prüfen**

   Zur Anzeige der Auslieferung führen Sie die Transaktion **VL03n** aus. Im Arbeitsspeicher befindet sich die erstellte Auslieferung. Alternativ führen Sie die Transaktion **VL06O** aus und klicken auf **Lieferliste Auslieferung**. Fügen Sie unter **Produktionsversorgung** im Feld **Auftrag** Ihren Auftrag ein und bestätigen Sie mit **Ausführen**. Per Doppelklick auf die Lieferung springen Sie in die Transaktion **VL03n** ab (siehe Abbildung 4.28).

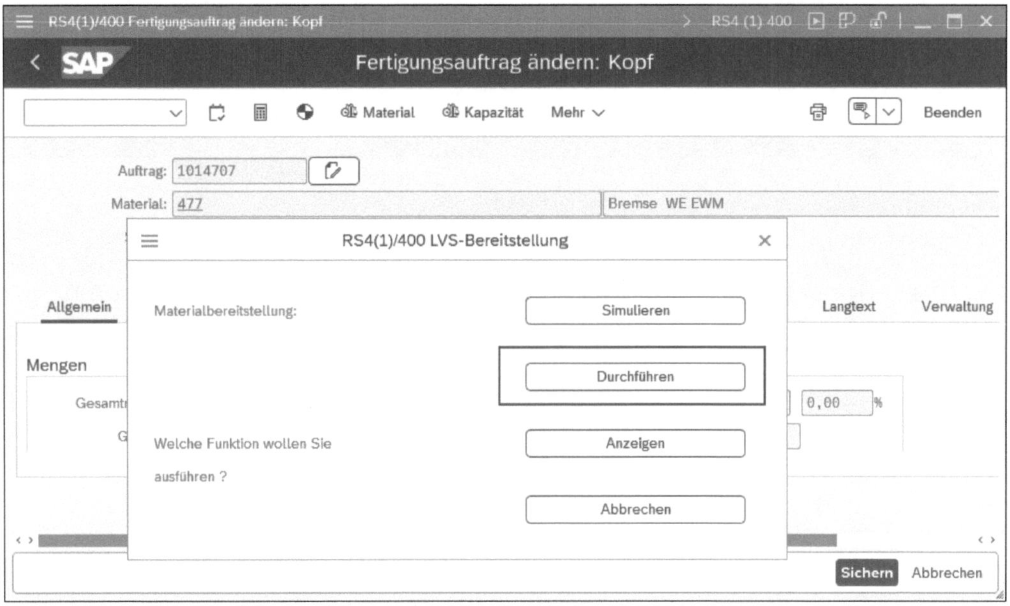

Abbildung 4.27: WM bereitstellen

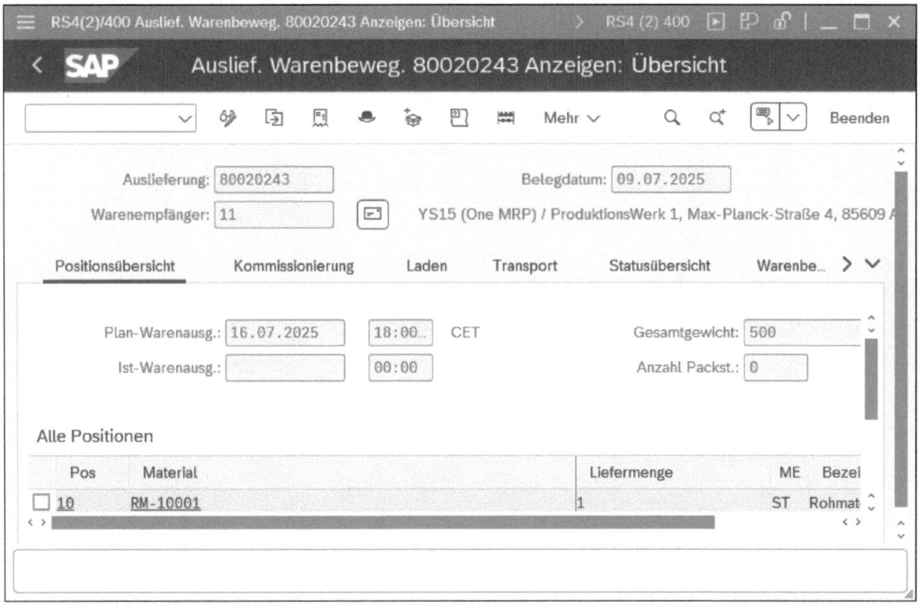

Abbildung 4.28: Auslieferung anzeigen

4. **EWM-Auslieferung (Umbuchungsanweisung) anzeigen**

   Öffnen Sie die Transaktion **/SCWM/IM_PC**. Ändern Sie die Suche auf **REFDOCNO_PPO_I Produktionsauftrag** ❶ und fügen Sie den Fertigungsauftrag in das Suchfeld ein ❷. Klicken Sie auf das Icon (**Suche ausführen**) ❸. Im Anschluss werden Ihnen die Daten der Umbuchung angezeigt (siehe Abbildung 4.29).

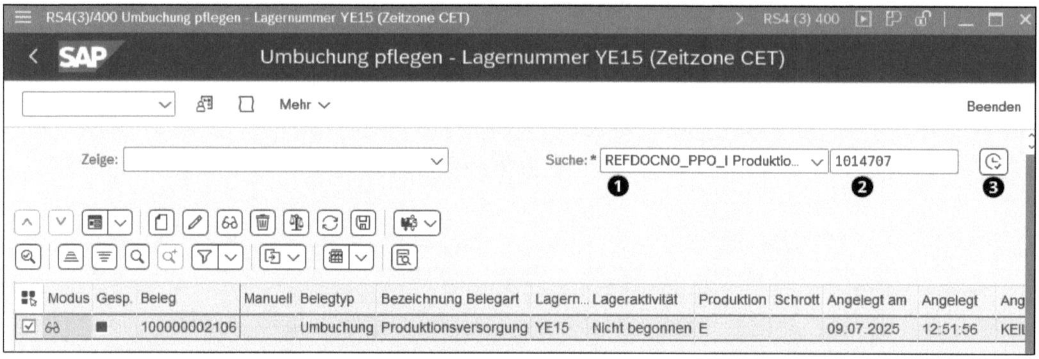

Abbildung 4.29: Umbuchung anzeigen

5. **Lageraufgaben erstellen**

   Klicken Sie in der Transaktion **/SCWM/IM_PC** auf der obersten Schaltfläche auf **Umbuchung • Folgefunktion • Lageraufgabe**. Im nächsten Schritt betätigen Sie die Schaltfläche **Anlegen + Sichern** (siehe Abbildung 4.30). EWM erstellt daraufhin die Lageraufgabe für Ihren Bedarf.

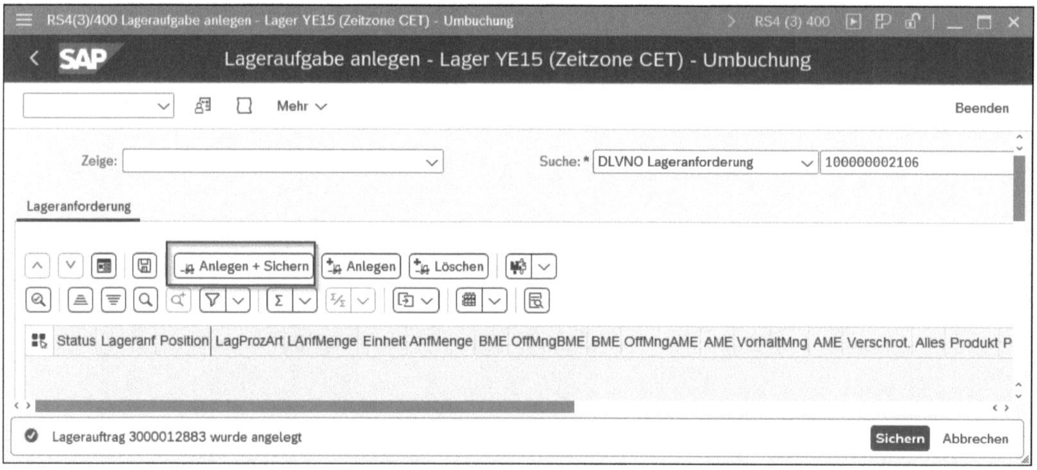

Abbildung 4.30: Lageraufgaben erstellen

6. **Lageraufgaben quittieren**

   Quittieren Sie die Lageraufgaben zur Produktionsbereitstellung. Kopieren Sie dazu den Lagerauftrag aus der Meldung des vorherigen Schritts und öffnen Sie die Transaktion **/SCWM/TO_CONF**. Fügen Sie den Lagerauftrag ein und führen Sie die Suche aus. Danach bestätigen Sie mit **Quittieren + Sichern**. Der Status ändert sich auf **Quittiert** und das Material befindet sich nun in der Produktion. Die lieferungsbasierte Produktionsbereitstellung ist damit abgeschlossen.

7. **Verbrauchsbuchung der Komponente**

   Die Produktionsfachkraft bucht nun die Komponente aus. Hierzu öffnet sie die Transaktion **MIGO_GI**. Die Selektion wird auf **Auftrag** ❶ geändert und der Fertigungsauftrag ❷ eingefügt. Mit einem Klick auf das Icon (**Ausführen**) ❸ werden die zu verbrauchenden Komponenten selektiert. Setzen Sie das Kennzeichen bei **OK** ❹ und klicken Sie auf **Buchen** ❺, um die Komponenten final in EWM auszubuchen. Im Hintergrund wird der Materialbeleg erstellt (siehe Abbildung 4.31). Der Verbrauch zum Fertigungsauftrag ist nun gebucht und abgeschlossen.

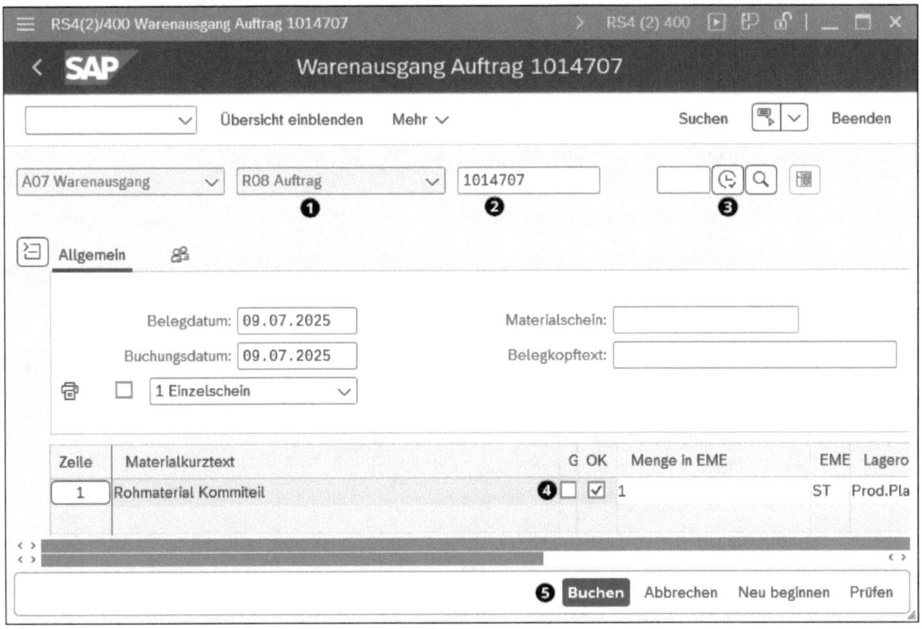

Abbildung 4.31: Verbrauch buchen

8. **Wareneingang des Fertigteils**

   Die Produktionsfachkraft bucht den Wareneingang mithilfe der Transaktion **MIGO**. Zuvor meldet sie ggf. den Fertigungsauftrag zurück. Die Selektion wird auf **Auftrag** ❶ geändert und der Fertigungsauftrag ❷ eingefügt. Mit einem Klick auf das Icon (**Ausführen**) ❸ erfolgt die Selektion. Bestätigen Sie die Position mit einem Kennzeichen bei **OK** ❹ und klicken Sie abschließend auf **Buchen** ❺ (siehe Abbildung 4.32). Der Materialbeleg wird erzeugt und mit ihm die Bestandsbuchung im SAP-System und in EWM. Das Fertigteil ist zum Einlagern auf den Lagerplatz **1DLV_PVB01** bereit.

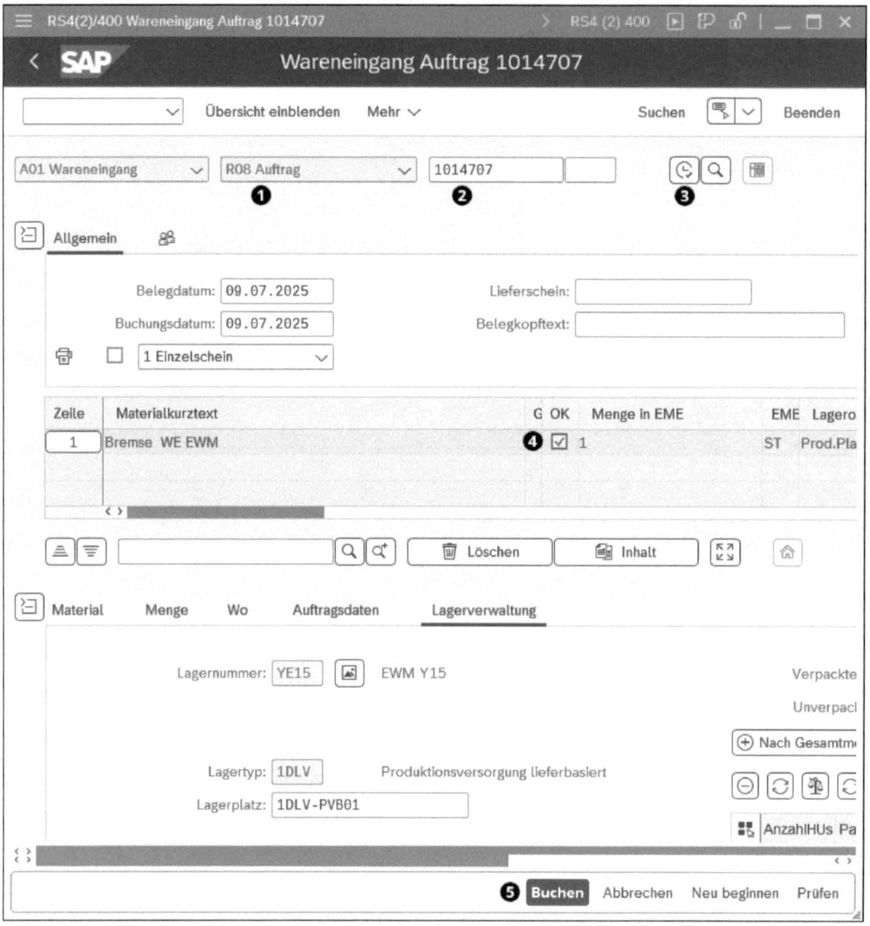

Abbildung 4.32: Wareneingang des Fertigteils

9. **Einlagerung quittieren**

   Als Letztes quittieren Sie die Lageraufgabe zur Einlagerung an den Zielplatz. Öffnen Sie hierzu die Transaktion **/SCWM/MON** und springen Sie zum Ordner **Belege • Lageraufgabe**. Mit einem Doppelklick auf den Knoten **Lageraufgabe** öffnet sich die Suchmaske. Fügen Sie hier unter **Produkt** das Fertigmaterial ein und klicken Sie danach auf **Ausführen**. Anschließend quittieren Sie die Lageraufgabe, indem Sie auf das Icon und abschließend auf **LB im Hintergrund quittieren** klicken (siehe Abbildung 4.33).

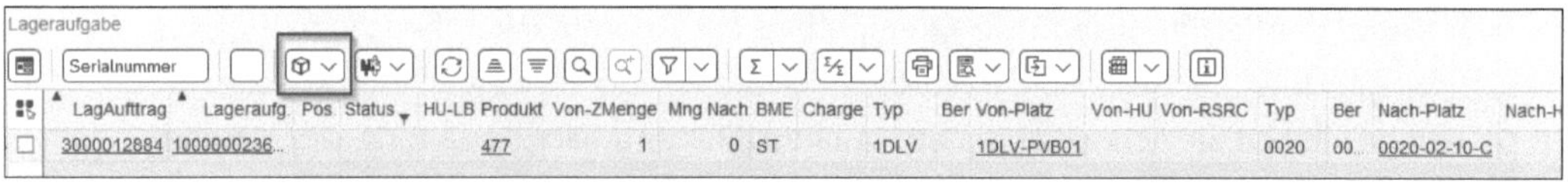

Abbildung 4.33: Methode auswählen

Der Geschäftsprozess ist damit abgeschlossen.

4.3 Erweiterte Produktionsintegration

Mit der erweiterten Produktionsintegration bietet EWM deutlich mehr Bereitstellungsszenarien als das Vorgängersystem SAP WM. Ziel dieser Lösung ist eine tiefere Prozessintegration über Schnittstellen hinweg – anstelle der klassischen, lieferungsbasierten Bereitstellung. Im dezentralen Szenario stehen dafür SAP-Fiori-Apps zur Verfügung, sodass EWM-Funktionen direkt im ERP-System genutzt werden können – ganz ohne Systemwechsel. Darüber hinaus bildet die erweiterte Produktionsintegration die Grundlage für die Anbindung an MES-Systeme wie z. B. SAP Digital Manufacturing (SAP DM).

EWM steuert die zentralen Prozessschritte wie die Bereitstellung und den Wareneingang von Fertig- und Halbfertigteilen (siehe Abbildung 4.34).

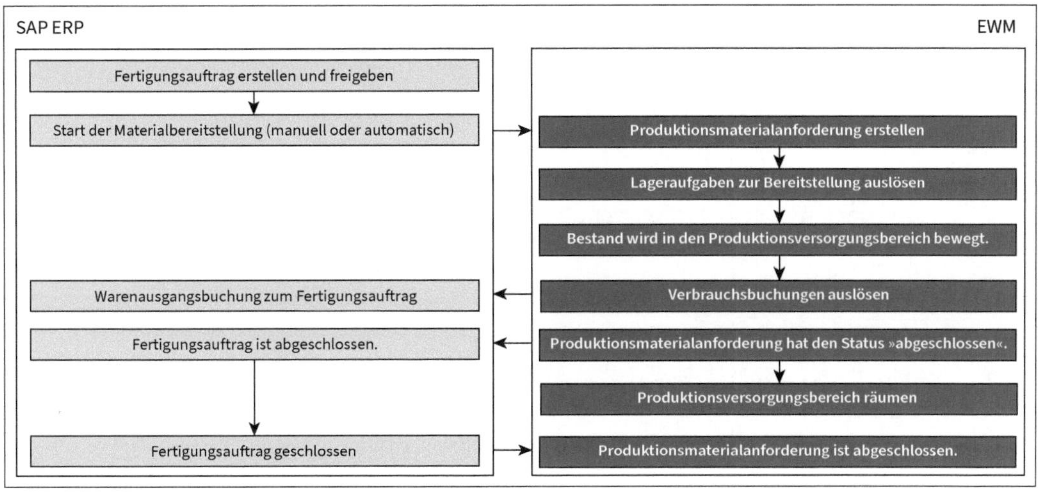

Abbildung 4.34: Erweiterte Produktionsintegration

Die erweiterte Produktionsintegration bietet gegenüber der lieferungsbasierten Bereitstellung weitere Vorteile:

- Flexibles Arbeiten innerhalb von EWM mit einem unabhängigen Dokument
- Automatische Aktualisierung von Bereitstellungszeiten, Status und Mengen im EWM-Objekt
- Feinere Justierung der PVBs mit Lagerverwaltungsfunktionen (Split auf mehrere Lagerplätze/Kapazitätsüberwachung der Lagerplätze)
- Aufteilung von Mengen in Klein- und Großmengen möglich
- Verbräuche werden zentral in EWM angestoßen und gebucht
- Größere Verbrauchsbuchungen als die Sollmengen möglich
- Automatisierung der Bereitstellung mit Desktop-Transaktion möglich
- APIs für die Verwendung von Nicht-SAP-MES verfügbar

- Flexible Abwicklung der Wareneingänge mit Handling Units durch RF-Applikationen (mobile Anwendung von EWM)
- Rücklagerung durch Räumen des PVBs möglich (z. B. Bereitstellung von Flüssigcontainern (IBC) mit Teilentnahme)
- Schonung der Systemressourcen durch reduzierte Beleganzahl

Die erweiterte Produktionsintegration nutzt die EWM-Regelkreise zur Steuerung. Dabei wird zwischen manueller Bereitstellung, auftragsspezifischer Bereitstellung, auftragsübergreifender Bereitstellung und Kistenteilenachschub unterschieden.

Bevor wir nun in den Geschäftsprozess, die Konfiguration und die Prozessdemo einsteigen, gehen wir noch auf einige Besonderheiten der Bereitstellungsarten und Verbrauchsbuchungen ein:

- **Auftragsspezifische Bereitstellung**

  Bei der auftragsspezifischen Bereitstellung legt SAP Lageraufgaben zur Produktionsmaterialanforderung an, wobei jede Position eine Referenz zur jeweiligen Position der PMA bei der Quittierung erhält. Durch diese Referenz ist der Bestand nur für die Position der PMA buch- und verwendbar.

[»]

Exakte PMA-Mengenberechnung

Für die auftragsspezifische Bereitstellung können auch Einstellungen getroffen werden, die eine exakte Mengenberechnung und Bereitstellung ermöglichen (ähnlich wie bei der Bereitstellungsmethodik »Kommissionierteil« der lieferungsbasierten Bereitstellung). Beachten Sie hierzu den SAP-Hinweis 3321845.

- **Auftragsübergreifende Bereitstellung**

  Die Bereitstellung für mehrere PMAs erfolgt mithilfe der auftragsübergreifenden Bereitstellung. Hierbei kumuliert SAP die Produktmengen und legt entsprechende Lageraufgaben an. Die Bestände erhalten keine Referenz zur PMA oder zur PMA-Position.

[»]

Auftragsspezifische Bereitstellung deaktivieren

Sind Merkmale oder Chargenvorgaben vorhanden, wechselt SAP automatisch in die auftragsspezifische Bereitstellung (siehe SAP-Hinweis 3529286).

Die Komponentenverbräuche können manuell, retrograd, aus SAP DM oder per API gebucht werden.

4.3.1 Geschäftsprozess

In diesem Abschnitt zeigen wir Ihnen, wie Sie die Bereitstellung für einen Fertigungs- oder Prozessauftrag starten (siehe Abbildung 4.35). Dazu kommt die auftragsspezifische Bereitstellung zum Einsatz. Der Auftrag wird durch den Disponenten bzw. die Disponentin im SAP-System angelegt. Vor der Freigabe erfolgt eine Prüfung auf Fehlteile. Durch den ERP-Regelkreis 5 und den Anstoß der Bereitstellung wird die PMA in EWM erstellt. Die Entscheidung darüber, wie bereitgestellt wird, wurde zuvor in **/SCWM/PSASTAGE** gepflegt. Im nächsten Schritt stößt die Lagerfachkraft die Kommissionierung mit der Transaktion **/SCWM/STAGE** an und erhält daraufhin ihre Lageraufgaben. Anschließend entnimmt sie das Material aus dem Lager und quittiert die Entnahme auf dem PVB. Das Material bzw. die Komponenten stehen nun in der Produktion bereit und können im Folgeschritt durch die Produktion verbraucht werden.

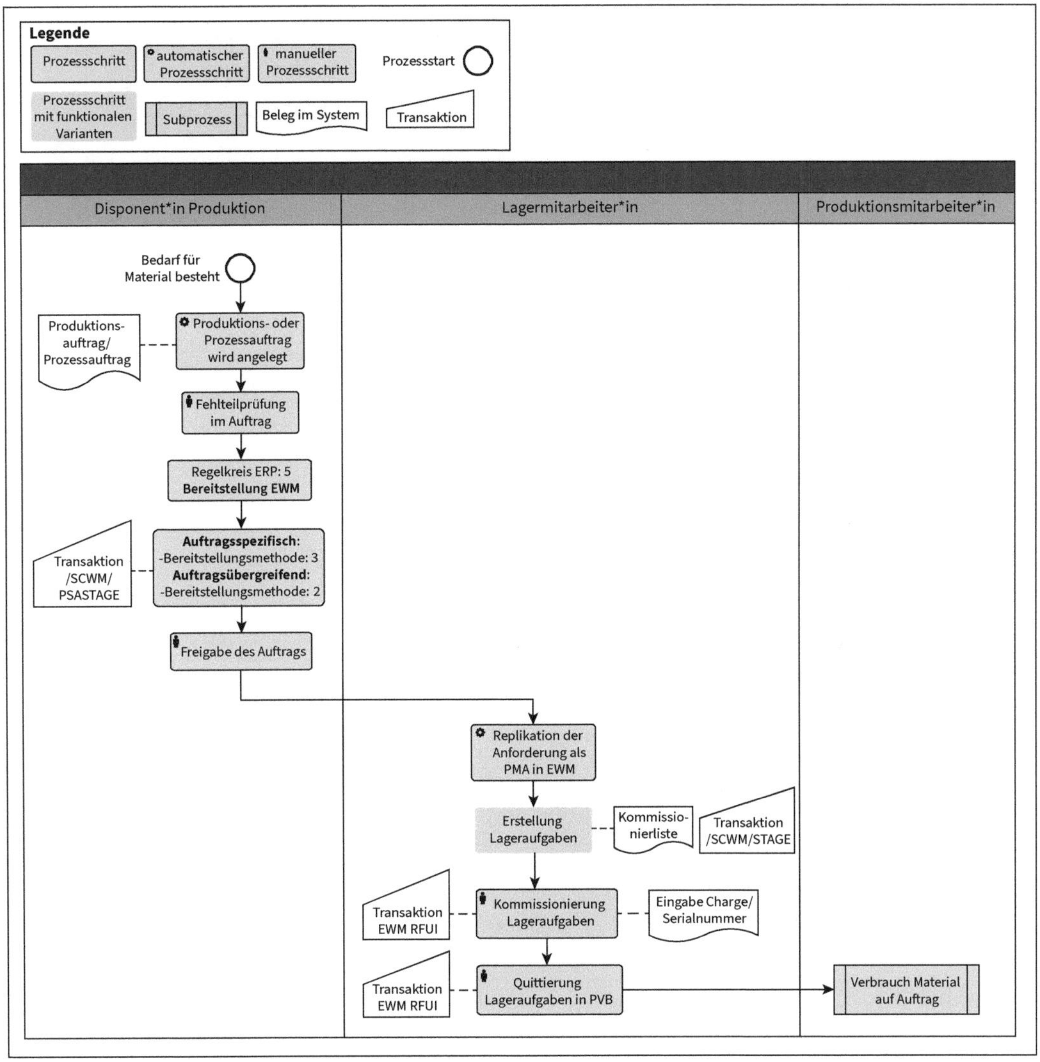

Abbildung 4.35: Auftragsbezogene Bereitstellung

Nach der Bereitstellung erfolgt der Start der Produktion und der Verbrauch der Komponenten. Hierbei nutzt die Produktionsfachkraft die SAP-Fiori-App **Verbrauch buchen**. Sie wählt die relevante Handling Unit (HU) aus und bucht die entnommenen Mengen (siehe Abbildung 4.36).

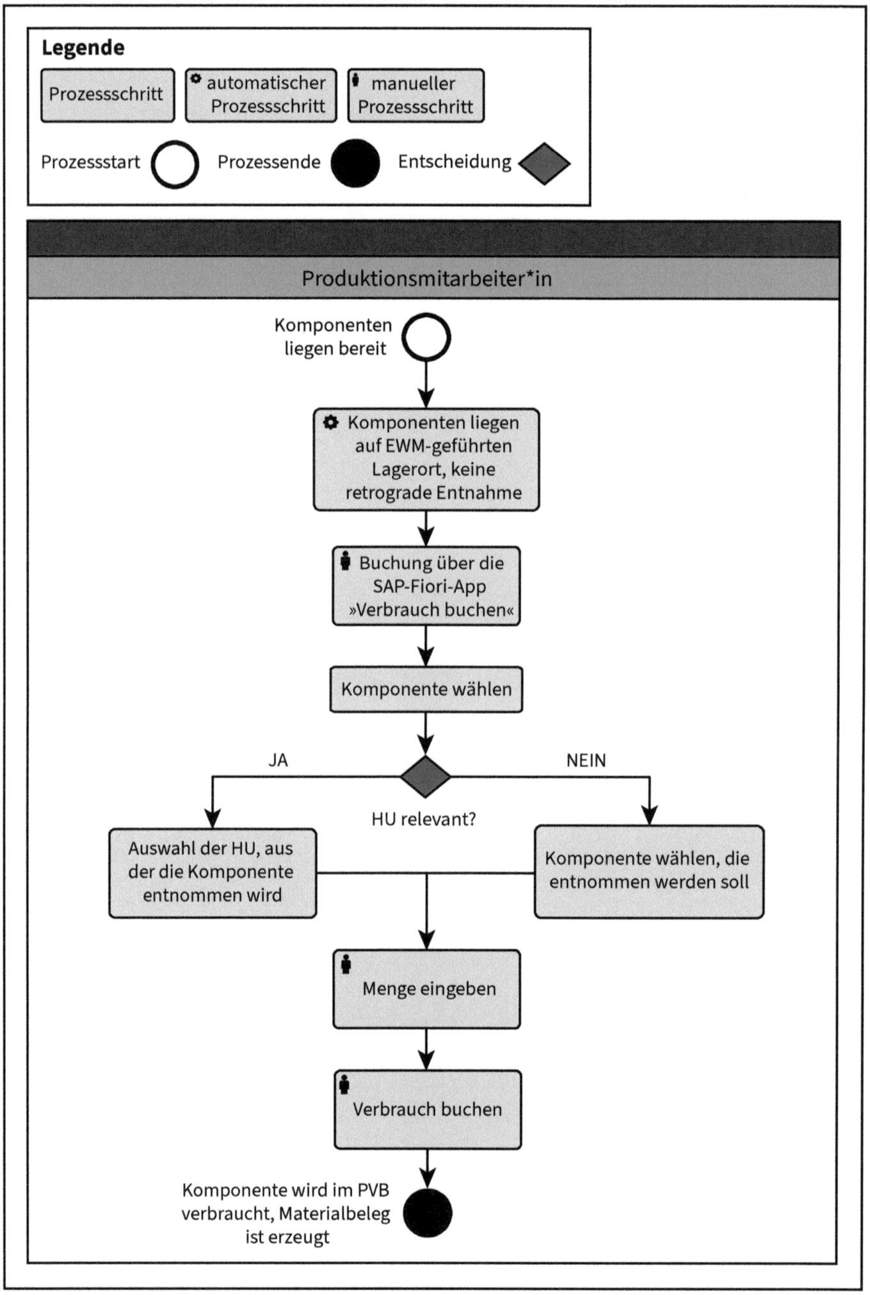

Abbildung 4.36: Verbrauch buchen

Nachdem der Verbrauch gebucht wurde, buchen Sie den Wareneingang. Hierzu öffnen Sie in EWM die Applikation **RFUI** und buchen mit der Bildung eines Ladungsträgers (HU) den Wareneingang (siehe Abbildung 4.37). Der Bestand wird sowohl in EWM als auch im ERP-System erzeugt. Im Anschluss erfolgt die Einlagerung ins Lager mit der Quittierung der Lageraufgabe.

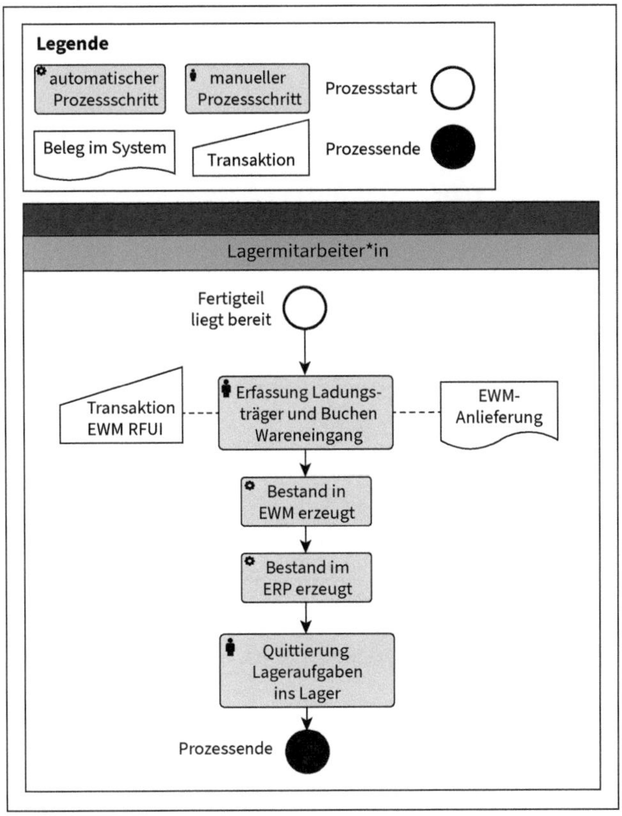

Abbildung 4.37: Wareneingang zum Fertigungsauftrag

4.3.2 Konfiguration

Nachdem Sie den Geschäftsprozess nun kennen, beginnen wir mit der Konfiguration:

1. **Vorschlagswerte für Lieferungen definieren**

   Die Vorschlagswerte werden für Wareneingangsbuchungen aus EWM benötigt. Springen Sie zum IMG-Pfad **Logistics Execution • Integration dezentrales WMS • Zentrale Abwicklung • Applikation • Bestandsführungsschnittstelle und lieferrelevante Daten • Vorschlagswerte für Lieferungen definieren.** Wählen Sie Ihre Lagernummer per Doppelklick aus und fügen Sie Ihre Parameter ein. Beim Warenempfänger und beim Lieferanten handelt es sich um den Business-Partner des Werks. Klicken Sie abschließend auf **Sichern**, um Ihre Einstellungen zu speichern (siehe Abbildung 4.38).

Abbildung 4.38: Vorschlagswerte für Lieferungen definieren

2. **Bewegungsarten festlegen**

   Mit dieser Konfiguration legen Sie fest, wie die Bewegungsart bestimmt wird. Folgen Sie hierzu im Customizing dem Pfad **Produktion • Fertigungssteuerung • Integration • Bewegungsarten festlegen**. Prüfen Sie anschließend, ob Ihre Einträge den folgenden Angaben entsprechen, und ergänzen Sie ggf. fehlende Angaben (siehe Abbildung 4.39 und Tabelle 4.2).

ID	Bewegungsart
Bewegungsart Wareneingang	101
Bewegungsart Wareneingang Storno	102
Bewegungsart Warenausgang	261
Bewegungsart Warenausgang Storno	262
Bwart WE Nebenprodukt	531
Bwart WE Storno Nebenprodukt	532
Bewegungsart Beistellteil	543
Bewegungsart Beistellteil Storno	544

Tabelle 4.2: Parameter für die Bewegungsarten

ID	Bewegungsart
Bwart Beistellteil Nebenprodukt	545
Storno-Beistellteil Nebenprodukt	546

Tabelle 4.2: Parameter für die Bewegungsarten (Forts.)

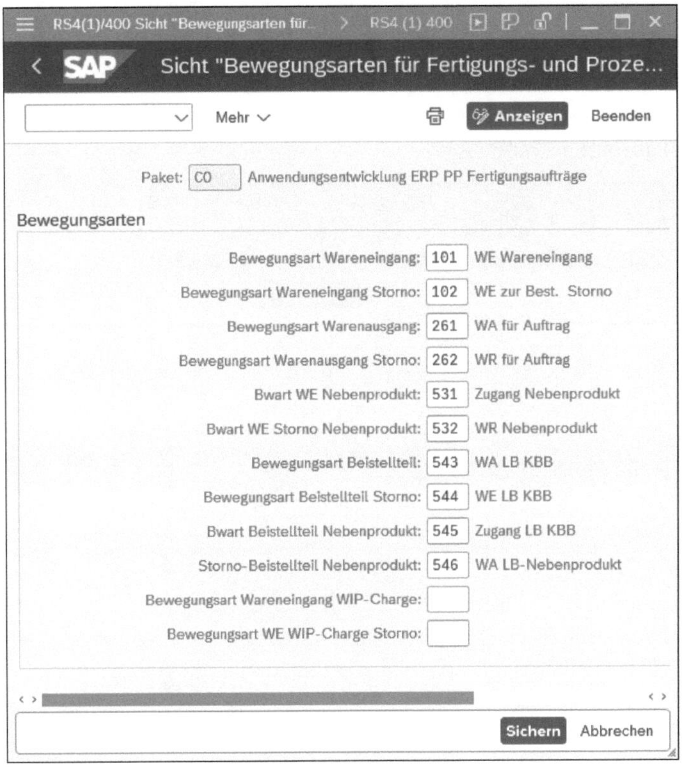

Abbildung 4.39: Bewegungsarten festlegen

3. **BC-Sets in EWM aktivieren**

   Spielen Sie mit der Transaktion **SCPR20 – Aktivierung von BC-Sets** die folgenden BC-Sets ein:

   - **/SCWM/DLV_INBOUND_PROD_DIR**
   - **/SCWM/PRC_11_91**
   - **/SCWM/PRC_PRODINT_10**
   - **/SCWM/PRC_PRODINT_15**
   - **/SCWM/PMR_CROSS_ORDER**
   - **/SCWM/PMR_SINGLE_ORDER**

- **/SCWM/PRC_MFG_STORTYPE_T060**
- **/SCWM/PRC_MFG_STAGING**
- **/SCWM/PRC_PRODUCT_GROUP_PS**

Hierzu tragen Sie das Set ein, bestätigen mit [↵] und aktivieren es mit [F7]. Diesen Schritt wiederholen Sie für jedes BC-Set.

4. **Belegarten für die Produktion konfigurieren**

   Prüfen Sie im Customizing, ob das BC-Set den Eintrag angelegt hat. Navigieren Sie über den folgenden IMG-Pfad: **SCM Extended Warehouse Management • Extended Warehouse Management • Warenausgangsprozess • Produktionsmaterialanforderung • Belegarten für die Produktion definieren**. Das BC-Set hat einen Eintrag erzeugt, wie in Abbildung 4.40 gezeigt.

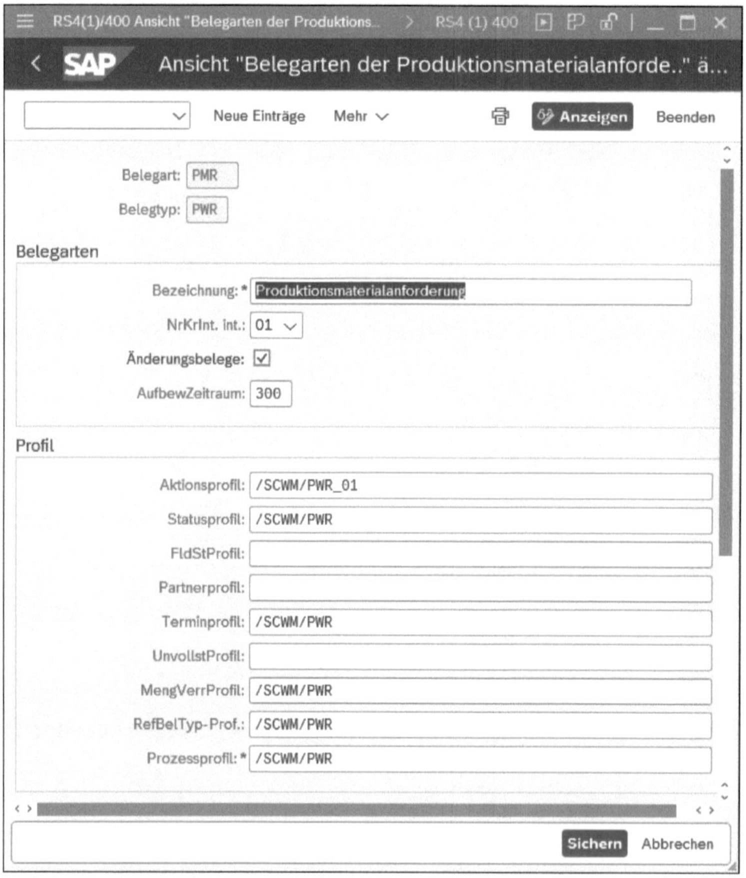

Abbildung 4.40: Belegarten für die Produktion definieren

5. **Positionsarten für die Produktion definieren**

   Prüfen Sie die angelegten Positionstypen des PMA-Belegs (siehe Abbildung 4.41). Springen Sie hierfür zum IMG-Pfad **SCM Extended Warehouse Management • Ex-**

tended Warehouse Management • Warenausgangsprozess • Produktionsmaterialanforderung • Positionsarten für die Produktion definieren.

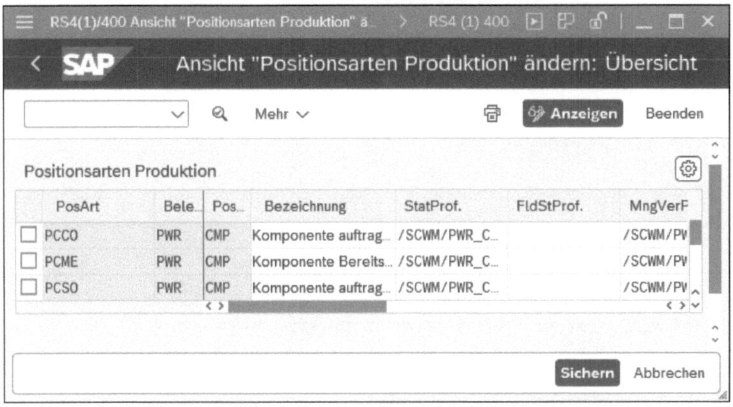

Abbildung 4.41: Positionsarten für die Produktion definieren

6. **Zulässige Positionsarten für die Produktion festlegen**

   Prüfen Sie die zulässigen Positionsarten der PMA (siehe Abbildung 4.42). Springen Sie hierfür zum IMG-Pfad **SCM Extended Warehouse Management • Extended Warehouse Management • Warenausgangsprozess • Produktionsmaterialanforderung • Zulässige Positionsarten für die Produktion festlegen.**

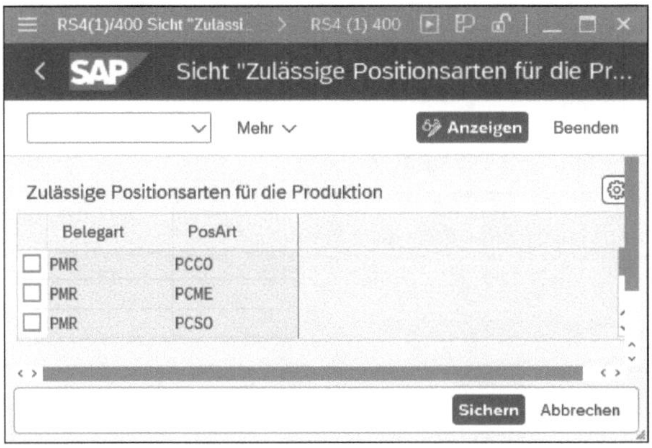

Abbildung 4.42: Zulässige Positionsarten für die Produktion festlegen

7. **ERP-Auftragsart auf EWM-Belegart abbilden**

   Diese Einstellungen sind relevant, um Ihre ERP-Produktionsauftragsart im EWM bekannt zu machen und entsprechend zu mappen. Springen Sie hierfür zum IMG-Pfad **SCM Extended Warehouse Management • Extended Warehouse Management • Schnittstellen • ERP-Integration • Produktion • SAP-ERP-Auftragsart auf SAP-EWM-Belegart abbilden.** Klicken Sie auf **Neue Einträge** und fügen Sie Ihre Auftragsart, Lagernummer und Belegart ein (siehe Abbildung 4.43). Klicken Sie abschließend auf **Sichern**.

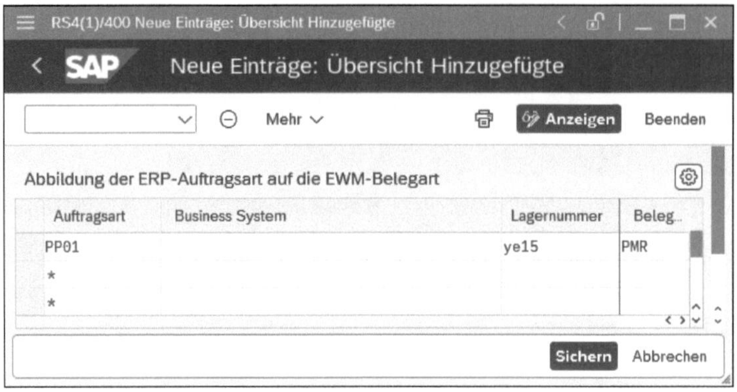

Abbildung 4.43: ERP-Auftragsart auf EWM-Belegart abbilden

8. **ERP-Auftragsart auf EWM-Positionsart abbilden**

   Mappen Sie nun abschließend die Positionstypen und Auftragsarten zu Ihrer PMA-Belegart und Positionsart (siehe Abbildung 4.44 und Tabelle 4.3). Springen Sie hierfür zum IMG-Pfad **SCM Extended Warehouse Management • Extended Warehouse Management • Schnittstellen • ERP-Integration • Produktion • SAP-ERP-Auftragsart auf SAP-EWM-Positionsart abbilden**. Über **Neue Einträge** erfassen Sie den Positionstyp, die Auftragsart, die Belegart und die Positionsart. Speichern Sie abschließend Ihre Angaben mit **Sichern**.

PosTyp	Auftragsart	Belegart	PosArt
CMP	PP01	PMR	PCSO
OCP	PP01	PMR	PRCV

Tabelle 4.3: Parameter zur Abbildung der ERP-Auftragsart auf die EWM-Positionsart

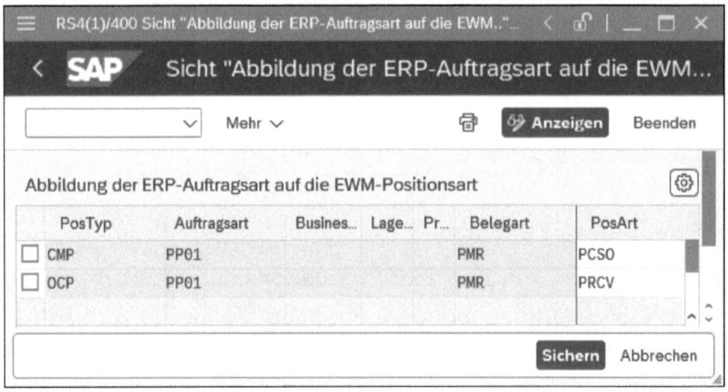

Abbildung 4.44: SAP-ERP-Auftragsart auf EWM-Positionsart abbilden

Feinere Steuerung anhand der Produktgruppe

Optional haben Sie die Möglichkeit, eine weitere feinere Steuerung anhand der Produktgruppe vorzunehmen. Weitere Informationen hierzu finden Sie im Buch »Warehouse Management mit SAP S/4HANA« (unter *www.sap-press.de/5552*), ebenfalls erschienen bei SAP PRESS.

9. **Aktivitätsbereiche definieren**

   Definieren bzw. prüfen Sie die Aktivitätsbereiche. Springen Sie hierfür zum IMG-Pfad **SCM Extended Warehouse Management • Extended Warehouse Management • Stammdaten • Aktivitätsbereiche • Aktivitätsbereiche definieren**. Sollten die Einträge für **T010, T011, T916** und **T105** fehlen, legen Sie diese mit **Neuer Eintrag** an und fügen Ihre Lagernummer, Ihren Aktivitätsbereich und Ihre Beschreibung ein (siehe Abbildung 4.45). Klicken Sie abschließend auf **Sichern**.

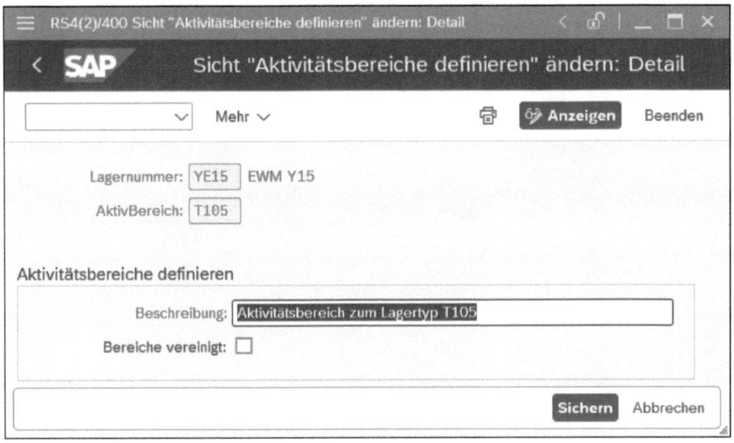

Abbildung 4.45: Aktivitätsbereiche definieren

10. **Lagerprozessart definieren**

    Erstellen bzw. prüfen Sie die notwendigen Lagerprozessarten für das Einlagern, Bereitstellen und Rücklagern. Navigieren Sie hierfür über den IMG-Pfad **SCM Extended Warehouse Management • Extended Warehouse Management • Prozessübergreifende Einstellungen • Lageraufgabe • Lagerprozessart definieren**. Hierzu werden folgenden Lagerprozessarten benötigt:

    - **P113**: Einlagerung für Fertigmaterial
    - **P114**: Einlagerung für Rohmaterial and Halbfertigteile
    - **P220**: Bereitstl. f. d. Produkt. (auftragsspez.)
    - **P320**: Bereitstl. f. d. Produkt. (auftragsübergreifende)
    - **P325**: Rücklagerung aus Produktion

Sollten diese nicht vorhanden sein, klicken Sie auf **Neue Einträge** und erfassen Sie sie nacheinander (siehe Abbildung 4.46). Klicken Sie abschließend auf **Sichern**.

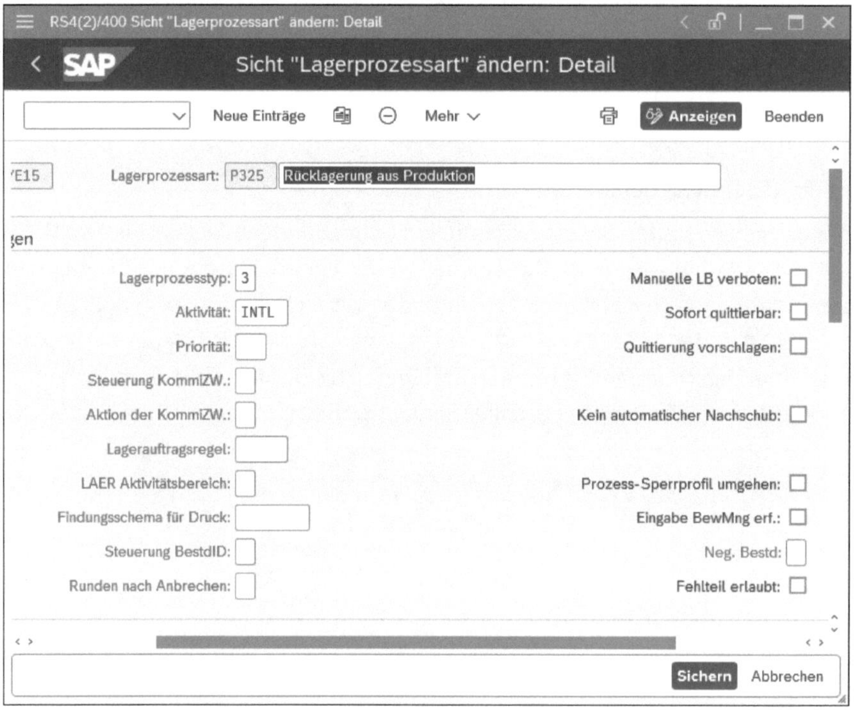

Abbildung 4.46: Lagerprozessart definieren

11. **Lagerprozessart finden**

    Stellen Sie nun die Findung der Lagerprozessart für Beleg- und Positionsarten ein. Springen Sie hierfür zum IMG-Pfad **SCM Extended Warehouse Management • Extended Warehouse Management • Prozessübergreifende Einstellungen • Lageraufgabe • Lagerprozessart finden**. Erstellen Sie anschließend über **Neue Einträge** die Einträge gemäß Abbildung 4.47 und Tabelle 4.4 und speichern Sie sie mit einem Klick auf **Sichern**.

Lagernr	Beleg	PosArt	Prozesskennz.	Lagerpr
Ihre Lagernr	INB		Kein spez.	P114
Ihre Lagernr	INBM		Kein spez.	P113
Ihre Lagernr	PMR	PCC0	Kein spez.	P320
Ihre Lagernr	PMR	PCS0	Kein spez.	P220

Tabelle 4.4: Parameter für die Lagerprozessartfindung

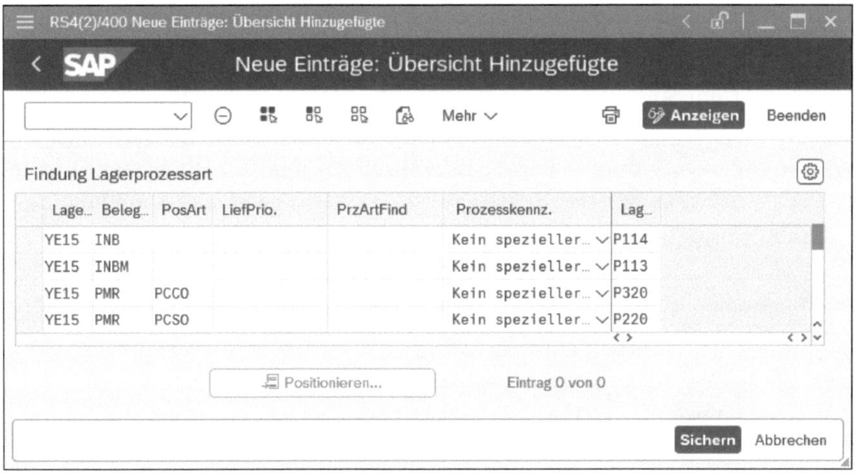

Abbildung 4.47: Lagerprozessart finden

12. **Lagertyp-Suchreihenfolge für Auslagerung bestimmen**
    Definieren Sie nun die Suchreihenfolge für die Auslagerung. Springen Sie hierfür zum IMG-Pfad **SCM Extended Warehouse Management • Extended Warehouse Management • Warenausgangsprozess • Strategien • Lagertyp-Suchreihenfolge für Auslagerung bestimmen.** Pflegen Sie das Customizing für die in Abbildung 4.48 gezeigten Einträge. Klicken Sie dazu auf **Neue Einträge** und erfassen Sie für Ihre Lagernummer weitere Einträge für die Lagerprozessarten **P320** und **P220**. Geben Sie jeweils für die Lagertyp-Suchreihenfolge **PICK** und die Auslagerregel **FIFO** an. Klicken Sie nach der Eingabe auf **Sichern.**

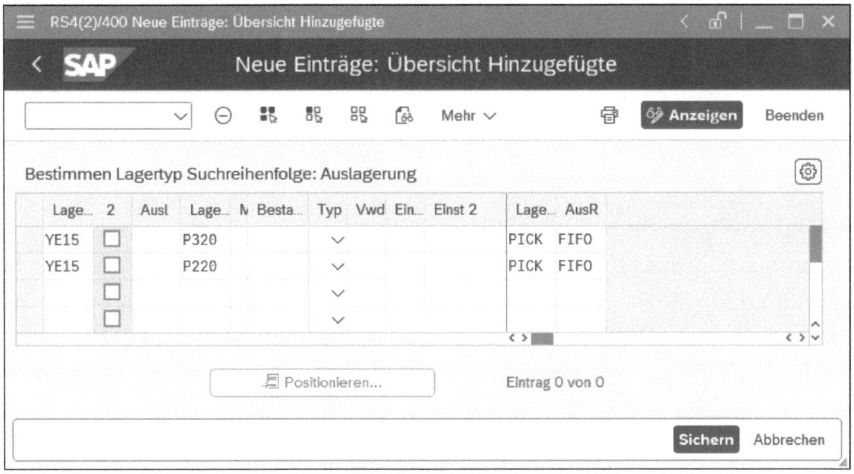

Abbildung 4.48: Lagertyp-Suchreihenfolge für Auslagerung bestimmen

13. **Lagertyp-Suchreihenfolge für Einlagerung festlegen**

    Erweitern Sie nun die Suchreihenfolge für die Einlagerung für Ihre neu angelegten Lagerprozessarten. Springen Sie hierfür zum IMG-Pfad **SCM Extended Warehouse Management • Extended Warehouse Management • Wareneingangsprozess • Strategien • Lagertypfindung • Lagertyp-Suchreihenfolge für Einlagerung festlegen.** Klicken Sie auf **Neue Einträge** und fügen Sie die Einträge gemäß Abbildung 4.49 und Tabelle 4.5 hinzu. Speichern Sie anschließend Ihre Angaben mit **Sichern**.

Lagernummer	Proz/Grp	Suchfolge
Ihre Lagernummer	P113	PUTW
Ihre Lagernummer	P114	PUTW

Tabelle 4.5: Parameter für die Lagertyp-Suchreihenfolge für die Einlagerung

Abbildung 4.49: Lagertyp-Suchreihenfolge für Einlagerung festlegen

14. **Belegarten für den Anlieferungsprozess definieren**

    Starten Sie nun die Konfiguration für den Wareneingangsprozess. Hierfür pflegen bzw. prüfen Sie die Belegarten für den Anlieferungsprozess. Springen Sie hierfür im Customizing zum IMG-Pfad **SCM Extended Warehouse Management • Extended Warehouse Management • Wareneingangsprozess • Anlieferung • Belegarten für**

den Anlieferungsprozess definieren. Prüfen Sie, ob die Belegart **INBM** vorhanden ist (siehe Abbildung 4.50). Sollte Sie fehlen, erfassen Sie sie über **Neue Einträge** und klicken abschließend auf **Sichern**.

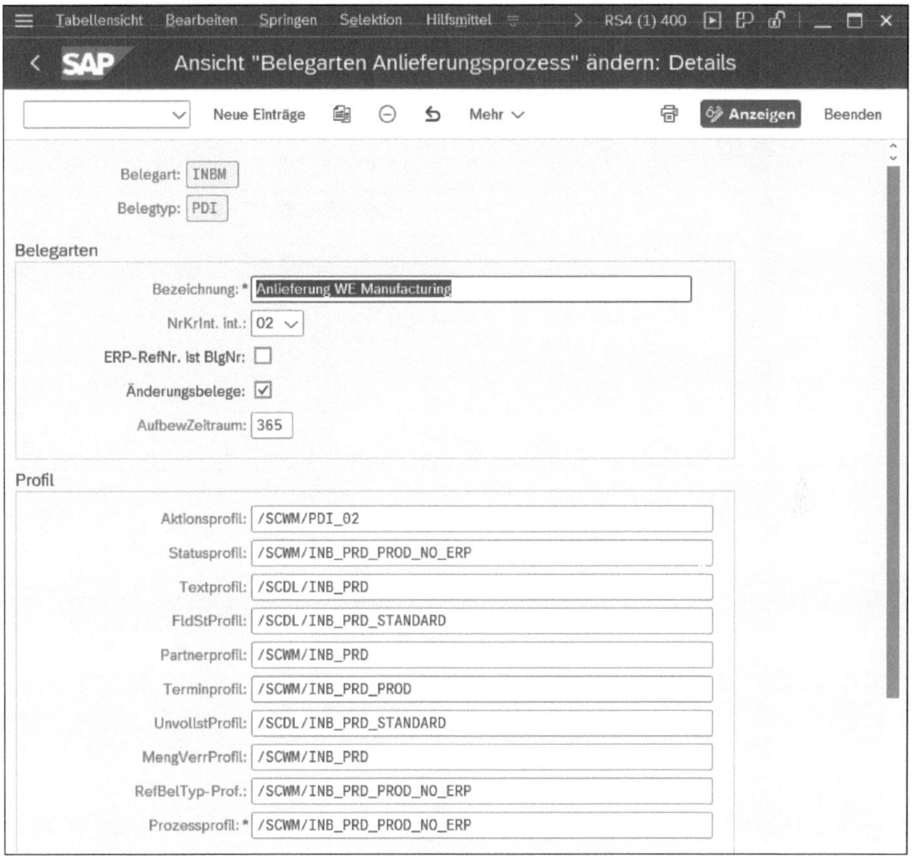

Abbildung 4.50: Belegarten für den Anlieferungsprozess definieren

15. **Positionsarten für den Anlieferungsprozess definieren**

    Im nächsten Schritt pflegen bzw. prüfen Sie die Positionsarten für Ihre Belegart. Navigieren Sie hierfür über den IMG-Pfad **SCM Extended Warehouse Management • Extended Warehouse Management • Wareneingangsprozess • Anlieferung • Positionsarten für Anlieferungsprozess definieren**. Prüfen Sie, ob die Positionsart **IDPD** vorhanden ist (siehe Abbildung 4.51). Sollte sie fehlen, erfassen Sie sie über **Neue Einträge** und klicken abschließend auf **Sichern**.

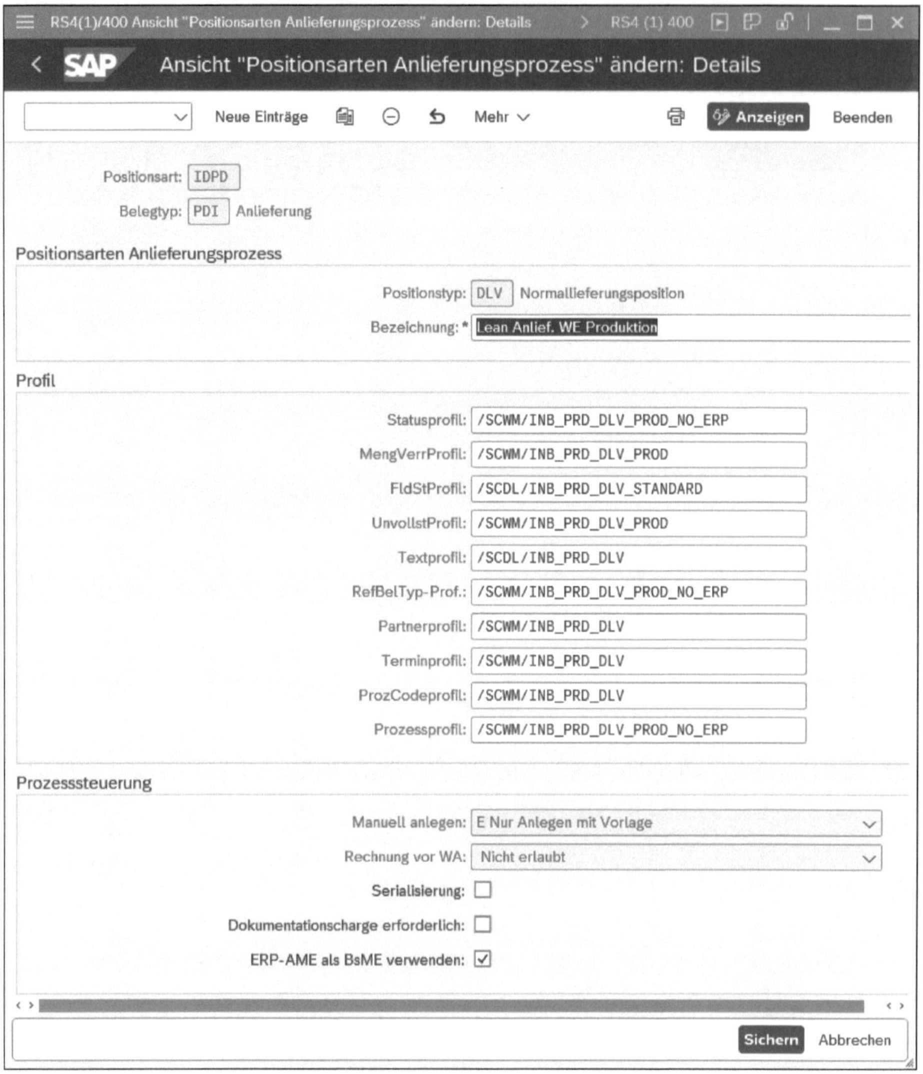

Abbildung 4.51: Positionsarten für Anlieferungsprozess definieren

16. **Referenzbelegart-Profile definieren**

    Im nächsten Schritt aktivieren Sie die Referenzbelegart für die Reservierung. Springen Sie hierfür zum IMG-Pfad **SCM Extended Warehouse Management • Extended Warehouse Management • Prozessübergreifende Einstellungen • Lieferung – Lageranforderung • Referenzbelege • Referenzbelegart-Profile definieren**. Wählen Sie über **Positionieren…** das Kundenprofil **/SCWM/INB_PRD_DLV_PROD_NO_ERP** aus. Führen Sie anschließend einen Doppelklick auf den Ordner **Referenzbelegtypen** aus.

Entfernen Sie in der sich nun öffnenden Ansicht das Kennzeichen bei **Inaktiv** für den Belegtyp **Reservierung**. Klicken Sie abschließend auf **Sichern** (siehe Abbildung 4.52).

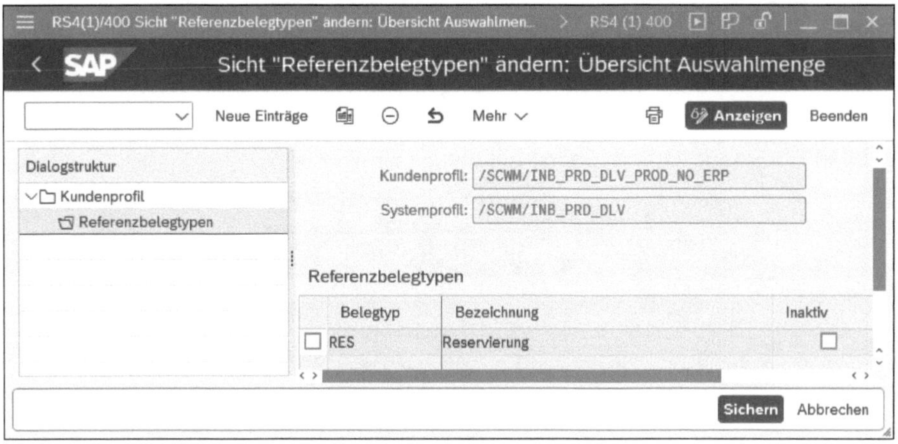

Abbildung 4.52: Referenzbelegart-Profile definieren

17. **Aktionsprofile und Aktionen definieren**

    Prüfen Sie nun, ob die Aktionsdefinitionen für die Folgeverarbeitung aktiv sind. Folgen Sie dazu dem IMG-Pfad **SCM Extended Warehouse Management • Extended Warehouse Management • Prozessübergreifende Einstellungen • Lieferung – Lageranforderung • Aktionen und Bedingungen ändern • Aktionsprofile und Aktionen definieren**. Wählen Sie das Aktionsprofil **/SCWM/PDI_02** aus und klicken Sie anschließend auf **Aktionsdefinition**. Beide Kennzeichenboxen sollten leer sein (siehe Abbildung 4.53).

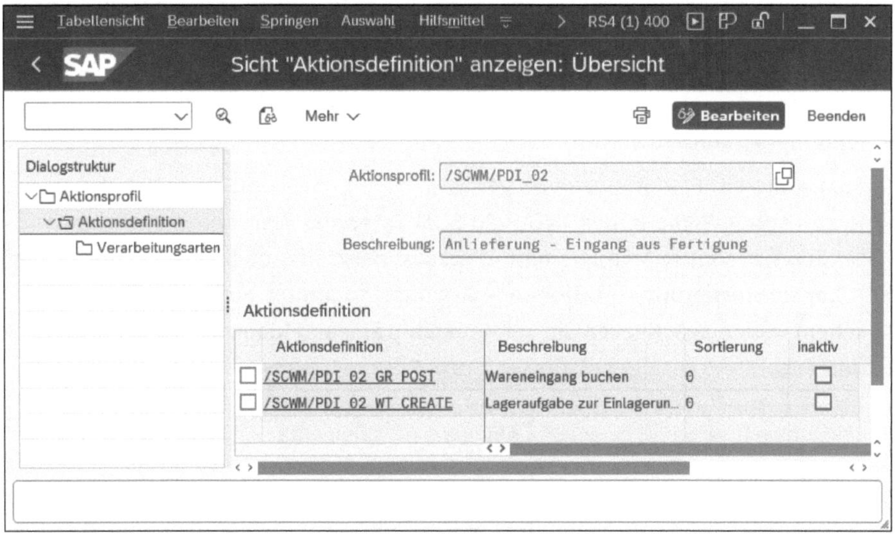

Abbildung 4.53: Aktionsprofile und Aktionen definieren

18. **Findungsschema pflegen**

    Im nächsten Schritt prüfen Sie, ob das Findungsschema für die Aktionseinplanung vorhanden ist. Navigieren Sie hierfür über den IMG-Pfad **SCM Extended Warehouse Management • Extended Warehouse Management • Prozessübergreifende Einstellungen • Lieferung – Lageranforderung • Aktionen • Aktionseinplanung konfigurieren • Findungsschema pflegen**. Prüfen Sie, ob die Findungsschemata **0DMGR** und **0DMWT** vorhanden sind (siehe Abbildung 4.54).

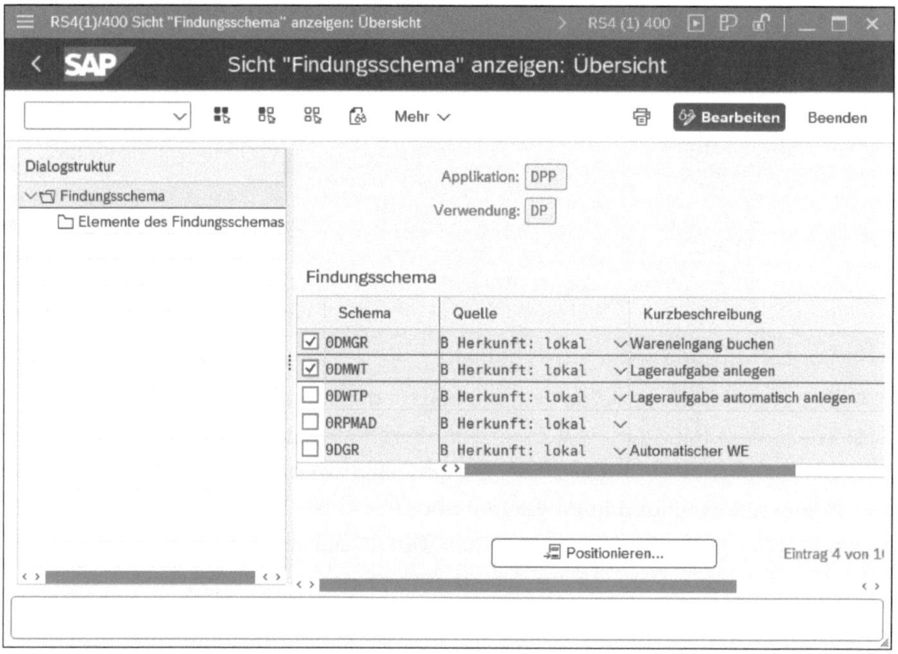

Abbildung 4.54: Findungsschema pflegen

19. **Findungsschema zuweisen**

    Sofern Sie ein Findungsschema gepflegt haben, müssen Sie es nun das zuweisen. Hierzu springen Sie in den IMG-Pfad **SCM Extended Warehouse Management • Extended Warehouse Management • Prozessübergreifende Einstellungen • Lieferung – Lageranforderung • Aktionen • Aktionseinplanung konfigurieren • Findungsschema zuweisen**. Klicken Sie auf **Neue Einträge** und fügen Sie die in Abbildung 4.55 und Tabelle 4.6 gezeigten Einträge hinzu. Klicken Sie abschließend auf **Sichern**.

Aktionsdefinition	Belegtyp	Belegart	FindSchema Lieferung
/SCWM/PDI_02_GR_POST	PDI	INBM	0DMGR
/SCWM/PDI_02_WT_CREATE	PDI	INBM	0DMWT

Tabelle 4.6: Parameter für die Zuweisung des Findungsschemas

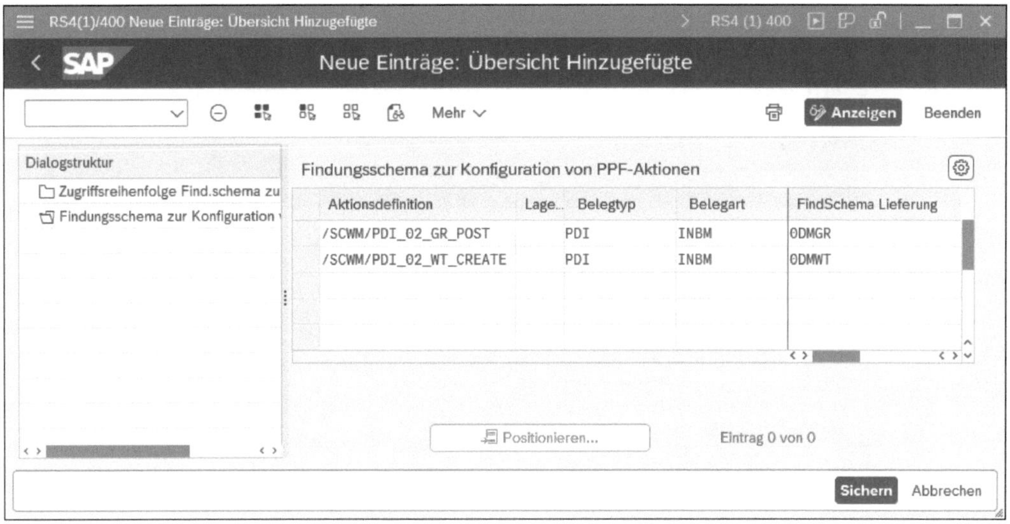

Abbildung 4.55: Findungsschema zuweisen

20. **ERP-Belegarten als relevant für das Differenzierungsattribut definieren**

    Prüfen Sie nun, ob das Differenzierungsattribut für die ERP-Belegarten »DIG« und »DOG« in Ihrem System vorhanden ist (siehe Abbildung 4.56). Springen Sie hierfür zum IMG-Pfad **SCM Extended Warehouse Management • Extended Warehouse Management • Schnittstellen • ERP-Integration • Lieferabwicklung • ERP-Belegarten als relevant für das Differenzierungsattribut definieren**. Sollten diese Belegarten fehlen, erfassen Sie sie über **Neue Einträge** und klicken Sie abschließend auf **Sichern**.

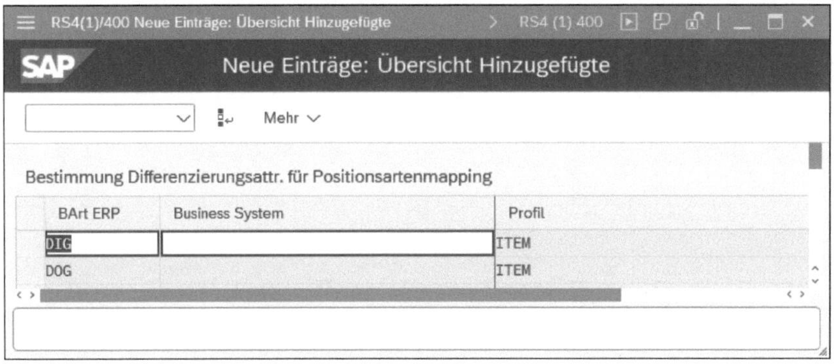

Abbildung 4.56: Differenzierungsattribut definieren

21. **Belegarten aus dem ERP-System in EWM abbilden**

    Pflegen Sie nun das Belegarten-Mapping im Customizing. Folgen Sie hierfür dem IMG-Pfad **SCM Extended Warehouse Management • Extended Warehouse Management • Schnittstellen • ERP-Integration • Lieferabwicklung • Belegarten aus dem ERP-System in EWM abbilden**. Legen Sie mit einem Klick auf **Neue Einträge** die Aussteuerung an, indem Sie bei **Belegart aus ERP** »DIG«, bei **CdeInitKommKett** »RNP« und bei **Belegart** »INBM« hinterlegen (siehe Abbildung 4.57). Klicken Sie abschließend auf **Sichern**.

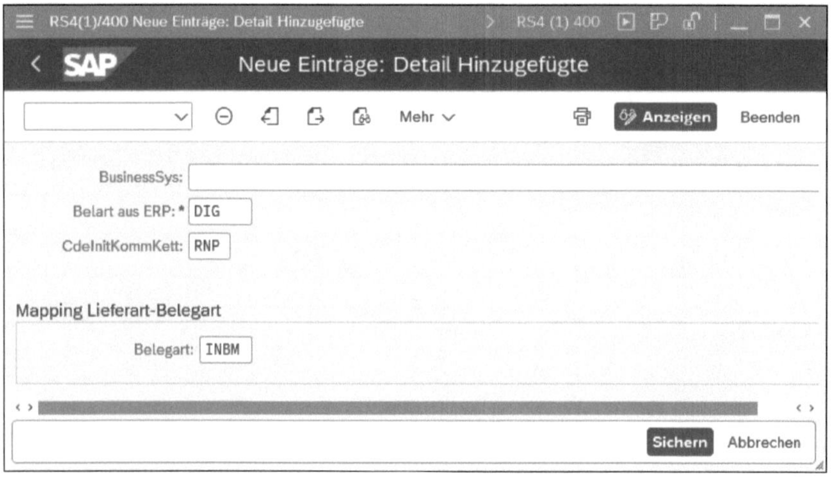

Abbildung 4.57: Belegarten aus dem ERP-System in EWM abbilden

22. **Positionsarten aus dem ERP-System in EWM abbilden**

    Mappen Sie nun die Positionsarten. Folgen Sie hierfür dem IMG-Pfad **SCM Extended Warehouse Management • Extended Warehouse Management • Schnittstellen • ERP-Integration • Lieferabwicklung • Positionsarten aus dem ERP-System in EWM abbilden**. Pflegen Sie über **Neue Einträge** die in Abbildung 4.58 und Tabelle 4.7 gezeigten Parameter und klicken Sie anschließend auf **Sichern**.

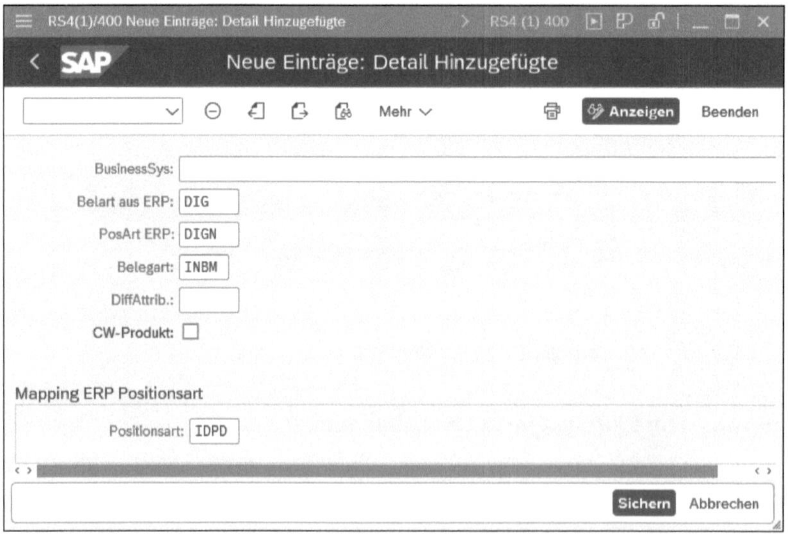

Abbildung 4.58: Positionsarten aus dem ERP-System in EWM abbilden

Belegart aus ERP	PosArt ERP	Belegart	Positionsart
DIG	DIGN	INBM	IDPD

Tabelle 4.7: Parameter für die Abbildung der Positionsarten aus dem ERP-System in EWM

23. **Terminarten aus dem ERP-System in EWM abbilden**

    Im vorletzten Schritt erfassen Sie die Terminart für die Belegart »INBM«. Springen Sie hierfür zum IMG-Pfad **SCM Extended Warehouse Management • Extended Warehouse Management • Schnittstellen • ERP-Integration • Lieferabwicklung • Terminarten aus dem ERP-System in EWM abbilden**. Klicken Sie auf **Neue Einträge** und erfassen Sie die in Abbildung 4.59 und Tabelle 4.8 dargestellten Daten. Klicken Sie abschließend auf **Sichern**.

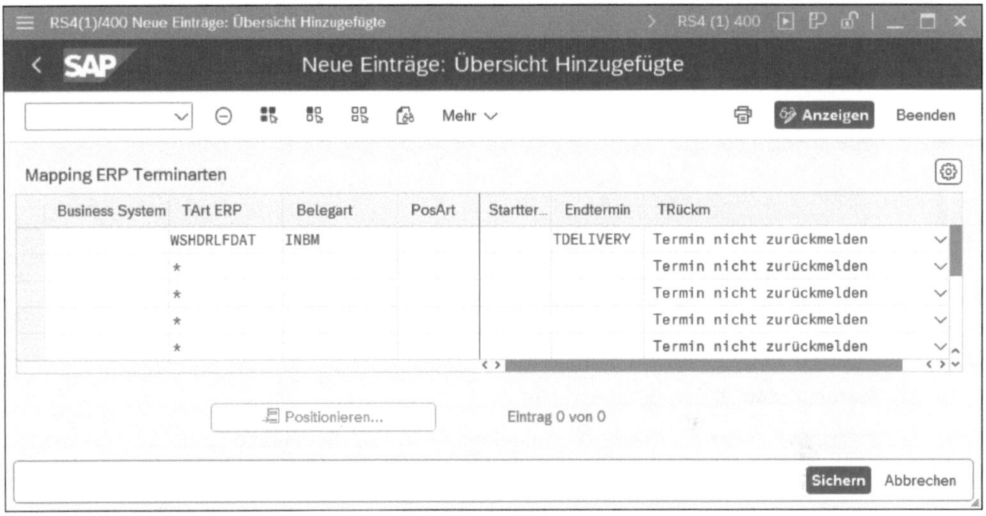

Abbildung 4.59: Terminarten aus dem ERP-System in EWM abbilden

TArt ERP	Belegart	Endtermin
WSHDRLFDAT	INBM	TDELIVERY

Tabelle 4.8: Parameter zur Definition der Terminart

24. **Nachrichtenverarbeitung empfängerabhängig steuern**

    Zum Abschluss prüfen Sie, ob in der empfängerabhängigen Steuerung der Nachrichtenverarbeitung der in Abbildung 4.60 gezeigte Eintrag gepflegt ist. Erfassen Sie bei **ERP-/EWM-BlgArt** »INBM«, bei **HU-Param** »HU-Daten zurückmelden«, bei **Lieferintervall** »01« und bei **PosSchrittweite** »10«.

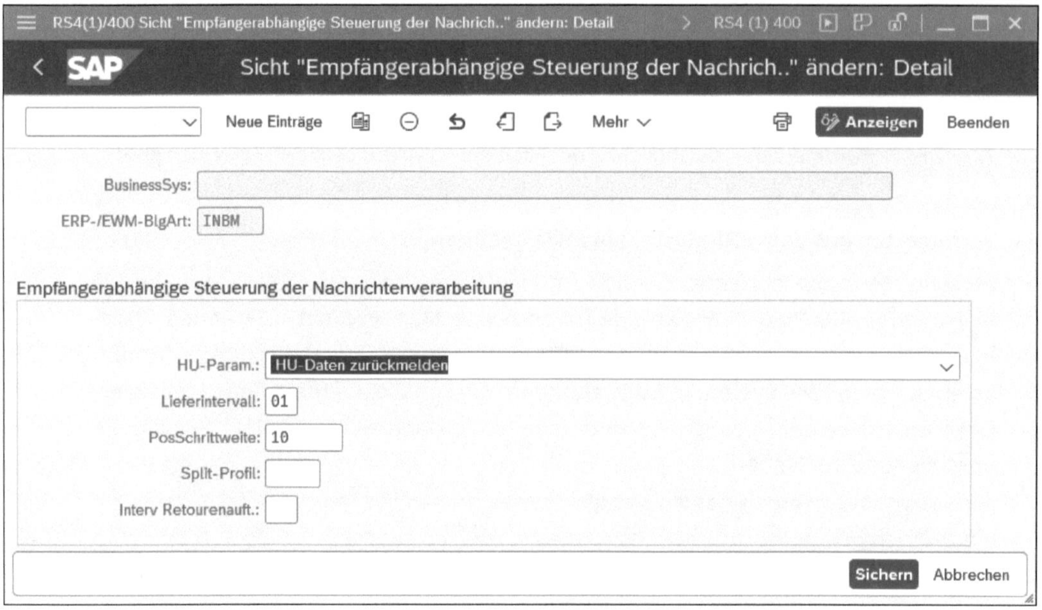

Abbildung 4.60: Nachrichtenverarbeitung empfängerabhängig steuern

4.3.3 Stammdaten

In diesem Abschnitt zeigen wir Ihnen die für die Integration notwendigen Konfigurationsschritte in den Stammdaten. Befolgen Sie die folgenden Schritte, damit der zuvor beschriebene Geschäftsprozess funktioniert:

1. **Materialstamm-Lagerort erweitern**

   Wir setzen voraus, dass der Materialstamm, die Stückliste und der Arbeitsplan für einen Fertigungsauftrag bereits vorhanden sind. Verwenden Sie ein bestehendes Fertigmaterial Ihres Unternehmens und erweitern Sie es mit Ihrem EWM-Lagerort. Hierzu öffnen Sie die Transaktion **MMSC**. Fügen Sie Ihre Materialnummer und Ihr Werk ein und bestätigen Sie mit [↵].

   Fügen Sie nun Ihre EWM-Lagerorte ein und schließen Sie mit einem Klick auf **Sichern** (siehe Abbildung 4.61).

2. **Materialstamm anpassen**

   Im nächsten Schritt ändern Sie den Produktionslagerort und das Fertigungssteuerprofil. Öffnen Sie hierzu die Transaktion **MM02**. Geben Sie die Materialnummer ein, wählen Sie die Sicht **Arbeitsvorbereitung** aus und bestätigen Sie Ihre Auswahl. Geben Sie anschließend Ihr Werk und Ihren Lagerort ein. Ändern Sie nun das Fertigungssteuerungsprofil sowie den Lagerort auf Ihren Produktionslagerort (siehe Abbildung 4.62). Klicken Sie abschließend auf **Sichern**.

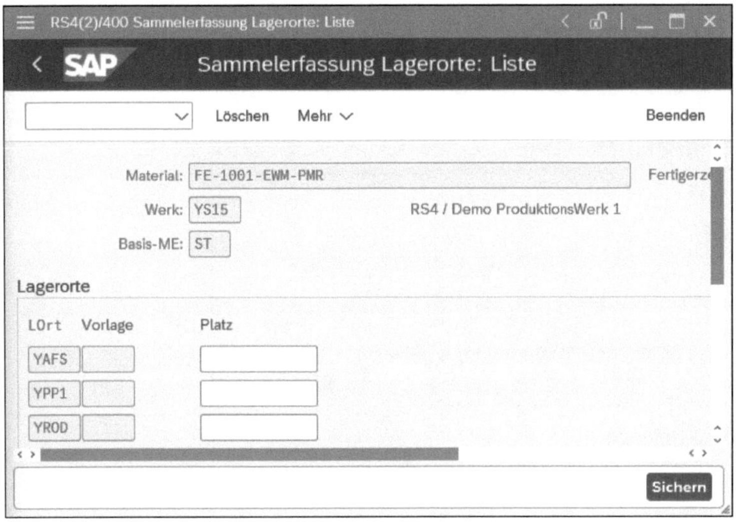

Abbildung 4.61: Materialstamm-Lagerort erweitern

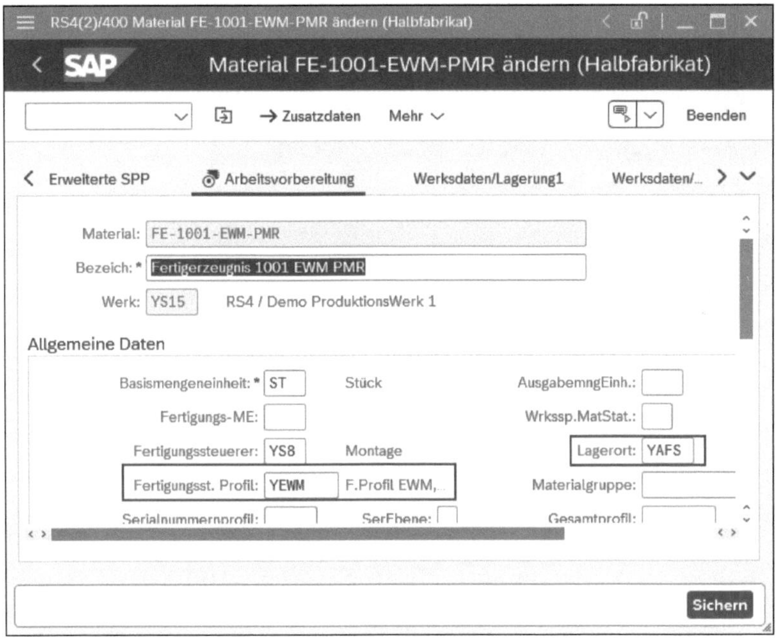

Abbildung 4.62: Materialstamm anpassen

3. **PVB anlegen**

   Zur Steuerung in der Produktion benötigen Sie pro Bahnhof einen PVB. Diesen legen Sie mithilfe der Transaktion **PK05** an. Nach Eingabe und Bestätigung Ihres Werks klicken Sie auf **Neue Einträge**. Fügen Sie anschließend den PVB, einen Kurztext, den

Lagerort und die verantwortliche Person ein (siehe Abbildung 4.63). Speichern Sie anschließend Ihre Angaben mit **Sichern**.

Abbildung 4.63: PVB anlegen

4. **Regelkreis anlegen**

   In der Transaktion **LPK1** legen Sie nun den Regelkreis an. Fügen Sie hierzu das Werk und den PVB ein und bestätigen Sie mit [↵]. Als Nächstes geben Sie den Quelllagerort und das Bereitstellungskennzeichen **5** an (siehe Abbildung 4.64). Abschließend klicken Sie auf **Sichern**.

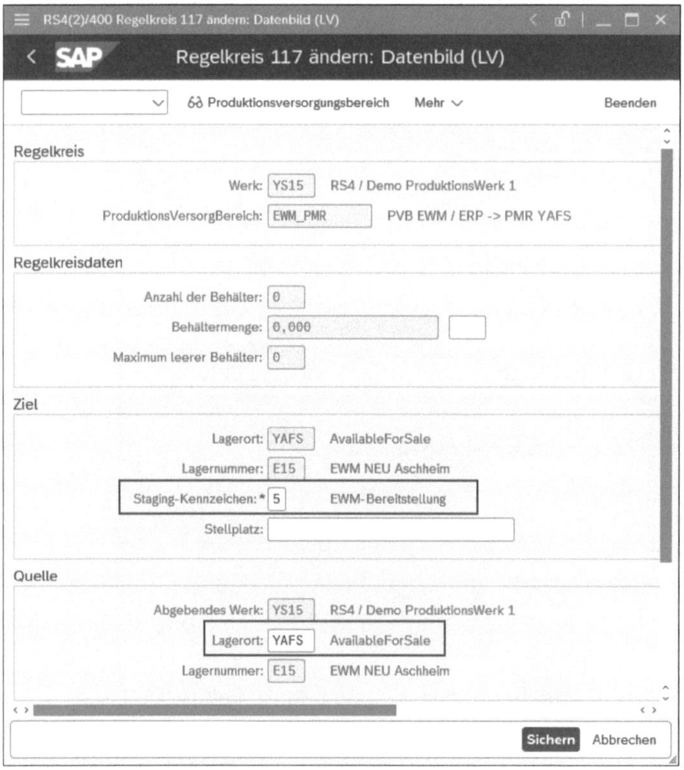

Abbildung 4.64: Regelkreis anlegen

5. **Arbeitsplatz aktualisieren**

   Die Transaktion **CA03** ermöglicht Ihnen die Analyse des eingesetzten Arbeitsplatzes für Ihr Fertigmaterial. Fügen Sie hierfür das Material und das Werk ein und bestätigen Sie mit **Weiter**. Mit Hilfe der Transaktion **CR02** können Sie anschließend den PVB im Arbeitsplatz hinterlegen (siehe Abbildung 4.65). Schließen Sie danach die Änderung mit **Sichern** ab.

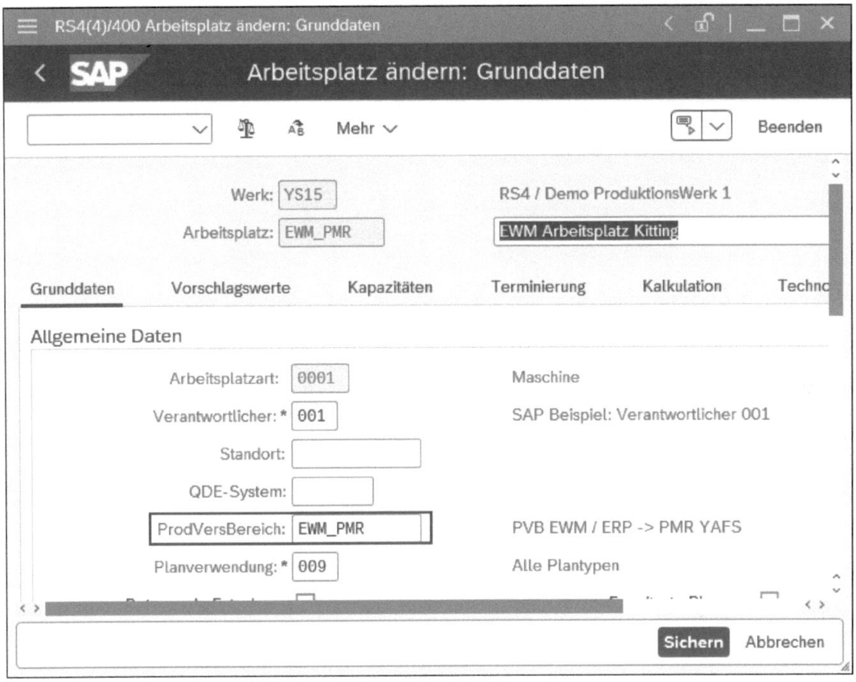

Abbildung 4.65: PVB im Arbeitsplatz hinterlegen

6. **EWM-PVB aussteuern**

   In embedded EWM wurde der PVB bereits automatisch verteilt. Im dezentralen EWM müssen Sie diesen noch mit der Transaktion **/SCWM/ PSA_REPLICATE** verteilen. Öffnen Sie hierzu die Transaktion **/SCWM/PSASTAGE** und klicken Sie auf **Neue Einträge**. Fügen Sie nun Ihre verfügungsberechtigte Person, den Ziellagerplatz, die Mindestproduktmenge im PVB, die Einheit und die Lagerprozessart zur Räumung des PVB ein. Wählen Sie anschließend über das Auswahlmenü Ihren PVB, die Bereitstellungsmethodik und die Mengenberechnung aus (siehe Abbildung 4.66). Beachten Sie dabei, dass Sie die Einstellungen gemäß dem SAP-Hinweis 3321845 vornehmen, um eine Bereitstellung mit exakten Mengen zu erhalten. Klicken Sie abschließend auf **Sichern**.

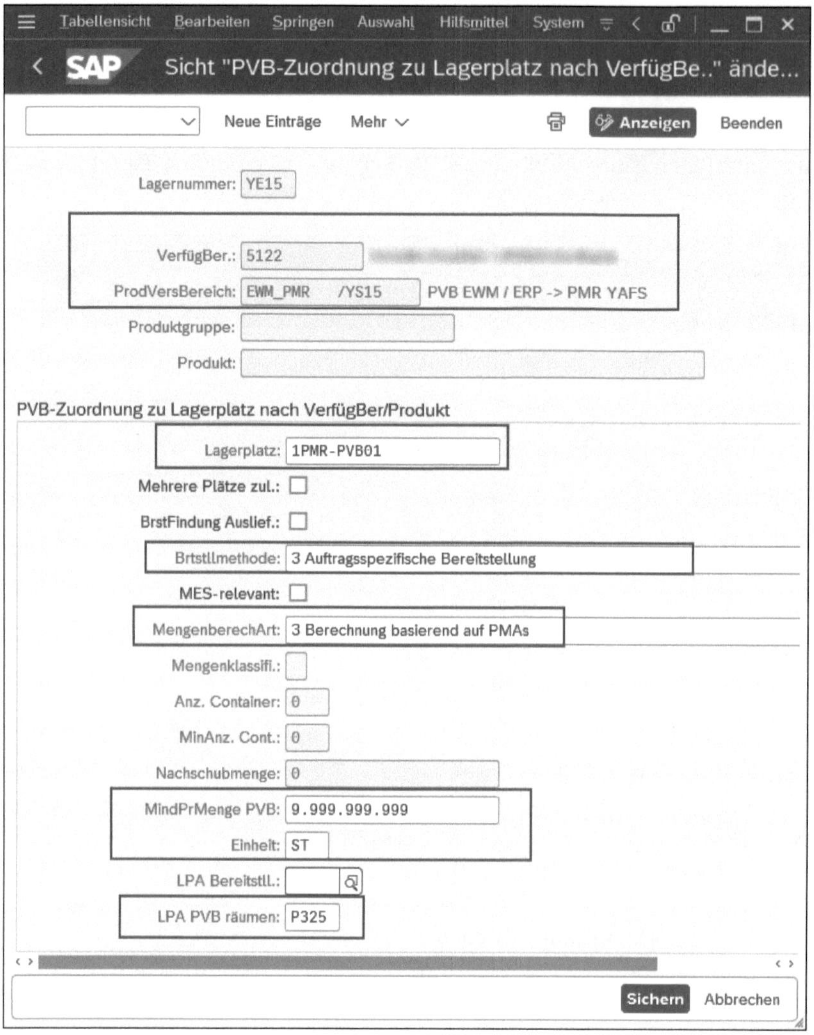

Abbildung 4.66: EWM-PVB aussteuern

7. **Automatische Lageraufgabenerstellung einstellen**

   Nachdem der Wareneingang mittels RFUI (eine mobile Anwendung von EWM) erfasst wurde, soll automatisch eine Lageraufgabe für die Weiterverarbeitung erstellt werden. Pflegen Sie hierzu den Konditionssatz in der Transaktion **/SCWM/DLVPPFC**. Wählen Sie die Pflegegruppe **DLVIMFG** aus und bestätigen Sie mit **Ausführen**. In der sich nun öffnenden Ansicht pflegen Sie den entsprechenden Konditionssatz, wie in Abbildung 4.67 und Tabelle 4.9 dargestellt. Hierbei klicken Sie zunächst auf **Lagernummer** ❶ und danach auf das Icon (**Sätze auswählen**, ❷). Geben Sie anschließend Ihre Lagernummer ein und drücken Sie F8. SAP selektiert nun alle Konditionssätze.

Konditionsart	Aktionsdefinition	Belegart	Lagerplatz WBBuchung	Lagernummer
0DMG	/SCWM/PDI_02_GR_POST	INBM	GR_YDI1	Ihre LGNum

Tabelle 4.9: Parameter für die automatische Lageraufgabenerstellung

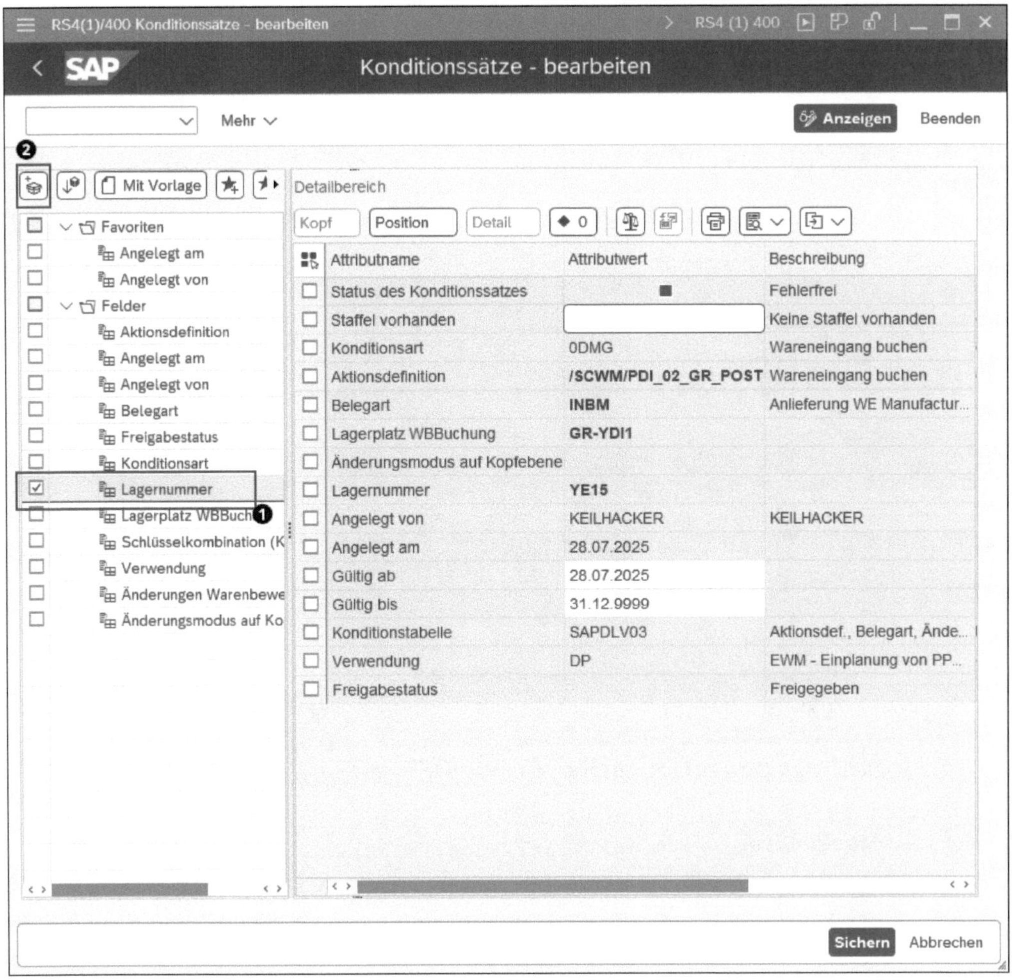

Abbildung 4.67: Automatische Lageraufgabenerstellung einstellen

4.3.4 Prozessdemo

Nachdem nun alle Einstellungen und Stammdaten angelegt wurden, starten wir mit der Prozessdemo, durch die wir Sie im Folgenden Schritt für Schritt führen.

1. **Fertigungsauftrag anlegen und freigeben**

   Erstellen Sie mit der Transaktion **CO01** einen Fertigungsauftrag zu Ihrem Fertigmaterial. Fügen Sie in der ersten Ansicht Ihr Fertigmaterial ein und klicken Sie auf **Weiter**. In der folgenden Ansicht geben Sie die Gesamtmenge ❶ und die Termine ❷ ein. Klicken Sie auf das Icon [⚑] (**Freigabe**) ❸ und abschließend auf **Sichern** ❹ (siehe Abbildung 4.68).

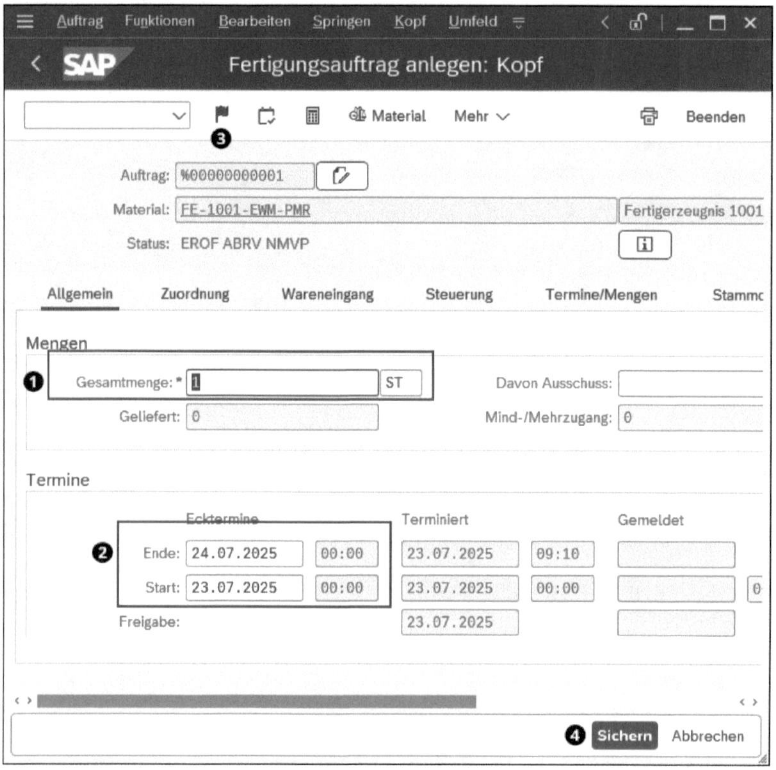

Abbildung 4.68: Fertigungsauftrag anlegen und freigeben

2. **PMA prüfen**

   Zur Prüfung der PMA öffnen Sie die Transaktion **/SCWM/PMR**. Ändern Sie die Suche auf »REFDOCNO_PPO_H Produktionsauftrag« und fügen Sie nun Ihren Fertigungsauftrag in das Suchfeld ein (siehe Abbildung 4.69). Drücken Sie abschließend [F8]. EWM zeigt Ihnen nun die erstellte PMA mit der zu verbrauchende Komponente bzw. dem Fertigmaterial.

3. **Bereitstellung starten**

   Starten Sie nun die Bereitstellung mit der Transaktion **/SCWM/STAGE**. Fügen Sie Ihren Fertigungsauftrag ein ❶ und deaktivieren Sie den Testmodus ❷. Im Anschluss klicken Sie auf **Ausführen** (siehe Abbildung 4.70). EWM hat nun Lageraufgaben zur Kommissionierung erstellt.

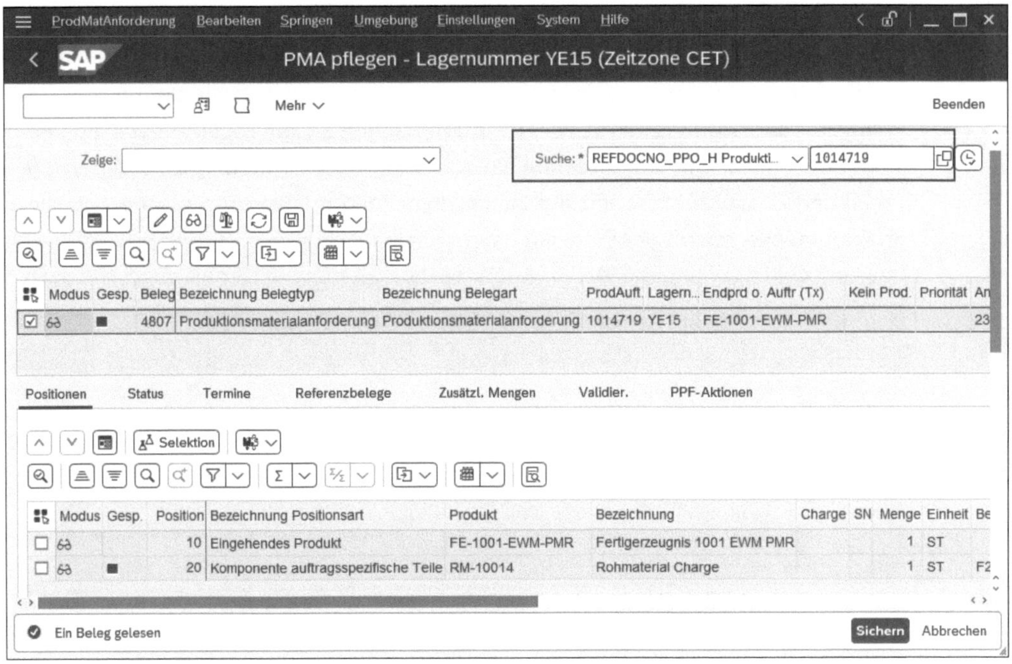

Abbildung 4.69: PMA prüfen

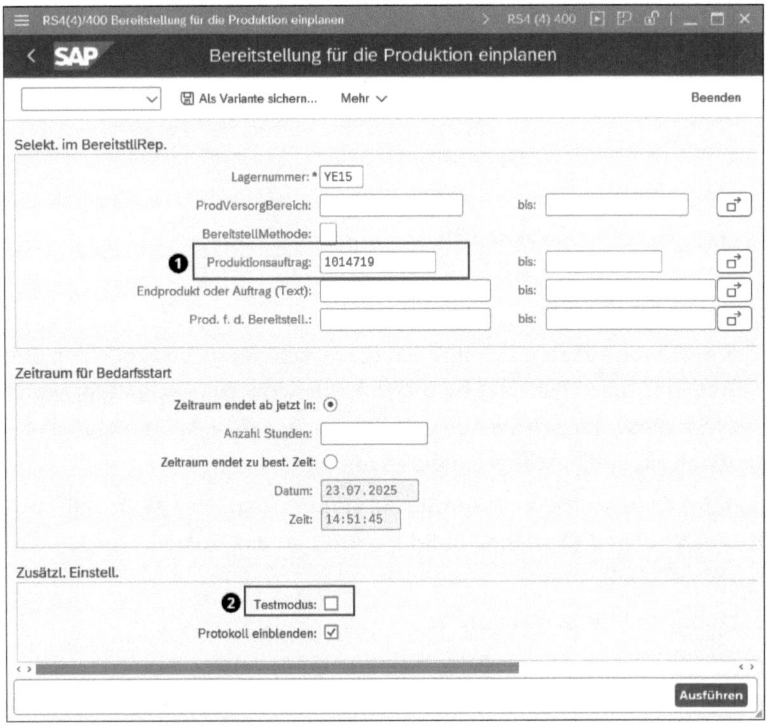

Abbildung 4.70: Bereitstellung starten

4. **Kommissionierung quittieren**

   Um die Bereitstellung abzuschließen, wird nun die Ware kommissioniert und bereitgestellt. Zur Vereinfachung quittieren wir die Bewegungen anstelle der mobilen Umgebung mit der Transaktion **/SCWM/TO_CONF**. Geben Sie die Lageraufgabe ein und drücken Sie [F8], um die Selektion vorzunehmen. In Abbildung 4.71 sehen Sie die selektierte Lageraufgabe mit der zuvor eingestellten Lagerprozessart sowie die Entnahmemenge gemäß der PMA. Mit einem Klick auf [Quittieren + Sichern] erfolgt die Quittierung der Lageraufgabe. Die Komponentenbereitstellung ist nun abgeschlossen.

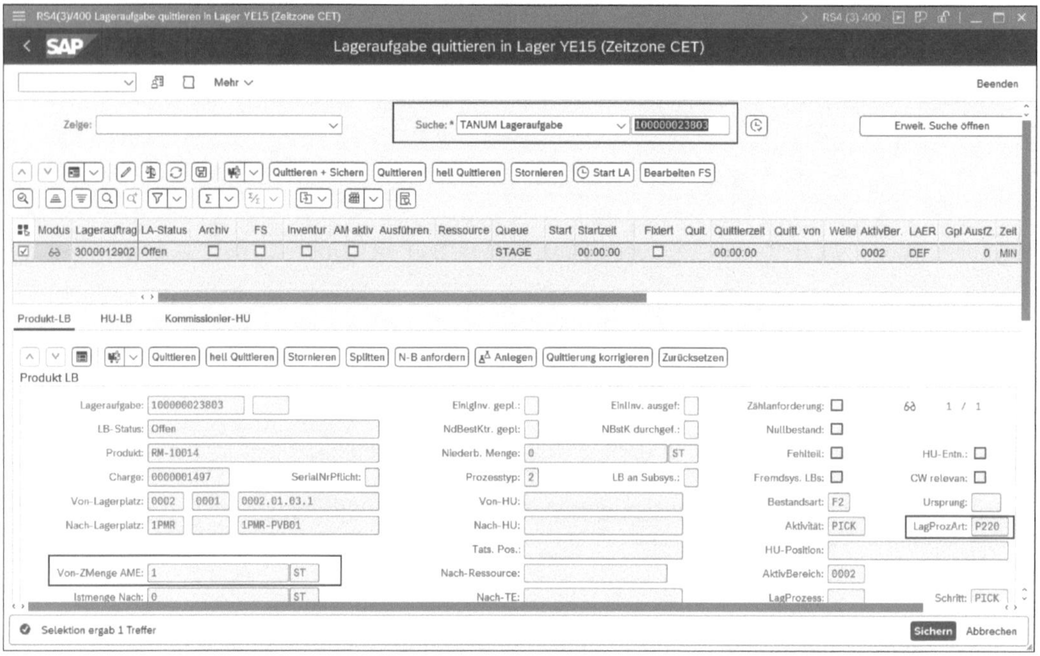

Abbildung 4.71: Kommissionierung quittieren

5. **Komponentenverbrauch buchen**

   Zur Prüfung der Bestände auf dem PVB und um die Komponente auszubuchen, öffnen Sie das SAP Fiori Launchpad (Transaktion **ui2/flp**). Suchen Sie die App **Verbrauch buchen** und öffnen Sie diese. Tragen Sie nun Ihre Fertigungsauftragsnummer in das Feld **Produktionsauftrag** ein und bestätigen Sie dies mit [↵].

   In der sich nun öffnenden Ansicht erfassen Sie die Verbrauchsmenge ❶ und klicken danach auf **Verbrauch buchen** ❷ (siehe Abbildung 4.72). In der Fußzeile der App sehen Sie Ihren bereitgestellten Bestand.

6. **Verbrauchsbuchung im ERP-System prüfen**

   Öffnen Sie hierzu die Transaktion **MB51**. Selektieren Sie nach dem aktuellen Buchungsdatum und Ihrer Komponente und drücken Sie [F8]. Ihnen wird der Verbrauch der Komponente angezeigt (siehe Abbildung 4.73).

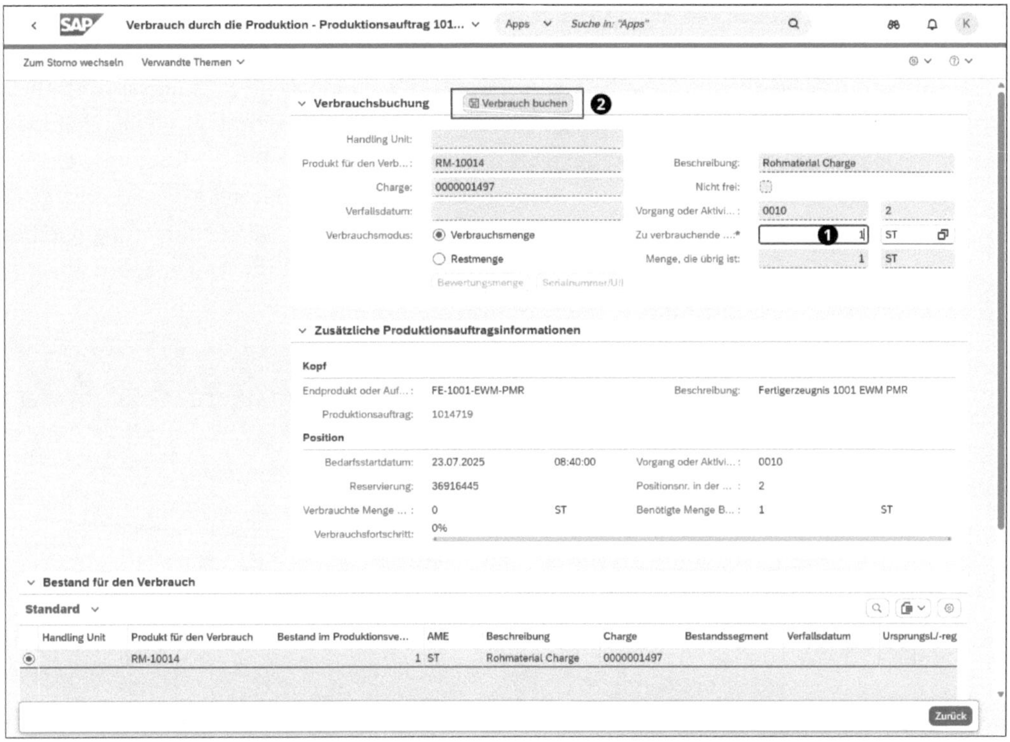

Abbildung 4.72: Verbrauch buchen

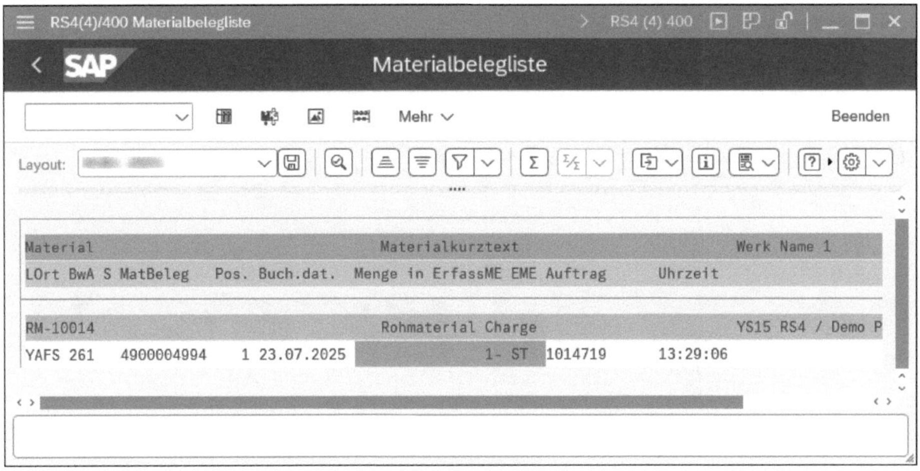

Abbildung 4.73: Materialbelegliste – Verbrauchsbuchung

7. **Wareneingang buchen**

   Buchen Sie nun den Wareneingang zum Fertigmaterial. Hierzu springen Sie mit der Transaktion **/SCWM/RFUI** in die mobilen EWM-Anwendungen. Wählen Sie dort **03 Ein-**

gangsprozesse • 04 Empfang der Handling Unit • 06 Eing. HU nach Produktionsauftrag • 04 Eingang HU nach Auftrag. Wählen Sie anschließend Ihren EWM-Arbeitsplatz aus und bestätigen Sie mit Enter. Geben Sie dann Ihren Fertigungsauftrag ein und bestätigen Sie mit Enter. Verifizieren Sie das Fertigmaterial durch die Eingabe der Materialnummer und bestätigen Sie mit Enter. Abschließend erfassen Sie das Packmaterial und optional die HU-Nummer und bestätigen dies mit Enter. Den gesamten Vorgang sehen Sie in Abbildung 4.74. SAP erstellt nun eine Anlieferung und bucht den Wareneingang automatisch. Auch die Lageraufgabe für die Einlagerung wird erstellt.

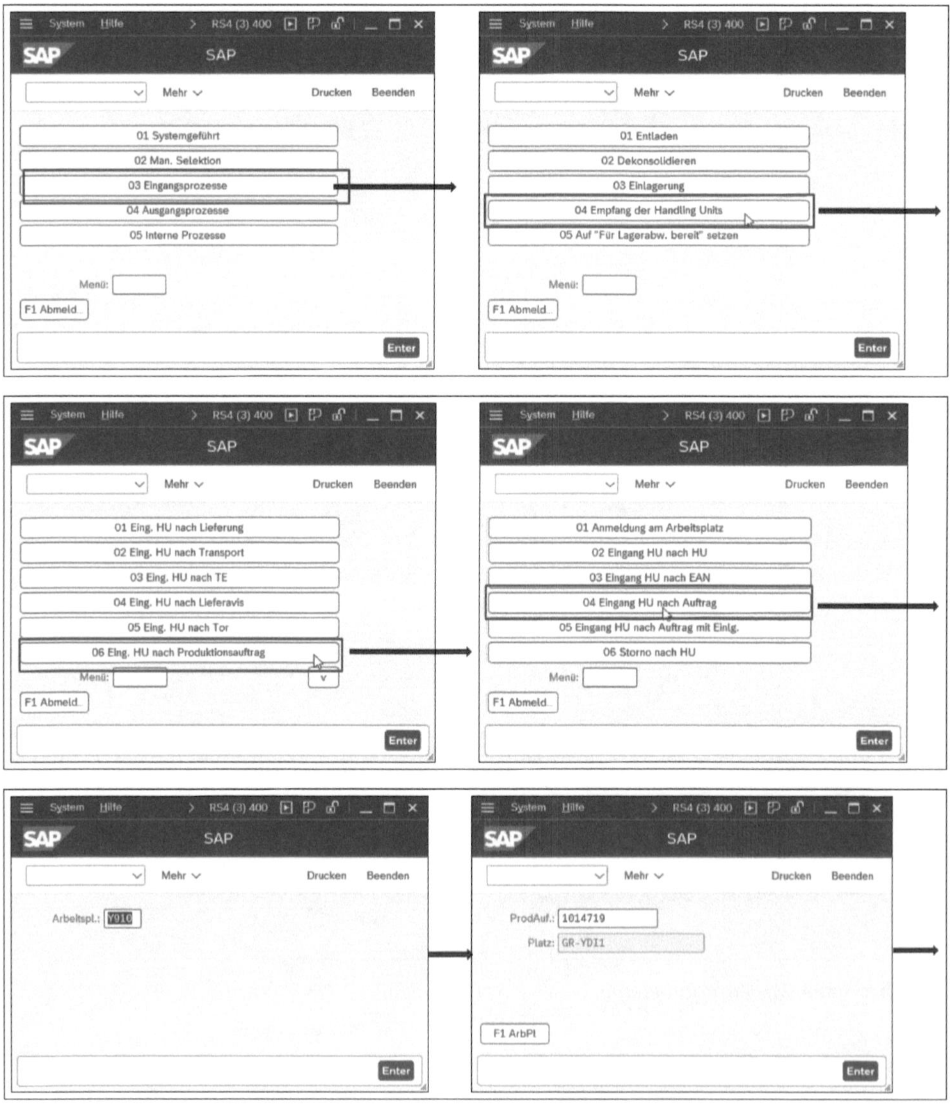

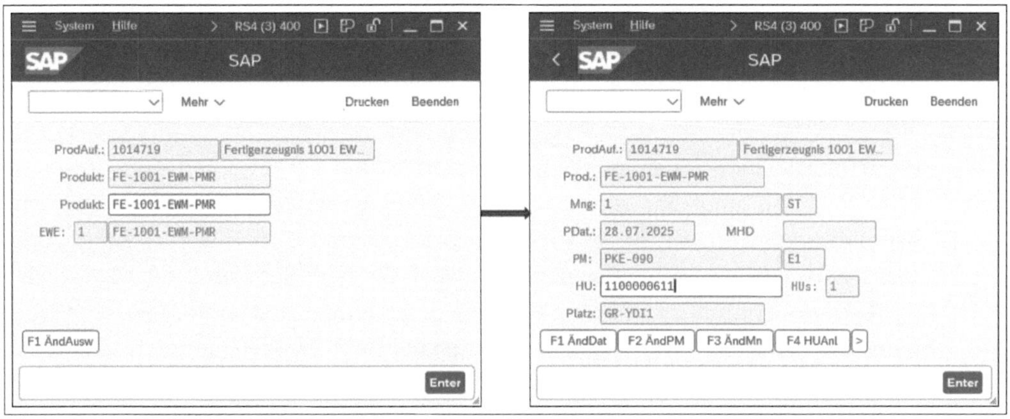

Abbildung 4.74: Wareneingang buchen

8. **Materialbeleg prüfen**

   Prüfen Sie abschließend den erzeugten Materialbeleg in der Transaktion **MB51**. Selektieren Sie hierzu das aktuelle Buchungsdatum sowie Ihr Fertigmaterial im Feld **Material**. Der Materialbeleg wird Ihnen daraufhin angezeigt (siehe Abbildung 4.75).

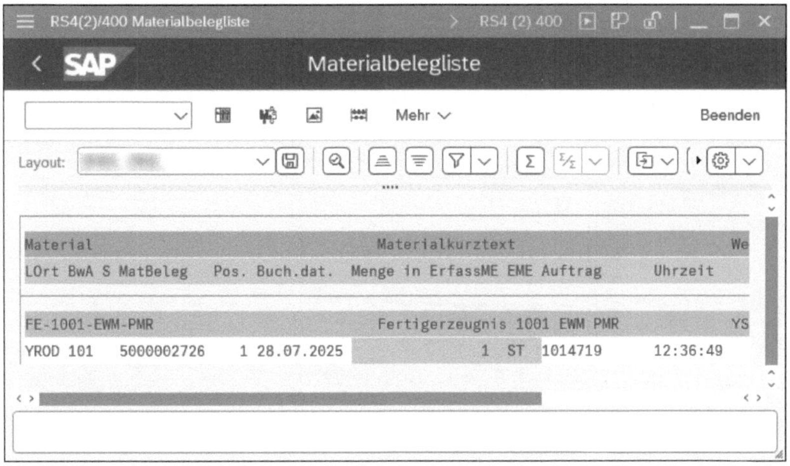

Abbildung 4.75: Materialbeleg Wareneingang

Der Geschäftsprozess ist nun abgeschlossen.

4.4 Externer Nachschub mit JIT

Nachdem wir die Standardbereitstellungsmethoden betrachtet haben, gehen wir nun auf eine weitere Form der Bereitstellung ein, die in der Serienfertigung genutzt wird. *Just-in-Time* (JIT) ist ein Logistikkonzept, bei dem Materialien exakt zu dem Zeitpunkt bereitgestellt werden, an dem sie im Fertigungsprozess benötigt werden. Ziel ist es, Materialpuffer auf ein Minimum zu reduzieren und den aktuellen Bedarf der Fertigungslinie punktgenau zu decken. Die Grundlage dafür sind durchgängig optimierte Prozesse in der Supply-Chain-Planung und -Abwicklung.

Die JIT-Abwicklung findet vor allem in der Serien- und diskreten Fertigung Anwendung, bspw. in der Automobilindustrie. Sie eignet sich besonders, wenn große Produktmengen benötigt werden und der Bedarf im Voraus präzise prognostiziert werden kann. Dadurch wird eine exakte Nachschubplanung ermöglicht. Ein zentraler Vorteil der JIT-Abwicklung ist die enge Abstimmung zwischen externen und internen Lieferanten sowie mit Produktionslagern, die häufig den letzten Nachschubabschnitt der Fertigungslinie übernehmen. So wird eine effiziente und bedarfsgerechte Versorgung sichergestellt und gleichzeitig werden Lagerkosten reduziert. In EWM wird hierbei zwischen externen und internen Nachschüben für JIT-Abrufe unterschieden. Beim internen Nachschub für JIT-Abrufe erfolgt die Bereitstellung innerhalb des Lagers an die Produktionslinie. Beim externen Nachschub durch JIT spielen für die Gesamtabwicklung weitere SAP-Module wie z. B. MM, PP, SAP LE und SAP TM eine Rolle, da hier der Prozess vom Lieferanten bis zur Produktionslinie dargestellt wird.

In diesem Abschnitt betrachten wir den Ablauf des externen Nachschubs durch JIT.

In Abbildung 4.76 sehen Sie den Ablauf des externen Nachschubs mit JIT über die Modulgrenzen hinweg. Zunächst wird in MM (Materialwirtschaft) der Lieferplan erstellt. Anschließend werden die Lieferabrufe der Materialien geplant.

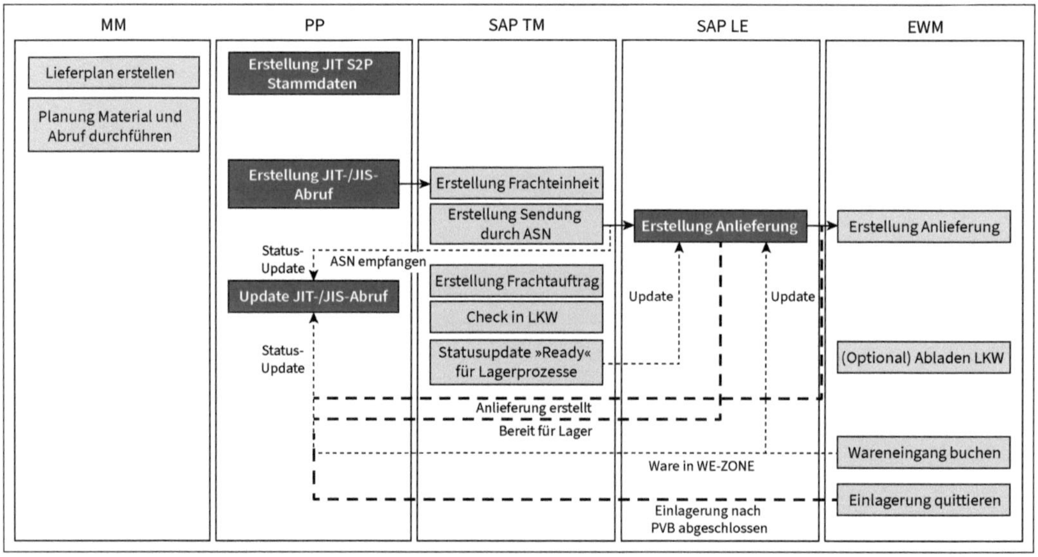

Abbildung 4.76: Externer JIT-Abruf

Die Lieferabrufe werden dem Lieferanten mitgeteilt, sodass dieser seine Planung vornehmen kann. In PP (Produktionsplanung) werden die JIT-Stammdaten erstellt, z. B. Regelkreise. Sobald Stammdaten vorhanden sind und ein entsprechender Produktionsauftrag eingelastet wurde, erfolgt der initiale JIT-Abruf.

In SAP TM (Transport Management) wird nun eine Frachteinheit erstellt. Der Lieferant übermittelt das Lieferavis (ASN) per EDI. Dadurch wird eine Sendung erstellt und in SAP LE (Logistic Execution) eine Anlieferung angelegt, die automatisch an EWM repliziert und infolgedessen auch dort angelegt wird. Nach Erstellung des Anlieferbelegs erfolgt ein Update des JIT-/JIS-Abrufs. Im nächsten Schritt wird der Frachtauftrag final geplant und erstellt.

Mit der Ankunft des LKWs am Werk startet der Prozess in der Logistik. Im Hintergrund erfolgt eine weitere Aktualisierung des JIT-/JIS-Abrufs. In EWM erfolgt nun das Abladen des LKWs und die Verbuchung des Wareneingangs. Durch die Wareneingangsbuchung wird der JIT-/JIS-Abruf erneut aktualisiert. Nach dem Wareneingang wird die Ware an die Produktionslinie verbracht und die Lageraufgabe quittiert. Mit der Quittierung der Lageraufgabe ist der JIT-/JIS-Abruf auf **erledigt** zu setzen.

Weitere Informationen hierzu finden Sie unter:

- *http://s-prs.de/11049004*
- *http://s-prs.de/11049005*
- *http://s-prs.de/11049006*

4.5 Integration von SAP Digital Manufacturing

Mit *SAP Digital Manufacturing* lassen sich Produktionsaufträge – inklusive der verfügbaren Ressourcen – effizient planen und sämtliche Folgeprozesse automatisiert anstoßen. Die Lösung unterstützt Unternehmen dabei, ihre Abläufe entlang der gesamten Wertschöpfungskette zu optimieren.

In der heutigen Zeit sind Technologien wie Cloud, IoT, Machine Learning, Predictive Maintenance, Big Data und Robotics von entscheidender Bedeutung für die Wettbewerbsfähigkeit. In die Supply Chain integriert, entfalten diese Technologien ihr volles Potenzial und leisten einen wesentlichen Beitrag zum Unternehmenserfolg. SAP Digital Manufacturing (ehemals SAP Digital Manufacturing Cloud) erfüllt sämtliche Anforderungen der Industrie 4.0 und gilt als zukunftsweisende Lösung – bis hin zur Smart Factory. Als zentrales, cloudbasiertes MES für die Fertigungs- und Prozessindustrie ermöglicht es die durchgängige Orchestrierung, Ausführung und Überwachung von Produktionsprozessen. Dabei verbindet es die Geschäftssysteme der Unternehmensebene mit den Anlagen in der Fertigung und schafft so eine globale Transparenz über alle Werke hinweg. Durch die nahtlose Verkettung von SAP Digital Manufacturing, EWM und ERP-System entstehen bereichsübergreifende Synergien entlang der gesamten Supply Chain.

Von der Grobplanung der Fertigung im ERP-System, über die Feinplanung in SAP Digital Manufacturing bis hin zur Optimierung intralogistischer Prozesse sowohl innerhalb als auch von und ab der Produktion – die integrierte Systemlandschaft schafft durchgängige Transparenz, reduziert Reibungsverluste und steigert die Effizienz in allen Prozessschritten.

Durch die Integration von EWM mit SAP Digital Manufacturing stehen folgende Funktionen zur Verfügung:

- **Bereitstellungsanforderung**
  Mithilfe von Produktionsmaterialanforderungen in EWM erfolgt die Bereitstellungsanforderung aus SAP Digital Manufacturing.
- **Materialverbrauch**
  SAP Digital Manufacturing bucht die Verbräuche zur Produktionsmaterialanforderung über EWM bzw. stößt den Storno an.
- **Wareneingang**
  SAP Digital Manufacturing stößt den Wareneingang und ggf. die HU-Erstellung in EWM an. Auch hier ist ein Stornoprozess vorgesehen.
- **EWM-WIA-Handhabung**
  Ab dem Release SAP S/4 HANA 2021 stehen auch die Erstellung, Bereitstellung und Verbräuche von Ware in Arbeit (WIA) in EWM zur Verfügung.
- **EWM-Bestandssynchronisierung**
  Die Bestandssynchronisierung dient in SAP Digital Manufacturing dazu, vor Belegbuchungen Validierungen zu ermöglichen und die Produktionsmitarbeitenden ohne EWM-Zugriff mit Bestandsinformationen zu versorgen.

4.5.1 Kommunikationsübersicht

Abbildung 4.77 zeigt den Kommunikationsablauf zwischen ERP-System, EWM und SAP Digital Manufacturing bei einem klassischen Fertigungsauftrag. Nach der Erstellung und Freigabe des Produktionsauftrags wird dieser an SAP Digital Manufacturing übergeben. Hier erfolgt eine erneute Freigabe. Anschließend wird die Bereitstellung der Komponenten in SAP Digital Manufacturing angestoßen und diese werden an EWM übertragen. EWM erstellt daraufhin die Lageraufgaben und stellt die Komponenten am PVB bereit. Mit der Quittierung wird SAP Digital Manufacturing informiert.

Somit kann der Produktionsauftrag gestartet werden. SAP Digital Manufacturing bucht die Verbrauchsbuchungen und übergibt diese an EWM, das wiederum die Buchungen vornimmt, wodurch auch die Warenausgangsbuchung im ERP-System mittels des Dokuments »Materialbeleg« durchgeführt wird. Abschließend erfolgt in SAP Digital Manufacturing die Anlage eines Packstücks. SAP Digital Manufacturing bucht die Fertigteile in das Packstück. Sofern dieses voll ist, erfolgt der Wareneingang mit der Anlieferung in EWM sowie per Materialbeleg im ERP-System.

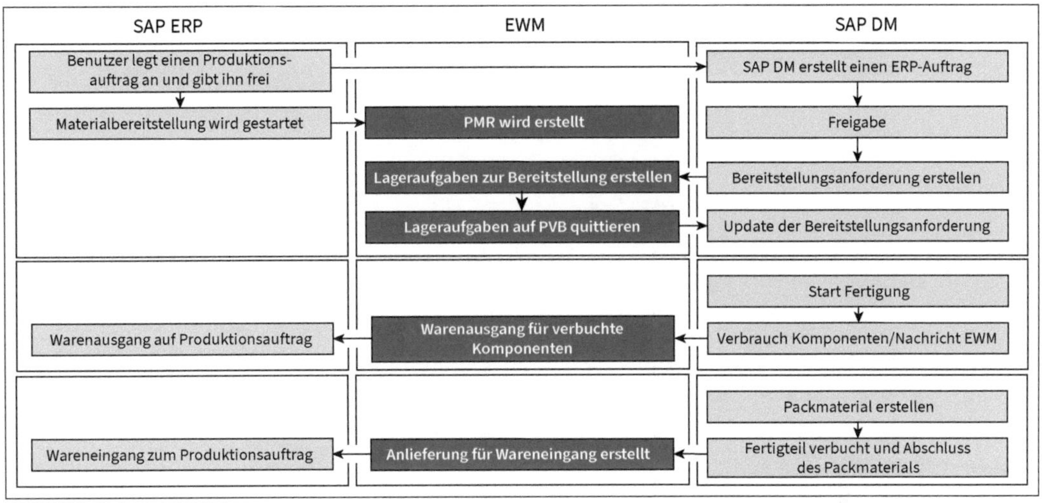

Abbildung 4.77: Kommunikation mit ERP, EWM und SAP DM

4.5.2 Konfiguration

In diesem Abschnitt gehen wir nun auf die technische Integration von EWM mit SAP Digital Manufacturing ein. Bitte beachten Sie, dass Sie zuvor die BC-Sets für die erweiterte Produktionsintegration einspielen müssen. SAP verweist für die Anbindung auch auf den SAP-Hinweis 3137363 – *MES-gesteuerte Bereitstellung: Leitfaden*. Bevor Sie mit der Integration beginnen, müssen Sie Ihr SAP Digital Manufacturing mit Ihrem SAP-S/4HANA-System verbinden. Den entsprechenden Leitfaden sowie einen vollständigen Überblick über die Integration finden Sie auch hier: *http://s-prs.de/11049007*

Beginnen wir nun mit der Integration:

1. **Services aktivieren**

   Aktivieren Sie die folgenden Webservices:

   - **WarehouseStagingRequest_In**
   - **WarehouseRequestStatus_Out**
   - **WarehouseStagingMethod_Out**
   - **WarehouseStockChangeNotification_Out**

   Öffnen Sie hierzu die Transkation **SPROXY**. Klicken Sie auf **Enterprise Service Browser** ❶ und danach auf **Namensräume** ❷ (siehe Abbildung 4.78).

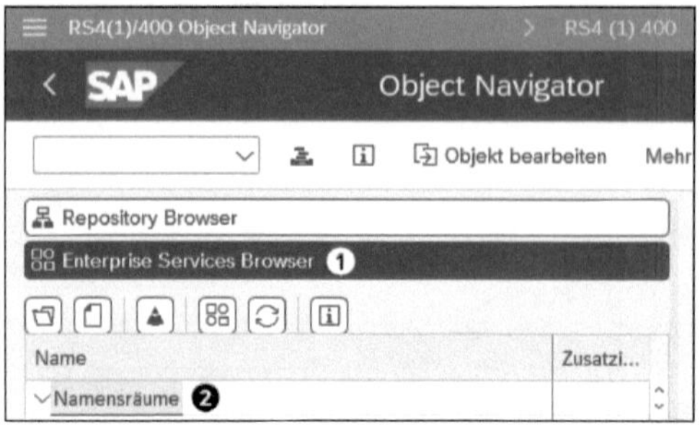

Abbildung 4.78: Services aktivieren

2. **Service-Provider auswählen**

   Nun wählen Sie, wie in Abbildung 4.79 gezeigt, den Namensraum *http://sap.com/xi/EWM/Global* ❶ aus. Wählen Sie dann **Objekttypen** ❷, **Service-Provider** ❸ **Objekte** ❹ und anschließend per Doppelklick den Service **WarehouseStagingRequest_In** aus.

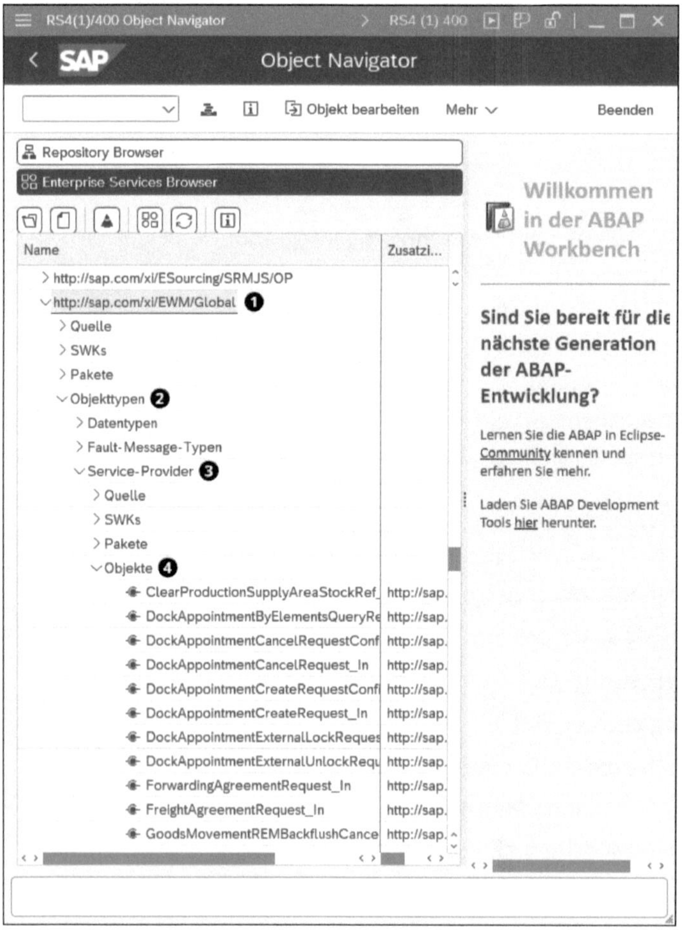

Abbildung 4.79: Service-Provider auswählen

3. **SOA-Manager starten und Service WarehouseStagingRequest_In konfigurieren**

   Starten Sie nun per Klick auf das Icon (**SOA-Manager starten**) den SOA-Manager (siehe Abbildung 4.80). Klicken Sie im sich öffnenden Browserfenster auf **Service anlegen**.

Abbildung 4.80: SOA-Manager starten

Definieren Sie nun zunächst den Servicenamen und den Service-Beschreibungstext und geben Sie einen neuen Binding-Namen an (siehe Abbildung 4.81).

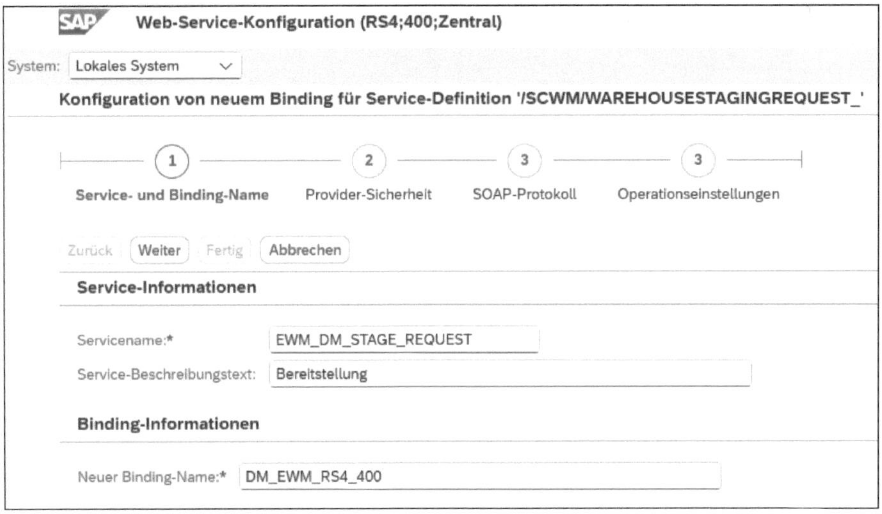

Abbildung 4.81: Namen definieren

Nach der Namensdefinition klicken Sie auf **Weiter**. Ihnen werden nun die Parameter für die Provider-Sicherheit angezeigt (siehe Abbildung 4.82). Klicken Sie im Anschluss auf **Weiter** und in der sich öffnenden Ansicht auf **Fertig**.

4. **Service-Consumer auswählen**

   Nun aktiveren Sie die weiteren Services. Wählen Sie dazu in der Transaktion **SPROXY** den Namensraum *http://sap.com/xi/EWM/Global* ❶ aus. Wählen Sie dann **Objekttypen** ❷, **Service-Consumer** ❸ **Objekte** ❹ und anschließend per Doppelklick den Service **WarehouseRequestStatus_Out** aus (siehe Abbildung 4.83).

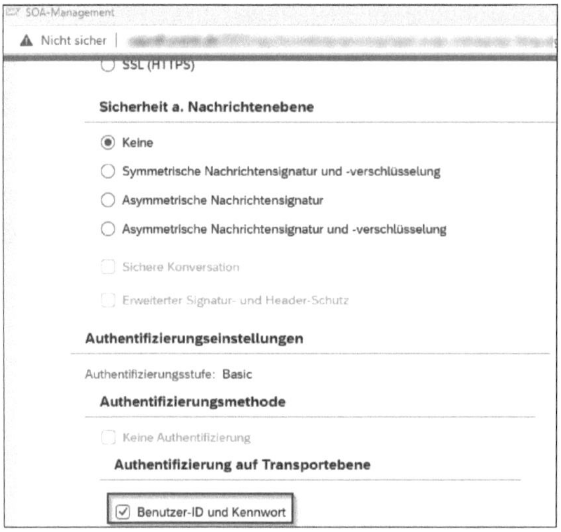

Abbildung 4.82: Parameter für die Provider-Sicherheit

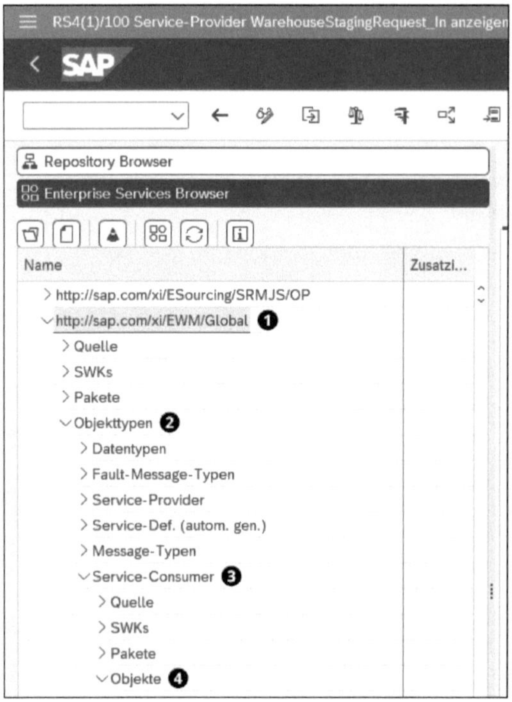

Abbildung 4.83: Service-Consumer auswählen

5. **SOA-Manager starten und Service WarehouseRequestStatus_Out konfigurieren**

   Starten Sie mit **SOA-Manager starten** die Konfiguration erneut (siehe Abbildung 4.80). Wählen Sie nun **Anlegen • Manuelle Konfiguration**. Anschließend erfassen Sie den Namen des logischen Ports und die Beschreibung (siehe Abbildung 4.84). Klicken Sie dann auf **Weiter**.

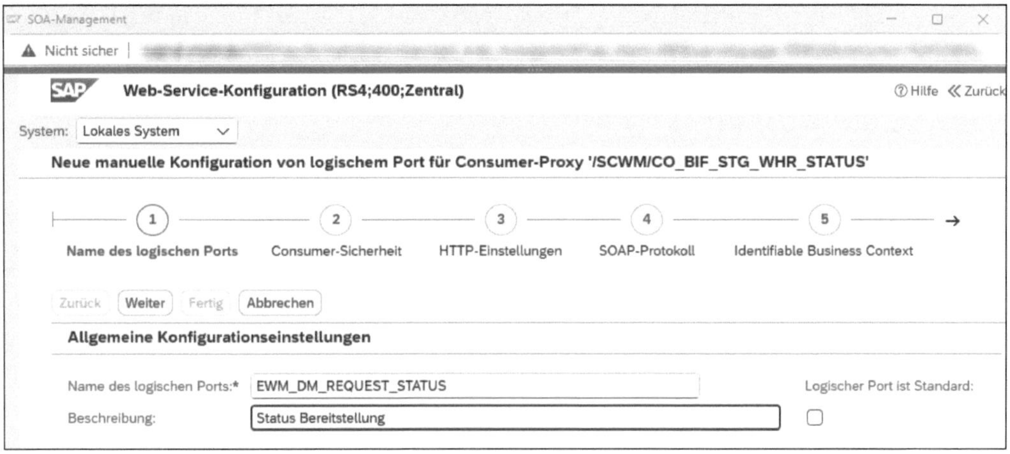

Abbildung 4.84: Port definieren

Im zweiten Konfigurationsschritt hinterlegen Sie Ihren technischen User für den Datenaustausch mit der SAP BTP (siehe Abbildung 4.85). Klicken Sie nach der Eingabe auf **Weiter**.

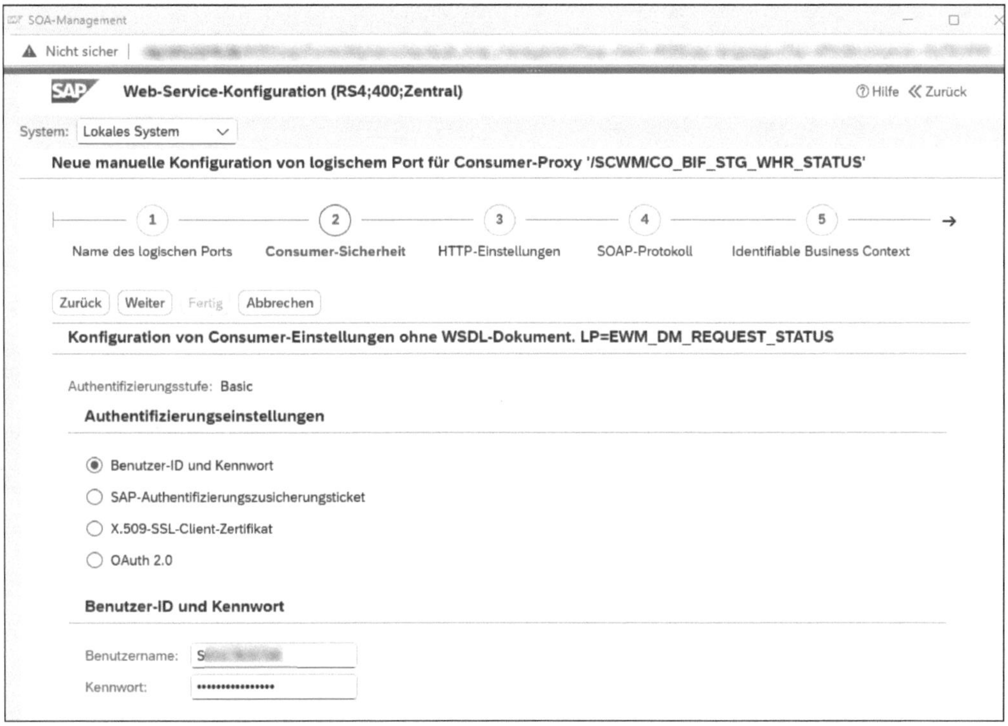

Abbildung 4.85: Consumer-Sicherheit

Hinterlegen Sie nun noch die URL Ihrer SAP-Cloud-Integration (siehe Abbildung 4.86) und klicken anschließend auf **Weiter**.

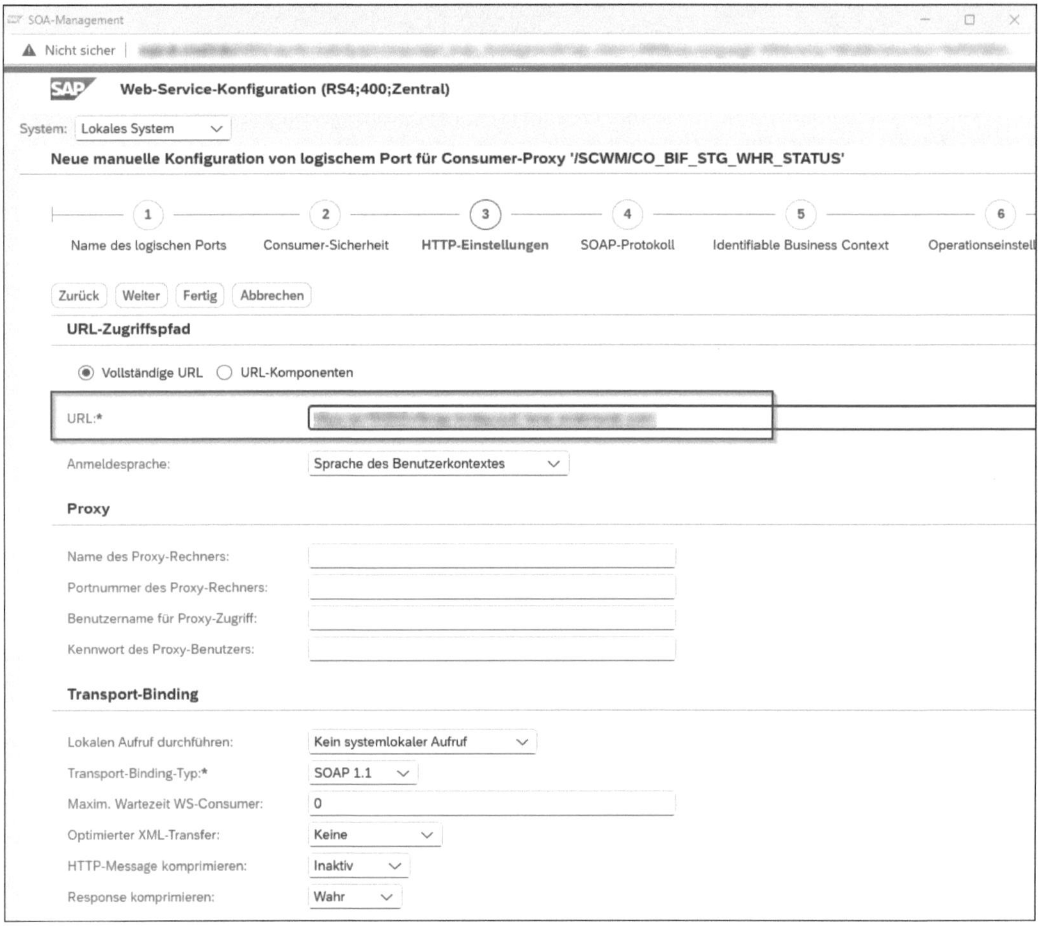

Abbildung 4.86: HTTP-Einstellungen

Abschließend erfolgt unter **SOAP-Protokoll** eine Anpassung des RM-Protokolls, des Message-ID-Protokolls und des Umfangs des Datentransfers (siehe Abbildung 4.87). Mit einem Klick auf **Fertig** schließen Sie den Schritt ab.

Im letzten Konfigurationsschritt legen Sie mit **Log. Standardport festl.** (siehe Abbildung 4.88) den Standard-Port fest und bestätigten das Pop-up mit **Ja**.

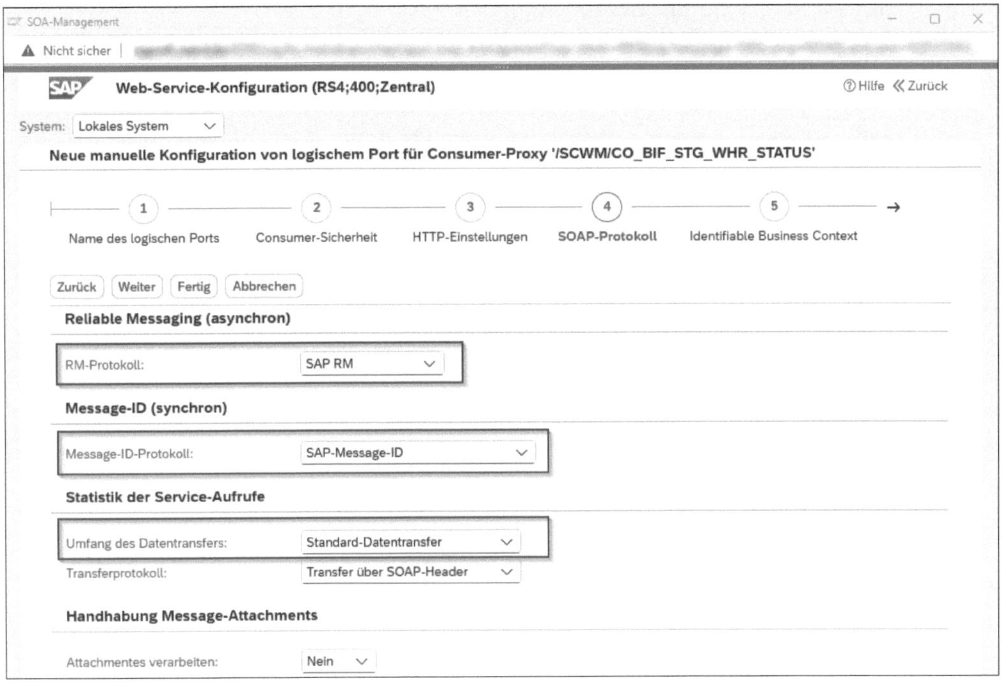

Abbildung 4.87: SOAP-Protokoll

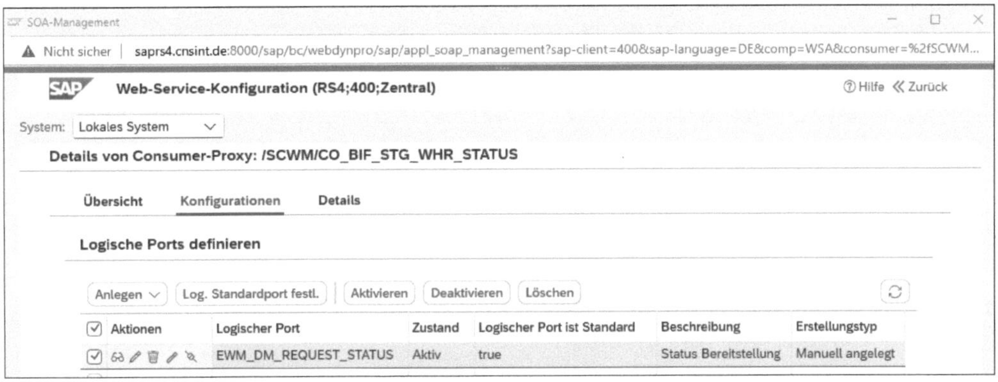

Abbildung 4.88: Überblick über logische Ports

6. **Weitere Service-Consumer ausprägen**

   Wiederholen Sie Schritt 5 für die folgenden Services:

   - **WarehouseStagingMethod_Out**
   - **WarehouseStockChangeNotification_Out**

7. **Prüfen, ob der »SCWM«-Service aktiv ist**

   Prüfen Sie nun, ob der Service **SCWM** aktiv ist. Öffnen Sie hierzu die Transaktion **SICF** und fügen Sie unter Service-Pfad **/sap/bc/srt/xip/SCWM/** ein.

   Falls der Service grau dargestellt ist (siehe Abbildung 4.89), aktivieren Sie ihn. Klicken Sie hierzu mit der rechten Maustaste auf **SCWM** und danach auf **Service aktiveren**. Bestätigen Sie das Pop-up mit **Ja**.

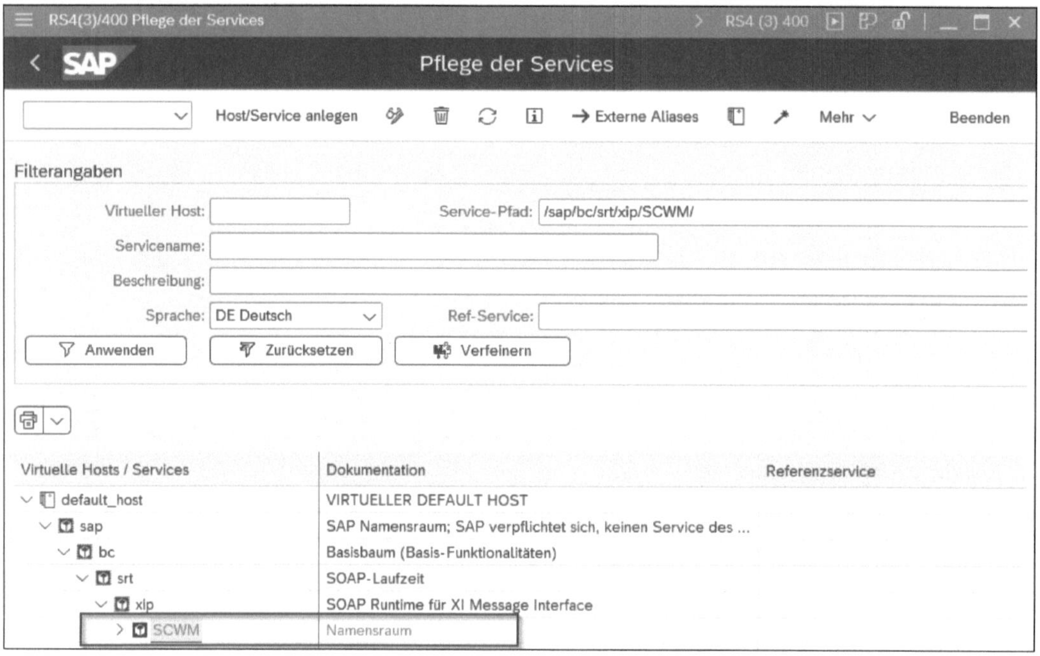

Abbildung 4.89: SCWM-Service aktivieren

8. **BC-Sets in EWM aktivieren**

   Spielen Sie mit der Transaktion **SCPR20 – Aktivierung von BC-Sets** die folgenden BC-Sets ein:

   - **/SCWM/PMR_MES_DRIVEN**
   - **/SCWM/DLV_STOCK_TRANS_PS**

   Hierzu tragen Sie das Set ein, bestätigen mit [↵] und aktivieren es mit [F7]. Wiederholen Sie diesen Schritt für jedes BC-Set.

9. **ECH aktivieren**

   Mit dem Fehler- und Konfliktbehandler (ECH) können Sie Fehlerbehebungen bei Eingangsnachrichten des SOAPs vornehmen. Wählen Sie hierzu im Customizing **Anwendungsübergreifende Komponenten • Allgemeine Anwendungsfunktionen • Fehler- und Konfliktbehandler • Fehler- und Konfliktbehandler aktivieren**. Setzen Sie das Kennzeichen und klicken Sie auf **Sichern**.

10. **Bestandssynchronisation für den PVB aktivieren**

    Vorgelagert erfolgt in EWM bereits die Anlage des PVBs. Je nach PVB kann eine Aktivierung für den Austausch mit SAP Digital Manufacturing erfolgen. Springen Sie hierzu mit der Transaktion **SPRO** ins Customizing. Navigieren Sie über den Pfad **SCM Extended Warehouse Management • Extended Warehouse Management • Schnittstellen • MES-Integration • Synchronisation von Bestandsdaten für MES festlegen**. Ihnen werden die Inhalte des PVBs angezeigt (siehe Abbildung 4.90). Lassen Sie die Spalte **ME-System** leer und setzen Sie die Spalte **Bestandsdaten synchronisieren** auf »Synchronisiert«. Klicken Sie abschließend auf **Sichern**.

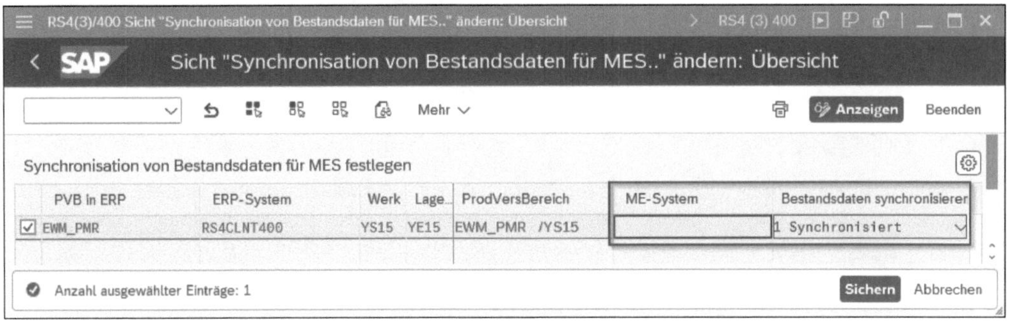

Abbildung 4.90: Bestandssynchronisation aktivieren

11. **Lagerprozessart für SAP-Digital-Manufacturing-Bereitstellung festlegen**

    Im nächsten Schritt hinterlegen Sie Ihre Lagerprozessart für die MES-gesteuerte Bereitstellung zu Ihren PVBs. Navigieren Sie dazu über den Pfad **SCM Extended Warehouse Management • Extended Warehouse Management • Lagerinterne Prozesse • Lieferabwicklung • Umlagerungen • Lageranforderung für MES-gesteuerte Bereitstellung • Lagerprozessart für die MES-gesteuerte Bereitstellung festlegen**. Erfassen Sie hier Ihre Lagernummer, die Belegart, die Positionsart, den PVB und die Lagerprozessart (siehe Abbildung 4.91). Sofern Sie für unterschiedliche Prioritäten unterschiedliche Lagerprozessarten finden wollen, können Sie dies in diesem Customizing vornehmen. Klicken Sie abschließend auf **Sichern**.

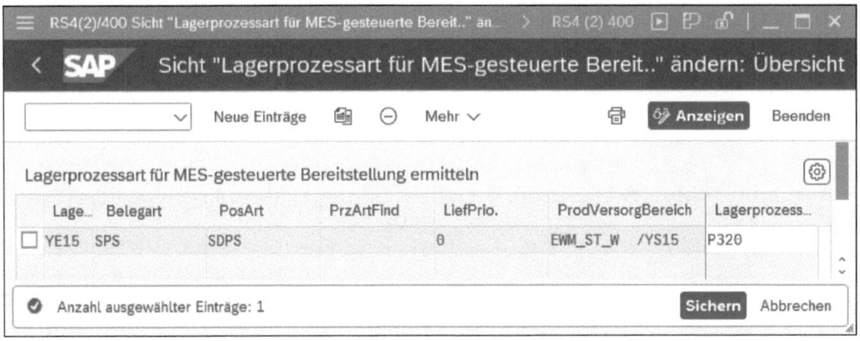

Abbildung 4.91: Lagerprozessart für MES-gesteuerte Bereitstellung festlegen

12. **Asynchrone Updates für SAP Digital Manufacturing aktivieren**

    Sofern Sie SAP Digital Manufacturing (SAP DM) mit Informationen versorgen möchten, aktivieren Sie im Customizing unter **SCM Extended Warehouse Management • Extended Warehouse Management • Schnittstellen • MES-Integration • Lagernummernabhängige Einstellungen definieren** das Kennzeichen bei **Async. akt.** für Ihre Lagernummer (siehe Abbildung 4.92) und klicken Sie abschließend auf **Sichern**.

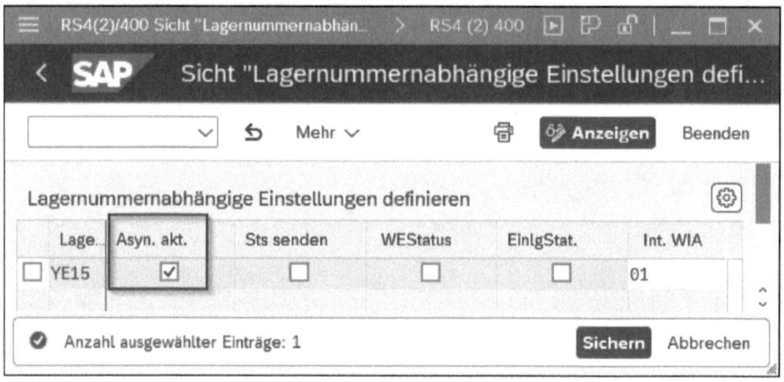

Abbildung 4.92: Asynchrone Updates für SAP Digital Manufacturing aktivieren

13. **Für SAP Digital Manufacturing PPFs aktivieren**

    Aktivieren Sie die PPFs (Post Processing Framework) für SAP DM mit der Transaktion **/SCDL/ACTION_DEF**. Wählen Sie dazu über **Positionieren…** das Aktionsprofil **/SCWM/PWR_COMMON** aus. Klicken Sie anschließend auf **Aktionsdefinition** und bestätigen Sie mit F3. Deaktivieren Sie nun das Kennzeichen bei **Inaktiv** und klicken Sie auf **Sichern**, um Ihre Änderung zu speichern (siehe Abbildung 4.93).

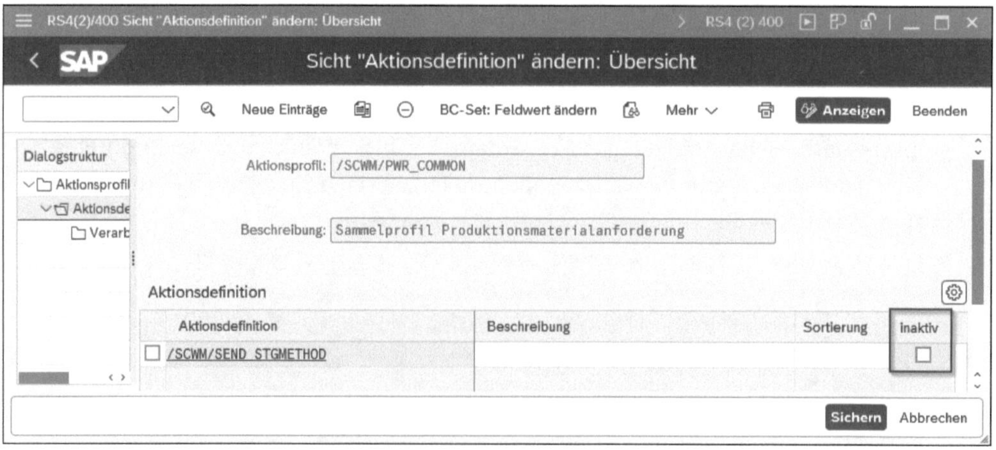

Abbildung 4.93: Aktionsprofil /SCWM/PWR_COMMON

Anschließend führen Sie die Prozedur für das Aktionsprofil **/SCWM/WMR** aus. Ändern Sie hier das Kennzeichen bei **Inaktiv** für **/SCWM/WMR_STATUS_CHANGE** (siehe Abbildung 4.94).

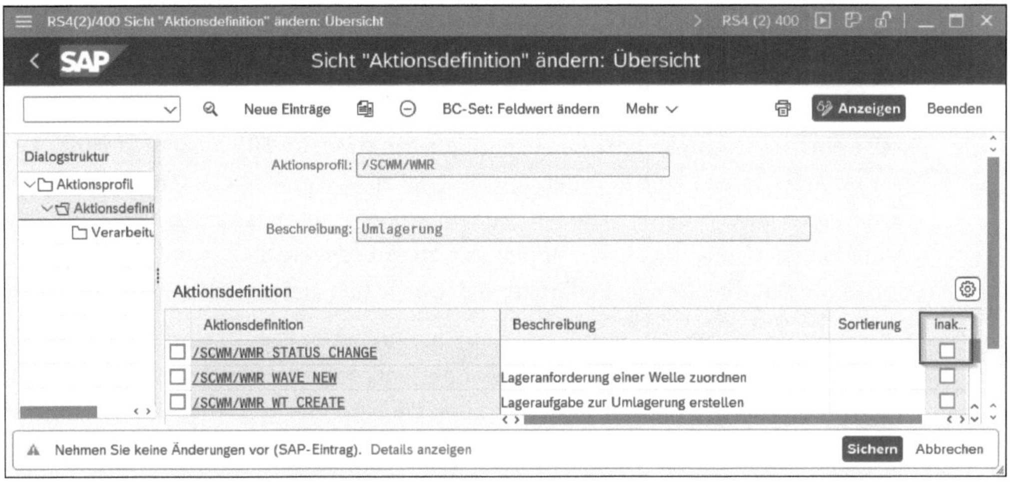

Abbildung 4.94: Aktionsprofil /SCWM/WMR

14. **Bestandsartänderung**

    Aktivieren Sie die BAdIs (siehe Abbildung 4.95 und Tabelle 4.10) im Customizing unter **SCM Extended Warehouse Management • Extended Warehouse Management • Business Add-Ins (BAdIs) für das Extended Warehouse Management • Schnittstellen • MES-Integration • BAdI: MES über Bestandsbewegungen benachrichtigen** und **BAdI: MES über Bestandsbuchung benachrichtigen**.

Erweiterungsimplementierung	/SCWM/ESI_EWM_HU_CHG	/SCWM/ESI_STOCK_MOVEMENT_NOTIF
BAdI-Implementierung	/SCWM/EI_EWM_HU_CHG	/SCWM/EI_STOCK_MOVEMENT_NOTIFY

Tabelle 4.10: Überblick über die BAdI-Implementierung

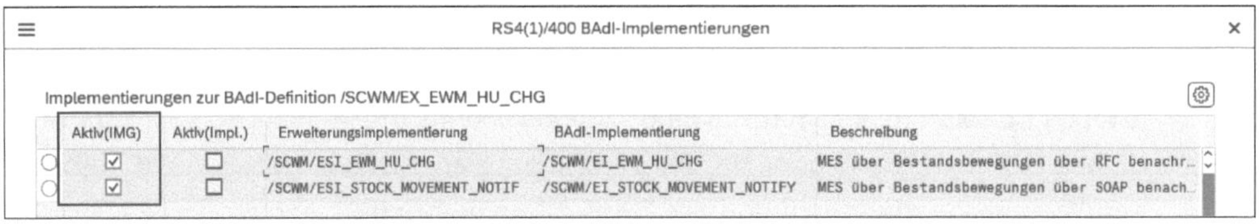

Abbildung 4.95: Bestandsartänderungs-BadI aktivieren

Die Konfiguration ist nun abgeschlossen. SAP Digital Manufacturing und EWM kommunizieren nun miteinander.

4.6 Manuell erstellte Reservierungen abwickeln

In diesem Abschnitt widmen wir uns der Abwicklung von manuell erstellten ERP-Reservierungen, sowohl ohne als auch mit Bezug zu einem vorgelagerten Objekt, wie beispielsweise einer Kostenstelle oder einem Fertigungsauftrag. Im ERP-System fungiert das Objekt als Anforderung an das Lager, um Material zu einem festgelegten Termin für einen bestimmten Zweck bereitzustellen. Zudem werden Reservierungen vom MRP-System (Materialbedarfsplanung) bzw. der Disposition einbezogen, da darin essenzielle Informationen wie Material, Menge, Bedarfstermin, Quelle und Ziel hinterlegt sind.

Eine *Reservierung* besteht aus einem Kopf und mindestens einer Position. Der Kopf enthält allgemeine Daten über den Reservierungsvorgang (erfassende Person, Bewegungsart, Kontierung). Die Positionen beschreiben die einzelnen geplanten Bewegungen (Material, Menge, Bedarfstermin).

In historisch gewachsenen Unternehmenssystemen werden Reservierungen auch für interne Bedarfe genutzt, bspw. für Entnahmen auf Kostenstellen. Diese werden anschließend durch die Logistik kommissioniert und zum Empfänger transportiert. Im Vorgängerprodukt SAP WM standen hierfür entsprechende Felder zur Verfügung, die diese Abwicklung unterstützten. Mit EWM sind diese Funktionen zunächst nicht mehr vorhanden. Deshalb möchten wir Ihnen den Prozess für die Abwicklung manuell erstellter Reservierungen sowie die Implementierung mit EWM näher erläutern. Für die vollständige Implementierung sind Entwicklungen notwendig.

4.6.1 Geschäftsprozess

In Abbildung 4.96 sehen Sie die einzelnen Prozessschritte für manuell erstellte Reservierungen. Im ERP-System wird durch die anfordernde Person eine Reservierung mit der Transaktion **MB21** angelegt. In der Reservierung werden die MM-Bewegungsart, die Quelle, das Material, die Menge und das Ziel als Abladestelle eingegeben. Nach der erfolgreichen Erstellung erfolgt – manuell oder per Job – die Umwandlung der Reservierung mit der Transaktion **MB26**. Durch die Umwandlung erkennt das ERP-System anhand des Quelllagerorts, dass es sich hierbei um einen in EWM verwalteten Lagerort handelt, und erstellt somit automatisch eine Auslieferung, die entsprechend an EWM übergeben wird.

EWM legt daraufhin automatisch eine Auslieferung an, die im Folgeschritt von der Logistik bearbeitet werden kann. Mit der Verbringung an die Abladestelle wird automatisch der Warenausgang gebucht und ans ERP-System übermittelt. Mit der finalen Buchung im ERP-System wird der Materialbeleg erzeugt und die Reservierung endausgefasst.

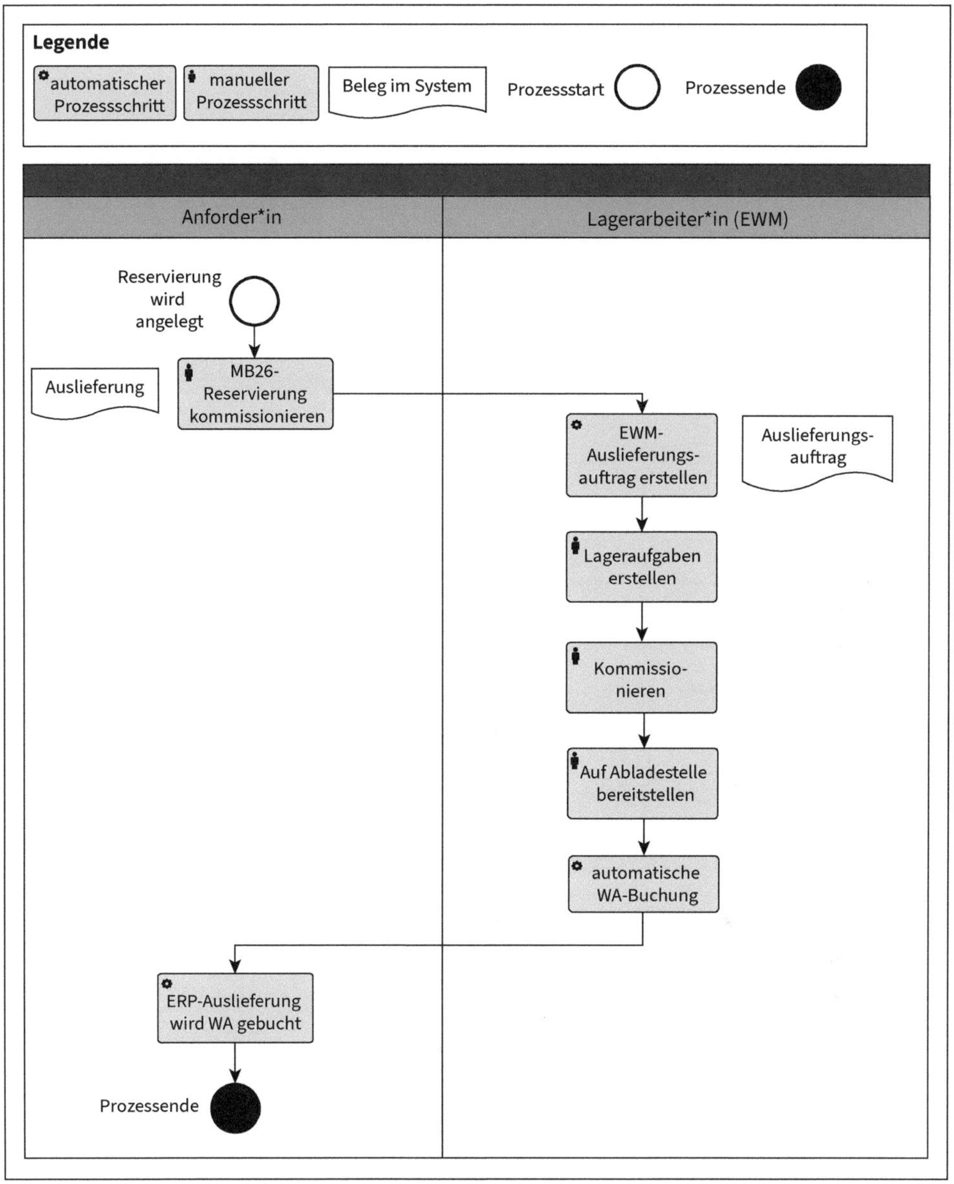

Abbildung 4.96: Warenausgang zur Abladestelle

4.6.2 Konfiguration

In diesem Abschnitt werden die erforderlichen technischen Schritte erläutert. Diese beinhalten das Customizing sowie die notwendigen Entwicklungen. Der Code dient hier lediglich als Beispiel und muss an Ihre Anforderungen angepasst werden.

1. **EWM-Belegart festlegen**

   Für die Abwicklung wird empfohlen, eigene EWM-Belegarten anzulegen, da diese den Prozess abgrenzen und auch Folgefunktionen beeinflussen können. Springen Sie zum IMG-Pfad **SCM Extended Warehouse Management • Extended Warehouse Management • Warenausgangsprozess • Auslieferung • Belegarten für Auslieferungsprozess definieren**. Kopieren Sie die Standardbelegart **OUTB** für die Belegtypen **ODR** und **FDO** auf die Belegart **ZULP** (siehe Abbildung 4.97 und Abbildung 4.98) und passen Sie die Bezeichnung an.

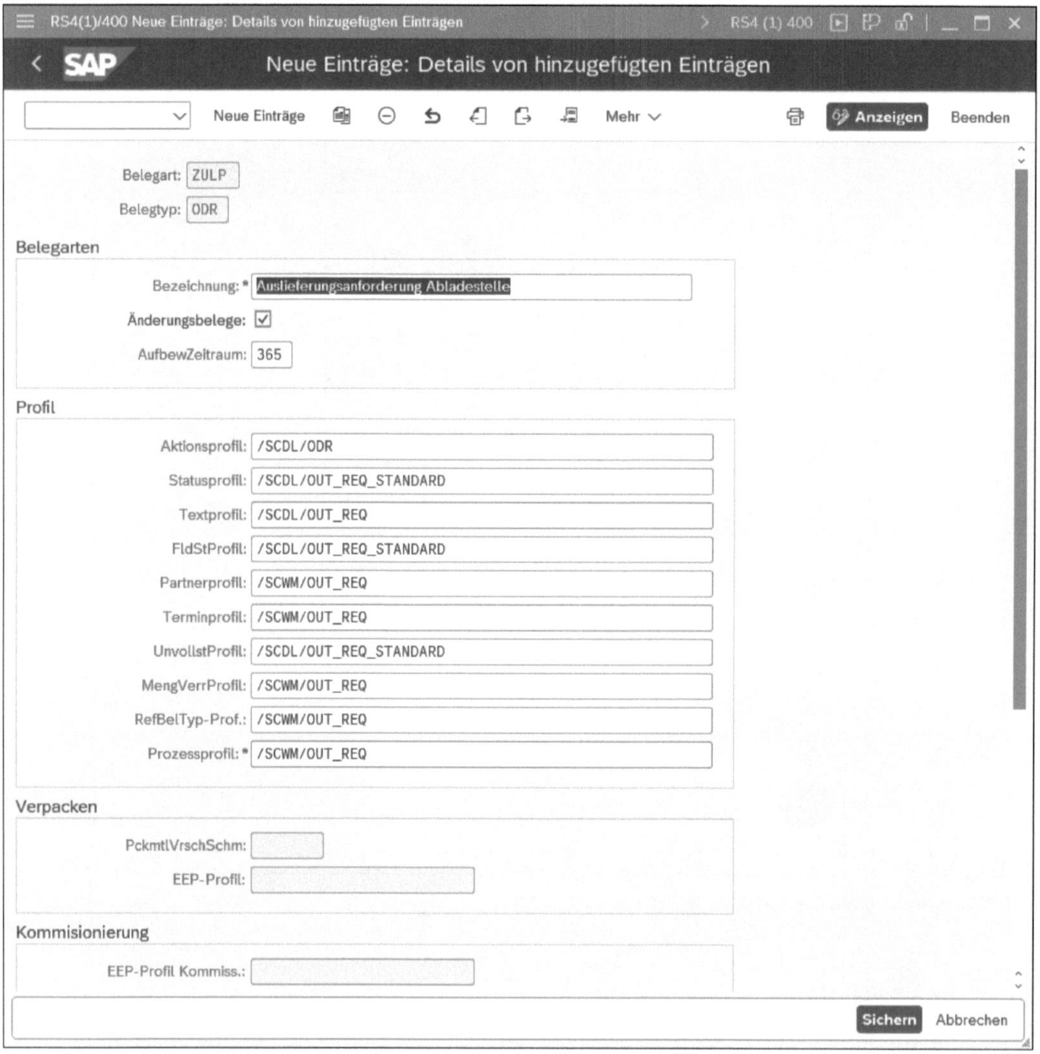

Abbildung 4.97: Belegart »ZULP« für Belegtyp »ODR« festlegen

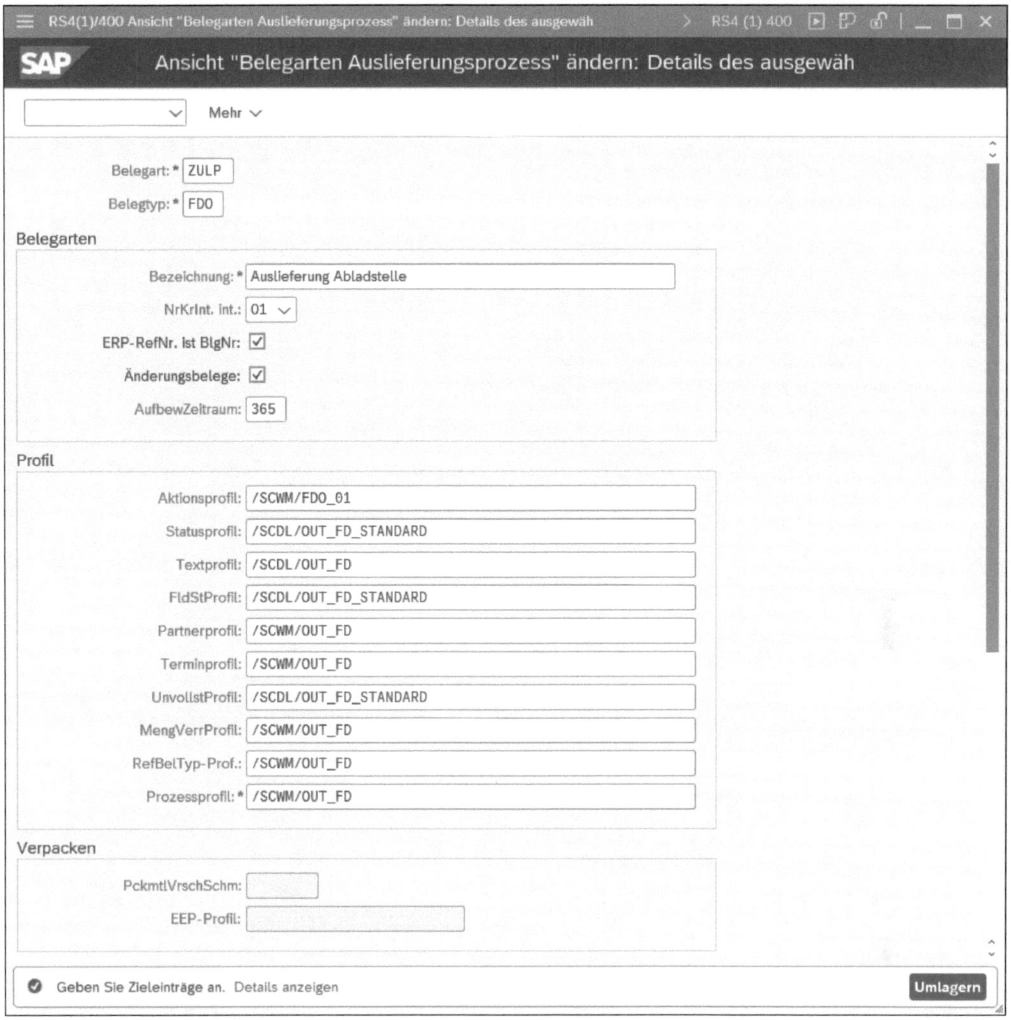

Abbildung 4.98: Belegart »ZULP« für Belegtyp »FDO« festlegen

2. **Belegpositionen zur Belegart mappen**

   Ordnen Sie nun alle Belegpositionen der Belegart **OUTB** Ihrer Belegart zu (siehe Abbildung 4.99). Springen Sie hierfür zum IMG-Pfad **SCM Extended Warehouse Management • Extended Warehouse Management • Warenausgangsprozess • Erlaubte Positionsarten für Auslieferungsprozess definieren**.

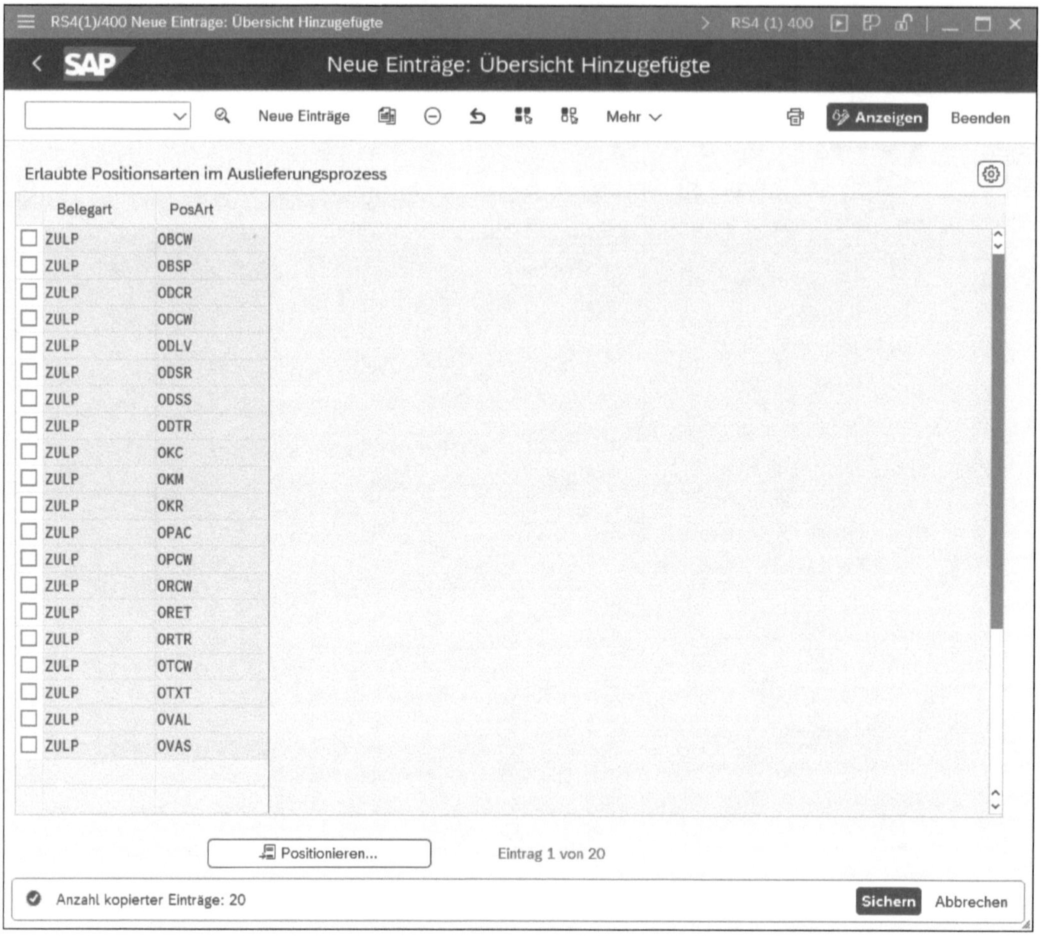

Abbildung 4.99: Belegpositionen zur Belegart zuordnen

3. **Terminarten auf neue Belegart kopieren**

   Kopieren Sie die Terminarten von der Belegart **OUTB** auf die Belegart **ZULP** (siehe Abbildung 4.100). Wechseln Sie hierzu in den IMG-Pfad **SCM Extended Warehouse Management • Extended Warehouse Management • Schnittstellen • ERP-Integration • Lieferabwicklung • Terminarten aus dem ERP-System in EWM abbilden.**

4. **Lagerprozessartfindung**

   Anhand dieser Einstellungen erfolgt das Mapping der Belegart mit der Lagerprozessart (Abbildung 4.101). Springen Sie hierfür in den IMG-Pfad **SCM Extended Warehouse Management • Extended Warehouse Management • Prozessübergreifende Einstellungen • Lageraufgabe • Lagerprozessart finden**. Fügen Sie einen weiteren Eintrag hinzu und wählen Sie Ihre gewünschte Lagerprozessart aus.

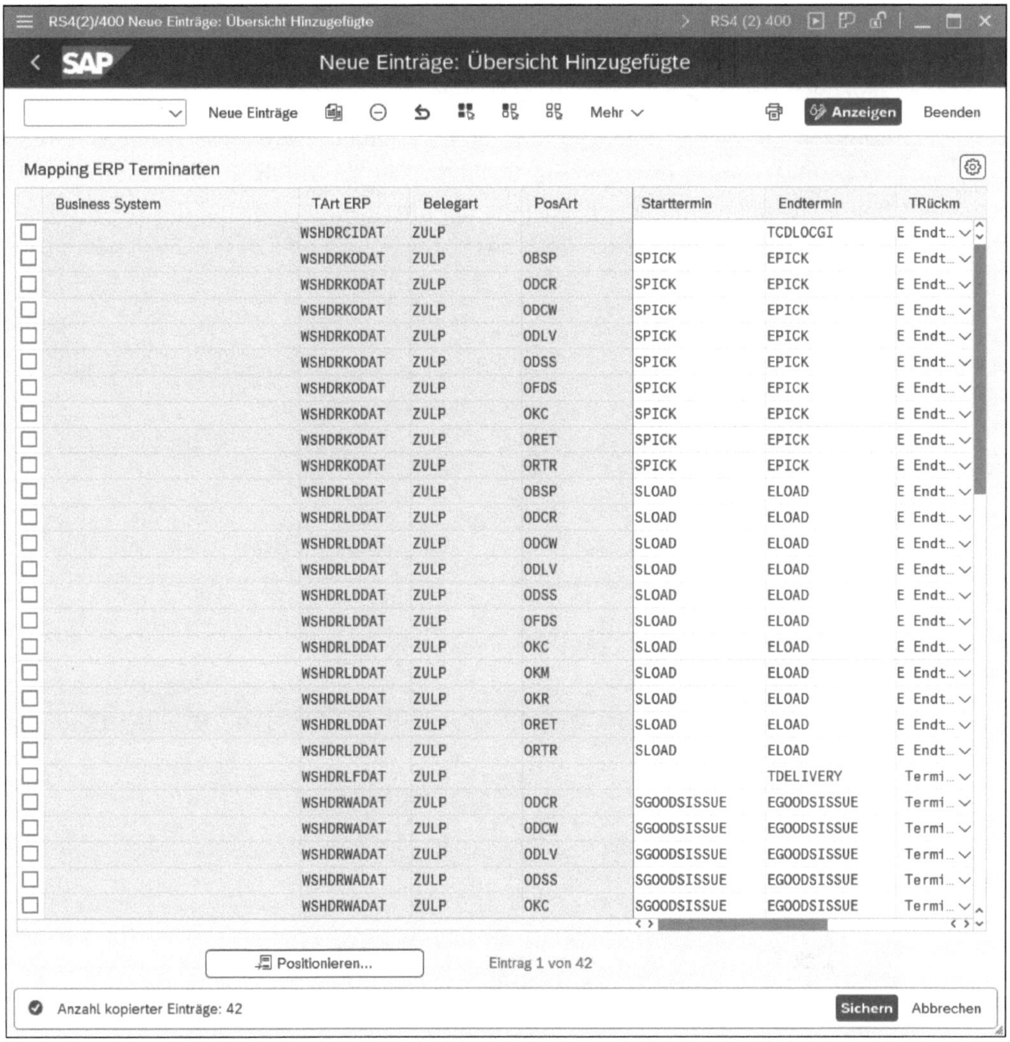

Abbildung 4.100: Terminarten auf neue Belegart kopieren

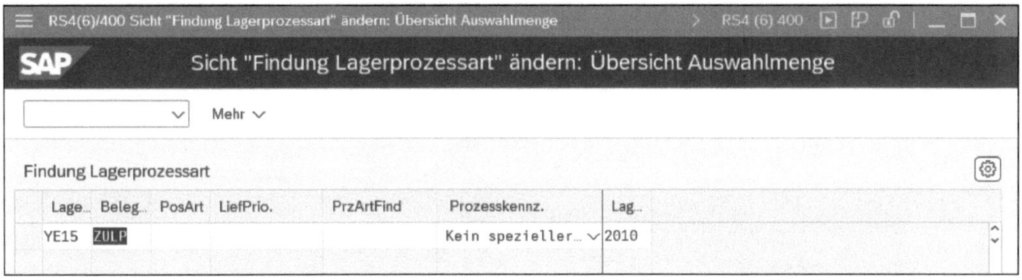

Abbildung 4.101: Lagerprozessartenfindung

5. **BAdI-Belegartenfindung »DET_DOCTYPE« anpassen**

   Über den BAdI erfolgt die Findung der neu erstellten Belegart. Wir empfehlen hierzu eine separate Steuerungstabelle zu erstellen.

   Springen Sie hierfür zum IMG-Pfad **SCM Extended Warehouse Management • Extended Warehouse Management Business Add-Ins (BAdIs) für das Extended Warehouse Management • Schnittstellen • ERP Integration • BAdI: ERP-EWM-Integration der Lieferung**. Fügen Sie den Code aus Listing 4.1 ein oder passen Sie ihn Ihren Anforderungen an.

```
METHOD /scwm/if_ex_erp_int_conf~det_doctype.
        select single * into @data(ls_likp) from likp
        where vbeln = @is_header-deliv_numb.

        if ls_likp-ablad is not INITIAL.
          ev_doctype = 'ZULP'.
          export ablad from ls_likp-ablad to MEMORY ID 'ABLAD'.
        endif.

IF ev_doctype IS INITIAL. "Standard routine
    " initialize class attributes
    CLEAR: mv_doctype, mv_erpbskey, mv_erpdlvtype, mv_doccat.

    " keep data to be used for item type determination
    mv_erpbskey   = iv_erpbskey.
    mv_doccat     = iv_doccat.
    mv_erpdlvtype = is_header-dlv_type.

    " determine document type
    /scwm/cl_erp_int_conf=>select_doctype(
      EXPORTING
        iv_erpbskey           = iv_erpbskey
        iv_erpdlvtype         = is_header-dlv_type
        iv_initiator_process = is_header-initiator_process
      IMPORTING
        ev_doctype            = ev_doctype ).

  ENDIF.

* keep header data to be used for item type determination ---------*
  mv_doctype          = ev_doctype.
  mv_erpbskey         = iv_erpbskey.
```

```
  IF iv_doccat     = /scdl/if_dl_c=>sc_doccat_inb_dr.
    mv_erpdlvtype  = is_header-dlv_type.
  ELSEIF iv_doccat = /scdl/if_dl_c=>sc_doccat_out_dr.
    mv_erpdlvtype  = is_header-dlv_type.
  ENDIF.
ENDMETHOD.
```

Listing 4.1: Methode »/scwm/if_ex_erp_int_conf~det_doctype«

6. **BAdI-Bereitstellungszonen und Torermittlung anpassen**

   Über den BAdI wird der Bereitstellungsplatz hinterlegt – in unserem Fall die Abladestelle. Springen Sie hierfür zum IMG-Pfad **SCM Extended Warehouse Management • Extended Warehouse Management • Business Add-Ins (BAdIs) für das Extended Warehouse Management • Prozessübergreifende Einstellungen • Warenannahme und Versand • BAdI: Bereitstellungszonen- und Torermittlung.**

   Fügen Sie den Code aus Listing 4.2 ein oder passen Sie ihn Ihren Anforderungen an.

```
METHOD /scwm/if_ex_sr_stadet~stadet_out.

    DATA: lv_ablad TYPE ablad,
          lv_lgpla TYPE /scwm/lgpla,
          ls_lagp  TYPE /scwm/lagp.

    LOOP AT ct_stage_area_data ASSIGNING
          FIELD-SYMBOL(<lfs_stage_area_data>)
      WHERE docid IS NOT INITIAL.
      IMPORT ablad TO lv_ablad FROM MEMORY ID 'ABLAD'.

      IF lv_ablad IS NOT INITIAL.
        MOVE lv_ablad TO lv_lgpla.
        <lfs_stage_area_data>-success = abap_true.
        CALL FUNCTION '/SCWM/LAGP_READ_SINGLE'
          EXPORTING
            iv_lgnum       = <lfs_stage_area_data>-lgnum
            iv_lgpla       = lv_lgpla
          IMPORTING
            es_lagp        = ls_lagp
          EXCEPTIONS
            wrong_input    = 1
            not_found      = 2
            enqueue_error  = 3
            OTHERS         = 4.
```

```
        IF sy-subrc = 0.
          <lfs_stage_area_data>-starea_gr = ls_lagp-lgtyp.
          <lfs_stage_area_data>-stabay = ls_lagp-lgpla.
        ELSE.
          "keine Lageraufgabenerstellung erlauben -> Beleg wird rot
          CLEAR <lfs_stage_area_data>-starea_gr.
          <lfs_stage_area_data>-stabay = ls_lagp-lgpla.
        ENDIF.

      ENDIF.
    ENDLOOP.

  ENDMETHOD.
```

Listing 4.2: Methode »/scwm/if_ex_sr_stadet~stadet_out«

4.6.3 Prozessdemo

Nachdem wir alle notwendigen Konfigurationen und Entwicklungsschritte vorgenommen haben, können wir nun den Geschäftsprozess durchspielen:

1. Zunächst legen Sie eine Reservierung an. Öffnen Sie dazu die Transaktion **MB21**, geben Sie die MM-Bewegungsart (in unserem Beispiel **201**) ein (siehe Abbildung 4.102) und klicken Sie anschließend auf **Neue Positionen anlegen**.

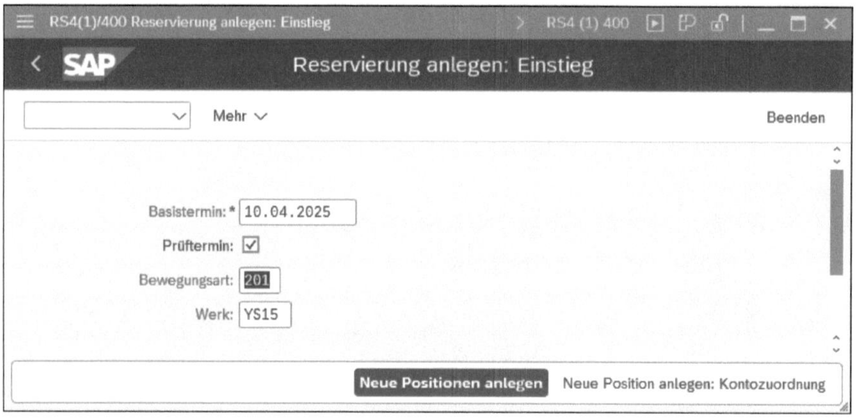

Abbildung 4.102: Reservierung anlegen

Geben Sie die Kostenstelle, das Material, die Anforderungsmenge, die Abladestelle und den Lagerort ein und klicken Sie auf **Buchen** (siehe Abbildung 4.103).

2. Um die Reservierung umzusetzen, öffnen Sie die Transaktion **MB26** und geben die Reservierungsnummer oder das Material ein. Klicken Sie anschließend auf **Ausführen** (siehe Abbildung 4.104).

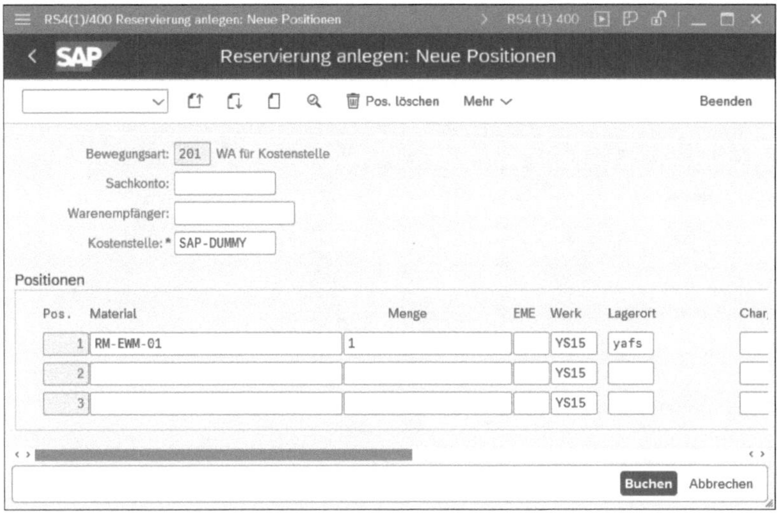

Abbildung 4.103: Reservierungsposition befüllen

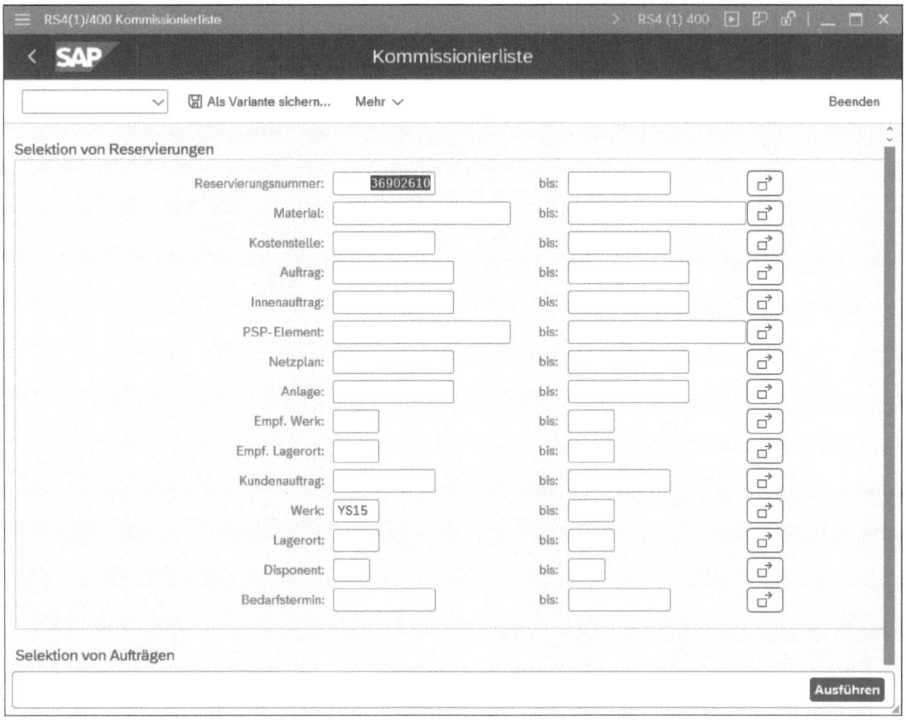

Abbildung 4.104: Kommissionierliste ausführen

Wählen Sie die zu buchende Position aus (❶ siehe Abbildung 4.105). Mit dem Klick auf **Buchen** ❷ erfolgt im Hintergrund die Erstellung der ERP-Auslieferung, die automatisch ins EWM repliziert wird.

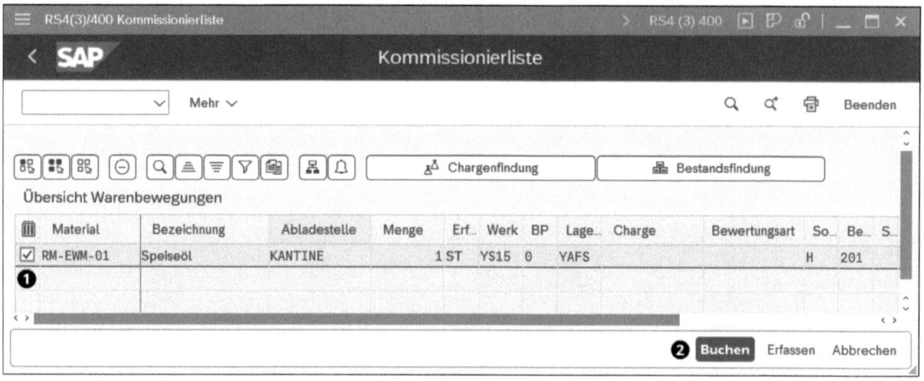

Abbildung 4.105: Position buchen

3. Öffnen Sie die Transaktion **/SCWM/PRDO**, prüfen Sie den Bereitstellungsplatz und legen Sie die Lageraufgabe an (siehe Abbildung 4.106). Auf die detaillierte Anzeige der Lageraufgabenerstellung verzichten wir an dieser Stelle.

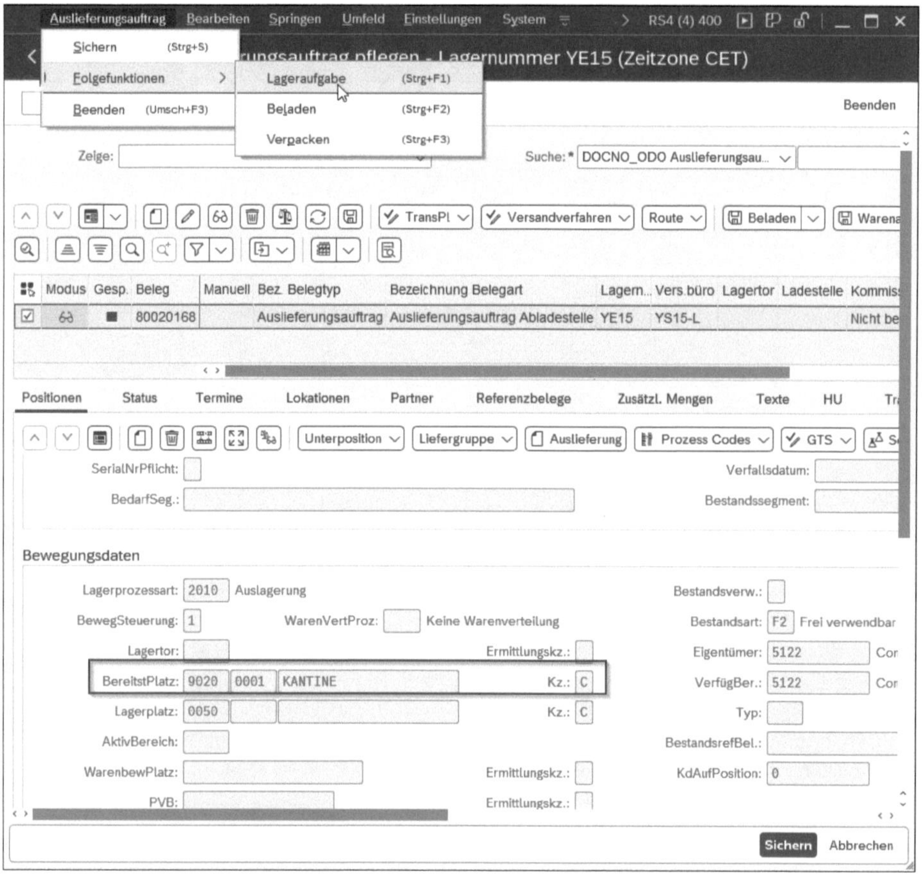

Abbildung 4.106: Bereitstellungsplatz prüfen und Lageraufgabe anlegen

4. Quittieren Sie die Lageraufgabe mit der Transaktion **/SCWM/TO_CONF**. Geben Sie die Lagerauftragsnummer ein (siehe Abbildung 4.107) und klicken Sie auf **Suche ausführen**. Wählen Sie anschließend die zu buchende Position aus ❶ und bestätigen Sie mit einem Klick auf Quittieren + Sichern ❷.

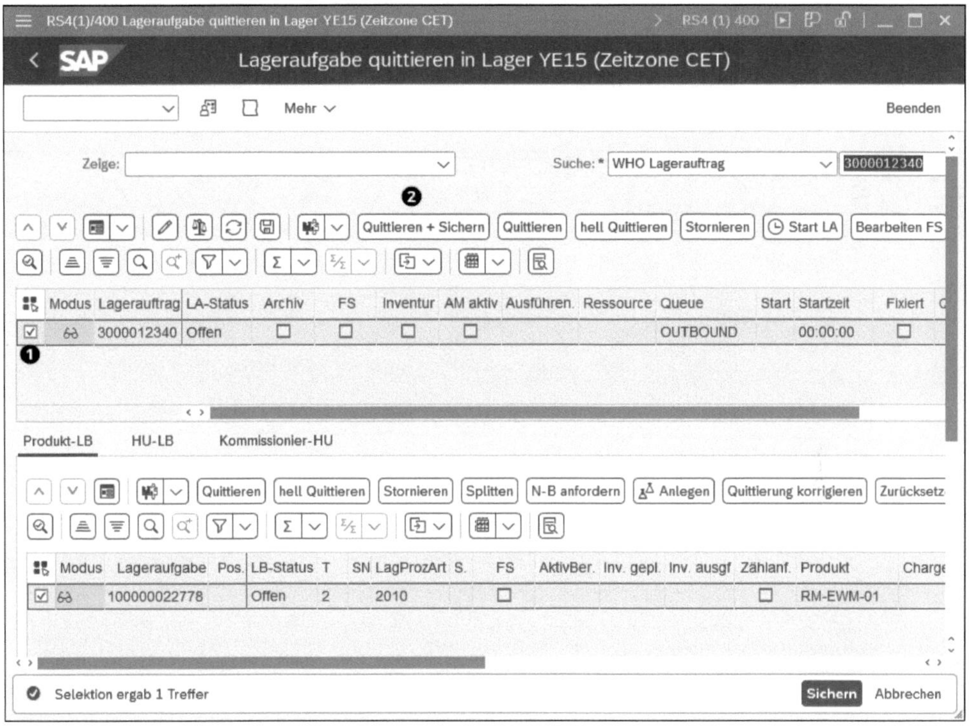

Abbildung 4.107: Lageraufgabe quittieren

5. Prüfen Sie die automatische Warenausgangsbuchung in der Transaktion **/SCWM/MON** (siehe Abbildung 4.108).

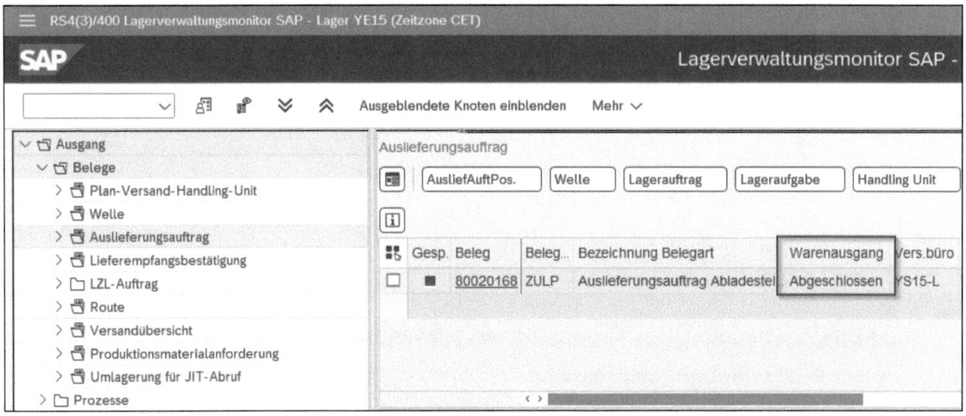

Abbildung 4.108: Automatische Warenausgangsbuchung prüfen

PPF-Aktion muss eingerichtet sein

Die automatische Warenausgangsbuchung ist nur möglich, wenn in EWM eine entsprechende PPF-Aktion (Post Processing Framework) eingerichtet ist.

6. Prüfen Sie den Materialbeleg im ERP-System mit der Transaktion **MB51** (siehe Abbildung 4.109). Wählen Sie das Buchungsdatum und das Material aus und klicken Sie auf **Ausführen**.

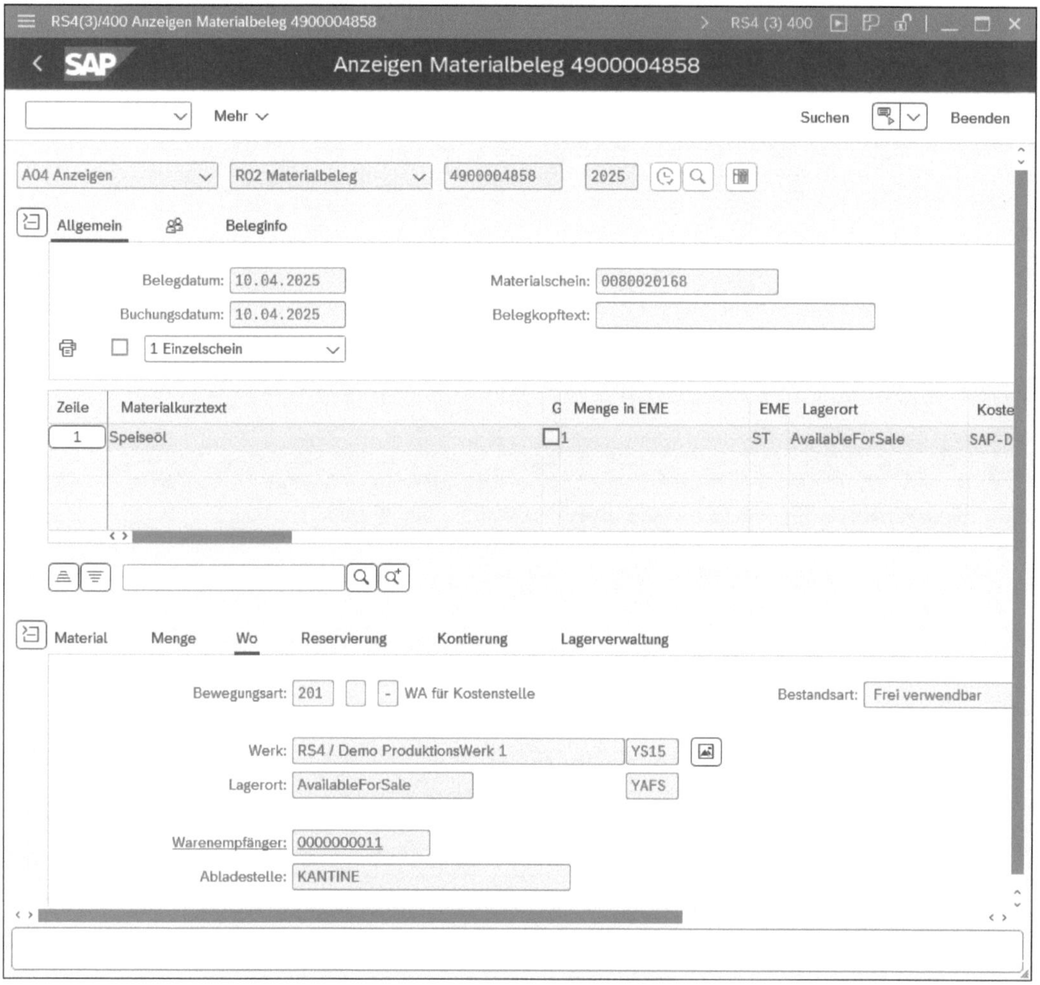

Abbildung 4.109: Materialbeleg prüfen

Mit der Verbuchung des Materialbelegs wird die Reservierung endausgefasst und der Prozess ist damit abgeschlossen.

4.7 WIA-Abwicklung

Mit dem SAP-S/4HANA-Release 2022 steht in EWM die Zusatzfunktion WIA-Abwicklung (Ware in Arbeit) zur Verfügung. In diesem Abschnitt beschäftigen wir uns mit der Abwicklung und der Einbindung dieser Funktion – auch ohne SAP DM.

WIA-Materialien umfassen nicht abgeschlossene Positionen, die sich mitten im Fertigungsprozess befinden. Im Gegensatz zu Halbfabrikaten sind diese nicht Teil einer Stückliste, werden nicht in der Bestandsführung überwacht oder nachverfolgt und besitzen aus logistischer Sicht keine Bewertung. Auf der Controlling-Ebene erhalten WIA-Materialien jedoch abhängig vom Fertigungsstatus eine entsprechende Bewertung, da bereits Verbräuche und Arbeitszeit berücksichtigt wurden.

Die Zusatzfunktion ist für die Nutzung mit SAP DM vorgesehen, kann jedoch über geeignete OData-APIs auch mit anderen ME-Systemen oder PP-ERP-Funktionen integriert werden. Abbildung 4.110 veranschaulicht den Nutzen bzw. die Notwendigkeit dieser Funktion. WIA-Material kann nicht immer sofort am nächsten Arbeitsplatz weiterverarbeitet werden, sodass eine Zwischenlagerung notwendig ist. In der Vergangenheit war diese Zwischenlagerung nur mit Halbfabrikaten möglich. Der Aufwand für Stammdaten und Abwicklung aufseiten der Produktionsplanung war jedoch in Relation zum Nutzen zu groß, weshalb sich viele produzierende Unternehmen gegen diese Lösung entschieden haben. Die Konsequenz daraus war, dass WIA-Material in den Werken verschwunden ist bzw. Fahrbewegungen durch die Intralogistik nur auf Zuruf möglich waren.

Mit der Aktivierung der Funktion kann EWM auch WIA-Material, bspw. Rohmaterial, verwalten und steuern.

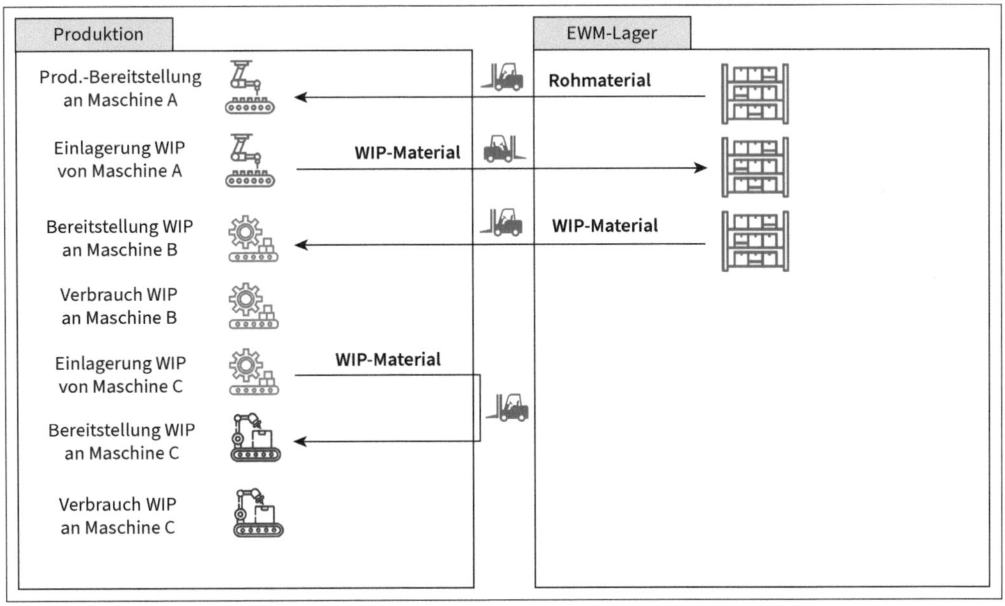

Abbildung 4.110: Logistische WIA-Funktionen

4.7.1 Geschäftsprozess

Abbildung 4.111 zeigt den Prozessablauf mit WIA-Material. Der Ablauf beginnt mit der Rückmeldung des Fertigungsauftrags. Dabei wird geprüft, ob für den jeweiligen Vorgang ein WIA-Material erzeugt wird.

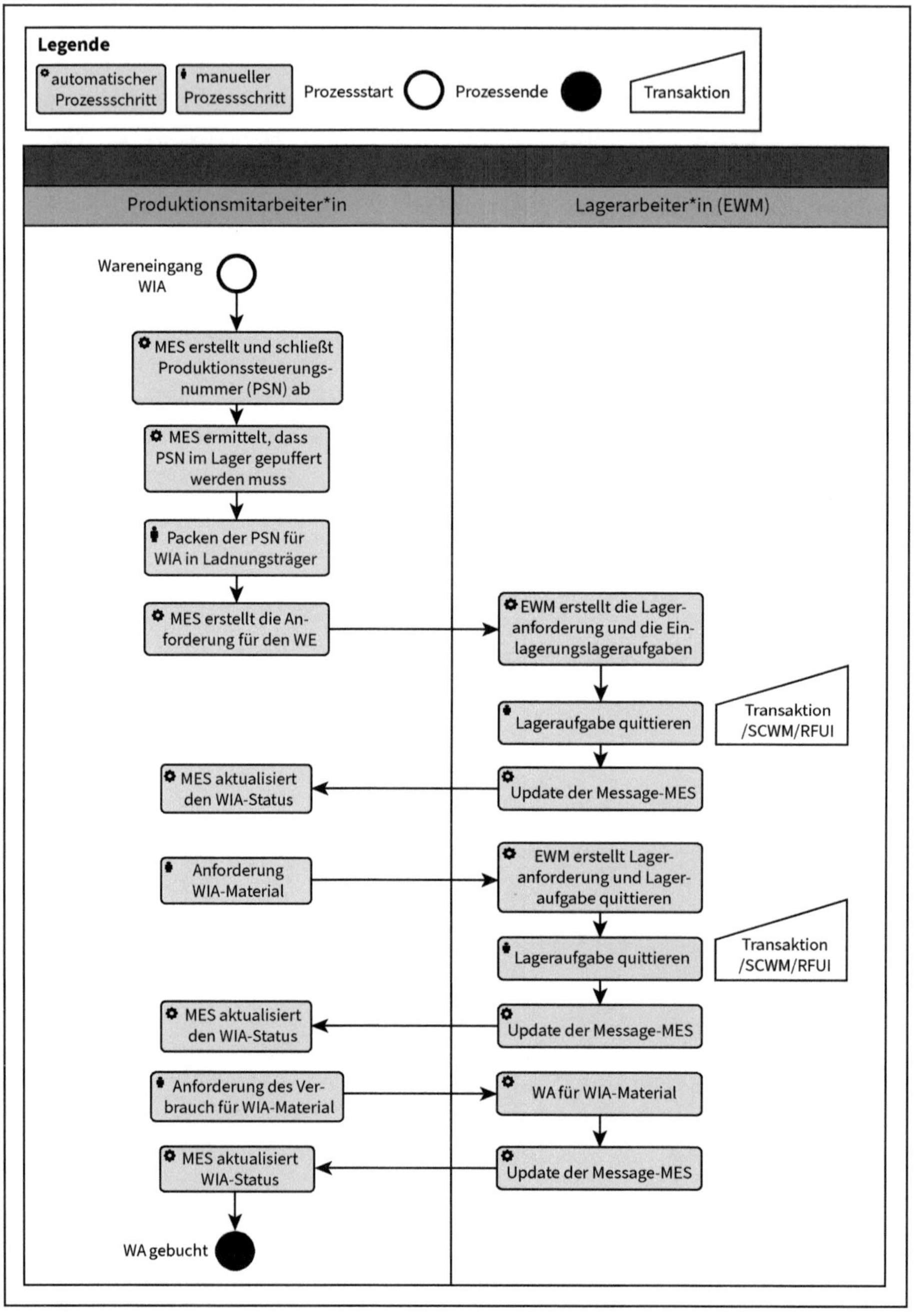

Abbildung 4.111: WIA-Geschäftsprozess

Falls dies der Fall ist, verpackt die Produktionsfachkraft das WIA-Material auf einem Ladungsträger und hinterlegt die entsprechenden Daten im System. Anschließend wird in EWM eine Lageranforderung sowie eine Lageraufgabe zur Einlagerung angestoßen.

Die Lagerfachkraft übernimmt daraufhin die Verbringung ins Pufferlager. Mit Abschluss dieses Schrittes werden die relevanten Status aktualisiert.

Am Arbeitsplatz des nächsten Vorgangs des Fertigungsauftrages wird das WIA-Material angefordert. In EWM wird erneut eine Lageranforderung sowie eine Lageraufgabe erzeugt. Die Bereitstellungslageraufgabe wird im nächsten Schritt durch eine Lagerfachkraft ausgeführt. Mit Abschluss dieses Schrittes werden die relevanten Status aktualisiert.

Bei der Rückmeldung des Vorgangs wird die Warenausgangsbuchung in EWM angestoßen. Abschließend erfolgt eine erneute Aktualisierung des Status.

4.7.2 Konfiguration

In diesem Abschnitt erläutern wir die erforderlichen Schritte im Customizing für die Nutzung der WIA-Funktion. Bitte beachten Sie, dass wir voraussetzen, dass die grundlegenden EWM-Einstellungen sowie das BC-Set **/SCWM/DLV_STOCK_TRANS_PROF** bereits vorhanden sind.

Für die Verwendung der WIA-Funktion ohne SAP DM stellen wir Ihnen die entsprechenden technischen Bausteine zur Verfügung. Machen Sie sich auch mit den folgenden SAP-Hinweisen vertraut:

- SAP-Hinweis 3125313: MES-gesteuerte Bereitstellung – Bestandsänderungsbenachrichtigung ohne PVB-Zuordnung gesendet
- SAP-Hinweis 3109497: MES-gesteuerte Bereitstellung in dezentralem EWM – Aktivieren von UKMS

1. **BC-Sets in EWM aktivieren**

   Spielen Sie mit der Transaktion **SCPR20 – Aktivierung von BC-Sets** das BC-Set **/SCWM/DLV_INBOUND_WIP** ein. Hierzu tragen Sie das Set ein, bestätigen mit ↵ und aktivieren es mit F7 (siehe Abbildung 4.112).

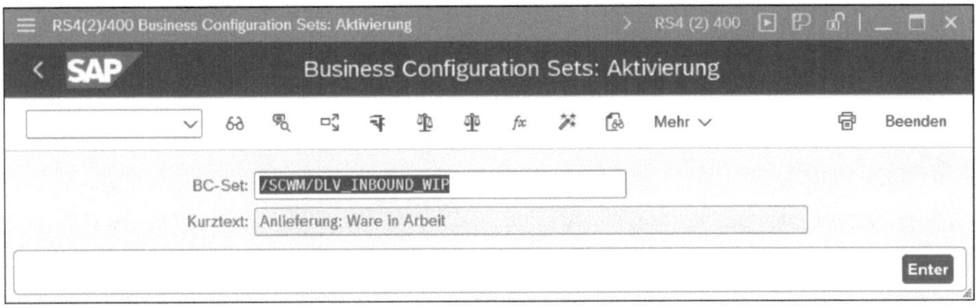

Abbildung 4.112: BC-Set aktivieren

2. **WIA-Belegart zuweisen**

   Springen Sie zum IMG-Pfad **SCM Extended Warehouse Management • Extended Warehouse Management • Wareneingangsprozess • Anlieferung • Ware in Arbeit (WIA) • Beleg- und Positionsartenfindung für WIA definieren**. Weisen Sie Ihrer Lagernummer die Belegart **IWIP** und die Positionsart **IWIP** zu (siehe Abbildung 4.113). Klicken Sie anschließend auf **Sichern**.

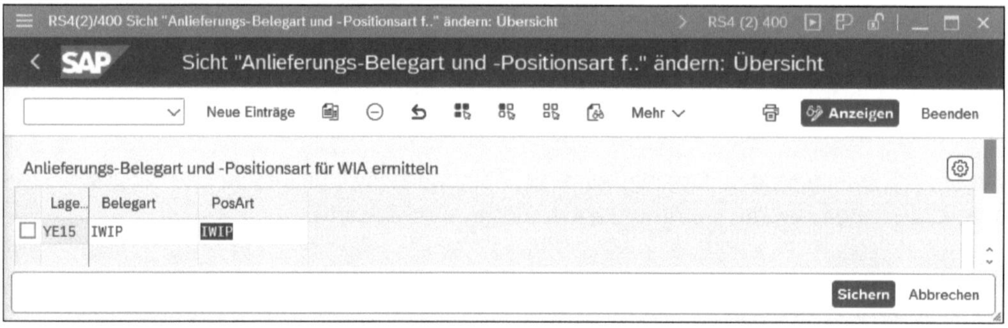

Abbildung 4.113: Belegart zuweisen

3. **Lagerprozessartfindung**

   Anhand dieser Einstellungen erfolgt das Mapping der Belegart mit der Lagerprozessart. Springen Sie hierfür zum IMG-Pfad **SCM Extended Warehouse Management • Extended Warehouse Management • Prozessübergreifende Einstellungen • Lageraufgabe • Lagerprozessart finden**. Fügen Sie einen weiteren Eintrag hinzu und wählen Sie Ihre gewünschte Lagerprozessart aus (siehe Abbildung 4.114). Klicken Sie anschließend auf **Sichern**.

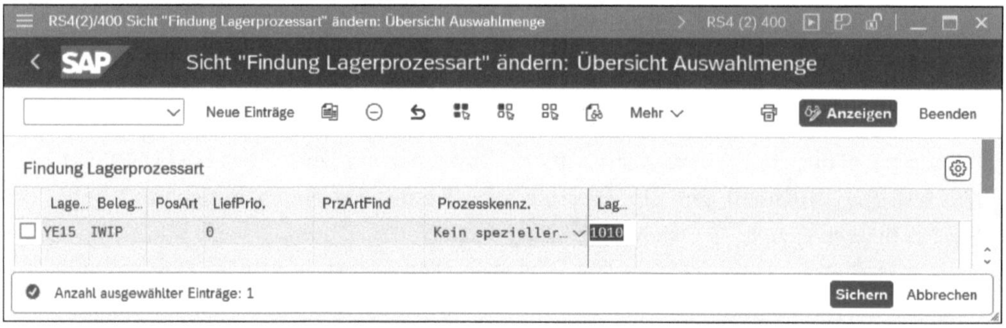

Abbildung 4.114: Lagerprozessartfindung

4. **Belegart »SPS« prüfen**

   Auch wenn das BC-Set **/SCWM/DLV_STOCK_TRANS_PROF** eingespielt wurde, empfiehlt es sich, eine Prüfung der Einstellungen vorzunehmen. Springen Sie hierfür zum

IMG-Pfad **SCM Extended Warehouse Management • Extended Warehouse Management • Lagerinterne Prozesse • Lieferabwicklung • Umlagerungen • Belegarten für Umlagerungsprozess definieren**. Wählen Sie die Belegart **SPS** aus und prüfen Sie das Nummernkreisintervall (siehe Abbildung 4.115). Klicken Sie anschließend auf **Sichern**.

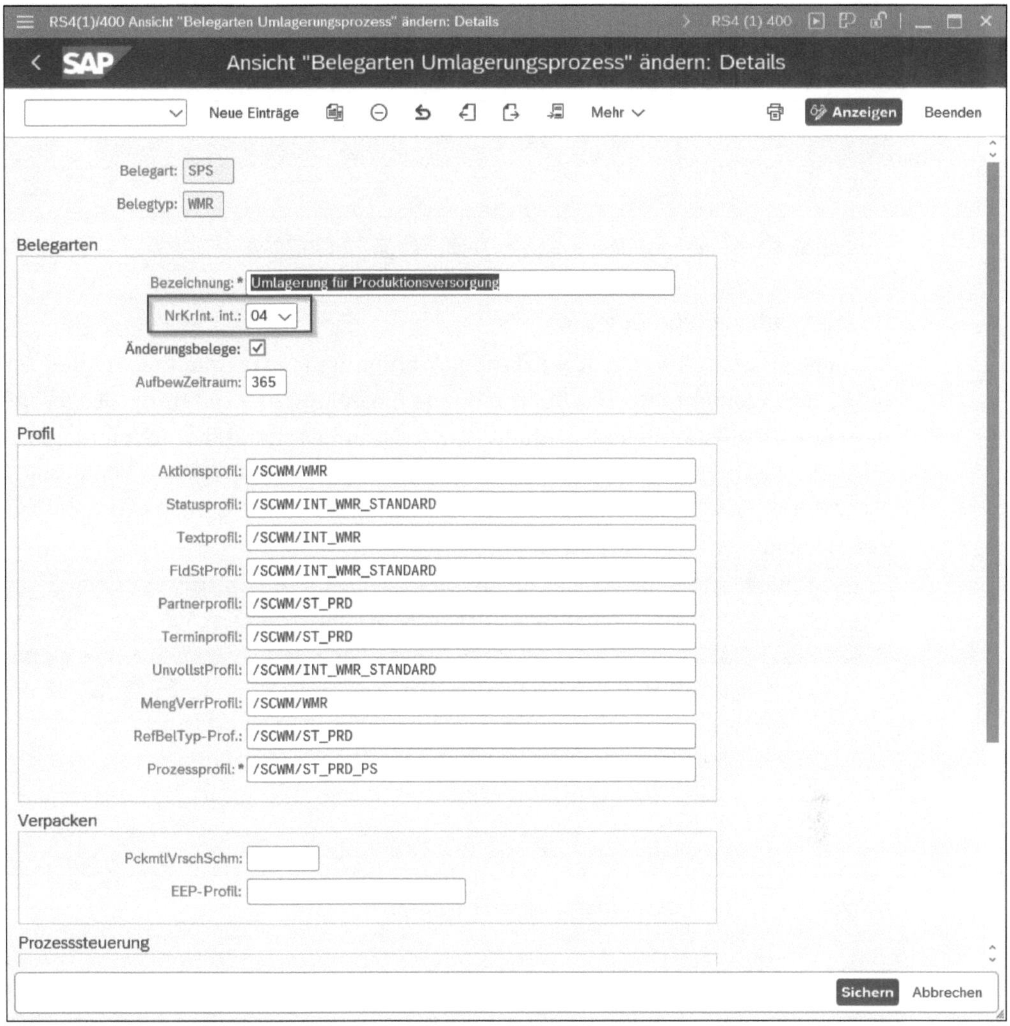

Abbildung 4.115: Belegart »SPS« prüfen

5. **Nummernkreisobjekt prüfen**

   Prüfen Sie das Nummernkreisobjekt **/SCDL/PRD** der Belegart **SPS** in der Transaktion **SNRO**. Geben Sie hierzu das Objekt **/SCDL/PRD** ein und bestätigen Sie mit F7. Klicken Sie anschließend auf **Intervalle**, um sich die Intervalle anzeigen zu lassen (siehe Abbildung 4.116).

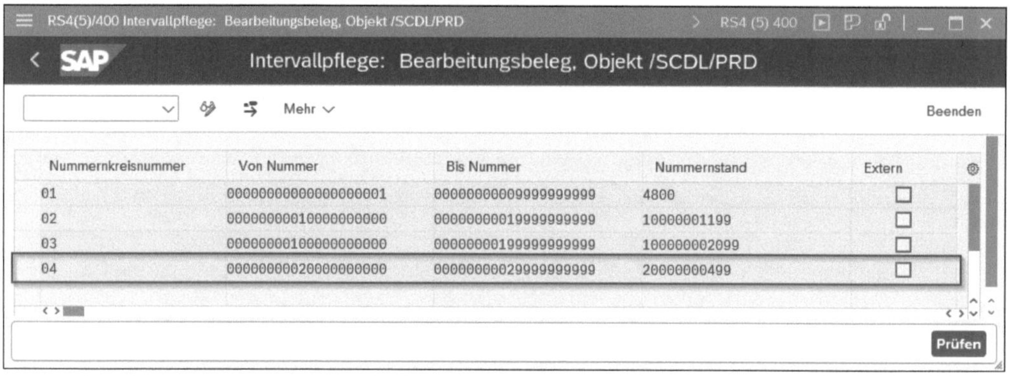

Abbildung 4.116: Intervallpflege mit der Transaktion »/SCDL/PRD«

6. **Unvollständigkeitsprofil prüfen**

   Springen Sie zum IMG-Pfad **SCM Extended Warehouse Management • Extended Warehouse Management • Prozessübergreifende Einstellungen • Lieferung – Lageranforderung • Unvollständigkeitsprüfung • Unvollständigkeitsprofile definieren**. Prüfen Sie, ob das Unvollständigkeitsprofil die Systemprofile **/SCWM/INT_WMR_DLV_PS**, **/SCWM/INT_WMR_DLV_STANDARD** und **/SCWM/INT_WMR_STANDARD** beinhaltet, wie in Abbildung 4.117 dargestellt.

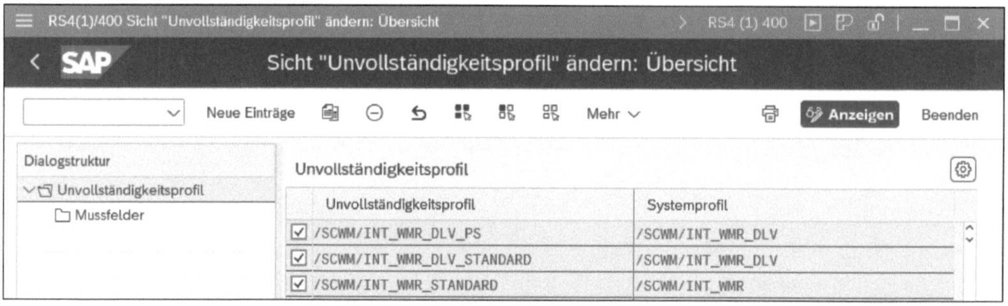

Abbildung 4.117: Unvollständigkeitsprofile definieren

7. **Beleg- und Positionsart für die MES-gesteuerte Bereitstellung definieren**

   Springen Sie zum IMG-Pfad **SCM Extended Warehouse Management • Extended Warehouse Management • Lagerinterne Prozesse • Lieferabwicklung • Umlagerungen • Lageranforderung für MES-gesteuerte Bereitstellung • Beleg- u. Positionsartfindung für d. MES-gesteuerte Bereitstell. definieren**. Pflegen Sie die Beleg- und Positionsart, die das MES beim Aufruf nach EWM verwenden soll (siehe Abbildung 4.118). Klicken Sie anschließend auf **Sichern**.

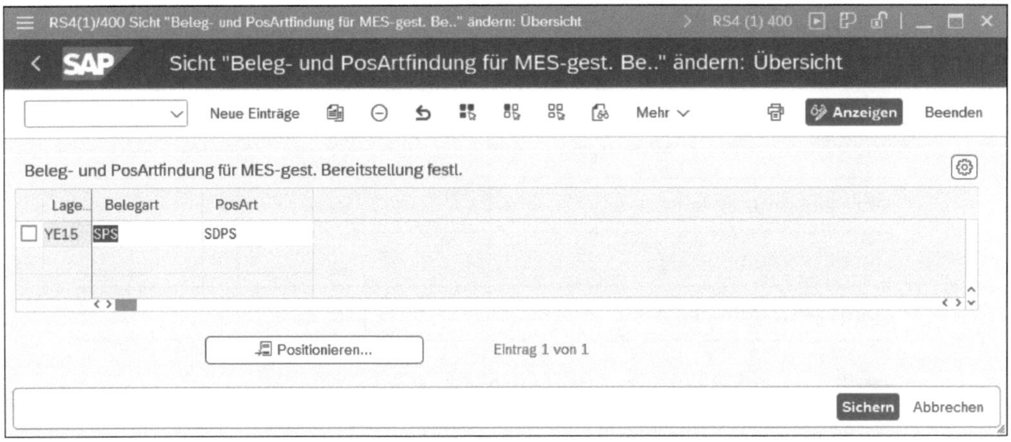

Abbildung 4.118: Beleg- und Positionsart für die MES-gesteuerte Bereitstellung definieren

8. **Lagerprozessart für die MES-gesteuerte Bereitstellung definieren**

   Springen Sie zum IMG-Pfad **SCM Extended Warehouse Management • Extended Warehouse Management • Lagerinterne Prozesse • Lieferabwicklung • Umlagerungen • Lageranforderung für MES-gesteuerte Bereitstellung • Lagerprozessart für die MES-gesteuerte Bereitstellung festlegen**. Hinterlegen Sie die zu verwendende Lagerprozessart. Als Filterobjekte dienen Lagernummer, Belegart, Positionsart, Prozessartfindung, Lieferpriorität und PVB. In unserem Beispiel sind Lagernummer, Belegart, Positionsart, PVB und Lagerprozessart ausreichend (siehe Abbildung 4.119). Klicken Sie anschließend auf **Sichern**.

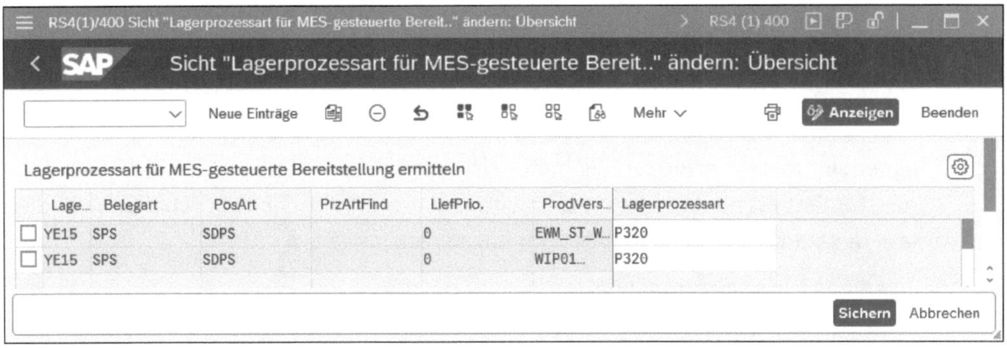

Abbildung 4.119: Lagerprozessart für die MES-gesteuerte Bereitstellung definieren

9. **Zugriffsfolge für die Lagerprozessartfindung definieren**

   Springen Sie zum IMG-Pfad **SCM Extended Warehouse Management • Extended Warehouse Management • Lagerinterne Prozesse • Lieferabwicklung • Umlagerungen • Lageranforderung für MES-gesteuerte Bereitstellung • Zugriffsfolge für die Lagerpro-**

zessartfindung definieren. Definieren Sie anschließend die gewünschte Zugriffsfolge (siehe Tabelle 4.11 und Abbildung 4.120). Klicken Sie anschließend auf **Sichern**.

Lagernummer	Zugriffsfolgenummer	Prio verw	PAF verw.	PVB verwend
Ihre Lagernummer	0	X	X	X
Ihre Lagernummer	1	X		X
Ihre Lagernummer	2			X

Tabelle 4.11: Parameter für die Definition der Zugriffsfolge

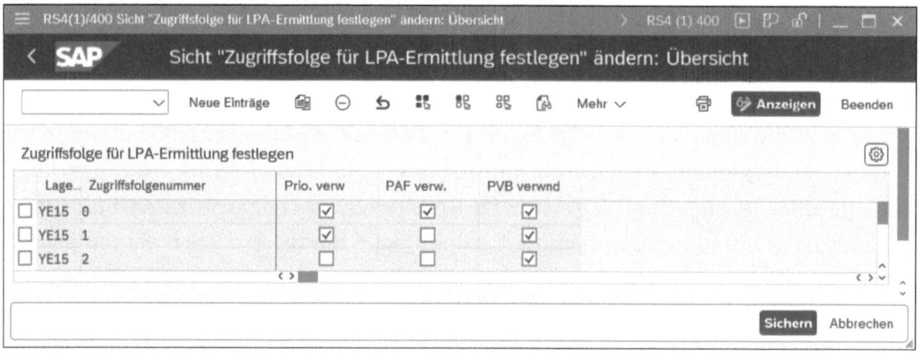

Abbildung 4.120: Zugriffsfolge für die Lagerprozessartfindung definieren

4.7.3 Stammdaten

Mit einem unbewerteten Material erfolgt die Verwaltung der WIA-Bestände innerhalb von EWM. Hierzu benötigen Sie mindestens eine Materialnummer. Sie können beliebig viele Materialnummern erzeugen. Es bietet sich bspw. eine Ableitung der WIA-Materialnummer zur Fertigproduktmaterialnummer an. In diesem Abschnitt beschreiben wir die Anlage des Materialstamms und der Findungseinstellungen.

1. **Anlage Materialstamm WIA**

   Legen Sie in der Transaktion **MM01 – Materialstamm anlegen** einen Datensatz mit der Materialart **IWIP Ware in Arbeit** und Ihrer Branche an. (siehe Abbildung 4.121). Klicken Sie dann auf **Weiter**.

   Anschließend pflegen Sie die Materialstammsichten **Grunddaten1**, **Grunddaten2**, **Erw. Spp. Grunddaten**, **WM Execution** und **WM Packaging**.

[»]

Datenpflege

Beachten Sie hierbei, dass alle logistisch relevanten Daten gepflegt sein sollten.

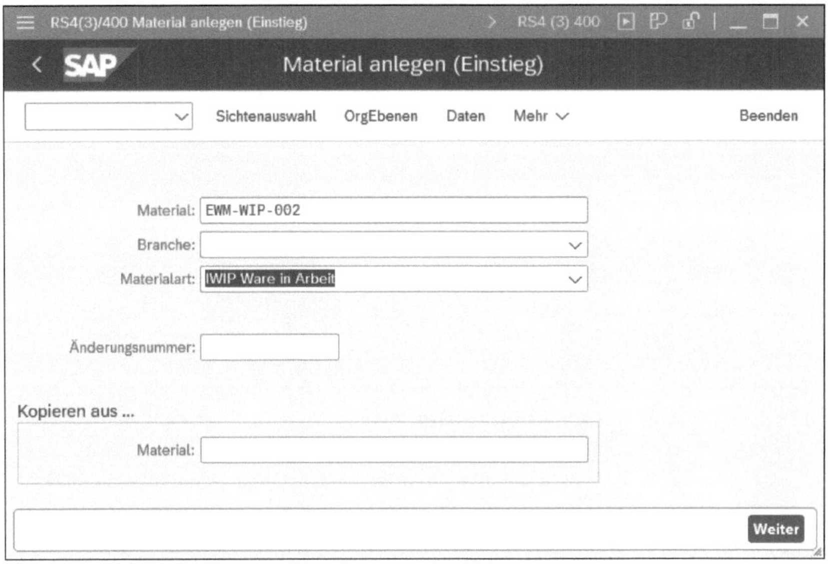

Abbildung 4.121: Material anlegen

2. **WIA-Produkte ermitteln**

   Nachdem Sie das Material angelegt haben, pflegen Sie die WIA-Findung in der Transaktion **/SCWM/WIP_GP – WIA-Produkte ermitteln**. Hierbei stehen der Verfügungsberechtigte, die Fertigungsversion, das Routing, der Vorgang, der HU-Typ, das Endprodukt und das WIA-Material zur Verfügung (siehe Abbildung 4.122).

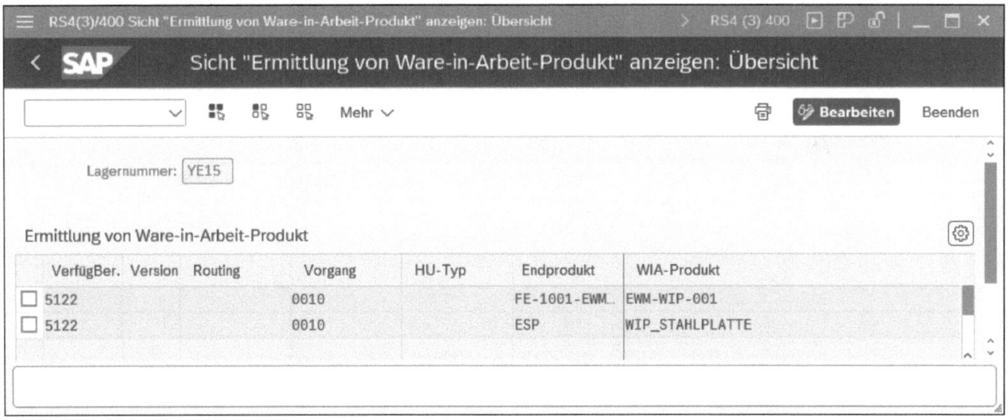

Abbildung 4.122: WIA-Produkte ermitteln

3. **Zugriffsfolge für WIA-Produkte**

   Mit der Transaktion **/SCWM/WIP_GP_A** legen Sie abschließend die Zugriffsfolge fest, anhand derer EWM das WIA-Material finden soll (siehe Abbildung 4.123).

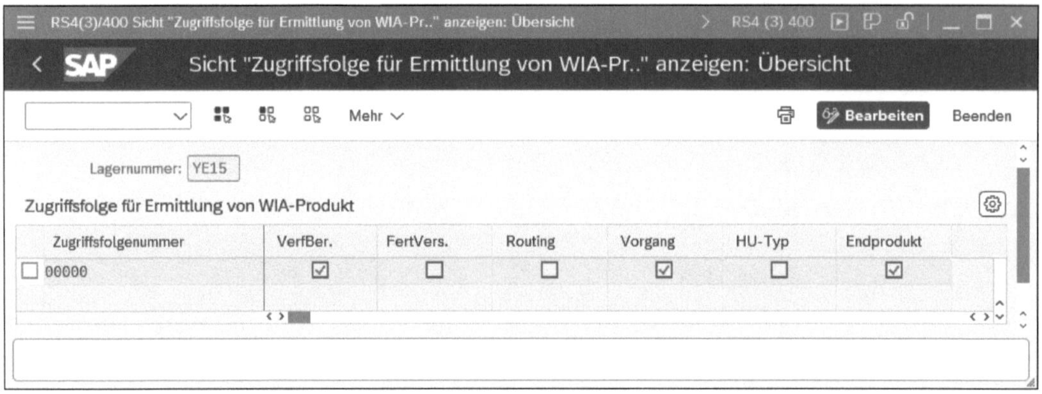

Abbildung 4.123: Zugriffsfolge für WIA-Produkte

4.7.4 Prozessdemo

Nachdem Sie alle Einstellungen und Stammdaten im System gepflegt haben, können Sie nun den Geschäftsprozess durchspielen:

1. **Fertigungsauftrag anlegen und freigeben**

   Erstellen Sie mit der Transaktion **CO01** einen Fertigungsauftrag zu Ihrem Fertigmaterial. Fügen Sie in der ersten Ansicht Ihr Fertigmaterial ein und klicken Sie auf **Weiter**. In der darauffolgenden Ansicht geben Sie die Gesamtmenge ❶ und die Termine ❷ ein. Klicken Sie auf das Icon (**Freigabe**) ❸ und anschließend auf **Sichern** ❹ (siehe Abbildung 4.124).

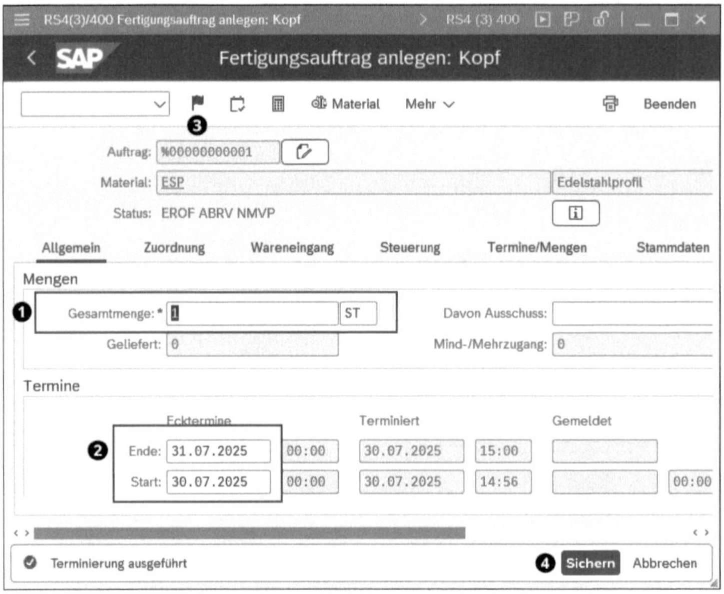

Abbildung 4.124: Fertigungsauftrag anlegen und freigeben

2. **WIA-Wareneingang buchen**

   Simulieren Sie den Wareneingang aus SAP DM mit dem Report **ZEWM_WIP_MANAGEMENT** in der Transaktion **SA38**. Fügen Sie hierzu Ihren Fertigungsauftrag, den entsprechenden Vorgang, die Gutmenge und die Anzeigemengeneinheit ein. Ergänzen Sie Ihr Packmittel für die Erstellung der Handling-Unit (siehe Abbildung 4.125). Klicken Sie anschließend auf **Ausführen**.

   Im Hintergrund erfolgt nun die Erstellung der Anlieferung mit der Belegart **IWIP** und die Erstellung der Lageraufgabe ins WIA-Lager.

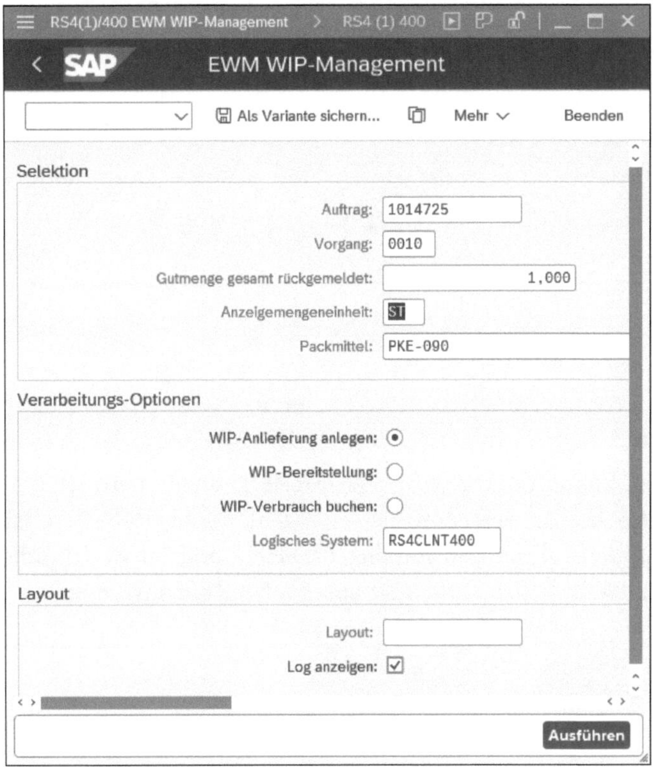

Abbildung 4.125: WIA-Wareneingang buchen

3. **Verbringung des WIA-Bestandes ins WIA-Lager**

   Zur Vereinfachung quittieren Sie die Lageraufgabe innerhalb des Lagerverwaltungsmonitors. Öffnen Sie hierzu die Transaktion **/SCWM/MON** und wählen Sie den Knoten **Eingang • Belege • Anlieferung** per Doppelklick aus. Selektieren Sie nun über das Erstellungsdatum im Feld **Angelegt am** und bestätigen Sie mit [F8].

   Wählen Sie anschließend **Lagerauftrag** und im Folgeschritt [⌄] • **LA im Hintergrund quittieren** (siehe Abbildung 4.126). Der WIA-Bestand befindet sich nun im Lager und kann im nächsten Schritt angefordert werden.

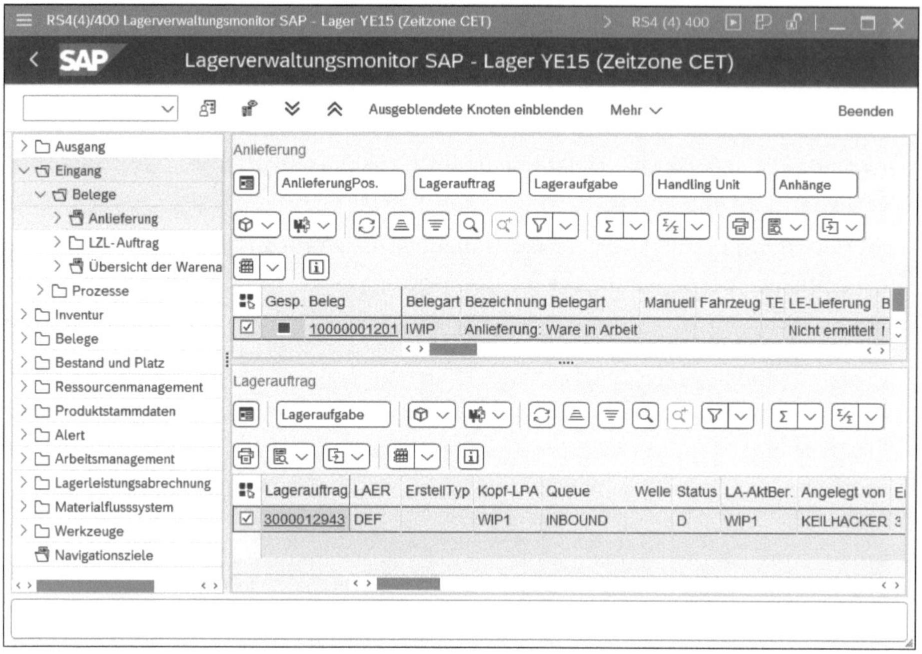

Abbildung 4.126: Lageraufgabe quittieren

4. **WIA-Bestand anfordern**

   Springen Sie erneut in den Report **ZEWM_WIP_MANAGEMENT** und fordern Sie für den nächsten PVB das WIA-Material an. Aktivieren Sie den Radiobutton bei **WIP-Bereitstellung** und hinterlegen Sie den Auftrag, den Vorgang, die Menge und den PVB (**ProdVersorgBereich**) (siehe Abbildung 4.127). Klicken Sie abschließend auf **Ausführen**.

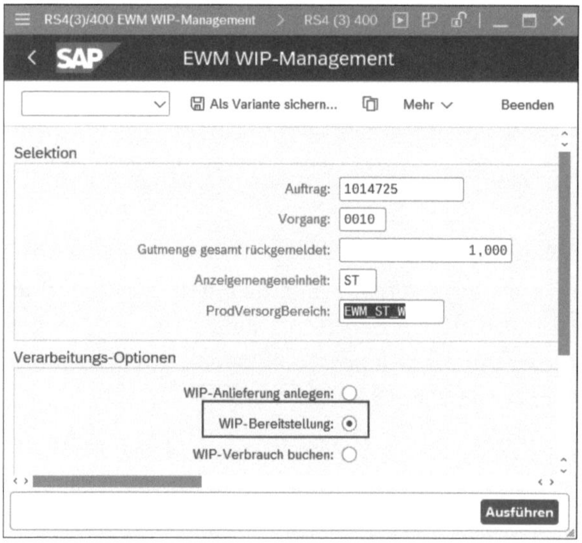

Abbildung 4.127: WIA-Material bereitstellen

5. **Bereitstellung quittieren**

   Springen Sie zurück in den Lagerverwaltungsmonitor und wählen Sie den Knoten **Belege • Lageraufgaben** aus. Selektieren Sie mit **Erstellungszeitpunkt** und Ihrem Tagesdatum die Lageraufgaben. Abbildung 4.128 zeigt Ihre Auswahl. Klicken Sie abschließend auf das Icon [⊕ ∨] und anschließend auf **LB im Hintergrund quittieren**. Der WIA-Bestand befindet sich nun im PVB und ist bereit für die Weiterverarbeitung und den Verbrauch.

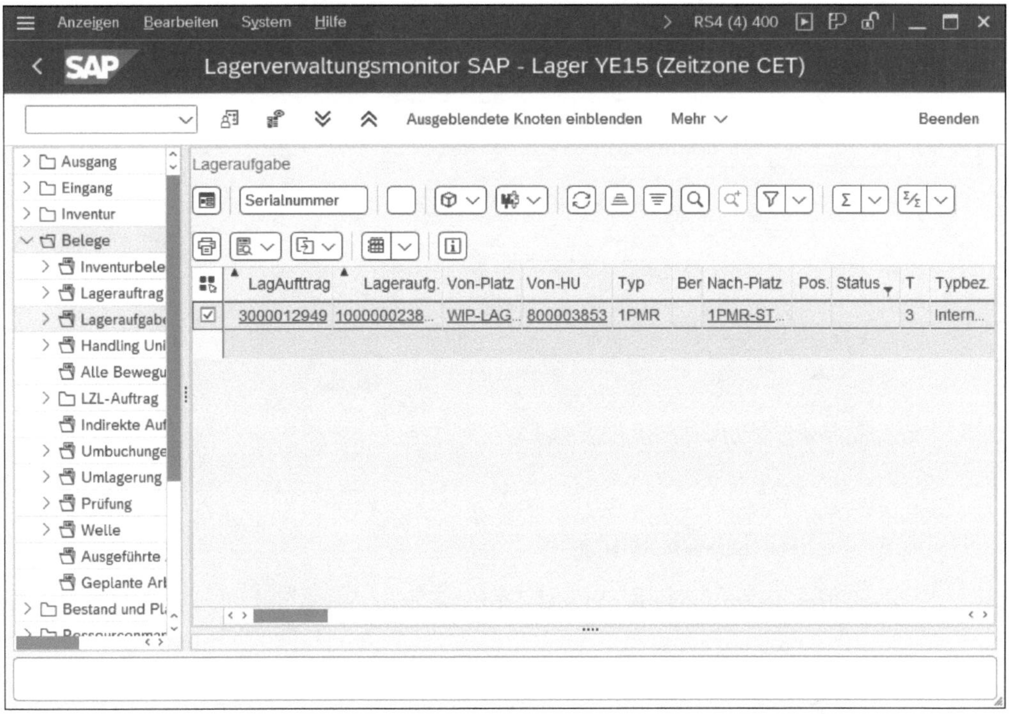

Abbildung 4.128: Lageraufgabe quittieren

6. **Warenausgang für das WIA-Material buchen**

   Im letzten Schritt buchen wir den Warenausgang des WIA-Materials. Springen Sie hierzu erneut in den Report **ZEWM_WIP_MANAGEMENT**. Aktivieren Sie den Radio-Button bei **WIP-Verbrauch buchen** und fügen Sie Ihre HU ein (siehe Abbildung 4.129). Mit einem Klick auf **Ausführen** wird der Bestand ausgebucht.

   Der Prozess nun abgeschlossen.

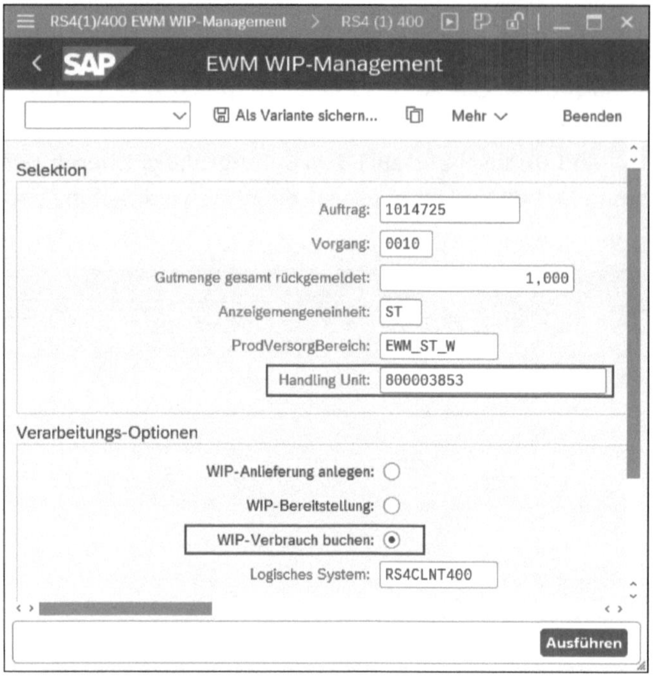

Abbildung 4.129: WIA-Material ausbuchen

4.8 Fehlteilabwicklung

Materialien, die termingerecht für Lieferungen oder Fertigungsaufträge benötigt werden, jedoch weder im Bestand noch im Zugriff sind, werden als Fehlteile bezeichnet. In MM erfolgt die Fehlteilabwicklung auf Lagerortebene und konzentriert sich auf die Beschaffung sowie die Bestandsverwaltung in SAP Inventory Management (SAP IM).

Auch innerhalb eines EWM-Lagers können Fehlteile entstehen – bspw. wenn sich Materialien in Lagerbereichen befinden, die nicht in den Standardkommissionierprozess eingebunden sind. Ein typisches Beispiel hierfür ist ein Außenlager außerhalb des Werksgeländes. EWM bietet zwei Lösungsansätze zur Abwicklung solcher Fehlteile:

- Cross-Docking
- Fehlteil

Beide Verfahren ermöglichen es, die klassische Einlagerungssteuerung zu umgehen. Das bedeutet, dass Materialien mit entsprechender Bedarfsmenge nicht eingelagert, sondern direkt an den gewünschten Zielort weitergeleitet werden (siehe Abbildung 4.130).

Das Cross-Docking in EWM ist im Buch »Warehouse Management mit SAP S/4HANA« (erschienen 2023 bei SAP PRESS; siehe *www.sap-press.de/5552*) beschrieben. Es handelt sich dabei um einen reinen EWM-Prozess. Ab dem Release SAP S/4HANA 2020 steht die

Fehlteilfunktion zur Verfügung. Insbesondere in Verbindung mit embedded EWM bietet sie durchaus Vorteile bei der Integration. SAP stellt für individuelle Anforderungen folgende APIs zur Verfügung:

- Fehlteil anlegen (**/SCWM/IF_API_PRE_ALLOCATED~CREATE**)
- Fehlteil aktualisieren (**/SCWM/IF_API_PRE_ALLOCATED~UPDATE**)
- Fehlteil löschen (**/SCWM/IF_API_PRE_ALLOCATED~DELETE**)
- Fehlteil lesen (**/SCWM/IF_API_PRE_ALLOCATED~READ**)

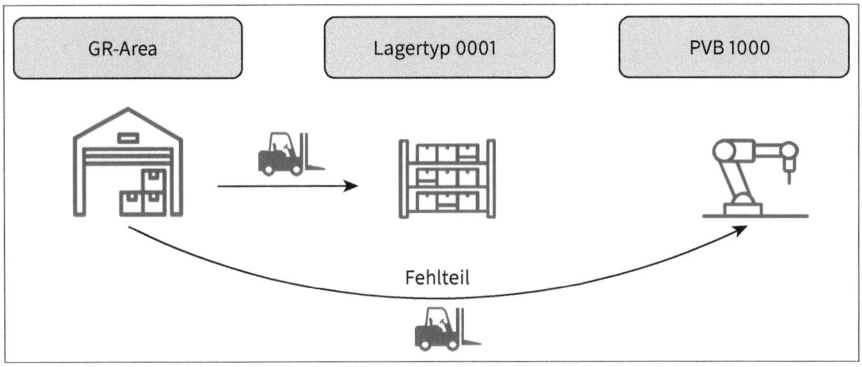

Abbildung 4.130: Prozessablauf Fehlteil

Mithilfe der APIs kann bspw. bei der Bereitstellung eines Fertigungsauftrages automatisch ein Fehlteileintrag erzeugt und später abgewickelt werden. Ohne Verwendung der APIs sind die in der Liste genannten Funktionen ein rein manueller Prozessschritt. Beachten sie, dass die Fehlteilfunktion im Fall eines QM-Prüfloses nicht zur Verfügung steht. Ein weiterer Nachteil dieser Lösung besteht darin, dass bei einem auftragsbezogenen Bezug (Belegreferenz) diese Information im Standardprozess der Lageraufgabe nicht automatisch hinterlegt wird. Daraus ergibt sich, dass ein zusätzlicher systemseitiger Schritt erforderlich ist, um diesen Bezug herzustellen und weiterzuverarbeiten.

SAP stellt für die Fehlteilabwicklung außerdem noch weitreichende Erweiterungen in Form von BAdIs zur Verfügung (siehe Tabelle 4.12).

BAdI	Technischer Name	Verwendung
Kundenfelder beim Anlegen von Fehlteilen aktualisieren	**/SCWM/EX_PAS_ENTRY_CREATE**	Mit diesem BAdI können Sie beim Erstellen von Fehlteilen in der Datenbanktabelle **/SCWM/PRALLSTCK** kundenspezifische Felder aktualisieren.

Tabelle 4.12: BAdIs für die Fehlteilabwicklung

BAdI	Technischer Name	Verwendung
Kundenfelder beim Aktualisieren von Fehlteilen aktualisieren	**/SCWM/EX_PAS_ENTRY_UPDATE**	Mit diesem BAdI können Sie beim Aktualisieren von Fehlteilen in der Datenbanktabelle **/SCWM/PRALLSTCK** kundenspezifische Felder aktualisieren.
Menge für Fehlteil senden	**/SCWM/EX_PAS_DISTRIBUTE**	Mit diesem BAdI können Sie die Produktmenge in einer Anlieferungsposition für die von einem Fehlteil angeforderte Menge senden und eine Lagerprozessart ändern.
Fehlteil bei der Lageraufgabenerstellung aktualisieren	**/SCWM/EX_PAS_CREATE_WT**	Mit diesem BAdI können Sie das Fehlteil in der Datenbanktabelle **/SCWM/PRALLSTCK** aktualisieren.
Fehlteil bei der Lageraufgabenquittierung aktualisieren	**/SCWM/EX_POST_WT_PAS**	Mit diesem BAdI können Sie das Fehlteil bei der Lageraufgabenquittierung für Anlieferungen in der Datenbanktabelle **/SCWM/PRALLSTCK** aktualisieren.

Tabelle 4.12: BAdIs für die Fehlteilabwicklung (Forts.)

4.8.1 Geschäftsprozess

Abbildung 4.131 zeigt den Geschäftsprozess für eine Fehlteilabwicklung für einen Fertigungsauftrag mit auftragsunabhängiger Bereitstellung. Die Produktionsfachkraft erfasst das Fehlteil in der Fehlteilliste. Die Lagerfachkraft bucht im ERP-System anhand der Bestellung die ERP-Anlieferung, die ins EWM repliziert und als EWM-Anlieferung angelegt wird. In EWM erstellt sie die Lageraufgaben zur Einlagerung. Bei der Erstellung der Lageraufgaben erfolgt der Split der Mengen gemäß den Anforderungen aus der Produktion. Mit der Quittierung der Lageraufgabe wird der Fehlteileintrag aktualisiert bzw. – falls die Aufgabe erfüllt wurde – gelöscht.

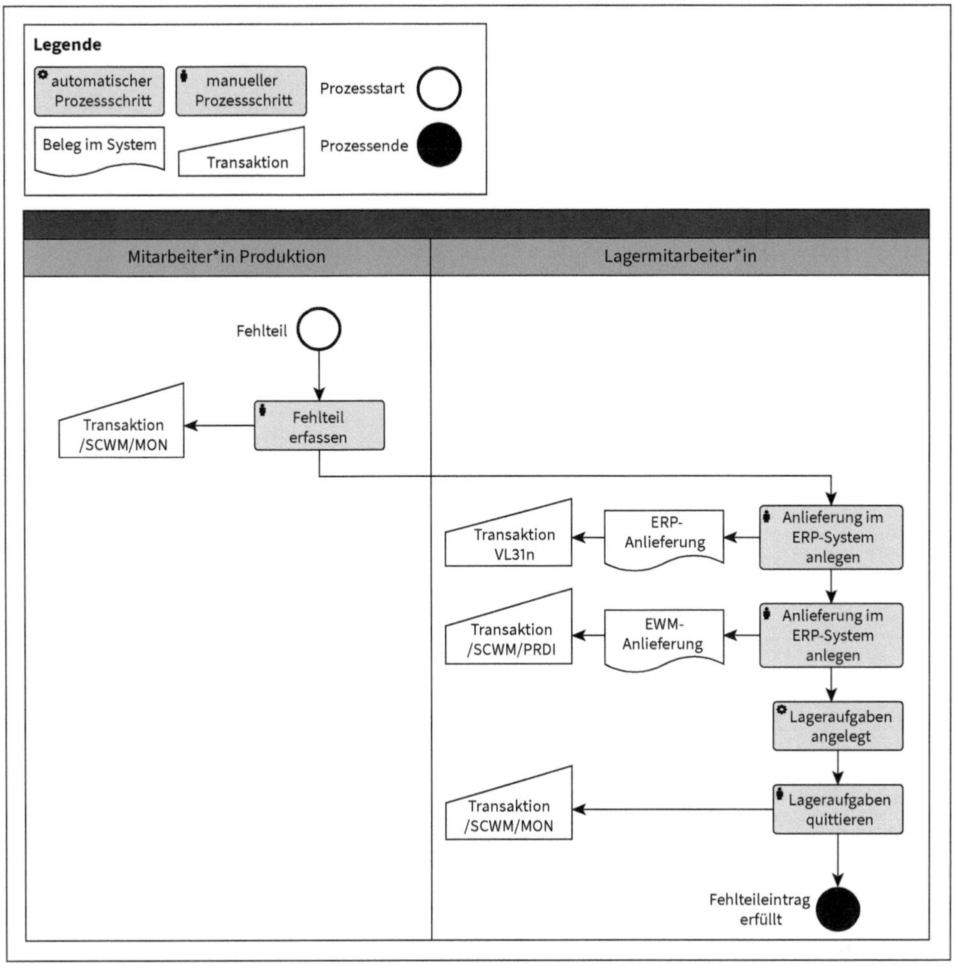

Abbildung 4.131: Vom Fehlteil zum Fertigungsauftrag

4.8.2 Konfiguration

Nachdem wir den Geschäftsprozess skizziert haben, gehen wir nun auf die notwendigen Schritte des Customizings ein.

1. **Fehlteil erlauben**

   Ob der Fehlteileintrag berücksichtigt werden soll, hängt von der Lagerprozessart ab. Hierbei ist die Funktion pro Lagerprozessart zu aktivieren. Springen Sie hierfür zum IMG-Pfad **SCM Extended Warehouse Management • Extended Warehouse Management • Prozessübergreifende Einstellungen • Lageraufgabe • Lagerprozessart definieren**. Setzen Sie das Kennzeichen bei **Fehlteil erlaubt**, bspw. für die Lagerprozessart **1010** (Einlagerung Wareneingang), und schließen Sie Ihre Änderung mit **Sichern** ab (siehe Abbildung 4.132).

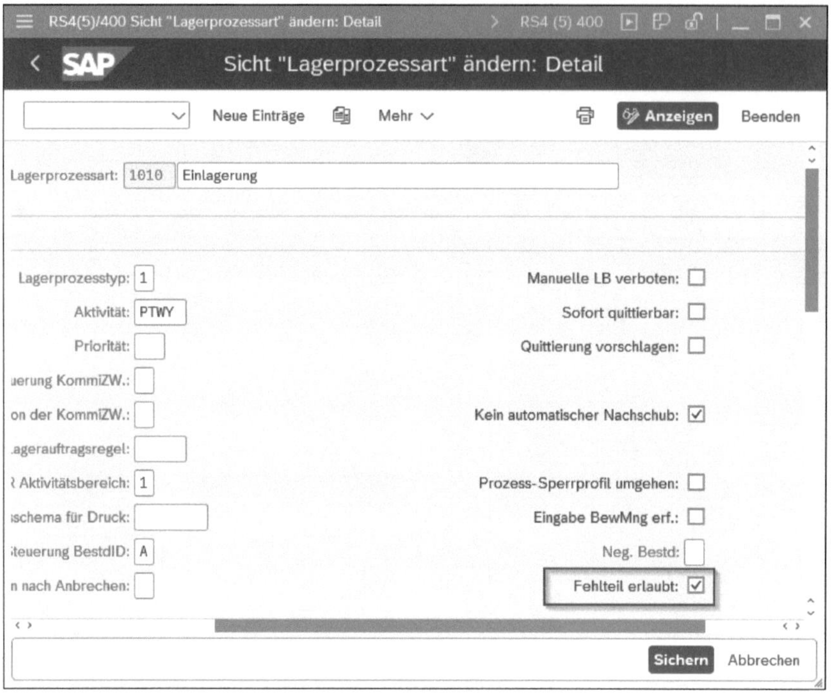

Abbildung 4.132: Fehlteil erlauben

2. **Änderungsbelege für das Fehlteil aktivieren**

   Als Nächstes aktivieren Sie die Änderungsbelege für das Fehlteil. Bitte beachten Sie, dass sich Änderungsbelege negativ auf Ihre Systemperformance auswirken können. Dieser Schritt ist optional. Die Aktivierung erfolgt unter **SCM Extended Warehouse Management • Extended Warehouse Management • Lagerinterne Prozesse • Fehlteil • Änderungsbelege für Fehlteil aktivieren**. Setzen Sie für Ihre Lagernummer das Kennzeichen in der Spalte **Fehlteil** (siehe Abbildung 4.133). Klicken Sie abschließend auf **Sichern**.

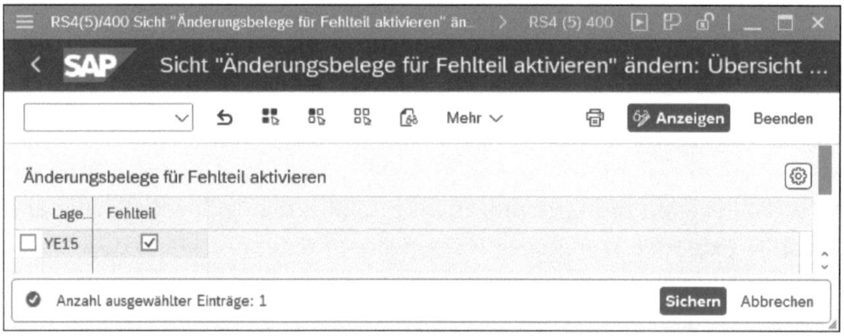

Abbildung 4.133: Änderungsbelege für das Fehlteil aktivieren

3. **Fehlteilreferenz definieren**

   Als letzten Schritt hinterlegen Sie die möglichen Fehlteilreferenzen unter **SCM Extended Warehouse Management • Extended Warehouse Management • Lagerinterne Prozesse • Fehlteil • Fehlteilreferenzen definieren**. Klicken Sie auf **Neue Einträge** und erfassen Sie **PDO** und **PWR** (siehe Abbildung 4.134). Speichern Sie Ihre Änderungen mit einem Klick auf **Sichern**.

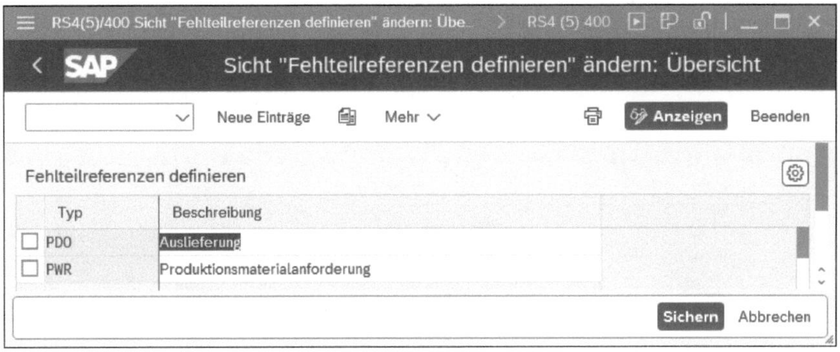

Abbildung 4.134: Fehlteilreferenzen definieren

4.8.3 Prozessdemo

Nun können Sie den Geschäftsprozess durchspielen. Zur Vereinfachung werden die Quittierungen der Lageraufgabe über den Lagerverwaltungsmonitor anstelle der mobilen Umgebung (RFUI) abgebildet.

1. **Fehlteileintrag erfassen**

   Im ersten Schritt erfasst die Produktionsfachkraft einen Fehlteileintrag im Lagerverwaltungsmonitor (Transaktion **/SCWM/MON**). Springen Sie zum Ordner **Bestand und Platz • Fehlteil**. Per Doppelklick auf **Fehlteil** öffnen Sie die Suchmaske und führen diese ohne Selektionsparameter mit F8 aus. Anschließend öffnen Sie über das Icon [Icon] die Methoden ❶ und wählen **Fehlteil anlegen** ❷. Daraufhin öffnet sich ein neues Fenster ❸, in dem Sie Ihre Eingaben für das Produkt, die Bestandsart, die Fehlteilreferenz, den Nachlagerplatz, die Menge und die Mengeneinheit treffen. Klicken Sie auf **Anlegen** ❹, um den Datensatz in der Datenbank anzulegen (siehe Abbildung 4.135).

2. **Anlieferung erstellen**

   Im Einkauf existiert für dieses Fehlteil bereits eine Bestellung. Im nächsten Schritt legen Sie in einer neuen Session mit der Transaktion **VL31n** eine Anlieferung an. Fügen Sie hierzu die besagte Bestellnummer ein und bestätigen Sie mit **Weiter**. Klicken Sie in der darauffolgenden Ansicht auf **Sichern**, um die Anlieferung zu erstellen und an EWM zu verteilen (siehe Abbildung 4.136).

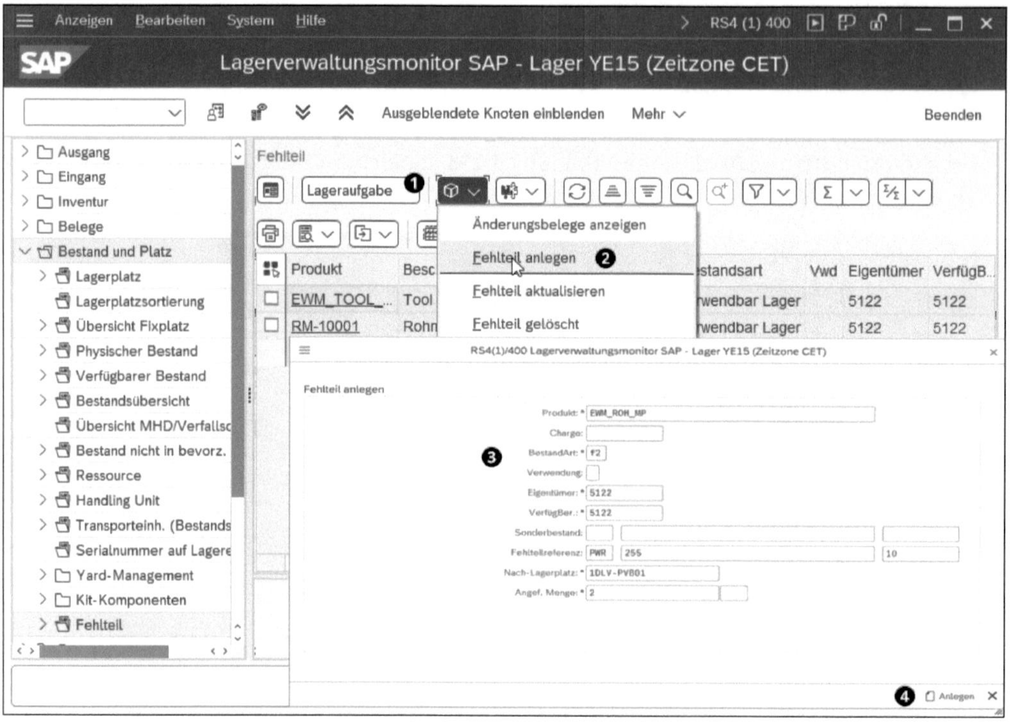

Abbildung 4.135: Fehlteil anlegen

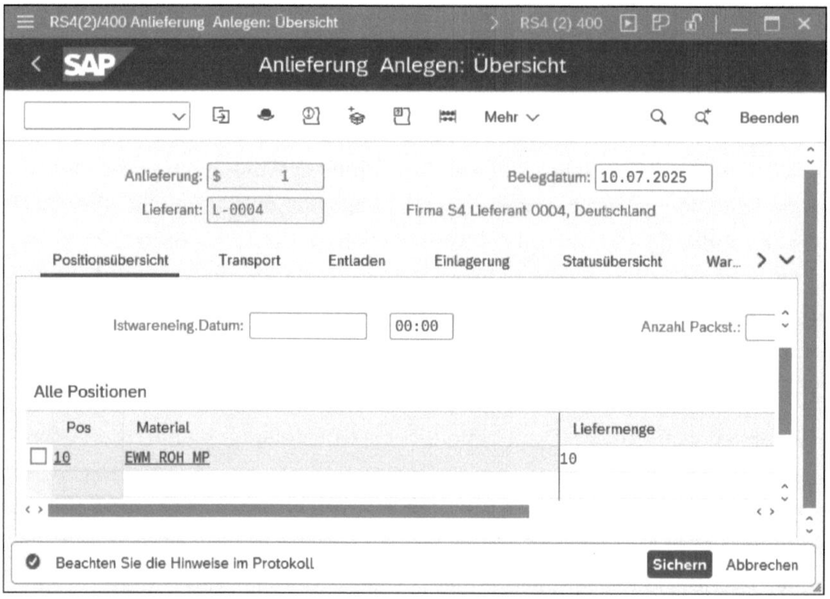

Abbildung 4.136: Anlieferung anlegen

3. **Anlieferung anzeigen**

   Nun wählen Sie mit der Transaktion **/SCWM/PRDI** die Anlieferung aus. Ändern Sie hierzu die Suche auf »Bestellung«, fügen Sie Ihre Bestellnummer ein und starten Sie die Selektion mit F8.

4. **Lageraufgabe erstellen**

   In der Transaktion **/SCWM/PRDI** klicken Sie nun auf der obersten Schaltfläche auf **Anlieferung • Folgefunktion • Lageraufgabe** und bestätigen anschließend mit **Anlegen + Sichern**. EWM erstellt nun die Lageraufgaben für die Einlagerung und Verbringung des Fehlteils (siehe Abbildung 4.137).

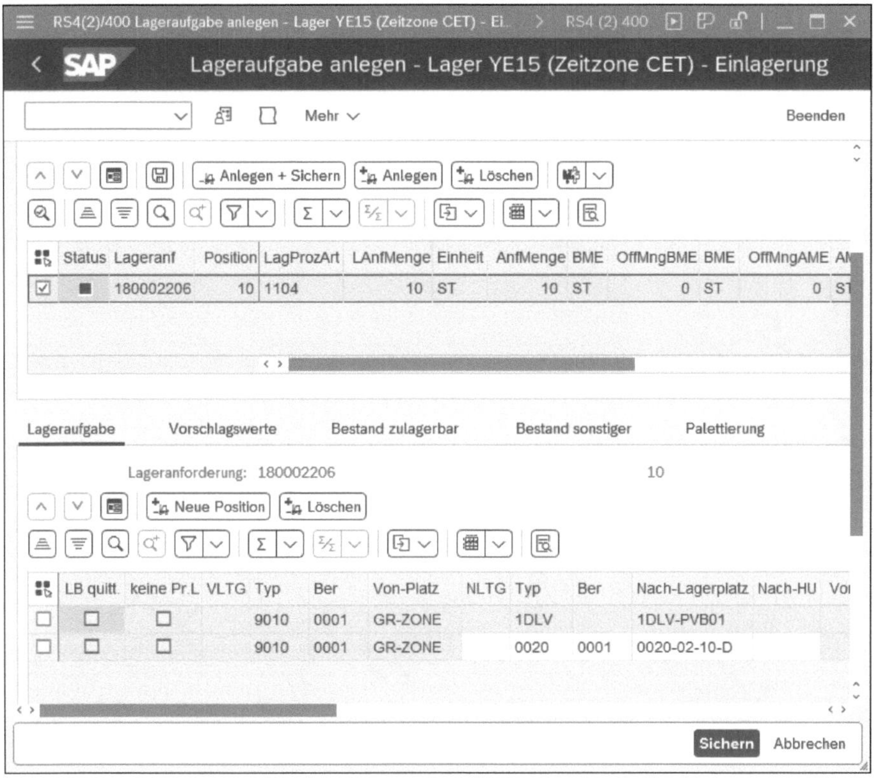

Abbildung 4.137: Lageraufgabe anlegen

5. **Lageraufgabe quittieren**

   Springen Sie nun zurück in die offene Session des Lagerverwaltungsmonitors (Transaktion **/SCWM/MON**) und markieren Sie den erstellten Fehlteileintrag. Über **Lageraufgabe** können Sie sich von SAP die offene Bewegung anzeigen lassen. Klicken Sie anschließend auf das Icon sowie auf **LB im Hintergrund quittieren** (siehe Abbildung 4.138), woraufhin die Lageraufgabe quittiert wird.

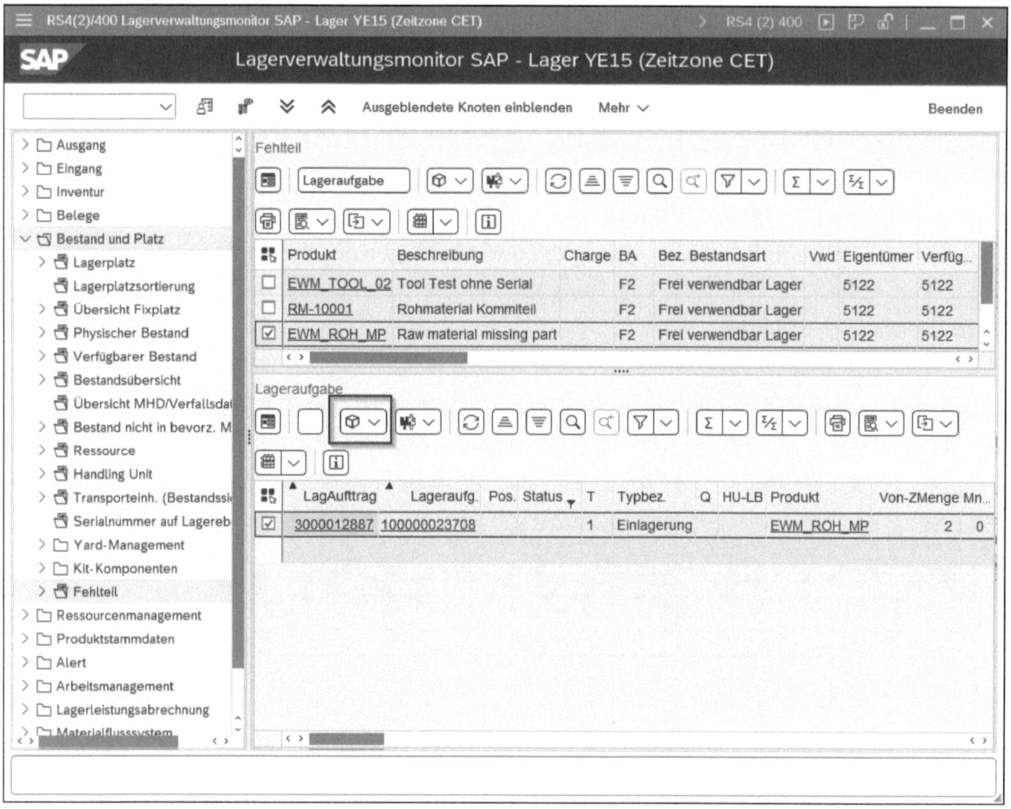

Abbildung 4.138: Lageraufgabe quittieren

6. **Fehlteilmonitor prüfen**

   Mit einem Klick auf **Refresh** auf Kopfebene prüfen Sie im Lagerverwaltungsmonitor, ob der Fehlteileintrag durch SAP gelöscht wurde.

4.9 Zusammenfassung

In diesem Kapitel haben wir Ihnen die Möglichkeiten der Produktionsintegration und der Lagerprozesse mit EWM aufgezeigt, wobei das Hauptaugenmerk auf der lieferungsbasierten Produktionsversorgung und der erweiterten Produktionsintegration lag. Innerhalb dieser Funktionen und Teilschritte haben wir uns auf die Bereitstellung, den Verbrauch und den Wareneingang konzentriert. Dabei sind wir auch auf Erweiterungen eingegangen, die sich vom klassischen Prozess unterscheiden, wie er im allgemeinen EWM-Buch von SAP PRESS beschriebenen wird.

Ergänzend hierzu haben wir für Sie die jeweiligen Vorteile der beiden Lösungen in Tabelle 4.13 zusammengefasst.

Vorteile lieferbasierter PV	Vorteile PMA-basierter PV
Kontinuierliches Arbeiten in S/4HANA ist möglich	Nach Anlage der PMA ist unabhängiges Arbeiten von S/4HANA möglich
Materialien können in einem Shuttle-Szenario vom Lager zur Produktionsstätte transportiert werden.	Mittels Lagerverwaltungsfunktionen kann die Bereitstellung für die Produktion organisiert werden.
Verwendung der Versandfunktionen	Große Mengen einer Komponente können in kleinere Mengen aufgeteilt werden.
Verwendung von Kanban-Funktionen	Nutzung von EWM für Warenausgansbuchungen von Komponenten
	Warenausgangsbuchungen von größeren Mengen als in der PMA geplant sind möglich.
	Schonung von Systemressourcen durch Verarbeitung von Warenbewegungsmeldungen statt mehrerer Lieferbelegen an S/4HANA

Tabelle 4.13: Vergleich der lieferungsbasierten Produktionsversorgung mit der PMA-basierten Produktionsversorgung

Zudem wurden die Sonderthemen SAP-DM-Integration, Abwicklung manueller Reservierung, WIA-Abwicklung und Fehlteilmanagement ergänzend dargestellt.

Kapitel 5
Qualitätsmanagement

Die Sicherstellung der Produktqualität betrifft alle Unternehmensprozesse und somit auch die der Lagerlogistik. In diesem Kapitel stellen wir Ihnen Prozesse vor, in denen EWM eng mit dem Qualitätsmanagement (QM) in SAP S/4HANA integriert ist.

Die Produktqualität stellt für Unternehmen einen Wettbewerbsvorteil dar, mit dem sie sich von der Konkurrenz abheben können, und beeinflusst zudem die Kundenzufriedenheit und -bindung. Eine hohe Produktqualität hilft dabei, Ausschuss, Nacharbeit und Reklamationen zu reduzieren und damit Kosten zu vermeiden und Prozesse effizienter durchzuführen. Außerdem kann sie die Voraussetzung für die Einhaltung gesetzlicher Vorgaben sein, die ein Unternehmen erfüllen muss.

In unserer globalisierten und wettbewerbsintensiven Wirtschaft ist die Sicherstellung einer gleichbleibend hohen Qualität von Produkten ein entscheidender Erfolgsfaktor, um langfristigen Unternehmenserfolg zu gewährleisten. QM unterstützt Unternehmen dabei, die Qualität von Produkten systematisch zu planen, zu steuern und kontinuierlich zu verbessern und diese Aktivitäten in die Prozessabläufe in SAP S/4HANA zu integrieren.

Die Schritte, die mit QM abgebildet werden können, reichen von der Wareneingangsprüfung bei Anlieferung durch externe Lieferanten über produktionsbegleitende Prüfungen bis hin zu Prüfungen im Rahmen von Reklamationen. In diesem Kontext kommt der Integration zwischen den Bereichen Qualitätsmanagement und Lagerverwaltung eine besondere Bedeutung zu. Damit die Abläufe in einem Unternehmen effizient sind, müssen Prüfprozesse und logistische Abläufe nahtlos ineinandergreifen, da sie sich gegenseitig beeinflussen. So kann bspw. die Verräumung im Rahmen eines Wareneingangsprozesses nicht immer auf die Ergebnisse der Qualitätsprüfung warten. Andererseits muss gewährleistet sein, dass der vereinnahmte und eingelagerte Bestand, der sich noch in der Qualitätsprüfung befindet, nicht für andere Prozesse, wie etwa die Produktionsbereitstellung, verwendet wird. Gleichzeitig muss sichergestellt werden, dass im Anschluss an die Prüfung und die Erfassung der Prüfergebnisse und des Verwendungsentscheids die Bestandsdaten im System in Echtzeit aktualisiert und ggf. entsprechende Folgeaktionen ausgelöst werden.

In diesem Kapitel geben wir Ihnen in Abschnitt 5.1 zunächst einen Überblick über die Verwendung von QM mit EWM. Dabei fokussieren wir uns auf die Nutzung eines embedded EWM in SAP S/4HANA. Im Anschluss beleuchten wir in Abschnitt 5.2 die Prüflosabwicklung für Wareneingänge. Am Beispiel von Prüfungen für fremdbeschaffte Ware zeigen wir

Ihnen, wie eine Qualitätsprüfung in Verbindung mit der synchronen Warenbewegung in EWM durchgeführt werden kann. Als weiteres Beispiel stellen wir die Prüfung für Eigenfertigung vor und zeigen dabei auf, wie eine Vorabprüfung in der Produktion durchgeführt werden kann. In Abschnitt 5.3, »Erweiterte Retourenabwicklung«, befassen wir uns schließlich mit Reklamationen. Hierfür kann in SAP der Prozess der erweiterten Retourenbearbeitung verwendet werden. Anhand des Beispiels einer Kundenretoure mit anschließender Materialinspektion bringen wir Ihnen dieses umfangreiche Thema näher.

5.1 Überblick über QM mit EWM

Als Lagerverwaltungslösung verfügt EWM nicht über eine eigene Funktionalität zur Durchführung von Qualitätsprüfprozessen, sondern greift auf andere Applikationen zurück. Dies kann entweder die Quality Inspection Engine (QIE) oder das Qualitätsmanagement (QM) sein. Die QIE ist eine Lösung, die von Konsumentensystemen wie EWM genutzt werden kann, um Qualitätsprüfungen durchzuführen. Da sie serviceorientiert arbeitet, können ihre Services sowohl von SAP- als auch von Nicht-SAP-Systemen genutzt werden. In einem dezentralen EWM kommt die QIE immer zum Einsatz, entweder als eigenständige Lösung zur Abbildung einfacher Qualitätsprüfprozesse oder als Zwischenkomponente zur Kommunikation zwischen EWM und QM. In einem embedded EWM wird die Nutzung der QIE lediglich für die Prüfplanung, nicht aber für die Ausführung der Qualitätsprüfung unterstützt. In dieser Deployment-Variante kommuniziert EWM grundsätzlich direkt mit QM (siehe Abbildung 5.1).

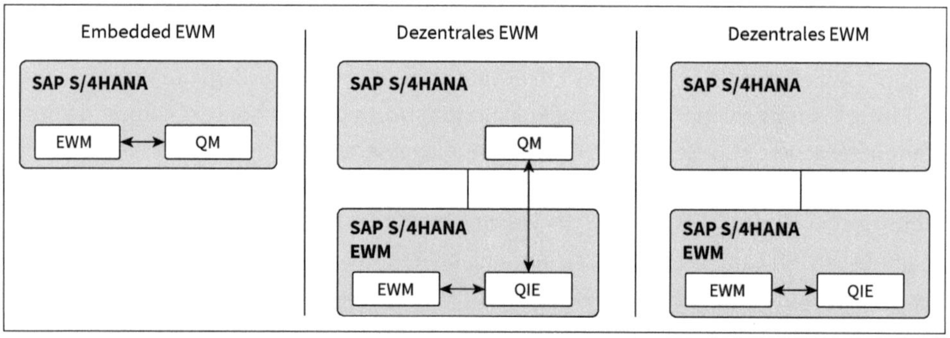

Abbildung 5.1: Integrationsoptionen von Qualitätsprüfungen je nach Deployment-Option

Zur Einhaltung der Qualitätsanforderungen unterstützt EWM Prüfungen in verschiedenen Prozessen. Diese hängen von der verwendeten Deployment-Variante ab. In einem embedded EWM können Prüfungen in Verbindung mit QM unter anderem in den folgenden Prozessen durchgeführt werden:

- Wareneingangsprüfung von fremdbeschafften Produkten in unterschiedlichen Ausprägungen wie Prüfung nach Wareneingang, Annahmeprobenprüfung und Prüfung bei synchroner Warenbewegung

- Wareneingangsprüfung von eigengefertigten Produkten mit den Varianten Prüfung nach Wareneingang und Vorabprüfung in der Produktion
- Lagerinterne Prüfungen in Form von Bestandsprüfungen oder wiederkehrende Prüfungen
- Retourenprüfungen für Kundenretouren im Rahmen der erweiterten Retourenabwicklung

Bei Verwendung eines dezentralen EWMs, das mit QM integriert ist, gibt es einzelne Unterschiede bezüglich der unterstützten Ausprägungen. Da die synchrone Warenbewegung bspw. nur in einem embedded EWM möglich ist, kann die Qualitätsprüfung für synchrone Warenbewegungen folglich auch nicht in einem dezentralen EWM verwendet werden. Des Weiteren gibt es für ein dezentrales EWM Prüfszenarien, die nur dann zum Einsatz kommen können, wenn die QIE im Stand-alone-Szenario ohne Integration mit QM verwendet wird. Bei diesen Szenarien handelt es sich bspw. um die Zählprüfung der Anlieferung oder die Vorprüfung von Handling Units (HUs). Die Zählprüfung der Anlieferung soll sicherstellen, dass die gesamte Menge der Lieferposition angeliefert wurde. Die Zählung kann als explizite Zählung an einem Arbeitsplatz für Qualitätsprüfung oder als implizite Zählung im Rahmen der Lageraufgabenbearbeitung ausgeführt werden. Bei der Vorprüfung von HUs erfolgt vor der Wareneingangsbuchung eine Kontrolle der angelieferten Packstücke sowie eine Erfassung der Bewertung jedes geprüften Packstücks.

[«]

Aktuelle Funktionalitäten und Einschränkungen

Aufgrund der kontinuierlichen Weiterentwicklung der Funktionalitäten für die Integration von EWM und QM empfiehlt es sich, relevante SAP-Hinweise zu konsultieren. An dieser Stelle nennen wir die folgenden exemplarischen SAP-Hinweise:

- SAP-Hinweis 3636337 mit Release-Informationen und Einschränkungen für EWM in SAP S/4HANA 2025 FPS00
- SAP-Hinweis 2545012 mit Informationen zu nicht unterstützten Prozessen für die Prüflosherkunft 17
- SAP-Hinweis 2861813 mit Informationen zu Einschränkungen für die Integration von QM in ein embedded EWM

Wie eingangs erwähnt, nutzt EWM QIE-Services für Prüfprozesse sowie Objekte des QIE-Datenmodells. Dabei handelt es sich um die Objekte Prüfobjekttyp, Prüfregel, Prüfbeleg, Position, Probe, Befund, Prüfentscheid und Folgeaktivität, die wir im Folgenden näher erläutern:

- **Prüfobjekttyp**

  Ein Konsumentensystem wie bspw. EWM legt einen Prüfobjekttyp (*POT*) in der QIE an. Mit diesem wird definiert, für welchen Prozess und für welches Objekt Prüfungen durchgeführt werden sollen. Auch in einem embedded EWM ist ein aktiver POT erforderlich, damit überhaupt Prüflose erstellt werden können. In einem dezentralen EWM wird auf Basis des POTs in Verbindung mit Prüfregeln ein Prüfbeleg erstellt. Die verwendete Deployment-Variante hat Einfluss darauf, welche POTs verwendet werden können.

- **Prüfregel**

  In einem embedded EWM *können Prüfregeln* verwendet werden, in einem dezentralen EWM *müssen* sie verwendet werden. Eine Prüfregel definiert für einen konkreten POT die Vorgaben, die erfüllt sein müssen, damit ein Prüfbeleg bzw. ein Prüflos erstellt wird. Darüber hinaus enthält die Prüfregel noch weitere Eigenschaften zur Konkretisierung des Prüfprozesses.

- **Prüfbeleg, Position, Probe**

  Der *Prüfbeleg* ist ein Bewegungsdatenobjekt, das relevante Daten für die Durchführung der Prüfung enthält. Die Erstellung eines Prüfbelegs setzt einen aktiven POT sowie eine gültige Prüfregel voraus. Der Prüfbeleg wird nur in einem dezentralen EWM erstellt. Er enthält *Prüfbelegspositionen*, die gleichartige Einheiten eines geprüften Materials zusammenfassen. Die Grundlage für diese Zusammenfassung bilden die erfassten Prüfergebnisse unter Berücksichtigung der Güte des Materials und dessen weitere Verwendung. Eine *Probe* ist eine Teilmenge, die einer Prüfung unterzogen wird. Sofern keine 100%-Prüfung durchgeführt werden soll, kann einer Prüfregel ein Probenahmeverfahren zugeordnet werden, mit dem die Art der Bildung von Proben definiert wird (z. B. Probenahme pro Gebinde).

- **Befund**

  Ergebnisse von Qualitätsprüfungen können in einem *Befund* festgehalten werden. Befunde können mit Bezug zu einem Prüfbeleg, einer Position oder einer Probe angelegt werden und werden mithilfe von Codes beschrieben. Die zur Verfügung stehenden Codes werden in der Prüfregel hinterlegt.

- **Prüfentscheid, Folgeaktivität**

  Der *Prüfentscheid* dokumentiert die Entscheidung über die Annahme oder die Rückweisung des geprüften Prüfbelegs. Sobald eine Entscheidung getroffen wurde, erhält der Prüfbeleg den Status »Entscheidung getroffen«. Auf Basis des Prüfentscheids wird eine logistische *Folgeaktivität* ausgeführt, die den weiteren Prozess für den geprüften Bestand definiert. Mögliche Folgeaktivitäten sind bspw. die Einlagerung oder Verschrottung. Die Erfassung eines Prüfentscheids im Prüfbeleg ist nur für ein dezentrales EWM relevant. Das Ausführen von logistischen Folgeaktionen ist hingegen sowohl für ein embedded als auch für ein dezentrales EWM relevant.

Nach diesem einleitenden Überblick stellen wir Ihnen in den weiteren Abschnitten konkrete Anwendungsfälle vor. Dabei gehen wir zunächst detaillierter auf die Prüflosabwicklung in Wareneingangsprozessen ein.

5.2 Prüflosabwicklung für Wareneingänge

Prüfungen im Rahmen von Wareneingangsprozessen sollen sicherstellen, dass angelieferte bzw. produzierte Waren die geforderten Qualitätskriterien erfüllen. Die Integration zwischen EWM und QM hängt von der Deployment-Option ab, da ein embedded EWM, wie bereits erwähnt, direkt mit QM kommuniziert.

5.2.1 Prüflosabwicklung in einem embedded EWM

In SAP S/4HANA mit embedded EWM kann der Prüfprozess unter Verwendung eines Anlieferbelegs oder der synchronen Warenbewegung durchgeführt werden. Abbildung 5.2 zeigt einen vereinfachten Ablauf der Prüfung auf Basis einer Anlieferung. Mit der Wareneingangsbuchung prüft das System, ob ein aktiver Prüfobjekttyp für die Lagernummer vorhanden ist und, falls ja, ob aufgrund der Prüfeinstellungen eine Prüfung erforderlich ist. Ist dies der Fall, erstellt das System ein QM-Prüflos, für das nach erfolgter Prüfung die Ergebnisse erfasst werden. Für das Prüflos wird anschließend der Verwendungsentscheid getroffen, der zu einer logistischen Folgeaktion führt, die die weitere Verwendung des Bestands widerspiegeln soll.

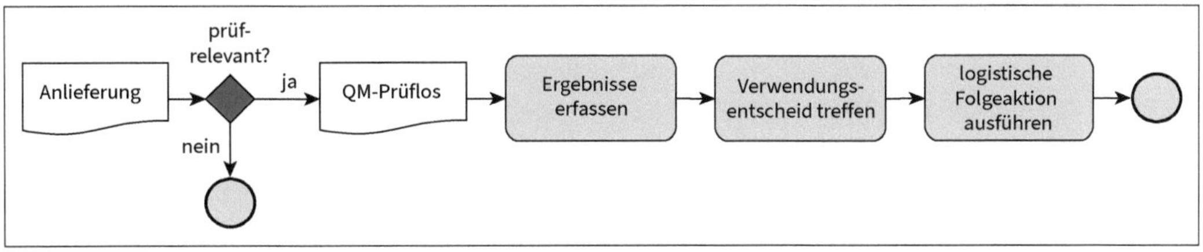

Abbildung 5.2: Vereinfachter Ablauf eines Prüfprozesses im embedded EWM mit Anlieferung

Der grundlegende Unterschied zum Ablauf der Prüfung auf Basis einer synchronen Warenbewegung besteht darin, dass die Prüfloserstellung mit der Warenbewegungsbuchung für eine Bestellung oder einen Fertigungsauftrag erfolgt. Die weiteren Schritte entsprechen dem Ablauf mit Anlieferbeleg.

Für die Ermittlung der Prüfrelevanz wird die Herkunft der Prüfeinstellungen ausgewertet. Im POT stehen folgende Optionen zur Verfügung:

- **Prüfregel**
- **Keine Prüfregel**
- **Aus Materialstamm**

Mit der Option **Prüfregel** legen Sie fest, dass die Einstellungen der Argumente in den EWM-Prüfregeln für die Erstellung von Prüflosen verwendet werden. Darüber hinaus müssen generierte und aktive POTs im EWM-Customizing vorhanden sein. Materialstammeinstellungen in der Sicht **Qualitätsprüfung** werden nicht verwendet.

Mit der Option **Keine Prüfregel** legen Sie fest, dass die Einstellungen im Materialstamm in der Sicht **Qualitätsmanagement** für die Erstellung von Prüflosen verwendet werden. Die Pflege von Prüfregeln in EWM ist in diesem Fall nicht notwendig. Unterstützt werden mit dieser Option die folgenden QM-Prüfarten:

- 01 (Eingangsprüfung beim Wareneingang zur Bestellung)
- 04 (Prüfung beim Wareneingang aus Produktion)
- 08 (Umlagerungsprüfung)
- 09 (wiederkehrende Prüfung von Chargen)

Die Verwendung von Einstellungen am Materialstamm anstelle von Prüfregeln kann ab dem Release SAP S/4HANA 2022 auch für synchrone Warenbewegungen genutzt werden. Ab dem Release SAP S/4HANA 2023 FPS2 werden auch die QM-Prüfarten **01** und **04** unterstützt und damit die Prozesse Prüfung nach Wareneingang, Vorabprüfung, Probenahme und Qualitätszeugnissen.

Die Einstellung **Aus Materialstamm** ist seit SAP S/4HANA 1909 nicht mehr relevant und wurde durch die Einstellung **Keine Prüfregel** ersetzt.

Neben der Prüfloserstellung ist das Treffen des Verwendungsentscheids einschließlich der daraus resultierenden Folgeaktivitäten ein weiterer wichtiger Aspekt für die Integration zwischen EWM und QM. Ein Verwendungsentscheid für ein Prüflos kann im embedded EWM mit den bekannten QM-Applikationen, wie etwa **QA11 – Verwendungsentscheid erfassen**, oder mit der EWM-spezifischen Applikation **/SCWM/QINSP_S4 – Arbeitsplatz Qualität** erfolgen. Der Verwendungsentscheid kann für das komplette Prüflos oder für Teilmengen durchgeführt werden. Dem Verwendungsentscheid-Code wird eine Folgeaktion zugeordnet.

Den EWM-relevanten Folgeaktionen wird jeweils eine logistische Folgeaktion zugeordnet. So können Sie steuern, welche Aktionen für den Bestand durchgeführt werden sollen. Die Definition einer Folgeaktion für einen POT erfolgt für eine Lagernummer. Die einer Folgeaktion zugeordnete interne Aktion definiert die durchzuführende Aktivität im Detail (siehe Abbildung 5.3). Damit kann bspw. festgelegt werden, dass der Bestand in den gesperrten Bestand umgebucht oder eingelagert werden soll. Darüber hinaus besteht die Möglichkeit, mit dem BAdI **/SCWM/EX_QFU** des Erweiterungsspots **/SCWM/ES_QFU** eine kundenspezifische Logik zu implementieren.

Nach diesem Überblick über die Prüflosabwicklung in SAP S/4HANA mit embedded EWM betrachten wir im nächsten Abschnitt die Prüflosabwicklung in einem dezentralen EWM.

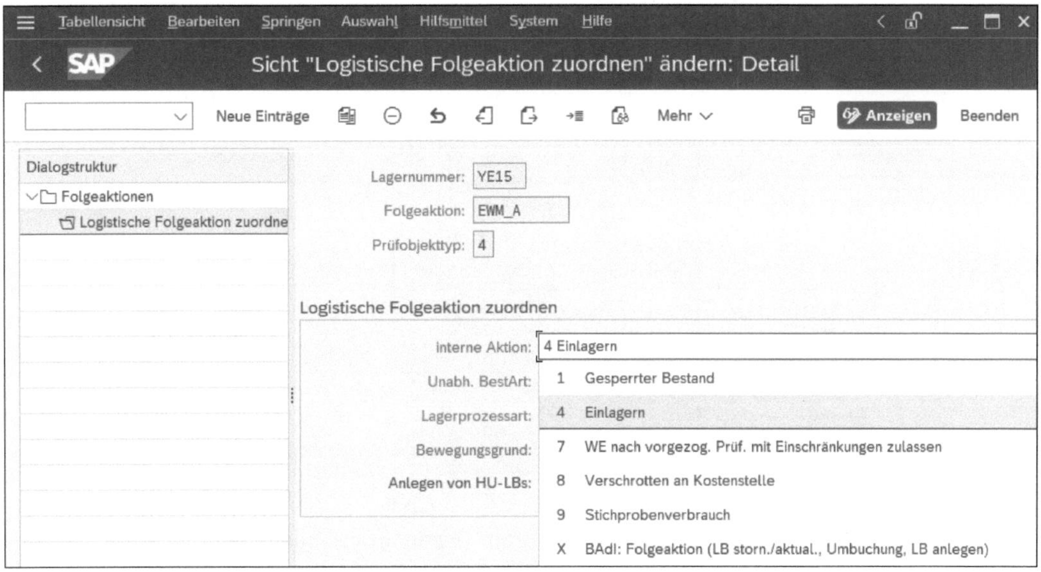

Abbildung 5.3: Interne Aktionen für logistische Folgeaktion in EWM definieren

5.2.2 Prüflosabwicklung in einem dezentralen EWM

In einem dezentralen EWM kann ein Prüfprozess entweder ausschließlich mit der QIE oder mit der Integration von QIE und QM durchgeführt werden. Wird nur die QIE verwendet, erfolgen sowohl die Prüfloserstellung als auch die Durchführung ausschließlich in EWM. Bei einer Integration mit QM hingegen wird die Prüfloserstellung in der QIE initiiert und der in EWM erstellte Prüfbeleg zur Prüfloserstellung an QM übertragen. Die Durchführung der Prüfung findet komplett in QM statt. Voraussetzung für die Erstellung des Prüfbelegs ist neben einem aktiven POT eine gültige Prüfregel.

Abbildung 5.4 zeigt eine vereinfachte Darstellung des Ablaufs der Prüfabwicklung im dezentralen EWM, das mit QM integriert ist. Die Prüfrelevanz wird im Anschluss an ein Ereignis, wie bspw. das Buchen des Wareneingangs, anhand der definierten Prüfregeln und eines aktiven POTs ermittelt. Falls die Ermittlung ergibt, dass eine Prüfung erforderlich ist, wird der Prüfbeleg in EWM erstellt und eine Nachricht zur Prüfloserstellung an das angeschlossene QM-System in SAP S/4HANA übertragen. Dort wird das zugehörige Prüflos erstellt. Die auf diese Art erstellten Prüflose haben die Prüflosherkunft 17 (Prüfung in EWM). Der EWM-Prüfbeleg wird mit Daten aus dem Prüflos aktualisiert. Nach der Ergebniserfassung für das Prüflos wird der Verwendungsentscheid getroffen. Dieser löst eine logistische Folgeaktion in EWM aus, mit der der Bestand dem bestimmten Verwendungszweck zugeführt wird.

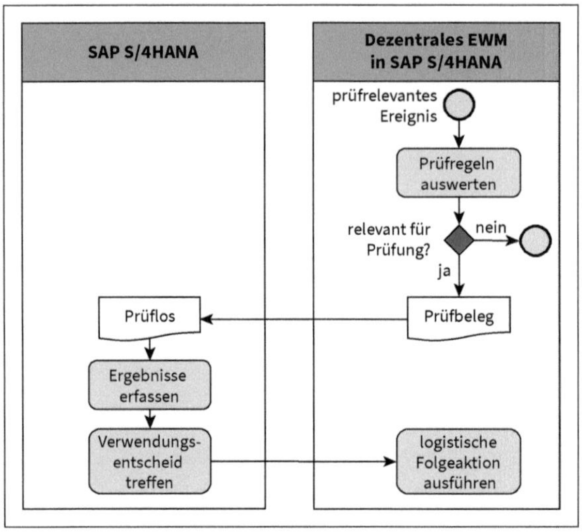

Abbildung 5.4: Prüflosabwicklung im dezentralen EWM mit QM-Integration (vereinfachte Darstellung)

5.2.3 Qualitätsprüfung für Wareneingänge fremdbeschaffter Waren mit synchroner Warenbewegung

Wie bereits erwähnt, können Qualitätsprüfungen ab dem Release SAP S/4HANA 2022 durch synchrone Warenbewegungen mit einem embedded EWM ausgelöst werden. Neben Warenbewegungen für fremdbeschaffte Waren werden auch synchrone Warenbewegungen für die Eigenfertigung unterstützt.

Die Prüfung für synchrone Warenbewegungen wird in den Einstellungen zu POT **4 – Q-Prüfung Produkt/Charge Anlieferung** aktiviert. Ist sie für diesen POT aktiv, werden die Prüfeinstellungen aus dem Materialstamm ermittelt. Die Einstellung zur Herkunft der Prüfeinstellungen ist in diesem Fall ohne Bedeutung. Somit kann für die lieferbezogene Prüfung festgelegt werden, ob die Prüfeinstellungen ebenfalls aus dem Materialstamm oder aus einer anderen Quelle stammen sollen.

Über die Prüfeinstellungen im Materialstamm kann Einfluss auf die Ausführung des Prozesses genommen werden. So kann bspw. festgelegt werden, ob der Bestand mit der Wareneingangsbuchung in den Qualitätsprüfbestand gebucht werden soll oder nicht. Des Weiteren kann die Prüfloszusammenfassung definiert werden, d. h. es kann festgelegt werden, ob das System für jede Wareneingangsbuchung ein separates Prüflos erstellt oder ob ein Prüflos pro Referenzbeleg, also pro Bestellung, erstellt wird.

Geschäftsprozess

In unserem beispielhaften Geschäftsprozess gehen wir davon aus, dass Ware von einem externen Lieferanten beschafft wird, der zusammen mit der Warenlieferung eine zusätzliche Prüfmenge anliefert, die nicht in der Menge der Bestellposition enthalten ist. Bei Anlieferung der Ware am Lager wird die synchrone Warenbewegung genutzt, eine Charge für die angelieferte Menge erstellt, der Bestand in HUs verpackt und der Wareneingang gebucht. Mit der Wareneingangsbuchung wird das Prüflos für die Qualitätsprüfung erstellt. Die bestellte und angelieferte Menge wird eingelagert und die zusätzlich angelieferte Menge der Qualitätskontrolle zur Qualitätsprüfung bereitgestellt. Nach Abschluss der Prüfung werden die Prüfergebnisse im Prüflos erfasst und der Verwendungsentscheid wird getroffen. Je nachdem, ob die Ware angenommen oder zurückgewiesen wird, wird mit dem Verwendungsentscheid eine Änderung der Bestandsart in frei verfügbaren oder gesperrten Bestand vorgenommen.

Der grundsätzliche Geschäftsprozess für einen Wareneingang von extern mit synchroner Warenbewegung wurde bereits in Kapitel 3, »Beschaffung und Wareneingang«, vorgestellt, weshalb wir an dieser Stelle spezifisch auf den Ablauf der Qualitätsprüfung nach erfolgter Einlagerung eingehen.

Abbildung 5.5 zeigt den ersten Teil des Prozessablaufs, der mit der Wareneingangsbuchung gestartet wird.

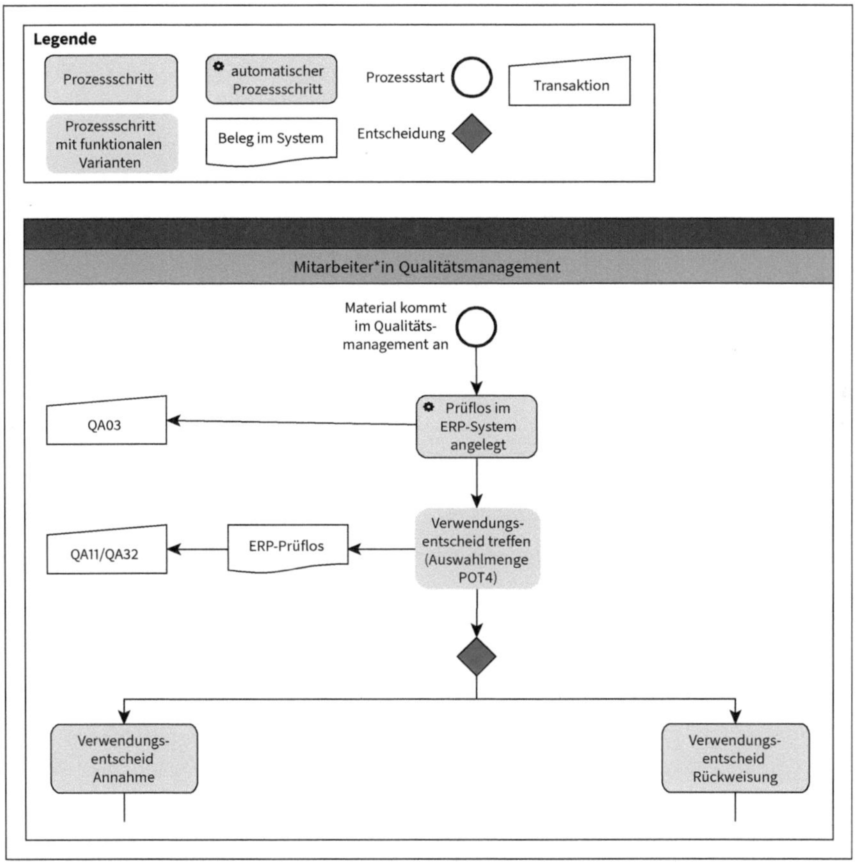

Abbildung 5.5: Überblick über den Prozessablauf der Qualitätsprüfung bei Wareneingang mit der Entscheidungsmöglichkeit zur Annahme oder Rückweisung

Das System legt aufgrund der Einstellungen am Materialstamm ein Prüflos für die angelieferte Menge an. Im Anschluss an die Ergebniserfassung wird der Verwendungsentscheid für das Prüflos getroffen. Die vereinnahmte Ware wird entweder angenommen, da die geforderten Qualitätskriterien erfüllt wurden, oder sie wird zurückgewiesen, da bei der Prüfung Mängel festgestellt wurden.

Im Falle einer grundsätzlichen Annahme müssen in Abhängigkeit von der konkreten Systemkonfiguration noch weitere Unterkategorien unterschieden werden, die wiederum je nach konkretem Fall zu unterschiedlichen Folgeaktionen führen können. Dies kann durch die Verwendung unterschiedlicher Codes für den Verwendungsentscheid (VE) erreicht werden, die wiederum unterschiedliche Folgeaktionen auslösen. So kann bspw. über die Folgeaktion **ACC1** der Bestand in den frei verfügbaren Bestand umgebucht werden, sofern bei der Qualitätsprüfung keine Mängel entdeckt wurden. Für die daraus resultierende Umbuchung von Qualitätsprüfbestand in den frei verfügbaren Bestand wird ein Materialbeleg erzeugt. Da keine weitere Bewegung für den Bestand durchgeführt wird, ist der Einlagerungsprozess an diesem Punkt beendet.

Über die Folgeaktion **ACC2** kann definiert werden, dass neben der Annahme in den frei verfügbaren Bestand eine anschließende Einlagerung erfolgen soll. Aus diesem Grund werden zusätzlich zur Umbuchung in den frei verfügbaren Bestand in einem nachfolgenden Schritt Lageraufgaben für die Einlagerung erstellt. Sofern weiteres Probenmaterial erforderlich ist, um einen Entscheid treffen zu können, kann über die Folgeaktion **ACC3** der Abschluss der vorhandenen Prüfung sowie die Erstellung einer neuen, lagerinternen Prüfung ausgelöst werden. Darüber hinaus kann bei diesem VE-Code gesteuert werden, dass das Material in den gesperrten Bestand gebucht wird. Weitere Möglichkeiten sehen bspw. die Umlagerung in ein anderes Lager (Folgeaktion **ACC4**) oder eine Verbrauchsbuchung für eine Stichprobe vor. Bei all diesen Varianten wird der Bestand in die im System hinterlegte Bestandsart umgebucht und im Rahmen der Umbuchung ein Materialbeleg erzeugt (siehe Abbildung 5.6).

Wird der Bestand aufgrund von Qualitätsmängeln zurückgewiesen, so besteht ebenfalls die Möglichkeit, unterschiedliche Folgeaktionen auszulösen. So kann bspw. mit der Folgeaktion **REJ1** lediglich eine Umbuchung in den gesperrten Bestand erfolgen. Der Bestand kann dann vorerst am Lagerplatz verbleiben, bis die weitere Vorgehensweise mit dem Lieferanten abgestimmt wurde. Für die Umbuchung in den gesperrten Bestand wird ein Materialbeleg erstellt. Mit der Folgeaktion **REJ2** kann die zurückgewiesene Ware verschrottet werden. Zusätzlich zur Umbuchung in den gesperrten Bestand, für die ebenfalls ein Materialbeleg erstellt wird, erfolgt anschließend die Erstellung einer Lageraufgabe in die Verschrottungszone. Alternativ kann über die Folgeaktion **S2CC** eine Verschrottung der Ware auf der Kostenstelle ausgelöst werden (siehe Abbildung 5.7).

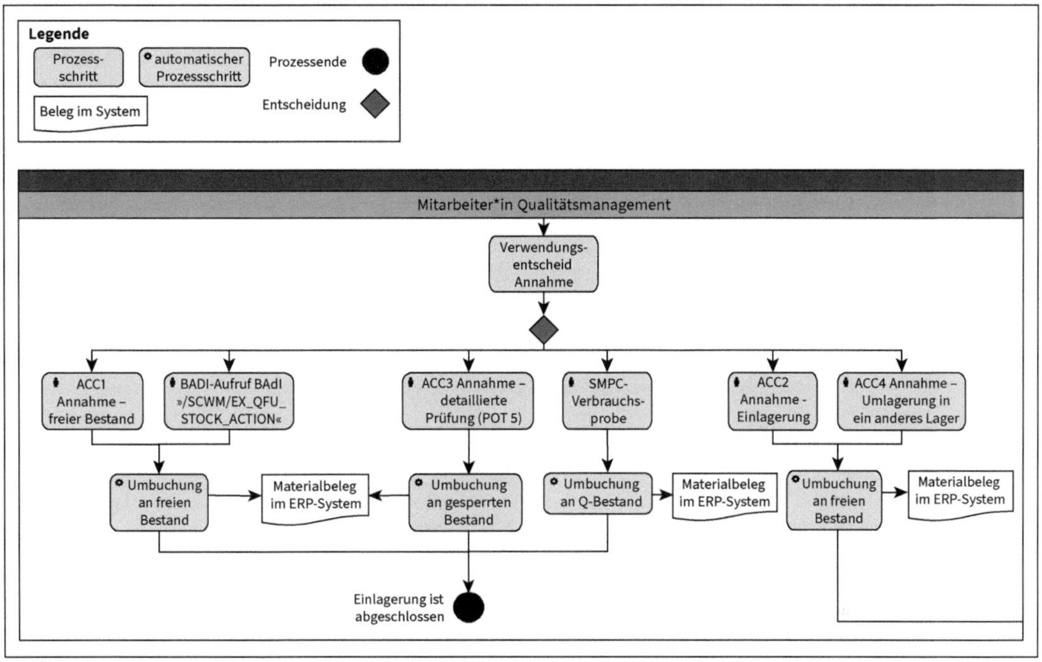

Abbildung 5.6: Prozessablauf für Verwendungsentscheid Annahme

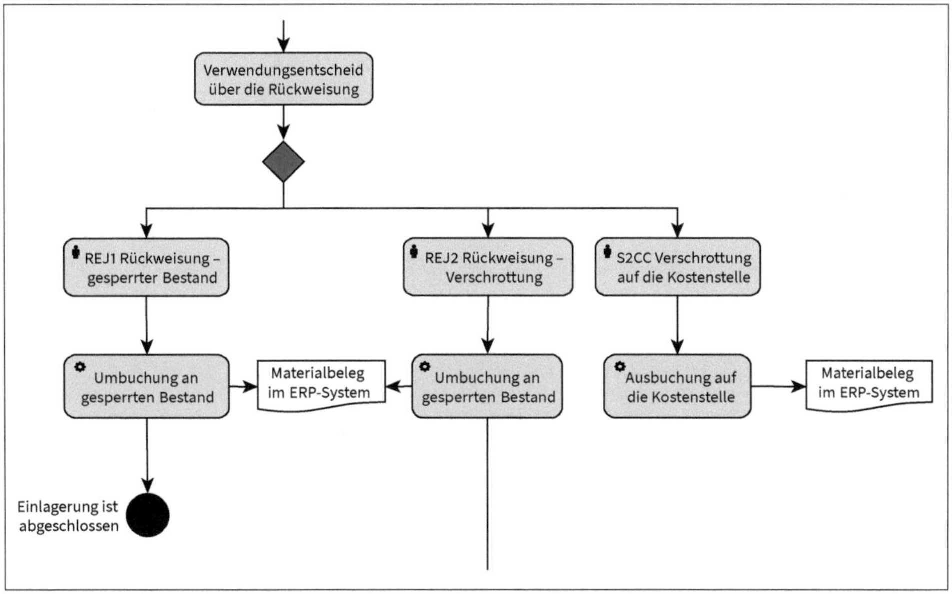

Abbildung 5.7: Prozessablauf für Verwendungsentscheid Rückweisung

Der letzte Schritt im Prozessablauf ist die Erstellung und Quittierung einer Lageraufgabe für den Bestand aufgrund des gewählten Verwendungsentscheids bzw. der dafür vorgesehenen Folgeaktion (siehe Abbildung 5.8).

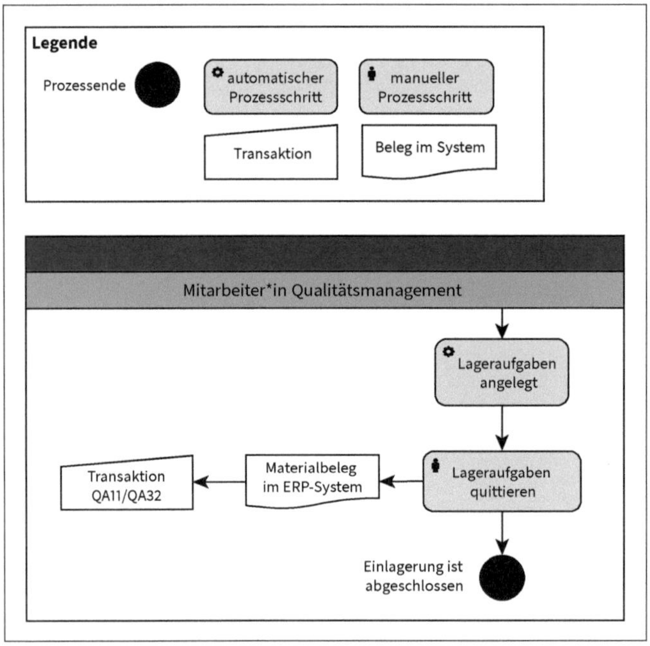

Abbildung 5.8: Prozessablauf für Lageraufgabenerstellung und -quittierung als logistische Folgekation

Konfiguration

In diesem Abschnitt beschreiben wir die wichtigsten Einstellungen für die Qualitätsprüfung von fremdbeschafften Produkten mit synchroner Warenbewegung. Wir konzentrieren uns dabei auf die Einstellungen für die Integration, d. h., es werden keine QM-relevanten Einstellungen zum Prüflosinhalt vertieft. Die Einstellungen zur Aktivierung der synchronen Warenbewegung wurden bereits in Kapitel 3, »Beschaffung und Wareneingang«, besprochen und werden daher an dieser Stelle vorausgesetzt.

1. **Lagerabhängige POTs definieren und aktivieren**

   Pflegen Sie den Prüfobjekttyp **4 – Q-Prüfung Produkt/Charge Anlieferung** mit der Transaktion **/SCWM/52001314** bzw. mit der Aktivität **Lagerabhängige Prüfobjekttypen definieren und aktivieren**. Wechseln Sie dazu in den Customizing-Pfad **SCM Extended Warehouse Management • Extended Warehouse Management • Prozessübergreifende Einstellungen • Qualitätsmanagement • Grundlagen und Integration**. Erstellen oder pflegen Sie anschließend den Eintrag für POT **4** für Ihre Lagernummer. Für die Verwendung bei der synchronen Warenbewegung setzen Sie das Kennzeichen bei **QM für synchr. WB**.

Wenn Sie die Stichprobenmenge nicht splitten möchten, wählen Sie bei **Ext. PrbMng splitten** den Wert **Externe Probemenge nicht splitten**. Das System berücksichtigt für synchrone Warenbewegungen für die Herkunft der Prüfeinstellungen automatisch den Wert **Keine Prüfregel**, weshalb dieser hier nicht notwendigerweise gesetzt werden muss (siehe Abbildung 5.9).

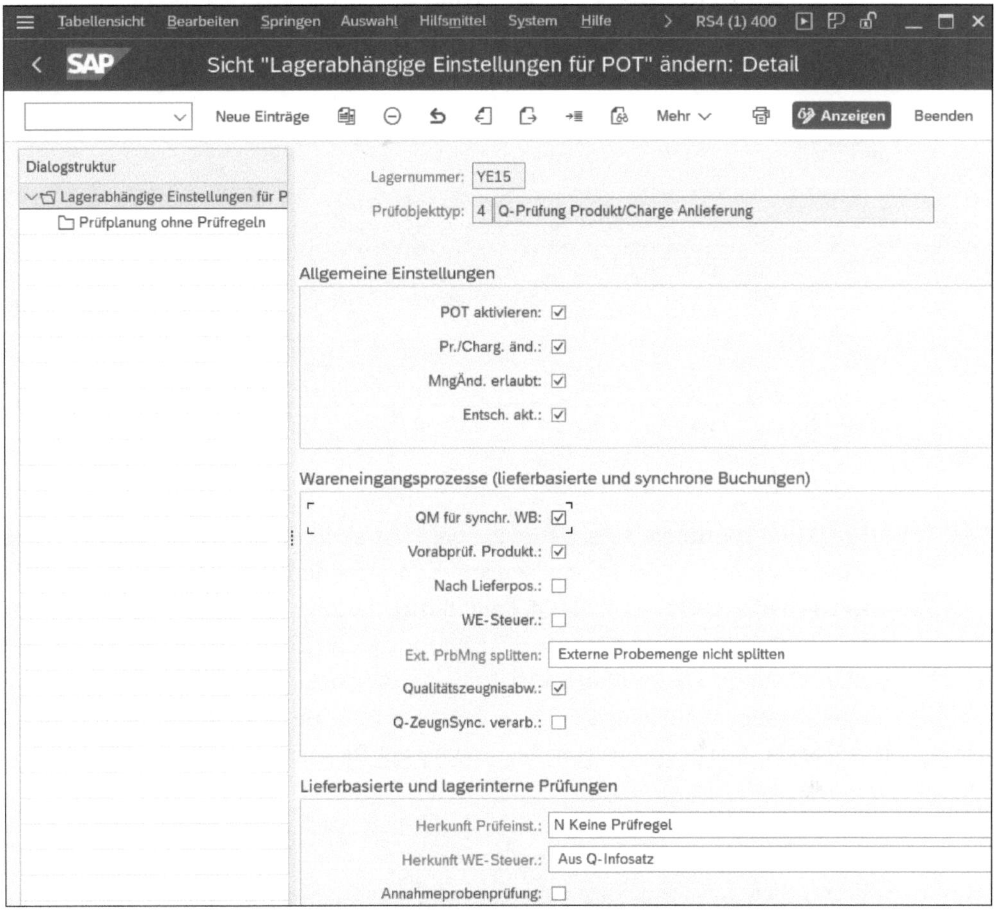

Abbildung 5.9: POT 4 für die Prüfung bei synchroner Warenbewegung pflegen

2. **Folgeaktionen für Prüfergebnisse pflegen**

   Damit im Anschluss an den getroffenen Verwendungsentscheid eine Folgeaktion in EWM ausgelöst wird, muss diese zunächst definiert werden. Dies erfolgt mit der Transaktion **/SCWM/52000301** oder über die Aktivität **Folgeaktionen pflegen** im Customizing-Pfad **SCM Extended Warehouse Management • Extended Warehouse Management • Prozessübergreifende Einstellungen • Qualitätsmanagement • Prüfergebnisse**.

   Wählen Sie zunächst die Aktivität **Folgeaktion definieren** aus. Pflegen Sie anschließend einen neuen Eintrag und geben Sie als Folgeaktion **EWM_A** sowie als Kurztext **Einlage-**

rung in den finalen Lagerplatz an. Wählen Sie als Objekttyp den Wert **L – Verwendungsentscheid für Prüflos** und setzen Sie das Kennzeichen für die EWM-Relevanz. Stellen Sie sicher, dass der Status den Wert **Aktiv** hat. Pflegen Sie nun einen weiteren Eintrag für die Folgeaktion **EWM_R** mit dem Kurztext **Einlagerung in den Sperrbestandsbereich**. Pflegen Sie dann die weiteren Parameter wie für die Folgeaktion **EWM_A** beschrieben (siehe Abbildung 5.10). Die Folgeaktion **EWM_A** wird für die Annahme des geprüften Bestands verwendet und die Folgeaktion **EWM_R** für die Rückweisung. Pflegen Sie in der Dialogstruktur für jeden der beiden Einträge den Funktionsbaustein **QFOA_EWM_LOG_FOLLOW_UP_S4**. Neben dem Funktionsbaustein sind keine weiteren Parameter erforderlich.

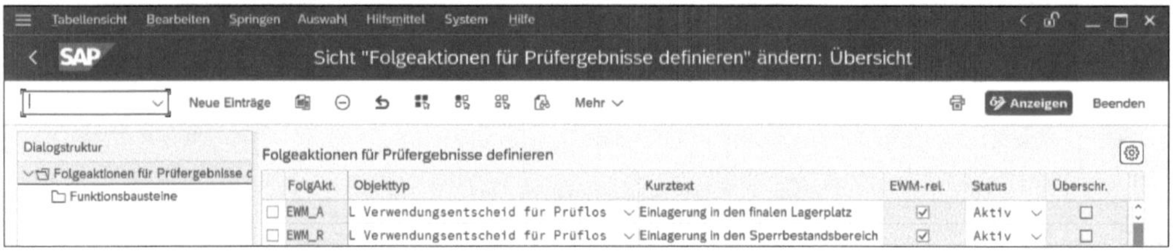

Abbildung 5.10: EWM-Folgeaktionen für Prüfergebnisse pflegen

Wechseln Sie anschließend in derselben Customizing-Aktivität zur Aktion **Logistische Folgeaktion zuordnen**. Selektieren Sie die Folgeaktion **EWM_A** und navigieren Sie in der Dialogstruktur zu **Logistische Folgeaktion zuordnen**. Pflegen Sie einen Eintrag für die Folgeaktion **EWM_A** mit POT **4**, der internen Aktion **4 – Einlagern**, der lokationsunabhängigen Bestandsart **FF** sowie der Lagerprozessart **1010** (siehe Abbildung 5.11). Erstellen Sie für die Folgeaktion **EWM_R** einen analogen Eintrag und ändern Sie den Wert für die lokationsunabhängige Bestandsart auf **BB – Gesperrter Bestand**. Lassen Sie das Feld für die Lagerprozessart leer, damit der Bestand am Lagerplatz verbleibt, an dem er eingelagert wurde.

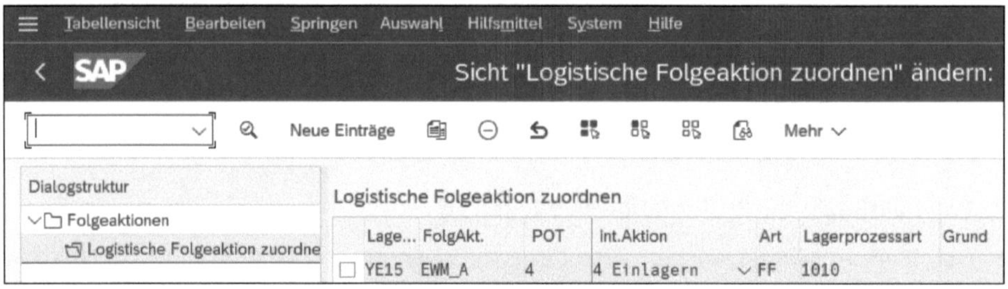

Abbildung 5.11: Logistische Folgeaktion in EWM zuordnen

EWM-Folgeaktionen für einen Teilmengenentscheid

Falls Sie auch einen Teilmengenentscheid ermöglichen möchten, empfiehlt es sich, separate Folgeaktionen in EWM zu definieren. Diese Folgeaktionen würden als Objekttyp den Wert **T – Verwendungsentscheid für Teillos** zugeordnet bekommen. Darüber hinaus muss für die Folgeaktionen für ein Teillos der Funktionsbaustein **QFTA_EWM_LOG_FOLLOW_UP_S4** definiert werden.

3. **Codegruppen und Codes für Verwendungsentscheide bearbeiten**

   Mit Codegruppen und Codes geben Sie die Werte vor, die beim Treffen des Verwendungsentscheids von der Qualitätskontrolle ausgewählt werden dürfen. Treffen Sie diese Definition in der Transaktion **S_ER9_52000380** oder in der Aktivität **Codegruppen und Codes für Verwendungsentscheide bearbeiten** im Customizing-Pfad **Qualitätsmanagement • Qualitätsprüfung • Prüflosabschluss**. Erstellen Sie eine neue Codegruppe oder nutzen Sie eine bereits existierende Codegruppe, deren Status den Wert **2 – Freigegeben** hat. Abbildung 5.12 zeigt die Verwendung der Codegruppe **01** mit den zugeordneten Codes **A – Annahme** und **R – Rückweisung**.

Abbildung 5.12: Codegruppen und Codes für das Qualitätsmanagement definieren

Codegruppe für einen Teilmengenentscheid

Falls Sie auch einen Teilmengenentscheid ermöglichen möchten, empfiehlt es sich, eine separate Codegruppe mit eigenen Codes für Teilmengenentscheide zu erstellen.

4. **Auswahlmengen für Verwendungsentscheide bearbeiten**

   Damit die Verwendungsentscheide für das Werk auswählbar sind, müssen diese in der Transaktion **S_ER9_52000393** oder über die Aktivität **Auswahlmengen für Verwendungsentscheide bearbeiten** im Customizing-Pfad **Qualitätsmanagement • Qualitätsprüfung • Prüflosabschluss** für das Werk definiert werden. Erstellen Sie einen neuen Eintrag und geben Sie das Werk sowie eine Auswahlmenge an (siehe Abbildung 5.13). Stellen Sie sicher, dass der Status den Wert **2 – Freigegeben** hat.

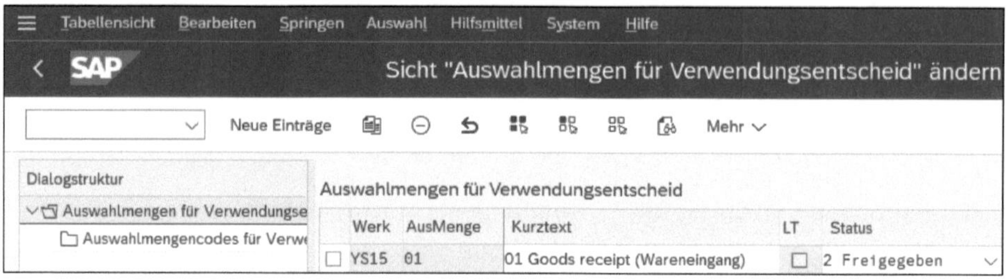

Abbildung 5.13: Auswahlmengen für den Verwendungsentscheid für das Qualitätsmanagement definieren

Wechseln Sie anschließend in der Dialogstruktur zu **Auswahlmengencodes für Verwendungsentscheid** für den neu erstellten Eintrag. Fügen Sie aus der verwendeten Codegruppe die Verwendungsentscheid-Codes hinzu. Für den Code **A – Annahme** pflegen Sie den Bewertungscode **A – Annahme (in Ordnung)** mit der EWM-Folgeaktion **EWM_A** sowie den Buchungsvorschlag **VMENGE01** (siehe Abbildung 5.14). Für den Code **R – Rückweisung** pflegen Sie den Bewertungs-Code **R – Rückweisung (nicht in Ordnung)** mit der EWM-Folgeaktion **EWM_R** und dem Buchungsvorschlag **VMENGE04**. Die Qualitätskennzahl können Sie wie abgebildet übernehmen oder bei Bedarf auf Ihre Bedürfnisse anpassen.

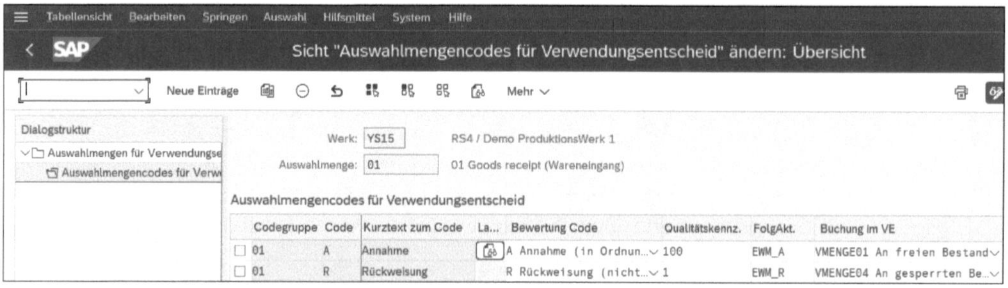

Abbildung 5.14: Auswahlmengencodes für den Verwendungsentscheid für die Auswahlmenge definieren

[»]

Werksspezifische Einstellungen für einen Teilmengenentscheid

Sie können prüfartspezifische Einstellungen für ein bestimmtes Werk vornehmen. Dies ist optional, sofern Sie den Verwendungsentscheid immer für das komplette Prüflos treffen. Sollten Sie jedoch einen Teilmengenentscheid treffen wollen, müssen Sie diese Einstellungen in der Transaktion **S_ALR_87003757** oder in der Aktivität **Voreinstellungen auf Werksebene pflegen** im Customizing-Pfad **Qualitätsmanagement • Grundeinstellungen** vornehmen. Erstellen Sie einen neuen Eintrag für die verwendete Prüfart in der Dialogstruktur **Prüfartspezifische Einstellungen für Werk** und tragen Sie den Schlüssel für die Auswahlmenge in die Felder **VE-AuswMng** bzw. **TL-AuswMng** ein.

5. **Materialstammeinstellungen**

   Im Materialstamm ist vor allem die Pflege der Prüfart in der Sicht **Qualitätsprüfung** relevant. Abbildung 5.15 zeigt die Prüfeinstellungen für die Prüfart **01** in der Sicht **Qualitätsmanagement des Materialstamms**. Für die Prüfart muss das Kennzeichen bei **Aktiv** gesetzt sein. Darüber hinaus ist das Kennzeichen bei **In Q-Bestand buchen** gesetzt, damit die Wareneingangsbuchung in den Qualitätsprüfbestand erfolgt. Der Wert für die Prüfloszusammenfassung ist **Eine Prüfung für Prod./Charge u. RefBeleg (Best./ProdAuftr.)**. Dadurch würde ggf. die Prüflosmenge mit einer weiteren Wareneingangsbuchung erhöht. Mit der Einstellung **Eine Prüfung für Produkt/Charge und Anlieferung** würde dagegen für jeden Wareneingang ein neues Prüflos erzeugt.

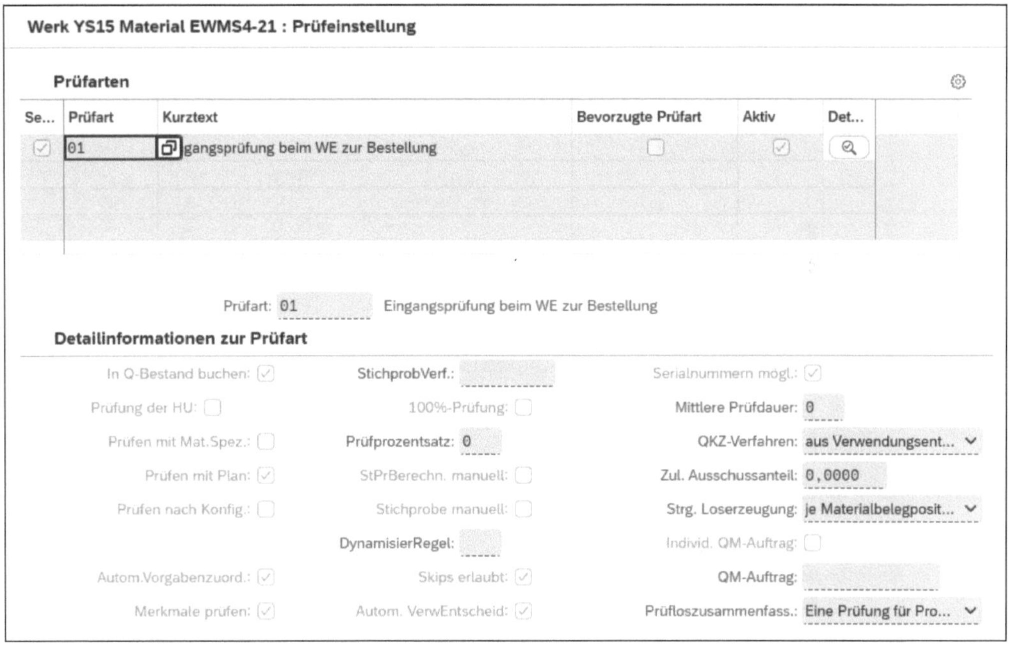

Abbildung 5.15: Prüfeinstellungen am Materialstamm für Prüfart »01«

Einstellungen für die Prüfung mit Prüfplan

Für die Qualitätsprüfung mit Prüfplan sind noch weitere Konfigurations- und Stammdateneinstellungen erforderlich. Da diese in unserem Beispiel keine Relevanz für den Integrationsprozess haben, werden sie an dieser Stelle nicht weiter vertieft.

Prozessdemo

Mit den Einstellungen aus dem vorherigen Abschnitt kann der Prozess im System nun wie folgt gebucht werden:

1. **Bestellung anlegen**

   Der Prozess startet mit der Erstellung einer Bestellung über die App **Bestellung anlegen – Erweitert**. In dieser App nutzen wir die Bestellart **NB – Normalbestellung** und erfassen alle notwendigen Daten im Bestellkopf, wie die Einkaufsorganisation, die Einkäufergruppe, den Buchungskreis und den Lieferanten. Auf Positionsebene erfassen wir das Material, die Bestellmenge und eine EWM-verwaltete Werk-Lagerort-Kombination sowie weitere notwendige Daten. Damit die synchrone Warenbewegung genutzt werden kann, lassen wir das Feld für die Bestätigungssteuerung leer (siehe Abbildung 5.16).

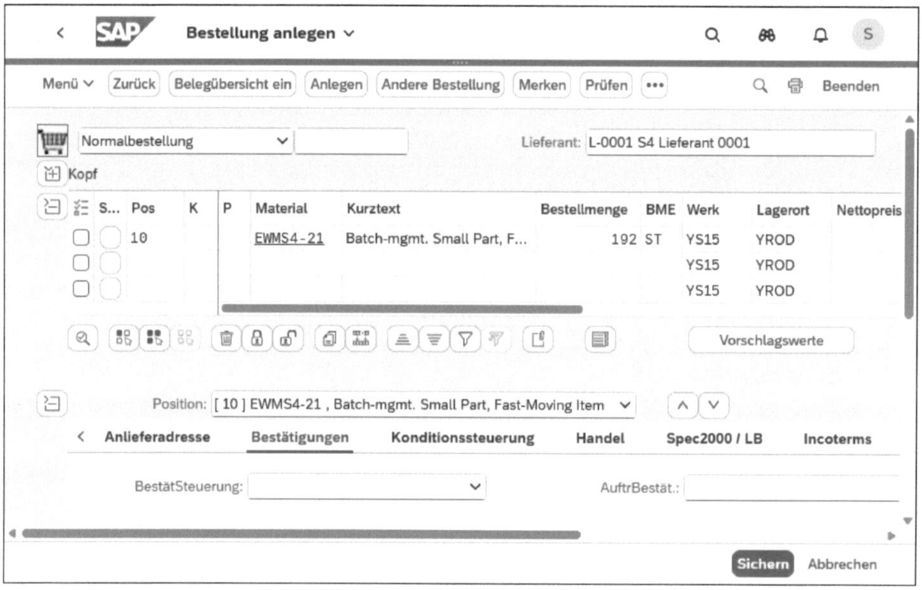

Abbildung 5.16: Bestellung für Wareneingang von extern anlegen

2. **Warenbewegung für Bestellung buchen**

   Für die synchrone Wareneingangsbuchung verwenden wir in unserem Prozess die App **Warenbewegung buchen** und geben die Nummer der Bestellung ein. Da das verwendete Material chargenpflichtig ist, erfassen wir chargenrelevante Daten für die Position (siehe Abbildung 5.17).

   Aufgrund der synchronen Warenbewegung ist der Reiter **Lagerverwaltung** sichtbar. Diesen nutzen wir für die Erstellung einer HU, in die die angelieferte Menge verpackt werden soll (siehe Abbildung 5.18). Mit der Prüfung der Position wird eine neue Charge angelegt und anschließend der Wareneingang für die Bestellposition gebucht.

   Der erstellte Materialbeleg enthält im Reiter **Menge** die Information über das erstellte Prüflos. In Abbildung 5.19 wird im Feld **Status WE-Beleg** der Wert **A – Lagergeführte Lagerorte – Prüflos erzeugt** angezeigt, da bei der Wareneingangsbuchung ein neues

Prüflos erstellt wurde. Wird bei einer weiteren Wareneingangsbuchung die WE-Menge aufgrund der Einstellungen zur Prüfloszusammenführung zum existierenden Prüflos hinzugefügt, wird der Wert **B – Lagergeführte Lagerorte – Prüfloszusammenfassung** angezeigt.

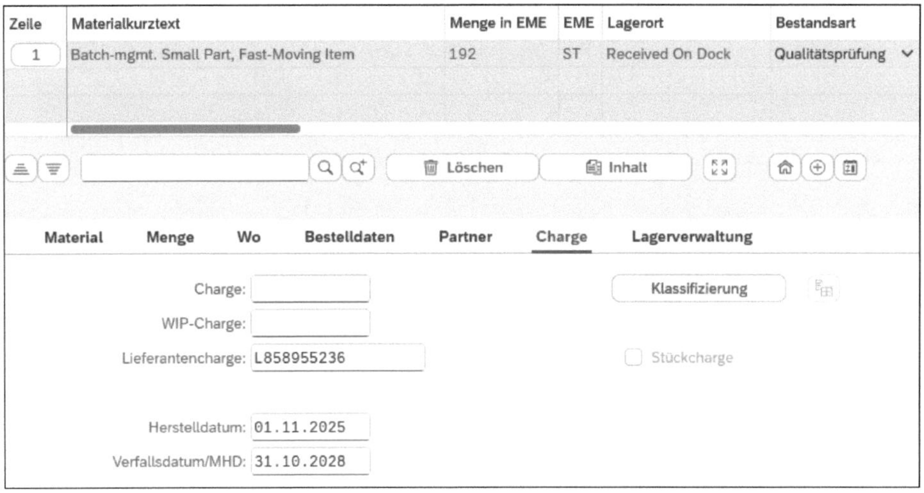

Abbildung 5.17: Chargenrelevante Daten für die synchrone Wareneingangsbuchung erfassen

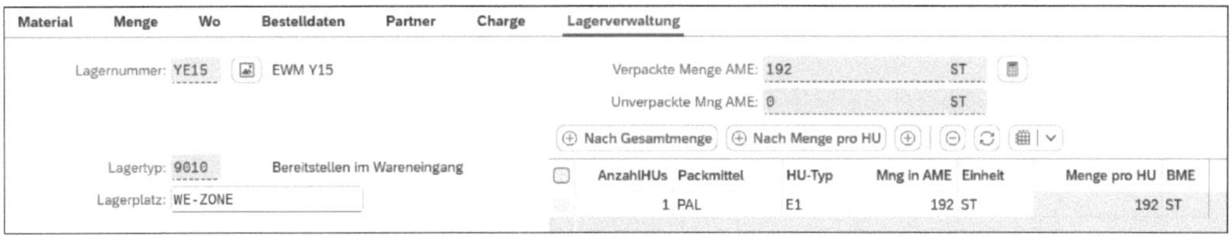

Abbildung 5.18: HU für die angelieferte Menge erstellen

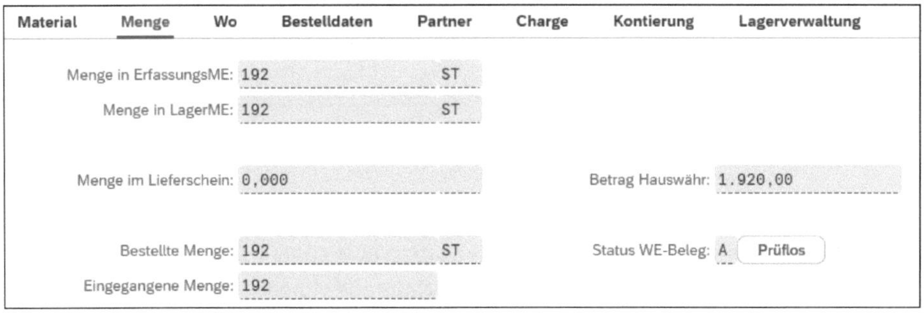

Abbildung 5.19: Materialbeleg mit Prüflosinformation

Das für das Material erstellte Prüflos nutzt die eingestellte Prüfart **01** und die Prüflosherkunft **17** (siehe Abbildung 5.20).

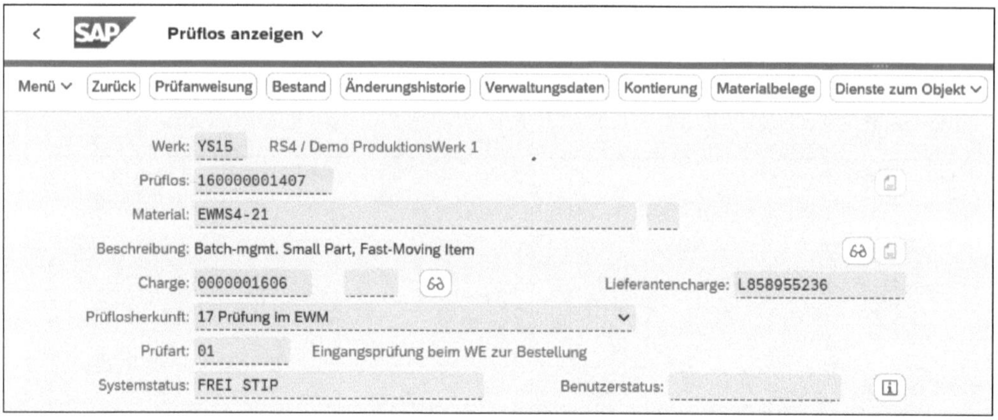

Abbildung 5.20: Kopfdaten des erstellten Prüfloses für den Wareneingang

In den Detaildaten zur EWM-Prüfung sind weitere Informationen zum verwendeten POT, zum Prüfprozess sowie zur Herkunft der Prüfeinstellungen hinterlegt (siehe Abbildung 5.21).

Abbildung 5.21: Daten zur EWM-Prüfung im erstellten Prüflos

3. **Einlagerung quittieren**

   Mit der Wareneingangsbuchung hat das System eine Lageraufgabe für die Einlagerung erstellt. Zur Quittierung dieser Einlagerlageraufgabe starten wir die App **Lagermonitor** und navigieren zum Knoten **Belege • Lageraufgabe**. Für diesen Knoten führen wir eine Selektion der offenen Lageraufgaben für das Produkt aus. In Abbildung 5.22 ist die offene Lageraufgabe für die Einlagerung dargestellt. Zu sehen sind u. a. die Nummer des erstellten Prüfloses sowie die Information, dass die Bestandsart bei der Wareneingangsbuchung der Qualitätsprüfbestand ist. Über das Icon (**Weitere Methoden**) und die Methode **LB im Hintergrund quittieren** quittieren wir die durchgeführte Einlagerung im System.

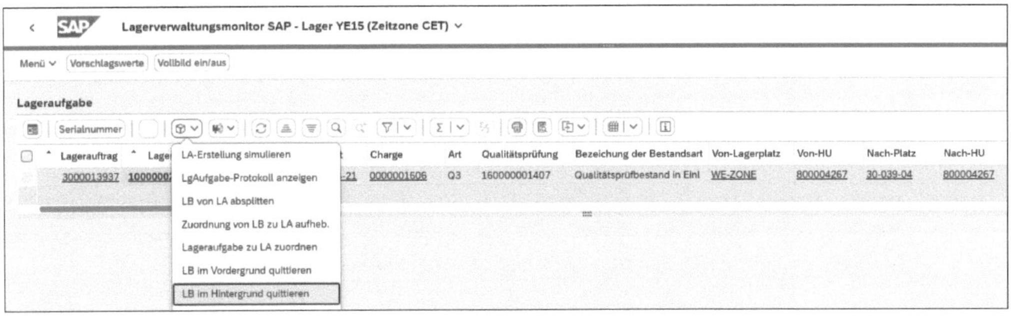

Abbildung 5.22: Einlagerlageraufgabe für Qualitätsprüfbestand quittieren

4. **Ergebniserfassung und Verwendungsentscheid für das Prüflos**

   Mit der Einlagerung werden die vom Lieferanten für die Prüfung mitgelieferten Einheiten der Qualitätskontrolle übergeben. Nach durchgeführter Prüfung werden die Ergebnisse im System erfasst und der Verwendungsentscheid getroffen. Art und Umfang der Prüfung eines Materials sind sehr unternehmensspezifisch. Deswegen vertiefen wir diesen Schritt an dieser Stelle nicht, sondern belassen es bei der Erwähnung, dass die Erfassung mit der App **QE51N – Prüfergebnisse erfassen – Arbeitsvorrat hierarchisch** durchgeführt werden kann. In unserem Beispiel fokussieren wir uns stattdessen auf den zu treffenden Verwendungsentscheid. Dazu starten wir die App **Verwendungsentscheid erfassen** und selektieren das erstellte Prüflos. Da wir davon ausgehen, dass die angelieferte Ware den Qualitätsanforderungen vollumfänglich entspricht, wählen wir den Code für die Annahme aus (siehe Abbildung 5.23). Für den gewählten Code wird die zugeordnete Folgekation angezeigt. Da die Einlagerung in unserem Beispiel bereits durchgeführt wurde, findet nur noch die Umbuchung der Bestandsart in **Frei verwendbar** statt.

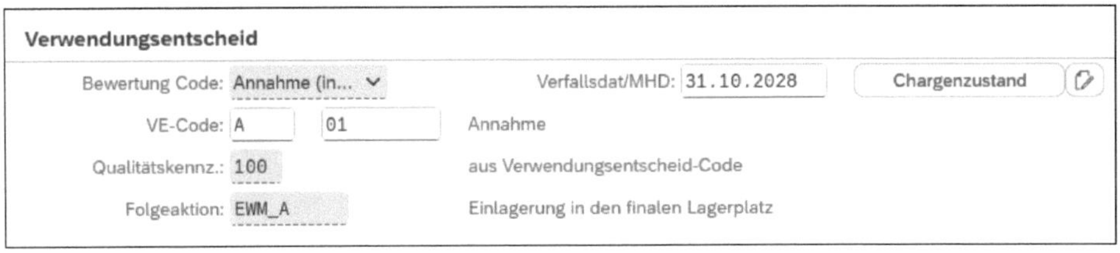

Abbildung 5.23: Verwendungsentscheid für das Prüflos treffen

Mit dem Sichern des Verwendungsentscheids wird der Bestand in EWM mit dieser Prüflosreferenz gemäß der definierten Folgeaktion umgebucht. Im Ergebnis ist die Bestandsart in **Frei verwendbar** geändert und die Prüflosreferenz am Bestand ist aufgelöst (siehe Abbildung 5.24). Damit ist der Wareneingangsprozess mit Qualitätsprüfung abgeschlossen.

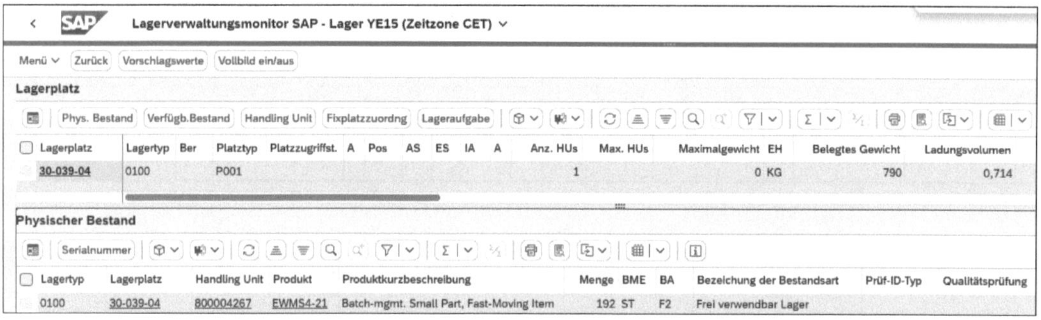

Abbildung 5.24: EWM-Bestand nach getroffenem Verwendungsentscheid

5.2.4 Qualitätsprüfung für Wareneingänge aus Eigenfertigung

Im Prüfprozess für den Wareneingang aus Eigenfertigung soll sichergestellt werden, dass die im Produktionsprozess des eigenen Unternehmens hergestellten Waren den Qualitätsanforderungen entsprechen, damit sie letztendlich an Kunden ausgeliefert werden können. EWM in Verbindung mit QM bietet die Möglichkeit einer Vorabprüfung in der Produktion sowie einer Prüfung beim Wareneingang aus der Produktion.

Bei einer Vorabprüfung wird das Prüflos mit der Freigabe des Produktionsauftrags und somit vor der Wareneingangsbuchung erstellt. Der Wareneingang sowie die Einlagerung der produzierten Waren sind auch ohne einen getroffenen Verwendungsentscheid möglich.

Alternativ dazu kann die Prüfung mit der Wareneingangsbuchung ausgelöst werden, sofern das System feststellt, dass der Vorgang prüfrelevant ist. Die Wareneingangsbuchung kann entweder über eine synchrone Warenbewegung oder mit Bezug zu einem Anlieferbeleg ausgelöst werden.

In diesem Abschnitt gehen wir näher auf den Prozess der Vorabprüfung ein.

Geschäftsprozess

Der Prozess beginnt mit der Erstellung eines Produktionsauftrags (Fertigungs- oder Prozessauftrag) (siehe Abbildung 5.25). Mit der Freigabe des Produktionsauftrags wird die Prüfrelevanz durch die Einstellungen am Materialstamm des zu fertigenden Produkts festgestellt, und zwar durch das Attribut für die Steuerung der Loserzeugung, das den Wert **frühe Loseröffnung zur Auftragsposition** haben muss. Für prüfrelevante Materialien wird in diesem Schritt das Prüflos im QM erstellt. Nachdem die Ware produziert wurde, wird der Wareneingang über ein mobiles Endgerät gebucht. Dabei wird der produzierte Bestand in eine HU gepackt. Anschließend wird für die erstellte Anlieferung der Wareneingang gebucht und basierend auf dem Lagerungsprozess eine Lageraufgabe zum Prüfplatz erstellt. Nach der Quittierung der Umlagerung auf den Prüfplatz erfolgt die Prüfung der produzierten Menge. Die ermittelten Prüfergebnisse werden für das Prüflos eingegeben. Im Anschluss daran wird der Verwendungsentscheid getroffen.

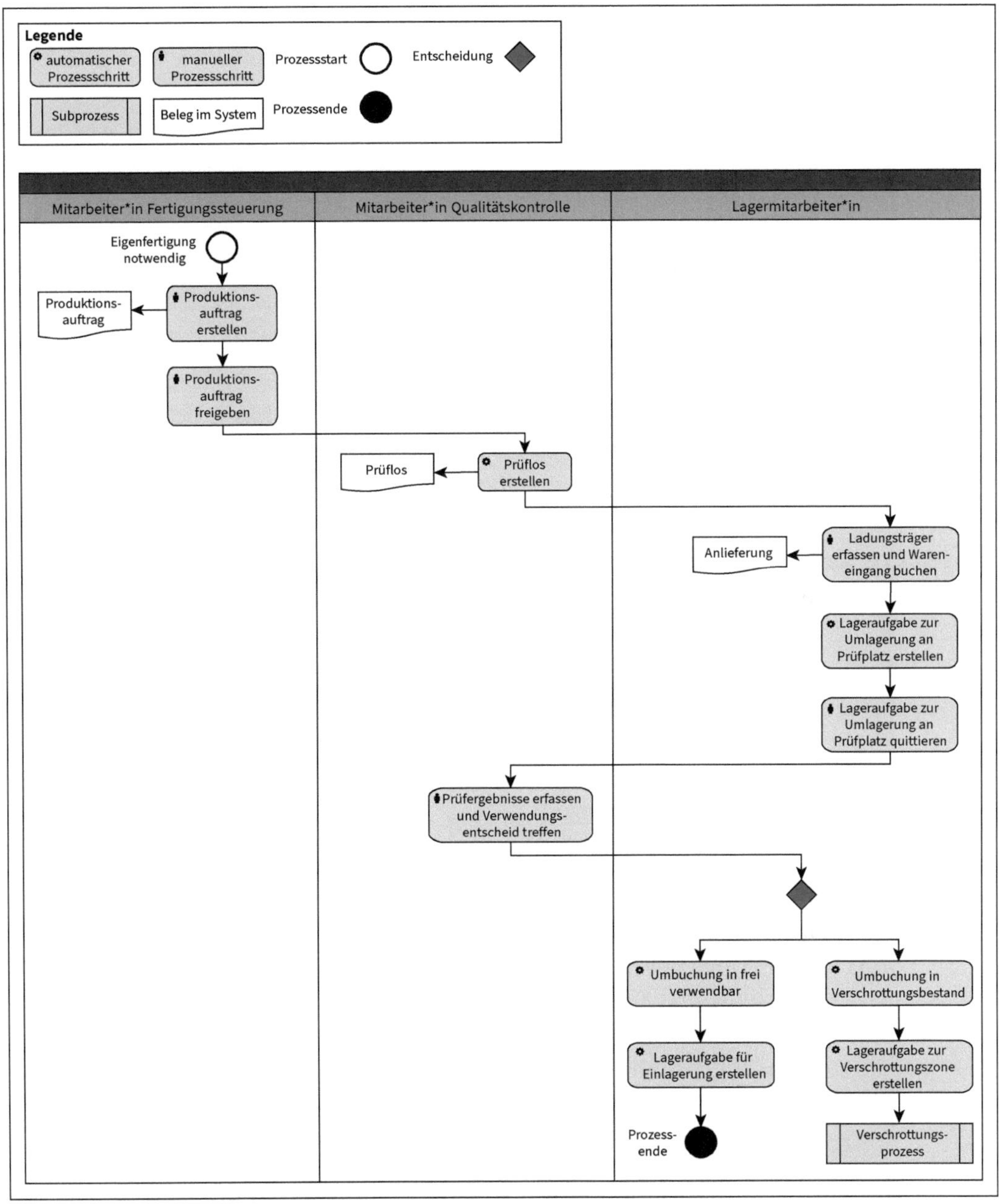

Abbildung 5.25: Geschäftsprozess für den Wareneingang aus der Produktion mit Vorabprüfung in QM

In Abhängigkeit von der getroffenen Entscheidung sowie der dazugehörigen logistischen Folgeaktion werden weitere Schritte ausgelöst. Bei einer Annahme des Bestands erfolgt bspw. die Umbuchung vom Qualitätsprüfbestand in den frei verwendbaren Bestand, und es wird eine Lageraufgabe für die Einlagerung in den finalen Lagerplatz erstellt. Hat die

Prüfung der Ware Mängel ergeben, sodass eine Rückweisung erfolgen muss, wird der Bestand in den Verschrottungsbestand umgebucht und eine Lageraufgabe zur Verschrottungszone erstellt.

Konfiguration

In diesem Abschnitt beschreiben wir die wichtigsten Konfigurationseinstellungen, um einen Prozess mit der Vorabprüfung in der Produktion im System zu konfigurieren. Eine vollumfängliche Anleitung, die sämtliche Bereiche wie Produktion oder Qualitätsmanagement abdeckt, würde den Rahmen dieses Buches sprengen. Deshalb setzen wir an dieser Stelle das grundlegende Customizing für die an EWM angrenzenden Prozessbereiche voraus.

Für die Einstellungen zum Treffen des Verwendungsentscheids sowie der dazugehörigen logistischen Folgeaktionen verweisen wir auf Abschnitt 5.2.3, da für den hier beschriebenen Prozess analoge Definitionen getroffen werden müssen.

[»] **Verwendungsentscheid für komplettes Prüflos vs. für einen Teilmengenentscheid**

In unserem dargestellten Geschäftsprozess wird der Verwendungsentscheid für das komplette Prüflos getroffen. Sollen stattdessen Teilmengenentscheide getroffen werden, sind weitere Einstellungen in EWM erforderlich. Diese betreffen unter anderem die Verwendung eines Arbeitsplatzes für den Teilmengenentscheid.

1. **Aktivierung der BTE-Applikation**

   Aktivieren Sie zunächst die Übertragung von QM-Daten an das EWM-System über QIE-Services für die Produktion. Nutzen Sie dazu die Transaktion **S_ER9_52000109** oder die Aktivität **Aktivieren der BTE-Applikation zur Übertragung von Produktionsauftragsdaten** im Customizing-Pfad **Logistik Allgemein • Product Lifecycle Management (PLM) • Qualitätsmanagement • Umfeld • Werkzeuge • Kommunikation mit der Quality Inspection Engine**. Wählen Sie das Menü **Einstellungen • Identifikation • SAP-Anwendungen (Aktivierung)**. Aktivieren Sie die Applikation **QBEXTP** (siehe Abbildung 5.26).

Abbildung 5.26: BTE-Applikation »QBEXTP« zur Datenübertragung an EWM aktivieren

2. **Vorabprüfung für POT aktivieren**
   Aktivieren Sie die Vorabprüfung in der Produktion für den Prüfobjekttyp (POT) **4 – Q-Prüfung Produkt/Charge Anlieferung** mit der Transaktion **/SCWM/52001314** oder über die Aktivität **Lagerabhängige Prüfobjekttypen definieren und aktivieren** im Customizing-Pfad **SCM Extended Warehouse Management • Extended Warehouse Management • Prozessübergreifende Einstellungen • Qualitätsmanagement • Grundlagen und Integration**. Pflegen Sie einen Eintrag für Ihre Lagernummer und den POT **4** und stellen Sie sicher, dass das Kennzeichen bei **POT aktivieren** sowie bei **Vorabprüf. Produkt.** gesetzt ist (siehe Abbildung 5.27).

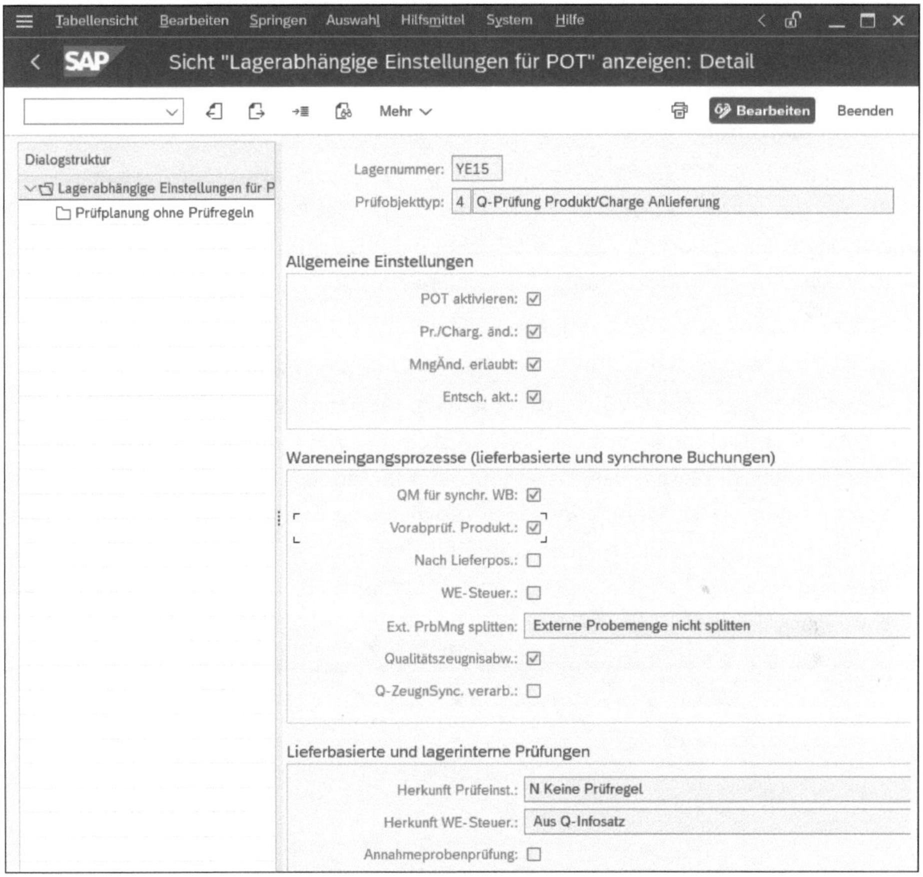

Abbildung 5.27: Vorabprüfung in der Produktion für »POT 4« aktivieren

Wechseln Sie in der Dialogstruktur zu **Prüfplan ohne Prüfregeln** für den POT **4** und erstellen Sie einen Eintrag für den Prüfprozess **2 – Vorabprüfung in der Produktion**. Definieren Sie für diesen Eintrag die lokationsunabhängige Bestandsart **QQ – Qualitätsprüfbestand**. Sie können für den POT **4** in Ihrer Lagernummer mehrere Prüfprozesse gleichzeitig konfigurieren. So kann bspw. neben dem Eintrag für den Prüfprozess zur

Vorabprüfung in der Produktion ein weiterer Eintrag für den Prüfprozess **0 – Prüfung nach Wareneingang** existieren (siehe Abbildung 5.28).

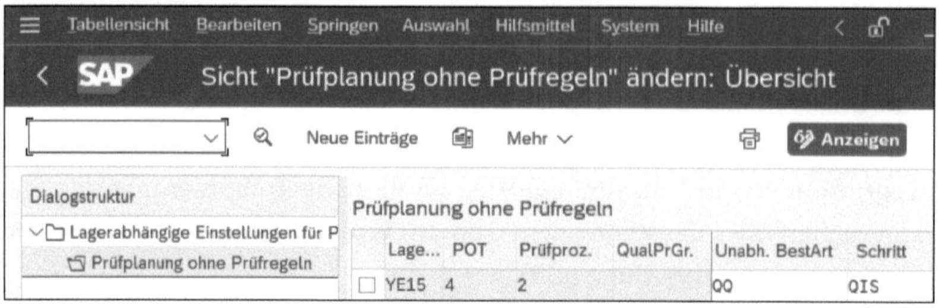

Abbildung 5.28: Prüfplan ohne Prüfeinstellungen für »POT 4« und Vorabprüfung in der Produktion

3. **BC-Set aktivieren**

   Falls die Belegart **INBM** für Anlieferungen in Ihrem System noch nicht existiert, starten Sie die Transaktion **SCPR20** und aktivieren das BC-Set **/SCWM/DLV_INBOUND_PROD_DIR_TYPE**. Mit diesem BC-Set werden neben der Belegart **INBM** noch die Positionsart **IDPD** sowie weitere Einstellungen im System erstellt.

4. **Belegarten aus dem ERP-System in EWM abbilden**

   Stellen Sie sicher, dass der ERP-Belegtyp **DIG** mit dem Initiator-Code **RNP** auf die Belegart **INBM** gemappt wird. Starten Sie dazu die Transaktion **/SCWM/60000088** oder die Aktivität **Belegarten aus dem ERP-System in EWM abbilden** im Customizing-Pfad **SCM Extended Warehouse Management • Extended Warehouse Management • Schnittstellen • ERP-Integration • Lieferabwicklung**. Erstellen Sie einen neuen Eintrag für die ERP-Belegart **DIG** mit dem Code für den Initiator einer Kommunikationskette **RNP** und der EWM-Belegart **INBM** (siehe Abbildung 5.29).

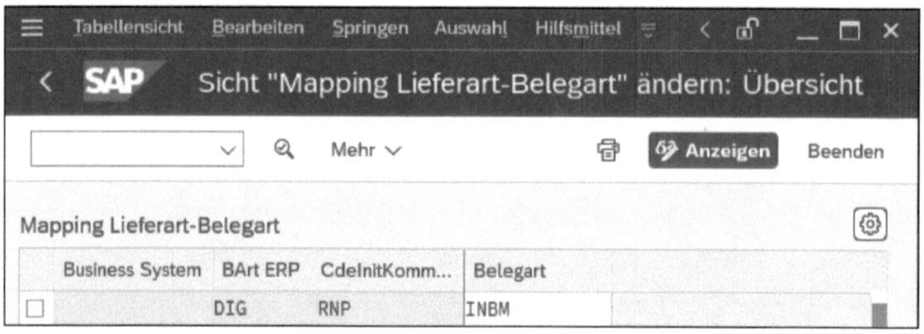

Abbildung 5.29: Belegarten für die Anliefererstellung mappen

5. **Positionsarten aus dem ERP-System in EWM abbilden**

   Das Mapping der Positionsarten erfolgt analog zu Schritt 4. Starten Sie dazu die Transaktion **/SCWM/60000089** oder die Aktivität **Positionsarten aus dem ERP-System in EWM abbilden** im Customizing-Pfad **SCM Extended Warehouse Management • Extended Warehouse Management • Schnittstellen • ERP-Integration • Lieferabwicklung**.

Pflegen Sie einen neuen Eintrag für die ERP-Belegart **DIG** mit der ERP-Positionsart **DIGN**, der EWM-Belegart **INBM** und der EWM-Positionsart **IDPD** (siehe Abbildung 5.30).

Abbildung 5.30: Positionsart für den Wareneingang aus der Produktion mappen

6. **ERP-Belegarten als relevant für das Differenzierungsattribut definieren**

   Starten Sie die Transaktion **/SCWM/60000409** oder die Aktivität **ERP-Belegarten als relevant für das Differenzierungsattribut definieren** im Customizing-Pfad **SCM Extended Warehouse Management • Extended Warehouse Management • Schnittstellen • ERP-Integration • Lieferabwicklung** und pflegen Sie einen Eintrag für die Belegart **DIG** und das Profil **ITEM** (siehe Abbildung 5.31).

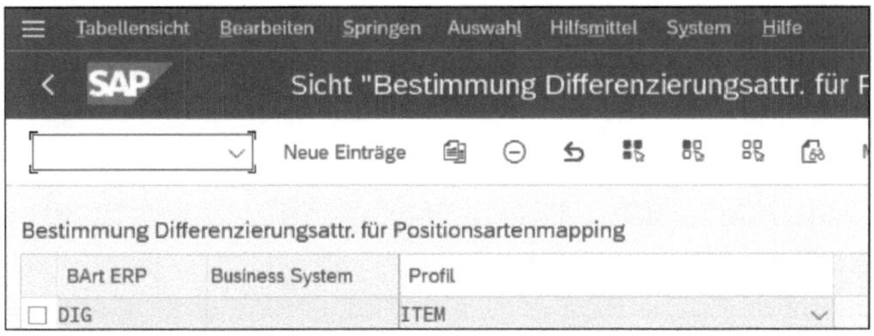

Abbildung 5.31: Belegart für Differenzierungsattribut definieren

7. **Terminarten aus dem ERP-System in EWM abbilden**

   Starten Sie die Transaktion **/SCWM/60000308** oder die Aktivität **Terminarten aus dem ERP-System in EWM abbilden** im Customizing-Pfad **SCM Extended Warehouse Management • Extended Warehouse Management • Schnittstellen • ERP-Integration • Lieferabwicklung** und erstellen Sie einen Eintrag für die Belegart **INBM** und die Terminart **TDELIVERY** (siehe Abbildung 5.32).

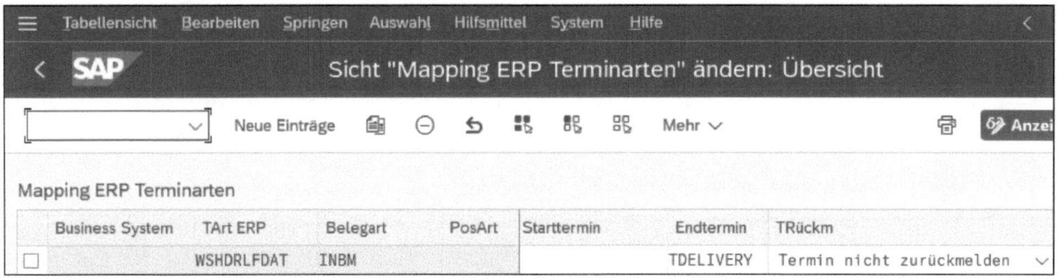

Abbildung 5.32: Terminart für die Belegart INBM mappen

8. **Nachrichtenverarbeitung empfängerabhängig steuern**

   Starten Sie die Transaktion **/SCWM/60000090** oder die Aktivität **Nachrichtenverarbeitung empfängerabhängig steuern** im Customizing-Pfad **SCM Extended Warehouse Management • Extended Warehouse Management • Schnittstellen • ERP-Integration • Lieferabwicklung**. Erstellen Sie einen Eintrag für die Belegart **INBM** und ordnen Sie das Nummernkreisintervall für die Belegerstellung zu (siehe Abbildung 5.33).

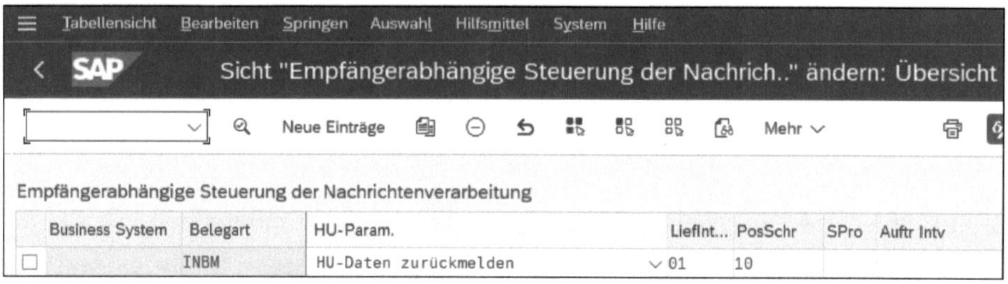

Abbildung 5.33: Nachrichtenverarbeitung für die Belegart INBM empfängerabhängig steuern

9. **Prozessorientierte Lagerungssteuerung definieren**

   Der Einlagerungsprozess mit HUs verwendet einen Lagerungsprozess, der aus den Schritten Qualitätsprüfung und Einlagern besteht. Pflegen Sie diesen Lagerungsprozess mit der Transaktion **/SCWM/60000065** oder über die Aktivität **Prozessorientierte Lagerungssteuerung definieren** im Customizing-Pfad **SCM Extended Warehouse Management • Extended Warehouse Management • Prozessübergreifende Einstellungen • Lageraufgabe**. Erstellen Sie zunächst die externen Lagerungsprozessschritte wie in Tabelle 5.1 angegeben.

Externer Schritt	Beschreibung	Interner Prozessschritt	Richtung
QIS	Qualitätsprüfung	QIS	Einlagerung
IPT1	Einlagern	PUT	Einlagerung und interne Warenbewegung

Tabelle 5.1: Externe Lagerungsprozessschritte

Definieren Sie anschließend einen Lagerungsprozess **ZIB3** mit der Beschreibung **Wareneingang aus Produktion** und der Richtung **Einlagerung** für Ihre Lagernummer (siehe Abbildung 5.34) und ordnen Sie die zwei externen Schritte aus Tabelle 5.1 in derselben Reihenfolge zu. Setzen Sie das Kennzeichen zur automatischen Erstellung der Nachfolgelageraufgabe für den Schritt QIS.

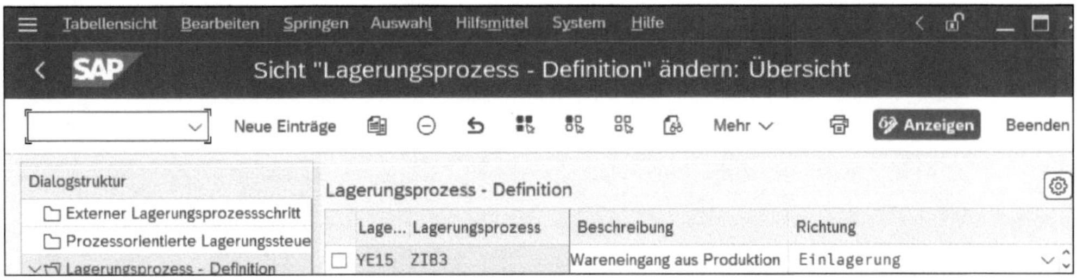

Abbildung 5.34: Lagerungsprozessdefinition für den Wareneingang aus der Produktion mit Vorabprüfung

Definieren Sie in der Dialogstruktur unter **Prozessorientierte Lagerungssteuerung** einen Eintrag für die Lageraufgabenerstellung zum Prüfplatz. Passen Sie dabei die in Abbildung 5.35 angegebenen Werte an Ihre Situation an.

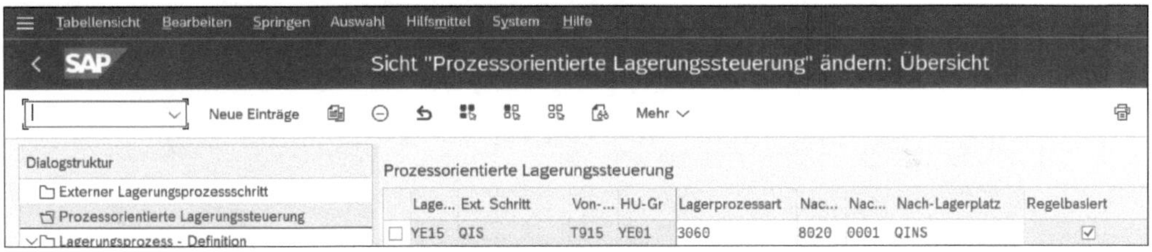

Abbildung 5.35: Prozessorientierte Lagerungssteuerung für den Prozessschritt der Qualitätsprüfung definieren

10. **Lagerprozessart definieren**

    Definieren Sie eine Lagerprozessart für den Wareneingang aus der Produktion. Starten Sie dazu die Transaktion **/SCWM/60000066** oder die Aktivität **Lagerprozessart definieren** im Customizing-Pfad **SCM Extended Warehouse Management • Extended Warehouse Management • Prozessübergreifende Einstellungen • Lageraufgabe** und legen Sie eine Lagerprozessart an, die den Lagerprozesstyp **1**, die Aktivität **PTWY** und den erstellten Lagerungsprozess enthält (siehe Abbildung 5.36).

11. **Lagerprozessart finden**

    Stellen Sie sicher, dass die Lagerprozessart für die Belegart gefunden wird. Treffen Sie diese Definition, indem Sie die Transaktion **/SCWM/60000124** oder die Aktivität **Lagerprozessart finden** im Customizing-Pfad **SCM Extended Warehouse Management • Extended Warehouse Management • Prozessübergreifende Einstellungen • Lageraufgabe** starten und einen neuen Eintrag für die Belegart **INBM** in Ihrer Lagernummer erstellen und die Lagerprozessart **1101** zuordnen (siehe Abbildung 5.37).

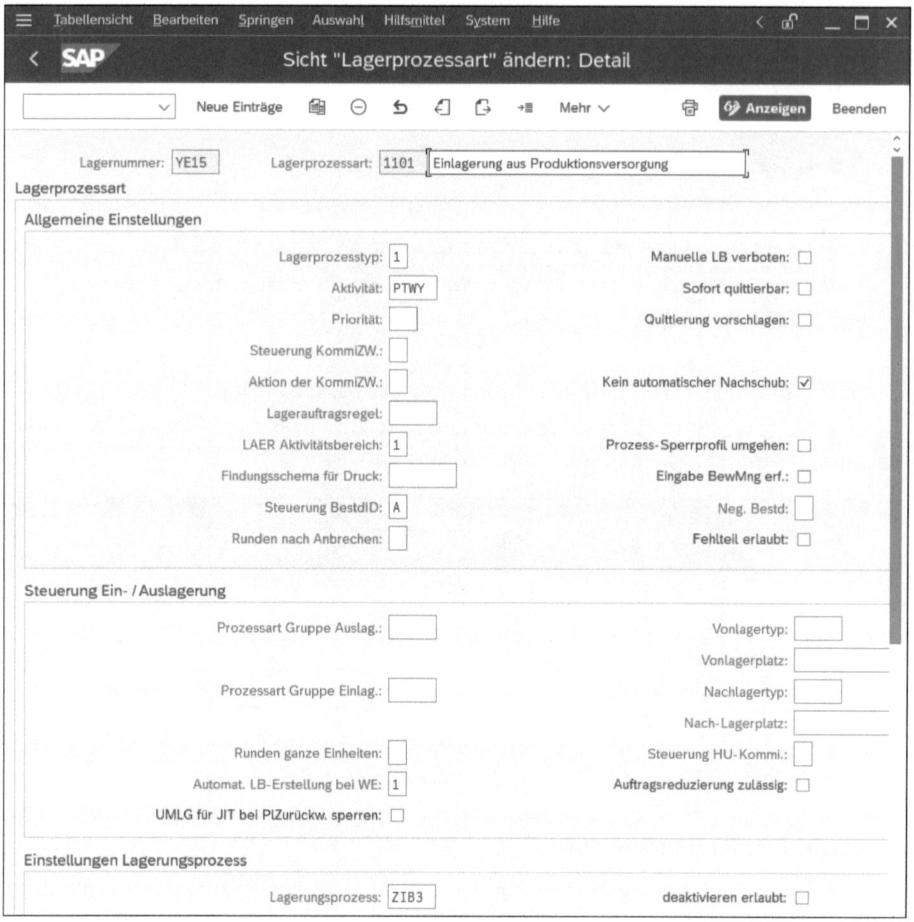

Abbildung 5.36: Lagerprozessart für den Wareneingang aus der Produktion

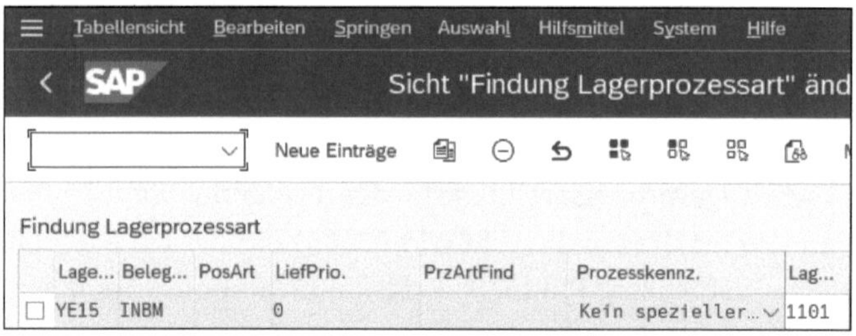

Abbildung 5.37: Findung der Lagerprozessart für die Belegart »INBM« pflegen

12. **Weitere Einstellungen für die Einlagerung nach Abschluss der Qualitätsprüfung**

    Mit dem Verwendungsentscheid wird eine logistische Folgeaktion in EWM ausgelöst. Sofern mit der Folgeaktion der Bestand bewegt werden soll, sind noch weitere Einstellungen erforderlich. So muss bspw. für die Einlagerung eine Nachplatzfindung durchgeführt werden. Hierzu muss die Einlagerstrategie mit Lagertypsuchreihenfolge inklusive zugeordneter Lagertypen sowie die Definition der Lagertypsuchreihenfolge für die Einlagerung konfiguriert werden. Diese Einstellungen werden hier nicht weiter im Detail beschrieben. Es sei lediglich angemerkt, dass sie im Customizing-Pfad **SCM Extended Warehouse Management • Extended Warehouse Management • Wareneingangsprozess • Strategien** zu finden sind.

13. **Prüfart »04« im Materialstamm aktivieren**

    Starten Sie die SAP-Fiori-App **Material anzeigen** und wechseln Sie zur Sicht **Qualitätsmanagement** für das relevante Werk. Navigieren Sie über die Funktion **Prüfeinstellungen** in die Detailsicht zur Pflege der Prüfeinstellungen für das Material. Pflegen Sie dort die Prüfart **04 – Prüfung beim WE aus der Produktion** und stellen Sie sicher, dass das Kennzeichen für die Aktivierung der Prüfart gesetzt ist. Pflegen Sie für die Steuerung zur Prüfloserzeugung den Wert **frühe Loseröffnung zur Auftragsposition** und für die Prüfloszusammenfassung den Wert **Eine Prüfung für Prod./Charge u. RefBeleg (Best./ProdAuftr.)** (siehe Abbildung 5.38). Für unser Beispiel nutzen wir einen Prüfplan und haben deswegen das Kennzeichen bei **Prüfen mit Plan** gesetzt.

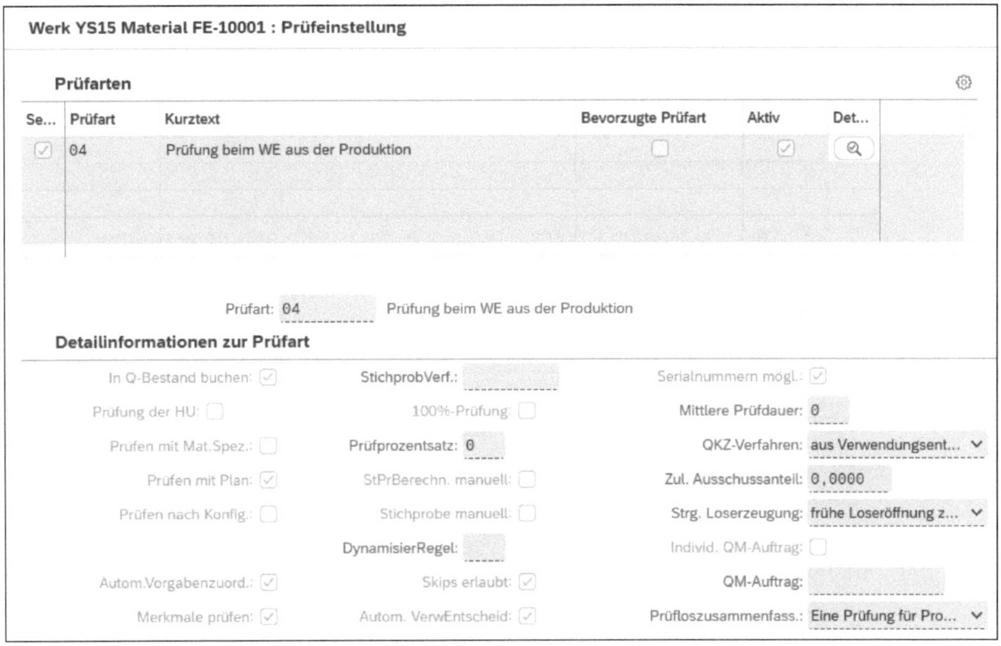

Abbildung 5.38: Prüfart »04« im Materialstamm aktivieren

14. **Wareneingang automatisch buchen und Lageraufgaben erstellen**

    Damit bei der Vereinnahmung von Bestand für einen Produktionsauftrag über das Radio-Frequency-Framework (RF) der Wareneingang für die Anlieferung gebucht und eine Lageraufgabe für die HU-Bewegung erstellt wird, müssen PPF-Konditionssätze angelegt werden. Starten Sie dazu die Transaktion **/SCWM/DLVPPFC – Konditionssätze für PPF-Einplanbedingungen pflegen** über das SAP-Easy-Access-Menü im Pfad **SCM Extended Warehouse Management • Extended Warehouse Management • Lieferabwicklung • Aktionen**. Wählen Sie im Selektionsbild für die allgemeine Konditionspflege die Applikation **DPP** und die Pflegegruppe **DLVIMFG** aus. Pflegen Sie nun einen neuen Eintrag für die Konditionsart **0DMG** mit der Aktionsdefinition **/SCWM/PDI_02_GR_POST**, der Belegart **INBM**, dem Warenbewegungsplatz **LINE-1** sowie dem Änderungsmodus **I** in Ihrer Lagernummer. Erstellen Sie anschließend einen zweiten Eintrag für die Konditionsart **0DMW** mit der Aktionsdefinition **/SCWM/PDI_02_WT_CREATE**, der Belegart **INBM**, dem Warenbewegungsstatus **NSFI** und dem Änderungsmodus **U** in Ihrer Lagernummer (siehe Abbildung 5.39). Passen Sie bei Bedarf den Warenbewegungsplatz für die Aktionsdefinition **/SCWM/PDI_02_GR_POST** an Ihre Situation an.

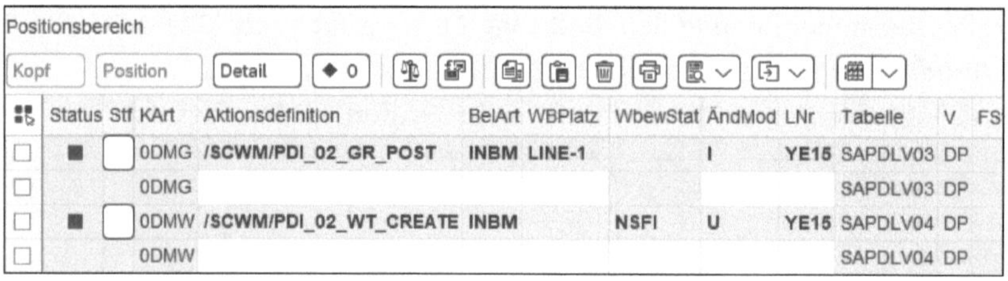

	Status	Stf	KArt	Aktionsdefinition	BelArt	WBPlatz	WbewStat	ÄndMod	LNr	Tabelle	V	FS
☐	■	☐	0DMG	/SCWM/PDI_02_GR_POST	INBM	LINE-1		I	YE15	SAPDLV03	DP	
☐			0DMG							SAPDLV03	DP	
☐	■	☐	0DMW	/SCWM/PDI_02_WT_CREATE	INBM		NSFI	U	YE15	SAPDLV04	DP	
☐			0DMW							SAPDLV04	DP	

Abbildung 5.39: Konditionssätze für die WE-Buchung und LB-Erstellung beim Wareneingang aus der Produktion über RF

15. **Packmittelvorschlag im RF-Framework für die HU-Erstellung erstellen**

    Der Packmittelvorschlag im RF wird über eine Packspezifikation und den dazugehörigen Konditionssatz **0RCV** ermittelt. Dieser Konditionssatz muss im Customizing in der Lagernummersteuerung im Suchschema für eingehende HUs hinterlegt sein. Zusätzlich wird eine Packspezifikation benötigt, die Sie mit der Transaktion **/SCWM/PACKSPEC – Packspezifikation pflegen** erstellen können. Erstellen Sie eine Packspezifikation für das zu fertigende Material und wählen Sie eine geeignete Packspezifikationsgruppe wie bspw. **PG01** aus. Pflegen Sie für eine Ebene Packmitteldaten und setzen Sie das Kennzeichen bei **HU-Erstellung** (siehe Abbildung 5.40). Erstellen Sie darüber hinaus einen Konditionssatz für die Konditionsart **0RCV**, für den die Supply Chain Unit, das Produkt und der Arbeitsplatz spezifiziert sind. Damit wird das in der Packspezifikation angegebene Packmittel als Vorschlag im Dialog des RF-Frameworks ermittelt.

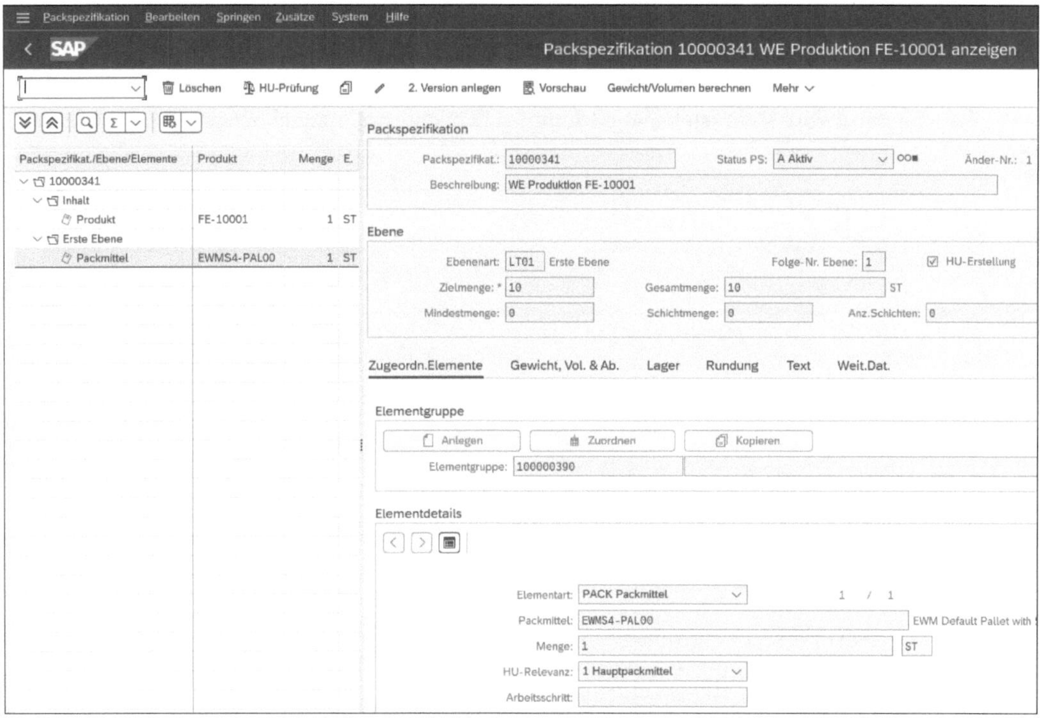

Abbildung 5.40: Packspezifikation für den Packmittelvorschlag im RF-Framework für den Eingang von HUs für den Produktionsauftrag pflegen

Prozessdemo

In unserem Prozessbeispiel betrachten wir spezifisch die Prüfloseröffnung bei Auftragsfreigabe. Aspekte wie die Produktionsbereitstellung bzw. die für die Fertigung benötigten Komponenten werden an dieser Stelle nicht näher beleuchtet. Grundsätzlich setzen wir weiterhin voraus, dass

- relevante Sichten und Attribute im Materialstamm ausgeprägt sind, sodass ein Fertigungsauftrag erstellt werden kann,
- eine Stückliste sowie ein Arbeitsplan für die Produktion des Materials vorhanden sind,
- eine Fertigungsversion erstellt wurde,
- ein Prüfplan für das Material existiert.

Damit kann der Prozess mit der Erstellung des Produktionsauftrags beginnen.

1. **Produktionsauftrag erstellen**

   Starten Sie die SAP-Fiori-App **Fertigungsauftrag anlegen** und geben Sie das zu fertigende Material, das Produktionswerk und die Auftragsart ein. Erfassen Sie in der Detailansicht zur Erstellung des Fertigungsauftrags im Reiter **Allgemein** die zu produzierende Gesamtmenge und definieren Sie die Eckstart- und -endtermine. Im Reiter **Wareneingang** ist die Bestandsart für die Wareneingangsbuchung mit Qualitätsprüfbestand vorbelegt (siehe Abbildung 5.41). Sichern Sie anschließend den Fertigungsauftrag.

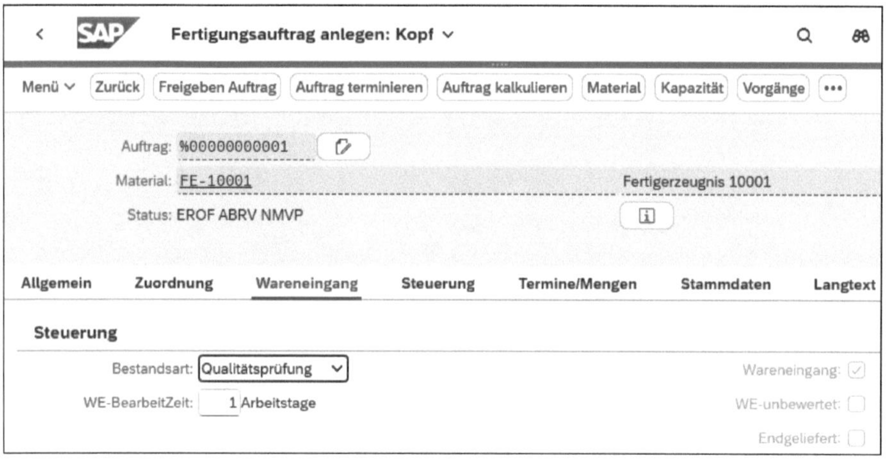

Abbildung 5.41: Fertigungsauftrag für die Vorabprüfung in der Produktion erstellen

2. **Fertigungsauftrag freigeben**

   Starten Sie die SAP-Fiori-App **Fertigungsauftrag ändern** und geben Sie die Nummer des erstellten Fertigungsauftrags ein. Wählen Sie unter **Menü** die Option **Funktionen • Freigeben**, um den Auftrag freizugeben (siehe Abbildung 5.42).

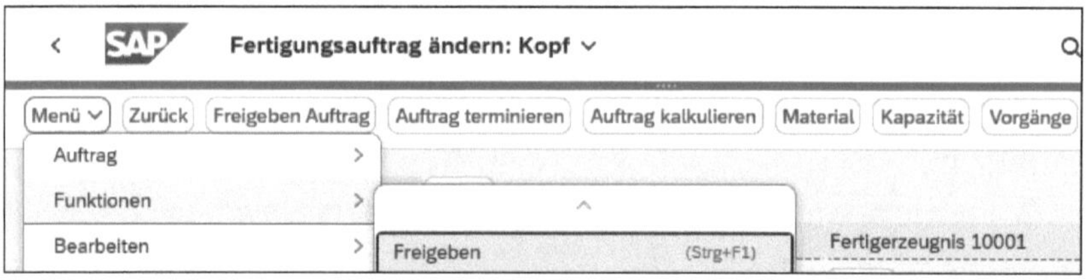

Abbildung 5.42: Fertigungsauftrag freigeben

Mit der Freigabe wird das Prüflos erstellt. Über das Applikationslog können Sie prüfen, ob dieser Vorgang erfolgreich war, und bei Bedarf die Nummer des Prüfloses ermitteln. Starten Sie dazu die SAP-Fiori-App **Anwendungsprotokoll anzeigen** und geben Sie im Feld **Vorgang** den Wert **QLEXT** und im Feld **Teilvorgang** den Wert **QIPP_CREATE_INSP** ein. Führen Sie die Suche aus und lassen Sie sich die detaillierten Meldungstexte für das Protokoll anzeigen, um die Erstellung des Prüfloses zu verifizieren (siehe Abbildung 5.43).

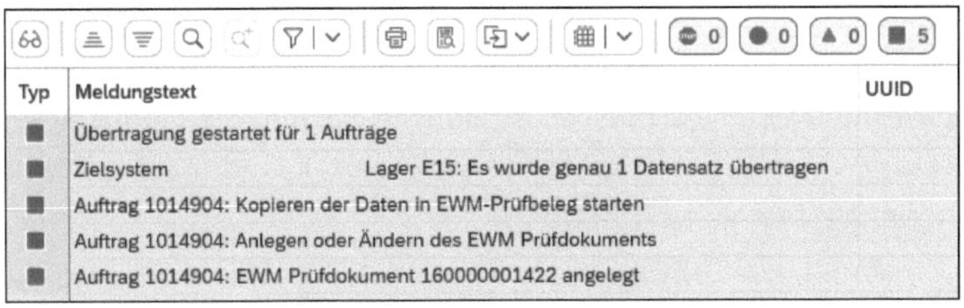

Abbildung 5.43: Anwendungsprotokoll mit Erfolgsmeldungen über die Erstellung des QM-Prüfloses

3. **Wareneingang mit mobilem Endgerät buchen**

   Für den Wareneingang setzen wir die Verwendung eines mobilen Endgeräts voraus und nutzen aus diesem Grund die RF-Umgebung. Starten Sie die App **RF-Umgebung testen** und melden Sie sich mit einer Ressource an der Lagernummer an. Wählen Sie ausgehend vom Standard-RF-Menü den Pfad **03 Eingangsprozesse • 04 Empfang der Handling Units • 06 Eing. HU nach Produktionsauftrag • 04 Eingang HU nach Auftrag**. Melden Sie sich im darauffolgenden Dialog am Arbeitsplatz für den Wareneingang aus der Produktion an ❶. Geben Sie anschließend die Nummer des Produktionsauftrags ein ❷. Erfassen Sie im darauffolgenden Dialog die Materialnummer des gefertigten Produkts ❸. Im Anschluss werden die Daten des gewählten Produktionsauftrags sowie der Vorschlag für ein Packmittel angezeigt ❹. Nutzen Sie die Funktion **HUAnl.**, um eine neue HU zu erstellen, in die die produzierte Menge gepackt werden soll (siehe Abbildung 5.44).

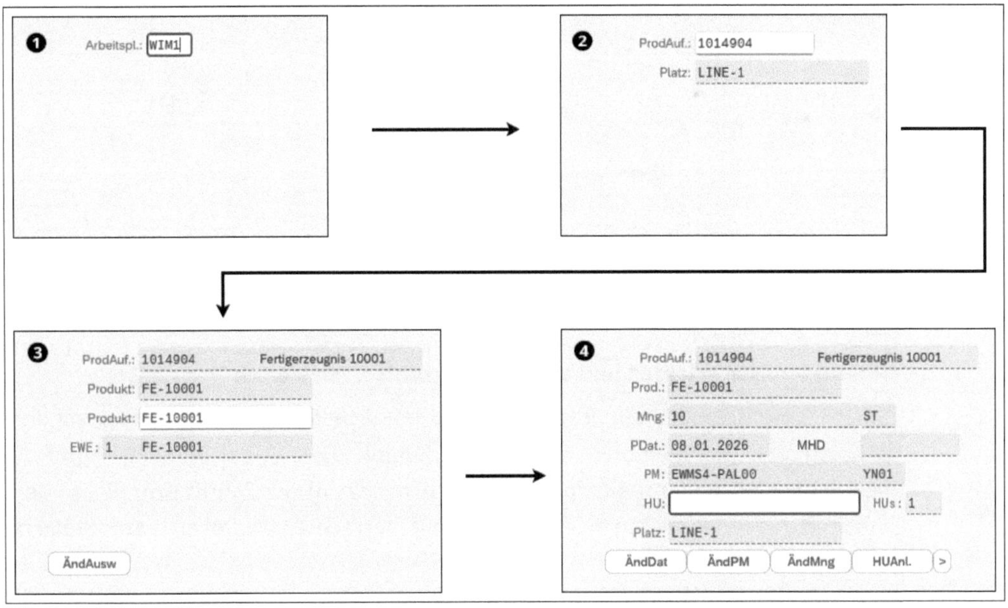

Abbildung 5.44: RF-Prozess für den Wareneingang aus der Produktion

Nach der erfolgreichen Erstellung der Anlieferung sowie der HU navigiert das System erneut zum Dialog für die Erfassung des Produktionsauftrags. Da die Vereinnahmung für diesen Produktionsauftrag abgeschlossen ist, können Sie nun die mobile Arbeitsumgebung verlassen.

4. **Umlagerung zur Qualitätsprüfung bestätigen**

   Die Umlagerung der gebildeten HU vom Wareneingangsplatz an den Qualitätsprüfplatz kann in der Praxis bspw. mithilfe eines mobilen Endgeräts erfolgen. Wenn mit der Erstellung der HU ein HU-Label gedruckt wird, können die Palette und die erstellten Lageraufgaben für diese Palette über die HU-Nummer identifiziert werden. Alternativ kann die Bestätigung der Umlagerung bspw. über den Lagerverwaltungsmonitor durchgeführt werden, mit dem gleichzeitig die erstellte Anlieferung betrachtet werden kann. Diese Option zeigen wir in diesem Schritt.

   Starten Sie die SAP-Fiori-App **Lagermonitor** und navigieren Sie zum Knoten **Eingang • Belege • Anlieferung**. Führen Sie eine Selektion für diesen Knoten aus und wählen Sie als Selektionskriterium im Abschnitt **Positionsdaten** den Produktionsauftrag aus. Geben Sie die Nummer des Produktionsauftrags ein und führen Sie die Selektion aus. Nutzen Sie anschließend die Funktion **Lageraufgabe**, um die Lageraufgaben für die Anlieferung anzuzeigen. Es existiert eine offene Lageraufgabe für die HU zum Prüfplatz für die Qualitätsprüfung (siehe Abbildung 5.45). Bestätigen Sie diese Lageraufgabe, indem Sie über das Icon (**Weitere Methoden**) die Methode **LB im Hintergrund quittieren** wählen.

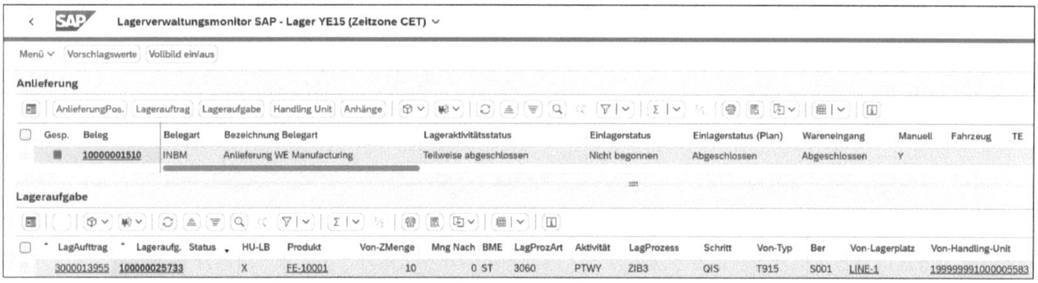

Abbildung 5.45: Lagermonitor mit erstellter Anlieferung und offener Lageraufgabe zum Prüfplatz

5. **Prüfergebnisse erfassen und Verwendungsentscheid treffen**

   Sofern Sie mit Prüfplänen arbeiten, erfolgt im nächsten Schritt die Erfassung der Ergebnisse der durchgeführten Qualitätsprüfung, bspw. mit der SAP-Fiori-App **Prüfergebnisse erfassen – Arbeitsvorrat hierarchisch**. Da dieser Schritt sehr stark von den Inhalten des verwendeten Prüfplans abhängt, betrachten wir ihn an dieser Stelle nicht weiter.

   Mit den erfassten Ergebnissen für das Prüflos kann anschließend der Verwendungsentscheid getroffen werden. Starten Sie dazu die SAP-Fiori-App **Verwendungsentscheid**

erfassen und geben Sie die Nummer des Prüfloses ein. Diese ermitteln Sie entweder über das Anwendungsprotokoll, wie im Prozessschritt 2. (»Fertigungsauftrag freigeben«) dieser Prozessdemo beschrieben, oder über die Detailinformationen in der Lageraufgabe zur Umlagerung der HU an den Qualitätsprüfplatz, die Sie im vorherigen Schritt quittiert haben.

Erfassen Sie einen Verwendungsentscheid-Code, wie bspw. die Annahme des Materials (siehe Abbildung 5.46), und sichern Sie anschließend den Beleg.

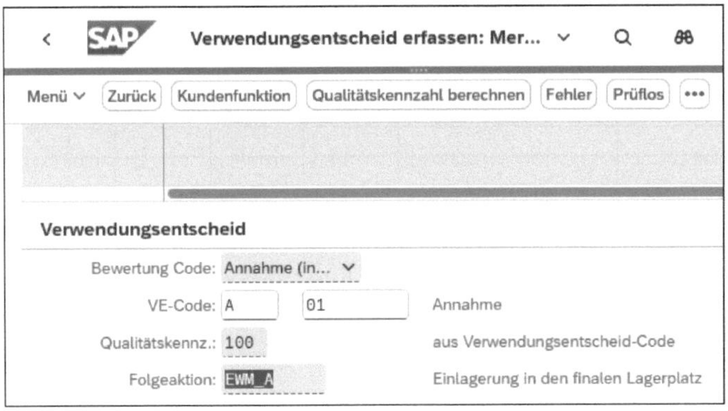

Abbildung 5.46: Verwendungsentscheid für Prüflos erfassen

6. **Einlagerung in finalen Lagerplatz quittieren**

   Basierend auf dem getroffenen Verwendungsentscheid und der zugeordneten logistischen Folgeaktion in EWM wird der Bestand in die entsprechende Bestandsart umgebucht, die Prüflosreferenz entfernt und eine Folgelageraufgabe angelegt. In unserem Beispiel hat die Annahme zur Folge, dass die Bestandsart in **Frei verfügbar** geändert wird und eine Lageraufgabe für die Einlagerung zum finalen Lagerplatz erstellt wird (siehe Abbildung 5.47). Starten Sie zur Anzeige der Lageraufgabe die SAP-Fiori-App **Lagermonitor** und selektieren Sie den Anlieferbeleg, wie in Schritt 4 (»Umlagerung zur Qualitätsprüfung bestätigen«) beschrieben. Quittieren Sie anschließend die offene Lageraufgabe in den finalen Lagerplatz. Damit ist der Wareneingangsprozess mit Vorabprüfung in der Produktion abgeschlossen.

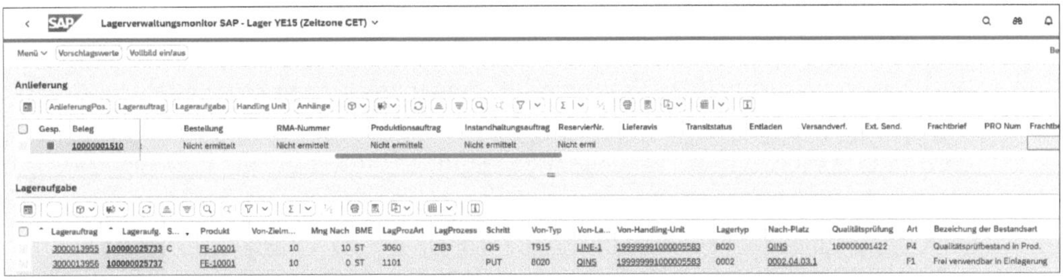

Abbildung 5.47: Lagermonitor mit erstellter Lageraufgabe zur Einlagerung in den finalen Lagerplatz

5.3 Erweiterte Retourenabwicklung

Retourenprozesse sind für Unternehmen von zentraler Bedeutung, da Retouren einen nicht zu unterschätzenden Einfluss auf Kosten, Kundenzufriedenheit und interne Abläufe haben. Werden diese Prozesse ohne systemseitige Unterstützung durchgeführt, sind Medienbrüche, mangelnde Transparenz und ein hoher manueller Aufwand die Folge, was wiederum zu Fehlern, Verzögerungen und höheren Kosten führt.

SAP S/4HANA zusammen mit der erweiterten Retourenabwicklung (ERA) schaffen Transparenz über den gesamten Retourenprozess. Bereits bei der Erfassung einer Retoure werden relevante Informationen wie der ursprüngliche Auftrag, der Kunde, der Artikel oder der Rücksendegrund erfasst und im System hinterlegt. Dadurch wird sichergestellt, dass die am Retourenprozess beteiligten Organisationseinheiten, wie Vertrieb, Qualitätssicherung oder Lager, auf eine einheitliche Datenbasis zugreifen. So können Fehler vermieden, Rückfragen kompetent beantwortet und eine Verzögerung der Bearbeitung verhindert werden. Zusätzlich können in SAP S/4HANA abgebildete Retourenprozesse standardisiert und Prozessschritte automatisiert werden. Genehmigungen, Qualitätsprüfungen sowie Entscheidungen über durchzuführende logistische Folgeaktionen können im System erfasst werden, sodass Folgebelege direkt erstellt werden. Das reduziert den manuellen Bearbeitungsaufwand, verhindert Fehlerquellen und trägt dazu bei, die Durchlaufzeiten zu verkürzen.

Mithilfe der ERA in SAP S/4HANA können unterschiedliche Retourenszenarien abgebildet werden:

- Retouren von Kunden
- Retouren an Lieferanten
- Retouren von Verteilzentren/Filialen

Kundenretouren bilden den Prozess ab, bei dem ein externer Kunde Waren an einen Standort des Unternehmens zurückgibt. Mit der ERA können verschiedene Varianten abgebildet werden: Retouren mit einer Anlieferung an ein Lager, direkte Retouren an eine Verkaufsstelle oder direkte Retouren vom Kunden an den Lieferanten des Unternehmens. Der Retourenauftrag ist grundsätzlich der Startpunkt des Prozesses in der ERA. In ihm werden Informationen für die weitere Abwicklung in der Logistik und im Finanzwesen erfasst. Im Falle der bereits erwähnten Lageranlieferung bedeutet dies im Hinblick auf die Integration mit EWM, dass eine Retourenanlieferung in EWM erstellt wird, die vom Lagerpersonal bearbeitet werden kann. Nach der Ankunft der Ware im Retourenlager wird diese auf ihre weitere Verwendung geprüft. Die erweiterte Retourenabwicklung bietet an dieser Stelle zahlreiche vordefinierte Möglichkeiten hinsichtlich der weiteren Schritte, die die Ware zu durchlaufen hat. Neben der Entscheidung, ob die retournierte Ware qualitativ in Ordnung ist und wiederverwendet werden kann oder aufgrund von Mängeln verschrottet werden muss, können eine Reihe weiterer Folgeaktionen erfolgen. So kann bspw. entschieden werden, dass die Ware über eine interne oder externe Reparatur wieder instandgesetzt oder an den Lieferanten oder ein anderes Werk ausgeliefert werden soll. Die ERA erleichtert den Versandprozess durch die automatische Erstellung einer Lieferung, mit der in EWM eine direkte Bereitstellung vom Lagerplatz, an dem die Ware vereinnahmt wurde, zur Bereitstellungszone ermöglicht wird.

Im zu Beginn des Prozesses erstellten Retourenauftrag werden auch Angaben zur Kompensation des Kunden hinterlegt. So kann der Kunde bspw. über eine Gutschrift den Rechnungsbetrag ganz oder anteilig zurückerstattet bekommen oder eine kostenlose Nachlieferung eines Ersatzmaterials erhalten. Damit ist neben der logistischen Abwicklung auch die finanzielle Abwicklung in der ERA abgedeckt.

Im Falle von Lieferantenretouren wird bei der Vereinnahmung der Ware an einem Lagerstandort festgestellt, dass sie nicht den Anforderungen entspricht und somit nicht den weiteren Lagerprozessen zugeführt werden kann. Handelt es sich bei dem Lieferanten um einen externen Geschäftspartner, spricht man von einer *Lieferantenretoure*. In diesem Fall startet der ERA-Prozess mit einer Retourenbestellung. Ist der Lieferant ein Firmenstandort des eigenen Unternehmens, spricht man von einer *Filialretoure*. Dieser Firmenstandort kann dem gleichen Buchungskreis wie der Standort des empfangenden Lagers oder einem anderen Buchungskreis angehören. Der Prozess für Filialretouren wird mit einer Retourenumlagerungsbestellung gestartet.

Die Prozesse für Kunden- und Lieferantenretouren können miteinander kombiniert werden. Nach der Prüfung eines durch einen Kunden retournierten Materials wird als logistische Folgeaktion die Auslieferung an den Lieferanten gewählt. Somit wird eine Kundenretoure mit einer Lieferantenretoure verknüpft.

Dank ihrer vielfältigen Optionen bietet die ERA die Möglichkeit, die Anforderungen in Implementierungsprojekten detailliert in SAP S/4HANA abzubilden. Eine umfassende Beschreibung aller Möglichkeiten sowie der dafür notwendigen Konfigurationen würde den Rahmen dieses Buches sprengen. Wir konzentrieren uns daher in diesem Abschnitt auf eine gängige Variante – die Kundenretoure mit Anlieferung an ein Lager – und zeigen für ausgewählte logistische Folgeaktionen die erforderlichen Konfigurationsschritte auf.

[+]

Weiterführende Informationen zur ERA

Der SAP-Hinweis 2967795 enthält weiterführende Dokumentationen zur ERA in SAP S/4HANA, u. a. zum Kundenretourenprozess, zum Lieferantenretourenprozess, zu Genehmigungsworkflows usw.

Die ERA ist im Hinblick auf die Lieferbelegerstellung und -verteilung für logistische Folgeaktionen eng mit EWM integriert. Damit die verschiedenen Szenarien unterschieden werden können, wurden für die Belegintegration zahlreiche Indikatoren – sogenannte *Codes für den Initiator einer Kommunikationskette* – eingeführt. Damit soll sichergestellt werden, dass Lieferbelege aus dem Bereich Logistics Execution auf geeignete EWM-Belegarten umgeschlüsselt werden können. Tabelle 5.2 gibt einen Überblick über die Codes für verschiedene Geschäftsvorfälle im Rahmen der ERA sowie über das Standardmapping der Belegarten. So wird etwa bei der logistischen Folgeaktion **0001 – Eingang in Werk** eine Retourenlieferung mit der Lieferart **LR2** erstellt und an EWM verteilt. Für das Mapping der Belegarten zwischen ERP-System und EWM steht für den Initiator einer Kommunikationskette der Code **ARD** zur Verfügung, um für diesen spezifischen Geschäftsvorfall eine passende EWM-Belegart zu ermitteln. Der EWM-Standard stellt für diesen Fall die Belegart **INB** zur Verfügung, wobei eine weitergehende Unterscheidung zu anderen Wareneingangsprozessen durch die Positionsart **ICR** gegeben ist (zusätzlich zum Positionstyp **RET – Retourenposition**, der für die Retourenposition verwendet wird). Die Zuordnungen in Tabelle 5.2 können je nach Kundenanforderung individuell angepasst werden.

Geschäftsvorfall	Code	ERP-Belegart	EWM-Belegart
Erstellung einer Retourenlieferung im Anschluss an die Materialinspektion für die direkte Ladenretoure	ACR	LR2	IRPR
Abbildung der logistischen Folgeaktion »0031 – Keine weiteren Aktionen«	AFU	HTP	TWPR
Ware in frei verfügbaren Bestand umbuchen	APU	HTP	TWPR
Erstellung der Retourenlieferung mit Anlieferung der retournierten Ware am Lager	ARD	LR2	INB
Liefererstellung für eine Reparatur	ARE	HOD	OUTS
Liefererstellung für eine Ersatzmateriallieferung vom externen Lieferanten	ARR	EL	INB
Wareneingangs-Retourenlieferung für die innerbetriebliche Umlagerung an einen anderen Unternehmensstandort	ARS	ELR	INB
Warenausgangs-Retourenlieferung für die innerbetriebliche Umlagerung an einen anderen Unternehmensstandort	ARS	LLR	OUTS
Liefererstellung, um Ware an den Kunden zurückzusenden	ASB	LO2	OUTS
Verschrottung	SCR	HTP	TSCR

Tabelle 5.2: Codes für den Initiator einer Kommunikationskette bei der erweiterten Retourenabwicklung

5.3.1 Geschäftsprozess für Kundenretouren

An dieser Stelle stellen wir Ihnen ein ausgewähltes Szenario der ERA vor. Es handelt sich dabei um die Kundenretoure mit Anlieferung an einem Lager und anschließender Prüfung. Als Startpunkt für diesen Prozess setzen wir voraus, dass der Kunde bereits Ware geliefert bekommen und somit bereits ein regulärer Warenausgangsprozess stattgefunden hat. Der Kunde ist mit der Qualität der Ware nicht zufrieden und sendet sie an ein Retourenlager zurück.

Der Prozess startet mit der Erstellung eines Retourenauftrags (siehe Abbildung 5.48), der sich auf den ursprünglichen Kundenauftrag bezieht. Da die Ware an einem Retourenlager angeliefert wird, wird als Folgeaktion **0001 – Eingang im Werk** gewählt. Bei anderen Folgeaktionen unterscheiden sich die Prozessschritte ggf. von dem hier dargestellten Ablauf. Zusätzlich zum logistischen Ablauf werden im Retourenauftrag Informationen bezüglich der Erstattung an den Kunden hinterlegt. Da sich der hier dargestellte Prozess auf die Abläufe im Lager fokussiert, sind die kaufmännischen Aspekte der Gutschrift nicht aufgeführt. Nach der Erfassung aller notwendigen Daten in der Kundenretoure wird diese im System gesichert, woraufhin automatisch eine Retourenlieferung erstellt wird. Diese wird aufgrund der EWM-verwalteten Werk-Lagerort-Kombination an EWM verteilt und als Retourenanlieferbeleg angelegt. Die Ankunft der Ware am Retourenlager wird vom Lagerpersonal mit der Wareneingangsbuchung für die Retourenanlieferung bestätigt.

Die Wareneingangsbuchung erhöht den Bestand um die vom Kunden retournierte Menge des Materials und löst gleichzeitig die Erstellung einer Materialinspektion aus. Die retournierte Ware wird von einer fachkundigen Person geprüft, und das Ergebnis der Prüfung sowie die Entscheidung über die weiteren Aktivitäten werden im Materialinspektionsbeleg hinterlegt. Wird die Folgeaktion **0012 – in Ausschuss übernehmen** gewählt, legt das System automatisch eine Umbuchung an, um den Bestand in den Verschrottungsbestand umzubuchen. Im Gegensatz dazu wird bei der Folgeaktion **0011 – in frei verfügbaren Bestand übernehmen** automatisch eine Umbuchung erstellt, um den Bestand in den frei verwendbaren Bestand umzubuchen.

Neben Folgeaktionen, die zu Umbuchungsbelegen in EWM führen, gibt es auch solche, die zu Lieferbelegen in EWM führen. Diese Auslieferungsaufträge können analog zu regulären Warenausgangsprozessen in EWM bearbeitet werden. Im Anschluss an die Umbuchung in die Zielbestandsart kann entsprechend der weiteren Verwendung des Materials vorgegangen werden. So kann wiederverwendbarer Bestand eingelagert und bspw. für den nächsten Kundenauftrag kommissioniert werden. Verschrottungsbestand kann zu einer Verschrottungszone umgelagert und in einem separaten Verschrottungsprozess der Entsorgung zugeführt werden.

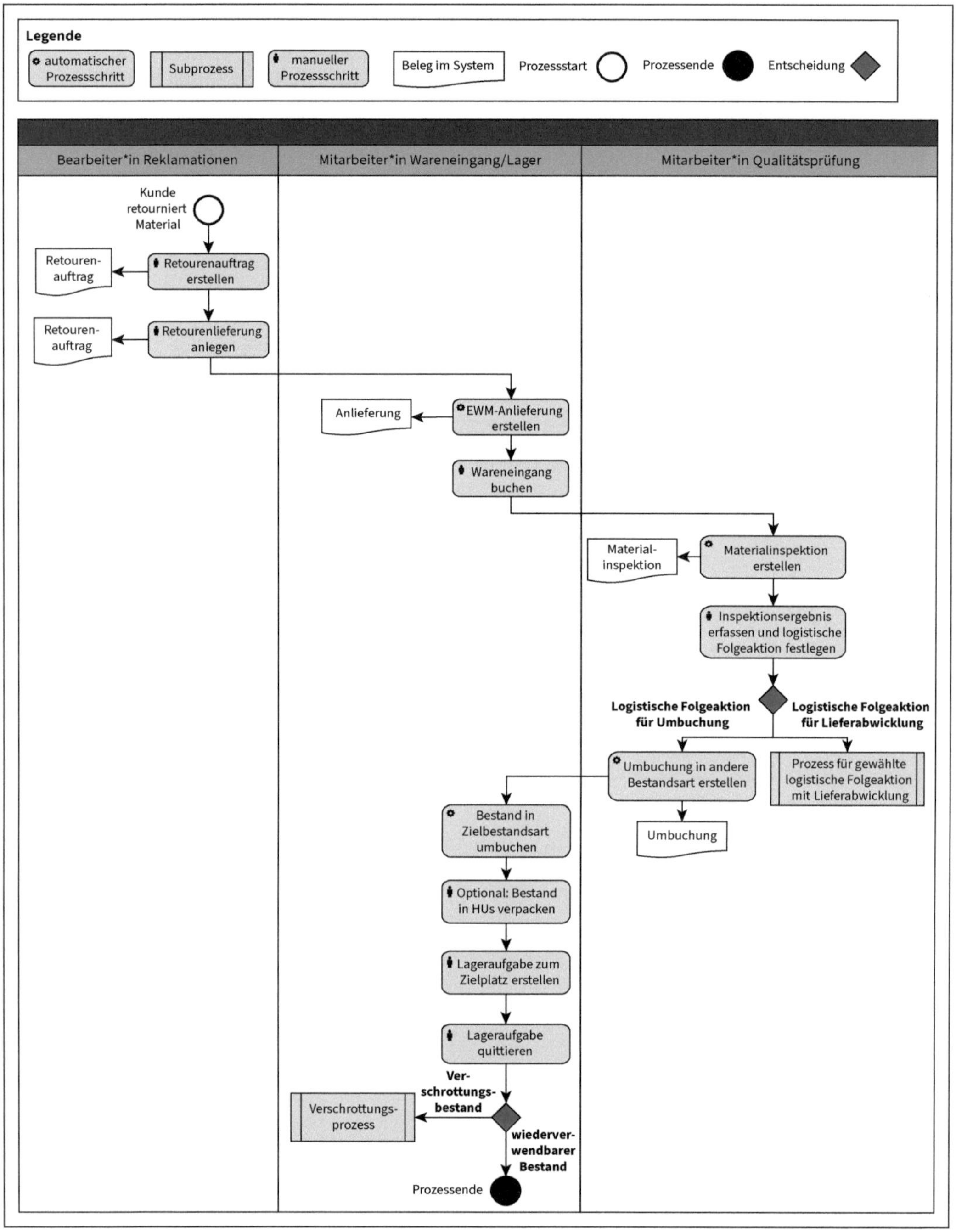

Abbildung 5.48: Geschäftsprozessablauf für eine Kundenretoure bei der erweiterten Retouren-abwicklung

5.3.2 Konfiguration

In diesem Abschnitt beschreiben wir die erforderlichen Einstellungen, um einen Kundenretourenprozess im System abzubilden. Dabei gehen wir auf die wichtigsten Einstellungen ein. Grundlegende Einstellungen, wie etwa das Lagerlayout u. ä., setzen wir als gegeben voraus. Es ist uns an dieser Stelle nicht möglich, sämtliche Einstellungen für alle möglichen Varianten der ERA zu beschreiben, da dies den Rahmen des Buches sprengen würde. Mit den nachfolgenden Ausführungen möchten wir erreichen, dass Sie die von uns ausgewählten Prozessabläufe nachvollziehen und den Prozess auf dieser Basis individuell anpassen bzw. erweitern können.

> **ERA mit SAP-ERP-System und EWM**
>
> Sofern Sie ein SAP-ERP-System mit einem dezentralen EWM in SAP S/4HANA verbunden haben und die ERA nutzen möchten, müssen Sie die Enterprise Business Functions **OPS_ADVRETURNS_1** bzw. **OPS_ADVRETURNS_2** aktivieren. Nutzen Sie hingegen ein embedded EWM in SAP S/4HANA, sind diese Business Functions standardmäßig aktiviert und nicht änderbar.

1. **ERA für Retourenauftragsart aktivieren**

   Die Aktivierung der ERA für eine Verkaufsbelegart führen Sie in der Transaktion **S_YDH_92000013** bzw. im Customizing-Pfad **Logistik Allgemein • Erweiterte Retourenabwicklung • Kundenretouren** in der Aktivität **Erweiterte Retourenabwicklung für Retourenauftragsarten aktivieren** durch. Setzen Sie für die Verkaufsbelegart **RE2** das Kennzeichen bei **Erw.RetAbw.** (siehe Abbildung 5.49).

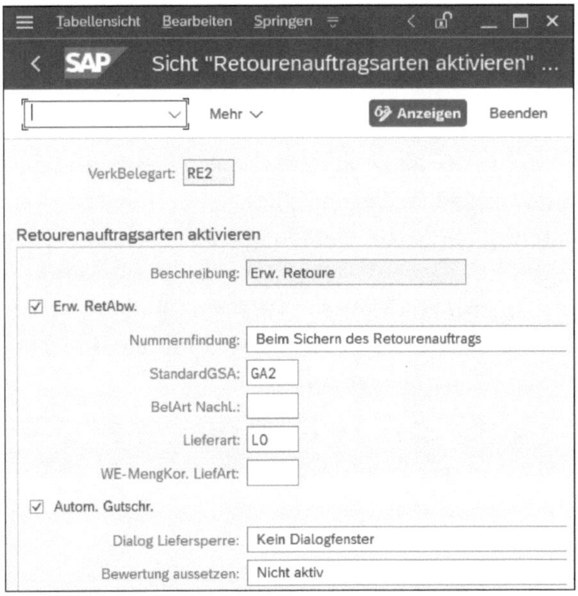

Abbildung 5.49: ERA für Verkaufsbelegart aktivieren

[»]

Einstellungen für Lieferart »LR2«

Die im Auslieferungs-Customizing verwendete Retourenlieferart für die Verkaufsbelegart **RE2** ist **LR2**. Stellen Sie sicher, dass für die Lieferart **LR2** das Kennzeichen bei **Lieferungssplit nach Lagernummern** gesetzt ist.

2. **ERA für Gutschriftsanforderungsauftragsarten aktivieren**

   Für die Erstellung einer Gutschrift muss die entsprechende Gutschriftsanforderungsauftragsart ebenfalls für die ERA aktiviert werden. Starten Sie dazu die Transaktion **S_YDH_92000013** oder die Aktivität **Erweiterte Retourenabwicklung für GA-Auftragsarten aktivieren**, die Sie im Customizing-Pfad **Logistik Allgemein • Erweiterte Retourenabwicklung • Kundenretouren** finden. Setzen Sie das Kennzeichen bei **Erw. Retourenabw.** für die Verkaufsbelegart **GA2** (siehe Abbildung 5.50).

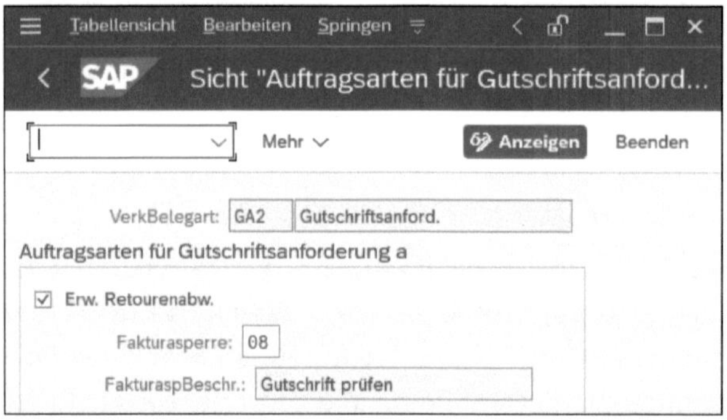

Abbildung 5.50: ERA für Gutschriftanforderungsauftragsart aktivieren

3. **Rückerstattungssteuerung aktivieren und umbenennen**

   Mit der Rückerstattungssteuerung legen Sie fest, wie und wann eine Rückerstattung für einen Kundenretourenauftrag zu erfolgen hat. Diese Definition führen Sie in der Transaktion **S_EBS_44000277** oder in der Aktivität **Rückerstattungssteuerung aktivieren und umbenennen** im Customizing-Pfad **Logistik Allgemein • Erweiterte Retourenabwicklung • Kundenretouren** durch (siehe Abbildung 5.51). Pflegen Sie einen neuen Eintrag für die Rückerstattungssteuerung **R – Über Gutschriftsanforderung** und setzen Sie das Kennzeichen in der Spalte **Aktiv**. Bei Bedarf können Sie eigene Beschreibungen für unterschiedliche Anwendungsfälle vergeben. Sofern keine Beschreibungen gepflegt sind, werden die Standardbeschreibungen verwendet.

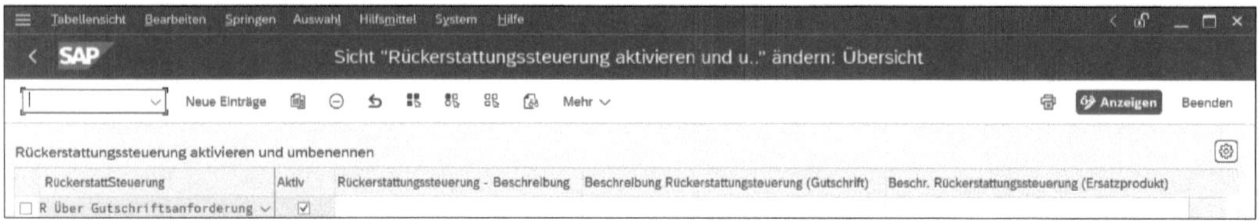

Abbildung 5.51: Rückerstattungssteuerung für erweiterte Retourenabwicklung aktivieren

4. **Retourengründe für Kundenretouren vordefinieren**

   Um bei der Erfassung eines Kundenretourenauftrags den Grund für die Retoure eingeben zu können, müssen zunächst mögliche Gründe vordefiniert werden. In der Transaktion **S_YDH_92000015** oder in der Aktivität **Retourengründe für Kundenretouren definieren**, die Sie im Customizing-Pfad **Logistik Allgemein • Erweiterte Retourenabwicklung • Kundenretouren** finden, legen Sie die Gründe an, die zur Verfügung stehen sollen. Abbildung 5.52 zeigt beispielhafte Retourengründe, die Sie an Ihre Anforderungen anpassen können. Retourengründe können bei der Ermittlung der Rückerstattung an den Kunden oder bei der Zuordnung des Kundenretourengrunds zu einem Lieferantenretourengrund in der Preisfindung Verwendung finden.

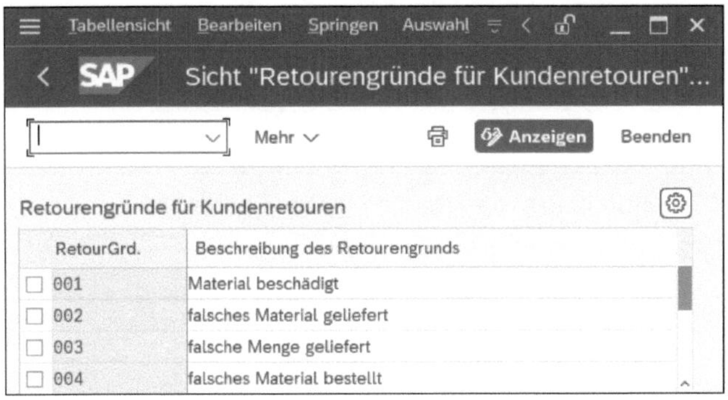

Abbildung 5.52: Retourengründe für Kundenretouren vordefinieren

5. **Rückerstattungsschlüssel definieren**

   Für die Steuerung der Rückerstattung an den Kunden muss im Kundenretourenauftrag ein Rückerstattungsschlüssel definiert werden. Pflegen Sie diesen über die Transaktion **S_YDH_92000016** oder im Customizing-Pfad **Logistik Allgemein • Erweiterte Retourenabwicklung • Kundenretouren** mit der Aktivität **Rückerstattungsschlüssel definieren**. Erstellen Sie neue Einträge für den Rückerstattungsschlüssel **R10** mit der Beschreibung **Rabatt 10%**, für den Rückerstattungsschlüssel **R25** mit der Beschreibung **Rabatt 25%** und für den Rückerstattungsschlüssel **R50** mit der Beschreibung **Rabatt 50%** (siehe Abbildung 5.53).

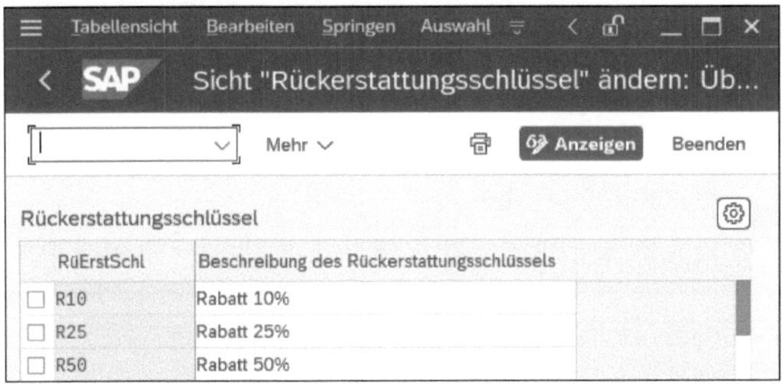

Abbildung 5.53: Rückerstattungsschlüssel für Retourenauftrag definieren

6. **Logistische Folgeaktionen aktivieren und umbenennen**

   Es gibt eine Reihe von vordefinierten logistischen Folgeaktionen, die verwendet werden können (siehe Tabelle 5.3). Damit diese im Prozess zur Verfügung stehen, müssen sie aktiviert werden. Dies erfolgt über die Transaktion **S_YDH_92000050** bzw. im Customizing-Pfad **Logistik Allgemein • Erweiterte Retourenabwicklung • Allgemeine Einstellungen** mit der Aktivität **Folgeaktionen aktivieren und umbenennen**. Neben der Aktivierung haben Sie die Möglichkeit, die Beschreibung der Aktion anzupassen, sodass sie für den konkreten Anwendungsfall ggf. aussagekräftiger ist (siehe beispielhaft Abbildung 5.54). Grundsätzlich empfehlen wir, nur die logistischen Folgeaktionen zu aktivieren, die benötigt werden, damit nur diese in der Auswahlliste im Retourenbeleg angezeigt werden.

Logistische Folgeaktion	Beschreibung
0001	Eingang in Werk
0002	Sofort in frei verfügbaren Bestand übernehmen
0003	Sofort in Ausschuss übernehmen
0004	An anderes Werk ausliefern
0005	An Lieferanten ausliefern
0006	Über anderes Werk an Lieferanten ausliefern
0007	Direktlieferung an Lieferanten
0008	Inspektion beim Kunden
0009	Lieferung an Werk – Material noch nicht bekannt
0011	In frei verfügbaren Bestand übernehmen
0012	In Ausschuss übernehmen
0013	Material verbleibt beim Kunden
0014	Sofort in angegebenen Bestand übernehmen
0015	In angegebenen Bestand übernehmen
0016	Werkstattreparatur
0017	Externe Reparatur
0018	Übernahme in Ausschuss für Kunden

Tabelle 5.3: Im Standard verfügbare logistische Folgeaktionen

Logistische Folgeaktion	Beschreibung
0021	An Kunden zurücksenden
0022	An letztes Werk zurücksenden
0023	Mengenkorrektur zum Wareneingang
0026	Werkstattreparatur (Service)
0027	Werkstattreparatur (Service) fortführen
0031	Keine weiteren Aktionen
0035	Mit automatischem WA an Lieferanten senden

Tabelle 5.3: Im Standard verfügbare logistische Folgeaktionen (Forts.)

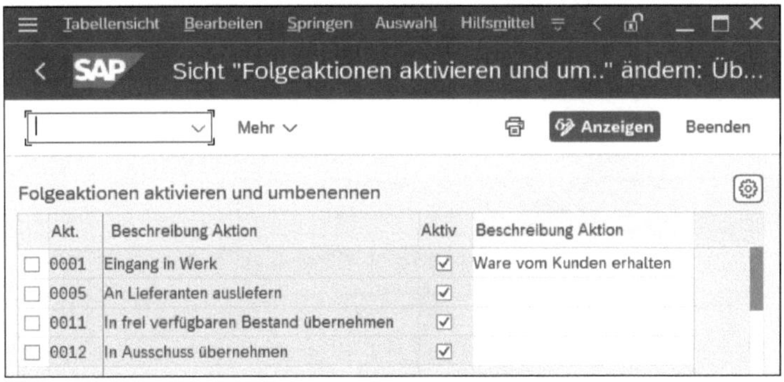

Abbildung 5.54: Logistische Folgeaktion aktivieren

Verwendung logistischer Folgeaktionen

Je nachdem, welche logistischen Folgeaktionen Sie verwenden, können weitere Einstellungen erforderlich sein, die Sie im bereits erwähnten Customizing-Pfad für die Konfiguration der erweiterten Retourenabwicklung finden.

7. **Nummernkreise für erweiterte Retourenprozess-IDs definieren**

   Pflegen Sie den Nummernkreis für die erweiterten Retourenprozess-IDs mit der Transaktion **S_EB5_05000131** oder über die Aktivität **Nummernkreise für erweiterte Retourenprozess-IDs definieren**, die Sie im Customizing-Pfad **Logistik Allgemein • Erweiterte Retourenabwicklung • Allgemeine Einstellungen** finden. Die Nummernkreisnummer für das Objekt **MSR_ID** muss **01** sein.

8. **Codegruppe für Materialinspektion definieren**

   Definieren Sie eine Codegruppe für die Materialinspektion mit der Transaktion **S_ER9_52000380** oder über die Aktivität **Codegruppen und Codes für Verwendungsentscheide bearbeiten** im Customizing-Pfad **Qualitätsmanagement • Qualitätsprüfung • Prüflosabschluss**. Legen Sie anschließend einen neuen Eintrag an und stellen Sie sicher, dass der Status den Wert **2 – Freigegeben** hat (siehe Abbildung 5.55).

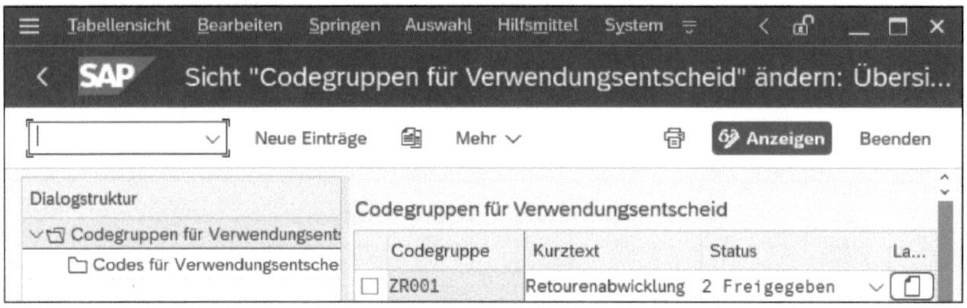

Abbildung 5.55: Codegruppe für die erweiterte Retourenabwicklung definieren

   Pflegen Sie anschließend für die neu erstellte Codegruppe die Codes für den Verwendungsentscheid. Abbildung 5.56 zeigt beispielhafte Einträge für die Annahme (Code **A001**) und die Rückweisung (Code **R002**).

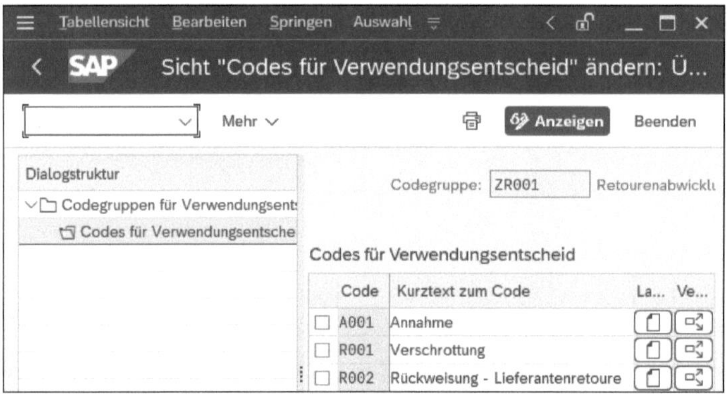

Abbildung 5.56: Verwendungsentscheid-Codes für die Codegruppe für erweiterte Retourenabwicklung pflegen

9. **Auswahlmengen für Verwendungsentscheide bearbeiten**

   Pflegen Sie die Auswahlmengen für die Verwendungsentscheide, die für die Ergebniserfassung der Materialinspektion und die daraus resultierenden logistischen Folgeaktionen relevant sind. Starten Sie dazu die Transaktion **S_ER9_52000393** oder die Aktivität **Auswahlmengen für Verwendungsentscheide bearbeiten** im Customizing-Pfad **Qualitätsmanagement • Qualitätsprüfung • Prüflosabschluss**. Legen Sie einen neuen Eintrag für das Werk an und definieren Sie eine Auswahlmenge. Stellen Sie sicher, dass der Status den Wert **2 – Freigegeben** hat (siehe Abbildung 5.57).

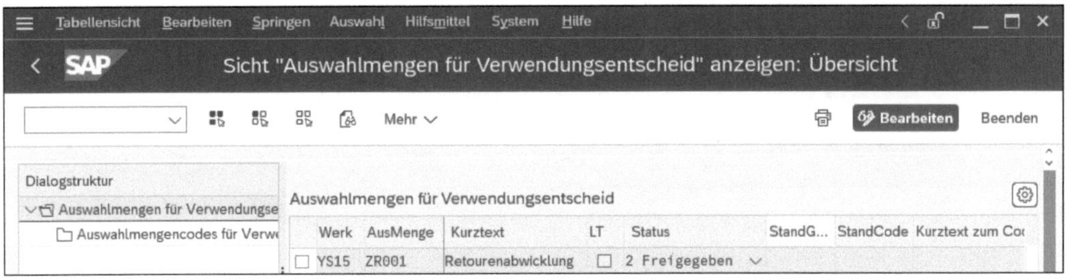

Abbildung 5.57: Auswahlmengen für Verwendungsentscheid pflegen

Pflegen Sie anschließend die Auswahlmengencodes für die Codegruppe **ZR001** in Ihrer Lagernummer. Erstellen Sie einen neuen Eintrag für den Code **A001** mit dem Kurztext **Annahme**. Wählen Sie für die Bewertung den Wert **Annahme (in Ordnung)** und geben Sie die Qualitätskennzahl **100** ein. Setzen Sie den Parameter **Langzeitmerkmal** auf den Wert **nicht berücksichtigen**. Erstellen Sie zwei weitere Einträge für die Codes **R001** und **R002** mit in Tabelle 5.4 angegebenen Daten.

Codegruppe	Code	Kurztext zum Code	Bewertung Code	Qualitäts-kennz.	Langzeit-merkmal
ZR001	A001	Annahme	Annahme (in Ordnung)	100	nicht berücksichtigen
ZR001	R001	Verschrottung	Rückweisung (nicht in Ordnung)	1	nicht berücksichtigen
ZR001	R002	Rückweisung – Lieferantenretoure	Rückweisung (nicht in Ordnung)	1	nicht berücksichtigen

Tabelle 5.4: Auswahlmengencodes für den Verwendungsentscheid definieren

10. **Katalog und Codegruppe für Materialinspektion angeben**

Ordnen Sie die erstellte Codegruppe des Katalogs für Verwendungsentscheide der Materialinspektion zu. Diese Zuordnung pflegen Sie in der Transaktion **S_YDH_92000038** oder im Customizing-Pfad **Logistik Allgemein • Erweiterte Retourenabwicklung • Materialinspektion • Grundeinstellungen für Materialinspektion** in der Aktivität **Katalog und Codegruppe für Materialinspektion angeben** (siehe Abbildung 5.58).

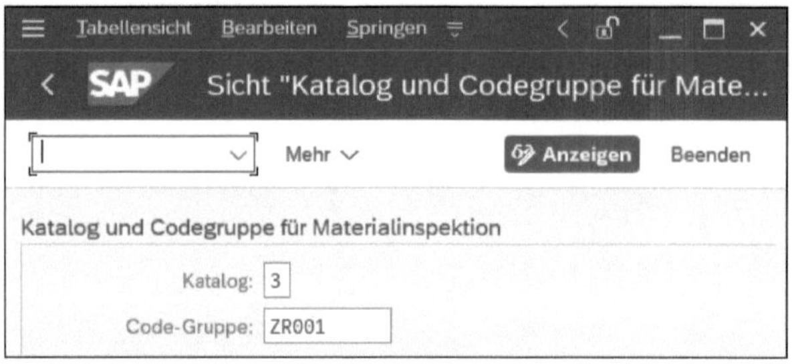

Abbildung 5.58: Katalog und Codegruppe der Materialinspektion zuordnen

11. **Nummernkreis für Prüfbefund definieren**

    Pflegen Sie einen Nummernkreis für Prüfbefunde, damit die Ergebnisse der Materialinspektion erfasst werden können. Starten Sie dazu die Transaktion **/SPE/52000514** oder die Aktivität **Nummernkreis für Prüfbefund definieren** im Customizing-Pfad **Logistik Allgemein • Erweiterte Retourenabwicklung • Materialinspektion • Grundeinstellungen für Materialinspektion**. Die Nummernkreisnummer für das Objekt **/SPE/RETIN** muss **02** sein.

12. **BC-Sets für EWM aktivieren**

    Starten Sie die Transaktion **SCPR20** und aktivieren Sie die nachfolgend aufgeführten BC-Sets. Sie enthalten Einstellungen für die Durchführung der erweiterten Retourenabwicklung:

    - **/SCWM/DLV_ADVANCED_RETURNS**

      Dieses BC-Set enthält Einstellungen zu Beleg- und Positionsarten sowie damit in Zusammenhang stehende Einstellungen für Profile und ERP-Integrationseinstellungen, aber auch zu logistischen Folgeaktionen.

    - **/SCWM/DLV_TRANSFER_ARM_TYPE**

      Dieses BC-Set enthält Einstellungen für die Integration von Umbuchungen.

13. **POT für Retourenlieferungen aktivieren**

    Im Rahmen der ERA wird die Materialinspektion über den POT **3 – Q-Prüfung Retourenlieferung** erstellt. Aktivieren Sie diesen mit der Transaktion **/SCWM/52001314** oder der Aktivität **Lagerabhängige Prüfobjekttypen definieren und aktivieren**, die Sie im Customizing-Pfad **SCM Extended Warehouse Management • Extended Warehouse Management • Prozessübergreifende Einstellungen • Qualitätsmanagement • Grundlagen und Integration** finden. Erstellen Sie anschließend einen neuen Eintrag für den POT **3** und aktivieren Sie diesen, indem Sie das Kennzeichen bei **POT aktivieren** setzen (siehe Abbildung 5.59). Es muss keine Version für diesen POT generiert oder gepflegt werden.

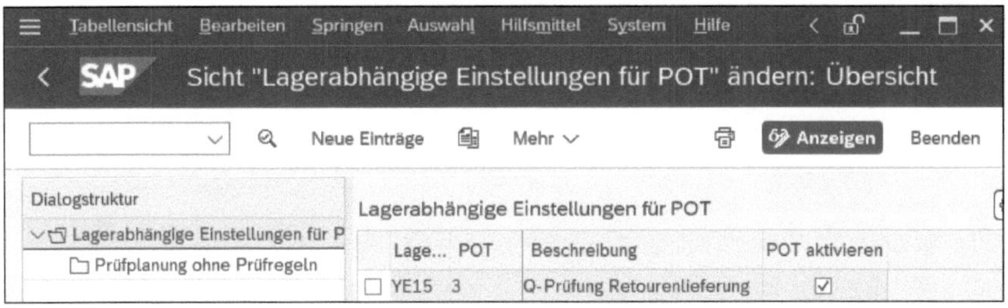

Abbildung 5.59: POT 3 für ERA aktivieren

14. **Belegarten aus dem ERP-System in EWM abbilden**

    Damit der ERP-Lieferbeleg an EWM übertragen werden kann, muss die ERP-Lieferart einer EWM-Belegart zugeordnet werden. Starten Sie dazu die Transaktion **/SCWM/60000088** oder navigieren Sie über den Customizing-Pfad **SCM Extended Warehouse Management • Extended Warehouse Management • Schnittstellen • ERP-Integration • Lieferabwicklung** zur Aktivität **Belegarten aus dem ERP-System in EWM abbilden**. Erstellen Sie einen neuen Eintrag für die ERP-Belegart **HTP**, den Code des Initiators einer Kommunikationskette **APU** und die EWM-Belegart **TWPR** (siehe Abbildung 5.60). Damit wird die Liefererstellung für die logistische Folgeaktion **0011** (siehe Tabelle 5.3) in EWM abgebildet.

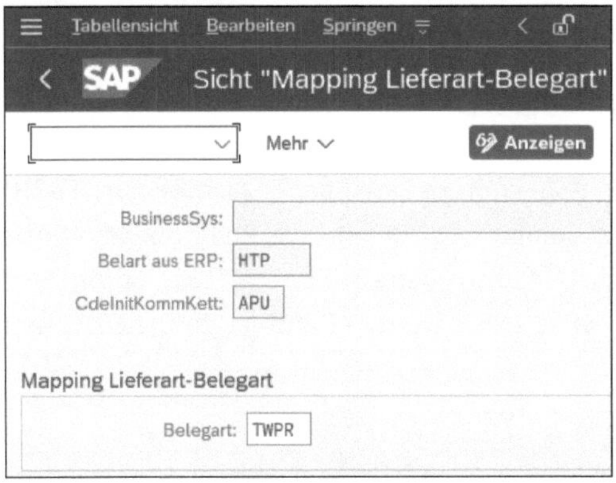

Abbildung 5.60: Mapping der Belegart für die logistische Folgeaktion »20011« einstellen

15. **Lagerprozessarten für logistische Folgeaktionen definieren**

    Jeder logistischen Folgeaktion muss eine Lagerprozessart zugewiesen werden. Die Definition der Lagerprozessart erfolgt mit der Transaktion **/SCWM/60000066** oder im Customizing-Pfad **SCM Extended Warehouse Management • Extended Warehouse Management • Prozessübergreifende Einstellungen • Lageraufgabe** mit der Aktivität **Lagerprozessart definieren** (siehe Abbildung 5.61). Stellen Sie sicher, dass es für die verwendeten logistischen Folgeaktionen eine geeignete Lagerprozessart gibt, die Sie verwenden können. Bei Bedarf erstellen Sie neue Einträge.

Abbildung 5.61: Lagerprozessarten für ERA definieren

Die Lagerprozessart **R430** wird für die Anlieferposition genutzt, die für den Eingang des retournierten Materials erstellt wird. Sie verwendet den Lagerprozesstyp **1** und die Aktivität **PTWY**. Darüber hinaus enthält sie einen Vonlagertyp und einen Vonlagerplatz, der als Warenbewegungsplatz für die Wareneingangsbuchung verwendet wird.

Die Lagerprozessart **R410** wird für die Folgeaktionen zum Umbuchen in eine andere Bestandsart verwendet. Der Lagerprozesstyp dieser Prozessart ist **7** und die Aktivität ist **STCH**.

16. **Lagerprozessart finden**

Konfigurieren Sie die Findung der Lagerprozessarten über die Transaktion **/SCWM/60000124** oder die Aktivität **Lagerprozessart finden** im Customizing-Pfad **SCM Extended Warehouse Management • Extended Warehouse Management • Prozessübergreifende Einstellungen • Lageraufgabe**. Erstellen Sie einen neuen Eintrag für Ihre Lagernummer, die Belegart **INB** und die Positionsart **ICR** und ordnen Sie die Lagerprozessart **R430** zu. Erstellen Sie zwei weitere Einträge für die Belegart **TSCR** und die Positionsart **TSCR** sowie für die Belegart **TWPR** und die Positionsart **TDAR** und ordnen Sie jeweils die Lagerprozessart **R410** zu (siehe Abbildung 5.62). Sofern Sie weitere Lagerprozessarten verwenden, pflegen Sie weitere Einträge für die entsprechenden Beleg- und Positionsarten.

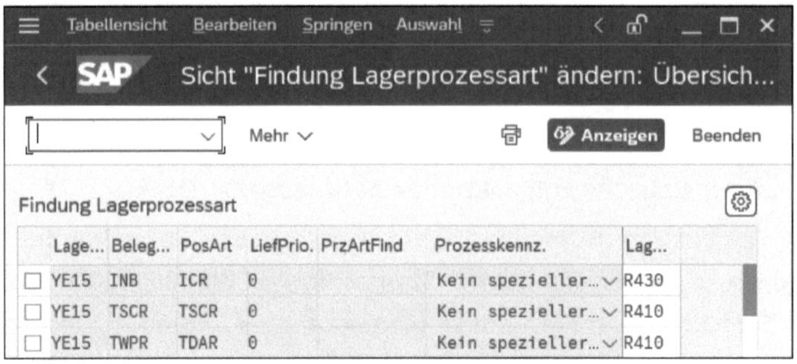

Abbildung 5.62: Lagerprozessartfindung für ERA definieren

17. **Lagertypsuchreihenfolge für Auslagerung festlegen**

    Die Lagertypsuchreihenfolge ist u. a. für die Ausführung der Umbuchungsbelege erforderlich, damit die Bestandsart geändert werden kann, bspw. in Sperrbestand. Die Lagertypsuchreihenfolge definieren Sie über die Transaktion **/SCWM/60000056** oder mit der Aktivität **Lagertypsuchreihenfolge festlegen** im Customizing-Pfad **SCM Extended Warehouse Management • Extended Warehouse Management • Warenausgangsprozess • Strategien**. Erstellen Sie einen neuen Eintrag für die Lagertypsuchreihenfolge **ZRET** in Ihrer Lagernummer (siehe Abbildung 5.63) und ordnen Sie der Lagertypsuchreihenfolge den bzw. die Lagertypen zu, in denen der Retourenbestand liegt.

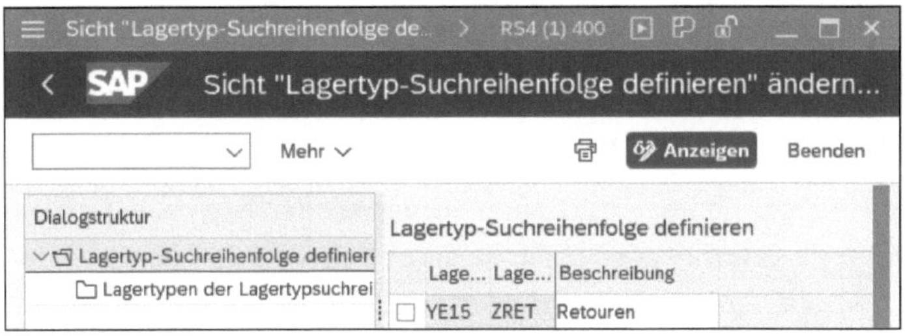

Abbildung 5.63: Lagertypsuchreihenfolge für Auslagerung festlegen

In unserem Beispiel ist das der Lagertyp **R820** (siehe Abbildung 5.64), der den Lagerplatz für die Wareneingangsbuchung der Retourenanlieferung verwendet. Passen Sie den Lagertyp bei Bedarf an Ihre Situation an.

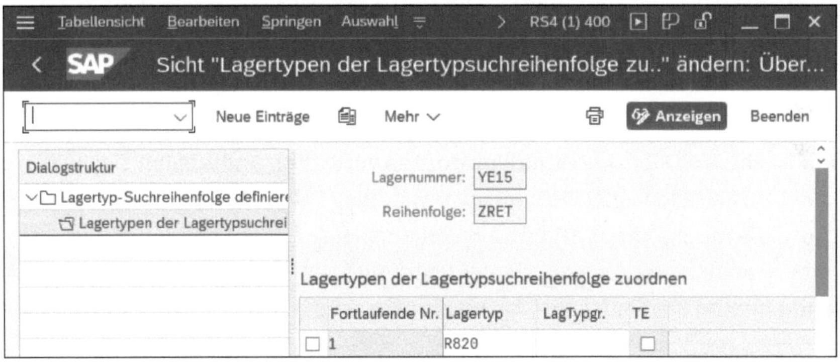

Abbildung 5.64: Lagertypzuordnungen für die Lagertypsuchreihenfolge definieren

18. **Lagertypsuchreihenfolge für die Auslagerung bestimmen**

    Die Findung der Lagertypsuchreihenfolge definieren Sie mit der Transaktion **/SCWM/82000009** oder über die Aktivität **Lagertyp-Suchreihenfolge für Auslagerung bestimmen** im Customizing-Pfad **SCM Extended Warehouse Management • Extended Warehouse Management • Warenausgangsprozess • Strategien**. Definieren Sie einen geeigneten Eintrag für die Lagerprozessart zur Bestandsumbuchung, mit der die erstellte Lagertypsuchreihenfolge gefunden wird. Abbildung 5.65 zeigt ein Beispiel, das nur die Lagerprozessart verwendet.

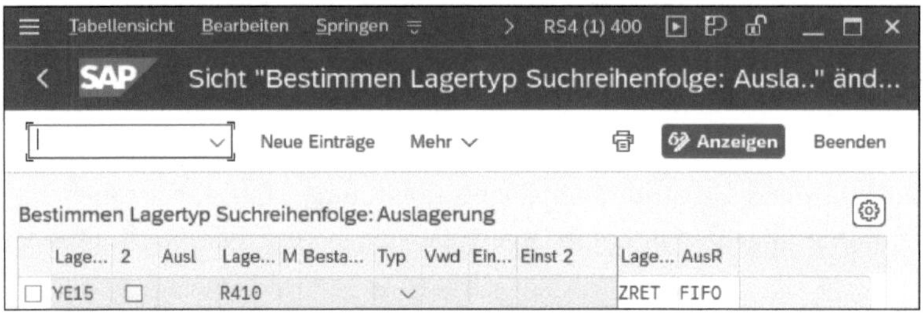

Abbildung 5.65: Findung der Lagertypsuchreihenfolge für die Auslagerung definieren

Weitere Einstellungen für Ein-/Auslagerstrategie

Je nachdem, welche logistischen Folgeaktionen Sie verwenden bzw. wie die weiteren Schritte für den frei verwendbaren Bestand oder den Verschrottungsbestand aussehen, können noch weitere Einstellungen für die Ein- und Auslagerstrategie erforderlich sein.

5.3.3 Prozessdemo

Mit den Einstellungen aus dem vorherigen Abschnitt kann eine Kundenretoure prozessiert werden. In diesem Beispiel nehmen wir an, dass ein Kunde Ware von uns bestellt hat und diese aufgrund eines Qualitätsmangels zurückschickt. Der Prozess beginnt mit der Erstellung des Retourenauftrags.

1. **Retourenauftrag erstellen**

   Starten Sie die SAP-Fiori-App **Kundenretouren verwalten** und wählen Sie die Funktion **Anlegen** zum Erstellen einer Retoure auf Basis eines Belegs. Nutzen Sie geeignete Filter wie bspw. die Kundenreferenz, um den Verkaufsbeleg zu selektieren, für den eine Kundenretoure erstellt werden soll (siehe Abbildung 5.66). Wählen Sie die Funktion **Anlegen** und erfassen Sie die Menge, die retourniert wird. Legen Sie den Retourenauftrag an.

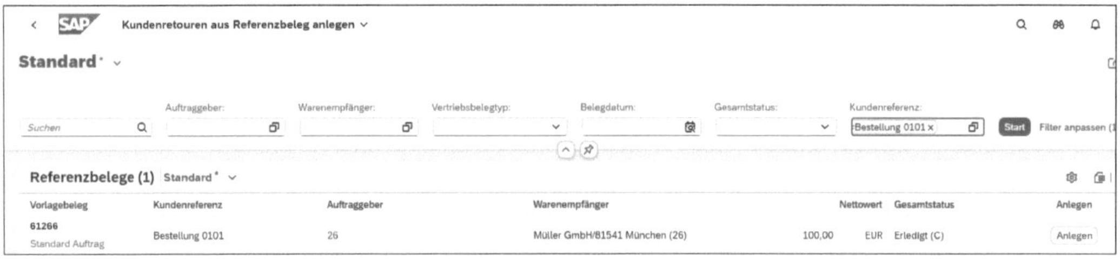

Abbildung 5.66: Verkaufsbeleg für die Erstellung einer Kundenretoure selektieren

Erfassen Sie die weiteren notwendigen Daten im Retourenauftrag, insbesondere die Details zur Retourenposition, wie z. B. den Retourengrund, und wählen Sie als Folgeaktion **0001 – Ware vom Kunden erhalten** (siehe Abbildung 5.67). Sichern Sie anschließend den Retourenauftrag.

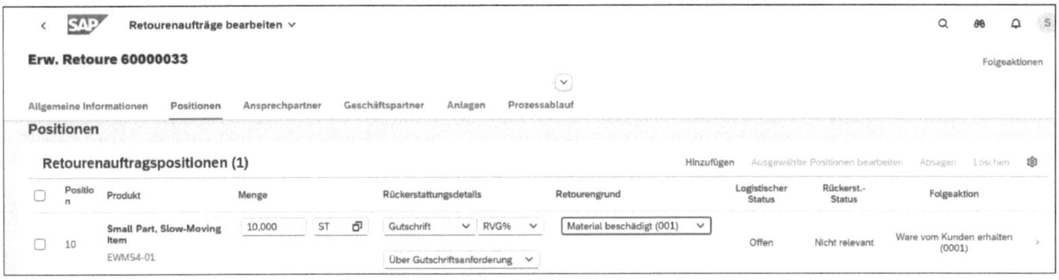

Abbildung 5.67: Details zur Retourenposition erfassen

2. **Überblick über Kundenretouren**

   Starten Sie die SAP-Fiori-App **Kundenretouren rückverfolgen** und selektieren Sie den erstellten Kundenretourenauftrag. In dieser Übersicht können Sie den Fortschritt der Bearbeitung des Retourenprozesses überwachen. Darüber hinaus sehen Sie die erstellten Belege und können bei Bedarf direkt in diese abspringen. Wie in Abbildung 5.68 zu sehen ist, wurde für den Retourenauftrag eine Retourenlieferung erstellt. Diese wird im EWM als Anlieferung erstellt und kann durch das Lagerpersonal bearbeitet werden. Im mittleren Teil des Fensters, in dem die Details zur Retourenposition angezeigt werden, wird darüber hinaus die Kunden-RMA-Nummer angezeigt. Diese Nummer ist in der Anlieferungsposition als Referenzbeleg hinterlegt und kann in vielfältigen Lagerprozessen verwendet werden, um die Retourenposition zu identifizieren.

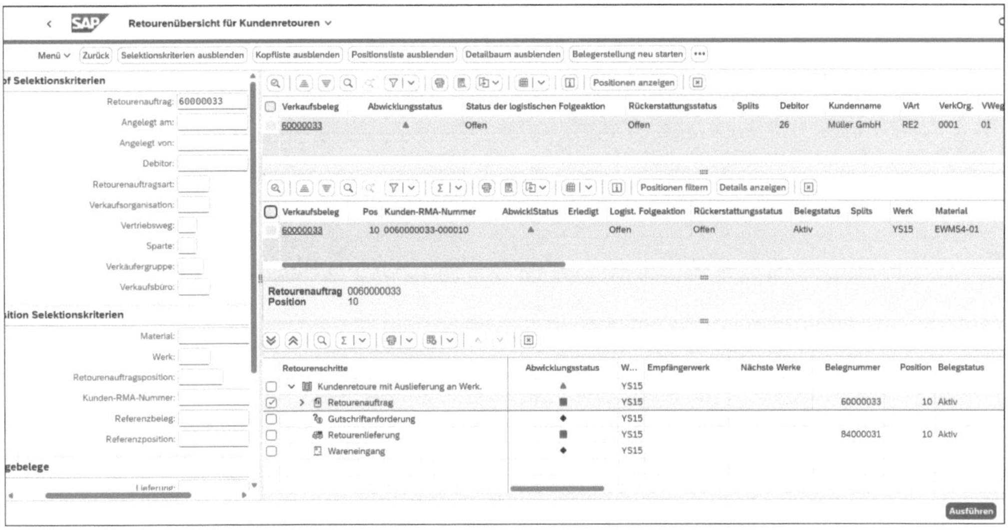

Abbildung 5.68: Kundenretourenübersicht anzeigen

3. **Wareneingang der retournierten Ware buchen**

   Starten Sie die SAP-Fiori-App **Lagermonitor** und navigieren Sie zum Knoten **Eingang • Belege • Anlieferung**. Führen Sie eine Selektion der Anlieferung durch, indem Sie bspw. die RMA-Nummer im Selektionsbereich für die Positionsdaten verwenden. Abbildung 5.69 zeigt die Anlieferung mit der Anlieferposition. Für die Position wurde die Lagerprozessart **R430** ermittelt, für die der Vonlagerplatz **RET.QUAL.001** definiert ist. Dieser wird als Warenbewegungsplatz für die Wareneingangsbuchung übernommen.

   Buchen Sie den Wareneingang, indem Sie über das Icon [icon] (**Weitere Methoden**) die Methode **Wareneingang** ausführen.

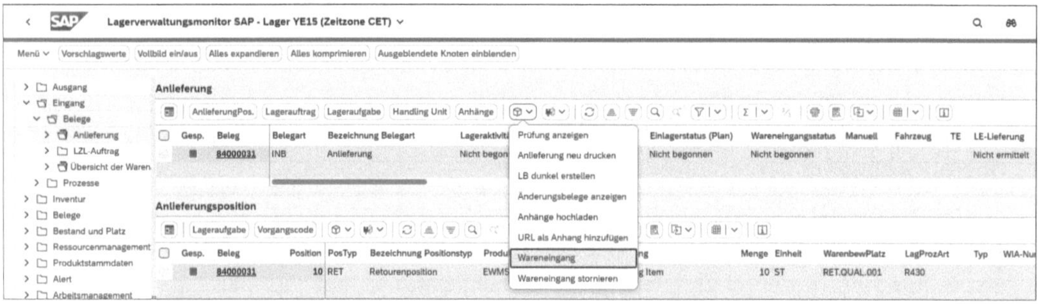

Abbildung 5.69: Wareneingang für Retourenlieferung buchen

In der Retourenübersicht wird die durchgeführte Wareneingangsbuchung im Bereich **Retourenschritte** dadurch angezeigt, dass der Abwicklungsstatus der Retourenlieferung auf **vollständig** geändert wurde und der Materialbeleg für die Wareneingangsbuchung – ebenfalls mit dem Status »vollständig« – hinzugefügt wurde. Der Status **vollständig** wird durch das grüne Quadrat in der Spalte **Abwicklungsstatus** neben dem jeweiligen Retourenschritt angezeigt (siehe Abbildung 5.70). Darüber hinaus wurde ein Materialinspektionsbeleg erstellt. Dieser wird ebenfalls im Bereich **Retourenschritte** für den Retourenschritt **Inspektion** angezeigt.

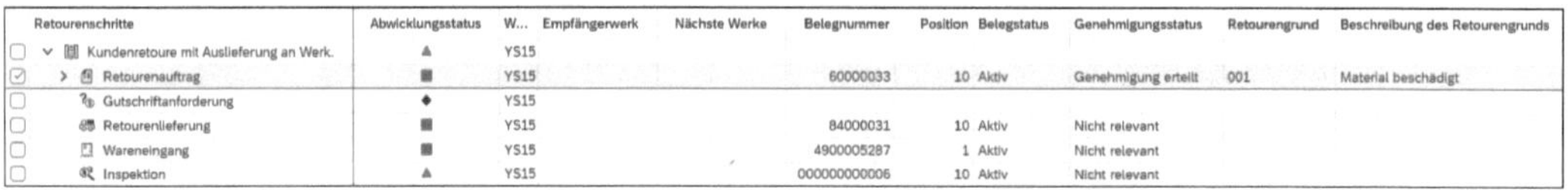

Abbildung 5.70: Retourenschritte nach Wareneingangsbuchung anzeigen

4. **Materialinspektion durchführen und Prüfergebnis erfassen**

   Starten Sie die SAP-Fiori-App **Inspektionsergebnisse erfassen – Aus dem Lager** und selektieren Sie den relevanten Beleg für die Materialinspektion. Stellen Sie sicher, dass Sie im Selektionsfenster im Auswahlbereich die Option **Zur Inspektion anstehende Lieferpositionen** gewählt haben, und nutzen Sie bspw. erneut die Kunden-RMA-Nummer für die Selektion.

Erfassen Sie anschließend den Inspektionsschlüssel sowie die logistische Folgeaktion. In unserem Beispiel gehen wir davon aus, dass die Ware nach der Prüfung nicht weiterverwendet werden kann und deswegen verschrottet werden muss. Aus diesem Grund werden der Inspektionsschlüssel **R001 – Verschrottung** und die logistische Folgeaktion **0012 – In Ausschuss übernehmen** verwendet (siehe Abbildung 5.71). Erfassen Sie noch weitere erforderliche Daten, wie das Inspektionsdatum, den Prüfer und ggf. den Rückerstattungsschlüssel. Wählen Sie anschließend die Funktion **Sichern und bestätigen**, um die erfassten Ergebnisse der Materialinspektion sowie die logistische Folgeaktion zu speichern.

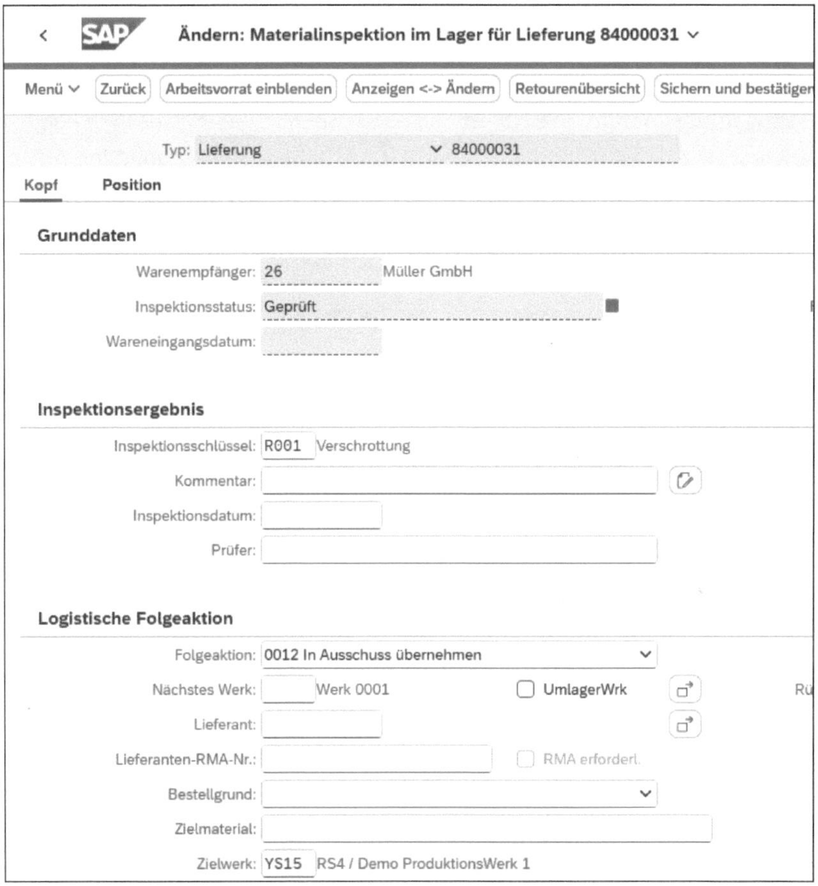

Abbildung 5.71: Ergebnisse der Materialinspektion erfassen

Mit dem Abschluss der Materialinspektion wird die logistische Folgeaktion ausgelöst. Dies ist wiederum in der Retourenübersicht zu erkennen, da einerseits der Status des Inspektionsbelegs vollständig aktualisiert wurde und andererseits weitere Belege für die durch die Inspektion ausgelösten Schritte ergänzt wurden (siehe Abbildung 5.72). Der unter dem Knoten **In Ausschuss übernehmen** angezeigte Auslieferungsbeleg ist ein Umbuchungsbeleg, durch den die Bestandsart in Verschrottungsbestand umgebucht wird. Der Gesamtabwicklungsstatus der Kundenretoure ist zu diesem Zeitpunkt noch in Bearbeitung, da die Gutschrift noch nicht prozessiert wurde. Die Erstellung der Gutschrift wird an dieser Stelle nicht weiter vertieft.

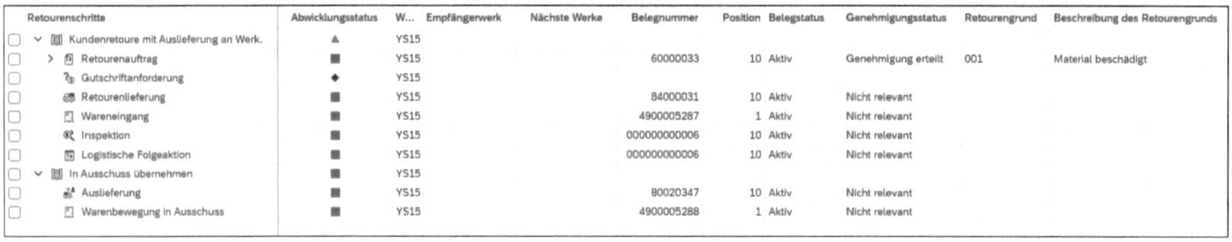

Abbildung 5.72: Retourenschritte nach der Materialinspektion

Im Lagerverwaltungsmonitor in EWM ist nach dem Buchen der logistischen Folgeaktionen der Verschrottungsbestand am Lagerplatz zu sehen (siehe Abbildung 5.73). An dieser Stelle ist der logistische Prozess der Kundenretoure für unser Beispiel abgeschlossen. Die weiteren Schritte zur Verschrottung werden nicht weiter vertieft.

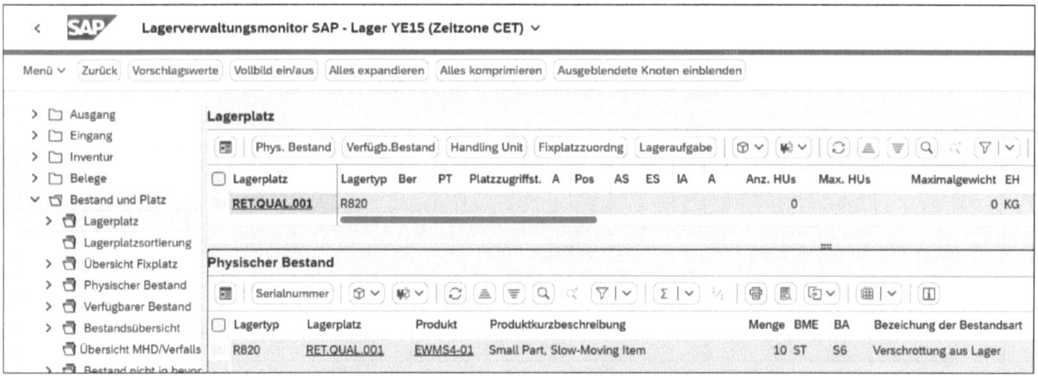

Abbildung 5.73: Verschrottungsbestand nach logistischer Folgeaktion

5.4 Zusammenfassung

In diesem Kapitel haben wir die Nutzung von QM in Verbindung mit EWM näher beleuchtet. Dabei haben wir Ihnen zunächst einen allgemeinen Überblick über die Integration dieser Module gegeben und dabei den Fokus auf die Variante des embedded EWM gelegt. Im Anschluss daran sind wir näher auf die Qualitätsprüfung für Wareneingänge eingegangen. Am Beispiel einer Wareneingangsbuchung unter Verwendung der synchronen Warenbewegung haben wir dargestellt, wie die Planung und Durchführung einer Qualitätsprüfung mit den Lagerprozessen interagiert. Anschließend haben wir anhand eines weiteren Beispiels für einen Wareneingangsprozess die Vorabprüfung in der Produktion beschrieben, bei der die Prüfloserstellung und die Vereinnahmung bzw. Verräumung der Ware nahtlos ineinandergreifen. Zu guter Letzt haben wir das umfangreichere Thema Retouren und erweiterte Retourenabwicklung behandelt. In diesem Rahmen haben wir Ihnen gezeigt, wie Sie Kundenretouren in einem integrierten Prozess unter Verwendung der erweiterten Retourenabwicklung in SAP S/4HANA abbilden können. Mit dieser Einführung in ausgewählte Prozesse und Abläufe in QM und EWM haben Sie ein grundlegendes Verständnis für die enge Integration dieser beiden Bereiche sowie für die vielfältigen Möglichkeiten erhalten, wie Sie sie zusammen gewinnbringend für Ihr Unternehmen einsetzen können.

Kapitel 6

Transportmanagement und Versandabwicklung

Mit der Umstellung auf SAP S/4HANA endet am 31.12.2030 das Nutzungsrecht für das SAP-LE-TRA-Modul. Unternehmen nutzen dieses Modul für die Planung, Disposition, Abfertigung und Abrechnung ihrer Transporte, sowohl im Versand- als auch im Beschaffungswesen. Als würdiger Nachfolger tritt SAP TM ins Rampenlicht.

In diesem Kapitel zeigen wir Ihnen, wie Sie die verschiedenen SAP-Lösungen im Bereich Transportplanung und -abwicklung nahtlos in EWM integrieren. Wir behandeln die Integration zwischen EWM-Transporteinheiten (EWM-TEs) und SAP Transportation Management (SAP TM), Advanced Shipping und Receiving (ASR) sowie SAP Logistics Execution Transportation (SAP LE-TRA). Sie erfahren, welche Vor- und Nachteile die jeweiligen Integrationsmodelle hinsichtlich Funktionalität und Lizenzen mit sich bringen.

Die Antwort auf die Frage, was nach SAP LE-TRA folgt, ist klar: SAP TM ist der direkte Nachfolger – SAP LE-TRA wird vollständig abgelöst. Hier geht SAP einen härteren, geradlinigeren Weg als beim Warehouse-Management-Modul (SAP WM), bei dem zwar EWM als direkter Nachfolger im Rampenlicht steht, jedoch mit Stock Room Management eine Zwischenlösung angeboten wird. Da bis 2030 noch Zeit ist, behandeln wir die SAP-LE-TRA-Integration in diesem Buch – allerdings nicht, damit Sie damit eigene Implementierungsprojekte durchführen, sondern um bereits bestehende Integrationen aus vergangenen Projekten nachvollziehen zu können.

Mit dem Funktionspaket *Warenannahme und Versand* (engl. Shipping and Receiving) verfügt EWM über eigene Funktionen zur Abwicklung von Transporten. Das prominenteste Objekt stellt hierbei die TE dar, die im Deutschen mit *TE* und im Englischen mit *TU* für Transportation Unit abgekürzt wird.

Somit gibt es innerhalb von SAP aktuell drei verschiedene Möglichkeiten zur Transportabwicklung:

- EWM
- SAP TM
- SAP LE-TRA

Zwar ist es unwahrscheinlich, dass sowohl SAP LE-TRA als auch SAP TM verwendet werden (zumindest am selben Standort), jedoch kann es durchaus sein, dass die EWM-TE genutzt wird und diese mit SAP LE-TRA oder SAP TM integriert werden muss. Daher ergeben sich diverse Integrationsmodelle, die wir in diesem Kapitel Schritt für Schritt erläutern.

In Abschnitt 6.1 geben wir Ihnen zunächst einen Überblick über die Verwendung von SAP TM und SAP LE-TRA mit EWM. In Abschnitt 6.2 erhalten Sie dann eine Entscheidungshilfe dafür, welche Integrationsoption die richtige für Sie ist. In Abschnitt 6.3 befassen wir uns mit der Integration von EWM mit SAP TM, und zwar sowohl mit als auch ohne Verwendung der EWM-TE. Die Integration mit der EWM-TE wird als *TE-basierte Integration* (engl. TU-based Integration) behandelt, während die Integration ohne TE nur mit dem Funktionspaket *Erweiterte Warenannahme und Versand* (engl. Advanced Shipping and Receiving, kurz *ASR*) möglich ist.

Nachdem wir die SAP-TM-Integration schon kennengelernt haben, widmen wir uns in Abschnitt 6.4, »Anbindung und Abwicklung mit SAP LE-TRA«, der Integration von EWM mit LE-TRA. Diese Integration ist nur in Verbindung mit der EWM-TE möglich. Abschließend behandeln wir in Abschnitt 6.5, »ERP-Lieferschein aus EWM drucken«, das Drucken von Versandpapieren sowie die Datenübertragung von HU-Informationen, um die Integration zu vervollständigen.

6.1 Überblick über SAP TM und SAP LE-TRA mit EWM

SAP Transportation Management (*SAP TM*) ist eine strategische Produktlösung zur Planung, Ausführung, Verfolgung und Abrechnung sämtlicher Transportprozesse. Dies gilt sowohl für Wareneingangs- als auch für Warenausgangsprozesse. Obwohl man bei der Lagerlogistik als Erstes an Straßentransporte denkt – die selbstverständlich von SAP TM unterstützt werden –, deckt SAP TM noch weitere gängige Transportmodi ab. Folgende Modi werden von SAP TM unterstützt:

- Straße
- Schiene
- Luft
- See

Im Vergleich zur vorherigen Lösung SAP LE-TRA bietet SAP TM viele neue Funktionen und dank SAP-Fiori-Apps eine völlig neue User Experience mit sich. In diesem Buch konzentrieren wir uns auf die aus EWM-Perspektive interessanten Funktionen. Ein interessantes Novum von SAP TM gegenüber SAP LE-TRA ist die Möglichkeit der auftragsbasierten Planung. Während SAP LE-TRA ausschließlich mit Logistics-Execution-Lieferungen (kurz LE-Lieferungen) arbeitet, erhalten Sie mit SAP TM ein Upgrade und können den Transportprozess bereits mit Bestellungen, Vertriebsbelegen und Lieferplänen beginnen. Bei dieser auftragsbasierten Planung handelt es sich um eine Advanced-Funktion. Der Vorteil der auftragsbasierten Planung liegt darin, dass SAP TM aus dieser Planung heraus die

LE-Lieferungen erzeugen kann. Normalerweise erfolgt die Liefererstellung anhand der Einteilungen, unabhängig davon, ob die Lieferung überhaupt auf den LKW passt. Hier müssen sowohl die Transportplanung als auch das Lager unter Umständen nachträglich korrigieren, was sich mit der auftragsbasierten Planung vermeiden lässt, da die Lieferungen hierbei bereits optimiert erstellt werden.

SAP Logistics Execution Transportation (*SAP LE-TRA*) ist der Vorgänger des SAP-TM-Moduls und wird von SAP nicht mehr als strategisches Produkt angesehen. Es ist bemerkenswert, wie zwei Module, die eigentlich denselben Zweck erfüllen, sich so stark voneinander unterscheiden können. Die Integration von SAP LE-TRA mit EWM ist im Standard recht limitiert und bringt nicht allzu viele Vorteile mit sich.

[«]

Lizenzen bei der Integration von SAP LE-TRA

Durch die Lizenzbrille betrachtet, ist eine Integration der beiden Module eine teure Angelegenheit, da die Integration in EWM technisch ausschließlich über das Objekt der TE abläuft. Die TE gehört zum Funktionspaket *Warenannahme und Versand*, das unter die Advanced-Lizenz fällt.

Die Notwendigkeit, SAP LE-TRA mit EWM zu integrieren, ergibt sich aus dem Umstand, dass SAP LE-TRA in der Regel bereits fest im Unternehmen etabliert ist und somit wichtige Funktionen, wie bspw. der Druck von Versandpapieren oder die Anbindung von Speditonen, darüber realisiert werden. Angesichts der geplanten Abkündigung des SAP-LE-TRA-Moduls und der hohen Lizenzkosten liegt jedoch die Überlegung nahe, auf eine Integration beider Module zu verzichten und stattdessen Zeit in mögliche Alternativen zu investieren. Sie sollten daher noch vor dem Start Ihres EWM-Projekts klären, ob eine Integration wirklich unausweichlich ist. Dazu sollten Sie sich die folgenden Fragen stellen:

- Können die SAP-LE-TRA-Funktionalitäten durch EWM abgelöst werden?
- Bestehen konkrete (Zeit-)Pläne zur Implementierung von SAP TM, die eine SAP-LE-TRA-Integration obsolet machen würden?
- Müssen EWM und SAP LE-TRA zwingend direkt miteinander kommunizieren oder ließe sich die Kommunikation auch indirekt über die ERP-Lieferung realisieren?

Die Ablösung der SAP-LE-TRA-Funktionen durch EWM ließe sich im Rahmen eines EWM-Rollouts meist nur mit hohem Aufwand oder – im Falle der Frachtkostenberechnung – auch gar nicht realisieren. Sollte Letzteres der Fall sein, bliebe als Alternative zur SAP-LE-TRA-Integration nur die Implementierung von SAP TM, was ein zusätzliches Greenfield-Projekt bedeuten würde.

Es ist unumgänglich, dass Sie als EWM-Spezialist die Architektur und Funktionsweise sowie die möglichen Deployment-Optionen beider Module – SAP LE-TRA und SAP TM – kennen, und zwar nicht nur, um während der Implementierung einen optimalen End-to-End-

Prozess zu gestalten, sondern insbesondere, um als technischer Architekt den Grundpfeiler für die logistischen Abläufe in Ihrem Unternehmen zu setzen. Ihr Unternehmen bzw. Ihr Kunde verlässt sich darauf, dass Sie über den EWM-Tellerrand hinausschauen und somit den richtigen strategischen Weg wählen.

6.2 Die richtige EWM-SAP-TM-Integration wählen

Kommen wir nun zu den Integrationsoptionen zwischen EWM und SAP TM. SAP bietet zwei Optionen, die sich stark voneinander unterscheiden:

- Das TE-basierte Integrationsmodell (klassisch)
- Das ASR-basierte Integrationsmodell (neueres, vereinfachtes Modell)

ASR steht hierbei für *Advanced Shipping and Receiving* (dt. Erweiterte Warenannahme und Versand). Das ASR ist ein gutes Beispiel für eine gelungene Integration zwischen zwei SAP-Modulen. Die ASR-basierte Integration kann sowohl im Basic- als auch im Advanced-Lizenzpaket verwendet werden. Dies gilt sowohl für EWM als auch für SAP TM. Die TE-basierte Integration benötigt hingegen eine EWM-Advanced-Lizenz, da die Nutzung der EWM-TE erforderlich ist. Die TE-basierte Integration hat für SAP TM keine Auswirkungen auf die Lizenz.

Früher war lediglich die TE-basierte Integration möglich, weshalb sie auch als das klassische Modell gesehen wird. Wie der Name schon sagt, bildet die EWM-TE das Vehikel für die Kommunikation zwischen den beiden Modulen (siehe Abbildung 6.1).

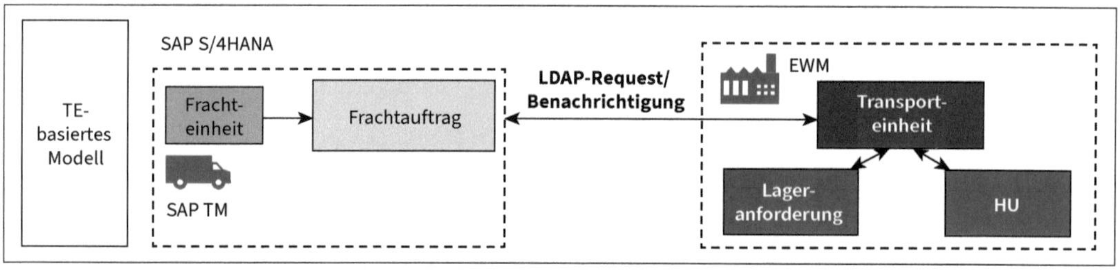

Abbildung 6.1: Das TE-basierte Integrationsmodell

Die Kommunikation selbst erfolgt in diesem Modell über das Lightweight Directory Access Protocol (LDAP). *LDAP* ist ein Web-Protokoll, ähnlich wie HTTP oder FTP. Die LDAP-Webservices werden über das Post-Processing-Framework (PPF) der EWM-TE und das PPF des TM-Frachtauftrags angestoßen.

Dieses Modell verstößt jedoch gegen das *Single-Source-of-Truth*-Prinzip: Sowohl SAP TM als auch EWM arbeiten jeweils mit ihrem eigenen Business-Objekt mit eigener Prozess- und Programmlogik, eigenen Datenfeldern und eigenem User-Interface. Dadurch können die folgenden Probleme entstehen:

- Es fallen redundante Daten an, da die Objekte nicht in Echtzeit aktualisiert werden.
- Kommunikationslücken zwischen den Abteilungen entstehen, da SAP TM und EWM über eigene Informationsquellen verfügen.
- Die LDAP-Schnittstelle muss von der IT laufend gewartet und überwacht werden.

In der Vergangenheit stellte insbesondere die Datenredundanz dieses Modells eine große Herausforderung dar. Für viele Unternehmen war es sehr wichtig, dass die Verpackungsinformationen so schnell wie möglich von EWM an angrenzende Module wie SAP TM und/oder die LE-Auslieferung übertragen werden. Zwar hat SAP hier mit neueren Releases wichtige Funktionen nachgeliefert, dennoch wird dieses Modell aufgrund der Nutzung eigener Objekte immer eine Grenze zwischen Transport- und Lagerlogistik ziehen. SAP wollte dem Single-Source-of-Truth-Prinzip Folge leisten und entschied sich daher, ein zusätzliches Integrationsmodell zu entwickeln: das ASR-Modell (siehe Abbildung 6.2). Bei diesem Modell entfallen die EWM-TE und die damit verbundene LDAP-Schnittstelle vollständig. Stattdessen bildet der SAP-TM-Frachtauftrag die Single Source of Truth, mit der das EWM direkt kommunizieren kann.

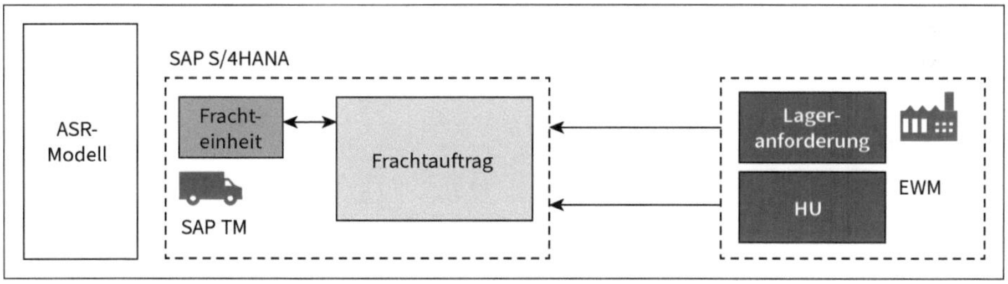

Abbildung 6.2: Das ASR-basierte Integrationsmodell

Nun, da Sie beide Modelle kennengelernt haben, stellen Sie sich vielleicht die folgenden Fragen:

- Was sind die funktionalen Vor- und Nachteile des jeweiligen Modells?
- Welche Deployment-Szenarien existieren?
- Wann sollte ich welches Modell wählen?

Die Auswahl des richtigen Integrationsmodells richtet sich nach den folgenden vier Aspekten:

- **Deployment-Szenario für EWM und SAP TM**
  - Embedded
  - Dezentral
  - Side-Car Ex

- **Komplexität der Transportprozesse**
  - Einfache vs. komplexe Transportplanung
  - Verwaltung von Wareneingangs- und Warenausgangsprozessen
  - Anfahren mehrerer Läger im Werksgelände (Sub-Stops)
  - Mehrere Transportabschnitte
- **Benötigte SAP-Objekte und deren Funktionen**
  - Sendung (Consignment)
  - Yard Management
  - Yard Logistics
  - EDI-Anbindung
  - SAP Business Network
- **Wie eng das Lager mit der Transportplanung integriert sein soll**
  - Warehouse-driven Planning vs. Transport-driven Execution
  - Mehrere Läger mit unterschiedlichen WMS
  - Daten- und Statusübertragungen

Die folgenden Deployment-Szenarien sind mit der TE-basierten Integration möglich:

- **Embedded**

  Alle Module befinden sich im selben System. EWM und SAP TM sind eingebettet in SAP S/4HANA, wo sich auch der ERP-Kern befindet.
- **Logistics Hub/One Logistics Side-Car**

  Es existiert ein SAP-S/4HANA-ERP-System, während EWM und SAP TM gemeinsam in einem separaten, dezentralen SAP-S/4HANA-System installiert sind.
- **SAP TM embedded, EWM dezentral**

  Während sich das SAP-TM-Modul im selben SAP-S/4HANA-System befindet wie der ERP-Kern, befindet sich das EWM auf einem separaten, dezentralen SAP-S/4HANA-System.
- **SAP TM und EWM dezentral**

  SAP TM und EWM befinden sich auf voneinander separaten, dezentralen SAP-S/4HANA-Systemen.

Die Kommunikation zwischen EWM und SAP TM in allen oben genannten Szenarien erfolgt über die LDAP-Schnittstelle. Das TE-basierte Modell kann sowohl für die EWM- und SAP-TM-Business-Suite als auch für sämtliche SAP-S/4HANA-Releases gewählt werden.

Mit *Business Suite* ist hier das alte Supply-Chain-Management-SAP-System gemeint, dessen Wartungsende für den 31. Dezember 2027 angesetzt ist. Manche nennen dieses System auch Advanced Planning and Optimization (APO).

Die folgenden Deployment-Szenarien sind mit der ASR-basierten Integration möglich:

- **Embedded**

  Alle Module befinden sich im selben System. EWM und SAP TM sind eingebettet in SAP S/4HANA, wo sich auch der ERP-Kern befindet.

- **Logistics Hub/One Logistics Side-Car**

  Es existiert ein SAP-S/4HANA-ERP-System, während EWM und SAP TM gemeinsam in einem separaten, dezentralen SAP-S/4HANA-System sind.

Da sich beide Module im selben System befinden, ist keine Kommunikationsschnittstelle notwendig. Die Kommunikation erfolgt direkt. Dieses Modell ist im Embedded-Szenario seit dem SAP-S/4HANA-Release 2020 FPS1 verfügbar. Das Side-Car-Szenario ist seit dem Release 2023 FPS0 verfügbar.

Die verschiedenen Deployment-Szenarien eignen sich für unterschiedliche Unternehmenskontexte:

- **Embedded**

  Der Zweck dieses Szenario besteht darin, alle unternehmenssteuernden Funktionen in einem zentralen System zusammenzuführen. Hieraus ergeben sich viele Vorteile aufgrund einer besseren funktionalen Integration mit anderen Bereichen, darunter der Wegfall von Datenreplikation sowie geringere Wartungs-, Infrastruktur- und Lizenzkosten.

- **Logistics Hub**

  In diesem Szenario wird die Logistik von den klassischen ERP-Modulen getrennt. Der Vorteil dabei ist, dass die Komplexität im ERP-Kern reduziert werden kann – insbesondere, wenn die Abwicklung im ERP-Kern einen hohen Standardisierungsgrad aufweist. Darüber hinaus können getrennte Anforderungen an Release-/Innovationszyklen ein Grund für die Ausgliederung der Logistik sein.

- **Dezentrales SAP TM**

  Dieses Szenario ist sinnvoll, wenn mehrere Geschäftseinheiten mit jeweils eigener Lagerabwicklung über ein unternehmensweites, zentrales Transportmanagement abgewickelt werden. Durch die Konsolidierung der einzelnen Transportbedarfe ergeben sich aus einer zentralen Transportplanung viele Vorteile, insbesondere für die Abrechnung.

- **Dezentrales EWM**

  In der Regel findet man ein dezentrales EWM vor, wenn die Komplexität im Lager sehr hoch ist. Dies ist typischerweise bei Automatiklägern der Fall. Es müssen jedoch nicht zwingend alle Läger in der Systemlandschaft als dezentrales EWM abgebildet werden. Neben infrastrukturellen Anforderungen können getrennte Anforderungen an Release-/Innovationszyklen und Systemverfügbarkeit zu einem dezentralen EWM führen, welches dann mit einem embedded TM kommuniziert.

Aus IT-Perspektive empfiehlt sich das Embedded- oder das Logistics-Hub-Szenario. Der Vorteil dabei ist, dass damit beide Integrationsmodelle zur Verfügung stehen, da sowohl EWM als auch SAP TM im selben System installiert sind.

Mit dem TE-basierten Modell kann bspw. ein Warenausgangsprozess realisiert werden (siehe Abbildung 6.3).

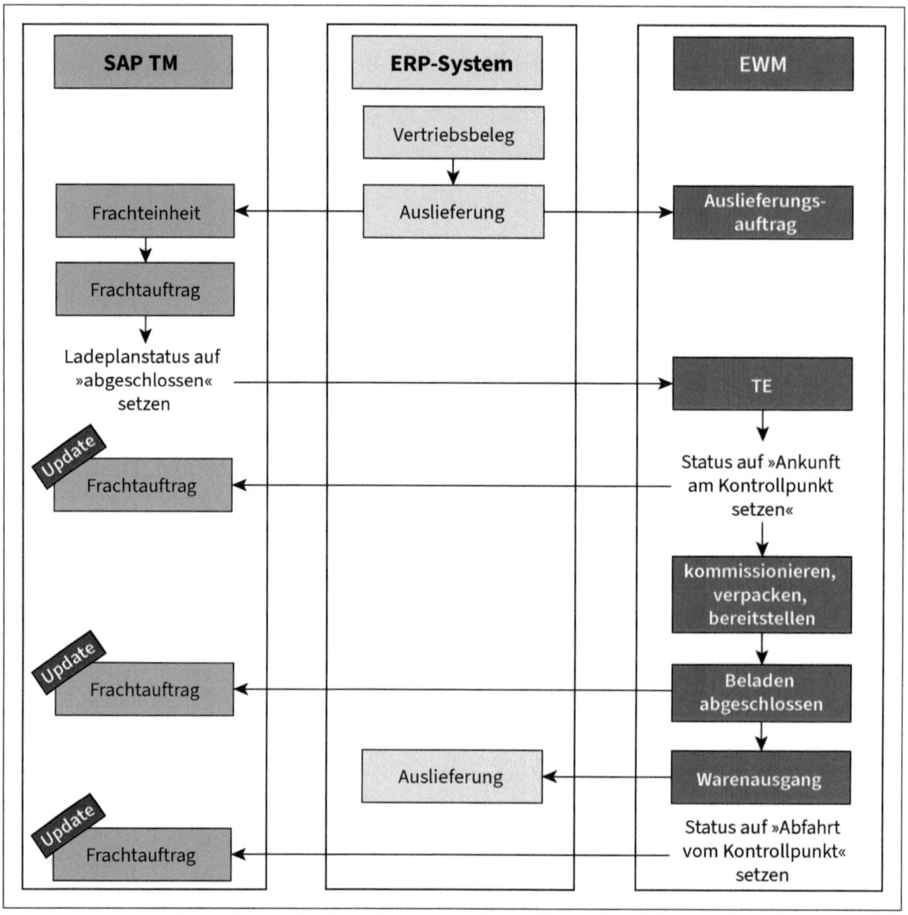

Abbildung 6.3: Warenausgangsprozess mit dem TE-basierten Integrationsmodell

Wie Sie sehen, wird die LE-Auslieferung, die aus dem SAP-SD-Vertriebsbeleg erzeugt wird, sowohl nach SAP TM als auch nach EWM als jeweils eigenes Objekt verteilt.

EWM erstellt aus der LE-Auslieferung einen Auslieferungsauftrag, wobei im dezentralen EWM hier noch die Auslieferungsanforderung optional vorgeschaltet sein kann. SAP TM erstellt aus der LE-Auslieferung eine Frachteinheit. In der Regel entspricht die Frachteinheit der LE-Auslieferung. Dies kann jedoch anhand der Frachteinheitsbildungsregel abweichend eingestellt werden, sodass auch mehrere Lieferungen zu einer Frachteinheit gehören können. Aus mindestens einer Frachteinheit wird in SAP TM anhand der Transportplanung der Frachtauftrag gebildet. Mit der Funktion **Ladeplan auf Abgeschlossen setzen** wird aus SAP TM über eine PPF-Aktion eine LDAP-Nachricht an EWM gesendet. Diese Nachricht erzeugt in EWM eine TE. Wird die TE in EWM auf den Status **Ankunft am Kontrollpunkt** gesetzt, erfährt der SAP-TM-Frachtauftrag ein Update, sodass die Abwicklung auch in SAP TM transparent überwacht werden kann. Da die TE in EWM vorhanden ist, kann mit den Lageraktivitäten wie Kommissionieren, Verpacken usw. begonnen werden.

Eine optional konfigurierbare Funktion ist, dass der Frachtauftrag ein Update der HU-Informationen aus EWM erfährt, sobald das Beladen beendet ist. Wird der Warenausgang in EWM gebucht bzw. wird die TE auf den Status **Abfahrt vom Kontrollpunkt** gesetzt und mit diesem Status der Warenausgang gebucht, so werden sowohl die LE-Auslieferung als auch der TM-Frachtauftrag aktualisiert.

In beiden Integrationsmodellen können sowohl Wareneingangs- als auch Warenausgangsszenarien realisiert werden. Ein wichtiger Unterschied zwischen ASR und dem klassischen Modell mit TEs ist die Tatsache, dass die TE-Integration immer eine *transportgesteuerte Ausführung* (engl.: Transport-Driven Execution) vorsieht. Das bedeutet, dass immer zuerst die Transportplanung in SAP TM erfolgt sein muss, bevor das Lager mit der Kommissionierung beginnen kann.

Erst nach der SAP-TM-Planung erhält das Lager seine EWM-TE. Dies kann für einige Unternehmen eine Herausforderung darstellen, da die Transportplanung nicht immer vor der Lagerausführung beginnen kann. Unter Umständen muss zuerst kommissioniert und verpackt werden, damit anschließend die Transportplanung erfolgen kann. Dieses Szenario wird als *ausführungsgesteuerte Planung* (engl. Execution-Driven Planning) bezeichnet und ist nur in der ASR-Integration möglich, wobei es für die TE-basierte Integration den folgenden Workaround gibt:

1. Sie legen einen Frachtauftrag an und geben mindestens eine Quelllokation (Versandstelle), eine Ziellokation und ein Lieferdatum ein.
2. Sie setzen den Ladeplanstatus des Frachtauftrags auf **Ladeplan abgeschlossen**.
3. Das System sendet einen leeren Frachtauftrag an das EWM.
4. EWM erzeugt aus diesem leeren Frachtauftrag eine TE. Wir empfehlen, einen Bestand an leeren Frachtaufträgen an das EWM zu senden.
5. Die Lagerfachkräfte verwenden die leere TE, um Auslieferungsaufträge zuzuordnen, die sie anschließend wie gewohnt kommissionieren, verpacken, bereitstellen und verladen.
6. Falls nötig, können Sie über den Status **Laden beendet** eine Aktualisierung von EWM an SAP TM senden.
7. Der Ausgang wird durch die Lagerfachkräfte oder spätestens mit dem Status **Abfahrt vom Kontrollpunkt** gebucht. Mit diesem Status wird eine Nachricht von EWM an SAP TM gesendet.
8. Der SAP-TM-Frachtauftrag wird mit den Frachteinheiten und deren Packstücken aktualisiert.

In Abbildung 6.4 sehen Sie einen möglichen Warenausgangsprozess über die ASR-Integration, bei dem die Lageraktivitäten vor der Transportplanung beginnen.

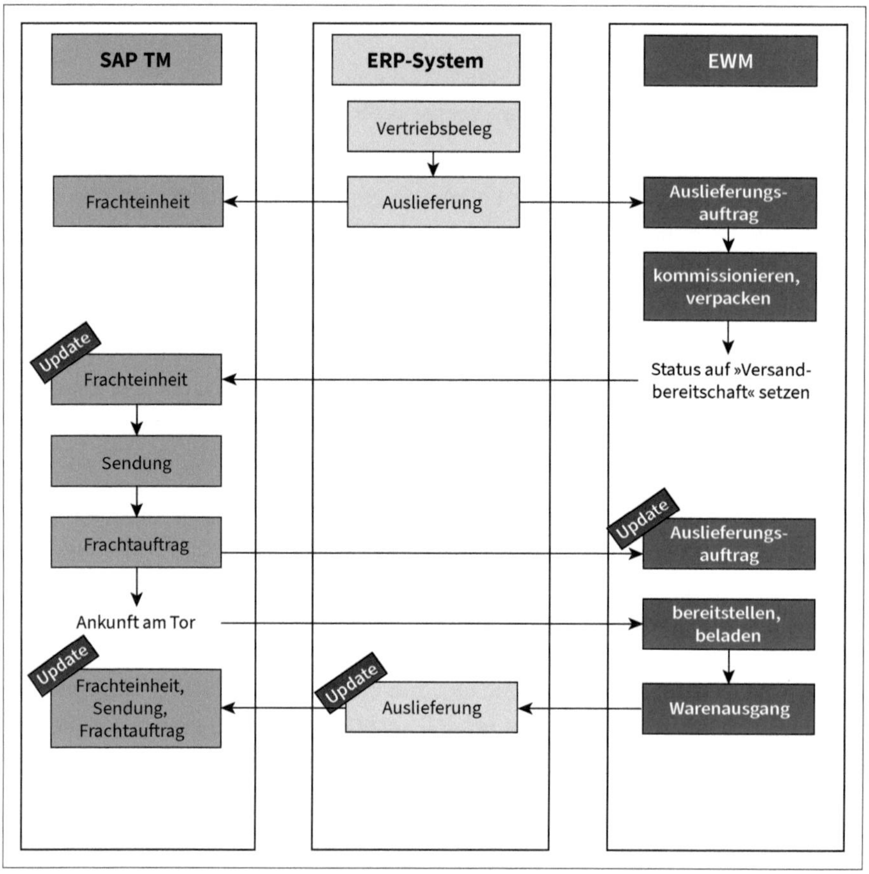

Abbildung 6.4: Warenausgangsprozess mit dem ASR-Integrationsmodell (Execution-Driven Planning)

Der Prozess beginnt zunächst genauso wie beim TE-basierten Modell. Die LE-Auslieferung, die aus dem SD-Vertriebsbeleg erzeugt wird, wird sowohl in das SAP-TM-System als auch in das EWM-System als jeweils eigenes Objekt verteilt. Anders als bei der TE-basierten Variante wird beim Execution-Driven Planning nicht zuerst aus der Frachteinheit ein Frachtauftrag erzeugt, der dann an EWM als TE repliziert wird. Stattdessen werden zuerst die Lageraktivitäten, also das Kommissionieren und Verpacken durchgeführt, bevor die Transportplanung und die Frachtauftragserstellung in SAP TM erfolgen.

Ist die Ware versandfertig verpackt, kann in EWM der Status **Versandbereitschaft** gesetzt werden. Dieser Status sendet die HU-Informationen an SAP TM und optional auch an die LE-Auslieferung (siehe Abschnitt 6.5, »ERP-Lieferschein aus EWM drucken«). Mithilfe der HU-Informationen kann die Transportplanung erfolgen. Optional kann eine Sendung angelegt werden, in jedem Fall wird ein Frachtauftrag angelegt. Da die EWM-TE gänzlich entfällt, erfolgen Aktivitäten wie die Tordefinition, das Setzen der Ankunft am Tor und Ähnliches nun am Objekt des Frachtauftrags. Dies kann entweder über die App **Straßenfrachtauftrag bearbeiten** oder über die App **Frachtaufträge laden oder entladen** geschehen – letztere wurde eigens für den ASR-Prozess entwickelt.

Etwaige Änderungen am Frachtauftrag wirken sich dann auf den EWM-Auslieferungsauftrag aus, der aktualisiert wird. Die Bereitstellung und/oder das Beladen können selbstverständlich auch über RF-Apps abgewickelt werden. Ist die Ware vollständig verladen, kann der Warenausgang in EWM gebucht werden, und die LE-Auslieferung sowie der TM-Frachtauftrag werden aktualisiert.

Die Tatsache, dass mit der ASR-Integration sowohl die ausführungsgesteuerte Planung als auch die transportgesteuerte Ausführung realisiert werden können und die Datenkommunikation über ein Objekt, den TM-Frachtauftrag, erfolgt, macht die ASR-Integration zu einem geeigneten Kandidaten, wenn Lager- und Transportplanung eng miteinander abgestimmt sein müssen.

Vielleicht ist Ihnen aufgefallen, dass sich in Abbildung 6.4 in der linken TM-Spalte ein Beleg befindet, der zuvor noch nicht erwähnt wurde: die *Sendung* (engl. Consignment Order). Die Sendung ist ein interessantes Objekt, das mit dem Release des ASR-Funktionspakets eingeführt wurde. Sie dient als zusätzliche Hierarchieebene zwischen Frachteinheit und Frachtauftrag und bündelt mehrere Transportbedarfe, die dieselbe Quell- und Ziellokation, denselben Liefertermin und denselben Geschäftspartner aufweisen.

[zB]

Beispiel für eine Sendung

Ein Beispiel für eine Sendung ist, dass ein Kunde drei Bestellungen aufgibt, aus denen drei Auslieferungen resultieren, die mit demselben LKW zum Kunden transportiert werden. Diese drei Auslieferungen können als Sendung zusammengefasst werden, und die Spediteursbeauftragung und die Kostenberechnung können dann wahlweise auf Ebene des Frachtauftrags oder der Sendung erfolgen.

Zusätzlich dient die Sendung als Informationsaustausch, da die darin enthaltenen Informationen an den Kunden gesendet oder vom Lieferanten empfangen werden können. Somit können Sie im Falle eines Warenausgangsszenarios anhand der Sendung eine Advanced Shipping Notice (ASN) an Ihren Kunden oder Spediteur senden. In der TE-basierten Integration kann die Kommunikation zwischen Ihnen und dem Kunden nur auf Basis der Lieferung erfolgen, während die Kommunikation mit dem Spediteur (oder dem Lieferanten im Falle von Inbound) auf Basis des Frachtauftrags erfolgt.

[!]

Advanced-Lizenz für SAP TM notwendig

Die Nutzung der Sendung in SAP TM gehört zur Advanced-Lizenz und kann nur im ASR-Integrationsmodell verwendet werden.

Während die Sendung im Execution-Driven-Planning-Szenario für das Lager von eher geringerer Bedeutung ist, kann sie in der Transport-Driven-Execution dazu verwendet werden, die dazugehörigen Auslieferungsaufträge in EWM konsolidiert zusammen zu verpacken. So können Sie bspw. in der ASR-Integration den TM-Frachtauftrag verwenden, um eine Welle in EWM zu erstellen. Hierzu stellt SAP seit dem SAP-S/4HANA-Release 2023 FPS02 den Report **/SCWM/R_WAVE_CREATE_ASR** bereit. Der Report kann über die beiden SAP-Hinweise 3471637 und 3473183 implementiert werden.

Wenn der SAP-TM-Frachtauftrag in EWM als Welle verwendet werden kann, können Sie zusätzlich die SAP-TM-Sendung dazu nutzen, um in EWM für die dazugehörigen Auslieferungsaufträge eine Konsolidierungsgruppe zu definieren und sie gemeinsam zu verpacken. Dies ist mit dem Standard-Customizing leider nicht möglich ist, kann aber mit dem BAdI **/SCWM/EX_CORE_CONS** realisiert werden.

Die Sendung ist also ein nützliches Objekt, dessen Vorteile den Ausschlag für die ASR-Integration geben können. Ein beispielhaftes Transport-Driven-Execution-Szenario sehen Sie in Abbildung 6.5.

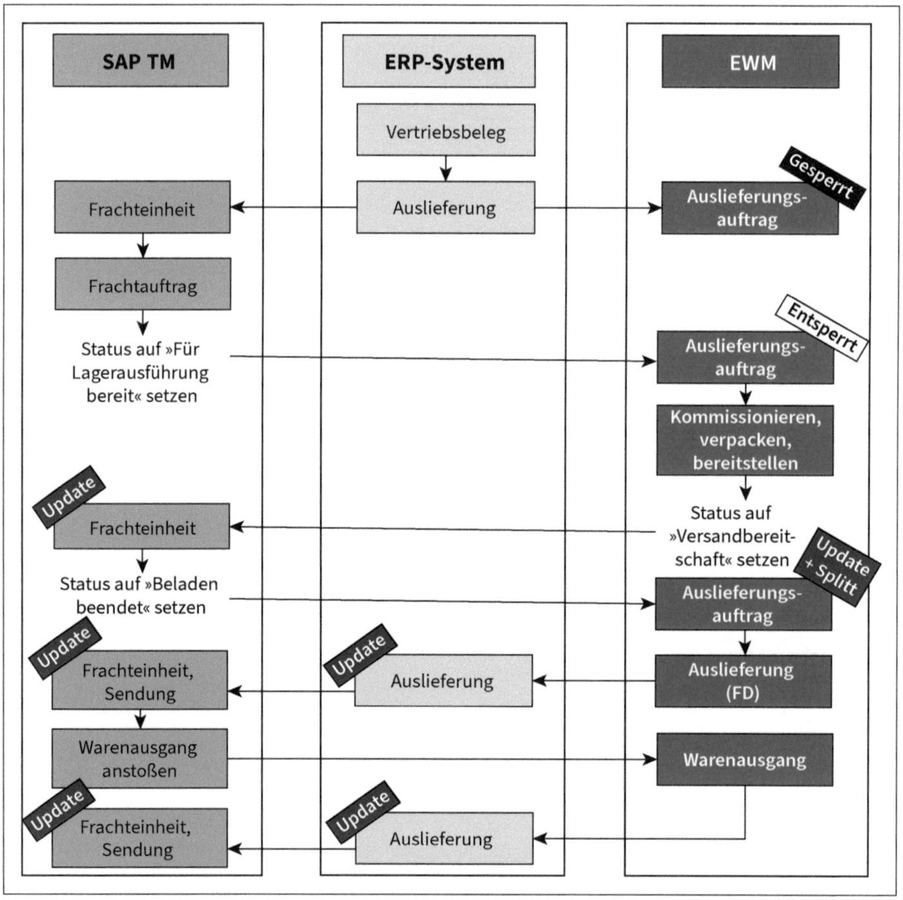

Abbildung 6.5: Beispielprozess für die ASR-Integration (Transport-Driven Execution)

Die Abbildung zeigt den Prozessablauf für die Transport-Driven Execution, nur diesmal anhand des ASR-Integrationsmodells anstelle der Integration über TEs. Die LE-Auslieferung, die aus dem SAP-SD-Vertriebsbeleg erzeugt wird, wird sowohl nach SAP TM als auch nach EWM als jeweils eigenes Objekt verteilt. Da bei der Transport-Driven Execution zuerst die Transportplanung erfolgt, bevor die Lageraktivitäten starten können, wird der EWM-Auslieferungsauftrag mit dem Status **Gesperrt** (rote Ampel,) angelegt. Diese Sperre ist optional; wie man sie aktiviert, wird in Abschnitt 6.3.4, »Prozessdemo: ASR-Integration«, erläutert. Durch die Transportplanung wird die Frachteinheit zu einem Frachtauftrag hinzugefügt. Sobald für den Frachtauftrag der Status **Für Lagerausführung bereit** gesetzt wird, wird der EWM-Auslieferungsauftrag entsperrt (grüne Ampel,). Nun können die Lageraktivitäten beginnen, also das Kommissionieren, Verpacken und optional auch das Bereitstellen.

Ist die Ware versandfertig, wird in EWM der Status **Versandbereitschaft** gesetzt. Mit diesem Status werden die HU-Informationen an die Frachteinheit sowie an alle weiteren damit verknüpften Objekte, wie den Frachtauftrag, gesendet. Anschließend kann mit dem Verladen der Ware begonnen werden. Dies geschieht physisch aus dem Lager heraus, erfolgt im System jedoch auf dem Objekt der Frachteinheit. Ist die Ware vollständig verladen, wird der Status auf **Beladen beendet** gesetzt. Man kann diesen Status entwender selbst in SAP TM setzen oder er wird automatisch ermittelt, bspw. wenn über RF beladen wird. Das Setzen des Status **Beladen beendet** sorgt für ein Update des EWM-Auslieferungsauftrags.

Wurde die Ware nicht vollständig verladen, führt dies zu einem Liefer-Split und löst eine EWM-Auslieferung (FD) aus. Diese EWM-Auslieferung wird an die LE-Auslieferung übermittelt, welche wiederum die SAP-TM-Frachteinheit aktualisiert. Anschließend wird die Warenausgangsbuchung über SAP TM an EWM angestoßen und der Warenausgang wird in EWM gebucht. Dieser Warenausgang wird wiederum an die LE-Auslieferung übermittelt, welche die SAP-TM-Frachteinheit und alle weiteren damit verknüpften SAP-TM-Objekte, wie bspw. die Sendung oder den Frachtauftrag, aktualisiert.

Ein weiterer Faktor bei der Wahl des geeigneten Integrationsmodells ist, welche Bestandsmanagement-Lösungen in das SAP-TM-Modul integriert werden müssen. Beim TE-basierten Modell können nur EWM-relevante Lieferungen in den SAP-TM-Frachtauftrag aufgenommen werden. Was das bedeutet, zeigen wir Ihnen anhand eines Beispiels.

Das richtige Integrationsmodell für Ihre Bestandsmanagement-Lösungen

Angenommen, es gibt zwei Auslieferungen. Eine Lieferung wird aus dem EWM-Lager kommissioniert, während die zweite Lieferung eine Inventory-Management-Lieferung (aus MM oder SAP IM) ist. Da bei der TE-basierten Integration dem SAP-TM-Frachtauftrag ausschließlich EWM-relevante Auslieferungen zugewiesen werden können, muss für die SAP-IM-Lieferung ein separater SAP-TM-Frachtauftrag erstellt werden.

Im ASR-Modell können hingegen Auslieferungen aus den folgenden Quellen über ein und denselben TM-Frachtauftrag abgewickelt werden:

- MM/SAP IM
- EWM
- LE-WM/Stock Room Management

Auch wenn mit der ASR-Integration viele neue Funktionen hinzugekommen sind, die mit der TE-basierten Integration nicht möglich sind, wäre es unklug, der TE ihre Daseinsberechtigung abzusprechen. Vergessen Sie nicht, dass die TE das technische Fundament für EWM-Funktionspakete wie *Yard Management* oder *SAP Dock Appointment Scheduling* bildet. Da die TE mit der ASR-Integration vollständig wegfällt, ist auch eine Nutzung dieser beiden Funktionspakete nicht mehr möglich. Für beides gibt es allerdings Ersatzlösungen. So kann *SAP Business Network for Logistics* als Substitut für SAP Dock Appointment Scheduling dienen, während Yard Management durch *SAP Yard Logistics* abgelöst werden kann. Dabei handelt es sich jedoch um technisch komplett unterschiedliche Lösungen, die sorgfältig auf ihren Nutzen für das Unternehmen hin untersucht werden müssen.

Sie haben nun zahlreiche Pro- und Contra-Argumente hinsichtlich der verschiedenen Deployment-Optionen und der technischen Objekte sowie die Unterschiede zwischen Execution-Driven Planning und Transportation-Driven Execution kennengelernt. Bei Ihrer Entscheidungsfindung sollten Sie allerdings auch die Prozesskomplexität und insbesondere den Faktor Mensch berücksichtigen. Stellen Sie sich vor diesem Hintergrund die folgenden beiden Fragen:

- Was bringt Ihnen eine direkte Kommunikation zwischen den Modulen (die Sie theoretisch bei der ASR-Integration erhalten) wenn die Transportplanung so simpel ist, dass sie von den Mitarbeitenden im Lager statt von einer zentralen Transportdisposition durchgeführt wird?
- Wäre es in diesem Fall nicht sinnvoller, mit einem EWM-Objekt wie der TE statt mit dem TM-Frachtauftrag zu arbeiten, da die TE besser in den Lagerverwaltungsmonitor integriert werden kann, der wiederum das zentrale Tool für sämtliche Lagerprozesse bildet?

So effektiv die ASR-Integration die Transport- und Lagerprozesse auch miteinander verbinden mag – sie bringt nur wenig, wenn der Fokus eher auf den Lagerprozessen liegt oder eine Trennung zwischen Transport- und Lagerprozessen gewünscht ist. In diesen Fällen kann die TE punkten.

Um Ihnen die Entscheidungsfindung noch weiter zu erleichtern, geben wir Ihnen in Tabelle 6.1 einen Überblick über die technisch-funktionalen Unterschiede zwischen ASR- und TE-basierter Integration.

Feature	TU-basierte Integration	Embedded ASR-Integration	Dezentrale ASR-Integration
Dezentrales EWM	Unterstützt den Warenein- und -ausgang für EWM	Nicht verfügbar	Unterstützt nur den Warenausgang. Die GTS-Integration ist nur für die EWM-basierte Planung verfügbar.
Liefer-übergreifende Handling Units (HUs)	Unterstützt im Warenausgang für Frachtaufträge mit maximal einem Abschnitt	Verfügbar seit SAP S/4HANA 2025, FPS0	Verfügbar seit SAP S/4HANA 2025, FPS0
SAP-TM-Plan-Versand-HUs	Unterstützt	Nicht unterstützt	Nicht unterstützt
Umlagerungsbestellungen	Unterstützt für EWM im Warenein- und -ausgang	Unterstützt für EWM im Warenausgang	Unterstützt für EWM im Warenausgang
Kommissionieren, Packen und Beladen parallel zur selben Lieferung	Unterstützt	Unterstützt	Unterstützt
Durch das Lager verursachte Auslieferungssplits	Unterstützt	Verfügbar seit SAP S/4HANA 2025, FPS1	Verfügbar seit SAP S/4HANA 2025, FPS1
Durchs Lager verursachtes Adhoc-Beladen von ungeplanten Frachtpositionen	Unterstützt	Verfügbar seit SAP S/4HANA 2025, FPS1	Verfügbar seit SAP S/4HANA 2025, FPS1
Durchs Lager verursachte Neuzuweisungen von bereits verplanten Auslieferungen zu anderen Frachtaufträgen	Unterstützt	Nicht unterstützt	Nicht unterstützt

Tabelle 6.1: Funktionaler Vergleich zwischen ASR- und TE-basierter Integration

Feature	TU-basierte Integration	Embedded ASR-Integration	Dezentrale ASR-Integration
Änderungen an LE-Lieferungen nach der Verteilung an EWM	Unterstützt (es gibt eine Liste von änderbaren Feldern)	Verfügbar seit SAP S/4HANA 2025, FPS0	Verfügbar seit SAP S/4HANA 2025, FPS0
EWM-Auslieferungsauftragsaktualisierungen, ausgelöst durch Mengenänderungen aus SD-Vertriebsbelegen	Unterstützt	Nicht unterstützt	Nicht unterstützt
Passive SAP-TM-Ressource (Ladekapazität) ohne Frachtauftrag	Unterstützt	Nicht unterstützt (nur aktive Ressource in Straßenfrachtaufträgen)	Nicht unterstützt (nur aktive Ressource in Straßenfrachtaufträgen)
Transitlager	Unterstützt	Nicht unterstützt	Nicht unterstützt
Integration mehrerer EWM-Systeme mit einer zentralen (globalen) SAP-TM-Systeminstanz	Unterstützt	Nicht unterstützt	Nicht unterstützt

Tabelle 6.1: Funktionaler Vergleich zwischen ASR- und TE-basierter Integration (Forts.)

Wie Sie sehen, sind viele wichtige Funktionen, wie bspw. lieferübergreifende HUs, erst mit sehr neuen Releases verfügbar, da das ASR-Funktionspaket noch relativ frisch auf dem Markt ist. Es ist zu erwarten, dass auch über diese Releases hinaus noch weitere Funktionen für das ASR erscheinen werden, während die TE-Integration solide nebenher weiterlaufen wird. Letztere wird allerdings auch weniger Updates erhalten. Daher sollten Sie sorgfältig abwägen, welche Funktionen Sie benötigen und ob diese in Ihrem Release mit dem gewünschten Integrationsmodell überhaupt verfügbar sind. Für einen noch detaillierten Funktionsvergleich empfehlen wir Ihnen den SAP-Hinweis 3423370.

[+]

Weiterführende SAP-Hinweise zur Integration von SAP TM mit EWM

- SAP-Hinweis 3423370 – Funktionsvergleich: EWV-TM-EWM-Integration vs. TE-basierte TM-EWM-Integration
- SAP-Hinweis 2812981 – Transportation Management und dezentrales EWM im selben SAP-S/4HANA-System und -Mandanten

- SAP-Hinweis 3369482 – SAP S/4HANA 2023 Supply Chain – Erweiterter Warenannahme- und Versandprozess für dezentrales EWM und TM – Release-Informationen
- SAP-Hinweis 3512117 – Advanced Shipping and Receiving – Cookbook
- SAP-Hinweis 3018355 – Unterstützter Funktionsumfang und Einschränkungen der TE-basierten TM-EWM-Integration für Verlader
- SAP-Hinweis 3376455 – Release-Informationen und Einschränkungen zum dezentralen EWM in SAP S/4HANA 2023 FPS00, FPS01, FPS02 und FPS03

Damit Sie diesen Abschnitt nicht mit mehr Fragezeichen im Kopf abschließen als zu Beginn, möchten wir Ihnen an dieser Stelle einen Wegweiser mitgeben, der Ihnen bei der Entscheidung hilft, welches Integrationsmodell am besten für Sie geeignet ist: Tendenziell sollten Sie das ASR-Integrationsmodell bevorzugen, wobei die Betonung jedoch auf »tendenziell« liegt. Die Gründe dafür sind folgende:

- Die technische Integration ist wesentlich einfacher.
- Es existiert eine eindeutige Datengrundlage, nämlich über den Frachtauftrag.
- Sie können die Prozesse flexibler gestalten (Warehouse-Driven/Transportation-Driven).
- Das ASR-Modell wird stetig weiterentwickelt und erhält neue Features.

Vor diesem Hintergrund können Sie abwägen, ob die Vorteile der TE-Integration stärker wiegen als die der ASR-Integration.

6.3 SAP TM in EWM integrieren

Nachdem Sie nun die beiden Integrationsmodelle und deren Unterschiede kennengelernt haben, erfahren Sie in diesem Abschnitt, wie die beiden Modelle im SAP-System eingerichtet werden. Dabei ist die TE-Integration aufgrund der LDAP-Schnittstelle technisch komplexer einzurichten als die ASR-Integration.

Wir beginnen mit dem schwierigeren Teil und widmen uns zuerst der TE-Integration. Sie dürfen sich freuen: Sobald Sie die TE-Integration gemeistert haben, wird Ihnen die ASR-Integration wie ein Kinderspiel vorkommen. Beachten Sie, dass wir die TE-Integration eines embedded EWM mit SAP TM zeigen. Für die ASR-Integration gilt dasselbe, wobei die Konfigurationsschritte bei ASR dieselben sind, unabhängig davon, ob SAP TM mit dezentralem oder embedded EWM integriert wird. Damit die ASR-basierte Integration funktionieren kann, müssen die beiden Module EWM und SAP TM ohnehin im selben SAP-System implementiert sein.

Wir setzen voraus, dass in Ihrem System bereits ein funktionierendes EWM- und SAP-TM-Modul etabliert sind, die jedoch noch nicht miteinander kommunizieren.

6.3.1 Konfiguration: TE-basierte Integration

Als Erstes müssen Sie sicherstellen, dass die Point-to-Point-Kommunikation über Webservices aktiviert ist. Folgen Sie dazu im Customizing (also in der Transaktion **SPRO**) dem folgenden Pfad: **Anwendungsübergreifende Komponenten • Prozesse und Werkzeuge für Geschäftsanwendungen • Enterprise Services • Point-to-Point-Fähigkeit für asynchrone Enterprise Services • Support für Point2Point-Kommunikation aktivieren.** Sollte hier nichts angezeigt werden, klicken Sie auf **Neue Einträge** und setzen Sie das Kennzeichen bei **Aktiv** im Bereich **Support für Point2Point-Kommunikation aktivieren** (siehe Abbildung 6.6).

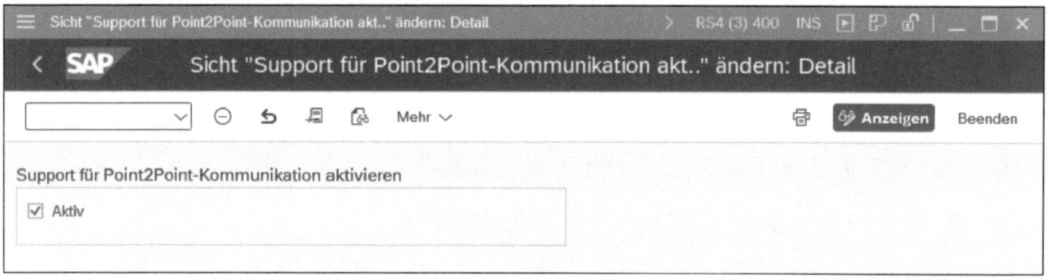

Abbildung 6.6: Point2Point-Kommunikation aktivieren

Als Nächstes prüfen Sie mit der Transaktion **SLDCHECK**, ob über die Funktion **LCR_GET_OWN_BUSINESS_SYSTEM** ein eigenes Business-System gefunden wird. Das eigene Business-System ist notwendig für das weitere Vorgehen. Im ersten Versuch in unserem Demo-System war dies nicht erfolgreich, weshalb es noch eingerichtet werden muss (siehe Abbildung 6.7).

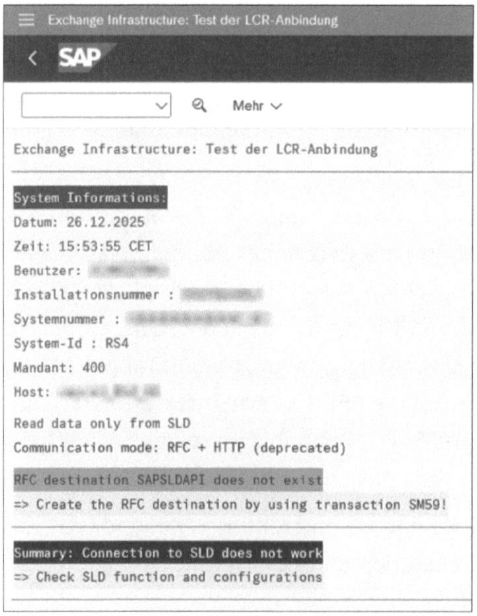

Abbildung 6.7: Transaktion »SLDCHECK«: Kein eigenes Business-System gefunden

Die Fehlermeldung besagt, dass die RFC-Destination **SAPSLDAPI** nicht existiert. Sollte diese Fehlermeldung bei Ihnen auftreten, können Sie die SAP-Hinweise 1792250 und 1759641 zurate ziehen und die darin beschriebenen Schritte durchführen. Wenn nötig, bitten Sie die SAP-Basisadministration um Unterstützung. Das Ergebnis der Transaktion **SLDCHECK** sollte anschließend so aussehen wie in Abbildung 6.8.

```
Calling function LCR_GET_OWN_BUSINESS_SYSTEM
Retrieving data from the SLD server...
Function call terminated sucessfully
Properties of own business system associated to system RS4      client 400
  id   = RS4CLNT400
  role = LOC
```

Abbildung 6.8: Transaktion »SLDCHECK«: Eigenes Business-System gefunden

Im nächsten Schritt rufen Sie die Transaktion **SOAMANAGER** auf. Es öffnet sich ein neues Fenster in Ihrem Internetbrowser und Sie gelangen zum zentralen SOA-Management. Klicken Sie dort zuerst auf die Registerkarte **Technische Administration** und anschließend auf **Einstellungen für SAP Mandant** (siehe Abbildung 6.9).

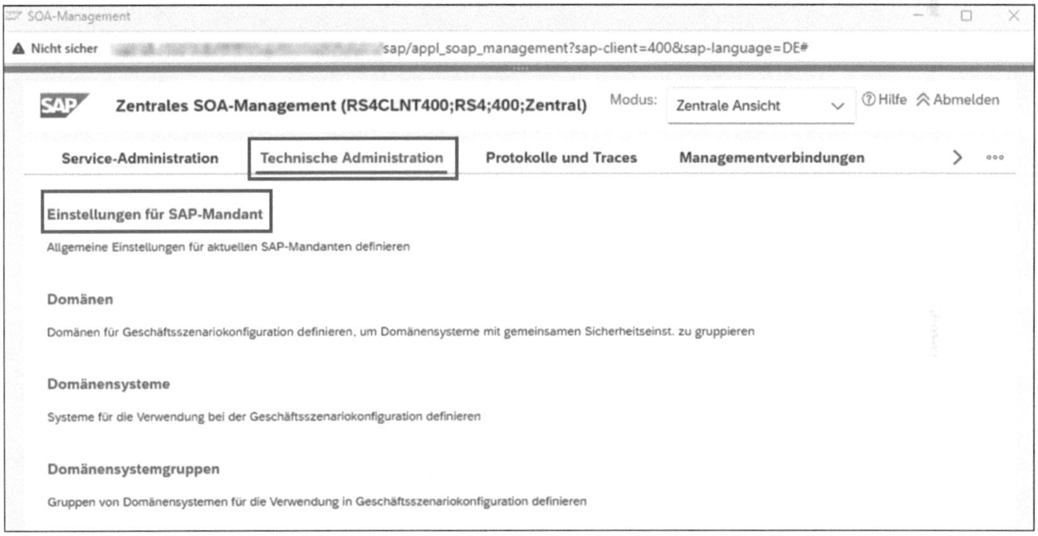

Abbildung 6.9: Transaktion »SOAMANAGER«

In der neuen Maske müssen Sie sicherstellen, dass der Wert im Feld **Business-System** mit dem Systemnamen aus der Transaktion **SLDCHECK** übereinstimmt. Sollte das Feld leer sein, klicken Sie auf **Abrufen aus SLD** (siehe Abbildung 6.10).

Rufen Sie nun die Transaktion **SRT_ADMIN** auf. Aktivieren Sie hier die Radiobuttons **Technisches Setup durchführen** und **SAP-Rolle** und klicken Sie auf anschließend auf **Ausführen** (siehe Abbildung 6.11).

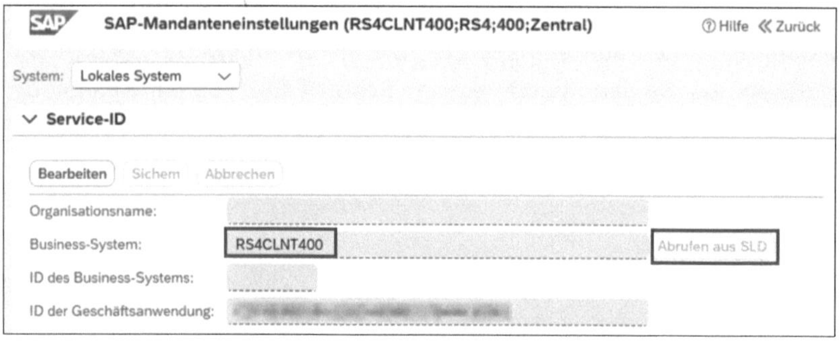

Abbildung 6.10: Transaktion »SOAMANAGER«: Business-System angeben

Abbildung 6.11: Transaktion »SRT_ADMIN«

Nachdem Sie das Setup ausgeführt haben, erscheint ein Protokoll, das angibt, ob das Setup erfolgreich oder mit Fehlern durchgeführt wurde. Sie müssen dieses Protokoll nicht per Screenshot speichern – es lässt sich auch nachträglich aufrufen. Springen Sie mit F3 zurück in die Maske aus Abbildung 6.11, aktivieren Sie diesmal den Radiobutton **Technische Einstellungen überprüfen** und klicken Sie anschließend auf **Ausführen**.

In der neuen Maske übernehmen Sie die Voreinstellung, dass alle Meldungen angezeigt werden sollen, und klicken dann erneut auf **Ausführen**. Nun erscheint das Protokoll, in dem Sie prüfen können, ob alle Einstellungen des technischen Setups erfolgreich waren. In unserem Fall sind die meisten Einstellungen erfolgreich, allerdings noch nicht alle (siehe Abbildung 6.12).

Die Idempotenz-Warnmeldung im unteren Bereich können Sie ignorieren. Falls Sie Fehlermeldungen bei den ICF-Knoten haben, können Sie den Report **SRT_WSP_SETUP_ICF** in der Transaktion **SE38** ausführen, dort den Radiobutton **ICF-Wurzelknoten für Web-Service einrichten** selektieren und ausführen.

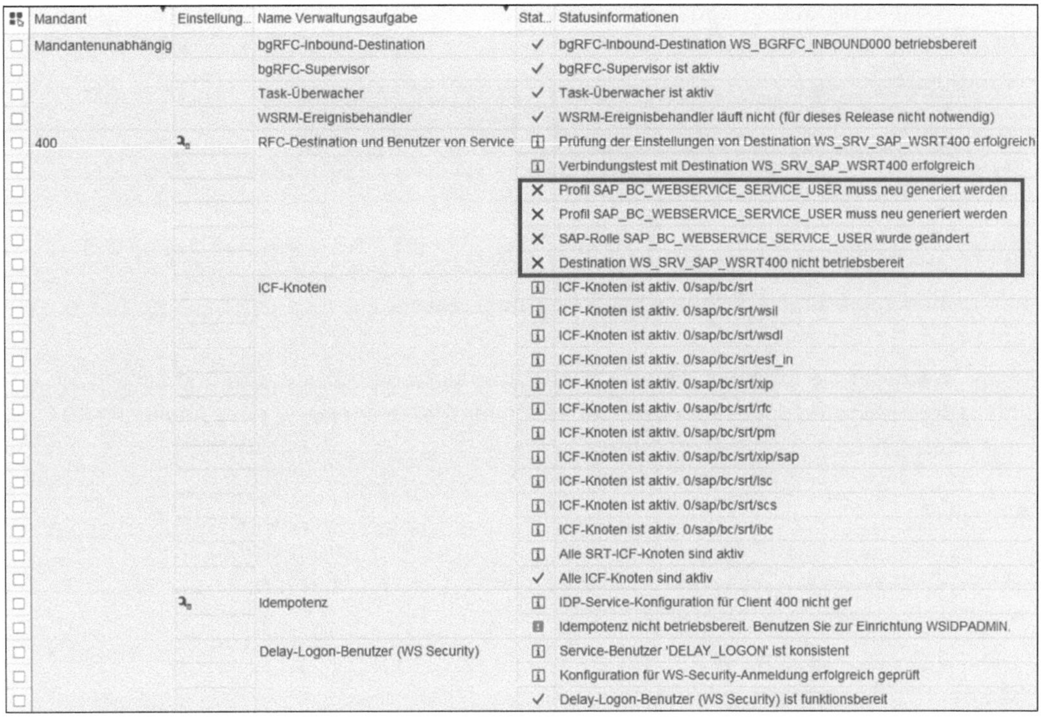

Mandant	Einstellung...	Name Verwaltungsaufgabe	Stat...	Statusinformationen
Mandantenunabhängig		bgRFC-Inbound-Destination	✓	bgRFC-Inbound-Destination WS_BGRFC_INBOUND000 betriebsbereit
		bgRFC-Supervisor	✓	bgRFC-Supervisor ist aktiv
		Task-Überwacher	✓	Task-Überwacher ist aktiv
		WSRM-Ereignisbehandler	✓	WSRM-Ereignisbehandler läuft nicht (für dieses Release nicht notwendig)
400		RFC-Destination und Benutzer von Service	i	Prüfung der Einstellungen von Destination WS_SRV_SAP_WSRT400 erfolgreich
			i	Verbindungstest mit Destination WS_SRV_SAP_WSRT400 erfolgreich
			×	Profil SAP_BC_WEBSERVICE_SERVICE_USER muss neu generiert werden
			×	Profil SAP_BC_WEBSERVICE_SERVICE_USER muss neu generiert werden
			×	SAP-Rolle SAP_BC_WEBSERVICE_SERVICE_USER wurde geändert
			×	Destination WS_SRV_SAP_WSRT400 nicht betriebsbereit
		ICF-Knoten	i	ICF-Knoten ist aktiv. 0/sap/bc/srt
			i	ICF-Knoten ist aktiv. 0/sap/bc/srt/wsil
			i	ICF-Knoten ist aktiv. 0/sap/bc/srt/wsdl
			i	ICF-Knoten ist aktiv. 0/sap/bc/srt/esf_in
			i	ICF-Knoten ist aktiv. 0/sap/bc/srt/xip
			i	ICF-Knoten ist aktiv. 0/sap/bc/srt/rfc
			i	ICF-Knoten ist aktiv. 0/sap/bc/srt/pm
			i	ICF-Knoten ist aktiv. 0/sap/bc/srt/xip/sap
			i	ICF-Knoten ist aktiv. 0/sap/bc/srt/lsc
			i	ICF-Knoten ist aktiv. 0/sap/bc/srt/scs
			i	ICF-Knoten ist aktiv. 0/sap/bc/srt/ibc
			i	Alle SRT-ICF-Knoten sind aktiv
			✓	Alle ICF-Knoten sind aktiv
		Idempotenz	i	IDP-Service-Konfiguration für Client 400 nicht gef
			■	Idempotenz nicht betriebsbereit. Benutzen Sie zur Einrichtung WSIDPADMIN.
		Delay-Logon-Benutzer (WS Security)	i	Service-Benutzer 'DELAY_LOGON' ist konsistent
			i	Konfiguration für WS-Security-Anmeldung erfolgreich geprüft
			✓	Delay-Logon-Benutzer (WS Security) ist funktionsbereit

Abbildung 6.12: Transaktion »SRT_ADMIN«: Fehlermeldungen bei der Prüfung des technischen Setups

Fehlermeldungen im Zusammenhang mit dem Service-User können Sie mit dem Report **WSS_SETUP** beheben. Falls es Fehlermeldungen bzgl. der bgRFC-Einstellungen gibt, müssen Sie die Einstellungen in der Transaktion **SBGRFCCONF** im Mandanten **000** überprüfen. In der Regel haben funktionale Berater keinen Zugriff auf diesen Mandanten; bitten Sie daher die SAP-Basisadministration um Hilfe. Eine Schritt-für-Schritt-Anleitung der notwendigen Konfiguration wird im SAP-Leitfaden für die EWM-SAP-TM-TE-Integration in Abschnitt 4.5 beschrieben. Sie finden diesen Leitfaden im Anhang des SAP-Hinweises 2933925.

Tipps bei Problemen mit der Transaktion »SRT_ADMIN«

Für eine sehr ausführliche Dokumentation der erforderlichen Konfiguration können Sie die SAP-Hinweise 2347013 und 1043195 zurate ziehen.

[+]

In unserem Fall wurden die aktuellen Versionen der Berechtigungsprofile der Rolle **SAP_BC_WEBSERVICE_SERVICE_USER** nicht generiert. Dies kann über die Transaktion **PFCG** (die zentrale Transaktion für die Rollenpflege) behoben werden. Öffnen Sie dazu die Transaktion, geben Sie den Rollennamen ein und öffnen Sie die Rolle entweder im Änderungs- oder Anzeigemodus, in den Sie jeweils über die markierten Icons gelangen, wie in Abbildung 6.13 dargestellt.

Abbildung 6.13: Transaktion »PFCG«: Rolle eingeben

Wechseln Sie im neuen Fenster zur Registerkarte **Berechtigungen** und klicken Sie anschließend auf das Brillen-Icon (**Berechtigungsdaten anzeigen**, siehe Abbildung 6.14).

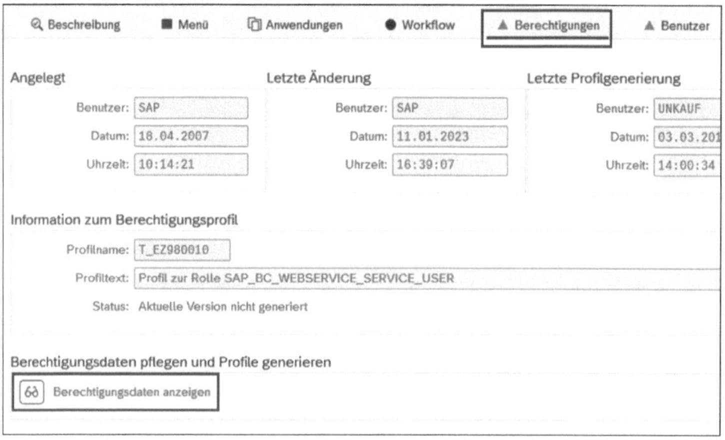

Abbildung 6.14: Transaktion »PFCG«: Berechtigungsdaten anzeigen

In der neuen Maske klicken Sie auf das Icon (**Generieren**); der Status des Profils sollte daraufhin von **Aktuelle Version nicht generiert** auf **Berechtigungsprofil ist aktuell** springen (siehe Abbildung 6.15).

Abbildung 6.15: Transaktion »PFCG«: Neue Berechtigungsversion generieren

Im Anschluss führen Sie die Prüfung in der Transaktion **SRT_ADMIN** erneut durch. Nun sollte alles geklappt haben (siehe Abbildung 6.16).

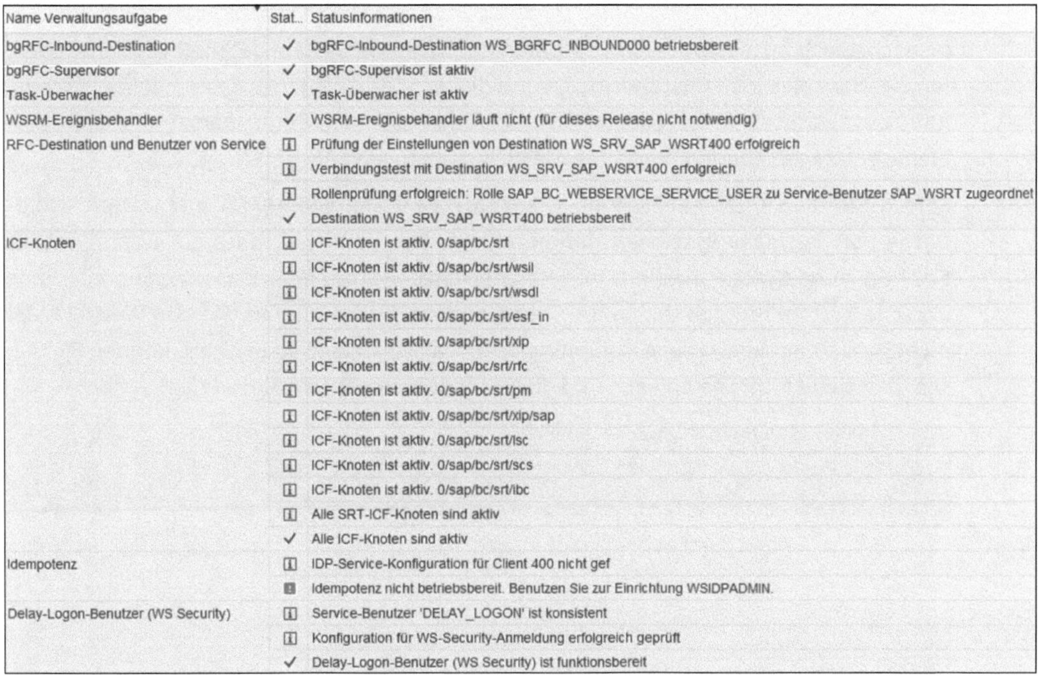

Name Verwaltungsaufgabe	Stat...	Statusinformationen
bgRFC-Inbound-Destination	✓	bgRFC-Inbound-Destination WS_BGRFC_INBOUND000 betriebsbereit
bgRFC-Supervisor	✓	bgRFC-Supervisor ist aktiv
Task-Überwacher	✓	Task-Überwacher ist aktiv
WSRM-Ereignisbehandler	✓	WSRM-Ereignisbehandler läuft nicht (für dieses Release nicht notwendig)
RFC-Destination und Benutzer von Service	i	Prüfung der Einstellungen von Destination WS_SRV_SAP_WSRT400 erfolgreich
	i	Verbindungstest mit Destination WS_SRV_SAP_WSRT400 erfolgreich
	i	Rollenprüfung erfolgreich: Rolle SAP_BC_WEBSERVICE_SERVICE_USER zu Service-Benutzer SAP_WSRT zugeordnet
	✓	Destination WS_SRV_SAP_WSRT400 betriebsbereit
ICF-Knoten	i	ICF-Knoten ist aktiv. 0/sap/bc/srt
	i	ICF-Knoten ist aktiv. 0/sap/bc/srt/wsil
	i	ICF-Knoten ist aktiv. 0/sap/bc/srt/wsdl
	i	ICF-Knoten ist aktiv. 0/sap/bc/srt/esf_in
	i	ICF-Knoten ist aktiv. 0/sap/bc/srt/xip
	i	ICF-Knoten ist aktiv. 0/sap/bc/srt/rfc
	i	ICF-Knoten ist aktiv. 0/sap/bc/srt/pm
	i	ICF-Knoten ist aktiv. 0/sap/bc/srt/xip/sap
	i	ICF-Knoten ist aktiv. 0/sap/bc/srt/lsc
	i	ICF-Knoten ist aktiv. 0/sap/bc/srt/scs
	i	ICF-Knoten ist aktiv. 0/sap/bc/srt/ibc
	i	Alle SRT-ICF-Knoten sind aktiv
	✓	Alle ICF-Knoten sind aktiv
Idempotenz	i	IDP-Service-Konfiguration für Client 400 nicht gef
	■	Idempotenz nicht betriebsbereit. Benutzen Sie zur Einrichtung WSIDPADMIN.
Delay-Logon-Benutzer (WS Security)	i	Service-Benutzer 'DELAY_LOGON' ist konsistent
	i	Konfiguration für WS-Security-Anmeldung erfolgreich geprüft
	✓	Delay-Logon-Benutzer (WS Security) ist funktionsbereit

Abbildung 6.16: Transaktion »SRT_ADMIN«: Keine Fehlermeldung bei der Prüfung des technischen Setups

Öffnen Sie nun die Transaktion **SOAMANAGER**. Klicken Sie im neuen Browserfenster auf die Registerkarte **Technische Administration** und anschließend auf **Einstellungen für SAP Mandant**. In der Unterregisterkarte **Zentrale Konfiguration** müssen Sie sicherstellen, dass das Kennzeichen bei **Zentralsystem** gesetzt ist (siehe Abbildung 6.17).

Abbildung 6.17: Transaktion »SOAMANAGER«: Zentralsystem aktivieren

Sollte dies nicht der Fall sein, klicken Sie auf **Bearbeiten**, setzen das Kennzeichen und hinterlegen im daraufhin erscheinenden Pop-up einen System-User einschließlich dessen Passwort. Bitten Sie Ihre SAP-Basisadministration um Unterstützung, falls nötig.

Im nächsten Schritt müssen die SLD-Daten des Business-System definiert werden. Beachten Sie, dass dies kein Customizing ist und dieser Schritt für jedes System lokal durchgeführt werden muss. Er ist jedoch notwendig, da ansonsten Performance- und Sperrprobleme entstehen können. Beachten Sie hierzu auch den SAP-Hinweis 3202213.

Folgen Sie dem Customizing-Pfad **Transportation Management • Integration • SLD-Daten von Business-Systemen definieren**. Stellen Sie sicher, dass ein Eintrag für Ihr EWM-Business-System existiert. Im Feld **Logisches System** muss das korrespondierende logische System hinterlegt sein. Im Feld **Manuelle Pflege** können Sie den Wert **Flag ist nicht gesetzt** angeben (siehe Abbildung 6.18). Falls kein Eintrag existiert, können Sie diesen über **Neue Einträge** anlegen und die beschriebenen Werte hinterlegen.

Abbildung 6.18: SLD-Daten definieren

Der nächste Schritt ist höchstwahrscheinlich bereits erledigt, da er für die Integration von EWM mit dem ERP-System erforderlich ist. Wir gehen jedoch auf Nummer sicher und prüfen ihn auf Vollständigkeit. Folgen Sie hierzu dem Customizing-Pfad **SCM Extended Warehouse Management • Extended Warehouse Management • Schnittstellen • ERP-Integration • Allgemeine Einstellungen • Eigenes Business-System definieren**. Prüfen Sie anschließend, ob hier ein Eintrag mit Ihrem EWM-Business-System existiert (siehe Abbildung 6.19).

Nun definieren Sie das EWM-Integrationsprofil, das Sie in einem späteren Schritt in der SAP-TM-Frachtauftragsart hinterlegen werden. Dieses Profil steuert Parameter, die insbesondere beim Senden von Be- und Entladeanweisungen von SAP TM an EWM relevant sind. Die *Be-/Entladeanweisung* ist die PPF-Aktion **TOR_LDAP_REQ**, welche die Erstellung der LDAP-Nachricht anstößt, die wiederum die Anlage der EWM-TE auslöst.

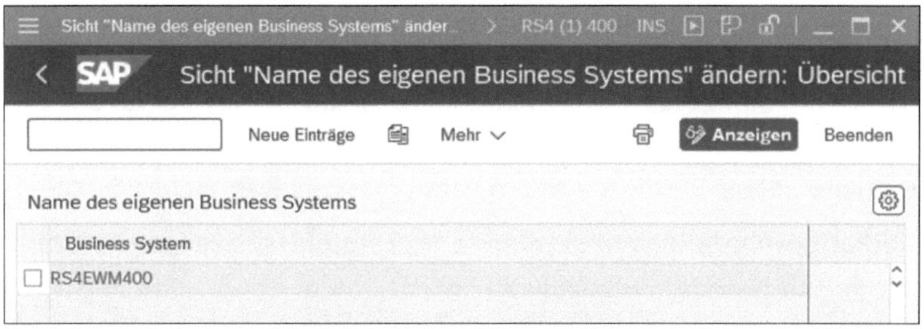

Abbildung 6.19: Eigenes EWM-Business-System definieren

Folgen Sie dazu dem Customizing-Pfad **Transportation Management • Integration • Integration mit Extended Warehouse Management • EWM-Integrationsprofil definieren**. Klicken Sie auf **Neue Einträge** und legen Sie ein Profil an, bspw. mit dem Namen **ZTM_EWM_01**. Nutzen Sie für die einzelnen Felder die F1-Hilfe, um eine Erläuterung zu den jeweiligen Steuerparametern zu erhalten. Das Profil unseres Demosystems sieht nun so aus wie in Abbildung 6.20.

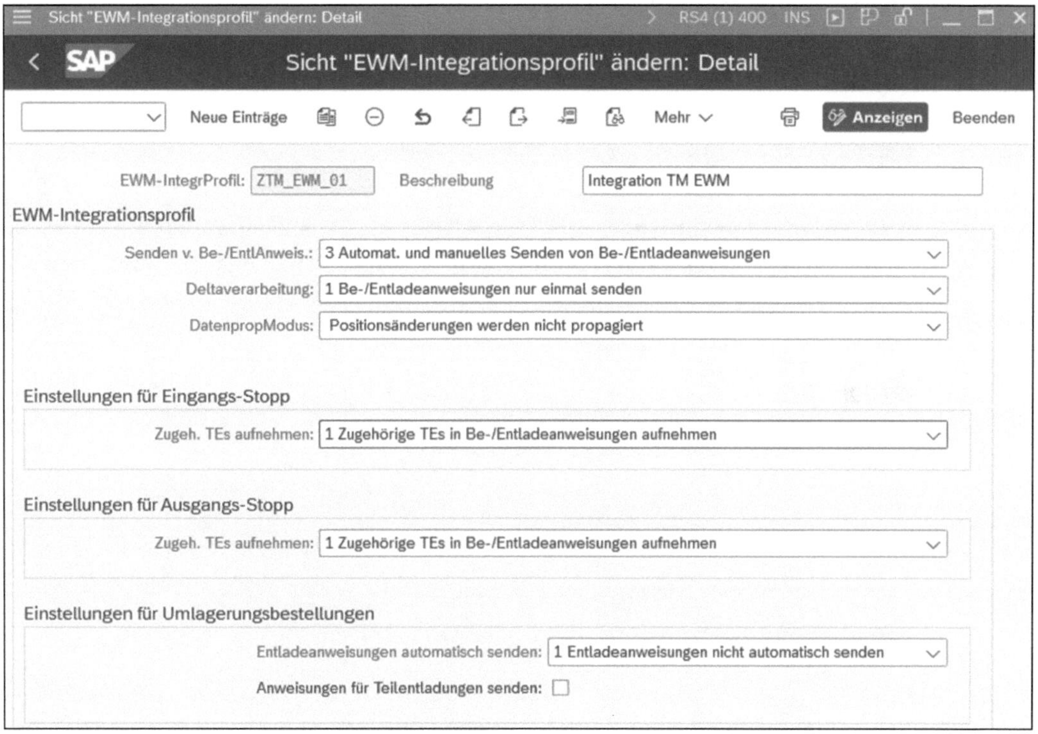

Abbildung 6.20: EWM-Integrationsprofil definieren

Das neu angelegte Integrationsprofil hinterlegen Sie nun in der Frachtauftragsart im Customizing-Pfad **Transportation Management • Frachtauftragsmanagement • Frachtauftrag • Frachtauftragsarten definieren**. Doppelklicken Sie auf die für die Integration relevante Frachtauftragsart (oder markieren Sie die entsprechende Zeile und klicken Sie auf das Icon (**Detail**)) und setzen Sie die folgenden Parameter (siehe Abbildung 6.21):

- Im Bereich **Integrationseinstellungen** setzen Sie im Feld **Belegerstellungsrelevanz** den Wert **E Transportaktivitätserstellung in SAP EWM**.
- Im selben Bereich hinterlegen Sie im Feld **EWM-Integrationsprofil** Ihr im vorherigen Schritt angelegtes Profil (in diesem Fall **ZTM_EWM_01**).

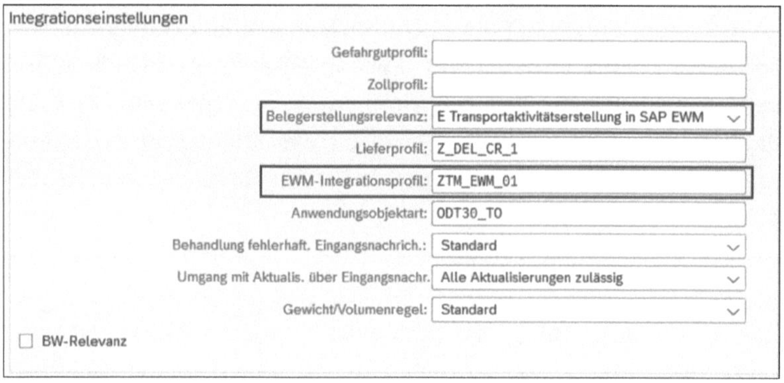

Abbildung 6.21: Frachtauftragsart: Integrationseinstellungen

- Im Bereich **Ausgabeoptionen** stellen Sie sicher, dass im Feld **Ausgabeprofil** entweder das Standardprofil **/SCMTMS/TOR** hinterlegt ist (siehe Abbildung 6.22), oder – falls ein Z-Profil hinterlegt sein sollte – dass für dieses Profil die Aktionsdefinition **TOR_LDAP_REQ** aktiviert ist.

Abbildung 6.22: Frachtauftragsart: Ausgabeoptionen

- Stellen Sie sicher, dass im Bereich **Ausführungseinstellungen** das Kennzeichen bei **Sofortige Bearbeitung** gesetzt ist (siehe Abbildung 6.23).

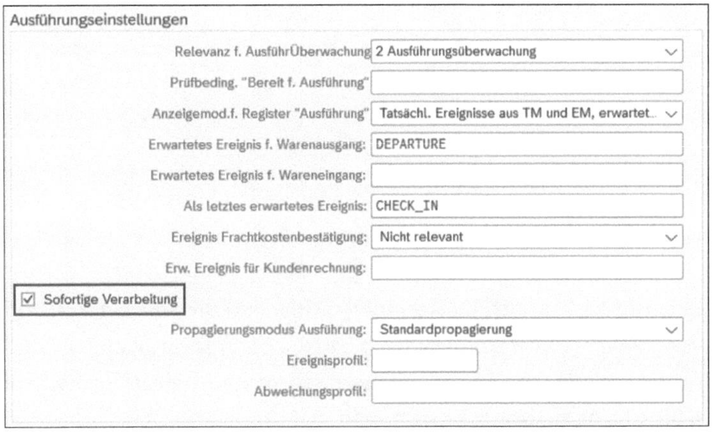

Abbildung 6.23: Frachtauftragsart: Ausführungseinstellungen

Falls Sie sich in einem Sandbox- oder Testsystem befinden, können Sie selbstverständlich auch eine eigene Frachtauftragsart für die TE-Integration anlegen sowie eine weitere für die ASR-Integration, die in Abschnitt 0 beschrieben wird. In diesem Fall müssen Sie noch für die Findung der jeweiligen Frachtauftragsarten sorgen. Sie können es sich auch leicht machen, indem Sie das Kennzeichen bei **Standardart** setzen, bevor Sie später mit dem Testen beginnen. Alternativ können Sie auch mit Bedingungen zur Findung von Frachteinheiten bzw. Frachtauftragsarten arbeiten.

In unserem Demosystem haben wir beide Integrationsmodelle implementiert. Im Folgenden erläutern wir kurz, wie die Findung in unserem Demosystem funktioniert.

Für die TE-Integration und die ASR-Integration gibt es jeweils eine eigene Versandstelle. Je nachdem, um welche Versandstelle es sich handelt, wird ein anderes Logistikintegrationsprofil gefunden. In diesem Profil ist eine individuelle Frachteinheitsbildungsregel hinterlegt. Diese Regel enthält eine Frachteinheitsart, hinter der die Frachtauftragsart für die ASR- oder die TE-Integration hinterlegt ist.

Für welchen Weg Sie sich entscheiden, hängt von Ihrem Szenario ab. Da es viele Möglichkeiten gibt und diese nicht direkt mit der Integration zu tun haben, gehen wir nicht näher auf diese Konfiguration ein.

Nun müssen Sie noch einige Schritte in der Transaktion **SOAMANAGER** durchführen, um die Integration abzuschließen. Zuvor legen Sie einen technischen System-User an, bspw. mit dem Namen »TM_EWM_USER«. Falls Ihnen dies nicht möglich ist, bitten Sie Ihre SAP-Basisadministration darum, den User für Sie anzulegen. Sie benötigen das Zugangspasswort des Users, da Sie es in den nächsten Schritten hinterlegen müssen.

Sobald der User angelegt ist, öffnen Sie die Transaktion **SOAMANAGER**. Ein neues Browserfenster öffnet sich. Achten Sie darauf, dass im Seitentitel neben dem SAP-Logo **Zentral** steht (siehe Abbildung 6.24).

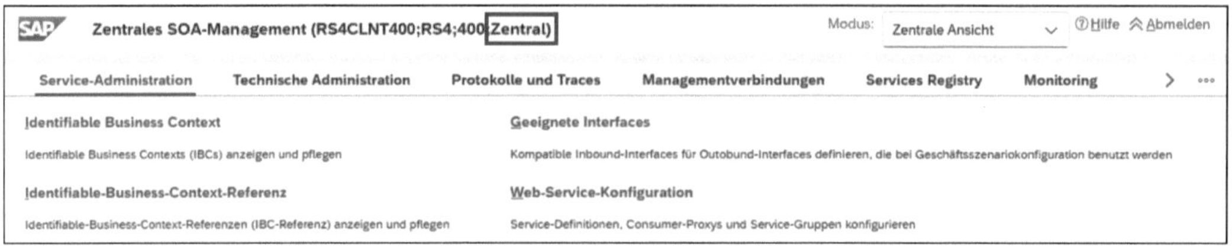

Abbildung 6.24: Transaktion »SOAMANAGER«: Zentrale Sicht

Wechseln Sie zur Registerkarte **Technische Administration** und klicken Sie auf **Domänensysteme**. Im Bereich **Suchergebnis** sollte sich ein Eintrag befinden. Klicken Sie dort in der Spalte **Aktionen** auf das Stift-Icon (**Domänensystem bearbeiten**) (siehe Abbildung 6.25), woraufhin Sie in eine neue Maske gelangen.

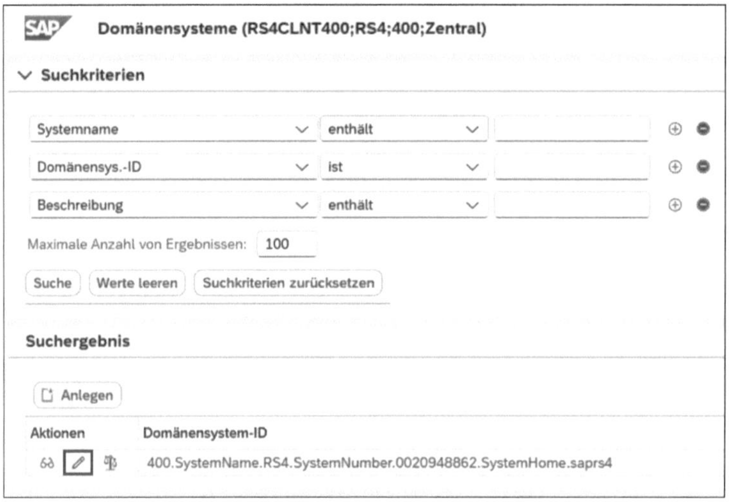

Abbildung 6.25: Domänensystem bearbeiten

Suchen Sie im neuen Screen nach dem Bereich **Provider-System**. Unter der Registerkarte **WSDL-Zugriff** hinterlegen Sie nun im Unterbereich **Logisches System** das logische SAP-ERP-System. Scrollen Sie anschließend etwas weiter nach unten zum Unterbereich **WSIL-Service** und hinterlegen Sie dort den technischen Benutzer und dessen Zugangsdaten (siehe Abbildung 6.26). Testen Sie mit einem Klick auf **Prüfen**, ob sich der User erfolgreich am WSIL-Service anmelden kann. Speichern Sie anschließend Ihre Einstellungen mit einem Klick auf **Sichern**.

Wechseln Sie zur Registerkarte **Technische Administration**. Klicken Sie auf **Domänen** und anschließend im neuen Screen auf **Anlegen**. Geben Sie im sich daraufhin öffnenden Pop-up den Domänennamen, die Gewichtung und eine Beschreibung ein. Bestätigen Sie Ihre Angaben mit **Anlegen** (siehe Abbildung 6.27).

Abbildung 6.26: Domänensystem ergänzen

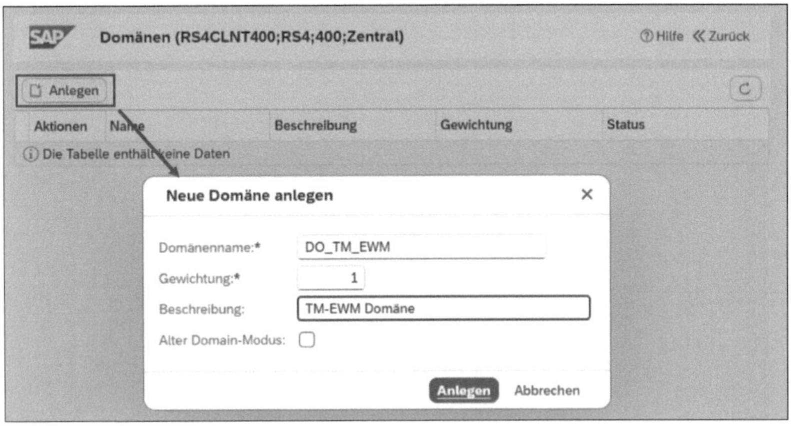

Abbildung 6.27: Neue Domäne anlegen

Klicken Sie im Bereich **Domänensysteme** auf **System hinzufügen**. In dem neuen Pop-up sollte mindestens ein System in der Liste erscheinen (siehe Abbildung 6.28); dies sollte ihr SAP-System sein, in dem sich auch das SAP-TM- und das EWM-Modul befinden. Wählen Sie es aus und klicken Sie anschließend auf **Ok**.

Setzen Sie im Bereich **Profil** das Kennzeichen bei **Benutzer-ID und Kennwort** (siehe Abbildung 6.29).

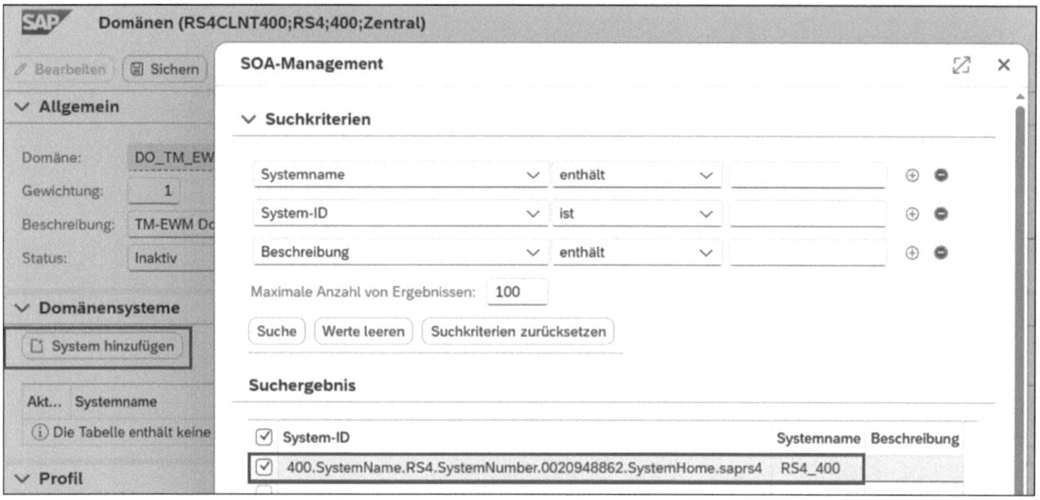

Abbildung 6.28: System zur Domäne hinzufügen

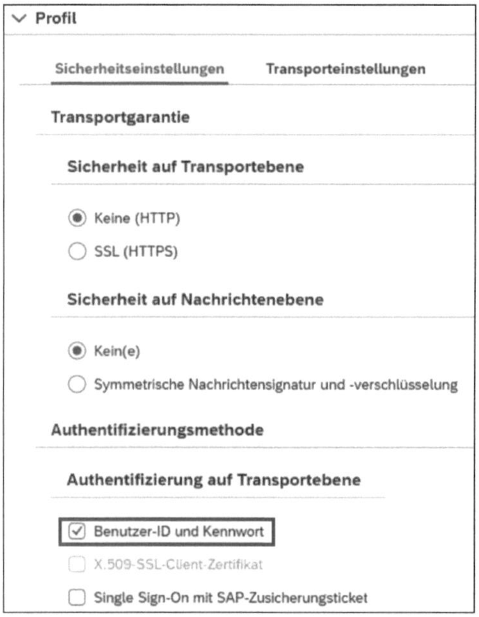

Abbildung 6.29: Domänen-Sicherheitseinstellungen

Nun scrollen Sie ganz nach oben zum Bereich **Allgemein**, setzen im Feld **Status** den Wert auf **Aktiv** (siehe Abbildung 6.30) und klicken auf **Sichern**.

Als Nächstes hinterlegen Sie den technischen Benutzer für die Authentifizierungsmethode des vorherigen Schritts. Wechseln Sie hierzu zurück zur Hauptseite und klicken Sie auf der Registerkarte **Service-Administration** auf **Anmeldedatenverwaltung** (siehe Abbildung 6.31).

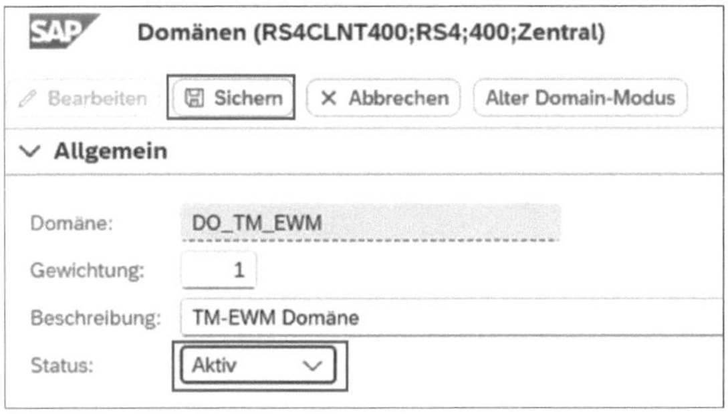

Abbildung 6.30: Domäne aktivieren und sichern

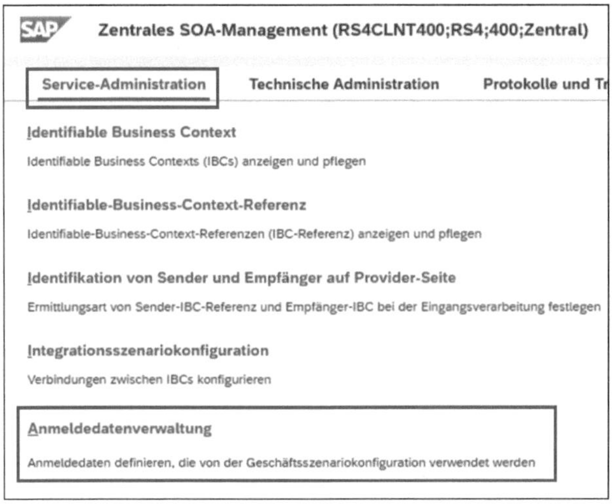

Abbildung 6.31: Transaktion »SOAMANAGER«: Anmeldedatenverwaltung

Klicken Sie anschließend auf **Anlegen**. Im neuen Screen hinterlegen Sie die folgenden Daten (siehe Abbildung 6.32):

- **Typ**: »Vorlage«
- **Name der Anmeldedaten**: Hier hinterlegen Sie den technischen User für die Integration. Falls Sie dies nicht selbst ausführen können, bitten Sie Ihre Kollegen von der SAP-Basis um Hilfe.
- **Beschreibung**: Hinterlegen Sie eine Beschreibung des Users.

Klicken Sie anschließend auf **Weiter**. Sie gelangen nun zum Bereich **Credentials**. Hier pflegen Sie bei **Authentifizierungsmethode** den Wert **Benutzer/Kennwort oder X.509** und hinterlegen dann den von Ihnen erstellten technischen User und dessen Passwort (siehe Abbildung 6.33).

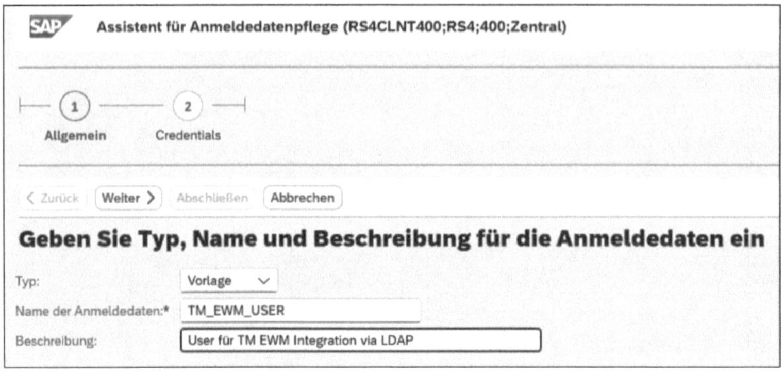

Abbildung 6.32: Allgemeine Anmeldedatenpflege

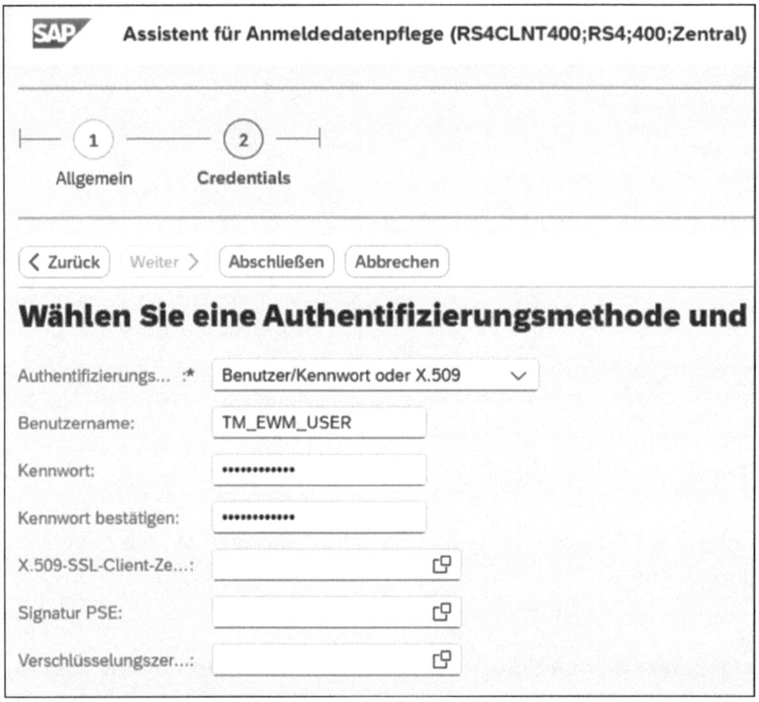

Abbildung 6.33: Anmeldedatenpflege: Credentials

Nachdem Sie die Anmeldedaten gepflegt haben, klicken Sie auf **Abschließen**. Prüfen Sie anschließend, ob der Status des Users auf **Aktiv** steht (siehe Abbildung 6.34). Falls nicht, klicken Sie auf das Icon (**Aktivieren**).

Wechseln Sie anschließend im selben Screen zur Registerkarte **Zuordnungen** und Sie klicken hier auf **Anlegen** (siehe Abbildung 6.35).

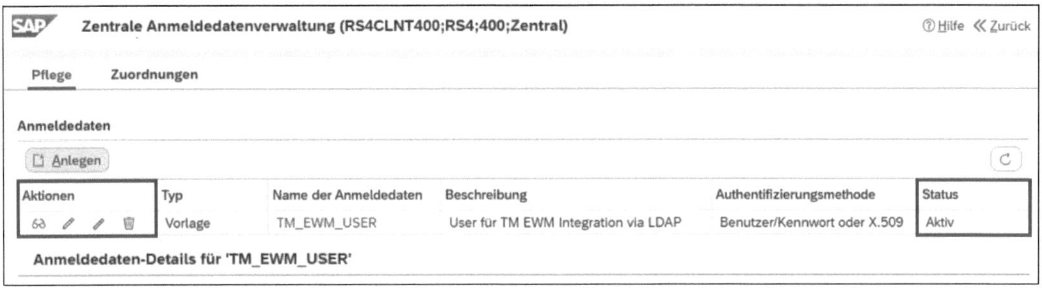

Abbildung 6.34: Userstatus prüfen

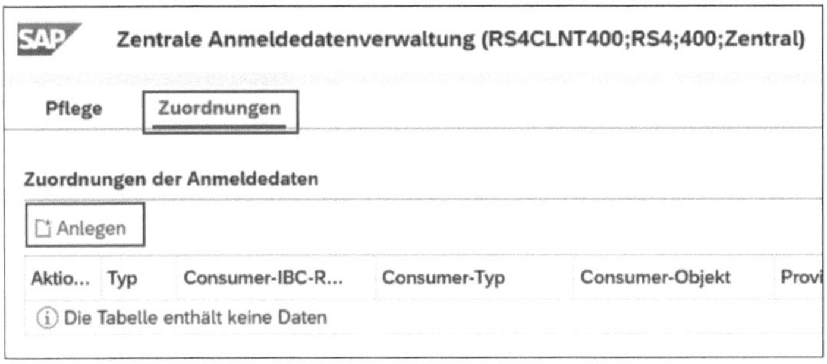

Abbildung 6.35: Anmeldedaten zuordnen

Im Feld **Provider-IBC-Referenz** wählen Sie nun aus der Liste Ihr SAP-System aus, in dem sich Ihr EWM/SAP TM befindet, und klicken danach auf **Weiter** (siehe Abbildung 6.36).

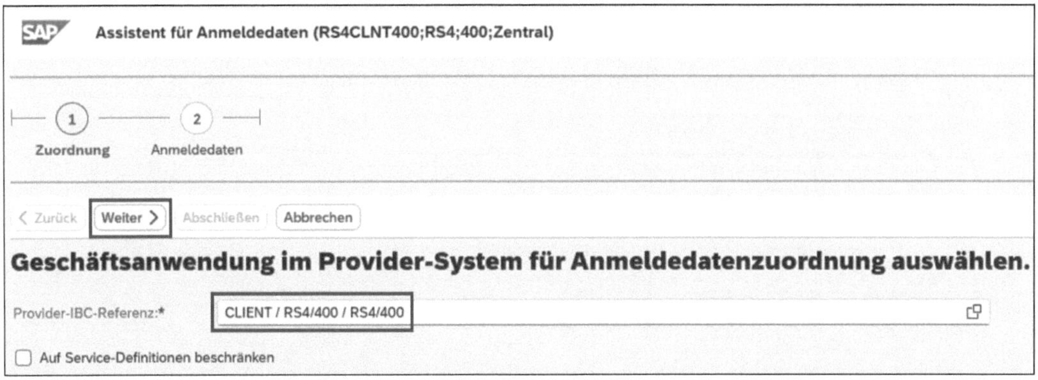

Abbildung 6.36: Provider-IBC-Referenz auswählen

Wählen Sie nun im Bereich **Anmeldedaten** aus der Dropdown-Liste **Anmeldedaten** Ihren technischen User aus und klicken Sie dann auf **Abschließen** (siehe Abbildung 6.37).

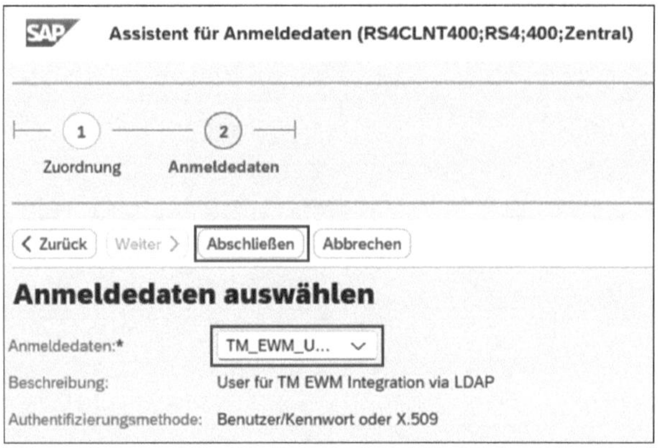

Abbildung 6.37: Anmeldedaten auswählen

Wechseln Sie nun zurück zur Hauptseite der Transaktion **SOAMANAGER** und klicken Sie dort unter der Registerkarte **Service-Administration** auf **Integrationsszenariokonfiguration** (siehe Abbildung 6.38).

Abbildung 6.38: Transaktion »SOAMANAGER«: Integrationsszenariokonfiguration

Klicken Sie im neuen Screen auf **Anlegen**. Geben Sie im Pop-up im Feld **Name** den Wert **TM_EWM_LDAP** und bei **Beschreibung** den Wert **TM EWM Peer to Peer Kommunikation** ein. Klicken Sie anschließend auf **Anlegen** (siehe Abbildung 6.39).

Klicken Sie im Bereich **Service-Gruppen-Verbindungen** auf **Anlegen**. Im neuen Screen befinden wir uns im ersten Schritt von insgesamt drei Schritten. Hier wählen Sie im Bereich **IBC-Referenz** in den Feldern **Aktor 1** und **Aktor 2** jeweils Ihr SAP-System aus und klicken anschließend auf **Weiter** (siehe Abbildung 6.40).

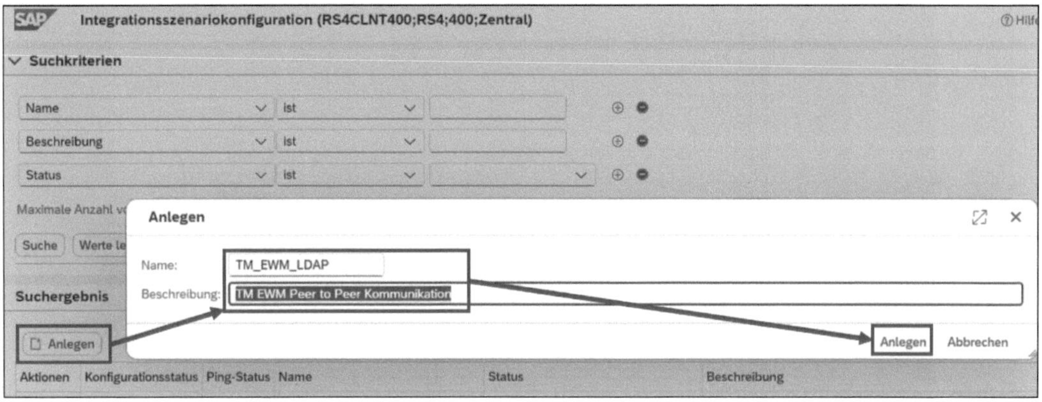

Abbildung 6.39: Integrationsszenario anlegen

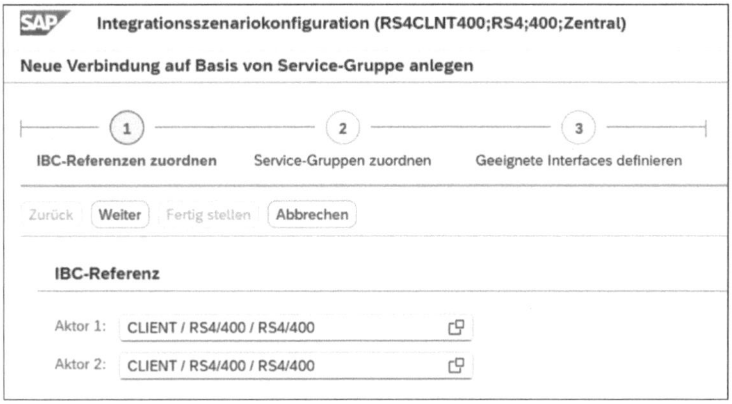

Abbildung 6.40: IBC-Referenzen zuordnen

Im zweiten Schritt, dem Bereich **Service-Gruppen zuordnen**, wählen Sie zunächst bei **Verbindungstyp** den Wert **Service-Gruppenbasiert, Request Response**. Danach hinterlegen Sie unter **Aktor 1** im Feld **Service-Gruppe** den Wert **/SCMTMS/TOR_LDG_APPT_RQ** sowie unter **Aktor 2** im Feld **Service-Gruppe** den Wert **/SCWM/SRVG_TM_SR**. Klicken Sie anschließend auf **Weiter** (siehe Abbildung 6.41).

Im dritten Schritt überprüfen Sie, ob im Bereich **Aktor 1** bei **Provider-Interface** der Wert **TransportationOrderLoadingAppointmentRequest_in{http://sap.com/xi/EWM/Global}** sowie im Bereich **Aktor 2** bei **Provider-Interface** der Wert **TransportationOrderLoading-AppointmentNotification_In{http://sap.com/xi/TMS/Global}** vorhanden ist. Wenn ja, können Sie auf **Fertig stellen** klicken (siehe Abbildung 6.42).

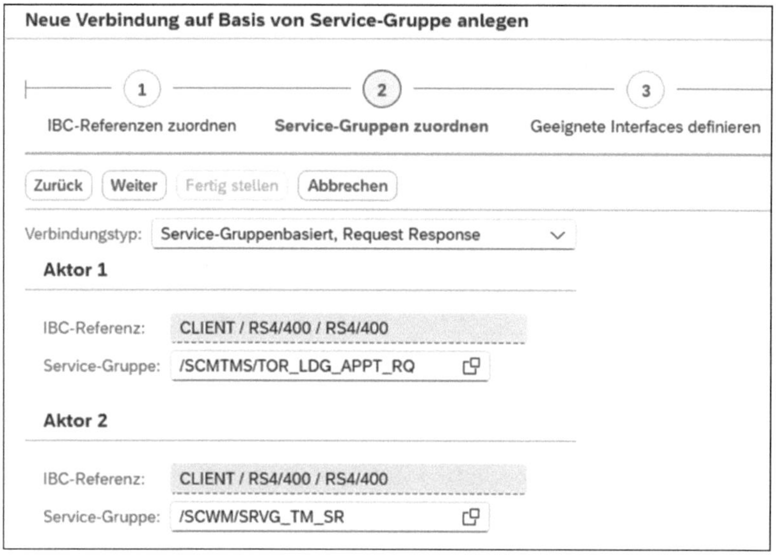

Abbildung 6.41: Service-Gruppen zuordnen

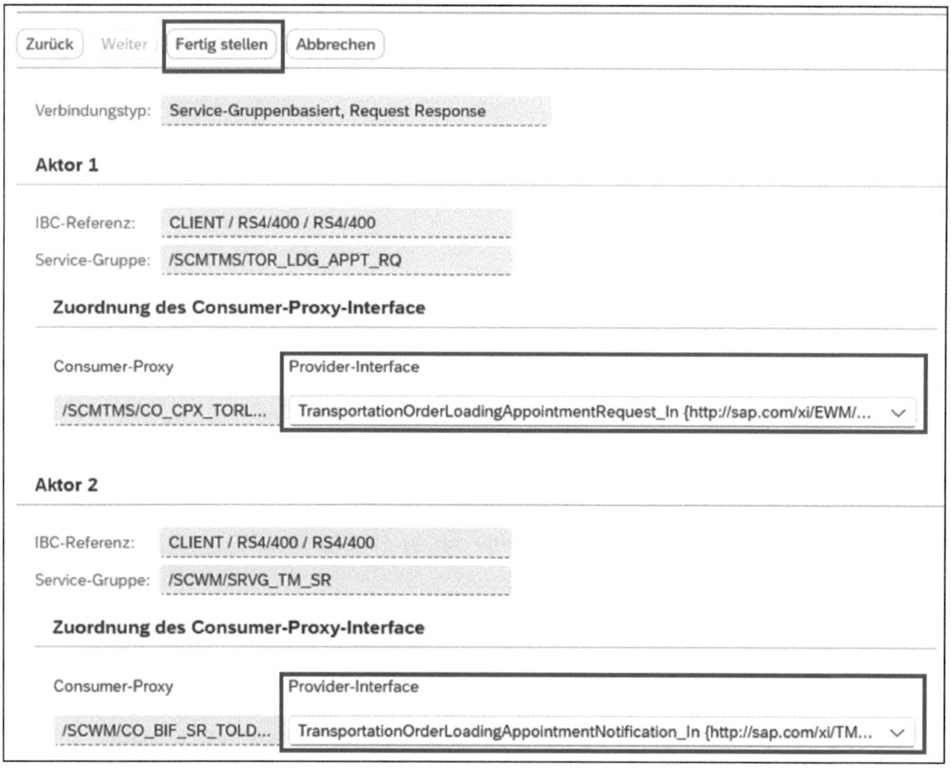

Abbildung 6.42: Provider-Interfaces überprüfen

Sie gelangen nun automatisch zur Integrationsszenariokonfiguration zurück. Scrollen Sie hier ganz nach oben und klicken Sie auf **Aktivieren** und anschließend auf **Freigeben** (siehe Abbildung 6.43). Im Pop-up klicken Sie erneut auf **Freigeben**.

Abbildung 6.43: Integrationsszenario aktivieren und freigeben

Es ist wichtig, dass der **Änderungsprozessor** nach der Freigabe den Status **Abgeschlossen** aufweist.

Wechseln Sie nun zur Hauptseite der Transaktion **SOAMANAGER** zurück. In der Registerkarte **Service-Administration** klicken Sie auf **Logische Ermittlung von Empfänger mit Service-Gruppen** (siehe Abbildung 6.44).

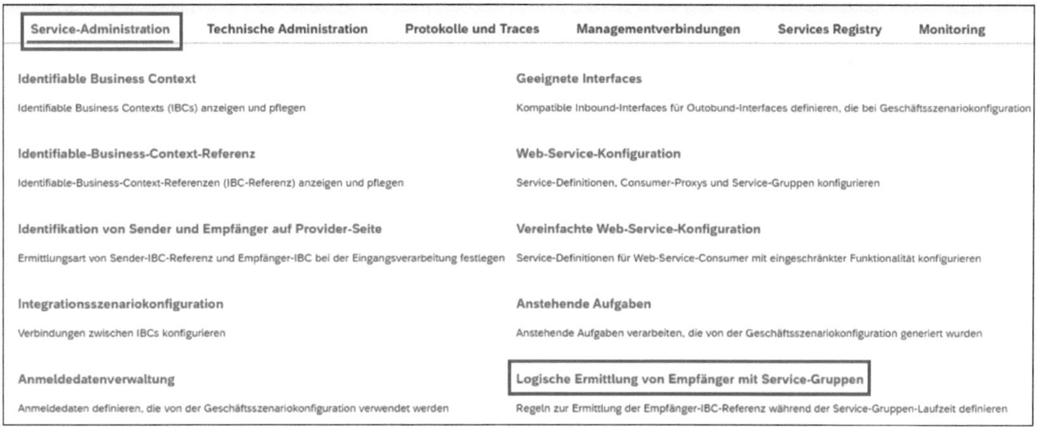

Abbildung 6.44: Transaktion »SOAMANAGER«: Logische Ermittlung von Empfänger mit Service-Gruppen

Klicken Sie anschließend auf **Anlegen**. Im ersten der beiden folgenden Schritte hinterlegen Sie unter **Service-Gruppe** den Wert **/SCMTMS/TOR_LDG_APPT_RQ** und geben bei **Provider-IBC-Referenz** Ihr SAP-System aus der Suche an. Klicken Sie anschließend auf **Weiter** (siehe Abbildung 6.45).

Abbildung 6.45: Service-Gruppe und Provider-Infos

Im zweiten Schritt setzen Sie im Bereich **Routing-Parameter für logische Empfängerermittlung** (siehe Abbildung 6.46) die folgenden Werte:

- Im Feld **Priorität** den Wert **100**
- Im ersten Dropdown-Feld den Wert **Log.System (Empfang)**
- Im zweiten Dropdown-Feld den Wert **Inklusive**
- Im dritten Dropdown-Feld den Wert **Enthält Muster**
- Im vierten Dropdown-Feld den Wert *

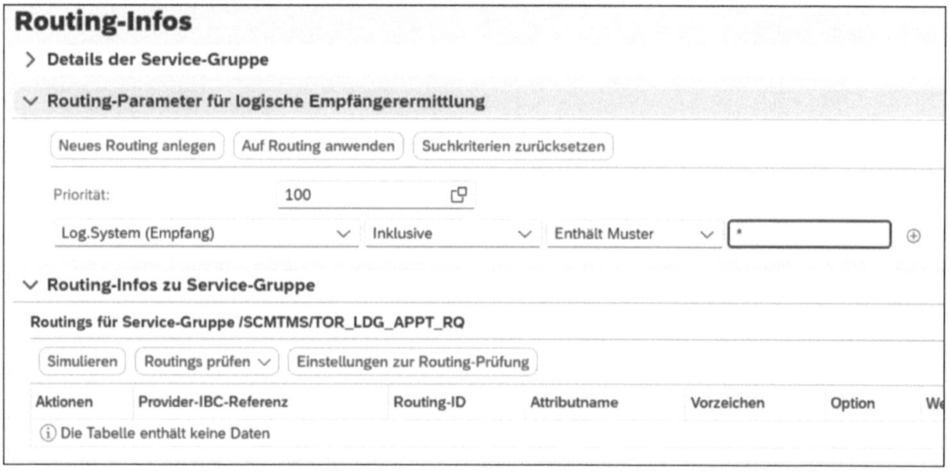

Abbildung 6.46: Neues Routing anlegen

Klicken Sie nun auf **Neues Routing anlegen**. Im Bereich **Routings für Service-Gruppe /SCMTMS/TOR_LDG_APPT_RQ** sollte nun ein neuer Eintrag entstanden sein. Klicken Sie anschließend ganz oben auf **Abschließen.**

Zuletzt springen Sie zur Hauptseite der Transaktion **SOAMANAGER** zurück und wechseln dort zur Registerkarte **Werkzeuge**, wo Sie auf **Health Check** klicken (siehe Abbildung 6.47).

Abbildung 6.47: SOAMANGER Health Check

Klicken Sie im neuen Screen auf **Ausführen**. Wählen Sie im daraufhin erscheinenden Pop-up Ihr SAP-System aus und bestätigen Sie Ihre Auswahl mit **OK** (siehe Abbildung 6.48).

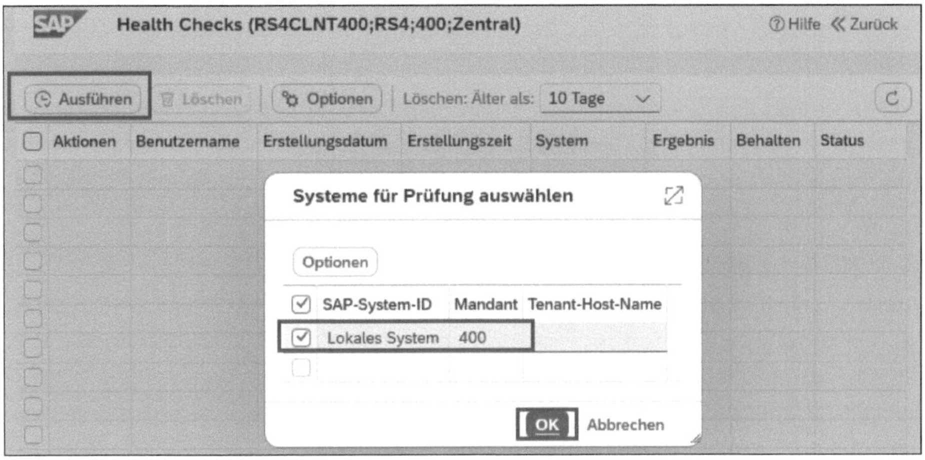

Abbildung 6.48: SOAMANGER Health Check ausführen

Anschließend müssen Sie etwas warten, bis der Check durchgeführt ist. Steht der Status auf **Abgeschlossen**, müssen alle Prüfungen grün sein, außer bei **Technische Einstellungen der SOAP-Laufzeit** – dies aufgrund der Ihnen bereits bekannten Idempotenz-Nachricht, die Sie ignorieren können. Außerdem darf der **System-Ping** rot sein.

Damit ist die Konfiguration abgeschlossen. Um die TE in EWM durch SAP TM anlegen zu können, ist es wichtig, dass Sie in EWM alle notwendigen Einstellungen vorgenommen haben, um eine TE manuell in EWM ohne SAP TM anlegen zu können. Dazu gehören die folgenden Punkte:

1. **Transportmittel pflegen**

   Folgen Sie dem Customizing-Pfad **SCM Extended Warehouse Management • SCM Basis • Stammdaten • Transportbeziehung • Transportmittel pflegen** (siehe Abbildung 6.49). Wenn sich SAP TM und EWM im selben SAP-System befinden, sind die Einträge automatisch synchron. Sollte sich eines der Module auf einem anderen SAP-System befinden, müssen Sie zwingend sicherstellen, dass das Transportmittel für die TE-Anlage in beiden Systemen synchron gepflegt wird.

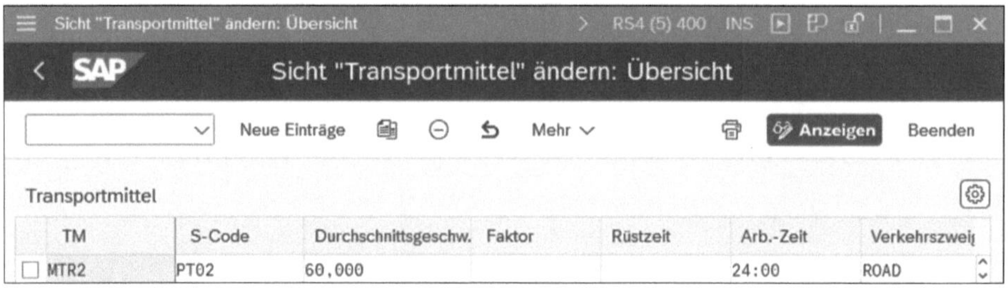

   Abbildung 6.49: Transportmittel definieren

2. **Nummernkreise für Fahrzeuge, TEs und Aktivitäten in Warenannahme und Versand pflegen**

   Folgen Sie dem Customizing-Pfad **SCM Extended Warehouse Management • Extended Warehouse Management • Prozessübergreifende Einstellungen • Warenannahme und Versand • Nummernkreise**. Hier finden Sie vier Customizing-Aktivitäten. Sie müssen alle Nummernkreise pflegen, außer dem Frachtbrief-Nummernkreis.

3. **Relevanz des Transportmittels und zusätzliche Parameter definieren**

   Nun legen Sie fest, ob das Transportmittel für Warenannahme und Versand relevant ist (Zuordnung als TE, Fahrzeug oder beides) und definieren zusätzliche Parameter, z. B. Nummernkreise und Aktionsprofile. Folgen Sie dazu dem Customizing-Pfad **SCM Extended Warehouse Management • Extended Warehouse Management • Prozessübergreifende Einstellungen • Warenannahme und Versand • Kontrollparameter zur Fahrzeug-/TE-Bildung definieren**. Hier hinterlegen Sie das zuvor definierte Transportmittel und den zuvor definierten Nummernkreis (siehe Abbildung 6.50).

4. **Packmittelart des Packmitteltyps A (Transportmittel, Transportelement, Transporteinheit) pflegen**

   Folgen Sie dem Customizing-Pfad **SCM Extended Warehouse Management • Extended Warehouse Management • Wareneingangsprozess • Lagerungsdisposition • Einflussparameter • Packmittelfindung • Packmittelarten definieren**. Prüfen Sie, ob eine Packmittelart vorhanden ist, die bei **PMTyp** den Wert **A Transportmittel, Transportelement, Transporteinheit** aufweist. Falls nicht, legen Sie einen entsprechenden Eintrag über **Neue Einträge** an (siehe Abbildung 6.51).

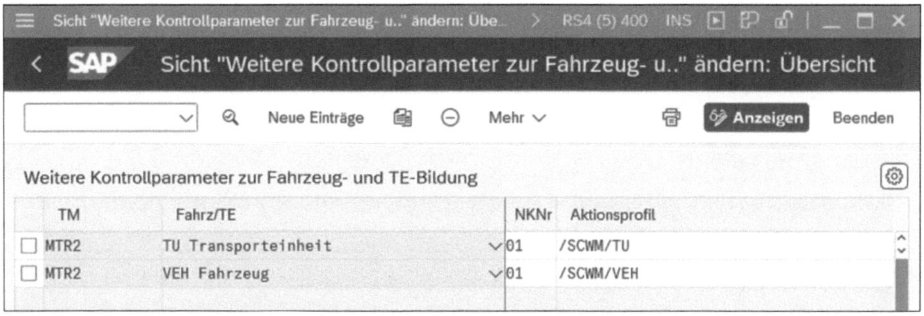

Abbildung 6.50: Kontrollparameter zur Fahrzeug- und TE-Bildung definieren

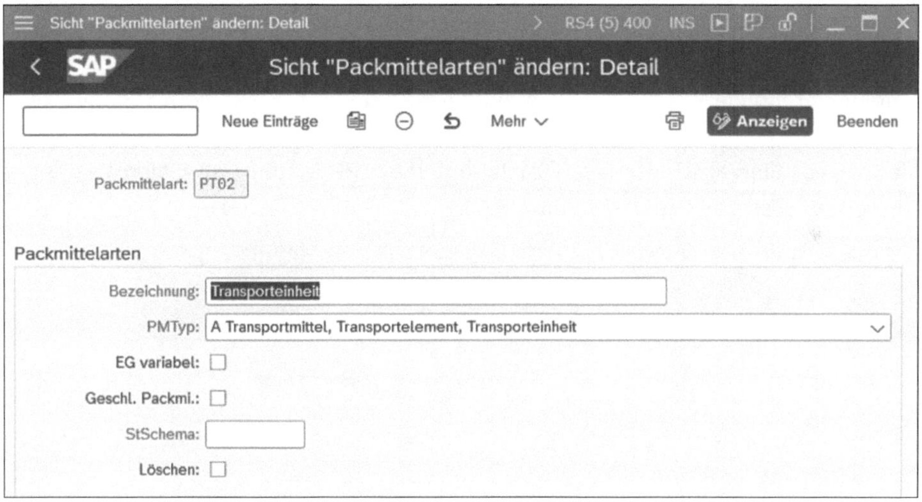

Abbildung 6.51: Packmittelarten definieren

5. **Ein Packmittel mit der zuvor festgelegten Packmittelart anlegen**

   Rufen Sie die Transaktion **MM01** auf. Legen Sie hier einen Materialstamm an, bspw. **EWM_TE**, und hinterlegen Sie in der Sicht **Vertrieb: allg./Werk** im Feld **Packmittelart** Ihre zuvor angelegte Packmittelart.

6. **Das Packmittel mit dem Transportmittel verknüpfen**

   Rufen Sie die Transaktion **/SCWM/PM_MTR** auf. Sie finden diese im Easy-Access-Menü unter dem Pfad **Logistik • SCM Extended Warehouse Management • Extended Warehouse Management • Einstellungen • Warenannahme und Versand**. In der Transaktion hinterlegen Sie Ihre Packmittelart mit dem zuvor angelegten Packmaterial-Stammsatz. Setzen Sie das Kennzeichen bei **Optional** und bei **PKM Cont.** (Packmittel hat Containercharakter). Die restlichen Felder können Sie leer lassen (siehe Abbildung 6.52).

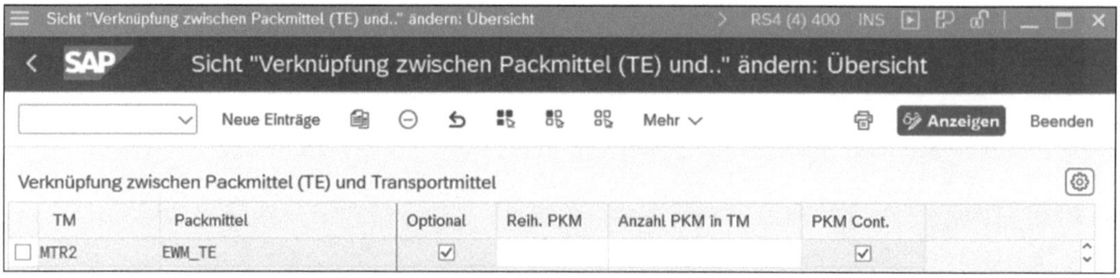

Abbildung 6.52: Packmittel und Transportmittel verknüpfen

Sofern Sie die vorherigen Punkte zur manuellen Anlage der TE geprüft haben, können Sie nun einstellen, dass die Abfahrt vom Kontrollpunkt storniert werden kann. Ohne dieses Customizing ist es nicht möglich, die Abfahrt in EWM über die TE zu stornieren, sollte dies in Ausnahmefällen erforderlich sein. Folgen Sie dazu dem Customizing-Pfad **SCM Extended Warehouse Management • Extended Warehouse Management • Schnittstellen • TM-Integration • Einstellungen für TM-Nachrichtenverarbeitung vornehmen**. Klicken Sie auf **Neue Einträge**, hinterlegen Sie Ihr logisches ERP-System und setzen Sie das Kennzeichen bei **Stor. zul.** (siehe Abbildung 6.53).

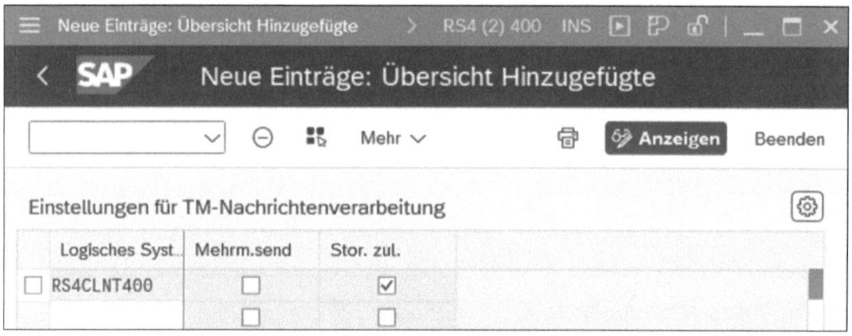

Abbildung 6.53: Einstellungen für TM-Nachrichtenverarbeitung vornehmen

Kennzeichen im Feld »TM-Nachricht mehrmals senden« nicht gesetzt

Wir haben das Kennzeichen im Feld **TM-Nachricht mehrmals senden** bewusst erst einmal nicht gesetzt, werden aber in Abschnitt 6.5, »ERP-Lieferschein aus EWM drucken«, darauf zurückkommen.

Zuletzt müssen Sie die PPF-Aktionsdefinitionen aktivieren, die die LDAP-Kommunikation von EWM zu SAP TM anstoßen. Statt einem der vielen Customizing-Pfade zu folgen, um zur PPF-Administration zu gelangen, merken Sie sich stattdessen den Transaktionscode **SPPFCADM** und öffnen Sie die entsprechende Transaktion. Wählen Sie die Anwendung

/SCWM/SHP_RCV aus und klicken Sie unten auf **Aktionsprofile und Aktionen definieren** (siehe Abbildung 6.54).

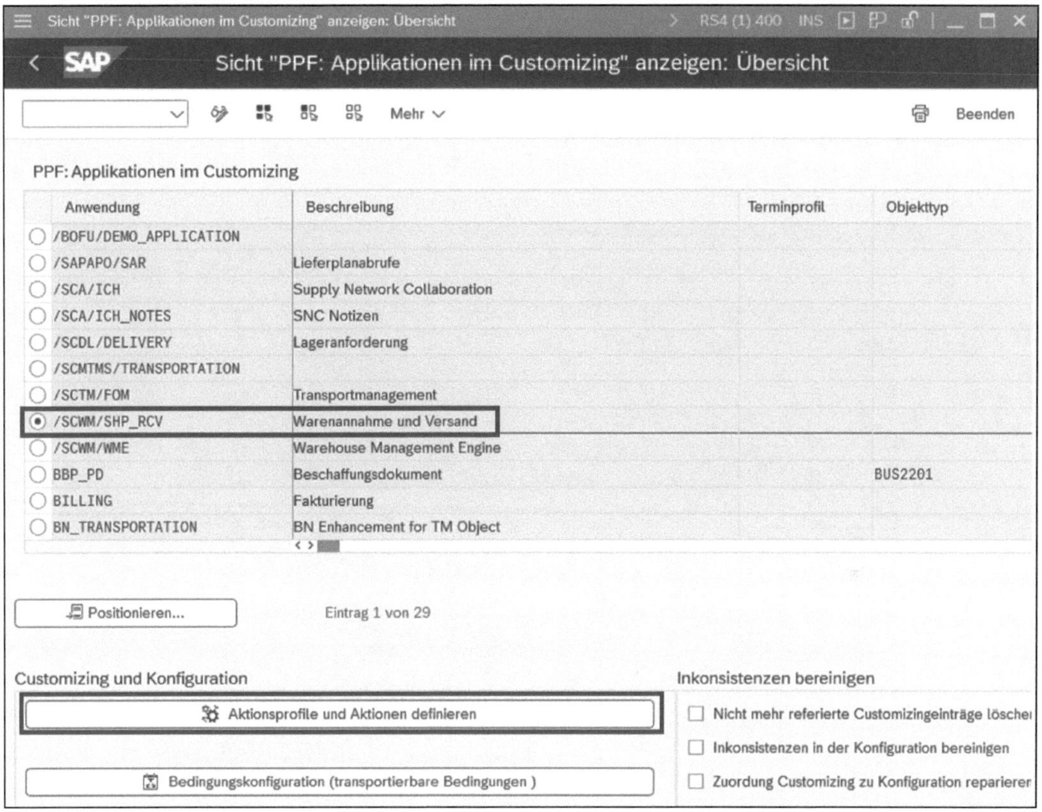

Abbildung 6.54: Transaktion »SPPFCADM«

Markieren Sie nun das Aktionsprofil **/SCWM/TU** im mittleren Screen-Bereich und doppelklicken Sie anschließend links in der Dialogstruktur auf **Aktionsdefinition**. Wechseln Sie dort in den Änderungsmodus, indem Sie auf **Bearbeiten** klicken, und setzen sie anschließend die Aktionsdefinition **/SCWM/SR_SEND_TU_LDAP_NOTI** auf aktiv (indem Sie das Kennzeichen bei **inaktiv** nicht setzen; siehe Abbildung 6.55). Bestätigen Sie dabei die Warnungsnachricht mit ↵ und speichern Sie Ihre Änderungen.

Nun wechseln Sie in der Dialogstruktur wieder eine Hierarchieebene höher auf die Aktionsprofile und springen bei **/SCWM/VEH** zu den Aktionsdefinitionen. Hier setzen Sie die Aktionsdefinition **/SCWM/SR_SEND_VEH_LDAP_NOTI** auf aktiv (indem Sie das Kennzeichen bei **inaktiv** nicht setzen; siehe Abbildung 6.56). Bestätigen Sie dabei wieder die Warnungsnachricht mit ↵ und speichern Sie Ihre Änderungen.

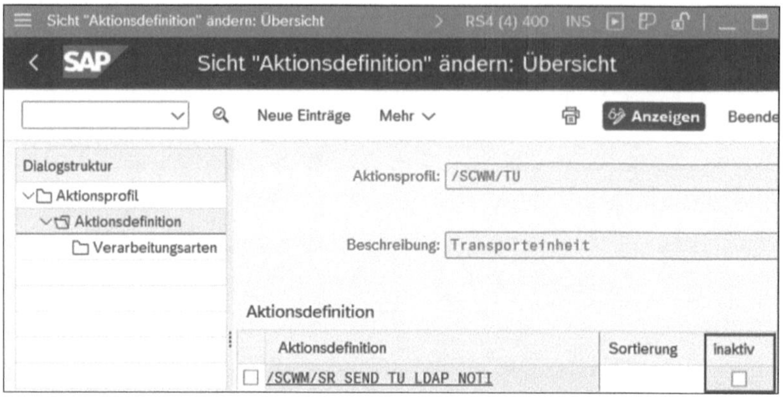

Abbildung 6.55: PPF-Aktion für EWM-TE an SAP TM aktivieren

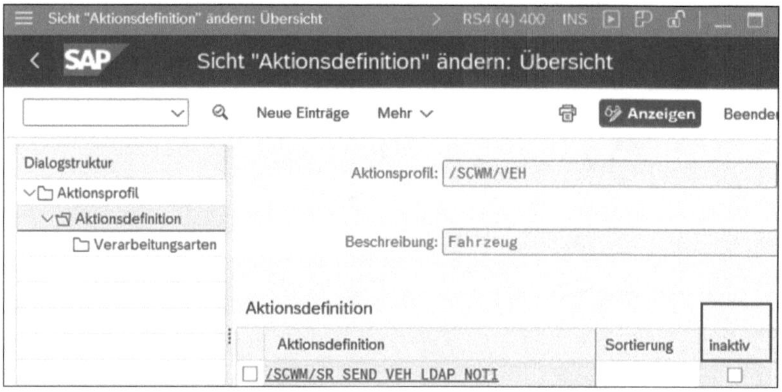

Abbildung 6.56: PPF-Aktion für EWM-Vehikel an SAP TM aktivieren

Optional können Sie über das Customizing noch einstellen, dass der EWM-Auslieferungsauftrag so lange gesperrt bleibt, bis die TE über SAP TM angelegt wurde. Dies hat den Vorteil, dass das Lager nicht versehentlich zu früh mit der Kommissionierung beginnt. Eine Demonstration dieser Funktionalität sehen Sie in Abschnitt 6.3.4, »Prozessdemo: ASR-Integration«.

6.3.2 Prozessdemo: TE-basierte Integration

Nun kommen wir zum Systemtest. Hierzu benötigen Sie eine LE-Auslieferung. Stellen Sie vor dem Anlegen der Lieferung sicher, dass sie für SAP TM und EWM relevant ist und dass es sich bei der Versandstelle aber nicht um eine ASR-Versandstelle handelt (siehe Abschnitt 6.3.3).

Um herauszufinden, welche Belege für SAP TM relevant sind, folgen Sie dem Customizing-Pfad **Transportation Management • Integration • Logistikintegration • Integration interne TM-Komponente • Transportrelevanz von Lieferbelegen definieren**. Falls Sie hier keine Einträge finden, kann es sein, dass stattdessen Einträge in der Customizing-Aktivität **Transportrelevanz von Verkaufsbelegen definieren** vorhanden sind. Dies hängt davon ab, ob eine lieferbasierte oder auftragsbasierte Planung in Ihrem System eingerichtet ist. In unserem Demosystem ist die lieferbasierte Planung aktiv.

Legen Sie mit der Transaktion **VA01** einen SD-Vertriebsauftrag an. Diesen Auftrag beliefern Sie über die Transaktion **VL01N**. Nach dem Speichern zeigen Sie die Auslieferung über die Transaktion **VL03N** an und überprüfen, ob die Lieferung an EWM verteilt wurde und für SAP TM relevant ist. Sie können auf einen Blick sehen, ob beide Bedingungen erfüllt sind.

Sobald Sie im Anzeigemodus in die Lieferung springen, muss ganz unten eine Nachricht erscheinen, dass die Lieferung verteilt wurde und deshalb nur die Anzeige erlaubt ist. Wird diese Nachricht angezeigt, wurde die Lieferung an EWM verteilt (siehe Abbildung 6.57). Rechts neben der Registerkarte **Warenbewegungsdaten** muss die Registerkarte **TM Status** sichtbar sein. Ist diese Registerkarte vorhanden, ist die Lieferung für SAP TM relevant.

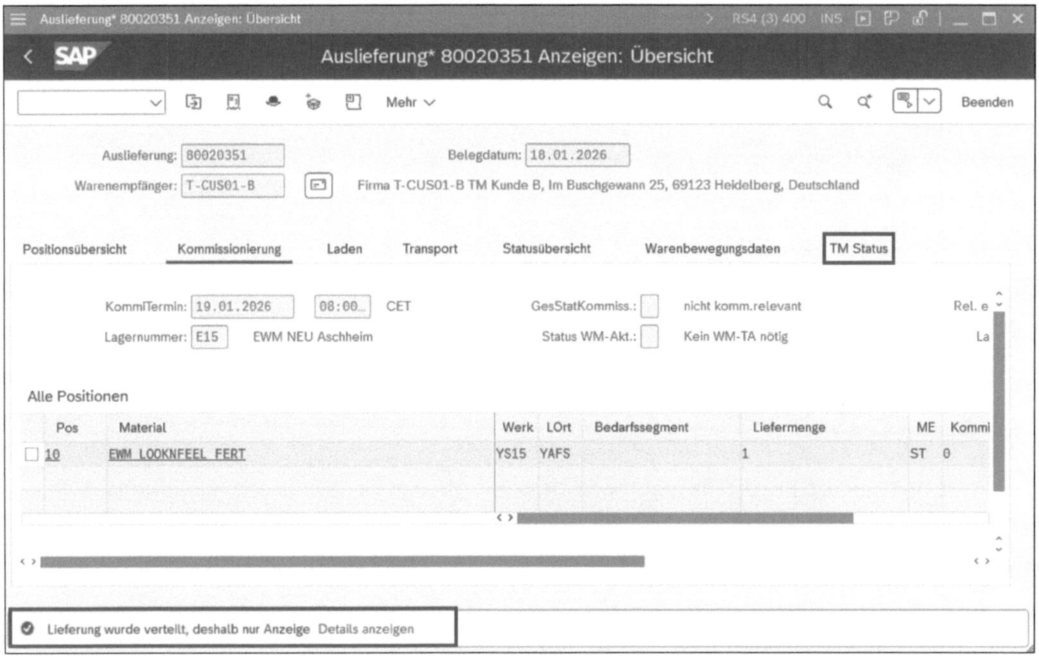

Abbildung 6.57: Prüfen, ob die Lieferung an EWM verteilt wurde und für SAP TM relevant ist

Alternativ können Sie auch über F8 in die Kopfdaten springen und zur Registerkarte **Abwicklung** navigieren. Hier finden Sie eine Übersicht über die Lieferstatus. Sie sehen hier anhand des Status **Verteilungsstatus dezentrale Lagerabwicklung**, ob die Lieferung an EWM verteilt wurde. Anhand des **Status Transportplanung (Kopf)** sehen Sie, ob die Lieferung für SAP TM relevant ist (siehe Abbildung 6.58).

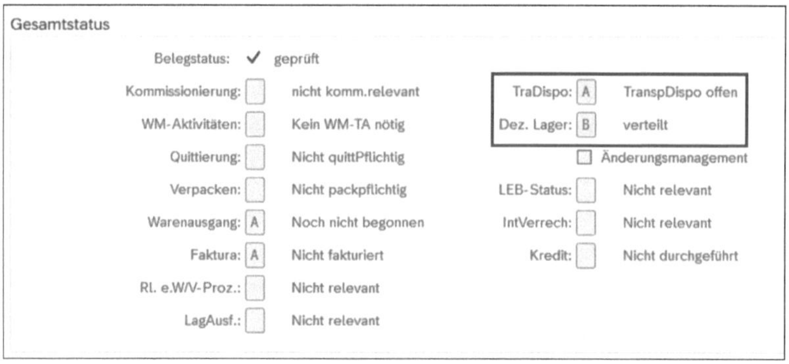

Abbildung 6.58: EWM-Verteilstatus und SAP-TM-Planungsrelevanz in der LE-Auslieferung

Navigieren Sie mit F3 von den Kopfdaten zurück zur **Positionsübersicht**. Klicken Sie anschließend auf die Registerkarte **TM Status** und dort auf **Belegfluss**, um die TM-Frachteinheit anzuzeigen (siehe Abbildung 6.59).

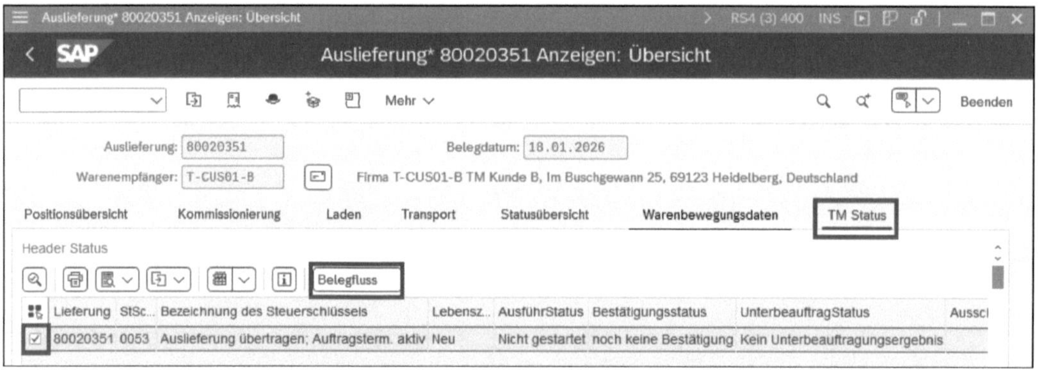

Abbildung 6.59: Anzeigen des TM-Belegflusess in der LE-Auslieferung

Die Nummer der Frachteinheit ist ein Hotspot, d. h., dass Sie, wenn Sie darauf klicken, zur SAP-Fiori-App **Frachteinheit Anzeigen** weitergeleitet werden (siehe Abbildung 6.60).

Berechtigung für die Anzeige von SAP-TM-Fiori-Apps

Falls Sie keine SAP-TM-Fiori-Apps sehen können, stellen Sie sicher, dass Ihrem User die entsprechende SAP-TM-Fiori-Berechtigungsrolle zugeordnet ist. Im Standard ist dies die Rolle **SAP_BR_TRANSPORTATION_MANAGER**.

Als Nächstes prüfen Sie die Verteilung der LE-Lieferung in das EWM-System. Öffnen Sie dazu die Transaktion **/SCWM/PRDO** und geben Sie Ihre Auslieferungsnummer in das Suchfeld ein. Führen Sie anschließend die Suche mit F8 aus oder indem Sie auf das Icon rechts neben dem Suchfeld klicken. Wenn die LE-Lieferung erfolgreich verteilt wurde, sollte der EWM-Auslieferungsauftrag mit einem grünen Status sichtbar sein.

Abbildung 6.60: Frachteinheit anzeigen

Öffnen Sie nun Ihr SAP-Fiori-Launchpad über die Transaktion **/UI2/FLP**. Öffnen Sie die App **Straßenfrachtauftrag anlegen**. Wählen Sie die Frachtauftragsart aus, in der Sie Ihre Konfiguration für die TE-Integration hinterlegt haben. Weisen Sie hier Ihre Frachteinheit Ihrem Frachtauftrag zu. Dies tun Sie in der App über die Registerkarte **Positionen**. Klicken Sie dort im Bereich **Alle Positionen** auf **Einfügen** und wählen Sie anschließend **FEs basierend auf Frachteinheits-ID einfügen** (siehe Abbildung 6.61).

Abbildung 6.61: Straßenfrachtauftrag anlegen: Frachteinheit zum Frachtauftrag zuweisen

Alternativ können Sie auch über die SAP-Fiori-App **Transport-Cockpit** arbeiten und von dort aus einen Straßenfrachtauftrag anlegen, je nach Ihrer SAP-TM-Systemkonfiguration. In unserem Demosystem gehen wir über das Cockpit, indem wir die relevante Frachteinheit markieren und auf **Kapazitätsbeleg anlegen • Straßenfrachtauftrag anlegen** klicken (siehe Abbildung 6.62).

Es gibt noch eine dritte Möglichkeit, dem Frachtauftrag eine Frachteinheit zuzuweisen, und zwar über die App **Lieferintegration (Arbeitsvorrat)** bzw. im Falle von auftragsbasierter Planung über die App **Auftragsintegration (Arbeitsvorrat)**. Die beiden Apps finden sich in der SAP-Fiori-Registerkarte **Logistikintegration**.

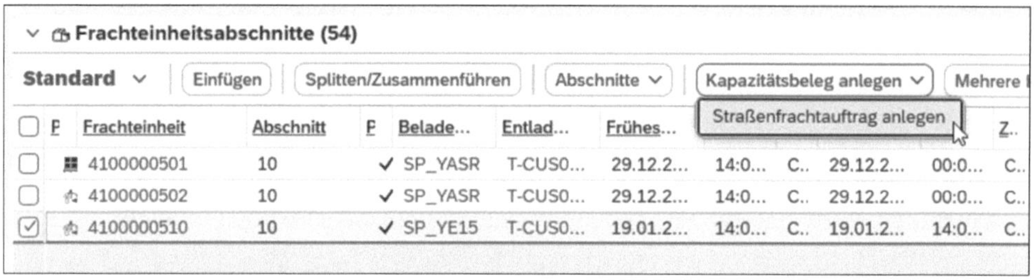

Abbildung 6.62: Frachtauftrag über das Cockpit anlegen

Da wir in unserem Demo-System mit der lieferbasierten Planung arbeiten, wählen wir die App **Lieferintegration (Arbeitsvorrat)** und klicken im Bereich **Aktive Abfragen** auf **Alle lieferungsbasierten Frachteinheiten**. In der Übersicht unten sollte unsere Frachteinheit zu sehen sein. Wir markieren die Zeile und klicken auf **Kapazitätsbeleg • Einen Beleg pro Abschnitt erstellen**, um für diese Frachteinheit sofort einen Frachtauftrag anzulegen und zuzuweisen (siehe Abbildung 6.63).

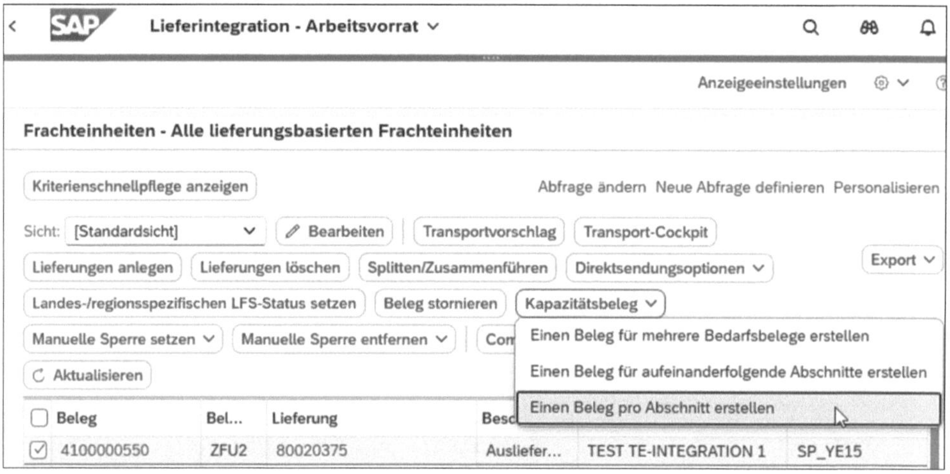

Abbildung 6.63: Lieferintegration Arbeitsvorrat: Frachteinheit zum Frachtauftrag zuweisen

Unabhängig davon, für welche Methode Sie sich entschieden haben, sollten Sie den zugewiesenen Frachtauftrag nun sowohl im Belegfluss der Frachteinheit als auch in der LE-Auslieferung sehen. Navigieren Sie zur Anzeige des angelegten Frachtauftrags und wechseln Sie in den Bearbeitungsmodus, indem Sie auf **Bearbeiten** klicken. Stellen Sie in der Registerkarte **Allgemeine Daten** sicher, dass das Transportmittel hinterlegt ist, das Sie auch in EWM verwenden würden, um manuell eine TE anzulegen (siehe Abbildung 6.64).

Abbildung 6.64: Transportmittel im Frachtauftrag hinterlegen

[+]

Transportmittel im Ressourcenstammsatz hinterlegen

Wenn Sie in SAP TM mit Ressourcen arbeiten, können Sie das Transportmittel im Ressourcenstammsatz hinterlegen. Sie können auch in Ihrem SAP-TM-Planungsprofil ein Profil für Randbedingungen und Kosteneinstellungen erstellen. In diesem Profil können Sie dann bei den Equipment-Einstellungen eine Equipmentgruppe hinterlegen, in der wiederum Ihr Transportmittel hinterlegt ist. Hierzu müssen Sie zuerst im SAP-TM-Customizing unter dem Pfad **Transportation Management • Stammdaten • Ressourcen • Allgemeine Einstellungen • Equipmentgruppen und Equipmentarten definieren** die entsprechenden Gruppen anlegen. Ziehen Sie dazu Ihren SAP-TM-Modulbetreuer zurate.

Klicken Sie nun auf **Folgeaktionen** und anschließend in der Dropdown-Auswahlliste auf **Beladeanweisung senden** (siehe Abbildung 6.65). Das folgende Pop-up bestätigen Sie mit **Ok**.

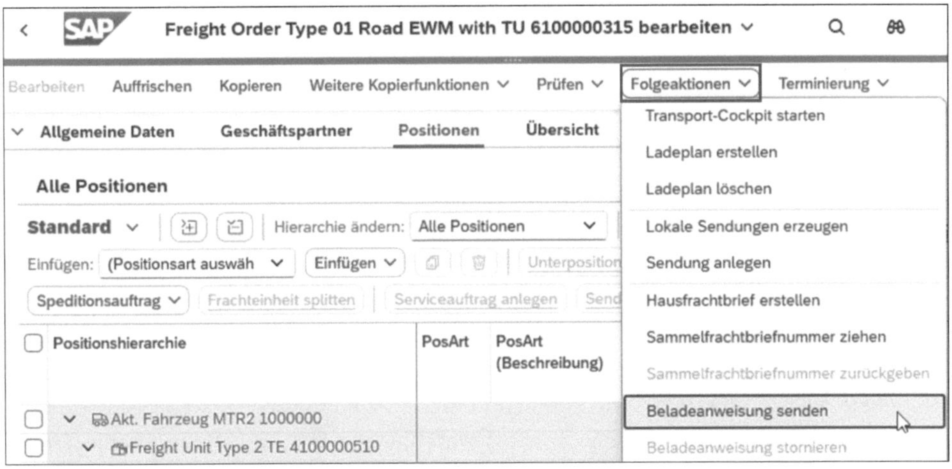

Abbildung 6.65: Beladeanweisung senden

Sie sollten nun unten im Browserfenster die Nachricht sehen, dass die Daten erfolgreich gesichert wurden und die Belade-/Entladeanweisung beim Sichern versendet wird (siehe Abbildung 6.66). Vergessen Sie nicht, anschließend auf **Sichern** zu klicken.

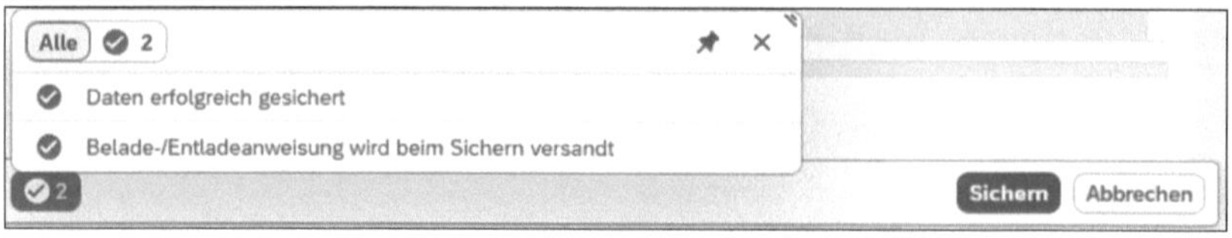

Abbildung 6.66: Erfolgsnachricht nach dem Senden der Beladeanweisung

Öffnen Sie nun die Transaktion **/SCWM/PRDO**, geben Sie Ihre Auslieferungsnummer in das Suchfeld ein und führen Sie mit F8 die Suche aus. Wechseln Sie anschließend zur Registerkarte **Transporteinheit**. Wenn die Nachricht aus SAP TM erfolgreich verarbeitet wurde, findet sich hier ein Eintrag mit einer TE, deren Nummer mit der des TM-Frachtauftrags identisch ist (siehe Abbildung 6.67).

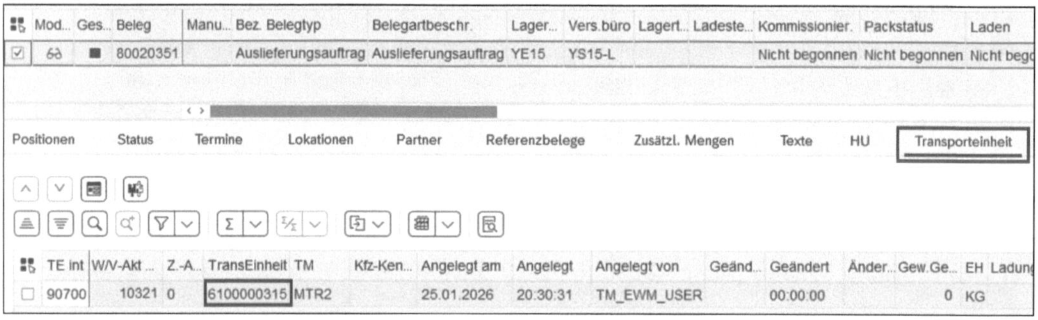

Abbildung 6.67: TE wurde durch erfolgreich SAP TM angelegt

[+]

> **Fehlersuche mit der Transaktion »SRT_MONI«**
> Falls keine TE angelegt wurde, empfiehlt es sich, mithilfe der Transaktion **SRT_MONI** auf Fehlersuche zu gehen. Wurde die Nachricht fehlerhaft verarbeitet, muss ein entsprechender Eintrag vorhanden sein. Diesen können Sie markieren und anschließend über **Fehlerprotokoll** analysieren, warum die Nachricht nicht verarbeitet wurde. Nach Ihren Korrekturen können Sie die Nachricht über **Aktionen • Neustart** erneut anstoßen.

Führen Sie die Kommissionierung durch, indem Sie Lageraufgaben erstellen und quittieren. Stellen Sie außerdem sicher, dass das Material verpackt ist. Öffnen Sie die Transaktion **/SCWM/TU** und geben Sie Ihre TE-Nummer ein. Führen Sie die notwendigen Warenannahme- und Versandaktivitäten, wie bspw. das Setzen der Ankunft am Tor, für Ihre TE durch. Führen Sie abschließend die Abfahrt vom Kontrollpunkt durch, indem Sie auf **Aktion • Kontrollpunkt • Abfahrt + Sichern** klicken (siehe Abbildung 6.68).

Abbildung 6.68: TE vom Tor abfahren lassen

Wechseln Sie zur Registerkarte **PPF-Aktionen**. Nach der Abfahrt vom Tor sollte hier die PPF-Aktion **Sende Nachricht ans TM** angezeigt werden. Mit dieser PPF-Aktion wird eine LDAP-Nachricht von EWM an SAP TM gesendet, dass der LKW abgefahren ist (siehe Abbildung 6.69).

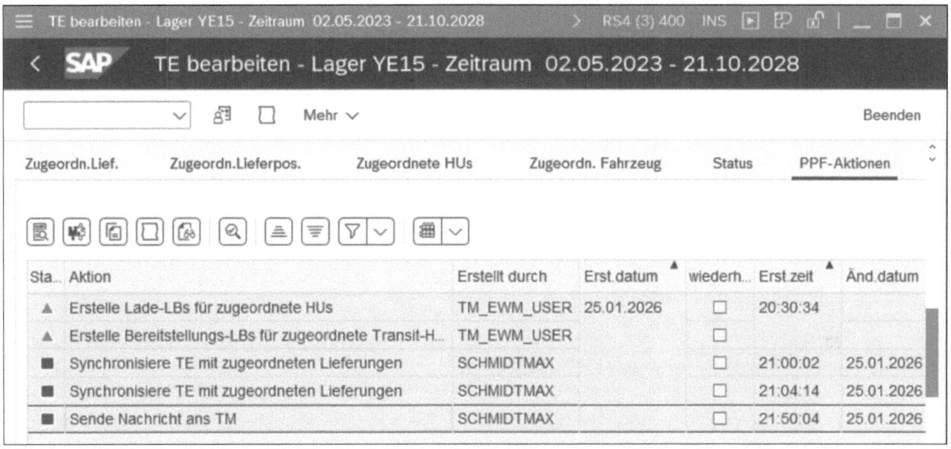

Abbildung 6.69: PPF-Aktion für EWM-TE an SAP TM wurde erfolgreich angestoßen

Die HU-Informationen werden ebenfalls an SAP TM gesendet; dies geschieht jedoch nicht über diese LDAP-Nachricht, sondern über die Aktualisierung der LE-Auslieferung durch den Warenausgang.

Öffnen Sie nun die SAP-Fiori-App **Straßenfrachtauftrag anzeigen** und geben Sie Ihre Frachtauftragsnummer ein. Navigieren Sie zur Registerkarte **Positionen**. Sie sehen hier, dass die **Positionshierarchie** um die HU-Informationen ergänzt wurde (siehe Abbildung 6.70).

Abbildung 6.70: HU-Informationen im Frachtauftrag

Navigieren Sie nun zur Registerkarte **Status**. Hier sehen Sie, dass sich die Status des Frachtauftrags aufgrund der EWM-LDAP-Nachricht verändert haben und der logistische Ausführungsstatus auf **Abgefahren** steht (siehe Abbildung 6.71). Damit ist der Test erfolgreich.

Abbildung 6.71: Statusänderung im Frachtauftrag

6.3.3 Konfiguration: ASR-Integration

Der offizielle Leitfaden zur ASR-Integration ist im SAP-Hinweis 3225241 ausführlich beschrieben. Wenn Sie ihn überfliegen, werden Sie feststellen, dass er etwas aufgebläht ist, da auch SAP-Org-Einheiten neu definiert werden, die mit der Integration eigentlich nicht viel zu tun haben. So werden bspw. ein neues Werk, eine EWM-Lagernummer, Einkaufsorganisationen usw. angelegt. Wir wollen uns mit diesem Buch auf die wirklich wichtigen Schritte für die Integration konzentrieren und setzen daher voraus, dass in Ihrem System bereits funktionierende EWM- und SAP-TM-Module etabliert sind, die jedoch noch nicht miteinander kommunizieren.

Da der wesentliche Trigger für die ASR-Integration über die Versandstelle läuft, legen wir eine neue an. Folgen Sie hierzu im Customizing (also in der Transaktion **SPRO**) dem folgenden Pfad: **Unternehmensstruktur • Definition • Logistics Execution • Versandstelle definieren**. Klicken Sie zuerst auf **Neue Einträge** (oder markieren Sie eine bereits bestehende, Ihnen bekannte Versandstelle) und anschließend auf das Icon (**Kopieren als...**) (siehe Abbildung 6.72). Hinterlegen Sie Lade- und Richtzeiten (Kommissionieren und Verpacken) und vergessen Sie nicht, eine Adresse zu hinterlegen. In die Adressendefinition gelangen Sie über das Icon . Sichern Sie anschließend Ihre Einstellungen.

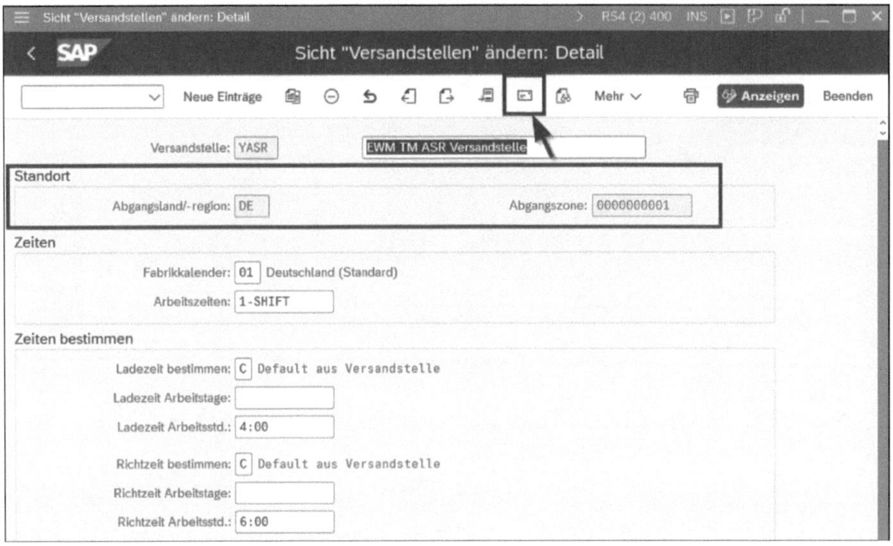

Abbildung 6.72: Neue Versandstelle anlegen

Die neu angelegte Versandstelle muss nun dem SAP-Werk zugeordnet werden. Navigieren Sie hierzu zum Customizing-Pfad **Unternehmensstruktur • Zuordnung • Logistics Execution • Versandstelle – Werk zuordnen**. Markieren Sie Ihr Werk und klicken Sie auf **Zuordnen** (siehe Abbildung 6.73). Es öffnet sich ein Dynpro-Pop-up, in dem Sie Ihre neu angelegte Versandstelle selektieren und mit **Weiter** bestätigen können. Die Versandstelle erscheint nun in der Liste links unter dem Werk. Sichern Sie anschließend Ihre Einstellungen.

Im nächsten Schritt weisen Sie die neu angelegte Versandstelle in der Versandstellenfindung als manuelle Versandstelle in der Versandstellenfindung zu. Wenn Sie möchten, können Sie die Versandstelle auch nur in Verbindung mit bestimmten Versandbedingungen oder Ladegruppen als vorgeschlagene Versandstelle definieren. Dies hängt von Ihren gewünschten Szenarien ab. Für unsere Demo-Zwecke genügt eine manuelle Versandstelle. Folgen Sie hierzu dem Customizing-Pfad **Logistics Execution • Versand • Grundlagen • Versand-/Warenannahmestellenfindung • Versandstellen zuordnen**. Prüfen Sie anschließend, ob für die Lieferart Ihrer LE-Auslieferung eventuell eine lagerortabhängige Versandstellenfindung aktiv ist. In diesem Fall müssen Sie dem Pfad **Logistics Execution • Versand • Grundlagen • Versand-/Warenannahmestellenfindung • Lagerortabhängige Versandstellenfindung einrichten • Versandstellen lagerortabhängig zuordnen** folgen.

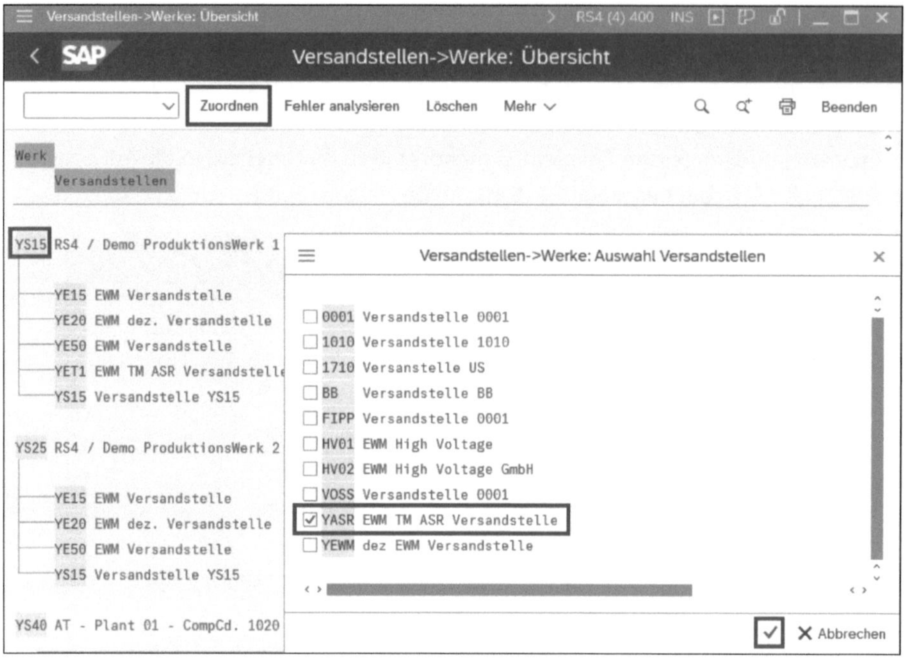

Abbildung 6.73: Versandstelle dem Werk zuweisen

In der werksabhängigen Versandstellenfindung hinterlegen Sie nun Ihre neu angelegte Versandstelle in der Spalte **Manuelle Versandstelle** (siehe Abbildung 6.74).

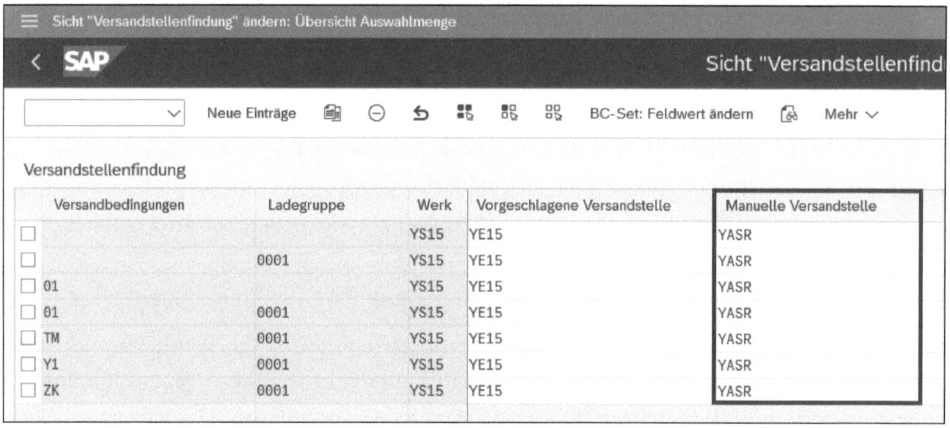

Abbildung 6.74: Versandstellenfindung auf Werksebene pflegen

Als Nächstes müssen Sie die Versandstelle als relevant für die Abwicklung mit SAP TM aktivieren. Damit ist noch nicht die ASR-Integration gemeint, sondern die Integration in SAP TM an sich. Folgen Sie hierzu dem Customizing-Pfad **Transportation Management • Integration • Logistikintegration • Integration interne TM-Komponente • Transportrelevanz von Lieferbelegen definieren**. Klicken Sie auf **Neue Einträge** und weisen Sie die neue Versandstelle dem Ihnen bekannten Steuerschlüssel für die Belegintegration sowie dem Logistikintegrationsprofil zu (siehe Abbildung 6.75).

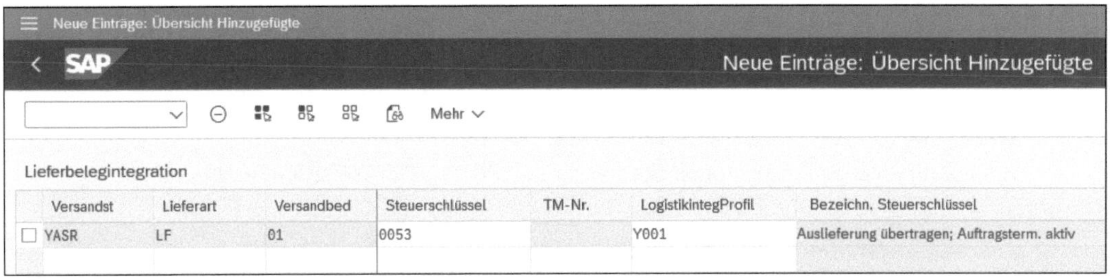

Abbildung 6.75: Versandstelle dem TM-Steuerschlüssel und dem Logistikintegrationsprofil zuordnen

Erstellen Sie nun eine Lokation aus der Versandstelle. Führen Sie hierzu das Programm **/SAPAPO/CREATE_LOCATION** in der Transaktion **SE38** aus. Tragen Sie dort Ihre Versandstelle ein und setzen Sie das Kennzeichen bei **Erw. W/V-Prozess aktivieren** (siehe Abbildung 6.76).

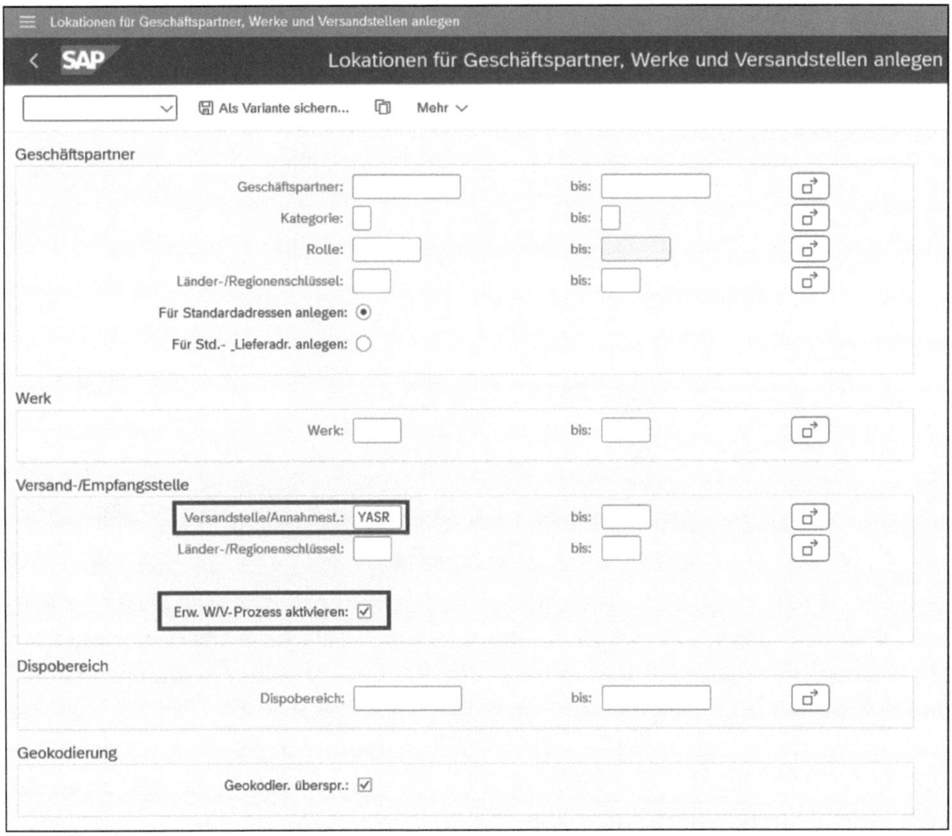

Abbildung 6.76: Lokation aus Versandstelle erstellen

Wenn die Erstellung der Lokation erfolgreich war, erscheint ein Protokoll mit dem Text »Lokation SP_YASR für Versandstelle YASR angelegt« (siehe Abbildung 6.77).

Typ	Meldungstext
■	Lokation SP_YASR für Versandstelle YASR angelegt

Abbildung 6.77: Erfolgsprotokoll nach Report »/SAPAPO/CREATE_LOCATION«

Öffnen Sie nun die Transaktion **/SCMTMS/LOC3**. Geben Sie bei **Lokation** den Wert **SP_** gefolgt von Ihrer Versandstelle ein. Da wir die Versandstelle in unserem Beispiel **YASR** genannt haben, wäre die Lokation in diesem Fall **SP_YASR**. Klicken Sie anschließend auf **Anzeigen** (siehe Abbildung 6.78).

Abbildung 6.78: Lokation anzeigen

Wenn Sie in dem neuen Screen bis ganz nach unten scrollen, sehen Sie die Schlüsseleinstellung für die ASR-Integration (siehe Abbildung 6.79).

Damit ist die ASR-Integration abgeschlossen. Zusammengefasst müssen Sie für die ASR-Integration lediglich für die Versandstellenlokation im Feld **Relevanz des erweiterten W/V-Prozesses** den Wert auf **1** setzen, was dem Wert **Für erweiterten Warenannahme- und Versandprozess relevant** entspricht. Hätten Sie nicht mit einer neuen Versandstelle arbeiten wollen, sondern lieber eine bestehende Versandstelle geändert, würde es ausreichen, im Änderungsmodus nachträglich diesen Wert für die Lokation zu setzen, um die EWM-TM-ASR-Integration abzuschließen.

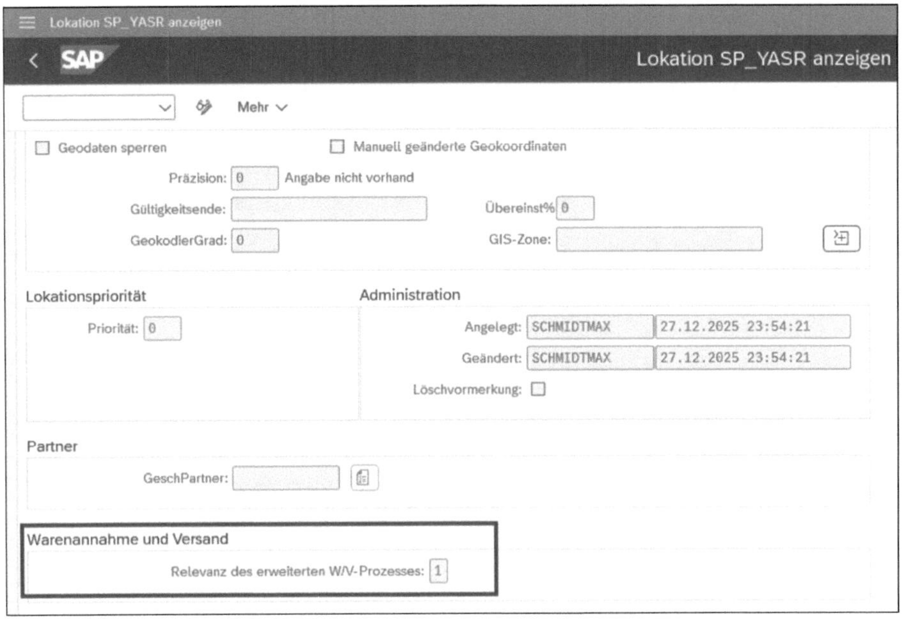

Abbildung 6.79: Transaktion Lokation anzeige – Kennzeichen für ASR-Relevanz

6.3.4 Prozessdemo: ASR-Integration

Nun wollen wir die ASR-Integration testen und legen hierfür einen SD-Vertriebsauftrag an, der von der neuen Versandstelle beliefert wird (siehe Abbildung 6.80).

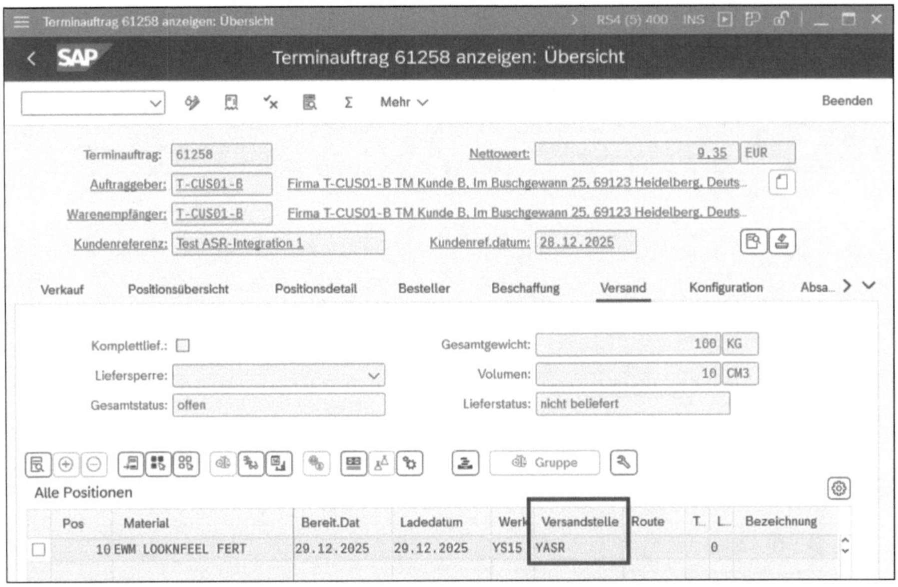

Abbildung 6.80: SD-Vertriebsbeleg mit der neuen ASR-Versandstelle anlegen

Erstellen Sie im Anschluss mit der Transaktion **VL01N** eine LE-Auslieferung für den Auftrag. Wenn Sie alles richtig gemacht haben, wird die Lieferung bereits während der Erstellung als ASR-relevant eingestuft. Wechseln Sie zur Registerkarte **Kommissionierung** ❶ und prüfen Sie dort den Wert des Felds **Relevanz des erweiterten Warenannahme- und Versandprozesses** ❷ (siehe Abbildung 6.81).

Abbildung 6.81: LE-Lieferung mit ASR-Relevanz anlegen

Prüfen Sie nach dem Speichern der Auslieferung, ob eine SAP-TM-Frachteinheit angelegt wurde. Öffnen Sie dazu die Lieferung im Anzeigemodus. Rechts neben der Registerkarte **Warenbewegungsdaten** muss nun die neue Registerkarte **TM Status** zu sehen sein. Klicken Sie auf dieser Registerkarte auf **Belegfluss**, um die SAP-TM-Frachteinheit anzuzeigen (siehe Abbildung 6.82).

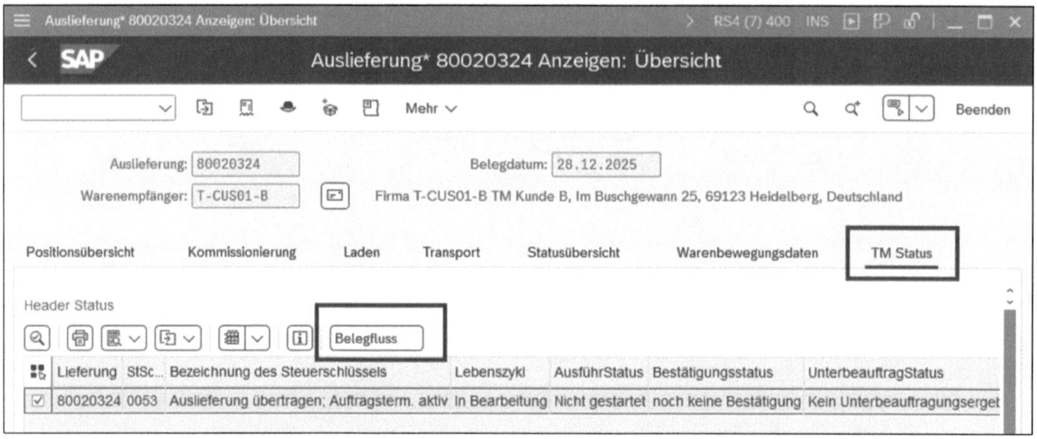

Abbildung 6.82: LE-Lieferung auf SAP-TM-Relevanz und deren Frachteinheit prüfen

Die Nummer der Frachteinheit ist ein Hotspot, das bedeutet, dass Sie, wenn Sie darauf klicken, zur SAP-Fiori-App **Frachteinheit anzeigen** weitergeleitet werden (siehe Abbildung 6.83).

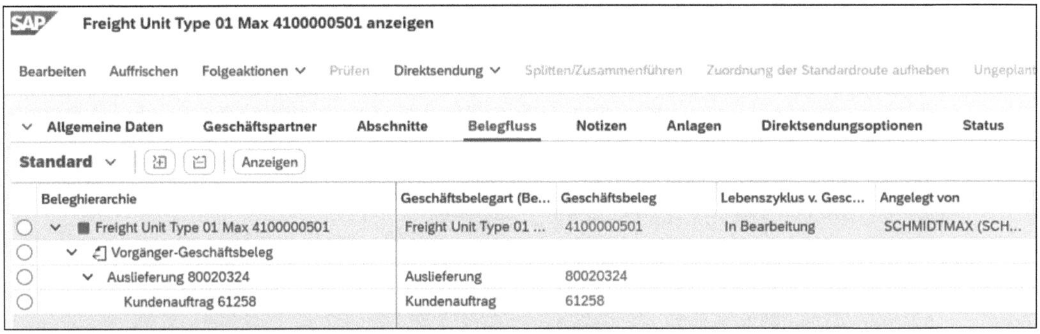

Abbildung 6.83: Frachteinheit anzeigen

> **Berechtigung für die Anzeige von SAP-TM-Fiori-Apps**
> Falls Sie keine SAP-TM-Fiori-Apps sehen können, stellen Sie sicher, dass Ihrem User die entsprechende SAP-TM-Fiori-Berechtigungsrolle zugeordnet ist. Im Standard ist dies die Rolle **SAP_BR_TRANSPORTATION_MANAGER**.

Prüfen Sie nun die Verteilung der LE-Lieferung in das EWM-System. In unserem Beispiel konnte die Lieferung im Lagerverwaltungsmonitor (Transaktion **/SCWM/MON**) nicht angezeigt werden, obwohl sie laut LE-Lieferung erfolgreich verteilt wurde. Dies lässt auf einen fehlerhaften Nachrichtenqueue-Eintrag schließen. Tatsächlich befindet sich unsere Lieferung in der Queue mit dem Fehler »Status Versandbereitschaft (DSH) obligatorisch für Transportplanungsart Planung in TM für erw. W/V-Prozess […]« (siehe Abbildung 6.84).

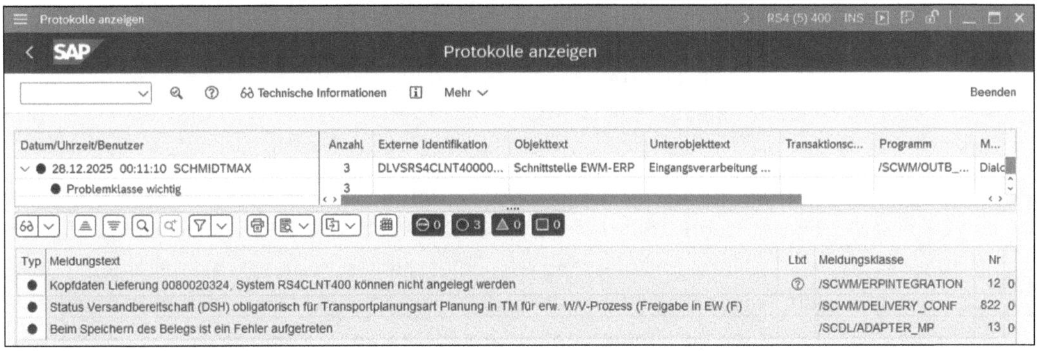

Abbildung 6.84: Lieferung konnte nicht an EWM verteilt werden

Die Fehlermeldung ist in diesem Fall sehr aufschlussreich. Es fehlt noch Customizing innerhalb des EWM-Moduls: Die Statusart **DSH** muss noch im Statusprofil der Lieferbelegart aktiviert werden. Dabei handelt es sich um den Status der Versandbereitschaft. In Abschnitt 6.2 konnten Sie diesen Status bereits auf einigen Prozessabbildungen sehen, bspw. in Abbildung 6.4 und Abbildung 6.5. Der Status signalisiert, dass die entsprechenden Lieferungen fertig kommissioniert und verpackt und folglich bereit für den Versand sind. Mit diesem Status werden die Packinformationen von EWM an die SAP-TM-Frachteinheit sowie an den Frachtauftrag übermittelt. Optional können die Packinformationen auch an die LE-Auslieferung gesendet werden. Mehr zum optionalen Datentransfer mit der LE-Auslieferung erfahren Sie in Abschnitt 6.5.

[!]

Unterschiedliche Statusarten je nach Integrationsmodell

Die Statusart **DSH** kann nicht in Kombination mit Statusarten verwendet werden, die für die TE-basierte Integration relevant sind, z. B. **DTU**. Sollten Sie sich also in einem hybriden Modell mit ASR- und TE-Integration befinden, können Sie nicht dieselbe EWM-Lieferbelegart und -Positionsart verwenden.

Sie können dieses Problem im Standard umgehen, indem Sie für die ASR-relevanten Versandstellen eine eigene ERP-Lieferart definieren und diese dann im EWM-Schnittstellen-Customizing auf eigene EWM-Belegarten mappen. Alternativ können Sie die BAdI **/SCWM/EX_ERP_INT_CONF** mit der Methode **DET_DOCTYPE** implementieren. Im Methodenparameter **IS_HEADER** existiert die Komponente **SHIP_POINT**, also die ERP-Versandstelle. Sie können diese BAdI-Methode bspw. dazu verwenden, um nur anhand der Versandstelle eine neue EWM-Belegart zu ermitteln, da dies in der Standard-Customizing-Tabelle **/SCWM/TMAPDLVTYP** nicht möglich ist. Sobald Sie eine neue Belegart auf Kopfebene ermitteln, können Sie für die Ermittlung der Positionsarten wieder das Standard-Customizing verwenden.

Beachten Sie jedoch, dass die Verwendung des BAdIs dazu führt, dass die Standard-Logik nicht mehr durchlaufen wird. Sie sollten daher in Ihrem Coding sicherstellen, dass Sie das Coding der Fallback-Klasse **/SCWM/CL_DEF_IM_ERP_INT_CONF** aufrufen, die wieder auf die Standard-Logik zurückgeht. Dies gilt auch für die Positionsermittlung und die Belegtypermittlung.

In unserem Demo-System existieren beide Integrationsmodelle, weshalb wir dort mit dem BAdI arbeiten. Unabhängig davon, für welche Variante Sie sich entscheiden, müssen Sie das Statusprofil Ihrer betroffenen EWM-Lieferbelegart kopieren und mit einem Z-Profil austauschen. Folgen Sie hierzu dem Customizing-Pfad **SCM Extended Warehouse Management • Extended Warehouse Management • Warenausgangsprozess • Auslieferung • Belegarten für Auslieferungsprozess definieren.** Markieren Sie die in Ihrem System relevante Lieferbelegart des Belegtyps **PDO**. In unserem Beispiel ist es die Standardbelegart **OUTB**. Notieren Sie sich den Namen des Statusprofils (siehe Abbildung 6.85).

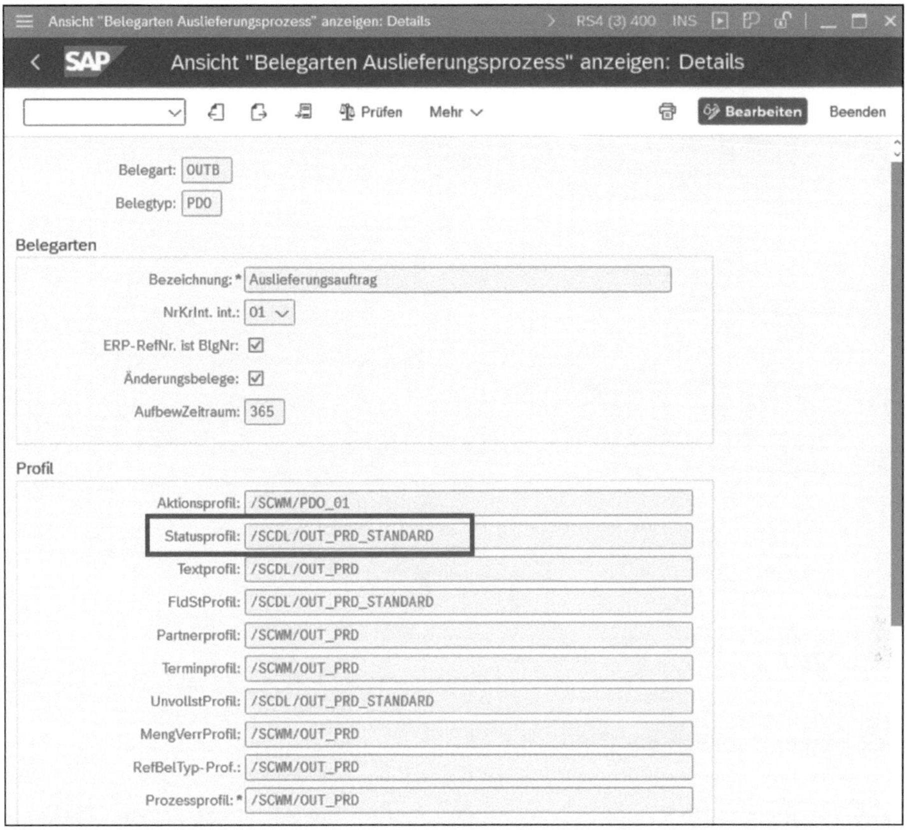

Abbildung 6.85: Statusprofil in der EWM-Lieferbelegart

Folgen Sie nun dem Customizing-Pfad für die Statusprofile via **SCM Extended Warehouse Management • Extended Warehouse Management • Prozessübergreifende Einstellungen • Lieferung – Lageranforderung • Statusverwaltung • Statusprofile definieren**. Klicken Sie auf **Positionieren** und geben Sie im Pop-up das zuvor notierte Statusprofil ein. Markieren Sie den Eintrag und klicken Sie auf das Icon (**Kopieren als...**).

Im neuen Screen müssen Sie ein Z-Statusprofil definieren, bspw. **ZEWM_OUT_PRD_STANDARD_ASR**. Als Beschreibung können Sie **Auslieferungsauftrag ASR** verwenden. Das Systemprofil und, sofern vorhanden, das Statusschema können Sie unverändert übernehmen. Nun erscheint ein weiteres Pop-up, in dem Sie gefragt werden, ob Sie abhängige Einträge übernehmen möchten. Klicken Sie auf **alle kopieren** (siehe Abbildung 6.86).

Markieren Sie nun Ihr neu angelegtes Statusprofil und klicken Sie in der Dialogstruktur auf **Statusarten**. Stellen Sie sicher, dass die Statusart **DSH** aktiviert ist (dafür muss das Kennzeichen in der Spalte **Inaktiv** deselektiert sein) und die Statusart **DTU** inaktiv ist (dafür muss das Kennzeichen in der Spalte **Inaktiv** selektiert sein).

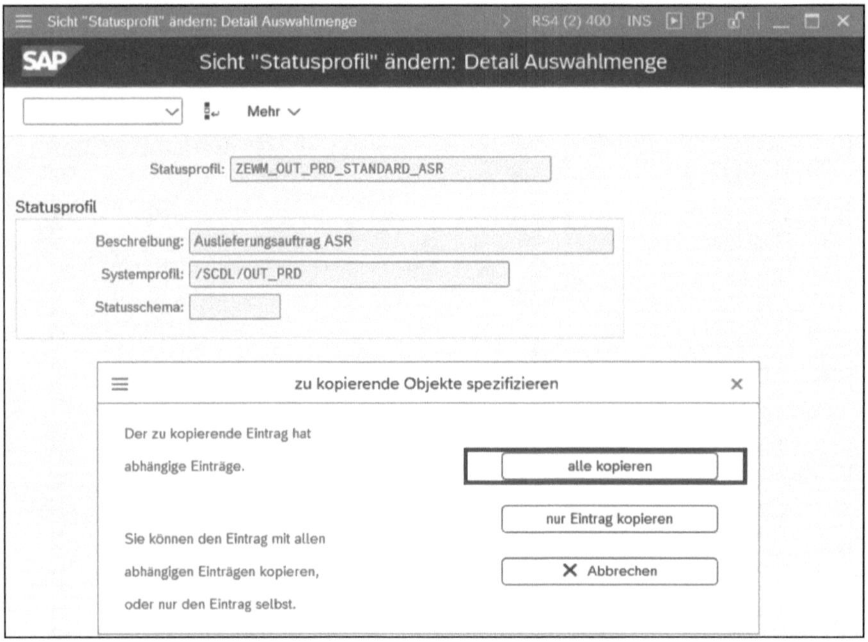

Abbildung 6.86: Neues EWM-ASR-Statusprofil anlegen

Optional können Sie auch die Statusart **DBT** auf aktiv setzen. Durch die Statusart **DBT** wird der EWM-Auslieferungsauftrag auf den Status **Gesperrt** (rote Ampel) gesetzt und erst entsperrt, sobald in SAP TM der Status **Für Lagerausführung bereit** gesetzt ist. Dies kann im Transport-Driven-Execution-Szenario nützlich sein (siehe Abbildung 6.5). Die restlichen Statusarten können Sie unverändert übernehmen, prüfen Sie jedoch vorsichtshalber, ob die Statusart **DTD** aktiv ist. Sofern das Standardprofil nicht verändert wurde, dürfte der **DTD**-Status aktiv sein (siehe Abbildung 6.87).

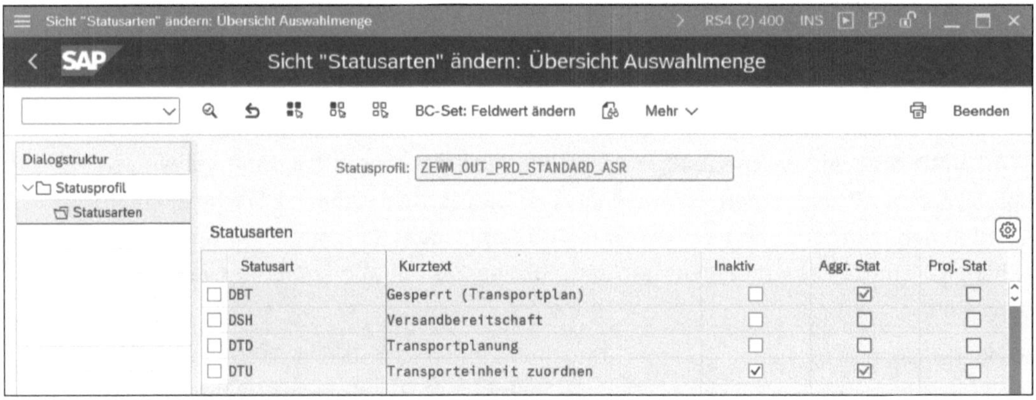

Abbildung 6.87: Statusarten für ASR konfigurieren

Nachdem Sie das Profil gespeichert haben, müssen Sie es nun im Belegarten-Customizing für Ihre relevante Belegart hinterlegen. Dies ist nur für den Belegtyp **PDO** erforderlich.

Damit haben Sie das Profil für den Belegkopf geändert. Damit die ASR-Integration funktioniert, müssen Sie dieselben Schritte noch für das Statusprofil der Positionsart durchführen. Beachten Sie hierbei, dass die Statusart **DSH** auf Positionsebene nicht existiert. Sie müssen jedoch die Statusart **DTU** auf inaktiv und optional die Statusart **DBT** auf aktiv setzen.

Nachdem Sie die Statusprofile auf Kopf- und Positionsebene getauscht haben, stoßen Sie den fehlerhaften Queue-Eintrag erneut an. Nun wird der Beleg verarbeitet und ist im Lagerverwaltungsmonitor sichtbar (siehe Abbildung 6.88).

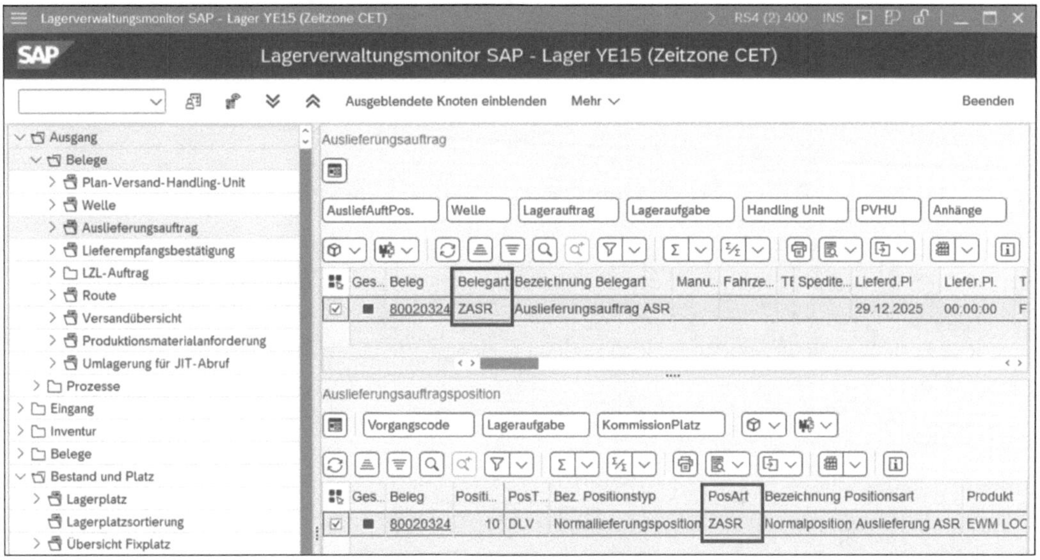

Abbildung 6.88: ASR-Lieferung wurde erfolgreich an EWM verteilt

Sicher ist Ihnen aufgefallen, dass der Beleg bereits den grünen Status besitzt. Darüber hinaus zeigt der Status der Lagerausführung in der LE-Auslieferung den Wert **2 – Lieferung ist für Lagerausführung freigegeben** an (siehe Abbildung 6.81). Dies liegt daran, dass im ASR-Szenario standardmäßig von einem Warehouse-Driven-Szenario ausgegangen wird. Testen Sie ein wenig weiter mit diesem Beleg und kommissionieren und verpacken Sie wie gewohnt. Wenn Sie das Verpacken abgeschlossen haben und die HU-Daten an SAP TM senden wollen, können Sie den Status **Für Versand bereit** über eine Methode im Lagerverwaltungsmonitor setzen (siehe Abbildung 6.89).

Der Versandbereitschaftsstatus ist nun für die LE-Lieferung gesetzt (siehe Abbildung 6.90).

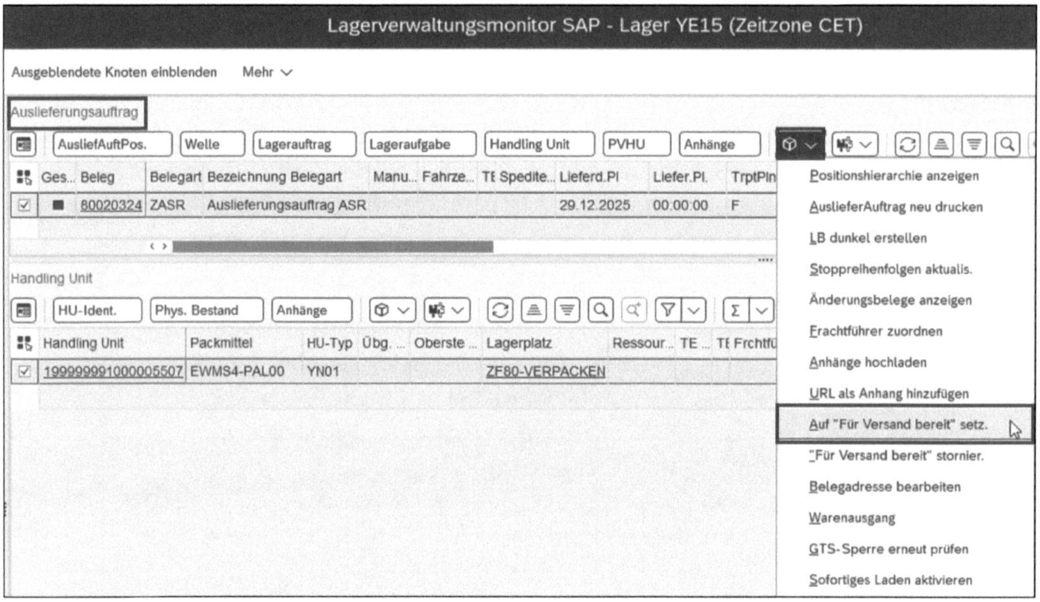

Abbildung 6.89: Versandbereitschaft über den Lagerverwaltungsmonitor setzen

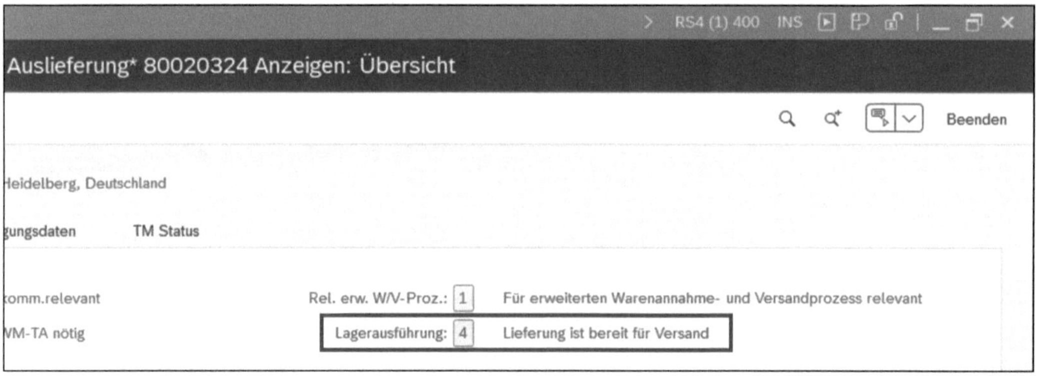

Abbildung 6.90: Änderung des Lagerausführungsstatus in der LE-Auslieferung

Die SAP-TM-Frachteinheit hat die Packinformationen erfolgreich erhalten (siehe Abbildung 6.91).

Ebenso hat sich der Lagerabwicklungsstatus in SAP TM geändert (siehe Abbildung 6.92).

Abbildung 6.91: Packinformationen in SAP TM nach Versandbereitschaft

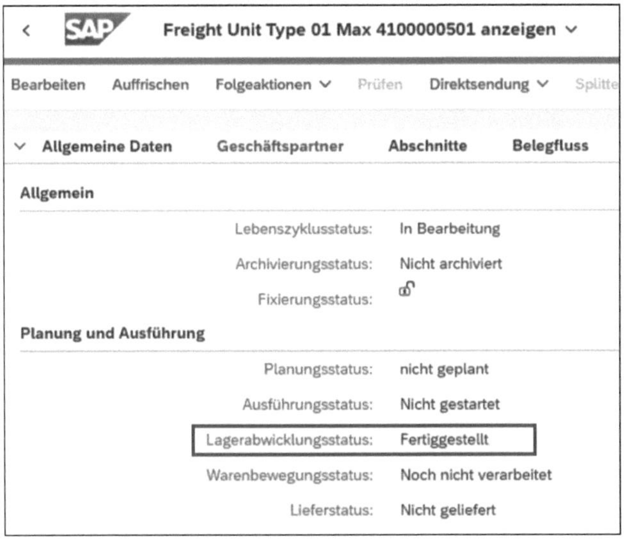

Abbildung 6.92: Lagerabwicklungsstatus in SAP TM nach Versandbereitschaft

Die Methode zum Setzen des Versandbereitschaftsstatus im Lagerverwaltungsmonitor ist der manuelle Weg. Es gibt jedoch auch Möglichkeiten zur Automatisierung. SAP stellt dafür den Report **/SCWM/R_SET_DSH_STAT_AUTOMATIC** bereit. Damit dieser Report funktioniert, muss zuvor im Customizing eingestellt werden, ab wann die Versandbereitschaft automatisch gesetzt werden darf. Folgen Sie hierzu dem Customizing-Pfad **SCM Extended Warehouse Management • Extended Warehouse Management • Warenausgangsprozess • Auslieferung • Integration für Transportplanung • Versandbereitschaft für Lieferungen automatisch setzen**. Falls die darin enthaltenen Möglichkeiten nicht ausreichen, können Sie auch den BAdI **/SCWM/EX_DLVS_COMPL_STAG** implementieren.

Sollten Sie mit dem SAP-TM-Transport-Cockpit arbeiten, können Sie in Ihrem Selektionsprofil bei den zusätzlichen Auswahlattributen festlegen, dass der Lagerabwicklungsstatus den Wert **Fertiggestellt** aufweisen muss. Dadurch wird sichergestellt, dass nur jene Frachteinheiten im Cockpit angezeigt werden, die versandbereit sind und somit verplant werden können (siehe Abbildung 6.93).

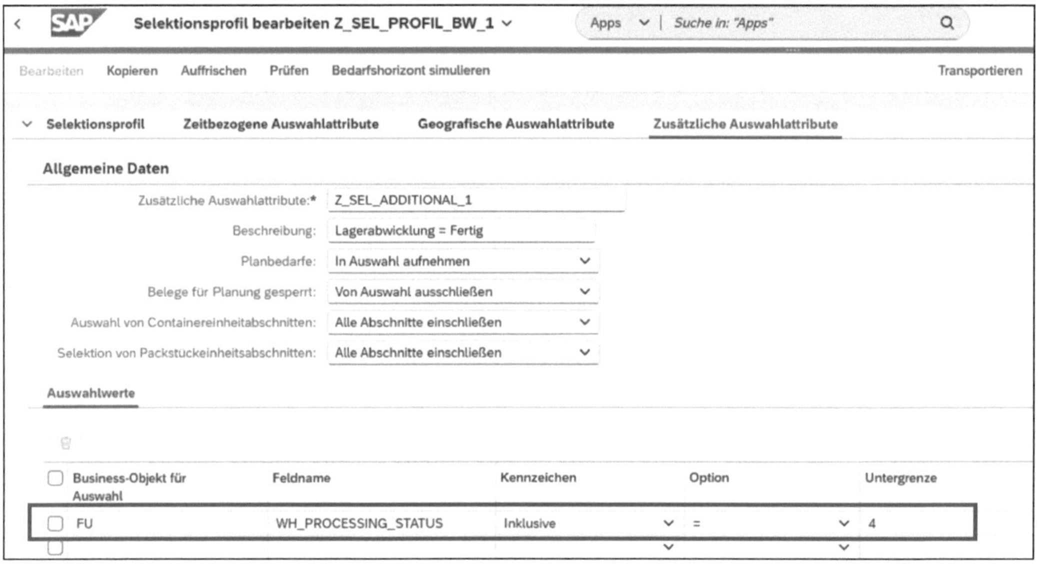

Abbildung 6.93: Lagerabwicklungsstatus in SAP-TM-Selektionsprofil inkludieren

Es ist auch möglich, die Packinformationen nicht nur ins SAP-TM-Modul zu übertragen, sondern auch in die LE-Lieferung, bspw. um den Lieferschein zu drucken. Dies wird in Abschnitt 6.5 beschrieben.

Im nächsten Schritt kann die Frachteinheit in SAP TM verplant und einem Frachtauftrag zugewiesen werden (siehe Abbildung 6.94).

Wurde die Zuordnung der Frachteinheit zum Frachtauftrag erfolgreich gespeichert, wird die Nummer des Frachtauftrags auch an EWM übermittelt. Dadurch werden Frachtauftrag und EWM-Auslieferungsauftrag miteinander verlinkt (siehe Abbildung 6.95).

Nun kann die Auslieferung beliebig bereitgestellt und beladen werden, und auch der Warenausgang kann gebucht werden. Dies können Sie wie gewohnt über EWM (z. B. via Radio Frequency, *RF*) erledigen. Einige Funktionen, wie die Ankunft am Tor oder das Buchen des Warenausgangs, können auch aus dem SAP-TM-Frachtauftrag heraus angestoßen werden. Zusätzlich stellt SAP für den ASR-Prozess die App **Frachtaufträge laden oder entladen** (App-ID: **/SCMTMS/ASR**) bereit. Damit können Sie auf Frachtauftragsebene Torzuordnungen durchführen, verschiedene Status setzen und den Warenausgang buchen.

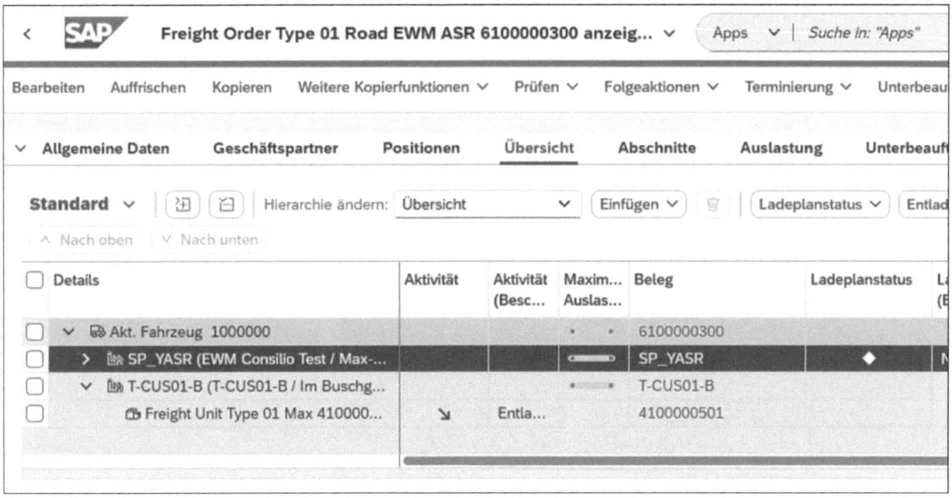

Abbildung 6.94: Frachteinheit zum Frachtauftrag zuweisen

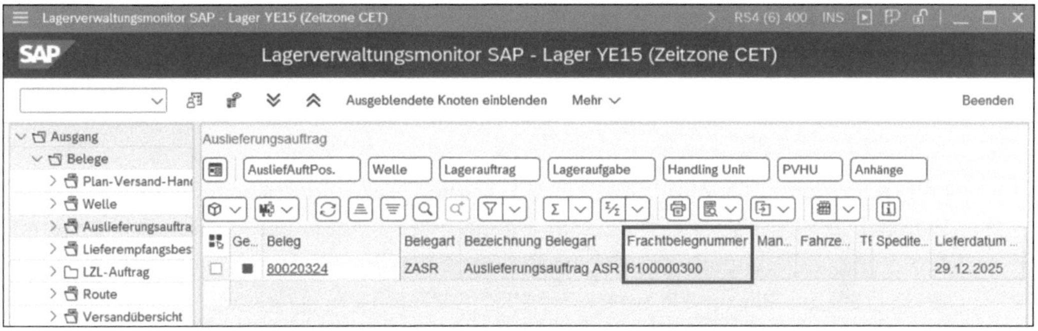

Abbildung 6.95: Die Frachtauftragsnummer im Lagerverwaltungsmonitor

Hiermit haben wir die ASR-Integration für das Warehouse-Driven-Szenario durchgespielt. Möchten Sie die Abwicklung auf Transport-Driven umstellen, folgen Sie dem folgendem Customizing Pfad: **Transportation Management • Integration • Logistikintegration • Integration interne TM-Komponente • Relevanz für transportgesteuerten Prozess ermitteln**. Setzen Sie dort die relevanten Einträge für Ihre LE-WM-Lagernummer (nicht EWM-Lagernummer), Versandstelle und LE-Lieferart (siehe Abbildung 6.96).

Zusätzlich muss das Referenzbelegtypprofil der EWM-Lieferbelegart im Customizing umgestellt werden. Hier muss der Referenzbelegtyp **ECN** aktiv sein. Die Vorgehensweise ist Ihnen bereits aus den Statusprofilen bekannt: Notieren Sie sich das in Ihrer EWM-Lieferbelegart hinterlegte Referenzbelegtypprofil (siehe Abbildung 6.97).

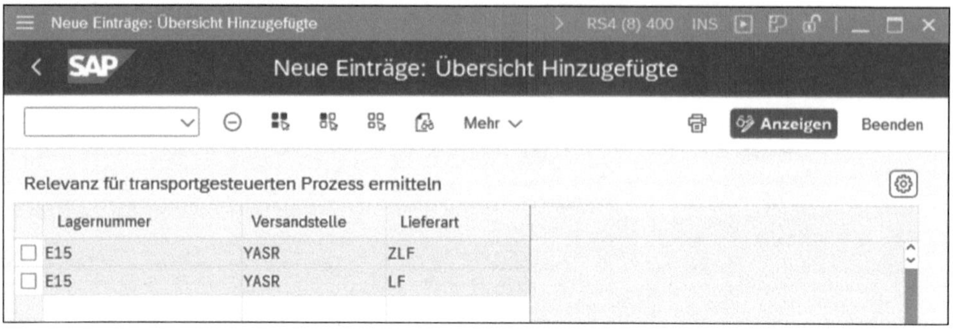

Abbildung 6.96: Transportgesteuerten Prozess aktivieren

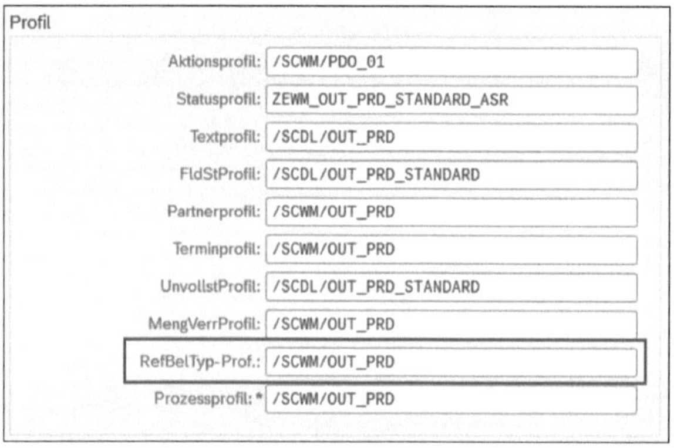

Abbildung 6.97: Referenzbelegtypprofil aus dem EWM-Belegarten-Customizing notieren

Folgen Sie dem Customizing-Pfad **SCM Extended Warehouse Management • Extended Warehouse Management • Prozessübergreifende Einstellungen • Lieferung – Lageranforderung • Referenzbelege • Referenzbelegart-Profile definieren**. Markieren Sie das notierte Profil und klicken Sie auf das Icon (**Kopieren als...**). Sie können das neue Profil bspw. **ZEWM_OUT_PRD_ASR** nennen. Sobald das Pop-up mit dem Hinweis auf abhängige Einträge erscheint, klicken Sie auf die Schaltfläche **alle kopieren**. Markieren Sie anschließend Ihr neu angelegtes Profil und klicken Sie links in der Dialogstruktur auf **Referenzbelegtypen** (siehe Abbildung 6.98).

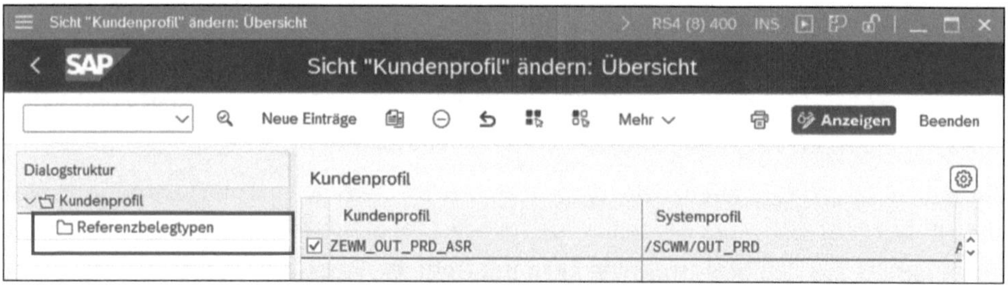

Abbildung 6.98: Referenzbelegtypprofil definieren

Stellen Sie sicher, dass der Belegtyp **ECN** auf aktiv gesetzt, das Kennzeichen in der Spalte **Inaktiv** also nicht gesetzt ist (siehe Abbildung 6.99).

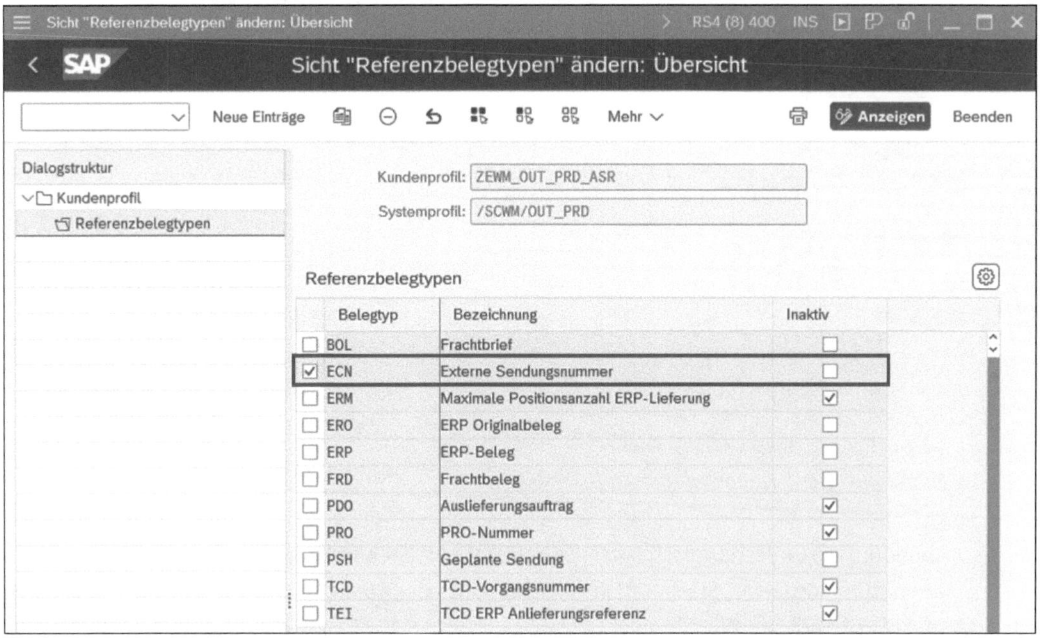

Abbildung 6.99: Belegtyp ECN aktivieren

Hinterlegen Sie das Referenzbelegtypprofil in Ihrer Lieferbelegart (siehe Abbildung 6.100).

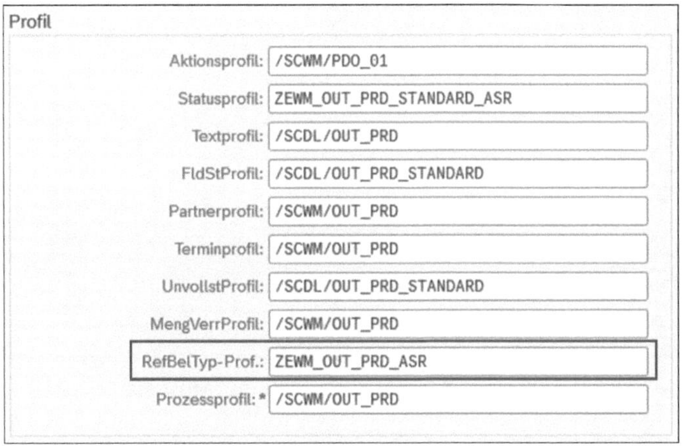

Abbildung 6.100: Das neue Referenzbelegtypprofil der Lieferbelegart zuweisen

Nun erstellen Sie testweise eine neue LE-Auslieferung zu Ihrem Vertriebsbeleg. Bereits bei der Erstellung der Lieferung sollte erkennbar sein, dass sich der Status der Lagerausführung auf **1 – Lieferung ist für Lagerausführung gesperrt** geändert hat (siehe Abbildung 6.101).

Abbildung 6.101: Neue Lieferung mit Transport-Driven-Szenario

Nachdem die Lieferung gesichert und an EWM verteilt wurde, betrachten Sie sie im Lagerverwaltungsmonitor. Sie sehen auf Anhieb, dass der Auslieferungsauftrag den Status **Gesperrt** (rote Ampel ●) aufweist (siehe Abbildung 6.102).

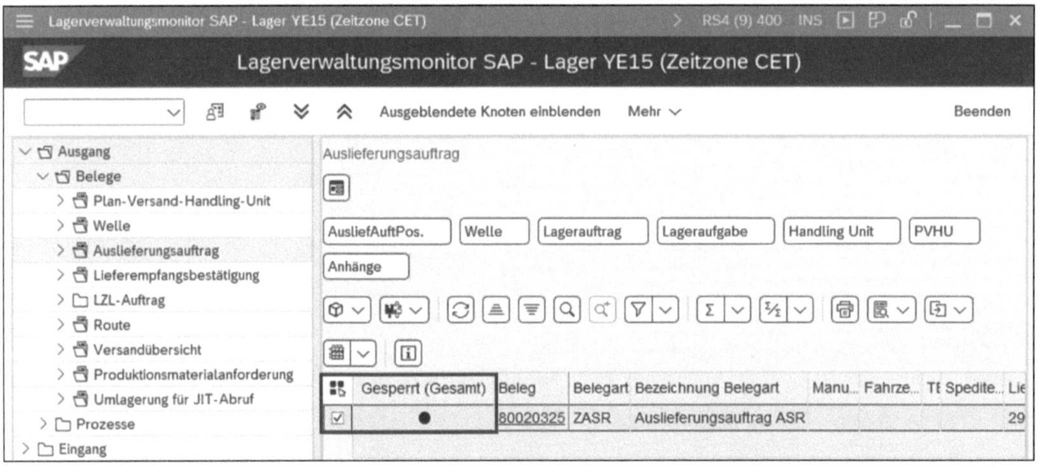

Abbildung 6.102: Der EWM-Auslieferungsauftrag mit Status »Gesperrt« im Transport-Driven-Szenario

Klicken Sie nun auf den Hotspot der Auslieferungsauftragsnummer, um in die Transaktion **/SCWM/PRDO** zu gelangen. Dort prüfen Sie den genauen Grund für die Sperre, indem Sie auf das Icon (**Prüfen**) klicken. Das Ergebnis ist in diesem Fall zufriedenstellend (siehe Abbildung 6.103).

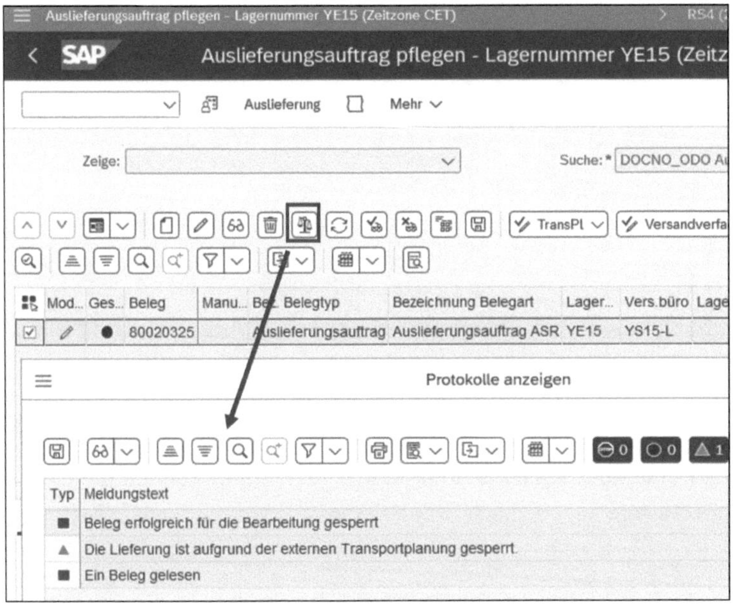

Abbildung 6.103: Belegsperre prüfen aufgrund der Transportplanung

Als Nächstes testen wir, ob die Sperre erfolgreich aufgehoben wird, sobald die Frachteinheit zu einem Frachtauftrag zugeordnet und der Beleg für die Lagerausführung bereitgestellt wird. Dazu müssen Sie lediglich die Frachteinheit einem Frachtauftrag zuweisen, Ihre jeweilige Planung durchführen und anschließend in der SAP-Fiori-App **Frachtauftrag bearbeiten** in der Registerkarte **Übersicht** den **Lagerabwicklungsstatus** auf **Für Lagerabwicklung bereit** setzen (siehe Abbildung 6.104).

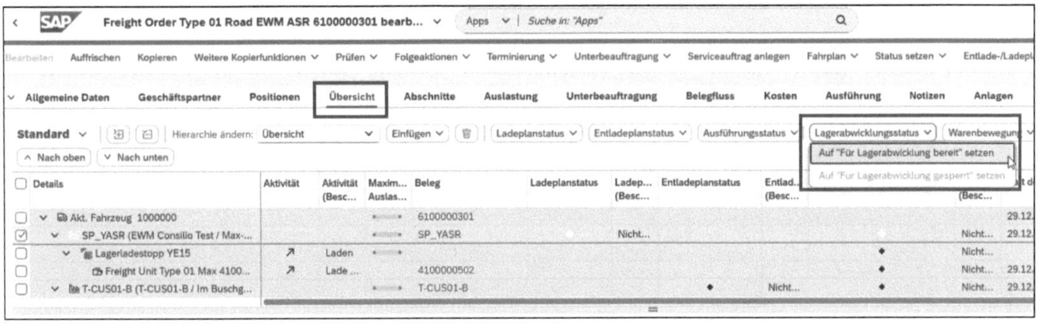

Abbildung 6.104: Setzen des Status »Für Lagerabwicklung bereit« im SAP-TM-Frachtauftrag

Nun wurde auch der EWM-Auslieferungsauftrag mit der Frachtauftragsnummer aktualisiert (was bereits bei der Zuweisung passiert ist) und der Status der Lagerabwicklung hat sich auf den Sperrstatus der Lageranforderung ausgewirkt. Die Ampel ist nun grün ■ (siehe Abbildung 6.105).

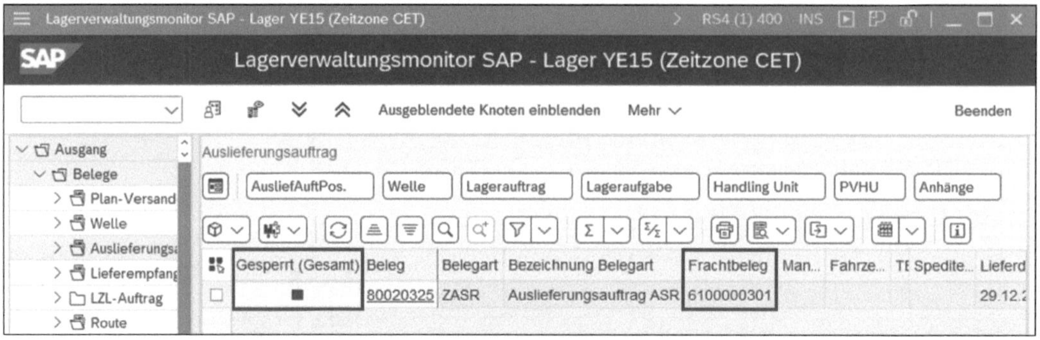

Abbildung 6.105: EWM-Auslieferungsauftrag nach Freigabe entsperrt

Auf Statusartenebene ist die Statusart **DTD** für diesen Wechsel von **Gesperrt** auf **Fixiert: Für Lagerabw. bereit** von Bedeutung (siehe Abbildung 6.106). Somit können die Lageraktivitäten wie gewohnt starten.

Status...	Statusart	Statusw...	Statuswert	Datum	Uhrzeit	Änderer
DGD	Warenausgang und Verteilung	1	Nicht begonnen	28.12.2025	21:51:30	SCHMIDTMAX
DGI	Warenausgang	1	Nicht begonnen	28.12.2025	21:51:30	SCHMIDTMAX
DLO	Laden	1	Nicht begonnen	28.12.2025	21:51:30	SCHMIDTMAX
DPC	Verpacken	1	Nicht begonnen		00:00:00	
DPI	Kommisionierung	1	Nicht begonnen	28.12.2025	21:51:30	SCHMIDTMAX
DRD	Routenfindung	0	Nicht relevant	28.12.2025	21:51:30	SCHMIDTMAX
DSH	Versandbereitschaft	1	Nicht bereit	28.12.2025	21:51:30	SCHMIDTMAX
DSP	Verteilung	0	Nicht relevant		00:00:00	
DTD	Transportplanung	R	Fixiert: Für Lagerabw. bereit	29.12.2025	15:15:31	SCHMIDTMAX
DWA	Lageraktivität	1	Nicht begonnen	28.12.2025	21:51:30	SCHMIDTMAX
DWN	Versandverfahren	0	Nicht relevant	28.12.2025	21:51:30	SCHMIDTMAX

Abbildung 6.106: Statusart DTD nach Setzen des Status »Für Lagerabwicklung bereit«

6.4 Anbindung und Abwicklung mit SAP LE-TRA

SAP Logistics Execution Transportation (*SAP LE-TRA*) ist der Vorgänger des SAP-TM-Moduls. Es wurde gemeinsam mit SAP R/3 eingeführt und dient als Modul zur Planung und Überwachung von Eingangs- und Ausgangstransporten. Obwohl SAP LE-TRA von SAP nicht mehr als strategisches Produkt angesehen wird, wird es immer noch von vielen Unternehmen genutzt. Der Kompatibilitätsmodus zur Nutzung des SAP-LE-TRA-Moduls mit SAP S/4HANA läuft Ende 2030 ab; danach darf dieses Modul nicht mehr verwendet werden.

Die Kommunikation zwischen SAP LE-TRA und EWM läuft im Kern über SAP IDoc. Dabei spielt es keine Rolle, ob Sie EWM in der dezentralen oder in der embedded-Variante einsetzen (siehe Abbildung 6.107).

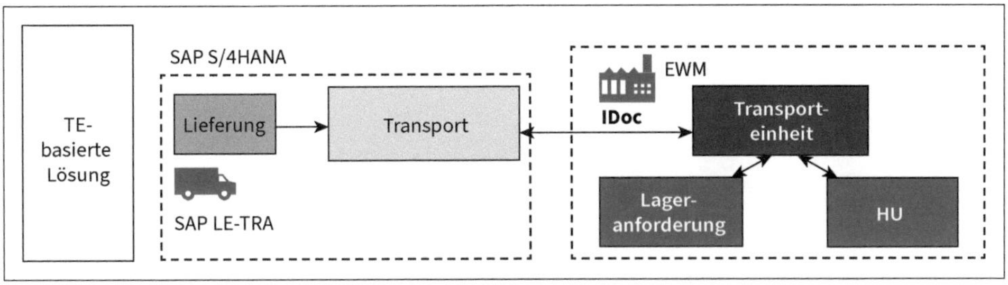

Abbildung 6.107: Die Integration von EWM und SAP LE-TRA im Überblick

Die Integration kann sowohl für Eingangstransporte in Wareneingangsszenarien als auch für Ausgangstransporte in Versandszenarien aufgesetzt werden. Es gibt drei Prozessszenarien:

- Wareneingang mit Transportplanung im ERP-System
- Warenausgang mit Transportplanung im ERP-System
- Warenausgang mit Transportplanung in EWM

Beachten Sie, dass die Kommunikation zwischen den beiden Modulen im Standard nur in ganz bestimmten Prozessschritten stattfindet, nämlich entweder zu Beginn oder am Ende. Zu keinem Zeitpunkt existiert eine Echtzeitsynchronität zwischen beiden Modulen. Abbildung 6.108 und Abbildung 6.109 zeigen die Zeitpunkte der Kommunikation in den verschiedenen Prozessszenarien.

Abbildung 6.108 zeigt das Prozessszenario für den Wareneingang mit Transportplanung im ERP-System sowie die Zeitpunkte der Kommunikation zwischen SAP LE-TRA und EWM. In diesem Szenario werden Anlieferungen, bspw. zu Bestellungen oder Lieferabrufen, im SAP-ERP-System angelegt. Diese Anlieferungen werden zuerst an das EWM verteilt, was unabhängig von einer bestehenden SAP-LE-TRA-Integration erfolgt. Anschließend werden die Anlieferungen einem SAP-LE-TRA-Transport zugeordnet.

Sobald die Planung abgeschlossen und der Transport gespeichert wird, wird über einen Konditionssatz eine Nachricht mit dem Sendemedium EDI an EWM angestoßen. Hinter dieser Nachricht verbirgt sich das SHPMNT05-IDoc, mit dem anschließend in EWM automatisch eine TE oder optional ein Fahrzeug angelegt wird. Die Lieferungen sind der TE bereits zugeordnet. Im nächsten Schritt erfolgen die Lageraktivitäten, also das Entladen, die Wareneingangsbuchung und die Einlagerung. In diesem Szenario findet die Kommunikation nur einmalig und monodirektional statt, d. h., es erfolgt kein Update von der TE an den SAP-LE-TRA-Transport zurück.

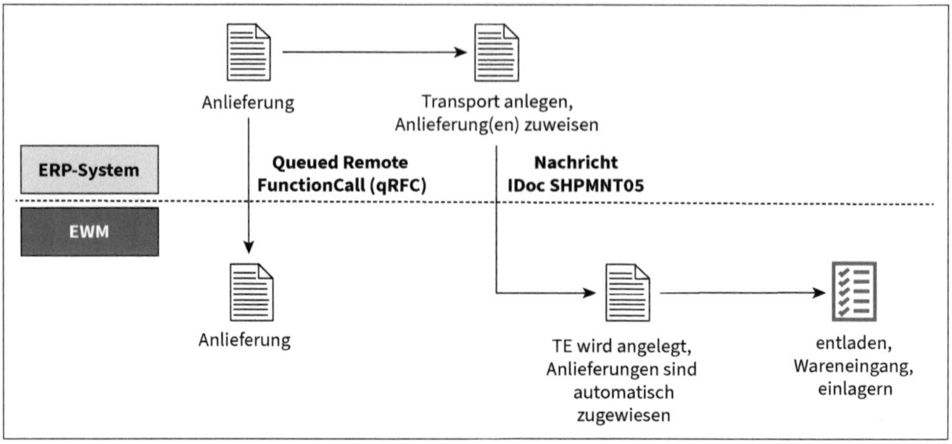

Abbildung 6.108: Wareneingang mit Transportplanung im ERP-System

Abbildung 6.109 zeigt das Prozessszenario für den Warenausgang mit Transportplanung im ERP-System. In diesem Versandszenario wird der Transport ebenfalls zuerst im ERP-System angelegt und die LE-Auslieferungen werden diesem zugewiesen. Anschließend wird das SHPMENT05-IDoc an EWM gesendet, was zur Erstellung einer TE und optional eines Fahrzeugs führt.

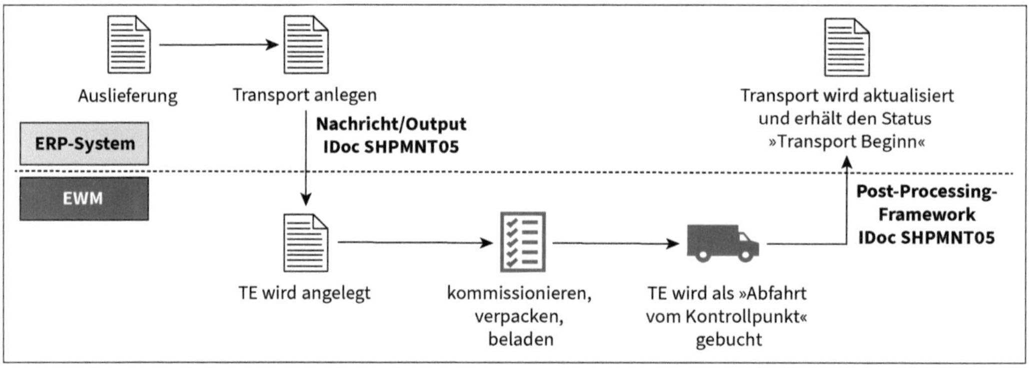

Abbildung 6.109: Warenausgang mit Transportplanung im ERP-System

Nachdem die TE angelegt wurde, sind die korrespondierenden EWM-Auslieferungsaufträge dieser TE bereits zugewiesen. Somit können die Lageraktivitäten beginnen, also Kommissionieren, Verpacken und Ladeaktivitäten. Sobald die Aktion **Abfahrt vom Kontrollpunkt** für die TE ausgeführt wird, wird die PPF-Aktion **/SCWM/SR_SEND_SHPMNT** angestoßen, die wiederum das SHPMENT05-IDoc an das ERP-System sendet. Mit diesem IDoc werden die zugeordneten Lieferungen aktualisiert (für den Fall, dass bestimmte Lieferungen nicht verladen werden konnten), HU-Informationen hinzugefügt und der Status **Transport Beginn** auf Transportebene gesetzt.

Abbildung 6.110 zeigt die Registerkarte **Termine** des SAP-LE-TRA-Transports.

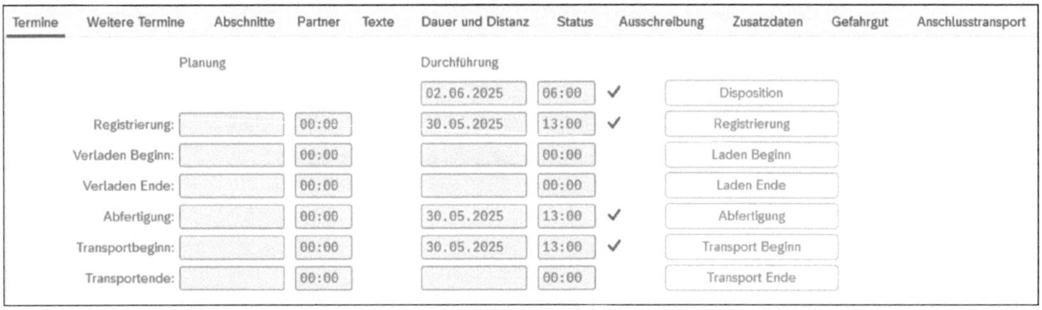

Abbildung 6.110: Übermittlung der Status im Transport durch die WA-Buchung in EWM

Zusammenfassend findet in diesem Szenario die Kommunikation zu zwei Zeitpunkten statt: zu Beginn und zum Ende der Lageraktivitäten. Außerdem geschieht die Kommunikation bidirektional, d. h., EWM empfängt zuerst die Daten vom ERP-System und sendet dann die tatsächlichen Daten mit einer neuen Nachricht an das ERP-System zurück. Sollte während des laufenden Prozesses eine Aktualisierung notwendig sein, bspw. von EWM an das ERP-System, sobald die Ware versandbereit verpackt ist, so ist dies im Standard nicht möglich.

Vorzeitiges Kommissionieren verhindern

Um ein vorzeitiges Kommissionieren in EWM zu verhindern, bevor die TE durch das IDoc angelegt wurde, kann die Statusart **DBT** aktiviert werden (**DTD** muss hierfür ebenfalls aktiv sein). Das entsprechende Profil muss sowohl auf Lieferkopf- als auch auf Lieferpositionsebene aktiviert werden. Der EWM-Auslieferungsauftrag ist dann so lange gesperrt (rote Ampel), bis das IDoc verarbeitet wurde und die TE erstellt ist.

In Abbildung 6.111 sehen Sie das dritte und letzte Integrationsszenario. In diesem Szenario ist das ERP-System lediglich Informationsempfänger und sendet keine Daten an EWM.

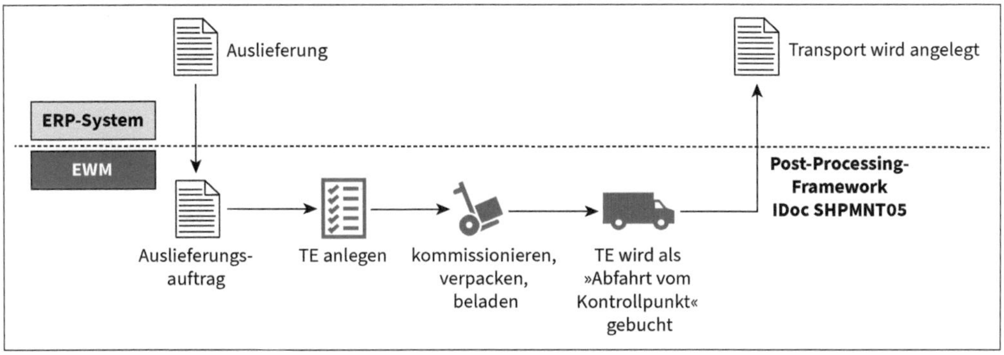

Abbildung 6.111: Warenausgang mit Transportplanung in EWM

Die LE-Auslieferung wird als Auslieferungsauftrag an EWM verteilt. In EWM wird eine TE angelegt und die Lieferungen werden zugewiesen. Danach erfolgt das Kommissionieren, Verpacken und Beladen. Der ERP-Transport wird erst nach der Aktion **Abfahrt vom Kontrollpunkt** in EWM über das SHPMENT05-IDoc angelegt und besitzt dann die entsprechenden HU-Informationen sowie den Status **Transport Beginn**.

6.4.1 Konfiguration: Einleitung

Im Folgenden arbeiten wir uns Schritt für Schritt durch die wichtigsten Elemente der technischen Integration. Für alle Integrationen empfehlen wir Ihnen, den entsprechenden SAP-Integrationsleitfaden oder Fachlektüre wie diese griffbereit zu haben.

[+]

Leitfaden für die Integration

Den SAP-Leitfaden für die Integration von EWM mit SAP LE-TRA finden Sie unter: *http://s-prs.de/11049003*

Integrationen zwischen Systemen oder auch Modulen sind technisch anspruchsvoll, werden selten durchgeführt und erfordern daher besondere Sorgfalt. Im Gegensatz zum SAP-Leitfaden konzentrieren wir uns ausschließlich auf die für die Integration notwendigen Schritte. (Der SAP-Leitfaden beinhaltet auch nebensächliche Schritte wie bspw. das Customizing von Vertriebsbelegarten.)

Aufgrund des absehbaren Endes des LE-TRA-Moduls gehen wir in diesem Buch davon aus, dass in Ihrem System bereits ein funktionierendes LE-TRA- und EWM-Modul implementiert sind, die jedoch noch nicht miteinander kommunizieren. Falls Sie feststellen, dass viele Customizing-Einstellungen in Ihrem System nicht vorhanden sind, können Sie auch die im SAP-Hinweis 1888397 hinterlegten BC-Sets herunterladen und in Ihr System hochladen – so ersparen Sie sich viele manuelle Schritte. Beachten Sie dazu den SAP-Integrationsleitfaden zur Integration von EWM mit LE-TRA.

6.4.2 Konfiguration: Schritte in SAP ERP

Folgen Sie dem Customizing-Pfad **Logistics Execution • Transport • Grundlagen • Nachrichtensteuerung • Nachrichtenfindung für Transporte pflegen • Nachrichtenarten pflegen**. Suchen Sie dort nach der Nachrichtenart **SEDI** und erstellen Sie eine Kopie dieser Nachrichtenart. Wechseln Sie dazu über **Bearbeiten** in den Änderungsmodus, markieren Sie die Nachrichtenart **SEDI** und klicken Sie auf das Icon (**Kopieren als…**) (siehe Abbildung 6.112).

Geben Sie nun die Nachrichtenart **ZEWM** als Zielwert Ihrer Kopie ein und fügen Sie eine Beschreibung hinzu, bspw. **ERP2EWM** oder **LE-TRA-EWM**. Wechseln Sie anschließend zur Registerkarte **Vorschlagswerte** und ändern Sie die **Partnerrolle** von **SP** auf **LS** (Logisches System). Bestätigen Sie mit [↵]. Anschließend erscheint ein Pop-up, das darauf hinweist, dass der zu kopierende Eintrag abhängige Einträge hat. Klicken Sie auf **alle kopieren** (siehe Abbildung 6.113).

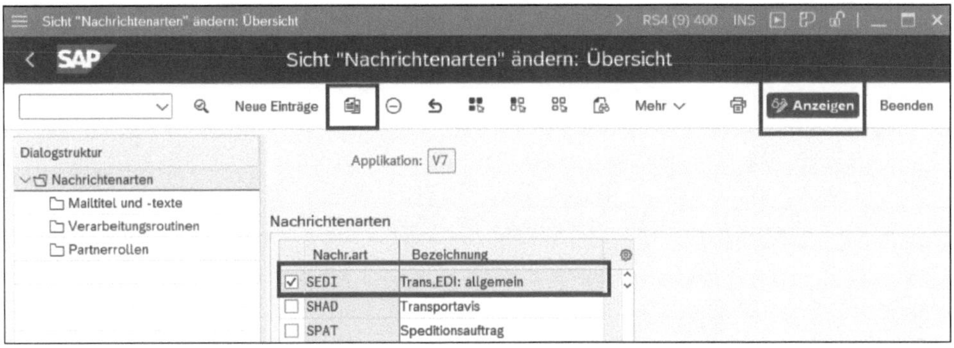

Abbildung 6.112: Neue Nachrichtenart mit Kopiervorlage anlegen

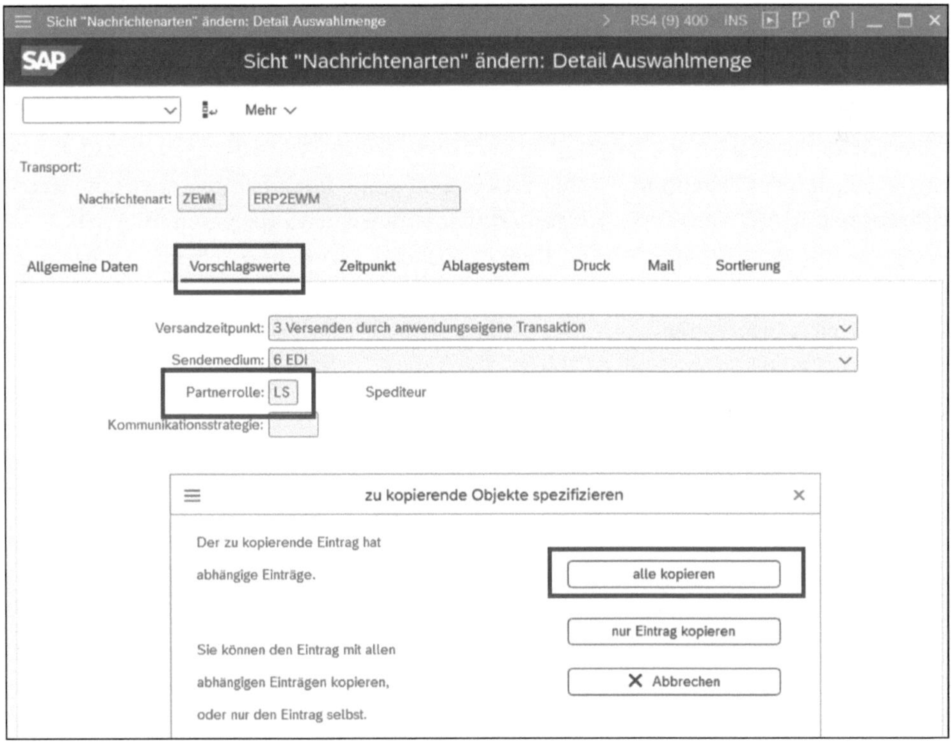

Abbildung 6.113: Nachrichtenart ZEWM anlegen

Markieren Sie nun Ihre Nachrichtenart und klicken Sie links in der Dialogstruktur auf **Partnerrollen**. Markieren Sie anschließend den bestehenden Eintrag mit den Spalten **Medium** (Wert: **6 EDI**), **Rolle** (Wert: **SP**) und **Bezeichnung** (Wert: **Spediteur**) und klicken Sie dann oben auf **Löschen**. Klicken Sie anschließend auf **Neue Einträge**. Geben Sie nun bei

Medium den Wert **6 EDI** und bei **Rolle** den Wert **LS** ein. Die Spalte **Bezeichnung** wird nach dem Bestätigen mit [↵] automatisch mit dem Wert **Logisches System** befüllt. Speichern Sie Ihre Eingaben (siehe Abbildung 6.114).

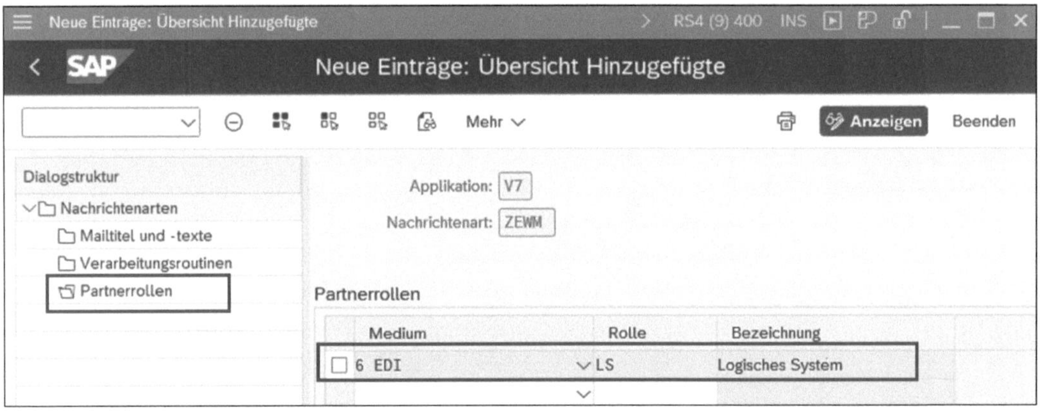

Abbildung 6.114: Partnerrollen der Nachrichtenart ZEWM überarbeiten

Nachdem Sie die Nachrichtenart angelegt haben, müssen Sie sie als Nächstes einem Schema zuordnen. Das Schema hängt an der Transportart. Folgen Sie dazu dem Customizing-Pfad **Logistics Execution • Transport • Grundlagen • Nachrichtensteuerung • Nachrichtenfindung für Transporte pflegen • Nachrichtenschema zuordnen.** Hier sehen Sie in der Spalte **NachSchema** das zu Ihrer Transportart gehörige Schema. In unserem Demo-System ist es das Schema **V7STRA** (**Transportnachr. Straße**) für die Transportart **0001** (**Einzeltransp. Straße**).

Wechseln Sie nun zum Pfad **Logistics Execution • Transport • Grundlagen • Nachrichtensteuerung • Nachrichtenfindung für Transporte pflegen • Nachrichtenschema pflegen**. Markieren Sie dort Ihr relevantes Schema – in unserem Fall **V7STRA** – und klicken Sie dann links in der Dialogstruktur auf **Steuerung.** Erstellen Sie einen neuen Eintrag und hinterlegen Sie Ihre Nachrichtenart **ZEWM** (siehe Abbildung 6.115).

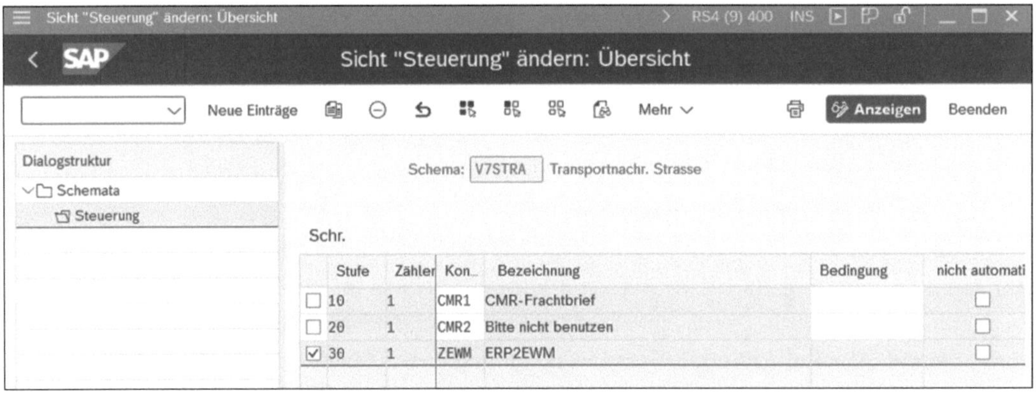

Abbildung 6.115: Nachrichtenschema pflegen

Nachdem dies erledigt ist, widmen wir uns im Folgenden der EDI-Kommunikation von ERP-System zu EWM.

6.4.3 Konfiguration: EDI-Kommunikation von ERP-System zu EWM aufsetzen

In diesem Kapitel konfigurieren wir die EDI-Kommunikation des ERP-Systems mit EWM. Beachten Sie bitte, dass die folgenden Einstellungen lokal in jedem System durchgeführt werden müssen und nicht transportierbar sind. Wir bauen die EDI-Kommunikation so auf, dass sie mit allen drei Prozessszenarien kompatibel ist. Als Erstes müssen Sie den Port für die IDoc-Verarbeitung erstellen. Hierbei müssen Sie unterscheiden, ob Ihr EWM ein dezentrales EWM oder ein embedded EWM ist:

- Ist Ihr EWM dezentral, müssen Sie einen Port erstellen, der die RFC-Destination für das dezentrale EWM, die in Transaktion **SM59** gepflegt ist, beinhaltet.
- Ist Ihr EWM embedded, müssen Sie einen Port mit der RFC Destination NONE erstellen.

Öffnen Sie die Transaktion **WE21**. In der Dialogstruktur öffnen Sie bei **Ports** die Unterstruktur **Transaktionaler RFC**. Klicken Sie anschließend auf das Icon (**Anlegen**). Es erscheint ein Dynpro-Popup. Aktivieren Sie dort den Radiobutton **eigener Portname** und geben Sie im Falle eines dezentralen EWM als Name den Namen Ihrer RFC-Destination zu EWM ein oder im Falle eines embedded EWM den Namen **V-NONE** ein (siehe Abbildung 6.116). In unserem Demo-System handelt es sich um ein embedded EWM. Klicken Sie anschließend auf das Icon (**Weiter**).

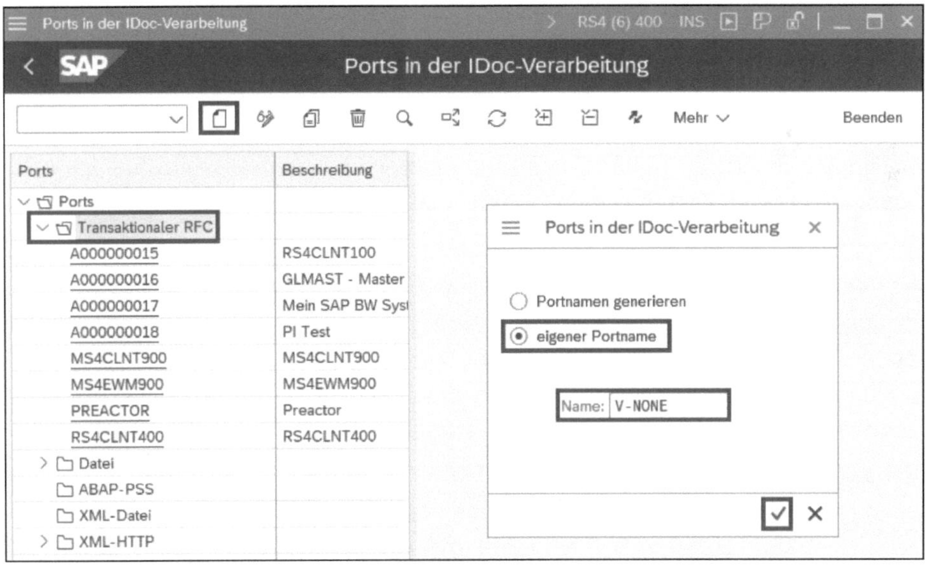

Abbildung 6.116: Ports im ERP-System einrichten

Nun wird der mittlere Bereich in Abbildung 6.117 sichtbar. Geben Sie eine Beschreibung für Ihren Port ein und hinterlegen Sie die RFC-Destination. Bei einem dezentralen EWM muss hier die RFC-Destination aus der Transaktion **SM59** hinterlegt werden. Bei einem embedded EWM hinterlegen Sie die RFC-Destination **NONE**.

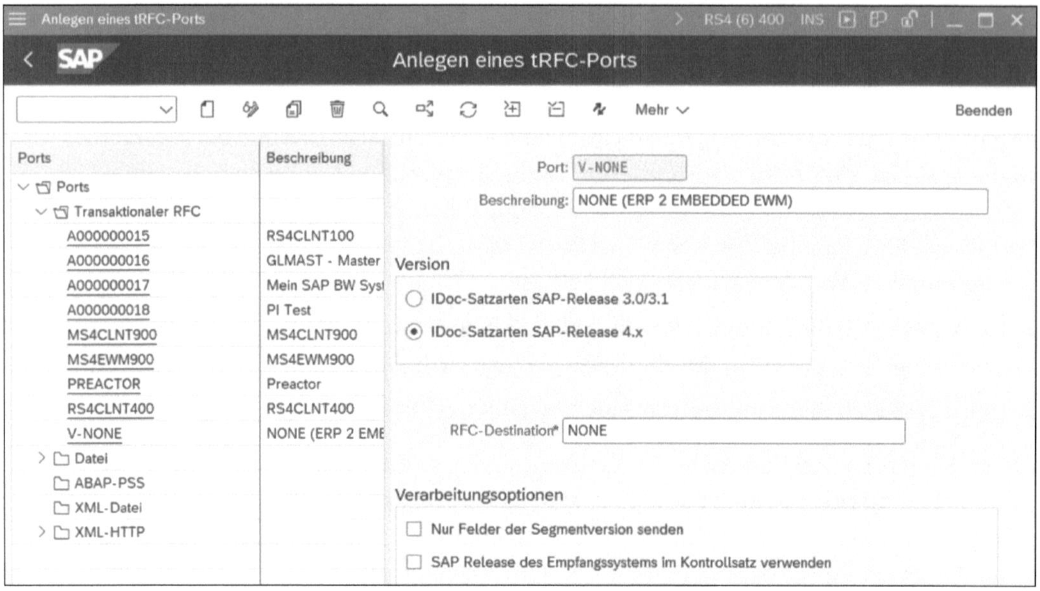

Abbildung 6.117: RFC-Destination für den Port im ERP-System hinterlegen

Als Nächstes pflegen Sie die Partnervereinbarungen über die Transaktion **WE20**. Beachten Sie, dass die folgenden Einstellungen für unser embedded EWM durchgeführt werden. Bei einem dezentralen EWM müssen etwas andere Parameter gepflegt werden, die wir im Anschluss erläutern.

Öffnen Sie die Transaktion **WE20** und klicken Sie oben auf das Icon (**Anlegen**). Im mittleren Bildbereich müssen Sie im Feld **Partnernummer** das logische System Ihrer EWM-Lagernummer anlegen. Falls Sie dessen Namen nicht wissen, können Sie den folgenden Trick anwenden:

1. Sie können in der Transaktion **SE24** die Klasse **/SPE/CL_DISTRIBUTION** in der Testumgebung ausführen. Rufen Sie dazu die Transaktion auf und geben Sie im Feld **Objekttyp** den Klassennamen ein. Die Testumgebung starten Sie über F8 bzw. indem Sie auf das Icon klicken. Klicken Sie im neuen Fenster rechts neben der Methode **LOGSYS_LGNUM_GET** auf das Icon (**Methode ausführen**) (siehe Abbildung 6.118).
2. Geben Sie beim Import-Parameter **IV_VBTYP** den Wert **J** (für Lieferung) ein. Klicken Sie beim Import-Parameter **IT_LGNUM** auf das Icon (**Tabelle bearbeiten**) und geben Sie in der Spalte **LGN** Ihre LE-WM-Lagernummer ein. Gehen Sie anschließend wieder zurück und klicken Sie auf das Icon (**Ausführen**) (siehe Abbildung 6.119).

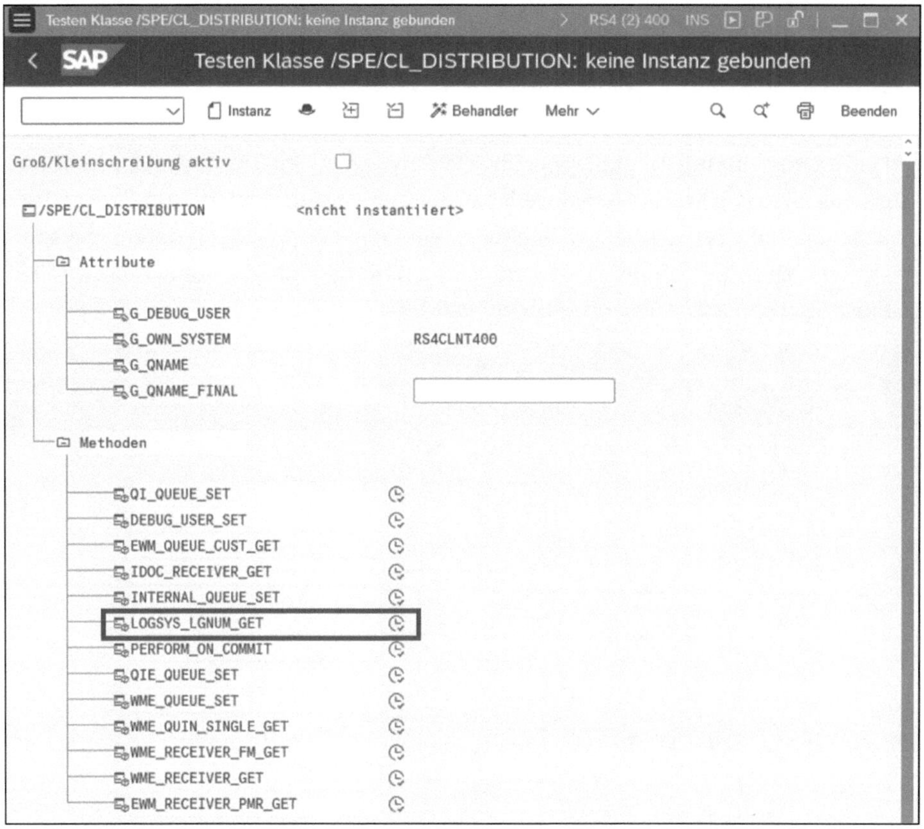

Abbildung 6.118: Klasse »/SPE/CL_DISTRIBUTION«

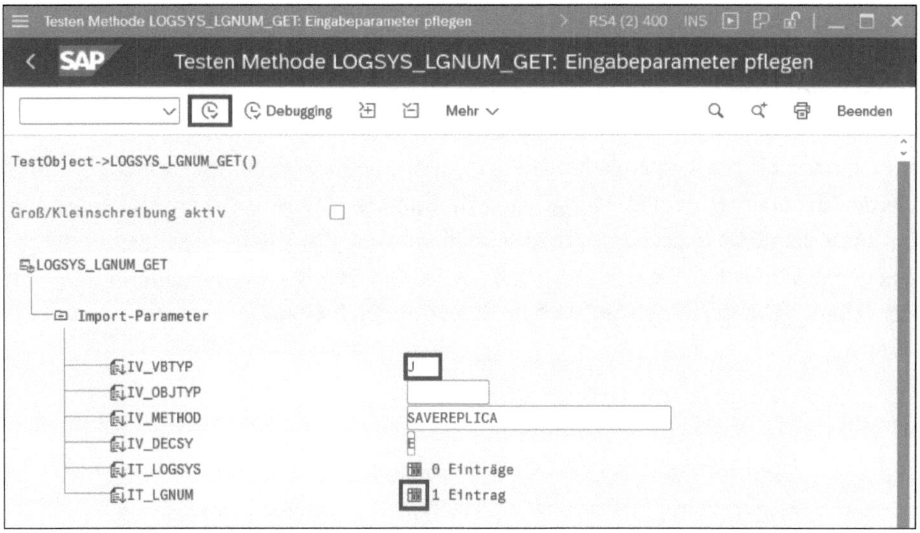

Abbildung 6.119: Methode »LOGSYS_LGNUM_GET«

3. Es sollte nun im Export-Parameter **ET_LOGSYS_LGNUM** ein Eintrag vorhanden sein. Klicken Sie auf das Icon (**Tabelle bearbeiten**) des Export-Parameters. In der Spalte **LOGSYS** finden Sie den Namen Ihrer RFC-Destination.

   Zurück in der Pflege der Partnervereinbarung können Sie nun die RFC-Destination im Feld **Partnernummer** hinterlegen. Im Feld **Partnerart** hinterlegen Sie den Wert **LS** (Logisches System). Im Feld **Art** hinterlegen Sie den Wert **US** und im Feld **Bearbeiter** den üblichen Benutzer, der bei Verarbeitungsfehlern in der IDoc-Schnittstelle benachrichtigt werden soll. Nachdem Sie eine Sprache hinterlegt haben, können Sie Ihre Eingaben zwischenspeichern (siehe Abbildung 6.120).

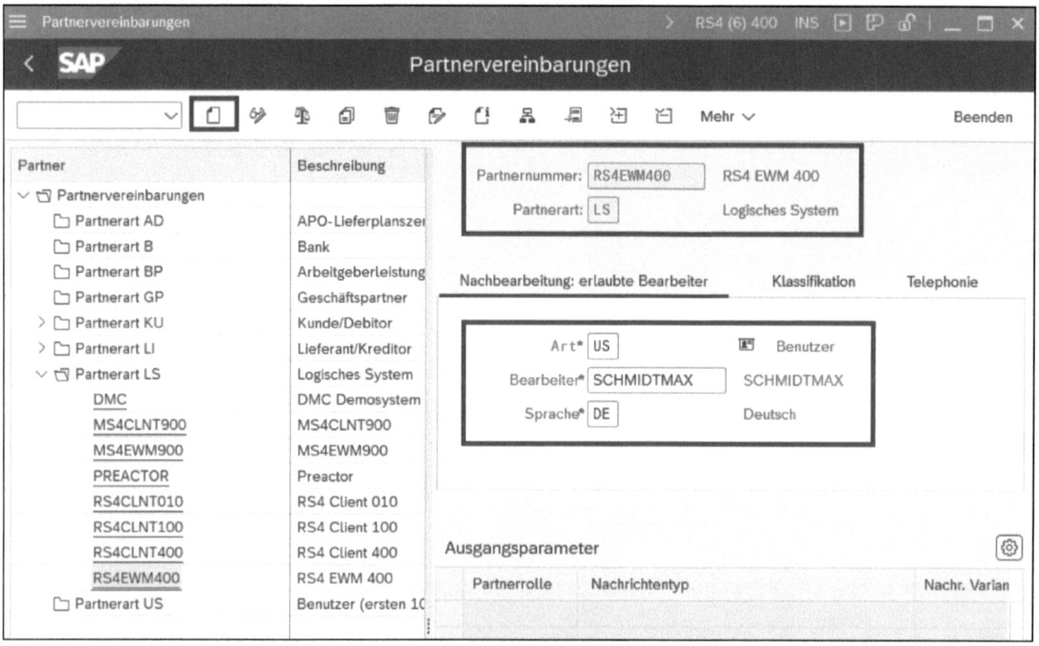

Abbildung 6.120: Partnervereinbarungen anlegen

Nun müssen Sie die Ausgangs- und Eingangsparameter pflegen. Die Ausgangsparameter werden dabei unter dem EWM-logischen-System erstellt, während die Eingangsparameter unter dem ERP-logischen-System erstellt werden. Um einen Ausgangsparameter anzulegen, nutzen den Sie den +-Button im Screen-Bereich **Ausgangsparameter** einen. Denselben +-Button finden Sie auch im Screen-Bereich **Eingangsparameter** (siehe Abbildung 6.121).

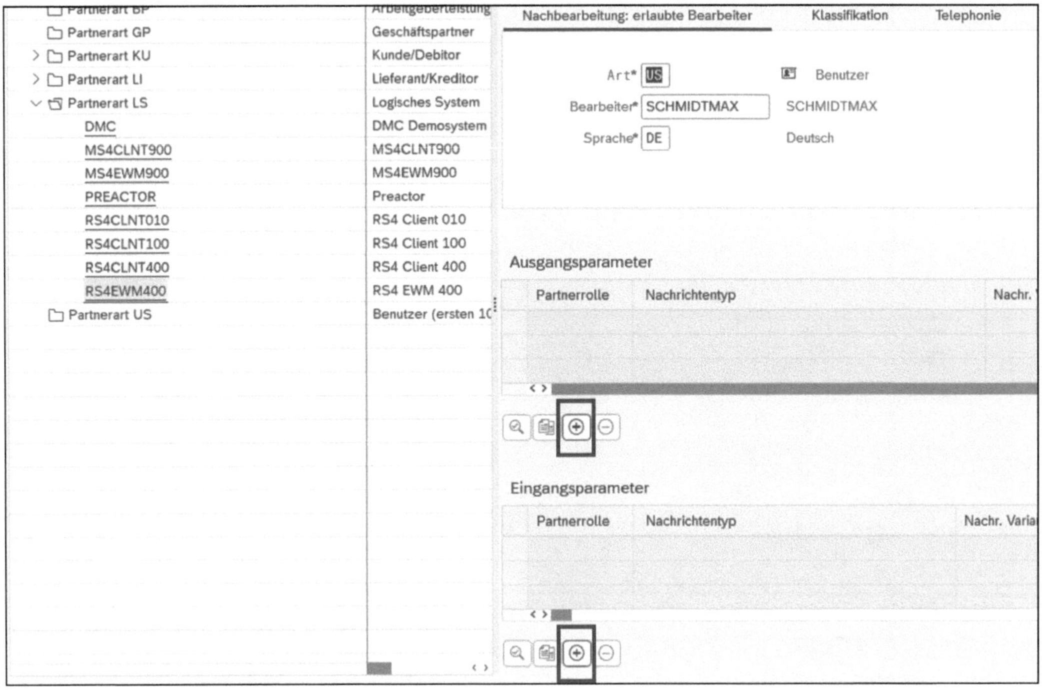

Abbildung 6.121: Aus- und Eingangsparameter anlegen

Klicken Sie auf den +-Button im Screen-Bereich **Ausgangsparameter anlegen** und pflegen Sie die Werte aus Tabelle 6.2, um das SHPMNT-IDoc über die Nachrichtenfindung anhand der Nachrichtenart **ZEWM** an EWM zu senden (siehe Abbildung 6.122).

Feldname	Wert
Partnerrolle	LS ❶
Nachrichtentyp	SHPMNT ❷
Nachrichtenvariante	ERP ❸
Empfängerport	V-NONE ❹
Ausgabemodus	IDocs sofort übergeben ❺
Basistyp	SHPMNT05 ❻
Paketgröße	1 ❼

Tabelle 6.2: Ausgangsparameter

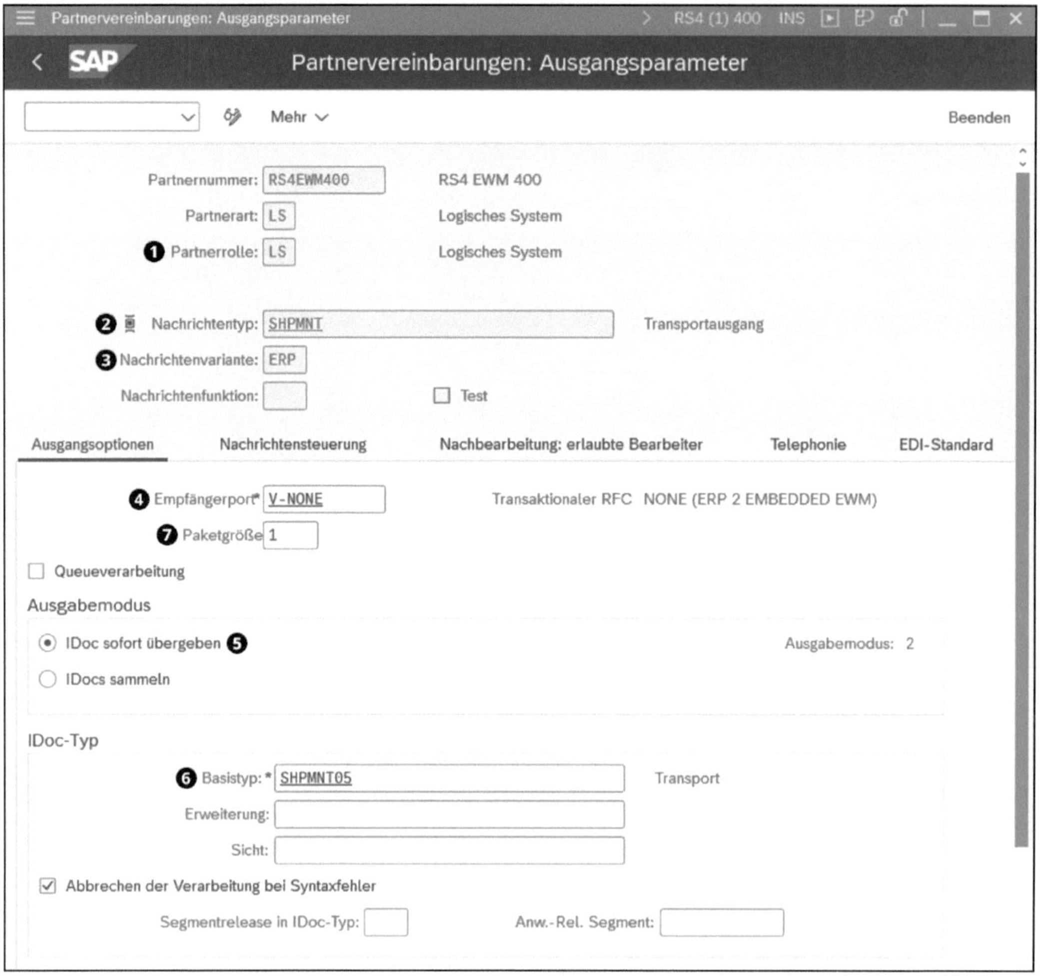

Abbildung 6.122: Ausgangsparameter anlegen

Wechseln Sie nun zur Registerkarte **Nachrichtensteuerung** (siehe Abbildung 6.123). Klicken Sie auch hier auf den **+**-Button,um die Einträge aus Tabelle 6.3 zu pflegen.

Feldname	Wert
Applikation	V7
Nachrichtenart	ZEWM
Vorgangscode	SD11

Tabelle 6.3: Nachrichtensteuerung

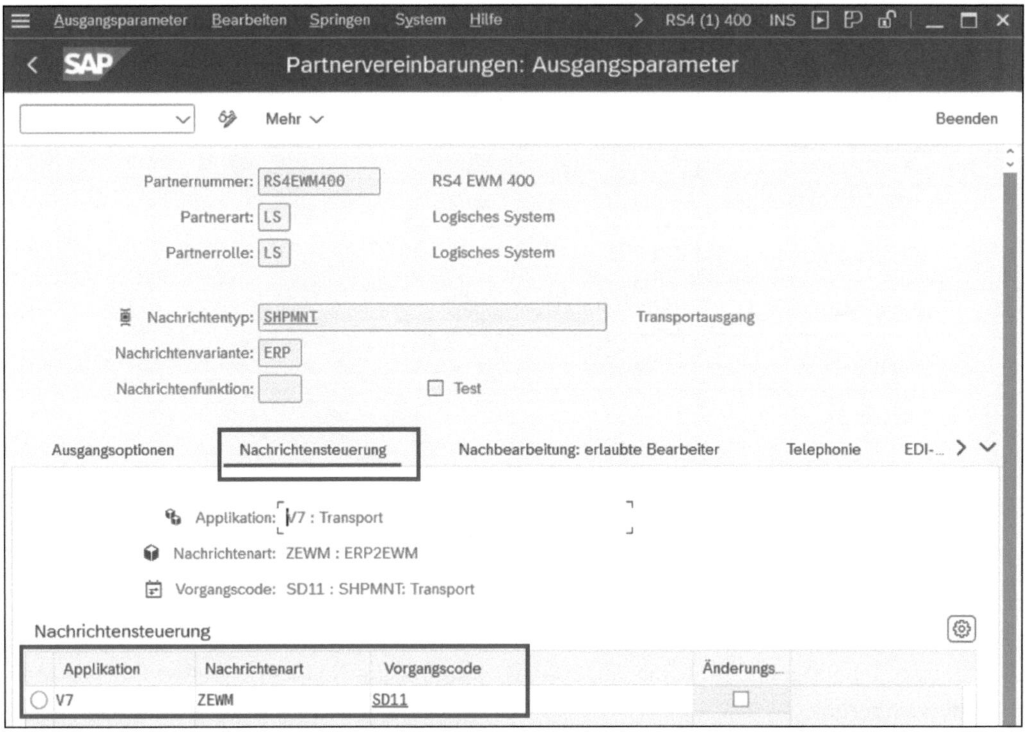

Abbildung 6.123: Nachrichtensteuerung pflegen

Erstellen Sie nun einen zweiten Ausgangsparameter mit den Einträgen aus Tabelle 6.4, um das SHPMNT-IDoc an das ERP-System zu senden.

Feldname	Wert
Partnerrolle	–
Nachrichtentyp	SHPMNT
Nachrichtenvariante	–
Empfängerport	V-NONE
Ausgabemodus	IDocs sofort übergeben
Basistyp	SHPMNT05
Paketgröße	1

Tabelle 6.4: Zweiter Ausgangsparameter

Erstellen Sie nun einen dritten Ausgangsparameter mit den Einträgen aus Tabelle 6.5, um das TPSSHT-IDoc an das ERP zu senden.

Feldname	Wert
Partnerrolle	–
Nachrichtentyp	SHIPPL
Nachrichtenvariante	–
Empfängerport	V-NONE
Ausgabemodus	IDocs sofort übergeben
Basistyp	TPSSHT01
Paketgröße	1

Tabelle 6.5: Dritter Ausgangsparameter

Die Ausgangsparameter sind nun vollständig angelegt. Nun müssen Sie noch die Eingangsparameter unter dem ERP-logischen-System anlegen. Sofern noch nicht vorhanden, erstellen Sie die neue Partnerart **LS** für das ERP-System und hinterlegen dann, wie zuvor, einen Benutzer für die Fehlerbearbeitung. Sichern Sie anschließend die Partnervereinbarung.

Erstellen Sie nun einen Eingangsparameter mit den Einträgen aus Tabelle 6.6, um das SHPMNT-IDoc vom ERP-System zu empfangen.

Feldname	Wert
Partnerrolle	–
Nachrichtentyp	SHPMNT
Nachrichtenvariante	ERP
Vorgangscode	»/SCWM/SHPM«

Tabelle 6.6: Eingangsparameter pflegen

Erstellen Sie nun einen zweiten Eingangsparameter mit den Einträgen aus Tabelle 6.7, um das SHPMNT-IDoc von EWM zu empfangen.

Feldname	Wert
Partnerrolle	–
Nachrichtentyp	»SHPMNT«

Tabelle 6.7: Zweiter Eingangsparameter

Feldname	Wert
Nachrichtenvariante	–
Vorgangscode	»SHPM«

Tabelle 6.7: Zweiter Eingangsparameter (Forts.)

Erstellen Sie nun einen dritten Eingangsparameter mit den Einträgen aus Tabelle 6.8, um das TPSSHT-IDoc von EWM zu empfangen.

Feldname	Wert
Partnerrolle	–
Nachrichtentyp	»TPSSHT«
Nachrichtenvariante	–
Vorgangscode	»SHIP«

Tabelle 6.8: Dritter Eingangsparameter

Im embedded-Szenario finden Sie also drei Ausgangs- und drei Eingangsparameter vor. Wenn Sie alles richtig gemacht haben, werden Ihnen die drei Ausgangsparameter für die EWM-Partnernummer nun in Ihrer Partnervereinbarung im Bereich **Ausgangsparameter** angezeigt (siehe Abbildung 6.124).

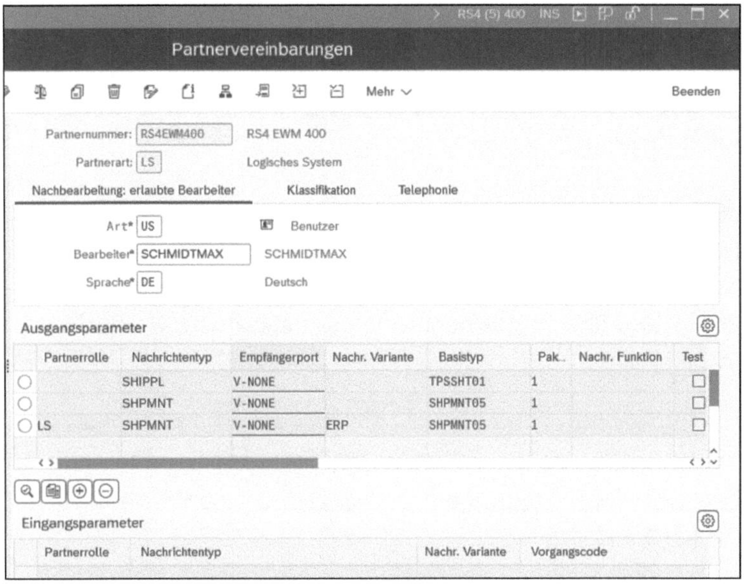

Abbildung 6.124: Übersicht der Ausgangsparameter

Die drei Eingangsparameter für die ERP-Partnernummer (die übrigen Parameter können Sie ignorieren) werden Ihnen im Bereich **Eingangsparameter** der Partnervereinbarung angezeigt (siehe Abbildung 6.125).

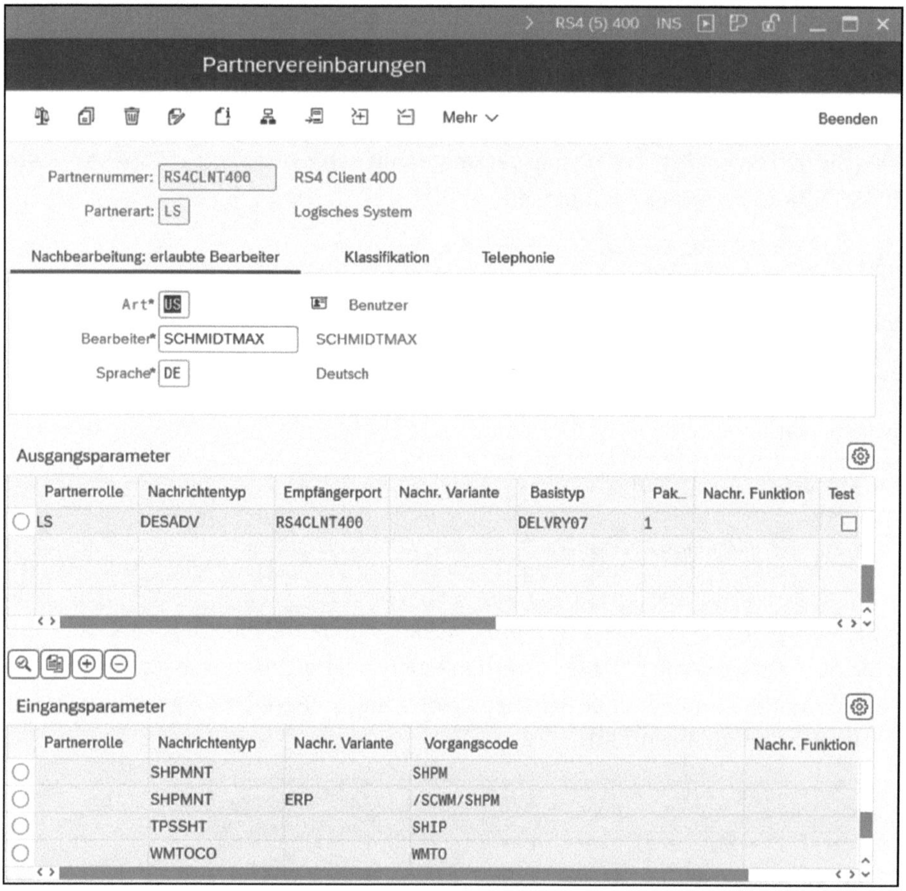

Abbildung 6.125: Übersicht der Eingangsparameter

Für das dezentrale EWM müssen die Parameter etwas anders gepflegt werden, außerdem gibt es hier nur einen Ausgangsparameter und zwei Eingangsparameter. Klicken Sie auf den +-Button im Screen-Bereich **Ausgangsparameter** und pflegen Sie die Werte aus Tabelle 6.9, um das SHPMNT-IDoc über die Nachrichtenfindung anhand der Nachrichtenart **ZEWM** an EWM zu senden.

Feldname	Wert
Partnerrolle	LS
Nachrichtentyp	SHPMNT

Tabelle 6.9: Ausgangsparameter für dezentrales EWM

Feldname	Wert
Nachrichtenvariante	–
Empfängerport	EWM-Partnernummer von Transaktion WE20
Ausgabemodus	IDocs sofort übergeben
Basistyp	SHPMNT05
Paketgröße	1

Tabelle 6.9: Ausgangsparameter für dezentrales EWM (Forts.)

Wechseln Sie nun zur Registerkarte **Nachrichtensteuerung** und klicken Sie auf den **+**-Button, um die Einträge aus Tabelle 6.10 zu pflegen.

Feldname	Wert
Applikation	V7
Nachrichtenart	ZEWM
Vorgangscode	SD11

Tabelle 6.10: Nachrichtensteuerung für dezentrales EWM

Speichern Sie Ihre Einträge. Erstellen Sie nun einen Eingangsparameter mit den Einträgen aus Tabelle 6.11, um das SHPMNT-IDoc von EWM zu empfangen.

Feldname	Wert
Partnerrolle	–
Nachrichtentyp	SHPMNT
Nachrichtenvariante	–
Vorgangscode	SHPM

Tabelle 6.11: Eingangsparameter für dezentrales EWM

Erstellen Sie nun einen zweiten Eingangsparameter mit den Einträgen aus Tabelle 6.12, um das SHIPPL-IDoc von EWM zu empfangen.

Feldname	Wert
Partnerrolle	–
Nachrichtentyp	SHIPPL
Nachrichtenvariante	–
Vorgangscode	SHIP

Tabelle 6.12: Zweiter Eingangsparameter für dezentrales EWM

Damit sind fast alle notwendigen Schritte für die EDI-Kommunikation auf der Seite des ERP-Systems erledigt. Ein letzter Schritt fehlt noch, bevor wir uns der EWM-Seite widmen können. Für den Fall, dass die IDocs in Einzelfällen fehlerhaft verarbeitet werden, sollte ein Background-Job für das Nachverarbeiten eingeplant werden. Erstellen Sie dazu in der Transaktion **SM36** einen Job, bspw. mit dem Namen **EWM_REPROCESS_SHPMNT_IDOC**, der den Report **RBDMANI2** periodisch alle drei Minuten ausführt. Erstellen Sie zuvor eine Variante für das Programm mit den Feldattributen aus Tabelle 6.13.

Feldname	Wert
Nachrichtentyp	SHPMNT
Nachrichtenklasse	VII
Nachrichtennummer	007

Tabelle 6.13: Variante für Report »RBDMANI2«

Speichern Sie Ihre Einträge. Vergeben Sie nun einen Namen und eine Beschreibung für die Variante, bspw. **EWM_SHPMNT**. Suchen Sie im Bereich **Felder des Selektionsbildes** nach dem Feld **Erstellungsdatum.** Scrollen Sie in dieser Zeile etwas nach rechts und suchen Sie nach der Spalte **Art der Selektionsvariable**. Geben Sie hier den Wert **D** ein. Etwas weiter rechts befindet sich die Spalte **Name der Variablen**. Rufen Sie mit F4 die Wertehilfe auf und wählen Sie den Wert **Aktuelles Tagesdatum**. Speichern Sie Ihre Einträge und hinterlegen Sie die Variante in Ihrem Job.

6.4.4 Konfiguration: Schritte in EWM

In diesem Kapitel lernen Sie die notwendige Konfiguration in EWM für die Integration mit SAP LE-TRA kennen. Stellen Sie sicher, dass die Statusarten aus Tabelle 6.14 in Ihrem Statusprofil aktiviert sind, wobei für unsere Integration die Arten **DBT** und **DTU** wesentlich sind. Wie Sie das Statusprofil austauschen, haben Sie in Abschnitt 6.3.4 erfahren.

Statusart	Bezeichnung	Inaktiv
DBT	Gesperrt (Transportplan)	–
DTD	Transportplanung	–
DCO	Erledigung	–
DER	Kommissionierung (geplant)	–
DLO	Laden	–
DPC	Verpacken	–
DPI	Kommissionierung	–
DTU	Transporteinheit zuordnen	–
DWA	Lageraktivität	–

Tabelle 6.14: Relevante EWM-Statusarten für die Integration von EWM mit LE-TRA

Während **DTU** obligatorisch ist, ist die zusätzliche Verwendung der Statusart **DBT** optional. Durch die Statusart **DBT** wird der EWM-Auslieferungsauftrag auf den Status **Gesperrt** (rote Ampel ●) gesetzt und erst entsperrt, sobald eine TE in EWM angelegt wurde, beispielsweise durch SAP LE-TRA. Beachten Sie, dass die aktivierte Statusart **DTD** als Voraussetzung für **DBT** gilt. Falls Sie die Statusart **DBT** verwenden möchten, können Sie darüber hinaus via Customizing entscheiden, ob ein Start der Lageraktivitäten in Einzelfällen trotzdem erlaubt ist, obwohl die TE noch nicht angelegt ist. Folgen Sie dazu diesem Customizing-Pfad folgen: **SCM Extended Warehouse Management • Extended Warehouse Management • Warenausgangsprozess • Auslieferung • Integration für Transportplanung**. Hier gibt es zwei relevante Aktivitäten:

- **Transportplanungsart definieren (Ausgang)**
- **EWM-Ausführung ohne Transportplanung erlauben (Ausgang)**

Pflegen Sie in der ersten Aktivität die folgenden Einstellungen entsprechend Ihrer Belegart, indem Sie auf **Neue Einträge** klicken (siehe Abbildung 6.126):

- **Lagernummer**
- **Belegtyp**
- **Belegart**
- **Versandbedingung**
- **Transportplanungsart**: »A Obligatorische Planung in LE«

Beachten Sie bei den Einstellungen aus Abbildung 6.126, dass die Transportplanungsart nur dann auf **Obligatorische Planung in LE** gestellt werden muss, wenn Sie sich dafür entscheiden, dass vor den Lageraktivitäten ein SAP-LE-TRA-Transport angelegt werden und dieser anschließend als TE in EWM empfangen werden soll. Soll der SAP-LE-TRA-Transport hingegen erst nach den Lageraktivitäten mit dem Warenausgang angelegt werden, wählen Sie in dieser Customizing-Aktivität den Wert **Obligatorische Planung in EWM**. In jedem Fall speichern Sie anschließend Ihre Eingaben.

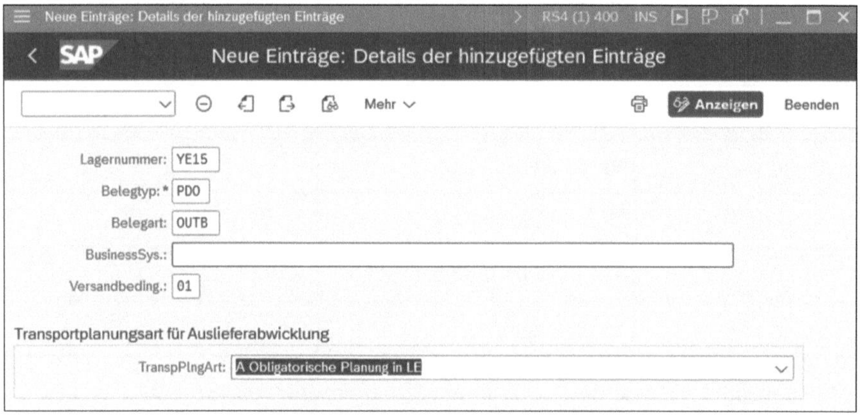

Abbildung 6.126: Transportplanungsart definieren (Ausgang)

Als Nächstes wechseln Sie zur zweiten Aktivität, **EWM-Ausführung ohne Transportplanung erlauben (Ausgang)**, und pflegen die folgenden Einstellungen entsprechend Ihrer Belegart, indem Sie auf **Neue Einträge** klicken (siehe Abbildung 6.127):

- **Lagernummer**
- **Belegtyp**
- **Belegart**
- **Transportplanungsart**: »A Obligatorische Planung in LE«
- Das Kennzeichen bei **Freigabe** muss gesetzt sein.

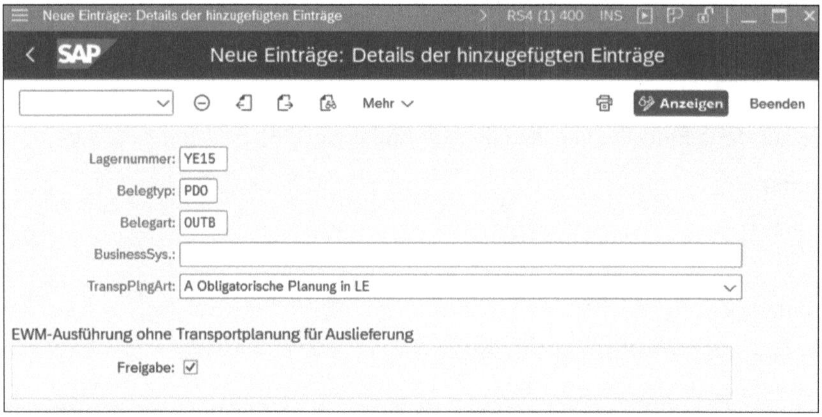

Abbildung 6.127: EWM-Ausführung ohne Transportplanung erlauben (Ausgang)

Zuletzt müssen Sie die PPF-Aktionsdefinitionen aktivieren, die die IDoc-Kommunikation anstoßen. Anstatt einem der vielen Customizing-Pfade zu folgen, um zur PPF-Administration zu gelangen, merken Sie sich stattdessen den Transaktionscode **SPPFCADM** und öffnen die entsprechende Transaktion. Markieren Sie die Anwendung **/SCWM/SHP_RCV** und klicken Sie unten auf **Aktionsprofile und Aktionen definieren** (siehe Abbildung 6.128).

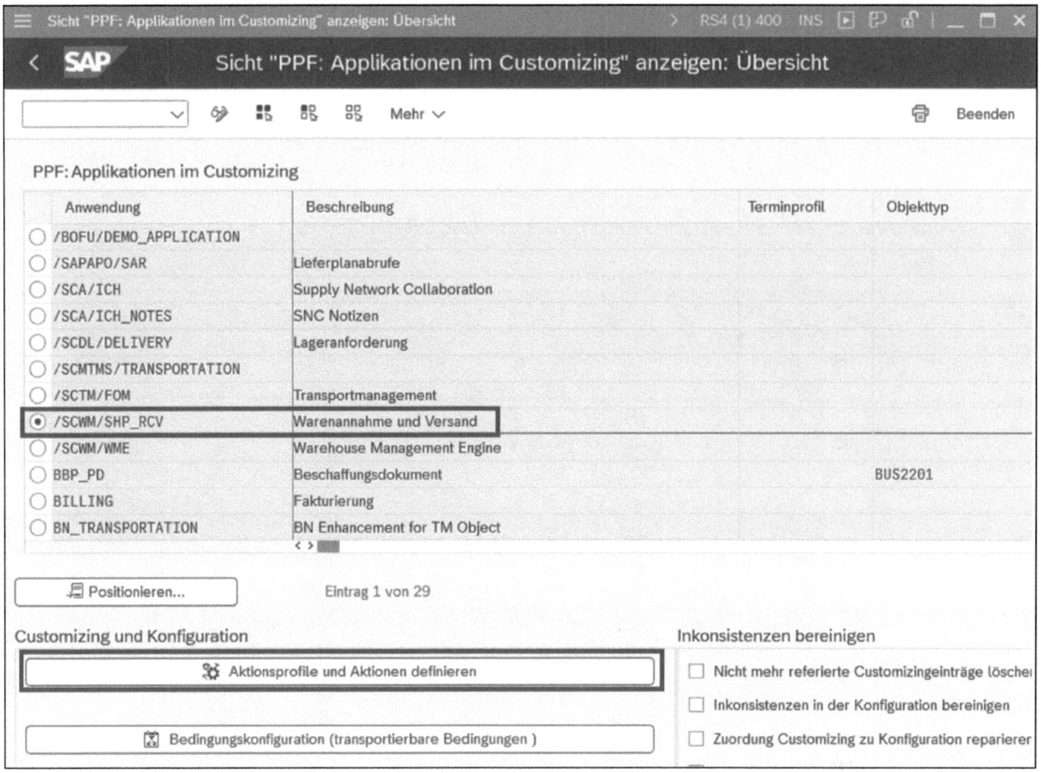

Abbildung 6.128: Transaktion »SPPFCADM«

Markieren Sie nun das Aktionsprofil **/SCWM/TU** im mittleren Screen-Bereich und doppelklicken Sie dann links in der Dialogstruktur auf **Aktionsdefinition**. Wechseln Sie dort in den Änderungsmodus und setzen Sie die Aktionsdefinitionen **/SCWM/SR_SEND_SHIPPL** und **/SCWM/SR_SEND_SHPMNT** auf aktiv (Kennzeichen bei **inaktiv** ist deselektiert). Bestätigen Sie dabei die Warnungsnachricht mit [↵] und speichern Sie Ihre Änderungen (siehe Abbildung 6.129).

Nun wechseln Sie in der Dialogstruktur wieder eine Hierarchieebene höher auf **Aktionsprofil** und springen bei **/SCWM/VEH** zu den Aktionsdefinitionen. Hier setzen Sie die Aktionsdefinition **/SCWM/SR_SEND_SHIPPL_VEH** auf aktiv (das Kennzeichen bei **inaktiv** ist deselektiert). Bestätigen Sie dabei die Warnungsnachricht mit [↵] und speichern Sie Ihre Änderungen (siehe Abbildung 6.130).

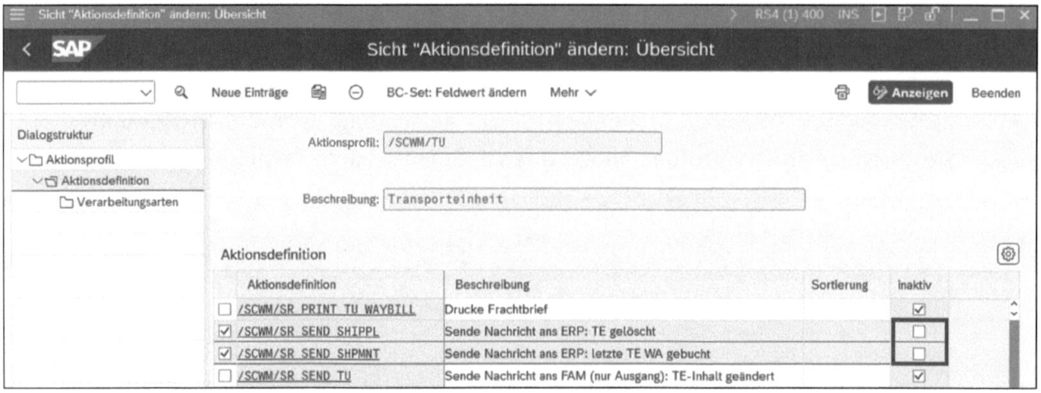

Abbildung 6.129: PPF-Aktionen für IDoc-Versand aktivieren (TE)

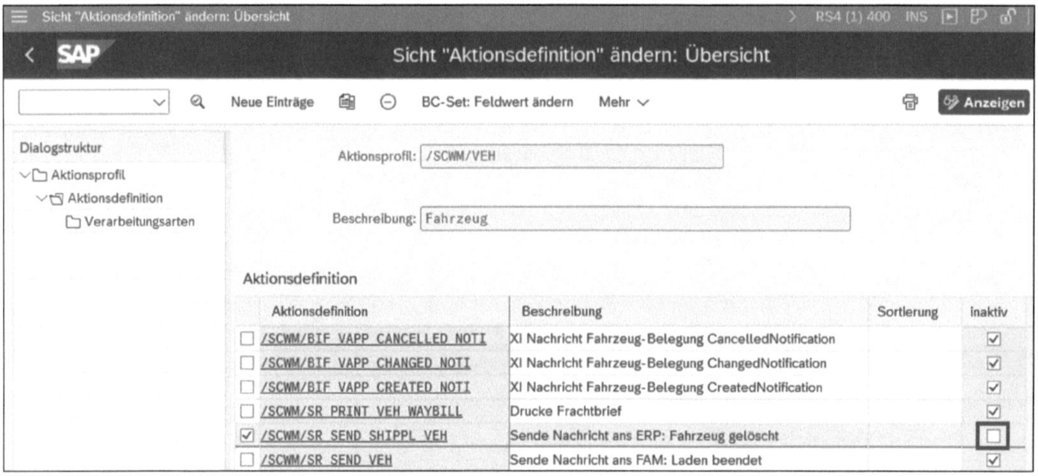

Abbildung 6.130: PPF-Aktionen für IDoc-Versand aktivieren (Vehikel)

6.4.5 Konfiguration: EDI-Kommunikation von EWM zum ERP-System aufsetzen

In diesem Kapitel konfigurieren wir die EDI-Kommunikation von EWM zum ERP-System. Wir bauen die EDI-Kommunikation so auf, dass sie mit allen drei Prozessszenarien kompatibel ist.

Als Erstes erstellen Sie ein Verteilmodell für das Senden der IDocs von EWM an das ERP-System. Sie kennen das Verteilmodell bereits aus der Integration zwischen EWM und ERP-System aus Kapitel 2 – genau jenes Modell ergänzen wir nun.

[»]

Unterschiede zwischen embedded EWM und dezentralem EWM

Bitte beachten Sie, dass es bei der Pflege des Verteilmodells Unterschiede gibt, je nachdem, ob Ihr EWM embedded oder dezentral ist:

- Wenn Sie EWM embedded verwenden, ist das ERP-logische-System der Sender und EWM der Empfänger. Dies mag konfus wirken, muss aber zwingend so sein, da ansonsten Fehler in der Verarbeitung entstehen. Beide logischen Systeme zeigen ohnehin auf denselben Port.
- Wenn Sie EWM dezentral verwenden, ist das EWM-logische-System der Sender und das ERP-System der Empfänger.

Unser EWM-Demo-System ist embedded, dennoch erläutern wir die Unterschiede.

Öffnen Sie zur Pflege des Verteilmodells die Transaktion **BD64** . Wechseln Sie in den Änderungsmodus. Laut SAP-Leitfaden sollen Sie jetzt eine neue Modellsicht anlegen; hiervon weichen wir jedoch bewusst ab. Stattdessen erweitern wir die bereits bestehende Modellsicht für den Lieferdatenaustausch zwischen ERP-System und EWM. Dies ist technisch sauberer, da wir so lediglich *eine* Modellsicht für alle EWM-Prozesse haben statt mehrere. Es steht Ihnen jedoch frei, wie im Leitfaden beschrieben, eine neue Modellsicht anzulegen, daraus entstehen keine Nachteile.

Markieren Sie den Namen Ihres Verteilungsmodells für die Integration des ERP-Systems mit EWM und klicken Sie auf **Mehr • Nachrichtentyp einfügen** (siehe Abbildung 6.131).

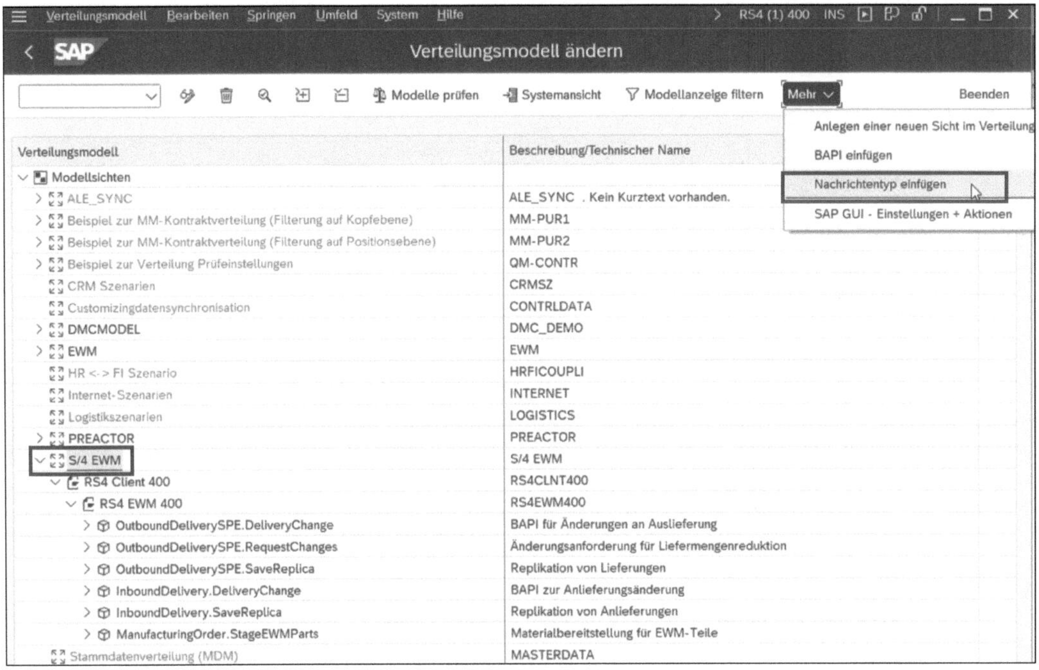

Abbildung 6.131: Nachrichtentyp zum Verteilmodell hinzufügen

Es erscheint ein Dynpro-Pop-up. Bei **Sender** tragen Sie

- bei embedded EWM das ERP-logische-System,
- bei dezentralem EWM das EWM-logische-System ein.

Bei **Empfänger** tragen Sie

- bei embedded EWM das EWM-logische System,
- bei dezentralem EWM das ERP-logische System ein.

Der **Nachrichtentyp** ist in beiden Fällen **SHPMNT** (siehe Abbildung 6.132).

Abbildung 6.132: Nachrichtentyp »SHPMNT« zum Verteilmodell hinzufügen

Nun wiederholen Sie dieselben Schritte für den Nachrichtentyp **SHIPPL**. Speichern Sie anschließend Ihre Einträge. Das Verteilmodell sollte nach dem Speichern in der Übersicht so aussehen wie in Abbildung 6.133.

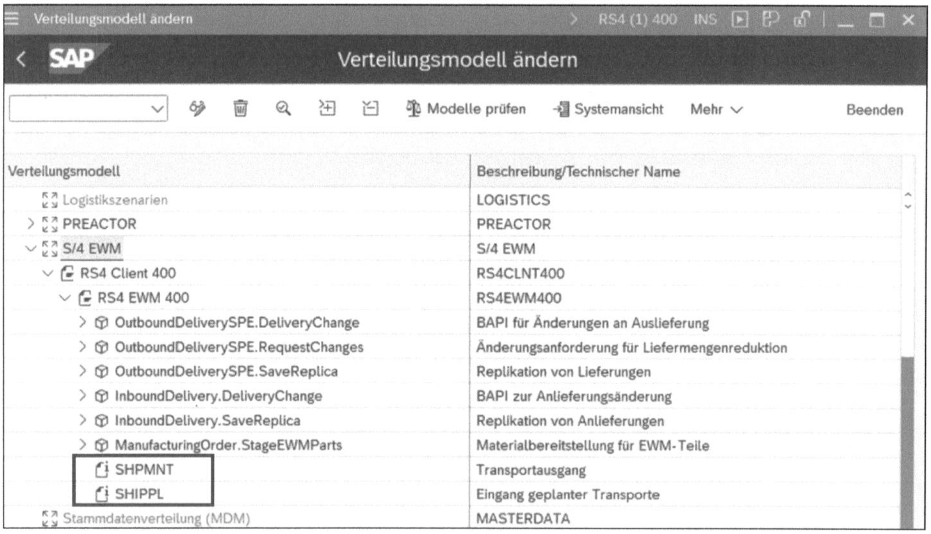

Abbildung 6.133: Verteilmodell nach dem Speichern

Als Nächstes müssen in EWM die Ports und Partnervereinbarungen gepflegt werden. Diese Schritte sind nur für das dezentrale EWM relevant. Falls Sie ein embedded EWM installiert haben, können Sie sie ignorieren.

Öffnen Sie die Transaktion **WE21** und erstellen Sie einen Port mit dem Namen und der RFC-Destination Ihres ERP-logischen-Systems. Die detaillierten Schritte hierfür wurden in Abschnitt 6.4.3, »Konfiguration: EDI-Kommunikation von ERP-System zu EWM aufsetzen«, erläutert.

Nachdem Sie den Port gepflegt haben, wechseln Sie zur Transaktion **WE20**. Erstellen Sie dort eine Partnervereinbarung der Partnerart **LS** für das ERP-logische-System als Partnernummer. Hinterlegen Sie einen Benutzer, der bei Verarbeitungsfehlern in der IDoc-Schnittstelle benachrichtigt werden soll. Erstellen Sie anschließend einen Ausgangsparameter mit den Feldinhalten aus Tabelle 6.15.

Feldname	Wert
Partnerrolle	–
Nachrichtentyp	SHPMNT
Nachrichtenvariante	–
Empfängerport	Der in Transaktion **WE21** erstellte ERP-Port
Ausgabemodus	IDocs sofort übergeben
Basistyp	SHPMNT06
Paketgröße	1

Tabelle 6.15: Ausgangsparameter im EWM-System anlegen

Erstellen Sie einen zweiten Ausgangsparameter mit den Feldinhalten aus Tabelle 6.16.

Feldname	Wert
Partnerrolle	–
Nachrichtentyp	SHIPPL
Nachrichtenvariante	–
Empfängerport	Der in Transaktion **WE21** erstellte ERP-Port
Ausgabemodus	IDocs sofort übergeben
Basistyp	TPSSHT01
Paketgröße	1

Tabelle 6.16: Zweiten Ausgangsparameter im EWM-System anlegen

Erstellen Sie nun einen Eingangsparameter mit den Feldinhalten aus Tabelle 6.17.

Feldname	Wert
Partnerrolle	–
Nachrichtentyp	SHPMNT
Nachrichtenvariante	–
Vorgangscode	/SCWM/SHPM

Tabelle 6.17: Eingangsparameter im EWM-System anlegen

Die folgenden Schritte sind ebenfalls wieder für embedded EWM relevant. Folgen Sie dem Customizing-Pfad **SCM Extended Warehouse Management • Extended Warehouse Management • Schnittstellen • ERP-Integration • Transport • Vorschlagswerte für Ausgangs-IDoc definieren**. Klicken Sie auf **Neue Einträge** und erstellen Sie zwei Einträge für die Nachrichtentypen **SHIPPL** und **SHPMNT** (siehe Tabelle 6.18). Beachten Sie, dass Sie die Einträge nicht eins zu eins übernehmen, sondern an Ihre jeweilige Systemkonfiguration anpassen müssen. Sichern Sie anschließend Ihre Einträge.

Business System	Nachrichtentyp	TM	TrAr	TDSt	Transp. offen lassen
ERP-System	SHIPPL	–	0001	YS15	–
ERP-System	SHPMNT	–	0001	YS15	X

Tabelle 6.18: Vorschlagswerte für Ausgangs-IDoc definieren

Nach dem Sichern sollte Ihr Screen so aussehen wie in Abbildung 6.134.

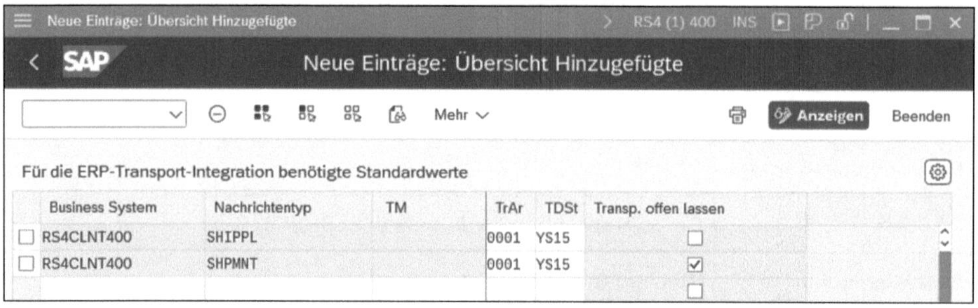

Abbildung 6.134: Definierte Vorschlagswerte für Ausgangs-IDoc

Im nächsten Schritt legen Sie fest, dass die Nummernkreise von LE-TRA-Transport und EWM-TE synchron miteinander sind. Das bedeutet Folgendes:

- Wenn Sie einen Transport von SAP LE-TRA an EWM senden, um daraus eine TE zu erstellen, wird die Nummer des Transports für die TE übernommen. Beachten Sie, dass der Nummernkreis der TE **/SCWM/TU** ein externes Intervall benötigt, das mit dem Nummernkreis des Transports **RV_TRANSPO** überlappt. Sie können die Objekte in der Transaktion **SNRO** lokal pflegen oder sie transportieren.

- Wenn Sie eine TE von EWM an SAP LE-TRA senden, um daraus einen Transport zu erstellen, erhält dieser Transport dieselbe Nummer wie das EWM-Vehikel oder – falls kein Vehikel vorhanden ist – wie die TE. Beachten Sie, dass der Nummernkreis des Transports **RV_TRANSPO** ein externes Intervall benötigt, das mit dem Nummernkreis der TE **/SCWM/TU** überlappt. Sie können die Objekte in der Transaktion **SNRO** lokal pflegen oder sie transportieren.

In Abbildung 6.135 sehen Sie ein Beispiel für die Nummernkreispflege.

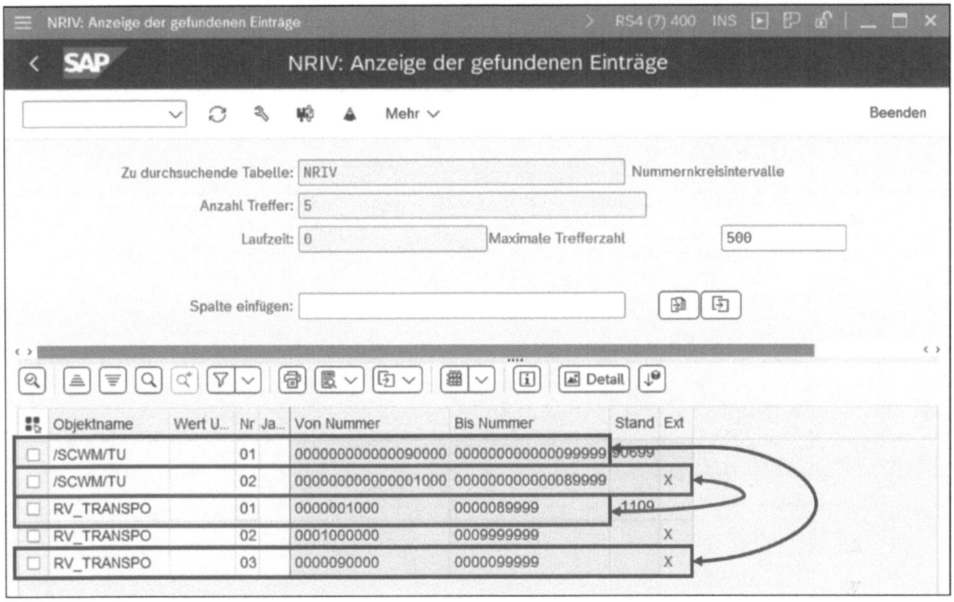

Abbildung 6.135: Nummernkreise des Transports und der TE miteinander mappen

Nachdem Sie die Nummernkreise erstellt und miteinander gemappt haben, müssen Sie sicherstellen, dass der externe Nummernkreis vom Transport auch in der dazugehörigen Transportart hinterlegt ist. Folgen Sie hierzu dem Customizing-Pfad **Logistics Execution • Transport • Transporte • Transportarten definieren**. Wählen Sie dort Ihre relevante Transportart aus und hinterlegen Sie Ihren externen Nummernkreis vom Nummernkreisobjekt **RV_TRANSPO** (siehe Abbildung 6.136).

Sobald die Nummernkreise gemappt und im Customizing hinterlegt sind, folgen Sie dem Customizing-Pfad **SCM Extended Warehouse Management • Extended Warehouse Management • Schnittstellen • ERP-Integration • Transport • Einstellungen für die Verarbeitung des IDoc zur Sendung vornehmen**. Klicken Sie auf **Neue Einträge** und erstellen

Sie einen Eintrag, in dem Sie das Business-System leer lassen und das Kennzeichen bei **Trsp zuord** und **TENr zuord** setzen (siehe Abbildung 6.137).

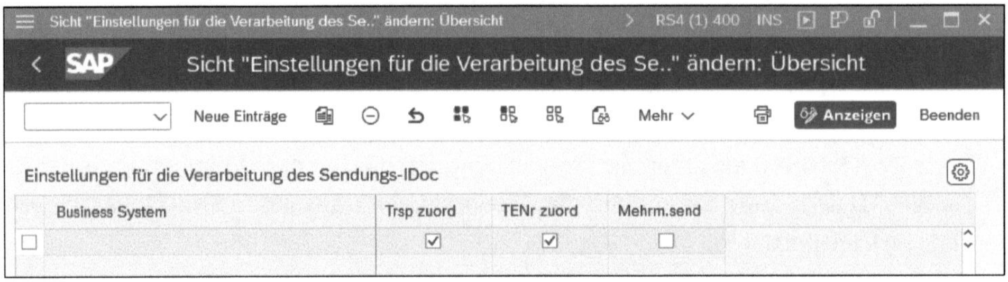

Abbildung 6.136: Nummernkreisintervall in Transportart hinterlegen

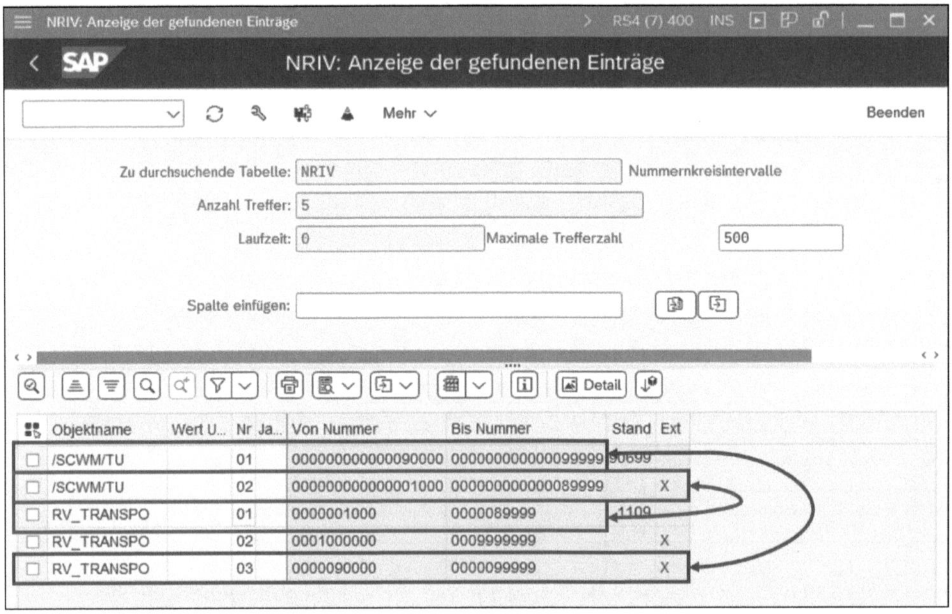

Abbildung 6.137: Nummernkreise von Transport und TE mappen

Damit sind alle Konfigurationsschritte für die Integration abgeschlossen. Als Nächstes testen wir unsere Konfiguration.

6.4.6 Prozessdemo

Testen Sie nun, ob Ihre Einstellungen korrekt sind. Im Folgenden testen wir beide Ausgangsszenarien:

- SAP LE-TRA sendet zuerst einen Transport an EWM, dann folgen die Lageraktivitäten und die Rückmeldung.

- EWM erstellt eine TE, dann folgen die Lageraktivitäten und die Rückmeldung, woraufhin der Transport erstellt wird.

Beginnen wir mit dem ersten Szenario:

Erstellen Sie eine LE-Auslieferung, die für SAP LE-TRA und EWM relevant ist. Die SAP-LE-TRA-Relevanz erkennen Sie an dem Status **TrnsPlanStatus**, der hier den Wert **A – Transp-Dispo offen** haben muss. (siehe Abbildung 6.138).

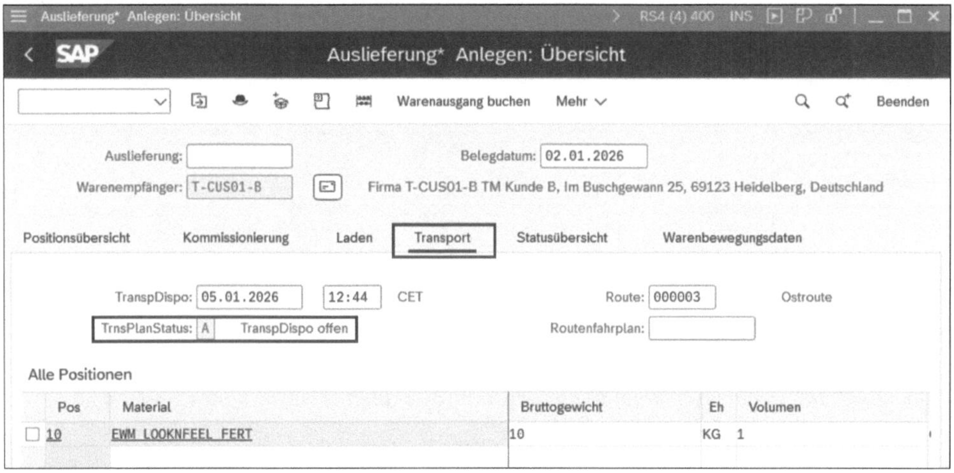

Abbildung 6.138: Transportplanungsrelevanz in der LE-Auslieferung

Betrachten wir nun die Auslieferung in EWM in der Transaktion **/SCWM/PRDO** (siehe Abbildung 6.139).

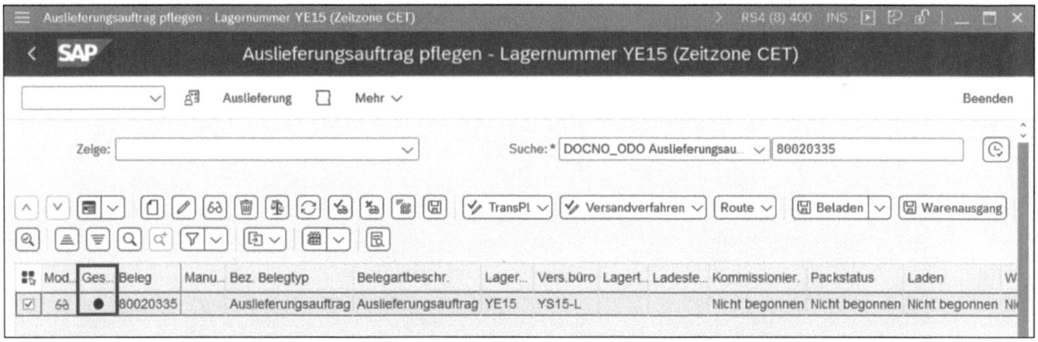

Abbildung 6.139: Gesperrter EWM-Auslieferungsauftrag wegen fehlendem LE-TRA-Transport

Der Auslieferungsauftrag besitzt den Status **Gesperrt** (rote Ampel: ●). Klicken Sie nun auf das Icon (**Prüfen**), um den Sperrgrund zu erfahren (siehe Abbildung 6.140).

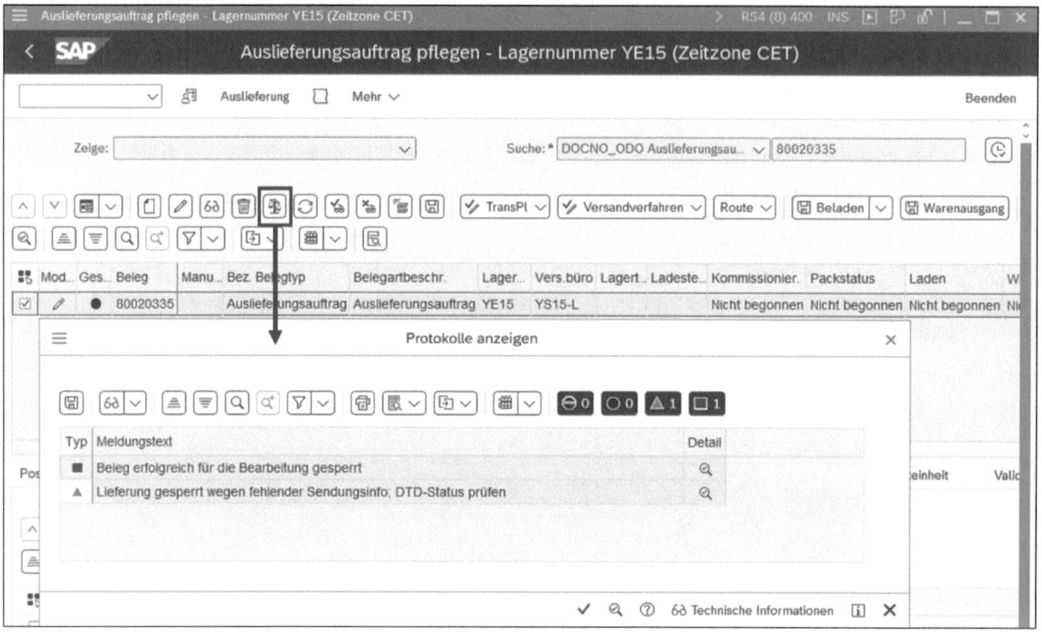

Abbildung 6.140: Sperrgrund für Auslieferungsauftrag prüfen

Der Grund für die Liefersperre liegt also darin, dass wir der LE-Auslieferung noch keinen Transport zugeordnet und das IDoc, das die TE erstellt, an EWM gesendet haben. Falls Sie sich erinnern, haben wir in unserer Konfiguration erlaubt, dass man diese Sperre manuell überspringen kann. Klicken Sie in der Transaktion **/SCWM/PRDO** auf **TransPl • Status auf »Manuell fixiert« setzen** (siehe Abbildung 6.141).

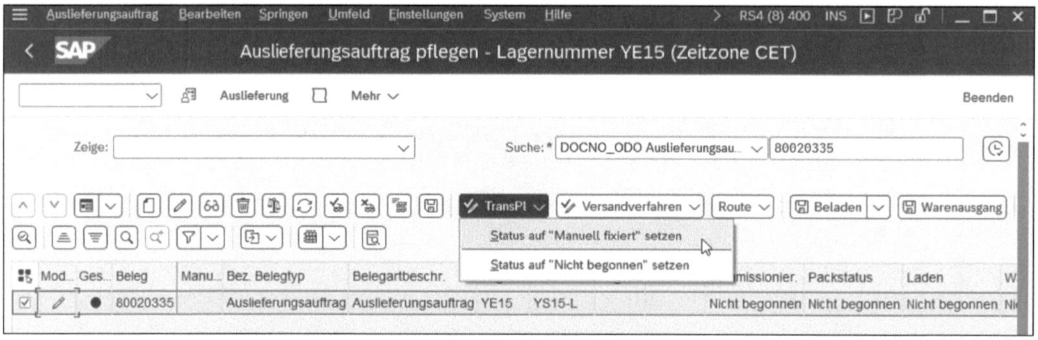

Abbildung 6.141: Transportsperre in EWM manuell überspringen

Sie können die Sperre mit der Option **Status auf »Nicht begonnen« setzen** wieder aufheben. In unserem Beispiel behalten wir die Sperre zunächst bei, da wir erreichen möchten, dass die Sperre durch das Anlegen der TE aufgehoben wird. Nun erstellen wir einen Transport in SAP LE-TRA und weisen diesem unsere Lieferung zu. Anschließend erstellen wir das IDoc für EWM.

Öffnen Sie die Transaktion **VT01N** und geben Sie in der Einstiegsmaske Ihre für die EWM-Integration relevante Transportdispostelle und Transportart ein (siehe Abbildung 6.142).

Abbildung 6.142: Transport anlegen: Einstieg

Klicken Sie auf **Lieferungen** und fügen Sie über die erscheinende Selektion Ihre LE-Auslieferung hinzu (siehe Abbildung 6.143).

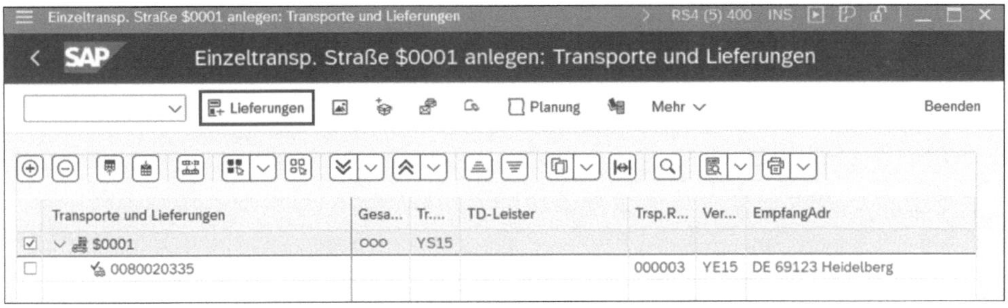

Abbildung 6.143: Transport anlegen: Lieferungen zuweisen

Als Nächstes erstellen Sie eine Transport-HU. Wechseln Sie hierzu mit [⇧] + [F9] in den Verpackungsdialog und geben Sie dort bei **Packmittel** die Packmittelart Ihres Verpackungsmaterials für die EWM-TE ein (siehe Abbildung 6.144).

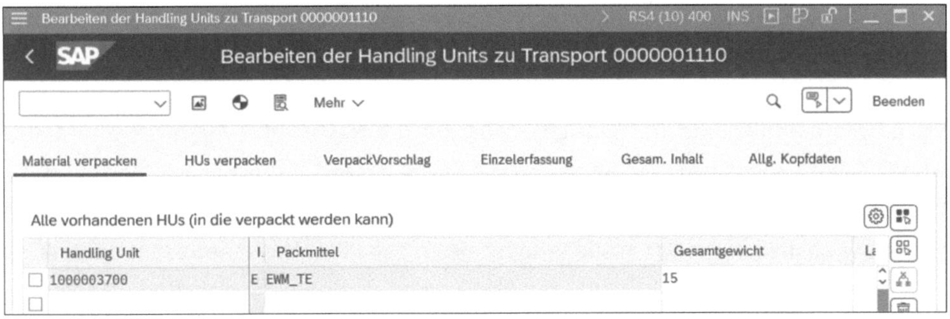

Abbildung 6.144: Transport-HU erstellen

Packmittelart ermitteln

Die Packmittelart finden Sie im Materialstamm in der Sicht **Vertrieb:allg./Werk**. Es handelt sich dabei um das Datenfeld **VHART** des MARA-Materialsegments.

Diese HU ist sehr wichtig, da das IDoc sonst auf EWM-Seite nicht verarbeitet werden kann, weil es keine TE anlegen kann.

Speichern Sie anschließend Ihren Transport. Im Änderungsmodus gehen Sie nun über **Springen • Nachrichten** und erstellen einen Eintrag für Ihre in Abschnitt 6.4.2, »Konfiguration: Schritte in SAP ERP«, erstellte Nachrichtenart **ZEWM**. Hinterlegen Sie im Feld **Partner** das in der Transaktion **WE20** hinterlegte logische System für Ihr EWM-System. Markieren Sie dann den Eintrag und klicken Sie auf **Zusatzangaben** (siehe Abbildung 6.145).

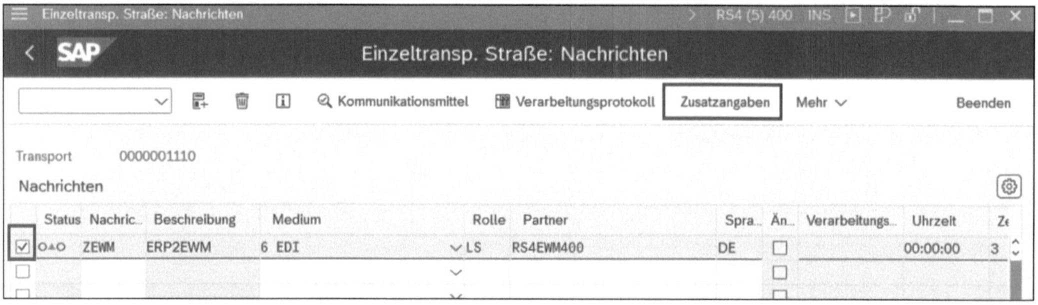

Abbildung 6.145: ZEWM-Nachricht im Transport manuell erzeugen

Ändern Sie unter **Zusatzangaben** den Versandzeitpunkt auf **sofort versenden**. Springen Sie anschließend zurück und speichern Sie den Transport.

ZEWM-Nachricht automatisch erzeugen

Selbstverständlich müssen Sie die ZEWM-Nachricht nicht jedes Mal manuell erstellen. Sie können hierfür die Standard-Konditionstechnik verwenden bzw. über die Aktivitätsprofile im SAP-LE-TRA-Customizing das Erzeugen der Nachricht automatisch anstoßen, sobald ein bestimmter Status, bspw. Disposition, erreicht ist.

Prüfen Sie anschließend im Anzeigemodus, ob die Nachricht erfolgreich verarbeitet wurde (grüne Ampel: ■). Markieren Sie die grüne Nachricht und klicken Sie auf **Verarbeitungsprotokoll**. Dort sollte die Ausgangs-IDoc-Nummer ersichtlich sein.

Erwartungsgemäß sollte der Auslieferungsauftrag nun in EWM entsperrt sein, da eine TE angelegt und der Lageranforderung zugewiesen wurde. Prüfen Sie dies für Ihre Auslieferung über die Transaktion **/SCWM/PRDO**: Unter der Registerkarte **Transporteinheit** sollte ein Eintrag mit einer TE zu finden sein, und der Status des Auslieferungsauftrags sollte eine grüne Ampel ■ aufweisen (siehe Abbildung 6.146).

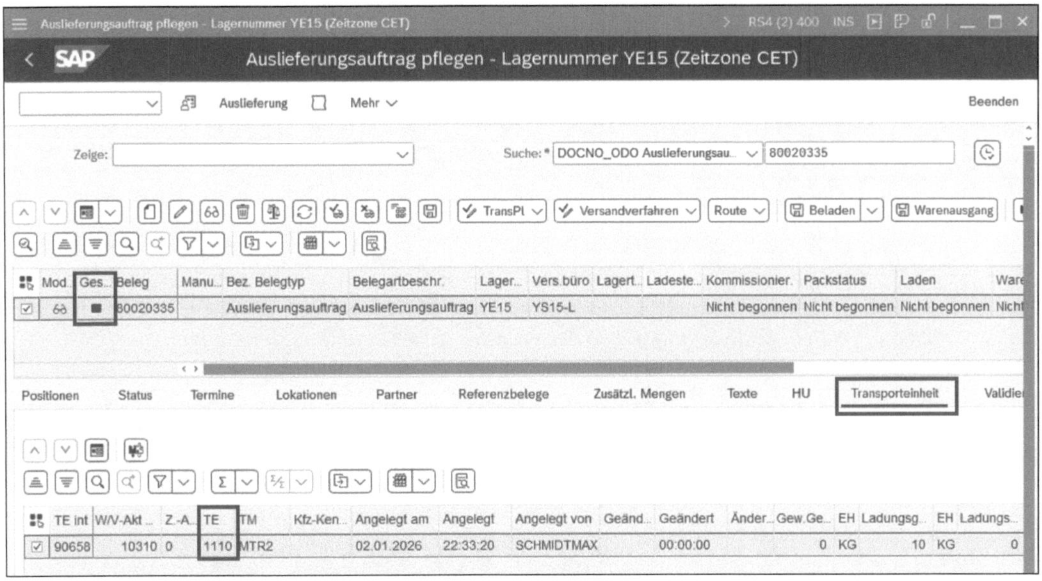

Abbildung 6.146: EWM-Auslieferungsauftrag nach LE-TRA-IDoc

Das erwartete Ergebnis ist eingetroffen. Die Lageranforderung wurde entsperrt und es wurde eine TE mit derselben externen Nummer angelegt und zugewiesen. Nun können wir unsere Lageraktivitäten wie gewohnt durchführen.

Auslieferungsauftrag immer noch gesperrt

Falls der Auslieferungsauftrag immer noch gesperrt ist und keine TE zugewiesen wurde, wurde höchstwahrscheinlich das IDoc nicht fehlerfrei verarbeitet. Führen Sie in der IDoc-Reporting-Transaktion, z. B. **WE05** oder **BD87**, eine Fehleranalyse durch. Beachten Sie, dass sowohl im embedded als auch im dezentralen EWM jeweils zwei IDocs vorhanden sind, von denen potenziell beide fehlerhaft verarbeitet werden können.

Beachten Sie, dass Sie keine HU-Informationen an den Transport senden können, bevor der Status **Abfahrt vom Tor** für die TE gesetzt und der Warenausgang gebucht wurde. Sie können jedoch Early-Delivery-Updates durchführen, indem Sie bspw. in den Transaktionen **/SCWM/PACK** oder **/SCWM/TU** eine Auslieferung (FD) erstellen. Dadurch werden die HU-Daten an die LE-Auslieferung übermittelt. In der Transaktion **/SCWM/PACK** können Sie dies über das Icon (**Auslieferung anlegen**) erledigen (siehe Abbildung 6.147).

In der Transaktion **/SCWM/TU** können Sie die Auslieferung über **Transporteinheit • Erzeuge Auslieferung für TE** anstoßen (siehe Abbildung 6.148).

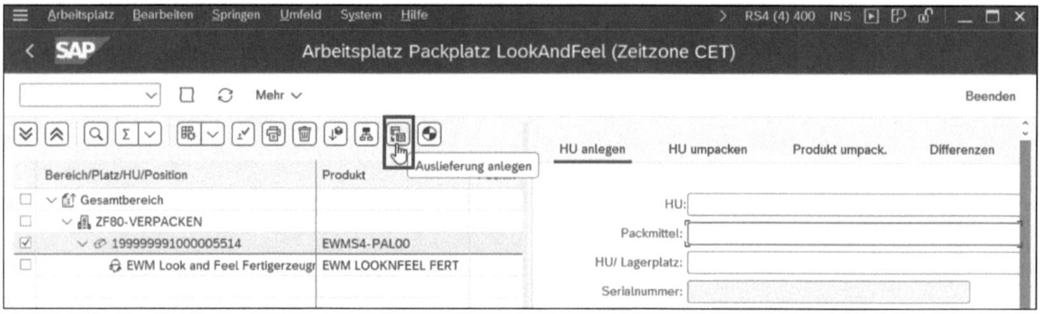

Abbildung 6.147: Auslieferung (FD) in der Transaktion »/SCWM/PACK« erstellen

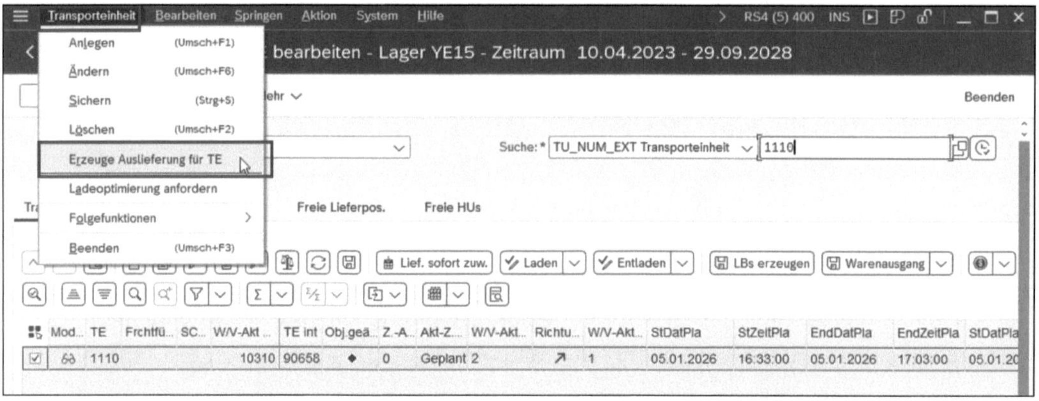

Abbildung 6.148: Auslieferung (FD) in der Transaktion »/SCWM/TU« erstellen

In diesem Integrationsmodell existieren im Standard leider keine Automatisierungsoptionen. Sie können dies jedoch über eine kundenindividuelle Entwicklung realisieren, bspw. über das BAdI **/SCWM/EX_WRKC_UI_AFTER_SAVE**. Dieses BAdI enthält die Methode **AFTER_SAVE**. Sie wird in den Arbeitsplatztransaktionen und den RF-Transaktionen zum Verpacken und Dekonsolidieren aufgerufen, nachdem die in den Transaktionen vorgenommenen Änderungen in der Datenbank gespeichert wurden. Alternativ zu diesem BAdI können Sie auch über eine kundenindividuelle PPF-Aktion mit einer Einplan- und/oder Startbedingung arbeiten, die den Status **DPC** abfragt.

Führen Sie nun die Kommissionierung durch, indem Sie Lageraufgaben erstellen und quittieren. Stellen Sie sicher, dass das Material verpackt ist. Öffnen Sie die Transaktion **/SCWM/TU** und geben Sie Ihre TE-Nummer ein. Führen Sie die notwendigen Warenannahme- und Versandaktivitäten für Ihre TE sowie abschließend die Abfahrt vom Kontrollpunkt durch, indem Sie auf **Aktion • Kontrollpunkt • Abfahrt + Sichern** klicken (siehe Abbildung 6.149).

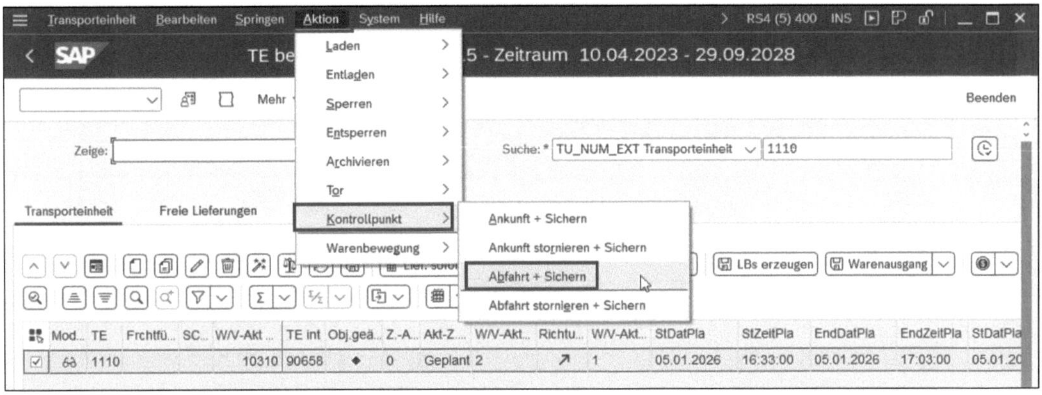

Abbildung 6.149: Abfahrt vom Kontrollpunkt für TE setzen

Prüfen Sie, ob eine PPF-Aktion mit dem Definitionsnamen **/SCWM/SR_SEND_SHPMNT** zur TE erstellt wurde. Diese PPF ist die Voraussetzung für das IDoc von EWM zurück ans ERP-System, um den Transport zu aktualisieren oder ihn – falls noch nicht vorhanden – anzulegen (siehe Abbildung 6.150).

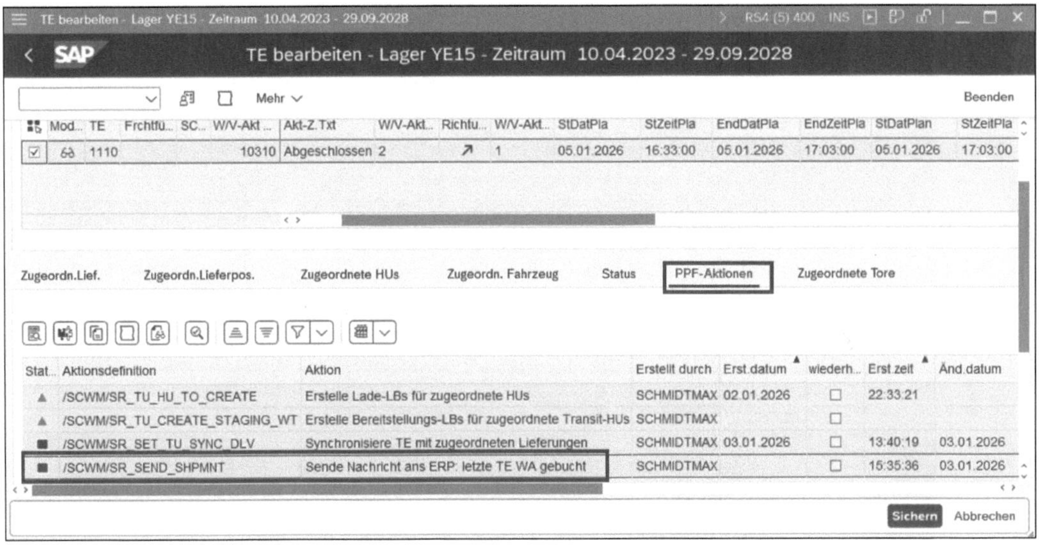

Abbildung 6.150: PPF-Aktion »/SCWM/SR_SEND_SHIPMENT« zur TE prüfen

Im Transport haben sich nun mehrere Status verändert (siehe Abbildung 6.151).

Zusätzlich zu den Status wurde der Transport mit den HU-Daten aktualisiert (siehe Abbildung 6.152).

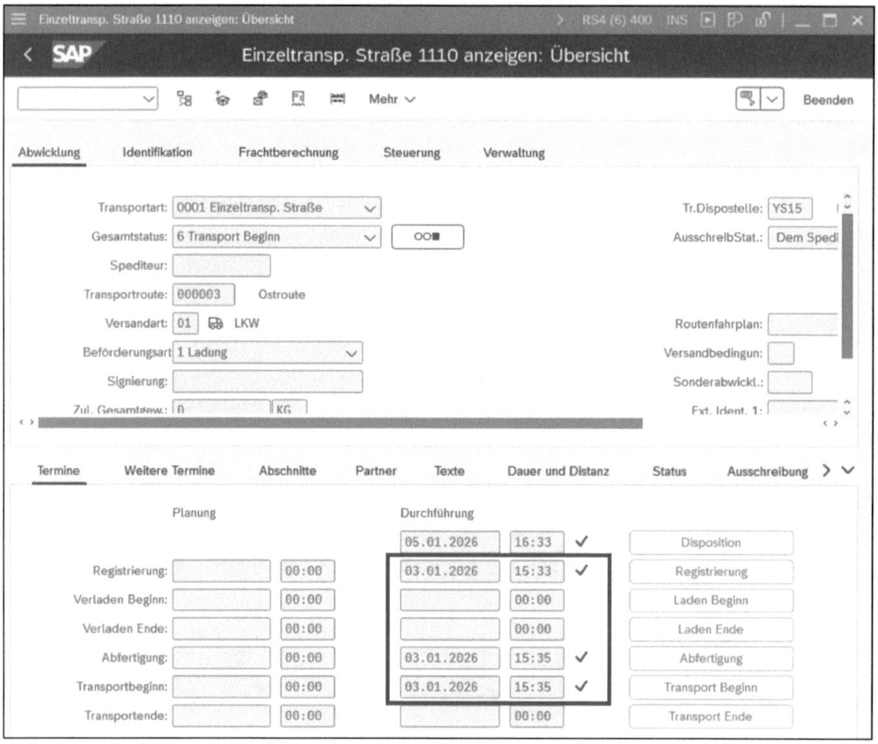

Abbildung 6.151: Transportstatus nach Abfahrt vom Kontrollpunkt

Abbildung 6.152: HU-Informationen im Transport nach Abfahrt vom Kontrollpunkt

Damit ist der Test für das erste Szenario erfolgreich abgeschlossen. Nun führen wir einen kurzen Test für das zweite Szenario durch, in dem der SAP-LE-TRA-Transport durch die EWM-TE erst nach Abfahrt vom Kontrollpunkt angelegt wird.

Bevor wir die Auslieferung anlegen, ändern wir unter dem Customizing-Pfad **SCM Extended Warehouse Management • Extended Warehouse Management • Warenaus-**

gangsprozess • Auslieferung • Integration für Transportplanung • Transportplanungsart definieren (Ausgang) die Transportplanungsart auf **B Obligatorische Planung in EWM** (siehe Abbildung 6.153).

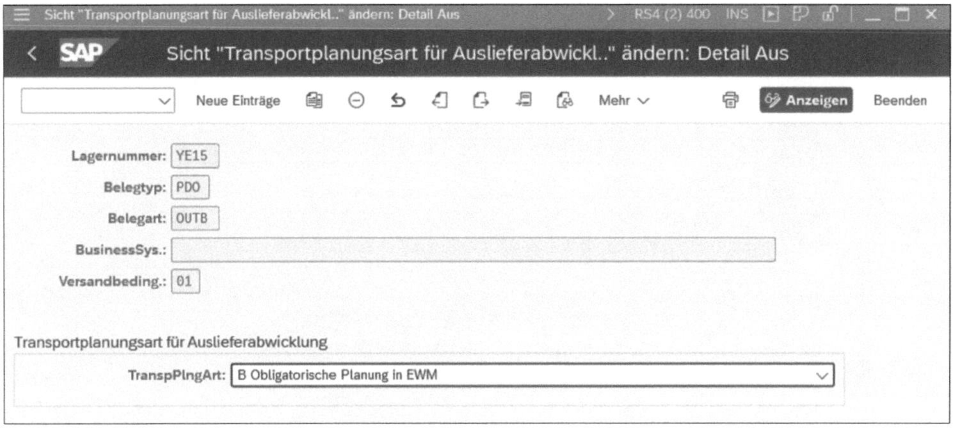

Abbildung 6.153: Transportplanungsart ändern

Anschließend erstellen wir eine neue Auslieferung und verteilen diese an EWM. Der Auslieferungsauftrag besitzt den Status **Gesperrt** (siehe Abbildung 6.154).

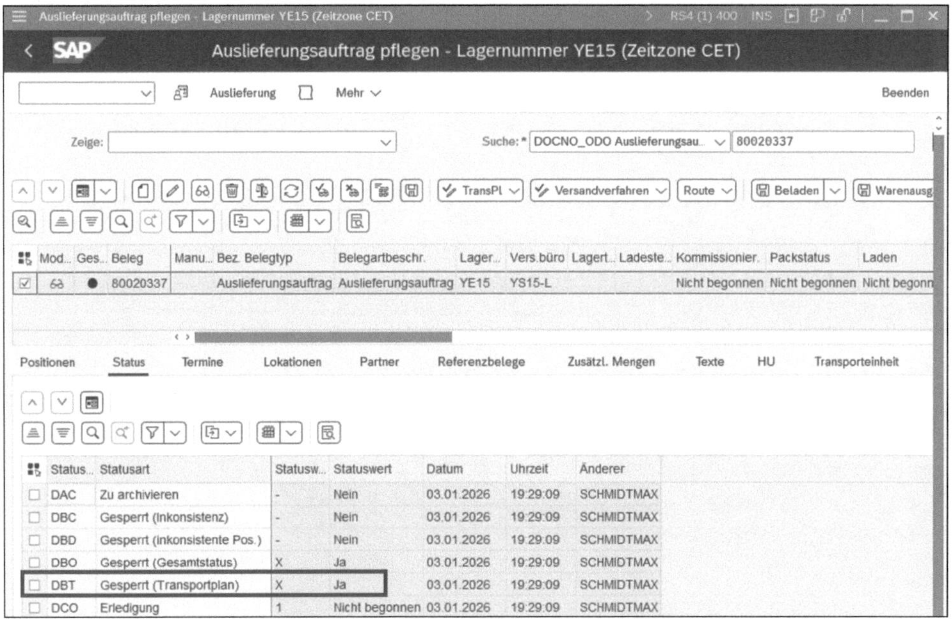

Abbildung 6.154: Der neue EWM-Auslieferungsauftrag ist gesperrt

Als Nächstes erstellen wir über die Transaktion **/SCWM/TU** eine TE und weisen unseren Auslieferungsauftrag dieser TE zu (siehe Abbildung 6.155).

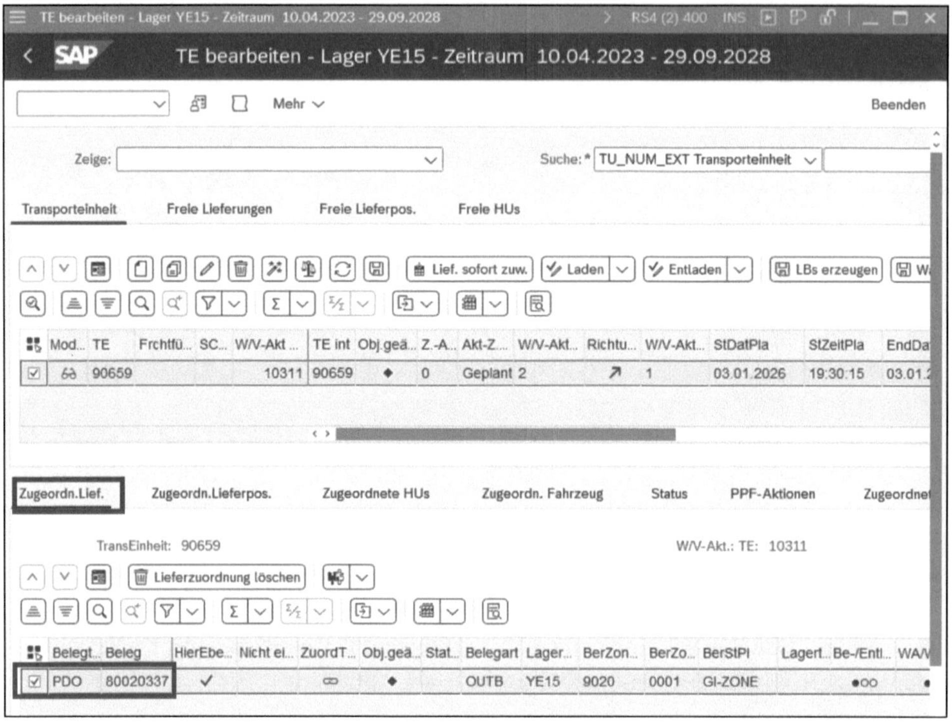

Abbildung 6.155: Neue TE erstellen und Auslieferungsauftrag zuweisen

Der zugeordnete Auslieferungsauftrag wird nun wie Sie es gewohnt sind entsperrt (siehe Abbildung 6.156).

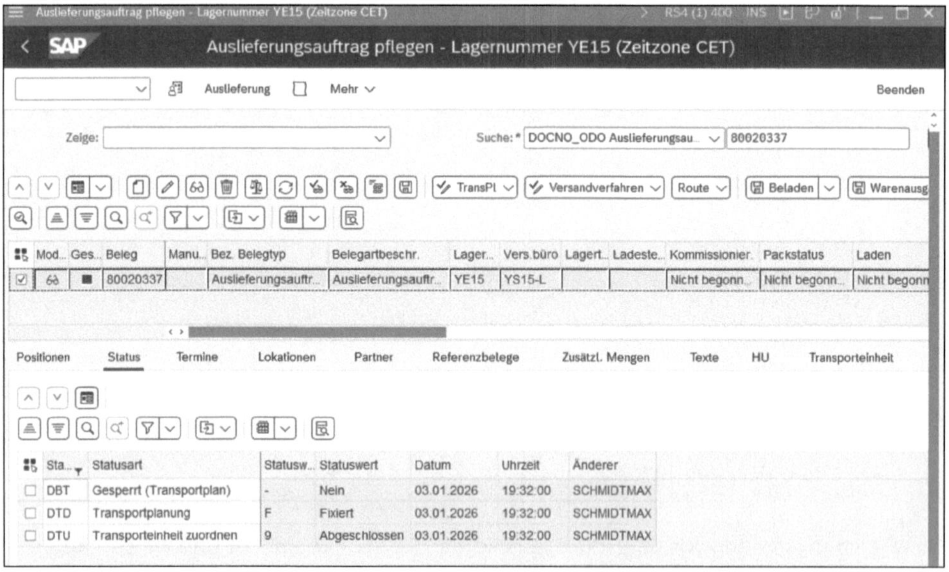

Abbildung 6.156: Dank der TE wird der Auslieferungsauftrag entsperrt

Wir führen die Kommissionierung und das Verpacken für den Auslieferungsauftrag durch und buchen dann die Abfahrt vom Kontrollpunkt für die TE (siehe Abbildung 6.157).

Abbildung 6.157: TE erneut vom Kontrollpunkt abfahren lassen

Auf der ERP-Seite wurde nun ein Transport mit der Nummer der TE angelegt (siehe Abbildung 6.158).

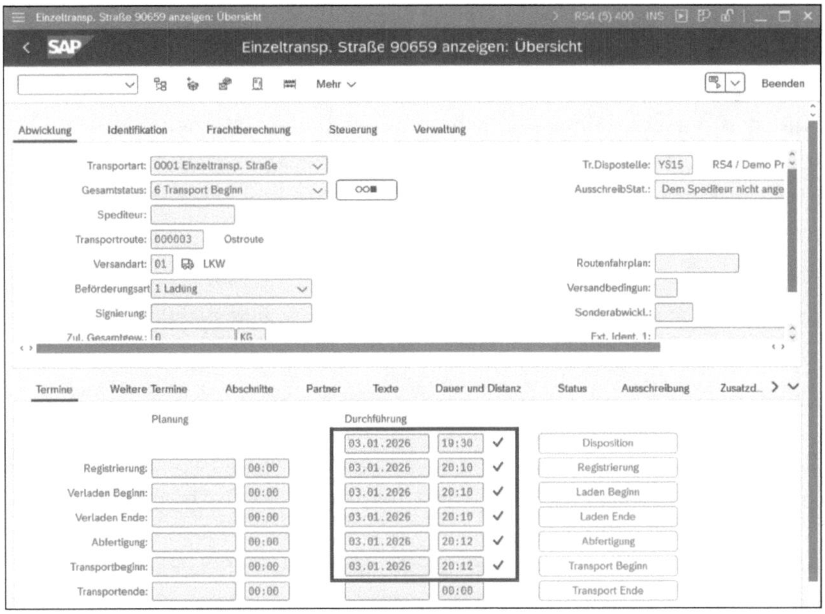

Abbildung 6.158: Erstellung des LE-TRA-Transports erst nach Abfahrt vom Kontrollpunkt der EWM-TE

Wenn wir nun die HU-Information betrachten, stellen wir fest, dass die TE-HU fehlt. Das liegt daran, dass diese HU nur zum Erstellen der TE benötigt wird, wenn das SAP LE-TRA die Transportplanung durchführt. Im umgekehrten Szenario ist sie nicht notwendig (siehe Abbildung 6.159).

Abbildung 6.159: HU-Sicht des SAP-LE-TRA-Transports bei Erstellung über EWM-TE

Somit haben wir auch diesen Test erfolgreich durchgeführt, sodass die Integration nun erfolgreich abgeschlossen ist.

6.5 ERP-Lieferschein aus EWM drucken

Es ist eine gängige Unternehmensanforderung, den Lieferschein für den Kunden bereits vor dem Warenausgang zu drucken. Sei es, um ihn vor dem Beladen an der Ware zu befestigen, oder um ihn dem Frachtführer zusammen mit anderen Transportpapieren zu übergeben. Dabei ist es wichtig, dass die tatsächlich kommissionierten Mengen und ihre Verpackungsart auf dem Lieferschein ersichtlich sind. Bevor die Unternehmen mit EWM arbeiteten, konnte diese Anforderung leicht über die LE-Auslieferung realisiert werden: Die Kommissioniermengen wurden eingetragen und die HUs gebildet. Sobald der Packstatus dann auf **C** (für **Beendet**) gesetzt war, wurde der Lieferschein automatisch per Konditionssatz gedruckt.

Mit dem Release von EWM wechselten sämtliche Aktivitäten in jenes Modul, und die LE-Auslieferung wurde nach der Erstellung eingefroren, da sie verteilt war. Die LE-Auslieferung konnte nach der Verteilung nicht mehr geändert werden und wurde erst nach dem Warenausgang wieder aktualisiert. Die Konsequenz war, dass die Rückmeldung der HU-Information an die LE-Auslieferung erst nach dem Warenausgang erfolgte und ein vorzeitiger Lieferschein nur noch über Umwege gedruckt werden konnte. Ein gängiges Szenario war, dass über eine kundenindividuelle Entwicklung automatisch eine Auslieferung (FD) in EWM erstellt wurde, um die LE-Auslieferung zu aktualisieren. Einige Unternehmen implementierten auch den Druck des Lieferscheins in EWM selbst.

In Abschnitt 6.2 haben Sie erfahren, dass mit dem ASR-Funktionspaket der Versandbereitschaftsstatus implementiert wurde. Dieser aktualisiert SAP TM mit den HU-Informationen aus EWM, wobei die Zeitpunkte des Updates sehr flexibel gestaltet werden können. Dieses Update betrifft auch die LE-Auslieferung. Die Voraussetzung ist ein spezielles, aber unscheinbares Kennzeichen im Customizing.

6.5.1 Geschäftsprozess

Zunächst legen wir eine Auslieferung an und betrachten das Systemverhalten, ohne dass zuvor die Einstellungen vorgenommen wurden. Anschließend führen wir die Einstellungen durch und testen erneut. Hierzu legen wir eine ASR-Auslieferung mit dem Warehouse-Driven-Szenario an, damit die Lagerausführung vor der Transportplanung erfolgen kann. Dafür stellen wir sicher, dass:

- es sich bei der Versandstelle um eine ASR-relevante Versandstelle handelt (siehe den roten Kasten in Abbildung 6.160),
- im SAP-TM-Customizing der Transport-Driven-Prozess für unser Testbeispiel nicht aktiv ist (siehe Abbildung 6.160).

Abbildung 6.160: ASR-Auslieferung zum Testen des Early-Delivery-Updates erstellen

Die Auslieferung ist mit grünem Statuslicht [■] an EWM verteilt (siehe Abbildung 6.161):

Als Nächstes führen wir die Kommissionierung und das Verpacken durch und setzen anschließend den Versandbereitschaftsstatus im Lagerverwaltungsmonitor. Wenn wir nun die SAP-TM-Frachteinheit und die LE-Auslieferung betrachten, stellen wir fest, dass lediglich die Frachteinheit die Packinformationen erhalten hat (siehe Abbildung 6.162).

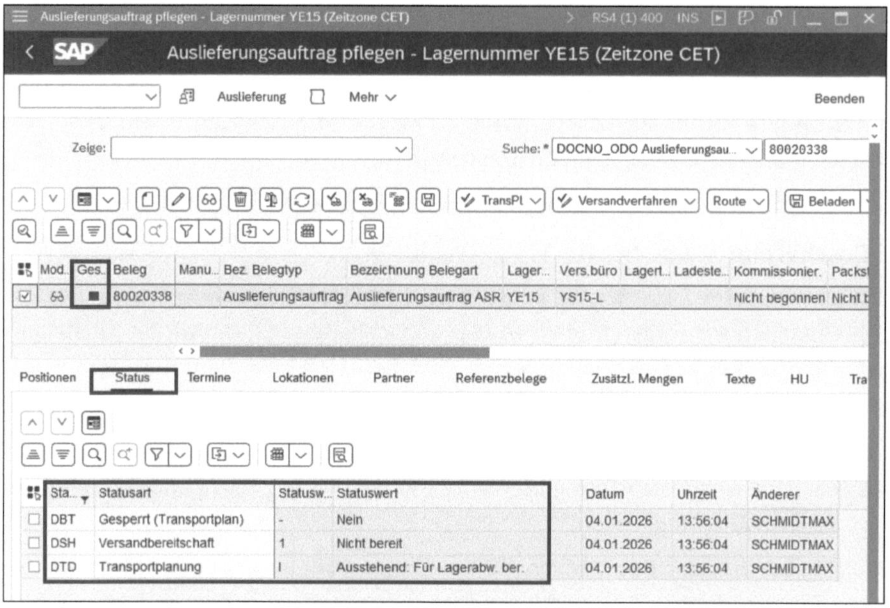

Abbildung 6.161: Der EWM-Auslieferungsauftrag ist zur Kommissionierung bereit

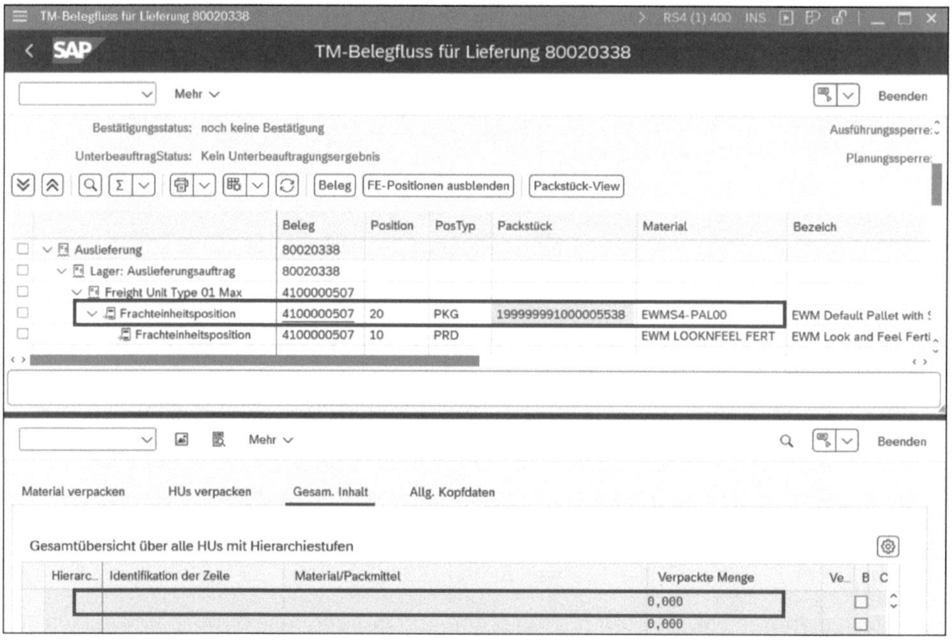

Abbildung 6.162: Vergleich der HU-Informationen zwischen SAP-TM-Frachteinheit und LE-Auslieferung

Somit wären wir in dieser Konstellation nicht in der Lage, einen Lieferschein mit Packinformationen vor dem Warenausgang zu drucken.

6.5.2 Konfiguration

Wir benötigen die HU-Informationen also auch in der LE-Auslieferung. Diese Funktion kann über das EWM-Prozessprofil aktiviert werden, das in der Lieferbelegart hinterlegt ist. Um das Prozessprofil herauszufinden, folgen Sie dem Customizing-Pfad **SCM Extended Warehouse Management • Extended Warehouse Management • Warenausgangsprozess • Auslieferung • Belegarten für Auslieferungsprozess definieren**. Doppelklicken Sie hier auf Ihre Belegart vom Belegtyp **PDO**. Notieren Sie sich das Prozessprofil (siehe Abbildung 6.163).

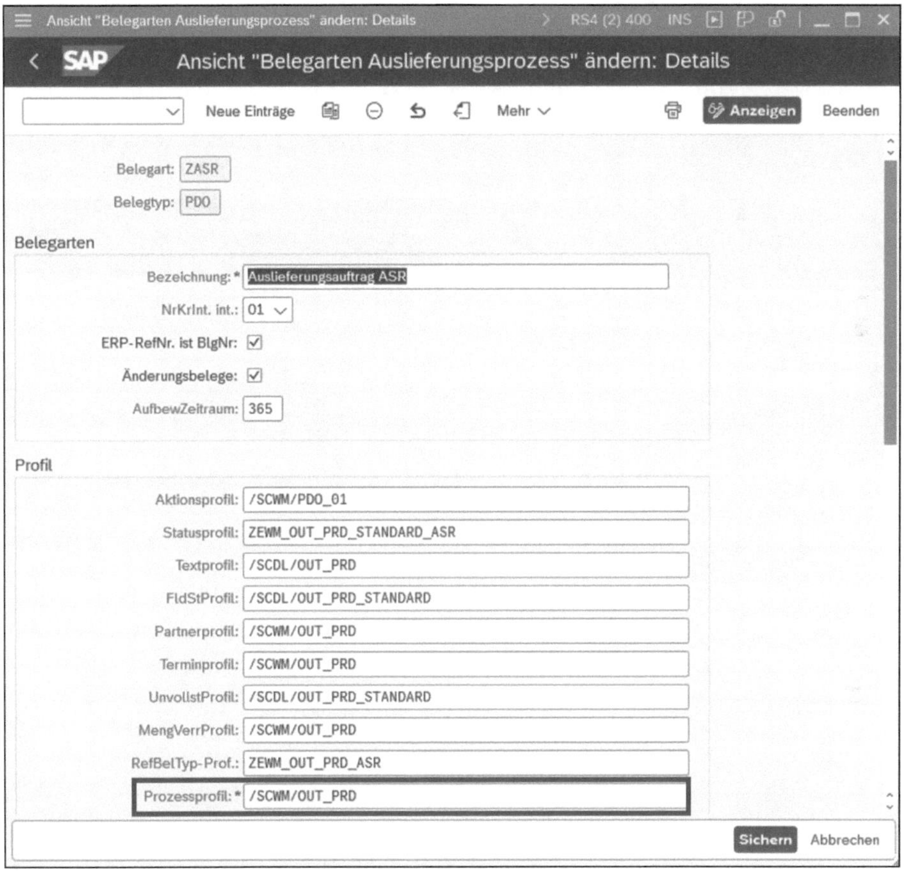

Abbildung 6.163: EWM-Prozessprofil in der Lieferbelegart

Folgen Sie nun dem Customizing-Pfad **SCM Extended Warehouse Management • Extended Warehouse Management • Prozessübergreifende Einstellungen • Lieferung – Lageranforderung • Prozesssteuerung • Prozessprofil für Belegkopf definieren**. Klicken Sie dort auf **Positionieren...** und geben Sie das von Ihnen notierte Prozessprofil ein (Das Standardprofil lautet **/SCWM/OUT_PRD**). Markieren Sie das Profil und klicken Sie auf das Icon (**Kopieren als...**) (siehe Abbildung 6.164).

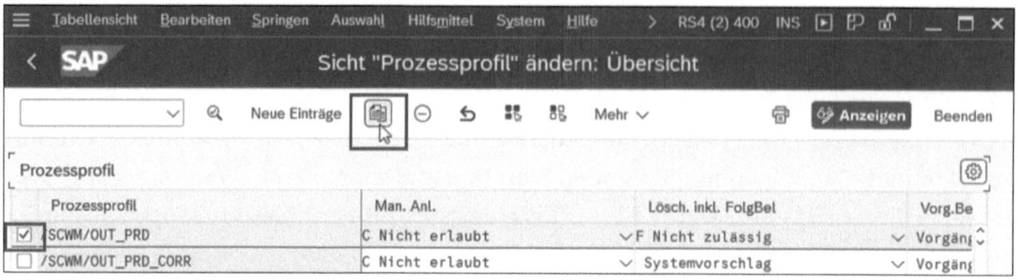

Abbildung 6.164: Prozessprofil kopieren

Vergeben Sie im neuen Screen, in dem Sie die Zieleinträge angeben sollen, als Erstes einen neuen Namen für Ihr Profil, zum Beispiel **ZEWM_OUT_PRD**. Stellen Sie anschließend unbedingt sicher, dass das Kennzeichen im Feld **Akt. FVersBer.** gesetzt ist (siehe Abbildung 6.165).

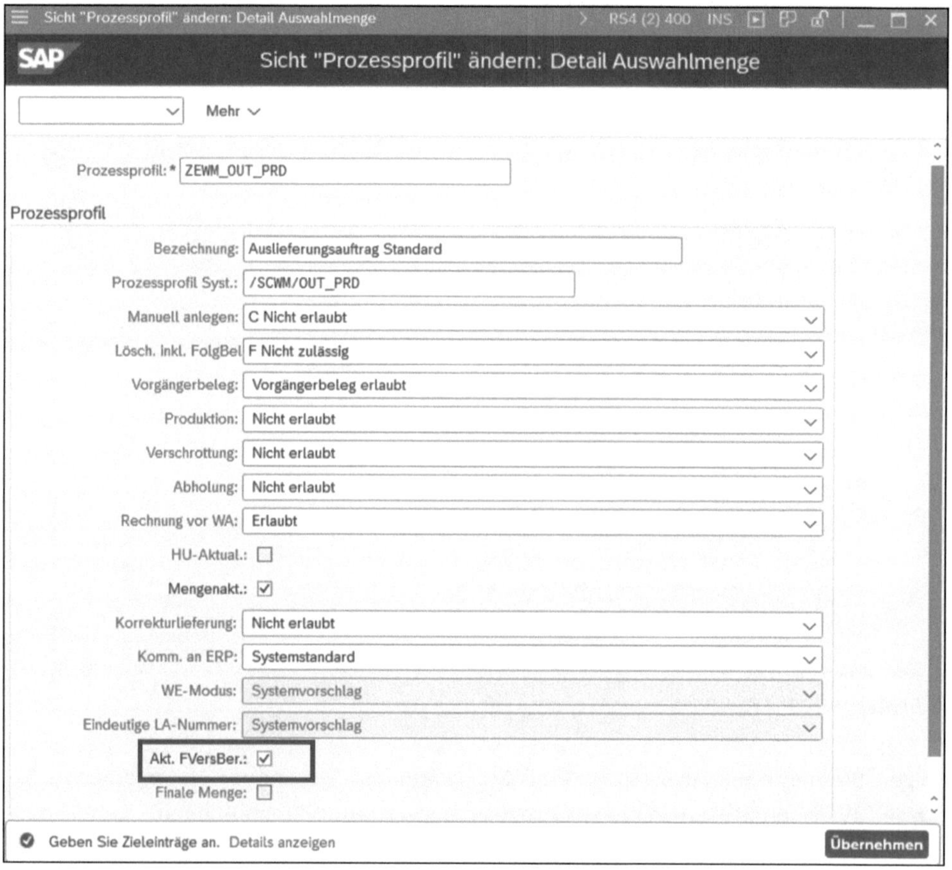

Abbildung 6.165: Kennzeichen »Aktualisierung an LE senden: Für Versand bereit« setzen

Dieses Feld, das in seiner Langform **Aktualisierung an LE senden: Für Versand bereit** heißt, ist dafür verantwortlich, dass nach Versandbereitschaft nicht nur SAP TM, sondern auch die LE-Auslieferung die HU-Informationen aus EWM erhält. Speichern Sie Ihr Profil und hinterlegen Sie es in der Lieferbelegart.

6.5.3 Prozessdemo

Wiederholen wir nun den vorherigen Test, indem wir

1. eine neue LE-Auslieferung anlegen,
2. diese an EWM verteilen,
3. kommissionieren,
4. verpacken und
5. den Versandbereitschaftsstatus setzen.

Vor dem Setzen des Versandbereitschaftsstatus sieht die LE-Auslieferung aus wie in Abbildung 6.166.

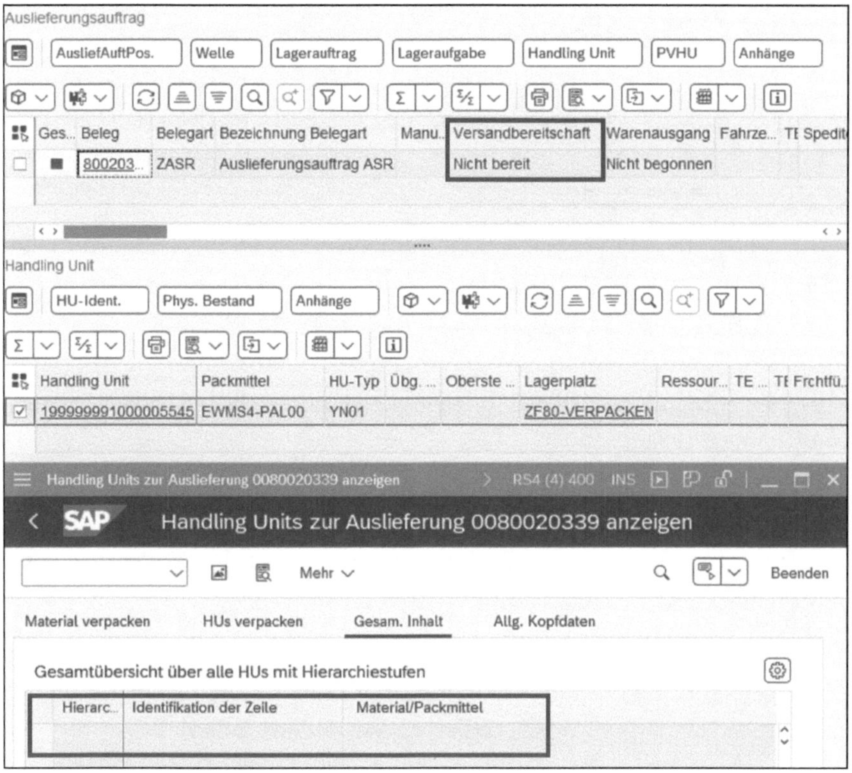

Abbildung 6.166: LE-Auslieferung vor EWM-Versandbereitschaft

Wenn wir nun den Versandbereitschaftsstatus setzen, ändert sich der Status **Versandbereitschaft** entsprechend, und die Gesamtübersicht für die HUs ist befüllt (siehe Abbildung 6.167).

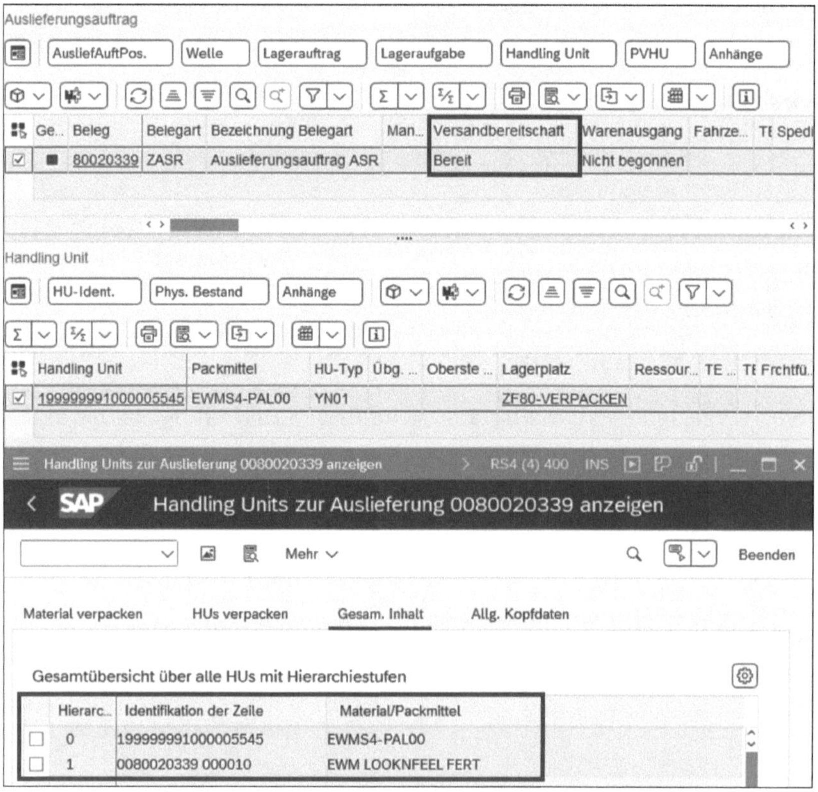

Abbildung 6.167: LE-Auslieferung nach EWM-Versandbereitschaft

Somit war der Test erfolgreich. Auch die Status in der LE-Auslieferung haben sich geändert (siehe Abbildung 6.168).

Nun kann der Lieferschein auch aus dem ERP-System mittels Konditionstechnik gedruckt werden. Bitte beachten Sie, dass diese Funktionalität nur dann verwendet werden kann, wenn die Transportplanungsart für den EWM-Auslieferungsauftrag keiner der folgenden Optionen entspricht:

- A – Obligatorische Planung in LE (LE-TRA-Integration)
- B – Obligatorische Planung in EWM (Verwendung von TEs)
- C – Obligatorische Planung in EWM (TE-basierte EWM-TM-Integration)

Folglich kann sie also nur bei der ASR-Integration genutzt werden oder wenn keine Transportplanung verwendet wird. Für die Szenarien A und B haben wir bereits in den vorherigen Abschnitten Möglichkeiten aufgezeigt, wie die HU-Daten an die LE-Auslieferung übertragen werden können.

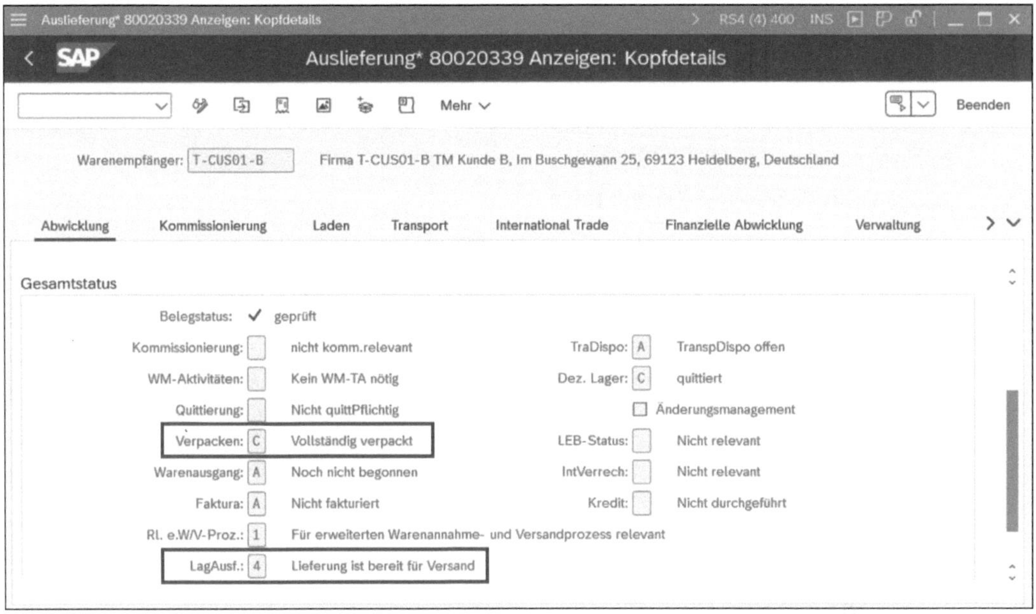

Abbildung 6.168: Statusübersicht in der LE-Auslieferung nach EWM-Versandbereitschaft

Für Szenario C gibt es ebenfalls eine Möglichkeit, die HU-Informationen vor dem Warenausgang an die LE-Auslieferung und SAP TM zu senden. Hierzu kehren wir zu einem Customizing-Pfad zurück, den wir in Abschnitt 6.3.1, »Konfiguration: TE-basierte Integration«, bereits für einen anderen Zweck genutzt haben: **SCM Extended Warehouse Management • Extended Warehouse Management • Schnittstellen • TM-Integration • Einstellungen für TM-Nachrichtenverarbeitung vornehmen**. Hier dürfte seit Abschnitt 6.3.1 bereits ein Eintrag existieren, in dem das Kennzeichen für das Feld **TM-Nachricht mehrmals senden** nicht gesetzt ist.

Das Setzen des Kennzeichens in diesem Feld führt dazu, dass bei den folgenden Statusänderungen für eine TE ebenfalls eine Nachricht an SAP TM gesendet wird:

- **Laden ist gestartet**
- **Laden gestartet storniert**
- **Laden ist beendet**
- **Laden beendet storniert**

Wenn Sie den Status **Laden beendet** setzen, sendet das System eine Nachricht an SAP TM, die auch Informationen über den tatsächlichen Inhalt der TE enthält. Zu diesem Zweck erstellt das System die Auslieferungen für alle Lieferpositionen, die der TE vor dem Versand der Nachricht an SAP TM zugeordnet waren. Die Voraussetzung hierfür ist, dass das Kennzeichen im Feld **Akt. FVersBer.** des EWM-Prozessprofils gesetzt ist. Somit haben Sie auch bei der EWM-TM-TE-Integration die Möglichkeit eines Early-Delivery-Updates, wenngleich nicht so flexibel wie über den Versandbereitschaftsstatus.

6.6 Zusammenfassung

In diesem Kapitel haben Sie die verschiedenen Möglichkeiten der Integration des Transportwesens mit EWM kennengelernt. Sie können nun:

- EWM an SAP LE-TRA anbinden
- EWM über TEs an SAP TM anbinden
- EWM über Frachtaufträge an SAP TM anbinden

Darüber hinaus wurde die Übertragung der HU-Informationen von EWM an die LE-Lieferung vor Buchung des Warenausgangs dargestellt.

Sie können die Anbindungen nun nicht nur auf technischer Ebene durchführen, sondern auch fachlich ihre Vor- und Nachteile beurteilen: Während die LE-TRA-Integration aufgrund der Abkündigung des Moduls nur noch vorübergehend eine Rolle spielt, sind Sie nun bestens gerüstet, um eine Strategie zu definieren, die Ihnen dabei hilft, den für Ihr Unternehmen besten Integrationsweg zu finden.

Abschließend möchten wir Ihnen noch einen letzten Tipp mit auf den Weg geben: Bleiben Sie am Ball! Es bewegt sich sehr viel im Transportwesen, und sowohl die Funktionsumfänge als auch die Integration zwischen Lager und Transport entwickeln sich stetig weiter. Als Expertin oder Experte auf diesem Gebiet sollten Sie diese Entwicklungen kontinuierlich verfolgen.

Kapitel 7

Zeitfenstersteuerung

Eine akkurate und proaktive Planung der Ankunfts- und Abfahrtszeiten von Fahrzeugen an einem Lager sowie der Be- und Entladevorgänge an Engpassressourcen, wie bspw. Lagertoren, ist ein elementarer Bestandteil einer effizient funktionierenden Supply Chain.

SAP Dock Appointment Scheduling schafft die notwendigen technischen Voraussetzungen für diese Planung und bietet darüber hinaus die Möglichkeit zur Integration von Frachtführern. In diesem Kapitel zeigen wir Ihnen, wie Sie SAP Dock Appointment Scheduling mit EWM in einem integrativen Prozess einsetzen können, um all dies systemunterstützt durchführen zu können.

Die Planung und Verwaltung von Zeitfenstern für Be- und Entladevorgänge ist einer der Erfolgsfaktoren für effiziente Prozesse an einem Lagerstandort. Eine eigenständige Lösung für die Zeitfenstersteuerung kann bereits dabei helfen, Abläufe zu verbessern, indem bspw. Wartezeiten von LKWs reduziert werden. Ist die Lösung zum Verwalten der Zeitfenster mit der Lagerverwaltungssoftware integriert, können darüber hinaus die Abläufe auf dem Hof mit den lagerinternen Prozessen synchronisiert werden. Durch die Integration von SAP Dock Appointment Scheduling mit EWM werden Datenaustausch und Statusaktualisierungen ermöglicht. Dadurch haben die verschiedenen Akteure die gleiche Datengrundlage und sind immer auf dem aktuellsten Stand.

In diesem Kapitel stellen wir Ihnen verschiedene Möglichkeiten für die Integration von SAP Dock Appointment Scheduling mit EWM vor. Zunächst gehen wir in Abschnitt 7.1 näher auf SAP Dock Appointment Scheduling ein und erläutern grundlegende Konzepte, die bei der Verwaltung von Zeitfenstern zur Anwendung kommen. Anschließend beschreiben wir in Abschnitt 7.2 anhand eines Eingangsprozesses, wie die Planung von Zeitfenstern in SAP Dock Appointment Scheduling initiiert werden kann und wie Informationen an EWM für die weitere Ausführung der Vereinnahmung der Ware übergeben werden. Abschließend zeigen wir in Abschnitt 7.3 am Beispiel eines Warenausgangsprozesses auf, wie eine Planung in EWM gestartet werden kann und wie Daten an SAP Dock Appointment Scheduling für die Zeitfensterplanung übergeben werden. Dies ist die Grundlage für die Abfertigung des LKW, der die Ware an einem Lagertor einlädt und zum Kunden transportiert.

7.1 Überblick über SAP Dock Appointment Scheduling

Es kann passieren, dass vorhandene Ressourcen an Lagerstandorten, wie bspw. Lagertore, einen Engpass beim Be- oder Entladen von Ware darstellen. Eine mögliche Ursache hierfür kann sein, dass an einem historisch gewachsenen Standort im Verhältnis zur Anzahl der abzufertigenden LKWs zu wenige Lagertore vorhanden sind. In solchen Situationen kommt der Planung von Zeitfenstern für Be- und Entladevorgänge eine besondere Bedeutung zu. Selbst bei ausreichend vorhandenen Toren kann es im Interesse des Lagers liegen, den Abfertigungszeitpunkt und die -dauer für einen LKW detaillierter zu planen, bspw. wenn der Entladevorgang Lagerressourcen (Mitarbeitende und Material) benötigt, deren Verfügbarkeit im Voraus sichergestellt sein muss. Werden Zeitfenster mit entsprechendem Vorlauf geplant und zugeteilt, kann die Personalbedarfsplanung darauf Rücksicht nehmen und so erwartete Spitzen weitestmöglich abdecken.

Durch eine genauere Zeitfensterplanung kann die Ausführung nachfolgender Prozesse, für die die angelieferte Ware benötigt wird, besser sichergestellt werden. So können Lieferanten oder Transportdienstleister mithilfe einer höheren Transparenz hinsichtlich freier bzw. gebuchter Zeitfenster besser sicherstellen, dass Ware, die bspw. für Produktions- oder Cross-Docking-Prozesse benötigt wird, rechtzeitig am Lager ankommt. Eine ungenaue Planung kann dazu führen, dass Ware zu spät eintrifft und dann in sehr kurzer Zeit prozessiert werden muss, was wiederum zu Fehlern und höheren Kosten führen kann. Darüber hinaus kann durch das Buchen von Zeitfenstern eine Nivellierung der Arbeitslast über den Tag bzw. über die für die Tätigkeit zur Verfügung stehenden Stunden erreicht werden. Erhalten alle Lieferanten dasselbe allgemeine Anlieferzeitfenster, in dem Wareneingänge an einem Lagerstandort prozessiert werden können, besteht immer die Gefahr, dass zu viele LKWs innerhalb desselben Zeitraums das Lager erreichen, was unter anderem zu einer Überlastung der verfügbaren Kapazitäten des Hofes sowie zu unnötigen Wartezeiten für LKWs führen kann.

Eine akkurate Planung der Ankunfts- und Abfahrtszeiten von LKWs bildet die Grundlage für eine Ausführung, die der Planung folgt. Eine effiziente Abfertigung minimiert die Wartezeiten von LKWs und kann so höhere Kosten für das Lager verhindern, die bspw. durch vertraglich geregelte Strafzahlungen entstehen können, wenn LKWs länger als vereinbart auf die Be- oder Entladung am Lager warten müssen.

Sowohl das Lager als auch der Lieferant bzw. der Transportdienstleister haben die Möglichkeit, über eine online zur Verfügung stehende Oberfläche direkt in SAP Dock Appointment Scheduling Zeitfenster zu buchen, zu bestätigen und ggf. Änderungen anzufordern. Diese wesentlich effizientere Art der Zusammenarbeit ohne Medienbruch, bei der alle Beteiligten dieselbe Datengrundlage haben, kann ebenfalls zur Kostenreduktion beitragen, da ein aufwendiges Verarbeiten von E-Mails, zeitintensive Telefonate und Ähnliches reduziert bzw. ganz wegfallen können. Auch zusätzliche Fehlerquellen durch falsche Informationsübertragung von einem Medium zum anderen können so vermieden werden.

SAP Dock Appointment Scheduling ist mit dem EWM-Release 9.0 erschienen und lässt sich in unterschiedlichen Anwendungsszenarien betreiben. Dabei ist sowohl eine eigenständige Anwendung (d. h. ohne jegliche Integration) als auch die Integration mit EWM möglich. Darüber hinaus kann SAP Dock Appointment Scheduling in einem integrierten Szenario mit dem Versandcockpit in EWM verwendet werden. In der Stand-alone-Variante erfolgt die Planung und Erstellung bzw. Pflege von Ladeterminen unabhängig von den Prozessen in EWM oder anderen Applikationen. Ist die Integration zwischen SAP Dock Appointment Scheduling und EWM aktiv, findet ein Datenaustausch statt, der zur Erstellung bzw. Aktualisierung von EWM-TE-Aktivitäten oder zur Aktualisierung von Ladeterminen führt. Die Voraussetzungen und das Vorgehen, um diese Art der Integration zu nutzen, beschreiben wir im Folgenden näher.

Für die Verwendung von SAP Dock Appointment Scheduling werden verschiedene Objekte benötigt, die wir Ihnen in den folgenden Unterabschnitten vorstellen.

7.1.1 Ladelokation

Eine *Ladelokation* steht für die geografische Lokation einer oder mehrerer Ladestellen und repräsentiert somit einen Lagerkomplex oder ein Verteilzentrum. Für das Objekt »Ladelokation« können Attribute wie bspw. die Adresse definiert werden, die für alle zugehörigen Ladestellen gelten. Einer Ladelokation können mehrere Ladestellen zugeordnet sein. Das System verknüpft jede Ladelokation mit einer Supply Chain Unit (SCU), die denselben Namen trägt wie die Ladelokation. Wird für eine Ladelokation eine neue SCU erstellt, ordnet das System letzterer die betriebswirtschaftliche Eigenschaft **LL – Ladelokation** zu. Wird hingegen eine Ladelokation für eine bestehende SCU erstellt, muss letztere bereits die betriebswirtschaftliche Eigenschaft **LL – Ladelokation** besitzen. Im integrierten Szenario mit EWM verwendet das System die SCU, um die Ladelokation mit dem EWM-Lager zu verknüpfen.

7.1.2 Ladestellen

Ladestellen stehen für physische Orte, an denen Waren ein Lager erreichen oder verlassen, wie bspw. ein Lagertor oder eine Tankbefüllungsanlage. Die durch Ladestellen repräsentierten Objekte besitzen dieselben Eigenschaften im Hinblick auf die ihnen zugeordneten Lagerprozesse und dienen dem Be- oder Entladen. Eine Ladestelle kann einer Ladelokation zugeordnet werden. Werden Ladelokationen verwendet, müssen die Einstellungen bezüglich der EWM-Integration der Ladestellen und der zugehörigen Ladelokation identisch sein. Zeitfenster für einen Be- oder Entladevorgang werden für eine Ladestelle geplant. Eine Ladestelle wird mit einer SCU verknüpft; dabei wird analog zur Ladelokation entweder eine neue SCU angelegt oder eine bereits existierende verwendet, die die betriebswirtschaftliche Eigenschaft **LS – Ladestelle** besitzt.

7.1.3 Zeitfensterverwaltung

Zeitfenster werden für eine Ladestelle definiert, um für letztere Ladetermine planen zu können. Die Dauer eines Zeitfensters kann in der Ladelokation hinterlegt werden, sodass sie für alle neu angelegten Ladestellen gilt, die der Ladelokation zugeordnet werden. Alternativ kann die Dauer eines Zeitfensters direkt in der Ladestelle definiert werden. Jedes Zeitfenster einer Ladestelle hat dieselbe Dauer. Darüber hinaus wird jedem Zeitfenster eine Kapazität zugeordnet. Diese gibt die maximale Anzahl an Fahrzeugen an, die in dem jeweiligen Zeitfenster gleichzeitig abgefertigt werden können. Über die individuell definierbare Kapazität kann somit auf spezielle Situationen im Tagesverlauf, wie etwa die Verfügbarkeit von Lagerpersonal, Rücksicht genommen werden. Eine eventuell notwendige Änderung der Zeitfensterdauer wirkt sich nur auf neu erstellte Zeitfenster aus. Bereits erstellte Zeitfenster und Ladetermine sind von dieser Änderung nicht betroffen.

Bei der Erstellung von Zeitfenstern für eine Ladestelle muss das Startdatum des ersten Zeitfensters angegeben werden. Existieren für die Ladestelle bereits Zeitfenster und sollen weitere angelegt werden, ermittelt das System automatisch das Datum für das nächste zu erstellende Zeitfenster. Sie können Zeitfenster in textueller oder grafischer Ansicht erstellen. Bei der grafischen Ansicht können Sie zunächst eine Zeitfensterdefinition für einen Tag erstellen und diese anschließend für den nächsten Tag übernehmen. Sobald die Zeitfenster für eine bestimmte Woche erstellt wurden, können sie für die nächsten Wochen übernommen werden. Das System ist dabei in der Lage, die Kapazität für ein Zeitfenster auf null zu setzen, sollte die Ladestelle an einem Tag nicht verfügbar sein. Dies kann bspw. der Fall sein, wenn aufgrund der Definition des zugeordneten Fabrikkalenders ein Feiertag hinterlegt ist.

Für bereits erstellte Zeitfenster einer Ladestelle können die jeweils definierten Kapazitäten geändert werden. Darüber hinaus können alle zukünftigen Zeitfenster nach einem bestimmten Datum gelöscht werden; sollten in diesen Zeitfenstern bereits Ladetermine existieren, so müssen diese zuerst storniert werden. Damit eine Ladestelle gelöscht werden kann, müssen zunächst alle dafür erstellten Zeitfenster gelöscht werden.

7.1.4 Terminverwaltung

Die *Terminverwaltung* dient dazu, Ladetermine für eine Ladestelle anzulegen und zu ändern. Mithilfe eines Ladetermins wird die Ankunftszeit eines LKWs an einer Ladestelle eines Lagers geplant. Ein Ladetermin kann dabei mehrere Zeitfenster umfassen. Dadurch besteht die Möglichkeit, die Zeitfenster ausreichend klein zu definieren, um so die Genauigkeit der Planung zu erhöhen. Haben die Zeitfenster bspw. eine Dauer von 15 Minuten und benötigt ein LKW für den Entladevorgang 45 Minuten, so werden dem Ladetermin drei Zeitfenster zugeordnet.

Ladetermine können somit auch eine variable Dauer haben, wobei die kürzeste Dauer eines Ladetermins der Dauer eines Zeitfensters und die längste einer Zeitspanne von sieben Tagen entspricht. Ein Ladetermin kann nur aus aufeinanderfolgenden Zeitfenstern bestehen. Umfasst der Ladetermin einen Zeitraum, in dem die Ladestelle keine Kapazität hat, muss der Ladetermin diese Dauer enthalten.

Sofern Ladelokationen verwendet werden, können Ladetermine für eine Ladelokation erstellt werden, ohne dass ein fixer Ladetermin und/oder ein Zeitfenster angegeben wird. Auf diese Weise erstellte Ladetermine haben den Status **vorläufig** und belegen keine Kapazität in einer Ladestelle. Erst wenn Ladestelle und Zeitfenster in den Ladetermin eingetragen werden, wechselt dessen Status von vorläufig auf **geplant** und es wird Kapazität in der Ladestelle verbraucht.

Solange die Ankunft des LKWs am Kontrollpunkt noch nicht bestätigt wurde, kann der Ladetermin für den LKW noch auf ein anderes Zeitfenster derselben Ladestelle umgeplant werden. Planer des Spediteurs können Ladetermine jedoch nur außerhalb des sogenannten »eingeschränkten Planungszeitraums« ändern. Dieser beschreibt den Zeitraum, in dem Ladetermine als fix anzusehen sind und nur durch autorisierte Personen des Lagerstandorts geändert werden dürfen. Ein Ladetermin kann in eine andere Ladestelle umgeplant werden, solange die Ankunft des LKWs am Kontrollpunkt noch nicht bestätigt wurde und beide Ladestellen zur selben Ladelokation gehören. Das Stornieren eines Ladetermins ist ebenfalls möglich, solange die Ankunft am Kontrollpunkt noch nicht bestätigt wurde.

Für einen Ladetermin kann die Richtung angegeben werden, d. h., ob es sich um einen eingehenden oder ausgehenden Transport handelt. Autorisierte Personen können auch dann Ladetermine für eine Ladestelle anlegen, wenn es in diesem Zeitfenster keine freie Kapazität mehr gibt. Planer des Spediteurs wiederum können Ladetermine nur für Zeitfenster mit freier Kapazität erstellen.

7.2 Wareneingangsprozess mit SAP Dock Appointment Scheduling

In diesem Abschnitt stellen wir einen Prozess vor, dessen Ausgangspunkt die Planung eines Ladetermins in SAP Dock Appointment Scheduling ist. Basierend auf dem Ladetermin wird für die weiteren Prozessschritte eine TE in EWM erstellt.

7.2.1 Geschäftsprozess

In dem folgenden exemplarischen Geschäftsprozess (siehe Abbildung 7.1) wird davon ausgegangen, dass ein Entladevorgang am Lager durchgeführt werden soll. Mit der Erstellung eines Ladetermins wird der geplante Zeitpunkt, an dem der LKW am Lager abgefertigt werden soll, im System festgehalten. Der Ladetermin verbraucht verfügbare Kapazität des Zeitfensters dieser Ladestelle und verhindert so eine Überbelegung in diesem Zeitraum. Die Ankunft des LKWs an der Pforte des Lagers wird im System erfasst, indem die Ankunft am Kontrollpunkt im Ladetermin gebucht wird. Dadurch wird automatisch eine TE-Aktivität erstellt und die Ankunft der TE am Kontrollpunkt wird gebucht. Im weiteren Verlauf wird der TE ein Tor zugewiesen und die Ankunft des LKWs am Lagertor wird im System erfasst. Hierdurch wird der Status des Ladetermins automatisch aktualisiert. Nachdem der Entladevorgang für den LKW abgeschlossen ist, wird die Abfahrt des LKWs vom Lagertor im System erfasst, was wiederum zur Aktualisierung des Ladeterminstatus führt. Im letzten Schritt wird die Abfahrt des LKWs vom Lager gebucht. Auch diese Aktion spiegelt sich in einer Aktualisierung des Ladetermins wider.

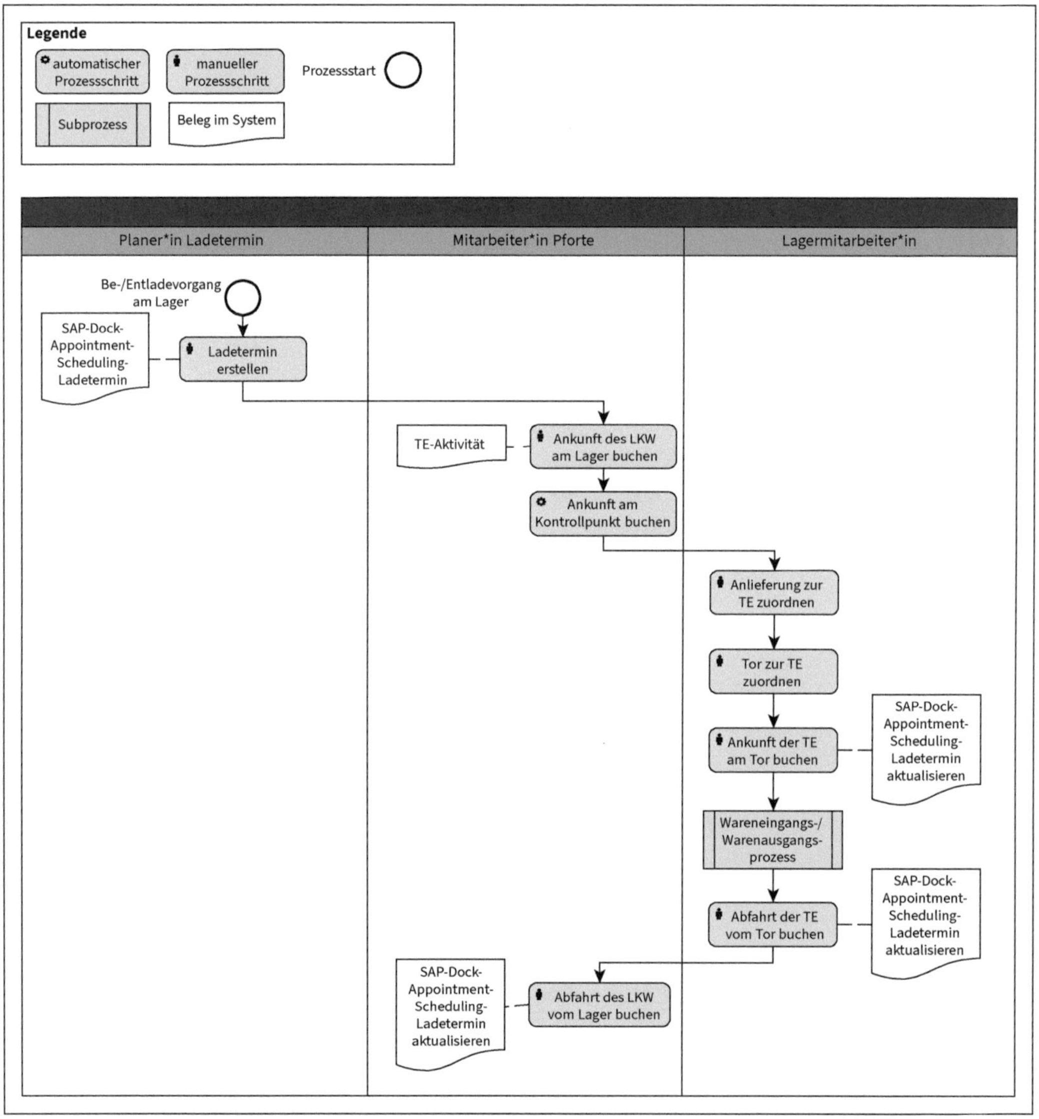

Abbildung 7.1: Geschäftsprozessdiagramm für den Wareneingang mit SAP-Dock-Appointment-Scheduling-Ladetermin und EWM-Integration

7.2.2 Konfiguration

Für die Integration von SAP Dock Appointment Scheduling mit EWM sind spezifische Konfigurationseinstellungen erforderlich. Wir gehen davon aus, dass die grundlegenden Einstellungen für die EWM-Lagernummer bereits in Ihrem System vorhanden sind.

Tabelle 7.1 gibt Ihnen einen Überblick über die für SAP Dock Appointment Scheduling spezifischen Rollen in EWM, die für die Konfiguration und die Prozessdurchführung relevant sind:

Rollenname	Rollenbeschreibung
/SCWM/DAS_ADMINISTRATOR	Verwaltung für SAP Dock Appointment Scheduling
/SCWM/DAS_CP_CLERK	Kontrollpunkt-Sachbearbeitung für SAP Dock Appointment Scheduling
/SCWM/DAS_EXT_CARR_PLANNER	Terminplanung für Frachtführer in SAP Dock Appointment Scheduling
/SCWM/DAS_SPECIALIST	Fachkraft für SAP Dock Appointment Scheduling
/SCWM/DAS_TO_EWM_INTEGRATION	Technische Rolle für die Integration von SAP Dock Appointment Scheduling in EWM
/SCWM/EWM_TO_DAS_INTEGRATION	Technische Rolle für die Integration von EWM in SAP Dock Appointment Scheduling

Tabelle 7.1: Benutzerrollen für SAP Dock Appointment Scheduling

Nehmen Sie folgenden Einstellungen vor, die für diesen Wareneingangsprozess mit Planung in SAP Dock Appointment Scheduling erforderlich sind:

1. **Transportmittel definieren**

   Definieren Sie ein Transportmittel, das für die Erstellung der TE in EWM verwendet wird. Nutzen Sie hierzu die Transaktion **/SCWM/41000034** oder navigieren Sie über den Customizing-Pfad **SCM Extended Warehouse Management • Extended Warehouse Management • Dock Appointment Scheduling** zur Aktivität **Transportmittel definieren**. Für unser Beispiel nutzen wir das Transportmittel **MTR2**, das einen LKW repräsentiert (siehe Abbildung 7.2).

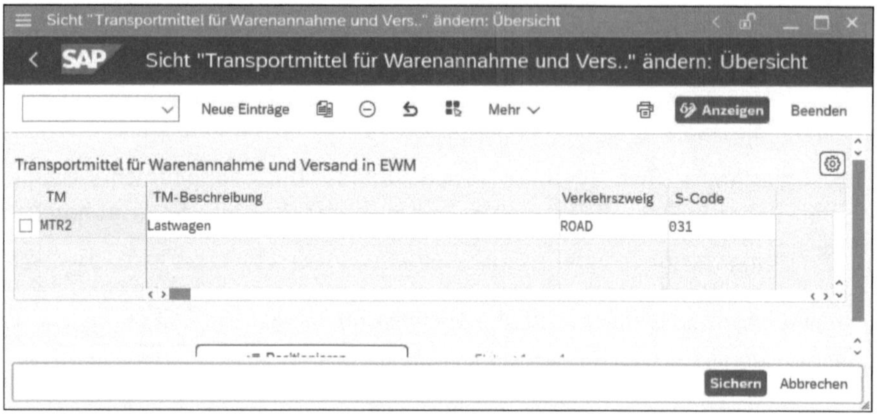

Abbildung 7.2: Transportmittel definieren

2. **Transportmittel und Packmittel verknüpfen**

   Da aus technischer Sicht eine TE wie eine Handling Unit geführt wird, wird zur Erstellung der TE ein Packmittel benötigt. Die Verknüpfung zwischen Packmittel und TE erfolgt mit der Transaktion **/SCWM/PM_MTR – Verknüpfung zwischen Packmittel (TE) und Transportmittel**, die Sie über das SAP-Easy-Access-Menü **Logistik • SCM Extended Warehouse Management • Extended Warehouse Management • Einstellungen • Warenannahme und Versand** erreichen (siehe Abbildung 7.3).

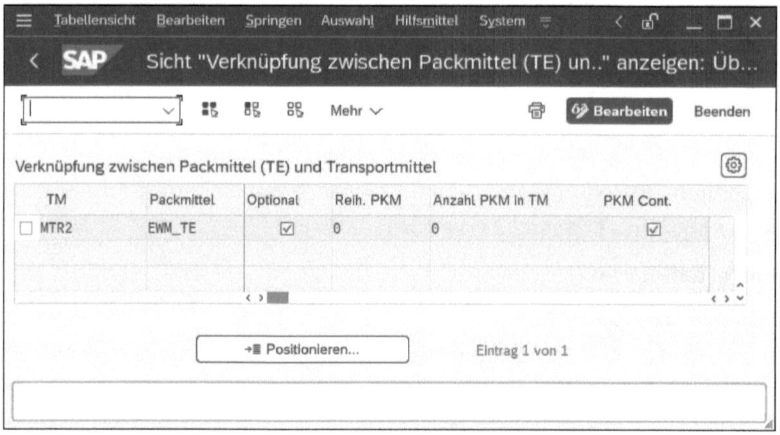

Abbildung 7.3: Packmittel und Transportmittel verknüpfen

3. **Nummernkreis definieren**

   Damit TEs sowie Warenannahme- und Versandaktivitäten für TEs erstellt werden können, sind Nummernkreise erforderlich. Pflegen Sie mit der Transaktion **SNRO** die Nummernkreise in Tabelle 7.2. Die Angaben für **Von Nummer** und **Bis Nummer** sind in der Tabelle zu Demonstrationszwecken kleingehalten. In der Praxis werden in der Regel größere Nummernkreise verwendet.

Nummernkreisobjekt	Nummernkreisnummer	Von Nummer	Bis Nummer
/SCWM/TU	01	90000	99999
/SCWM/SR_A	01	10000	19999

Tabelle 7.2: Nummernkreise für Warenannahme und Versand

Der Nummernkreis für die TEs darf nicht mit dem Nummernkreis für die SAP-Dock-Appointment-Scheduling-Ladetermine überlappen.

Verwendung von TEs oder Fahrzeugen

In unserem Beispiel verwenden wir TEs. Alternativ besteht die Möglichkeit, Fahrzeuge erstellen zu lassen. In diesem Fall sind zusätzliche Konfigurationseinstellungen für die Erstellung von Fahrzeugen sowie der dazugehörigen Nummernkreise erforderlich.

Pflegen Sie mithilfe der Transaktion **SNRO** den Nummernkreis für die Erstellung von SAP-Dock-Appointment-Scheduling-Ladeterminen (siehe Tabelle 7.3).

Nummernkreisobjekt	Nummernkreisnummer	Von Nummer	Bis Nummer
/SCWM/DSAP	01	7000000001	7999999999

Tabelle 7.3: Nummernkreis für SAP-Dock-Appointment-Scheduling-Ladetermine

4. **Referenzbelegtypen definieren**

   Für die Erfassung von Bestellungen als Referenzbeleg in Ladeterminen, muss der zugehörige Belegtyp konfiguriert sein. Diese Einstellung erfolgt entweder mit der Transaktion **/SCWM/23000018** oder über den Customizing-Pfad **SCM Extended Warehouse Management • Extended Warehouse Management • Dock Appointment Scheduling** in der Aktivität **Referenzbelegtypen definieren**. Pflegen Sie einen Eintrag für den Referenzbelegtyp **PO** (siehe Abbildung 7.4).

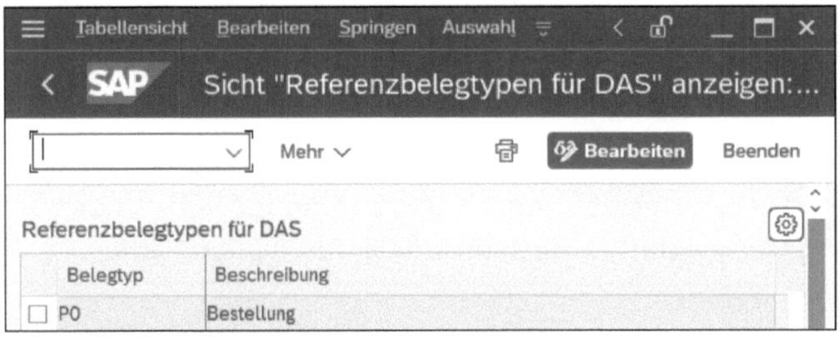

Abbildung 7.4: Referenzbelegtyp definieren

5. **Ladelokation erstellen**

   Die Erstellung einer Ladelokation erfolgt über den NetWeaver Business Client (NWBC) mit der Funktion **Ladelokation anlegen**, die Sie über den Pfad **Dock Appointment Scheduling • Stammdaten** erreichen. Die Bezeichnung der Ladelokation muss mit der Bezeichnung der SCU der EWM-Lagernummer übereinstimmen. Im Feld **SAP-EWM-Integration** wählen Sie die Einstellung **Integrationseinstellungen verwenden**. Damit greift das System auf individuell konfigurierbare Einstellungen zurück, die im weiteren Verlauf durchgeführt werden. Pflegen Sie für die Ladelokation eine Ladelokationsbeschreibung sowie eine Zeitfensterdauer von 30 Minuten sowie eine Ladevorlaufzeit von 10 Minuten. Geben Sie die Nummernkreisnummer **01** an und aktivieren Sie den Radiobutton **Eingeschränkten Planungszeitraum in Stunden** mit einem Wert von 24 Stunden vor dem Termin (siehe Abbildung 7.5).

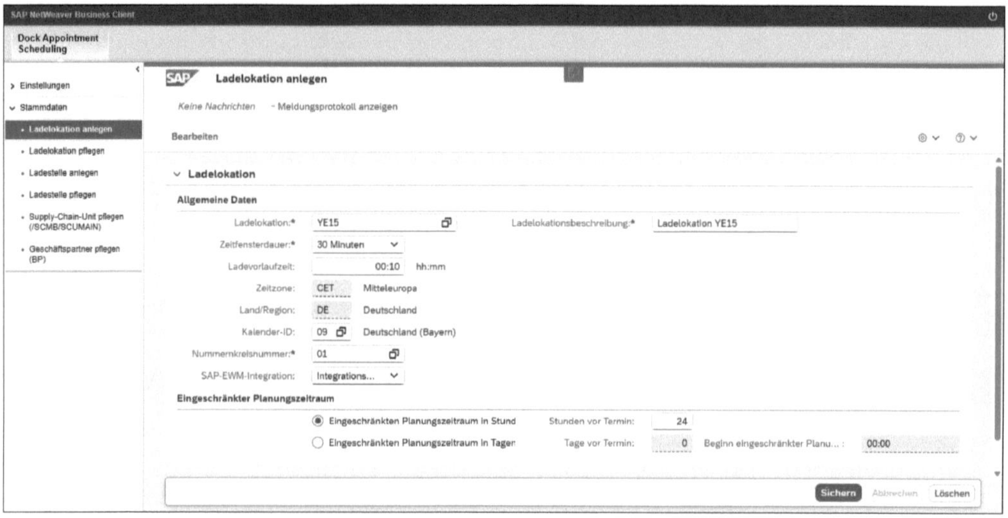

Abbildung 7.5: Ladelokation erstellen

6. **Ladestelle erstellen**

   Erstellen Sie eine Ladestelle für die Ladelokation über die Funktion **Ladestelle anlegen**, die Sie über den Pfad **Dock Appointment Scheduling • Stammdaten** erreichen. Wenn Sie im Feld **Ladelokation** die zuvor erstellte Ladelokation eingeben, übernimmt das System die Daten aus der Ladelokation und befüllt damit die entsprechenden Felder für die Ladestelle. Sie können hier die vorbelegten Werte anpassen oder übernehmen. Für unsere Ladestelle übernehmen wir die vorgeschlagenen Werte, wie wir sie im Schritt 5. (»Ladelokation erstellen«), definiert haben (siehe Abbildung 7.6). Mit dem Erstellen der Ladestelle hat das System automatisch eine zugehörige SCU mit derselben Bezeichnung vom Typ **1200 – Ladestelle** erstellt und die betriebswirtschaftliche Eigenschaft **LP – Ladestelle** zugeordnet.

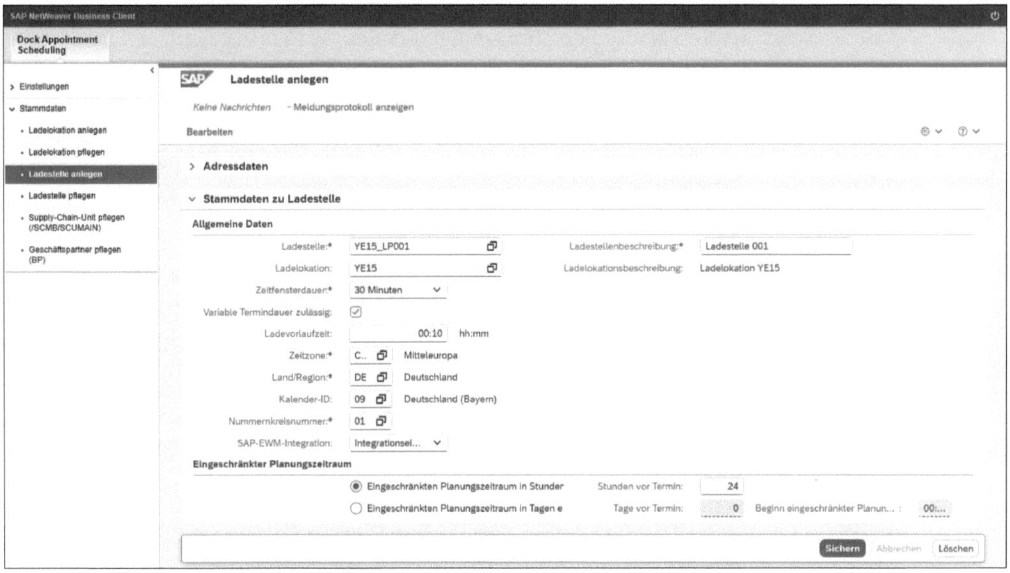

Abbildung 7.6: Ladestelle erstellen

7. **Ladegruppe definieren**

   Für die Ladestellenermittlung nutzen wir eine Ladegruppe, die dem Produkt zugeordnet ist. Die Definition der Ladegruppe erfolgt in SAP S/4HANA über die Transaktion **S_ALR_87006844** bzw. über den Customizing-Pfad **Logistics Execution • Versand • Grundlagen • Versand-/Warenannahmestellenfindung** in der Aktivität **Ladegruppen definieren.** Pflegen Sie dort die Ladegruppe **Z001** und vergeben Sie eine Bezeichnung für die Ladegruppe (siehe Abbildung 7.7).

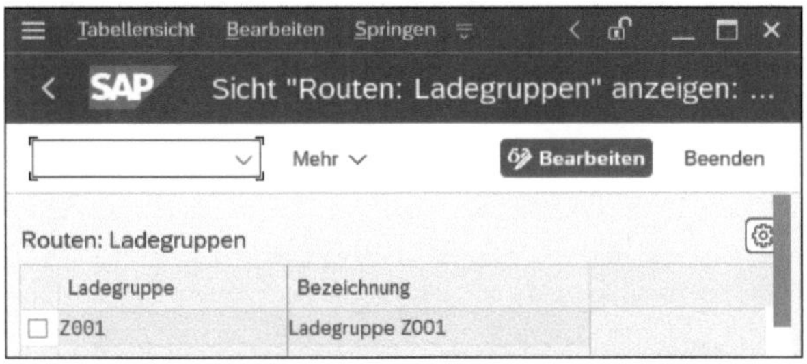

Abbildung 7.7: Ladegruppe für die Integration von SAP Dock Appointment Scheduling

Produktgruppen für die Ladestellenermittlung verwenden

Wenn Sie Produktgruppen für die Ladestellenermittlung verwenden möchten, müssen Sie zunächst im Customizing-Pfad **SCM Extended Warehouse Management • SCM Basis • Stammdaten • Produktgruppen** mit der Aktivität **Produktgruppenarten definieren** eine Produktgruppenart definieren. Für diese Produktgruppenart erstellen Sie anschließend im selben Pfad mit der Aktivität **Produktgruppen definieren** eine Produktgruppe. Diese Produktgruppenart und Produktgruppe weisen Sie anschließend in der Sicht **Grunddaten 2** dem Materialstamm zu.

8. **Ladestellenermittlung konfigurieren**

   Die Konfiguration der Ladestellenermittlung erfolgt über die Funktion **Ladestelle ermitteln** im NWBC-Pfad **Dock Appointment Scheduling • Einstellungen** oder mit der Transaktion **/SCWM/DSDETLP** direkt in EWM. Sollen Eigenschaften für die Ladestellenermittlung verwendet werden, muss zunächst das BAdI **/SCWM/EX_DS_APP_PRODUCT_GRP** des Erweiterungsspots **/SCWM/ES_DS_APP** aktiviert werden. Damit können die ERP-Ladegruppe bzw. die Produktgruppe als Eigenschaft verwendet werden. Mit der zuvor erstellten Ladegruppe wird der Eintrag für die Ladestellenermittlung gepflegt (siehe Abbildung 7.8).

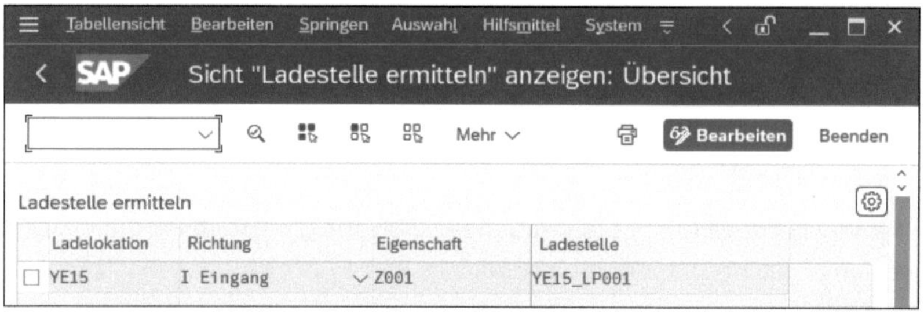

Abbildung 7.8: Ladestelle ermitteln

9. **Ermittlung der Termindauer konfigurieren**

   Die Einstellung zur Ermittlung der Termindauer erfolgt über die Funktion **Ermittlung der Termindauer konfigurieren** im NWBC-Pfad **Dock Appointment Scheduling • Einstellungen** oder mit der Transaktion **/SCWM/DSCONFDUR** direkt in EWM. Definieren Sie die durchschnittliche Dauer, die ein LKW für diese Ladestelle am Tor angedockt ist (siehe Abbildung 7.9).

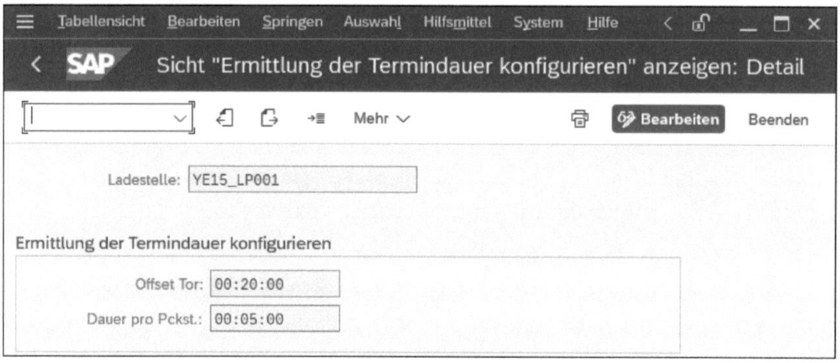

Abbildung 7.9: Termindauerermittlung konfigurieren

10. **Integrationseinstellungen für SAP Dock Appointment Scheduling zu anderen Systemen**

    Die Einstellungen für die Integration zwischen SAP Dock Appointment Scheduling und SAP S/4HANA erfolgen über die Funktion **Integrationseinstellungen für Dock Appointment Scheduling** im NWBC-Pfad **Dock Appointment Scheduling • Einstellungen • Schnittstellen** bzw. direkt in EWM mit der Transaktion **/SCWM/DSINT**. Erstellen Sie einen neuen Eintrag für die Ladelokation und aktivieren Sie die Integration für eingehende und ausgehende Termine sowie für Termine ohne Richtung. Wenn Sie ein embedded EWM nutzen, benötigen Sie keinen Eintrag für das ERP-Business-System (siehe Abbildung 7.10).

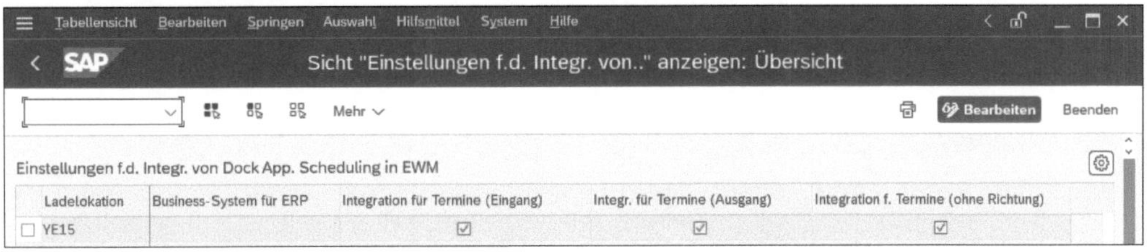

Abbildung 7.10: Einstellungen für die Integration von SAP Dock Appointment Scheduling

11. **Tore zu Ladestellen zuordnen**

    Die Zuordnung von Toren zu einer Ladestelle erfolgt über die Funktion **Tor zu Ladestellen zuordnen** im NWBC-Pfad **Dock Appointment Scheduling • Einfache Konfiguration**. Geben Sie die erstellte Ladestelle sowie Ihre EWM-Lagernummer ein und aktivieren Sie die Zuordnung des Lagertors **YDI1** zur Ladestelle, indem Sie das Kennzeichen bei **Tor zu Ladestelle zugeordnet** setzen (siehe Abbildung 7.11). Diese Zuordnung können Sie auch direkt in EWM mit der Transaktion **/SCWM/DOOR_SCU** einsehen, indem Sie für die Lagernummer und das Lagertor den Wert für die Ladestelle überprüfen.

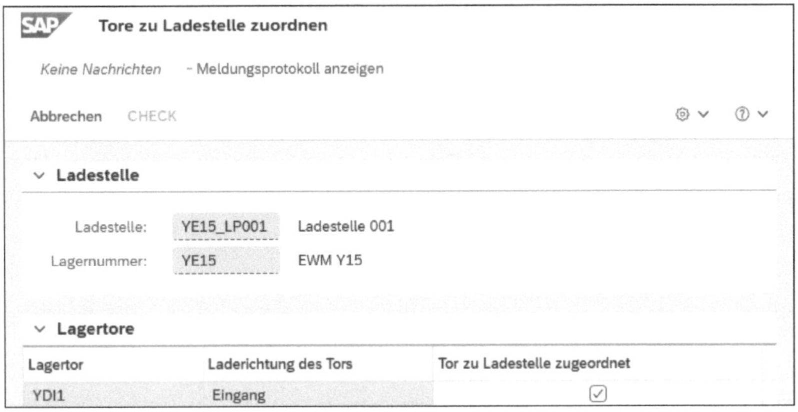

Abbildung 7.11: Tor zu Ladestelle zuordnen

12. **Zeitfenster für die Ladestelle erstellen**

    Bevor Ladetermine für die Ladestelle erstellt werden können, müssen Zeitfenster generiert werden. Dies kann in grafischer oder textueller Form erfolgen. Für unser Beispiel nutzen wir die Funktion **Zeitfenster in textueller Sicht anlegen**, die Sie über den NWBC-Pfad **Dock Appointment Scheduling • Einstellungen • Zeitfenster** zu erreichen. Für die Erstellung der Zeitfenster müssen die Ladestelle sowie das Beginndatum, ab dem die Zeitfenster erstellt werden sollen, angegeben werden. Zusätzlich muss der Zeitraum angegeben werden, innerhalb dessen verfügbare Zeitfenster erstellt werden sollen (siehe Abbildung 7.12).

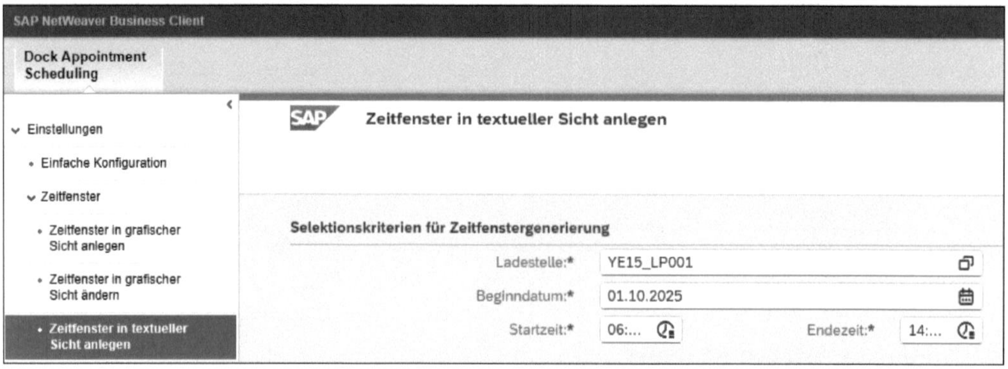

Abbildung 7.12: Zeitfenster für Ladestelle in textueller Sicht erstellen

Auf Basis dieser Angaben erstellt das System die Zeitfenster und ermöglicht im nächsten Dialog die Anpassung der Kapazität pro Zeitfenster. Bei der Pflege der Kapazität ist ersichtlich, ob der Tag des Zeitfensters ein Arbeitstag gemäß der Definition im hinterlegten Fabrikkalender ist. Für unser Beispiel pflegen wir eine Kapazität von eins. In der Realität hängt die Kapazität tendenziell davon ab, wie viele Lagertore die Ladestelle repräsentiert (siehe Abbildung 7.13).

13. **Kontrollparameter zur Fahrzeug-/TE-Bildung definieren**

    Für die automatische Erstellung von TEs müssen noch Parameter wie etwa der zu verwendende TE-Nummernkreis definiert werden. Diese Einstellung erfolgt in EWM entweder mit der Transaktion **/SCWM/60000540** oder über den Customizing-Pfad **SCM Extended Warehouse Management • Extended Warehouse Management • Prozessübergreifende Einstellungen • Warenannahme und Versand • Allgemeine Einstellungen** mit der Aktivität **Kontrollparameter zur Fahrzeug-/TE-Bildung definieren.** Pflegen Sie für das erstellte Transportmittel die Kategorie **TU – Transporteinheit**, den Nummernkreis für TEs im Feld **NK-Nummer** sowie das Standardaktionsprofil **/SCWM/TU** (siehe Abbildung 7.14).

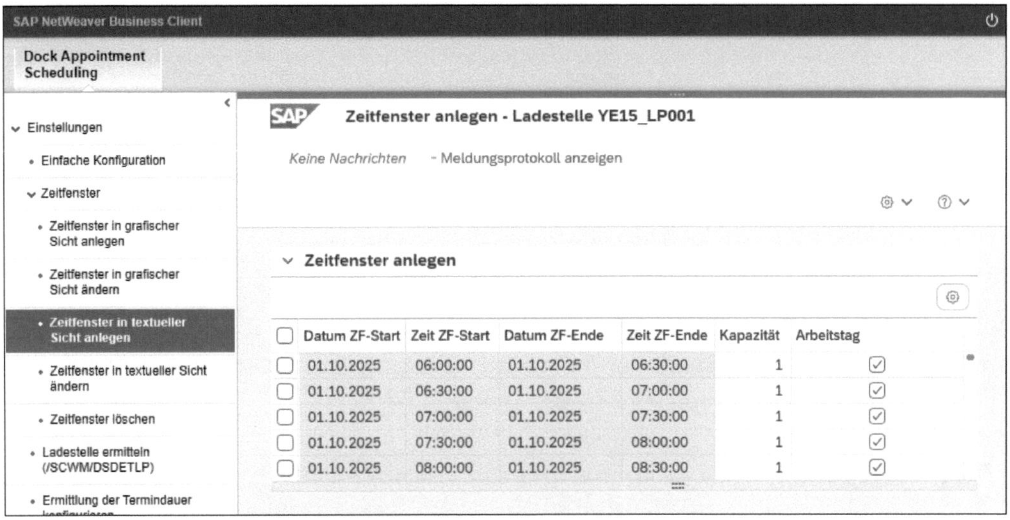

Abbildung 7.13: Kapazitäten pro Zeitfenster in textueller Sicht pflegen

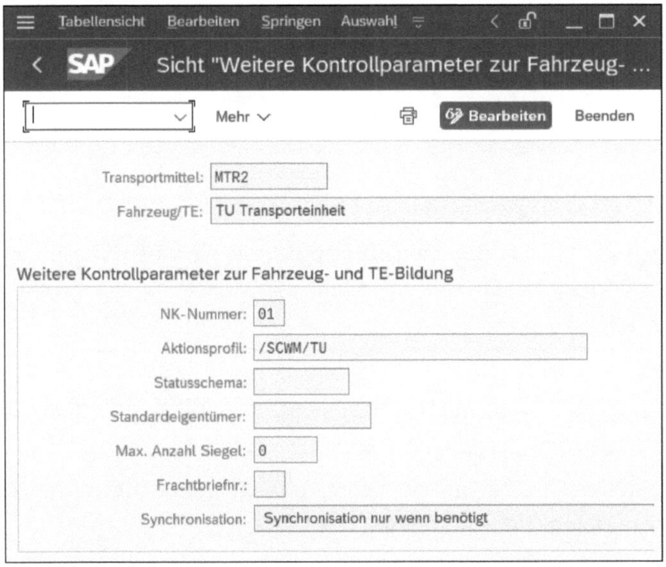

Abbildung 7.14: Kontrollparameter für die TE-Bildung definieren

14. **Ladegruppe im Materialstamm pflegen**

    Die zuvor erstellte Ladegruppe wird dem Material zugeordnet. Über die Transaktion **MM02 – Material ändern** können Sie in der Sicht **Vertrieb: allg./Werk** die Ladegruppe **Z001** für das Demo-Material in Ihrem Werk hinterlegen (siehe Abbildung 7.15).

Abbildung 7.15: Ladegruppe am Materialstamm pflegen

Mit diesen Einstellungen kann ein Eingangsprozess mit integriertem SAP Dock Appointment Scheduling im System gebucht werden.

[»]

Terminplanung durch externen Frachtführer

SAP Dock Appointment Scheduling bietet die Möglichkeit, einem externen Frachtführer eine Oberfläche für die Erstellung von Ladeterminen zur Verfügung zu stellen. SAP-Hinweis 2065193 beschreibt Best-Practice-Verfahren zur Einrichtung dieser Option. Für den Frachtführer muss in SAP Dock Appointment Scheduling eine Planerzuordnung mithilfe der Funktion **Planer für Frachtführer pflegen** erstellt werden, die über den NWBC-Pfad **Dock Appointment Scheduling • Einstellungen** erreichbar ist.

7.2.3 Prozessdemo

In diesem Abschnitt zeigen wir Ihnen anhand eines Beispiels, wie Sie einen Wareneingang mit Terminplanung in SAP Dock Appointment Scheduling abwickeln. Ausgangspunkt ist eine Warenbestellung bei einem externen Lieferanten.

1. **Bestellung erstellen**

   Wählen Sie für die Erstellung einer Bestellung die App **Bestellung anlegen – Erweitert** und erfassen Sie relevante Daten wie Lieferant, Material, Bestellmenge, Werk, Lagerort und den Bestätigungssteuerschlüssel, mit dem eine Anlieferung erstellt werden kann, sowie bei Bedarf weitere Daten (siehe Abbildung 7.16).

2. **Anlieferung erstellen**

   Starten Sie die App **Anlieferung anlegen** und erfassen Sie im Selektionsbildschirm den Lieferanten sowie die Nummer der Bestellung. Ändern Sie bei Bedarf die vorgeschlagenen Werte in der Anlieferung und sichern Sie anschließend die Anlieferung (siehe Abbildung 7.17).

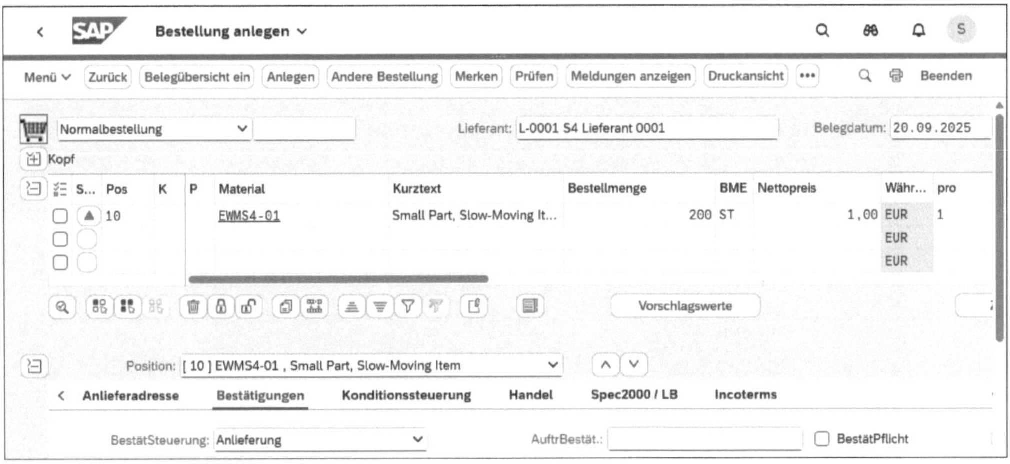

Abbildung 7.16: Bestellung erstellen

Abbildung 7.17: Anlieferung erstellen

3. **Ladetermin für Bestellung erstellen**

   Erstellen Sie einen Ladetermin mit der Funktion **Termin anlegen – grafisch**, die Sie über den NWBC-Pfad **Dock Appointment Scheduling • Ladeterminverwaltung • Planung** erreichen. Erfassen Sie für den Termin die Ladestelle, die Nummer der Bestellung (im Feld **Referenzbelegnummer**), den Frachtführer, das Transportmittel sowie ein Datum für den Ladetermin (siehe Abbildung 7.18).

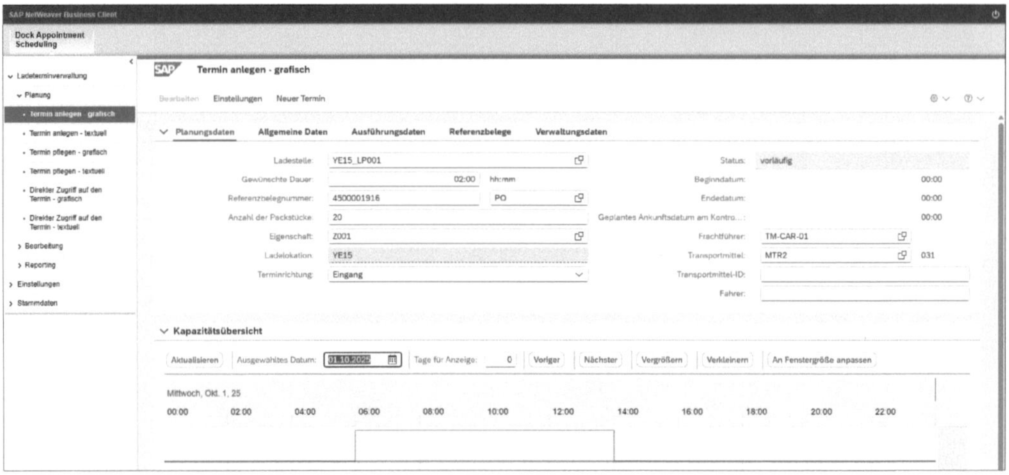

Abbildung 7.18: Ladetermin erstellen

4. **Zeitfenster für den Ladetermin buchen**

   Buchen Sie mit der Funktion **Termin pflegen – textuell**, die über den NWBC-Pfad **Dock Appointment Scheduling • Ladeterminverwaltung • Planung** erreichbar ist, ein Zeitfenster für den Ladetermin. Nutzen Sie im Selektionsfenster bspw. die Ladeterminnummer, um den Ladetermin anzuzeigen, und navigieren Sie dann zur Detailanzeige des Termins. Wählen Sie dort eine Startzeit für den Ladetermin aus, zur der noch ausreichend freie Kapazität an der Ladestelle vorhanden ist, und sichern Sie anschließend die Änderung (siehe Abbildung 7.19). Basierend auf den gepflegten Kapazitätsdaten für die Ladestelle ist die noch übrige freie Kapazität reduziert oder, wie in unserem Fall, komplett aufgebraucht.

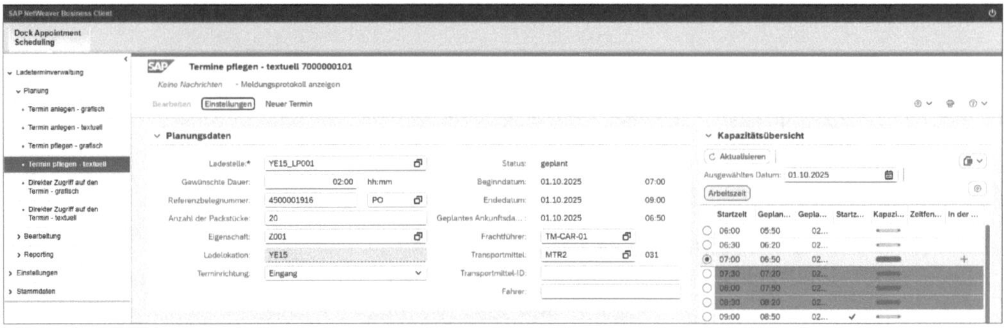

Abbildung 7.19: Zeitfenster für den Ladetermin buchen

5. **Ankunft des LKWs am Lager bestätigen**

   Die Ankunft des LKWs am Lager für den Ladetermin wird über die Funktion **Termine bearbeiten** bestätigt, die über den NWBC-Pfad **Dock Appointment Scheduling • Ladeterminverwaltung • Bearbeitung** erreichbar ist. Führen Sie eine geeignete Abfrage, bspw. über die Referenzbelegnummer, durch, um den Ladetermin zu selektieren. Mit der Funktion **Ankunft am Kontrollpunkt** wird im System bestätigt, dass der LKW das Lager erreicht hat. Der Status **Am Kontrollpunkt angekommen** wird für den Ladetermin aktualisiert (siehe Abbildung 7.20).

Abbildung 7.20: Ankunft des LKWs am Kontrollpunkt bestätigen

6. **Anlieferung und Tor zur TE zuordnen**

   Starten Sie die App **Transporteinheiten pflegen** und wählen Sie als Kriterium für die einfache Suche **Terminnummer** aus. Geben Sie im Suchfeld die Terminnummer des Ladetermins ein und starten Sie die Suche. Die automatisch erstellte TE wird angezeigt.

   Klicken Sie auf **Lieferung sofort zuweisen** und selektieren Sie die erstellte Anlieferung, indem Sie bspw. die Bestellnummer als Selektionskriterium verwenden. Die selektierte Anlieferung wird im Reiter **Zugeordn. Lief.** angezeigt und ist der TE zugeordnet (siehe Abbildung 7.21).

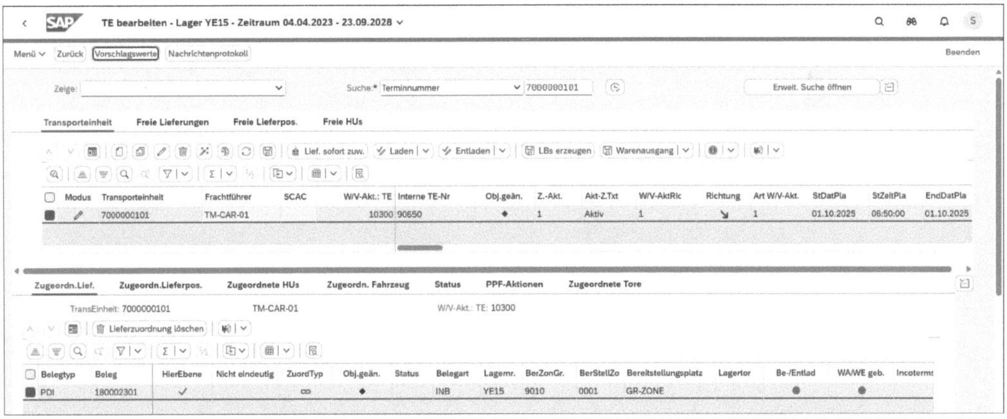

Abbildung 7.21: Anlieferung der TE zuordnen

Wechseln Sie anschließend zum Reiter **Zugeordnete Tore** und weisen Sie der TE ein freies Lagertor zu (siehe Abbildung 7.22).

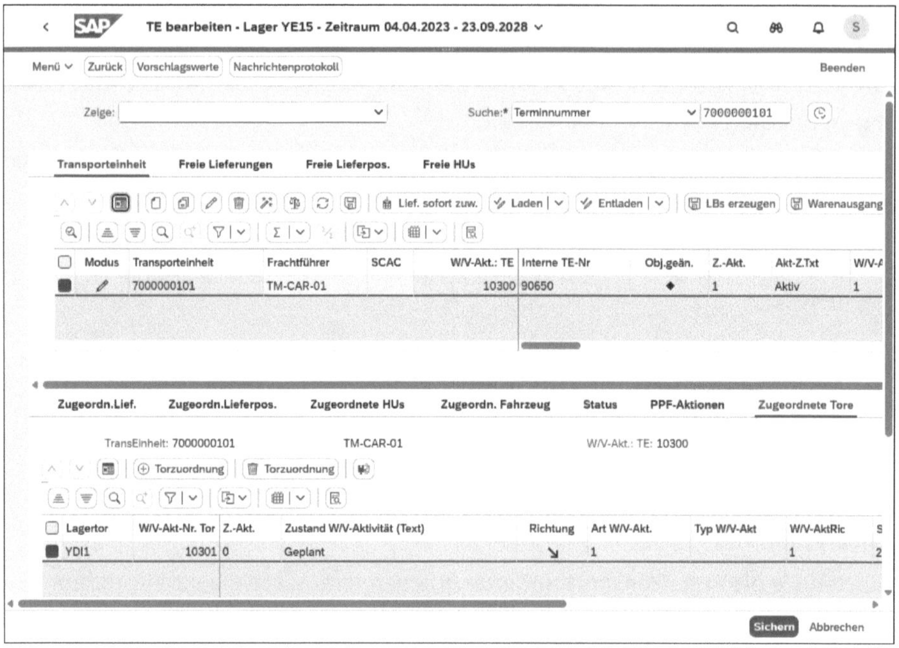

Abbildung 7.22: Lagertor der TE zuordnen

7. **Ankunft des LKWs am Lagertor bestätigen**

   Starten Sie die App **Transporteinheiten pflegen** und wählen Sie als Kriterium für die einfache Suche **Terminnummer** aus. Geben Sie im Suchfeld die Terminnummer des Ladetermins ein und starten Sie die Suche. Bestätigen Sie anschließend die Ankunft des LKWs am Lagertor mit der Option **Ankunft am Tor**, die Sie über den Pfad **Menü • Aktion • Tor** erreichen. Der Status **Am Tor angedockt** der TE wird gesetzt (siehe Abbildung 7.23).

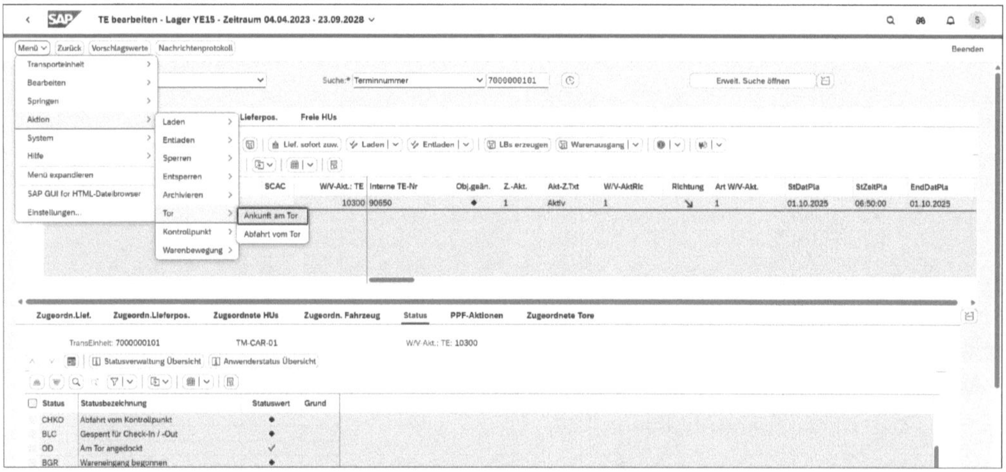

Abbildung 7.23: Bestätigung der Ankunft der TE am Lagertor

Mit dieser Aktion wird der Ladetermin in SAP Dock Appointment Scheduling ebenfalls aktualisiert, indem der Status des Termins ebenfalls auf **Am Tor angekommen** gesetzt wird.

8. **Wareneingangsprozess durchführen**

   Anschließend wird der Wareneingangsprozess durchgeführt und entsprechend im System gebucht. Auf eine detaillierte Darstellung dieser Schritte wird an dieser Stelle verzichtet. Es wird lediglich der Wareneingang für die Anlieferung über den Lagerverwaltungsmonitor gebucht.

   Starten Sie die App **Lagermonitor** und navigieren Sie über den Pfad **Eingang • Belege • Übersicht der Warenannahme • Übers. Transporteinheit Eing. • Transporteinheitenkopf Eingang**. Führen Sie dort eine Selektion für diesen Knoten aus und geben Sie im Feld **Transporteinheit** die Nummer des Ladetermins aus SAP Dock Appointment Scheduling ein. Die erstellte TE wird angezeigt. Zeigen Sie mithilfe der Funktion **Anlieferung** die zugeordnete Anlieferung an. Buchen Sie im Bereich **zur TE zugeordnete Anlieferung** mit einem Klick auf das Icon [icon] (**Weitere Methoden**) den Wareneingang für die Anlieferung (siehe Abbildung 7.24).

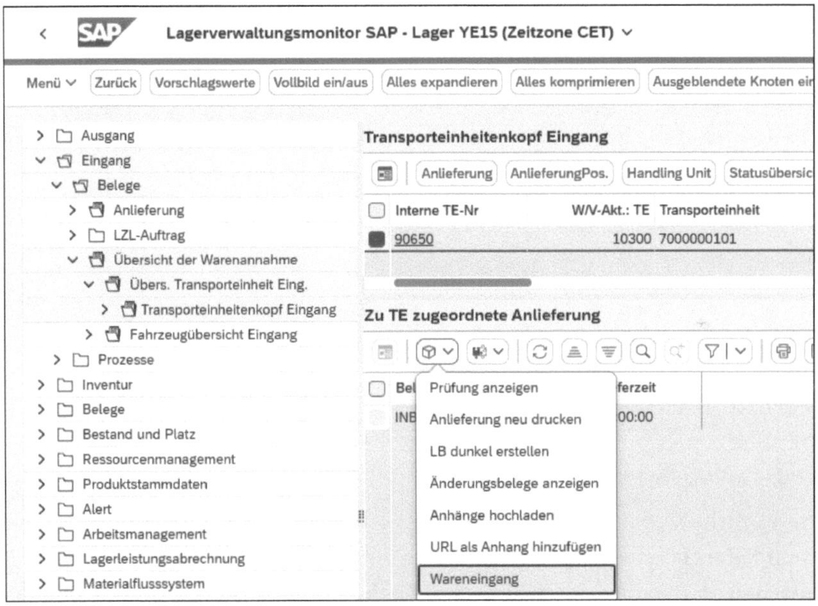

Abbildung 7.24: Wareneingang für Anlieferung buchen

9. **Abfahrt des LKWs vom Lagertor bestätigen**

   Starten Sie die App **Transporteinheiten pflegen** und wählen Sie als Kriterium für die einfache Suche **Terminnummer** aus. Geben Sie im Suchfeld die Terminnummer des Ladetermins ein und starten Sie die Suche. Bestätigen Sie die Ankunft des LKWs am Lagertor mit der Option **Abfahrt vom Tor**, die Sie über den Pfad **Menü • Aktion • Tor** erreichen. Der TE-Status **Am Tor angedockt** wird zurückgenommen (siehe Abbildung 7.25).

Mit dieser Aktion wird der Ladetermin in SAP Dock Appointment Scheduling ebenfalls aktualisiert, indem der Status des Termins ebenfalls auf **Vom Tor abgefahren** gesetzt wird.

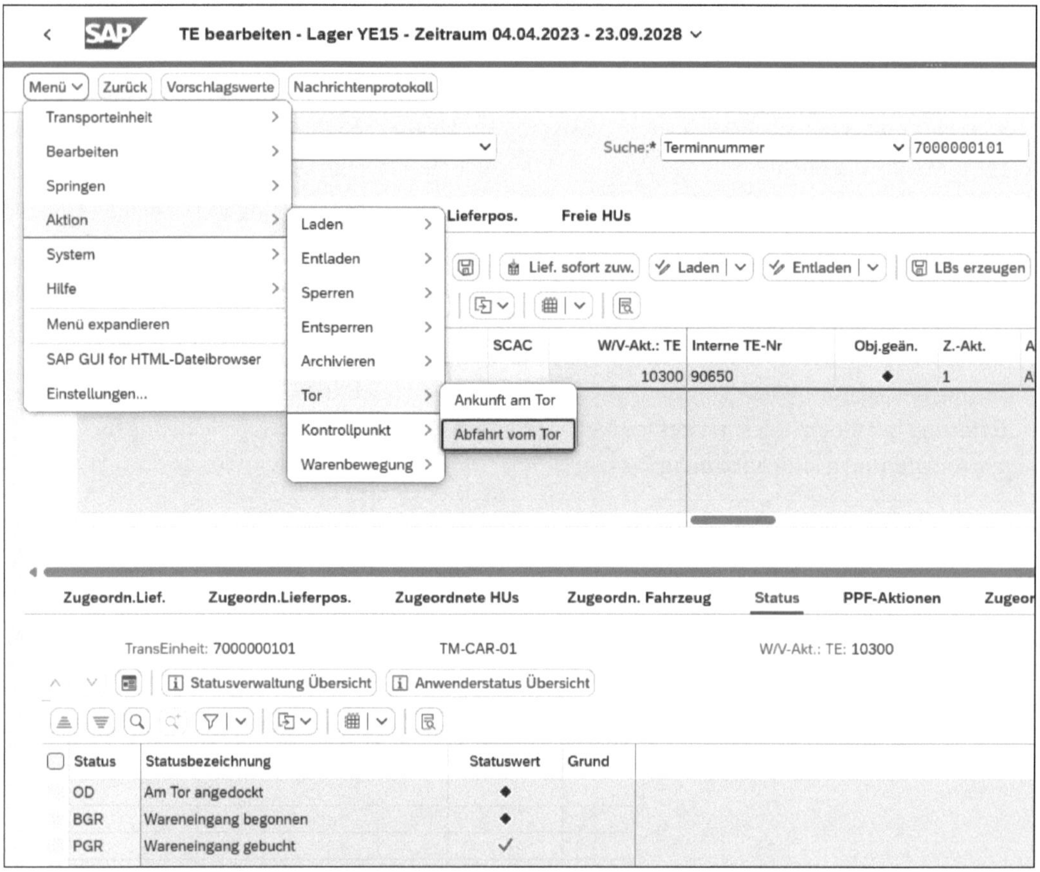

Abbildung 7.25: Abfahrt des LKWs vom Lagertor bestätigen

10. **Abfahrt des LKWs vom Lager bestätigen**

    Im letzten Schritt wird die Abfahrt des LKWs vom Hof im System bestätigt. Dies kann z. B. durch Mitarbeitende an der Pforte erfolgen. Dazu wählen Sie die Funktion **Termine bearbeiten**, die über den NWBC-Pfad **Dock Appointment Scheduling • Ladeterminverwaltung • Bearbeitung** erreichbar ist. Führen Sie anschließend eine geeignete Abfrage, bspw. über die Referenzbelegnummer, durch, um den Ladetermin zu selektieren. Mit der Funktion **Abfahrt vom Kontrollpunkt** wird die Abfahrt des LKWs bestätigt (siehe Abbildung 7.26). Damit sind sowohl die Warenannahme- und Versandaktivität der zugehörigen TE als auch der Wareneingangsprozess mit Terminplanung in SAP Dock Appointment Scheduling abgeschlossen.

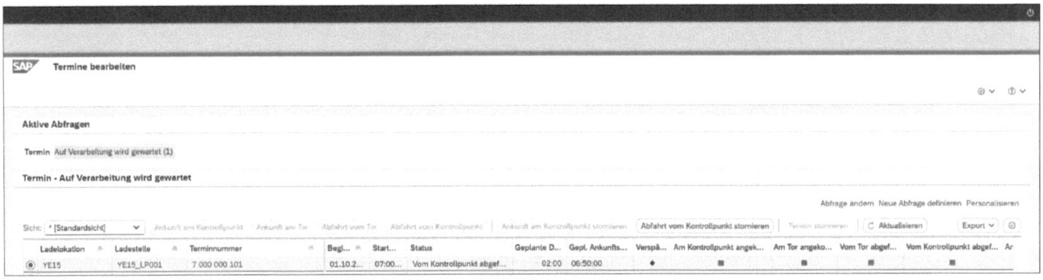

Abbildung 7.26: Abfahrt des LKW vom Kontrollpunkt bestätigen

7.3 Warenausgangsprozess mit Planung in EWM und SAP Dock Appointment Scheduling

Im vorherigen Abschnitt war der Ladetermin in SAP Dock Appointment Scheduling der Ausgangspunkt für den Prozess. In diesem Kapitel soll nun die TE die Grundlage für die Terminerstellung in SAP Dock Appointment Scheduling bilden.

7.3.1 Geschäftsprozess

Bei diesem Geschäftsprozess (siehe Abbildung 7.27) soll Ware an einen Kunden verschickt werden. Wir gehen also davon aus, dass für einen Kundenauftrag im System eine Auslieferung erstellt wird. Da die Werk-Lagerort-Kombination der Auslieferung EWM-verwaltet ist, wird die Auslieferung an EWM verteilt und ein Auslieferungsauftrag wird erstellt. Für den Auslieferungsauftrag wird über das EWM-Versandcockpit eine TE erstellt und der Lieferbeleg wird der TE zugewiesen. Damit wird ein vorläufiger Termin in SAP Dock Appointment Scheduling angelegt. Werden Daten der TE aktualisiert (bspw. indem weitere Auslieferungsaufträge der TE zugeordnet werden), wird auch der Ladetermin in SAP Dock Appointment Scheduling aktualisiert.

Anschließend wird ein Zeitfenster für den Ladetermin festgelegt. Durch diese Aktion wird die TE in EWM aktualisiert und die Daten des Ladetermins werden in die TE übertragen. Die Ankunft des LKWs wird im System festgehalten und der TE wird ein Tor zugeordnet. Zeitgleich oder zeitlich versetzt werden die notwendigen Lageraktivitäten für den Warenausgang durchgeführt (Kommissionierung, Bereitstellung usw.). Die Ankunft des LKWs am Lagertor wird bestätigt, sodass im Anschluss die Ware verladen werden kann. Danach wird die Abfahrt der TE vom Lagertor bestätigt, wodurch der Ladetermin in SAP Dock Appointment Scheduling ebenfalls aktualisiert wird. Abschließend wird die Abfahrt des LKWs vom Lager im System gebucht, was wiederum eine Aktualisierung des Ladetermins zur Folge hat.

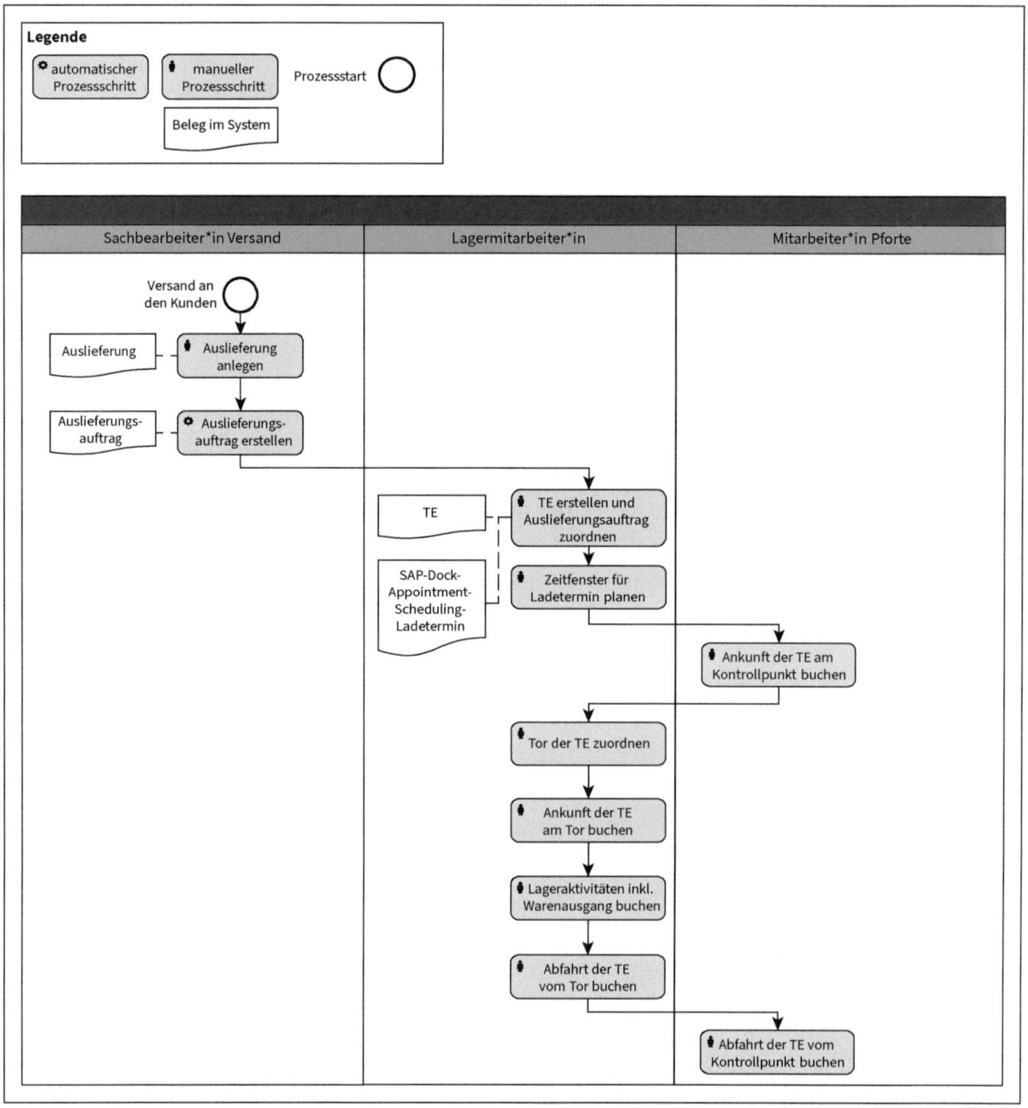

Abbildung 7.27: Prozessflussdiagramm für die Integration von SAP Dock Appointment Scheduling, basierend auf einer Planung in EWM

7.3.2 Konfiguration

Für diesen Prozess ist grundsätzlich die gleiche Konfiguration erforderlich wie in Abschnitt 7.2.2 beschrieben. Zwei Aspekte sollten jedoch berücksichtigt werden:

- Es muss eine Ladelokation existieren, die denselben Namen trägt wie die SCU des Versandbüros, für das die Auslieferungsaufträge erstellt werden.
- Wenn in der Ladelokation/Ladestelle für die EWM-Integration der Wert »Integrationseinstellungen verwenden« gewählt ist, muss die Integration eingehender bzw. ausge-

hender TEs aktiviert werden. Dies erledigen Sie über die Transaktion **/SCWM/SR_INTDAS**, indem Sie einen neuen Eintrag für die Lagernummer hinzufügen und die Integration ein- und ausgehender TEs aktivieren (siehe Abbildung 7.28).

Abbildung 7.28: Integrationseinstellungen für EWM mit SAP Dock Appointment Scheduling für ein- und ausgehende TEs

7.3.3 Prozessdemo

Der nachfolgende Ablauf zeigt einen exemplarischen Ausgangsprozess, bei dem die Erstellung des Ladetermins in SAP Dock Appointment Scheduling durch die Transportplanung in EWM ausgelöst wird. Startpunkt des Prozesses ist die Erstellung eines Kundenauftrags.

1. **Kundenauftrag erstellen**

   Starten Sie die App **Kundenaufträge anlegen** (App-ID: **VA01**), um einen Kundenauftrag anzulegen. Erfassen Sie anschließend den Auftraggeber, den Warenempfänger, die Kundenreferenz, das Wunschlieferdatum, das Material, die Auftragsmenge mit Mengeneinheit, das Werk und den Lagerort sowie bei Bedarf weitere Daten (siehe Abbildung 7.29).

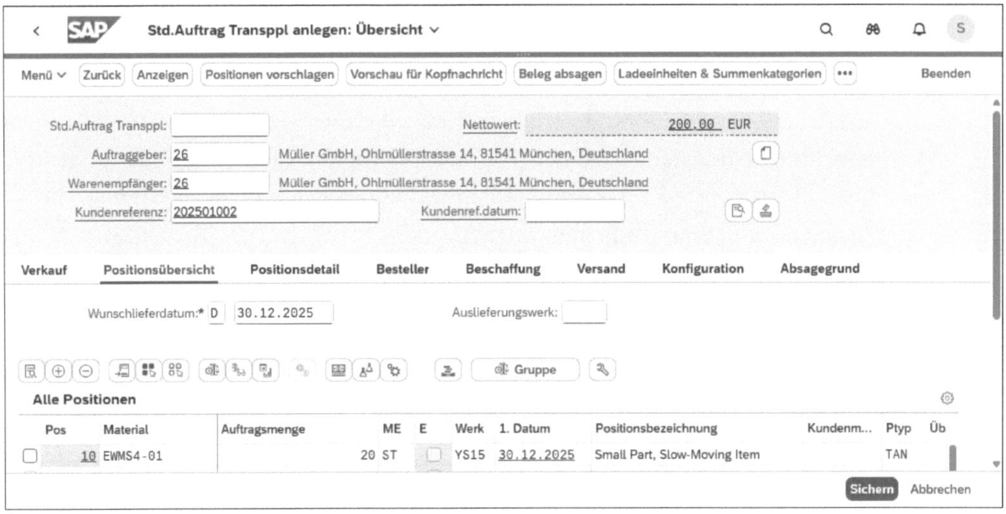

Abbildung 7.29: Kundenauftrag für ein Ausgangsszenario anlegen

2. **Kundenauftrag ausliefern**

   Starten Sie die App **Auslieferungen anlegen – Aus Kundenaufträgen** (App-ID: **F0869A**) und geben Sie im Feld **Verkaufsbeleg** des Selektionsbereichs die Nummer des erstellten Kundenauftrags ein. Führen Sie die Selektion aus, markieren Sie den ermittelten Kundenauftrag und führen Sie die Funktion **Lieferung anlegen** aus, um eine Auslieferung zu erstellen (siehe Abbildung 7.30). Über die Anzeige des Protokolls zur Liefererstellung können Sie sich bei Bedarf die Nummer der erstellten Auslieferung anzeigen lassen. Die Auslieferung wird an EWM verteilt und ein Auslieferungsauftrag wird erstellt.

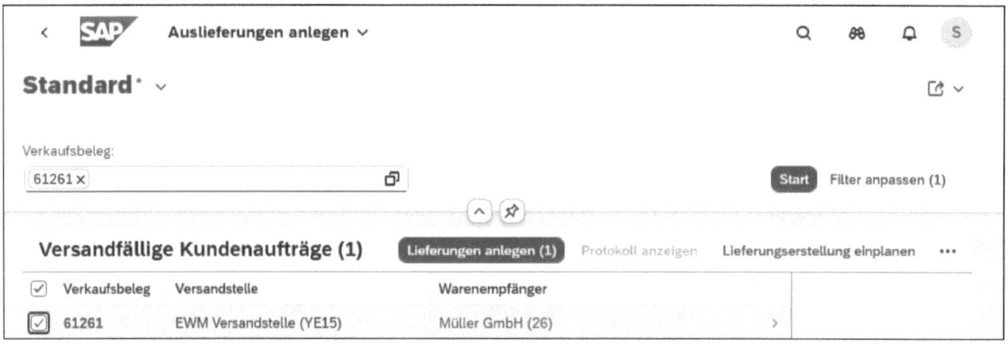

Abbildung 7.30: Auslieferung für Kundenauftrag erstellen

3. **Auslieferungsauftrag zur TE zuordnen**

   Starten Sie die App **Versand-Cockpit – Planung** und selektieren Sie den erstellten Auslieferungsauftrag. Abbildung 7.31 zeigt die Suchoption für den Auslieferungsauftrag im Bereich **Lieferung** des Selektionsbereichs. Der gefundene Auslieferungsauftrag erscheint im linken Teilfenster für Lieferbelege unter dem Reiter **Lieferungen**. Markieren Sie den Auslieferungsauftrag und wählen Sie die Funktion **TE anlegen & Lieferung zuordnen**. Im Pop-up-Fenster für die TE-Erstellung erfassen Sie nun die notwendigen Daten, wie Transportmittel, Packmittel und geplante Abfahrtszeit. Damit wird in EWM eine TE erstellt und der Auslieferungsauftrag wird der TE zugeordnet. Die TE erscheint im rechten Teilfenster im Bereich **Transporteinheiten**. Die Nummer der erstellten TE entspricht dem in SAP Dock Appointment Scheduling erstellten Ladetermin.

4. **Zeitfenster für Ladetermin planen**

   Im nächsten Schritt pflegen Sie Zeitfenster für den erstellten Ladetermin. Dies erledigen Sie mit der Funktion **Termin pflegen – textuell**, die Sie über den NWBC-Pfad **Dock Appointment Scheduling • Ladeterminverwaltung • Planung** erreichen. Zur Selektion des Ladetermins geben Sie im Feld für die Terminnummer die Nummer der in EWM erstellten TE ein und führen die Suche aus. Anschließend navigieren Sie in den Ladetermin. Wie in Abbildung 7.32 gezeigt, hat der Termin den Status **vorläufig** und es ist kein Beginn- bzw. Endedatum eingetragen. Klicken Sie auf **Bearbeiten**, um ein Zeitfenster für den Ladevorgang auszuwählen.

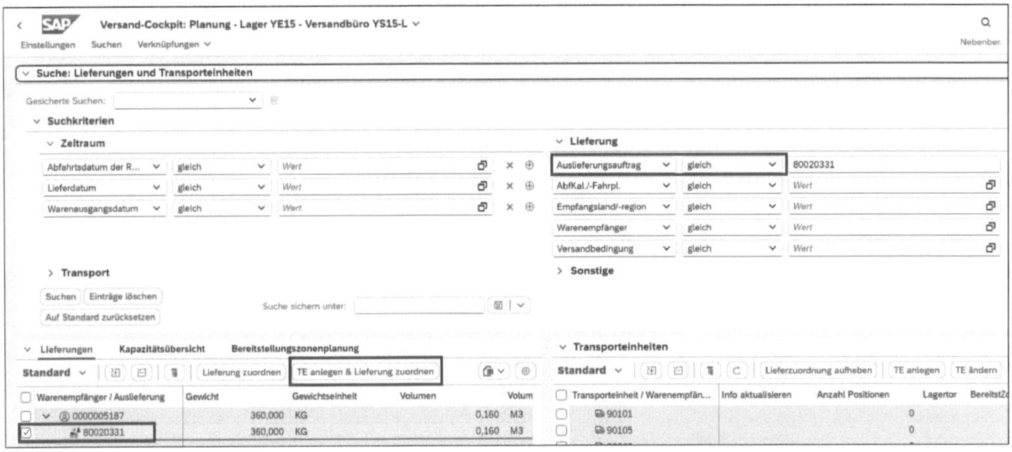

Abbildung 7.31: TE-Erstellung und Zuordnung des Lieferbelegs im Versand-Cockpit

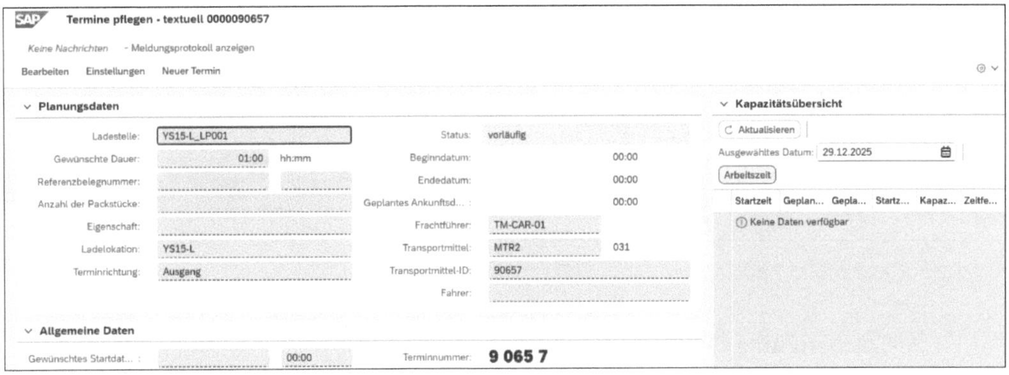

Abbildung 7.32: Ladetermin mit dem Status »vorläufig«

Das System wählt nun basierend auf dem ersten gewählten Zeitfenster automatisch alle weiteren Zeitfenster aus, bis die geplante Dauer des Ladetermins abgedeckt ist (siehe Abbildung 7.33). Sichern Sie anschließend die Zuordnung der Zeitfenster zum Ladetermin. Damit ändert sich der Status des Ladetermins auf **geplant** und das Beginn- und Endedatum werden festgelegt. Darüber hinaus wird die TE in EWM mit den Daten des Ladetermins aktualisiert (wie z. B. geplante Ankunfts- bzw. Abfahrtszeit, Ladestelle, Terminnummer).

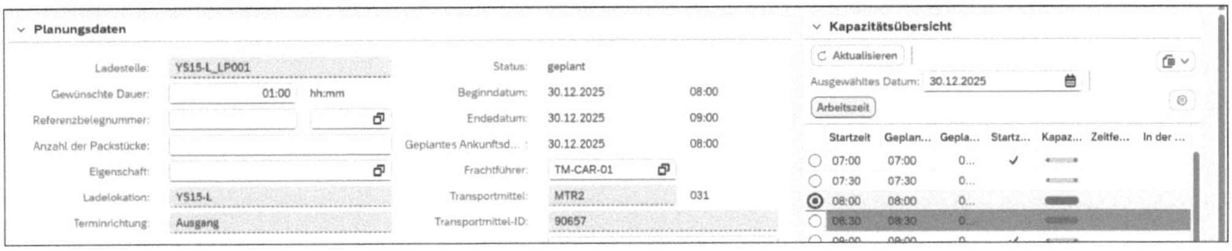

Abbildung 7.33: Zeitfensterplanung für den Ladetermin

5. **Ankunft des LKWs am Lager bestätigen**

   Nun wird die Ankunft des LKWs am Lager über den Ladetermin im System erfasst. Dazu wählen Sie die Funktion **Termine bearbeiten**, die Sie über den NWBC-Pfad **Dock Appointment Scheduling • Ladeterminverwaltung • Bearbeitung** erreichen. Über die Selektion, bspw. über die Ladestelle, können Sie sich den geplanten Ladetermin heraussuchen lassen, für den Sie anschließend die Funktion **Ankunft am Kontrollpunkt** ausführen (siehe Abbildung 7.34). Damit wird auch die TE in EWM aktualisiert.

Abbildung 7.34: Ankunft des LKWs am Kontrollpunkt im Ladetermin buchen

6. **Torzuweisung zur TE mit dem Versandcockpit**

   Starten Sie die App **Versand-Cockpit – Umsetzung** und selektieren Sie die TE. Wählen Sie die Funktion **Tor zuordnen** und ordnen Sie der TE ein Tor zu. Das zugeordnete Tor wird anschließend für die TE angezeigt (siehe Abbildung 7.35).

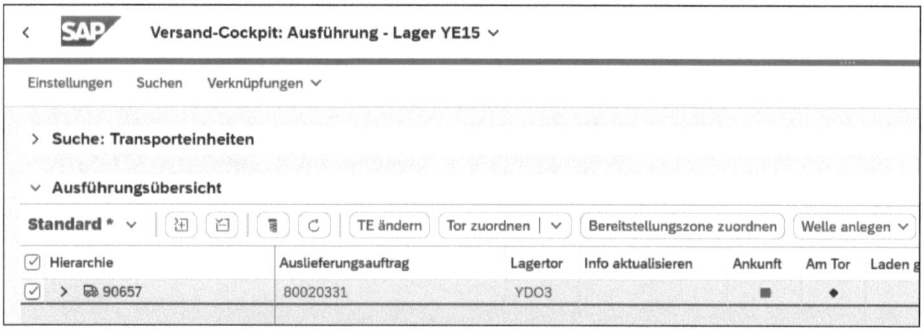

Abbildung 7.35: Torzuordnung mit dem Versand-Cockpit

7. **Ankunft der TE am Tor buchen**

   Starten Sie die App **Versand-Cockpit – Umsetzung** und selektieren Sie die TE. Wählen Sie anschließend die Funktion **Ankunft am Tor**, um im System zu bestätigen, dass der LKW am Tor angekommen ist. Mit dieser Aktion wird der zugehörige TE-Status **Am Tor** der TE im Versand-Cockpit aktualisiert (siehe Abbildung 7.36).

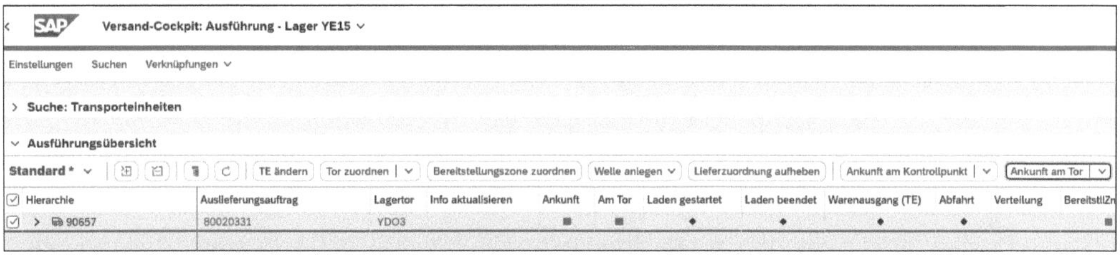

Abbildung 7.36: Ankunft der TE am Tor im Versand-Cockpit bestätigen

8. **Lageraktivitäten inkl. Warenausgangsbuchung durchführen**

   Der Warenausgangsprozess für einen Auslieferungsauftrag umfasst noch weitere Schritte wie die Planung und Ausführung der Kommissionierung bzw. Materialbereitstellung. Diese Schritte werden hier nicht vertieft, da der Fokus dieses Kapitels auf der Integration mit SAP Dock Appointment Scheduling liegt.

   Nach der Verladung wird der Warenausgang für die TE gebucht. Starten Sie dazu die App **Versand-Cockpit – Umsetzung** und selektieren Sie die TE. Wählen Sie anschließend die Funktion **WA buchen**, um den Warenausgang zu buchen. Der Status **Warenausgang (TE)** wird für die ausgewählte TE aktualisiert (siehe Abbildung 7.37).

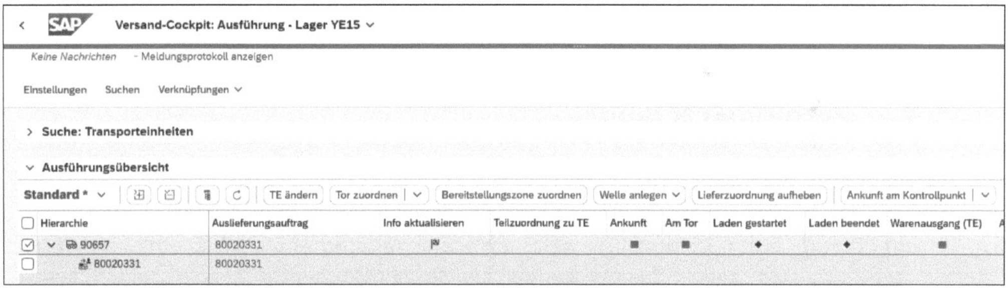

Abbildung 7.37: Warenausgang für TE über das Versand-Cockpit buchen

9. **Abfahrt der TE vom Tor buchen**

   Starten Sie die App **Versand-Cockpit – Umsetzung** und selektieren Sie die TE. Wählen Sie die Funktion **Abfahrt vom Tor**, um im System zu bestätigen, dass der LKW vom Tor abgefahren ist. Mit dieser Aktion wird der zugehörige TE-Status **Am Tor** im Versand-Cockpit aktualisiert (siehe Abbildung 7.38).

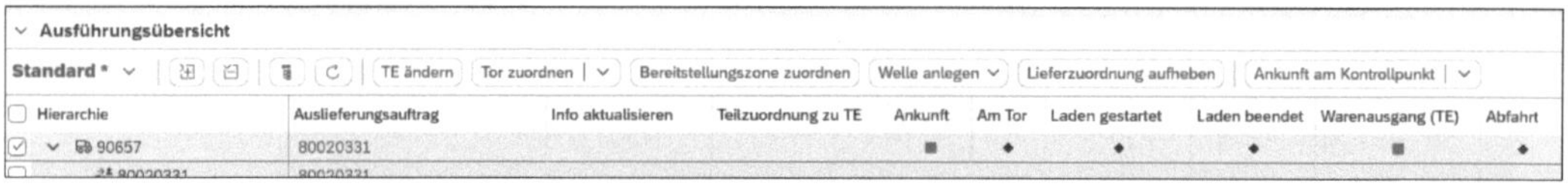

Abbildung 7.38: Abfahrt der TE vom Tor im Versand-Cockpit buchen

10. **Abfahrt der TE vom Kontrollpunkt buchen**

    Abschließend wird die Abfahrt des LKWs vom Lager über den Ladetermin im System erfasst. Dazu wählen Sie die Funktion **Termine bearbeiten**, die Sie über den NWBC-Pfad **Dock Appointment Scheduling • Ladeterminverwaltung • Bearbeitung** erreichen. Führen Sie nun für den Ladetermin die Funktion **Abfahrt vom Kontrollpunkt** aus (siehe Abbildung 7.39). Mit dieser Aktion wird auch die TE aktualisiert und ihr Status auf **Abgeschlossen** geändert.

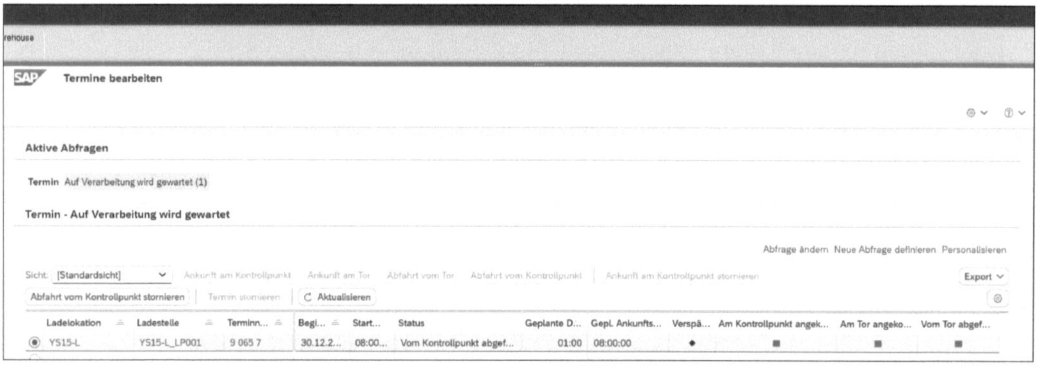

Abbildung 7.39: Abfahrt des LKWs vom Kontrollpunkt buchen

7.4 Zusammenfassung

In diesem Kapitel haben wir die Integration von EWM mit SAP Dock Appointment Scheduling beschrieben und anhand von zwei Prozessvarianten Möglichkeiten vorgestellt, wie die Planung von Ladeterminen erfolgen kann. Anhand eines beispielhaften Wareneingangsprozesses haben wir aufgezeigt, wie die Erstellung von Ladeterminen zur automatischen Bildung von TEs in EWM führen kann, was wiederum den weiteren Prozess der Vereinnahmung von Ware unterstützen kann. Als zweite Variante haben wir einen Warenausgangsprozess durchgespielt, bei dem die ursprüngliche Planung in EWM zur Erstellung eines Ladetermins in SAP Dock Appointment Scheduling führt. Beide Varianten können in der Praxis relevant sein. Mit diesem Überblick haben Sie die Grundlage erhalten, um den für Sie geeigneten Ansatz umzusetzen.

Kapitel 8

Yard Management

Damit die Abläufe an der Schnittstelle zwischen externen Transportprozessen und Prozessen der Lagerlogistik reibungslos verlaufen, ist eine effiziente Hofsteuerung unerlässlich.

Mit *SAP Yard Logistics* können Unternehmen die logistischen Abläufe im Yard eines Betriebsgeländes steuern. Diese Lösung kann dabei helfen, die Abwicklung von LKWs von der Ankunft bis zur Abfahrt zu optimieren, Standzeiten auf dem Hof zu reduzieren und die Transparenz über die Situation im Yard zu erhöhen.

Im Fokus stehen dabei vor allem Unternehmen, für die die Hofverwaltung eine zentrale Rolle in den logistischen Abläufen spielt, denen jedoch die verfügbaren Funktionalitäten bspw. in EWM nicht ausreichen, da die Prozesse zu komplex sind oder das Volumen der abzuwickelnden Transportmittel zu hoch ist. Die Einsatzmöglichkeiten von SAP Yard Logistics reichen von der Verwaltung von LKWs und deren Trailern über einen Güterbahnhof bis hin zu einem Containerterminal. Alle Anwendungsfälle verfolgen dabei das Ziel, die Prozesse zwischen Ankunft, Abfertigung und Abfahrt so effizient und automatisiert wie möglich zu gestalten.

Ein entscheidender Mehrwert von SAP Yard Logistics liegt in der engen Integration mit anderen Lösungen wie EWM oder SAP TM, wodurch ein nahtloser Übergang zwischen Transport und Lager ermöglicht wird. Dadurch werden die Prozesse im Yard zum integrativen Bestandteil der gesamten Logistikkette, in der Informationen systemübergreifend und konsistent zur Verfügung stehen. Informationen zu ankommenden und abfahrenden Fahrzeugen, zu Torbelegungen sowie zur Bestandssituation im Yard sind in Echtzeit abrufbar und ermöglichen eine aufeinander abgestimmte Planung von Lager- und Yard-Prozessen. Somit werden manuelle Abstimmungen, Verzögerungen und Fehler im Ablauf reduziert und Kosten vermieden. Durch die Möglichkeit zur Automatisierung einzelner Schritte im Prozessablauf können manuelle Tätigkeiten reduziert werden, ohne dass Informationen verloren gehen.

Wir beginnen das Kapitel in Abschnitt 8.1 zunächst mit einem Überblick über SAP Yard Logistics und die Integration mit EWM. Anschließend stellen wir Ihnen in Abschnitt 8.2 anhand eines exemplarischen Eingangsszenarios eine Möglichkeit vor, wie SAP Yard Logistics im Zusammenspiel mit EWM eingesetzt werden kann.

8.1 Überblick über SAP Yard Logistics mit EWM

Vielleicht haben Sie sich bereits gefragt, ob in der Einleitung dieses Kapitels eine unsaubere Formulierung verwendet wurde und es nicht »Yard Management« heißen sollte. Wegen dieses häufigen Missverständnisses beleuchten wir im Folgenden zunächst die Unterschiede zwischen SAP Yard Logistics und der Funktion Yard Management in EWM, bevor wir detaillierter auf SAP Yard Logistics eingehen.

EWM bietet grundlegende Funktionalitäten für die Hofsteuerung. Damit können bspw. LKWs, die am Lager ankommen bzw. abfahren, systemisch erfasst und deren Bewegungen im Yard über Yard-Lageraufgaben protokolliert werden. Für Unternehmen, die EWM bereits einsetzen und einfache Prozesse im Yard abbilden möchten bzw. eine eher geringe Anzahl von Transporten abwickeln, kann das Yard Management durchaus eine Alternative sein. Die Yard-Management-Funktionalität von EWM sollte jedoch nicht mit der Warenannahme- und Versandfunktionalität verwechselt werden. Mit letzterer ist es bspw. möglich, Ankunfts- und Abfahrtszeiten von Fahrzeugen oder Transporteinheiten im System für Auswertungszwecke festzuhalten oder eine Torbelegungsplanung durchzuführen. Das Yard Management geht noch einen Schritt weiter: Es steuert die Bewegungen von Fahrzeugen oder Transporteinheiten im Yard, indem Yard-Lageraufgaben erstellt und quittiert werden, ähnlich wie dies für Bewegungen innerhalb des Lagers mit Lageraufgaben durchgeführt wird. Bei komplexeren Anforderungen an die Hofsteuerung kommt das Yard Management allerdings schnell an seine Grenzen, da entweder die vorhandenen Funktionalitäten nur eingeschränkt geeignet sind, um die Anforderungen zu erfüllen, oder es keine passende Standardfunktionalität gibt. Beispielhaft ist hier die Planung von multiplen Yard-Aufgaben oder die Benachrichtigung per SMS oder Pager zu nennen.

Die technische Grundlage für die initiale Entwicklung von SAP Yard Logistics war EWM. Um die Struktur des Yards im System abzubilden, werden ebenfalls Elemente wie Lagertypen, Lagerbereiche oder Lagerplätze verwendet. SAP Yard Logistics verwendet jedoch in der Regel eigene Objekte und Belege, die das Business Object Processing Framework (*BOPF*) nutzen, wie bspw. den Yard-Auftrag oder die Yard-Aufgabe. Durch die Nutzung des BOPF ergeben sich einige Vorteile, wie etwa die Trennung von Geschäftslogik und Benutzeroberfläche, das Verarbeiten von Belegen oder vielfältige kundenspezifische Erweiterungsmöglichkeiten.

SAP Yard Logistics kann in unterschiedlichen Deployment-Varianten eingesetzt werden. Da die technologische Grundlage EWM 9.3 ist, kann SAP Yard Logistics in EWM-Systemen der Versionen 9.3, 9.4 oder 9.5 genutzt werden, die auf einem SAP-NetWeaver- oder SAP-SCM-Server betrieben werden. Mit dem Ende der Mainstream-Maintenance von EWM 9.5 im Dezember 2027 kommt diese Variante für Neuimplementierungen kaum noch in Frage. Allerdings wurde mit SAP S/4HANA 1709 die Möglichkeit geschaffen, SAP Yard Logistics als Add-on in einem SAP-S/4HANA-System einzusetzen. Daraus ergibt sich die Möglichkeit, SAP Yard Logistics als Add-on in einem SAP-S/4HANA-System zu nutzen, in dem auch EWM und ggf. SAP TM genutzt werden. In dieser Variante besteht beispielsweise keine Notwendigkeit, Stammdaten in ein externes System zu replizieren. Andererseits kann SAP Yard Logistics auch in einem dezentralen SAP-S/4HANA-System verwendet werden. Somit können auch ERP-Systeme anderer Anbieter für die Verwaltung der Yard-Aktivitäten integriert werden.

8.1.1 Kernfunktionalitäten von SAP Yard Logistics

SAP Yard Logistics deckt vor allem die folgenden Bereiche der Hofverwaltung ab:

- Planung von Aktivitäten im Yard
- Check-in und Check-out von TEs
- Abwicklung der Aktivitäten im Yard
- Abrechnung von erbrachten Leistungen

Im Folgenden stellen wir Ihnen die Funktionalitäten von SAP Yard Logistics für die einzelnen Bereiche kurz vor.

Planung von Aktivitäten im Yard

Damit Transport- und Lageraktivitäten reibungslos ineinandergreifen, müssen die im Yard anfallenden Tätigkeiten vorausschauend geplant werden. So wird unter anderem sichergestellt wird, dass ausreichend Personal mit den erforderlichen Qualifikationen vorhanden ist und eine Überlastung der vorhandenen physischen Kapazitäten, wie bspw. Lagertore, vermieden wird.

Die Grundlage für die Planung sind Daten aus integrierten SAP-Applikationen wie bspw. ein SAP-TM-Frachtauftrag oder ein SAP-ERP-Transport, Daten aus einem Nicht-SAP-System oder eine manuelle Erstellung einer Yard-Anforderung. Mithilfe der Yard-Anforderung wird die Transparenz der benötigten Aktivitäten innerhalb bestimmter Zeiträume im Yard erhöht. Dadurch können frühzeitig Maßnahmen zur Glättung von Bedarfsspitzen eingeleitet werden. Die *Yard-Anforderung* fungiert als Planungselement, das neben Informationen über die geplante Ankunfts- bzw. Abfahrtszeit sowie die Tore, an denen die TE andockt, auch Yard-Aktivitäten enthalten kann (wie z. B. Wiegen oder Reinigen). Die Yard-Anforderung ist das Objekt für die mittel- bis langfristige Planung im Yard. Ihr Lebenszyklusstatus beschreibt den Fortschritt der Abarbeitung und kann die Werte **Angelegt**, **Aktiviert**, **Abgeschlossen** oder **Gesperrt** annehmen. Sobald der Status der Yard-Anforderung den Wert **Aktiviert** annimmt, wird der Yard-Auftrag erstellt.

Abkündigung von SAP LE-TRA [«]

SAP Logistics Execution Transportation (SAP LE-TRA) ist im Kompatibilitätsumfang von SAP S/4HANA enthalten, darf jedoch ab dem 31.12.2030 nicht mehr produktiv eingesetzt werden (Stand: April 2026). Somit ist diese Option zum Erstellen einer

Yard-Anforderung nur noch in einem begrenzten Zeitraum nutzbar. Aktuelle Informationen dazu finden Sie im SAP-Hinweis 2269324.

Der *Yard-Auftrag* beschreibt, welche Aktivitäten innerhalb eines spezifischen Zeitraums ausgeführt werden sollen, und stellt somit die zu erwartende Arbeitslast in diesem Zeitintervall dar. Es gibt die Arten »eingehend«, »ausgehend« und »intern«. *Eingehende Yard-Aufträge* werden z. B. für TEs verwendet, die mit der Ware am Lager ankommen und entladen werden. Eine Verladung findet für diese Art von Aufträgen nicht statt. *Ausgehende Yard-Aufträge* werden für Beladevorgänge verwendet und mit der Ausfahrt aus dem Yard abgeschlossen. Sind lediglich Aktivitäten innerhalb des Yards, wie z. B. eine Wartung, durchzuführen, werden *interne Yard-Aufträge* verwendet. Ähnlich wie die Yard-Anforderung hat auch der Yard-Auftrag einen Lebenszyklusstatus, der die Werte **Geplant**, **Aktiv** und **Abgeschlossen** annehmen kann. Anhand dieser Werte kann der Fortschritt des Yard-Auftrags überwacht werden.

Check-in und Check-out von TEs sowie Abwicklung der Aktivitäten im Yard

Die Ausführung im Yard beginnt mit der Einfahrtskontrolle (Check-in) und der anschließenden Einfahrt in den Yard. Mit SAP Yard Logistics wird der Check-in digitalisiert. Er kann sowohl manuell durch Mitarbeitende an der Pforte als auch automatisch erfolgen, z. B. über Kamerasysteme oder mittels Selbstregistrierung. Nach der Einfahrt werden die für die TE erstellten Yard-Aufgaben abgearbeitet. *Yard-Aufgaben* werden aus einem Yard-Auftrag erstellt und beschreiben konkrete Aktivitäten, wie z. B. das Entladen einer TE oder die Bewegung von einem Lagerplatz zum anderen. Der Aktivitätstyp der Yard-Aufgabe beschreibt unterschiedliche Ausführungsszenarien näher und kann einer der folgenden Kategorien angehören: **Bewegung**, **Nichtbewegung**, **Beladen/Entladen** oder **Prüfung**. Zur Überwachung des Erledigungsstatus von Aktivitäten haben Yard-Aufgaben ebenfalls einen Status, der die Werte **Angelegt**, **Anstehend**, **Aktiv**, **In Bearbeitung**, **Bestätigt** oder **Abgebrochen** annehmen kann. Mithilfe von SAP Connect können Nachrichten verschickt werden (z. B. an ein Mobiltelefon), sobald eine Yard-Aufgabe den Status **Aktiv** erhält. Durch diese direkte Fahrerkommunikation können Abläufe optimiert und Leerlaufzeiten reduziert werden. Zusätzlich zur Selbstregistrierung besteht die Möglichkeit zur Selbstausfahrt, d. h., der Fahrer bzw. die Fahrerin kann sich über eine mobile App eigenständig auschecken und so die Abfahrt vom Yard beschleunigen.

Abrechnung von erbrachten Leistungen

Mit SAP Yard Logistics können die im Yard erbrachten Leistungen mit Dienstleistern oder Kunden abgerechnet werden. Dabei kommt die Funktionalität der *Lagerleistungsabrechnung* (Warehouse Billing) aus EWM zum Einsatz. Die Lagerleistungsabrechnung in EWM dient der systematischen Erfassung, Bewertung und abrechnungsrelevanten Aufbereitung von im Lager erbrachten logistischen Leistungen. Im Zusammenspiel mit SAP Yard Logistics bilden operative Prozesse im Yard die Grundlage für abrechnungsrelevante Ereignisse. Ausgewertet werden Lageraufgaben, die bspw. TEs im Yard bewegen, sowie nicht bewegungsrelevante Aktivitäten wie Reparatur- oder Reinigungsaktivitäten.

Auf Basis definierter Abrechnungsregeln werden diese Leistungen zu Abrechnungspositionen zusammengefasst und in sogenannten Lagerleistungsermittlungen dokumentiert. EWM übernimmt dabei die Rolle des führenden Systems für die Leistungsermittlung, jedoch nicht für die buchhalterische Abrechnung. Die Bewertung der ermittelten Lagerleistungen kann entweder direkt in EWM oder – bei komplexeren Tarif- und Vertragsstrukturen – in SAP TM erfolgen. In integrierten Szenarien übergibt EWM die ermittelten Leistungsdaten an SAP TM, wo eine konsolidierte Kosten- und Preisermittlung stattfinden kann, insbesondere wenn Lager- und Transportleistungen gemeinsam betrachtet werden. Anschließend werden die abrechnungsrelevanten, bewerteten Daten an SAP S/4HANA übergeben, wo die Fakturierung sowie die finanzielle Verbuchung erfolgen.

Nach diesem Überblick über die wichtigsten Funktionalitäten von SAP Yard Management widmen wir uns im nächsten Abschnitt relevanten Stammdaten und Objekten, die für die Ausführung der Prozesse benötigt werden.

8.1.2 Stammdaten und Objekte

Für eine effiziente Planung und Steuerung der Aktivitäten im Yard ist es notwendig, die Yard-Struktur im System abzubilden und weitere Datenobjekte zu verwenden. In diesem Abschnitt stellen wir die folgenden Datenobjekte vor:

- Yard Layout
- Transporteinheit
- Handlingressourcen

Yard Layout

Zur Modellierung der Prozesse in SAP Yard Logistics muss die Struktur des Yards im System zu hinterlegt werden. Analog zur Abbildung der Lagerstruktur gibt es in SAP Yard Logistics die Elemente Yard-Nummer, Yard-Lagertyp, Yard-Lagerbereich und Yard-Lagerplatz (siehe Abbildung 8.1). Die *Yard-Nummer* stellt das oberste Strukturelement dar und beschreibt typischerweise einen zusammenhängenden Yard an einem Lagerstandort. Auf Ebene der Yard-Nummer werden grundlegende Einstellungen hinterlegt, wie etwa die Relevanz zur Handhabung von Gefahrgut. Innerhalb der Yard-Nummer kann es einen oder mehrere Yard-Lagertypen geben. *Yard-Lagertypen* beschreiben räumlich oder organisatorisch zusammenhängende Flächen wie Pforten, Parkplätze, Wiegestellen oder Einrichtungen für die Reinigung.

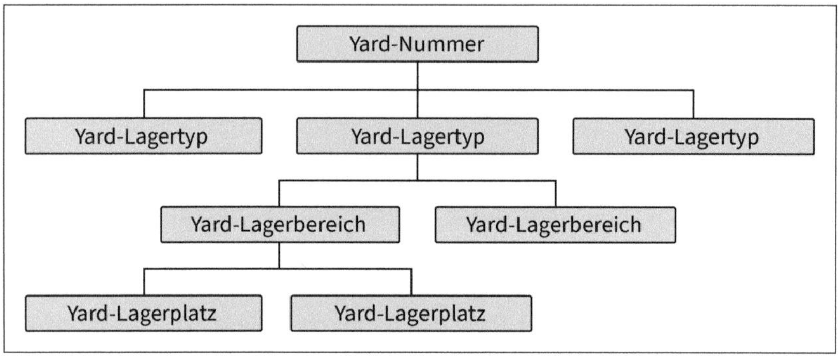

Abbildung 8.1: Überblick über Layoutelemente zur Modellierung des Yards

Mithilfe von *Yard-Lagerbereichen* können Lagertypen feiner unterteilt und Gruppen von Lagerplätzen mit gleichen Eigenschaften zusammengefasst werden. Wird beispielsweise ein Lagertyp für sämtliche Pforten verwendet, können mit den Lagerbereichen die einzelnen Einfahrts- bzw. Ausfahrtstore abgebildet werden. Als unterste Ebene repräsentiert ein *Yard-Lagerplatz* in der Regel einen konkreten Stellplatz für einen LKW, einen Anhänger, einen Container und dergleichen. Für die Verwaltung und die Bewegungen von Objekten im Yard wird stets ein konkreter Lagerplatz benötigt. Lagerplätze sind, wie in EWM, Stammdatenobjekte und immer einem Lagertyp und, sofern genutzt, einem Lagerbereich zugeordnet. Eine weitere Gemeinsamkeit mit Lagerplätzen in EWM ist die Möglichkeit zur Klassifizierung mit Lagerplatztypen. Letztere beschreiben die physischen Attribute von Lagerplätzen detaillierter und können für die Kompatibilitätsprüfung zwischen der Transporteinheitsart und dem Lagerplatztyp verwendet werden.

Transporteinheit

Eine Transporteinheit (*TE*) ist das Objekt, das mit SAP Yard Logistics geplant und gesteuert wird. Die TE kommt am Yard an, wird eingecheckt, abgefertigt und abschließend wieder ausgecheckt. Sie repräsentiert somit unterschiedliche Objekte wie einen LKW, einen Anhänger, einen Container, einen Eisenbahnwaggon und dergleichen. Ein Kernmerkmal einer TE ist die *Transporteinheitsart*. Über dieses Attribut wird das Verhalten während der Abfertigung gesteuert, indem bspw. definiert wird, ob die Transporteinheitsart stapelbar ist oder nicht. Darüber hinaus können Transporteinheitsarten Klassifizierungsdaten verwenden, indem ihnen Klassen mit Merkmalen zugeordnet werden. Auf diese Weise können TEs zusätzliche Attribute zugewiesen werden. Die Klassifizierungsdaten werden bspw. für die Ermittlung geeigneter TEs bei der Ausführung von Yard-Aufträgen verwendet.

Handlingressourcen

Eine *Handlingressource* repräsentiert ein Objekt, mit dem eine Yard-Aufgabe ausgeführt werden kann, also bspw. eine Rangierlokomotive. Handlingressourcen werden immer Benutzern zugeordnet und bilden somit keine Personen im System ab. Sie finden bei der Zuweisung von Yard-Aufgaben Verwendung. Dabei werden Yard-Aufgaben für eine Queue ermittelt und Handlingressourcen werden Queues zugeordnet. SAP Yard Logistics kann somit automatisch ermitteln, welche Aufgabe für einen an einer Handlingressource angemeldeten Benutzer geeignet ist.

Nach diesem Überblick über SAP Yard Logistics stellen wir Ihnen im nächsten Abschnitt einen konkreten Prozessablauf mit dieser Lösung vor.

8.2 Anlieferungsprozess mit SAP Yard Logistics

In diesem Abschnitt betrachten wir den Geschäftsprozess, die erforderliche Systemkonfiguration, die notwendigen Stammdaten sowie eine exemplarische Prozessdemonstration für den Anlieferungsprozess unter Einbindung von SAP Yard Logistics. In unserem Szenario besteht eine direkte Integration zwischen dem SAP-ERP-System, EWM und SAP Yard Logistics.

Um den Funktionsumfang vollständig auszuschöpfen und manuelle Prozessschritte weitgehend zu reduzieren, empfiehlt sich zusätzlich der Einsatz von SAP TM bzw. SAP LE-TRA.

8.2.1 Geschäftsprozess

In Abbildung 8.2 ist der Prozess im Detail dargestellt. Er beginnt im Einkauf, wo die Bestellung in SAP S/4HANA angelegt wird. Auf Basis des bestätigten Lieferdatums wird anschließend die Anlieferung erzeugt.

Der Yard Manager legt daraufhin eine Yard-Anforderung an und gibt diese frei. Mit der Freigabe generiert SAP Yard Logistics automatisch den zugehörigen Yard-Auftrag. Im Rahmen der Registrierung wird die in SAP Yard Logistics erzeugte TE an EWM übergeben, wodurch die Zuordnung der Anlieferungen zur TE ermöglicht wird. Nach Abschluss der Zuordnung erfolgt beim Eintreffen des LKWs der Check-in. Mit dem Check-in befindet sich der LKW offiziell auf dem Werksgelände. Ist das vorgesehene Tor verfügbar, wird der LKW dorthin disponiert. Nach dem Andocken kann die Lagerfachkraft den Entladevorgang starten und den Wareneingang buchen. Nach Abschluss des Entladens verlässt der LKW das Werksgelände über den Check-out. Mit der Quittierung des Check-outs ist der Prozess abgeschlossen.

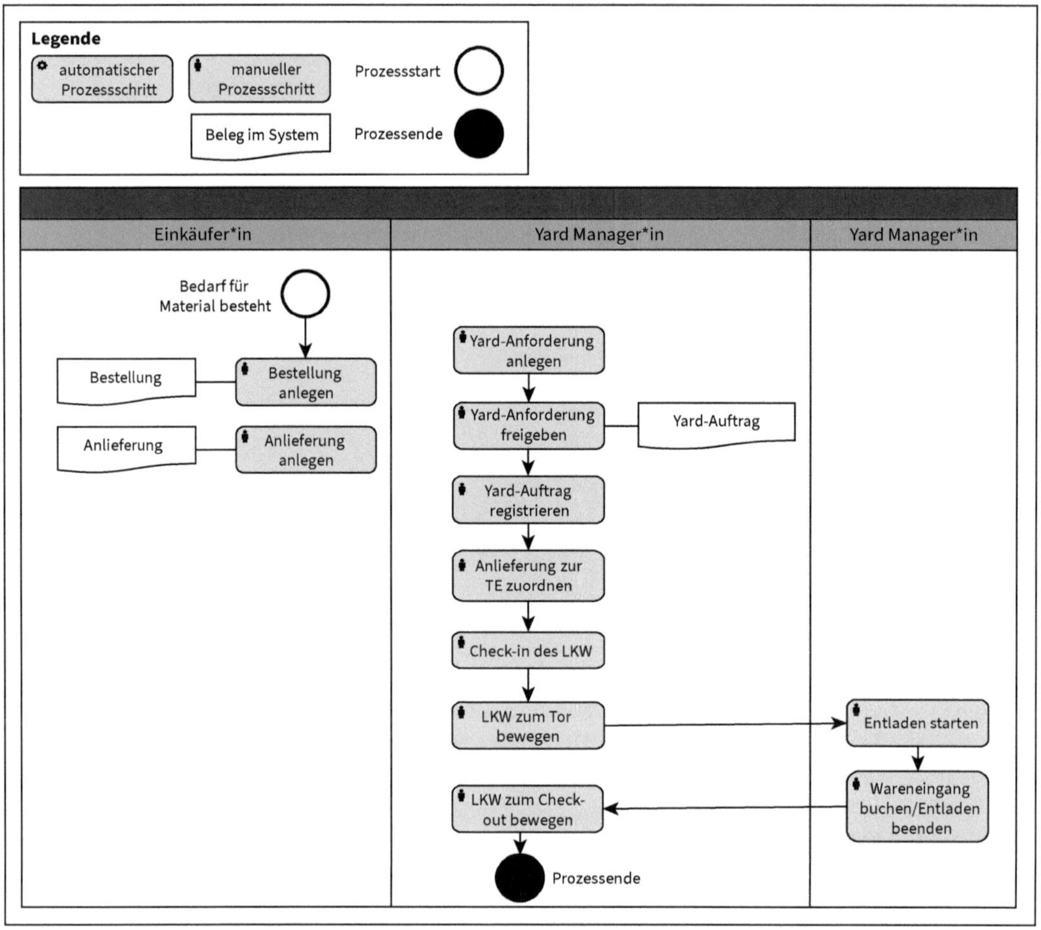

Abbildung 8.2: Anlieferung mit SAP Yard Logistics

8.2.2 Konfiguration

In diesem Abschnitt gehen wir die notwendigen Customizing-Schritte für die Aktivierung der Integration von EWM mit SAP Yard Logistics durch. Wir gehen davon aus, dass die Grundfunktionen von SAP Yard Logistics in Ihrem System bereits vorkonfiguriert sind.

1. **SAP-Yard-Logistics-Lagernummer prüfen**

   Prüfen Sie zunächst, ob die SAP-Yard-Logistics-Lagernummer, mit der Sie Ihr Lager verbinden möchten, vorhanden ist. Springen Sie hierzu in den IMG-Pfad **SCM Extended Warehouse Management • Extended Warehouse Management • Stammdaten • Lagernummern definieren**. Abbildung 8.3 zeigt, dass die SAP-Yard-Logistics-Lagernummer **TRCK** vorhanden ist.

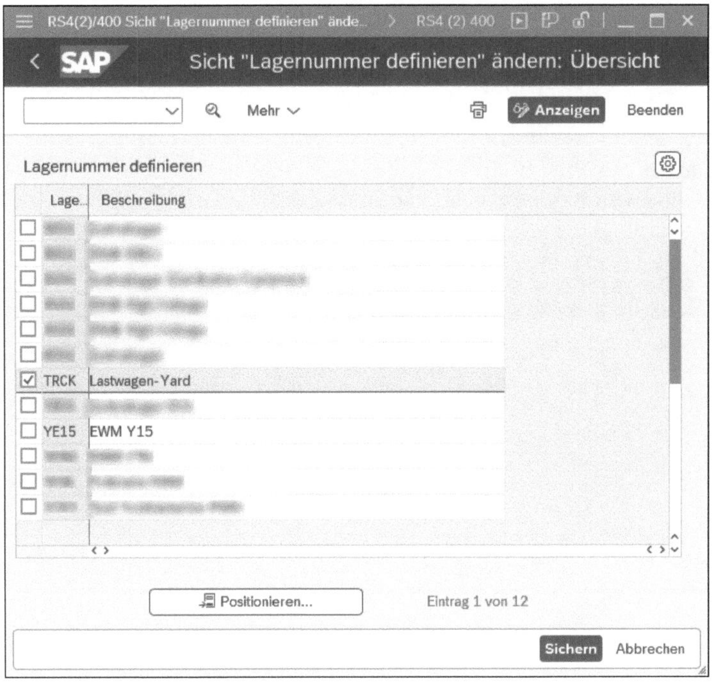

Abbildung 8.3: Lagernummer definieren

2. **EWM-Lager-ID pflegen**

   Pflegen Sie nun im IMG-Pfad **Yard Logistics • Integration • Integration in SAP Extended Warehouse Management • EWM-Lager-ID pflegen** die Lagernummer für das externe oder interne EWM. Hinterlegen Sie anschließend Ihre EWM-Lagernummer in den Feldern **EWM-Lager-ID** und **EWM-Lager-ID Beschreibung**. Setzen Sie zusätzlich das Kennzeichen bei **AutTe-Erzg** für die automatische Transporteinheitserzeugung (siehe Abbildung 8.4). Klicken Sie abschließend auf **Sichern**.

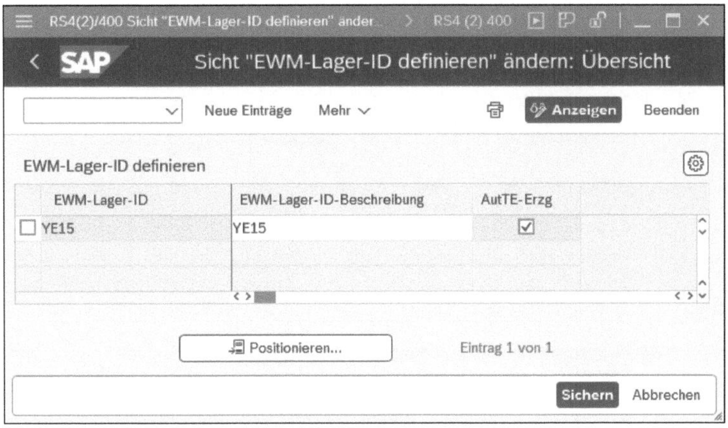

Abbildung 8.4: EWM-Lager-ID pflegen

3. **Interne EWM-Lagernummer der Yard-Nummern zuordnen**

   Als Nächstes ordnen Sie Ihre EWM-Lagernummer der Yard-Nummer zu. Pflegen Sie dazu im IMG-Pfad **Yard Logistics • Integration • Integration in SAP Extended Warehouse Management • Integration mit dem internen EWM • Interne EWM-Lager Yard-Nummern zuordnen** bei **Yard-Nr.** den Wert **TRCK** und tragen Sie bei **EWM-LagNr.** und **EWM-Lager-ID** Ihre Lagernummer ein (siehe Abbildung 8.5).

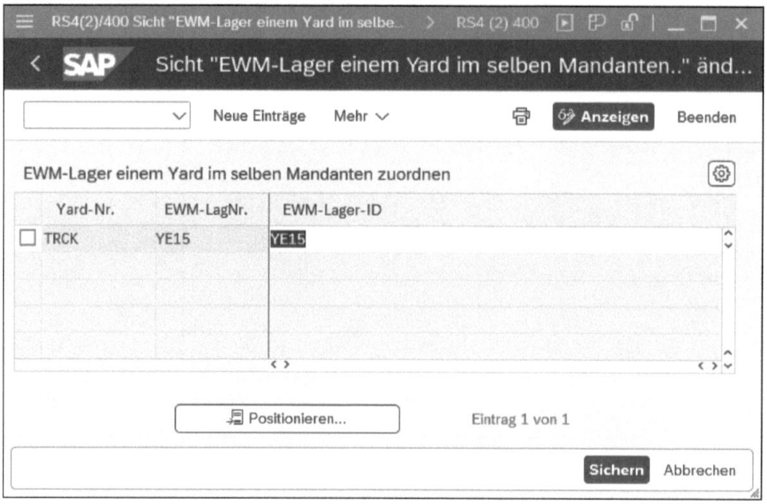

Abbildung 8.5: Interne EWM-Lagernummer der Yard-Nummer zuordnen

4. **Interne EWM-Integration aktivieren**

   Aktivieren Sie nun für Ihre SAP-Yard-Logistics-Lagernummer die interne EWM-Integration unter **Yard Logistics • Integration • Integration in SAP Extended Warehouse Management • Integration mit dem internen EWM • Interne EWM-Integration aktivieren**. Erfassen Sie bei **Yard-Nr.** den Wert **TRCK** und setzen Sie das Kennzeichen bei **Int. EWM** (siehe Abbildung 8.6).

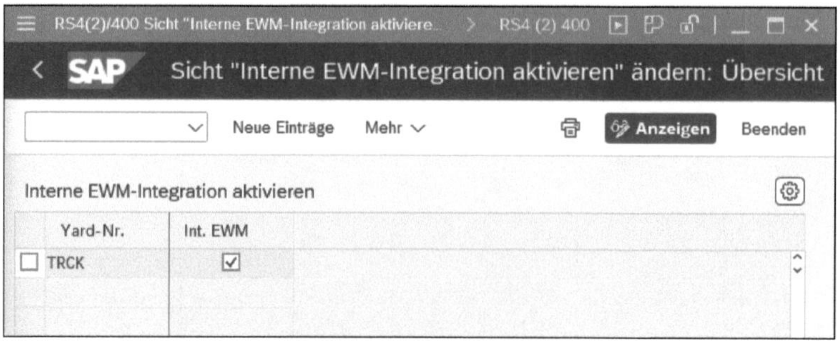

Abbildung 8.6: Interne EWM-Integration aktivieren

5. **Nummernkreisintervall für interne EWM-TEs in SAP Yard Logistics definieren**

   Im nächsten Schritt hinterlegen Sie das Nummernkreisintervall. Springen Sie hierzu in den IMG-Pfad **Yard Logistics • Integration • Integration in SAP Extended Warehouse Management • Integration mit dem internen EWM • Yard Logistics • Integration • Integration in SAP Extended Warehouse Management • Integration mit dem internen EWM • Interne EWM-Integration aktivieren**. Wählen Sie **Nummernkreisintervall für interne EWM-Transporteinheiten in YL definieren** aus und klicken Sie im darauffolgenden Screen auf **Intervalle**. Tragen Sie bei **Nummernkreisnummer** »01« ein und pflegen Sie die Werte bei **Von Nummer** und **Bis Nummer** (siehe Abbildung 8.7). Klicken Sie anschließend auf **Sichern**.

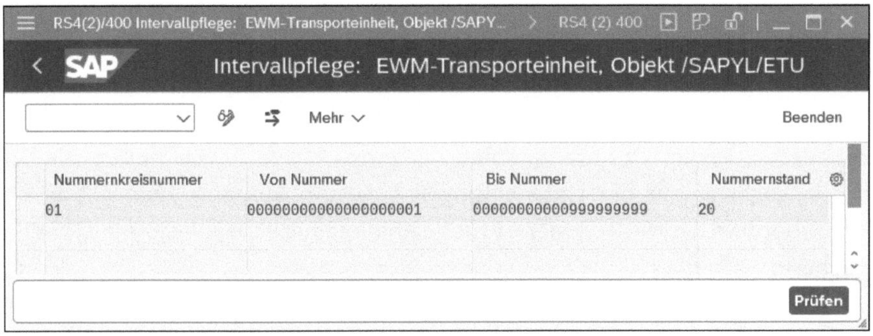

Abbildung 8.7: Nummernkreise in SAP Yard Logistics definieren

6. **Lagerbesuche ermitteln**

   Pflegen Sie mit der Transaktion **/SAPYL/V_TUWHSEVISIT** die Aussteuerung der relevanten Yard-Auftragstypen für den Austausch zwischen SAP Yard Logistics und Ihrer EWM-Lagernummer mit den Werten aus Tabelle 8.1 (siehe Abbildung 8.8). Klicken Sie abschließend auf **Sichern**.

Feld	Wert
Yard-Nr.	TRCK
AuftrTyp	TRCK
TE-Art	
Richtung	Eingehend
EWM-Lager-ID	Ihre Lagernummer

Tabelle 8.1: Werte für die Aussteuerung der Yard-Auftragstypen

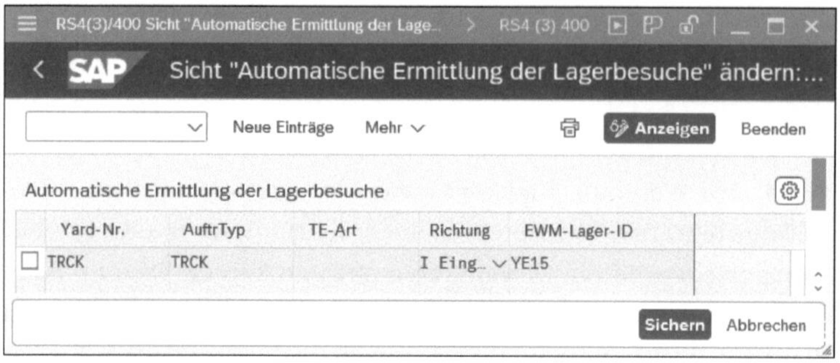

Abbildung 8.8: Lagerbesuche ermitteln

7. **EWM-Lagertor prüfen**

   Prüfen Sie nun, ob Sie in Ihrer EWM-Lagernummer ein Lagertor definiert haben. Springen Sie hierzu in den IMG-Pfad **SCM Extended Warehouse Management • Extended Warehouse Management • Stammdaten • Lagertor • Lagertor definieren**. Sie benötigen ein Lagertor mit der Laderichtung **B Ein- und Ausgang**, dem Aktionsprofil **/SCWM/Door** und der NK-Nummer **01** (siehe Abbildung 8.9). Klicken Sie anschließend auf **Sichern**.

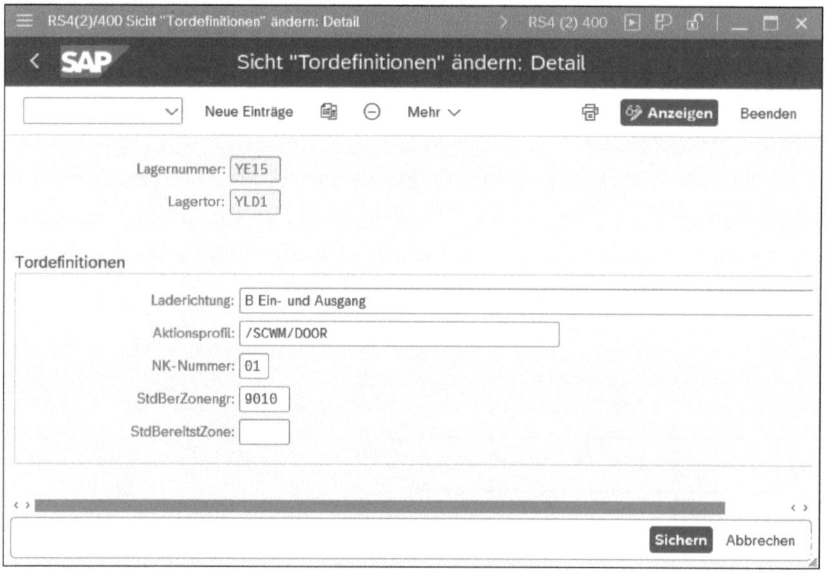

Abbildung 8.9: Lagertor definieren

8. **EWM-Kontrollpunkt prüfen**

   Prüfen Sie anschließend den EWM-Kontrollpunkt über den IMG-Pfad **SCM Extended Warehouse Management • Extended Warehouse Management • Stammdaten • Warenannahme und Versand • Yard-Management • Kontrollpunkte definieren**. Sie benötigen für Ihre Lagernummer einen Kontrollpunkt mit dem Wert **CH01** (Feld **Kontr-**

Punkt) sowie die Beschreibung **Yard Checkpoint** (siehe Abbildung 8.10). Klicken Sie anschließend auf **Sichern**.

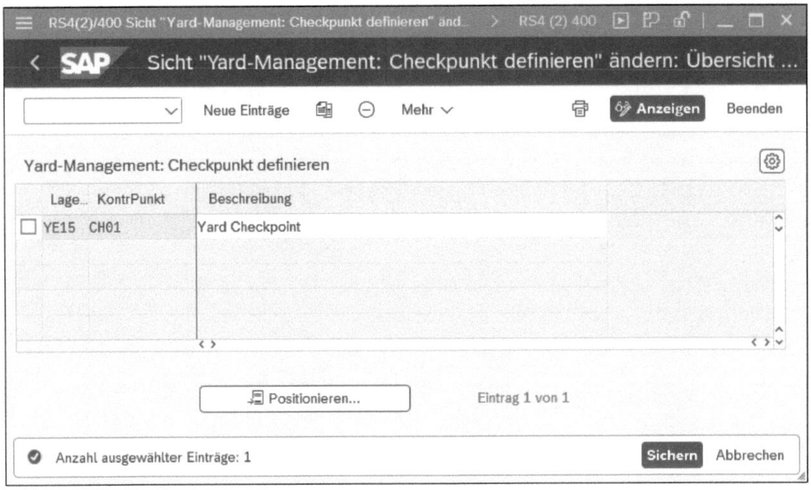

Abbildung 8.10: Kontrollpunkt definieren

9. **Lagertyp in SAP Yard Logistics prüfen**

   Prüfen Sie, ob in Ihrer SAP-Yard-Logistics-Lagernummer bereits Lagertypen angelegt sind. Springen Sie hierzu in den IMG-Pfad **Yard Logistics • Stammdaten • Einrichten des Yards • Yard-Struktur • Lagertyp definieren.** Sie sollten mindestens einen Lagertyp für Ihre SAP-Yard-Logistics-Lagernummer gepflegt haben (siehe Abbildung 8.11). Klicken Sie anschließend auf **Sichern**.

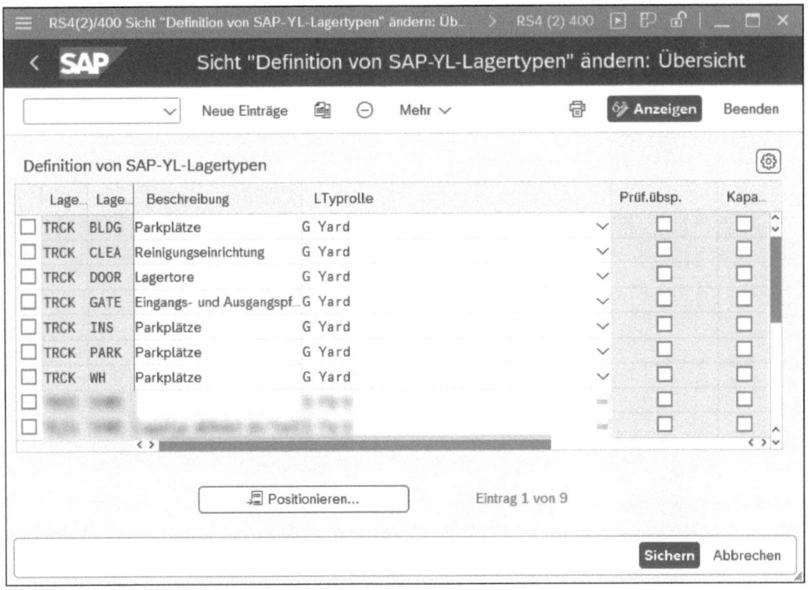

Abbildung 8.11: Yard-Logistics-Lagertypen

10. **EWM-Checkpunkte verwalten**

    Legen Sie nun im nächsten Schritt den EWM-Checkpunkt an, über den SAP Yard Logistics und EWM später kommunizieren werden. Navigieren Sie hierzu über den IMG-Pfad **Yard Logistics • Integration • Integration in SAP Extended Warehouse Management • EWM-Checkpunkte verwalten**. Erfassen Sie Ihre EWM-Lager-ID und Ihren Kontrollpunkt (siehe Abbildung 8.12). Klicken Sie abschließend auf **Sichern**.

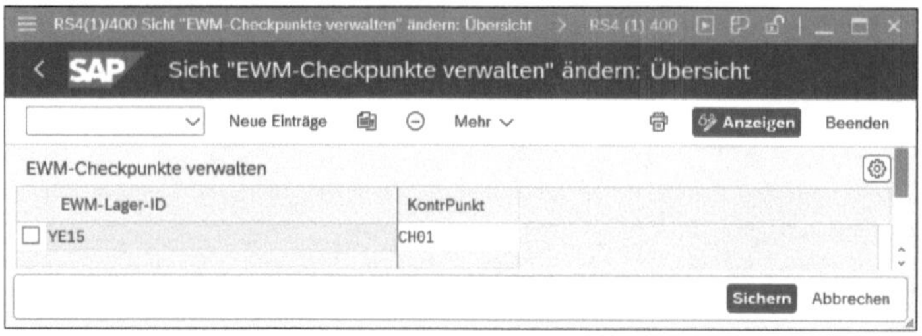

Abbildung 8.12: EWM-Checkpunkte verwalten

11. **Aktivitätsarten definieren**

    Passen Sie nun die Aktivitäten für die Kommunikation zwischen SAP Yard Logistics und EWM an. Tragen Sie im Feld **Aktivitätsart** den Wert **DOOR** sowie im Feld **Für Subsystem relev.** das Kennzeichen **X EWM** ein (siehe Abbildung 8.13). Mit diesem Kennzeichen liest SAP Yard Logistics das Tor aus EWM aus und schreibt es in die Yard-Aufgabe. Klicken Sie abschließend auf **Sichern**.

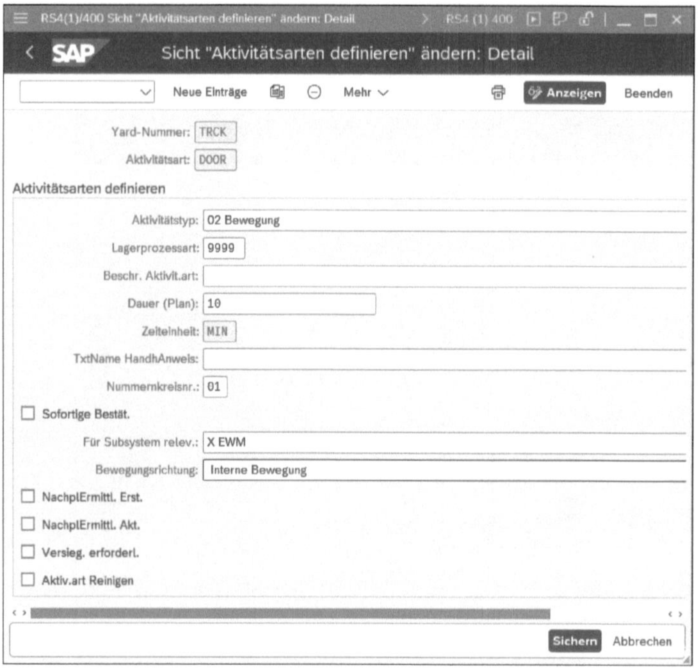

Abbildung 8.13: Aktivitätsarten definieren

12. **Externe Lager-ID zu Lagertyp zuordnen**

    Mappen Sie nun mit der Transaktion **/SAPYL/WHVISST** den Yard-Lagertypen zu Ihrer EWM-Lagernummer. Erfassen Sie dazu bei **Yard-Nr.** den Wert **TRCK**, bei **Lagertyp** den Wert **DOOR** und bei **EWM-Lager-ID** Ihre Lagernummer (siehe Abbildung 8.14). Klicken Sie abschließend auf **Sichern**.

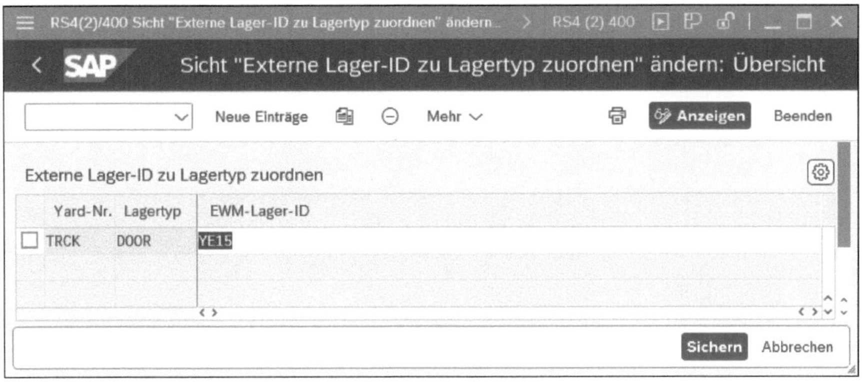

Abbildung 8.14: Externe Lager-ID zu Lagertyp zuordnen

13. **Aktionsprofil anpassen**

    Mit der Anpassung des Aktionsprofils aktivieren Sie den Methodenaufruf aus EWM. Öffnen Sie dazu die Transaktion **SPPFCADM** und wählen Sie die Anwendung **/SCWM/SHP_RCV** aus. Klicken Sie auf **Aktionsprofile und Aktionen definieren**. Wählen Sie hier das Aktionsprofil **/SCWM/TU** aus und doppelklicken Sie anschließend auf die Aktionsdefinition. Entfernen Sie das Kennzeichen bei inaktiv (siehe Abbildung 8.15).

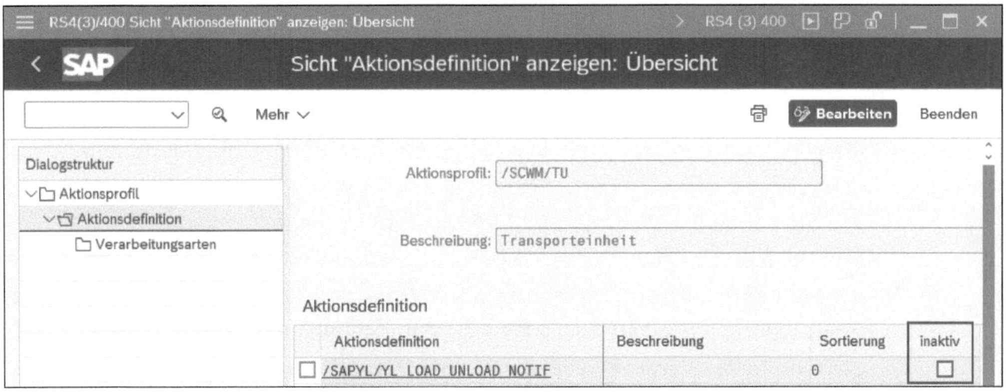

Abbildung 8.15: Aktionsdefinition anpassen

Wählen Sie nun die Aktionsdefinition **/SAPYL/YL_LOAD_UNLOAD_NOTIF** aus und doppelklicken Sie auf **Verarbeitungsarten**. Entfernen Sie beim Methodenaufruf das Kennzeichen bei **Default** (siehe Abbildung 8.16) und prüfen Sie, ob die Methode **/SAPYL/TU_LOAD_UNLOAD** gesetzt ist.

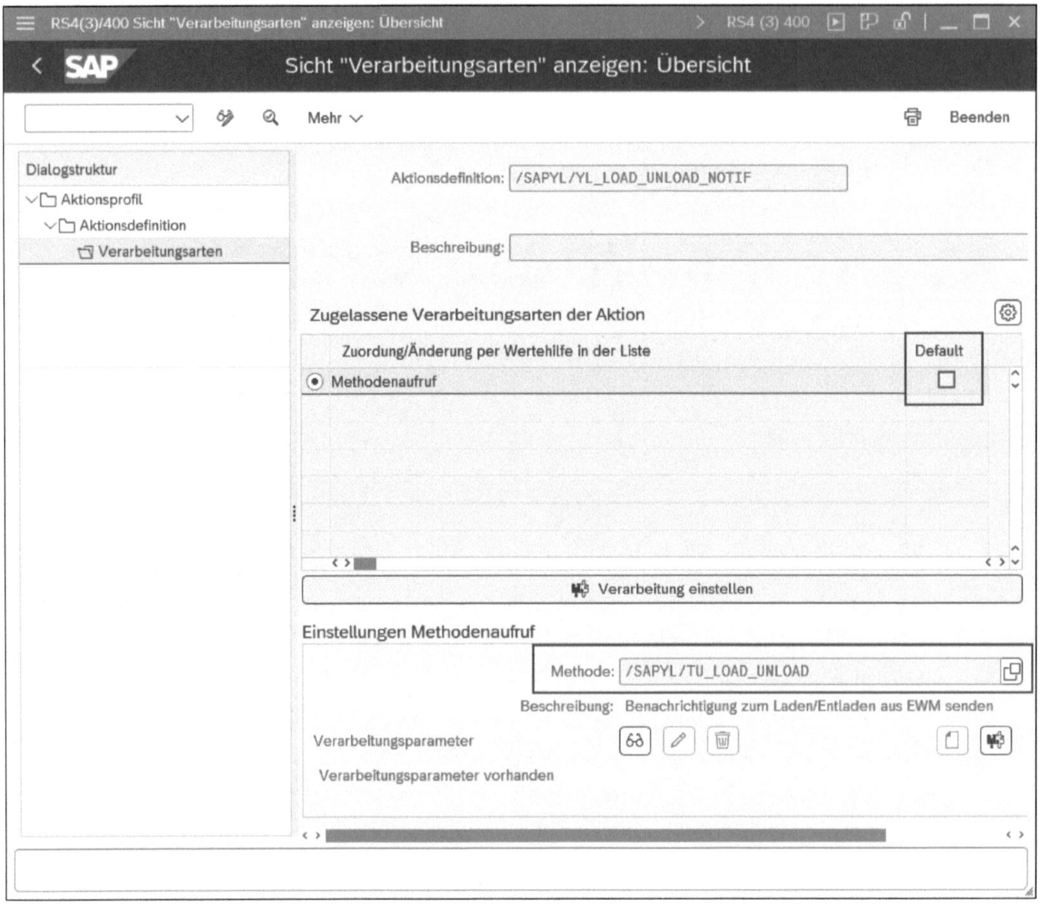

Abbildung 8.16: Verarbeitungsarten anpassen

14. **Bedingungskonfiguration anpassen**

    Pflegen Sie nun die Bedingungskonfiguration, in der Sie die Aussteuerung vornehmen, die bestimmt, in welcher Verarbeitung die Methode aufgerufen werden soll. Öffnen Sie hierzu die Transaktion **SPPFCADM** und wählen Sie die Anwendung **/SCWM/SHP_RCV** aus. Klicken Sie auf **Bedingungskonfiguration (transportierbare Bedingungen)** und dann auf **Transporteinheit**. Über das Icon legen Sie nun die Methode **/SAPYL/YL_LOAD_UNLOAD_NOTIF** an (siehe Abbildung 8.17) und hinterlegen dann im Reiter **Verarbeitungsdetails** die Methode **/SAPYL/TU_LOAD_UNLOAD**. Klicken Sie abschließend auf **Sichern**.

Nachdem wir alle Schritte im Customizing durchgeführt haben, betrachten wir die relevanten Einstellungen der Stammdaten.

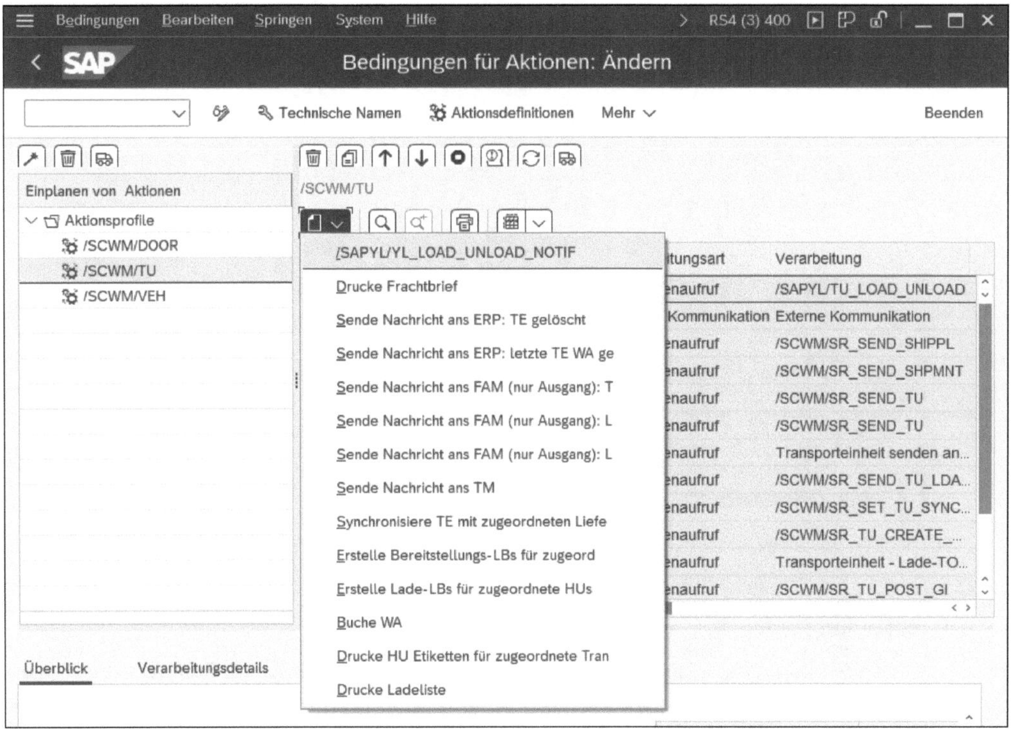

Abbildung 8.17: Aktionsbedingungen pflegen

8.2.3 Stammdaten

In diesem Abschnitt erläutern wir die Pflege der für die Integration von SAP Yard Logistics und EWM erforderlichen Stammdaten. Dabei gehen wir insbesondere auf das Mapping der EWM-Tore und der Yard-Lagerplätze ein. Pflegen Sie mit der Transaktion **/SAPYL/EWMDOOR** das Mapping zwischen den Yard-Lagerplätzen und den EWM-Toren. Tragen Sie dazu die Werte aus Tabelle 8.2 ein (siehe Abbildung 8.18).

Feld	Wert
Yard-Nr.	TRCK
Lagerplatz	Ihr Lagerplatz
EWM-Lager-ID	Ihre Lagernummer
EWM Tr/Ch	Tor oder Checkpoint

Tabelle 8.2: Werte für das Mapping der Yard-Lagerplätze zu den EWM-Toren

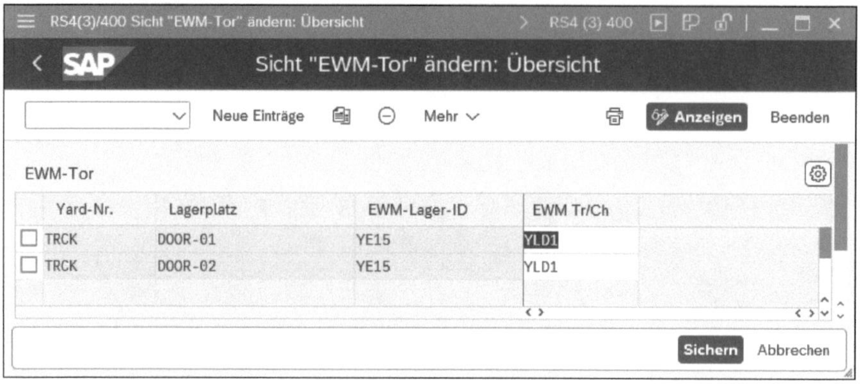

Abbildung 8.18: EWM-Tor pflegen

8.2.4 Prozessdemo

Nachdem wir alle Einstellungen und Stammdaten im System gepflegt haben, können wir den Geschäftsprozess durchspielen:

1. **Bestellung anlegen**

   Legen Sie zunächst eine Bestellung mit der Transaktion **ME21N – Bestellung anlegen** an (siehe Abbildung 8.19). Fügen Sie einen Lieferanten, das zu bestellende Material und die Bestellmenge ein. Mit einem Klick auf **Sichern** wird die Bestellung in die Datenbank geschrieben.

Abbildung 8.19: Bestellung anlegen

2. **Anlieferung anlegen**

   Erstellen Sie mit der Transaktion **VL31n – Anlieferung anlegen** die Anlieferung. Geben Sie hierzu die Bestellung und den Lieferanten ein und bestätigen Sie Ihre Angaben mit **Weiter**.

   Erfassen Sie nun über das Icon (**Verpacken**) in Ihrer Anlieferung eine Handling Unit und klicken Sie anschließend auf **Sichern** (siehe Abbildung 8.20). Hierdurch wird das Dokument an EWM übertragen.

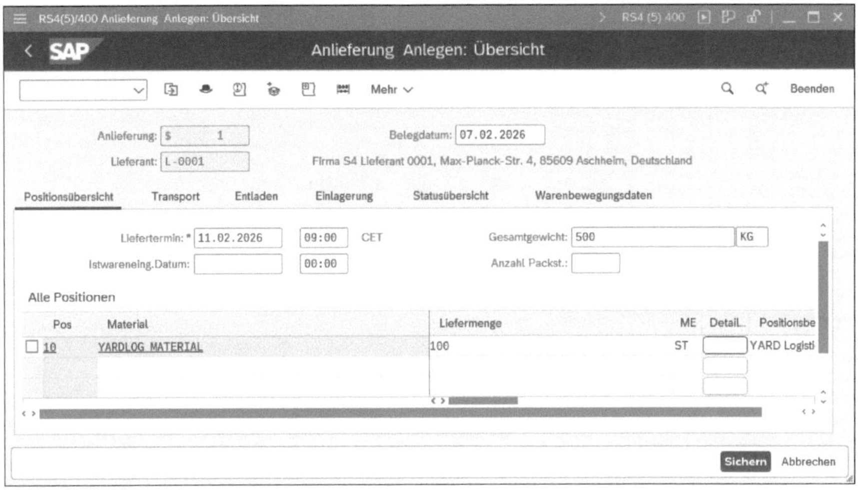

Abbildung 8.20: Anlieferung anlegen

3. **Yard-Anforderung und Freigabe anlegen**

   Für die Anlage und Freigabe der Yard-Anforderung öffnen Sie nun mit der Transaktion **NWBC** den NetWeaver Business Client und wählen **/SAPYL/SUPERVISOR** aus. SAP öffnet daraufhin den Business Client mit dem SAP-Yard-Logistics-Menü. Klicken Sie dort im Reiter **Yard-Planung** in der Dialogstruktur zuerst auf **Yard-Anforderung** und dann auf **Yard-Anforderung anlegen**. Wählen Sie nun bei **Auftragstyp** die Option **Truck** und bei **Richtung** die Option **Eingehend** und geben Sie ein Startdatum und eine Startzeit an. Bestätigen Sie Ihre Angaben mit **Weiter** (siehe Abbildung 8.21).

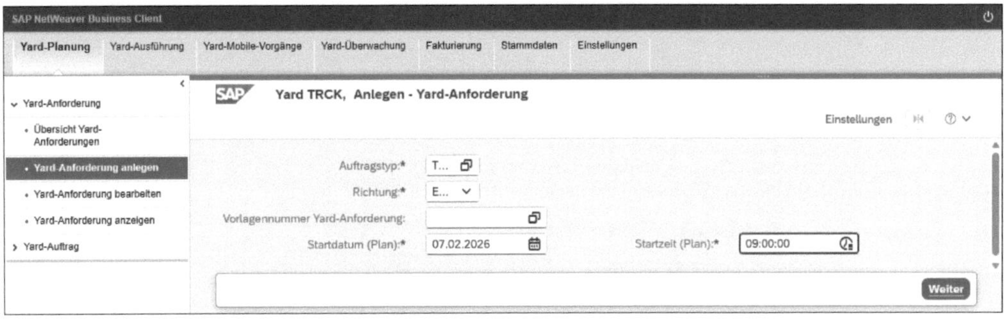

Abbildung 8.21: Yard-Anforderung anlegen

Im Folgescreen legen Sie mit dem Icon Neu (**Neu**) die Positionsdaten an (siehe Abbildung 8.22).

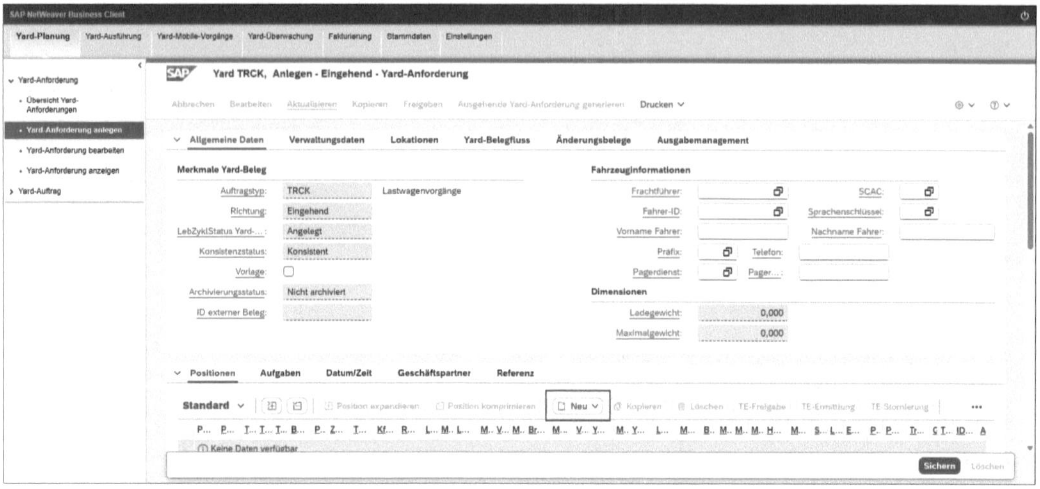

Abbildung 8.22: Position anlegen

In den Positionsdaten hinterlegen Sie nun bei **Transporteinheit** Ihre eigene ID, bei **Art der Transporteinheit** »TR0«, bei **Transportmittel** »MTR2« und bei **Packmittel** »PACK_TRUCK«. Klicken Sie abschließend Sie auf **Sichern** (siehe Abbildung 8.23).

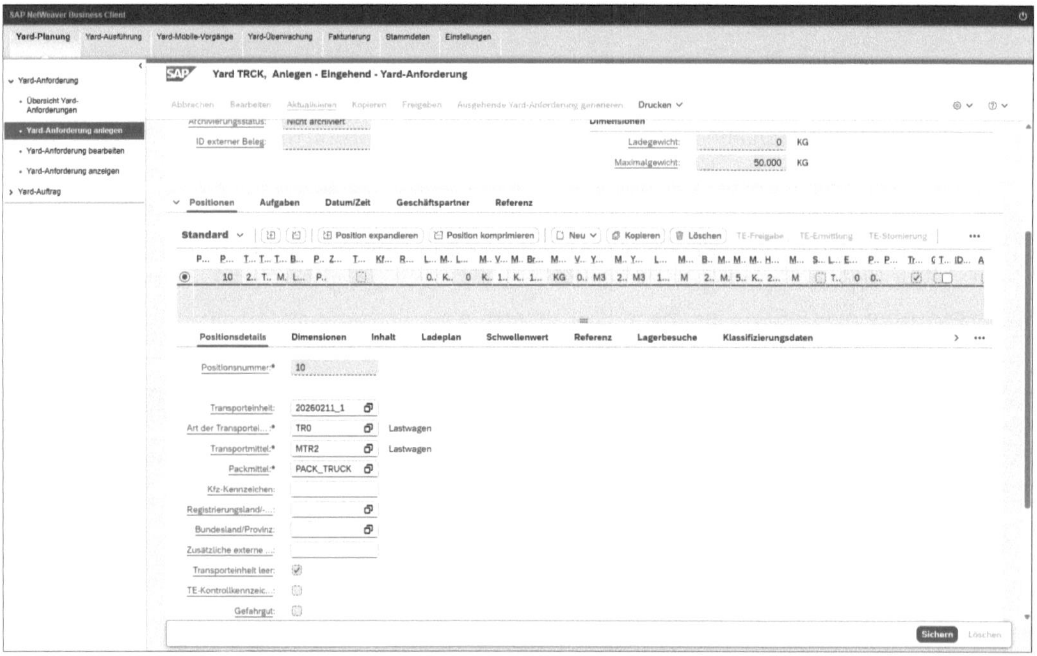

Abbildung 8.23: Yard-Anforderungen: Positionen pflegen

Nachdem Sie Ihre Eingaben erfolgreich gesichert haben, geben Sie die Yard-Anforderung durch einen Klick auf **Freigeben** frei (siehe Abbildung 8.24).

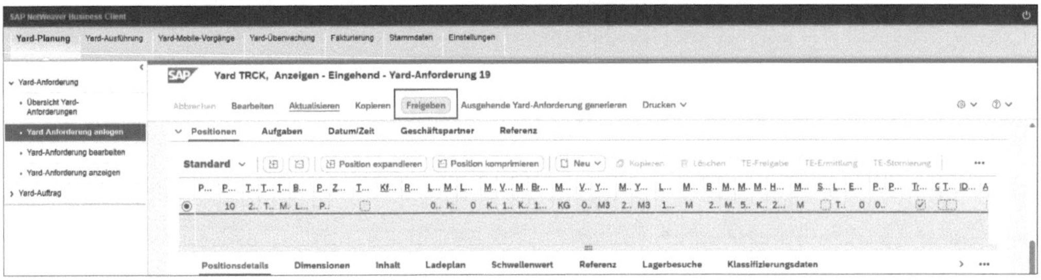

Abbildung 8.24: Yard-Anforderung freigeben

4. **Yard-Auftrag registrieren**

   Nach der Freigabe der Yard-Anforderung öffnet sich automatisch ein weiteres Fenster mit dem Yard-Auftrag. Dieser muss nun mit einem Klick auf **Registrieren** registriert werden (siehe Abbildung 8.25). Mit diesem Schritt erfolgt die Übergabe der TE an EWM. Dieses Objekt dient als Grundlage für das Zusammenfassen von Anlieferungen, die mit dem gleichen LKW erfolgen.

Abbildung 8.25: Yard-Auftrag registrieren

5. **Anlieferungen zur TE zuordnen**

   Ordnen Sie nun Ihre Anlieferung einer TE zu. Wechseln Sie hierzu zurück in die SAP GUI und öffnen Sie mit der Transaktion **/SCWM/MON** den **Lagerverwaltungsmonitor**. Springen Sie dort in den Knoten **Bestand und Platz • Transporteinh. (Bestandssicht)**. Fügen Sie im Selektionsfeld **Transporteinheit** Ihre TE ein und bestätigen Sie mit F8. Sie sehen nun Ihre in SAP Yard Logistics erstellte TE. Klicken Sie nun auf die Nummer unter **TE int** (siehe Abbildung 8.26).

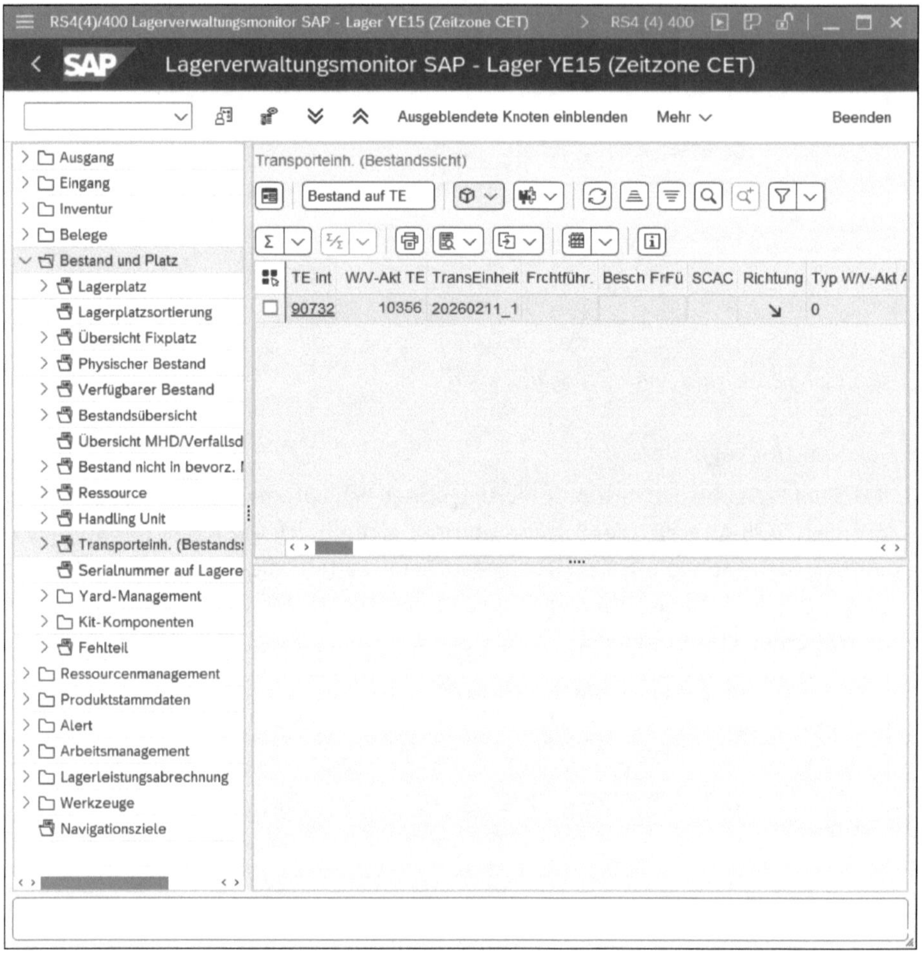

Abbildung 8.26: In SAP Yard Logstics erstellte TE

Im Folgescreen können Sie nun Ihre Anlieferungen der TE zuordnen. Klicken Sie dazu auf **Lief. Sofort zuw.**. In Abbildung 8.27 sehen Sie die zugeordnete Anlieferung. Klicken Sie abschließend auf **Sichern**.

6. **LKW-Check-in**

   Erfassen Sie nun die Ankunft des LKWs. Wechseln Sie dazu zum Yard-Auftrag und klicken Sie auf die erste Yard-Aufgabe (siehe Abbildung 8.28).

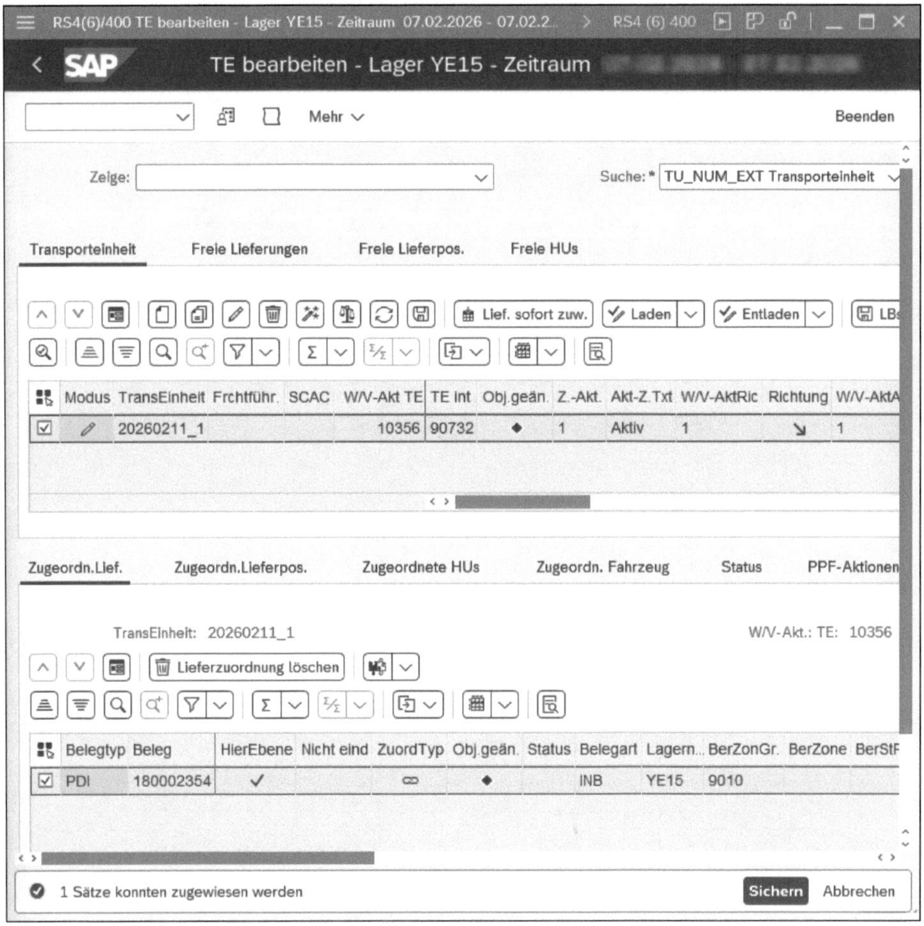

Abbildung 8.27: Anlieferung zur TE zuordnen

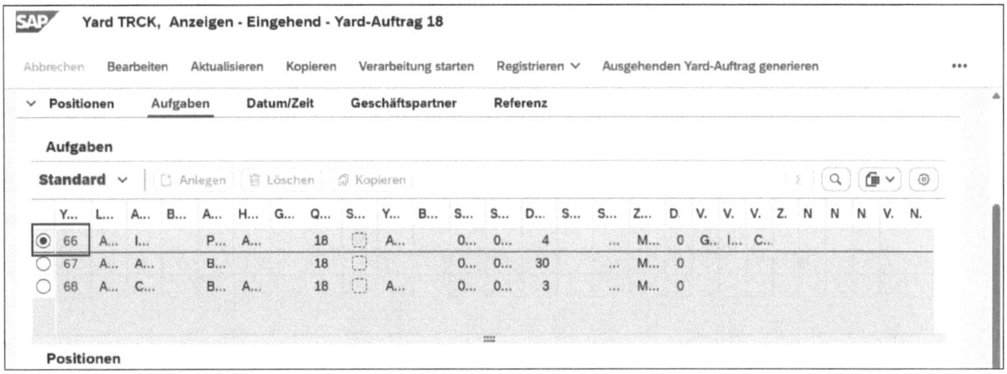

Abbildung 8.28: Yard-Auftrag

SAP öffnet ein neues Fenster für die Bearbeitung der Yard-Aufgabe. Durch einen Klick auf **Starten** wird die Aufgabe gestartet. Schließen Sie die Aufgabe anschließend mit **Bestätigen** ab (siehe Abbildung 8.29). Der LKW ist nun an der Pforte angekommen.

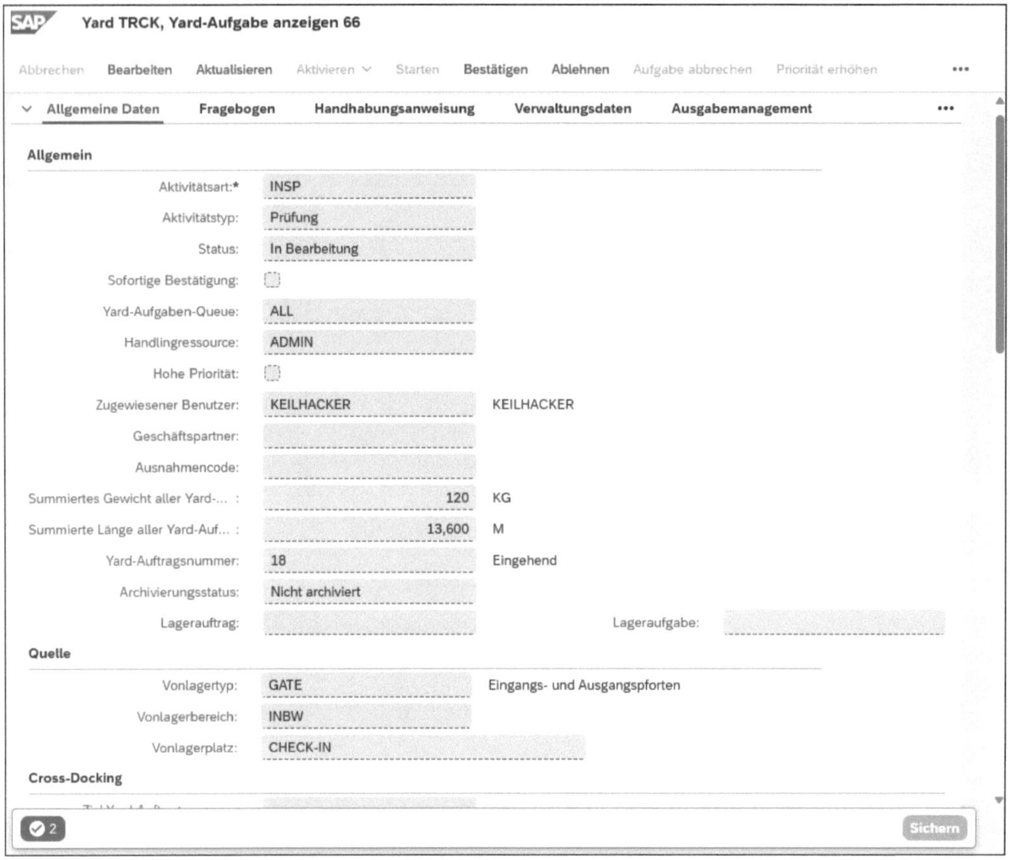

Abbildung 8.29: Check-in bestätigen

7. **LKW zum Entladetor bewegen**

   Der LKW wird nun von der Pforte an das Entladetor bewegt. Springen Sie zurück zur Übersicht des Yard-Auftrags und wählen Sie dort die nächste Aufgabe aus. Starten Sie auch hier mit einem Klick auf **Starten** die Aufgabe und schließen Sie sie mit **Bestätigen** ab (siehe Abbildung 8.30). Der LKW steht nun am Tor und kann entladen werden. SAP Yard Logistics hat ein Update zur TE an EWM versendet.

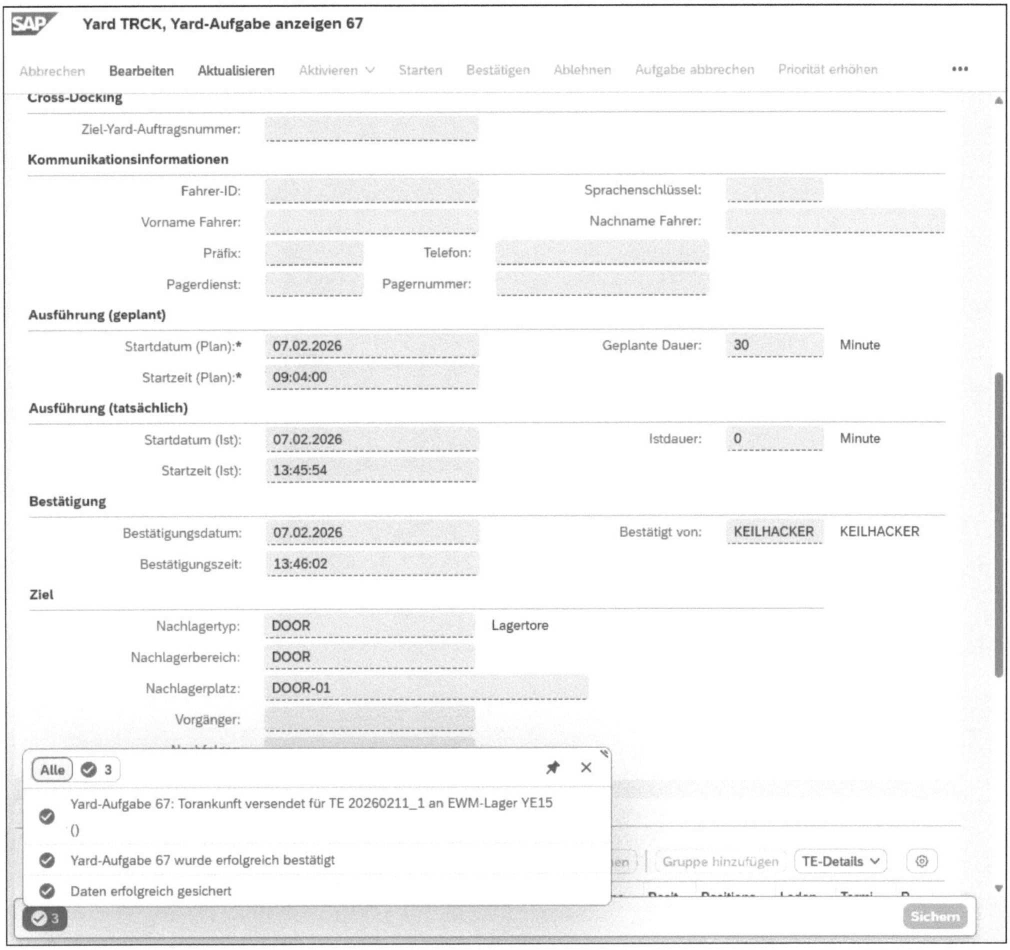

Abbildung 8.30: Yard-Aufgabe zur Bewegung ans Tor

8. **LKW entladen**

   Nun wird der LKW durch Lagerfachkräfte entladen. Springen Sie hierzu zurück in den Lagerverwaltungsmonitor und öffnen Sie erneut die TE, wie in Schritt 5 dieser Anleitung beschrieben. Abbildung 8.31 zeigt das Status-Update, dass der LKW am Tor angedockt hat. Mit einem Klick auf **Entladen** wird der Vorgang abgeschlossen.

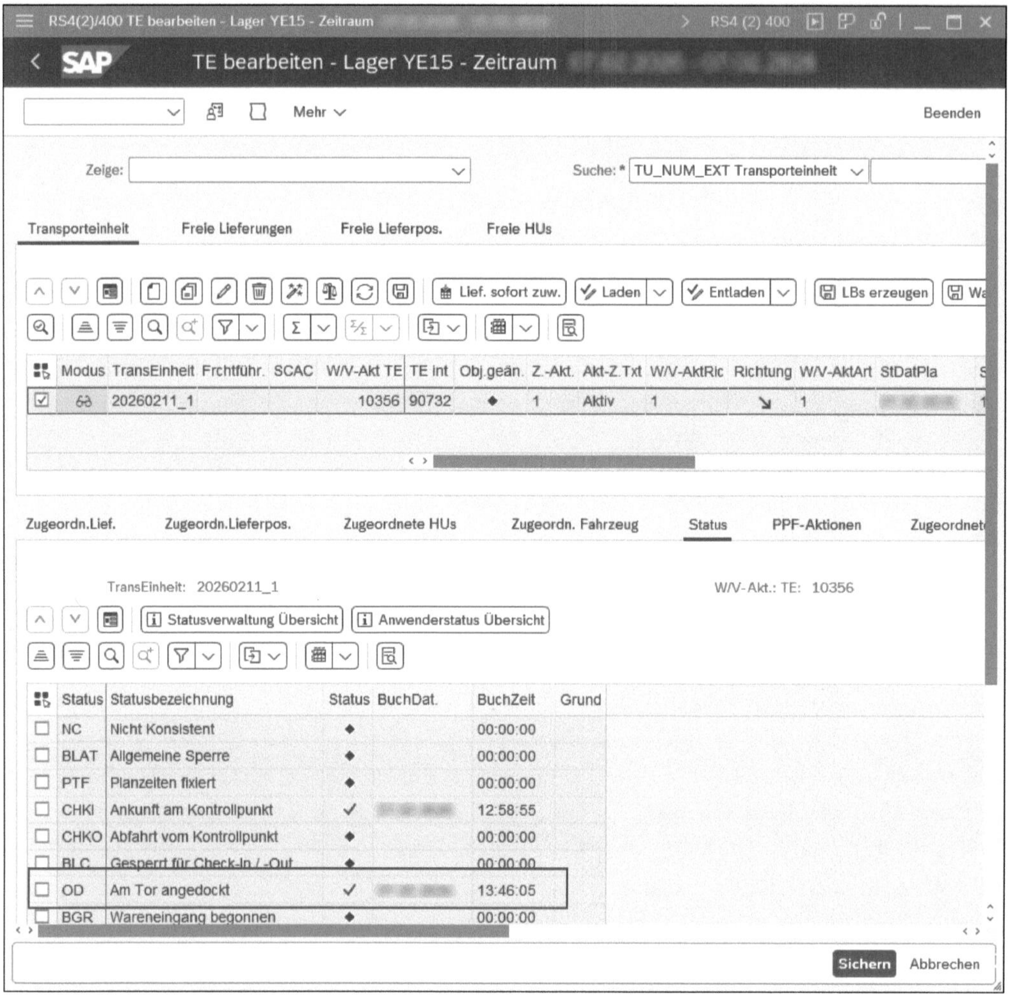

Abbildung 8.31: Entladen abschließen

9. **Wareneingang buchen**

   Buchen Sie nun im selben Screen über **Warenausgang • Wareneingang** den Wareneingang für Ihre Anlieferungen (siehe Abbildung 8.32).

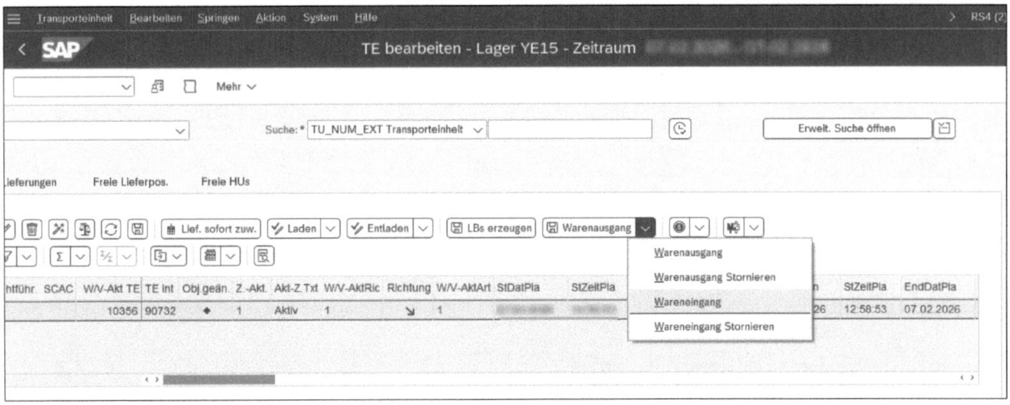

Abbildung 8.32: Wareneingang buchen

10. **LKW zum Check-out bewegen**

    Der LKW ist nun vollständig entladen und muss vom Tor an den Check-out bewegt werden. Hierzu wechseln Sie zum Yard-Auftrag und wählen die letzte Yard-Aufgabe aus (siehe Abbildung 8.33).

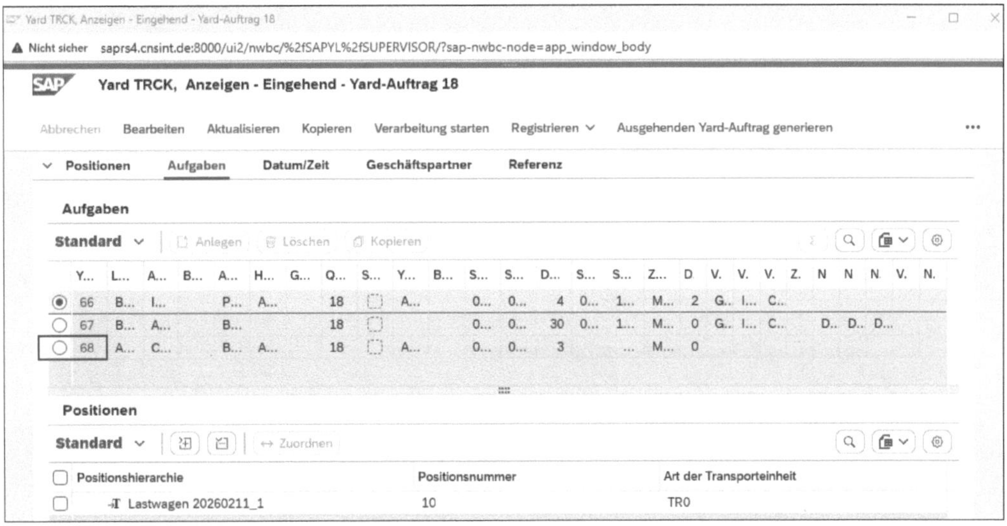

Abbildung 8.33: Check-out im Yard-Auftrag

Wickeln Sie die Yard-Aufgabe wie zuvor mit **Starten** und **Bestätigen** ab (siehe Abbildung 8.34).

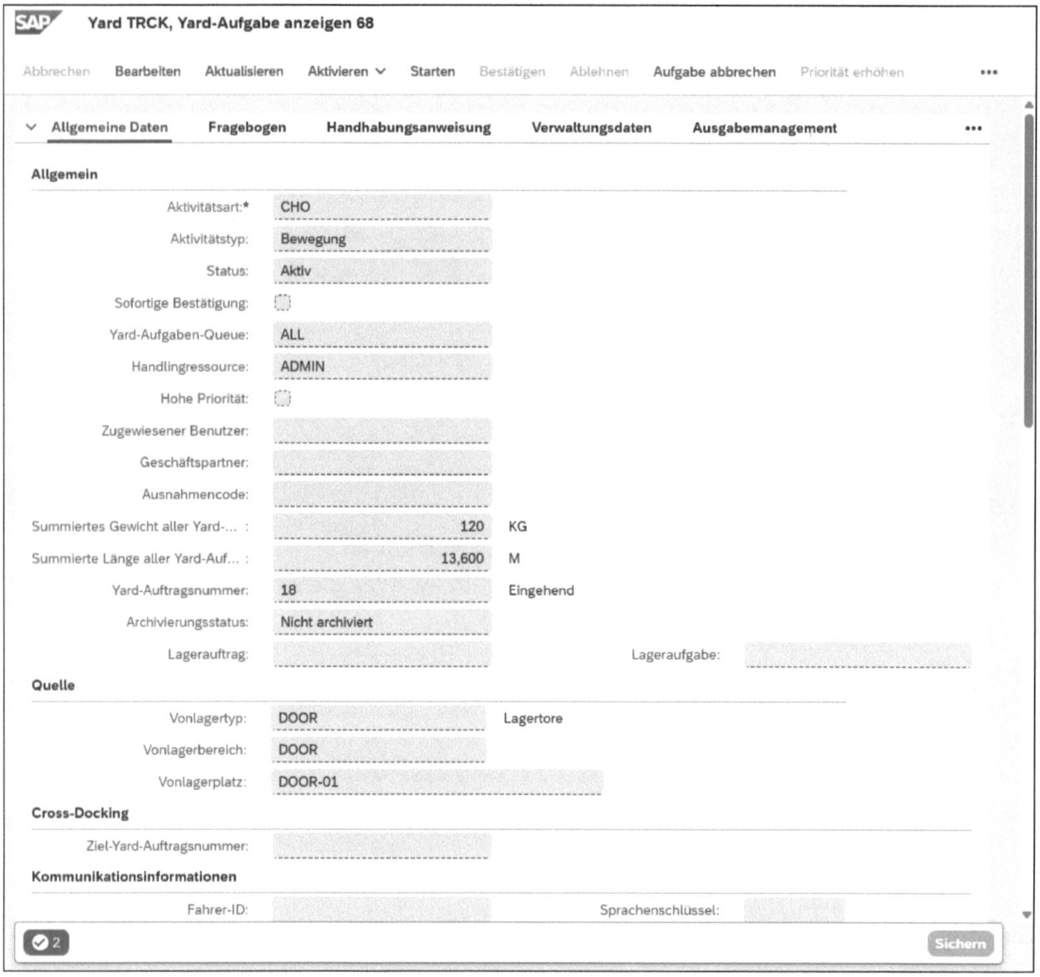

Abbildung 8.34: Yard-Aufgabe abwickeln

Der Prozess ist damit abgeschlossen.

8.3 Zusammenfassung

In diesem Kapitel haben wir Ihnen einen Überblick über SAP Yard Logistics gegeben. Nach der Abgrenzung zum Yard Management in EWM haben wir die Vorteile und Kernfunktionalitäten von SAP Yard Logistics beschrieben und wichtige Stammdaten sowie spezifische Objekte näher beleuchtet. Zudem haben wir anhand eines beispielhaften Anlieferungsprozesses die Integration von EWM und SAP Yard Logistics dargestellt.

Kapitel 9

Product Compliance

In diesem Kapitel beleuchten wir die nahtlose Integration des Moduls SAP EHS Management mit EWM. Sie erfahren, wie Sie mithilfe dieser Verbindung Product-Compliance-Vorgaben effizient umsetzen können.

Das *SAP EHS Management* steht für SAP Environment, Health and Safety Management und ist ein integraler Bestandteil von SAP S/4HANA. Es dient der systematischen Verwaltung und Einhaltung von Vorschriften in den Bereichen Umweltschutz, Gesundheitsschutz und Arbeitssicherheit und bietet umfassende Funktionen zur Unterstützung aller Prozesse rund um Produktsicherheit und gesetzliche Compliance. Unternehmen, die mit gefährlichen Stoffen arbeiten, müssen sowohl den Schutz von Mensch und Umwelt gewährleisten als auch eine Vielzahl internationaler Vorschriften einhalten. SAP EHS Management ermöglicht die sichere Handhabung, Klassifizierung und Dokumentation von Gefahrstoffen und unterstützt die regelkonforme Markteinführung durch automatisierte Prozesse zur Einhaltung gesetzlicher Anforderungen.

SAP EHS Management und EWM sind eigenständige Module innerhalb der SAP-Systemlandschaft. Ihre Integration erlaubt eine durchgängige und effiziente Steuerung von Gefahrstoffprozessen – von der Anlieferung über die Lagerung bis zum Versand. Die modulübergreifende Zusammenarbeit schafft Potenziale zur Prozessoptimierung und erhöht die Transparenz in der Logistik.

Dieses Kapitel beginnt mit einem Überblick über die zentralen Herausforderungen im Bereich Environment, Health and Safety (EHS) (siehe Abschnitt 9.1) und stellt die wesentlichen Funktionen von SAP EHS Management vor. Im Anschluss werden die technischen und prozessualen Möglichkeiten zur Abbildung eines Wareneingangsprozesses mit SAP EHS Management erläutert (siehe Abschnitt 9.2). Danach behandeln wir den Warenausgangsprozess (siehe Abschnitt 9.3), ebenfalls mit Fokus auf die Integration von SAP EHS Management und EWM. Die Prozessschritte werden anhand eines praxisnahen Beispiels demonstriert.

In diesem Kapitel gewinnen Sie ein fundiertes Verständnis der Integration von SAP EHS Management mit EWM, sodass Sie anschließend in der Lage sind, Gefahrstoffprozesse in SAP-basierten Logistiksystemen sicherer, gesetzeskonformer und effizienter umzusetzen.

9.1 Überblick über SAP EHS Management mit EWM

EHS bezeichnet ein umfassendes Konzept, das sämtliche Gesetze, Vorschriften, Berufe, Programme und Maßnahmen am Arbeitsplatz umfasst, die der Sicherheit und dem Schutz der Gesundheit von Mitarbeitenden und der Öffentlichkeit sowie dem Schutz der Umwelt dienen. Im Zentrum stehen dabei Fachkräfte für Arbeitssicherheit, Gesundheitsschutz und Umweltmanagement. EHS ist eine praxisorientierte Disziplin, deren Ziel es ist, Arbeitsunfälle, Verletzungen und berufsbedingte Erkrankungen zu vermeiden sowie die Umweltauswirkungen betrieblicher Tätigkeiten zu minimieren. Sie vereint technische, organisatorische und rechtliche Maßnahmen zum Schutz von Mensch und Umwelt. Zu den zentralen Aufgaben von EHS-Fachkräften gehören die folgenden:

- **Sicherheitsrichtlinien entwickeln und umsetzen**
  Verfahren zur Einhaltung gesetzlicher Vorgaben und interner Standards erstellen und durchsetzen.
- **Sicherheitsschulungen und Unterweisungen**
  Wissen und Fähigkeiten zur sicheren Ausführung von Tätigkeiten vermitteln.
- **Sicherheitsinspektionen und Audits**
  Gefährdungen identifizieren und geeignete Korrekturmaßnahmen ableiten.
- **Unfall- und Vorfallanalysen**
  Ursachen untersuchen und präventive Maßnahmen entwickeln.
- **Umgang mit Gefahrstoffen**
  Gesetzeskonforme Lagerung, Handhabung und Entsorgung sicherstellen.
- **Umweltmanagement**
  Programme zur Reduktion von Emissionen, Abfällen und Energieverbrauch umsetzen.

EHS-Fachkräfte tragen maßgeblich zur Einhaltung gesetzlicher Vorschriften bei und fördern eine Sicherheitskultur im Unternehmen. Sie implementieren strukturierte Verfahren zur Gefährdungsbeurteilung, zur Notfallvorsorge und zum Einsatz persönlicher Schutzausrüstung.

Im Kern verfolgt EHS das Ziel, sichere, qualitativ hochwertige und umweltverträgliche Prozesse und Arbeitsweisen zu etablieren. Zum Schutz der Umwelt umfasst EHS außerdem systematische Ansätze zur Einhaltung von Vorschriften im Abfallmanagement, zur Emissionskontrolle und zur Reduktion des CO_2-Fußabdrucks.

Ein zentraler Bestandteil von EHS ist die gesetzliche Compliance: EHS-Verantwortliche müssen relevante Vorschriften identifizieren, deren Auswirkungen bewerten und geeignete Maßnahmen ableiten. Das Modul SAP EHS Management bietet dabei die folgenden Vorteile:

- Pflege von Programmen zur industriellen Hygiene und zum Arbeitsschutz
- Analyse von Betriebsdaten zur Gefahrenprävention

- Integration von Geschäftsprozessen und Workflows zur Stärkung des EHS-Prozesses
- Sicherstellung der Betriebskontinuität durch Risikominimierung
- Unterstützung bei der Einhaltung gesetzlicher und sicherheitsrelevanter Vorgaben
- Verbesserung der Sicherheitsstandards
- Effiziente Unfallanalyse zur Prävention
- Integration von Risikomanagement in den Arbeitsalltag
- Erstellung von Gesundheitsüberwachungsvereinbarungen
- Durchführung von Umfragen zur Erfassung von Arbeitsbedingungen

Die Integration von SAP EHS Management und EWM ermöglicht eine effizientere Verwaltung von Gefahrstoffen und verwandten Prozessen. Für die Integration müssen Sie diese Schritte befolgen:

1. Konfigurieren Sie die Einstellungen in beiden Modulen und richten Sie Organisationsstrukturen, Materialstammdaten etc. ein.
2. Definieren Sie EHS-bezogene Klassen für Gefahrstoffe in EWM.
3. Replizieren Sie Stammdaten zwischen SAP EHS Management und EWM. Tauschen Sie Sicherheitsdatenblätter (MSDS, PSDS) und weitere relevante Daten zwischen den Modulen aus.
4. Richten Sie Sicherheitsbestände und Bestandsmanagement in EWM ein.
5. Führen Sie EHS-Funktionen für den Umgang mit Gefahrstoffen, Abfallentsorgung und verwandten Prozessen im Lager innerhalb von EWM aus.

Die Integration bietet eine umfassende Lösung zur Verwaltung von Gefahrstoffen, zur Einhaltung von Sicherheitsvorschriften und zur Risikominimierung bei Lager- und Transportprozessen. Für die in den folgenden Abschnitten erläuterten Schritte sind die Integrationsschritte nicht zwingend erforderlich, da die Daten auch ohne SAP EHS Management in EWM gepflegt werden können.

9.2 Wareneingangsprozess mit SAP EHS Management

Betrachten wir nun den Geschäftsprozess, die Konfiguration, die notwendigen Stammdaten sowie die Prozessdemo für den Wareneingangsprozess bzw. den Anlieferungsprozess von Gefahrstoffmaterialien und dessen Folgeschritte mit SAP EHS Management und EWM.

9.2.1 Geschäftsprozess

Der Prozess der Beschaffung und logistischen Abwicklung von Gefahrstoffen (siehe Abbildung 9.1) folgt grundsätzlich denselben Schritten wie bei Materialien ohne Gefahrstoffkennzeichnung, unterscheidet sich jedoch durch zusätzliche Anforderungen an Stammdatenqualität, Kennzeichnung, Verpackung und Lagerung. Die Einstufung eines Materials als Gefahrstoff erfolgt im SAP EHS Management, wo die relevanten Merkmale gepflegt und anschließend an EWM sowie an das ERP-System repliziert werden.

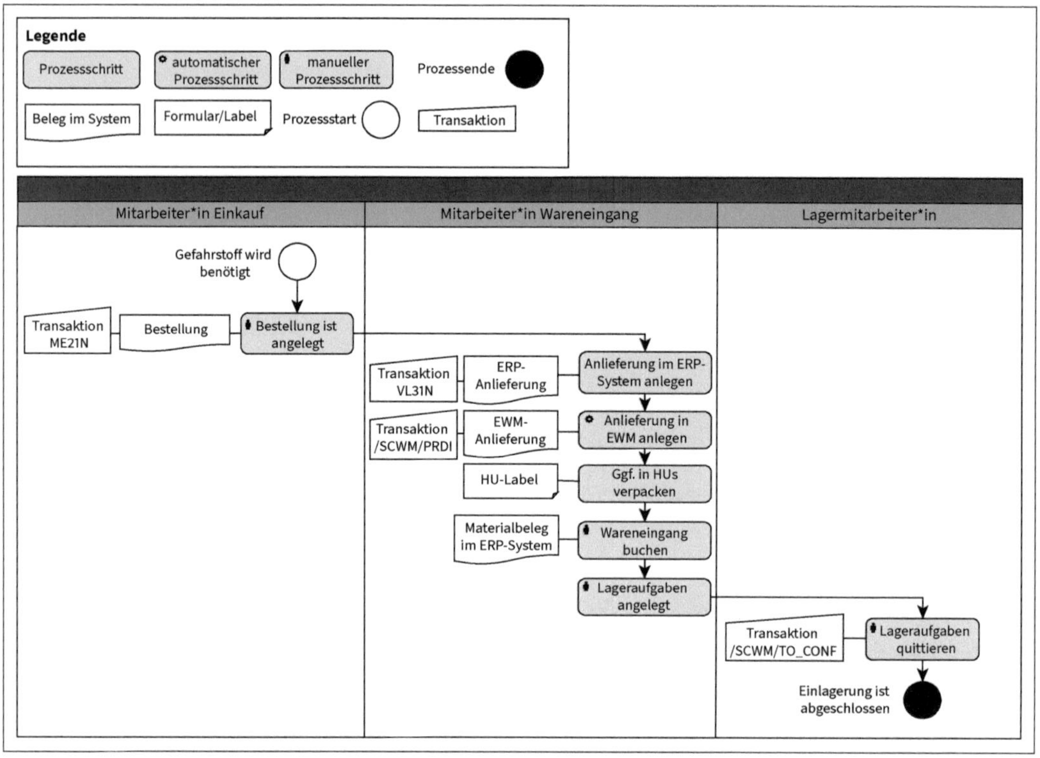

Abbildung 9.1: Prozess für die Anlieferung eines Gefahrstoffs

Auf dieser Grundlage legt der Einkauf eine Bestellung für das benötigte Gefahrstoffmaterial an. Sobald die Ware das Werk erreicht, erfassen die Mitarbeitenden im Wareneingang die Anlieferung über die Transaktion **VL31N**, wodurch die Anlieferungsdaten automatisch an EWM übermittelt werden. Dort wird die EWM-Anlieferung angelegt und für die weitere Bearbeitung bereitgestellt.

Im nächsten Schritt wird das Material im EWM über die Transaktion **/SCWM/PRDI** verarbeitet. Falls erforderlich, erfolgt hier die Bildung einer Handling Unit (HU), einschließlich der Ausgabe eines HU-Labels, um eine sichere, regelkonforme und nachvollziehbare Lagerung zu gewährleisten. Anschließend bucht der Mitarbeiter oder die Mitarbeiterin den Wareneingang im EWM, woraufhin im ERP-System automatisch der entsprechende Materialbeleg erzeugt wird. Mit Abschluss dieser Buchung endet der operative Teil des Wareneingangsprozesses.

Parallel dazu wird im EWM eine Lageraufgabe zur Einlagerung generiert. Das System führt auf Basis der Gefahrstoffstammdaten und des Customizings eine Lagerplatzfindung durch, bei der geprüft wird, in welchen Lagerbereichen das Material zulässig ist. Dabei werden unter anderem Gefahrstoffklassen, Trennvorschriften, Mengengrenzen und besondere Lagerbedingungen berücksichtigt. Die Lagerfachkraft führt die Einlagerung durch und bestätigt die Lageraufgabe über die Transaktion **/SCWM/TO_CONF**. Mit dieser Bestätigung wird das Material am Zielplatz verbucht und der Prozess abgeschlossen.

9.2.2 Konfiguration

In diesem Abschnitt betrachten wir die notwendigen Customizing-Schritte. Wir setzen dabei voraus, dass Sie die allgemeinen EWM-Einstellungen für Wareneingangsprozesse bereits vorgenommen haben.

1. **Lagertyp für Gefahrstoff definieren**

   Die Gefahrstoffe werden innerhalb Ihres Lagers in einem speziellen Bereich gelagert. Dafür wird ein neuer Lagertyp angelegt. Springen Sie hierzu zum IMG-Pfad **SCM Extended Warehouse Management • Extended Warehouse Management • Stammdaten • Lagertypen definieren**. Kopieren Sie einen bestehenden Lagertyp Ihrer Lagernummer, der Ihren technischen Voraussetzungen entspricht. Markieren Sie diesen und kopieren Sie ihn mit [F6]. Setzen Sie anschließend im Feld **Gefahrst.verw.** den Wert **2** (siehe Abbildung 9.2). Mit **Übernehmen** springen Sie zurück. Klicken Sie abschließend auf **Sichern**.

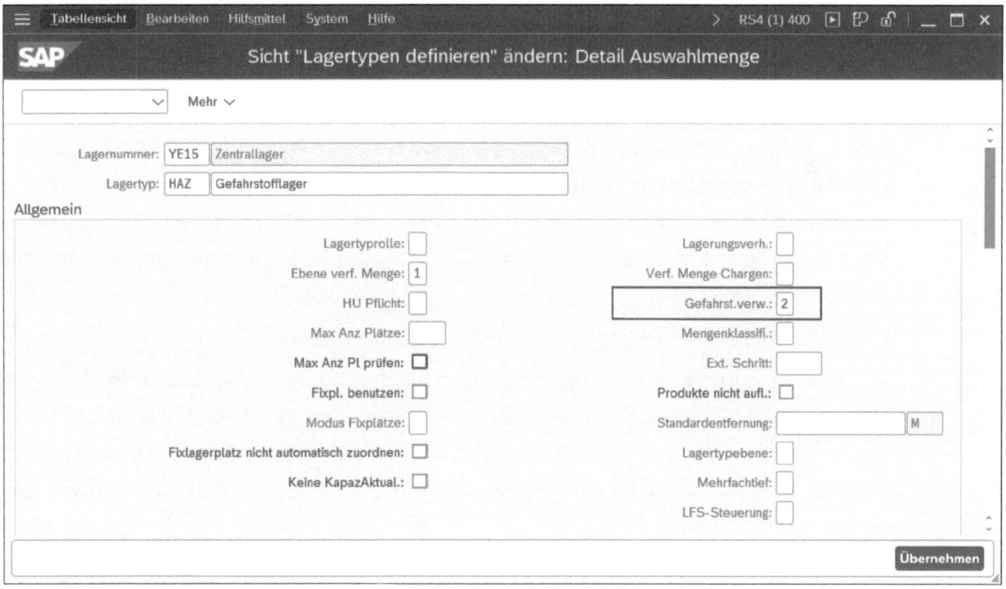

Abbildung 9.2: Lagertyp definieren

2. **Lagerbereiche für Gefahrstoff definieren**

   Als Nächstes legen Sie die Lagerbereiche innerhalb des neuen Lagertyps für die Lagerung der jeweiligen Gefahrstoffe fest. Springen Sie hierzu zum IMG-Pfad **SCM Extended Warehouse Management • Extended Warehouse Management • Stammdaten • Lagerbereiche definieren**. Klicken Sie auf **Neue Einträge** und erfassen Sie die Lagernummer (**LNr**), den Lagertyp (**Typ**), den Lagerbereich (**Ber**) sowie einen Beschreibungstext. Klicken Sie abschließend auf **Sichern** (siehe Abbildung 9.3).

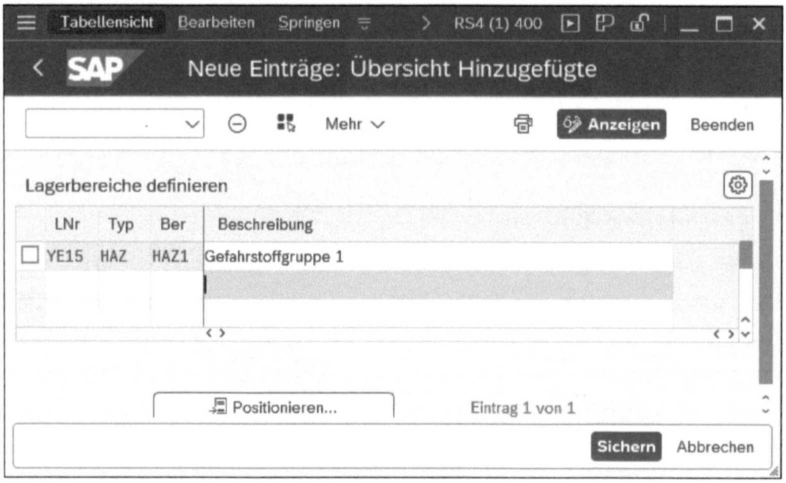

Abbildung 9.3: Lagerbereich definieren

3. **Erlaubte Gefahreneinstufung 1 pro Lagertyp zuordnen**

   Pflegen Sie nun die Gefahreneinstufung 1 für den Lagertyp. Springen Sie hierzu zum IMG-Pfad **SCM Extended Warehouse Management • Extended Warehouse Management • Stammdaten • Gefahrstoff • Erlaubte Gefahreneinstufung 1 pro Lagertyp zuordnen**. Klicken Sie auf **Neue Einträge** und erfassen Sie für Ihre Lagernummer den zuvor angelegten Lagertyp und für die Gefahreneinstufung im Feld **Einst**) den Wert **WGK 3**. Klicken Sie abschließend auf **Sichern**, um Ihre Einstellungen zu speichern. (siehe Abbildung 9.4).

4. **Erlaubte Gefahreneinstufung 2 pro Lagertyp zuordnen**

   Pflegen Sie nun die Gefahreneinstufung 2 für den Lagertyp. Springen Sie hierzu zum IMG-Pfad **SCM Extended Warehouse Management • Extended Warehouse Management • Stammdaten • Gefahrstoff • Erlaubte Gefahreneinstufung 2 pro Lagertyp zuordnen**. Klicken Sie auf **Neue Einträge** und erfassen Sie für Ihre Lagernummer den zuvor angelegten Lagertyp und die Gefahreneinstufung (**Einst**) den Wert **1**. Klicken Sie abschließend auf **Sichern**, um Ihre Einstellungen zu speichern. (siehe Abbildung 9.5).

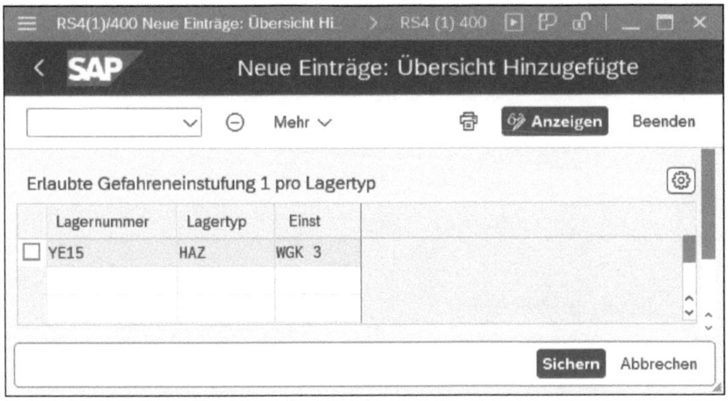

Abbildung 9.4: Erlaubte Gefahreneinstufung 1 pro Lagertyp zuordnen

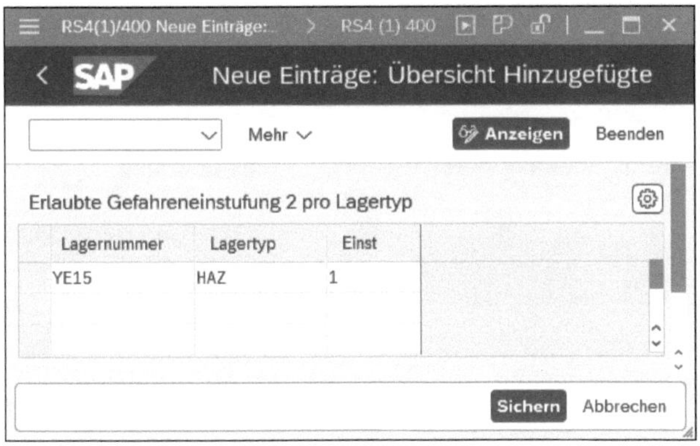

Abbildung 9.5: Erlaubte Gefahreneinstufung 2 pro Lagertyp zuordnen

5. **Lagertypsuchreihenfolge für Einlagerung definieren**

   Definieren Sie nun den Indikator für die Lagertypsuchreihenfolge. Springen Sie hierzu zum IMG-Pfad **SCM Extended Warehouse Management • Extended Warehouse Management • Wareneingangsprozess • Strategien • Lagertypfindung • Lagertypsuchreihenfolge für Einlagerung definieren**. Klicken Sie auf **Neue Einträge** und erfassen Sie für Ihre Lagernummer die Lagertypsuchreihenfolge im Feld **Lagertypsuchreihenf** sowie eine Beschreibung (siehe Abbildung 9.6). Klicken Sie abschließend auf **Sichern**.

6. **Lagertypen der Lagertypsuchreihenfolge zuordnen**

   Ordnen Sie nun Ihrer Lagertypsuchreihenfolge die relevanten Lagertypen zu. Navigieren Sie hierfür zum IMG-Pfad **SCM Extended Warehouse Management • Extended Warehouse Management • Wareneingangsprozess • Strategien • Lagertypfindung • Lagertypen der Lagertypsuchreihenfolge zuordnen**. Erfassen Sie über **Neue Einträge** für Ihre Lagernummer und Ihren Lagertypsuchreihenfolgeindikator im Feld **Lagertypsuchreihenf** die gewünschten Lagertypen (siehe Abbildung 9.7). Klicken Sie abschließend auf **Sichern**, um Ihre Angaben zu speichern.

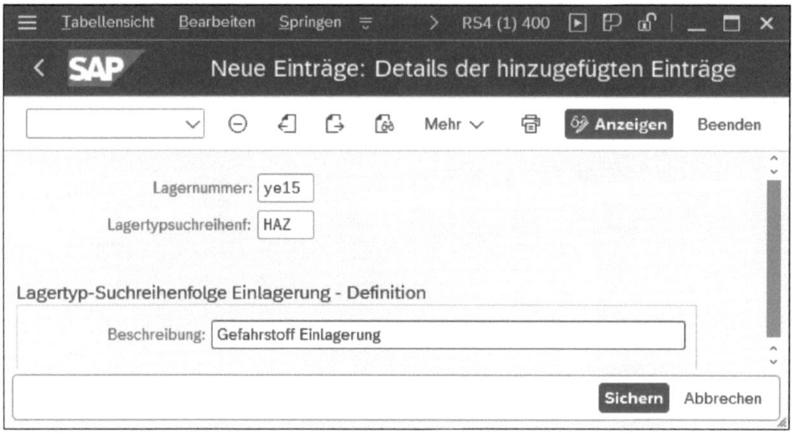

Abbildung 9.6: Lagertypsuchreihenfolge für Einlagerung definieren

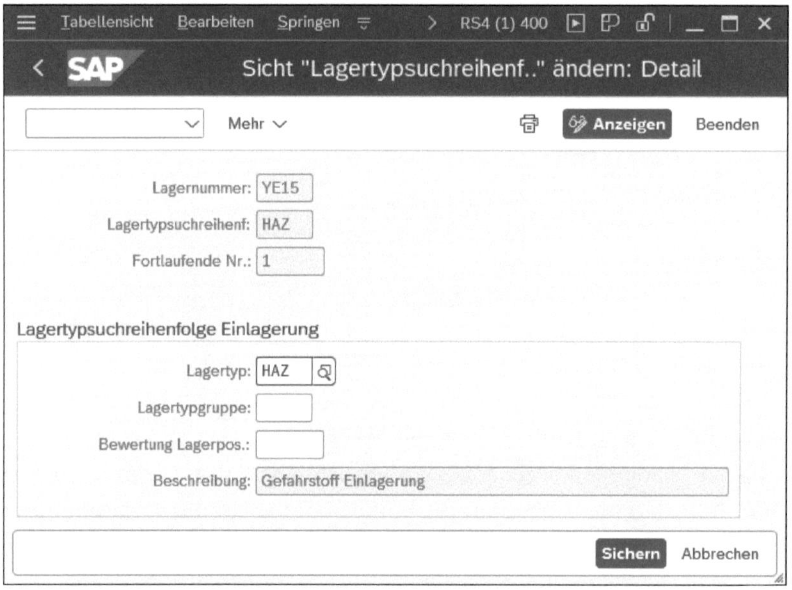

Abbildung 9.7: Lagertypen der Lagertypsuchreihenfolge zuordnen

7. **Einlagerungssteuerkennzeichen definieren**

   Definieren Sie nun als Vorbereitung für den nächsten Schritt das Einlagerungssteuerkennzeichen. Springen Sie hierzu zum IMG-Pfad **SCM Extended Warehouse Management • Extended Warehouse Management • Wareneingangsprozess • Strategien • Lagertypfindung • Einlagerungssteuerkennzeichen definieren**. Definieren Sie über **Neue Einträge** für Ihre Lagernummer das Einlagerungssteuerkennzeichen im Feld **EinlagSteuerung** sowie eine Beschreibung und hinterlegen Sie Ihren Indikator für die

Lagertypsuchreihenfolge im Feld **Lagertypsuchreihenf**, wie in Abbildung 9.8 gezeigt. Klicken Sie abschließend auf **Sichern**, um Ihre Angaben zu speichern.

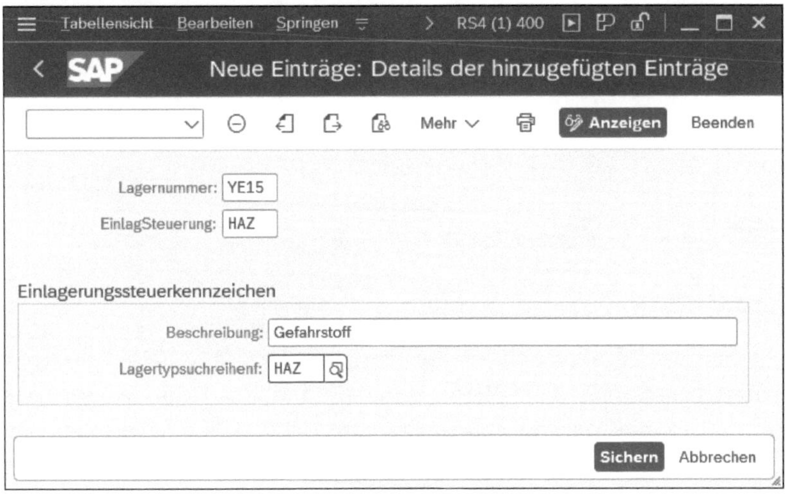

Abbildung 9.8: Einlagerungssteuerkennzeichen definieren

8. **Lagertyp-Suchreihenfolge für Einlagerung festlegen**

   Mit der Lagertyp-Suchreihenfolge definieren Sie nun die Suchreihenfolge für die Gefahrstoffeinstellungen 1 und 2 und legen damit gleichzeitig die entsprechenden Einlager-Lagertypen fest. Springen Sie hierfür zum IMG-Pfad **SCM Extended Warehouse Management • Extended Warehouse Management • Wareneingangsprozess • Strategien • Lagertypfindung • Lagertyp-Suchreihenfolge für Einlagerung festlegen**. Setzen Sie nach einem Klick auf **Neue Einträge** in den Feldern die Parameter aus Tabelle 9.1 (siehe Abbildung 9.9).

Feld	Parameter
LNr	Ihre Lagernummer
Proz/..	1010
Einst 1	WGK 3
Einst 2	1
Suchfolge	Ihre Suchfolge
EinlagerRegel	Keine Einlagerregel

Tabelle 9.1: Parameter der Lagertyp-Suchreihenfolge für die Einlagerung

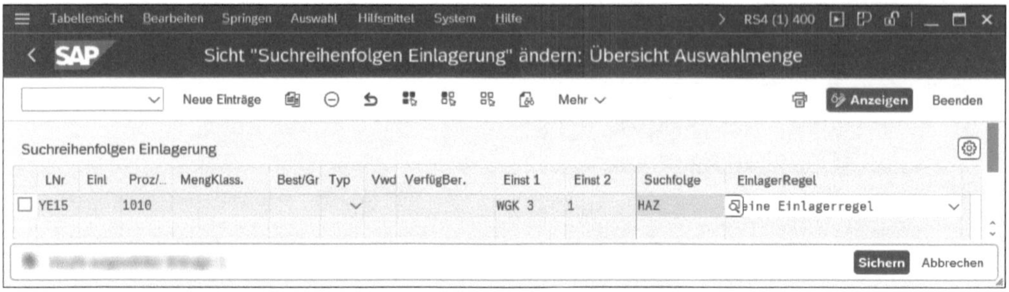

Abbildung 9.9: Lagertyp-Suchreihenfolge für Einlagerung festlegen

9. **Lagerbereichskennzeichen anlegen**

   Erstellen Sie nun das Lagerbereichskennzeichen, um den zuvor erstellten Lagerbereich zu hinterlegen. Springen Sie hierfür zum IMG-Pfad **SCM Extended Warehouse Management • Extended Warehouse Management • Wareneingangsprozess • Strategien • Lagerbereichsfindung • Lagerbereichskennzeichen anlegen**. Erfassen Sie über **Neue Einträge** für Ihre Lagernummer ein Lagerbereichskennzeichen im Feld **BerKz** sowie die entsprechende Beschreibung (siehe Abbildung 9.10). Klicken Sie abschließend auf **Sichern**, um Ihre Angaben zu speichern.

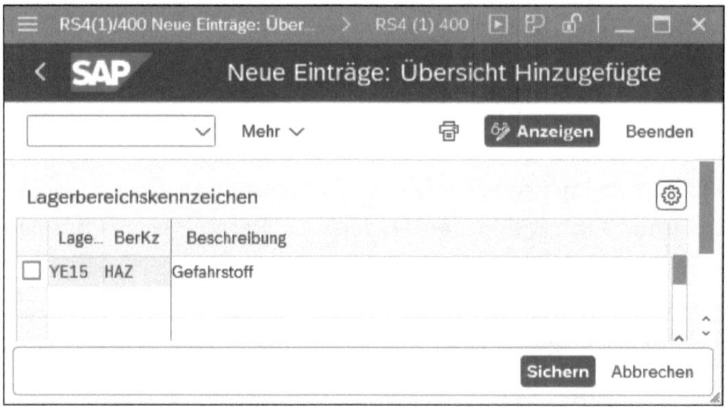

Abbildung 9.10: Lagerbereichskennzeichen anlegen

10. **Lagerbereichssuchreihenfolge pflegen**

    Pflegen Sie nun die Suchreihenfolge für Ihr Lagerbereichskennzeichen. Springen Sie hierzu zum IMG-Pfad **SCM Extended Warehouse Management • Extended Warehouse Management • Wareneingangsprozess • Strategien • Lagerbereichsfindung • Lagerbereichssuchreihenfolge pflegen.** Setzen Sie nach einem Klick auf **Neue Einträge** in den Feldern die Parameter aus Tabelle 9.2 (siehe Abbildung 9.11).

Feld	Parameter
Lagernummer	Ihre Lagernummer
Lagertyp	HAZ
GefEinstufung 1	WGK 3
GefEinstufung 2	1
Lagerberkz.	HAZ
Lagerbereich	HAZ1

Tabelle 9.2: Parameter der Lagerbereichssuchreihenfolge

Abbildung 9.11: Lagerbereichssuchreihenfolge pflegen

9.2.3 Stammdaten

In diesem Abschnitt betrachten wir die notwendigen Einstellungen der Stammdaten für die Durchführung des Prozesses. Die Anlage von Lagerplätzen und deren Sortierung für den neuen Lagertyp nehmen wir als gegeben an.

1. **Gefahrstoffmaterial im ERP-System oder in SAP S/4HANA erstellen**

   Legen Sie nun mit der Transaktion **MM01 – Material anlegen** ein neues Material an. Kopieren Sie ein bestehendes Material, das Ihren Voraussetzungen entspricht, und setzen Sie im Reiter **WM Execution** das Kennzeichen bei **Gefahrstoffrelevant** (siehe Abbildung 9.12).

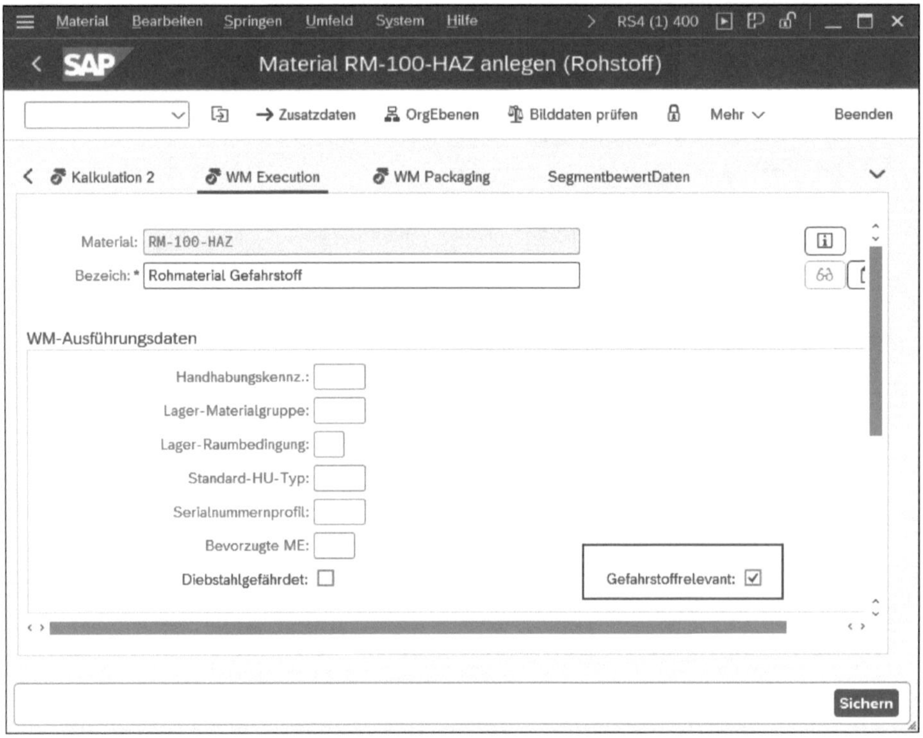

Abbildung 9.12: Material anlegen

2. **Lagerprodukt in EWM anlegen**

   Mit der Transaktion **/SCWM/MAT1 – Lagerprodukt** legen Sie nun die EWM-spezifischen Einstellungen fest. Pflegen Sie dazu im Reiter **Lagerdaten** und hier im Bereich **Einlagerung** das Einlagerungssteuerkennzeichen und das Lagerbereichskennzeichen (siehe Abbildung 9.13).

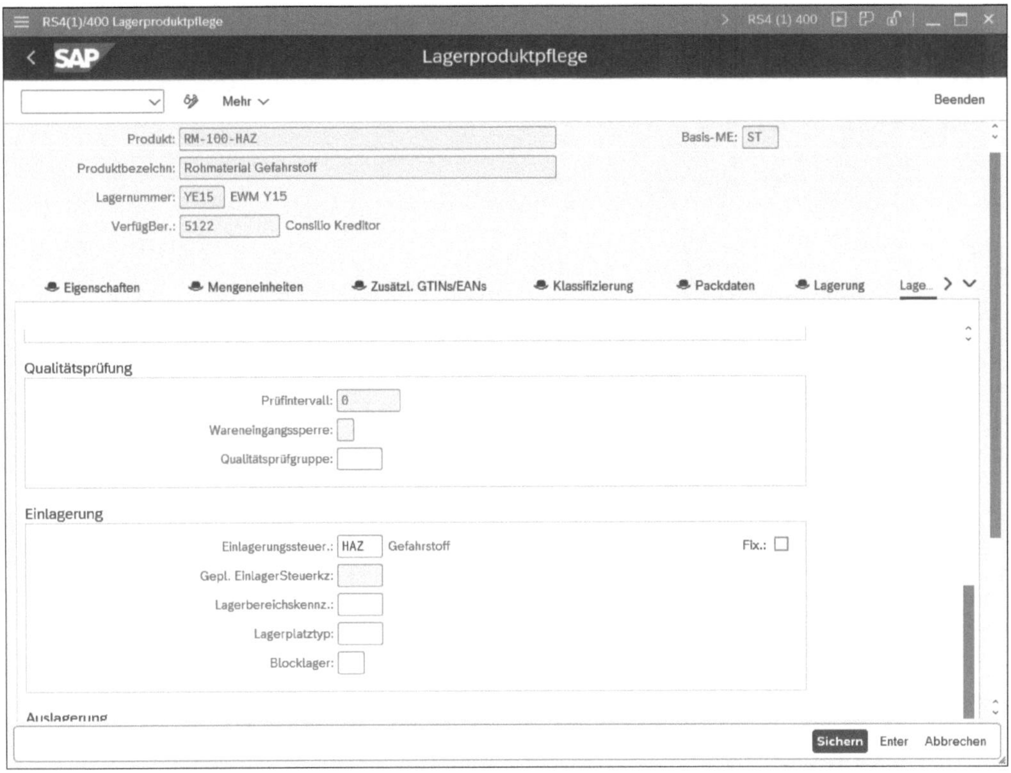

Abbildung 9.13: Lagerprodukt pflegen

3. **Gefahrstoff anlegen**

   Legen Sie nun mit der Transaktion **HSMD – EHS: Gefahrstoff** gemäß Ihren Business-Anforderungen den Gefahrenstoff mit [Strg] + [F1] an (siehe Abbildung 9.14). In unserem Beispiel sind die Parameter aus Tabelle 9.3 zu pflegen.

Feld	Parameter
Material	Ihr Material
Land/Region	DE
GefEinstufung 1	WGK 3
GefEinstufung 2	1

Tabelle 9.3: Parameter der Gefahrstoffe

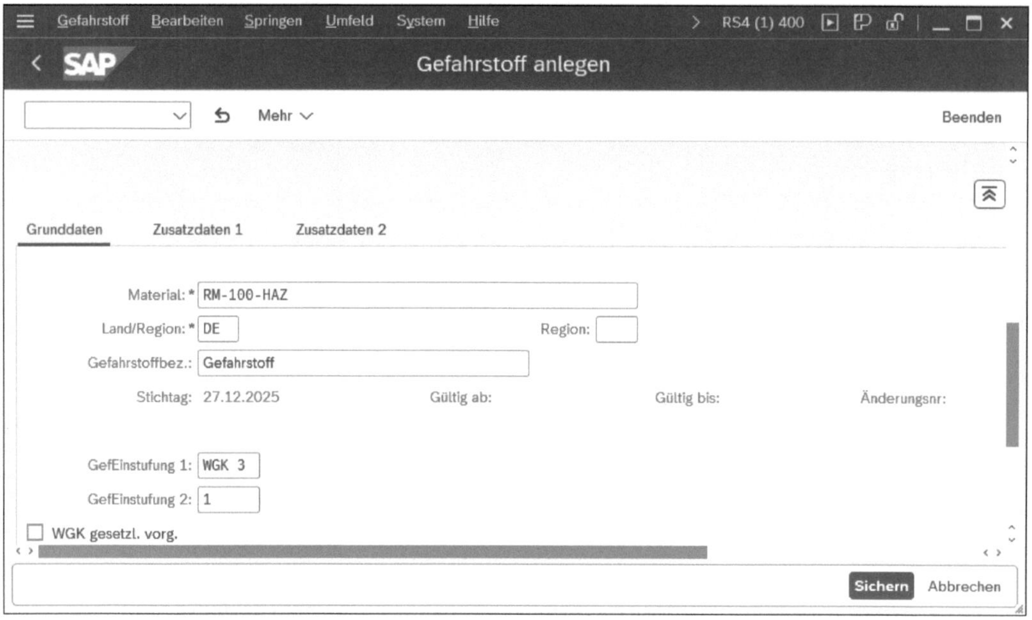

Abbildung 9.14: Gefahrstoff anlegen

9.2.4 Prozessdemo

Nachdem wir alle Einstellungen und Stammdaten im System gepflegt haben, können wir nun den Geschäftsprozess durchspielen:

1. **Bestellung anlegen**

   Legen Sie zunächst eine Bestellung mit der Transaktion **ME21n** und Ihrem Gefahrstoffmaterial an. Fügen Sie einen **Lieferanten** ❶, Ihr **Material** des Gefahrstoffes ❷, die **Bestellmenge** ❸ und den **Nettopreis** ❹ ein (siehe Abbildung 9.15) und bestätigen Sie mit ↵. Klicken Sie abschließend auf **Sichern**, um die Bestellung zu speichern.

Abbildung 9.15: Bestellung anlegen

2. **Anlieferung anlegen**

   Öffnen Sie nun die Transaktion **VL31n**, um die Anlieferung für Ihre Bestellung zu erstellen. Bestätigen Sie den ersten Screen mit ↵ und klicken Sie im Folgescreen auf **Sichern**. SAP legt nun für Ihre Bestellung eine Anlieferung an und verteilt diese an EWM (siehe Abbildung 9.16).

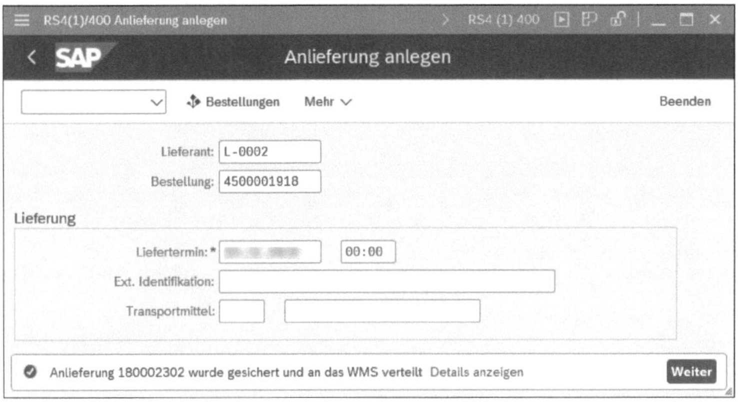

Abbildung 9.16: Anlieferung anlegen

3. **Handling Unit bilden**

   Bilden Sie im nächsten Schritt die HU für die Anlieferung in EWM. Hierzu springen Sie in die Transaktion **/SCWM/PRDI**, fügen Ihre Anlieferung ein und bestätigen dies mit F8. Im Anschluss springen Sie mit Strg + F3 in den Verpackungsdialog. Erstellen Sie nun mit einem Packmittel Ihrer Wahl eine HU und verpacken Sie Ihren Gefahrstoff. Klicken Sie abschließend auf **Sichern** (siehe Abbildung 9.17).

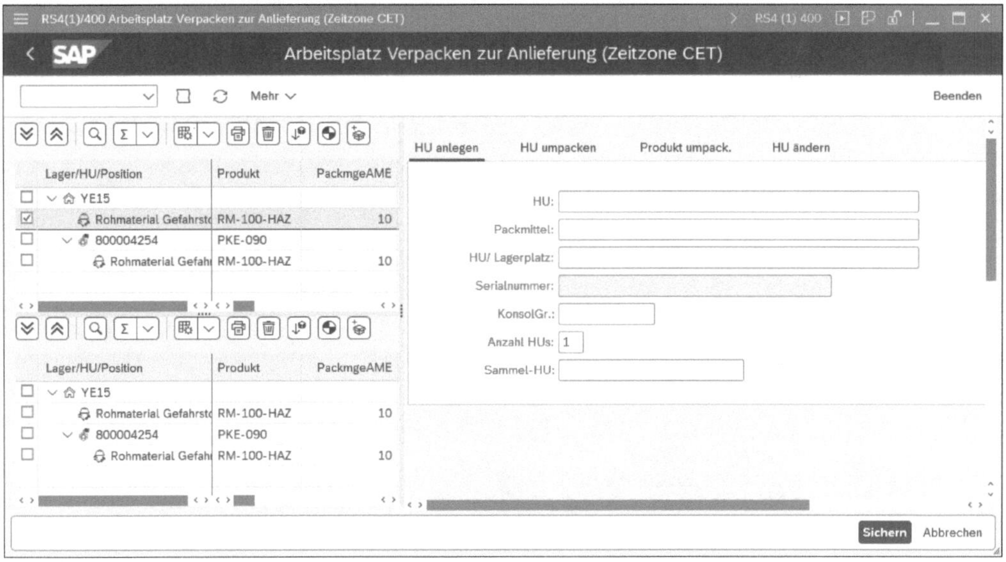

Abbildung 9.17: HU bilden

4. **Wareneingang buchen**

   Springen Sie zurück in die Transaktion **/SCWM/PRDI** und buchen Sie mit einem Klick auf **Wareneingang** den Wareneingang zur Anlieferung (siehe Abbildung 9.18).

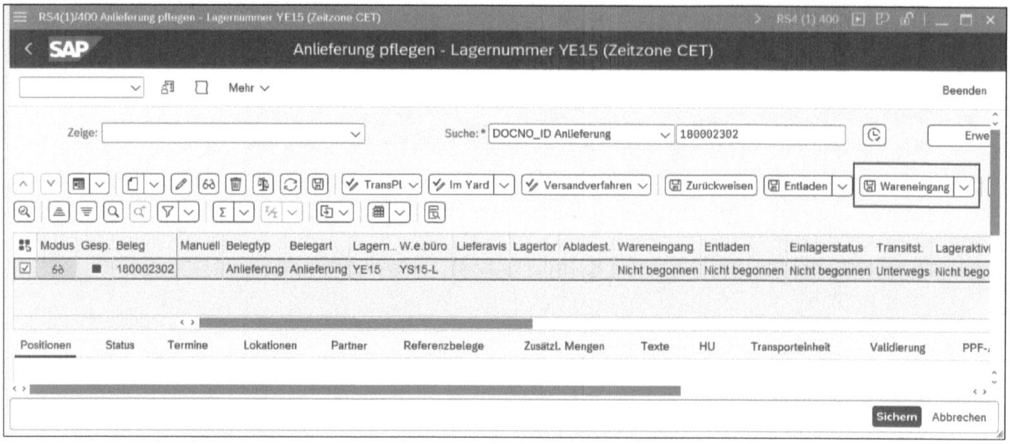

Abbildung 9.18: Wareneingang buchen

5. **Lageraufgaben anlegen**

   Im Anschluss springen Sie in der Transaktion **/SCWM/PRDI** mit `Strg` + `F1` zur Lageraufgabenerstellung. Legen Sie mit einem Klick auf **Anlegen + Sichern** die Lageraufgabe an. SAP erstellt nun eine Lageraufgabe bzw. einen Lagerauftrag und Sie erhalten eine Erfolgsmeldung (siehe Abbildung 9.19).

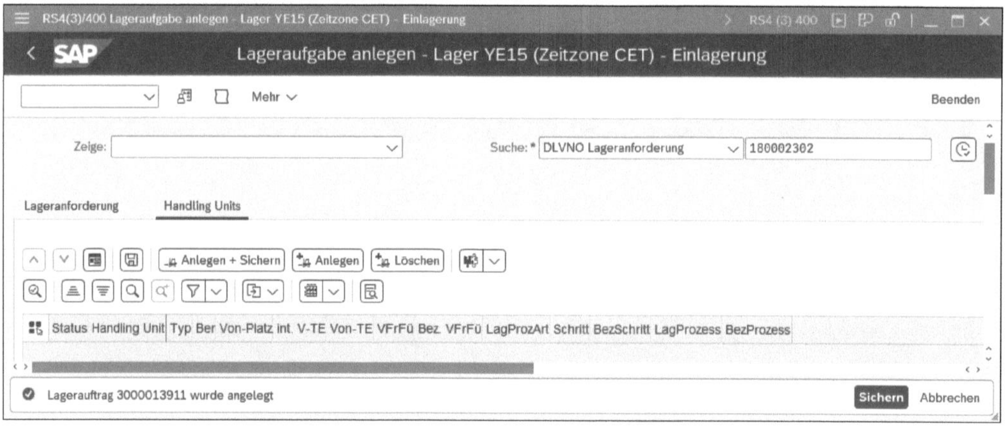

Abbildung 9.19: Lageraufgabe anlegen

6. **Lageraufgabe quittieren**

   Springen Sie mit `Strg` + `F3` in die Transaktion **/SCWM/TO_CONF**. Mit einem Klick auf **Quittieren + Sichern** erfolgt die Quittierung der Lageraufgabe. Prüfen Sie vorab noch, ob Ihre getätigten Einstellungen korrekt waren. In unserem Beispiel erfolgt die

Einlagerung in das Gefahrstofflager **HAZ** (im Feld **Typ**) und den entsprechenden Lagerbereich **HAZ1** (im Feld **Ber**) (siehe Abbildung 9.20).

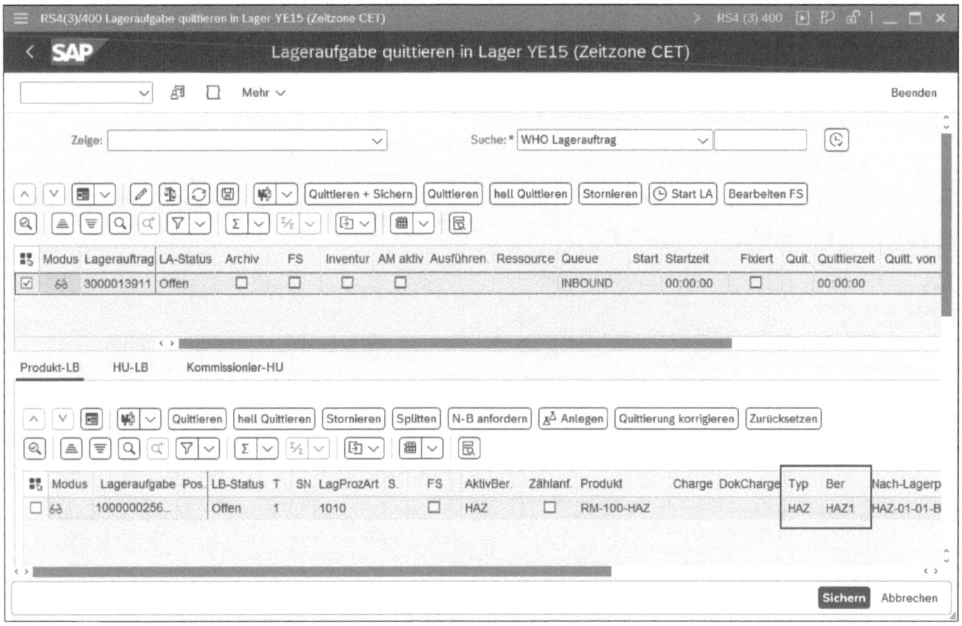

Abbildung 9.20: Lageraufgabe quittieren

7. **Gefahrstoffbestand in EWM anzeigen**

   Mithilfe der Transaktion **/SCWM/ILHS – Gefahrstoffliste für die Feuerwehr** können Sie sich alle Gefahrstoffe je Lagertyp direkt anzeigen lassen. Geben Sie hierzu Ihre Lagernummer ein und bestätigen Sie anschließend mit **Ausführen**. EWM listet Ihnen nun alle Gefahrstoffe und deren Lagerplatz auf (siehe Abbildung 9.21).

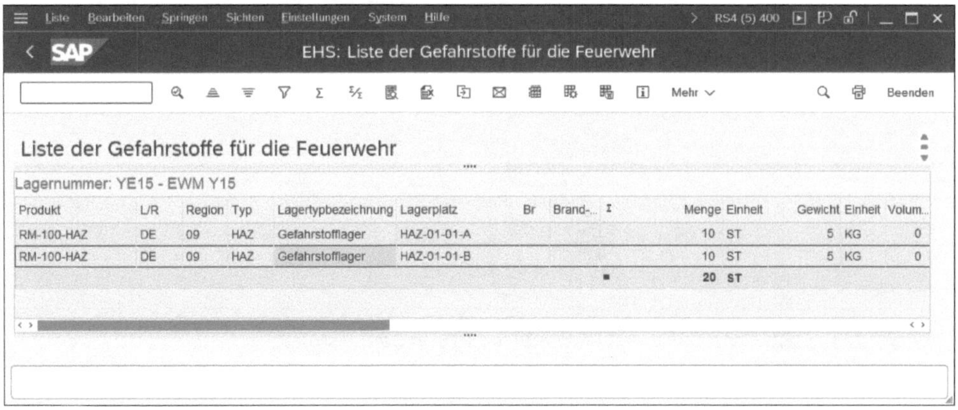

Abbildung 9.21: Gefahrstoffliste für die Feuerwehr

Der Wareneingangsprozess für Gefahrstoffe ist nun abgeschlossen.

9.3 Ausgangsprozess mit SAP EHS Management

Im folgenden Abschnitt betrachten wir den Geschäftsprozess, die Konfiguration, die notwendigen Stammdaten sowie eine Prozessdemo für den Ausgangsprozess mit Gefahrstoffen.

9.3.1 Geschäftsprozess

Im Folgenden erhalten Sie einen Überblick über den Warenausgangsprozess mit Gefahrstoffen (siehe Abbildung 9.22).

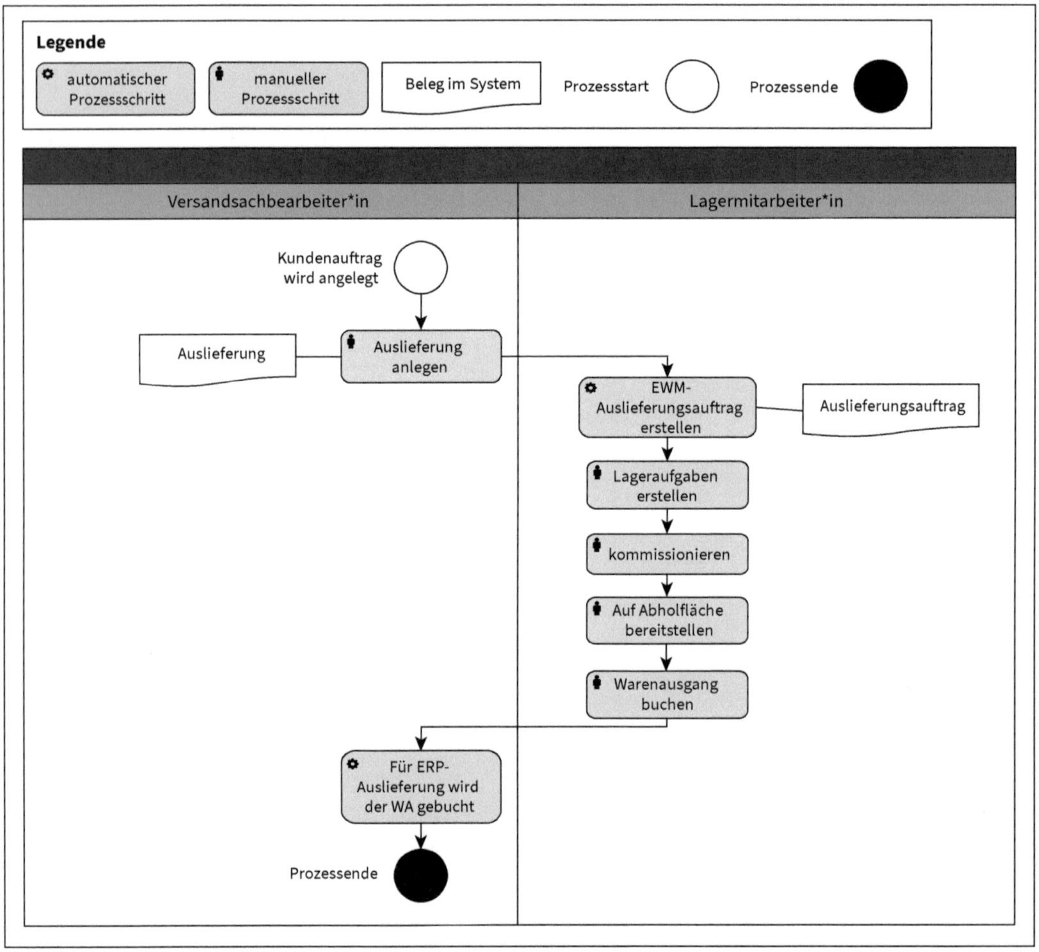

Abbildung 9.22: Prozess für den Warenausgang von Gefahrstoffen

Der Prozess beginnt mit der Anlage eines Kundenauftrags, der durch die Versandfachkraft im ERP-System erfasst wird. Dieser Auftrag bildet die Grundlage für alle nachfolgenden Schritte und löst die Erstellung einer Auslieferung aus. Sobald die Auslieferung angelegt ist, wird automatisch ein EWM-Auslieferungsauftrag generiert. Dieser Auftrag dient als Bindeglied zwischen ERP und EWM und stellt sicher, dass alle relevanten Informationen – insbesondere gefahrstoffspezifische Anforderungen – in das Lagerverwaltungssystem übertragen werden.

Im nächsten Schritt erstellt die Lagerfachkraft in EWM die erforderlichen Lageraufgaben. Diese Aufgaben definieren, welche Materialien aus welchen Lagerbereichen zu entnehmen sind. Anschließend erfolgt die Kommissionierung, bei der die Gefahrstoffe gemäß den Sicherheits- und Handhabungsvorschriften aus dem Lager entnommen werden. Die kommissionierte Ware wird danach auf der Abholfläche bereitgestellt, sodass sie für den Versandprozess verfügbar ist. Sobald die Ware ordnungsgemäß bereitgestellt wurde, erfolgt die Warenausgangsbuchung im EWM. Abschließend wird für die zugehörige ERP-Auslieferung automatisch der Warenausgang gebucht, wodurch der Prozess formal abgeschlossen wird. Damit ist die Ware sowohl physisch als auch systemseitig aus dem Bestand ausgebucht.

9.3.2 Konfiguration

In diesem Abschnitt betrachten wir nun die notwendigen Customizing-Schritte. Als Grundlage setzen wir voraus, dass Sie die allgemeinen EWM-Einstellungen für Warenausgangsprozesse bereits getroffen haben.

1. **Lagertypsuchreihenfolge festlegen**

   Definieren Sie zunächst die Suchreihenfolge der relevanten Lagertypen für Ihre Auslagerung. Springen Sie hierzu in den IMG-Pfad **SCM Extended Warehouse Management • Extended Warehouse Management • Warenausgangsprozess • Strategien • Lagertypsuchreihenfolge festlegen**. Erfassen Sie über **Neue Einträge** im Bereich **Lagertyp-Suchreihenfolge definieren** für Ihre Lagernummer die Lagertypsuchreihenfolge sowie eine Beschreibung (siehe Abbildung 9.23). Wechseln Sie im Anschluss in den Bereich **Lagertypen der Lagertypsuchreihenfolge zuordnen** und erfassen Sie hier Ihre relevanten Lagertypen. Klicken Sie abschließend auf **Sichern**.

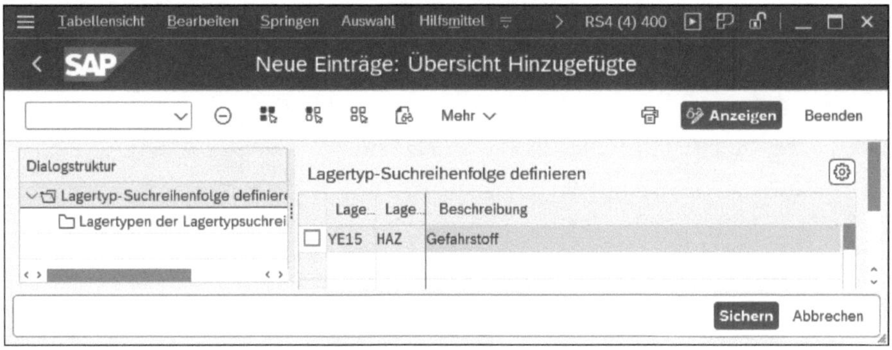

Abbildung 9.23: Lagertypsuchreihenfolge festlegen

2. **Lagertypsuchreihenfolge für die Auslagerung bestimmen**

   Als abschließenden Schritt pflegen Sie nun die Lagertypsuchreihenfolge. Diese Einstellungen sind notwendig, damit EWM gemäß Ihrer Gefahreneinstufung die entsprechenden Lagertypen für die Auslagerung findet. Springen Sie hierfür zum IMG-Pfad **SCM Extended Warehouse Management • Extended Warehouse Management • Warenausgangsprozess • Strategien • Lagertyp-Suchreihenfolge für Auslagerung bestimmen**. Erfassen Sie über **Neue Einträge** für Ihre Lagernummer, Ihre Lagerprozessart und die Gefahreneinstufung die Werte gemäß den Parametern aus Tabelle 9.4 (siehe Abbildung 9.24).

Feld	Parameter
Lagernummer/Lagerkomplex	Ihre Lagernummer
2-stufige Kommissionierung	
Auslagerungssteuerung	
Lagerprozessart/Lagerprozessartgruppe	2010
Mengenklassifizierung im Lager	
Bestandsart/Gruppe	
Sonderreferenzbestandsart	
Bestandsverwendung	
Gefahreneinstufung 1	WGK 3
Gefahreneinstufung 2	1
Lagertyp Suchreihenfolge: Auslagerung	HAZ
Auslagerungsregel	FIFO

Tabelle 9.4: Parameter Lagertypsuchreihenfolge

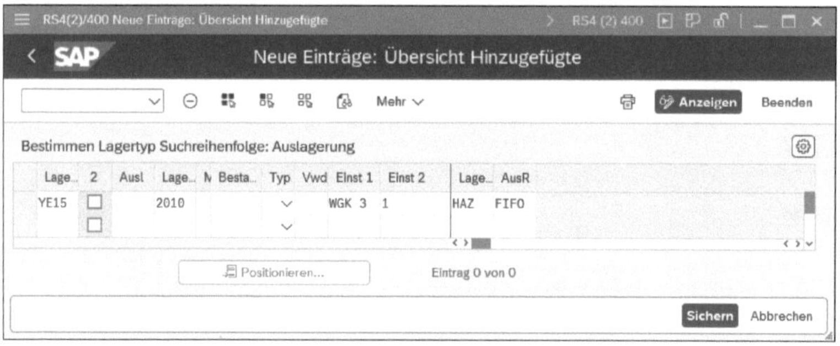

Abbildung 9.24: Lagertypsuchreihenfolge für die Auslagerung bestimmen

9.3.3 Stammdaten

Aufgrund der Steuerung mittels Gefahreneinstufung 1 und Gefahreneinstufung 2 in der Findung des Lagertyps sowie des zuvor ausgeprägten Gefahrstoffstamms sind keine weiteren Objekte zu pflegen.

9.3.4 Prozessdemo

Nachdem wir alle Einstellungen im System gepflegt haben, können wir nun den Geschäftsprozess durchspielen:

1. **Auslieferung anlegen**

   Zuerst wurde ein Kundenauftrag mit der Transaktion **VA01** angelegt. Als Nächstes erfolgt die Anlage der Auslieferung mit der Transaktion **VL01n**. Hierzu fügen Sie den Auftrag ein und setzen das Selektionsdatum drei Monate in die Zukunft. Bestätigen Sie diesen Schritt mit [↵] und klicken Sie im Folgescreen auf **Sichern**. Das SAP-System legt für Sie eine Auslieferung an und verteilt diese an EWM (siehe Abbildung 9.25).

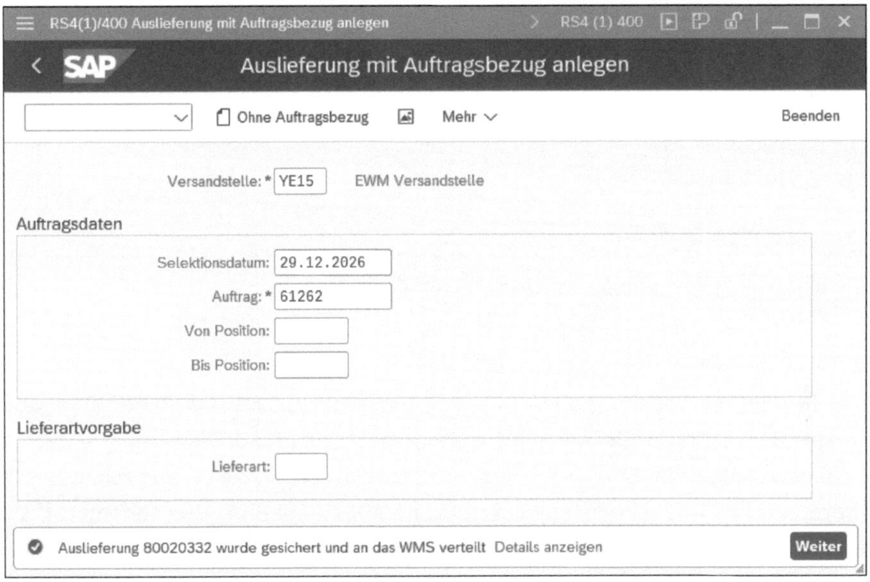

Abbildung 9.25: Lieferung anlegen

2. **Lageraufgabe anlegen**

   Öffnen Sie nun die Transaktion **/SCWM/PRDO – Auslieferungsauftrag pflegen** und selektieren Sie die Auslieferung, indem Sie die Belegnummer eingeben und [F8] drücken. Springen Sie mit [Strg] + [F1] in den Bereich **Lageraufgabe anlegen** und klicken Sie hier auf **Anlegen + Sichern**. EWM erstellt nun die Lageraufgabe bzw. den Lagerauftrag. Mit ⇧ + F12 können Sie sich das Lagerauftragserstellungsprotokoll anzeigen lassen (siehe Abbildung 9.26).

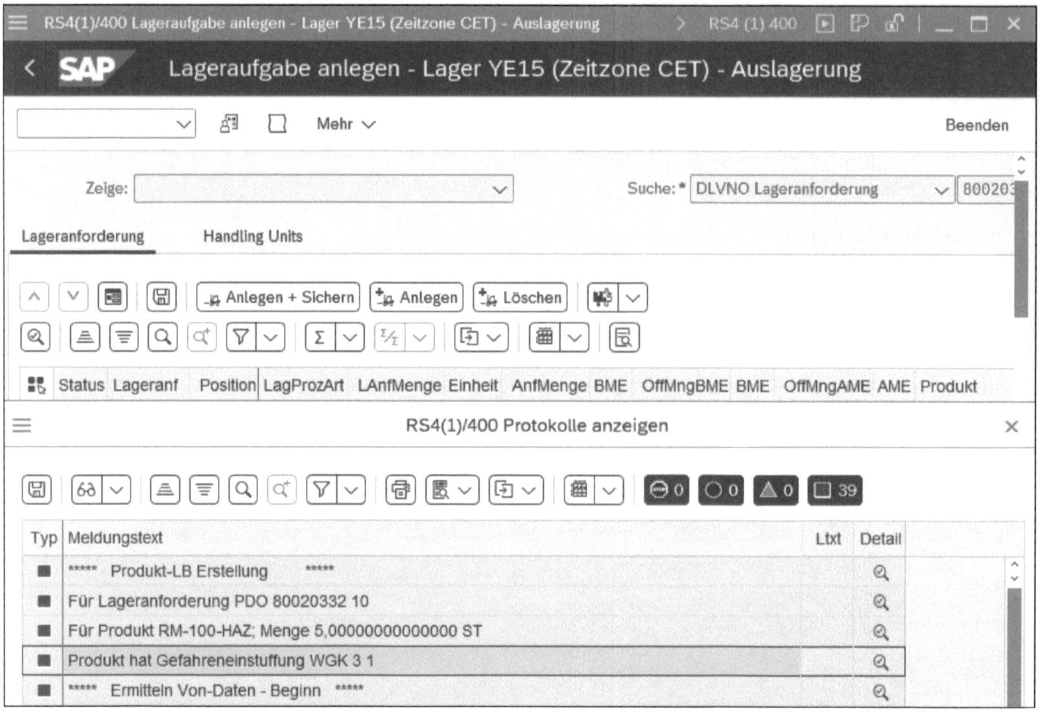

Abbildung 9.26: Lageraufgabe anlegen

3. **Lageraufgabe quittieren**

   Quittieren Sie die Lageraufgabe mit der Transaktion **/SCWM/TO_CONF – Lageraufgabe quittieren**. Geben Sie hierzu die Lageraufgabe ein und drücken Sie F8. Klicken Sie auf **hell Quittieren**. Erfassen Sie ggf. die Pick-HU und klicken Sie abschließend auf **Sichern**, um Ihre Angaben zu speichern (siehe Abbildung 9.27). Der Gefahrstoff steht nun in der Warenausgangszone bereit und der Warenausgang kann gebucht werden.

4. **Warenausgangsbuchung durchführen**

   Öffnen Sie zum Abschluss erneut die Transaktion **/SCWM/PRDO** und buchen Sie über **Warenausgang** den Warenausgang (siehe Abbildung 9.28).

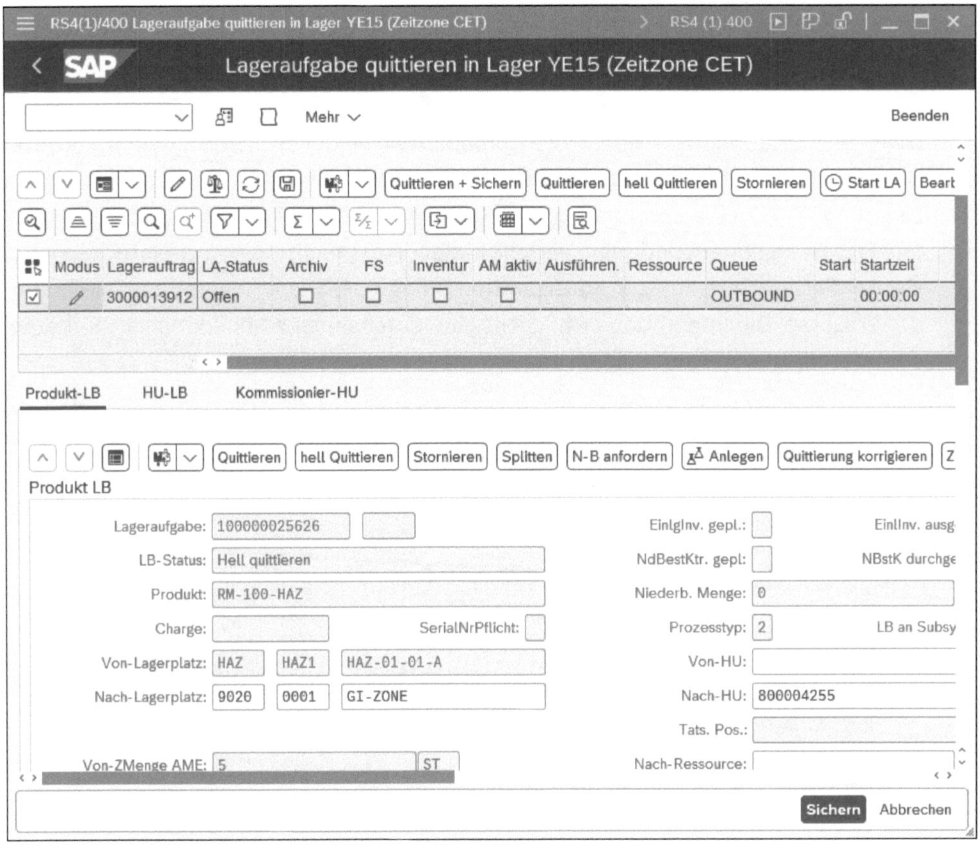

Abbildung 9.27: Lageraufgabe quittieren

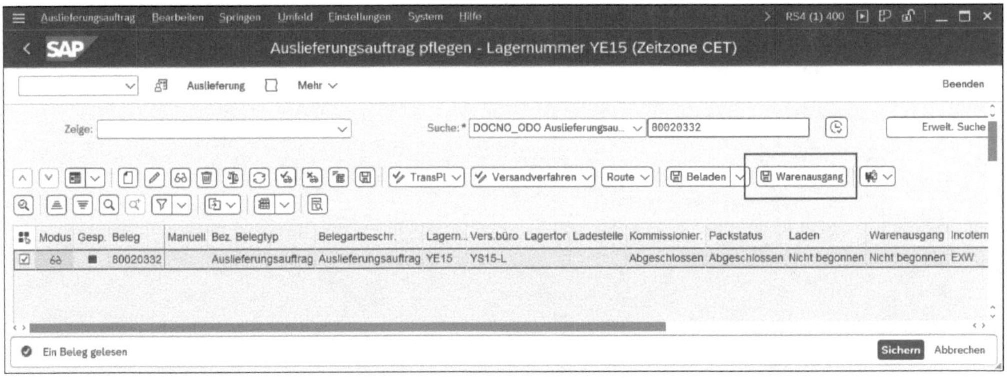

Abbildung 9.28: Warenausgang buchen

Der Ausgangsprozess für Gefahrstoffe ist nun abgeschlossen.

9.4 Zusammenfassung

In diesem Kapitel haben wir Ihnen gezeigt, wie Sie SAP EHS Management mit EWM integrieren, um Product-Compliance-Vorgaben umsetzen zu können. Wir haben demonstriert, wie Unternehmen durch die Kombination beider Systeme Gefahrstoffprozesse sicher, transparent und gesetzeskonform steuern können – vom Wareneingang über die Lagerung bis zum Warenausgang. Neben einem Überblick über die Grundprinzipien von SAP EHS Management und seine Vorteile bietet dieses Kapitel einen entsprechenden praxisorientierten Leitfaden zur Konfiguration, Pflege der Stammdaten und Durchführung der Prozesse. Die Integration ermöglicht eine durchgängige Abbildung von Sicherheitsanforderungen, reduziert Risiken und optimiert die Logistikprozesse.

Kapitel 10
Instandhaltung

Mit dem Instandhaltungsmodul von SAP – SAP Enterprise Asset Management (SAP EAM) – haben Sie im ERP-System die Möglichkeit, mithilfe verschiedener Objekte (z. B. dem Instandhaltungsauftrag oder dem Aufarbeitungsauftrag) Ihre technischen Objekte (z. B. Maschinen oder Anlagen) zu warten.

In diesem Kapitel stellen wir Ihnen die Integration der SAP-Instandhaltung mit den Bereitstellungsmethoden von EWM vor. Darüber hinaus gehen wir auf Wareneingänge aus Aufarbeitungsaufträgen ein. Mit SAP EAM können Unternehmen im produzierenden Umfeld und Energieversorger zentrale Aufgaben wie Inspektion, Wartung, Instandsetzung und Verbesserung effizient abwickeln. Für viele dieser Tätigkeiten werden Materialien, bspw. Ersatzteile, benötigt. Durch die Integration von EWM lassen sich Prozesse wie die Ersatzteilbereitstellung und deren Lagerverwaltung deutlich feiner und granularer abbilden – was wiederum zu einer spürbaren Steigerung von Produktivität und Effizienz führt.

Zu Beginn führen wir Sie in Abschnitt 10.1 in die grundlegenden Begriffe ein. Anschließend betrachten wir in Abschnitt 10.2 die Prozesse zur Ersatzteilbereitstellung sowie in Abschnitt 10.3 den Wareneingang von Werkzeugen nach Aufarbeitungsaufträgen. Für jedes Szenario erhalten Sie eine detaillierte Prozessbeschreibung sowie den dazugehörigen Customizing-Leitfaden.

Ziel dieses Kapitels ist es, Ihnen alle notwendigen Schritte für die Integration von EWM mit SAP EAM an die Hand zu geben – insbesondere die relevanten Konfigurationsschritte, Stammdaten und mögliche End-to-End-Prozesse. Nach der Lektüre sollten Sie in der Lage sein, die beschriebenen Prozesse erfolgreich in Ihrem Unternehmen zu implementieren.

10.1 Überblick über SAP EAM mit EWM

In diesem Abschnitt beleuchten wir zunächst den Zweck der Instandhaltung für ein Unternehmen. Dabei ordnen wir die grundlegenden Funktionen und Objekte der Instandhaltung systematisch ein. Im Anschluss widmen wir uns der Integration der Instandhaltung in EWM und zeigen auf, wie betriebliche Prozesse durch digitale Unterstützung effizienter gestaltet werden können.

Unternehmen, die Maschinen einsetzen oder Anlagen betreuen, sind heute mehr denn je auf eine leistungsfähige Softwareunterstützung angewiesen. Dabei geht es nicht nur um die bloße Ausführung der Instandhaltungsaufgaben, sondern auch um deren wirtschaftliche Effizienz. In den letzten Jahren hat sich die Instandhaltung zu einem zentralen Erfolgsfaktor im betrieblichen Gesamtgefüge entwickelt – insbesondere in produzierenden Unternehmen ist sie unverzichtbar geworden.

Auch Energieversorger sind darauf angewiesen, dass ihre Anlagen jederzeit zuverlässig funktionieren. Letztlich sind wir alle als Verbraucher auf eine reibungslos funktionierende Infrastruktur angewiesen – und damit indirekt auf eine professionelle Instandhaltung. Die Instandhaltung hat die folgenden Ziele:

- Gelingende Zusammenarbeit mit Kunden und Lieferanten
- Kostenüberblick
- Anlagenverfügbarkeit (Reduzierung von Störungen durch vorgelagerte Wartung)
- Instandsetzungsvermeidung
- Komponenteninstandhaltung
- Erhöhung und optimale Nutzung der Lebensdauer
- Verbesserung der Qualität bei Endprodukten
- Verbesserung der Betriebssicherheit
- Vorausschauende Planung von Kosten
- Senkung von Wiederanlaufkosten
- Einhaltung von Gesetzesauflagen, insbesondere von Umweltschutzvorschriften
- Einhaltung von Herstellervorschriften

Auf dem Weg, diese Ziele zu erreichen, spielt die Disposition eine wichtige Rolle. Denn Bestände für Ersatzteile werden bestandstechnisch geführt und dispositiv verwaltet. Hierbei werden die Aufträge geplant und terminiert bzw. auch überwacht. Diese Aktivitäten sind notwendig, um einen reibungslosen Ablauf zu gewährleisten. Im Allgemeinen umfasst der Geschäftsprozess der Instandhaltung die folgenden Kernfunktionen:

- **Initiierung**

  Innerhalb des SAP-Systems erstellen Sie eine Instandhaltungsanforderung (IH-Anforderung) oder eine Meldung. Dieser Bedarf wird später bspw. in einen Instandhaltungsauftrag umgewandelt, mit dem die Abarbeitung erfolgt.

- **Arbeitsauftrag**

  Mit dem vorherigen Bedarf erstellen Sie nun einen Instandhaltungsauftrag. Dieser beinhaltet die Vorgänge, die Komponenten sowie das Equipment oder das System, den Standort, die benötigten Ressourcen und die relevante Dokumentation.

- **Ressourcen**

  Innerhalb des Instandhaltungsauftrags können Sie Ressourcen zuweisen. Die Ressourcen können Spezialwerkzeuge, qualifizierte Mitarbeitende, Ersatzteile und auch spezielle Ladungsträger für den Versand nach Extern sein.

- **Planung und Terminierung**
  Die Aufträge können, ebenso wie ein Produktionsauftrag, terminiert und entsprechend geplant werden. Durch diese Planung entstehen Reservierungen und Bedarfstermine. Dadurch reduzieren Sie Ihre Fehlteilsituation, erhöhen Ihre Durchlaufgeschwindigkeiten und minimieren Ihre Stillstandzeiten.
- **Freigabe**
  Durch die Freigabe der Planung starten die logistischen Prozesse sowie die Übergabe an das Technikteam.
- **Ausführung**
  Technische Fachkräfte fahren zum Bedarfsort und führen Wartungs- oder Reparaturarbeiten gemäß den Vorgaben der Arbeitsanweisung durch. Dabei übernehmen sie Aufgaben wie Inspektionen, Diagnosen, Fehlerbehebungen, Reparaturen, den Austausch defekter Komponenten oder andere notwendige Maßnahmen, um die Geräte oder Systeme wieder in einen ordnungsgemäßen Betriebszustand zu versetzen.
- **Dokumentation**
  Während des Prozesses dokumentiert die technische Fachkraft Änderungen bzw. ihre Tätigkeiten. Sie erfasst auch die notwendigen Änderungen am Wartungsplan mit fehlenden und notwendigen Schritten. Abschließend meldet sie den Vorgang zurück und erfasst ggf. verbaute Serialnummern und Arbeitszeiten.
- **Wiedervorlage und Nachverfolgung**
  Sind weitere Schritte notwendig, die mit diesem Auftrag nicht abgeschlossen werden können, so werden diese erfasst und ggf. wird eine neue Wartung geplant oder ggf. bei der nächsten Wartung zusätzlich erledigt.
- **Abschluss und Feedback**
  Nachdem alle Aufgaben erledigt und erfasst sind, erfolgt der Abschluss des Auftrages. Hierbei können durch Feedback der Kunden oder technischen Fachkräfte Verbesserungen für Folgeaufträge abgeleitet werden, wodurch die Qualität steigt.

Abbildung 10.1 zeigt die Integration von SAP EAM mit den anderen SAP-Modulen. Hierbei ist zu beachten, dass die Integration Abhängigkeiten in alle Bereiche bringt, d. h., eine Stand-alone-Lösung funktioniert nicht bzw. würde langfristig Schnittstellen zu den entsprechenden Modulen benötigen.

Die Integration von SAP EAM mit den anderen SAP-Modulen hat den Vorteil, dass alle Bereiche immer den aktuellen Stand aller Informationen haben bzw. einsehen können. Die Grundlage einer effektiven Anlagenwartung bilden die Stammdaten, die in zentralen Stammdatentabellen gepflegt und verwaltet werden. Innerhalb der Anlagenwartung existieren verschiedene Stammdatentypen, darunter die folgenden:

- Anlagen
- Technische Plätze

- Objektspezifikationen und -merkmale
- Arbeitspläne
- Wartungspläne
- Codes mit Wartungshistorie
- Materialstücklisten (BOMs)
- Messpunkte
- Nutzungsdaten wie Verschleiß oder Verbrauch

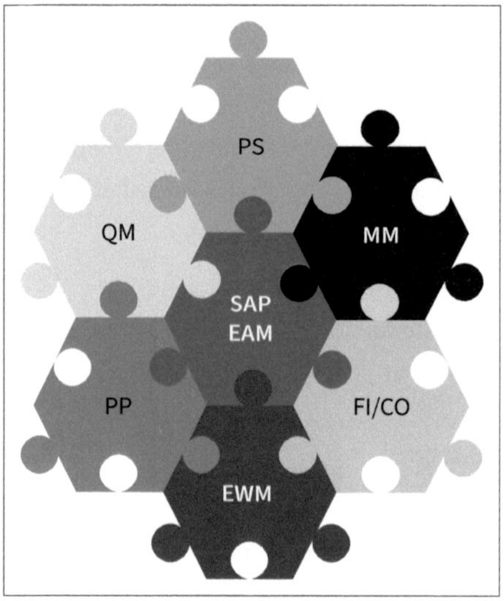

Abbildung 10.1: Integration von SAP EAM mit den anderen SAP-Modulen

Diese Stammdaten dienen als Ausgangspunkt für die Generierung von Bewegungsdaten im SAP-System. Mithilfe der Stammdaten können Sie beispielsweise:

- Wartungsprotokolle auf Basis der Stammdaten erstellen,
- Bestellungen generieren,
- Instandhaltungsaufträge anlegen,
- Meldungen anlegen.

Mit der EWM-Integration optimieren Sie Ihre logistischen Prozesse und die Bestandsverwaltung nachhaltig. Statt des Fixplatzprinzips können Sie auf eine chaotische Lagerverwaltung umstellen und profitieren von systemgeführten sowie mobilen Ein- und Auslagerungsprozessen. Auch die mobile Erfassung von Inventuren wird unterstützt.

Ein weiterer Vorteil ist die automatisierte und termingenaue Bereitstellung von Materialien für Reparatur- und Wartungsanfragen Ihrer Anlagen. Dadurch reduzieren sich Stillstandzeiten und Reparaturdauer deutlich.

Betrachten wir nun die Möglichkeiten der Bereitstellungsprozesse mit EWM. SAP stellt uns hier zwei Möglichkeiten zur Verfügung, die mittels Customizings an Ihre Unternehmensanforderungen angepasst werden können:

- **Lieferungsbasierte Versorgung**

  Der Instandhaltungsauftrag wurde von SAP nicht erweitert, sodass die lieferbasierten Produktionsbereitstellungsfunktionen nicht vorhanden sind. Die Bereitstellung erfolgt durch die Erstellung eines Materialbelegs, der wiederrum eine ERP-Auslieferung und in EWM einen Auslieferungsauftrag erstellt. Mit der Warenausgangsbuchung in EWM erfolgt die finale Erstellung des Materialbelegs mit Bewegungsart 261 und somit die Verbrauchsbuchung im ERP-System und in EWM.

  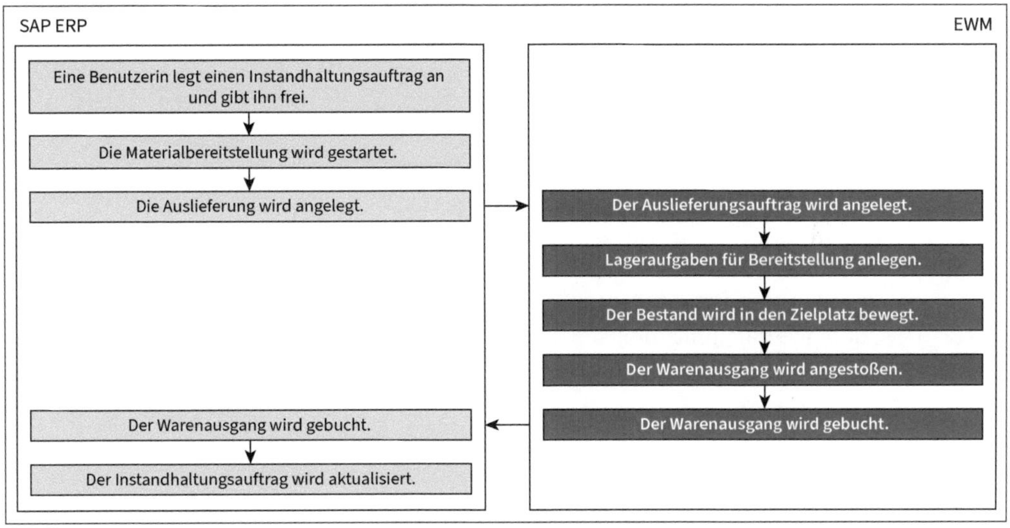
  SAP ERP
EWM
Eine Benutzerin legt einen Instandhaltungsauftrag an und gibt ihn frei.
Die Materialbereitstellung wird gestartet.
Die Auslieferung wird angelegt.
Der Auslieferungsauftrag wird angelegt.
Lageraufgaben für Bereitstellung anlegen.
Der Bestand wird in den Zielplatz bewegt.
Der Warenausgang wird angestoßen.
Der Warenausgang wird gebucht.
Der Warenausgang wird gebucht.
Der Instandhaltungsauftrag wird aktualisiert.

  Abbildung 10.2: Prozessablauf der lieferungsbasierten Versorgung

  Abbildung 10.2 zeigt den globalen Prozessablauf:

  - Erstellung und Freigabe des Instandhaltungsauftrags
  - Start und Anstoß der Materialbereitstellung
  - Erstellung einer Auslieferung und Replizierung an EWM
  - Erstellung der Lageraufgaben zur Kommissionierung (Wellen sind möglich) gemäß der Auslieferung
  - Kommissionieren und Bereitstellen der Ersatzteile
  - Warenausgang buchen
  - Aktualisieren des Instandhaltungsauftrags

- **Erweiterte Produktionsintegration**

  Die erweiterte Produktionsintegration stellt eine zusätzliche Option im Prozessablauf dar. Diese Funktion ist jedoch nicht standardmäßig verfügbar, sondern gehört zu den

Add-on-Leistungen von SAP Consulting. Da es sich um eine kostenpflichtige Lösung handelt, wird der zugrundeliegende Prozess in diesem Buch nicht im Detail behandelt. Die Vorteile dieser Lösung sind die folgenden:

- Verwendung des Objektes Produktionsmaterialanforderung, das mehr Flexibilität im Bereitstellungsprozess mit EWM bietet.
- Bereitstellung bzw. Versorgung erfolgt mittels der neuen EWM-Optionen.
- EWM unterstützt auftragsspezifische, auftragsübergreifende und manuelle Bereitstellung.
- Status-, Termin- und Mengenupdates werden automatisch in die Produktionsmaterialanforderung übertragen.
- Das System erlaubt Ihnen, die Bereitstellung per App oder automatisch im Hintergrund anzustoßen.

10.2 Bereitstellungs- und Warenausgangsprozess mit Instandhaltungsaufträgen

Betrachten wir nun den Geschäftsprozess, die Konfiguration, die notwendigen Stammdaten sowie eine Prozessdemo für die Bereitstellung bzw. Versorgung von Ersatzteilen bzw. deren Verbuchung für Instandhaltungsaufträge.

10.2.1 Geschäftsprozess

In Abbildung 10.3 sehen Sie den Geschäftsprozess für Instandhaltungsaufträge mit lieferungsbasierter Versorgung. Gibt es Bedarf für ein Ersatzteil, starten Sie mit der Anlage des Instandhaltungsauftrages. Nach der Anlage mit allen Informationen erfolgt die Fehlteilprüfung und anschließend die Freigabe des Auftrages. Dabei legt das SAP-System auch eine Meldung an. Die Instandhaltungsfachkraft stößt nun die Kommissionierung mit der Transaktion **MIGO** oder **MB26** für ihren Auftrag im SAP-System an. Im Hintergrund erfolgt die Erstellung der ERP-Auslieferung, die an EWM repliziert wird. Mit dem EWM-Auslieferungsauftrag erfolgt nun die Kommissionierung und Bereitstellung an den Zielplatz durch die Lagerfachkraft. Hierbei erstellt sie Lageraufgaben zum Auslieferungsauftrag und kommissioniert und quittiert diese in der mobilen Umgebung des EWMs (**RFUI**). Sofern relevant, erfasst er die Serialnummern bzw. verifiziert die Charge. Sobald die Ersatzteile am Zielplatz angekommen sind, erfolgt nach Übergabe an die technische Fachkraft die Warenausgangsbuchung in EWM. Mit dieser Buchung erfolgt auch die Materialbelegserstellung im ERP-System, und der Status des Instandhaltungsauftrags wird aktualisiert.

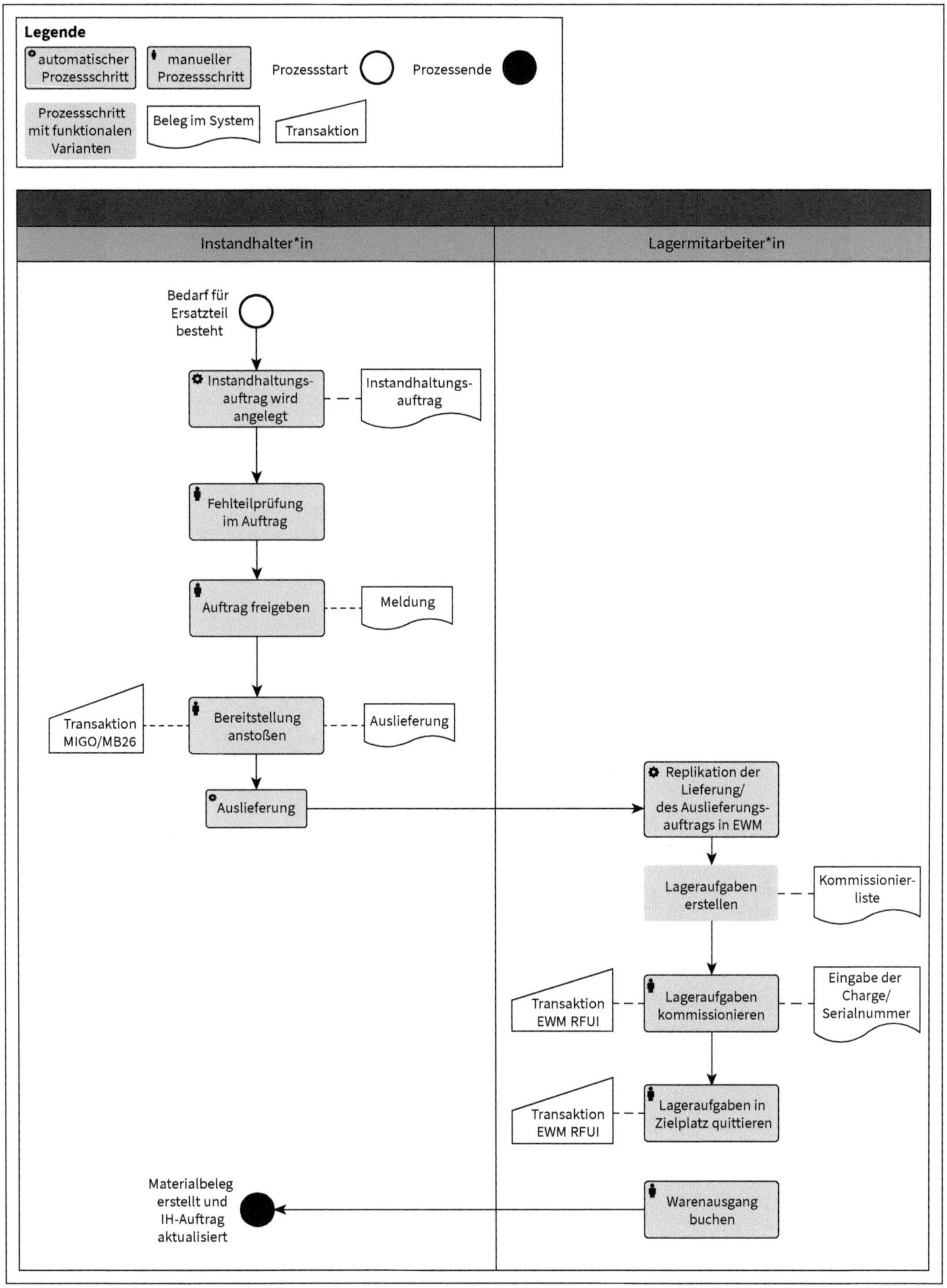

Abbildung 10.3: Instandhaltungsauftrag mit lieferungsbasierter Versorgung

10.2.2 Konfiguration

In diesem Abschnitt starten wir nun mit den notwendigen Customizing-Schritten für die Aktivierung der EWM-Integration, um Instandhaltungsaufträge bereitzustellen.

[»]

Abladestelle als weiteren Steuerparameter für die Bereitstellung verwenden

Sie können die Bereitstellung feiner steuern, wenn Sie die Abladestelle als weiteren Steuerparameter verwenden, wie in Abschnitt 4.6 »Manuell erstellte Reservierungen abwickeln« besprochen.

1. **BC-Sets in EWM aktivieren**

   Spielen Sie mit der Transaktion **SCPR20 – Aktivierung von BC-Sets** das BC-Set **/SCWM/DLV_OUTBOUND_PM** ein. Hierzu tragen Sie das Set ein, betätigen mit **Enter** und aktivieren es mit F7 (siehe Abbildung 10.4).

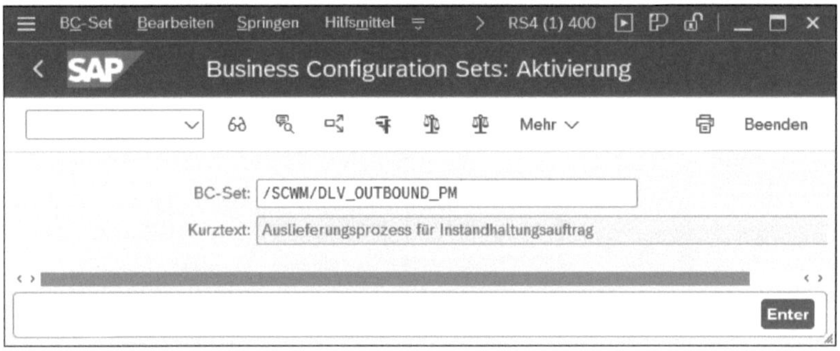

Abbildung 10.4: BC-Set einspielen

2. **Mengenverrechnungsprofile definieren**

   Im nächsten Schritt passen Sie das Mengenverrechnungsprofil an und aktivieren die Erstellung von Serialnummern. Springen Sie hierzu zum IMG-Pfad **SCM Extended Warehouse Management • Extended Warehouse Management • Prozessübergreifende Einstellungen • Lieferung – Lageranforderung • Mengenverrechnung • Mengenverrechnungsprofile definieren**. Wählen Sie hier das Mengenverrechnungsprofil **/SCWM/OUT_PRD_DLV_PM** aus und klicken Sie anschließend auf **Zuordnung Mengenrollen**. Entfernen Sie das Kennzeichen im Feld **Inaktiv** für die Mengenrolle **SN** (siehe Abbildung 10.5).

3. **Belegarten aus dem ERP-System in EWM abbilden**

   Mappen Sie nun Ihre Belegart für den Instandhaltungsauftrag in EWM. Springen Sie hierzu zum IMG-Pfad **SCM Extended Warehouse Management • Extended Warehouse Management • Schnittstellen • ERP-Integration • Lieferabwicklung • Belegarten aus**

dem ERP-System in EWM abbilden. Wählen Sie nun im Feld **Belegart aus ERP** den Eintrag **DOG** und im Feld **CdeInitKommKett** (Code für den Initiator einer Kommunikationskette) den Eintrag **PMD** aus, und ändern Sie das Feld **Belegart** auf **OPM** (siehe Abbildung 10.6). Klicken Sie anschließend auf **Sichern**, um Ihre Angaben zu speichern.

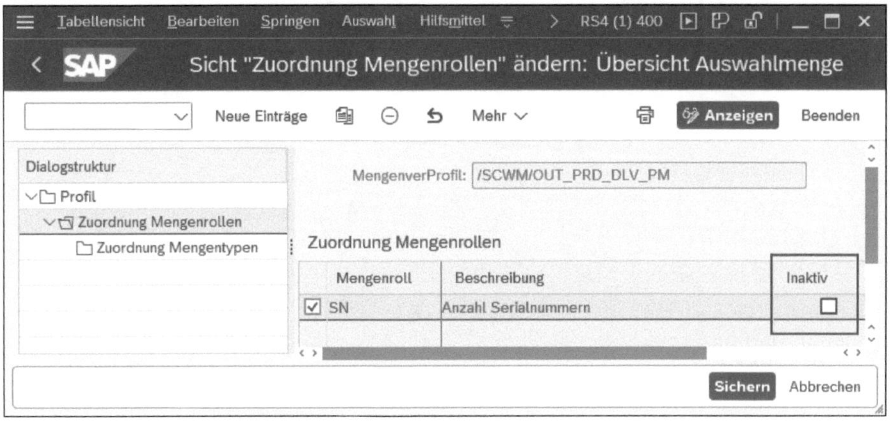

Abbildung 10.5: Mengenverrechnungsprofil definieren

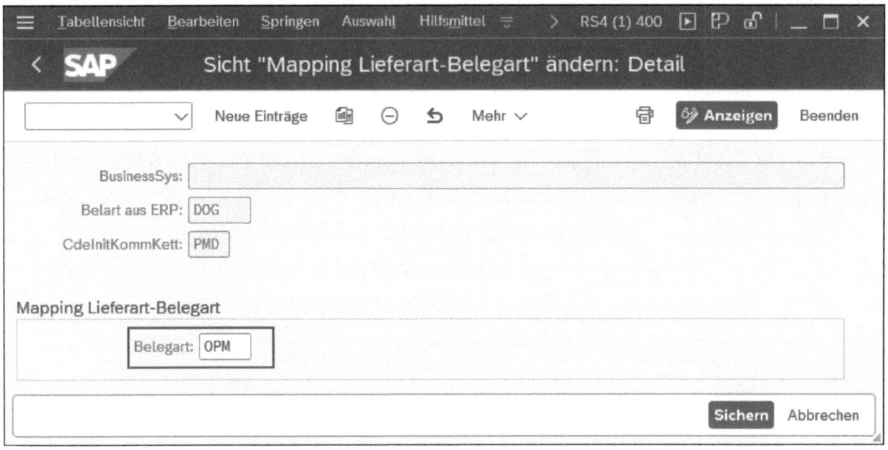

Abbildung 10.6: Belegarten aus dem ERP-System in EWM abbilden

4. **Positionsarten aus dem ERP-System in EWM abbilden**

   Mappen Sie nun die Positionsarten in EWM. Springen Sie dazu im IMG-Pfad zu **SCM Extended Warehouse Management • Extended Warehouse Management • Schnittstellen • ERP-Integration • Lieferabwicklung • Positionsarten aus dem ERP-System in EWM abbilden**. Klicken Sie auf **Neue Einträge** und erfassen Sie bei **Belegart aus ERP** den Wert **DOG**, bei **PosArt ERP** den Wert **DOGN** und bei **Belegart** den Wert **OPM** (siehe Abbildung 10.7). Klicken Sie abschließend auf **Sichern**.

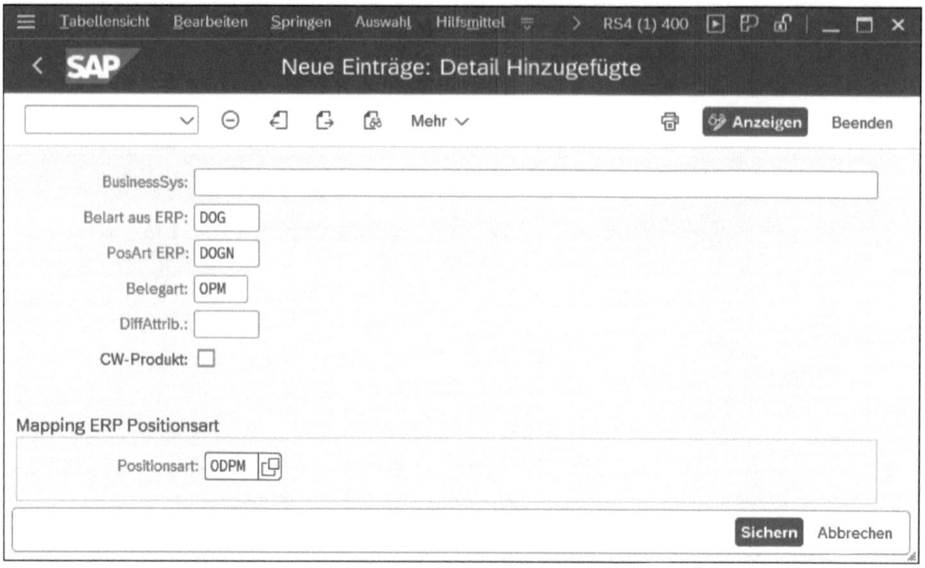

Abbildung 10.7: Positionsarten aus dem ERP-System in EWM abbilden

5. **Lagerprozessart finden**

   Hinterlegen Sie nun als letzten Schritt für Ihre Belegart **OPM** eine Lagerprozessart. Diese wird für die Lageraufgabenerstellung und deren Suchreihenfolge benötigt. Sollte Sie hier besondere Aussteuerungen benötigen, legen Sie zuvor eine neue Lagerprozessart in EWM an. Springen Sie im Customizing zu **SCM Extended Warehouse Management • Extended Warehouse Management • Prozessübergreifende Einstellungen • Lageraufgabe • Lagerprozessart finden**. Klicken Sie auf **Neue Einträge** und erfassen Sie für Ihre Lagernummer die Belegart **OPM** und die Lagerprozessart **2010** (siehe Abbildung 10.8). Klicken Sie abschließend auf **Sichern**.

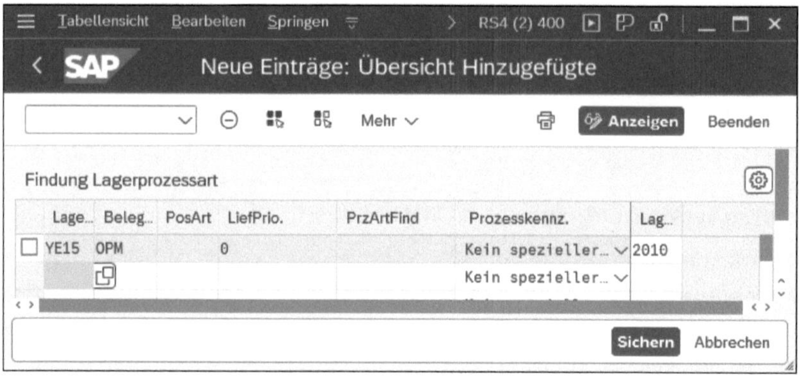

Abbildung 10.8: Lagerprozessart finden

10.2.3 Stammdaten

In diesem Abschnitt erläutern wir Ihnen die notwendigen Stammdaten für den Bereitstellungsprozess eines Instandhaltungsauftrags.

1. **Materialstamm für Ersatzteil im ERP-System oder SAP S/4HANA erstellen**

   Legen Sie in der Transaktion **MM01 – Materialstamm anlegen** einen Datensatz mit der Materialart »Fertigerzeugnisse«, »Ersatzteil« oder »Rohstoffe« und Ihrer Branche an (siehe Abbildung 10.9). Pflegen Sie anschließend die Sichten **Grunddaten 1, Grunddaten 2, Arbeitsvorbereitung, Allg.Werksdaten / Lagerung 1, Allg.Werksdaten / Lagerung 2, Buchhaltung 1** und **Buchhaltung 2**.

   Sofern Sie mit einem serialisierten Material arbeiten wollen, pflegen Sie zusätzlich das Serialnummernprofil in der Sicht **Arbeitsvorbereitung**.

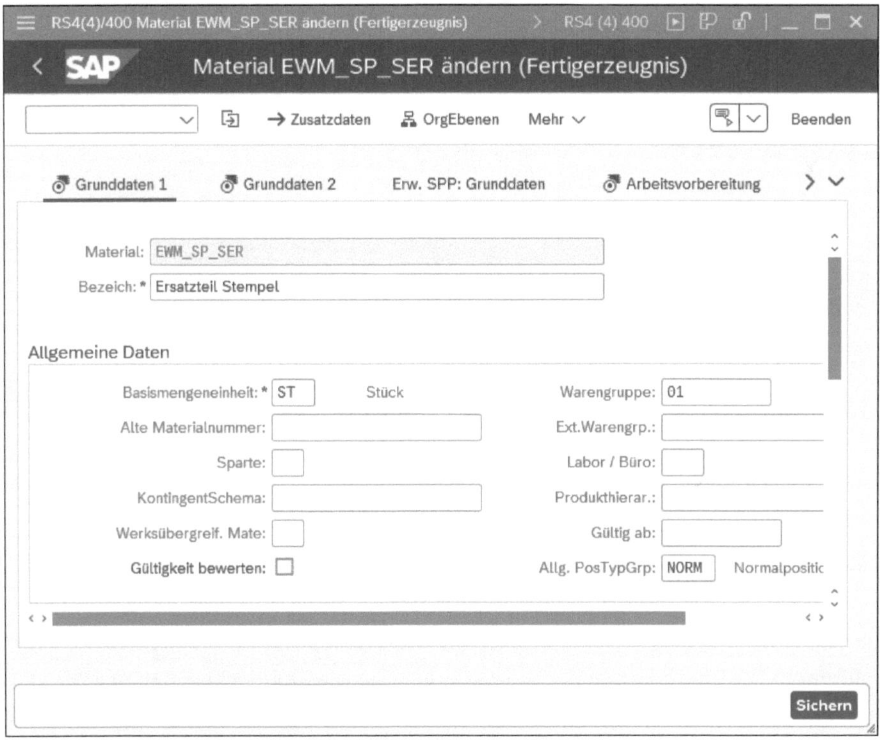

Abbildung 10.9: Material anlegen

2. **Vorhandenes Equipment prüfen**

   Suchen Sie mit der Transaktion **IE03 – Equipment anzeigen** ein Equipment zu Ihrem Standort aus (siehe Abbildung 10.10).

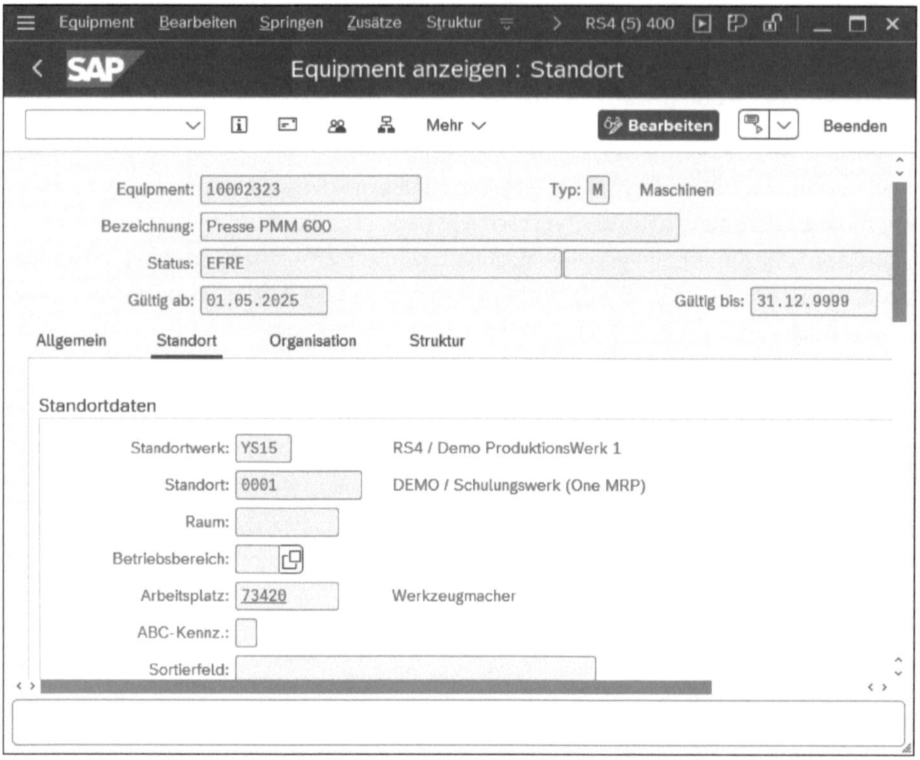

Abbildung 10.10: Equipment anzeigen

10.2.4 Prozessdemo

Nachdem Sie alle Einstellungen und Stammdaten im System gepflegt haben, können Sie nun den Geschäftsprozess durchspielen:

1. **Instandhaltungsauftrag anlegen**

   Zur Anlage eines Instandhaltungsauftrag rufen Sie die Transaktion **IW31 – Instandhaltungsauftrag anlegen** auf. Fügen Sie hier bei **Aufart** den Wert **PM01** sowie im Feld **Equipment** Ihr Equipment ein und bestätigen Sie dies mit ↵. Pflegen Sie nun den Kurztext ❶ sowie die Felder **Planergrp**, **VerArbPl** ❷ und **Eckstart** ❸, wie in Abbildung 10.11 gezeigt.

   Im Anschluss klicken Sie auf **Komponenten** und hinterlegen Ihr Ersatzteil (siehe Abbildung 10.12). Fügen Sie hier die Materialnummer in das Feld **Komponente** ein und geben Sie die Bedarfsmenge, den Positionstyp **(PT) L** sowie Ihren EWM-Lagerort (**LOrt**) und das Werk an. Klicken Sie abschließend auf **Sichern**, um Ihren Instandhaltungsauftrag zu speichern.

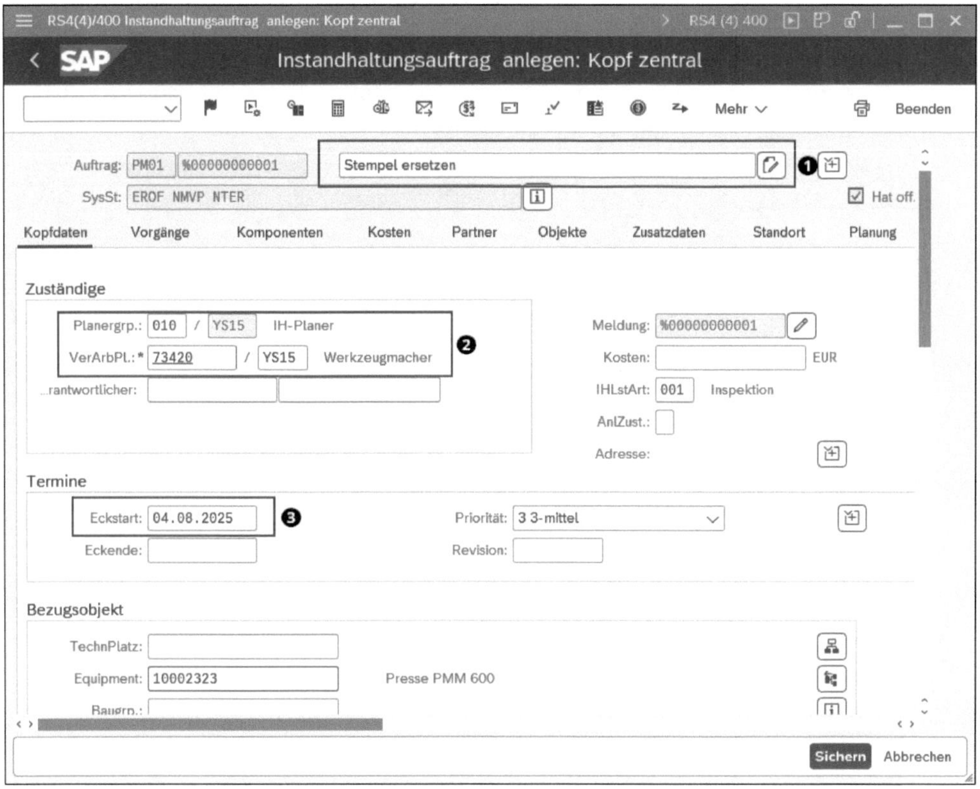

Abbildung 10.11: Anlage Instandhaltungsauftrag

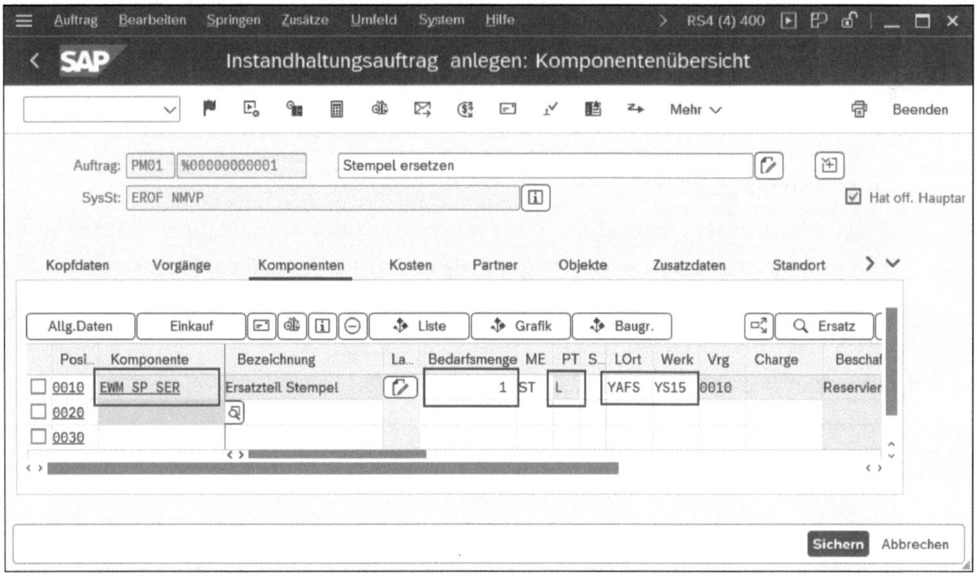

Abbildung 10.12: Komponenten hinterlegen

2. **Meldung anzeigen**

   Mit der Transaktion **IW23 – IH-Meldung anzeigen** können Sie sich die eben erstellte Meldung zum Instandhaltungsauftrag anzeigen lassen (siehe Abbildung 10.13). Bestätigen Sie diese nach Aufruf der Transaktion mit [↵].

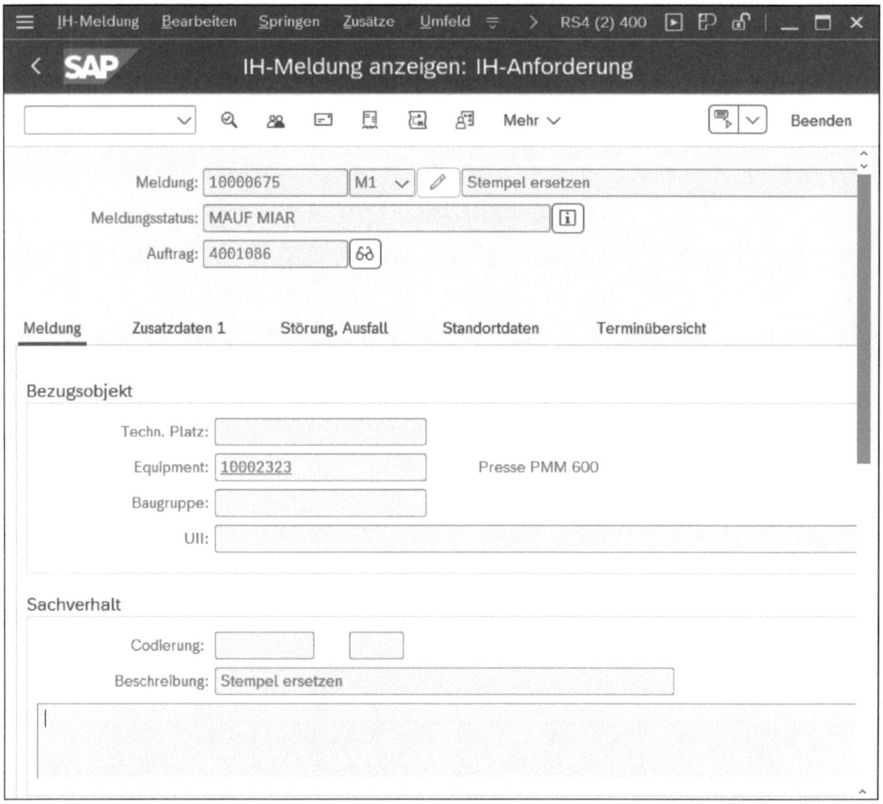

Abbildung 10.13: Meldung anzeigen

3. **Instandhaltungsauftrag freigeben**

   Öffnen Sie nun die Transaktion **IW32 – Auftrag ändern** und bestätigen Sie mit [↵]. Klicken Sie nun auf das Icon (**Freigabe**) ❶ und abschließend auf **Sichern** ❷, wie in Abbildung 10.14 gezeigt. Im Hintergrund wird die Reservierung erstellt, die als Grundlage für die Bereitstellung dient.

4. **Reservierung anzeigen**

   Springen Sie erneut mit der Transaktion **IW32** in den Instandhaltungsauftrag und wählen Sie den Reiter **Komponenten** aus. Klicken Sie hier auf **Allg.Daten**, um die Reservierung anzuzeigen (siehe Abbildung 10.15).

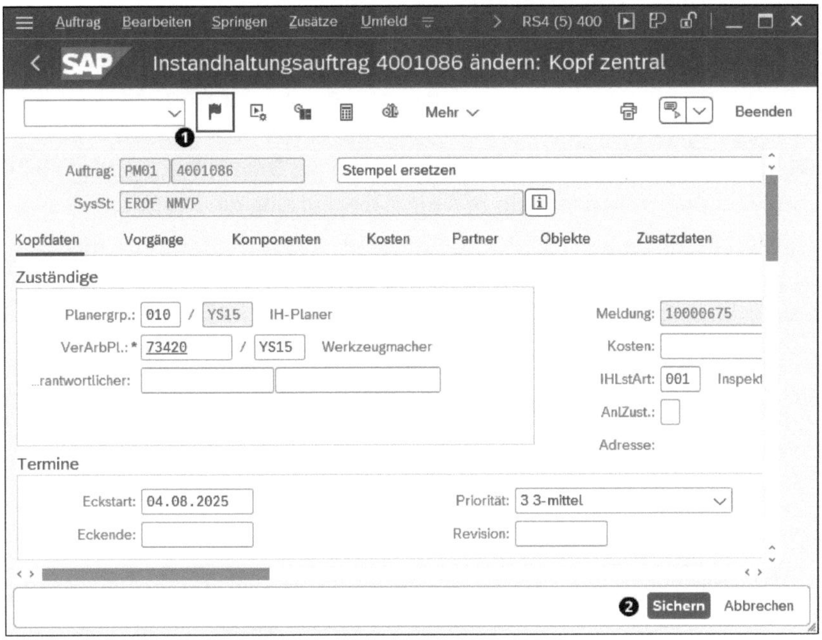

Abbildung 10.14: Instandhaltungsauftrag freigeben

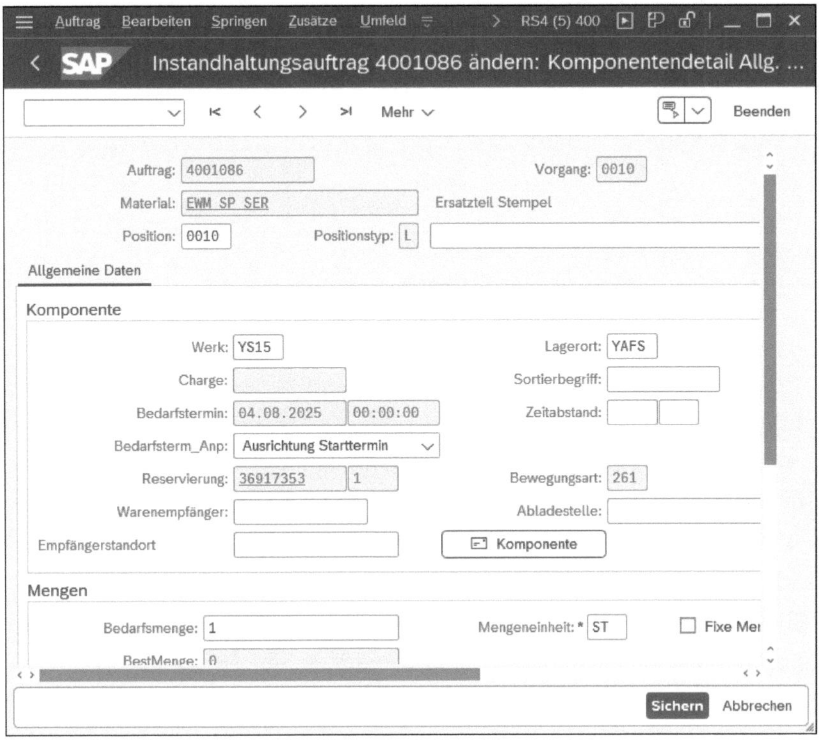

Abbildung 10.15: Reservierung anzeigen

5. **Lieferung für Instandhaltungsauftrag erstellen**

   Mit der Anlage der Lieferung stoßen Sie den EWM-Prozess für die Kommissionierung und Verbringung der Ware an. Springen Sie hierzu in die Transaktion **MIGO**, fügen Sie anschließend in der Selektion Ihre Auftragsnummer ein und bestätigen Sie mit [↵] (siehe Abbildung 10.16). Setzen Sie das Kennzeichen bei **OK**. Klicken Sie abschließend auf **Buchen**. Das SAP-System erstellt nun eine Auslieferung die automatisch an EWM repliziert wird.

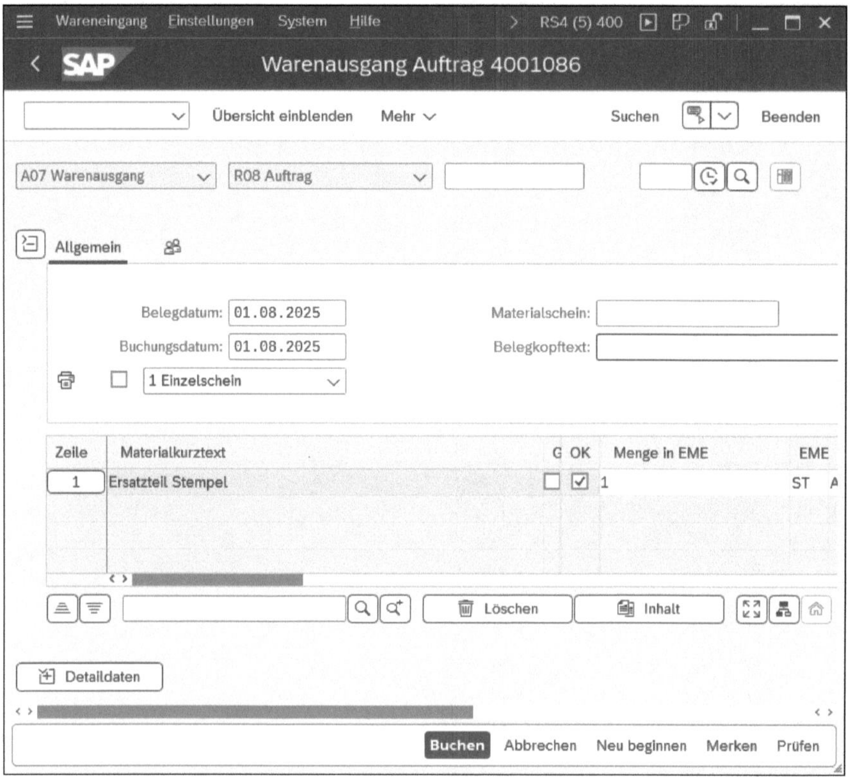

Abbildung 10.16: Warenausgang: Auftrag

6. **Auslieferung anzeigen**

   In der Transaktion **VL03n – Auslieferung anzeigen** können Sie sich nun die Auslieferung anzeigen lassen. Springen Sie anschließend mit [↵] in die Detailansicht (siehe Abbildung 10.17). Kopieren Sie die Auslieferungsnummer für die folgenden Schritte.

7. **EWM-Auslieferung anzeigen**

   Öffnen Sie nun die Transaktion **/SCWM/PRDO – Auslieferungsauftrag pflegen**, fügen Sie Ihre Auslieferung in das Suchfeld ein und betätigen Sie [F8], um die Auslieferung zu selektieren (siehe Abbildung 10.18).

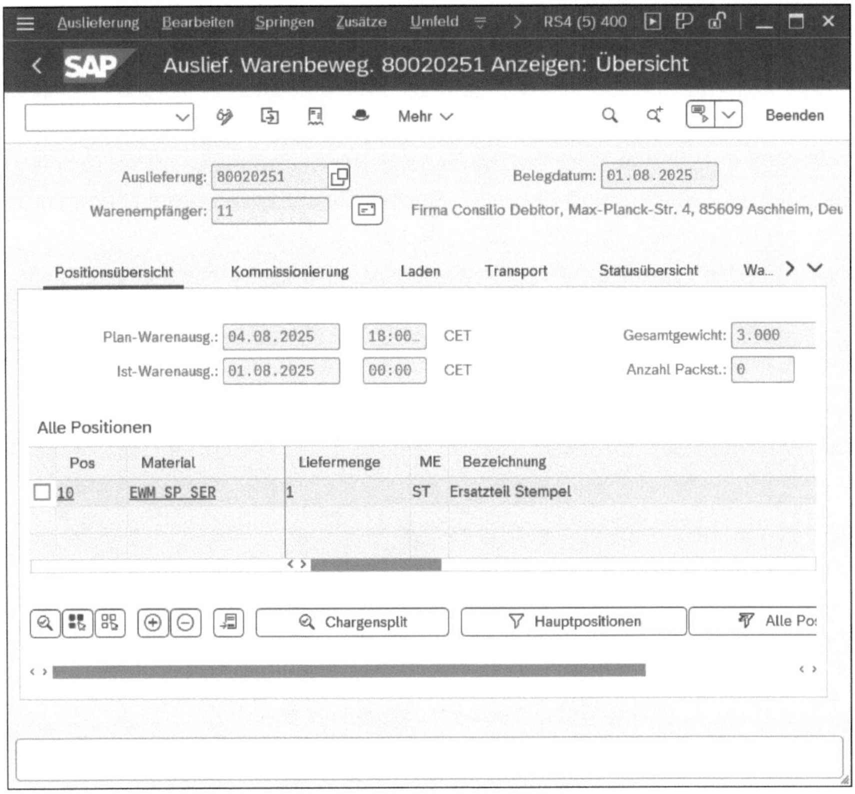

Abbildung 10.17: Lieferung anzeigen

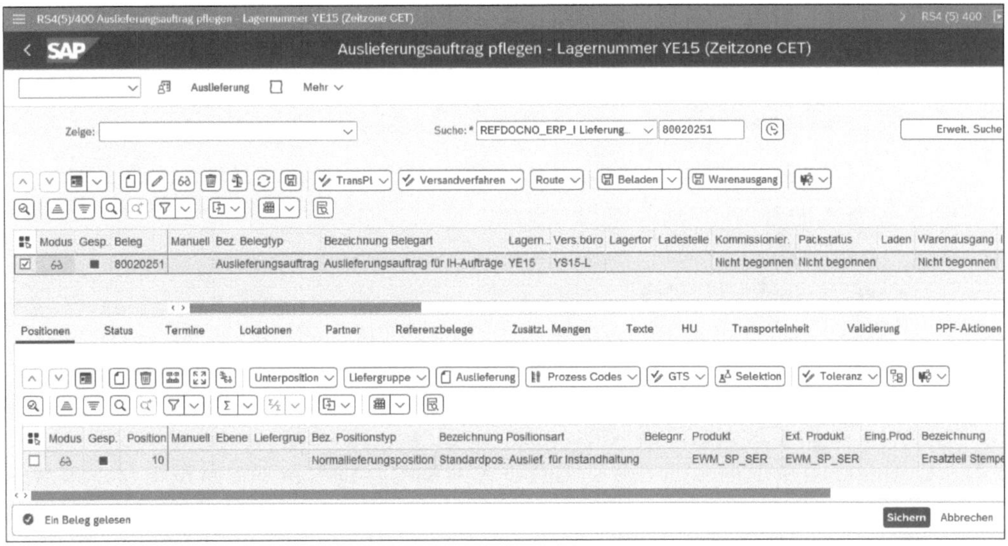

Abbildung 10.18: Auslieferungsauftrag anzeigen

8. **Lageraufgabe erstellen**

   Um die Lageraufgabe anzulegen, klicken Sie in der Kopfzeile der Transaktion **/SCWM/PROD** auf **Auslieferungsauftrag • Folgefunktion • Lageraufgabe**. Klicken Sie dann im Folgescreen auf **Anlegen + Sichern**, um die Lageraufgabe anzulegen. In Abbildung 10.19 sehen Sie die Vorgabe der Serialnummer in der Lageraufgabe, die durch die ERP-Auslieferung an EWM übermittelt wurde. Sichern Sie die Lagerauftragsnummer in Ihrem Zwischenspeicher.

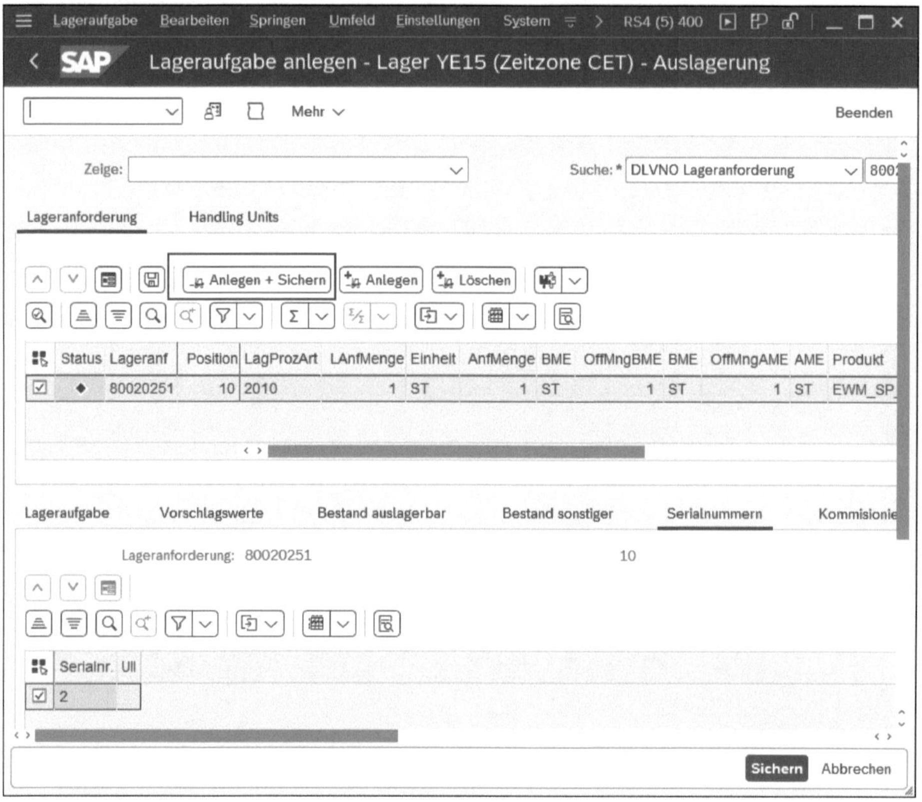

Abbildung 10.19: Lageraufgabe anlegen

9. **Lageraufgabe quittieren**

   Zur Vereinfachung des Prozesses erfolgt die Quittierung nicht über RFUI, sondern über die Transaktion **/SCWM/TO_CONF**. Geben Sie die Lagerauftragsnummer aus Ihrem Zwischenspeicher ein und klicken Sie auf **Suche ausführen**. Wählen Sie die zu buchende Position aus und klicken Sie auf **Quittieren + Sichern** (siehe Abbildung 10.20). Ihr Ersatzteil befindet sich nun in der Warenausgangszone und ist bereit für die Warenausgangsbuchung.

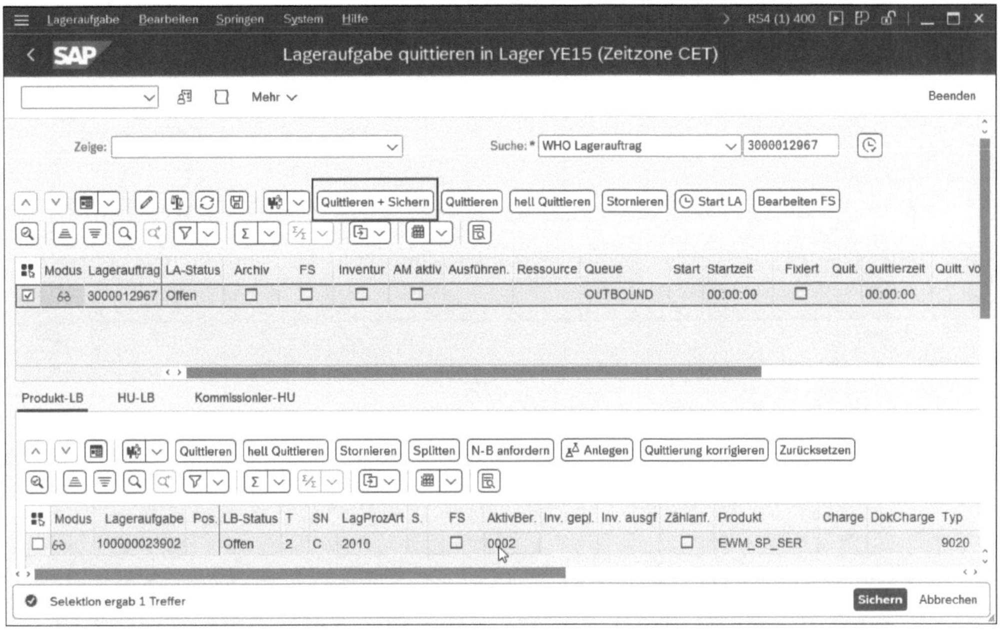

Abbildung 10.20: Lageraufgabe quittieren

10. **Warenausgangsbuchung durchführen**

    Im nächsten Schritt buchen Sie den Warenausgang zu Ihrer Auslieferung. Springen Sie hierzu in die Transaktion **/SCWM/PRDO – Auslieferungsauftrag pflegen**. Fügen Sie Ihre Auslieferung in das Suchfeld ein, betätigen Sie mit [F8], um sie zu selektieren ❶, und klicken Sie als Nächstes auf **Warenausgang** ❷, wie in Abbildung 10.21 gezeigt. Der Warenausgang wird somit in EWM gebucht und an das ERP-System repliziert. Durch die Buchung erfolgt die Materialbelegserstellung im ERP-System. Zudem erfolgt ein Update des Status auf den Instandhaltungsauftrag.

11. **Materialbeleg zur Auslieferung anzeigen**

    Für die Anzeige des Materialbelegs öffnen Sie im ERP-System die Transaktion **VL03n – Auslieferung anzeigen**. Fügen Sie hier die Auslieferung ein und bestätigen Sie mit [↵]. Drücken Sie anschließend [F7], um in den Belegfluss zu springen. Wählen Sie hier das Dokument aus und klicken Sie anschließend auf **Beleg anzeigen**. In Abbildung 10.22 sehen Sie die Inhalte des Materialbelegs mit der kommissionierten Seriennummer und der Zuordnung zum Instandhaltungsauftrag. Die Kosten sind somit auf den Instandhaltungsauftrag gebucht.

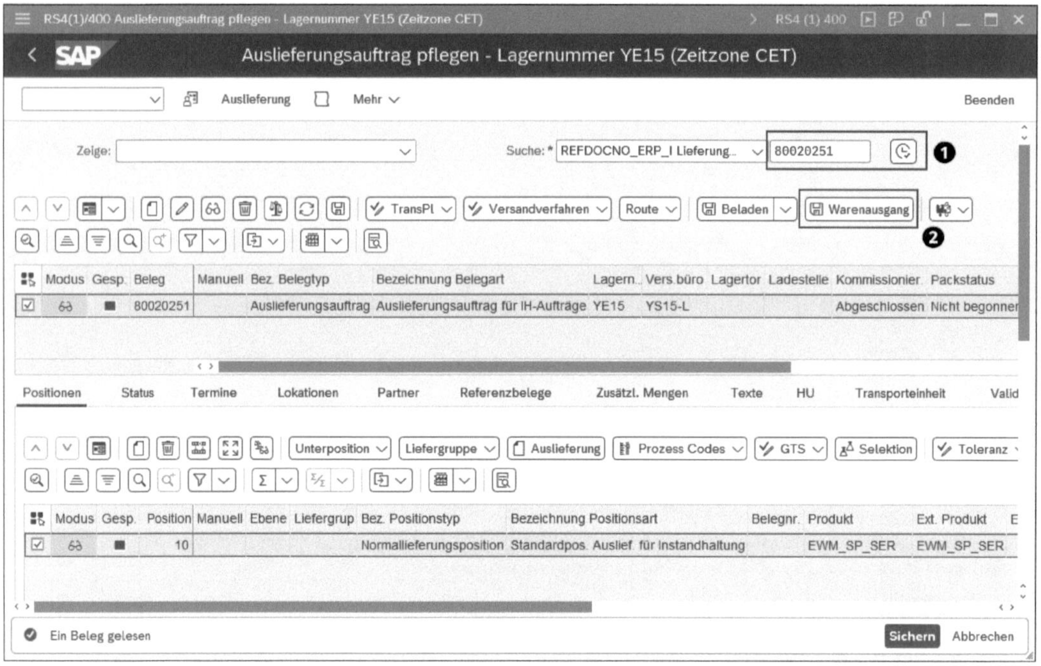

Abbildung 10.21: Warenausgang buchen

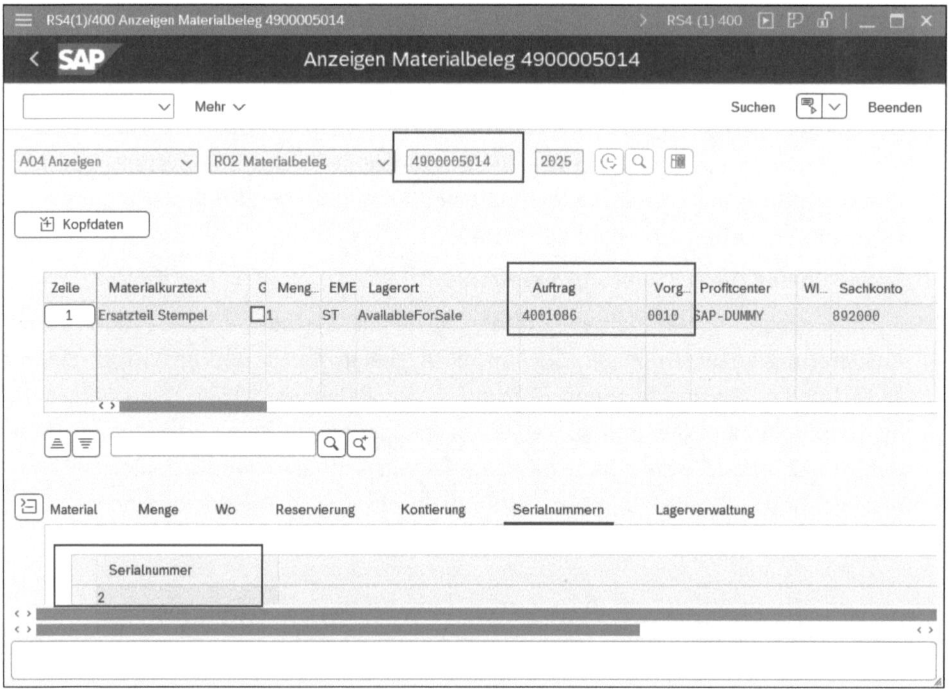

Abbildung 10.22: Materialbeleg

12. **Status des Instandhaltungsauftrags prüfen**

    Abschließend prüfen Sie den Systemstatus des Instandhaltungsauftrags. Springen Sie dazu in die Transaktion **IW33 – Auftrag anzeigen**. Geben Sie Ihre Auftragsnummer ein und bestätigen Sie mit [↵]. Der Systemstatus **WABE** wurde jetzt gesetzt, weitere Details erhalten Sie durch einen Klick auf das Icon [i] (**Status**) (siehe Abbildung 10.23).

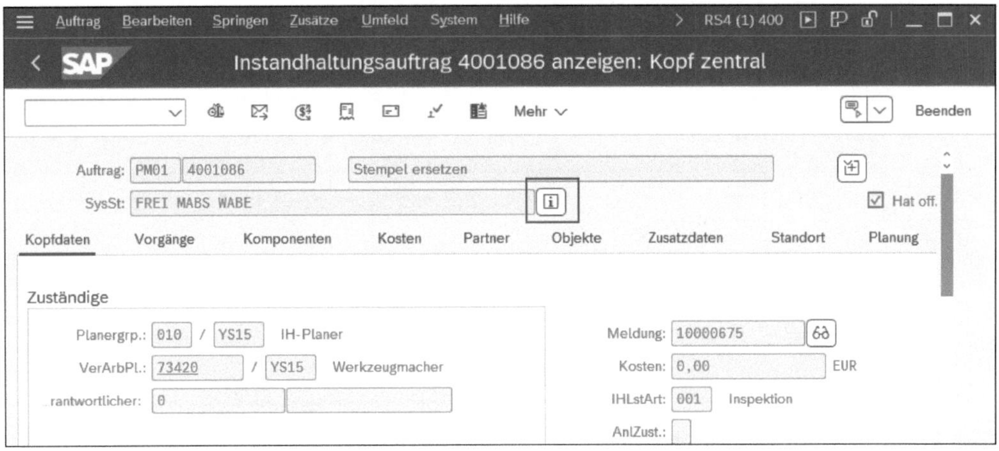

Abbildung 10.23: Systemstatus des Auftrags

Die Bereitstellung ist nun abgeschlossen.

10.3 Wareneingangsprozesse mit Instandhaltungsauftrag

Betrachten wir nun den Geschäftsprozess, die Konfiguration und die notwendigen Stammdaten sowie eine Prozessdemo für den Wareneingang von Ersatzteilen, die mit einem Aufarbeitungsauftrag abgewickelt werden.

10.3.1 Geschäftsprozess

In Abbildung 10.24 sehen Sie den Geschäftsprozess für die Aufarbeitung. Am Anfang steht ein defektes Ersatzteil, das eine Aufarbeitung benötigt. Als Grundlage dient ein Instandhaltungsauftrag (Aufarbeitungsauftrag) der von der Instandhaltungsfachkraft angelegt wird. Nach Eingabe der Daten erfolgt die Freigabe des Auftrages und die logistische Abwicklung der Bereitstellung. Liegt der Instandhaltungsfachkraft das Ersatzteil vor, überarbeitet sie es und bucht anschließend den Wareneingang mit der Transaktion **MIGO**. Durch diese Buchung erstellt das ERP-System eine Anlieferung, die ins EWM repliziert wird. Mit der EWM-Anlieferung wird die Lageraufgabe erstellt, die die Lagerfachkraft für die Einlagerung verwendet. Mithilfe der mobilen EWM-Anwendungen (**RFUI**) quittiert sie die Lageraufgaben. Durch die Quittierung erfolgt automatisch die finale Wareneingangsbuchung in EWM und im ERP-System. Im ERP-System wird der Materialbeleg erstellt und der IH-Auftrag aktualisiert.

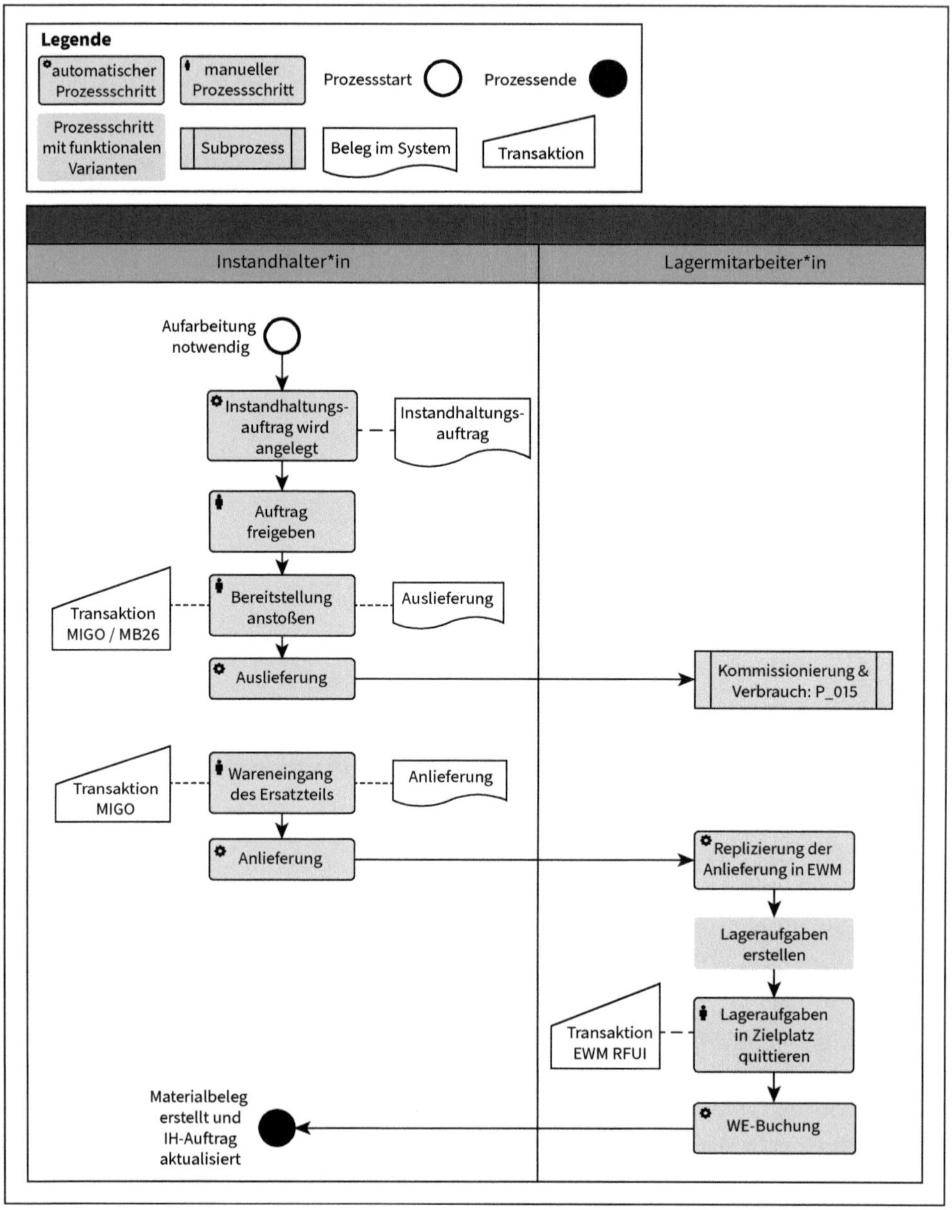

Abbildung 10.24: Wareneingang eines Aufarbeitungsauftrags

10.3.2 Konfiguration

In diesem Abschnitt gehen wir die notwendigen Customizing-Schritte zur Aktivierung der EWM-Integration für den Wareneingang von Instandhaltungsaufträgen durch:

1. **BC-Sets in EWM aktivieren**

   Spielen Sie mit der Transaktion **SCPR20 – Aktivierung von BC-Sets** das BC-Set **/SCWM/DLV_INBOUND_PM** ein. Hierzu tragen Sie das Set ein, betätigen mit **Enter** und aktivieren es mit [F7] (siehe Abbildung 10.25).

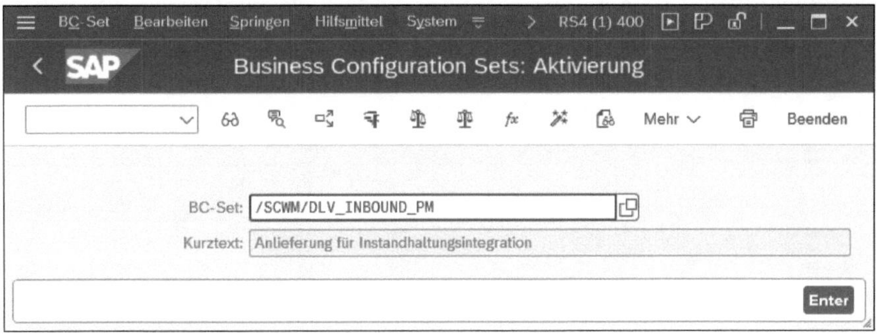

Abbildung 10.25: BC-Set einspielen

2. **Mengenverrechnungsprofile definieren**

   Im nächsten Schritt passen Sie das Mengenverrechnungsprofil an und aktivieren die Erstellung von Serialnummern. Springen Sie hierzu zum IMG-Pfad **SCM Extended Warehouse Management • Extended Warehouse Management • Prozessübergreifende Einstellungen • Lieferung – Lageranforderung • Mengenverrechnung • Mengenverrechnungsprofile definieren**. Wählen Sie hier das Mengenverrechnungsprofil **/SCWM/INB_PRD_DLV_PM** aus und klicken Sie danach auf **Zuordnung Mengenrollen**. Entfernen Sie das Kennzeichen im Feld **Inaktiv** für die Mengenrolle **SN** (siehe Abbildung 10.26).

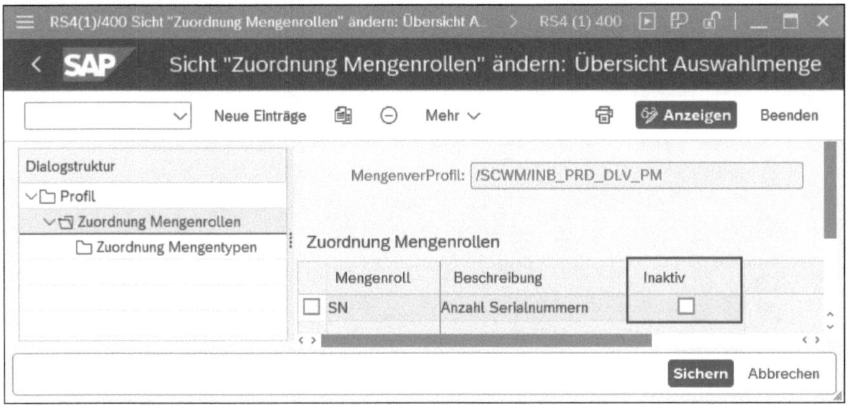

Abbildung 10.26: Mengenverrechnungsprofile definieren

3. **Belegarten aus dem ERP-System in EWM abbilden**

   Mappen Sie nun Ihre Belegart für den Instandhaltungsauftrag in EWM. Springen Sie hierzu zum IMG-Pfad **SCM Extended Warehouse Management • Extended Warehouse**

Management • Schnittstellen • ERP-Integration • Lieferabwicklung • Belegarten aus dem ERP-System in EWM abbilden. Geben Sie im Feld **Belegart aus ERP** den Eintrag **DIG** und im Feld **CdeInitKommKett** (Code für den Initiator einer Kommunikationskette) den Eintrag **PMD** ein, und ändern Sie anschließend das Feld **Belegart** auf **IPM** (siehe Abbildung 10.27). Sollte der Eintrag nicht existieren, fügen Sie ihn über **Neue Einträge** hinzu.

Abbildung 10.27: Belegarten aus dem ERP-System in EWM abbilden

4. **Positionsarten aus dem ERP-System in EWM abbilden**

   Mappen Sie nun die Positionsarten in EWM. Springen Sie dazu zum IMG-Pfad **SCM Extended Warehouse Management • Extended Warehouse Management • Schnittstellen • ERP-Integration • Lieferabwicklung • Positionsarten aus dem ERP-System in EWM abbilden**. Klicken Sie auf **Neue Einträge** und erfassen Sie bei **Belegart aus ERP** den Wert **DIG**, bei **PosArt ERP** den Wert **DIGN** und bei **Belegart** den Wert **IPM** (siehe Abbildung 10.28). Klicken Sie abschließend auf **Sichern**.

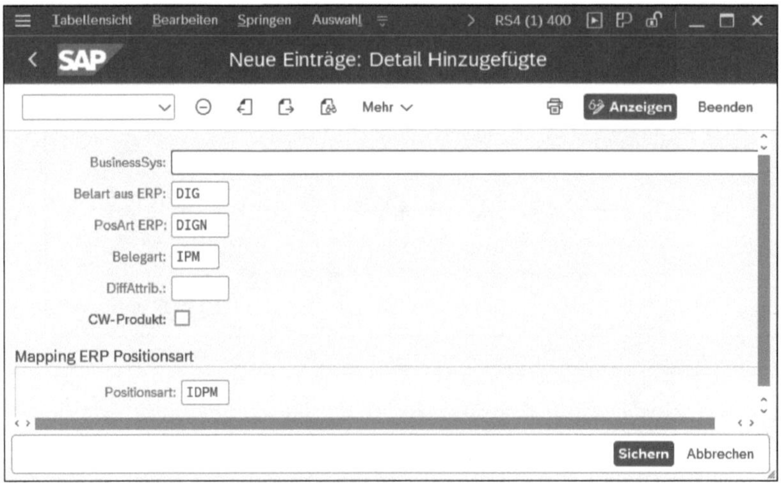

Abbildung 10.28: Positionsarten aus dem ERP-System in EWM abbilden

5. **Lagerprozessart finden**

   Hinterlegen Sie nun im letzten Schritt für Ihre Belegart **IPM** eine Lagerprozessart. Diese benötigen Sie für die Lageraufgabenerstellung und deren Suchreihenfolge. Sollten Sie hier besondere Aussteuerungen benötigen, legen Sie zuvor eine neue Lagerprozessart in EWM an. Springen Sie dazu im Customizing zu **SCM Extended Warehouse Management • Extended Warehouse Management • Prozessübergreifende Einstellungen • Lageraufgabe • Lagerprozessart finden**. Klicken Sie auf **Neue Einträge** und erfassen Sie für Ihre Lagernummer die Belegart **IPM** und die Lagerprozessart **1010** (siehe Abbildung 10.29). Klicken Sie abschließend auf **Sichern**.

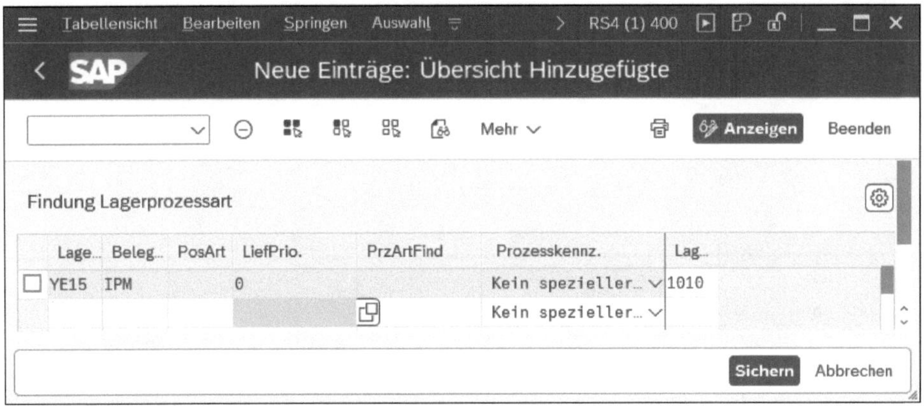

Abbildung 10.29: Lagerprozessart finden

10.3.3 Stammdaten

Sofern Sie in Abschnitt 10.2.3 keinen Materialstamm angelegt haben, legen Sie ihn nun mit der Transaktion **MM01 – Materialstamm anlegen** an. Legen Sie einen Datensatz mit der Materialart »Fertigerzeugnisse«, »Ersatzteil« oder »Rohstoffe« und Ihrer Branche an (siehe Abbildung 10.30). Pflegen Sie die Sichten **Grunddaten 1**, **Grunddaten 2**, **Arbeitsvorbereitung**, **Allg.Werksdaten / Lagerung 1**, **Allg.Werksdaten / Lagerung 2**, **Buchhaltung 1** und **Buchhaltung 2**. Sofern Sie mit einem serialisierten Material arbeiten wollen, pflegen Sie zusätzlich das Serialnummernprofil in der Sicht **Arbeitsvorbereitung**.

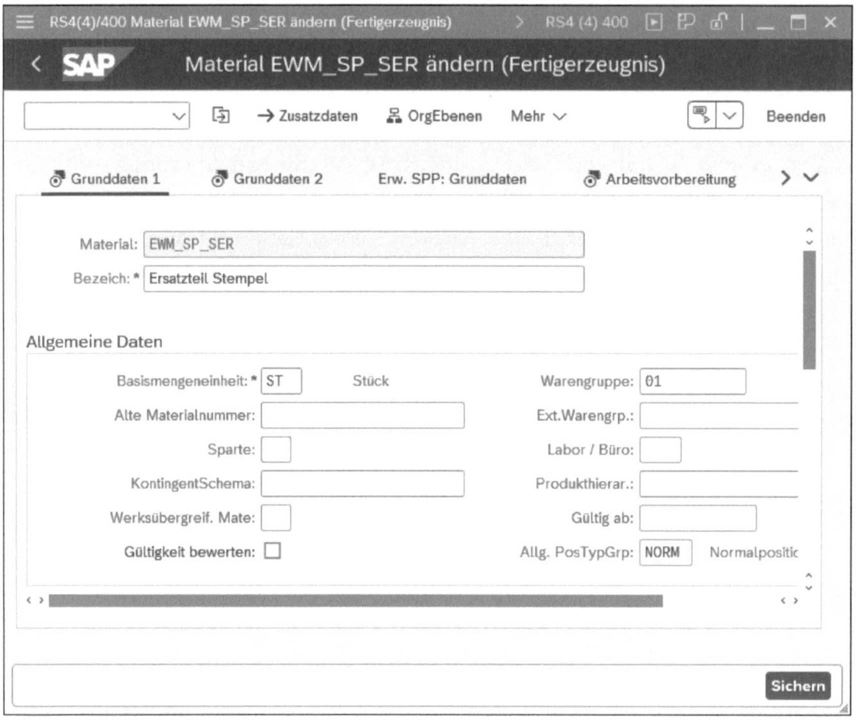

Abbildung 10.30: Material anlegen

10.3.4 Prozessdemo

Nachdem Sie alle Einstellungen und Stammdaten im System gepflegt haben, können wir nun den Geschäftsprozess durchspielen. Zur Vereinfachung gehen wir dabei nur auf EWM-spezifische Funktionen ein. Rückmeldungen des Aufarbeitungsauftrages und weitere CO-relevante Prüfungen erfolgen nicht:

1. **Aufarbeitungsauftrag anlegen**

   Um einen Aufarbeitungsauftrag anzulegen, rufen Sie die **Transaktion IW81 – Auftrag anlegen** auf. Fügen Sie die Werte aus Tabelle 10.1 ein.

Feld	Wert
Auftragsart	PM04
Von Materialnr.	Ihre Materialnummer aus Abschnitt 10.3.3
Nach Materialnr.	Ihre Materialnummer aus Abschnitt 10.3.3
Serialnummer	Ihre Serialnummer

Tabelle 10.1: Werte für den Aufarbeitungsauftrag

Feld	Wert
Planungswerk	Ihr Werk
GeschBereich	0001

Tabelle 10.1: Werte für den Aufarbeitungsauftrag (Forts.)

Bestätigen Sie anschließend mit [↵]. Erfassen Sie im Folgescreen den Kurztext ❶, die Felder **VerArbPl** ❷ und **Nach Werk** (im Bereich **Aufarbeitung**) ❸, (siehe Abbildung 10.31) sowie ggf. Ihren Steuerschlüssel (**PM01**) und das Eckendedatum.

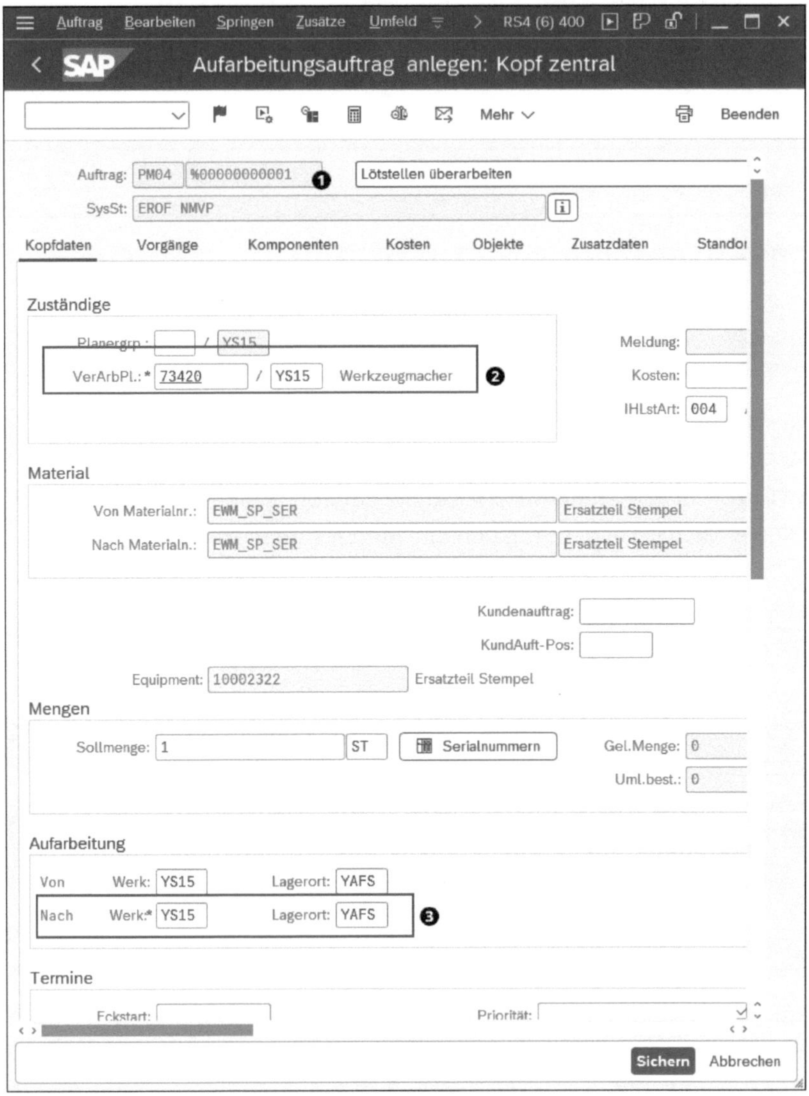

Abbildung 10.31: Aufarbeitungsauftrag anlegen

Springen Sie nun in den Reiter **Vorgänge** und fügen Sie in Vorgang 10 und 20 Kurztexte ein. Anschließend springen Sie in den Reiter **Komponenten**. Fügen Sie nun für den Vorgang 20 Ihr Material mit der Bedarfsmenge -1 ein (siehe Abbildung 10.32).

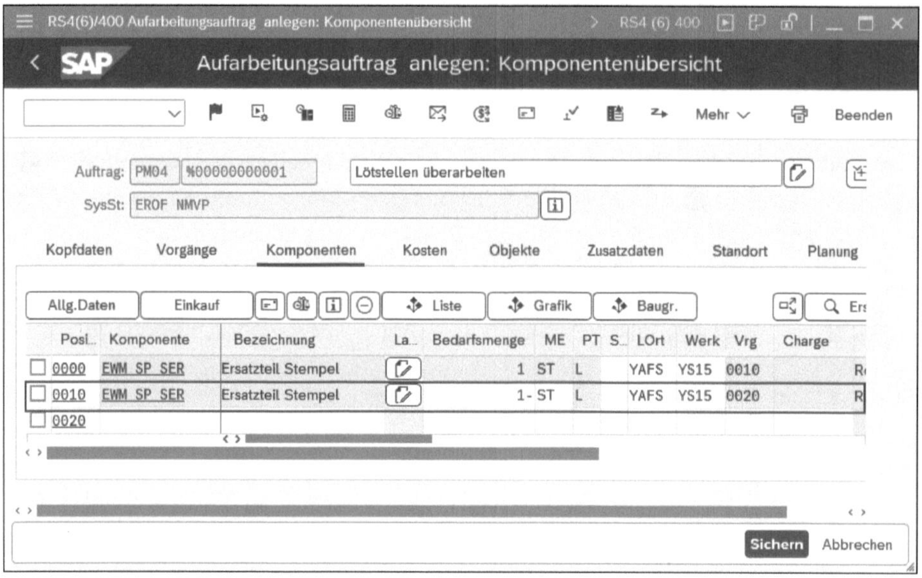

Abbildung 10.32: Komponenten hinterlegen

Abschließend geben Sie den Auftrag mit Strg + F1 frei und klicken auf **Sichern**.

2. **Bereitstellen und Verbrauchen**

   Erstellen Sie nun mit der Transkation **MIGO** die Anforderung der Bereitstellung an die Logistik. Fügen Sie dazu in der Selektion Ihre Auftragsnummer ein und bestätigen Sie mit ↵. Setzen Sie das Kennzeichen bei **Position OK**. Klicken Sie abschließend auf **Buchen**. SAP erstellt nun eine Auslieferung, die automatisch an EWM repliziert wird.

3. **Status des Aufarbeitungsauftrags prüfen**

   Nachdem Sie das Ersatzteil kommissioniert und den Warenausgang gebucht haben, lautet der Systemstatus des Aufarbeitungsauftrags **FREI ABRV MABS WABE** (siehe Abbildung 10.33).

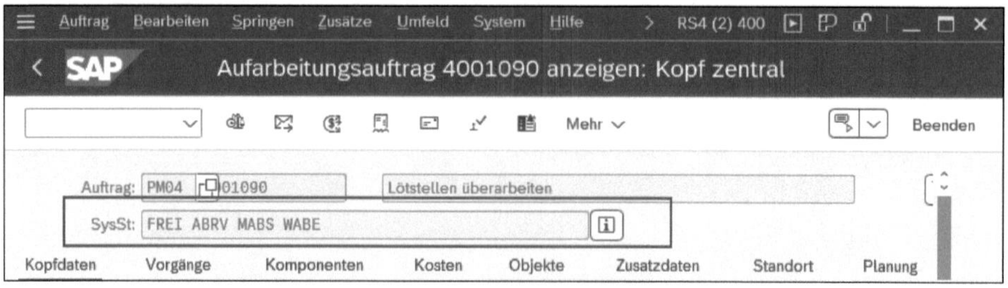

Abbildung 10.33: Systemstatus des Aufarbeitungsauftrags

4. **Wareneingang nach der Aufarbeitung**

   Nach Abschluss der Aufarbeitung bucht die Instandhaltungsfachkraft den Wareneingang. Zuvor meldet sie ihren Auftrag zurück und erfasst ihre Arbeitszeiten. Die Buchung erfolgt mit der Transaktion **MIGO**. Hierbei geben Sie die Auftragsnummer ein und bestätigen mit [↵]. Als Nächstes setzen Sie das Kennzeichen bei **OK** ❶ und erfassen Ihre Serialnummer ❷, wie in Abbildung 10.34 gezeigt. Klicken Sie abschließend auf **Buchen** ❸. SAP erstellt nun eine Anlieferung.

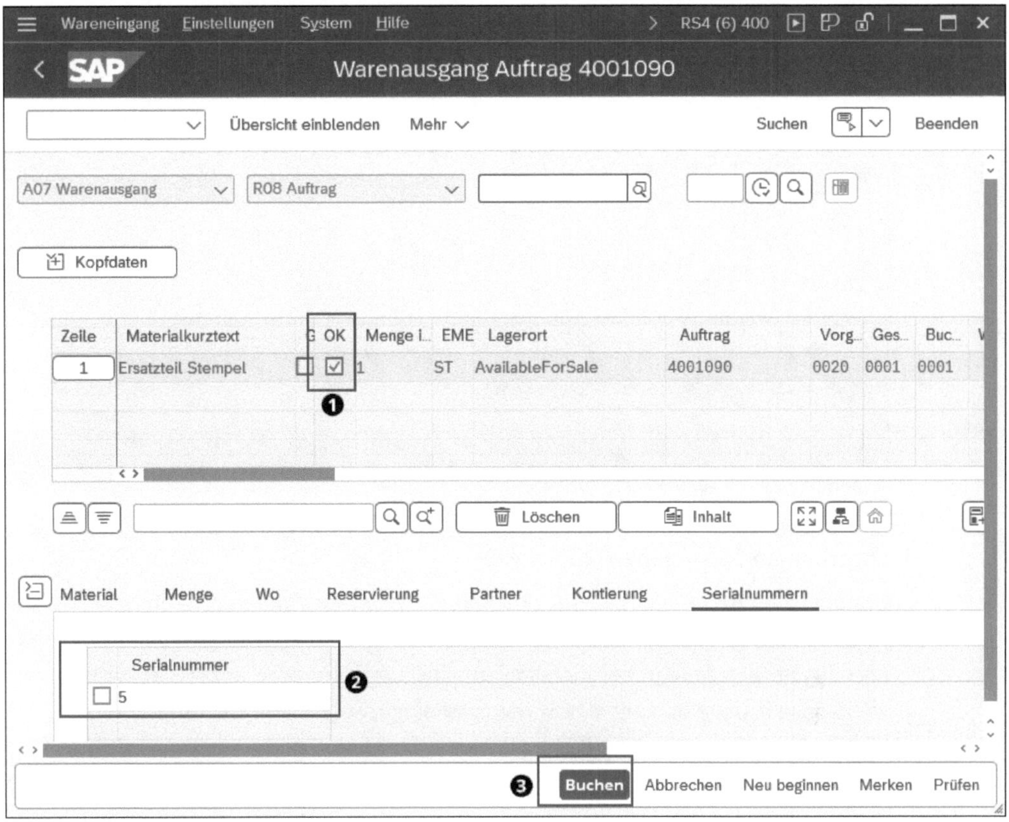

Abbildung 10.34: Wareneingang des Ersatzteils

5. **Anlieferung in EWM anzeigen**

   Das SAP-ERP-System repliziert nun die Anlieferung an EWM. Die Anlieferung können Sie sich in der Transaktion **/SCWM/PRDI** anzeigen lassen. Fügen Sie im Feld **Suche** Ihre Anlieferung ein und führen Sie dann die Suche mit [F8] aus (siehe Abbildung 10.35).

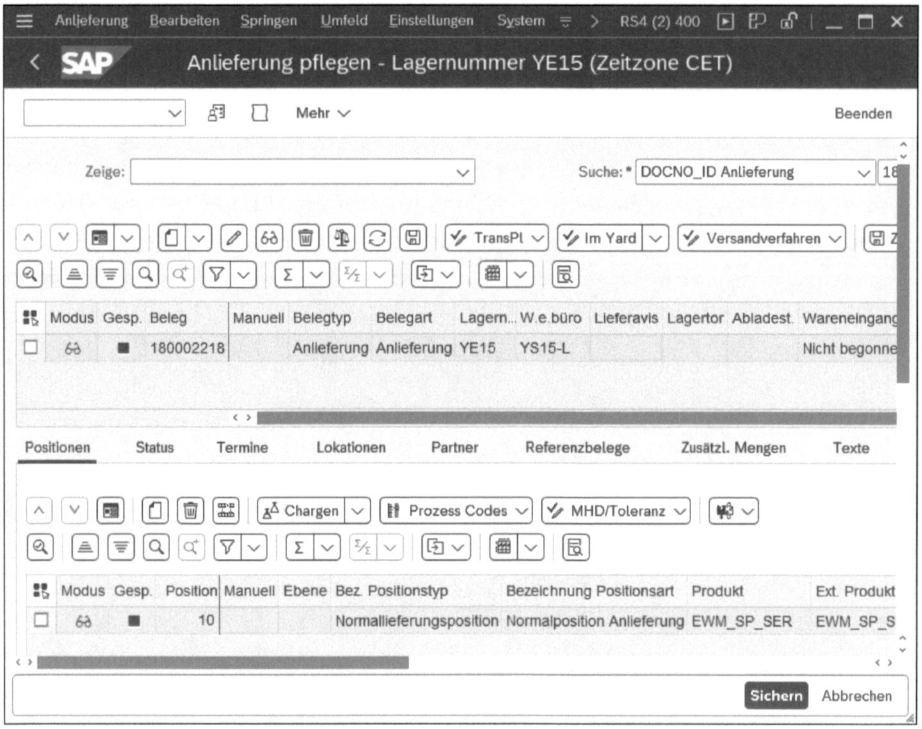

Abbildung 10.35: Anlieferung anzeigen

6. **Lageraufgabe erstellen und quittieren**

   Um die Lageraufgabe anzulegen, klicken Sie in der Kopfzeile der Transaktion **/SCWM/PROD** auf **Auslieferungsauftrag • Folgefunktion • Lageraufgabe**. Im Folgescreen klicken Sie auf **Anlegen + Sichern**, um die Lageraufgabe anzulegen. Anschließend klicken Sie in der Kopfzeile des Screens auf **Lageraufgabe • Quittieren**. Im Folgescreen klicken Sie auf **Quittieren + Sichern** (siehe Abbildung 10.36). Durch die Quittierung erfolgt die Wareneingangsbuchung in EWM automatisch sowie die Replizierung des Beleges ins ERP-System, wodurch wiederum der Materialbeleg anlegt wird.

7. **Materialbelege anzeigen**

   Abschließend prüfen Sie noch die Materialbelege mit der Transaktion **MB51 – Materialbeleg anzeigen**. Geben Sie das **Werk** und das **Buchungsdatum** an und klicken Sie im Anschluss auf **Ausführen**.

   In Abbildung 10.37 sehen Sie alle Materialbelege zu diesem Vorgang: Zunächst die Buchung mit der Bewegungsart **261** für den Verbrauch, darauffolgend die Wareneingangsbuchung mit der Bewegungsart **262** in den Lagerort **YROD**. Der Zu- bzw. Abgang mit der Bewegungsart **411** stellt den Lagerortwechsel von **YROD** auf **YAFS** dar.

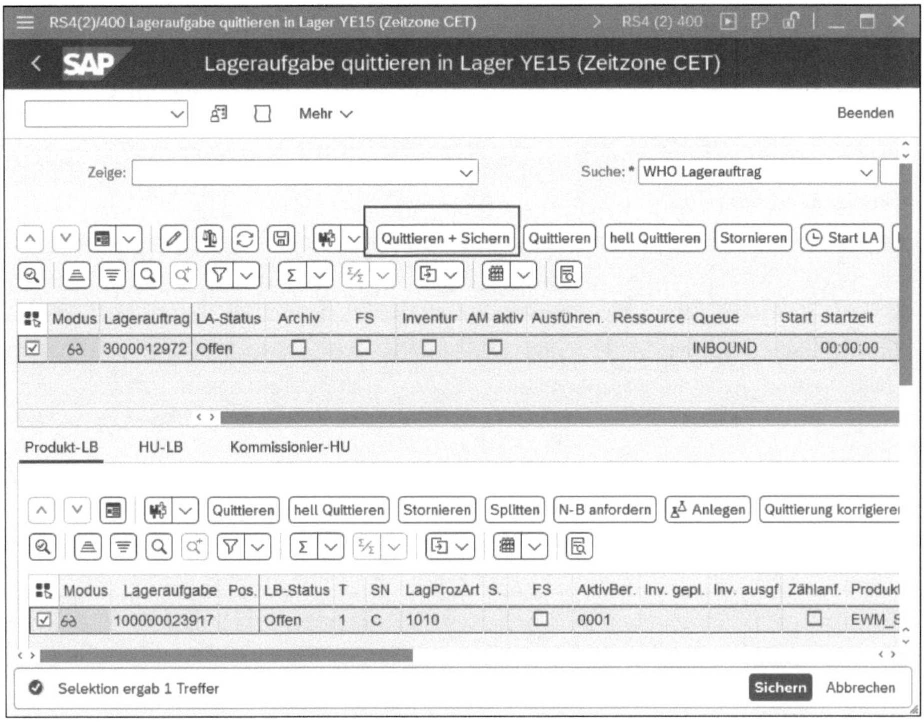

Abbildung 10.36: Lageraufgabe quittieren

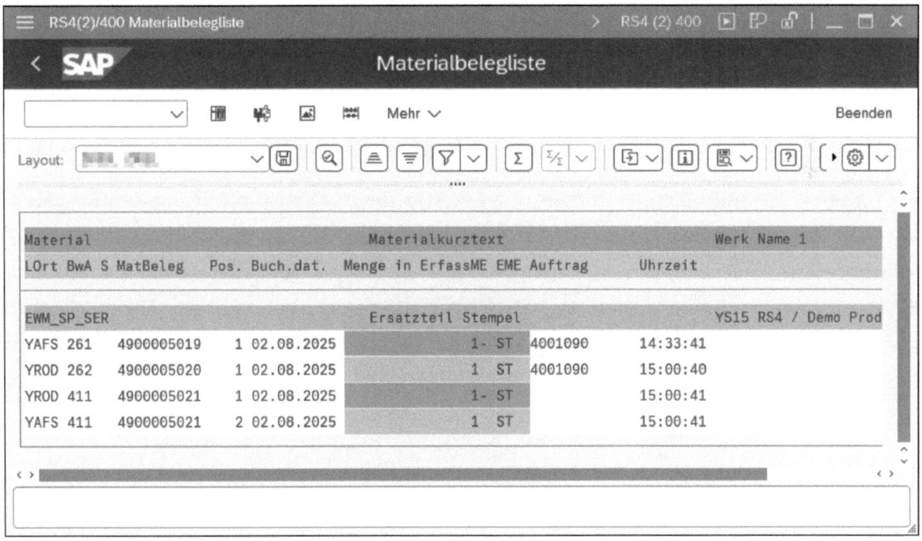

Abbildung 10.37: Materialbelege anzeigen

Damit haben Sie den Wareneingang abgeschlossen.

8. **Belegfluss anzeigen**

   Zusätzlich können Sie sich in der Transaktion **IW33** den Belegfluss zum Instandhaltungsauftrag anzeigen lassen (siehe Abbildung 10.38). Geben Sie Ihre IH-Auftragsnummer ein und bestätigen Sie mit [↵]. Im Folgescreen klicken Sie auf **Belegfluss** oder drücken [Strg] + [F11]. Über den Belegfluss können Sie auf die entsprechenden Dokumente abspringen.

Abbildung 10.38: Belegfluss für den Instandhaltungsauftrag

10.4 Zusammenfassung

In diesem Kapitel haben Sie gelernt, wie Sie die SAP-Instandhaltung (SAP EAM) mit EWM integrieren können. Sie haben erfahren, wie Unternehmen durch diese Integration ihre Ersatzteilbereitstellung und Lagerprozesse effizienter gestalten können – insbesondere im Hinblick auf die Wartung, Instandsetzung und Aufarbeitung technischer Objekte.

Sie haben außerdem die grundlegenden Funktionen der Instandhaltung kennengelernt – von der Bedarfsmeldung über die Auftragsabwicklung bis hin zur Rückmeldung und Dokumentation. Anschließend wurden Ihnen zwei Varianten der Ersatzteilbereitstellung mit EWM vorgestellt: die lieferungsbasierte Versorgung und die erweiterte Produktionsintegration. Darüber hinaus wurde der Wareneingangsprozess nach Aufarbeitungsaufträgen behandelt.

Kapitel 11
Logistiknetzwerk

In einer global vernetzten Supply Chain ist es essenziell, jederzeit genau zu wissen, wo sich ein Produkt oder Ladungsträger befindet – sei es, um Informationen an den Kunden zu geben oder die eigene Produktionsplanung anzupassen.

Dieses Kapitel widmet sich dem SAP Business Network for Logistics, das Unternehmen mit ihren Logistikgeschäftspartnern digital vernetzt. Im Fokus stehen dabei die beiden Komponenten »Global Track and Trace« und »Frachtkollaboration«.

Mit dem Produkt *SAP Business Network for Logistics* können Unternehmen jederzeit präzise Informationen über den Standort einzelner Produkte oder Ladungsträger erhalten. Diese erhöhte Transparenz erlaubt eine flexible Anpassung der Produktionsplanung, eine proaktive Kundenkommunikation bezüglich des Lieferstatus und potenzieller Verzögerungen sowie eine zeitnahe Reaktion auf unvorhergesehene Ereignisse wie wetterbedingte Störungen (z. B. Schneestürme oder Überschwemmungen), Streiks im Transportwesen, technische Defekte an Fahrzeugen oder der Lagerinfrastruktur sowie Verzögerungen bei Zollabwicklungen.

Die Fähigkeit, Echtzeitdaten zum Standort und Zustand von Waren zu erfassen und unternehmensübergreifend zu teilen, stellt in der heutigen Logistiklandschaft einen wesentlichen Wettbewerbsvorteil dar. SAP Business Network for Logistics ermöglicht es Unternehmen, sich über eine cloudbasierte Plattform mit ihren Logistikpartnern, wie Speditionen, Frachtführern und Lagerdienstleistern, sowie mit weiteren Partnern (siehe Abbildung 11.1) für einen zentralen und standardisierten Datenaustausch zu vernetzen.

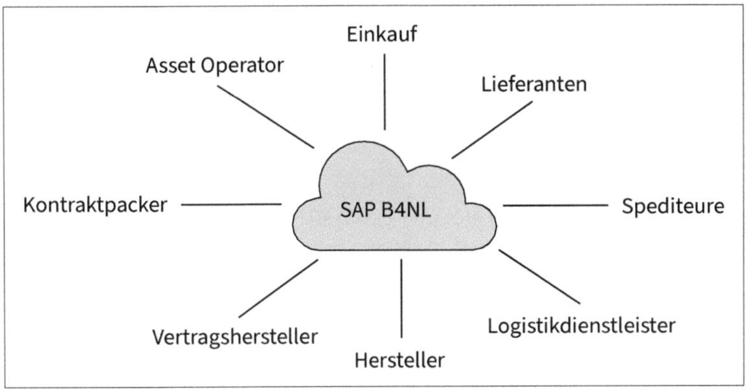

Abbildung 11.1: Kollaboration Überblick

Diese zentrale Plattform ermöglicht darüber hinaus die Optimierung interner Unternehmensprozesse. Der interne Informationsfluss ist häufig nicht durchgängig oder erfolgt ineffizient. Informationen werden über verschiedene Kanäle wie E-Mail, Fax, Telefon, EDI oder Portale ausgetauscht. Die Vielzahl an Kontaktpunkten zu Lieferanten, Logistikpartnern, Kunden oder internen Abteilungen kann dabei zu Störungen und Ineffizienzen in den eigenen Geschäftsabläufen führen.

In Abschnitt 11.1 dieses Kapitels gehen wir zunächst auf die Frachtkollaboration und später in Abschnitt 11.2 auf die globale Sendungsverfolgung (Global Track and Trace) mit dem SAP Business Network for Logistics ein. Dabei ordnen wir die Funktionen und deren Vorteile kurz in die übergeordnete Systemarchitektur ein und zeigen auf, wie sie zur Optimierung logistischer Prozesse beitragen. Abschließend betrachten wir in Abschnitt 11.3 die Integration von SAP Business Network for Logistics mit EWM. Ziel dieses Kapitels ist es, Ihnen einen umfassenden Überblick über die Funktionalitäten und den Nutzen von SAP Business Network for Logistics zu vermitteln.

11.1 Frachtkollaboration

Angesichts zunehmender Serviceunterbrechungen und Kapazitätsengpässe sowie steigender Kosten überdenken Supply-Chain-Verantwortliche ihre Logistikstrategien, mit dem Ziel, Kundenerwartungen zu erfüllen und die Wettbewerbsfähigkeit zu sichern. *SAP Business Network Freight Collaboration* ist Teil von SAP Business Network for Logistics und begegnet diesen Herausforderungen durch eine fortschrittliche Zusammenarbeit mit Spediteuren sowie datengestützte Einblicke.

Die Kombination aus isolierten Prozessen, globaler Aktivität und komplexen Orchestrierungsanforderungen gefährdet die Kundenbindung, die Effizienz und das Wachstum. Gleichzeitig steigt die Nachfrage nach sozial verantwortungsvoll und umweltfreundlich produzierten sowie gelieferten Produkten. Die Notwendigkeit für Transparenz in der Lieferkette – insbesondere in der Logistik – war noch nie so groß wie heute. SAP Business Network Freight Collaboration vernetzt alle Beteiligten im Logistik-Ökosystem und ermöglicht somit eine standardisierte, digitalisierte Zusammenarbeit. So lassen sich multimodale Logistikprozesse effizient mit einem globalen Netzwerk von Dienstleistern abwickeln.

Logistikkosten sind stark beeinflusst durch geopolitische Spannungen, Inflation sowie Engpässe bei Personal, Ausrüstung und Energie. Um geschäftliche Auswirkungen zu minimieren, müssen diese Kosten systematisch klassifiziert, gemessen und optimiert werden. Neben der Kostenreduktion ist die Balance zwischen Risikoresilienz und Effizienz entscheidend. Die Lösung bietet Echtzeittransparenz über Marktpreise, konsolidierte Arbeitslisten, automatisierte Prozesse vom Angebot bis zur Abrechnung sowie Benachrichtigungen für eine schnelle Reaktion. Logistikmanagerinnen und -manager können manuelle Tätigkeiten reduzieren, Streitfälle effizienter lösen und die Auftragsabwicklung digitalisieren. Finanzverantwortliche profitieren von höherer Vertragstreue und geringeren Kostenabweichungen.

Mit wachsender Reichweite und Kapazität des multimodalen Netzwerks steigt auch das Volumen an Logistikdaten. SAP Business Network Freight Collaboration unterstützt effizientes Terminmanagement und Torprozesse, reduziert Wartezeiten und Strafgebühren und ermöglicht den elektronischen Austausch von Transportdokumenten wie bspw. Frachtbriefen und Statusmeldungen. Bei Engpässen können neue Dienstleister schnell identifiziert und integriert werden. So wird eine termingerechte und dokumentierte Lieferung sichergestellt.

Die Optimierung der Logistikleistung umfasst nicht nur den Versand, sondern auch die zuverlässige Ankunft eingehender Lieferungen. Die Integration von Transport-, Hof- und Lagerprozessen ist entscheidend für eine leistungsstarke Warenbewegung. SAP Business Network Freight Collaboration vereint den gesamten Logistikzyklus – manuell oder über offene APIs – und ermöglicht die Zusammenarbeit mit Dienstleistern auch ohne direkte Geschäftsbeziehung. Funktionen wie Kalenderansicht, farbcodierte Statusanzeige, Gate-Zuweisung und Check-in-/Check-out-Prozesse steigern die operative Effizienz erheblich.

Zusätzlich zur Kollaboration bietet die Lösung mit dem Add-on *Intelligent Insights* eine virtuelle Logistik-Kontrollzentrale mit Echtzeitdaten, Dashboards und Analysen. So lassen sich Trends und Ausnahmen frühzeitig erkennen und gezielte Maßnahmen ergreifen – für mehr Resilienz und Effizienz weltweit.

Die cloudbasierte Lösung unterstützt Unternehmen dabei, ihre Kapazitäten effizient zu erweitern und ihr Logistik-Ökosystem ganzheitlich zu optimieren. Zu den Vorteilen zählen reduzierte Transport- und Lagerkosten, eine schnellere Auftragsabwicklung, eine erweiterte globale Abdeckung, standardisierte Services sowie Echtzeitmetriken zur Priorisierung. Mit dieser Lösung sollen die folgenden Ziele erreicht werden:

- Gesamtkosten senken und Lieferqualität verbessern
- Effizienz durch Vernetzung mit Dienstleistern steigern
- Integration und Einblicke standardisieren
- Silos auflösen für eine fortschrittliche Zusammenarbeit

Die Basis für die Anwendung und Integration von SAP Business Network for Logistics bildet SAP Transportation Management (SAP TM). Abbildung 11.2 veranschaulicht den Gesamtprozess sowie die zugehörige Kollaboration.

Die Frachteinheit wird in SAP TM angelegt und mit den entsprechenden Quelldokumenten verknüpft. Dabei kann es sich unter anderem um Kundenaufträge, Bestellungen, Umlagerungen, Abrufe, Rücklieferungen, Lieferungen oder bereits bestehende Transporte handeln. Mit der final erstellten Frachteinheit beginnt die eigentliche Transportplanung. Anschließend wird sie an SAP Business Network Freight Collaboration übergeben.

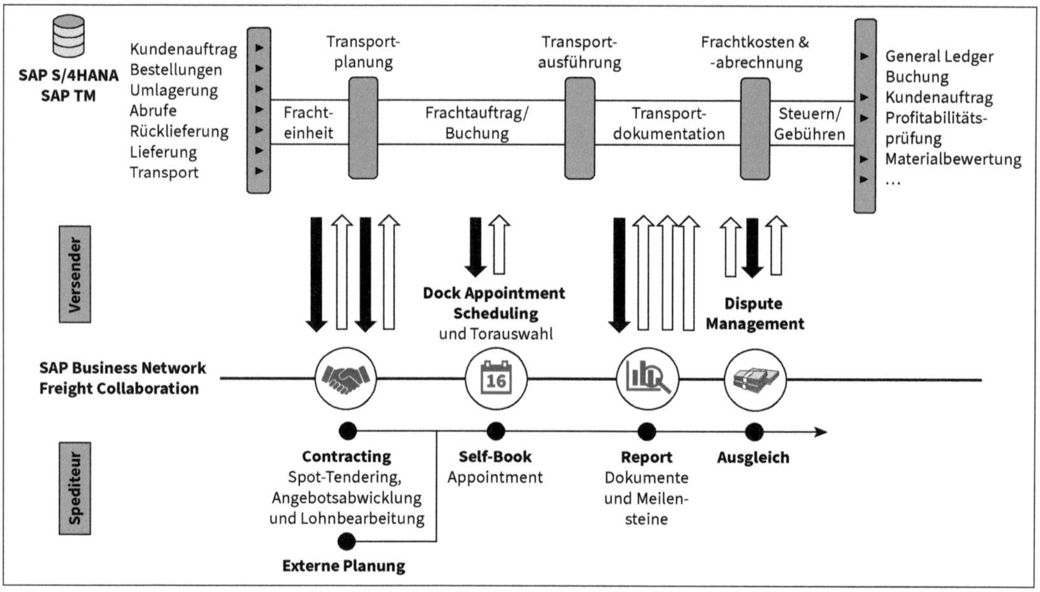

Abbildung 11.2: Streamline der Logistik-Kollaboration

Innerhalb des SAP Business Network for Logistics stehen verschiedene Optionen zur Speditionsfindung zur Verfügung. Eine Möglichkeit besteht darin, die Frachteinheit am Spotmarkt auszuschreiben, sodass verschiedene Frachtführer Angebote einreichen können. Nach Auswahl der geeigneten Spedition und Beauftragung wird automatisch ein Frachtauftrag generiert.

Die Termin- und Torplanung erfolgt über das Self-Book Appointment in Kombination mit SAP Dock Appointment Scheduling. Dabei bucht der Spediteur selbstständig einen freien Zeitslot und ein verfügbares Tor für die Anlieferung oder Abholung der Ware. Anschließend beginnt die Transportausführung.

Über SAP Business Network for Logistics erhält der Nutzer fortlaufend Statusmeldungen zur Sendung und somit eine hohe Transparenz über den gesamten Transportprozess. Nach Abschluss des Transports erfolgt schließlich die Frachtkostenabrechnung – häufig im Rahmen eines Gutschriftverfahrens, das in der Finanzbuchhaltung (General Ledger) verbucht wird.

Die Implementierung des SAP Business Network for Logistics zur Steuerung und Optimierung logistischer Prozesse bietet Unternehmen eine Vielzahl strategischer und operativer Vorteile:

- **Kostenkontrolle durch Markttransparenz und digitale Kommunikation**
  Durch die digitale Vernetzung mit Speditionen und die transparente Darstellung von Marktangeboten können Unternehmen ihre Transportkosten gezielt steuern. Die Möglichkeit, Angebote in Echtzeit zu vergleichen und direkt zu kommunizieren, reduziert

nicht nur den administrativen Aufwand, sondern schafft auch eine belastbare Entscheidungsgrundlage für die Auswahl kosteneffizienter Dienstleister.

- **Effizienzsteigerung durch einmalige Anbindung von Dienstleistern**

  Die zentrale und einmalige Integration von Logistikdienstleistern in das System ermöglicht eine nachhaltige Prozessoptimierung. Wiederkehrende manuelle Abstimmungen entfallen, und die automatisierte Datenübertragung sorgt für eine konsistente und fehlerfreie Abwicklung über alle Transportstufen hinweg.

- **Schnellere Entscheidungen durch Echtzeitinformationen**

  Echtzeitdaten zu Sendungsstatus, Zeitfenstern, Kapazitäten und Angeboten ermöglichen eine deutlich beschleunigte Entscheidungsfindung. Dies erhöht die Reaktionsfähigkeit bei kurzfristigen Änderungen und verbessert die operative Steuerung entlang der gesamten Lieferkette.

- **Umsatzsteigerung durch ein optimiertes Logistik-Ökosystem**

  Ein digital vernetztes und transparentes Logistik-Ökosystem fördert die Auslastung vorhandener Ressourcen, reduziert Leerfahrten und verbessert die Servicequalität gegenüber Kunden. Dies trägt unmittelbar zur Umsatzsteigerung bei und stärkt die Wettbewerbsfähigkeit des Unternehmens.

Nachdem wir die Frachtkollaboration näher beleuchtet haben, widmen wir uns im nächsten Abschnitt dem Global Track and Trace.

11.2 Global Track and Trace

SAP Business Network Global Track and Trace ist ebenfalls Teil des SAP Business Network for Logistics und bietet Unternehmen eine zentrale Plattform zur Echtzeitverfolgung von Warenbewegungen und zur Überwachung kritischer Geschäftsprozesse. Ziel dieser Lösung ist es, die Transparenz und Steuerbarkeit komplexer Lieferketten durch eine intelligente Vernetzung von physischen Warenbewegungen und digitalen Informationsflüssen signifikant zu verbessern. Durch die Integration von Echtzeitdaten aus verschiedenen Transportmodi und Unternehmenssystemen entsteht eine ganzheitliche Sicht auf die Lieferkette, die über klassische Meilensteinberichte hinausgeht.

Ein zentrales Ziel ist die Verbesserung der situativen Transparenz durch den Einsatz von Echtzeit-Geolokalisierung. Unternehmen erhalten dadurch nicht nur Informationen über den aktuellen Standort ihrer Sendungen, sondern auch über deren voraussichtliche Ankunftszeiten und potenzielle Abweichungen. Diese Transparenz ermöglicht es, frühzeitig auf Störungen zu reagieren und proaktiv Maßnahmen zur Sicherstellung der Lieferfähigkeit zu ergreifen.

In einer zunehmend globalisierten und dynamischen Wirtschaft erwarten Kunden nicht nur schnelle Lieferungen, sondern auch eine transparente und zuverlässige Kommunikation entlang der gesamten Lieferkette. SAP Business Network Global Track and Trace trägt diesen Anforderungen Rechnung, indem es eine proaktive Kommunikation über den Lieferstatus und mögliche Abweichungen ermöglicht. Unternehmen können ihre Kunden frühzeitig über den Fortschritt der Auftragsabwicklung, voraussichtliche Ankunftszeiten und etwaige Verzögerungen informieren.

Diese Transparenz stärkt das Vertrauen der Kunden und verbessert die sogenannte *On-Time-In-Full-Leistung*, also die Fähigkeit, termingerecht und vollständig zu liefern. Durch die frühzeitige Erkennung von Risiken und die automatisierte Reaktion auf Abweichungen wird die Lieferperformance stabilisiert und die Servicequalität erhöht. Kunden profitieren von einer konsistenten und nachvollziehbaren Liefererfahrung, was nicht nur ihre Zufriedenheit steigert, sondern auch die Kundenbindung langfristig stärkt.

Ein weiteres strategisches Ziel ist die Steigerung der Transparenz, Resilienz und Nachhaltigkeit innerhalb der Lieferkette. SAP Business Network Global Track and Trace ermöglicht es, ökologische und soziale Kennzahlen, wie etwa CO_2-Emissionen, entlang der Transportkette zu erfassen und auszuwerten. Dadurch können Unternehmen nicht nur ihre operative Effizienz steigern, sondern auch ihre ESG-Ziele (Environmental, Social, Governance) besser erreichen und ihre Lieferprozesse verantwortungsvoller gestalten.

Ein zentrales Element dieser Lösung ist die Bereitstellung intelligenter Einblicke zur kontinuierlichen Verbesserung der Lieferkettenleistung. Über ein virtuelles Kontrollzentrum mit integrierten Dashboards und Analysefunktionen erhalten Unternehmen eine ganzheitliche Sicht auf ihre globalen Warenbewegungen. Diese Plattform ermöglicht die grafische Darstellung von Risiken, Engpässen und Abweichungen in Echtzeit und unterstützt datenbasierte Entscheidungen.

Durch die Analyse von Sendungen über verschiedene Speditionen, Regionen und Transportmodi hinweg lassen sich Trends und Muster erkennen, die auf operative Schwachstellen hinweisen. SAP Business Network Global Track and Trace erlaubt eine KPI-basierte Bewertung der Carrier-Leistung sowie die Identifikation von Mengenabweichungen und kritischen Meilensteinverletzungen. Diese Erkenntnisse können direkt aus dem Dashboard heraus in konkrete Maßnahmen überführt werden, bspw. zur Optimierung von Transportwegen, zur Anpassung von Produktionsplänen oder zur Verbesserung der Lieferzuverlässigkeit.

11.3 SAP Business Network for Logistics mit SAP EWM

Wie bereits beschrieben, kommuniziert SAP Business Network for Logistics hauptsächlich mit SAP TM. Mit der Frachtkollaboration können Speditionen mittels Dock Appointment Scheduling innerhalb des SAP Business Network for Logistics Tore reservieren und Slots buchen. Diese Daten werden dann weitergereicht und landen abschließend, mit der TE verknüpft, in EWM.

Einige Unternehmen nutzen EWM auch zur Planung eigener Fahrzeuge und möchten entsprechende Anstöße mit EWM triggern. SAP stellt hierzu ein Cookbook bereit, das die dafür notwendigen Konfigurationsschritte beinhaltet. Für die Konfigurationen müssen die folgenden Module bzw. Tools implementiert sein:

- SAP TM
- EWM
- SAP Business Network for Logistics

Das Cookbook finden Sie unter: *http://s-prs.de/11049001*

Abbildung 11.3 veranschaulicht den Datenaustausch zwischen EWM, SAP TM und SAP Business Network for Logistics. Der Datenaustausch findet mithilfe von Proxies, wie bspw. **GENERIC_APPOINTMENT_IN**, statt, die im Zuge der Implementierung angelegt werden müssen. Der Prozess beginnt mit einem initialen Impuls aus EWM auf Grundlage der TE, woraufhin die Übermittlung an SAP Business Network for Logistics über die entsprechende API **GenericAppointment_In** erfolgt. Als Grundlage dienen die Lagernummer und das Docking-Lokationsmapping. SAP Business Network for Logistics aktualisiert daraufhin mithilfe des SAP-TM-Adapters den Frachtauftrag. Im nächsten Schritt wird über den EWM-Adapter eine Rückmeldung an das EWM-System gesendet, wodurch dort ebenfalls eine Aktualisierung erfolgt. Die Kommunikation erfolgt über den Proxy **GenericAppointment_Out**.

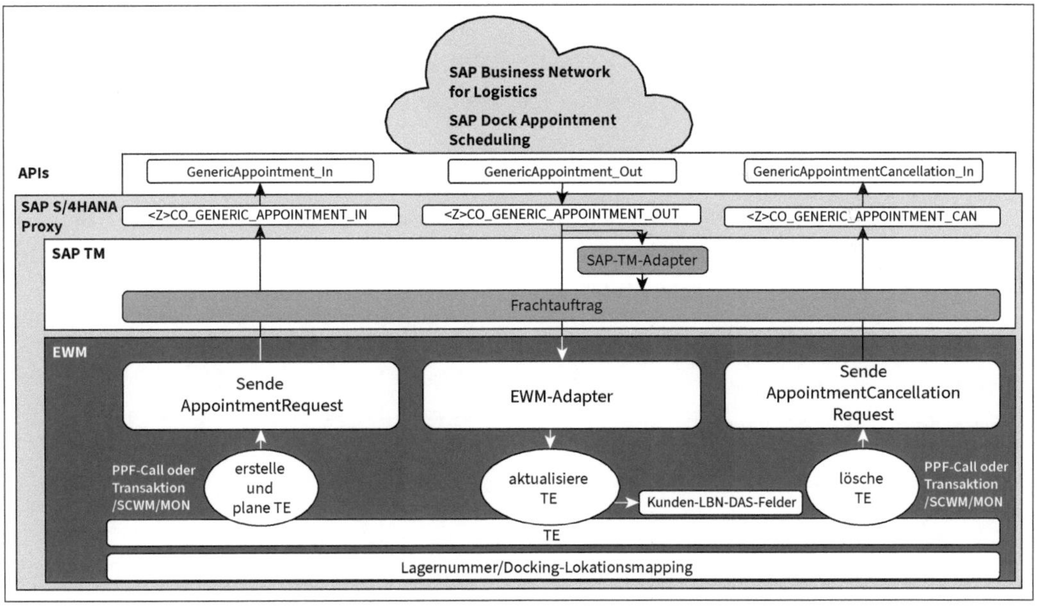

Abbildung 11.3: Lösungsarchitektur der Integration von SAP Business Network for Logistics mit SAP TM und EWM via APIs

Auch Stornierungen oder Löschungen der TE können direkt aus EWM initiiert werden. Die entsprechenden APIs (**GenericAppointmentCancellation_In**) übermitteln diese Stornierung sowohl an SAP Business Network for Logistics als auch an SAP TM, sodass die betroffenen Systeme synchronisiert bleiben.

11.4 Zusammenfassung

In diesem Kapitel haben Sie die Rolle des SAP Business Network for Logistics in global vernetzten Lieferketten kennengelernt. Im Fokus stehen die beiden Komponenten Frachtkollaboration (SAP Business Network Freight Collaboration) und Global Track and Trace, die Unternehmen eine durchgängige Transparenz über Warenbewegungen und Logistikprozesse ermöglichen. SAP Business Network for Logistics vernetzt Unternehmen digital mit Speditionen, Lagerdienstleistern und weiteren Partnern, um Echtzeitinformationen zu Standort, Status und Abweichungen von Sendungen bereitzustellen. Dies verbessert die Produktionsplanung, die Kundenkommunikation und die Reaktionsfähigkeit bei Störungen.

Die Frachtkollaboration unterstützt die effiziente Abwicklung multimodaler Transporte, reduziert manuelle Tätigkeiten und ermöglicht eine digitale Auftragsabwicklung. Echtzeitdaten, automatisierte Prozesse und intelligente Dashboards fördern die operative Effizienz und senken die Logistikkosten.

Mit Global Track and Trace erhalten Unternehmen eine zentrale Plattform zur Echtzeitverfolgung von Lieferungen. Die Lösung stärkt die On-Time-In-Full-Leistung, verbessert die Kundenbindung und unterstützt ESG-Ziele durch die Erfassung ökologischer Kennzahlen.

Abschließend haben wir die Integration von SAP Business Network for Logistics mit EWM beschrieben. Über APIs werden Transportdaten zwischen EWM, SAP Business Network for Logistics und SAP TM ausgetauscht, wodurch eine nahtlose Steuerung vom Lager bis zur Auslieferung ermöglicht wird.

Kapitel 12
Zollabwicklung

Die Zollabwicklung ist ein wesentlicher Bestandteil effizient funktionierender Supply-Chain-Prozesse und eng mit Lager- und Transportprozessen verknüpft.

In diesem Kapitel zeigen wir Ihnen, wie Sie Lagerprozesse in EWM unter Berücksichtigung eines Warenverkehrs über Ländergrenzen hinweg und einer damit verbundenen Integration mit *SAP Global Trade Services* (SAP GTS) durchführen können. EWM bietet Ihnen nicht nur eine Vielzahl an Möglichkeiten zur Optimierung und effizienten Abwicklung lagerinterner Prozesse, sondern auch Optionen zur Integration der Intralogistik mit der Zollabfertigung bzw. zum Anstoßen von Prüfungen zur Einhaltung internationaler Handelsvorschriften.

Die Zollabwicklung beeinflusst maßgeblich, wie reibungslos Waren entlang der gesamten Lieferkette bewegt, gelagert und verteilt werden können. Eine frühzeitige und integrierte Zollabwicklung ermöglicht eine bessere Abstimmung von Transportplanung, Lagerhaltung und Warenverfügbarkeit und verhindert unnötige Unterbrechungen im Materialfluss. Dadurch werden Durchlaufzeiten verkürzt, Kosten gesenkt und eine hohe Lieferzuverlässigkeit über Ländergrenzen hinweg sichergestellt.

In Abschnitt 12.1 geben wir Ihnen zunächst einen Überblick über die Kernfunktionen von SAP GTS. In Abschnitt 12.2 gehen wir dann näher auf die Integration der Lieferabwicklung mit dem Versandverfahren ein. Mit diesem werden Unternehmen in die Lage versetzt, die Zollabwicklung statt an dem Ort, an dem die Ware in das Zollgebiet eingeführt wird, am Bestimmungsort der Ware durchzuführen. Wir erläutern außerdem, welche Auswirkungen die noch ausstehende bzw. die erteilte Erlaubnis der Zollbehörden für das Entladen der Ware in EWM hat.

Der Prozess der Verwahrung wird in Abschnitt 12.3 besprochen. Diese kommt nach Abschluss des Versandverfahrens zum Tragen und beschreibt den Zeitraum, in dem sich die Ware im Lager befindet und der Wareneingang systemisch gebucht, aber noch nicht über die weitere Verwendung der Ware entschieden wurde. Solange diese Entscheidung noch nicht getroffen wurde, dürfen solche Bestände lediglich ein- oder umgelagert werden.

Das Zolllagerverfahren, das wir in Abschnitt 12.4 sowohl allgemein als auch als weitere Integrationsmöglichkeit der Lieferabwicklung beschreiben, ist insofern speziell, als dass es kaum Auswirkungen auf EWM hat. Mit diesem Verfahren unterliegen die Bestände so lange der zollamtlichen Überwachung, bis eine Entscheidung über die endgültige zollrechtliche Bestimmung getroffen wurde. Da die detaillierte Bestandsführung über zollfreie und unverzollte Bestände in SAP GTS und nicht in EWM erfolgt, hat dieses Verfahren lediglich Auswirkungen auf den Verschrottungsprozess in EWM, auf den wir ebenfalls näher eingehen.

In Abschnitt 12.5 zeigen wir Ihnen schließlich, wie Sie mit EWM Compliance-Prüfungen in SAP GTS auslösen können, um bspw. eine Sanktionslistenprüfung durchzuführen oder ein Embargo zu prüfen. Bei dieser Art von Prüfung darf die Abwicklung im Lager erst beginnen, nachdem die erfolgreiche Prüfung in SAP GTS an EWM zurückgemeldet wurde. Somit wird nicht nur die Einhaltung gesetzlicher Vorschriften sichergestellt, sondern es werden auch unnötige Lagerbewegungen und ggf. erforderliche Rückabwicklungen vermieden.

12.1 Überblick über SAP GTS mit EWM

SAP GTS ist eine integrierte Softwarelösung zur Steuerung und Automatisierung globaler Außenhandels- und Zollprozesse. Sie dient dazu, internationale Warenbewegungen rechtskonform, transparent und effizient abzuwickeln, und ist eng mit anderen Bereichen, wie etwa der Lager- oder Transportlogistik, verbunden. Die Lösung wird genutzt, um Zollabwicklung, Exportkontrolle und Handels-Compliance zentral zu steuern und zu überwachen. SAP GTS ermöglicht unter anderem die automatisierte Zollanmeldung, die Verwaltung von Präferenzabkommen und Ursprungsnachweisen sowie die korrekte Klassifizierung von Waren anhand von Zolltarifnummern. Darüber hinaus wird die Prüfung von Embargos, Sanktionslisten und Ausfuhrbeschränkungen unterstützt, um rechtliche Risiken zu minimieren.

Zu den zentralen Funktionalitäten von SAP GTS zählen die Import- und Exportabwicklung, die Präferenzkalkulation, das Compliance Management, das Sanktionslisten-Screening sowie die Integration mit Transport- und Lagerprozessen, um eine durchgängige und transparente Abbildung der globalen Supply Chain zu ermöglichen. Dadurch trägt SAP GTS wesentlich dazu bei, Prozesse zu standardisieren, Durchlaufzeiten zu verkürzen und die Einhaltung internationaler Handelsvorschriften sicherzustellen.

SAP GTS bietet Funktionalitäten für die folgenden Themenfelder:

- Produkte und Klassifizierung
- Compliance Management
- Customs Management
- Präferenzmanagement
- Intrastat

Mit dem Themenfeld *Produkte und Klassifizierung* werden Nomenklaturen im System verwaltet, die spezifisch für den internationalen Handel sind. Waren, die als Handelsgüter im grenzüberschreitenden Warenverkehr gelistet sind, werden unter zollrechtlichen und außenwirtschaftsrechtlichen Gesichtspunkten in diese Nomenklatur eingeordnet und einer AHK-Nummer (Außenhandelsklassifizierungsnummer) zugeordnet.

Das *Compliance Management* unterstützt bei Prozessen im Zusammenhang mit der Import- und Exportkontrolle, indem es Verfahren überwacht, die Genehmigungspflichten unterliegen. Es kommt bei Sanktionslistenprüfungen, Embargoprüfungen oder gesetzliche Kontrollen zum Einsatz. Darüber hinaus wird das Compliance Management für die Einhaltung gesetzlicher Vorschriften verwendet, indem es den Handel mit bestimmten Staaten oder politischen Gruppen bzw. Personen entweder einschränkt oder ganz verbietet.

Im Themenfeld *Customs Management* wird vor allem die Anbindung an die elektronischen Zollverfahren eines Landes unterstützt, um die Ein- und Ausfuhr von Waren zu beschleunigen. Durch die Anbindung der Logistik an SAP GTS können zudem relevante Daten aus Belegen wiederverwendet werden.

Über das *Präferenzmanagement* können Unternehmen sicherstellen, dass sie die rechtlichen Voraussetzungen erfüllen, um eigene Produkte als präferenzberechtigt ausweisen und so von Handelsvorteilen profitieren zu können, die zwischen Handelsblöcken oder Staaten ausgehandelt wurden.

Der Bereich *Intrastat* dient dazu, regelmäßig Meldungen für die Handelsstatistik innerhalb der Europäischen Union elektronisch an die zuständigen Behörden zu übermitteln.

12.2 Lieferabwicklung und das Versandverfahren

EWM bietet die Möglichkeit, sowohl im Wareneingangs- als auch im Warenausgangsprozess ein Versandverfahren in Verbindung mit SAP GTS auszuführen. Grundsätzlich müssen für Waren, die in ein Zollgebiet wie das der Europäischen Union importiert werden, Einfuhrzölle entrichtet werden, sobald die Waren die Grenze zu diesem Zollgebiet überschreiten. Da die Waren in der Regel nicht am Ort des Grenzübertritts verbleiben, sondern weiter zu einem Warenempfänger innerhalb des Zollgebiets transportiert werden, kann mithilfe des Versandverfahrens die Verzollung am Ort des Warenempfängers durchgeführt werden. Mit SAP GTS können IT-gestützte Versandverfahren durchgeführt werden, bei denen ein elektronischer Datenaustausch mit den Zollbehörden der betroffenen Länder stattfindet.

Der Warenempfänger kann ein Versandverfahren beenden, indem er die Ankunft der Ware mit der MRN (Movement Reference Number) an die zuständige Zollbehörde meldet. Um zu ermitteln, ob ein Lieferbeleg relevant für ein Versandverfahren ist oder nicht, wird die Vorpapierart verwendet, die bereits in der Logistics-Execution-Anlieferung (LE-Anlieferung) oder alternativ in der EWM-Anlieferung erfasst wird. Die Vorpapierart wird als Referenzbelegtyp in der EWM-Anlieferung hinterlegt. Enthält die EWM-Anlieferung einen Referenzbelegtyp, der für das Versandverfahren relevant ist, setzt EWM einen entsprechenden Status und sperrt die Anlieferung. SAP GTS meldet den Eingang der Ware an die Zollbehörde, die nach Abschluss aller Prüfungen die Freigabe erteilt. Mit dieser Freigabe kann die Ware entladen und der Wareneingang gebucht werden. In Abhängigkeit vom verwendeten Versandverfahren befindet sich die Ware dann im Zollsperrbestand oder im normalen Bestand. Wird bspw. das sogenannte *T2-Verfahren* verwendet (Vorpapierart T2), wird die Bestandsrolle **Normaler Bestand** verwendet.

Beim Warenausgangsprozess kann das Versandverfahren dazu verwendet werden, eine Ladeerlaubnis von den Zollbehörden zu erhalten. Damit Auslieferungsaufträge in EWM für das Versandverfahren relevant sind, muss das BAdI **/SCWM/SHP_PROC_REL_SET** des Erweiterungsspots **/SCWM/ES_GTS_INTEGRATION** implementiert werden. In diesem BAdI können kundenindividuelle Anforderungen hinsichtlich der Relevanz des Versandverfahrens implementiert werden. So wäre es bspw. möglich, Auslieferungsaufträge mit Warenempfängern in einem bestimmten Zielland als relevant für das Versandverfahren zu definieren. Alle Prozessschritte bis zur Verladung können in EWM durchgeführt werden – unabhängig davon, ob die Zollbehörden die Verladeerlaubnis bereits erteilt haben oder nicht.

12.2.1 Geschäftsprozess

In dem in Abbildung 12.1 dargestellten Geschäftsprozess haben wir uns auf die relevanten Aktivitäten in EWM fokussiert. Wir setzen an dieser Stelle voraus, dass die notwendige Konfiguration im SAP-GTS-System bereits vorhanden ist. Für den Wareneingang startet der Prozess mit dem Anlegen einer Bestellung für ein Material eines Lieferanten, der seinen Sitz in einem anderen Land innerhalb des Zollgebiets der Europäischen Union hat. Der Lieferant verschickt ein elektronisches Lieferavis (DESADV), mit dem er den Versand der Ware ankündigt. Das elektronische Lieferavis enthält zollrelevante Informationen, wie etwa die MRN (Movement Reference Number). Über die Eingangsverarbeitung der DESADV-Nachricht im SAP-System des bestellenden Unternehmens wird eine ERP-Anlieferung erstellt. Die zollrelevanten Informationen werden in die ERP-Anlieferung geschrieben, die anschließend an EWM übertragen wird. In der EWM-Anlieferung, die zunächst den Status **geblockt** aufweist, wird die MRN mit dem entsprechenden Referenzbelegtyp abgelegt. Mit der Ankunft des LKWs am Lager wird der Status **Im Yard** für die EWM-Anlieferung gesetzt. Dadurch wird eine Nachricht an SAP GTS ausgelöst, um SAP GTS darüber zu informieren, dass eine Anlieferung vorliegt, für die ein Versandverfahren bearbeitet werden soll. Das SAP-GTS-System kommuniziert per EDI mit den Zollbehörden und fragt die Entladeerlaubnis an. Die Antwort der Zollbehörde kann eine Freigabe sein, sodass die Entladung durchgeführt werden kann. In diesem Fall wird der Status für das Versandverfahren in der EWM-Anlieferung auf den Wert **9 – Freigegeben** geändert. Erlaubt die Zollbehörde die Entladung noch nicht, weil eine Inspektion der Ware durchgeführt werden soll, wird der Status für das Versandverfahren in der EWM-Anlieferung auf den Wert **8 – Zollprüfung** geändert. Die Freigabe für die Entladung erfolgt im Anschluss an die Zollprüfung. In Bezug auf das Versandverfahren gibt es in EWM nach Erteilung der Entladeerlaubnis keine weiteren spezifischen Prozessschritte mehr, weshalb wir an dieser Stelle nicht weiter darauf eingehen.

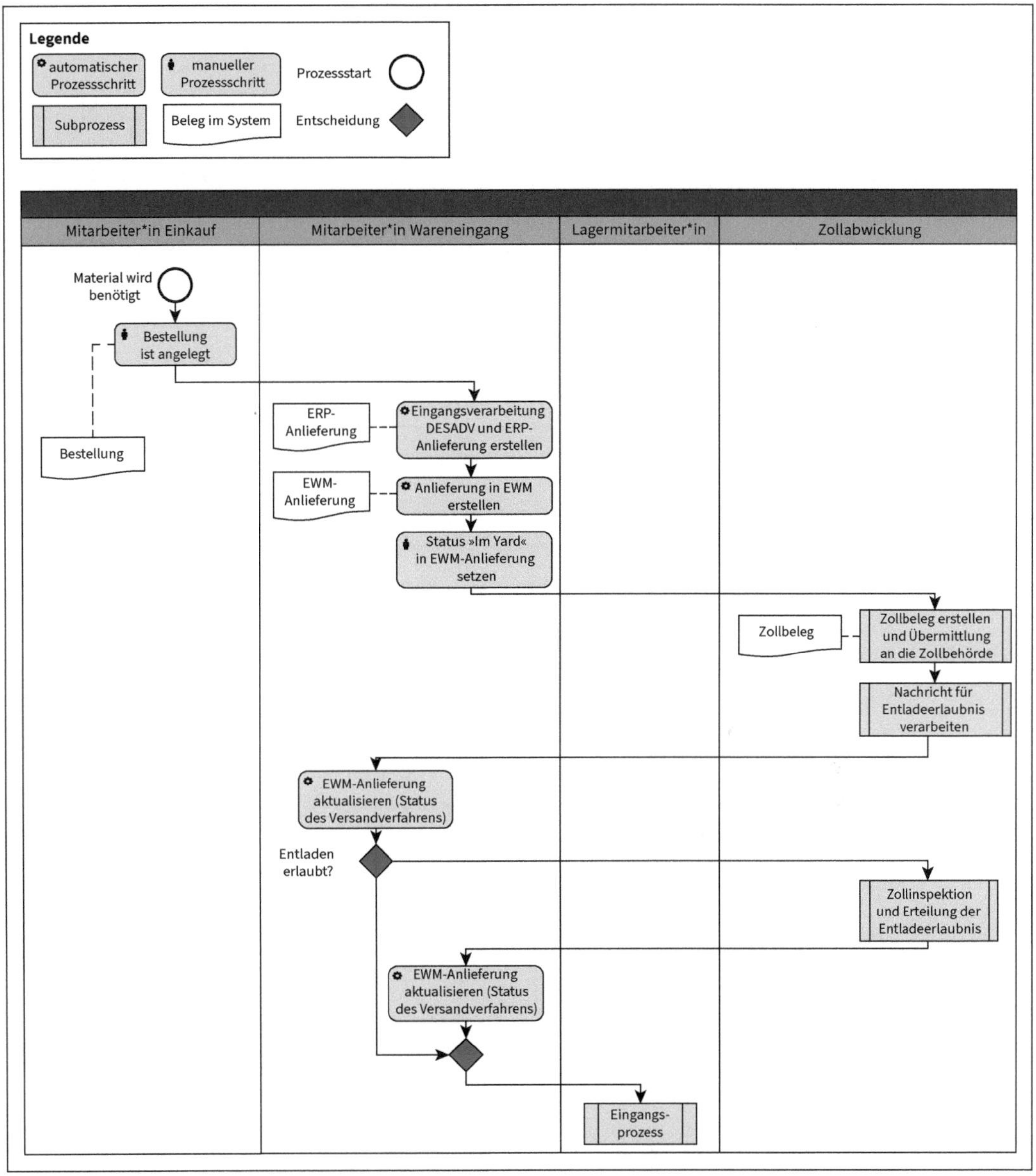

Abbildung 12.1: Geschäftsprozess für Wareneingang aus Fremdbeschaffung mit Versandverfahren

12.2.2 Konfiguration

In diesem Abschnitt gehen wir auf die Konfiguration in EWM für das Versandverfahren ein. Wir gehen davon aus, dass alle weiteren Einstellungen in EWM, bspw. für die Einlagerung, sowie die grundlegenden Einstellungen für die Kommunikation zwischen EWM und SAP GTS vorhanden sind.

1. **Business-System definieren**

   Definieren Sie ein Business-System für das angeschlossene SAP-GTS-System über die Transaktion **/SCWM/09000112** bzw. die Aktivität **Business-System definieren** im Customizing-Pfad **SCM Extended Warehouse Management • Extended Warehouse Management • Schnittstellen • GTS-Integration**. Erstellen Sie einen neuen Eintrag und definieren Sie das Business-System für das SAP-GTS-System, bspw. nach der in Tabelle 12.1 angegebenen Namenskonvention. Ordnen Sie dem Business-System das logische System zu und lassen Sie die Spalte **Manuelle Pflege** leer.

Business-System	Logisches System	Manuelle Pflege
<SID>CLNT<Mandant>	<SID>CLNT<Mandant>	<leer> – Flag ist nicht gesetzt

Tabelle 12.1: Business-System für SAP GTS definieren

2. **Lagernummer dem SAP-GTS-System zuordnen**

   Ordnen Sie nun die EWM-Lagernummer dem SAP-GTS-System zu. Starten Sie dazu die Transaktion **/SCWM/09000110** bzw. die Aktivität **SAP-GTS-System zur Lagernummer definieren** im Customizing-Pfad **SCM Extended Warehouse Management • Extended Warehouse Management • Schnittstellen • GTS-Integration**. Verwenden Sie das zuvor erstellte Business-System und ordnen Sie es der Lagernummer zu, in der die zollrelevanten Prozesse ausgeführt werden sollen (siehe Abbildung 12.2).

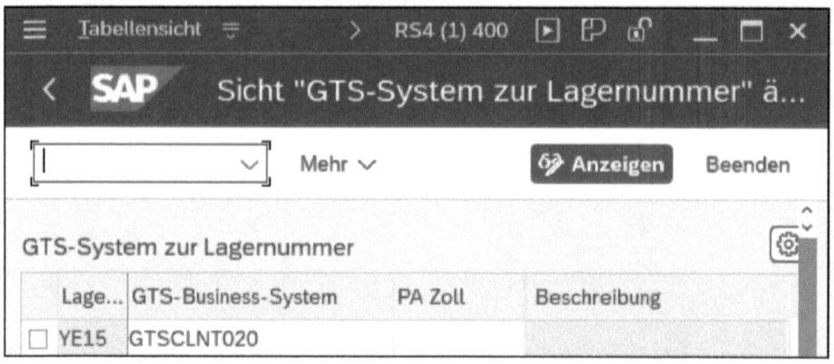

Abbildung 12.2: SAP-GTS-Business-System der EWM-Lagernummer zuordnen

3. **Vorpapierarten definieren**

   Definieren Sie die Vorpapierarten bzw. Referenzbelegtypen für die Abwicklung von Zollverfahren in der Lagernummer. Starten Sie dazu die Transaktion **/SCWM/09000111** bzw. die Aktivität **Vorpapierarten definieren** im Customizing-Pfad **SCM Extended Warehouse Management • Extended Warehouse Management • Schnittstellen • GTS-**

Integration. Pflegen Sie die für Ihre Lagernummer notwendigen Einträge und setzen Sie das Kennzeichen für die Versandverfahrensrelevanz. In Abbildung 12.3 sind beispielhafte Einträge aufgeführt, die in Deutschland gebräuchlich sind.

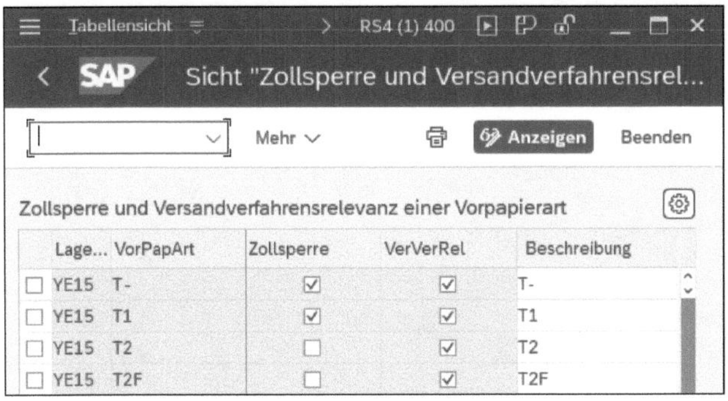

Abbildung 12.3: Versandverfahrensrelevanz für Vorpapierarten definieren

4. **Referenzbelegtypen definieren**

   Definieren Sie die Vorpapierarten als Referenzbelegtypen in EWM, sodass Sie in Lieferbelegen verwendet werden können. Starten Sie dazu die Transaktion **/SCDL/60000607** bzw. die Aktivität **Referenzbelegtypen definieren** im Customizing-Pfad **SCM Extended Warehouse Management • Extended Warehouse Management • Prozessübergreifende Einstellungen • Lieferung – Lageranforderung • Referenzbelege**. Pflegen Sie die definierten Vorpapierarten als Referenzbelegtyp (siehe Abbildung 12.4).

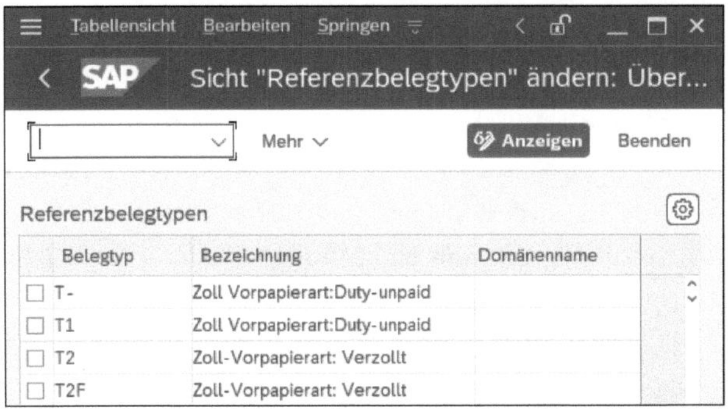

Abbildung 12.4: Vorpapierarten als Referenzbelegtyp definieren

5. **Referenzbelegart-Profile definieren**

   Ordnen Sie die erstellten Referenzbelegtypen dem Referenzbelegartprofil zu, das für die Anlieferbelegart verwendet wird. Starten Sie für die Pflege des Referenzbelegartprofils die Transaktion **/SCDL/23000001** bzw. die Aktivität **Referenzbelegart-Profile definieren** im Customizing-Pfad **SCM Extended Warehouse Management • Extended Warehouse Management • Prozessübergreifende Einstellungen • Lieferung – Lageranforderung • Referenzbelege** und selektieren Sie das relevante Profil. In unserem

Szenario ist es das Profil **/SCWM/INB_PRD**. Wechseln Sie in der Dialogstruktur zu **Referenzbelegtypen** und fügen Sie die erstellten Belegtypen hinzu. Stellen Sie sicher, dass das Kennzeichen bei **Inaktiv** nicht gesetzt ist (siehe Abbildung 12.5).

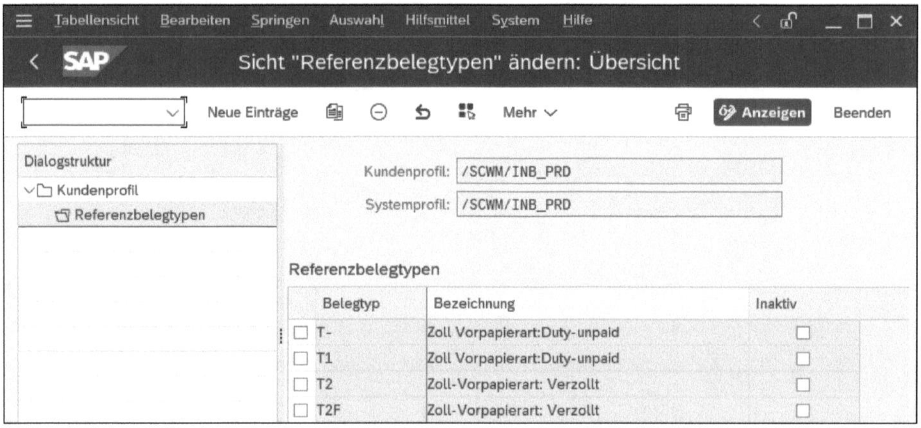

Abbildung 12.5: Referenzbelegtypen in Referenzbelegartprofil definieren

Das relevante Referenzbelegtypprofil für die Anlieferbelegart können Sie in der Aktivität **Belegarten für den Anlieferungsprozess definieren** im Customizing-Pfad **SCM Extended Warehouse Management • Extended Warehouse Management • Wareneingangsprozess • Anlieferung** ermitteln. Die Standard-Belegart **INB** verwendet das Profil **/SCWM/INB_PRD**.

6. **Statusprofil definieren**

   Um das Versandverfahren im Wareneingangsfall zu aktivieren, muss der Status **DWN – Versandverfahren** im Statusprofil für die Anlieferung aktiv sein. Zur Aktivierung dieses Status starten Sie die Transaktion **/SCDL/60000104** bzw. die Aktivität **Statusprofile definieren** im Customizing-Pfad **SCM Extended Warehouse Management • Extended Warehouse Management • Prozessübergreifende Einstellungen • Lieferung – Lageranforderung • Statusverwaltung**. Selektieren Sie das relevante Statusprofil und wechseln Sie in der Dialogstruktur zu **Statusarten**. Stellen Sie sicher, dass das Kennzeichen bei **Inaktiv** für die Statusart **DWN** nicht gesetzt ist (siehe Abbildung 12.6).

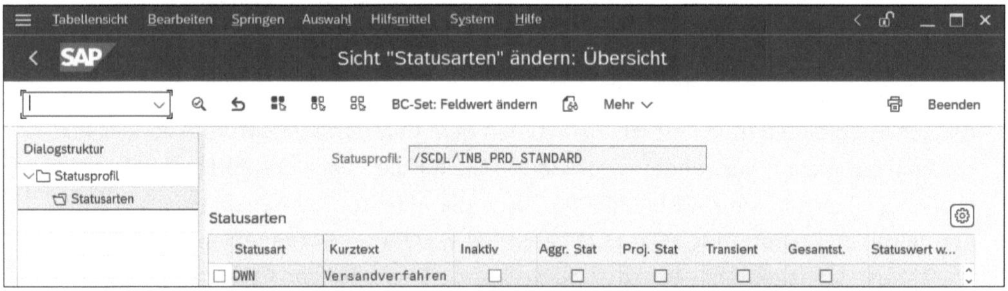

Abbildung 12.6: Statusart »DWN« im Statusprofil für die Anlieferung aktivieren

Wie das bereits erwähnte Referenzbelegprofil ist auch das relevante Statusprofil für die Anlieferbelegart im Customizing hinterlegt. Die Standardbelegart **INB** verwendet das Statusprofil **/SCDL/INB_PRD_STANDARD**.

7. **Aktionsprofil definieren**

   Damit die Prüfung aus der Anlieferung heraus in SAP GTS ausgelöst wird, muss die PPF-Aktionsdefinition **/SCWM/PDI_01_NCTS_NEW** im Aktionsprofil des Anlieferbelegs aktiv sein. Die Aktivierung erfolgt über die Transaktion **/SCDL/94000212** bzw. über die Aktivität **Aktionsprofile und Aktionen definieren** im Customizing-Pfad **SCM Extended Warehouse Management • Extended Warehouse Management • Prozessübergreifende Einstellungen • Lieferung – Lageranforderung • Aktionen • Aktionen und Bedingungen ändern**. Selektieren Sie das Aktionsprofil, das für die Anlieferbelegart hinterlegt ist, und wechseln Sie in der Dialogstruktur zur Ansicht **Aktionsdefinition**. Stellen Sie sicher, dass das Kennzeichen für die PPF-Aktionsdefinition **/SCWM/PDI_01_NCTS_NEW** bei **inaktiv** nicht gesetzt ist (siehe Abbildung 12.7).

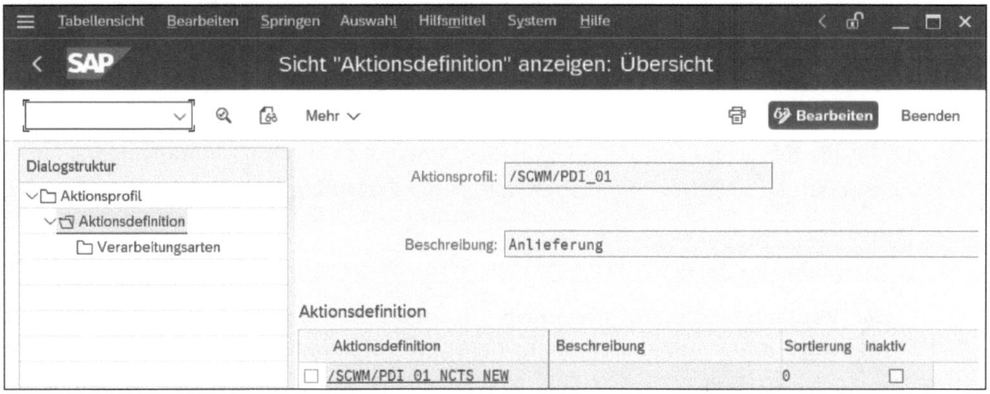

Abbildung 12.7: PPF-Aktionsdefinition für das Versandverfahren aktivieren

   Das relevante Aktionsprofil für die Anlieferbelegart ist im Customizing hinterlegt. Für die Ermittlung des Profils nutzen Sie die gleiche Vorgehensweise wie für das Referenzbelegartprofil. Die Standardbelegart **INB** nutzt das Aktionsprofil **/SCWM/PDI_01**.

8. **Vorpapierarten zwischen EWM und SAP GTS definieren**

   Die in EWM definierten Vorpapierarten müssen den entsprechenden Vorpapierarten in SAP GTS zugeordnet werden. Diese Zuordnung treffen Sie mit der Transaktion **/SCWM/73000010** bzw. in der Aktivität **Vorpapierarten zwischen EWM und externen Systemen abbilden** im Customizing-Pfad **SCM Extended Warehouse Management • Extended Warehouse Management • Schnittstellen • GTS-Integration**. Pflegen Sie die Zuordnung der EWM-Vorpapierarten zu den entsprechenden SAP-GTS-Vorpapierarten. Erstellen Sie neue Einträge für die EWM-Vorpapierarten **T-**, **T1**, **T2** und **T2F** und pflegen Sie die jeweils gleiche Vorpapierart für das externe System (siehe Abbildung 12.8).

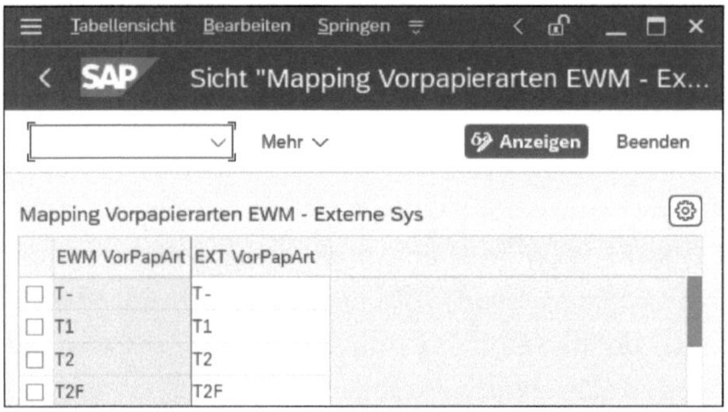

Abbildung 12.8: EWM-Vorpapierart auf SAP-GTS-Vorpapierart abbilden

Auf der Grundlage dieser Einstellungen zeigen wir im nächsten Abschnitt anhand einer konkreten Prozessdemonstration die Anbindung der Lieferabwicklung an das Versandverfahren.

12.2.3 Prozessdemo

In der folgenden Demonstration werden die EWM-relevanten Prozessschritte dargestellt, die für die Integration in SAP GTS für das Versandverfahren im Wareneingangsprozess von Bedeutung sind. Der Prozess beginnt mit der Erstellung einer Bestellung an einen Lieferanten:

1. **Bestellung anlegen**

   Die Bestellung mit der Bestellart **NB - Normalbestellung** legen wir mit der SAP-Fiori-App **Bestellung anlegen -Erweitert** an und erfassen anschließend die relevanten Daten im Bestellkopf, wie bspw. die Einkaufsorganisation, die Einkäufergruppe und den Buchungskreis. Für die Bestellposition geben wir das zu beschaffende Material sowie weitere notwendige Daten wie bspw. die Menge und die EWM-verwalteten Werk-Lagerort-Kombination an. Da wir von unserem Lieferanten ein elektronisches Lieferavis erwarten, verwenden wir für die Bestellposition den Bestätigungssteuerschlüssel **Anlieferung** (siehe Abbildung 12.9). Der Lieferant, von dem wir die Ware beziehen, hat seinen Sitz in Italien. Die Ware wird über die Schweiz nach Deutschland transportiert.

2. **ERP-Anlieferung anlegen und an EWM verteilen**

   Mit dem Versand der Ware übermittelt der Lieferant ein elektronisches Lieferavis, welches in unserem System verarbeitet wird und aus dem anschließend die ERP-Anlieferung erstellt wird. Zur Anzeige der erstellten ERP-Anlieferung nutzen wir die SAP-Fiori-App **Anlieferung anzeigen**. In den Kopfdaten des Anlieferbelegs wurde die übermittelte MRN-Nummer im Abschnitt **Vorpapier** hinterlegt (siehe Abbildung 12.10).

Abbildung 12.9: Bestellung von Material beim Lieferanten für den Wareneingang mit Versandverfahren

Abbildung 12.10: ERP-Anlieferung mit Vorpapierart und -nummer

Der Anlieferbeleg wurde automatisch an EWM übertragen und die EWM-Anlieferung erstellt. Mit der SAP-Fiori-App **Anlieferung pflegen** prüfen wir die Referenzbelegart auf Kopfebene. Wie in Abbildung 12.11 dargestellt, hat die EWM-Anlieferung den Referenzbelegtyp für das Versandverfahren – in diesem Fall **T2** – sowie die MRN-Nummer als Referenzbelegnummer in den Kopfdaten hinterlegt.

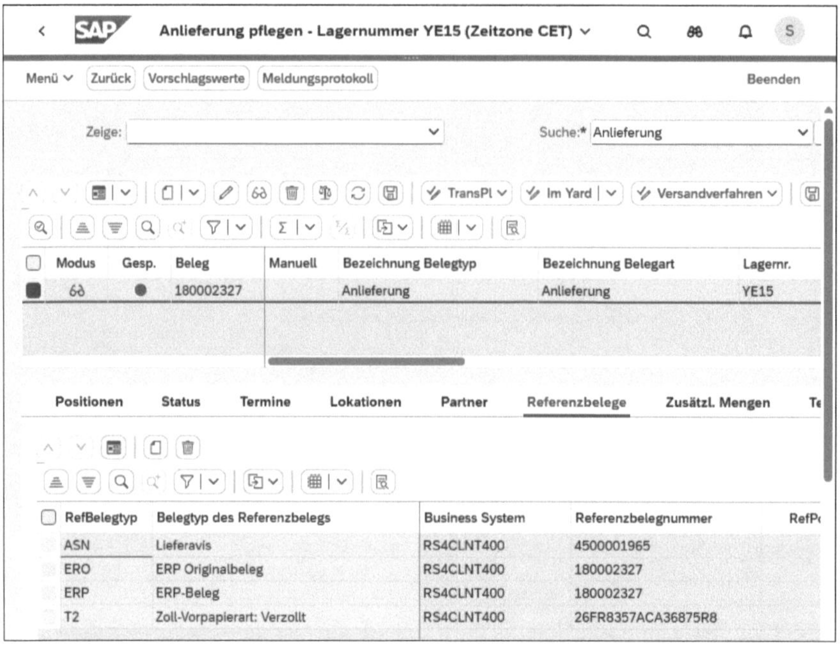

Abbildung 12.11: EWM-Anlieferung mit Referenzbelegtyp für das Versandverfahren

In Abbildung 12.12 ist zu sehen, dass der Anlieferbeleg in EWM zunächst den Status **gesperrt** hat. Der Status für das Versandverfahren (**DWN**) hat den Statuswert **1 – zu prüfen**. Da die Freigabe durch die Zollbehörden noch nicht erfolgt ist, darf die Ware noch nicht entladen werden und der gesamte Beleg ist gesperrt.

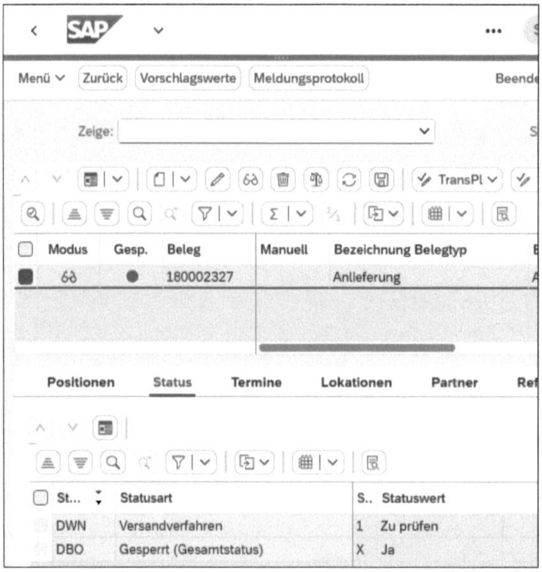

Abbildung 12.12: Gesperrte EWM-Anlieferung mit Status für das Versandverfahren

3. **Status »Im Yard« in der Anlieferung setzen**

   Mit der Ankunft des LKWs wird der Status **Im Yard** im Anlieferbeleg mit der SAP-Fiori-App **Anlieferung pflegen** gesetzt. In Abbildung 12.13 ist die entsprechende Funktion dargestellt. Durch das Setzen dieses Status ändert sich der Wert für den Transitstatus von **Unterwegs** auf **Registriert im Yard**. Darüber hinaus wird die PPF-Aktion **/SCWM/PDI_01_NCTS_NEW** zum Versand einer Nachricht an das SAP-GTS-System ausgelöst. Mit dieser Nachricht wird bspw. die Erstellung des Zollbelegs initiiert. Die anschließende Bearbeitung der zollrechtlichen Formalitäten mit den Zollbehörden erfolgt über das SAP-GTS-System.

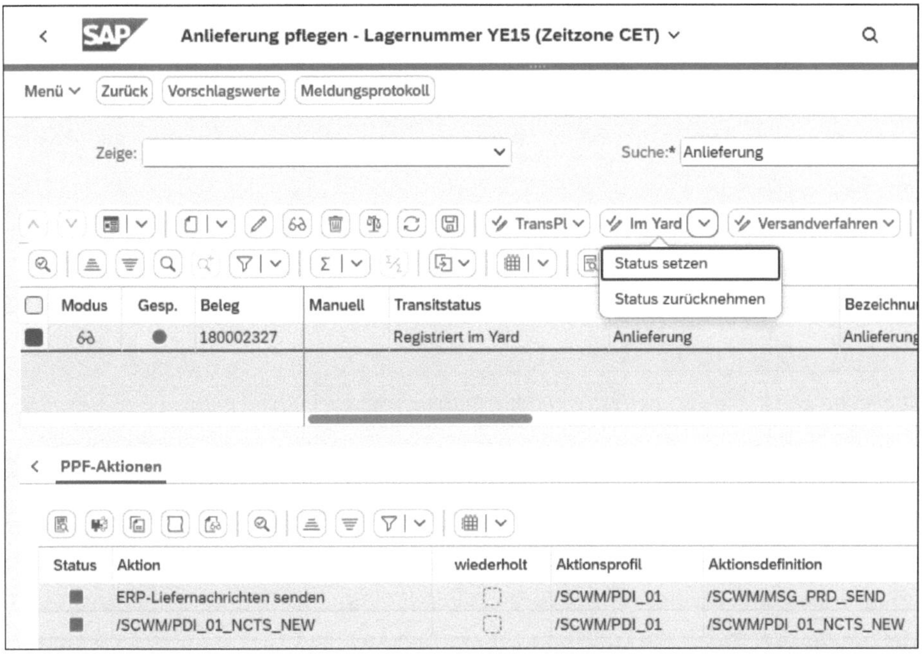

Abbildung 12.13: Status »Im Yard« und durchgeführte SAP-GTS-Kommunikation in der EWM-Anlieferung

4. **Freigabe für die Entladung**

   Nach der Prüfung des Sachverhalts durch die Zollbehörde erfolgen die Freigabe für das Entladen sowie eine entsprechende Benachrichtigung an das SAP-GTS-System. Die Freigabe wird anschließend an die EWM-Anlieferung weiterkommuniziert, wodurch der Status für das Versandverfahren (**DWN**) im Anlieferbeleg aktualisiert wird. Zur Prüfung der aktualisierten Statuswerte kann die SAP-Fiori-App **Anlieferung pflegen** genutzt werden. Abbildung 12.14 zeigt den freigegebenen Status für die Anlieferung. Dieser ist Voraussetzung für die weitere Abwicklung im Lager und signalisiert, dass der Prozess für das Versandverfahren erfolgreich abgeschlossen ist.

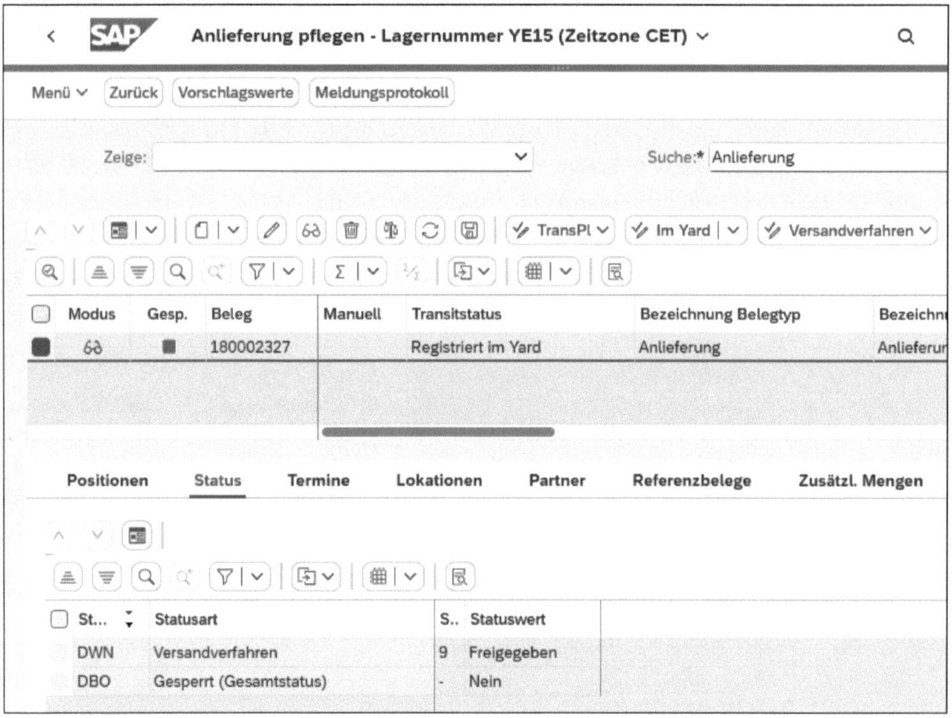

Abbildung 12.14: Freigegebenes Versandverfahren in der EWM-Anlieferung

12.3 Lieferabwicklung an die Verwahrung

Das im vorherigen Abschnitt beschriebene Versandverfahren stellt oftmals nicht den Abschluss des zollrechtlichen Prozesses im Lager dar. Bezieht ein Unternehmen von seinem Lieferanten Waren, für die Zölle und ggf. weitere Abgaben zu entrichten sind, dann darf die Ware zwar mit der Erlaubnis der Zollbehörden nach Abschluss des Versandverfahrens entladen und eingelagert werden. Die freie Verwendung der bezogenen Waren, bspw. für den Produktionsprozess, ist jedoch erst möglich, nachdem das Zollverfahren abgeschlossen ist. Der Prozess der Verwahrung schließt sich somit an den Prozess des Versandverfahrens an. Ware, für die ein Zollverfahren durchzuführen ist, wird mit der Wareneingangsbuchung in eine Bestandsart mit der Rolle **Zollsperrbestand** gebucht. Über die verwendete Vorpapierart im Anlieferbeleg ermittelt EWM, ob der Bestand in den Zollsperrbestand oder in den normalen Bestand gebucht werden muss. Über die Rolle der Bestandsart ist der Zollsperrbestand logisch von anderen Beständen getrennt und jederzeit eindeutig identifizierbar. Dadurch ist eine Einlagerung und Umlagerung des Zollsperrbestands im Lager jederzeit möglich. Es besteht keine Notwendigkeit, den Zollsperrbestand physisch getrennt von anderen Beständen zu lagern. Es gibt jedoch eine Reihe von Aktivitäten, die für Zollsperrbestand nicht durchgeführt werden dürfen. Dazu zählen bspw. Mengendifferenzbuchungen, Warenausgangsbuchungen, Verschrottungen, oder Qualitätsprüfungen für Anlieferungen. Über das BAdI **/SCWM/EX_CORE_GM_STOCK** des Erweiterungsspots **/SCWM/ES_CORE_GM** besteht die Möglichkeit, weitere Warenbewegungen zu unterbinden. Mit der Methode **CHECK_MOVEMENT** kann eine kundenspezifische Prüfung erfolgen. Falls eine Warenbewegung unterbunden werden soll, kann eine Ausnahme erzeugt werden.

Mit der Wareneingangsbuchung in EWM wird ebenfalls ein Materialbeleg im ERP-System erstellt. Infolgedessen wird SAP GTS darüber informiert, dass sich Bestand in der vorübergehenden Verwahrung befindet. Mit der daraus erstellten Zollanmeldung erfolgt die Kommunikation mit den Zollbehörden. Nach der Bearbeitung der Zollanmeldung und der Entscheidung über die weitere Verwendung des Bestands sendet SAP GTS eine Nachricht an EWM, um bspw. im Falle einer Freigabe den Zollsperrbestand in den normalen Bestand umzubuchen. Im Rahmen der Übermittlung dieser Nachricht an EWM wird direkt versucht, den Bestand umzubuchen. Sollte dies nicht möglich sein, weil der Bestand bspw. aufgrund offener Lageraufgaben nicht verfügbar ist, werden die Daten in der Tabelle **/SCWM/GTS_CBREL** fortgeschrieben. Über den Report **/SCWM/GTS_CBREL_MON**, der bspw. als Hintergrundjob eingeplant werden kann, wird die Umbuchung der betreffenden Bestände für die übermittelten Anlieferungen erneut eingeplant.

12.3.1 Geschäftsprozess

Der Geschäftsprozess für die Verwahrung (siehe Abbildung 12.15) baut auf dem Prozess für das Versandverfahren auf. Für die Verwahrung wird eine Vorpapierart verwendet, die für die Zollsperre relevant ist. Somit werden nach der Beendigung des Versandverfahrens und der Erteilung der Entladeerlaubnis die Lageraktivitäten für die angelieferte Ware ausgeführt. Für die Vereinnahmung im Lager stehen die regulären Funktionalitäten zur Verfügung, wie etwa das Verpacken der Anlieferposition in Handling Units oder die Erstellung von Chargen für chargenpflichtige Materialien. Für die Wareneingangsbuchung wird eine Bestandsart mit der Rolle **Zollsperrbestand** verwendet. Mit der Wareneingangsbuchung erfolgt die Benachrichtigung des ERP-Systems und die daraus resultierende Erstellung des Materialbelegs. Anschließend wird für den erstellten Materialbeleg eine Nachricht an das SAP-GTS-System gesendet, um es über die Verwahrung zu informieren. Für den angelieferten Zollsperrbestand wird eine Zollanmeldung erstellt. Parallel zur Abwicklung der Zollformalitäten wird der Bestand unter Verwendung der im System hinterlegten Einlagerstrategie eingelagert. Hierfür werden wiederum die bekannten Möglichkeiten zur Erstellung und Quittierung von Einlagerlageraufgaben genutzt. Sobald der Entscheid über die weitere Verwendung des Bestands in SAP GTS getroffen wurde, wird eine Nachricht zum Umbuchen des Bestands an EWM geschickt. Im Falle der Freigabe wird der Bestand in eine Bestandsart mit der Rolle **Normaler Bestand** umgebucht.

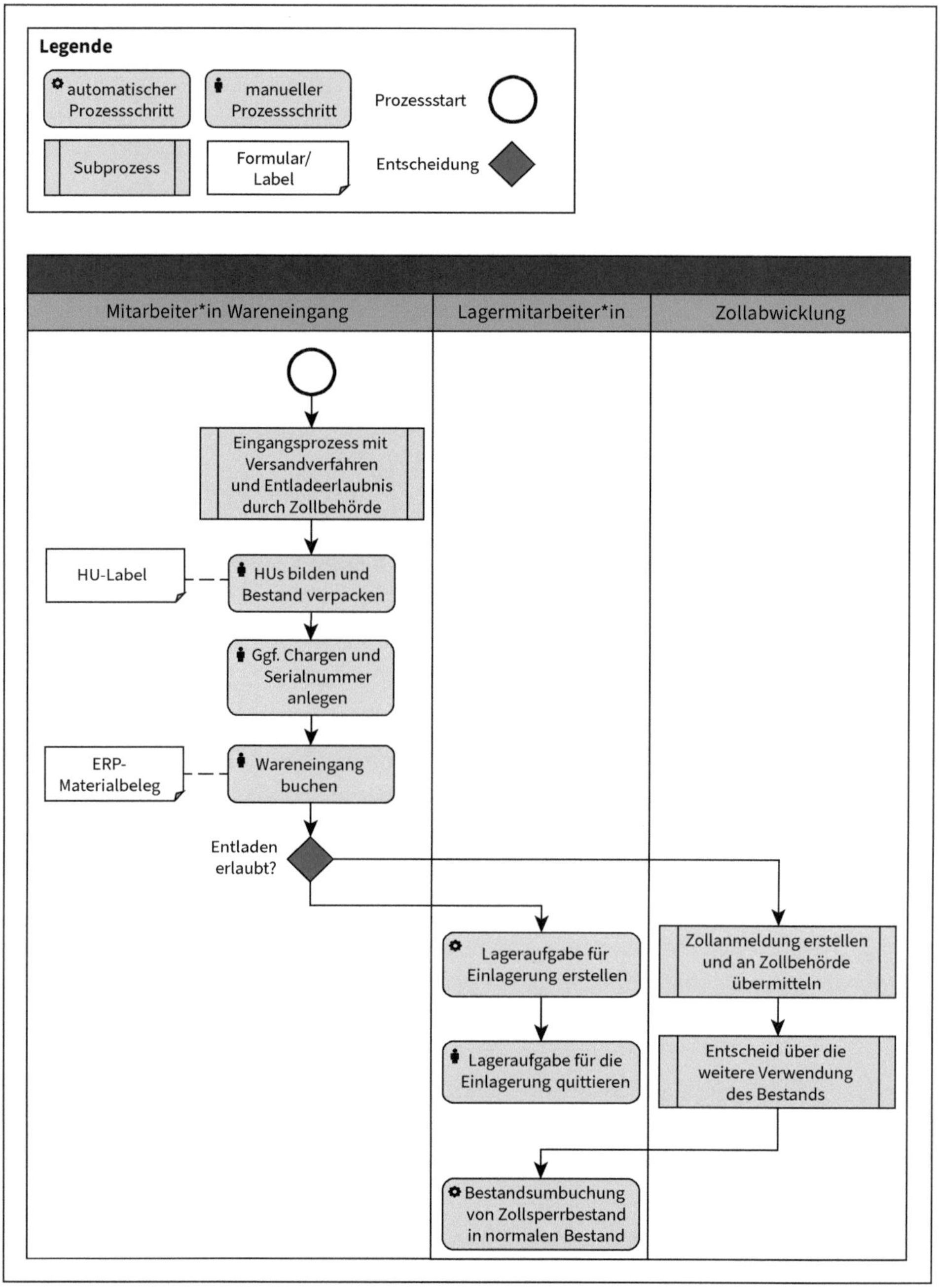

Abbildung 12.15: Geschäftsprozess für den Wareneingang von fremdbeschaffter Ware mit Verwahrung

12.3.2 Konfiguration

Wie Sie nun wissen, schließt sich der Prozess der Verwahrung an das Versandverfahren an. Somit sind zusätzlich zu den in Abschnitt 12.2.2 aufgeführten Einstellungen folgende zusätzliche Konfigurationen durchzuführen:

1. **Vorpapierarten definieren**

   Stellen Sie sicher, dass für die definierten Vorpapierarten, für die ein Zollverfahren durchzuführen ist, das Kennzeichen für die Zollsperre gesetzt ist. Damit wird der Bestand beim Wareneingang in den Zollsperrbestand gebucht. Definieren Sie die Zollsperre für die Vorpapierarten mit der Transaktion **/SCWM/09000111** oder der Aktivität **Vorpapierarten definieren** im Customizing-Pfad **SCM Extended Warehouse Management • Extended Warehouse Management • Schnittstellen • GTS-Integration**. Setzen Sie das Kennzeichen für die Zollsperre für die relevanten Vorpapierarten (siehe Abbildung 12.16).

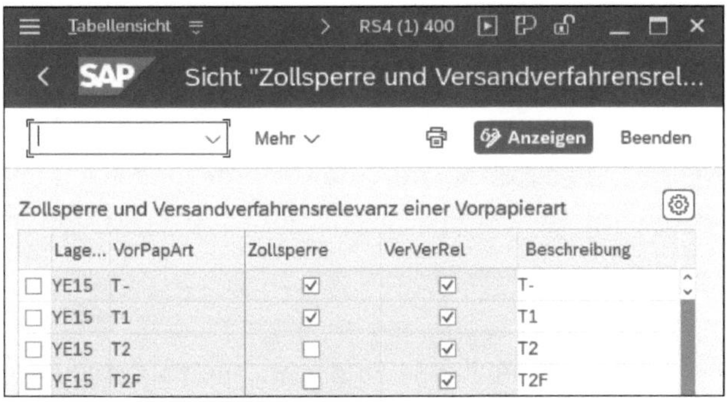

Abbildung 12.16: Zollsperre für Vorpapierart aktivieren

2. **Bestandsarten definieren**

   Definieren Sie Bestandsarten für den Zollsperrbestand in der Lagernummer. Starten Sie dazu die Transaktion **/SCWM/60000071** oder die Aktivität **Verfügbarkeitsgruppe bei Einlagerung einstellen** im Customizing-Pfad **SCM Extended Warehouse Management • Extended Warehouse Management • Wareneingangsprozess**. Wählen Sie die Aktivität **Bestandsart einstellen** und erstellen Sie die relevanten Einträge für die unterschiedlichen Bestandsarten. Weisen Sie die Bestandsrolle **C – Zollsperrbestand** sowie eine Verfügbarkeitsgruppe und eine lokationsunabhängige Bestandsart zu (siehe Abbildung 12.17). Nachdem wir die notwendigen Einstellungen im System erläutert haben, zeigen wir im nächsten Abschnitt ein konkretes Prozessbeispiel für den Anschluss der Lieferabwicklung an die Verwahrung.

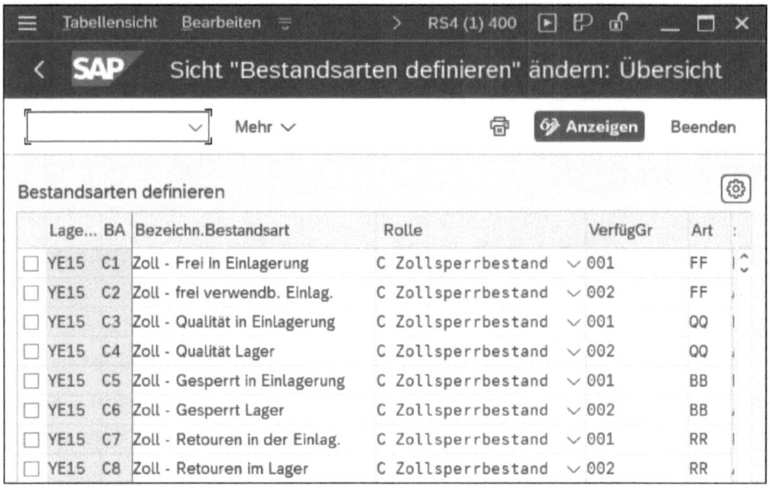

Abbildung 12.17: Bestandsarten für Zollsperrbestand

12.3.3 Prozessdemo

In unserem Prozessbeispiel gehen wir auf die EWM-relevanten Schritte für den Anschluss der Lieferabwicklung an die Verwahrung ein. Der Prozess startet mit der Erstellung einer Bestellung vom Lieferanten:

1. **Bestellung anlegen**

   Die Bestellung mit der Bestellart **NB - Normalbestellung** legen wir mit der SAP-Fiori-App **Bestellung anlegen -Erweitert** an und erfassen anschließend die relevanten Daten im Bestellkopf wie Einkaufsorganisation, Einkäufergruppe oder Buchungskreis. Für die Bestellposition geben wir das zu beschaffende Material und weitere notwendige Daten wie bspw. die Menge und die EWM-verwalteten Werk-Lagerort-Kombination an. Da wir von unserem Lieferanten ein elektronisches Lieferavis erwarten, verwenden wir für die Bestellposition den Bestätigungssteuerschlüssel **Anlieferung** (siehe Abbildung 12.18). Der Lieferant, von dem wir die Ware beziehen, hat seinen Sitz in China. Die Ware wird nach Rotterdam verschifft und von dort weiter nach Deutschland transportiert.

2. **Anlieferung anlegen**

   Das vom Lieferanten übermittelte Lieferavis wird im System verarbeitet und ein ERP-Anlieferbeleg erstellt. In den Kopfdaten der Anlieferung wird die Vorpapierart **T1** verwendet und die dazugehörige Referenznummer eingetragen. Die in der ERP-Anlieferung hinterlegten Daten prüfen wir mit der SAP-Fiori-App **Anlieferung anzeigen** (siehe Abbildung 12.19).

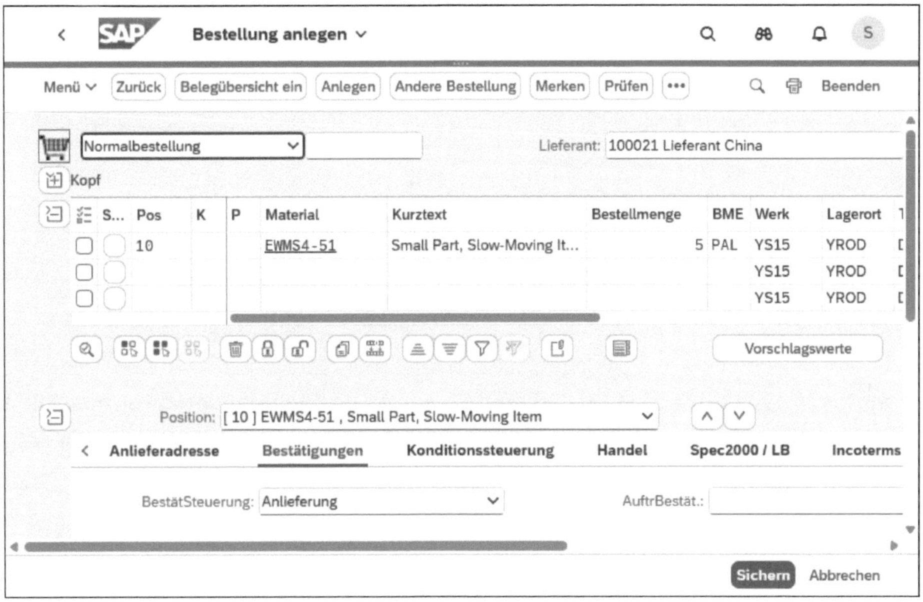

Abbildung 12.18: Bestellung für einen Wareneingang mit Verwahrung anlegen

Abbildung 12.19: ERP-Anlieferung mit Vorpapierart und Referenznummer

Mit der Übertragung der ERP-Anlieferung an EWM wird in EWM die zugehörige Anlieferung erstellt. Die hinterlegte Vorpapierart wird als Referenzbelegtyp in den Kopfdaten gesichert (siehe Abbildung 12.20). Aufgrund des noch nicht abgeschlossenen Versandverfahrens hat die Anlieferung hat den Status **gesperrt**.

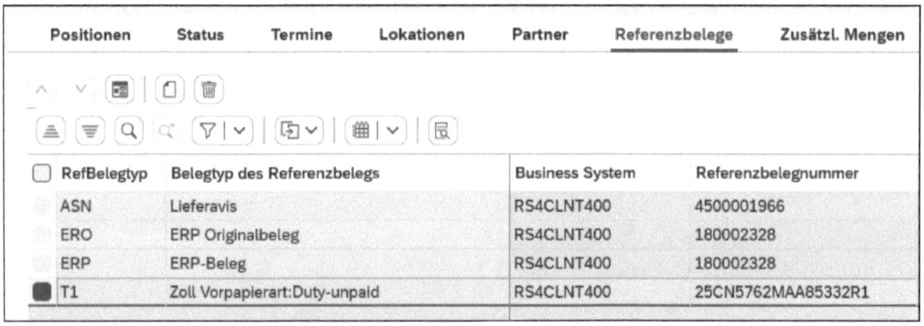

Abbildung 12.20: EWM-Anlieferung mit Referenzbelegtyp »T1« und Referenznummer

3. **Status »Im Yard« für die EWM-Anlieferung setzen und Versandverfahren abschließen**

   Mit der Ankunft der Ware am Lager wird der Status **Im Yard** für die Anlieferung gesetzt (bspw. über die SAP-Fiori-App **Anlieferung pflegen**) und die Integration in SAP GTS angestoßen. Mit Abschluss des Versandverfahrens erfolgt die Freigabe der Zollbehörden für die Entladung und die Sperre für die EWM-Anlieferung wird durch die Aktualisierung des Status **DWN – Versandverfahren** aufgehoben. Für die Anlieferposition hat das System bereits die Zollsperrbestandsart für die Wareneingangsbuchung gesetzt. Wie in Abbildung 12.21 dargestellt, ist dies in unserem Fall die Bestandsart **C1 – Zoll - Frei in Einlagerung**.

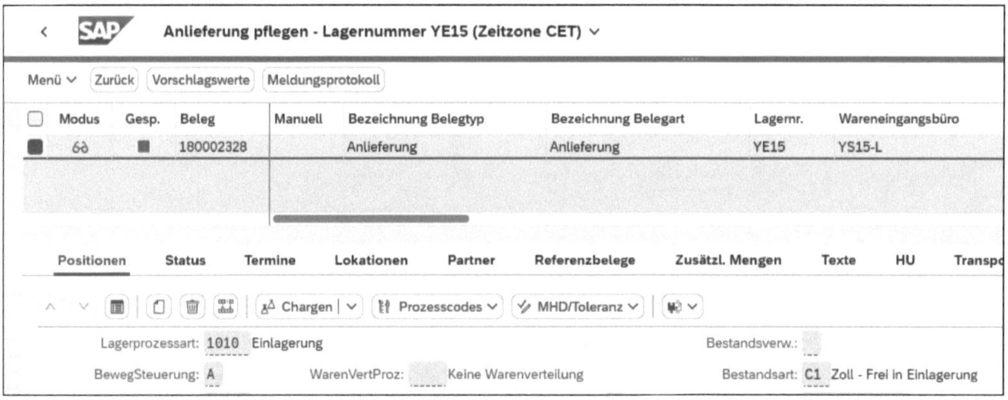

Abbildung 12.21: Ermittelte Zollsperrbestandsart für die Anlieferposition

4. **Anlieferung bearbeiten, Wareneingang buchen und einlagern**

   Über die SAP-Fiori-App **Anlieferung pflegen** verpacken wir den Bestand in fünf Handling Units und buchen den Wareneingang. Der Bestand wird als Zollsperrbestand mit der Bestandsart **C1** auf die Wareneingangszone gebucht, wie in Abbildung 12.22 unter Verwendung der SAP-Fiori-App **Lagermonitor** dargestellt.

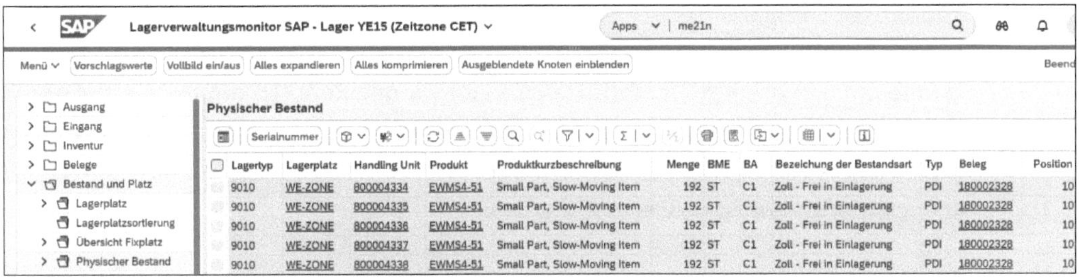

Physischer Bestand

Lagertyp	Lagerplatz	Handling Unit	Produkt	Produktkurzbeschreibung	Menge	BME	BA	Bezeichnung der Bestandsart	Typ	Beleg	Position
9010	WE-ZONE	800004334	EWMS4-51	Small Part, Slow-Moving Item	192	ST	C1	Zoll - Frei in Einlagerung	PDI	180002328	10
9010	WE-ZONE	800004335	EWMS4-51	Small Part, Slow-Moving Item	192	ST	C1	Zoll - Frei in Einlagerung	PDI	180002328	10
9010	WE-ZONE	800004336	EWMS4-51	Small Part, Slow-Moving Item	192	ST	C1	Zoll - Frei in Einlagerung	PDI	180002328	10
9010	WE-ZONE	800004337	EWMS4-51	Small Part, Slow-Moving Item	192	ST	C1	Zoll - Frei in Einlagerung	PDI	180002328	10
9010	WE-ZONE	800004338	EWMS4-51	Small Part, Slow-Moving Item	192	ST	C1	Zoll - Frei in Einlagerung	PDI	180002328	10

Abbildung 12.22: Gebuchter Zollsperrbestand

Die mit der Wareneingangsbuchung erstellten Einlagerlageraufgaben quittieren wir in der SAP-Fiori-App **Lagermonitor** über den Knoten **Eingang • Belege • Anlieferung**, indem wir den erstellten Anlieferbeleg selektieren, die offenen Lageraufgaben anzeigen lassen und diese über die Methode **LB im Hintergrund quittieren** bestätigen. Da der Ziellagertyp eine andere Verfügbarkeitsgruppe aufweist, erfolgt eine automatische Umbuchung in die Zollbestandsart **C2** (siehe Abbildung 12.23).

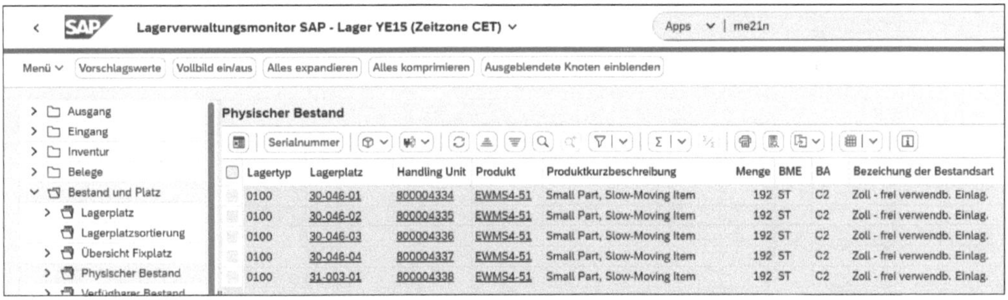

Physischer Bestand

Lagertyp	Lagerplatz	Handling Unit	Produkt	Produktkurzbeschreibung	Menge	BME	BA	Bezeichnung der Bestandsart
0100	30-046-01	800004334	EWMS4-51	Small Part, Slow-Moving Item	192	ST	C2	Zoll - frei verwendb. Einlag.
0100	30-046-02	800004335	EWMS4-51	Small Part, Slow-Moving Item	192	ST	C2	Zoll - frei verwendb. Einlag.
0100	30-046-03	800004336	EWMS4-51	Small Part, Slow-Moving Item	192	ST	C2	Zoll - frei verwendb. Einlag.
0100	30-046-04	800004337	EWMS4-51	Small Part, Slow-Moving Item	192	ST	C2	Zoll - frei verwendb. Einlag.
0100	31-003-01	800004338	EWMS4-51	Small Part, Slow-Moving Item	192	ST	C2	Zoll - frei verwendb. Einlag.

Abbildung 12.23: Bestandsartwechsel des Zollsperrbestands nach erfolgter Einlagerung

5. **Zollverfahren abschließen und Zollsperrbestand freigeben**

   Mit Abschluss des Zollverfahrens wird die weitere Verwendung in SAP GTS erfasst und eine Nachricht über die Freigabe des Bestands an EWM geschickt. Die Anforderung zur Freigabe wird in der Tabelle **/SCWM/GTS_CBREL** abgelegt (siehe Abbildung 12.24).

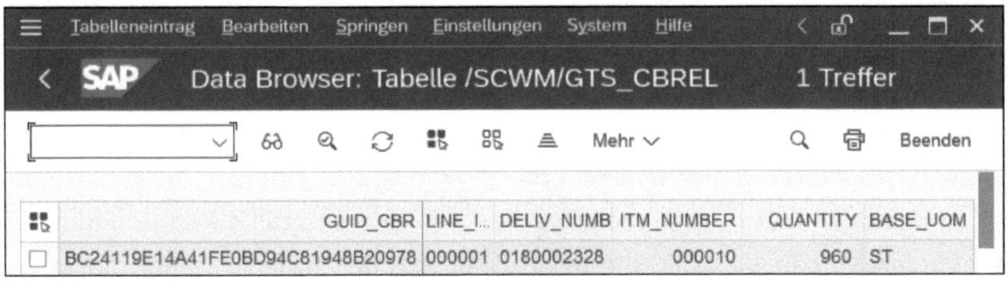

GUID_CBR	LINE_I...	DELIV_NUMB	ITM_NUMBER	QUANTITY	BASE_UOM
BC24119E14A41FE0BD94C81948B20978	000001	0180002328	000010	960	ST

Abbildung 12.24: Eintrag in der Tabelle »/SCWM/GTS_CBREL« für freizugebende Zollsperrbestände

Durch die Freigabe der Zollsperrbestände (bspw. über den Report **/SCWM/GTS_CBREL_MON**) bucht EWM den Bestand in eine Bestandsart mit der Rolle **normaler Bestand** um. Für unseren Demoprozess führen wir den Report manuell aus und erfassen im Selektionsbildschirm die Nummer der Anlieferung. Wir selektieren die gefundene Lieferung und wählen die Funktion **Freigeben** (siehe Abbildung 12.25).

Abbildung 12.25: Zollsperrbestand manuell freigeben

Daraufhin wird der Bestand in EWM umgebucht (siehe Abbildung 12.26). Damit ist der Prozess der Verwahrung abgeschlossen und der Bestand kann in weiteren Prozessen im Lager uneingeschränkt verwendet werden.

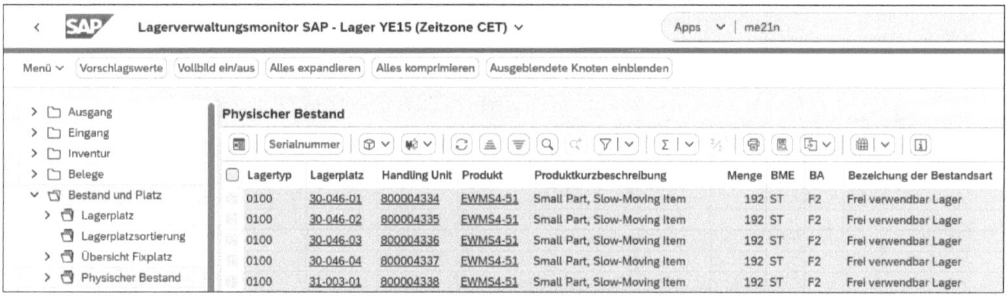

Abbildung 12.26: Bestand im EWM-Lagermonitor nach Freigabe des Zollsperrbestands

12.4 Lieferabwicklung an das Zolllagerverfahren

Das Zolllagerverfahren ist ein besonderes Zollverfahren, mit dem Waren aus Nicht-EU-Ländern in einem Warenlager gelagert werden dürfen, das eine Zulassung für die Lagerung durch die Zollbehörde erteilt bekommen hat, ohne dass sofort Abgaben entrichtet werden müssen. Die Waren befinden sich unter zollamtlicher Überwachung und dürfen eingelagert, umgelagert oder umgepackt werden, bis ihre endgültige zollrechtliche Bestimmung definiert wurde, wie z. B. die Überführung in den freien Verkehr der Europäischen Union oder die Ausfuhr in ein Nicht-EU-Land. Für den Einsatz von EWM gibt es bis auf den Verschrottungsprozess keine Besonderheiten zu berücksichtigen. Die Bestände werden in EWM mit der Bestandsrolle **Normaler Bestand** verwaltet, sodass es in EWM keinen Hinweis darauf gibt, ob es sich um verzollten oder unverzollten Bestand handelt. Die

Kommunikation aller relevanten Bestandsveränderungen wird vom SAP-ERP-System an SAP GTS übermittelt. Innerhalb von SAP GTS gibt es eine eigene Bestandsführung, die nicht direkt mit der Bestandsführung in EWM verbunden ist.

Die Besonderheit für den Verschrottungsprozess in EWM besteht darin, dass die Ausführung der EWM-Umbuchung erst dann möglich ist, wenn ein Zolldokument in SAP GTS existiert und eine Verschrottungsnummer von SAP GTS an EWM übertragen wird, die als Referenznummer in der Umbuchung hinterlegt ist. Ohne diese Referenznummer hat die Umbuchung den Status **gesperrt**. Die weiteren Schritte der Lagerabwicklung sind vergleichbar mit der bekannten Bearbeitung einer Umbuchung in EWM.

12.4.1 Geschäftsprozess

Im folgenden Geschäftsprozess stellen wir die Schritte für die Verschrottung von Bestand im Rahmen des Zolllagerverfahrens dar (siehe Abbildung 12.27). Ausgangspunkt für den Prozess ist die Entscheidung, dass Bestand verschrottet werden muss. Für die zu verschrottende Menge des Bestands wird eine Warenbewegung mit EWM-Verschrottungsindikator angelegt. Dadurch wird eine ERP-Umbuchungslieferung erstellt, die an EWM weitergereicht wird und eine EWM-Umbuchung erzeugt. Die Erstellung der Umbuchung löst einen Aufruf an das SAP-GTS-System aus, da erkannt wird, dass es sich um ein Material handelt, das in einem Zolllager geführt wird, und somit für die Verschrottung eine Verschrottungsreferenznummer benötigt wird. Solange diese Referenznummer nicht in der EWM-Umbuchung als Referenzbeleg hinterlegt ist, bleibt die EWM-Umbuchung gesperrt. Hierzu verwendet die Umbuchungsposition den Status **DWS – Verschrottung Zoll**, der angibt, ob sich die Position für die Verschrottung noch in Prüfung befindet oder bereits freigegeben wurde.

In SAP GTS wird bei Bedarf ein Zollbeleg erstellt und die Genehmigung der Zollbehörde für die Verschrottung eingeholt. Mit der erteilten Genehmigung steht auch die Verschrottungsreferenznummer zur Verfügung. Alternativ kann direkt in SAP GTS eine Verschrottungsreferenznummer erstellt werden. Diese Referenznummer wird an den EWM-Umbuchungsbeleg übermittelt und als Referenzbeleg hinterlegt. Mit dieser Referenznummer wird der Status **gesperrt** der Umbuchung entfernt und es kann eine Lageraufgabe für die Umlagerung in die Verschrottungszone erstellt werden. Mit der Quittierung der Umlagerung des Bestands in die Verschrottungszone wird der Bestand in die Bestandsrolle **Verschrottungsbestand** umgebucht. Zudem wird die ERP-Umbuchungslieferung aktualisiert und ein Materialbeleg erstellt, wodurch eine Nachricht über die Verschrottung an SAP GTS gesendet wird. In SAP GTS wird der Bestand in der SAP-GTS-internen Bestandsführung verschrottet. Zusätzlich wird der Bestand aus der Lagerverwaltung in EWM ausgebucht und damit einhergehend der ERP-Materialbeleg zur Aktualisierung der allgemeinen Bestandsführung erstellt. Damit ist die Ware aus dem System gebucht und der Verschrottungsprozess ist abgeschlossen.

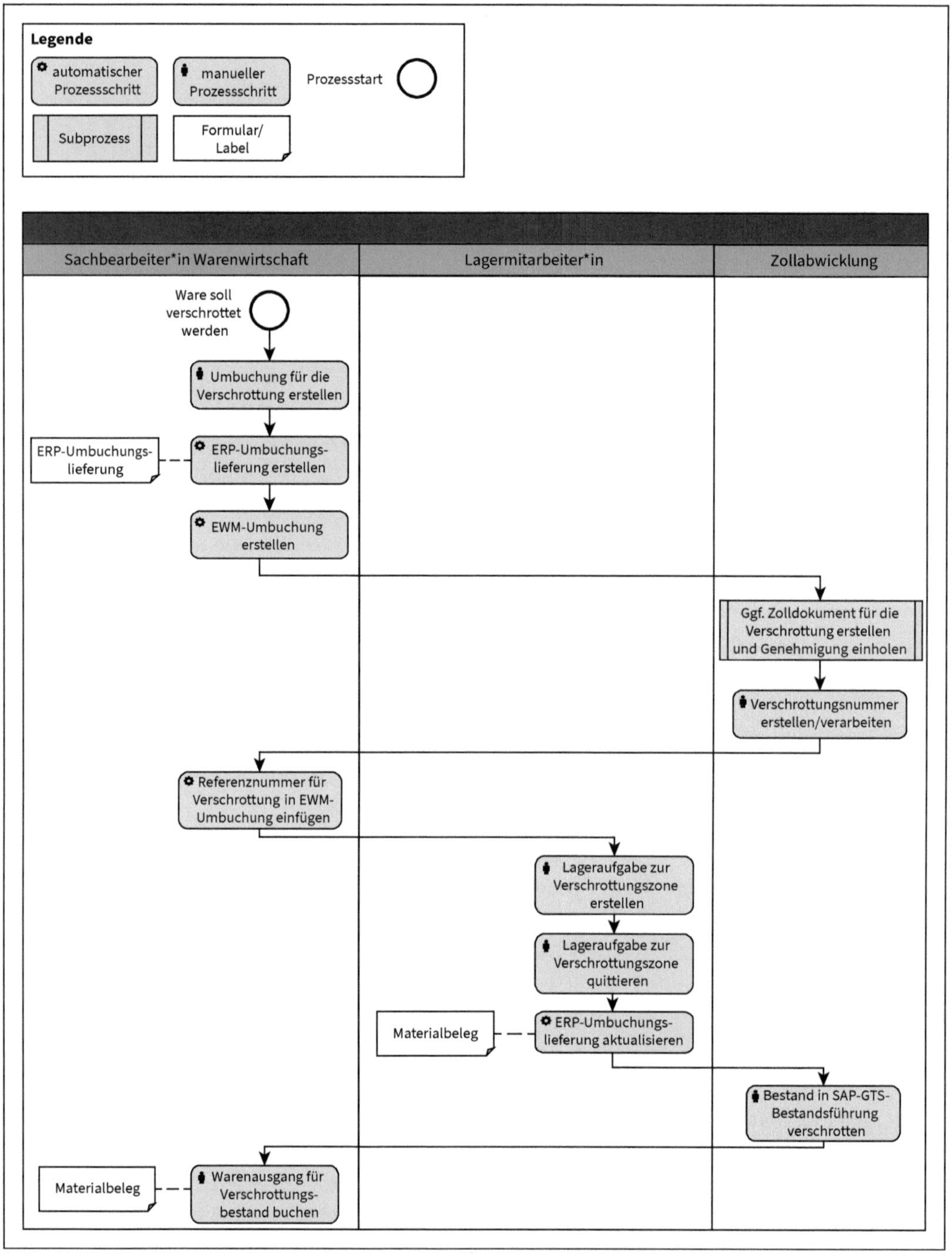

Abbildung 12.27: Geschäftsprozess für die Verschrottung mit Zolllagerverfahren

12.4.2 Konfiguration

In diesem Abschnitt beschreiben wir die Konfiguration für den Verschrottungsprozess im Rahmen des Zolllagerverfahrens. Der Prozess verwendet eine Reihe grundlegender EWM-Einstellungen und -Funktionalitäten, wie etwa die Auslagerstrategie, auf die wir an dieser Stelle jedoch nicht näher eingehen. Die grundlegenden Einstellungen zur Kommunikation zwischen EWM und SAP GTS aus Abschnitt 12.2.2 setzen wir voraus.

1. **Zoll-ID definieren**

   Definieren Sie die Zoll-ID, die für das Zolllagerverfahren verwendet werden soll. Beachten Sie, dass die Bezeichnung der Zoll-ID mit der Bezeichnung in SAP GTS übereinstimmen muss. Starten Sie für die Definition die Transaktion **/SCWM/09000286** oder die Aktivität **Zoll-ID definieren** im Customizing-Pfad **SCM Extended Warehouse Management • Extended Warehouse Management • Schnittstellen • GTS-Integration**. Erstellen Sie anschließend einen Eintrag für die Zoll-ID (siehe Abbildung 12.28).

   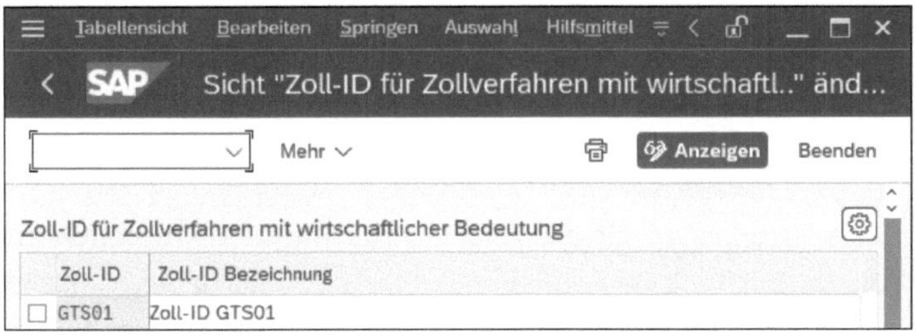

   Abbildung 12.28: Zoll-ID erstellen

2. **Zoll-ID zur Lagernummer und zum Verfügungsberechtigten zuordnen**

   Als Nächstes ordnen Sie die erstellte Zoll-ID der Lagernummer zu. Diese Zuordnung treffen Sie mit der Transaktion **/SCWM/GTS_MAPWH – Lagernummer/Verfügungsberechtigter zu Zoll-ID zuordnen** im SAP-EasyAccess-Menüpfad **Logistik • SCM Extended Warehouse Management • Extended Warehouse Management • Einstellungen**. Ordnen Sie hier die erstellte Zoll-ID der Lagernummer sowie dem Verfügungsberechtigten in der Lagernummer zu (siehe Abbildung 12.29).

   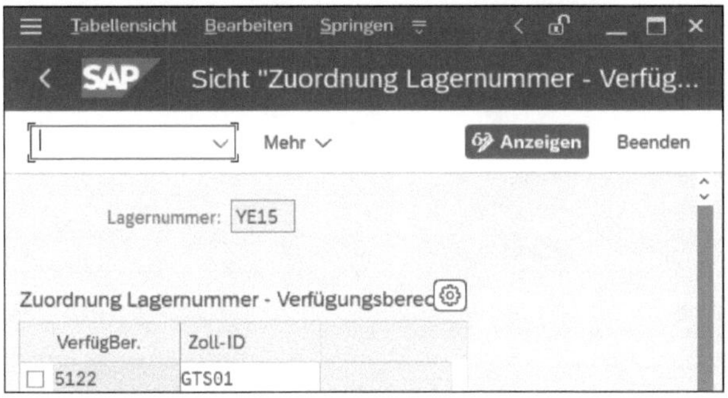

   Abbildung 12.29: Zoll-ID zu Lagernummer und Verfügungsberechtigtem zuordnen

3. **Referenzbelegtyp für Verschrottungsnummer prüfen**

   Starten Sie die Transaktion **/SCDL/60000607** oder die Aktivität **Referenzbelegtypen definieren** im Customizing-Pfad **SCM Extended Warehouse Management • Extended Warehouse Management • Prozessübergreifende Einstellungen • Lieferung – Lageranforderung • Referenzbelege** und stellen Sie sicher, dass der Referenzbelegtyp **SCR** existiert. Sollte dies nicht der Fall sein, erstellen Sie einen neuen Eintrag (siehe Abbildung 12.30).

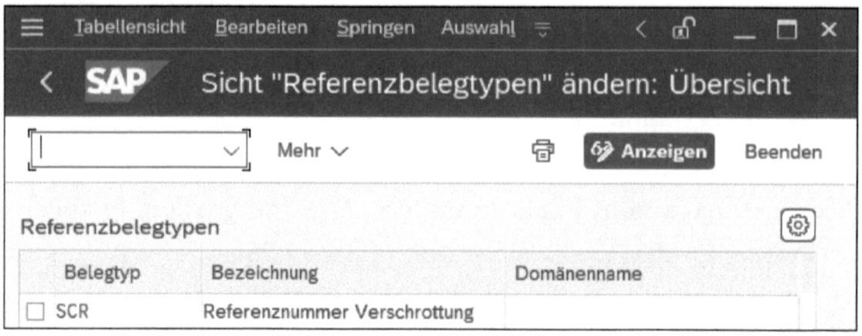

Abbildung 12.30: Referenzbelegtyp für Verschrottungsnummer

4. **Referenzbelegtyp für Verschrottungsnummer im Referenzbelegart-Profil aktivieren**

   Aktivieren Sie den Referenzbelegtyp für die Verschrottungsnummer im Referenzbelegartprofil, das für die Umbuchung verwendet wird. Starten Sie dazu die Transaktion **/SCDL/23000001** oder die Aktivität **Referenzbelegart-Profile definieren** im Customizing-Pfad **SCM Extended Warehouse Management • Extended Warehouse Management • Prozessübergreifende Einstellungen • Lieferung – Lageranforderung • Referenzbelege** und fügen Sie dem Profil den Referenzbelegtyp **SCR** hinzu. Stellen Sie sicher, dass der Referenzbelegtyp aktiv ist (siehe Abbildung 12.31). In unserem Geschäftsprozess wird die Belegart **TSCR** mit dem Profil **/SCWM/TP_PRD** verwendet.

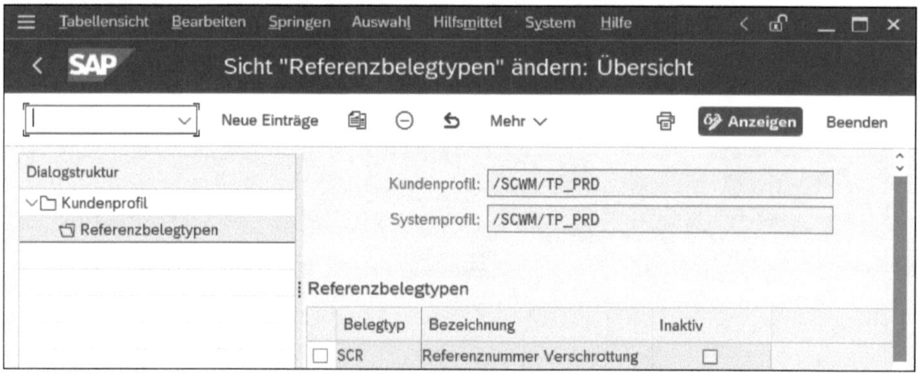

Abbildung 12.31: Referenzbelegtyp für Verschrottungsnummer im Referenzbelegartprofil aktivieren

5. **Status »DWS« im Statusprofil für Umbuchungsposition aktivieren**

   Aktivieren Sie im Statusprofil für die Umbuchungsposition den Status **DWS**, indem Sie die Transaktion **/SCDL/60000104** oder die Aktivität **Statusprofile definieren** im Customizing-Pfad **SCM Extended Warehouse Management • Extended Warehouse Management • Prozessübergreifende Einstellungen • Lieferung – Lageranforderung • Statusverwaltung** starten. Wählen Sie das Statusprofil für die Umbuchungsposition (bspw. **/SCWM/INT_SPC_DLV_STANDARD**) und wechseln Sie in der Dialogstruktur zu **Statusarten**. Stellen Sie sicher, dass das Kennzeichen in der Spalte **Inaktiv** für die Statusart **DWS** nicht gesetzt ist (siehe Abbildung 12.32). Sollten Sie, wie in unserem Beispiel, ein angepasstes Statusprofil verwenden, müssen Sie das veränderte Statusprofil der Positionsart zuordnen. Nutzen Sie dazu die Transaktion **/SCWM/41000068** oder die Aktivität **Positionsarten für Umbuchungsprozess definieren** im Customizing-Pfad **SCM Extended Warehouse Management • Extended Warehouse Management • Lagerinterne Prozesse • Lieferabwicklung • Umbuchungen**.

Abbildung 12.32: Statusprofil mit Statusart DWS aktivieren

Im nächsten Abschnitt zeigen wir Ihnen ein Prozessbeispiel für den Anschluss der Lieferabwicklung an das Zolllagerverfahren unter Verwendung der getroffenen Einstellungen.

12.4.3 Prozessdemo

Für unser Beispiel gehen wir davon aus, dass Ware, die sich im Zolllagerverfahren befindet, verschrottet werden muss. Für die Verschrottung soll eine Verschrottungsreferenznummer bei den Zollbehörden angefordert werden. Der Prozess startet mit der Erstellung einer Warenbewegung für die Verschrottung.

1. **Warenbewegung für Verschrottung anlegen**

   Starten Sie die SAP-Fiori-App **Warenbewegung buchen**. Wählen Sie den Vorgang **Umbuchung** sowie den Referenzbeleg **Sonstige** aus und verwenden Sie die Bewegungsart **311 – UL Umlager im Werk**. Erfassen Sie die relevanten Daten für die Umbuchung, wie Material, Werk, Lagerort und Menge (siehe Abbildung 12.33).

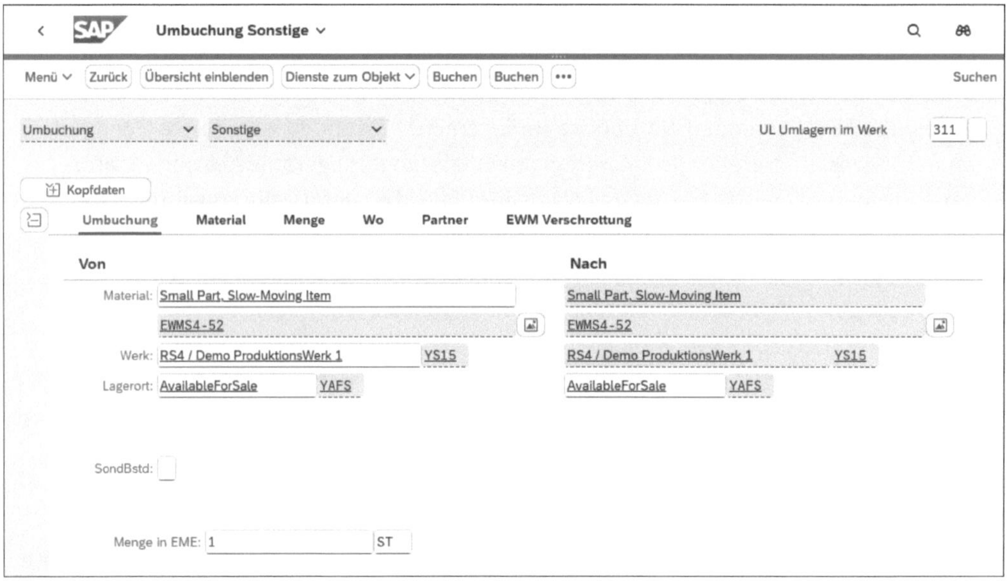

Abbildung 12.33: Positionsdaten für die Umbuchung zur Verschrottung

Geben Sie im Reiter **EWM Verschrottung** das Verschrottungskennzeichen **Angegebene Menge verschrotten** ein (siehe Abbildung 12.34). Beim Sichern des Belegs erstellt das System automatisch eine ERP-Umbuchungslieferung und verteilt diese an EWM.

Abbildung 12.34: Verschrottungskennzeichen für EWM-Abwicklung setzen

2. **EWM-Umbuchung für die Verschrottung bearbeiten**

   Starten Sie die SAP-Fiori-App **Umbuchungen pflegen** und suchen Sie nach der erstellten Umbuchung, indem Sie bspw. im Suchfeld nach der Nummer der ERP-Umbuchungslieferung suchen. Falls die Verschrottungsnummer noch nicht von SAP GTS EWM zur Verfügung gestellt wurde, hat die Umbuchung den Status **gesperrt**, da der Status **DWS** der Umbuchungsposition den Wert **1 – Zur Prüfung** hat (siehe Abbildung 12.35).

   Nachdem der Zollbeleg erstellt und die Verschrottungsnummer an EWM übermittelt wurde, ändert sich der Status der Umbuchung von **gesperrt** auf **nicht gesperrt** und die Verschrottungsnummer wird als Referenzbeleg auf Kopfebene abgelegt (siehe Abbildung 12.36).

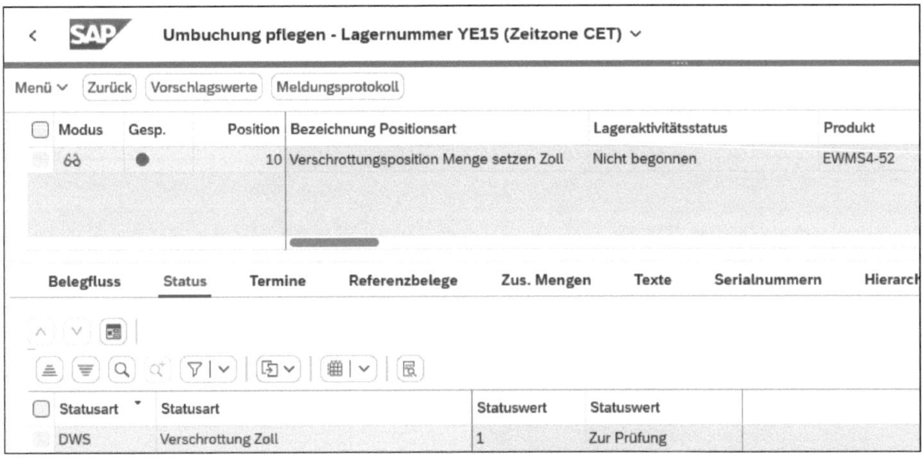

Abbildung 12.35: EWM-Umbuchungsposition mit dem Status »gesperrt« sowie dem Status »DWS« auf Positionsebene

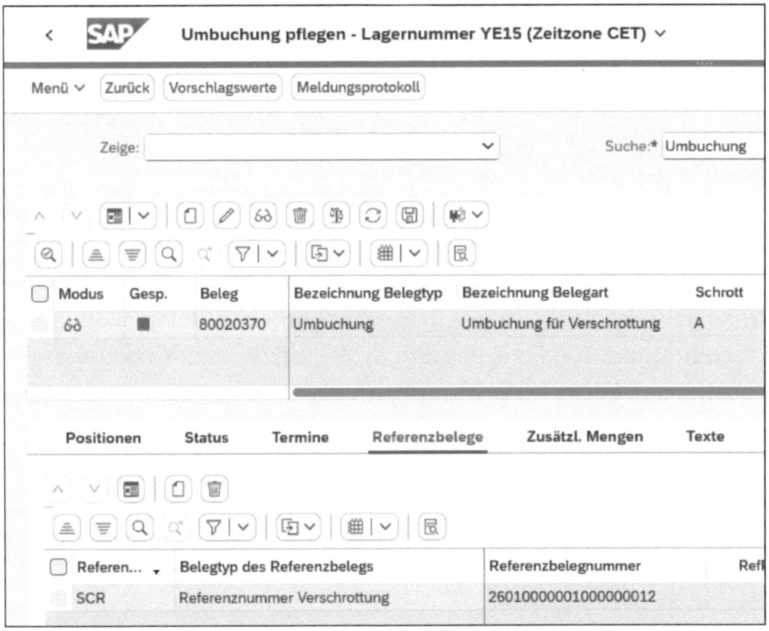

Abbildung 12.36: EWM-Umbuchung mit Verschrottungsreferenznummer

3. **Lageraufgabe für die Umlagerung in die Verschrottungszone erstellen und quittieren**

   Für die Erstellung der Lageraufgabe zur Umlagerung des Bestands in die Verschrottungszone nutzen Sie die Folgefunktionen der SAP-Fiori-App **Umbuchungen pflegen**, indem Sie den Pfad **Menü • Umbuchung • Folgefunktionen • Lageraufgabe** wählen. Erstellen Sie anschließend die Lageraufgabe zur Auslagerung des zu verschrottenden Bestands (siehe Abbildung 12.37). Für die Quittierung der erstellten Lageraufgabe nutzen

Sie den Lagerverwaltungsmonitor mit der Methode zur LB-Quittierung, wobei anzumerken ist, dass für die Abwicklung der Auslagerung viele unterschiedliche Möglichkeiten zur Verfügung stehen, wie bspw. die Verwendung der mobilen Arbeitsumgebung.

Abbildung 12.37: Lageraufgabe zur Umlagerung des zu verschrottenden Bestands erstellen

Im EWM-Lagerverwaltungsmonitor ist nach der Quittierung der Umlagerungslageraufgabe in die Verschrottungszone der Bestand in den Verschrottungsbestand umgebucht (siehe Abbildung 12.38).

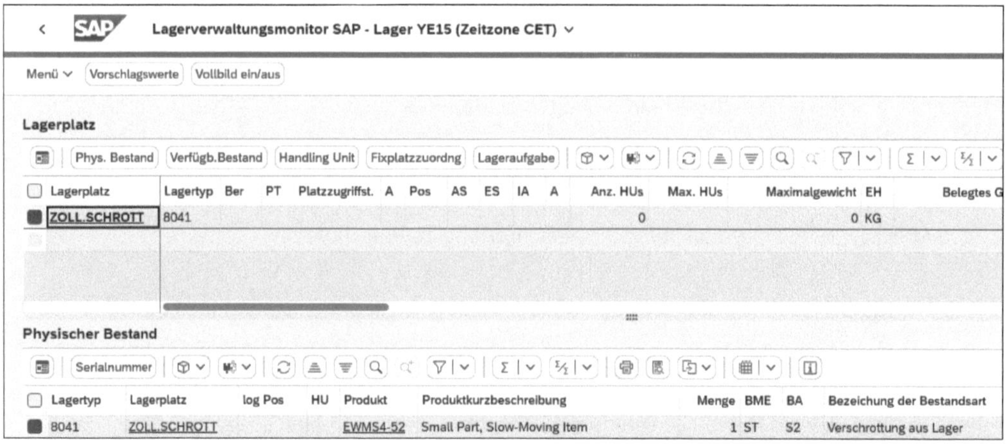

Abbildung 12.38: Verschrottungsbestand im Lagerverwaltungsmonitor nach der Umlagerung

Darüber hinaus wurde ein ERP-Materialbeleg erzeugt und darin auf Kopfebene die Verschrottungsreferenznummer hinterlegt (siehe Abbildung 12.39).

MBLNR	MJAHR	VGART	BLART	XBLNR	GTS_CUSREF_NO
4900005403	2026	WA	WL	0080020370	26010000001000000012

Abbildung 12.39: Materialbelegkopf mit Verschrottungsreferenznummer

4. **Verschrottungsbestand ausbuchen**

   Nach der Umlagerung in die Verschrottungszone wird der Bestand aus EWM ausgebucht. Verwenden Sie hierzu die SAP-Fiori-App **Warenausgang buchen – Ungeplant** und selektieren Sie den Verschrottungsbestand des Materials sowie den WA-Prozess **Verschrotten**. Für den mit diesen Selektionskriterien ermittelten Bestand wird nun über die Funktion **WA buchen** der Warenausgang gebucht (siehe Abbildung 12.40). Damit wird der Bestand im EWM reduziert und der physische Verschrottungsprozess kann erfolgen.

   Nachdem wir den Verschrottungsprozess im Rahmen des Zolllagerverfahrens erläutert haben, gehen wir im nächsten Abschnitt näher auf Compliance-Prüfungen mit SAP GTS ein.

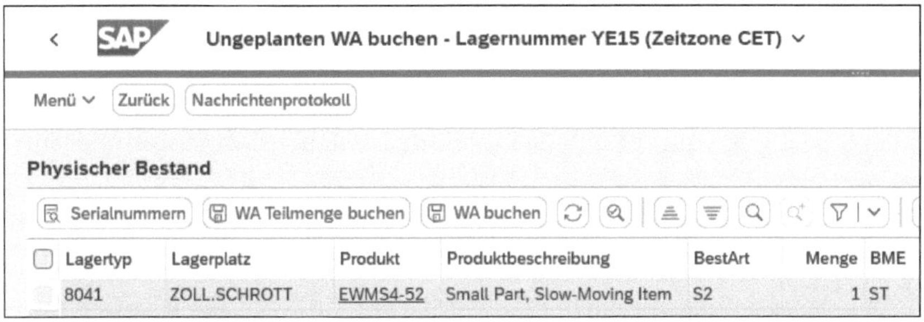

Abbildung 12.40: Warenausgangsbuchung für den Verschrottungsbestand

12.5 Compliance-Prüfung mit SAP GTS

Im internationalen Handel müssen Unternehmen sicherstellen, dass Lieferungen an Warenempfänger erlaubt und nicht aufgrund von Sanktionen, Embargos oder gesetzlicher Kontrollen eingeschränkt sind. Im Rahmen des Warenausgangsprozesses mit EWM können Prüfungen in SAP GTS durchgeführt werden, um die Ausführung der Lagerprozesse zu unterbinden, sofern eine Beschränkung vorliegt. Die folgenden Compliance-Prüfungen werden unterstützt:

- Sanktionsliste
- Embargo
- Gesetzliche Kontrolle

Auf einer *Sanktionsliste* sind Unternehmen oder Personen verzeichnet, mit denen ein Handel aufgrund von gesetzlichen Regelungen verboten ist. Bei einer Sanktionslistenprüfung wird die Adresse des Geschäftspartners mit den Adressen auf der Sanktionsliste verglichen. Bei einem *Embargo* ist die Einfuhr von Waren in ein bestimmtes Land untersagt. Mithilfe der Embargoprüfung im Warenausgangsprozess wird überprüft, ob sich der Geschäftspartner in einer Embargosituation befindet und somit der Beleg für die weitere Bearbeitung gesperrt wird. Mit der *gesetzlichen Kontrolle* werden Verbote bzw. Einschränkungen hinsichtlich des Handels von Waren in Bezug auf deren Menge oder Wert definiert.

Im Rahmen der Abwicklung von Lieferbelegen in EWM werden diese Prüfungen zu unterschiedlichen Zeitpunkten durchgeführt, und zwar

- bei der Erstellung eines Auslieferungsauftrags,
- bei der Änderung bestimmter Felder eines Auslieferungsauftrags oder einer EWM-Auslieferung,
- vor der Warenausgangsbuchung, sofern die Auslieferung relevant für die gesetzliche Kontrolle ist, und
- bei bzw. aufgrund einer Benachrichtigung von SAP GTS, die nach einer Änderung des SAP-GTS-Compliance-Status an EWM gesendet wird.

EWM verwendet für die Positionsart von Auslieferungsaufträgen einen Positionsstatus, der das Ergebnis der SAP-GTS-Prüfung abbildet. Dabei ist zu unterscheiden, ob ein Warenausgangsprozess mit oder ohne erweiterte Warenannahme- und Versandfunktionalität verwendet wird. Die Statusart **DGT - GTS-Prüfung** ist für beide Varianten relevant. Für Warenausgangsprozesse, die die erweiterte Warenannahme- und Versandfunktionalität nutzen, stehen die zusätzlichen Statusarten **DGE** (Embargo), **DGL** (gesetzliche Kontrolle) und **DGS** (Sanktionsliste) zur Verfügung, um detailliertere Informationen über das Ergebnis der Prüfung darzustellen. In diesem Fall erfolgt der Aufruf der SAP-GTS-Compliance-Prüfung nicht aus EWM. SAP TM prüft den Status und gibt das Ergebnis an EWM weiter. Die erweiterte Warenannahme- und Versandfunktionalität mit den integrierten SAP-GTS-Prüfungen steht ab der SAP-S/4HANA-Version 2021 zur Verfügung.

Für die Belegart gibt es ein Kennzeichen zur Aktivierung der Prüfung der gesetzlichen Kontrolle in SAP GTS. SAP-GTS-spezifische Statusarten werden für die Belegart nicht verwendet. Ist eine Position aufgrund einer SAP-GTS-Prüfung gesperrt, wird der Beleg auf Kopfebene ebenfalls gesperrt. Im zugewiesenen Aktionsprofil müssen für die Belegart die PPF-Aktionsdefinitionen zur SAP-GTS-Prüfung aktiviert werden. Der Erweiterungsspot **/SCWM/ES_GTS_INTEGRATION** bietet verschiedene Möglichkeiten, um die Durchführung der Compliance-Prüfung zu beeinflussen. So kann bspw. mit der BAdI-Definition **/SCWM/GTS_CHECK_RELEVANCE_SET** festgelegt werden, welche Lieferbelege geprüft werden sollen. Mit der BAdI-Definition **/SCWM/EX_GTS_PARAMETERS** können die Inhalte der Kopf- bzw. Positionsdaten beeinflusst werden, die an SAP GTS für die Prüfung übergeben werden. Mithilfe der BAdI-Definition **/SCWM/EX_GTS_NOCHECK** können Sie steuern, welche Änderungen an einem Lieferbeleg auf Kopf- bzw. Positionsebene zu einer Prüfung in SAP GTS führen.

12.5.1 Geschäftsprozess

Im folgenden Geschäftsprozess (siehe Abbildung 12.41) fokussieren wir uns auf die Durchführung einer Compliance-Prüfung aus EWM für einen Warenausgangsprozess.

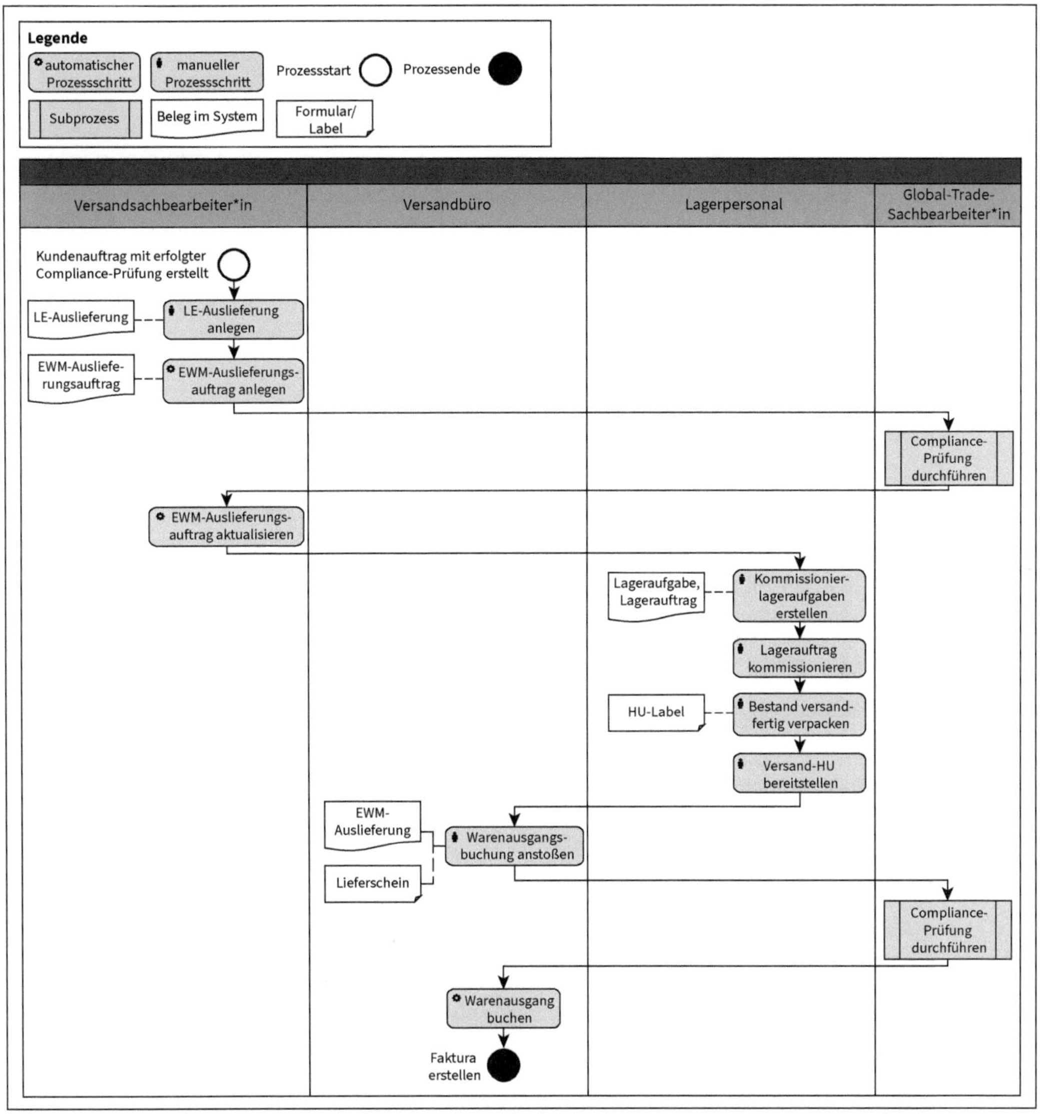

Abbildung 12.41: Geschäftsprozessablauf für den Warenausgang mit Compliance-Prüfung

Wir gehen davon aus, dass ein Kundenauftrag im System vorliegt, für den ggf. bereits eine (erfolgreiche) Prüfung durchgeführt wurde. Basierend auf dem Kundenauftrag wird eine LE-Auslieferung erstellt und an EWM übergeben. Für den im EWM erstellten Auslieferungsauftrag ermittelt das System die Relevanz der Compliance-Prüfung und führt beim Sichern des Belegs einen synchronen Aufruf des angeschlossenen SAP-GTS-Systems durch. Das Ergebnis der durchgeführten Compliance-Prüfung wird an EWM zurückgegeben und im Positionsstatus **DGT – GTS-Prüfung** hinterlegt. War die Prüfung erfolgreich, setzt das System diesen Status auf den Wert **9 – Geprüft, OK**. Damit kann der Kommissionier- und Bereitstellungsprozess für den EWM-Auslieferungsauftrag ausgeführt werden. An dieser Stelle beschränken wir uns auf einen einfachen Lagerungsprozess mit den Schritten Kommissionieren, Verpacken und Bereitstellen. Für den EWM-Auslieferungsauftrag werden Kommissionierlageraufgaben erstellt. Die Ware wird kommissioniert und der dazugehörige Lagerauftrag in EWM quittiert. Daraufhin wird die kommissionierte Ware an einen Arbeitsplatz verbracht, an dem sie versandfertig verpackt wird und an dem das HU-Label gedruckt wird. Anschließend wird die Versand-HU an die Warenausgangszone bereitgestellt. Im Anschluss erfolgt die Warenausgangsbuchung, mit der eine weitere Prüfung im SAP-GTS-System durchgeführt wird. Nach erfolgreicher Prüfung wird die EWM-Auslieferung erstellt und der Warenausgang im System gebucht.

12.5.2 Konfiguration

Für die Konfiguration von Compliance-Prüfungen, die aus EWM angestoßen werden, setzen wir voraus, dass die grundlegenden Einstellungen aus Abschnitt 12.2.2 durchgeführt wurden. Dort listen wir die Einstellungen auf, die erforderlich sind, damit EWM eine Prüfung auslöst. Auf darüber hinausgehende Einstellungen, die für die Abwicklung des Warenausgangsprozesses erforderlich sind, gehen wir an dieser Stelle nicht detaillierter ein.

1. **Statusart für die SAP-GTS-Prüfung im Statusprofil aktivieren**

   Starten Sie die Transaktion **/SCDL/60000104** oder die Aktivität **Statusprofile definieren** im Customizing-Pfad **SCM Extended Warehouse Management • Extended Warehouse Management • Prozessübergreifende Einstellungen • Lieferung – Lageranforderung • Statusverwaltung**. Nutzen Sie entweder ein existierendes Statusprofil oder erstellen Sie ein neues Statusprofil. Stellen Sie sicher, dass die Statusart **DGT – GTS Prüfung** aktiv ist, das bedeutet dass das Kennzeichen bei **Inaktiv** nicht gesetzt ist (siehe Abbildung 12.42). Falls Sie ein neues Statusprofil erstellt haben, ordnen Sie es der Positionsart für den Belegtyp **PDO** zu.

2. **PPF-Aktionen für die SAP-GTS-Prüfung aktivieren**

   SAP-GTS-Prüfungen werden über PPF-Aktionen durchgeführt. Um die dafür notwendigen PPF-Aktionsdefinitionen zu aktivieren, starten Sie die Transaktion **/SCDL/94000212** bzw. die Aktivität **Aktionsprofile und Aktionen definieren** im Customizing-Pfad **SCM Extended Warehouse Management • Extended Warehouse Management • Prozessübergreifende Einstellungen • Lieferung – Lageranforderung • Aktionen • Aktionen und Bedingungen ändern**. Wählen Sie zunächst das Aktionsprofil, das Ihre Belegart für den Warenausgangsprozess mit Compliance-Prüfung und den Belegtyp **PDO** verwendet (bspw. das Aktionsprofil **/SCWM/PDO_01**). Wechseln Sie für das selektierte Aktionsprofil in der Dialogstruktur zu **Aktionsdefinition** und stellen Sie sicher, dass für die PPF-Aktionsdefinitionen **/SCWM/PDO_01_GTS_CHECK** und **/SCWM/PDO_01_GTS_DOC_DELETE** das Kennzeichen in der Spalte **inaktiv** nicht gesetzt ist (siehe Abbildung 12.43).

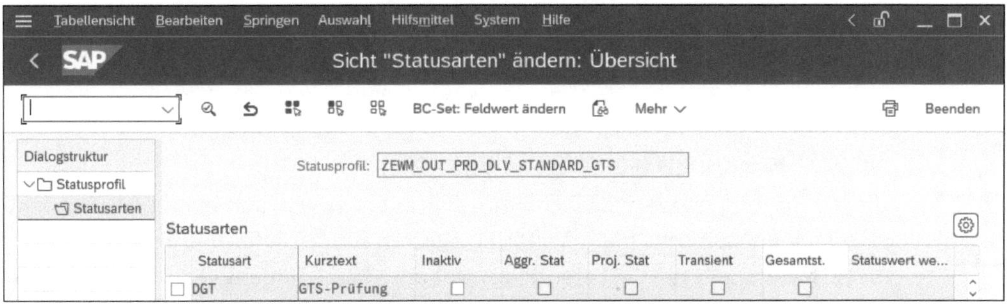

Abbildung 12.42: Statusprofil mit der Statusart »DGT« für die SAP-GTS-Prüfung

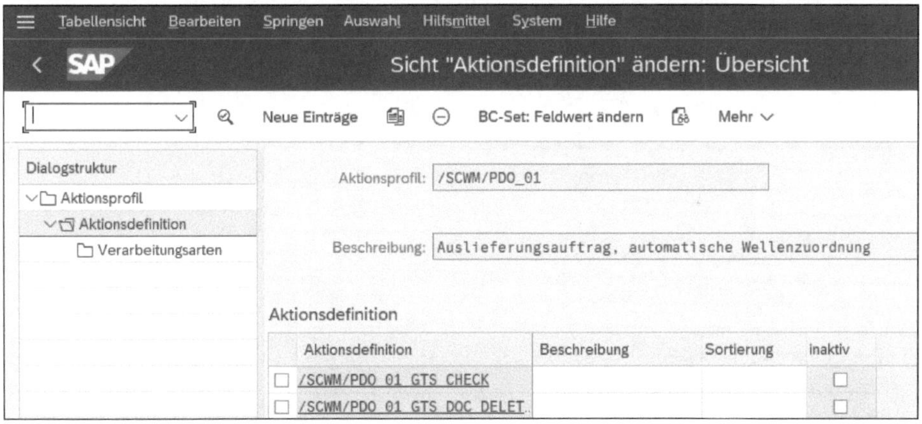

Abbildung 12.43: PPF-Aktionsdefinitionen für das Aktionsprofil »/SCWM/PDO_01« aktivieren

Wiederholen Sie diesen Vorgang anschließend für das PPF-Aktionsprofil, das dem Belegtyp **FDO** zugeordnet ist. Stellen Sie sicher, dass die PPF-Aktionsdefinition **/SCWM/FDO_01_GTS_DOC_DELETE** aktiv ist, d. h., dass das Kennzeichen in der Spalte **inaktiv** nicht gesetzt ist (siehe Abbildung 12.44).

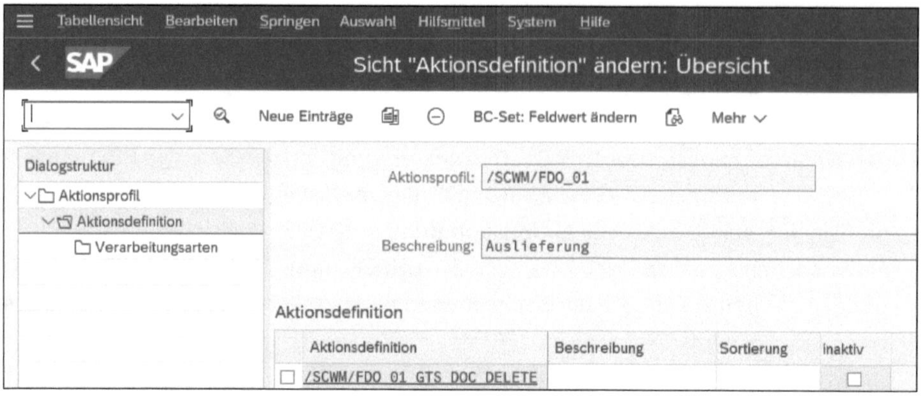

Abbildung 12.44: PPF-Aktionsdefinition für das Aktionsprofil »/SCWM/FDO_01« aktivieren

3. **Gesetzliche Kontrolle für Belegart aktivieren**

   Um die Prüfung der gesetzlichen Kontrolle zu aktivieren, starten Sie die Transaktion **/SCWM/41000065** bzw. die Aktivität **Belegarten für Auslieferungsprozess definieren** im Customizing-Pfad **SCM Extended Warehouse Management • Extended Warehouse Management • Warenausgangsprozess • Auslieferung**. Selektieren Sie den Eintrag für die Belegart mit dem Belegtyp **PDO**, für die die Prüfung durchgeführt werden soll. Setzen Sie das Kennzeichen zur Aktivierung der Prüfung bei **Gesetzl. Kontr. GTS** (siehe Abbildung 12.45).

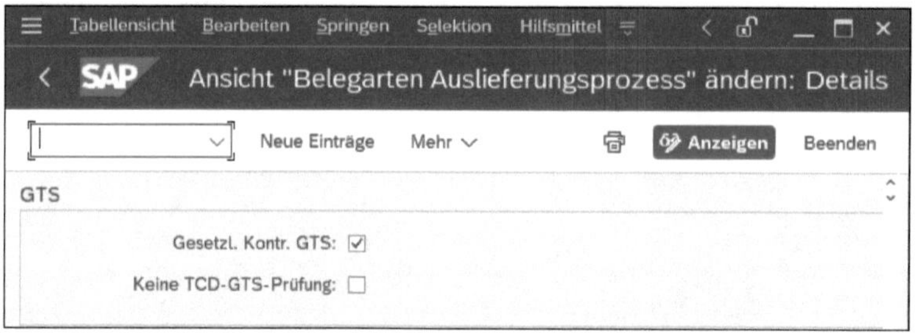

Abbildung 12.45: Prüfung der gesetzlichen Kontrolle für die EWM-Belegart aktivieren

Im nächsten Abschnitt führen wir auf der Grundlage dieser Einstellungen eine Prozessdemonstration für eine Compliance-Prüfung mit SAP GTS im Warenausgangsszenario durch.

12.5.3 Prozessdemo

Für die Prozessdemonstration gehen wir davon aus, dass bereits ein Kundenauftrag im System vorliegt. Für diesen Kundenauftrag soll eine Auslieferung erstellt werden.

1. **Auslieferung aus dem Kundenauftrag erstellen**

   Starten Sie die SAP-Fiori-App **Auslieferungen anlegen – Aus Kundenaufträgen** und passen Sie die Filterkriterien so an, dass der erstellte Kundenauftrag angezeigt wird. Markieren Sie den Kundenauftrag und wählen Sie die Funktion **Lieferungen anlegen**, um die LE-Auslieferung zu erstellen (siehe Abbildung 12.46).

Abbildung 12.46: LE-Lieferung aus Kundenauftrag erstellen

2. **Compliance-Prüfung für den EWM-Auslieferungsauftrag**

   Die LE-Auslieferung wird direkt an EWM übergeben und ein Auslieferungsauftrag wird erstellt. Bei der Erstellung des Belegs wird die PPF-Aktion **/SCWM/PDO_01_GTS_CHECK** ausgeführt, wodurch eine Compliance-Prüfung in SAP GTS ausgelöst wird. Zur Überprüfung des Belegstatus des EWM-Auslieferungsauftrags wird der EWM-Lagerverwaltungsmonitor über die SAP-Fiori-App **Lagermonitor** aufgerufen und der Auslieferungsauftrag im Knoten **Ausgang • Belege • Auslieferungsauftrag** selektiert. Zu Demonstrationszwecken haben wir einen Fehler beim Aufruf der Prüfung provoziert, sodass der Positionsstatus **DGT** den Statuswert **Technischer Fehler** erhält und sowohl die Position als auch der komplette Beleg gesperrt sind (siehe Abbildung 12.47).

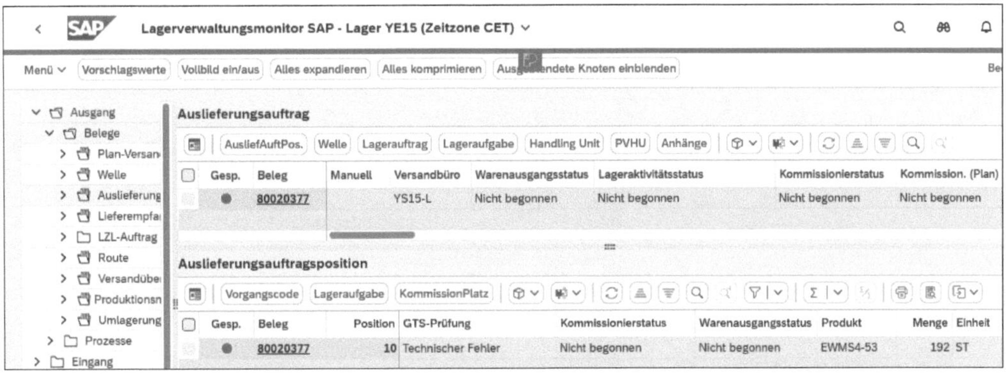

Abbildung 12.47: Gesperrter EWM-Auslieferungsauftrag aufgrund eines technischen Fehlers bei der Compliance-Prüfung

Verläuft die Prüfung erfolgreich, zeigt der Positionsstatus **DGT** den Statuswert **Geprüft, OK** (siehe Abbildung 12.48). In diesem Fall können die Lageraktivitäten für den Beleg starten.

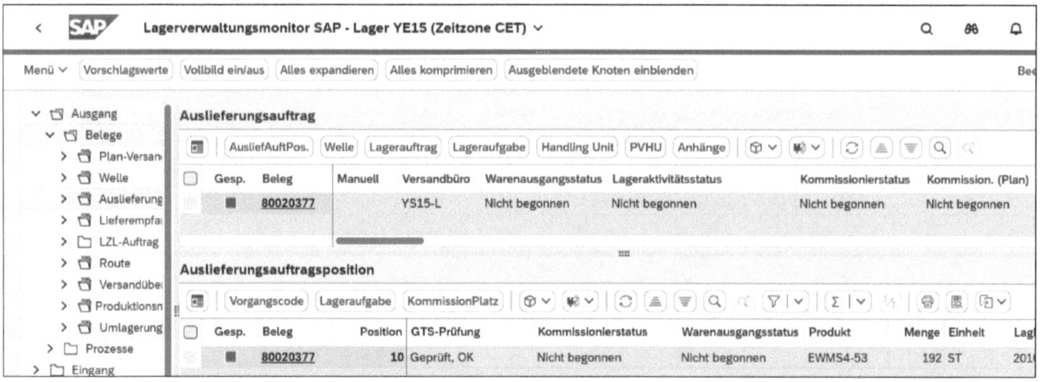

Abbildung 12.48: EWM-Auslieferungsauftrag mit erfolgreich durchgeführter Compliance-Prüfung

3. **Kommissionierplanung und -ausführung für den EWM-Auslieferungsauftrag**

   Für diesen Geschäftsprozess verwenden wir einen schlanken Kommissionierprozess, da der Fokus auf der Integration mit SAP GTS liegt. Zur Erstellung der Kommissionierlageraufgaben starten Sie die SAP-Fiori-App **Ausgangsprozess durchführen – Lieferungen** und wählen die Filterkriterien so, dass der erstellte Auslieferungsauftrag angezeigt wird. Selektieren Sie anschließend den Auslieferungsauftrag und wählen Sie die Funktion **Aufgaben anlegen**, damit das System die Kommissionierlageraufgaben erstellt (siehe Abbildung 12.49).

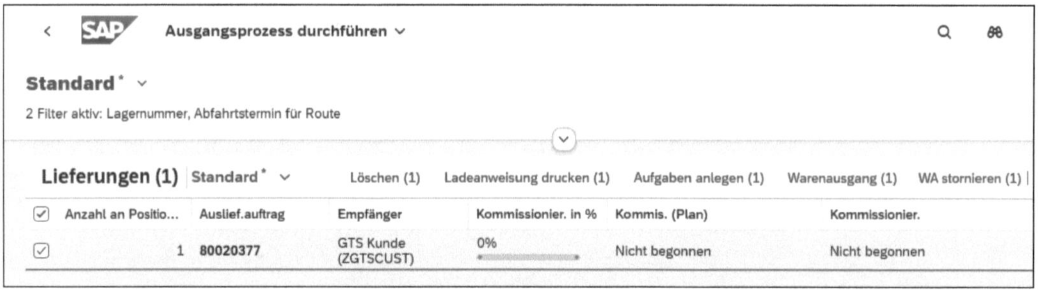

Abbildung 12.49: Kommissionierlageraufgaben für den EWM-Auslieferungsauftrag erstellen

Führen Sie die Selektion erneut durch, sodass für den Auslieferungsauftrag die Information angezeigt wird, dass Lageraufgaben existieren (siehe Abbildung 12.50). Navigieren Sie anschließend über den Link zu den erstellten Lageraufgaben.

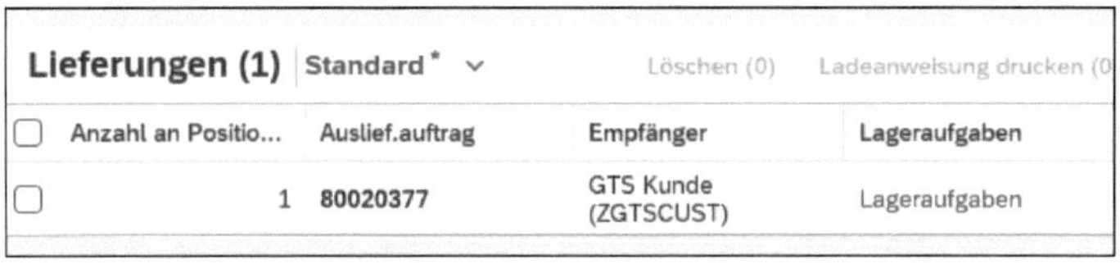

Abbildung 12.50: Link zu den erstellten Kommissionierlageraufgaben für den EWM-Auslieferungsauftrag

Selektieren Sie die erstellte Lageraufgabe und verwenden Sie die Funktion **Quittieren**, damit die Kommissionierung im System bestätigt wird (siehe Abbildung 12.51).

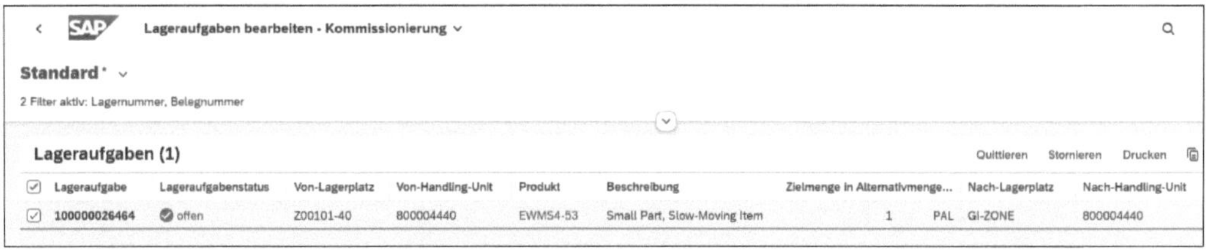

Abbildung 12.51: Kommissionierlageraufgabe für den EWM-Auslieferungsauftrag quittieren

4. **Warenausgang für EWM-Auslieferungsauftrag buchen**

   Starten Sie erneut die SAP-Fiori-App **Ausgangsprozess durchführen – Lieferungen** und lassen Sie sich den Auslieferungsauftrag anzeigen. Da die Kommissionierung zu 100 % abgeschlossen ist, kann im nächsten Schritt der Warenausgang für den Beleg gebucht werden. Selektieren Sie dazu den Auslieferungsauftrag und wählen Sie die Funktion **Warenausgang** (siehe Abbildung 12.52).

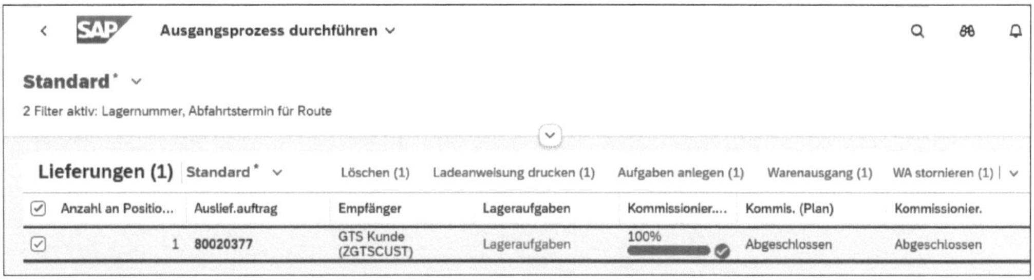

Abbildung 12.52: Warenausgang für den EWM-Auslieferungsauftrag buchen

Mit der Warenausgangsbuchung wird in SAP GTS eine erneute Prüfung durchgeführt. Das Ergebnis dieser Prüfung wird im Positionsstatus **DGT – SAP-GTS-Prüfung der EWM-Auslieferungsposition** festgehalten (siehe Abbildung 12.53). Die EWM-Auslieferung kann über die SAP-Fiori-App **Auslieferungen pflegen** angezeigt werden. Nach erfolgreich durchgeführter Warenausgangsbuchung kann die Ware das Lager verlassen und der Prozess ist damit abgeschlossen.

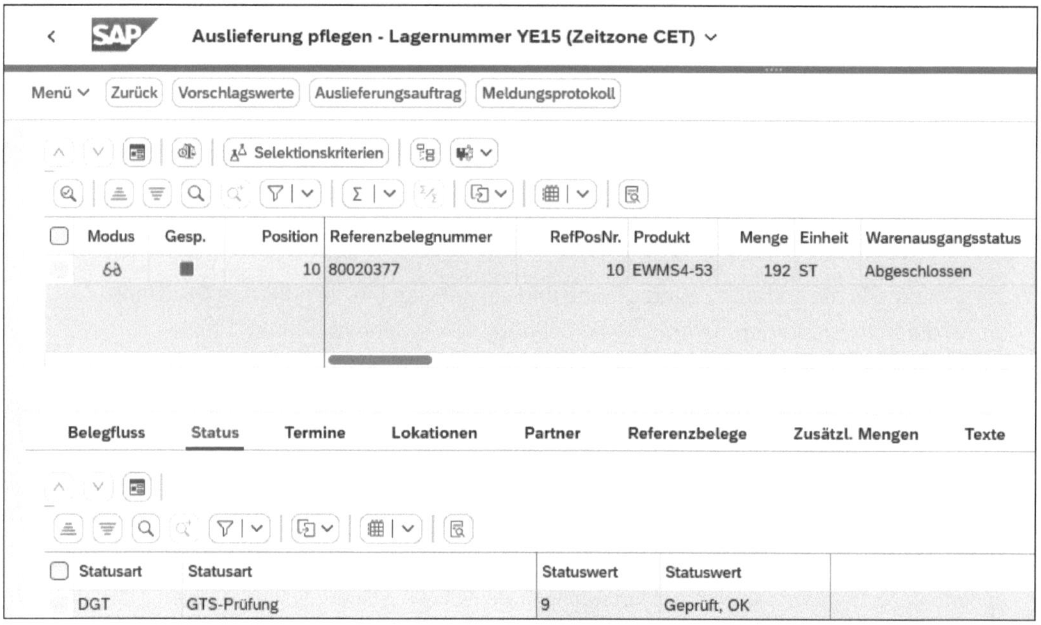

Abbildung 12.53: EWM-Auslieferung mit dem Status »DGT« nach der Warenausgangsbuchung

12.6 Zusammenfassung

In diesem Kapitel haben wir die Integration von Lagerprozessen in EWM mit Prozessen der Zollabwicklung bzw. Compliance-Prüfungen in SAP GTS erläutert. Dabei sind wir auf die unterschiedlichen Möglichkeiten der Integration der Lieferabwicklung mit SAP GTS eingegangen und haben anhand von konkreten Beispielen dargestellt, wie ein Prozessablauf in EWM aussehen kann. Zusätzlich haben wir für ein Warenausgangsszenario gezeigt, wie aus EWM heraus eine Compliance-Prüfung in SAP GTS angestoßen werden kann. Für diese unterschiedlichen Integrationsszenarien haben wir die relevanten Konfigurationseinstellungen in EWM erläutert.

Kapitel 13

Automatisierungstechnologien integrieren

Ein automatisiertes Lagersystem besteht aus einer präzise aufeinander abgestimmten Kombination verschiedener Komponenten, die gemeinsam darauf abzielen, die Effizienz, Genauigkeit und Produktivität im Lagerbetrieb zu steigern.

Ein automatisiertes Lagersystem besteht unter anderem aus automatischen Lager- und Abrufsystemen, robotergestützten Kommissionierlösungen, Förder- und Sortieranlagen, Lagerverwaltungssoftware sowie fahrerlosen Transportsystemen (FTS). Diese Technologien treiben die Entwicklung in der Logistikbranche maßgeblich voran und unterstützen Unternehmen dabei, den wachsenden Anforderungen der modernen Geschäftswelt gerecht zu werden.

In diesem Kapitel stellen wir Ihnen eine Vielzahl von Lagerautomatisierungskomponenten vor, die nahtlos mit EWM integriert werden können. Sie erhalten einen umfassenden Überblick über verschiedene Komponenten von Automatisierungssystemen, darunter Materialflusssysteme, Lagerrobotiksysteme, automatisierte Lager- und Abrufsysteme sowie FTS.

Die Integration von EWM mit Lagerautomatisierungssystemen zielt darauf ab, eine hochgradig synchronisierte und durchgängige Prozesslandschaft zu schaffen, in der manuelle und automatisierte Abläufe effizient ineinandergreifen. Unternehmen profitieren dabei von den Vorteilen moderner Automatisierungstechnologien, ohne die Kontrolle und Transparenz über ihre Lagerprozesse zu verlieren – ermöglicht durch eine zentrale, einheitliche Systemarchitektur.

EWM fungiert dabei als leistungsstarke Schnittstelle, die den reibungslosen Datenaustausch zwischen den verschiedenen Systemkomponenten ermöglicht und so sicherstellt, dass die Prozesskoordination verbessert, Ressourcen optimal genutzt und die Rückverfolgbarkeit entlang der gesamten Supply Chain erhöht wird. Die Kombination aus Automatisierung und einem robusten Lagerverwaltungssystem wie EWM bildet die Grundlage für operative Exzellenz und unterstützt Unternehmen dabei, sich im dynamischen Umfeld der modernen Lagerlogistik nachhaltig zu behaupten.

In Abschnitt 13.1 dieses Kapitels beginnen wir mit der Einführung in moderne Lagerautomatisierungssysteme. Dabei stellen wir Ihnen die wichtigsten Technologien und Systeme vor, die in hoch entwickelten Lagerumgebungen zum Einsatz kommen, einschließlich ihrer funktionalen Merkmale und typischen Anwendungsbereiche. Einen besonderen Fokus legen wir dabei auf die Integration dieser Systeme mit Lagerverwaltungssystemen (WMS), insbesondere EWM.

In Abschnitt 13.2 analysieren wir das Materialflusssystem und erläutern dessen Rolle und Funktionsweise in den Einlagerungs- und Auslagerungsprozessen. Dabei behandeln wir zentrale Aspekte wie die zugrunde liegenden Geschäftsprozesse, notwendige Konfigurationsanforderungen sowie relevante Stammdaten. Abschließend veranschaulichen wir anhand einer praxisnahen Demonstration des Materialflussprozesses das Zusammenspiel zwischen EWM und automatisierten Lagerkomponenten.

In Abschnitt 13.3 widmen wir uns aktuellen Entwicklungen im Bereich der Lagerrobotik, insbesondere SAP Warehouse Robotics. In Abschnitt 13.4 beleuchten wir das Thema automatische Lager- und Abrufsysteme (Automated Storage and Retrieval Systems, AS/RS) und betrachten dabei auch deren Integration mit ausgewählten Komponenten der Lagerautomatisierung wie bspw. Materialflusssystemen (MFS) und fahrerlosen Transportsystemen (FTS). Auf FTS gehen wir anschließend in Abschnitt 13.5 ausführlich ein. Für all diese Technologien stellen wir umfassende Informationen zu Funktionalität, Einsatzszenarien und Nutzen im Lagerkontext bereit. Auf eine detaillierte technische Beschreibung der einzelnen Aspekte haben wir jedoch an dieser Stelle bewusst verzichtet, da dies den Rahmen des Buches sprengen würde.

13.1 Überblick über die Lagerautomatisierung

In der heutigen dynamischen Logistiklandschaft ist die Effizienz von Lagerprozessen wichtiger denn je. Moderne Lagerautomatisierungssysteme haben sich dabei als Gamechanger erwiesen: Sie integrieren fortschrittliche Technologien und Robotik, um Abläufe zu optimieren, Fehler zu minimieren und die Produktivität deutlich zu steigern.

Ein Lagerautomatisierungssystem kombiniert verschiedene Softwarelösungen und Technologien, um sämtliche Prozesse im Lagerbetrieb zu automatisieren und zu vereinfachen. Dazu zählen unter anderem fahrerlose Transportsysteme (FTS), Materialflusssysteme, WMS, Förder- und Sortiertechnik, Robotik sowie automatische Lager- und Kommissioniersysteme. Unternehmen unterschiedlichster Branchen setzen diese Systeme ein, um ihre Lieferketten effizienter zu gestalten und die Gesamtleistung zu verbessern.

Das Hauptziel der Lagerautomatisierung besteht darin, Prozesse schneller, präziser und kosteneffizienter zu gestalten. Durch die Automatisierung von Bestandsführung, Auftragsabwicklung und Materialhandling lassen sich Fehlerquellen reduzieren und die Transparenz in der Lieferkette erhöhen.

Die folgenden zentralen Komponenten eines automatisierten Lagers arbeiten dabei nahtlos zusammen:

- *Automatische Lager- und Kommissioniersysteme* übernehmen die Ein- und Auslagerung von Waren computergesteuert, wodurch manuelle Eingriffe entfallen und die Lagerfläche optimal genutzt wird.
- *Roboterbasierte Kommissioniersysteme* navigieren mithilfe von Sensoren und Algorithmen durch das Lager, identifizieren Materialien präzise und kommissionieren sie effizient – ein enormer Vorteil insbesondere im E-Commerce.
- *Fördersysteme* sorgen für einen kontinuierlichen Warenfluss und ermöglichen eine schnelle, regelbasierte Verteilung der Materialien innerhalb des Lagers.
- *Sortiersysteme* dienen mitunter in Kombination mit Fördersystemen oder automatischen Lagersystemen zur Optimierung der Sortierung und Verteilung von Materialien oder Ladungsträgern gemäß einem definierten Regelwerk.
- *Fahrerlose Transportsysteme (FTS)* transportieren Waren autonom durch das Lager, interagieren mit anderen Systemen und erhöhen durch intelligente Routenplanung und Sicherheitsfunktionen die Betriebssicherheit.
- *Automatische Etikettierung* sorgt für die Kennzeichnung von Materialien oder Ladungsträgern mit entsprechenden notwendigen Identifizierungsinformationen.
- *Automatische Packsysteme* greifen und platzieren Materialien auf Ladungsträgern bzw. konsolidieren Materialien von unterschiedlichen Quellen, bspw. für den Versand.
- *Pick-to-Light-/Pick-by-Light-Systeme* führen den Logistiker visuell durch den Kommissionier- oder Einlagerungsprozess, was zu einer höheren Genauigkeit und Geschwindigkeit führt.
- *Pick-by-Voice/Augmented Reality (AR)* führt den Logistiker mittels Spracherkennungstechnologie oder visueller Informationen eines AR-Displays durch den Kommissionier- oder Einlagerungsprozess.
- *WMS* steuern und überwachen alle Prozesse zentral – von der Bestandskontrolle über die Auftragsabwicklung bis hin zur Echtzeitverfolgung.

Insgesamt ermöglichen Lagerautomatisierungssysteme eine ganzheitliche Optimierung der Intralogistik – mit messbaren Vorteilen in puncto Effizienz, Genauigkeit und Skalierbarkeit.

Seit EWM 5.1 besteht die Möglichkeit, automatisierte Lager direkt anzubinden. Diese Integration erlaubt die Verbindung von speicherprogrammierbaren Steuerungen (SPS) mit Systemen wie Förderbändern, Regalbediengeräten, Liften und weiteren Komponenten – alles gesteuert über EWM.

Ein zentrales Element dieser Integration ist der Echtzeitdatenaustausch zwischen EWM und den Automatisierungssystemen. Sensoren und andere Technologien in automatisierten Anlagen wie Förderstrecken, Sortieranlagen, Robotern oder automatischen Lager- und Rückholsystemen erfassen kontinuierlich Daten zu Lagerbewegungen, Auftragsstatus und Geräteleistung. Diese Informationen werden direkt an EWM übermittelt und ermöglichen fundierte Entscheidungen sowie eine gezielte Prozessoptimierung.

Durch die Integration kann EWM automatisierte Abläufe effizient steuern und koordinieren. So lassen sich bspw. FTS gezielt einsetzen, um Materialflüsse und Kommissionierprozesse zu optimieren. Auch Roboter für Aufgaben wie Kommissionierung, Verpackung oder Palettierung können eingebunden werden, wodurch sich wiederum die Geschwindigkeit und die Genauigkeit der Auftragsabwicklung deutlich erhöhen.

Ein weiterer Vorteil liegt in der intelligenten Ressourcennutzung und Layoutoptimierung. EWM analysiert Echtzeitdaten zu Lagerkapazitäten, Gerätestatus und Engpässen, um Aufgaben dynamisch zuzuweisen, Geräte optimal einzusetzen und Wege zu optimieren. Dadurch werden Leerläufe reduziert, unnötige Bewegungen vermieden und die Gesamteffizienz gesteigert.

Zudem verbessert die Integration die Transparenz und Rückverfolgbarkeit im Lager. Unternehmen erhalten einen umfassenden Echtzeitüberblick über Lagerbewegungen, Kommissionier- und Verpackungsprozesse sowie Qualitätskontrollen. So lassen sich Aufträge lückenlos verfolgen, Engpässe frühzeitig erkennen und Probleme proaktiv beheben.

EWM lässt sich mit einer Vielzahl von Automatisierungssystemen kombinieren, darunter:

- Materialflusssysteme
- SAP Warehouse Robotics zur Roboterintegration
- Automatische Lagersysteme
- FTS

13.2 Warenein- und Warenauslagerung mit einem Materialflusssystem

Ein modernes *Materialflusssystem* (MFS) ermöglicht die direkte Integration automatisierter Lagertechnik in EWM – ganz ohne zusätzliche Lagersteuerrechner. Diese Architektur erlaubt eine nahtlose Steuerung von Förderanlagen, Regalbediengeräten (RGB), Vertikalförderern, Wicklern und weiteren automatisierten Komponenten über Telegrammkommunikation zwischen EWM und SPS.

Abbildung 13.1 zeigt ein Automatiklager mit drei Regalbediengeräten (RGB) einem Vertikalförderer (TCAR) und entsprechender Förderstrecke. EWM bzw. das MFS zerlegt Lageraufgaben in kleinere Teilprozesse, die über definierte Kommunikationspunkte an die SPS übermittelt werden. Diese Kommunikationspunkte entscheiden auf Basis von Routinginformationen aus EWM über die physische Bewegung von Handling Units (HUs). Die Kommunikation erfolgt über TCP/IP-Protokolle mit ABAP-Push-Channels.

Ein zentrales Element sind die sogenannten *Kommunikationspunkte*, die als Schnittstellen zwischen EWM und der Fördertechnik dienen. Hierzu zählen unter anderem Übergabestationen, Vertikalförderer, RGBs oder auch Shuttles. Diese Punkte definieren, wo im Lagerprozess Informationen ausgetauscht und Steuerbefehle übermittelt werden.

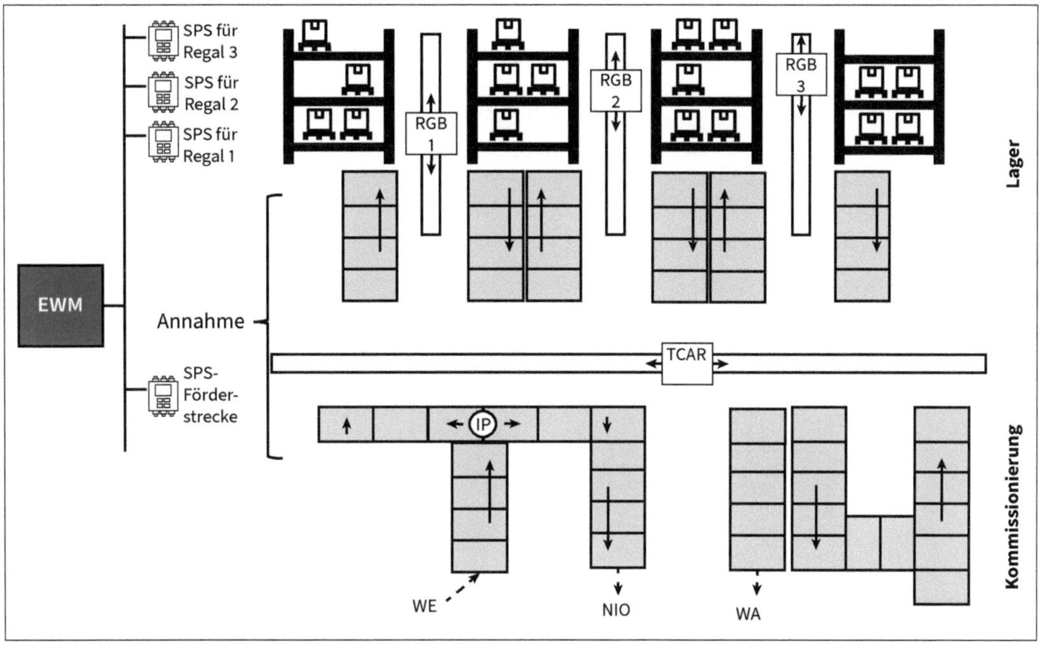

Abbildung 13.1: Überblick Materialflusssystem

Die Telegrammstruktur bildet das Rückgrat der Kommunikation zwischen EWM und den SPS. Ein typischer Ablauf beginnt mit dem Versand eines WT-Telegramms (Warehouse Task) durch EWM, das eine konkrete Lageraufgabe beschreibt. Die SPS reagiert darauf mit einem LL-Telegramm (Location Left), das den Abschluss eines Transportabschnitts bestätigt. Abschließend erfolgt die Rückmeldung »TC« (Task Confirm), mit der die SPS die erfolgreiche Ausführung der Aufgabe bestätigt. Diese strukturierte Kommunikation gewährleistet eine präzise Steuerung und Rückverfolgbarkeit aller Bewegungen im Lager.

Für den Fall von Störungen oder unvorhergesehenen Ereignissen sind umfassende Fehlerbehandlungs- und Notfallkonzepte integriert. Diese Funktionen sorgen dafür, dass auch bei technischen Problemen oder Prozessabweichungen ein stabiler und transparenter Lagerbetrieb gewährleistet bleibt. Besondere Merkmale eines Automatiklagers mit EWM sind:

- Automatische HU-Erkennung über Scanner
- Vollautomatische Einlagerung mit beliebig vielen Zwischenschritten
- Dynamische Umleitung bei fehlerhaften Konturen, fehlerhaftem Gewicht oder fehlender Identifikation
- Kapazitätsmanagement für Fördersegmente, Kommunikationspunkte und Fahrzeuge
- Doppelspiel zur Reduktion von Leerfahrten
- Ware-zum-Mann-Kommissionierung

- Bestandsverfügbarkeit während des Transports
- Bidirektionale Kommunikation für stabile Telegrammübertragung

Im Folgenden betrachten wir den Einlagerungs- und Auslagerungsprozess sowie deren Konfiguration unter Einsatz des EWM-Materialflusssystems.

13.2.1 Geschäftsprozess

Betrachten wir zunächst die Geschäftsprozesse. Abbildung 13.2 zeigt den Geschäftsprozess für die Einlagerung in ein Automatiklager. Hierbei wird zunächst aufgrund einer Bestellung der Wareneingang abgewickelt.

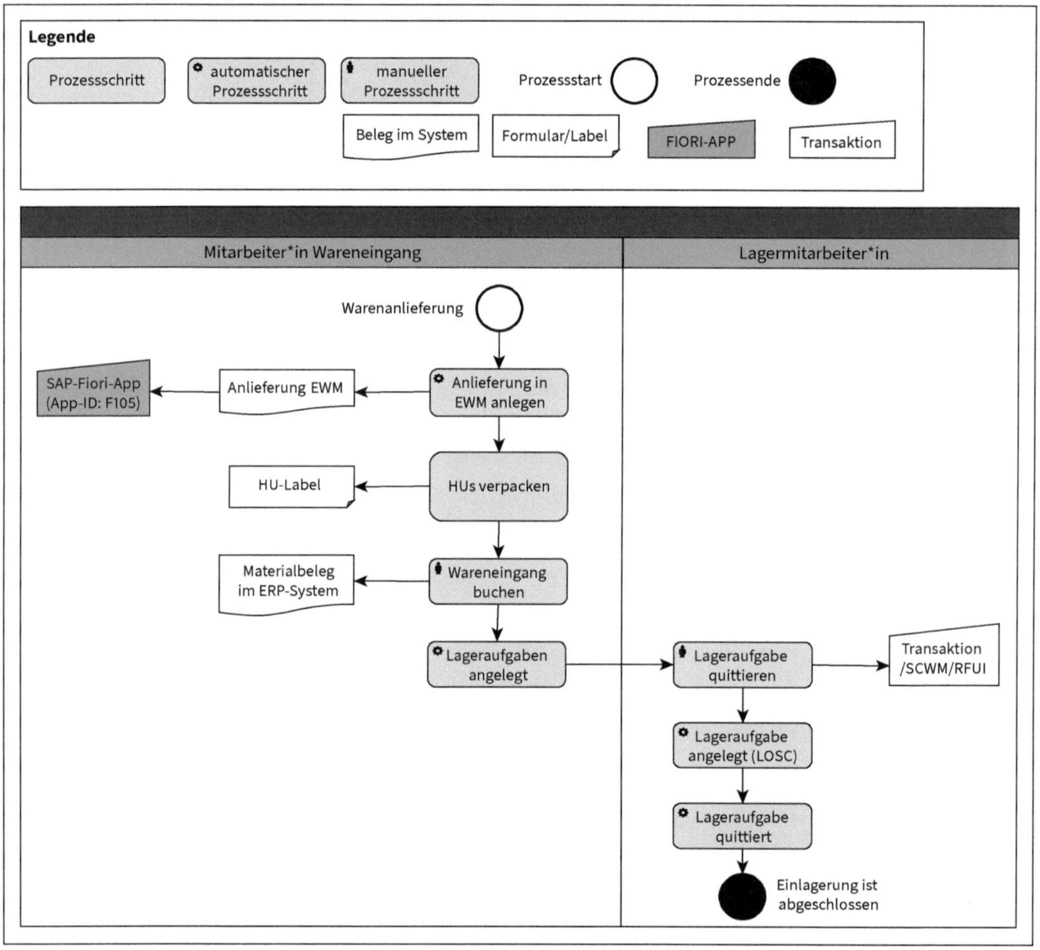

Abbildung 13.2: Geschäftsprozess für die Einlagerung mit einem Materialflusssystem

Über die SAP-Fiori-App erfolgt die Erstellung der Anlieferung, anschließend werden die HUs erstellt. Mit dem Buchen des Wareneingangs wird die Lageraufgabe für die Einlagerung erstellt. Im nächsten Schritt quittiert eine Lagerfachkraft die Lageraufgabe auf den Übergabepunkt der Förderstrecke. Mit der Quittierung wird erneut eine Lageraufgabe angestoßen, die zur finalen Einlagerung auf den Zielplatz genutzt wird.

Den Telegramm- und Belegfluss bzw. den Warenfluss zeigt die grafische Darstellung eines Automatiklagers in Abbildung 13.3. Hier startet die Abwicklung mit der Übergabe auf die Fördertechnik ❶. Im nächsten Schritt wird die HU mittels Scans identifiziert und die Konturen und das Gewicht werden geprüft ❷. Ist alles in Ordnung, erfolgt die Übergabe auf den Vertikalförderer, der die HU zum Einlagerstich des RGB2 transportiert ❸. Dort übergibt er den Ladungsträger ❹, der nun in die Warteposition für das RGB bewegt wird ❺. Abschließend lagert das RGB die HU in den Zielplatz ein ❻.

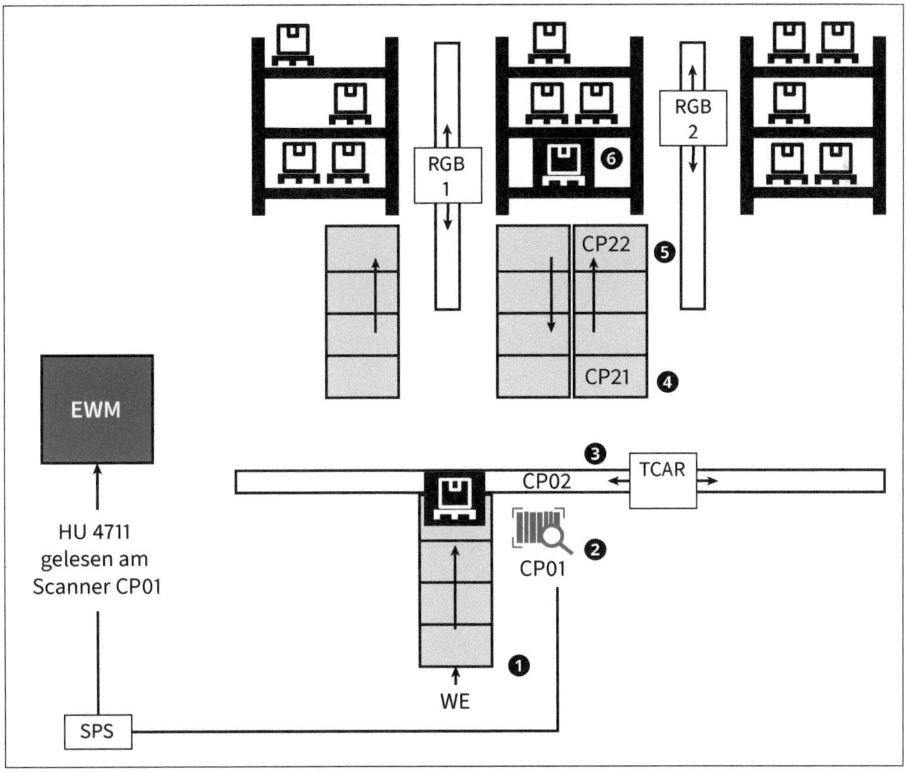

Abbildung 13.3: Einlagerung mit einem Automatiklager

Für die Kommissionierung bzw. Auslagerung der Vollpalette werden als Grundlage im ERP-System ein Kundenauftrag und eine Auslieferung angelegt. Mit der Anlage der Auslieferung erfolgt die automatische Übergabe an EWM, wo der Auslieferungsauftrag angelegt wird. Mit diesem Dokument erfolgt die Erstellung der Lageraufgabe. Das Automatiklager führt die Bewegung aus und quittiert die Lageraufgabe auf den Übergabepunkt. EWM erstellt erneut eine Lageraufgabe für die Kommissionierung durch das Staplerpersonal. Dieses quittiert die Lageraufgabe und positioniert die HU auf der Abholfläche. Abschließend erfolgt die Warenausgangsbuchung, nachdem der Kunde die Ware abgeholt hat (siehe Abbildung 13.4).

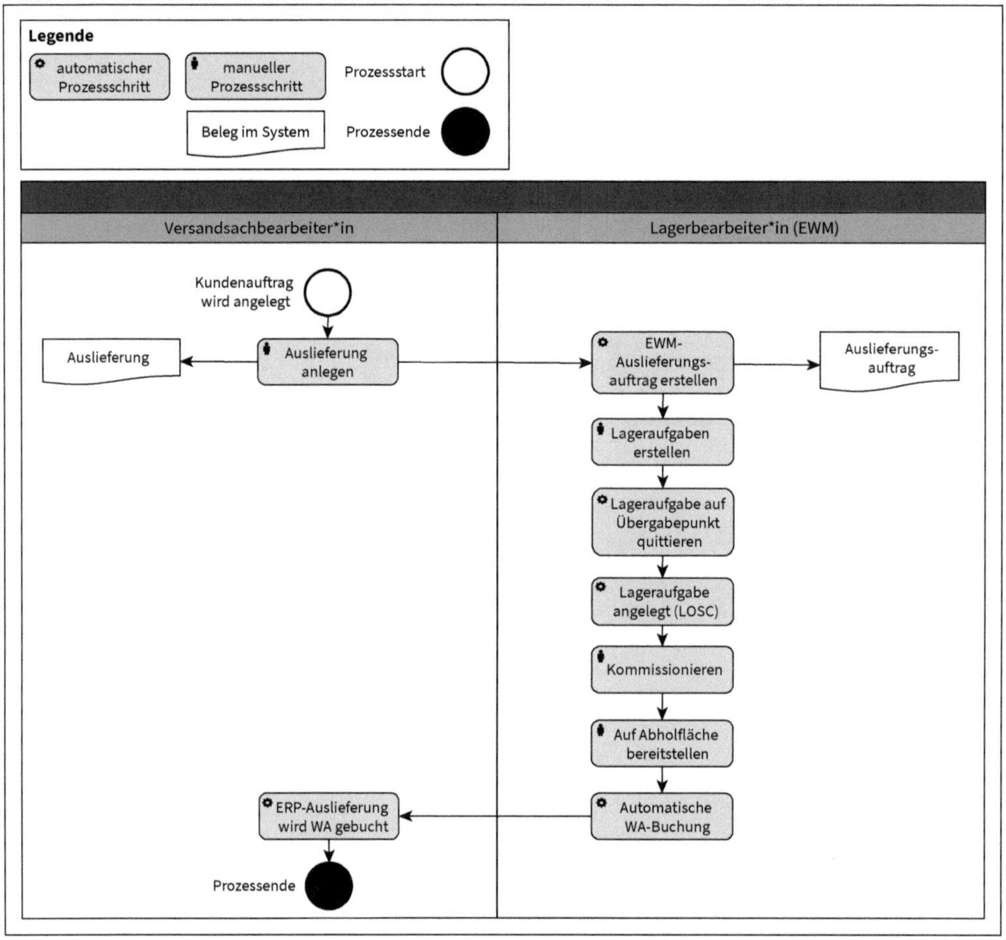

Abbildung 13.4: Geschäftsprozess für die Auslagerung mit einem Materialflusssystem

Abbildung 13.5 zeigt den Ablauf im Automatiklager. Hier entnimmt das RGB die HU ❶ und übergibt sie an den Auslagerstich ❷. Der Ladungsträger wird an den Übergabepunkt für den Vertikalförderer bewegt ❸. Der Vertikalförderer bewegt die HU zur Förderstrecke für die Vollpalettenentnahme ❹. Anschließend wird sie zum Übergabepunkt bewegt ❺ und schließlich vom Staplerpersonal entnommen.

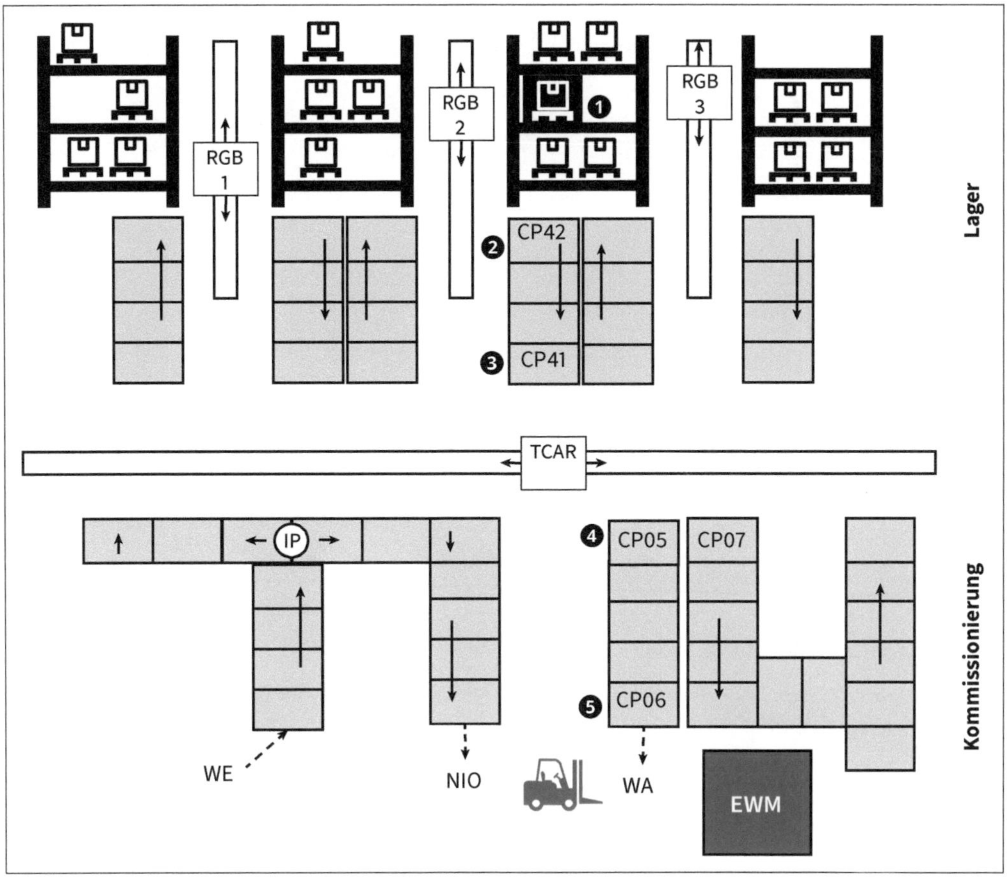

Abbildung 13.5: Auslagerung mit einem Automatiklager

13.2.2 Konfiguration

Gehen wir nun die notwendigen Konfigurationsschritte für den Ein- und Auslagerungsprozess mit dem Automatiklager durch:

1. **Lagertypen für MFS-Prozesse definieren**

   Falls Sie noch keinen Lagertyp für Ihre Automatisierung angelegt haben, holen Sie dies nun nach. Springen Sie hierfür zum IMG-Pfad **SCM Extended Warehouse Management • Extended Warehouse Management • Stammdaten • Lagertypen definieren**. Über **Neue Einträge** erfassen Sie nun Ihren Lagertyp. Wichtig ist hierbei die Lagertyprolle J (Automatisches Lager; gesteuert durch MFS), da weitere Customizing-Einstellungen speziell für Automatikläger diese Lagertyprolle prüfen. Klicken Sie anschließend auf **Sichern** (siehe Abbildung 13.6).

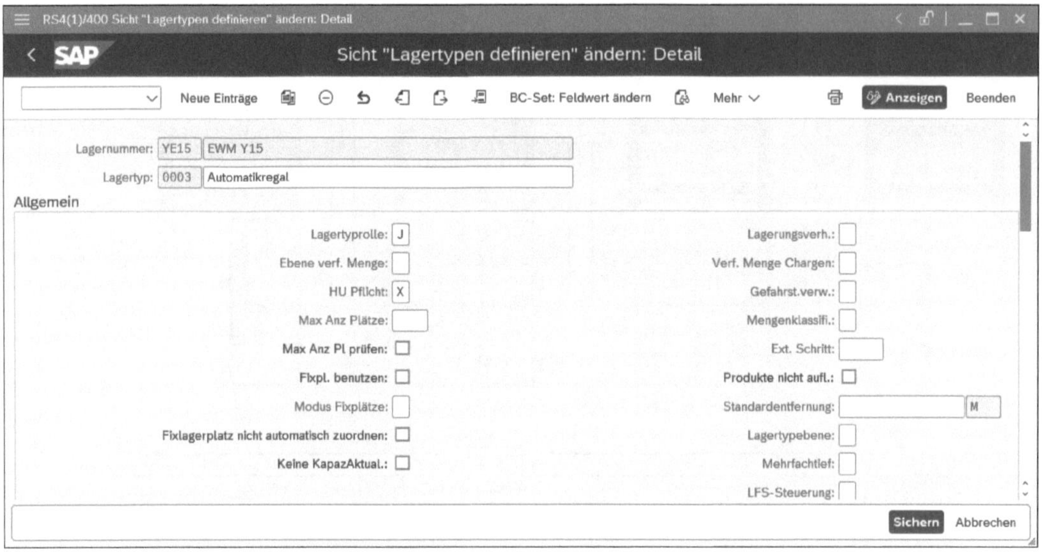

Abbildung 13.6: Lagertyp definieren

2. **Lagerbereiche definieren**

   Definieren Sie nun Ihre gewünschten Lagerbereiche für die MFS-relevanten Lagertypen. Wechseln Sie hierfür zum IMG-Pfad **SCM Extended Warehouse Management • Extended Warehouse Management • Stammdaten • Lagerbereiche definieren**. Erfassen Sie über **Neue Einträge** den Lagerbereich **RGB1** für Ihren Lagertyp und Ihre Lagernummer sowie die Beschreibung **MFS_RGB1_LGNUM** (siehe Abbildung 13.7) und klicken Sie anschließend auf **Sichern**.

Abbildung 13.7: Lagerbereiche definieren

3. **Lagerplatztypen definieren**

   Erstellen Sie nun gemäß den Anforderungen des Automatiklagers die Lagerplatztypen. Springen Sie hierfür zum IMG-Pfad **SCM Extended Warehouse Management • Ex-**

tended Warehouse Management • Stammdaten • Lagerplätze • Lagerplatztypen definieren. Erstellen Sie über **Neue Einträge** Ihre erforderlichen Lagerplatztypen und klicken Sie abschließend auf **Sichern** (siehe Abbildung 13.8).

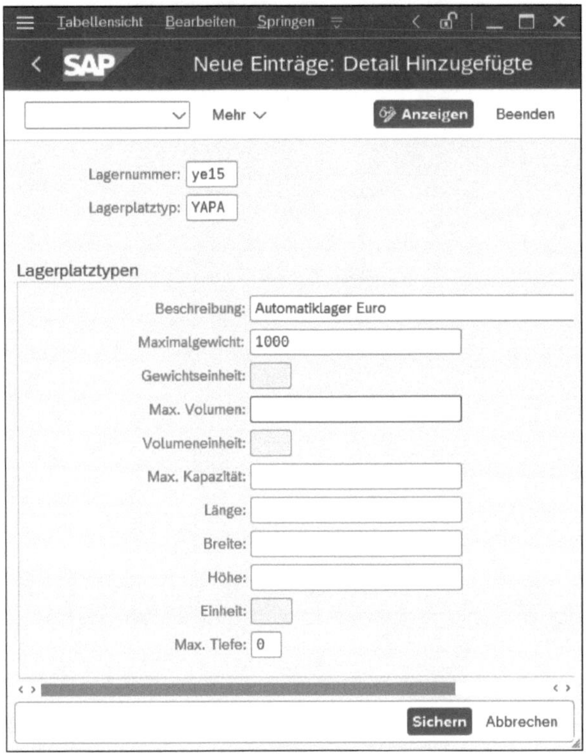

Abbildung 13.8: Lagerplatztypen definieren

4. **Lagerplatzstruktur definieren**

   Pflegen Sie nun Ihre Lagerplatzstruktur über den IMG-Pfad **SCM Extended Warehouse Management • Extended Warehouse Management • Stammdaten • Lagerplätze • Lagerplatzstruktur definieren.** Dieser Schritt spiegelt Ihr Lagerplatzlayout wider. Erstellen Sie über **Neue Einträge** Ihre Definition und klicken Sie anschließend auf **Sichern** (siehe Abbildung 13.9).

5. **Aktivitätsbereiche generieren**

   Mithilfe der Aktivitätsbereiche können Sie unter anderem die Lagerplatzsortierung je Aktivität einstellen. Wechseln Sie hierfür zum IMG-Pfad **SCM Extended Warehouse Management • Extended Warehouse Management • Stammdaten • Aktivitätsbereiche • Aktivitätsbereich aus Lagertyp generieren.** Geben Sie Ihre Lagernummer und Ihren Lagertyp ein und klicken Sie auf **Ausführen** (siehe Abbildung 13.10). SAP erstellt nun im Hintergrund die Aktivitätsbereiche. Diese können Sie bei Bedarf über den IMG-Pfad **SCM Extended Warehouse Management • Extended Warehouse Management • Stammdaten • Sortierreihenfolge für Aktivitätsbereiche definieren** weiter ausprägen.

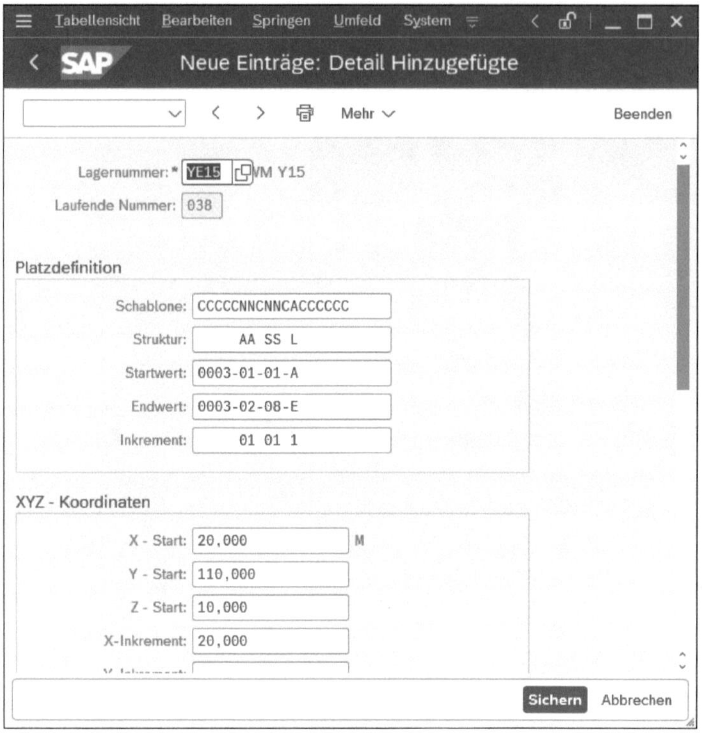

Abbildung 13.9: Lagerplatzstruktur definieren

Abbildung 13.10: Aktivitätsbereich aus Lagertyp generieren

6. **Ressourcentypen definieren**

   Abbildung 13.11 zeigt die Pflege der Ressourcentypen. Hierbei erstellen Sie über **Neue Einträge** einen neuen Typ, um explizit Steuerungsmöglichkeiten in Ihrem Automatiklager vornehmen zu können. Die Definition erfolgt über den IMG-Pfad **SCM Extended Warehouse Management • Extended Warehouse Management • Prozessübergreifende Einstellungen • Ressourcenmanagement • Ressourcentypen definieren**. Nach der Erfassung klicken Sie auf **Sichern**.

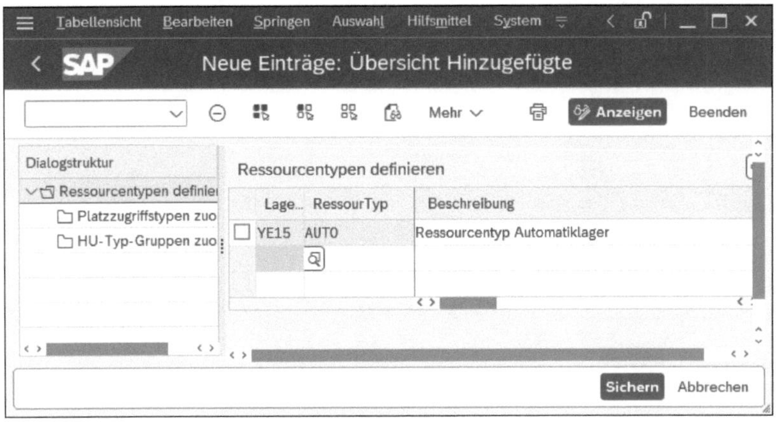

Abbildung 13.11: Ressourcentypen definieren

7. **Lagerprozessart definieren**

   Für die Steuerung innerhalb des MFS empfiehlt es sich, neue Lagerprozessarten nur für das MFS anzulegen. Dieser Vorgang erfolgt im IMG-Pfad **SCM Extended Warehouse Management • Extended Warehouse Management • Prozessübergreifende Einstellungen • Lageraufgabe • Lagerprozessart definieren**. Kopieren Sie die Standardlagerprozessarten **3060** und **3070** in Ihren Namensraum. Markieren Sie diese und betätigen Sie mit F6. Ändern Sie nun jeweils die Lagerprozessart-ID und klicken Sie auf **Sichern** (siehe Abbildung 13.12).

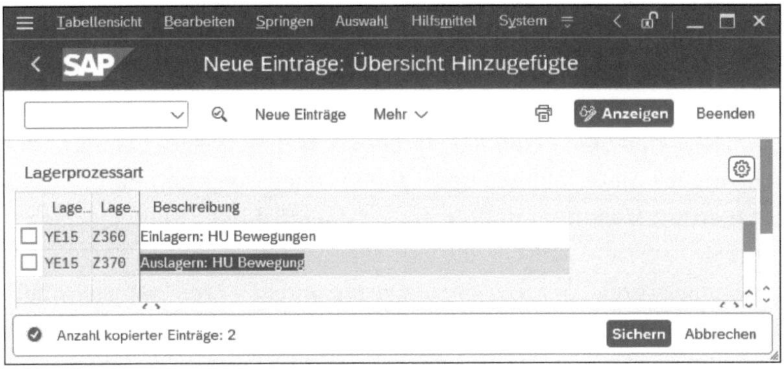

Abbildung 13.12: Lagerprozessart definieren

8. **Lagerungsgruppen für die layoutorientierte Lagerungssteuerung (LOSC) definieren**

   Definieren Sie nun Lagerungsgruppen für die LOSC. Wechseln Sie hierfür zum IMG-Pfad **SCM Extended Warehouse Management • Extended Warehouse Management • Materialflusssystem (MFS) • Lagerungssteuerung • Lagerungsgruppen für layoutorientierte Lagerungssteuerung definieren**. Erfassen Sie für Ihre Lagertypen über **Neue Einträge** die entsprechenden Lagerungsgruppen (siehe Abbildung 13.13) und klicken Sie anschließend auf **Sichern**.

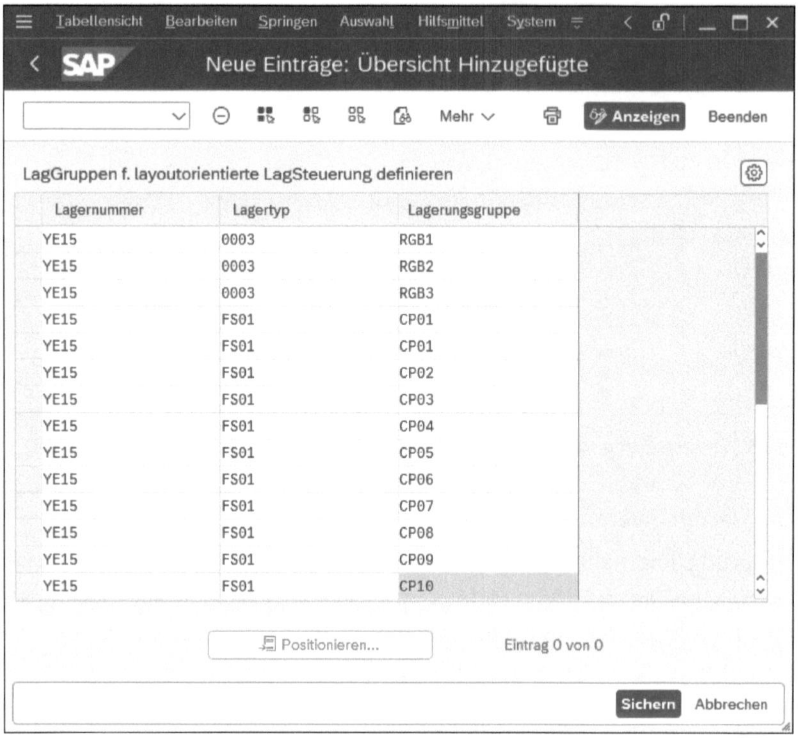

Abbildung 13.13: Lagerungsgruppen für die layoutorientierte Lagerungssteuerung definieren

9. **Layoutorientierte Lagerungssteuerung definieren**

   Definieren Sie nun mithilfe der LOSC Ihre Fahrwege auf der Förderstrecke. Wechseln Sie hierfür zum IMG-Pfad **SCM Extended Warehouse Management • Extended Warehouse Management • Materialflusssystem (MFS) • Lagerungssteuerung • Layoutorientierte Lagerungssteuerung definieren**. Erfassen Sie über **Neue Einträge** Ihre Routen, indem Sie den **Von-Lagertyp**, die **Von-Lagerungsgruppe**, den **Nachlagertyp**, die **Nach-Lagerungsgruppe**, den **Zwischenlagertyp** und den **Zwischenlagerplatz** erfassen und abschließend auf **Sichern** klicken (siehe Abbildung 13.14).

10. **MFS-Aktionen definieren**

    In diesem Customizing-Schritt hinterlegen Sie MFS-Aktionen. Beachten Sie hierbei die konkrete Schreibweise der Funktionsbausteine. Die Einstellungen nehmen Sie im IMG-Pfad **SCM Extended Warehouse Management • Extended Warehouse Management • Materialflusssystem (MFS) • Telegrammverarbeitung • MFS-Aktionen definieren** vor. Erfassen Sie über **Neue Einträge** Ihre Aktionen (siehe Abbildung 13.15) und klicken Sie anschließend auf **Sichern**.

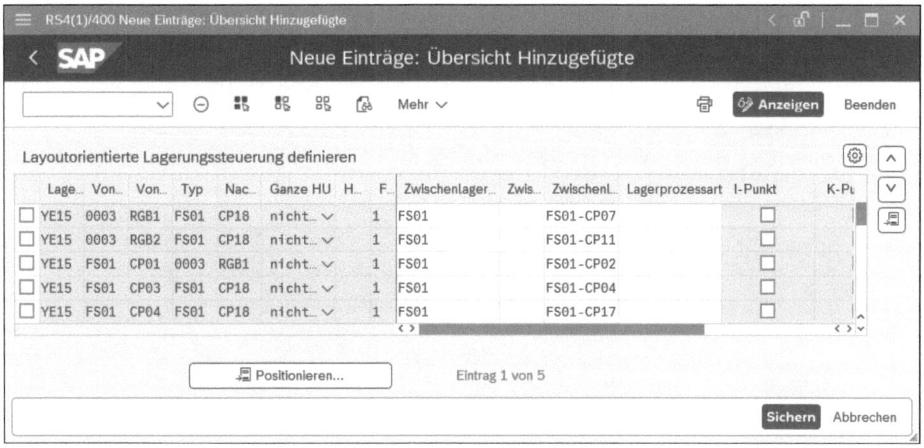

Abbildung 13.14: Layoutorientierte Lagerungssteuerung definieren

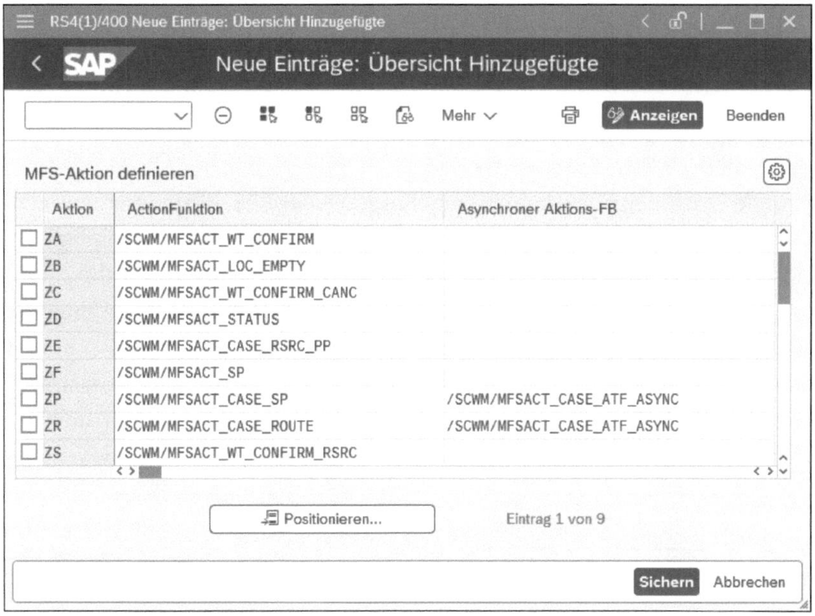

Abbildung 13.15: MFS-Aktionen definieren

11. **SPS-Schnittstellentyp definieren**

    Um Regalbediengeräte, Förderstrecken, Vertikalförderer, Shuttles, Roboter oder Aufzüge effizient anzubinden, kann der Einsatz unterschiedlicher Telegrammtypen und -strukturen erforderlich sein. Daher ist es notwendig, für jede spezifische Schnittstelle im Lager einen eigenen Schnittstellentyp zu definieren. Dieser Schnittstellentyp muss anschließend der jeweiligen SPS eindeutig zugewiesen werden. Telegrammstrukturen können auf der Grundlage von Lager, Schnittstellentyp und Telegrammtyp eingerichtet werden. Springen Sie hierfür zum IMG-Pfad **SCM Extended Warehouse Management • Extended Warehouse Management • Materialflusssystem (MFS) • Stammdaten • SPS-Schnittstellentyp definieren**. Erfassen Sie über **Neue Einträge** für Ihre Lagernummer den Schnittstellentyp im Feld **STyp** und vergeben Sie eine aussagekräftige Beschreibung (siehe Abbildung 13.16). Klicken Sie abschließend auf **Sichern**.

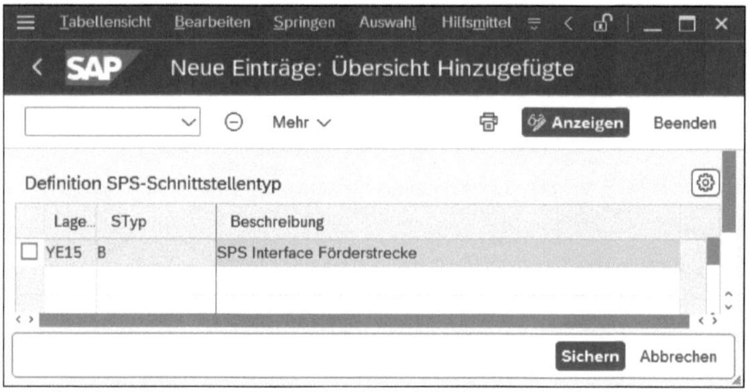

Abbildung 13.16: SPS-Schnittstellentyp definieren

12. **SPS definieren**

    Die folgende Einstellung beinhaltet die Definition einer SPS, die jeden Kommunikationspunkt anhand seines Namens sowie der zugeordneten Steuerungseinheit, die die Kommunikation übernimmt, eindeutig identifiziert. Springen Sie hierfür zum IMG-Pfad **SCM Extended Warehouse Management • Extended Warehouse Management • Materialflusssystem (MFS) • Stammdaten • Speicherprogrammierbare Steuerung (SPS) definieren**. Über **Neue Einträge** erfassen Sie nun Ihre unterschiedlichen SPSs. Erfassen Sie hierzu die entsprechenden Werte, wie in Abbildung 13.17 und Tabelle 13.1 dargestellt, und klicken Sie abschließend auf **Sichern**.

Feld	Parameter
Lagernummer	Ihre Lagernummer
SPS	CNV-TCR
Beschreibung	SPS für Fördertechnik
Schnittst.-Typ	b
Kopfdatenstruktur	ZSCWM_TEL_STD
Einlager_LPrzArt	3060
Prozessart Fehlerfal	3030

Tabelle 13.1: Parameter für SPS

Feld	Parameter
ExcCode MFS	CHBD
Mapping	X
Identifikation	EWMLGNUM
SPS-Modus	Palettenfördertechnik und Regalbediengerät

Tabelle 13.1: Parameter für SPS (Forts.)

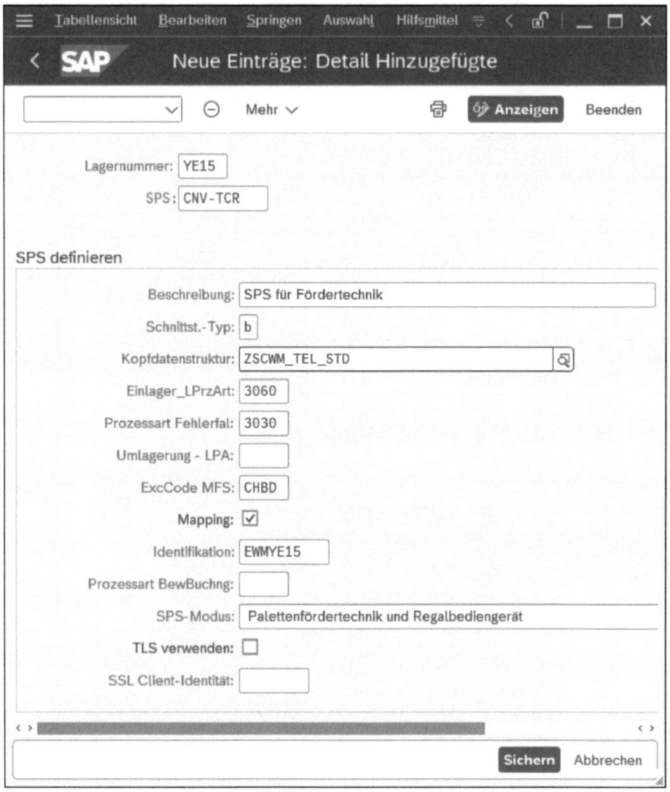

Abbildung 13.17: SPS definieren

13. **Kommunikationskanal definieren**

    In diesem Schritt können Sie für jede SPS einen oder mehrere Kommunikationskanäle für den Telegrammverkehr auswählen. Wechseln Sie hierfür zum IMG-Pfad **SCM Extended Warehouse Management • Extended Warehouse Management • Materialflusssystem (MFS) • Stammdaten • Kommunikationskanal • Kommunikationskanal definieren.** Erfassen Sie nun über **Neue Einträge** die entsprechenden Felder, wie in Abbildung 13.18 und Tabelle 13.2 dargestellt. Klicken Sie abschließend auf **Sichern**.

Feld	Parameter
Lagernummer	Ihre Lagernummer
SPS	CNV-TCR
KommKanal	q
TeleWiederholung	4
Intervall TeleWied.	60
Höchste Lfnr S.	999999
Höchste Lfnr E.	999999
Füllzeichen	.
HS Bestätigung	C
HS Anforderung	R
HndShkMod	A komplettes Telegramm senden
S/E Tausch	X
Max. Prozesse	2

Tabelle 13.2: Parameter für den Kommunikationskanal

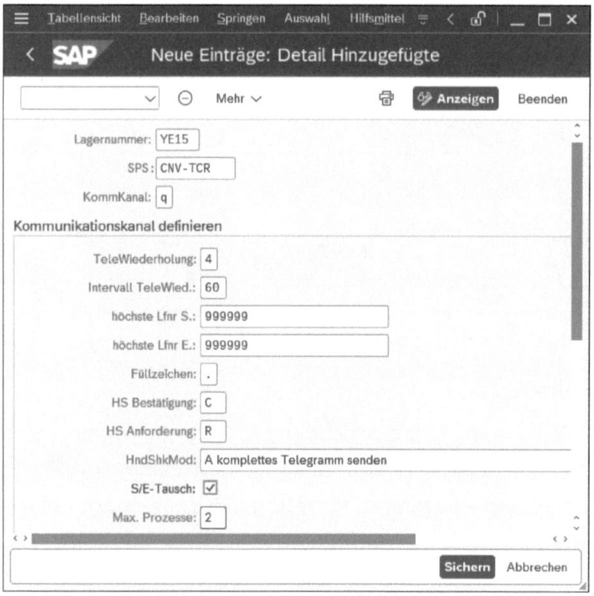

Abbildung 13.18: Kommunikationskanal definieren

14. **Kommunikationskanal zu Objekten zuordnen**

 Über den IMG-Pfad **SCM Extended Warehouse Management • Extended Warehouse Management • Materialflusssystem (MFS) • Stammdaten • Kommunikationskanal • Kommunikationskanal zu Objekten zuordnen** können Sie den Kommunikationskanal Objekten zuordnen. Erfassen Sie über **Neue Einträge** einen Eintrag für Ihre Lagernummer und hinterlegen Sie Ihre SPS **CNV-TCR**, die Objektart **SPS**, das Kanalobjekt **CNV-TCR** und den Kommunikationskanal **Q** (im Feld **KommKanal**) (siehe Abbildung 13.19). Klicken Sie abschließend auf **Sichern**.

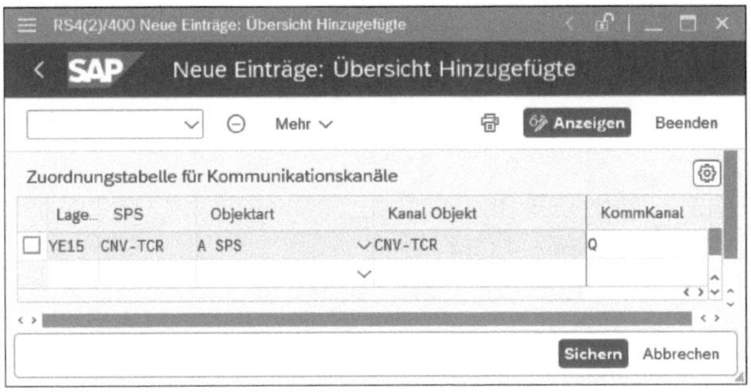

Abbildung 13.19: Kommunikationskanal zu Objekten zuordnen

15. **Meldepunkt definieren**

 Definieren Sie nun Ihre Meldepunkte. *Meldepunkte* dienen auf der Förderstrecke zur Überwachung, Steuerung und Dokumentation des Ladungsträgers. Typische Funktionen sind hierbei die Positionsmeldung, die Zustandsmeldung oder auch das Steuerungssignal. In EWM sind Meldepunkte als Lagerplatz abgebildet. Springen Sie zum IMG-Pfad **SCM Extended Warehouse Management • Extended Warehouse Management • Materialflusssystem (MFS) • Stammdaten • Meldepunkt definieren**. Erfassen Sie über **Neue Einträge** entsprechende Meldepunkte Ihrer Förderstrecke und klicken Sie abschließend auf **Sichern** (siehe Abbildung 13.20).

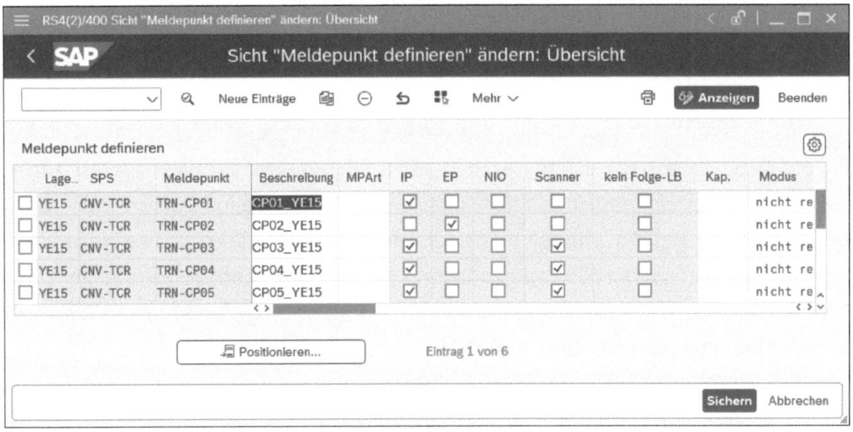

Abbildung 13.20: Meldepunkt definieren

16. **MFS-Queue definieren**

    Mit der Funktion **MFS-Queue definieren** können Sie die Queue zum MFS bzw. zur SPS zuordnen. Sie haben außerdem die Möglichkeit, die Ausführungsumgebung zu pflegen. Wechseln Sie hierfür zum IMG-Pfad **SCM Extended Warehouse Management • Extended Warehouse Management • Materialflusssystem (MFS) • Stammdaten • MFS-Queue definieren**. Erfassen Sie hier neue Queues oder erweitern Sie bestehende Queues. Für die Neuerfassung klicken Sie auf **Neue Einträge** und geben die Werte aus Tabelle 13.3 bzw. Abbildung 13.21 ein. Klicken Sie abschließend auf **Sichern**.

Feld	Parameter
Lagernummer	Ihre Lagernummer
Queue	0003-CONV
AusfUmfeld	MFS; Ressourcenmanagement aktiv
SPS	CNV-TCR

Tabelle 13.3: MFS-Queue definieren

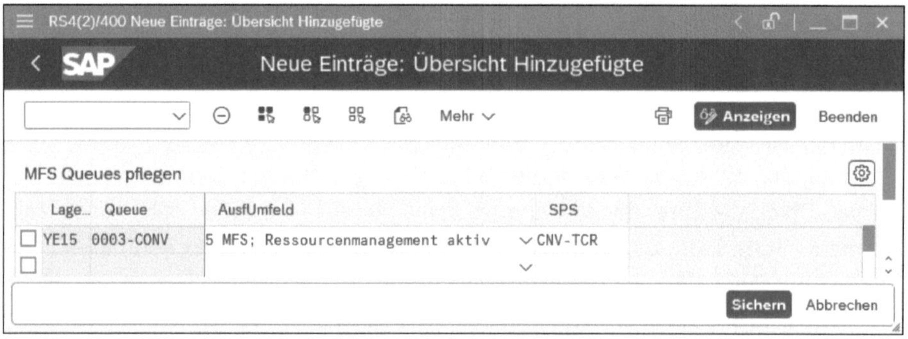

Abbildung 13.21: MFS-Queue definieren

17. **MFS-Ressourcenart definieren**

    Pflegen Sie nun die Ressourcenart für Ihr Regalbediengerät bzw. für alle Fahrzeuge, die vom MFS verwaltet werden. Das identische Objekt wird auch verwendet, um einen Stapler oder andere Ressourcen darzustellen. Springen Sie ins Customizing zum IMG-Pfad **SCM Extended Warehouse Management • Extended Warehouse Management • Materialflusssystem (MFS) • Stammdaten • MFS-Ressourcenart definieren**. Erstellen Sie über **Neue Einträge** den entsprechenden Ressourcentyp und klicken Sie anschließend auf **Sichern** (siehe Abbildung 13.22).

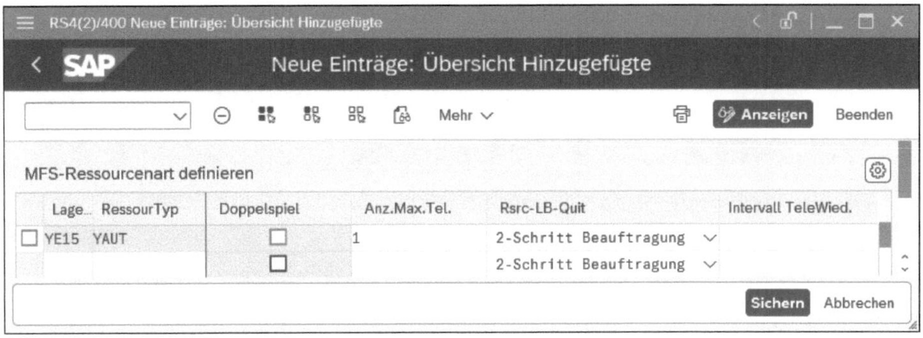

Abbildung 13.22: MFS-Ressourcenart definieren

18. **Vom Meldepunkt aus erreichbare Gänge und Ebenen definieren**

    Definieren Sie nun je Meldepunkt die erreichbaren Gänge und Ebenen. Wechseln Sie hierfür zum IMG-Pfad **SCM Extended Warehouse Management • Extended Warehouse Management • Materialflusssystem (MFS) • Stammdaten • Von Meldepunkt aus erreichbare Gänge und Ebenen definieren**. Erfassen Sie über **Neue Einträge** pro SPS, Meldepunkt und Lagertyp den Gang und ggf. die Ebene, falls relevant (siehe Abbildung 13.23). Klicken Sie abschließend auf **Sichern**.

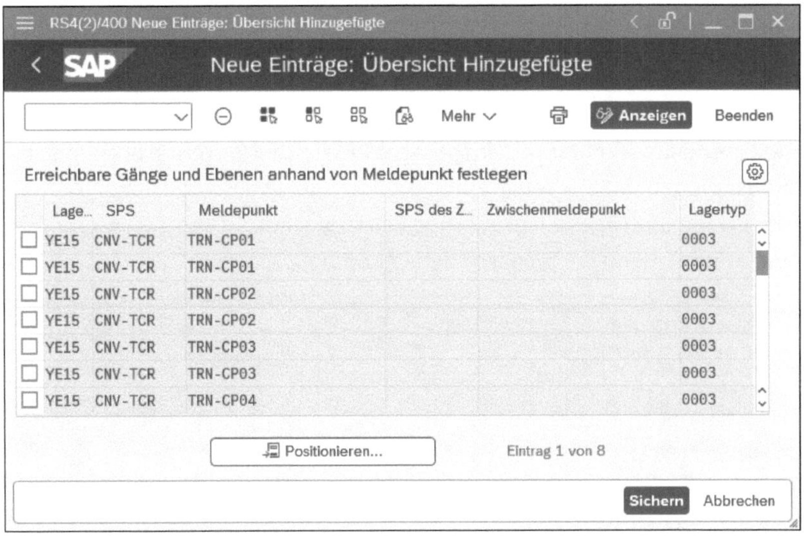

Abbildung 13.23: Vom Meldepunkt aus erreichbare Gänge und Ebenen definieren

19. **Telegrammstruktur definieren**

    In dieser Customizing-Aktivität können Sie in Abhängigkeit von der SPS und der Telegrammart eine MFS-Aktion-Telegrammstruktur definieren. Springen Sie hierfür zum IMG-Pfad **SCM Extended Warehouse Management • Extended Warehouse Management • Materialflusssystem (MFS) • Telegrammverarbeitung • Telegrammstruktur**

definieren. Erfassen Sie über **Neue Einträge** entsprechende Einträge und klicken Sie anschließend auf **Sichern** (siehe Abbildung 13.24).

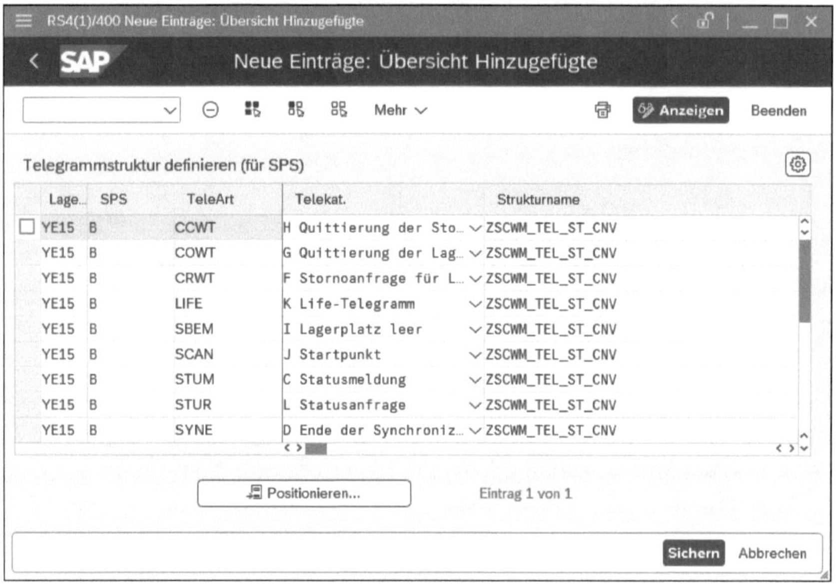

Abbildung 13.24: Telegrammstruktur definieren

20. **MFS-Aktionen finden**

    Konfigurieren Sie nun die Findung der MFS-Aktion. Wechseln Sie hierfür zum IMG-Pfad **SCM Extended Warehouse Management • Extended Warehouse Management • Materialflusssystem (MFS) • Telegrammverarbeitung • MFS-Aktionen finden**. Erstellen Sie über **Neue Einträge** entsprechende Einträge gemäß Ihren Anforderungen und klicken Sie abschließend auf **Sichern** (siehe Abbildung 13.25).

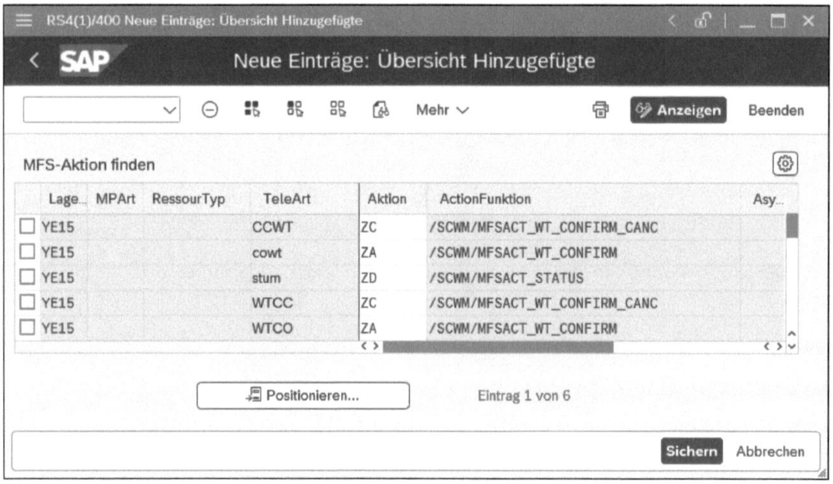

Abbildung 13.25: MFS-Aktionen finden

13.2.3 Stammdaten

Als Nächstes betrachten wir die relevanten Stammdaten für die Durchführung des Warenein- und -auslagerungsprozesses mit einem MFS.

1. **Kommunikationskanal pflegen**

   Hinterlegen Sie mit der Transaktion **/SCWM/MFS_CCH** den Host und den Port (siehe Abbildung 13.26).

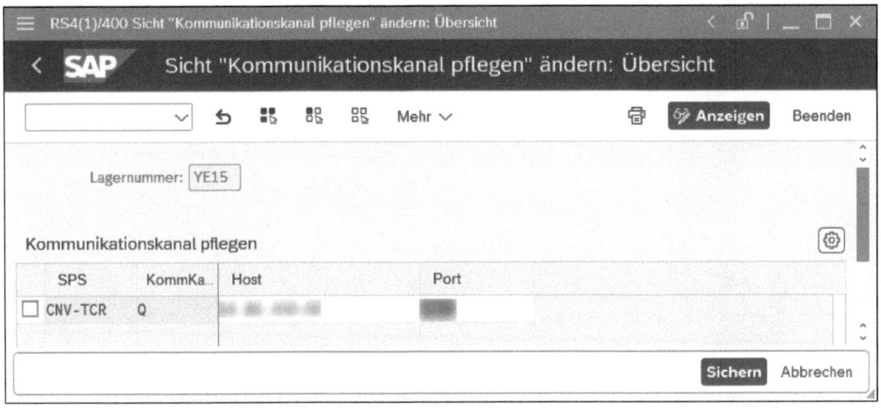

Abbildung 13.26: Kommunikationskanal pflegen

2. **Meldepunkte pflegen**

   Hinterlegen Sie für Ihre SPS und Meldepunkte entsprechende Lagerplätze in der Transaktion **/SCWM/MFS_CP** (siehe Abbildung 13.27).

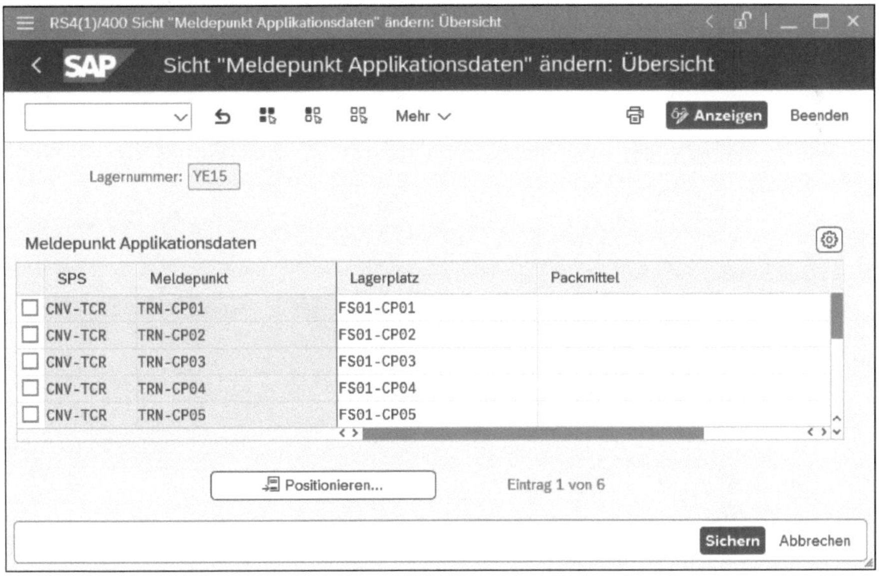

Abbildung 13.27: Meldepunkte pflegen

3. **SPS pflegen**

   Abschließend pflegen Sie die SPS-Steuerung und erfassen in der Transaktion **/SCWM/MFS_PLC** die Felder **KommSchicht** und **Destination** (siehe Abbildung 13.28).

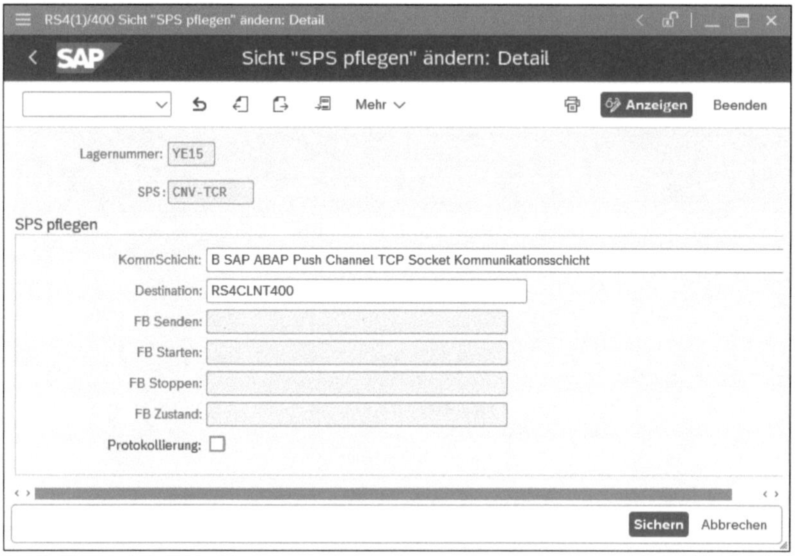

Abbildung 13.28: SPS pflegen

4. **Lagerungsgruppe im Lagerplatz prüfen**

   Prüfen Sie mithilfe der Transaktion **/SCWM/LS03**, ob für Ihre Lagerplätze die notwendige Lagerungsgruppe gepflegt ist (siehe Abbildung 13.29).

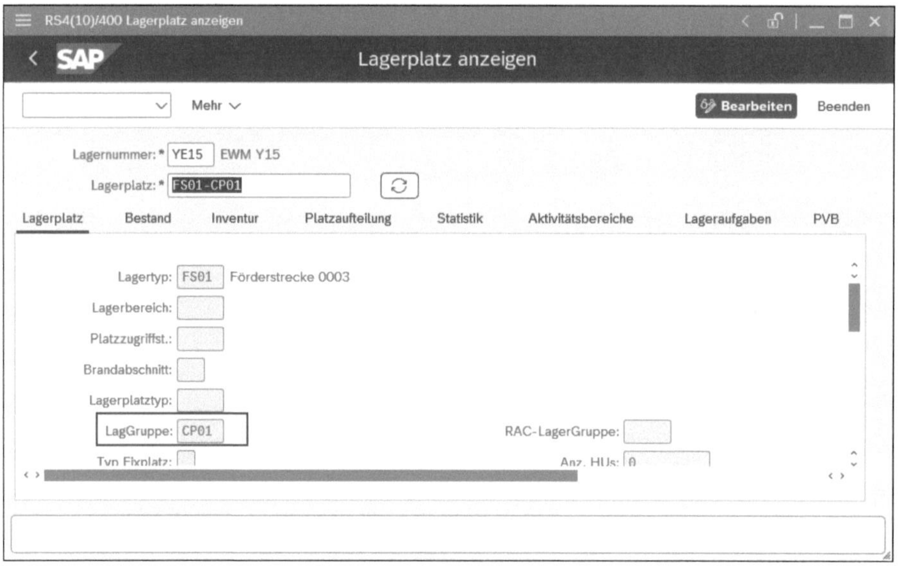

Abbildung 13.29: Lagerungsgruppen im Lagerplatz

13.2.4 Prozessdemo

Auf der Basis der vorgenommenen Einstellungen können wir nun den Prozess der Warenein- und -auslagerung mit einem MFS durchgehen. Beginnen wir mit der Einlagerung:

1. **Bestellung anlegen**

   Zuerst erstellen Sie mit der Transaktion **ME21n – Bestellung anlegen** im ERP-System eine Bestellung. Tragen Sie hier den Lieferanten, das Material und die Bestellmenge ein und sichern Sie Ihre Angaben (siehe Abbildung 13.30).

Abbildung 13.30: Bestellung anlegen

2. **Anlieferung anlegen**

   Legen Sie nun in der SAP-Fiori-App mit **Anlieferung anlegen** die Anlieferung an, verpacken Sie diese und erstellen Sie die Lageraufgaben zur Einlagerung. Selektieren Sie Ihre Bestellung und klicken Sie auf **Bestellung**. Im Folgescreen erfassen Sie das Lieferavis, die Liefermenge und die HU. Selektieren Sie die Bestellung im Bereich **Positionen** und klicken Sie anschließend auf **Lieferung anlegen** (siehe Abbildung 13.31).

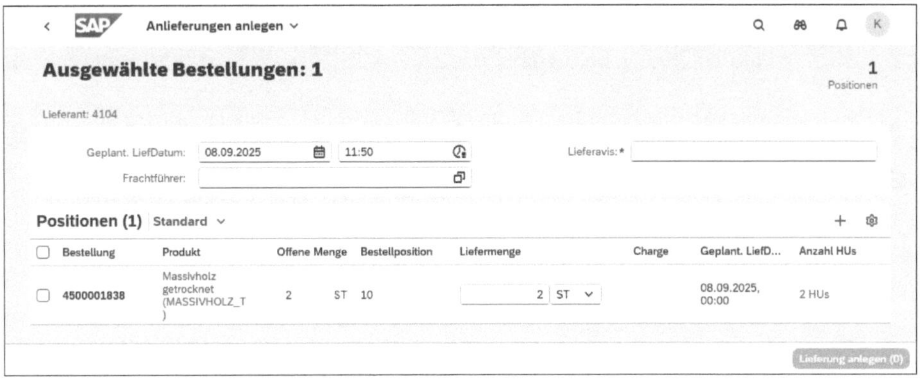

Abbildung 13.31: Anlieferung anlegen

Nach der Anlage der Anlieferung erfolgt die automatische Anlage der Lageraufgaben mit der bestehenden PPF-Aktion. EWM erstellt auf Basis der beiden HUs vier Lageraufgaben.

3. **Lageraufgabe von WE-Zone an Förderstrecke quittieren**

   Als Nächstes quittieren Sie über den Lagerverwaltungsmonitor und die Transaktion **/SCWM/MON** die Lageraufgabe auf die Förderstrecke (Lagerplatz **CP01**). Wählen Sie dazu den Knoten **Materialflusssystem** ❶ • **Lageraufgabe** ❷ aus. Markieren Sie die Lageraufgabe und quittieren Sie diese ❸ über das Icon [icon] und die Option **LB im Hintergrund quittieren** (siehe Abbildung 13.32).

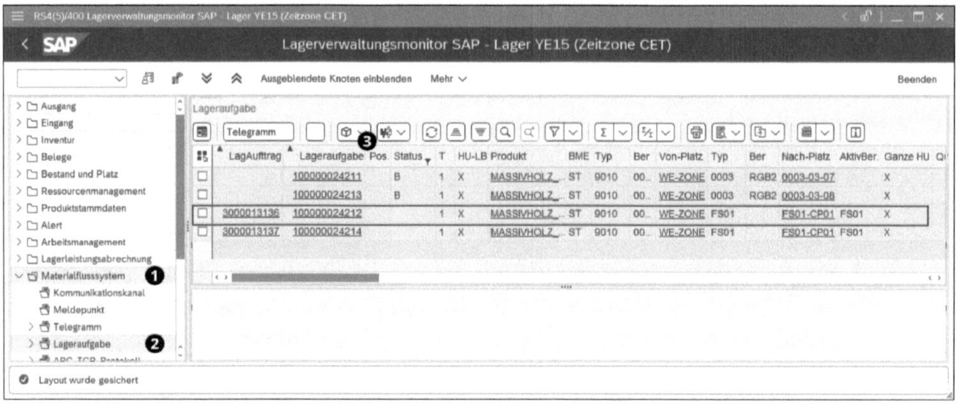

Abbildung 13.32: Lageraufgabe von »CP01« quittieren

4. **Lageraufgabe von »CP01« auf »CP02« quittieren**

   Quittieren Sie nun die Lageraufgabe auf den Vertikalförderer. Dafür wird ein Telegrammemulator benötigt. Zur Vereinfachung haben wir die Quittierung hier über den Lagerverwaltungsmonitor vorgenommen. Aktualisieren Sie den Lagerverwaltungsmonitor, selektieren Sie die entsprechende Lageraufgabe und wählen Sie [icon] • **LB im Hintergrund quittieren** (siehe Abbildung 13.33).

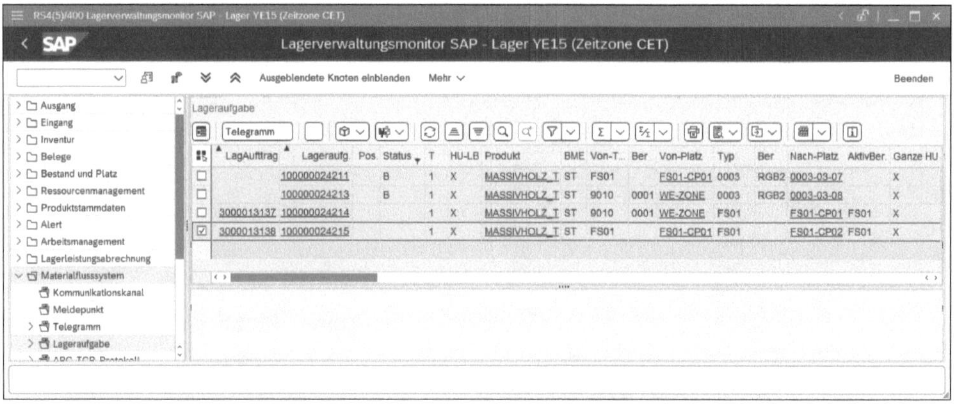

Abbildung 13.33: Lageraufgabe von »CP01«auf »CPO2« quittieren

5. **Lageraufgabe von »CP02« auf »CP21« quittieren**

   Nun erfolgt die Quittierung vom Vertikalförderer auf den Einlagerstich. Aktualisieren Sie den Lagerverwaltungsmonitor, selektieren Sie die entsprechende Lageraufgabe und wählen Sie • **LB im Hintergrund quittieren** (siehe Abbildung 13.34).

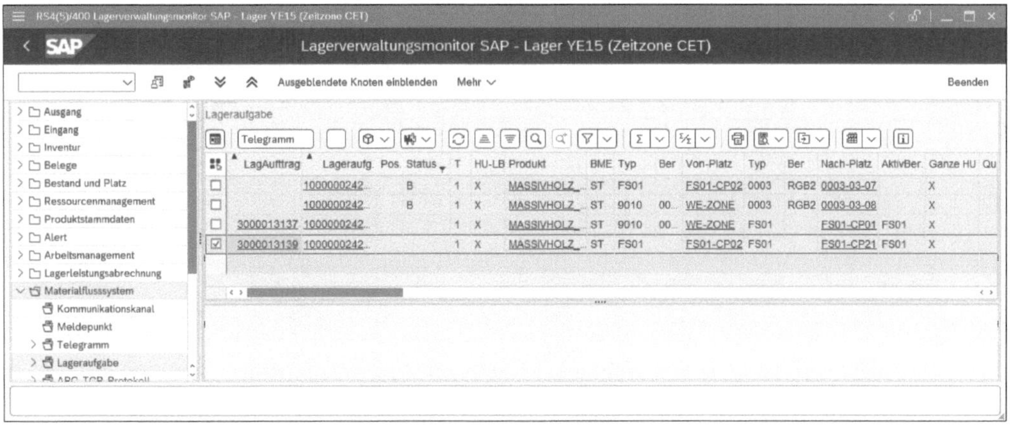

Abbildung 13.34: Lageraufgabe von »CP02« auf »CP21«quittieren

6. **Lageraufgabe von »CP21« auf »CP22« quittieren**

   Mit der Quittierung auf den Übergabepunkt **CP22** wird das RGB für die Abholung und Einlagerung auf den Zielplatz aktiviert. Aktualisieren Sie den Lagerverwaltungsmonitor, selektieren Sie die entsprechende Lageraufgabe und wählen Sie • **LB im Hintergrund quittieren** (siehe Abbildung 13.35).

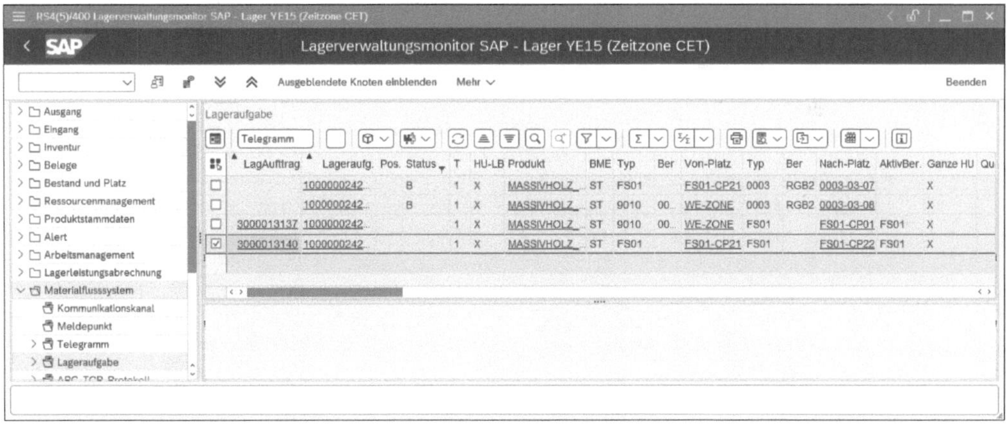

Abbildung 13.35: Lageraufgabe von »CP21« auf »CP22« quittieren

7. **Lageraufgabe von »CP22« auf Zielplatz quittieren**

   Das RGB übernimmt die HU von **CP22**, transportiert diese an den Zielplatz und quittiert final die Einlagerung. Aktualisieren Sie den Lagerverwaltungsmonitor, selektieren Sie die entsprechende Lageraufgabe und wählen Sie [Icon] • **LB im Hintergrund quittieren** (siehe Abbildung 13.36).

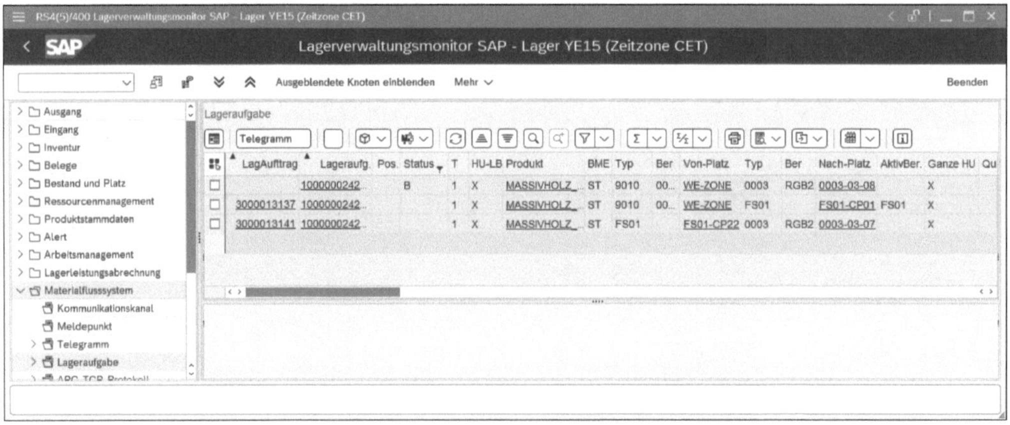

Abbildung 13.36: Lageraufgabe von »CP22« auf Zielplatz quittieren

Die Wareneinlagerung ist nun abgeschlossen. Als Nächstes wenden wir uns dem Auslagerungsprozess zu:

1. **Kundenauftrag prüfen**

   Als Grundlage dient ein Kundenauftrag, der im Folgeschritt in eine Lieferung umgewandelt wird. Selektieren Sie einen bestehenden Kundenauftrag mit entsprechendem Bestand auf Ihrem System. Abbildung 13.37 zeigt den ausgewählten Terminauftrag.

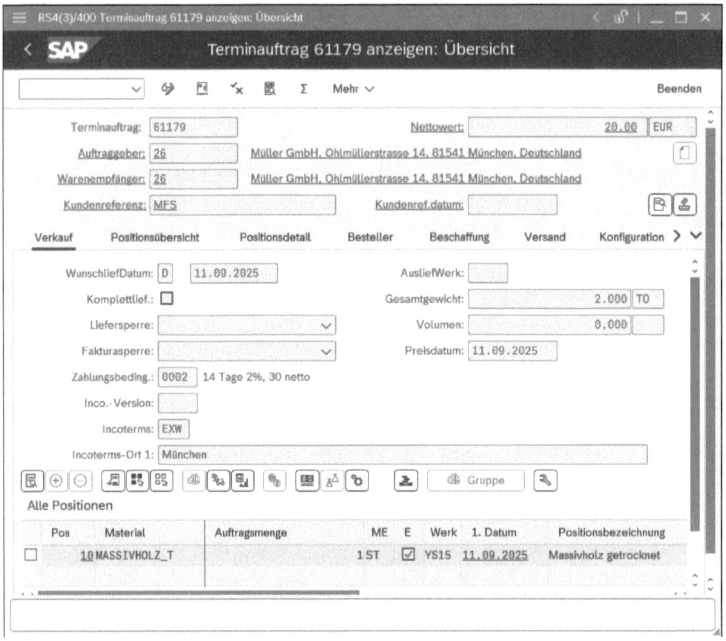

Abbildung 13.37: Kundenauftrag anzeigen

2. **Lieferung erstellen**

   Erstellen Sie nun mit der Transaktion **VL01n** die Lieferung für den Kundenauftrag. Tragen Sie Ihre Versandstelle und den Auftrag ein und klicken Sie auf **Weiter**. In Abbildung 13.38 sehen Sie den Folgescreen. Prüfen Sie hier unter **Positionsübersicht** den Lagerort für die Kommissionierung. Sind alle Daten korrekt, klicken Sie auf **Sichern**. Im ERP-System erfolgt daraufhin die Anlage der Auslieferung, die dann automatisch an EWM verteilt wird.

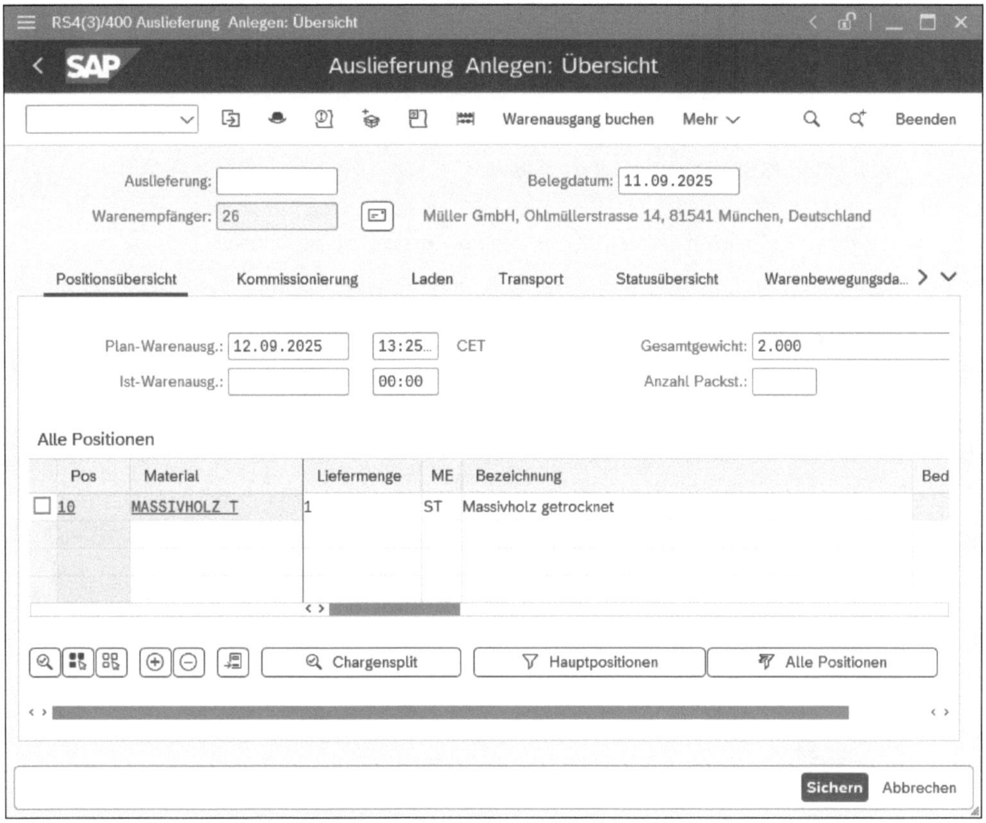

Abbildung 13.38: Lieferung anlegen

3. **Lageraufgabe zur Lieferung erstellen**

   Erstellen Sie nun mit der Transaktion **/SCWM/PRDO** die Lageraufgabe. Geben Sie Ihren Auslieferungsauftrag in der Selektionsmaske ein und bestätigen Sie diesen mit [F8]. Springen Sie hierzu im Menüband zu **Auslieferungsauftrag • Folgefunktionen • Lageraufgabe**. Klicken Sie im Folgescreen auf **Anlegen + Sichern** (siehe Abbildung 13.39). SAP erstellt nun die beiden Lageraufgaben für die Kommissionierung.

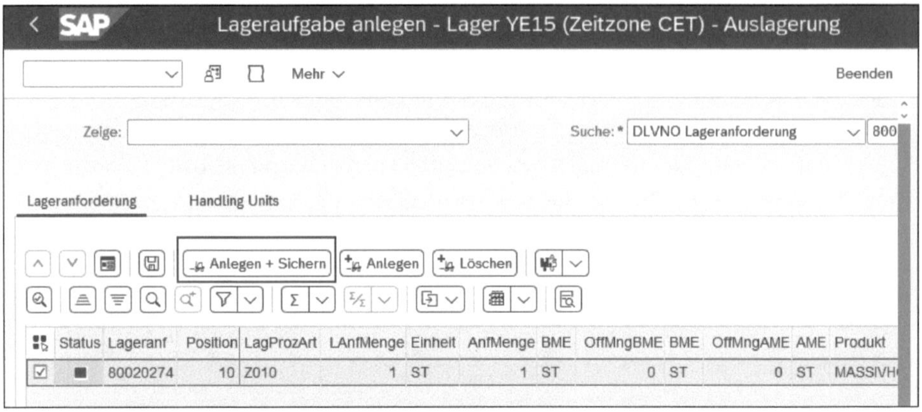

Abbildung 13.39: Lageraufgabe anlegen

4. **Lageraufgabe vom Lagerplatz an die Förderstrecke quittieren**

   Quittieren Sie anschließend über den Lagerverwaltungsmonitor und die Transaktion **/SCWM/MON** die Lageraufgabe auf die Förderstrecke. Wählen Sie den Knoten **Materialflusssystem** ❶ • **Lageraufgabe** ❷ aus. Selektieren Sie die Lageraufgabe und quittieren Sie diese mit [⌄] • **LB im Hintergrund quittieren** ❸ (siehe Abbildung 13.40).

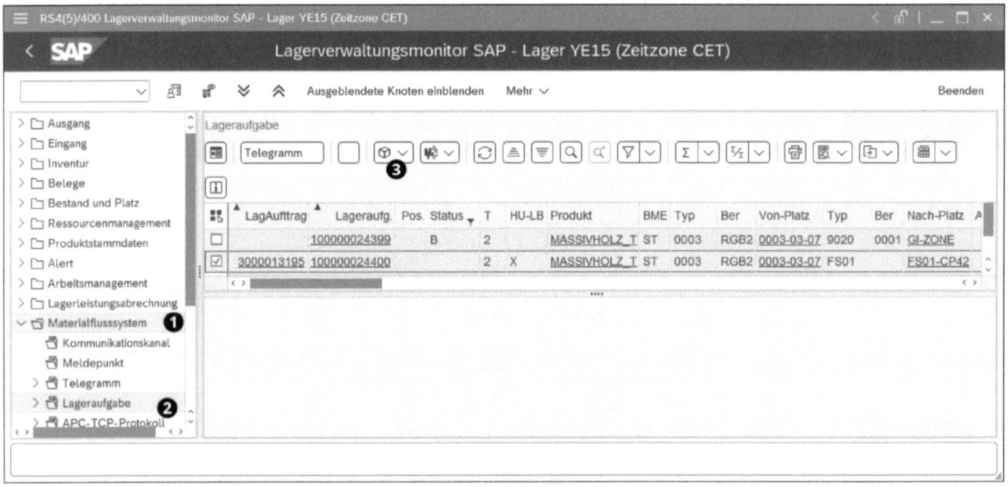

Abbildung 13.40: Lageraufgabe »CP42« quittieren

5. **Lageraufgabe von »CP42« auf »CP41« quittieren**

   Die HU befindet sich nun auf der Förderstrecke und wird zum Übergabepunkt an den Vertikalförderer weitertransportiert. Aktualisieren Sie den Lagerverwaltungsmonitor, selektieren Sie die entsprechende Lageraufgabe und wählen Sie [⌄] • **LB im Hintergrund quittieren** (siehe Abbildung 13.41).

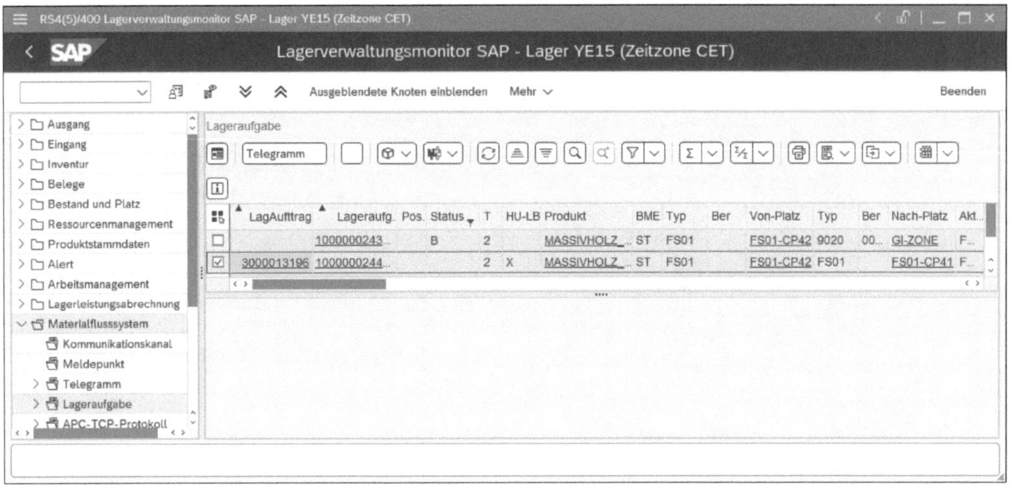

Abbildung 13.41: Lageraufgabe von »CP42« auf »CP41«quittieren

6. **Lageraufgabe von »CP41« auf »CP02« quittieren**

   Die HU wird nun auf den Vertikalförderer quittiert. Aktualisieren Sie den Lagerverwaltungsmonitor, selektieren Sie die entsprechende Lageraufgabe und wählen Sie [Symbol] • **LB im Hintergrund quittieren** (siehe Abbildung 13.42).

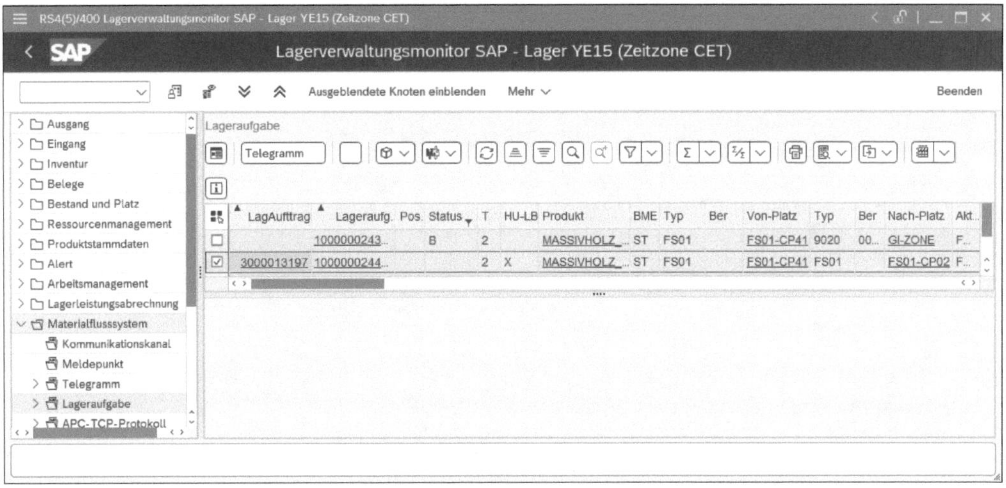

Abbildung 13.42: Lageraufgabe von »CP41« auf »CP02« quittieren

7. **Lageraufgabe von »CP02« auf »CP05« quittieren**

   Nun erfolgt die Übergabe an die Auslagerbahn. Hierbei übergibt der Vertikalförderer die HU. Aktualisieren Sie den Lagerverwaltungsmonitor, selektieren Sie die entsprechende Lageraufgabe und wählen Sie [Symbol] • **LB im Hintergrund quittieren** (siehe Abbildung 13.43).

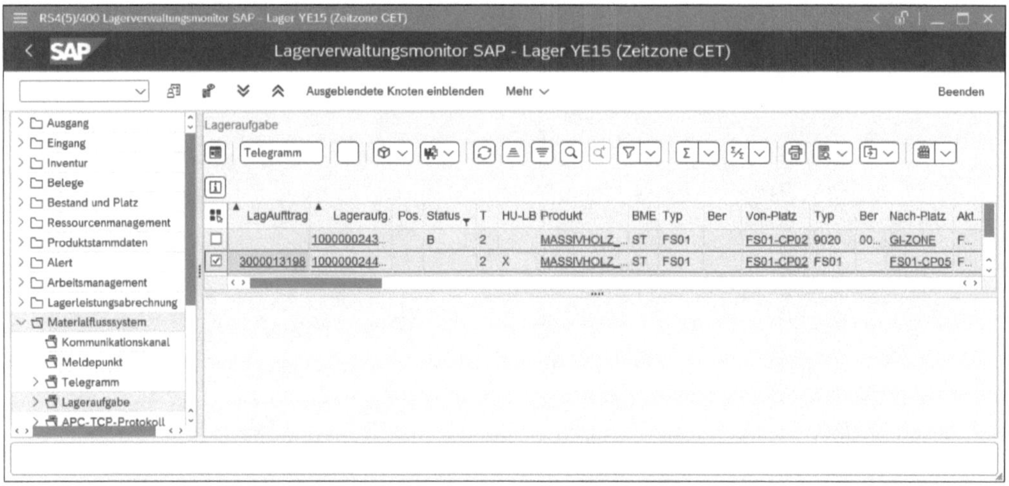

Abbildung 13.43: Lageraufgabe von »CP02« auf »CP05« quittieren

8. **Lageraufgabe von »CP05« auf »CP06« quittieren**

   Es erfolgt die finale Bewegung an den Übergabepunkt für den Kommissionierer. Aktualisieren Sie den Lagerverwaltungsmonitor, selektieren Sie die entsprechende Lageraufgabe und wählen Sie [Symbol] • **LB im Hintergrund quittieren** (siehe Abbildung 13.44).

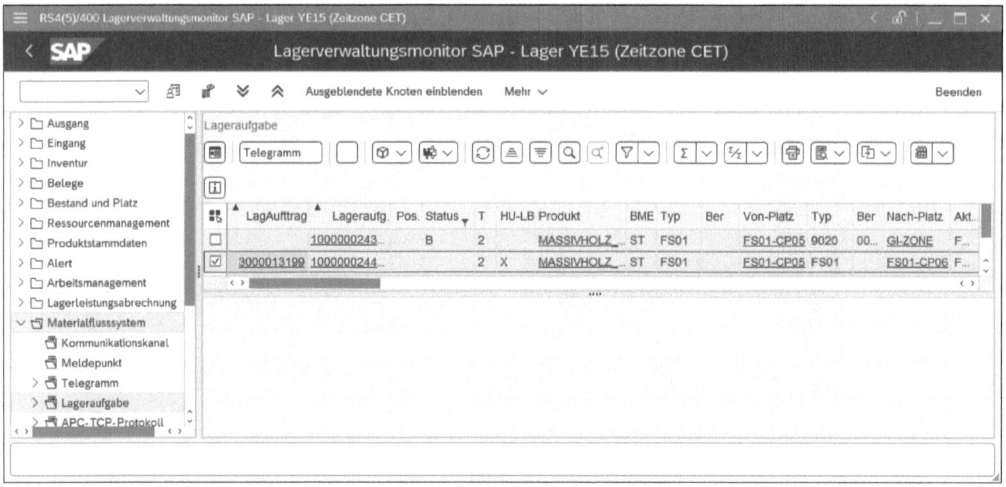

Abbildung 13.44: Lageraufgabe von »CP05« auf »CP06« quittieren

9. **Lageraufgabe von »CP06« nach WA-Zone quittieren**

   Die HU kann nun vom Staplerfahrer entnommen, verbracht und quittiert werden. Aktualisieren Sie den Lagerverwaltungsmonitor, selektieren Sie die entsprechende Lageraufgabe und wählen Sie anschließend [Symbol] • **LB im Hintergrund quittieren** (siehe Abbildung 13.45).

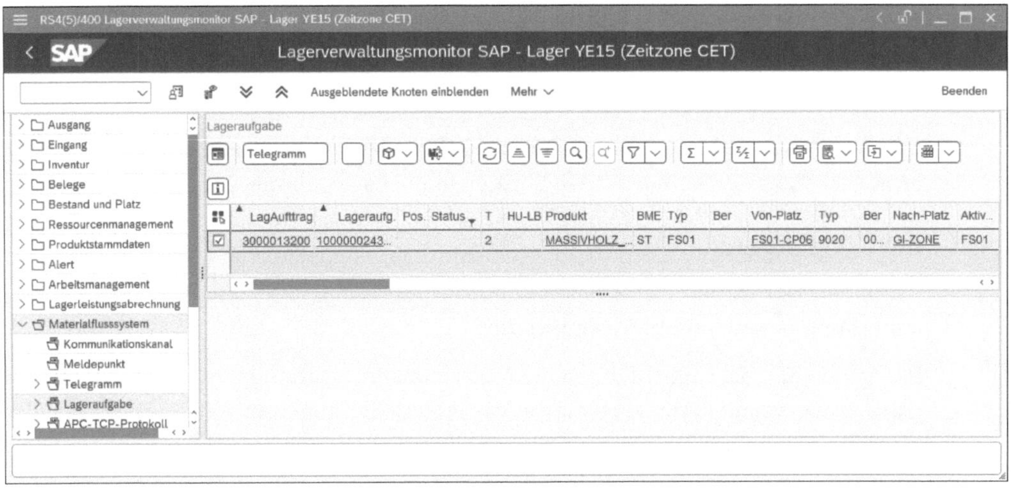

Abbildung 13.45: Lageraufgabe von »CP06« nach WA-Zone quittieren

Die Warenauslagerung ist hiermit abgeschlossen.

13.3 SAP Warehouse Robotics

SAP Warehouse Robotics bietet eine innovative Lösung zur nahtlosen Integration von Lagerrobotern in EWM. Die Anwendung ermöglicht eine Plug-and-Play-ähnliche Nutzung und reduziert den Integrationsaufwand erheblich – von mehreren Wochen auf wenige Stunden oder Tage. Trotz der Verfügbarkeit zahlreicher kostengünstiger, kollaborativer Roboter gibt es weiterhin Herausforderungen hinsichtlich Software-Stacks und Systemintegration. SAP Warehouse Robotics adressiert diese durch eine standardisierte, skalierbare Plattform.

Die Lösung erlaubt den Betrieb heterogener Roboterflotten unterschiedlicher Hersteller auf einer gemeinsamen Softwarebasis. Durch die Einbindung der neuesten Generation kollaborativer Roboter wird Lagerautomatisierung nicht nur technisch einfacher, sondern auch wirtschaftlich attraktiver – insbesondere für kleine und mittelständische Unternehmen. Wesentliche Merkmale und Vorteile von SAP Warehouse Robotics für Unternehmen sind die folgenden:

- **Einfache Einrichtung und Skalierbarkeit**

  Roboter können schnell und bedarfsgerecht hinzugefügt werden, etwa zur Bewältigung saisonaler Spitzen.

- **Herstellerunabhängigkeit**

  Die Kompatibilität mit einer Vielzahl gängiger Transportroboter verhindert eine Bindung an einzelne Anbieter und reduziert den Aufwand für Integrationsprojekte.

- **Zentrale Flottenverwaltung**
  Unterschiedliche Robotertypen lassen sich ohne zusätzlichen Integrationsaufwand gemeinsam betreiben und steuern.

SAP Warehouse Robotics unterstützt vorkonfigurierte Szenarien innerhalb von EWM und ermöglicht so einen vereinfachten Einstieg in die Lagerrobotik. Die Lösung reduziert die Komplexität in der IT-Governance, senkt die Betriebskosten und erleichtert die Integration neuer Roboter, wodurch auch eine sofortige Inbetriebnahme der Roboter möglich ist. Dabei können unterschiedliche Roboter spezifische Aufgaben übernehmen und gemeinsam in einer Flotte betrieben werden.

Die Anwendung ermöglicht Ihnen die funktionale Integration in Ihre Lagerprozesse, wie bspw. die automatisierte Bewegung von HUs zwischen Lagerplätzen. Dank der standardisierten Schnittstellen lassen sich Roboter verschiedener Hersteller mit minimalem Anpassungsaufwand integrieren. Dies erlaubt den Aufbau gemischter Flotten und schafft strategische Flexibilität bei der Automatisierung von Lagerprozessen. Weitere Vorteile dieser Lösung sind die folgenden:

- **Neue Anwendungsfelder**
  Roboter können auch für nicht repetitive oder unterstützende Tätigkeiten eingesetzt werden – ein Vorteil insbesondere für Unternehmen mit begrenzten Ressourcen.
- **Dynamische Skalierung**
  Die Flottenkapazität lässt sich flexibel anpassen, um die Auslastung zu optimieren.

Für die Integration der Roboter mit SAP Warehouse Robotics stehen unterschiedliche Optionen zur Verfügung. Abbildung 13.46 stellt die Integration als Service von SAP Warehouse Robotics dar.

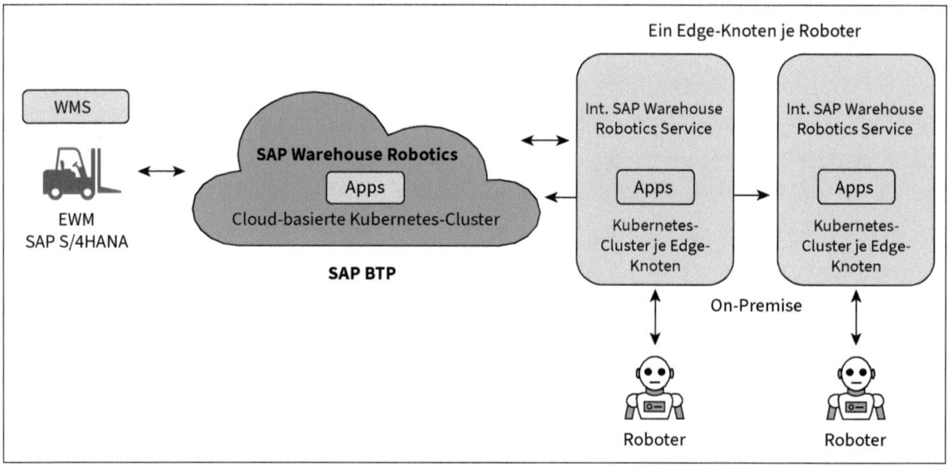

Abbildung 13.46: Integration als Service von SAP Warehouse Robotics

Die Kommunikation vom WMS zu den Edge-Knoten erfolgt über die SAP BTP. Jeder Roboter besitzt einen eigenen Edge-Knoten. Ein *Edge-Knoten* ist ein Rechner oder Gerät am Rand eines Netzwerks, der bzw. das als Schnittstelle zwischen Endgeräten (IoT) und zentralen Servern oder der Cloud fungiert. Er verarbeitet Daten direkt vor Ort, was Latenzzeiten minimiert, Bandbreite spart und die Sicherheit durch lokale Speicherung erhöht.

Abbildung 13.47 zeigt die Integration von SAP Warehouse Robotics mit einem Flottenmanagementsystem. Die Kommunikation des WMS mit dem Flottenmanagementsystem erfolgt hierbei über die SAP BTP. Einzelne Roboter werden durch das jeweilige Flottenmanagementsystem des Drittanbieters gesteuert.

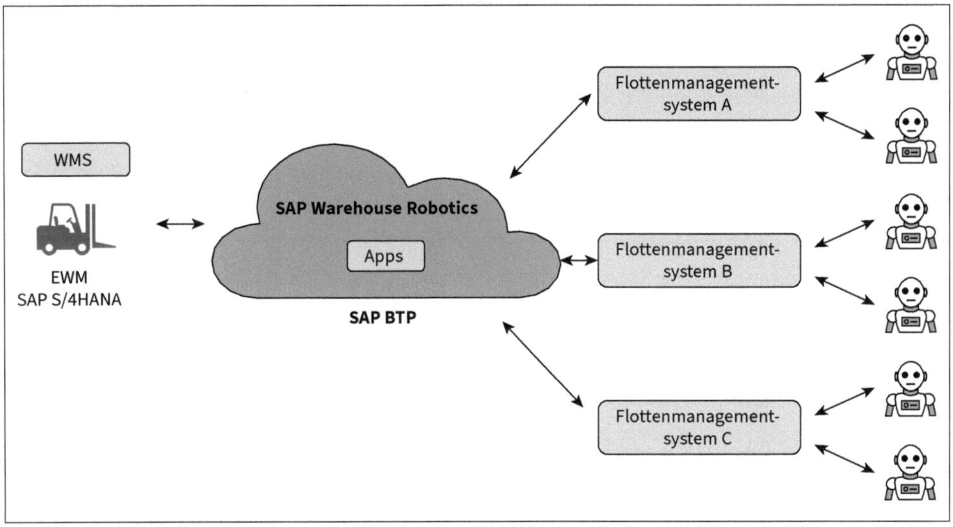

Abbildung 13.47: Integration von SAP Warehouse Robotics mit Flottenmanagementsystem

SAP Warehouse Robotics ist ein Produkt, das die SAP Business Technology Plattform (SAP BTP) nutzt. Mit dieser Lösung lassen sich Lagerprozesse durch den Einsatz von Robotern automatisieren. Zudem stellt sie Application Programming Interfaces (APIs) bereit, die in die Flottenmanagementsysteme verschiedener Roboteranbieter integriert werden können. Hierfür muss ein Adapter implementiert werden, der als Bridge zwischen SAP Warehouse Robotics und dem Flottenmanagementsystem fungiert und die folgenden Aktionen ermöglicht:

- Übersetzung von Roboteraufträgen, die von SAP Warehouse Robotics gesendet werden, in APIs innerhalb des Flottenmanagementsystems
- Rückschreiben von Statusinformationen zu Roboteraufträgen aus dem Flottenmanagementsystem zurück an SAP Warehouse Robotics

Eine API für den Adapter des Flottenmanagementsystems besteht aus zwei Methoden:

- Erstellung eines Roboterauftrags
- Aktualisierung des Status eines Roboterauftrags

Nach diesem Überblick über SAP Warehouse Robotics befassen wir uns im nächsten Abschnitt mit den automatischen Lagersystemen.

13.4 Automatische Lagersysteme

Ein *automatisiertes Lagersystem* (Automated Storage and Retrieval System, AS/RS) ist eine technologiegestützte Lösung zur effizienten Verwaltung von Lagerbeständen in Produktions- und Distributionszentren. Es vereint moderne Soft- und Hardware, um die Einlagerung und Entnahme von Waren vollständig zu automatisieren. Im Kern fungiert das System wie ein Minilager innerhalb eines größeren Lagerbereichs – mit Großlagerflächen, Regalsystemen und weiteren Lagerzonen, die strukturiert angeordnet sind.

Das System übernimmt vielfältige Aufgaben: Es empfängt und lagert externe Warenbestände, verwaltet Zwischenlager für Produktionslinien, kontrolliert Lagerbestände und unterstützt die Entnahme von Paletten für die Kommissionierung und Auslieferung. Dabei kommen typischerweise unterschiedliche Lagertechnologien zum Einsatz, wie etwa Palettenregale, Fachbodenregale, vertikale Liftmodule und Karussells. Diese Einheiten werden durch eine zentrale Software gesteuert, die den Bestand überwacht und die Warenbewegungen innerhalb der Anlage koordiniert.

Der Prozess beginnt mit dem Wareneingang. Die Materialien werden erfasst und im Lagerverwaltungssystem registriert, das dann basierend auf Faktoren wie Größe, Gewicht und Nachfrage den optimalen Lagerplatz bestimmt. Anschließend ruft das System automatisch die passende HU ab und transportiert sie zur Kommissionierstation, wo die Materialien entnommen und für den Versand vorbereitet werden.

Die Vorteile eines AS/RS liegen in der gesteigerten Effizienz, höheren Genauigkeit und den reduzierten Personalkosten. Zudem wird der benötigte Lagerraum minimiert, wodurch Unternehmen ihre Flächennutzung deutlich optimieren können. In diesem Abschnitt betrachten wir zwei grundlegend unterschiedliche Integrationsszenarien eines AS/RS: die Integration mit dem Materialflusssystem und die Integration mit fahrerlosen Transportfahrzeugen.

13.4.1 Integration mit einem Materialflusssystem

AS/RS und MFS sind zentrale Komponenten moderner Lager- und Produktionslogistik. Während das AS/RS für die automatisierte Einlagerung und den Abruf von Waren zuständig ist, steuert das MFS den physischen Materialfluss innerhalb eines Lagers oder Produktionsbereichs. Eine effiziente Schnittstelle zwischen beiden Systemen ist essenziell für einen durchgängigen und fehlerfreien Betrieb. Bei der Integration sind die folgenden technischen Aspekte zu berücksichtigen:

1. **Kommunikationsprotokoll**

   Die Kommunikation zwischen AS/RS und MFS erfolgt über standardisierte Protokolle. Häufig kommen OPC UA (Open Platform Communications – Unified Architecture) oder TCP/IP (Transmission Control Protocol/Internet Protocol) zum Einsatz. Die Auswahl des Protokolls richtet sich nach den funktionalen und infrastrukturellen Anforderungen des jeweiligen Einsatzbereichs.

2. **Echtzeitdatenaustausch**

   Ein kontinuierlicher Datenaustausch in Echtzeit ist erforderlich, um die Systemzustände synchron zu halten. Das AS/RS liefert Informationen zu Lagerort und Status der Materialien, während das MFS Daten zu Materialanforderungen und Zielorten bereitstellt. Die Datenübertragung erfolgt über das definierte Kommunikationsprotokoll und wird von den jeweiligen Systemen verarbeitet, um interne Datenbanken zu aktualisieren und Prozesse anzustoßen.

3. **Schnittstellenentwicklung**

   Die Schnittstelle zwischen AS/RS und MFS muss individuell auf die Anforderungen des jeweiligen Lagers abgestimmt werden. Dies kann durch den Einsatz von Middleware-Lösungen (z. B. Produktionsintegrationsplattformen) oder mithilfe maßgeschneiderter Software realisiert werden. Die Schnittstelle sollte die folgenden Eigenschaften aufweisen:

   - Echtzeitfähigkeit zur Verarbeitung zeitkritischer Daten
   - Skalierbarkeit zur Bewältigung hoher Datenvolumina
   - Flexibilität hinsichtlich zukünftiger Erweiterungen

   Typische Technologien zur Umsetzung sind APIs, Webservices und andere Integrationsframeworks.

4. **Systemintegration**

   Nach der Entwicklung der Schnittstelle erfolgt die technische Integration beider Systeme. Dieser Schritt umfasst

   - die physische und logische Verbindung der Systeme mit der Schnittstelle,
   - die Konfiguration des Kommunikationsprotokolls sowie
   - umfassende Tests zur Validierung der Funktionalität und Zuverlässigkeit.

5. **Fehlerbehandlung**

   Robuste Mechanismen zur Fehlererkennung und -behandlung sind unerlässlich. So muss das MFS bspw. in der Lage sein, auf fehlende oder fehlerhafte Informationen des AS/RS (z. B. nicht verfügbare Lagerpositionen) angemessen zu reagieren, um Prozessunterbrechungen zu vermeiden.

Abschließend möchten wir Sie darauf hinweisen, dass die oben genannten technischen Aspekte sorgfältig geplant und umgesetzt werden sollten, um eine zuverlässige Funktionalität der Schnittstelle sicherzustellen und die spezifischen Anforderungen moderner Lagerlogistik zu erfüllen.

13.4.2 Integration mit fahrerlosen Transportfahrzeugen

Die Kombination eines AS/RS mit fahrerlosen Transportsystemen (FTS) ermöglicht eine signifikante Steigerung der Effizienz und Produktivität in Lager- und Distributionszentren. Durch die Verbindung der automatisierten Lagerlogistik mit autonomen Transportprozessen entsteht ein hochgradig automatisiertes, durchgängig vernetztes Materialflusssystem.

Ein AS/RS besteht aus Regalen, Fächern oder Behältern, die automatisch bestückt und entleert werden können. Die Ein- und Auslagerung erfolgt über robotergesteuerte Kräne oder Shuttles. Gesteuert wird das System zentral über eine Software, die Bestände verwaltet, Lagerorte verfolgt und Aufträge disponiert.

FTS umfassen autonome Fahrzeuge, die den innerbetrieblichen Transport übernehmen. Sie navigieren mithilfe von Technologien wie Laserscannern, Magnetstreifen oder kamerabasierten Systemen. Ausgestattet mit Sensorik zur Hinderniserkennung, kommunizieren sie kontinuierlich mit dem zentralen Steuerungssystem.

Die Integration von AS/RS und FTS basiert auf einer durchgängigen Kommunikation zwischen beiden Systemen. Das zentrale Steuerungssystem koordiniert Lager- und Transportprozesse, indem es das FTS gezielt mit Informationen zu Lagerorten und Materialdaten versorgt. Dies beinhaltet die folgenden Schritte:

1. **Materialabruf**

   Nach dem Auftragseingang identifiziert das Steuerungssystem den Lagerort des gewünschten Materials im AS/RS und übermittelt dem FTS die relevanten Daten. Die autonomen Fahrzeuge des FTS bewegen sich daraufhin zur Zielposition und warten dort auf die Bereitstellung des Materials durch das AS/RS.

2. **Übergabe und Transport**

   Das AS/RS entnimmt das Material mittels Krans oder Shuttle und übergibt es an das FTS. Dieses transportiert das Material anschließend zum Bestimmungsort, bspw. zur Verpackung oder zu einer Montagestation.

3. **Einlagerung**

   Für die Einlagerung neuer Materialien bestimmt das Steuerungssystem einen freien Lagerplatz. Die AGVs übernehmen den Transport zur Zielposition. Dort übergibt das FTS das Material an das AS/RS, welches es automatisch einlagert und die Bestandsdaten aktualisiert.

Die Echtzeitintegration von AS/RS und FTS ermöglicht eine dynamische Optimierung der Materialflüsse. Das Steuerungssystem analysiert kontinuierlich Lagerbestände, Auftragsstatus und Fahrzeugpositionen, um Transportwege zu minimieren, Ressourcen effizient zuzuweisen und die Durchsatzleistung zu maximieren. Dadurch erhalten Sie ein skalierbares und hochautomatisiertes Intralogistiksystem, das manuelle Eingriffe reduziert, die Prozesssicherheit erhöht und die Gesamtleistung von Lager- und Distributionsprozessen nachhaltig steigert.

13.5 Fahrerlose Transportfahrzeuge

Automated Guided Vehicles (AGVs) sind autonome, fahrerlose Transportsysteme (*FTS*), die für den innerbetrieblichen Materialfluss in Fertigungs-, Lager- und Distributionsumgebungen eingesetzt werden. Ausgestattet mit Sensorik, Navigations- und Steuerungssystemen ermöglichen sie eine selbstständige Fortbewegung ohne menschliches Eingreifen. FTS navigieren entweder entlang vordefinierter Routen oder nutzen dynamische Verfahren wie Echtzeitkartierung und -lokalisierung, um Hindernisse und andere Fahrzeuge zu umfahren.

Die Entwicklung von FTS reicht von einfachen, manuell geführten Transportfahrzeugen bis hin zu hoch entwickelten, lasergeführten Systemen. Sie kommen in zahlreichen Branchen zum Einsatz, darunter:

- Fertigungsindustrie
- Automobilsektor
- Luft- und Raumfahrt
- Pharmaindustrie
- Logistik und Distribution

FTS übernehmen Aufgaben wie den Transport von Materialien zwischen Lagerzonen, Montagelinien und Versandbereichen. Es gibt sie in verschiedenen Ausführungen, z. B. als Gabelstapler, Palettenhubwagen oder Transportwagen. Sie werden meist elektrisch betrieben, häufig durch Batterien oder kombinierte Antriebssysteme.

Moderne FTS verfügen über eine fortschrittliche Sensorik zur Hinderniserkennung und Kollisionsvermeidung, was ihren sicheren Einsatz in gemischten Arbeitsumgebungen gewährleistet. Sie können auf ebenen Flächen fahren, Rampen überwinden und Aufzüge nutzen. Die durchschnittliche Ladezeit beträgt etwa zwölf Minuten Schnellladung pro Betriebsstunde. Alternativ sind Lösungen wie kabelloses Laden, automatische Batteriewechsel oder Solarbetrieb möglich. Zur Navigation nutzen FTS unterschiedliche Technologien, darunter:

- Magnetbandführung
- Lasernavigation
- Kamerabasierte Systeme
- Codierte Bodenmarkierungen
- Echtzeit-Vision-Systeme mit Objekterkennung und Kollisionsvermeidung

Unabhängig von der eingesetzten Technologie basieren alle Systeme auf Sensorik und Signalverarbeitung zur Positionsbestimmung und Zielnavigation.

FTS bieten eine kosteneffiziente Möglichkeit zur Automatisierung von Materialtransportprozessen. Sie steigern die betriebliche Effizienz, senken Personalkosten und erhöhen die Arbeitssicherheit. Insbesondere in modernen Lager- und Distributionszentren gewinnen sie zunehmend an Bedeutung.

Die Integration von FTS in EWM ermöglicht eine durchgängige Digitalisierung und Automatisierung der Lagerprozesse. Die folgenden Schritte beschreiben den typischen Integrationsprozess:

1. **Kommunikationsschnittstelle entwickeln**

   Es wird eine bidirektionale Schnittstelle zwischen EWM und dem Flottenmanagementsystem des AGV-Herstellers eingerichtet. Diese Schnittstelle ermöglicht die Zuweisung von Lageraufgaben an AGVs sowie die Rückmeldung von Aufgabenerfüllungen an EWM. Unterstützte Protokolle sind u. a. TCP/IP, XML, APIs und IDocs.

2. **FTS als Ressource konfigurieren**

   In EWM werden FTS als Ressourcen mit spezifischen Eigenschaften wie Geschwindigkeit, Tragfähigkeit und Standort definiert. Diese Ressourcen können reserviert, geplant und überwacht werden.

3. **Lageraufgaben erstellen und planen**

   Lageraufgaben werden entweder über Standardtransaktionen oder über eine individuelle Schnittstelle generiert. Aufgaben wie Materialaufnahme, Bestandsauffüllung oder Behältertransport werden basierend auf Verfügbarkeit und Priorität geplant. Die FTS führen die physischen Transporte aus und bestätigen die Ausführung an EWM.

4. **Betriebsüberwachung und Steuerung**

   EWM bietet Echtzeittransparenz über den Status der FTS-Aufgaben. Lagerverantwortliche können Position, Geschwindigkeit und Batteriestatus der Fahrzeuge überwachen und bei Störungen eingreifen.

5. **Integration in weitere Lagerprozesse**

   FTS lassen sich nahtlos in Prozesse wie Bestandsführung, Auftragsabwicklung und Qualitätskontrolle integrieren. Sie können bspw. automatisch Materialien vom Wareneingang ins Lager oder zwischen Arbeitsstationen transportieren.

EWM fungiert dabei als zentrale Steuerungseinheit (Digital Command Center) und orchestriert sämtliche Aktivitäten über seine API-Schnittstellen. Die Integration beginnt typischerweise mit der Anbindung des FTS-Systems an EWM, wodurch Transparenz über Bestände, Lagerplätze und Mengen geschaffen wird. Bereits mit einer minimalen Integration lassen sich grundlegende Prozesse wie die Materialentnahme digital abbilden.

13.6 Zusammenfassung

In diesem Kapitel haben Sie erfahren, wie moderne Automatisierungstechnologien Ihr Lager transformieren können – und sich nahtlos mit EWM integrieren lassen. Sie haben die wichtigsten Komponenten kennengelernt: automatische Lager- und Abrufsysteme (AS/RS), fahrerlose Transportsysteme (FTS), Robotiklösungen, Förder- und Sortiertechnik sowie Materialflusssysteme (MFS).

Sie haben praxisnahe Einblicke in die Ein- und Auslagerungsprozesse eines Automatiklagers erhalten und nachvollzogen, wie EWM über Echtzeitkommunikation direkt mit SPS interagiert. Schritt für Schritt haben wir Ihnen zudem gezeigt, wie Konfigurationen vorgenommen, Stammdaten gepflegt und Prozesse effizient gesteuert werden.

Sie kennen nun auch SAP Warehouse Robotics – eine Lösung, mit der sich Roboterflotten unterschiedlicher Hersteller schnell und flexibel in Ihre Lagerprozesse integrieren lassen. Sie haben erfahren, wie zentrale Flottensteuerung, dynamische Skalierung und herstellerunabhängige Integration Ihre Automatisierungsstrategie stärken können.

Abschließend haben Sie gesehen, wie die Kombination aus AS/RS und FTS ein durchgängig vernetztes Materialflusssystem schafft, das Ihre Lagerprozesse nicht nur automatisiert, sondern auch strategisch optimiert.

Kapitel 14

Periodische Aufgaben nach dem Go-live

Die in diesem Kapitel beschriebenen Maßnahmen dienen dazu, Fehler und Probleme zwischen SAP S/4HANA und EWM zu reduzieren. Gleichzeitig wird die Systemqualität erhöht.

Jede Investition – ob privat oder geschäftlich – erfordert Aufmerksamkeit. Die Pflege eines Lagerverwaltungssystems ist vergleichbar mit der Instandhaltung eines Hauses: Wird sie vernachlässigt, können die Folgekosten erheblich sein. Die Devise lautet daher: Kontinuierliche Pflege schützt und sichert langfristig Stabilität.

Zum Abschluss des Buches möchten wir Ihnen daher einen Leitfaden für die täglichen Arbeitsprozesse bereitstellen. In diesem Kapitel erläutern wir Tätigkeiten, die von den Key-Usern oder SAP-IT-Mitarbeitenden täglich bzw. wöchentlich durchgeführt werden sollten.

Das Monitoring dient dazu, Systemabläufe stabil zu halten und potenzielle Defizite frühzeitig zu erkennen und nachhaltig zu beheben. Beim Monitoring unterscheiden wir zwischen dem klassischen Schnittstellenmonitoring und dem Monitoring von potenziellen Fehlern innerhalb von EWM. Typische Fehlerursachen sind vielschichtig:

- Fehlerhafte oder unvollständige Stammdaten
- Fehlerhafte oder unvollständige Belege
- Fehlerhafte oder unvollständige Customizing-Einstellungen
- Anwenderfehler
- Ignorieren des Lagerverwaltungsmonitorings

Das Kernziel des Monitorings besteht darin, eine hohe Stabilität und Qualität im Lagerverwaltungssystem sicherzustellen, ohne dass das Monitoring zu einem Vollzeitjob für eine oder mehrere Personen wird. Mit einem strukturierten Ansatz lässt sich der Aufwand langfristig auf das notwendige Minimum reduzieren – bei gleichzeitiger Sicherung der Prozessqualität.

In Abschnitt 14.1 erfahren Sie, wie Sie die Kommunikation zwischen SAP ERP bzw. SAP S/4HANA und EWM überwachen. Dabei lernen Sie den Einsatz des Lagerverwaltungsmonitors (Transaktion **/SCWM/MON**) kennen, um Fehler in Nachrichten-Queues zu identifizieren und zu beheben. Zusätzlich werden Methoden zur Bearbeitung von Datencontainern vorgestellt – vom Debugging bis hin zur Nutzung der Transaktionen **/SPE/MQWL_CUS** und **/SPE/MQWL_APPL**. Anschließend betrachten wir die die Prüfung von Belegen im Ein- und Ausgang und zeigen, wie Sie gesperrte Anlieferungen und Auslieferungen erkennen und analysieren, um Inkonsistenzen in EWM zu vermeiden.

In Abschnitt 14.2 besprechen wir das Monitoring potenzieller Fehler innerhalb von EWM. Sie erhalten einen Überblick über die Überwachung von Ressourcen, offenen Belegen und Beständen und lernen, wie Sie periodische Prüfungen durchführen, um Folgeprobleme zu verhindern. Dazu gehören das zentrale Abmelden von Ressourcen zur Vermeidung von Sperren, die Bereinigung offener Lageraufträge und Inventurbelege sowie die Kontrolle von Schnittstellenlagertypen, um veraltete Bestände zu identifizieren.

14.1 Klassisches Schnittstellenmonitoring

Beim *klassischen Schnittstellenmonitoring* wird der Kommunikationsstrang zwischen SAP ERP oder SAP S/4HANA und EWM überwacht. Die Anzahl der Objekte (z. B. Stammdaten, Bewegungsdaten) hängt von der Installation ab, also davon, ob Sie ein dezentrales EWM oder ein embedded EWM im Einsatz haben.

14.1.1 Schnittstelle zwischen SAP ERP/SAP S/4HANA und EWM überwachen

Mit dem Lagerverwaltungsmonitor (Transaktion **/SCWM/MON**) können Sie sich bequem alle Fehler anzeigen lassen. Hierzu springen Sie zum Knoten **Werkzeuge • Nachrichten-Queue** und öffnen die Nachrichten-Queue mit einem Doppelklick. Führen Sie die Suche mit F8 aus. Abbildung 14.1 zeigt Fehler innerhalb der Schnittstelle.

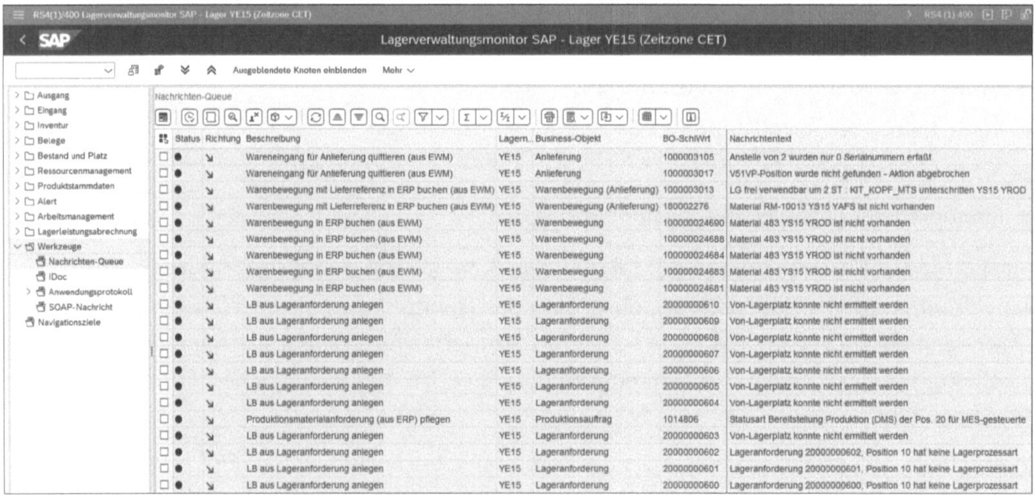

Abbildung 14.1: Fehlerqueue der Schnittstelle

Der Nachrichtentext enthält eine entsprechende Fehlernachricht, die Sie bei der Fehlerbehebung unterstützt, beispielsweise bei der Anpassung von Stammdaten oder des Customizings.

Fehler aus Bewegungsdaten lassen sich nicht immer durch Änderungen der Stammdaten oder des Customizing beheben, da sie im Queue-Datencontainer gespeichert sind. Somit ist der Queue-Datencontainer fehlerhaft und muss entsprechend angepasst werden. Den Datencontainer erreichen Sie im Lagerverwaltungsmonitor, indem Sie die relevante Zeile selektieren und auf das Lupen-Haken-Icon klicken (siehe Abbildung 14.2).

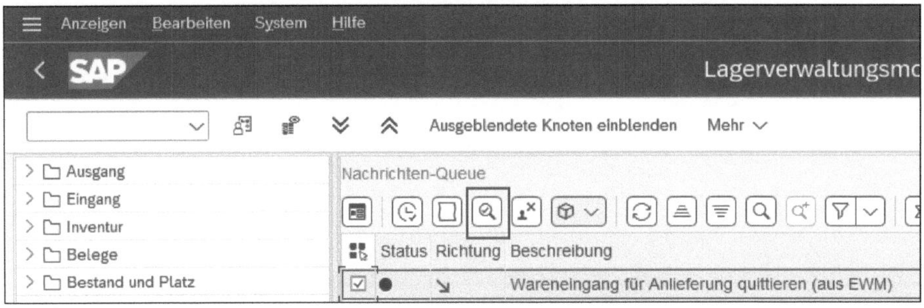

Abbildung 14.2: Datencontainer aufrufen

Für die Bearbeitung des Datencontainers stehen zwei Varianten zur Verfügung:

- Bearbeitung mittels Debugging und Notfall-User
- Bearbeitung und Zugriff auf den Datencontainer mit der Transaktion **SMQ2**

Die Bearbeitung mit der Transaktion **SMQ2** hat den Vorteil, dass sie auch von einer Person ohne Debugging-Know-how durchgeführt werden kann und somit Änderungen schneller durchgeführt werden können.

Hierfür ist in der Transaktion **/SPE/MQWL_CUS** oder **/SPE/MQWL_APPL** das zu ändernde Queue-Containerfeld zu pflegen. Mit der Transaktion **/SPE/MQWL_CUS** ändern Sie das Customizing und müssen die Änderung anschließend in Ihr Produktivsystem transportieren. Mit der Transaktion **/SPE/MQWL_APPL** können Sie hingegen direkt uneingeschränkte Änderungen in Ihrem Produktivsystem vornehmen.

Wir betrachten nun anhand eines Beispiels die Aktivierung der Feldänderung mit der Transaktion **/SPE/MQWL_APPL**. Für die Aktivierung benötigen Sie die folgenden Parameter (siehe Abbildung 14.3):

- Funktionsbaustein ❶
- Datentabelle, die das zu ändernde Datenfeld beinhaltet ❷
- Das zu ändernde Datenfeld ❸

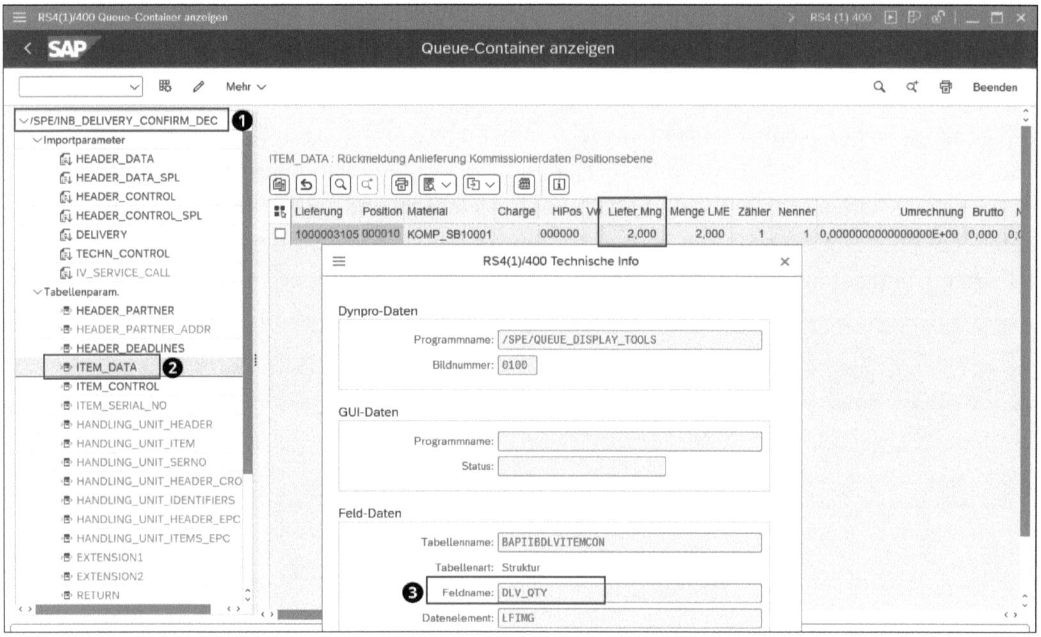

Abbildung 14.3: Parameter für die Aktivierung der Feldänderung

Erfassen Sie nun in der Transaktion **/SPE/MQWL_APPL** gemäß der Parameter Ihre Änderungen und klicken Sie abschließend auf **Sichern** (siehe Abbildung 14.4).

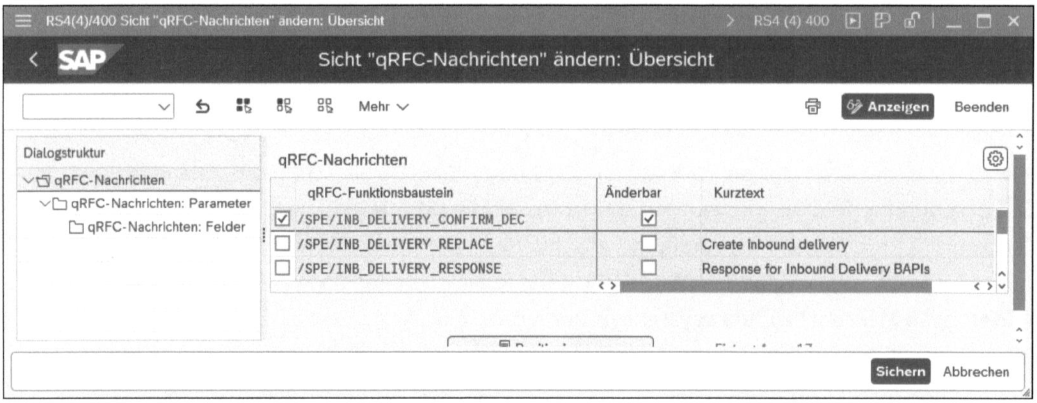

Abbildung 14.4: Feldänderung von qRFC-Nachrichten

Sofern Sie alles richtig gepflegt haben, können Sie nun Änderungen im Datencontainer vornehmen (siehe Abbildung 14.5).

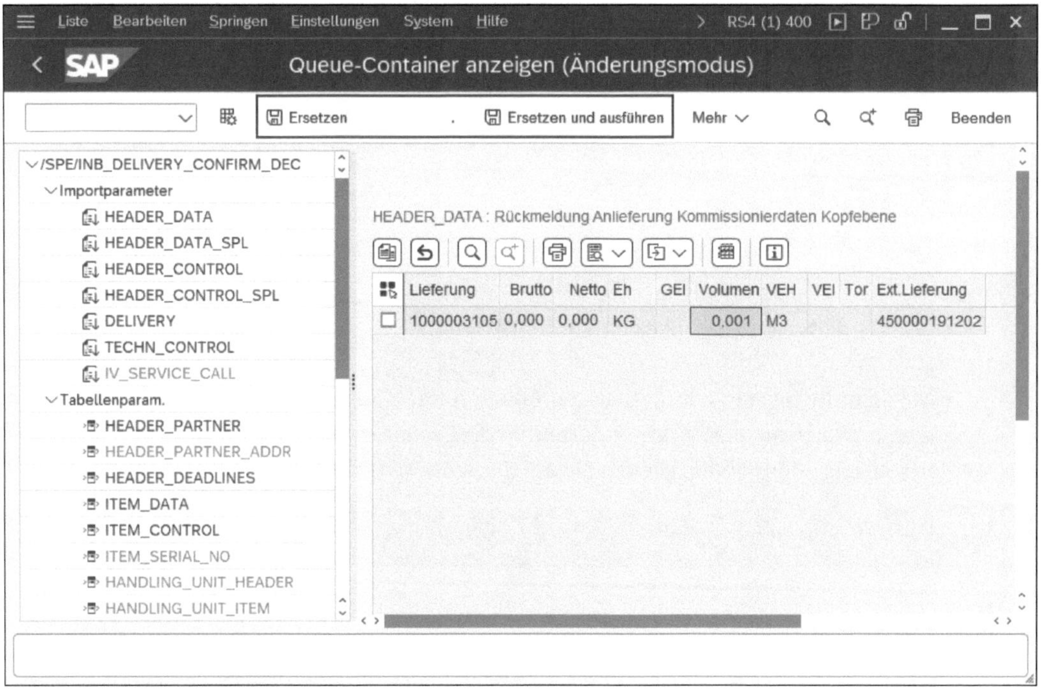

Abbildung 14.5: Änderungen im Datencontainer vornehmen

Notwendiges Berechtigungsobjekt

Um Änderungen im Datencontainer vorzunehmen, benötigen Sie eine Rolle mit dem Berechtigungsobjekt **/SPE/QEDIT**.

14.1.2 Belege im Ein- und Ausgang prüfen

Es kann vorkommen, dass Belege, die über die Schnittstelle technisch erfolgreich verarbeitet wurden, aufgrund von Inkonsistenzen in EWM nicht verarbeitet werden können. Die Prüfung erfolgt über den Lagerverwaltungsmonitor (Transaktion **/SCWM/MON**). Betrachten wir nun das Vorgehen zum Entsperren am Beispiel einer Anlieferung.

Wechseln Sie zum Knoten **Eingang • Belege • Anlieferung** und navigieren Sie per Doppelklick in die Selektionsmaske. Tragen Sie hier im Feld **Gesperrt (gesamt, Position)** den Wert **X** ein (siehe Abbildung 14.6) und bestätigen Sie mit [F8].

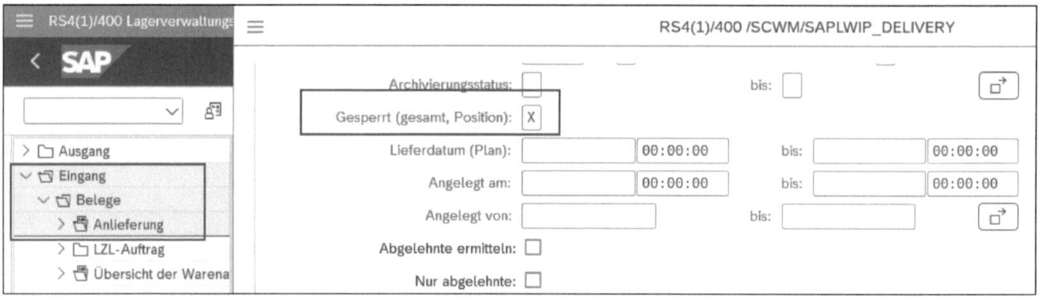

Abbildung 14.6: Gesperrte Anlieferungen selektieren

EWM listet Ihnen nun alle gesperrten Anlieferungen auf (siehe Abbildung 14.7). Klicken Sie einen Beleg an – EWM öffnet daraufhin die Transaktion **/SCWM/PRDI**. Für eine detaillierte Anzeige des Fehlers klicken Sie auf das Icon (**Prüfen**).

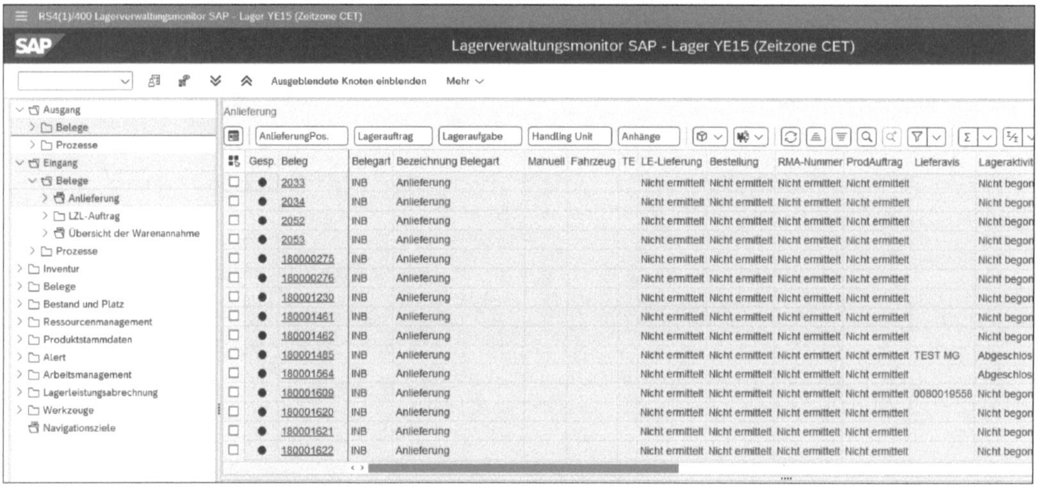

Abbildung 14.7: Gesperrte Anlieferungen anzeigen

Die Bearbeitung gesperrter Auslieferungen funktioniert genauso wie die Bearbeitung gesperrter Anlieferungen. Die Selektion erfolgt über den Knoten **Ausgang • Belege • Auslieferungsauftrag**.

[»]

Auslieferungen als gesperrt anlegen

Wenn Ihre Transportplanung mit SAP LE-TRA oder SAP TM erfolgt, können Auslieferungen auch als gesperrt angelegt werden, solange sie noch nicht final geplant wurden. Dies hängt von Ihren Systemeinstellungen ab.

14.2 Monitoring potenzieller Fehler innerhalb von EWM

Innerhalb von EWM kann es durch Fehlbuchungen oder Fehlverhalten der User dazu kommen, dass Belege nicht endgültig verarbeitet werden. Dies führt in der Regel zu Folgeproblemen im täglichen Arbeiten. In diesem Abschnitt geben wir Ihnen einen Überblick, welche Belege und Objekte periodisch geprüft werden sollten.

14.2.1 Ressourcen abmelden

Ressourcen werden für die Bearbeitung von EWM-Objekten im mobilen Umfeld genutzt. Durch falsches Abmelden können Ressourcen gesperrt werden, sodass andere User diese nicht nutzen können. Mit dem Lagerveraltungsmonitor (Transaktion **/SCWM/MON**) ist ein zentrales Abmelden möglich. Öffnen Sie den Knoten **Ressourcenmanagement • Ressource** und selektieren Sie Ihre Ressourcen. Sortieren Sie nach aufsteigendem Anmeldedatum. Entscheiden Sie, welche Ressourcen abgemeldet werden sollen, markieren Sie diese, und klicken Sie dann auf das Icon • **Von Ressource abmelden** (siehe Abbildung 14.8). Die Ressource wurde abgemeldet.

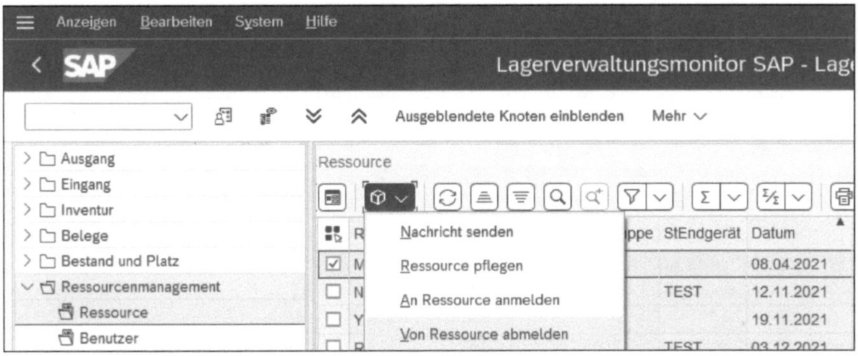

Abbildung 14.8: Ressource abmelden

14.2.2 Lagerauftragsbereinigung und Inventurbelege

Offene Lageraufträge geben Aufschluss darüber, ob Prozesse nicht vollständig abgeschlossen wurden oder ob Bestände verloren gegangen sind. Je nach zugrunde liegendem Geschäftsprozess ist es entscheidend, diesen Aspekt besonders im Blick zu behalten. Selektieren Sie im Lagerverwaltungsmonitor (Transaktion **/SCWM/MON**) im Knoten **Belege • Lagerauftrag** die **Ges.o.Lauf** und **LAs in Bearb**. Sortieren Sie das Ergebnis nach dem Erstellungsdatum (Spalte **ErstDatum**) (siehe Abbildung 14.9). Im Folgeschritt entscheiden Sie über die Maßnahmen für die alten Belege – beachten Sie dabei auch die Lagerprozessart.

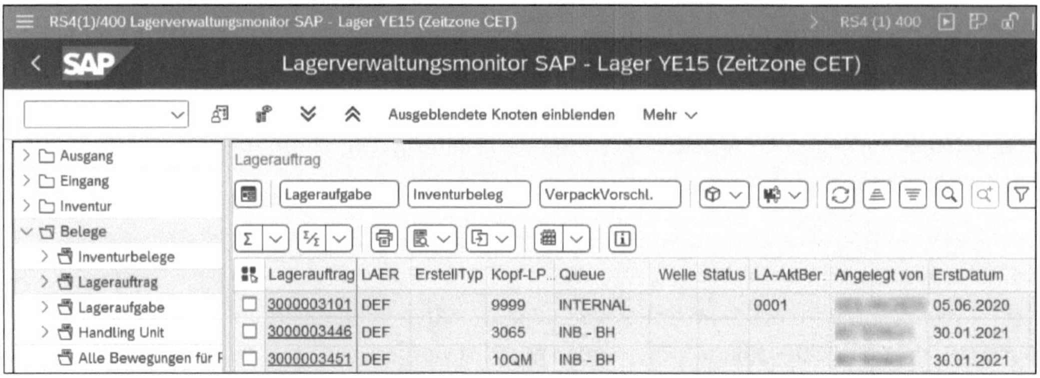

Abbildung 14.9: Offene Lageraufträge

Wenden wir uns nun den Inventurbelegen zu. Sind diese offen, können sie Prozesse blockieren. Wenn täglich Inventurbelege erstellt werden, empfiehlt es sich, die Verarbeitung der Belege zu kontrollieren. Öffnen Sie hierzu den Lagerverwaltungsmonitor (Transaktion **/SCWM/MON**) und den Knoten **Inventur • Inventurbelege**. Per Doppelklick gelangen Sie in die Selektion. Erfassen Sie im Feld **Inventurstatus** den Wert **ACTI** und bestätigen Sie mit F8 aus. Sortieren Sie die Inventurbelege anschließend aufsteigend nach dem Erstellungsdatum (Spalte **ErstDatum**) (siehe Abbildung 14.10). Im Folgeschritt entscheiden Sie über die Maßnahmen für die alten Belege.

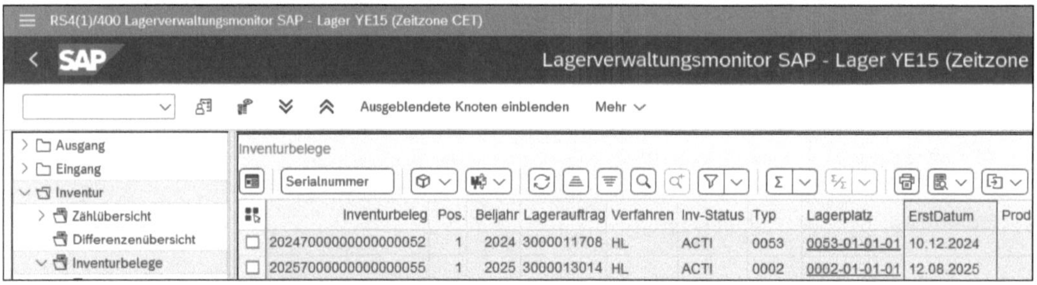

Abbildung 14.10: Offene Inventurbelege

14.2.3 Bestände

EWM verwendet für Warenein- und -ausgangsprozesse Schnittstellenlagertypen wie bspw. **9010 – Bereitstellen im Wareneingang** oder **9020 – Bereitstellen im Warenausgang**. Je nach Geschäftsprozess sollte sich der Bestand in diesen Lagertypen nur temporär befinden. So sollte bspw. im Wareneingang kein Bestand älter als einen Tag sein.

Selektieren Sie die Bestände im Lagerverwaltungsmonitor (Transaktion **/SCWM/MON**) im Knoten Bestand und **Platz • Lagerplatz**. Geben Sie hier Ihre Lagertypen ein und selektieren Sie die Bestände. Prüfen Sie die physischen Bestände hier aufsteigend nach Wareneingangsdatum (siehe Abbildung 14.11). Anschließend versuchen Sie, den Fehler bzw. das Material zu finden.

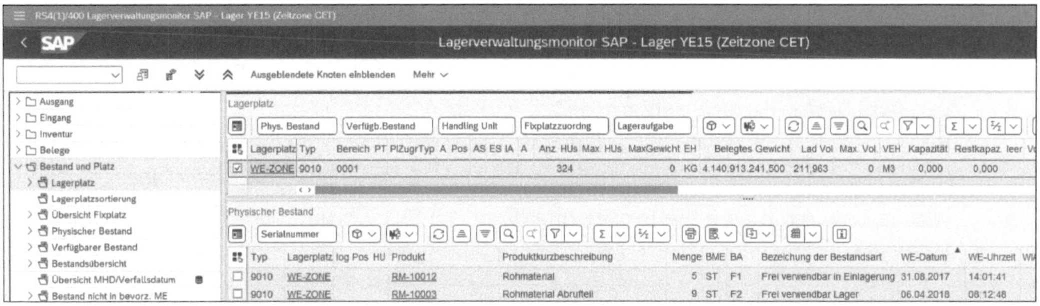

Abbildung 14.11: Bestände in der WE-Zone

14.2.4 EWM-Prüfmonitor

Mit dem EWM-Prüfmonitor (Transaktion **/SCWM/CHM_LOG**) haben Sie die Möglichkeit, Dateninkonsistenzen innerhalb von EWM zu identifizieren und zu korrigieren.

Ad-hoc-Prüfungen, wie bspw. Konsistenzprüfungen, können sofort ausgeführt oder als Job eingeplant werden. Für wiederholte Ausführungen lassen sich Prüfprofile anlegen und speichern, die eine Auswahl der Prüfungen sowie die relevanten Parameter für die zu prüfenden Objekte enthalten. Die Ergebnisse werden in Prüfprotokollen gesammelt, die erweiterte Geschäftsanwendungsprotokolle (BAL-Protokolle) darstellen. Diese enthalten Standardmeldungen und optional zusätzliche Daten. Prüfprotokolle können zur späteren Analyse gesichert und mithilfe verschiedener Prüfprotokollsichten ausgewertet werden. Die Sichten ermöglichen eine Gruppierung der Nachrichten nach gemeinsamen Attributen, bspw. nach Lieferposition, Lageraufgabe oder Handling Unit (HU).

Das Vorgehen wird in SAP-Hinweis 3058435 beschrieben bzw. unter *http://s-prs.de/11049002* dargestellt.

14.3 Zusammenfassung

Nach dem Go-live ist eine kontinuierliche Pflege von EWM unerlässlich, um die Stabilität und Qualität der Prozesse zwischen SAP S/4HANA und EWM sicherzustellen. Wird dieser Aspekt vernachlässigt, kann es zu erheblichen Folgekosten kommen. Deshalb empfehlen wir Ihnen ein regelmäßiges Monitoring und strukturierte Prüfungen. Ziel ist es, Fehler frühzeitig zu erkennen und nachhaltig zu beheben, ohne dass dies zu einem Vollzeitjob wird. Das Monitoring umfasst sowohl die Überwachung der Schnittstellenkommunikation als auch die Kontrolle potenzieller Fehler innerhalb von EWM. Dazu gehört die Analyse von Nachrichten-Queues und Datencontainern im Lagerverwaltungsmonitor, um fehlerhafte Bewegungsdaten oder Stammdatenprobleme zu korrigieren. Ebenso wichtig ist es, Belege im Ein- und Ausgang regelmäßig zu prüfen, um gesperrte An- und Auslieferungen zu identifizieren und Inkonsistenzen zu vermeiden. Innerhalb von EWM sollten Ressourcen zentral abgemeldet, offene Lageraufträge und Inventurbelege bereinigt sowie Bestände in Schnittstellenlagertypen kontrolliert werden, um Prozessblockaden und veraltete Bestände zu verhindern. Mit einem strukturierten Ansatz lässt sich der Aufwand für diese Aufgaben langfristig auf ein Minimum reduzieren, während die Prozessqualität und Systemstabilität gesichert bleiben. Praxisnahe Beispiele und Schritt-für-Schritt-Anleitungen unterstützen die Umsetzung direkt im System und helfen, die beschriebenen Maßnahmen effizient in den Arbeitsalltag zu integrieren.

Das Autorenteam

Sebastian Keilhacker begann seine berufliche Laufbahn nach der Ausbildung zum Großhandelskaufmann als Inhouse Consultant bei renommierten internationalen Unternehmen. Dort entdeckte er seine Leidenschaft für SAP-Logistik und sammelte bereits früh praktische Erfahrungen in großen Logistikprojekten. Parallel zu seiner Tätigkeit absolvierte er ein Studium zum Informatik-Betriebswirt (VWA) sowie den Bachelor of Arts im Fachbereich Logistik & Supply Chain. Mit dieser Kombination aus akademischem Wissen und praktischer Erfahrung wechselte er 2018 in die Beratung und ist seither maßgeblich am Aufbau des Warehouse-Teams der CONSILIO GmbH beteiligt. In seiner Rolle agiert er als fachlicher Lead für SAP EWM und übernimmt in Kundenprojekten vielfältige Funktionen – vom Solution Architekten über den funktionalen Prozessberater bis hin zum Projektleiter und Entwickler. Seine Schwerpunkte liegen in der Integration von Produktionsprozessen, Automatisierungslösungen, Mobile Working sowie der Umsetzung von Sonderanforderungen. Seit 2010 realisiert er erfolgreich Logistikprojekte für Kunden aus den Bereichen Maschinenbau, Luftfahrt, Schienenfahrzeugbau, Chemie, Baustoffindustrie, Verteidigung, erneuerbare Energien und Automobilindustrie.

Im Fachbereich als SAP-Anwender entdeckte **Maximilian Schmidt** bereits in seiner Berufsausbildung seine Leidenschaft für SAP und Logistik. Er entwickelte sich schnell zum Key-User. Anschließend startete er seine Karriere als SAP-Berater; erst bei einer großen Beratung, dann als Inhouse-Berater in den Mittelstand. Er wechselte 2022 zu CONSILIO, wieder in die Rolle des externen Beraters. Er hat acht Jahre SAP-Projekterfahrung im Logistikumfeld.

Wolfgang Schuster ist seit 20 Jahren als Berater im SAP-Logistikumfeld tätig, davon 15 Jahre bei SAP als Berater und Lösungsarchitekt für SAP EWM und seit 2023 bei der CONSILIO GmbH als Partner für SAP EWM. In dieser Zeit hat er von multinationalen Template-Projekten bis hin zu lokalen Implementierungen Kunden aus unterschiedlichen Branchen und Ländern bei der Einführung von SAP EWM unterstützt.

Index

A

B

C

D

E

M

O

P

Q

R

S

T

U

V

W

Y

Z